Perl

Professionelle Programmierung

Farid Hajji

Perl

Einführung, Anwendungen, Referenz

2., aktualisierte und erweiterte Auflage

 ADDISON-WESLEY

An imprint of Pearson Education

München • Reading, Massachusetts • Menlo Park, California • New York • Harlow, England
Don Mills, Ontario • Sydney • Mexico City • Madrid • Amsterdam

Die Deutsche Bibliothek — CIP-Einheitsaufnahme

Hajji, Farid:
Perl: Einführung, Anwendungen, Referenz / Farid Hajji. — 2., aktualisierte und erweiterte Auflage
München: Addison-Wesley-Longman, 2000
(Professionelle Programmierung)
 ISBN 3-8273-1535-2
Buch: Gb

Die Informationen in diesem Buch werden ohne Rücksicht auf einen eventuellen Patentschutz veröffentlicht. Warennamen werden ohne Gewährleistung der freien Verwendbarkeit benutzt. Bei der Zusammenstellung von Texten und Abbildungen wurde mit größter Sorgfalt vorgegangen. Trotzdem können Fehler nicht vollständig ausgeschlossen werden. Verlag, Herausgeber und Autoren können jedoch für fehlerhafte Angaben und deren Folgen weder eine juristische Verantwortung noch irgendeine Haftung übernehmen. Für Verbesserungsvorschläge und Hinweise sind Verlag und Herausgeber dankbar.

Die vorliegende Publikation ist urheberrechtlich geschützt. Alle Rechte vorbehalten. Kein Teil dieses Buches darf ohne schriftliche Genehmigung des Verlages in irgendeiner Form durch Fotokopie, Mikrofilm oder andere Verfahren reproduziert oder in eine für Maschinen, insbesondere Datenverarbeitungsanlagen, verwendbare Sprache übertragen werden. Auch die Rechte der Wiedergabe durch Vortrag, Funk und Fernsehen sind vorbehalten.

Umwelthinweis:
Dieses Buch wurde auf chlorfrei gebleichtem Papier gedruckt. Die Einschrumpffolie — zum Schutz vor Verschmutzung — ist aus umweltverträglichem und recyclingfähigem PE-Material.

10 9 8 7 6 5 4 3

03 02 01

ISBN 3-8273-1535-2

© 2000 Addison Wesley Longman Verlag
ein Imprint der Pearson Education Deutschland GmbH
Martin-Kollar-Straße 10–12, D-81829 München/Germany
Alle Rechte vorbehalten
Lektorat: Susanne Spitzer, sspitzer@pearson.de
Korrektorat: Friederieke Daenecke, Zülpich
Produktion: TYPisch Müller, Gräfelfing
Satz: Hilmar Schlegel, Berlin
Umschlaggestaltung: vierviertel gestaltung, Köln
Belichtung, Druck und Bindung: Kösel, Kempten

Printed in Germany

Für Cordula

Meinen Eltern gewidmet

Vorwort

Die Programmiersprache Perl hat sich in den letzten Jahren vor allem im Bereich der Systemadministration und der Webprogrammierung eindeutig durchgesetzt. Dies ist nicht zuletzt am mittlerweile großen Angebot von Perl-Literatur deutlich zu erkennen.

Wozu also noch ein Perl-Buch? Die Literatur zu Perl zerfiel bisher in zwei Hauptkategorien: Einführungen und Behandlung der Syntax auf der einen und spezielle Anwendungen wie CGI auf der anderen Seite. Dieses Buch hingegen wendet sich sowohl an Perl-Anfänger, die eine fundierte Einführung in die Grundbegriffe benötigen, als auch an fortgeschrittene Perl-Anwender, die sich über spezielle Programmiertechniken und Module informieren möchten.

Das Hauptanliegen dieses Buches ist es, Ihnen *konkrete* Informationen und Methoden zur Verfügung zu stellen, mit denen Sie Probleme viel effizienter werden lösen können, als dies bisher möglich war.

Dieses Buch entstand aus Kursen, die der Autor am *Regionalen Rechenzentrum der Universität zu Köln* gehalten hat, sowie aus dem Tutorial *Perl für Unix- und C-Kenner*, das am 26. Februar 1997 anläßlich des Frühjahrsfachgesprächs 1997 der *German UNIX User Group e.V.* (GUUG) in Köln vorgetragen wurde.

Vorkenntnisse

Dieses Buch wendet sich zwar an Perl-Anfänger, aber nicht an absolute Programmier-Neulinge. So sollten Sie z.B. Programme in einer anderen imperativen Programmiersprache wie C oder Pascal lesen und verstehen können. Da sich Perl stark an C orientiert, sind C-Kenntnisse erwünscht, wenn auch nicht unbedingt notwendig. Kenntnisse der Shell-Programmierung unter Unix wären ebenfalls von Vorteil, sind aber wiederum keine Voraussetzung.

Ist weiteres Wissen erforderlich, wird es bei Bedarf eingeführt.

Perl unterstützt eine große Menge von Betriebssystemen und Plattformen. Seine Heimat ist jedoch ganz eindeutig Unix. Aus diesem Grunde werde ich in diesem Buch davon ausgehen, daß Sie über ein Unix-System verfügen (z.B. Linux oder `FreeBSD`) und damit ausreichend umgehen können. Spezielle Kenntnisse, z.B. über TCP/IP oder in der Systemadministration, sind zwar in den entsprechenden Kapiteln hilfreich, aber nicht zwingend erforderlich.

Auch wenn Sie nicht aus der Unix-Welt kommen, werden Sie, gerade in den einführenden Kapiteln, viele Beispiele beinahe unverändert nachvollziehen können. Wenn Sie jedoch an diesem mächtigen Betriebssystem interessiert sind, werden Sie im Buch hoffentlich genügend Informationen zu den behandelten Themen finden.

Was dieses Buch *nicht* ist

Dieses Buch ist *kein* Ersatz für die Originalliteratur, wie sie vor allem bei [97] oder der exzellenten Online-Dokumentation [56] zu finden ist. Auch wenn dieses Buch auf viele fortgeschrittene Themen eingeht, ist dennoch ein mehr als nur flüchtiger Blick in die entsprechenden Referenzen sehr zu empfehlen. Ferner sollten Sie bei Bedarf fehlende Kenntnisse, z.B. von Unix, in der aufgeführten Literatur bzw. in den Manual-Seiten ergänzen.

Dieses Werk ist auch *kein* Referenzhandbuch. Sie werden hier vergeblich nach der Definition einer speziellen Funktion oder eines speziellen Moduls suchen. Hier werden lediglich Anregungen zur Verwendung einiger wichtiger Funktionen bzw. Module gegeben. Ein Blick in die Online-Dokumentation ist, auch für erfahrene Perl-Programmierer, unerläßlich. Dennoch wurde versucht, so viele Informationen wie möglich über die existierenden Funktionen und Module, auch die des CPAN, zusammenzustellen, wodurch sich dieses Buch im Einzelfall als „Vorreferenz" eignet. Oft ist es ja wichtiger zu wissen, *daß* eine Funktion oder Modul zu einem bestimmten Aufgabenkreis existiert, als zu wissen, *wie* sie oder es genau verwendet wird. Dies kann wiederum der Online-Dokumentation entnommen werden.

Änderungen in der zweiten Auflage

Seit dem Erscheinen der ersten Auflage Ende 1997 wurde Perl weiterentwickelt. Es kamen auch viele neue Module hinzu. Die zweite Auflage berücksichtigt diese Änderungen und stellt weitaus mehr Module als bisher vor. Auch die Aufgaben und Interessengebiete eines Großteils der Perl-Community haben sich deutlich in Richtung Anwendung von Modulen verschoben. Aus diesem Grunde ist diese zweite Auflage völlig neu geschrieben worden. Kenner der ersten Auflage werden so gut wie keine Ähnlichkeit mehr erkennen. Der Schwerpunkt liegt nun mehr auf einer ausführlichen Behandlung von Grundlagen, wobei fortgeschrittene Themen nicht vergessen wurden. Die Anwendungskapitel über Datenbanken und Webprogrammierung gehen auf neuere Entwicklungen ein und sollten in bewährter Manier auf neue Tendenzen und Wege hinweisen.

Danksagungen

Frau Elisabeth Dregger-Cappel vom Rechenzentrum der Universität Düsseldorf hatte bereits 1992 einen sehr interessanten und motivierenden Vortrag über Perl gehalten. Sie weckte schon damals mein Interesse für diese faszinierende Sprache. Herr Dr. Heinz Stöwe vom Rechenzentrum der Universität Köln hat mir 1996 die Leitung eines Perl-Kurses für das RRZK anvertraut. Die Initiative zum GUUG-Perl-Tutorial ging von Herrn Claus Kalle, RRZK, aus. Er war es auch, der mit Hinweisen und Verbesserungsvorschlägen die Qualität des Buches verbessern half. Den Anstoß, das GUUG-Manuskript zu überarbeiten und Addison-Wesley anzubieten, gaben Dieter Mross und Karl Zander von den Medizinischen Einrichtungen der Universität zu Köln. Ferner möchte ich meinen ehemaligen Kollegen an der Uni Köln für den freundlichen moralischen Zuspruch danken. Danken möchte ich auch allen Mitarbeitern der Stuttgarter Niederlassung des DFN, insbesondere Bettina Kauth, Thomas Schmid, Hubert Waibel, Steffen Baur, Jens Schweikhardt, Thomas Klaube und Peter Heiligers vom *Network Operation Center* für die schöne, wenn auch leider viel zu kurze Zeit, die ich dort verbringen durfte.

Einige Leser der ersten Auflage wiesen auf Fehler, Unstimmigkeiten oder unklare Stellen hin. Die vorliegende zweite Auflage profitierte von ihren Hinweisen.

Besonderer Dank gebührt *Larry Wall*, dem Erfinder von Perl, sowie den zahlreichen Autoren der CPAN-Module. Den gesamten Quellcode von Perl und seinen Ergänzungsmodulen unter dem GNU-Copyleft oder ähnlichen freizügigen Lizenzen frei zur Verfügung zu stellen ist eine sehr begrüßenswerte Geste. Nur durch den Altruismus zahlreicher Programmierer, die ihre Werke unter den Bestimmungen der Free Software Foundation oder ähnlichen Bedingungen der Internet-Gemeinschaft überlassen, konnten so schöne Programme wie `gcc`, `emacs` und `X11`, um nur einige zu nennen, sowie hochqualitative freie Unix-Systeme wie `FreeBSD` und `Linux` entstehen.

Dieser Text wurde in $\text{\LaTeX}\,2_\varepsilon$ unter `Solaris-2.6` geschrieben. Vielen Dank an Donald Knuth für $\text{\TeX}$, Leslie Lamport für $\text{\LaTeX}$ und an die $\text{\TeX}$-Gemeinschaft. Alle Beispiele wurden sowohl unter `Solaris-2.6` als auch unter `FreeBSD-3.1` entwickelt und getestet. Zum Einsatz kamen `gcc-2.8.1`, `perl-5.005_53` sowie weitere frei verfügbare Tools.

Für die vertrauensvolle Zusammenarbeit möchte ich mich herzlich bei Frau Susanne Spitzer von Addison Wesley Longman bedanken. Ihre Geduld hat dazu beigetragen, daß das Buch an Umfang noch zugenommen hat und viele Ungereimtheiten beseitigt wurden.

Deutsch oder Englisch?

Wer ein Programmierbuch in einer vom Englischen abweichenden Sprache schreibt, muß sich mit dieser Frage auseinandersetzen. Im vorliegenden Buch wurde entschieden, Programme, wie international üblich, in Englisch zu schreiben. Davon sind sowohl die Bezeichner als auch die meisten in den Programmen verwendeten Zeichenketten betroffen. Einer allgemeinen Konvention folgend, wurden jedoch die Kommentare ins Deutsche übertragen.

Die Übersetzung von DV-spezifischen Fachausdrücken ins Deutsche ist nicht immer sinnvoll. Einige Bezeichnungen haben keine gleichwertigen deutschen Ausdrücke, andere könnten nur mit längeren Umschreibungen übersetzt werden. Da davon ausgegangen wird, daß Leser dieses Buches ohnehin auf die original Online-Dokumentation angewiesen sind und daher genügend Englisch können, wird auf eine übermäßige Eindeutschung verzichtet.

Es gibt freilich auch für einige Ausdrücke bereits deutsche Bezeichnungen. Einige dieser Übersetzungen finde ich aber nicht ganz gelungen und habe in diesem Fall doch lieber den weitverbreiteten englischen Ausdruck verwendet. Für diese bewußte Entscheidung bitte ich Freunde der deutschen Sprache um Verständnis.

Fehler und Bugs

Es gibt wahrscheinlich kein fehlerfreies Buch, ebensowenig fehlerfreie Programme einer bestimmten Größe. Dieses Buch bildet da keine Ausnahme. Auch wenn sämtliche Programme getestet wurden und der Text überprüft wurde, kann nicht mit letzter Sicherheit die Korrektheit garantiert werden. Es werden sicherlich auch Passagen übrigbleiben, die aus dem einen oder anderen Grund unverständlich sind.

Über Hinweise, Verbesserungsvorschläge oder Kritiken würde ich mich jederzeit freuen. Schreiben Sie mir, wenn Sie etwas besonders genervt oder auch gefreut hat. Sie können mich entweder über den Verlag oder unter folgender Anschrift erreichen:

Farid Hajji
Broicherdorfstr. 83
D-41564 Kaarst
Deutschland

Tel.: +49-2131-67555 (Spätabends)
EMail: `farid.hajji@ob.kamp.net`

Kaarst, im August 1999
Farid Hajji

Einführung

Die letzten zehn Jahre haben Geburt, Ausbreitung und Siegeszug einer neuen Programmier- und Skriptsprache erlebt. Es handelt sich um *Perl*, eine interpretierte Sprache aus dem Unix-Umfeld.

Perl ist eine sehr mächtige Programmiersprache. Sie vereint die Vorteile anderer Sprachen, wie C, *sh*, *awk*, um nur einige zu nennen, zu einer sehr mächtigen, aber dennoch äußerst praktischen Sprache. Es ist oft erstaunlich, wie viel schneller Perl-Anwender im Vergleich zu ihren nicht weniger guten Programmierkollegen ihr Arbeitsziel erreichen.

Die wesentliche Stärke von Perl liegt in der Verarbeitung komplexer textueller Eingaben. Gerade diese Eigenschaft prädestiniert es für die CGI-Programmierung im Internet, aber auch für die Systemverwaltung im Unix-Umfeld. Dennoch ist Perl weit mehr als nur eine Sprache, die für Textverarbeitung besonders optimiert wurde. Perl war und ist auch eine Allzweckprogrammiersprache, die mit Hilfe von Ergänzungsmodulen Anschluß an viele populäre Werkzeuge und Software-Pakete bietet. Somit ist Perl *die* Sprache der Wahl unserer Zeit.

Dieses Buch stellt die wesentlichen Arbeitsgebiete von Perl vor. Es versteht sich als Lehr-, aber auch als Arbeitsbuch. Daher können Perl-Anfänger das Buch von Anfang bis Ende durchlesen. Übungsaufgaben helfen, den bisher vermittelten Stoff zu festigen. Geübtere Anwender können direkt an den sie interessierenden Stellen beginnen. Das Inhaltsverzeichnis hilft dabei.

Der Großteil des Buches widmet sich den Grundelementen der Sprache Perl. So werden nach den ersten Kapiteln, die sich mit der Geschichte von Perl sowie dessen Beschaffung und Installation befassen, Strings, Zahlen, Listen und Hashes, Kontrollstrukturen und Subroutinen, Ein- und Ausgabe, Zeiger, Module, objektorientierte Features und die Integration von Perl und C ausführlich vorgestellt. Diese Kapitel bauen alle aufeinander auf und sollten, soweit möglich, in sequentieller Reihenfolge gelesen werden. Allerdings werden auch gelegentlich anspruchsvollere Abschnitte eingefügt. Aus diesem Grunde können Anfänger beim erstmaligen Lesen oder bei Zeitmangel sofort zum nächsten Abschnitt oder gar Kapitel übergehen, wenn der Stoff spürbar schwieriger wird. Fehlende Informationen können jederzeit später nachgeholt werden.

Anwendungen von Perl werden durchgehend im Text vorgestellt. Drei Kapitel befassen sich besonders intensiv mit Anwendungen: Ein Kapitel über Interprozeß- und Netzkommunikation zeigt, wie Prozesse miteinander kommunizieren können, wobei diese Prozesse durchaus auch auf verschiedenen Maschinen ausgeführt werden können. Das Kapitel über die Persistenz zeigt, wie komplexe Datenstrukturen transparent in Dateien gespeichert werden. Darüber hinaus finden Sie dort eine Einführung in das populäre frei verfügbare SQL-Datenbanksystem MySQL. Dabei werden nicht nur die Installation, Administration und Benutzung beschrieben, sondern auch, wie dieses System von Perl heraus angesprochen wird. Ein weiteres Kapitel stellt die Programmierung im World Wide Web mit Perl vor. Dort werden Sie lernen, wie Webclients programmiert werden können und wie Sie CGI-Skripten bequem erstellen. Das `mod_perl`-Modul erweitert den frei verfügbaren populären Apache Webserver um die Skriptingfähigkeiten von Perl. Dieses Modul ist sehr mächtig und wird ebenfalls in diesem Kapitel exemplarisch vorgestellt.

Zu dem Zeitpunkt, als diese Auflage geschrieben wurde, war Perl in der Version 5.005_53 aktuell. Alle Beispiele sind sowohl mit dieser Version als auch mit der Version 5.005_02 getestet worden. Wenn Sie dieses Buch lesen, werden sowohl Perl als auch die meisten Module höhere Versionsnummern aufweisen. Bitte beachten Sie daher gegebenenfalls die Unterschiede.

Die Beispiele sind online verfügbar und können über den Verlag unter der Adresse http://www.addison-wesley.de/ bezogen werden. Dort finden Sie auch eine Service-Seite zu diesem Buch, in der eine Errata-Liste, Lösungsvorschläge zu einigen wenigen ausgewählten Übungsaufgaben, Ergänzungen sowie neuere Tips und Tricks zu finden sind.

Inhaltsverzeichnis

Vorwort   vii
    Vorkenntnisse   vii
    Was dieses Buch *nicht* ist   viii
    Änderungen in der zweiten Auflage   viii
    Danksagungen   viii
    Deutsch oder Englisch?   ix
    Fehler und Bugs   x

Einführung   xi

1 Die Programmiersprache Perl   1
   1.1 Was ist Perl?   1
   1.2 Vergleich mit anderen Sprachen   1
   1.3 Use the Force, Luke!   8
   1.4 Einsatzgebiete   8
   1.5 Aufgaben   9

2 Die Entstehung von Perl   13
   2.1 Als es Perl noch nicht gab...   13
   2.2 Larry Walls Weg   15
   2.3 Perl4   15
   2.4 Perl5 — The Next Generation   16
   2.5 Lizenzrechtliche Aspekte   17
   2.6 Aufgaben   18

3 Beschaffung und Installation   21
   3.1 Synopsis   21
   3.2 Einführung   21
   3.3 Quellcode herunterladen   22
   3.4 Auspacken der Perl-Distribution   23
   3.5 Konfiguration und Anpassung   24
   3.6 Perl bauen   30
   3.7 Tests ausführen   31
   3.8 Installation vervollständigen   31
   3.9 Aufgaben   33

4 Perl im Überblick — 35
- 4.1 Aufruf eines Perl-Programms — 35
- 4.2 Hello World — 37
- 4.3 Datenstrukturen und Variablen — 38
- 4.4 Kontrollstrukturen — 40
- 4.5 Objekte und Klassen — 43
- 4.6 Textverarbeitung — 43
- 4.7 WWW-Programmierung — 45
- 4.8 Graphische Ausgabe mit Perl/Tk — 47
- 4.9 Fehlersuche in Perl-Programmen — 51
- 4.10 Aufgaben — 59

5 Strings — 61
- 5.1 Synopsis — 61
- 5.2 Eigenschaften von Strings — 62
- 5.3 Quoting — 62
- 5.4 Zeichenliterale — 68
- 5.5 Operationen mit Strings — 68
- 5.6 Reguläre Ausdrücke — 82
- 5.7 Exkurs: `lex` und `yacc` für Perl — 111
- 5.8 Internationale Belange — 121
- 5.9 Aufgaben — 123

6 Zahlen — 127
- 6.1 Synopsis — 127
- 6.2 Eigenschaften von Zahlen — 128
- 6.3 Zahlenliterale — 128
- 6.4 Operationen mit Zahlen — 129
- 6.5 Konvertierungen und Formatierungen — 136
- 6.6 Zufallszahlen — 144
- 6.7 Große Zahlen — 150
- 6.8 Komplexe Zahlen: `Math::Complex` — 154
- 6.9 Aufgaben — 155

7 Listen und Arrays — 159
- 7.1 Synopsis — 159
- 7.2 Listen — 160
- 7.3 Arrays — 163
- 7.4 Operationen auf ganzen Listen — 168
- 7.5 Zerlegung und Zusammensetzung von Listen — 171
- 7.6 Operationen auf Arraybereichen — 173

7.7		Anwendungen von Listen	176
7.8		Aufgaben	177

8 Hashes — 179
8.1		Synopsis	179
8.2		Was sind Hashes?	180
8.3		Hashliterale	180
8.4		Zugriff auf einzelne Schlüssel/Wert-Paare	181
8.5		Zugriff auf ganze Hashes	184
8.6		Traversierung	186
8.7		Sortierungen	189
8.8		Persistenz von Hashes	192
8.9		Typische Anwendungen von Hashes	195
8.10		Weitere Anwendungen	202
8.11		Exkurs: Hashing	212
8.12		Aufgaben	214

9 Variablen — 217
9.1		Synopsis	217
9.2		Eigenschaften von Variablen	218
9.3		Variablentypen	219
9.4		Namensräume und Sichtbarkeit	220
9.5		Speicherverwaltung	227
9.6		Reservierte Variablen	229
9.7		Werte und Nicht-Werte	247
9.8		Regeln für Bezeichner	249
9.9		Die Symboltabelle	250
9.10		Variablenbindung	252
9.11		Exkurs: Garbage Collection	252
9.12		Aufgaben	255

10 Kontrollstrukturen und Programmfluß — 257
10.1		Synopsis	257
10.2		Was sind Kontrollstrukturen?	258
10.3		Boolesche Logik	258
10.4		Blöcke als syntaktische Einheit	263
10.5		Die Sequenz	263
10.6		Alternativen	265
10.7		Schleifen	271
10.8		Subroutinen	278
10.9		Der Ausführungskontext	278

10.10	Die `eval()`-Funktion	281
10.11	Exkurs: Ausnahmebehandlung	285
10.12	Operatorenpräzedenz	287
10.13	Aufgaben	288

11 Subroutinen 291

11.1	Synopsis	291
11.2	Eigenschaften von Subroutinen	292
11.3	Benutzerdefinierte Subroutinen	293
11.4	Eingebaute Subroutinen	306
11.5	Fortgeschrittene Themen	327
11.6	Aufgaben	347

12 Ein- und Ausgabe 351

12.1	Synopsis	351
12.2	Eigenschaften der Ein- und Ausgabe	353
12.3	Einfache Ein- und Ausgabe	353
12.4	Systemnahe Ein- und Ausgabe	396
12.5	Der Report-Generator	419
12.6	Das Dateisystem	424
12.7	Dateien	441
12.8	Filehandles und Dateideskriptoren	487
12.9	Aufgaben	490

13 Referenzen 495

13.1	Synopsis	495
13.2	Eigenschaften von Referenzen	497
13.3	Referenzen	499
13.4	Dereferenzierung	509
13.5	Anonyme Strukturen	515
13.6	Komplexe Datenstrukturen	524
13.7	Anwendungen	538
13.8	Symbolische Referenzen	555
13.9	Aufgaben	560

14 Module 563

14.1	Synopsis	563
14.2	Einführung	564
14.3	Packages	564
14.4	Laden fremder Dateien mit `require`	573
14.5	Benutzung eines Moduls	578

14.6	Schreiben eigener Module	583
14.7	Tips und Tricks	597
14.8	Standardmodule	607
14.9	Module aus dem CPAN	618
14.10	Die CPAN-Modulhierarchie	626
14.11	Aufgaben	662

15 Objektorientierte Programmierung — 665

15.1	Synopsis	665
15.2	Grundlagen der OOP	667
15.3	Objektorientierte Programmierung in Perl	673
15.4	Variablenbindung	699
15.5	Überladen von Operatoren	717
15.6	Aufgaben	717

16 Perl und C — 721

16.1	Synopsis	721
16.2	Kommunikation mit anderen Sprachen	723
16.3	Interna der Perl-API	725
16.4	Perl in C	739
16.5	C in Perl	761
16.6	Aufgaben	795

17 Kommunikation und Netze — 797

17.1	Synopsis	797
17.2	Lokale Interprozeßkommunikation	799
17.3	Kommunikation in TCP/IP-Netzen	865
17.4	Internet-Netzdienste	902
17.5	RPC und verteilte Anwendungen	914
17.6	Aufgaben	925

18 Persistenz und Datenbanken — 927

18.1	Synopsis	927
18.2	Was ist Persistenz?	929
18.3	Persistenz in Dateien	929
18.4	Persistenz komplexer Datenstrukturen	935
18.5	Relationale Datenbanksysteme	945
18.6	Das MySQL-Datenbanksystem	955
18.7	Perl und Datenbanksysteme	987
18.8	Anwendungen von Datenbanksystemen	1004
18.9	Aufgaben	1021

19 CGI und WWW **1023**

19.1 Synopsis 1023
19.2 Installation des Apache-Webservers 1025
19.3 Das `CGI.pm`-Modul 1030
19.4 Den Zustand erhalten 1043
19.5 Webclients mit der LWP-Library 1082
19.6 Das `mod_perl`-Modul 1090
19.7 Aufgaben 1094

Tabellenverzeichnis **1095**

Abbildungsverzeichnis **1099**

Literaturverzeichnis **1101**

Stichwortverzeichnis **1107**

1 Die Programmiersprache Perl

1.1 Was ist Perl?

Perl ist eine sehr mächtige Programmiersprache. Sie entstand im Unix-Umfeld durch Assimilierung der besten Eigenschaften vieler bewährter Tools. Die Ähnlichkeit mit C ist ebenfalls nicht zu übersehen.

Ein wesentliches Einsatzgebiet von Perl ist die Verarbeitung beliebiger textueller Eingaben. Daher ist Perl für Systemverwalter und CGI-Programmierer *die* Sprache der Wahl. Doch Perl kann mehr als nur Texte verarbeiten. In Wirklichkeit ist Perl so mächtig, daß es bedenkenlos als Allzweckprogrammiersprache bezeichnet werden kann.

Woher kommt dieser seltsame Name? *Perl* steht für *Practical Extraction and Reporting Language*. In [98, 97, 56] wird auch eine satirische Beschreibung angegeben: *Pathologically Eclectic Rubbish Lister*.

Der Name deutet schon darauf hin, daß Perl eine *Sprache* ist, die *praktisch* zu verwenden ist und deren wesentlicher Zweck in der Auswertung von Dateien, insbesondere im *Extrahieren* von Informationen und im Präsentieren dieser Informationen als gut leserliche *Reports* liegt. Perl ist jedoch mehr als nur eine Sprache zur Manipulation von Textdateien. Sie eignet sich mittlerweile für fast jedes denkbare Anwendungsfeld.

Sie werden bald feststellen, daß Sie mit Perl viel schneller und mit deutlich weniger Mühe ans Ziel kommen werden! Darum heißt es auch in [97, 56]:

> The three principal virtues of a programmer are Laziness, Impatience, and Hubris.

Eine weitere Erfahrung wird Ihnen zeigen, daß Sie dasselbe Problem auf mehr als nur eine Art und Weise werden lösen können. Darum heißt das Motto von Perl: *Es gibt mehr als eine Möglichkeit, es zu tun.*

> The Perl motto is "There's more than one way to do it." Divining how many more is left as an exercise to the reader.

[56]

1.2 Vergleich mit anderen Sprachen

Wie jede andere Programmiersprache besitzt Perl Stärken und Schwächen. Wir werden Perl im folgenden auch mit anderen Sprachen vergleichen und seine Rolle dabei untersuchen. Natürlich ist ein solcher Vergleich, insbesondere wenn es darum geht, eine Eigenschaft als „gut" oder „schlecht" einzuordnen, höchst subjektiv. Was für den einen allemal ein Ärgernis ist, kann für den anderen ein sehr nützliches Feature darstellen. Es hängt also wie so häufig wieder von den gegebenen Umständen ab.

1.2.1 Vorteile von Perl

Was macht also Perl zu einer überlegenen, oder anders formuliert, zu einer praktischeren Sprache als andere herkömmliche Dialekte?

- *Verfügbarkeit und Benutzerbasis*
  - *Kostenlose Verfügbarkeit.* Perl ist eine frei verfügbare Sprache. Sie brauchen weder für den Interpreter noch für die vielen frei verfügbaren Module aus dem CPAN zu bezahlen. Perl und seine Module finden Sie auf einer großen Zahl gut organisierter FTP-Server überall im Internet. Kapitel 3 ab Seite 21 geht darauf näher ein.
  - *Quellcode-Verfügbarkeit.* Der Quellcode von Perl ist offen zugänglich. Tatsächlich unterliegt er der „Artistic License" und der „General Public License". Der Sinn beider Lizenzen wird in Abschnitt 2.5 ab Seite 17 erläutert. Somit ist sichergestellt, daß keine Firma aus Gutdünken heraus Ihre Rechte am Quellcode eines Tages widerrufen könnte. Das Copyright zu Perl gehört zwar seinem Erfinder, Larry Wall, ist aber kein Hindernis für die gemeinschaftliche Weiterentwicklung der Sprache durch viele Freiwillige im Internet.
  - *Umfangreiches CPAN-Archiv.* Als Programmierer sind Sie nicht mehr allein auf sich gestellt, wenn es um die Lösung komplexer Aufgaben geht. Sie können auf einen großen Schatz fertiger Module zugreifen, die wahrscheinlich auch Ihren Anforderungen genügen werden. Diese Module wurden und werden durch freiwillige Programmierer weltweit entwickelt und im CPAN-Archiv, einem weltweiten Verbund von untereinander gespiegelten FTP-Servern, hinterlegt.
  - *Große Anwendergemeinschaft.* Perl ist in letzter Zeit immer populärer geworden. Dadurch steigen die Chancen, auch in Ihrer Nähe Perl-erfahrene Programmierer zu finden. Diese große Anwendergemeinschaft ist auch der beste Garant für die Verbreitung nützlicher Software in Perl.
- *Multiplattformfähigkeit*
  - *Alle gängigen Unix-Varianten.* Unix[1] ist die Heimat von Perl. Die meisten Features von Perl entstanden ja aus der Assimilierung existierender Unix-Tools und -Prinzipien (*Borgsches Prinzip*). Daher überrascht es nicht, daß Perl auf jeder vernünftigen Unix-Version, sei sie kommerziell oder frei, ablauffähig ist. Durch die Verbreitung von Unix auf den verschiedensten Prozessor- und Rechnertypen vom PC bis hin zur *Cray* oder *Connection Machine* ist auch Perl auf diesen Rechnern zu finden. Alle anderen Plattformen werden durch die Anpassung der Unix-Version von Perl unterstützt. Daher finden Sie hier immer die aktuellste Perl-Version.

---

1 Wir verstehen in diesem Buch unter „Unix" alle Unix-ähnlichen Betriebssysteme, egal ob Posix, BSD oder System V, ja sogar Mach mit Unix-Servern wie Lites oder GNU/Hurd.

1.2 Vergleich mit anderen Sprachen

- *Microsoft Windows*[2] mit seinen diversen Versionen wird ebenfalls unterstützt. Leider ist diese Unterstützung nicht so vollständig wie unter Unix. Das liegt aber weniger an Perl als am miserablen Design dieses Pseudobetriebssystems. Wer jedoch trotzdem gezwungen ist, dieses System zu benutzen, kann viele Perl-Features, die in diesem Buch erläutert werden, nahezu unverändert anwenden (wenn auch mit viel weniger Freude). Ein Perl-Binary für MS-Windows finden Sie im CPAN unter `ports/win32`. Windows 3.1 wird ebenfalls durch eine alte Perl-Version noch unterstützt.

- *MS-DOS.* Auch reine MS-DOS-PCs können Perl ausführen. Sie finden Instruktionen im CPAN unter `ports/msdos`. Perl5 wurde mit Hilfe des frei verfügbaren 32-Bit-C-Compilers *djgpp* unter MS-DOS erfolgreich kompiliert.

- *Macintosh.* System 7-Anwender können *MacPerl* einsetzen. Dieses finden Sie im CPAN im `ports/mac`-Verzeichnis.

- *Amiga*-Rechner werden ab `perl-5.004` direkt unterstützt. Dazu verwenden Sie einfach die Unix-Version von Perl.

- *AS/400*-Großrechner werden ebenfalls unterstützt. Ein Perl-Binary für diese Plattform finden Sie im CPAN unter `ports/as400`.

- *BeOS*-Anwender finden Details im CPAN unter `ports/beos`.

- *MVS-(OS/390-)*Administratoren finden Informationen im CPAN-Unterverzeichnis `ports/mvs`.

- *VMS* wird seit `perl5.004` direkt durch die Unix-Version von Perl unterstützt.

- *Weitere Systeme* werden mehr oder weniger gut unterstützt. Für einige gibt es noch Perl4 oder frühere Perl5-Binaries im `/ports`-Verzeichnis.

- *NetBSD Multiplattform.* Wenn Sie das frei verfügbare `NetBSD` einsetzen (also auch auf einer der oben genannten Architekturen), sollten Sie natürlich die Unix-Version von Perl verwenden. NetBSD finden Sie unter der URL: `http://www.netbsd.org/`.

■ *Interpretierte Sprache*

- *Kurzer Entwicklungszyklus.* Wie jede andere interpretierte Sprache weist auch Perl einen verkürzten Entwicklungszyklus auf. Durch den Wegfall der Kompilierung können Sie die Auswirkungen Ihrer Änderungen und Versuche unmittelbarer beobachten.

   Die Entwicklungsdauer von Software wird auch entscheidend durch die Mächtigkeit der Sprache beeinflußt. Erfahrungen haben gezeigt, daß Projekte in Perl durchaus einen um den Faktor 10 kleineren Zeitbedarf aufweisen als etwa in C. Da die Entwicklung den größten Kostenfaktor darstellt, ist dies ein entscheidendes Argument für Perl.

---

2 Dieses System wird nicht nur von der Perl-Community oft etwas ironisch oder gar abschätzig mit *Micro$oft Windoze* bezeichnet. Wir werden in diesem Buch gelegentlich ebenfalls von dieser Bezeichnung Gebrauch machen.

- *Leichtes Debugging.* Der Perl-Debugger ist sehr komfortabel und bietet alle Möglichkeiten, die von professionellen Debuggern erwartet werden. Da Perl interpretiert ist, konnte der Debugger ebenfalls leicht in Perl geschrieben werden. Somit sind Sie in der Lage, diesen Ihren Bedürfnissen entsprechend zu ergänzen.

- *Dynamische Code-Erzeugung.* Durch die Funktion `eval()` haben Sie Zugang zum Perl-Interpreter selbst. Somit sind Sie in der Lage, zur Laufzeit Perl-Code zu erzeugen und diesen dann `evaluieren` zu lassen. Wie auch bei *Lisp* oder *Maple*, um nur einige wenige Sprachen zu nennen, kann diese mächtige Eigenschaft zur Erstellung hochkomplexer Programme dienen. Wir werden auf dieses hochinteressante Thema in Abschnitt 10.10 ab Seite 281 zurückkommen.

■ *Praktische Einsetzbarkeit*

- *Mächtigkeit.* Da Perl, dem *Borgschen Prinzip* entsprechend, viele nützliche Unix-Tools assimiliert hat, ist es sehr mächtig[3]. Schon allein durch einige wenige Features, insbesondere Hashes und reguläre Ausdrücke, sind Sie in der Lage, mit nur wenigen Zeilen Programme zu schreiben, die bei anderen Programmiersprachen mehrere Seiten schwerverständlichen Programmcodes enthielten. Dadurch sind Sie auch viel schneller am Ziel als mit anderen Sprachen.

- *Rapid Prototyping.* Die große Vielfalt fertiger CPAN-Module, der Interpreter sowie die mächtigen Features machen Perl zu einem idealen Werkzeug des Rapid Prototypings. Mit kaum einer anderen Sprache (Python[4] [55] vielleicht einmal ausgenommen) sind Sie so schnell mit einem Programm zur Hand, das die wesentlichen Anforderungen erfüllt.

- *Einfache Erlernbarkeit und Verwendbarkeit.* Wenn Sie bereits Erfahrungen mit Unix-Tools haben, wird Ihnen vieles bei Perl bekannt vorkommen. Insbesondere Erfahrungen mit regulären Ausdrücken können dabei Wunder wirken! Wenn Sie statt dessen Erfahrungen mit einer imperativen Programmiersprache wie Pascal, Java oder C (insbesondere C!) haben, werden Sie Perl ebenfalls mögen. Sie werden feststellen, daß Sie viele Perl-Programme bereits lesen und teilweise auch verstehen können. Perl tut alles, damit Sie so schnell wie möglich mit Ihren bereits vorhandenen Kenntnissen Ihre Ziele erreichen.

  Auch wenn Sie bisher weder die Sprache C noch Unix-Tools verwendet haben, werden Sie feststellen, daß Sie Perl dennoch sehr schnell anwenden können. Bereits einige wenige Kenntnisse (beispielsweise aus den ersten Kapiteln dieses Buches) reichen aus, damit Sie erste nützliche Programme schreiben können. Sollten Sie gelegentlich Zeit und Lust haben, können Sie Ihren Wissensstand jederzeit erweitern. Somit erhöht sich auch Ihre Produktivität, da Sie immer mächtigere Features kennenlernen werden, die Ihnen viel Mühe und Arbeit

---

[3] Sie wissen ja: „Widerstand ist zwecklos!" :-)

[4] Python ist eine weitere interpretierte Sprache. Sie ähnelt Perl in vielen Punkten und ist ebenfalls sehr mächtig. Sie finden Python und dazu relevante Informationen unter der URL: http://www.python.org/.

abnehmen können. Darum heißt es, die Lernkurve von Perl sei lang, weise aber eine moderate Steigung auf.

Haben Sie sich erst einmal an Perl und seine Module gewöhnt, werden Ihnen die meisten anderen Sprachen etwas schwerfällig vorkommen. Mit zunehmender Erfahrung werden Sie wahrscheinlich dazu übergehen, immer kürzere, dafür aber mächtigere Programme in Perl zu schreiben. Viele Perl-Anwender sehnen sich nicht nach der alten Vor-Perl-Zeit!

- *Effizienz.* Da Perl interpretiert ist, könnte der Verdacht aufkommen, daß es mit der Geschwindigkeit nicht so gut bestellt sei. Dem ist glücklicherweise nicht so! Dank einer besonderen Technik kann Perl-Code besonders schnell und effizient interpretiert werden. Darüber hinaus basieren viele Module auf kompiliertem C-Code, was der hohen Geschwindigkeit zusätzlich zugute kommt.

- *Objektorientierte Features.* Seit Perl5 können Sie auch objektorientiert programmieren. Somit können Sie nicht nur große Software-Projekte sinnvoll strukturieren. Dank der Vererbung läßt sich beispielsweise viel Code einsparen. Im Gegensatz zu anderen Sprachen, wie etwa Java [58, 18], sind Sie jedoch nicht verpflichtet, Klassen zu verwenden. Kleine und auch größere Skripten können weiterhin OO-frei bleiben. Wir werden in Kapitel 15 ab Seite 665 Perls objektorientierte Features vorstellen.

- *Zusammenarbeit mit anderen Sprachen.* Natürlich ist Perl nicht die einzige Programmiersprache. Eine große Menge Code, insbesondere C-Code, wartet nur darauf, assimiliert zu werden! Glauben Sie jetzt ja nicht, daß sämtliche Module aus dem CPAN existierenden C-Code in Perl übersetzt hätten. Das wäre allein aufgrund der erforderlichen Arbeitszeit gar nicht möglich gewesen, geschweige denn von der Mühe her, diese Module weiterhin mit den aktuellen C-Quellen zu synchronisieren!

Tatsächlich ist es möglich, C-Code mittels sogenannter *Stubs* an Perl heranzuführen. Dies ist Gegenstand von Kapitel 16. Somit stehen Perl sämtliche Libraries Ihres Systems zur Verfügung. Sie können somit nicht zuletzt auch proprietäre Software aus Perl heraus steuern, beispielsweise Ihren Datenbankserver (bzw. den Ihrer Firma!).

Auch der andere Weg ist möglich. Sie können von der Stärke von Perl auch innerhalb Ihrer C-Programme profitieren. Wollen Sie z.B. mit Ihrem in C geschriebenen Programm auch Texte scannen und sind Sie nicht bereit, auf die regulären Ausdrücke von Perl zu verzichten? Kein Problem! Sie brauchen „nur" den Perl-Interpreter wie eine Funktion von C aufzurufen und ihm passenden Perl-Code zu übergeben. Auch dies wird in Kapitel 16 behandelt.

1.2.2 Nachteile von Perl

Nachdem wir nun so viele Vorteile aufgelistet haben, ist es an der Zeit, auch die Schattenseiten von Perl zu betrachten.

- *Perl ist kryptisch.* Durch den Einsatz vieler Sonderzeichen können Perl-Skripten bisweilen ziemlich unübersichtlich werden. Das kann bei äußerst kompakten Ein- oder

Wenigzeilern darin gipfeln, daß ein gültiges Programm beinahe wie das Rauschen auf einer gestörten Leitung (*line noise*) aussieht!

Doch nicht nur die Sonderzeichen sind problematisch. Dank der Mächtigkeit gewisser Perl-Konstrukte können komplexe Datenstrukturen und Problemstellungen sehr kompakt aufgeschrieben werden. Dies schadet zwar der Lesbarkeit, stellt jedoch für erfahrene Hacker eine sehr elegante Lösung dar[5].

Natürlich müssen Perl-Skripten nicht kryptisch oder kompakt sein! Es steht Ihnen frei, den Stil zu wählen, der Ihnen am meisten zusagt.

- *Zu viele arkane Details.* Wenn man nur die Zeit zurückdrehen könnte! Perl hat, wie jede andere Sprache auch, im Laufe der Zeit immer mehr Eigenschaften assimiliert. Dem Wunsch vieler Anwender aus dem Internet folgend, baute Larry Wall das eine Feature nach dem anderen in seine Sprache ein. Erst langsam wurde klar, daß nicht *alles* in Perl untergebracht werden sollte bzw. konnte. Seitdem wurde die Weiterentwicklung strenger kontrolliert. Seit Perl5 liegt das Interesse ohnehin mehr auf der Entwicklung von Modulen aller Art.

  Die Jungendsünden der frühen stürmischen Entwicklungsphase blieben aber an Perl hängen. So sind heute einige Eigenschaften obsolet (*deprecated*), aber dennoch aus den vielen Tausenden von existierenden öffentlichen und privaten Skripten nicht mehr wegzudenken. Nicht wenige weitere Eigenschaften sind hingegen Bestandteil der aktuellen Perl-Kultur. Diese sind leider etwas obskur und werden erst dem Eingeweihten bei zunehmender Erfahrung bekannt.

  Das hört sich alles schlimmer an, als es in Wirklichkeit ist. Dennoch ist diese Überladung an Features ein auf lange Sicht ernstzunehmendes Problem für Perl.

- *Kein geheimer Quellcode.* Das ist vielleicht aus der Sicht eines kommerziell orientierten Anwenders der größte Nachteil von Perl. Im Gegensatz zu kompilierten Sprachen, bei denen es reicht, den übersetzten Code an die Kunden auszuliefern, muß bei Perl ja der Perl-Interpreter gut lesbaren Perl-Quellcode ausführen! Ihr Quellcode ist daher nicht so geschützt wie im Falle kompilierter Sprachen.

  Auf der einen Seite könnte man argumentieren, daß dies eine gute Sache sei. Quellcode sollte öffentlich zugänglich bleiben, nicht nur aus ideologischen Gründen, wie von der Free Software Foundation propagiert, sondern auch zur erleichterten Fehlersuche und -behebung, auch auf Kundenseite.

  Auf der anderen Seite hindert Sie nichts daran, den Perl-Interpreter selbst um einen Lizenzmanager zu erweitern, der verschlüsselte Perl-Programme einlesen und mit Hilfe der Lizenz-Keys zur Laufzeit entschlüsseln und ausführen kann! Wenn Sie den Perl-Interpreter so ergänzt haben, können Sie Ihre Änderungen der Allgemeinheit, d.h. dem CPAN, zur Verfügung stellen.

  Wenn Sie ein solches Projekt in Angriff nehmen wollen (sollte dies zu dem Zeitpunkt, zu dem Sie dieses Buch lesen, noch nicht existieren), sollten Sie an einige Punkte denken:
  - Orientieren Sie sich am Prinzip von *PGP* [27]! Das Perl-Programm sollte aus Geschwindigkeitsgründen mit einem *Private-Key*-Verfahren (z.B. mit

---

5 Kennen Sie die Geschichte von Mel? Wenn nicht, schauen Sie doch mal im Jargon-File [64] nach!

1.2 Vergleich mit anderen Sprachen

IDEA) verschlüsselt sein. Dieser „Sitzungsschlüssel" sollte dann mit Hilfe eines *Public-Key*-Verfahrens (z.B. Diffie-Hellman) so verschlüsselt werden, daß er nur noch mit den Lizenz-Keys entschlüsselt werden kann. PGP finden Sie übrigens unter der URL: `http://www.pgpi.org/`.

Der Einsatz von *Public-Key*-Verfahren hat zwei Vorteile:

* Sie können ein Programm für mehrere öffentliche Schlüssel (Lizenzschlüssel) gleichzeitig verschlüsseln.

* Sie können das Programm auch digital signieren. Gerade dies kann bei der Übertragung durch unsichere Netze garantieren, daß dieses Programm nur von Ihnen selbst stammt und auch nicht verändert wurde.

– Wenn Sie das Perl-Programm entschlüsselt haben, existiert es eine Weile im Hauptspeicher, bevor es geparst wird. Während dieser Zeit ist es gefährdet, da der Interpreter mit Hilfe von `kill` zu einem *Coredump* veranlaßt werden kann. Der gesamte entschlüsselte Quellcode läge dann in der *core*-Datei auf der Platte! Nach dem Parsen könnte ja der Puffer wieder gelöscht werden. Die geparste Struktur ist viel schwieriger in Quellcode umzuwandeln.

Im CPAN finden Sie sogenannte Quellcodefilter. Diese lassen sich sehr leicht beispielsweise an *pgp* koppeln, um die oben angedeutete Funktionalität zu implementieren.

- *Informeller Support.* Wenn Sie aus rechtlichen oder sonstigen Gründen auf einen formellen Support für Perl angewiesen sind, werden Sie es nicht leicht haben. Perl wurde nicht von einer Firma entwickelt, die Sie bei unbeabsichtigten Folgeschäden haftbar machen können. Sie verwenden Perl, wie es so schön heißt, auf eigenes Risiko.

  Ist dieses Problem wirklich so akut? Sie können ja einen Vertrag mit einer Support-Firma abschließen, die Sie dann bei eventuellen Schäden begrenzt haftbar machen können. Da dies jedoch das Spezialgebiet von Juristen ist, werde ich mich hüten, darüber weitere Worte zu verlieren.

  Sie werden aber bestimmt die Erfahrung machen, daß der informelle Support durch die Perl-Gemeinschaft vielfach hochqualitativ und auch schneller sein kann als der bekannter (sollte ich sagen, berüchtigter?) Software-Firmen. Durch die große Benutzerbasis und auch dank der Peer-Reviewers im Internet werden viele mögliche Bugs entweder ganz vermieden oder schnell behoben. Ein solcher Support kann den teuren kommerziellen Wartungsverträgen mit Herstellern durchaus die Stirn bieten.

- *Perl-Interpreter auf Zielrechner erforderlich.* Das ist bei jeder interpretierten Sprache so. Sie brauchen einen Interpreter auf dem Zielrechner. Je nach Fall kann dies ein Nachteil sein oder auch nicht. Es kann auch als Vorteil angesehen werden: Dadurch müssen Sie als Softwarehersteller nicht mehr Zugang zur speziellen Zielplattform haben, um Ihr Programm dort übersetzen zu können.

- *Write-Only-Programme.* Da Perl einerseits Rapid Prototyping unterstützt und sehr mächtig ist, andererseits aber auch recht kryptisch sein kann, werden viele *Quick-and-dirty*-Programme schnell zu *Write-only*-Programmen. Diese sind nach kurzer Zeit nicht mehr zu verstehen, sogar von ihren Autoren!

Es liegt also an Ihnen, Ihre Programme gut zu dokumentieren und von dem Gebrauch von Abkürzungen und Tricks aus Gründen der Wartbarkeit doch lieber Abstand zu nehmen. Es ist okay, bekannte Perl-Idiome zu nutzen, da diese von allen Perl-Hackern verstanden werden. Spezielle Tricks und obskure Features sollten Sie aber besser meiden.

1.3 Use the Force, Luke!

Eine der hervorragenden Eigenschaften von Perl sind die offenen Schnittstellen zu den restlichen Teilen des Systems. Perl zwingt Sie nicht, das Rad jedesmal neu zu erfinden. Ganz im Gegenteil! Sie werden ermutigt, existierende Tools und Libraries aus Perl heraus einzusetzen. So können Sie etwa durch die Socketschnittstelle Verbindung zu diversen Servern aufnehmen. Sie sind auch in der Lage, die C-API populärer Software-Pakete durch Anpassungsmodule direkt in Perl einzusetzen.

Auch Perl selbst nutzt die Stärken Ihres Systems so gut wie möglich aus. Die meisten mächtigen Funktionen dieser Sprache basieren auf existierenden System- und Applikationslibraries. Dennoch sind diese Funktionen einfacher anzuwenden als ihre nativen C-Versionen. Das liegt daran, daß Perl mächtigere Features als C aufweist und diese entscheidend zur Vereinfachung der API beitragen.

Perl nutzt die Libraries Ihres Systems, um seine Funktionalität zu implementieren. Das unterscheidet es von vielen anderen Sprachen. Java beispielsweise ist nur dann sinnvoll einzusetzen, wenn es mit einer riesigen Klassenbibliothek verwendet wird. Diese Klassenbibliothek selbst beruht aber nicht auf bereits existierenden Teilen Ihres Systems, sondern muß mühsam neukodiert werden.

Die Philosophie bei der Implementierung von Perl entspricht also im gewissen Sinne der von Unix. Die Lösung eines Problems wird auf viele Tools verteilt, die dann gemeinschaftlich die erforderlichen Berechnungen durchführen. Auch Perl nutzt existierende Libraries aus, um seine Aufgaben zu erledigen.

Andererseits weicht Perl auch von der Unix-Philosophie ab, indem es versucht, möglichst viele bisher unabhängige Werkzeuge zu einem großen Interpreter zusammenzufassen.

Aus diesem Grunde wird Perl gern als *Glue Language* bezeichnet.

Vielleicht wurde mit Perl gerade die richtige Mischung zwischen den vielen unabhängigen Werkzeugen von Unix und den großen monolithischen Alleskönnern gefunden.

1.4 Einsatzgebiete

Wie bereits oben erwähnt, ist Perl eine Allzweck-Programmiersprache. Daher kann es auch in nahezu allen Bereichen eingesetzt werden. Ausnahmen gibt es vor allem bei hochspezialisierten Anwendungen, wie etwa numerischen Berechnungen, oder bei der

Systemprogrammierung. Die folgende Aufzählung zeigt einen Ausschnitt möglicher (und tatsächlicher) heutiger Einsatzgebiete:

- *CGI-Programmierung.* Das wohl zur Zeit populärste Einsatzgebiet von Perl ist die Erstellung sogenannter *CGI-Programme* für das World Wide Web. Dabei handelt es sich um Programme, die von einem Webserver aufgerufen werden und dynamisch Webseiten auf Abruf generieren, andererseits die von Webbrowser-Benutzern eingegebenen Daten entgegennehmen und weiterverarbeiten. Perl ist für dieses Einsatzgebiet besonders gut geeignet, da es bei HTML-Seiten vor allem um die Verarbeitung von textuellen Daten geht; eine Aufgabe, für die Perl speziell optimiert wurde.

- *Systemverwaltung.* Die (Unix-)Systemverwaltung besteht zu einem großen Teil aus der Verarbeitung von Konfigurationsdateien, die aus reinem Text bestehen. Die automatische Verarbeitung dieser Dateien ist wieder eine Textverarbeitungsaufgabe, also eine Domäne von Perl. Wenn die Interprozeßkommunikationsfähigkeiten dazu gezählt werden, wird schon klar, wieso Systemverwalter, die Perl erst einmal kennengelernt haben, sich so schnell nicht wieder von diesem äußerst nützlichen Werkzeug lösen wollen.

- *Anwendungsprogrammierung.* Sehr oft geht es bei der normalen Anwendungsprogrammierung um die Verarbeitung von diversen Datenbeständen. Vielleicht möchten Sie als Anwendungsprogrammierer Altdaten von einem Format in ein anderes konvertieren. Auch wenn Sie Unix kennen sollten, ist es nicht immer einfach, die elementaren Tools wie *sed*, *awk* und andere richtig einzusetzen. Perl hingegen gibt Ihnen alle Hilfsmittel an die Hand, die Sie für die Lösung der gestellten Aufgaben benötigen.

- *Weitere Einsatzgebiete.* Hier sollen nur kurz, ohne Ausführlichkeit und ohne besondere Reihenfolge folgende genannt werden: Netzverwaltung mit und ohne SNMP, Zugriff auf Datenbanken, Simulationen, Datenextraktion und viele andere Gebiete.

Wie die obige, keineswegs erschöpfende Auflistung zeigt, sind die Einsatzgebiete von Perl so unterschiedlich wie die Interessen ihrer potentiellen Anwender. Dieses Buch stellt wichtige Einsatzgebiete vor und möchte Anregungen und Ideen für weitere Gebiete geben.

1.5 Aufgaben

1. Was bedeutet der Name „Perl"? Können Sie sowohl die offizielle als auch die humoristische Bedeutung erklären?

2. Haben Sie schon mal Perl-Programme gesehen? Was ist Ihnen dabei aufgefallen?

3. Wir haben in Abschnitt 1.2 ab Seite 1 die Vor- und Nachteile von Perl beschrieben. Vergleichen Sie nun anhand dieser Informationen Perl mit Sprachen, die Sie kennen.

4. Beschreiben Sie, wieso eine große Anwendergemeinschaft wichtig für den Erfolg einer Sprache ist. Würden Sie eine Sprache benutzen, die nur wenige Anhänger hat? Wenn ja, warum?

5. Was unterscheidet Perls Anwendergemeinschaft von der Anhängerschaft anderer Sprachen? Wieso ist sie im Falle von Perl so besonders wertvoll? Nennen Sie eine andere Sprache, die eine derart gute Unterstützung im Internet genießt wie Perl.

6. In der Perl-Welt gilt das CPAN-Archiv als *die* Quelle des gesammelten Wissens ihrer Anwendergemeinschaft. Nennen Sie wichtige Archive anderer Sprachen oder Softwareproduke.

7. Wieso gilt Perl als mächtige Sprache? Sind andere Sprachen im Vergleich dazu weniger mächtig? Wenn ja, warum?

8. Wie gehen Sie vor, wenn Sie eine neue Programmiersprache lernen müssen? Bringen Sie erst alle Details der Sprache in Erfahrung, z.B. durch das Lesen von Handbüchern und Einführungsbüchern, oder sehen Sie sich Beispiele an und fangen dann sofort mit dem Schreiben kleiner Testprogramme an?

9. Warum sind interpretierte Sprachen eigentlich langsamer als kompilierte Sprachen? Geben Sie ein Beispiel eines Programms an, das unter einen Interpreter um den Faktor 100 langsamer laufen würde, als wenn es kompiliert wäre. Welche Sprachkonstrukte machen ein interpretiertes Programm deutlich langsamer als ein kompiliertes?

10. Nennen Sie Fälle, in denen Rapid Prototyping angebracht ist! Wann sollten Sie hingegen Prinzipien des Softwareengineering wie Modellierung, Strukturierung, Zerlegung in Module oder auch Objektorientierung vorziehen? Ist der Punkt, an dem Sie die Methode wechseln, von der Programmgröße abhängig? Wird er vom Management angegeben?

11. Wieso ist die Entwicklungszeit von Programmen ein entscheidender Kostenfaktor? Ab wann spielt die Laufzeit- und Speicherplatzeffizienz eine wichtigere Rolle als schnelles Entwickeln? Was schließen Sie daraus in Hinblick auf den Optimierungsaufwand?

12. Auf Seite 5 wurde bedauert, daß Perl-Programme beiweilen sehr kryptisch sein können. Auch andere Sprachen können schwer lesbare Programme enthalten. Bei C wird dies durch die Teilnehmer am IOCCC, dem *International Obfuscated C Code Contest*, auf die Spitze getrieben (Details finden Sie unter der offiziellen URL: http://www.ioccc.org/). Was schließen Sie daraus?

13. Suchen Sie im Internet, vorzugsweise im CPAN, ob es, analog zum IOCCC, auch einen IOPCC, einen *International Obfuscated Perl Code Contest* gibt. Wenn ja, schauen Sie sich einige der Beiträge an! Kommen Sie auf diese Aufgabe zurück, wenn Sie Perl gut kennen.

14. Geben Sie Beispiele arkaner Details (siehe Seite 6) Ihrer Lieblingssprache an! Können Sie erklären, wie es dazu kam? War etwa ein Komitee am Design dieser Sprache beteiligt oder dafür verantwortlich? Was schließen Sie daraus? Ist ein (Ada-)Elefant wirklich eine nach Regierungsspezifikationen gebaute (Pascal/Modula-)Maus?

15. Wir haben auf Seite 6 das Thema Quellcodeverschlüsselung erwähnt. Was halten Sie davon? Was sind Vor- und Nachteile?

16. Zeigen Sie auf, wie Ihre Lieblingssprache die Stärken Ihres Systems nutzt. Was könnte besser gemacht werden? Ist das ein Problem der Sprache selbst oder ihrer Implementierung?

17. Perl wird oft als Skriptsprache bezeichnet. Was bedeutet das eigentlich? Was unterscheidet Skriptsprachen von weiteren Programmiersprachen? Was macht Perl in diesem Zusammenhang besonders wertvoll?

18. Können Sie nach dem Durchblättern des Inhaltsverzeichnisses andere Programmiersprachen nennen, die ein so breites Spektrum in der Anwendung aufweisen wie Perl?

19. Warum ist Perl besonders gut für die Systemverwaltung geeignet? Warum für die CGI-Programmierung?

20. Nennen Sie ein Beispiel aus Ihrer eigenen Erfahrung, als Sie alte Datenbestände in ein neues Datenformat konvertieren mußten. Wie lange haben Sie für diese Aufgabe gebraucht? Haben Sie spezielle Werkzeuge eingesetzt? Merken Sie sich die Antwort auf diese Frage, und kommen Sie darauf zurück, wenn Sie dieses Buch gelesen haben. Um welchen Faktor hätten Sie diese Aufgabe mit Perl schneller gelöst?

21. Wenn Sie eine Sprache von Grund auf neu entwickeln wollten, was würden Sie dabei berücksichtigen? Stellen Sie eine Liste von Anforderungen an diese neue Sprache auf. Achten Sie dabei auch auf Widersprüche, und versuchen Sie, Tradeoffs aufzulösen. Inwieweit kommt Perl Ihren Erwartungen entgegen?

22. Kennen Sie weitere interpretierte Sprachen? Wenn ja, hatten diese Sprachen auch eine eval()-Funktion (siehe Seite 4)? Haben Sie schon dynamisch Programmcode erzeugt und eval() übergeben? Wozu war das gut?

23. Worin liegt der Vorteil, daß selbst der Perl-Debugger in Perl geschrieben ist (siehe Seite 4)?

2 Die Entstehung von Perl

2.1 Als es Perl noch nicht gab...

Als es Perl noch nicht gab, war die Programmierung viel schwieriger und langwieriger als heute. Gestreßten Programmierern standen nur konventionelle Programmiersprachen wie etwa C oder Pascal oder aber eine Unix-artige Arbeitsumgebung mit vielen kleinen Werkzeugen wie *sed* oder *awk*, um nur einige zu nennen, zur Verfügung.

Eine derartige Entwicklungsumgebung, bestehend aus einem einfachen Compiler, Editor und — wenn dieser Luxus erlaubt war — Debugger, mußte dann für die Lösung der vielfältigsten Aufgaben eingesetzt werden. Dennoch mußten sehr viele Programmierer die bittere Erfahrung machen, daß auch die kleinste Anforderung nicht selten längere Programmierarbeit nach sich zog. An dieser Stelle ist es immer schwer, dem Auftraggeber klarzumachen, daß Programmierung eben keine sture, gleichbleibende Arbeit darstellt, sondern eine kreative Tätigkeit mit Höhen und Tiefen ist. Doch trotz dieser schönen Worte haben sich einige Programmierer insgeheim gewünscht, nicht so viele Verrenkungen machen zu müssen, um ein an sich triviales Ziel zu erreichen.

Anwender des Betriebssystems Unix haben da von Anfang an einen etwas anderen Ansatz verfolgt: So haben Unix-Freunde viele bereits im Betriebssystem integrierte Programme miteinander verknüpft, um eine Eingabe so lange zu verarbeiten, bis ein (hoffentlich) gewünschtes Ergebnis dabei herauskam. So wurden hier häufig lange sogenannte Pipelines, liebevoll Pipes genannt, eingesetzt, um ein einigermaßen brauchbares Ergebnis zu erzielen. So kam z.B. ein *Stream-Editor, sed,* zur Anwendung, häufig gepaart mit einem Werkzeug zur Manipulation einzelner Spalten, *awk* genannt. Eine typische Kommandozeile sah unter Unix so aus:

```
% egrep -v "^#" EINGABE.Statistik | sort +1 -2 |
>    sed -e 's/HEA/SY/g' |
>    sed -e 's/(.*): (.*)/MAILHEADER(\1) \2/' |
>    awk -f 'summierer.awk' | tbl | troff > AUSGABE.Datei
```

Das obenstehende Phantasie-Beispiel hätte dann folgende Semantik: Extrahiere aus einer Eingabedatei namens EINGABE.Statistik alle Zeilen, die *nicht* mit einem Kommentarzeichen # beginnen, und sortiere sie dann, wobei als Sortierkriterium nur die zweite Spalte berücksichtigt werden soll. Ersetze in dieser sortierten Datenmenge jedes Vorkommen von HEA durch SY, und forme die Header der Form „*Name: Werte*" in die neue Form „*MAILHEADER(Name) Werte*" um. Anschließend soll eine bestimmte Spalte dieser Datensätze summiert werden, worauf eine neue Zeile hinzukommt. summierer.awk ist ein Phantasie-AWK-Programm, das diese Aufgabe erledigen soll. Es ist hier nicht aufgeführt, da es nichts zur Sache tut. Schließlich soll diese so umgeformte Datenmenge noch so modifiziert werden, daß sie auf einem Laserdrucker ausgegeben werden kann, und zwar mit einem richtigen Layout. Die abschließende Ausgabe soll dann in der Datei AUSGABE.Datei landen.

Dieser Ansatz funktionierte eigentlich ganz gut, vor allem dann, wenn sich der Unix-Programmierer immer mehr Werkzeuge zurechtbastelte und damit seine Produktivität deutlich steigern konnte. Als Werkzeuge kamen sowohl Hunderte bereits durch Unix gelieferte Standardkommandos in Frage als auch vom Anwender zu schreibende Skripten und fertig aus C oder einer anderen Programmiersprache übersetzte Programme. Somit sollte der Entwicklung sehr komplexer Pipes nichts mehr im Wege stehen.

Da gerade die Unix-eigenen Werkzeuge so gut eingesetzt werden konnten, wurden sie mit immer mehr Optionen überladen, die das Verhalten der Tools auf die eine oder andere Weise beeinflussen konnten. So wurden aus anfänglich kleinen nützlichen, aber auch spezialisierten „Verbindungsstücken" äußerst flexible Instrumente. Die Handhabung dieser Instrumente fordert jedoch vom Anwender ein gründliches Studium der nicht immer einfach zu lesenden Dokumentation, Manual-Seiten (*Manpages*) genannt. Ohne hier mehr ins Detail zu gehen, sei angedeutet, daß auch erfahrene Programmierer über so mancher Formulierung in den Manual-Seiten schon längere Zeit gegrübelt haben. Ein erfolgreicher Unix-Programmierer mußte daher neben C auch viele Werkzeuge gut beherrschen, um einigermaßen schnell Ergebnisse zu erzielen.

Wären alle diese Werkzeuge auf allen Unix-Varianten und -Plattformen in ihrem Verhalten identisch, wäre das Problem der Portierung von Code weit weniger schwierig als heute. Auch wenn die wichtigsten Kommandos sich im wesentlichen ähneln, so sind es gerade die exotischen Optionen oder herstellereigenen Erweiterungen, die einem das Leben zur Hölle machen können. Somit ist Unix nicht gleich Unix und das Leben um einiges bunter, als es einem manchmal lieb ist.

Ein weiteres, gewichtigeres Problem liegt in den implementierungsabhängigen Einschränkungen. Auch wenn sich die Lage heutzutage einigermaßen gebessert hat, weisen nach wie vor viele Standardwerkzeuge künstliche Schranken auf. So besaß beispielsweise eine bestimmte Version des Stream-Editors *sed* eine Schranke von 32 KByte Zeichen pro Zeile. Sollten längere Zeilen verarbeitet werden, stieß man hier auf diese, durch die spezifische Implementierung des *sed* künstlich geschaffene Grenze, obwohl dem Programm noch genügend Haupt- oder virtueller Speicher zur Verfügung stand. Doch nicht nur der *sed* weist oder wies solche Einschränkungen auf. So gut wie alle anderen Werkzeuge — hier sei stellvertretend *awk* genannt — weisen ähnliche künstliche Schranken auf, die ihre Nützlichkeit bisweilen stark einschränken.

Wir wollen im folgenden die Programmierung in einer konventionellen Programmiersprache, wie etwa C oder Pascal, die *C-Welt* nennen, im Gegensatz zur unixartigen Kombination von Tools in Pipes, der *Skript-Welt*.

Wenn sich auch viele Probleme mehr oder weniger gut in der C- oder der Skript-Welt bewältigen lassen, so gibt es auch eine nicht unerhebliche Menge von Problemen, die durch eine Kombination von Techniken aus beiden Welten am besten gelöst werden könnten. Leider passen die C-Welt und die Skript-Welt nicht so recht zusammen. Was vor der Einführung von Perl fehlte, war eine mächtige Skript-Sprache, die eine Programmierung wie mit einer konventionellen imperativen Sprache wie C ebenfalls ermöglichte.

2.2 Larry Walls Weg

Es haben sich schon genügend Programmierer über die scheinbare Unvereinbarkeit der C- und Skript-Welten geärgert. Einer von ihnen war Larry Wall, der Erfinder von Perl. Im *Camel Book* [97] schildert er die Gründe, die ihn dazu bewogen haben, eine Sprache zu schaffen, die beide Welten miteinander in Einklang bringen sollte:

Larry war der lokale System-, Programmier- und Unix-Guru einer Firma in den Vereinigten Staaten. Diese Firma besaß zwei Cluster von Workstations, jeweils einen an der West- und einen an der Ostküste. Diese Workstations waren durch eine langsame Modemleitung miteinander verbunden. Der Netzmanager wollte nun diese beiden Cluster von einer zentralen Stelle aus verwalten und beauftragte Larry mit der Schaffung eines Programms, das dies ermöglichen sollte. Wie so oft stand Larry nur ein Zeitraum von weniger als einem Monat zur Verfügung. Da die Verwaltung von Rechnern auf der Übertragung von vielen Textdateien beruht, schloß er folgerichtig und instinktsicher daraus, daß ein modifiziertes News-System, an dem er vorher gehackt hatte, *B-News*, mit leichten Anpassungen die Aufgabe bewältigen würde.

Es stellte sich jedoch bald heraus, daß es nicht so einfach war, in einem vernünftigen Zeitraum ein News-System, das ohnehin in Stücken lag, wieder zusammenzusetzen und zum Laufen zu bringen. Ein wesentliches Problem lag darin, daß es in der Skript-Welt nicht einfach war, mit Hilfe von *awk* mehrere Dateien nacheinander zu öffnen, und zwar in Abhängigkeit von zuvor aus anderen Dateien gelesenen Daten. Daher fing Larry Wall an, den *awk* so lange zu modifizieren, bis daraus etwas völlig anderes wurde: Eine richtige Sprache zur Manipulation von Textdaten. Dieses modifizierte Programm genügte noch nicht allen Anforderungen, denn es sollten noch aus den gesammelten Daten der Workstations tabellarische Berichte (*Reports*) erstellt werden. So ergänzte Larry die neue Sprache um die Fähigkeit, formatierte Berichte auszudrucken.

Als Larry Wall schließlich diese Firma verließ, nahm er seine neugeschaffene Sprache mit, stellte sie umsonst ins Internet und erhielt sehr positive Rückmeldungen, Verbesserungsvorschläge und weitere Wünsche. Der Rest war vorherzusehen. Bald war Perl zu dem geworden, was es heute ist.

2.3 Perl4

Perl Version 4 war die erste stabile, weitverbreitete Version im Internet. Zahlreiche Anwender erkannten bald die Vorteile dieser ungewöhnlichen Mischung aus C und Skriptsprache und fingen bald an, Skripten[1] zu schreiben. Dabei standen den Programmierern erstmalig die unbestreitbaren Vorteile von C, gekoppelt mit den hervorragenden Eigenschaften von Unix-Tools in einer neuen Sprache, zur Verfügung. Da die ersten Perl-Anwender schon C oder die Skript-Welt beherrschten, war das Umsteigen auf Perl ziemlich einfach. Perl-Neulinge haben die Erfahrung gemacht, daß die Lernkurve zwar lang ist,

---

[1] Perl-Programme werden Skripten genannt. Dies ist nicht zu verwechseln mit der oben definierten Skript-Welt. (Perl-)Skripten sind tatsächlich vollwertige Programme.

aber eine sehr moderate Steigung aufweist. Außerdem ist es nicht nötig, sehr viel über Perl zu lernen, bevor man es zur Anwendung bringen kann.

Wer Perl einsetzen wollte, dem standen nur wenige Quellen offen:

- Die ziemlich lange Manual-Seite von Perl4 enthielt zwar alle wichtigen Informationen zu Perl, jedoch in höchst komprimierter Form, wie es bei Manpages so üblich war, und somit zum Lernen denkbar ungeeignet. Zudem war die Manual-Seite von Perl4 schließlich auf über 100 Seiten angeschwollen.
- Fertige Perl-Programme, die studiert und anschließend modifiziert werden konnten. Leider gab es in der Standarddistribution von Perl4 kaum Beispielskripten, die einen Anfang hätten bieten können. Wenige bekannte FTP-Server enthielten einige Programme. Es war jedoch schwer, an eine gute Sammlung solcher Skripten heranzukommen.
- Wissen über C und Unix-Tools half bisweilen weiter, da Perl ja die Vorteile beider Welten vereinigte. Eine gute Portion Intuition (einige ziehen es vor, Intuition doch lieber Intelligenz zu nennen) ist schließlich beim Erlernen einer neuen Programmiersprache unverzichtbar, bei der man kaum über geeignete Literatur verfügt(e).
- `news:comp.lang.perl.misc` ist eine äußerst nützliche Newsgruppe. Dort konnte man schon sehr früh bei allerlei Problemen Unterstützung von hilfsbereiten Freiwilligen bekommen. Dabei wird diese Gruppe von den meisten Perl-Gurus häufig frequentiert.
- Das *Camel Book* [98] vom Erfinder Larry Wall, ein nützliches, vollständiges, wenn auch etwas schwer lesbares Nutshell-Handbuch von O'Reilly.
- Das *Llama Book* [71], eine Einführung für Neulinge, die sich nicht sofort dem Standardwerk [98] aussetzen wollen.

Im Laufe der Zeit kamen weitere Perl-Bücher und Perl-Skripten hinzu.

Perl4 wurde so populär, daß es die meisten Unix-Hersteller als Teil ihres Betriebssystems integrierten.

2.4 Perl5 — The Next Generation

Obwohl Perl4 als Programmiersprache für die Belange der meisten Skriptautoren durchaus lange Zeit ausreichend war, konnte Larry Wall nicht ruhen. Er entwickelte `perl-4.036` nicht weiter, sondern begann, die Interna des Perl-Interpreters völlig umzustrukturieren. So schaffte er es, die Komplexität des Parsers[2] um zwei Drittel zu reduzieren. Schließlich war durch die zahlreichen Ergänzungen aus dem Internet die Entropie des Quellcodes enorm gewachsen und wahrscheinlich kaum noch handhabbar. Dennoch wurde nicht nur die interne Struktur des Perl-Interpreters verändert, sondern — viel wichtiger für Anwender — es kamen neue Sprachelemente hinzu.

---

2 Der Parser ist der Teil eines Compilers oder Interpreters, der die zu übersetzende Sprache einliest, auf syntaktische Korrektheit überprüft und dann entsprechende Aktionen veranlaßt.

Perl5 brachte einige Verbesserungen, wobei folgende wesentlich sind:

- *Objektorientierung.* Es ist nun möglich, Klassen und Objekte zu definieren und Methoden aufzurufen. Somit nähert sich Perl auch der Hybridsprache C++ etwas an. Natürlich müssen Sie nicht alle Ihre bestehenden Perl4-Programme über Bord werfen und alles nun objektorientiert kodieren. Die objektorientierten Features von Perl5 sind nur Optionen, die Sie einsetzen können, wenn Sie es möchten. Es sei erwähnt, daß mittlerweile sehr viele Module existieren, die davon ausgehen, daß Sie sie auf eine objektorientierte Art anwenden.

- *Module.* Es handelt sich dabei um eigenständige Software-Produkte, die wie eine Library eingesetzt werden können. Perl5 stellte viele Module als integralen Bestandteil der Perl-Distribution zur Verfügung.

- *Übersichtliche Manual-Seiten.* Die riesige Manual-Seite der Vorgängerversion wurde grundlegend überarbeitet und in viele kleinere, thematisch abgeschlossene Manual-Seiten aufgeteilt. Dabei hat sich auch an der Redaktion dieser Seiten so manches geändert, so daß diese sich nun durch eine unglaubliche Klarheit erfrischend von den anderen trockenen Unix-Manpages durch eine unglaubliche Klarheit unterscheiden. Auch wenn Sie Anfänger sind, können Sie schon einmal einen Blick riskieren: Sie werden kaum enttäuscht sein.

- *Weitere Verbesserungen* können Sie der *FAQ* entnehmen.

    FAQ steht für „*Frequently Asked Questions*" und ist eine Sammlung mit Antworten auf „häufig gestellte Fragen" aus den USENET-Newsgruppen. Eine Perl-FAQ wird mittlerweile (ab `perl-5.004`) standardmäßig mitgeliefert. Dazu rufen Sie *man perlfaq* auf.

2.5 Lizenzrechtliche Aspekte

Seitdem Larry Wall den Quellcode von Perl auf FTP-Servern im Internet zur Verfügung gestellt hat, kann diese wunderbare Sprache von jedem bezogen und installiert werden. Perl ist keine Public-Domain Software, sondern urheberrechtlich geschützt (*Copyrighted*). Larry Wall hat Perl gleich unter zwei verschiedenen Lizenzen öffentlich bereitgestellt:

- Das *GNU Copyleft Version 1 oder später.* Das GNU Copyleft ist die liebevolle Bezeichnung der „General Public License" der „Free Software Foundation". Diese erreichen Sie unter der URL `http://www.gnu.org/`. Programme, die unter den Bedingungen der GPL stehen, dürfen frei und ohne zusätzliche Kosten weitergegeben werden, vorausgesetzt, daß der Quellcode ebenfalls mitgegeben wird bzw. Verweise auf Stellen enthalten sind, wo dieser zu finden ist. GPL-Programme dürfen auch verändert werden, wenn aus den Veränderungen klar hervorgeht, daß es sich um eine modifizierte Version der Original-Software handelt. Modifizierte GPL-Programme fallen automatisch ebenfalls unter die Bedingungen der GPL. Das gilt auch für Programme, die Teile von GPL-Code enthalten (das gilt vor allem für Programme, die mit dem GNU-Tool *bison* erstellt wurden). Im Haupt-README der Perl-

Distribution erläutert Larry Wall seine Interpretation der GPL. Er empfiehlt jedoch, einfach die liberalere „Artistic License" zu verwenden.

- Die *Artistic License* ist eine abgeschwächte Variante des GNU Copyleft. Sie räumt dem Anwender mehr Gestaltungsmöglichkeiten ein. Einige Einschränkungen der GPL hinsichtlich der Verpflichtung zur Weitergabe von Quellcode sind hier aufgehoben worden.

Beide Lizenzen lassen sich grob wie folgt zusammenfassen:

- Sie dürfen den Perl-Interpreter frei verwenden und weitergeben.

- Sie dürfen den Perl-Interpreter modifizieren, vorausgesetzt, Sie dokumentieren die Änderungen als Ihre eigenen.

- Sie dürfen Skripten, die Sie selbst erstellen, unter den Bedingungen weitergeben, die Sie selbst für richtig halten.

- Wenn Sie C-Routinen usw. in Perl integrieren, handelt es sich um Ihre eigenen Entwicklungen, die Sie nach eigenen Konditionen vertreiben können. Der Perl-Interpreter bleibt jedoch Eigentum von Larry Wall und ist somit (im Quellcode) mit Ihren eigenen Erweiterungen weiterzugeben.

Um vor rechtlichen Konsequenzen geschützt zu sein, *müssen* Sie den Originaltext beider Lizenzen sowie Larrys Interpretation der GPL zu Rate ziehen. In jeder Perl-Distribution sollten Sie in der Datei `Copying` die GPL, in `Artistic` die Artistic License und in `README` Larrys Interpretation finden.

2.6 Aufgaben

1. Wodurch unterscheidet sich nun wirklich die oben definierte C-Welt von der Skript-Welt?

2. Versuchen Sie, die lange Pipe aus diesem Kapitel auf Seite 13 zu verstehen. Haben Sie schon einmal Pipes, auch längere, verwendet? Wie sind Ihre Erfahrungen gewesen?

3. Sind Sie schon einmal auf eine Implementierungsgrenze eines Unix-Tools gestoßen? Wenn ja, wie haben Sie sie erkannt? Was haben Sie dagegen unternommen?

4. Haben Sie versucht, bei der Shell-Programmierung Zeichenketten im großen Stil zu manipulieren? Was waren dabei die größten Schwierigkeiten?

5. Auch wenn Sie Perl noch nicht kennen, stellen Sie eine Wunschliste an eine Sprache zusammen, die sowohl in der C- als auch in der Skript-Welt zu Hause sein soll. Bewahren Sie diese Liste gut auf, und kommen Sie später darauf zurück, wenn Sie genügend über Perl wissen. Welche Wünsche haben sich mit Perl erfüllt, welche blieben unerfüllt? Können Sie die unerfüllten Wünsche dennoch mit einfachen Perl-Skripten realisieren? Wenn nicht, haben Sie wahrscheinlich eine neue nützliche

2.6 Aufgaben

Eigenschaft für Perl gefunden. Stellen Sie Ihre Entdeckung, am besten mit einem Vorschlag, wie sie zu realisieren ist, in die Perl-Newsgruppe, und warten Sie auf Reaktionen.

6. Können Sie die Entwicklungsgeschichte von Perl nachvollziehen? Was ist ein Newssystem? Wie können Sie in der Skript-Welt, z.B. mit *awk*, diverse Textdateien bearbeiten, die von gerade bearbeiteten Daten abhängen? „Sehen" Sie, wieso eine neue Sprache erfunden werden mußte?

7. Nachdem Perl4 eine gewisse Größe erreicht hatte, entschloß sich Larry Wall, die Entropie des Interpreter-Quellcodes zu reduzieren. Was ist mit Quellcode-Entropie gemeint? Wieso nimmt die Entropie bei zunehmender Pflege eines Programms unweigerlich zu? Handelt es sich um ein Naturgesetz? Wie kann die Zunahme von Entropie verhindert werden? Was schließen Sie daraus für Ihre eigenen Programme?

8. Ist Perl auf Ihrem System installiert? Wenn ja, finden Sie heraus, welche Version gerade installiert ist. *Hinweis:* siehe Seite 21. Es gibt Systeme, wo der Systemverwalter sowohl Perl4 als auch Perl5 installiert hat. Trifft dies bei Ihnen zu, fragen Sie Ihren Systemadministrator nach den Gründen für das Vorhandensein beider Interpreter. Gibt es tatsächlich Skripten, die nur unter Perl4 laufen?

9. In diesem Kapitel wurden implementationsabhängige Schranken diverser Unix-Tools erwähnt. Neben dem Ärger, den solche Schranken einem Entwickler bereiten, stellen sie für Systemverwalter manchmal Sicherheitsrisiken dar. Ein solches Sicherheitsrisiko entsteht häufig dann, wenn die Eingabe durch die Tools nicht auf Länge überprüft wird (das Tool geht davon aus, daß z.B. Zeilen nie 1 Mbyte groß werden oder daß die Eingabe eines Paßworts niemals 5 Kbyte überschreiten wird und stellt somit intern Puffer einer festen Größe bereit; es überprüft jedoch nicht, ob diese Größe auch tatsächlich eingehalten wird). Wird ein solches Programm mit einer längeren Eingabe gefüttert, führt dies fast unweigerlich zum Absturz des Programms. Leider können derart lange Eingaben auch absichtlich fabriziert werden, und zwar so geschickt, daß darin „verbotener Code" verborgen ist. Einem Virus gleich, wird bei Überschreitung der zulässigen Länge der Eingabe dieses Stück Code aktiviert, und somit werden unerwünschte Nebenwirkungen verursacht. Diese Klasse von Lücken ist tatsächlich die häufigste Ursache für Sicherheitswarnungen des CERT, des *Computer Emergency Response Team*. Schauen Sie sich einige neuere (oder auch ältere) CERT-Hinweise einmal an. Wie viele dieser Warnungen beziehen sich auf die oben erläuterte Klasse von Sicherheitslücken? Perl verfügt statt dessen über eine ausgeklügelte Speicherverwaltung (virtueller Speicher). Wie kann diese Speicherverwaltung dazu eingesetzt werden, einen Großteil der Sicherheitslücken anderer Unix-Tools auszuschalten?
Hinweis: http://www.cert.dfn.de/.

3 Beschaffung und Installation

3.1 Synopsis

1. `wget http://www.perl.com/CPAN/src/latest.tar.gz`
2. `tar -zxf latest.tar.gz`
3. `cd perl5.005_02` (beispielsweise)
4. `rm -f config.sh`
5. `sh Configure`
6. `make`
7. `make test`
8. `make install` (als *root*)

3.2 Einführung

Wenn Sie ein Unix-Derivat verwenden, sind die Chancen hoch, daß Perl bereits auf Ihrem System installiert ist. Diese vorinstallierte Version von Perl wird auch in den meisten Fällen ausreichend sein. Es gibt jedoch Situationen, in denen es unumgänglich ist, auf eine neuere Version umzusteigen:

- Der Hersteller Ihres Betriebssystems hat Perl nicht mitgeliefert.
- Sie benötigen mindestens Perl5. Einige Hersteller lieferten bis vor kurzem immer noch Perl4 als Bestandteil ihrer Produkte aus.
- Veraltete Perl-Versionen können sicherheitsrelevante Bugs enthalten, die in neueren Versionen behoben wurden.
- Viele Module setzen eine neuere Version von Perl voraus.

Gerade der letzte Grund wird Sie sicherlich gelegentlich dazu zwingen, eine neuere Perl-Version zu besorgen und zu installieren. Daher ist dieses Kapitel nicht ganz unberechtigt.

Sie können selbst herausfinden, ob Perl bereits auf Ihrem System installiert ist:

```
farid@bsd-1:~> uname -sr
FreeBSD 3.1-RELEASE
farid@bsd-1:~> which perl
/usr/bin/perl
farid@bsd-1:~> perl -v
This is perl, version 5.005_02 built for i386-freebsd
```

Wie man hieraus leicht erkennen kann, wurde bei FreeBSD 3.1-RELEASE Perl in der Version 5.005_02 vorinstalliert, und zwar unter */usr/bin*.

3.3 Quellcode herunterladen

Die neueste Version von Perl finden Sie auf einem CPAN-Mirror in Ihrer Umgebung. Verwenden Sie dazu die URL:

```
http://www.perl.com/CPAN/
```

Sie werden durch den sogenannten *CPAN-Multiplexer* zu einem der FTP-Server in Ihrer (Netz-)Nähe geführt. Eine Liste von CPAN-Sites finden Sie unter der URL:

```
http://www.perl.com/CPAN/SITES
```

Das Herunterladen des Perl-Quellcodes kann mit jedem beliebigen Webbrowser oder FTP-Programm durchgeführt werden. Schauen Sie dazu einfach im Unterverzeichnis *src/* nach der Datei `latest.tar.gz`. Diese Datei ist ein Symlink auf die letzte *stabile* Version von Perl. Die Mutigen unter Ihnen können dort auch die aktuellste Development-Version finden. Diese sollten Sie jedoch nur dann installieren, wenn Sie auf Fehler diverser Art gefaßt und bereit sind, diese den zuständigen Betreuern zu melden.

Sie können auch im Unterverzeichnis `ports` Perl-Binaries für diverse Nicht-Unix Systeme, wie etwa *Micro$oft Windoze, BeOS, Mac* oder andere, finden. Diese Binaries sind naturgemäß nicht immer auf dem neuesten Stand. Darüber hinaus enthalten sie nicht sämtliche Features der Unix-Version.

Die CPAN-Server stellen die umfassendste Quelle von Perl-Software dar. Sie enthalten sowohl Perl als auch zahlreiche Module, Dokumentationen und weitere interessante Goodies. Erläuterungen zum CPAN finden Sie ab Seite 618.

Wenn Sie keinen direkten Zugang zum Internet haben, stehen Ihnen noch folgende Möglichkeiten offen:

- Sie können eine CD-ROM mit Perl von diversen Anbietern käuflich erwerben. Achten Sie jedoch beim Kauf auf das Mastering- und Snapshot-Datum der CD. Sie sollten auf den Kauf einer sechs oder mehr Monate alten CD besser verzichten. Darüber hinaus sollten Sie prüfen, daß die CD einen kompletten Snapshot des CPAN enthält.

    Walnut Creek, `http://www.cdrom.com/`, stellt eine Perl-CD etwa alle sechs Monate her, die auch günstiger per Abo bezogen werden kann. *O'Reilly* stellt CDs als Teil seines *Perl Toolkits* bereit. Die URL lautet `http://www.oreilly.com/`.

    Sie können auch Perl als Teil der Distribution freier Unix-Derivate bekommen. So enthalten die meisten `Linux`-Distributionen sowie `Free-`, `Net-` oder `OpenBSD` jeweils Perl und eine Auswahl diverser nützlicher Module. Die relevanten URLs sind:

    – `http://www.debian.org/` — die Heimat der populären Debian Linux-Distribution, die auch von der FSF aufgrund ihrer sauberen Organisaton empfohlen wird[1]. Natürlich können Sie auch auf andere `Linux`-Distributionen zurückgreifen.

---

[1] Dort finden Sie übrigens auch die neue Version des GNU/Hurd, einem auf dem Mach-Mikrokernel basierenden Unix-Server, der zum Kernel des GNU-Systems werden soll. Dieses ist zur Zeit in Entwicklung und wird der Debian-Philosophie folgen.

- `http://www.freebsd.org/` — enthält die neuesten Versionen von FreeBSD, einem sehr stabilen und mächtigen Berkeley-Unix, das vor allem, aber nicht nur, von ISPs eingesetzt wird.

- `http://www.netbsd.org/` — enthält das neueste NetBSD-Release. Es handelt sich um ein frei verfügbares BSD-Unix, das jedoch im Gegensatz zu FreeBSD nicht nur auf Intel-Rechnern, sondern auch auf vielen anderen Prozessoren lauffähig ist. NetBSD ist oft eine Alternative, wenn Sie alte oder andere Hardware als Intel-Rechnern bzw. Intel-kompatible Prozessoren nutzen wollen.

■ Wenn Sie E-Mails senden und empfangen können, haben Sie die Möglichkeit, sich mit FTPMail eine Datei als E-Mail senden zu lassen:

```
farid@bsd-1:~> mail ftpmail@decwrl.dec.com
Subject: reply xyzzy@wizard.magic.com
connect ftp.gmd.de
chdir /packages/CPAN/src
binary
get latest.tar.gz
quit
.
```

Diese Datei kann bei Ihnen entweder als MIME-Attachment ankommen oder, was wahrscheinlicher ist, als zerstückelte Sendung mehrerer E-Mails. Es liegt an Ihnen, die Stückchen wieder in der richtigen Reihenfolge zusammenzusetzen und dann per *uudecode* auszupacken. Sollten keine Instruktionen mit den Fragmenten angekommen sein, fragen Sie am besten einen Unix-Guru Ihrer Umgebung um Rat.

3.4 Auspacken der Perl-Distribution

Nun haben Sie die Datei `latest.tar.gz` per *ftp* oder mit anderen Mitteln bekommen. Diese Datei können Sie dann wie gewohnt mittels *tar* und *gzip* auspacken:

■ `gzip -cd latest.tar.gz | tar -xf -`

Das Kommando *gzip* mit dem Flag `-cd` dekomprimiert die TAR-Datei und sendet ihren Inhalt in die Pipe zum *tar*-Kommando weiter, das seinerseits die einzelnen Dateien der Distribution in einem Unterverzeichnis auspackt.

■ `tar -zxf latest.tar.gz`

Dies funktioniert nur bei GNU-Tar. Das `-z`-Flag sorgt für das Entkomprimieren mittels `gzip -cd`.

Der Quellcode und die Dokumentation von Perl befinden sich nun in einem neu erzeugten Unterverzeichnis. Der Name dieses Unterverzeichnisses richtet sich nach der aktuellen Version von Perl. Wir wechseln nun mit `cd` dorthin:

```
farid@bsd-1:~> cd perl5.005_02
```

3.5 Konfiguration und Anpassung

Der ausgepackte Quellcode kann unter mehreren Betriebssystemen und Plattformen übersetzt werden. Dazu sind allerdings Anpassungen vor der Kompilierung notwendig. Diese Konfigurationsarbeit übernimmt das *Configure*-Skript.

Configure ermittelt mit Hilfe von Testprogrammen und komplexen Heuristiken die Charakteristika Ihres Systems. Es stellt auch häufiger Fragen, wenn es diese nicht selbst zweifelsfrei beantworten kann.

> Kenner werden die Verwandtschaft zu *autoconf* erkennen, einem Mechanismus, der vorwiegend bei GNU-Software eingesetzt wird. Mit *autoconf* können Software-Pakete relativ leicht auf unterschiedlichste Systeme portiert werden. Das Skript *Configure* beruht teilweise auf *autoconf*, enthält aber deutlich mehr verwickelte Heuristiken.

Wir werden im folgenden die wichtigsten Fragen von *Configure* einzeln betrachten. Sie brauchen sich aber nicht von deren Vielfalt und großer Anzahl einschüchtern zu lassen. Die meisten dieser Fragen haben Default-Antworten, die mit einem einfachen ENTER bestätigt werden können.

Wir rufen *Configure* auf, wie es in der Datei INSTALL angegeben wurde:

```
farid@bsd-1:~/perl5.005_02> rm -f config.sh
farid@bsd-1:~/perl5.005_02> sh ./Configure
```

Nach Informationen allgemeiner Art, die jeweils mit ENTER bestätigt werden müssen, zeigt *Configure* eine Liste von unterstützten Betriebssystemen und Plattformen an:

```
3b1         dynix        isc         openbsd     sunos_4_1
aix         dynixptx     isc_2       opus        svr4
altos486    epix         linux       os2         ti1500
amigaos     esix4        lynxos      os390       titanos
apollo      fps          machten     powerux     ultrix_4
aux_3       freebsd      machten_2   qnx         umips
beos        genix        mips        sco         unicos
bsdos       greenhills   mpc         sco_2_3_0   unicosmk
convexos    hpux         mpeix       sco_2_3_1   unisysdynix
cxux        i386         ncr_tower   sco_2_3_2   utekv
cygwin32    irix_4       netbsd      sco_2_3_3   uts
dcosx       irix_5       newsos4     sco_2_3_4
dec_osf     irix_6       next_3      solaris_2
dgux        irix_6_0     next_3_0    stellar
dos_djgpp   irix_6_1     next_4      sunos_4_0

You may give one or more space-separated answers, or "none" if appropriate.
A well-behaved OS will have no hints, so answering "none" or just "Policy"
is a good thing.  DO NOT give a wrong version.

Which of these apply, if any? [freebsd]
```

Configure hat hier schon den richtigen Default-Wert angegeben. Was sind nun *Hints*? Das sind Informationen (Hinweise) über die allgemeine Struktur eines Systems. Beispielsweise werden Pfadnamen wichtiger Programme dort abgelegt. Darüber hinaus wird dort vermerkt, ob bestimmte Features jeweils funktionieren oder durch Workarounds ersetzt werden sollten. Gerade bei den Hints wird viel Heuristik eingesetzt.

Sollte sich Ihr System nicht auf der Liste der unterstützten Systeme befinden, heißt das noch lange nicht, daß jegliche Hoffnung vergebens wäre. Sie können in diesem Fall auf diese Frage „none" antworten und *Configure* das Herausfinden von wichtigen Eigenschaften überlassen. In diesem Fall sollten Sie jedoch darauf vorbereitet sein, auch einmal die eine oder andere Frage abweichend von den Defaults zu beantworten. Ein solches Vorgehen setzt jedoch intimes Wissen über die Einzelheiten Ihres Systems voraus.

```
Perl can be built to take advantage of threads, on some systems.
To do so, Configure must be run with -Dusethreads.
(See README.threads for details.)
Build a threading Perl? [n]
```

Diese Frage ist seit `perl-5.005` neu. Sie müssen hier entscheiden, ob Ihr System Threads unterstützt und ob Sie die Thread-Unterstützung im Perl-Interpreter aktivieren wollen. Als dieses Buch entstand, war die Thread-Unterstützung noch im experimentellen Stadium. Daher haben wir hier darauf verzichtet.

```
By default, perl5 will be installed in /usr/local/bin, manual
pages under /usr/local/man, etc..., i.e. with /usr/local as prefix for
all installation directories. Typically set to /usr/local, but you
may choose /usr if you wish to install perl5 among your system
binaries. If you wish to have binaries under /bin but manual pages
under /usr/local/man, that's ok: you will be prompted separately
for each of the installation directories, the prefix being only used
to set the defaults.

Installation prefix to use? (~name ok) [/usr/local]
```

Diese Frage ist jetzt wichtig. Die Dateisystem-Layout-Philosophie unter Unix sieht vor, daß Systemsoftware unter */usr/*{*bin,lib,man,...*} untergebracht werden soll. Zusätzliche Software sollte hingegen unter */usr/local/*{*bin,lib,man,...*} installiert werden.

Ist Perl nun Systemsoftware oder zusätzliche Software? Zum einen ist Perl eine *systemnahe* Software, da durch seine Hilfe viele Systemskripten erst möglich werden. Daher bundeln viele Hersteller Perl unter */usr/bin*. Andererseits wollen wir eine neue Version von Perl und zugehörige Skripten und Module nachträglich installieren. Der logische Platz dazu wäre dann natürlich */usr/local*.

Was ist nun die richtige Entscheidung? Die Meinungen darüber gehen auseinander und sind jede für sich berechtigt. Als Systemadministrator muß ich häufig auf vielen Computern Betriebssystem-Upgrades durchführen. Dabei wird der */usr*-Baum stets komplett überschrieben, während das */usr/local*-Dateisystem meist in Ruhe gelassen wird. Wäre nun Perl unter */usr* installiert, so müßte ich mühsam die *richtigen* Dateien aus dem

Backup wieder einspielen und darauf achten, dabei keine System-Software zu überschreiben. Daher installiere ich *jede* Software, die selbst kompiliert werden muß, grundsätzlich unter */usr/local*. Somit besteht weiterhin eine klare Trennung zwischen dem Betriebssystem und zusätzlicher Software.

> Es ist interessant zu beobachten, daß Linux- und auch FreeBSD-Anwender häufig Software unter */usr* installieren, während Administratoren, die mit mehreren Plattformen und Betriebssystemen arbeiten, auf einer klareren Trennung bestehen.

Die Frage, ob Perl nun unter */usr/bin* oder */usr/local/bin* installiert werden soll, ist auch wegen der She-Bang-Zeile am Anfang eines jeden Skripts wichtig. Soll ein Perl-Programm nun mit

```
#!/usr/local/bin/perl
```

oder doch lieber mit

```
#!/usr/bin/perl
```

starten? Natürlich kann ein Symlink in diesem Fall eine Lösung sein.

Wir entscheiden uns also wie ein Systemadministrator, der eine heterogene Unix-Umgebung pflegen muß, für */usr/local*. Daher werden der Perl-Interpreter **perl** unter */usr/local/bin* und die meisten Standardmodule und die Dokumentation unter */usr/local/lib/perl5* installiert. Einige Manual-Seiten werden auch im passenden Systemverzeichnis untergebracht, wo *man*(1) sie finden kann.

```
Use which C compiler? [cc] gcc

Checking for GNU cc in disguise and/or its version number...
You are using GNU cc 2.8.1.
```

Welchen C-Compiler wollen wir also nutzen? Sie sollten nach Möglichkeit den GNU-Compiler *gcc* einsetzen. Wie beim größten Teil der GNU- und anderer frei verfügbarer Software werden Sie mit dem *gcc* die wenigsten Probleme haben. Andere Compiler können zwar u.U. auch verwendet werden, aber Sie müssen in diesem Fall mit erheblichen Schwierigkeiten rechnen.

Bei der obigen Frage nimmt *Configure* an, daß der Systemcompiler *cc* verwendet werden soll. Da wir hier auf einem FreeBSD-System arbeiten, ist der Systemcompiler ohnehin eine frühe Version des GNU-C-Compilers. Dennoch geben wir hier explizit *gcc* an, um sicherzustellen, daß der richtige C-Compiler eingesetzt wird.

> In der guten alten Zeit hatten so gut wie alle Unix-Systeme standardmäßig einen C-Compiler als integralen Bestandteil der Unix-Kommandos. Dieser Compiler wurde traditionell mit *cc* bezeichnet. Leider sind in den letzten Jahren einige maßgebliche Unix-Hersteller, allen voran *Sun Microsystems*, dazu übergegangen, den C-Compiler aus ihren Systemen auszugliedern und als separates Produkt anzubieten. Die Begründung dieser Firmen lautete, daß die meisten Anwender ohnehin keinen C-Compiler bräuchten und daher auch nicht bezahlen sollten(!).

Glücklicherweise gibt es Alternativen! Der GNU-C-Compiler wurde von Freiwilligen auf alle diese Systeme portiert. Nun ist jeder in der Lage, sich ein *gcc*-Binary für eines dieser Systeme aus dem Netz herunterzuladen. Damit läßt sich dann ein neuerer *gcc* aus den aktuellsten Sources übersetzen. Problem gelöst!

Kunden dieser benutzerunfreundlichen Firmen sollten nach Möglichkeit die richtigen Konsequenzen ziehen und auf frei verfügbare Unix-Derivate zurückgreifen. Im PC-Bereich kommen da natürlich `Linux` und `FreeBSD` in Frage. Andere Plattformen werden von `NetBSD` bestens unterstützt.

```
Any additional libraries? [-ldb -lm -lc -lcrypt]
```

Perl basiert auf dem *Borgschen Prinzip*: Die Funktionalität der System- und anderer Libraries wird assimiliert. Eine Perl-Funktion oder auch Perl-Module rufen letztendlich Funktionen in der C- und anderen Libraries auf. Wenn Sie ein möglichst „mächtiges" Perl wünschen, sollten Sie vorerst die gewünschten Libraries im voraus installiert haben. Beispielsweise wollen wir später die DB-Library direkt verwenden. Daher wurde diese vor dem Aufruf von *Configure* installiert. Sie wurde nun auch richtig erkannt und wird dann später auch von Perl verwendet.

```
Some C compilers have problems with their optimizers.  By default,
perl5 compiles with the -O flag to use the optimizer.  Alternately,
you might want to use the symbolic debugger, which uses the -g flag
(on traditional Unix systems).  Either flag can be specified here.
To use neither flag, specify the word "none".

What optimizer/debugger flag should be used? [-O] -O2
```

Wollen Sie eine Version des Perl-Interpreters mit Debug-Informationen? Dann können Sie hier das Flag -g hinzufügen. Beachten Sie bitte, daß dies jedoch voraussetzt, daß Sie mit einem Debugger umgehen können (am besten mit dem GNU-Debugger *gdb*) und mit den Innereien von Perl vertraut sind. Da Binaries mit Debug-Informationen größer sind, sollten wir wohl besser darauf verzichten. Das Weglassen des -g-Flags bedeutet natürlich *nicht*, daß Sie nicht mehr in der Lage wären, Perl-Programme zu debuggen. Der Perl-Debugger wird auf jeden Fall funktionieren. Es geht hier ausschließlich darum, ob Sie den Code des Perl-Interpreters selbst debuggen wollen.

Eine andere Frage ist, wie stark der C-Compiler optimieren soll. Wie *Configure* richtig bemerkt, haben einige C-Compiler Schwierigkeiten mit höheren Optimierstufen. Daher wurde -O angeben. Wir kennen unseren Compiler und setzen daher die Optimierstufe mit -O2 auf 2.

Beachten Sie auch, daß es wenig Sinn macht, -g und -O gleichzeitig anzugeben: Menschen haben oft Mühe, durch die optimierten Sprünge im Quellcode scheinbar blindlings herumgeführt zu werden.

```
Do you wish to use dynamic loading? [y]
The following dynamic loading files are available:
ext/DynaLoader/dl_aix.xs         ext/DynaLoader/dl_mpeix.xs
ext/DynaLoader/dl_cygwin32.xs    ext/DynaLoader/dl_next.xs
```

```
ext/DynaLoader/dl_dld.xs         ext/DynaLoader/dl_none.xs
ext/DynaLoader/dl_dlopen.xs      ext/DynaLoader/dl_vms.xs
ext/DynaLoader/dl_hpux.xs
Source file to use for dynamic loading [ext/DynaLoader/dl_dlopen.xs]
```

Module sind Erweiterungen des Perl-Interpreters. Oft ist es dabei nötig, daß *perl* Funktionen aus fremden Libraries benutzen muß. Stellen Sie sich vor, Sie hätten eine Anwendung mit eigener Library und dokumentierter API. Wenn Sie nun aus Perl heraus Funktionen aus dieser Library aufrufen wollen, muß *perl*

- entweder statisch gegen diese Library gelinkt sein

- oder dynamisch Funktionen aus dieser Library aufrufen können.

Statisches Linken vergrößert das Perl-Binary und verlangt häufig nach einem eigenen Binary extra für diesen Zweck[2]. Dynamisches Linken hingegen erspart uns diese Mühe und ermöglicht es dem Perl-Binary, zur Laufzeit eine Library zu „öffnen" und Funktionen daraus aufzurufen.

Leider ist dynamisches Linken im höchsten Maße systemabhängig und nicht auf allen Systemen verfügbar. Darum werden oben einige Möglichkeiten angeboten. In den meisten Fällen funktioniert `dl_dlopen.xs` ganz gut (wenn es überhaupt geht).

```
Some systems may require passing special flags to gcc -c to
compile modules that will be used to create a shared library.
To use no flags, say "none".

Any special flags to pass to gcc -c to compile shared library modules?
[-DPIC -fpic]
```

Wenn Sie nicht *gcc* verwenden, sollten Sie in Ihrer Systemdokumentation nachschlagen. Der Compiler muß verschiebbaren Code produzieren können.

```
Some systems may require passing special flags to gcc to create a
library that can be dynamically loaded. If your ld flags include
-L/other/path options to locate libraries outside your loader's normal
search path, you may need to specify those -L options here as well. To
use no flags, say "none".

Any special flags to pass to gcc to create a dynamically loaded library?
[-Bshareable  -L/usr/local/lib]
```

Dies ist wiederrum sehr stark systemabhängig. Sollten Sie den *gcc* wieder *nicht* verwenden, sollten Sie Ihre Dokumentation konsultieren.

```
The perl executable is normally obtained by linking perlmain.c with
libperl.a, any static extensions (usually just DynaLoader), and
any other libraries needed on this system (such as -lm, etc.).  Since
```

---

[2] Oracle wurde früher durch Perl unterstützt, indem ein neues Perl-Binary, namens *oraperl* erzeugt wurde, das mit den Oracle-Libraries gelinkt war.

3.5 Konfiguration und Anpassung

```
your system supports dynamic loading, it is probably possible to build
a shared libperl.so.  If you will have more than one executable linked
to libperl.so, this will significantly reduce the size of each
executable, but it may have a noticeable affect on performance.  The
default is probably sensible for your system.

Build a shared libperl.so (y/n) [n]
```

In den meisten Fällen brauchen Sie keine *libperl.so*. Wahrscheinlich wird auf Ihrem System der Perl-Interpreter *perl* das einzige Binary bleiben, das Perl-Code ausführen soll. In Kapitel 16 ab Seite 721 werden wir jedoch sehen, wie ein Perl-Interpreter innerhalb eines C-Programms eingebunden werden kann, damit C-Programme Perl-Code ausführen können. In diesem Fall wird das C-Programm mit der `libperl`-Library gelinkt. Wenn Sie nun beabsichtigen, mehrere solcher C-Programme zu erstellen, sollten Sie überlegen, ob diese Programme nicht doch lieber dynamisch mit der *libperl.so* gelinkt werden sollen, statt statisch gegen die *libperl.a*. Sie würden somit viel kleinere Binaries bekommen, die sich darüber hinaus zur Laufzeit den Code-Speicher der *libperl.so* teilen können. Das kann in seltenen Situationen eine Erhöhung der Effizienz bedeuten.

```
vfork() found.

Some systems have problems with vfork().  Do you want to use it? [y]
```

`fork()` und `vfork()` sind Systemaufrufe, die neue Prozesse erzeugen. Dabei sollte `vfork()` eine effizientere Implementation darstellen, da Tricks der Speicherverwaltung, wie *delayed copy* bzw. *copy on write* und *demand paging*, unnötiges Kopieren von Seiten verhindern können. Leider ist `vfork()` auf vielen Systemen fehlerhaft implementiert (worden?). Deshalb fragt *Configure* sicherheitshalber nach. Mit der Verbreitung des VM-Subsystems hat die Bedeutung von `vfork()` stark abgenommen, da die meisten Tricks nun standardmäßig auch in `fork()` Anwendung finden.

```
A number of extensions are supplied with perl5.  You may choose to
compile these extensions for dynamic loading (the default), compile
them into the perl5 executable (static loading), or not include
them at all.  Answer "none" to include no extensions.
Note that DynaLoader is always built and need not be mentioned here.

What extensions do you wish to load dynamically?
[B DB_File Data/Dumper Fcntl IO IPC/SysV NDBM_File Opcode POSIX
 SDBM_File Socket attrs re]
What extensions do you wish to load statically? [none]
```

Wie bereits oben auf Seite 28 erläutert, kann auch für Module zwischen statischem und dynamischem Linken gewählt werden. Sie sollten nach Möglichkeit dynamisches Linken wählen, da somit die Größe der Perl-Binaries verringert wird und nur wirklich benötigte Module zur Laufzeit eingelesen werden müssen.

```
If you'd like to make any changes to the config.sh file before I begin
to configure things, do it as a shell escape now (e.g. !vi config.sh).

Press return or use a shell escape to edit config.sh:
```

Die letzte Chance, manuell `config.sh` zu ändern, ist hier gegeben. Wenn Sie später feststellen, daß Sie etwas übersehen oder vergessen haben, müssen Sie wieder ganz von vorn anfangen.

Wir wollten nichts mehr manuell ändern und haben mit ENTER geantwortet.

```
Now you need to generate make dependencies by running "make depend".
You might prefer to run it in background:
   "make depend > makedepend.out &"
It can take a while, so you might not want to run it right now.

Run make depend now? [y]
```

Das ist der letzte Schritt vor dem eigentlichen Übersetzungslauf. Abhängigkeiten zwischen den C-Dateien werden explizit erstellt, damit *make* anschließend richtig mit ihnen umgehen kann. Sie sollten diesen Schritt auf keinen Fall weglassen!

Perl ist jetzt konfiguriert und kann nun kompiliert werden.

3.6 Perl bauen

Zum Kompilieren von Perl müssen Sie nach *Configure* nur noch *make* aufrufen und hoffen, daß alles klappt:

```
farid@bsd-1:~/perl5.005_02> make
```

Nach einem längeren Compile-Lauf sollten Sie einen funktionsfähigen Perl-Interpreter bekommen. Wie Sie diesen testen können, wird im nächsten Abschnitt erklärt.

Wenn es an dieser Stelle irgendwelche probleme geben sollte, können Sie das Perl-Verzeichnis komplett löschen und neu auspacken. Anschließend können Sie das *Configure*-Skript mit anderen Optionen aufrufen und die Fragen anders beantworten. Haben Sie auch den GNU C-Compiler verwendet? Wenn Sie trotz großer Bemühungen nicht weiter kommen, können Sie sich an die Newsgruppe

```
news:comp.lang.perl.misc
```

wenden oder auch an den Betreuer der aktuellen Version von Perl. Sie sollten in diesem Fall ein Protokoll Ihrer Schritte bereithalten, da nur so konkrete Fragen zu Ihrem speziellen System beantwortet werden können. Ein solches Protokoll kann z.B. mit Hilfe des Unix-Befehls *script* erstellt werden. Wenn Sie *emacs* verwenden, können Sie die gesamte Konfiguration und Kompilierung im Shell-Fenster ausführen und dieses dann als Datei abspeichern.

Probleme dürften jedoch die Ausnahme bleiben. Normalerweise *sollte* Perl anstandslos auf Ihrem System konfiguriert und übersetzt werden können.

3.7 Tests ausführen

Sie haben nun einen Perl-Interpreter namens *perl* für Ihren Computer erzeugt. Glückwunsch! Es ist nun an der Zeit, die mitgelieferten Tests durchzuführen. Dazu geben Sie folgendes ein:

```
farid@bsd-1:~/perl5.005_02> make test
```

Perl führt nun eine Reihe von Tests durch. Diese Tests sind kleine Perl-Skripten, die diverse Features von Perl sowie der Standardmodule aufrufen. Einige Tests werden eventuell auch übersprungen, wenn sie für Ihre Plattform nicht relevant sind. Echte Fehler sollten eigentlich nicht vorkommen. Ihr neuer Perl-Interpreter sollte über 99% erfolgreiche Tests erzielen, wenn er einigermaßen brauchbar sein soll.

Fehlerhafte Tests deuten meistens darauf hin, daß Perl bei der Verwendung Ihrer Systemlibraries auf Fehler gestoßen ist, die ansonsten unentdeckt geblieben wären. Dies ist nicht ungewöhnlich und sollte Sie nicht übermäßig überraschen. Eine andere mögliche Ursache fehlerhafter Tests liegt natürlich in der falschen Beantwortung einer *Configure*-Frage, die zwar einer Kompilierung nicht im Wege stand, aber anderseits den Perl-Interpreter empfindlich gegenüber bestimmten Ausnahmen macht, wie sie durch diese Tests hervorgerufen werden. Häufige Kandidaten sind falsche Optimierungs-Flags. Verwenden Sie auch lieber das mit Perl mitgelieferte `malloc()` und lassen Vorsicht bei `vfork()` walten.

Sie finden weitere Tips in der FAQ, der Dokumentation im CPAN sowie in der oben genannten Newsgruppe.

3.8 Installation vervollständigen

Die Arbeit mit Perl ist ohne die nachfolgend geschilderte Installation nicht möglich. Dazu benötigen Sie Super-User-Privilegien (angedeutet durch den #-Prompt). Sind Sie nicht selbst Super-User, brauchen Sie mindestens Schreibrechte auf dem Installationsverzeichnis (z.B. /usr/local). Am besten bitten Sie Ihren Systemverwalter, den letzten Installationsschritt für Sie auszuführen:

```
# cd /users/farid/perl5.005_02
# pwd
/users/farid/perl5.005_02
# make install
# exit
```

Neben dem Interpreter (*/usr/local/bin/perl*) wird bei der Installation eine ganze Reihe von Skripten und Modulen in */usr/local/lib/perl5* installiert. Dazu kommen noch etwa 50 Manual-Seiten für Perl selbst und über 100 Manual-Seiten für die Perl-Module. Der Aufruf

```
farid@bsd-1:~> man perl
```

liefert eine Liste weiterer Manual-Seiten. Wenn Sie bisher an knappe Manual-Pages gewöhnt waren und sich nicht besonders damit anfreunden konnten, werden Sie bei Perl5 über die hervorragende Qualität der Dokumentation staunen. Die Autoren der Pages haben sich wirklich Mühe gegeben, um die wichtigsten Sachverhalte nicht nur komplett, sondern vor allem verständlich auszudrücken.

Nun können Sie das Arbeitsverzeichnis perl5.005_02 löschen, um Plattenplatz zu sparen.

```
farid@bsd-1:~/perl5.005_02:> cd ..
farid@bsd-1:~> rm -rf perl5.005_02
```

Jetzt können Sie überprüfen, welche Version von Perl installiert ist. Dazu verwenden Sie das -v-Flag.

```
farid@bsd-1:~> perl -v

This is perl, version 5.005_02 built for i386-freebsd

Copyright 1987-1998, Larry Wall

Perl may be copied only under the terms of either the Artistic License
or the GNU General Public License, which may be found in the Perl 5.0
source kit.

Complete documentation for Perl, including FAQ lists, should be found on
this system using 'man perl' or 'perldoc perl'. If you have access to the
Internet, point your browser at http://www.perl.com/, the Perl Home Page.
```

Beachten Sie insbesondere die Versionsnummer auf der ersten Zeile. Sie können auch mit Hilfe des -V-Flags (großgeschrieben) deutlich mehr Informationen über diese Instanz des Perl-Interpreters bekommen. Zur Abwechslung folgen hier die Informationen über einen Perl-Interpreter auf einem Solaris-PC. Versuchen Sie, die interessanten Details, wie Versionsnummer, verwendeter Compiler usw. herauszufinden:

```
farid@sun-1:~> perl -V
Summary of my perl5 (5.0 patchlevel 5 subversion 53) configuration:
  Platform:
    osname=solaris, osvers=2.6, archname=i86pc-solaris
    uname='sunos sun-1 5.6 generic_105182-05 i86pc i386 i86pc '
    hint=recommended, useposix=true, d_sigaction=define
    usethreads=undef useperlio=undef d_sfio=undef
  Compiler:
    cc='gcc -B/usr/ccs/bin/', optimize='-O6', gccversion=2.8.1
    cppflags='-I/usr/local/include'
    ccflags ='-I/usr/local/include'
    stdchar='unsigned char', d_stdstdio=define, usevfork=false
    intsize=4, longsize=4, ptrsize=4, doublesize=8
    d_longlong=define, longlongsize=8, d_longdbl=define, longdblsize=12
    alignbytes=4, usemymalloc=y, prototype=define
```

```
    Linker and Libraries:
      ld='gcc -B/usr/ccs/bin/', ldflags =' -L/usr/local/lib'
      libpth=/usr/local/lib /shlib /lib /usr/lib /usr/ccs/lib
      libs=-lsocket -lnsl -ldb -ldl -lm -lc -lcrypt
      libc=/lib/libc.so, so=so, useshrplib=true, libperl=libperl.so
    Dynamic Linking:
      dlsrc=dl_dlopen.xs, dlext=so, d_dlsymun=undef,
        ccdlflags=' -R /usr/local/lib/perl5/5.00553/i86pc-solaris/CORE'
      cccdlflags='-fPIC', lddlflags='-G -L/usr/local/lib'

Characteristics of this binary (from libperl):
  Built under solaris
  Compiled at Jun 23 1999 11:10:24
  @INC:
    /usr/local/lib/perl5/5.00553/i86pc-solaris
    /usr/local/lib/perl5/5.00553
    /usr/local/lib/perl5/site_perl/5.00553/i86pc-solaris
    /usr/local/lib/perl5/site_perl/5.00553
    .
```

3.9 Aufgaben

1. Suchen Sie einen FTP-Server mit einer aktuellen Version von Perl, und besorgen Sie sich diese neue Version.

2. Was sind die Unterschiede zur Perl-Version, die in diesem Kapitel installiert wurde? Wo finden Sie eine Liste dieser Unterschiede? Lohnt es sich, diese neue Version zu bauen und zu installieren?

3. Auf Seite 26 wurde bemängelt, daß einige Betriebssystemhersteller keinen C-Compiler mehr zu ihrem System liefern. Als Alternative wurde der GNU-C-Compiler *gcc* erwähnt. Versuchen Sie nun, mit Hilfe eines existierenden Compilers den neuesten GNU-C-Compiler zu compilieren! Sie werden dabei bemerken, daß der *gcc* aus Quellcode besteht, der nur mit Hilfe des *gcc* selbst übersetzt werden kann. Erinnert Sie das nicht an das Problem von der Henne und dem Ei? Dieses Phänomen nennt man in diesem Kontext „*Bootstrapping a C compiler*". Wie wird *gcc* damit fertig?

4. Schauen Sie sich das *Configure*-Skript näher an. Wie geht *Configure* vor, um Eigenschaften Ihres Systems herauszufinden? Können Sie sich bessere, portablere Möglichkeiten ausdenken?

5. Wenn Sie wissen wollen, wie *Configure* entstanden ist, schauen Sie sich einmal GNUs *autoconf* an! Ein weiteres „Vorbild" ist *imake* [22]. Was halten Sie von dieser Art von Software-Autokonfiguration?

6. Wenn Sie ein größeres Software-Paket geschrieben haben, versuchen Sie, es mit *autoconf* so zu ergänzen, daß es auch auf anderen Plattformen lauffähig ist. Verwendet Ihre Software das X-Window System, sollten Sie sich *imake* [22] anschauen.

7. Wie werden die Tests von Perl durchgeführt? Was ist der Hintergrund dieser Tests? Warum werden diese Tests *Regression Tests* genannt?

8. Wenn Sie eine Umgebung haben, in der mehrere Rechner auf den gleichen Programmbaum zugreifen sollen (z.B. *diskless Workstations* oder gemeinsame NFS- oder AFS-Verzeichnisse); welche Teile der Perl-Distribution sollten in einem gemeinsamen Verzeichnis abgelegt werden?

9. Was ist *miniperl*? Können Sie sich weitere Anwendungsgebiete von *miniperl* vorstellen? Gibt es beim GNU-C-Compiler auch so etwas wie *minic*? Wenn ja, wie lautet der richtige Name dafür? Wenn nicht, sollte es das geben und warum?

10. Besorgen Sie sich die FAQ von Perl oder auch die Meta-FAQ, und schauen Sie sich die Bemerkungen zur Installation an. Werfen Sie auch einen Blick in die Perl-Newsgruppe. Was liefern Websuchmaschinen zurück, wenn Sie Perl-Software oder Installationshinweise zu Perl suchen?

4 Perl im Überblick

Dieses Kapitel bietet Ihnen einen Überblick über die wichtigsten Eigenschaften der Sprache Perl (Quicktour). Dabei werden Sie natürlich nicht sofort alles verstehen. Aber keine Sorge; wir kommen auf alle wichtigen Themen mit größerer Ausführlichkeit in den entsprechenden Kapiteln zurück.

Wenn Sie bereits mit C (oder einer anderen imperativen Programmiersprache) vertraut sind oder wenn Sie bereits erste Erfahrungen mit der Shell-Programmierung gemacht haben, werden Sie erkennen, daß Sie vieles zwar nicht bis ins letzte Detail verstehen, aber dennoch erahnen werden. Notieren Sie sich einfach Ihre Überlegungen und Vermutungen, und überprüfen Sie später, ob Sie mit Ihrem Gefühl oder Ihrer Intuition richtig lagen!

4.1 Aufruf eines Perl-Programms

Perl-Programme werden durch den Perl-Interpreter *perl* ausgeführt. Dies ist dasselbe wie bei gewöhnlichen Shell-Skripten. Unter Unix müssen Sie dazu entweder *perl* mit dem gewünschten Programmnamen aufrufen oder durch die *She-Bang-Zeile* dafür sorgen, daß der Unix-Kernel den Perl-Interpreter automatisch aufruft.

Angenommen, Ihr Programm-Quellcode befindet sich in der Datei `prog.pl`. Diese Datei können Sie mit jedem beliebigen Editor Ihrer Wahl erstellen und modifizieren. Wenn Sie nun dieses Programm zur Ausführung bringen möchten, können Sie eine der folgenden beiden Methoden anwenden:

- Aufruf des Perl-Interpreters und Übergabe des Programmnamens als Parameter:

    ```
    farid@bsd-1:~/p> perl prog.pl
    ```

    Hier wird der Perl-Interpreter *perl* direkt aufgerufen, wobei der Name des Programmskripts als Argument übergeben wird. Solche Programme benötigen weder eine She-Bang-Zeile noch müssen sie im Dateisystem als ausführbar markiert worden sein.

- Direkter Aufruf des Perl-Programms:

    ```
    farid@bsd-1:~/p> chmod u+x prog.pl
    farid@bsd-1:~/p> ./prog.pl
    ```

    In diesem Fall wird der Perl-Interpreter nur indirekt aufgerufen. Damit dies funktioniert, muß `prog.pl` mit einer *She-Bang-Zeile* wie folgt beginnen:

    ```
    #!/usr/local/bin/perl
    ```

    Diese Zeile sollte am Anfang eines jeden Perl-Programms stehen. Sie signalisiert dem Kernel, daß es sich bei diesem Programm nicht um ein Binärprogramm handelt. Statt dessen soll der `exec()`-Systemaufruf des Kernels den angegebenen Interpreter mit dem Namen dieses Programms als Parameter aufrufen. Es läuft also auf dieselbe Situation wie im obigen Fall hinaus.

Sollte Ihr Perl-Interpreter nicht unter */usr/local/bin*, sondern z.B. direkt unter */usr/bin* stehen, können Sie

- entweder die She-Bang-Zeile entsprechend anpassen:

    ```
    #!/usr/bin/perl
    ```

- oder durch Symlinks dafür sorgen, daß der Perl-Interpreter stets unter /usr/local/bin gefunden werden kann:

    ```
    # ln -s /usr/bin/perl /usr/local/bin/perl
    ```

Die zweite Möglichkeit stellt sicher, daß beide She-Bang-Zeilen richtig erkannt werden. Wir werden in diesem Buch stets davon ausgehen, daß sich der Perl-Interpreter unter */usr/local/bin* befindet. Eine Begründung dafür finden Sie in Abschnitt 3.5 auf Seite 25.

Der Name *She-Bang* ist übrigens eine Abkürzung für Sharp (#) und Bang(!). Dieser Slang ist bei Hackern sehr verbreitet.

Darüber hinaus ist es in diesem Fall wichtig, das Programm mittels *chmod* ausführbar zu machen. Dies wird besonders von Anfängern häufig vergessen. *chmod* muß nur beim ersten Mal aufgerufen werden. Nachfolgende Aufrufe des nun ausführbaren Programms sind ohne weitere *chmod*-Wiederholungen möglich.

Sollte Ihr Programm Argumente auf der Kommandozeile erwarten, so brauchen sie nur dem Programmnamen hinzugefügt werden, also:

```
farid@bsd-1:~/p> perl prog.pl arg_1 arg_2 ...
farid@bsd-1:~/p> ./prog.pl arg_1 arg_2 ...
```

Optionen *Ihres Programms* sind wie üblich direkt nach dem Programmnamen aufzulisten:

```
farid@bsd-1:~/p> perl prog.pl -a -f out.file arg_1 arg_2 ...
farid@bsd-1:~/p> ./prog.pl -a -f out.file arg_1 arg_2 ...
```

Sie können sogar wie gewohnt die Eingabe und Ausgabe umlenken und das Skript in einer Pipe verwenden:

```
farid@bsd-1:~/p> ./prog.pl < eingabe.dat > ausgabe.html
farid@bsd-1:~/p> find / -name '*.h' -print | prog.pl | sort > out
```

Perl selbst kennt viele Optionen. Diese werden in *man perlrun* ausführlich erläutert. Diese Optionen sind, im Gegensatz zu den obigen Programmoptionen, direkt nach dem Namen des Perl-Interpreters (also direkt nach *perl*) anzugeben. Bei der She-Bang-Methode sind sie am Ende der She-Bang-Zeile anzufügen[1].

---

[1] Bitte beachten Sie jedoch, daß viele Systeme nur sehr kurze She-Bang-Zeilen verstehen. Bei einigen gilt sogar eine Beschränkung auf 32 Zeichen! Dies kann bei sehr langen Pfaden dazu führen, daß der Kernel den Perl-Interpreter nicht mehr finden kann und eine (mysteriöse) *command not found*-Fehlermeldung ausgibt. Doch auch, wenn der Pfad nicht zu lang war, können immer noch Flags „verschluckt" werden!

4.2 Hello World

Es ist seit langem Tradition, die Einführung einer neuen Programmiersprache mit dem berühmtesten Programm aller Zeiten, *Hello World*, einzuleiten. Wir werden uns selbstverständlich auch daran halten:

```
hello.pl
#!/usr/local/bin/perl
# hello.pl -- Ein einfaches "Hello World"-Programm.

print "Hello! What's your name? "; # Meldung nach Standardausgabe.
$name = <STDIN>;                    # Antwort von Standardeingabe.
chomp $name;                        # Entferne Newline-Zeichen.
print "Hi, $name, welcome to perl!\n"; # Persoenlicher Gruss.
```
hello.pl

Aus diesem Mini-Programm kann man schon eine Menge lernen:

- Jedes Perl-Programm beginnt, wie auf Seite 35 erläutert, mit der schon fast obligatorischen She-Bang-Zeile. Diese Zeile signalisiert dem Kernel, daß es sich bei diesem Programm um ein Perl-Skript handelt.

- Kommentare werden durch das Kommentarzeichen # eingeleitet. Kommentare können ganze Zeilen sein oder auch nur von dem # bis zum Ende der jeweiligen Zeile reichen. Kommentare werden vom Perl-Interpreter bei der Ausführung des Programms ignoriert. Sie dienen, wie bei jeder anderen Programmiersprache, zur Dokumentation des Programms. Diese Dokumentation ist für Menschen, nicht für Compiler oder Interpreter gedacht. Sie sollte natürlich nicht redundant den Code nachkommentieren (wie dies in diesem Beispiel aus didaktischen Gründen getan wurde), sondern die Absicht der Programmierer festhalten.

  Dieser Kommentarstil ist also identisch mit dem der Shell oder der //-Kommentare bei C++ oder Java.

  Achtung! *Kommentare im C-Stil /* ... */ haben in Perl eine ganz andere Bedeutung. In Wirklichkeit sind sie gar keine Kommentare, sondern Pattern-Matching-Operationen! Sie würden also nicht das tun, was Sie vielleicht beabsichtigen!*

- Strings werden durch (doppelte) Anführungszeichen eingeschlossen.

- Mit print() kann ein String auf die Standardausgabe ausgegeben werden.

- Variablen beginnen in Perl mit einem Dollar-Zeichen[2]: $var

- Der Inhalt von Variablen wird in Zeichenketten, die in doppelte Anführungszeichen eingeschlossen sind, expandiert. Das bedeutet, daß der Inhalt der Variablen anstelle des Variablennamens in dieser Zeichenkette eingesetzt wird. Oft wird in der Perl-Literatur auch der zu „expandiert" äquivalente, wenn auch etwas unglücklich gewählte Begriff „interpoliert" verwendet.

---

[2] Das ist nicht ganz korrekt. Sie werden noch sehen, daß Arrays mit einem @-Zeichen und Hashes mit einem %-Zeichen eingeleitet werden.

- Die Variablenzuweisung hat wie in C die Form *Variable = Wert*. Wir werden später sehen, daß der Zuweisungsoperator = nicht mit den Gleichheitsoperatoren == und eq verwechselt werden kann bzw. darf.

- Der <STDIN>-Operator liest eine Zeile von der Standardeingabe, also in diesem Fall von der Tastatur, wenn die Eingabe nicht mittels < von der Shell-Ebene aus umgeleitet wurde. Er blockiert so lange, bis eine Zeile komplett eingegeben und mit ENTER abgeschlossen wurde.

- Beachten Sie bitte, daß der <STDIN>-Operator das abschließende ENTER als Newline-Zeichen *nicht* etwa verschluckt, sondern an das Ende der eingegebenen Zeile anhängt. Daher enthält im obigen Programm die Variable $name ein abschließendes Newline-Zeichen (*trailing newline*).

- Das abschließende Newline-Zeichen, das von Anfängern häufig übersehen wird, muß erst noch mit der Perl-Funktion chomp() entfernt werden.

- Sie können innerhalb einer Zeichenkette, die in doppelten Anführungszeichen steht, ein Newline-Zeichen wie bei C mit \n angeben. Im obigen Beispiel wird hiermit die Antwort beendet.

- Perl-Anweisungen werden, wie in Pascal, durch ein Semikolon ; voneinander getrennt.

Das Programm macht also genau das, was es soll. Es begrüßt den Benutzer und fragt nach dessen Namen. Nachdem der Benutzer eine Zeile eingegeben hat, also den Namen, wird als Antwort eine „persönliche" Nachricht geschickt. Danach beendet sich das Programm.

4.3 Datenstrukturen und Variablen

Perl ist eine schwach typisierte Sprache. Bekannte Typen sind zum einen die Grundtypen: Strings unbeschränkter Länge[3], Zahlen, Referenzen und Filehandles. Zum anderen gibt es bei Perl zwei zusammengesetze Typen, die als Elemente Grundtypen (auch diverser Typen gleichzeitig) enthalten können: Listen und assoziative Arrays (Hashes). Hinzu kommen noch Funktionen. Schließlich gibt es auch noch Objekte und Klassen, die bei Perl jedoch nicht die Bedeutung haben, die sie bei Java oder C++ genießen. Dazu einige Beispiele:

```
quickdata.pl
#!/usr/local/bin/perl -w
# quickdata.pl -- Grund- und zusammengesetzte Typen
#                 zusammen mit den Variablen, die sie enthalten.

# Die folgenden Zeilen dienen nur dazu, Warnungen ueber
# nicht benutzte Variablen zu unterdruecken:
use vars qw ( $number $inum $strdbl $strsgl $number_p $fh $func_p );
use vars qw ( @mylist1 @mylist2 %telephon %dispatcher );
```

---

[3] Vorbehaltlich der Ressourcen Ihres Systems!

4.3 Datenstrukturen und Variablen

```perl
# Grundtypen sind Zahlen, Strings, Zeiger und Filehandles.
# Sie koennen in skalare Variablen gespeichert werden.
# Alle skalaren Variablen fangen mit einem Dollar-Zeichen an.

#### Zahlen
$number    = 3.141592654;          # Gleitkommazahl
$inum      = 4711;                 # Ganze Zahl (integer)

#### Strings
$strdbl    = "Hello World!\n";     # "Zeichenkette"
$strsgl    = 'Newline is \n, OK?'; # 'Zeichenkette'

#### Referenzen
$number_p  = \@ARGV;               # Zeiger auf @ARGV

#### Filehandles
open (FHANDLE, "< input.file") or warn $!;  # FHANDLE Filehandle
$fh        = \*FHANDLE;            # Filehandle in Variable

#### Referenzen auf Funktionen
$func_p    = sub {
                print "hello, world!\n";
                print 4+7, "\n";
             };

# Zusammengesetzte Typen bestehen aus mehreren Elementen eines
# oder mehrerer Grundtypen. Grundtypen duerfen auch gemischt
# innerhalb der gleichen Struktur verwendet werden.
# Zusammengesetzte Typen koennen in Arrays, die mit @ anfangen,
# oder in Hashes, die mit % anfangen, gespeichert werden:

#### Listen
@mylist1   = ( 4711, 9999, 3333 );      # Homogene Liste aus Zahlen
@mylist2   = ( 4711, "hi", \@mylist1);  # Heterogene Liste aus
                                        # Zahlen, Strings und Refs

#### Assoziative Arrays
%telephon  = ( 'Tim'    => '555-2341',
               'John'   => '555-4343',
               'Daphne' => '555-4222' );
%dispatcher = ( 'add'   => sub { $_[0] + $_[1]; },
                'sub'   => sub { $_[0] - $_[1]; },
                'mul'   => sub { $_[0] * $_[1]; },
                'div'   => sub { $_[0] / $_[1] if $_[1]; } );

# Auf Arrays kann man mit Hilfe eines Index zugreifen.
# Dabei steht das erste Element an der Stelle 0.
# Der Index wird in eckigen Klammern angegeben.
# Da die einzelnen Elemente eines Arrays wiederum Skalare sind,
# muessen sie mit einem Dollar-Zeichen angesprochen werden:
```

```
print $mylist1[2], "\n";              # Zeigt 3333 an.
print $mylist2[1], "\n";              # Zeigt hi an.

# Auf Hashes greift man mit Hilfe eines String-Index zu.
# Der Index wird im Gegensatz zu Arrays in geschweiften Klammern
# angegeben.
# Da einzelne Elemente eines Hashes wiederum skalare Werte sind,
# sind diese mit einem Dollar-Zeichen anzusprechen:

print $telephon{'Daphne'}, "\n";      # Zeigt 555-4222 an.
print &{$dispatcher{'add'}}(3,2), "\n"; # Zeigt 5 an (3+2).
```
── quickdata.pl

4.4 Kontrollstrukturen

Die Kontrollstrukturen von Perl entsprechen weitgehend denen von C. Wir betrachten im folgenden kurz die grundlegenden Bausteine Sequenz, Alternativen und Schleifen.

4.4.1 Sequenz

Befehle werden durch Semikola (;) voneinander getrennt. Wie bei anderen Sprachen können auch bei Perl syntaktische Blöcke erzeugt werden. Diese werden in Perl in geschweiften Klammern eingeschlossen:

quicksect.pl ───
```
#!/usr/local/bin/perl -w
# quicksect.pl -- Sequenz von Anweisungen, Bloecke.

# Eine einfache Sequenz
$var = 4711;
print "Global Variable: $var\n";      # Gibt 4711 aus.

# Ein Block von Anweisungen
{
    my $var = 1123;                   # Lokale Variable.
    print "Local value: $var\n";      # Gibt 1123 aus.
}

print "Global value again: $var\n";   # Gibt 4711 aus.
```
── quicksect.pl

Sie sehen auch, daß Blöcke einen eigenen Sichtbarkeitsbereich (*Scope*) definieren.

4.4.2 Alternative

Perl hat natürlich auch ein if ... else-Konstrukt:

```
quickifelse.pl
#!/usr/local/bin/perl -w
# quickifelse.pl -- Zeigt die Verwendung von if ... elsif ... else

if (1233 > 4342) {
   print "foo\n";
} elsif (8472 < 2341) {
   print "bar\n";
} else {
   print "baz\n";
}                              # Gibt baz aus
```
quickifelse.pl

Darüber hinaus können einzelne Befehle von einer Bedingung abhängig gemacht werden:

```
quickifcmd.pl
#!/usr/local/bin/perl -w
# quickifcmd.pl -- Bedingte Befehle
use vars qw ( *FILE ); # Um Warnungen ueber FILE zu unterdruecken.

print "1+1 = 2\n" if 1+1 == 2;              # Gibt 1+1 = 2 aus.
print "We are root\n" if $< == 0 or $> == 0; # Nur bei root.

die "can't open file: $!\n"                 # Fehlerausgabe, wenn es
    unless open(FILE, "< this.file");       # nicht geklappt hat.
```
quickifcmd.pl

Schließlich wertet Perl Boolesche Ausdrücke nur so weit aus, wie es notwendig ist. Darum sind folgende Konstrukte üblich:

```
quickshortcut.pl
#!/usr/local/bin/perl -w
# quickshortcut.pl -- Zeigt die Verwendung des Shortcut
#                     bei der Evaluierung Boolescher Ausdruecke.
use vars qw ( *MYFILE );         # Um Warnungen zu unterdruecken...

# open() ist FALSE, wenn die Operation misslungen ist.
open (MYFILE, "< somefile")
    or warn "can't open file: $!\n";

# Der Operator -d erkennt Verzeichnisse und ist dann TRUE.
-d "/usr/local" and print "/usr/local is a directory\n";
-d "/usr/local/stdio.h" and print "should not happen\n";
```
quickshortcut.pl

4.4.3 Schleifen

Perl kennt while-, for-, foreach- sowie until-Schleifen:

```
quickloops.pl
#!/usr/local/bin/perl -w
# quickloops.pl -- Zeigt Beispiele von Schleifen in Perl.

# Die foreach-Schleife arbeitet die Elemente eines Arrays ab:
foreach my $file (sort </usr/include/*.h>) {
    print "$file\t", -s $file, "\n"      # Name und Groesse
        if -s $file > 50*1024;           # von Dateien > 50 Kbyte.
}

# Die klassische for-Schleife:
for ($i=5; $i>=0; --$i) { print $i, "..."; }
print "BOOM!\n";              # 5...4...3...2...1...0...BOOM!

# while-Schleifen:
($var, $i) = ('ok', 3);                  # Parallele Zuweisung.
while ($var ne 'finished') {
    $var = 'finished' if $i-- == 0;
}

# do ... while-Schleifen:
($var, $i) = ('finished', 3);
do {
    $var = 'ok'; print "until loop entered\n";  # erscheint viermal.
    $var = 'finished' if $i-- == 0;
} while ($var ne 'finished');
                                                      quickloops.pl
```

Außerdem gibt es Operatoren, mit denen an das Ende (last) oder wieder an den Anfang der Schleife (next) gesprungen werden kann:

```
quickloopsquit.pl
#!/usr/local/bin/perl -w
# quickloopsquit.pl -- next und last innerhalb von Schleifen.

# Der Operator "last" verlaesst die Schleife.
# Beispiel: Zaehle Anzahl der Dateien vor der ersten
# Datei, die groesser als 50 Kbyte ist:
foreach my $file (sort </usr/include/*>) {
    ++$nfiles;
    last if -s $file > 50*1024;   # Raus, wenn Dateigroesse > 50 Kbyte.
}
print "Nr. of Files before the first file >50 Kbyte: $nfiles\n";

# Der Operator "next" springt wieder an den Anfang
# der Schleife zurueck.
# Beispiel: Zeige alle Dateien groesser gleich 40 Kbyte an.
```

```
foreach my $file (sort </usr/include/*>) {
    next if -s $file < 40*1024;    # Interessiert uns nicht.
    print $file, "\t", -s $file, "\n";
}
```
── quickloopsquit.pl

4.5 Objekte und Klassen

Perl unterstützt auch objektorientierte Features. So können Klassen definiert werden. Instanzen dieser Klassen sind Objekte. Sie können Methoden dieser Objekte aufrufen. Viele Module bieten diese objektorientierte Schnittstelle an: Als Beispiel schauen wir uns kurz eine Anwendung des Standardmoduls `Math::BigInt` an:

quickoomath.pl ────────────
```
#!/usr/local/bin/perl -w
# quickoomath.pl -- Zeigt die OO-Schnittstelle von Math::BigInt.

use Math::BigInt;           # laedt das Modul Math::BigInt

# Wir erzeugen (instanziieren) ein neues Objekt der Klasse
# Math::BigInt mit Hilfe des new-Konstruktors:
$i = Math::BigInt->new("265252859812191058636308480000000");

# Aufruf von Methoden des Objekts $i bei gleichzeitiger
# Instanziierung von temporaeren Objekten, die als
# Argumente verwendet werden:
$gcd          = $i->bgcd(Math::BigInt->new("34342"));
($quot, $rema) = $i->bdiv(Math::BigInt->new("10000000"));

# Auch die Ausgabe eines Math::BigInt-Objekts ruft intern
# eine Anzeige-Methode auf.
print "The gcd is $gcd\n";       # The gcd is +154
print "Quotient : $quot\n";      # Quotient : +26525285981219105863630848
print "Remainder: $rema\n";      # Remainder: +0
```
── quickoomath.pl

Wie aus dem obigen Beispiel zu sehen ist, haben wir ein `Math::BigInt`-Objekt instanziiert und dann zwei seiner Methoden, `bgcd()` und `bdiv()`, aufgerufen.

4.6 Textverarbeitung

Perl ist ja gerade für seine Textverarbeitungsfähigkeiten berühmt. Dazu gehört die Fähigkeit, aus beliebigen Texten Muster zu extrahieren und weiterzuverarbeiten. Ein einfaches Beispiel summiert Zahlenkolonnen. Da auch komplexe Ausdrücke erlaubt sein sollen, werten wir diese mit Hilfe der Funktion `eval()` aus.

```
quicksum.pl
#!/usr/local/bin/perl -w
# quicksum.pl -- Summiert Kolonnen von numerischen Perl-Ausdruecken.

# Spalten zeilenweise aufaddieren.
while (<>) {
    $spalte_nr = 0;
    @werte = split(/\s+/);
    foreach $wert (@werte) { $SUMS[$spalte_nr++] += eval $wert; }
}

# Summen der Spalten ausgeben:
print join("\t", @SUMS), "\n";
```
quicksum.pl

Ein typischer Lauf sähe so aus:

```
farid@bsd-1:~/p> cat quicksum.dat
43      74      99
7.21    9+3     78/2    sin(3.1415)
11      3-17    2*3     10/(1+2)              cos(3.1415)
11.3    9*2     3       0                     sin(3.1415)
6       5       27      -5.2
farid@bsd-1:~/p> ./quicksum.pl quicksum.dat
78.51   95      174     -1.86657401307701     -0.999907342117996
```

Bei diesem Programm sind folgende Punkte zu beachten:

- Hinweis zu eval():

  Die eingebaute Funktion eval() liest einen Perl-Ausdruck ein und wertet ihn aus. Zahlen sind dabei nur ein Spezialfall dieser Ausdrücke. Wenn sicher ist, daß ausschließlich Zahlen in der Eingabe vorkommen, können Sie das Wörtchen eval auch weglassen. Dies ist aus Effizienzgründen wichtig, besonders bei sehr großen Tabellen.

- Hinweis zur Anzahl der Spalten:

  Die Anzahl der Spalten wird dynamisch bei jeder Zeile neu bestimmt. Der Ergebnisvektor enthält also genauso viele Spalten wie die Zeile mit der größten Anzahl Spalten bei der Eingabe. Die Anzahl von Zeilen hingegen ist nur durch die Ressourcen Ihres Rechners beschränkt.

- Hinweis zu „leeren" Zellen:

  Eine leere Zelle am Ende der Zeile kann weggelassen werden. Dagegen muß eine leere Zelle in der Mitte der Tabelle einen Perl-Ausdruck enthalten, der zu 0 evaluiert wird.

Ein weiteres Beispiel für die Mächtigkeit von Perl ist direkt aus der Praxis entnommen. Wir wollen die Subject-Zeilen einer großen Mailbox-Datei extrahieren und diese dann nach Themen zusammenfassen. Der Ausdruck dafür lautet „threading by subject". Dabei wollen wir uns aber *nicht* durch die führenden *Re:* stören lassen. Außerdem soll die

Groß- und Kleinschreibung in diesem Fall irrelevant sein: Schließlich soll die Ausgabe nach absteigenden Häufigkeiten sortiert sein. Somit bekommen wir eine Liste der n beliebtesten Themen.

mailthreads.pl
```perl
#!/usr/local/bin/perl -w
# mailthreads.pl -- Zeigt Subjects nach Themen sortiert an.

while (<>) {
    chomp;                              # Newline-Zeichen entfernen.
    next if not /^Subject:\s+(.*)/;     # Irrelevante Zeilen
                                        # ueberspringen.

    $subject = $1;                      # Zeile nach 'Subject: '
    $subject =~ s/^(Re:\s+)+//;         # Entferne fuehrende Replies
    $subject =~ s/(.*)/\L$1\E/;         # Konvertiere alles in
                                        # Kleinbuchstaben.

    ++$THREADS{$subject};               # Noch ein Thema?
}

# Themen nach absteigender Haeufigkeit sortiert anzeigen:
foreach my $thread (sort { $THREADS{$b} <=> $THREADS{$a} }
                          keys %THREADS) {
    print "(" . $THREADS{$thread} . ")\t" . $thread . "\n";
}
```
— mailthreads.pl

Ein Ausschnitt aus der GNU/Hurd-Mailing-Liste liefert:

```
farid@bsd-1:~/p> ./mailthreads.pl ~/HURD | head -10
(36)    grub maintainership
(33)    difficult issues
(32)    libc6_2.0.106-0.1_i386.deb is released
(28)    system requirements
(26)    runlevels
(24)    need help with netbase
(18)    hurd documentation roadmap
(17)    new packages and cross-config.gnu
(17)    a problem i can't solve
(15)    problems getting the .debs :(
```

4.7 WWW-Programmierung

4.7.1 Webclients

Angenommen, Sie brauchen eine Seite aus dem Web. Diese wollen Sie womöglich mit den hervorragenden Textverarbeitungsfähigkeiten von Perl analysieren. Wie kommen Sie an eine solche Seite heran? Natürlich soll das Programm diese Seite automatisch besorgen und nicht etwa durch Ihre aktive Mithilfe als Netscape-User!

Sie haben also zwei Möglichkeiten, eine Seite von einem Webserver anzufordern:

- Die *Low-level-Methode* erzeugt Sockets, öffnet eine TCP-Verbindung zum gewünschten HTTP-Server und sendet dann manuell die durch das HTTP-Protokoll spezifizierten Kommandos zur Anforderung der entsprechenden Seite. Anschließend liest das Programm die HTTP-Antwort, dekodiert diese und extrahiert schließlich die lang ersehnte Seite.
- Die *High-level-Methode* hingegen ignoriert diesen ganzen Socket- und HTTP-„Unsinn" und verwendet ein fertiges Modul aus dem CPAN.

Das Anfordern einer Webseite kann so kurz sein wie im folgenden Beispiel:

```
webget.pl
#!/usr/local/bin/perl -w
# webget.pl -- Fordert ein durch URL angegebenes Dokument an.

use LWP::Simple;            # Aus dem CPAN: libwww-perl

print get($ARGV[0]);        # Seite anfordern und ausdrucken
                                                                webget.pl
```

Mit der Verwendung des `LWP::Simple`-Moduls aus dem CPAN hat sich die Aufgabe erheblich vereinfacht. Der Aufruf des obigen Programms ist ebenfalls trivial:

```
farid@bsd-1:~/p> ./webget.pl http://www.perl.com/CPAN/SITES > cpan.list
```

Wenn Sie nur an der Ausgabe der Seite interessiert sind, können Sie sogar einen Einzeiler verwenden:

```
farid@bsd-1:~/p> perl -MLWP::Simple
                  -e 'getprint "http://www.perl.com/CPAN/SITES"'
                  > cpan.list
```

Natürlich werden hier viele Spezialfälle, wie z.B. Timeouts oder Proxies, nicht berücksichtigt. Die `LWP::*`-Module sind jedoch komplexer und können auch Grenzfälle sicher erkennen. Dieses Thema wird ausführlich ab Seite 1082 behandelt.

4.7.2 CGI-Beispiel

Spezielle Aufgaben werden von Webservern an CGI-Programme delegiert. Diese sind z.B. für das Auslesen der Werte eines Formulars oder die Generierung dynamischer Webseiten verantwortlich. Wir verwenden im folgenden das `CGI.pm`-Modul, um ein Formular zum Benutzer zu senden und dessen Antwort wieder auszugeben:

```
CGI::OO
#!/usr/local/bin/perl -w
# CGI::OO -- Objektorientierter Stil beim CGI.pm-Modul.

use CGI;                # Modul CGI.pm aus dem CPAN
```

```perl
    $g = new CGI;          # Erzeuge ein CGI-Objekt

    # Schreibe den HTTP-Header (header()), den <TITLE> (start_html())
    # sowie ein <H1>-Tag (h1())
    print
        $g->header,
        $g->start_html('Willkommen'),
        $g->h1('Willkommen bei CGI.pm');

    # In welchem Kontext wurden wir aufgerufen?
    if (not $g->param('NAME')) {
        # Wir haben keine Daten erhalten, daher soll das
        # CGI-Formular ausgegeben werden.
        print
            $g->start_form,
            "Wie hei&szlig;en Sie? ",
            $g->textfield('-name' => 'NAME', '-size' => 60),
            $g->submit,
            $g->end_form;
    } else {
        # Da wir mittels param() Daten erhalten haben,
        # muessen diese ausgewertet werden. Wir lesen sie aus
        # und senden eine Antwortseite zurueck.
        print
            "Hallo, ",
            $g->em($g->param('NAME'));
    }

    # Schliesslich beenden wir die HTML-Seite (</HTML>)
    # und schliessen die Verbindung.
    print
        $g->end_html();

    exit 0;
```
── CGI::OO

Abbildung 4.1 zeigt das durch `CGI::OO` erzeugte Formular. Die Antwort sehen Sie in Abbildung 4.2. Wir werden darauf in größerer Ausführlichkeit in Abschnitt 19.3 ab Seite 1030 zurückkommen.

4.8 Graphische Ausgabe mit Perl/Tk

Mit Hilfe des Tk-Moduls aus dem CPAN können Sie leicht Ihren Programmen eine graphische Oberfläche geben. Das ursprünglich unter X11 entwickelte Tk-Toolkit wurde mittlerweile auch auf andere graphische Umgebungen, wie z.B. *Micro$oft Windoze* portiert. Damit können Sie leicht Programme mit graphischer Oberfläche schreiben, die unter diesen beiden wichtigen Plattformen nahezu unverändert lauffähig sind. Das folgende Beispiel ist zwar bisher das längste. Dennoch ist es in Abschnitte unterteilt, so daß Sie leicht die diversen Bestandteile auseinanderhalten können.

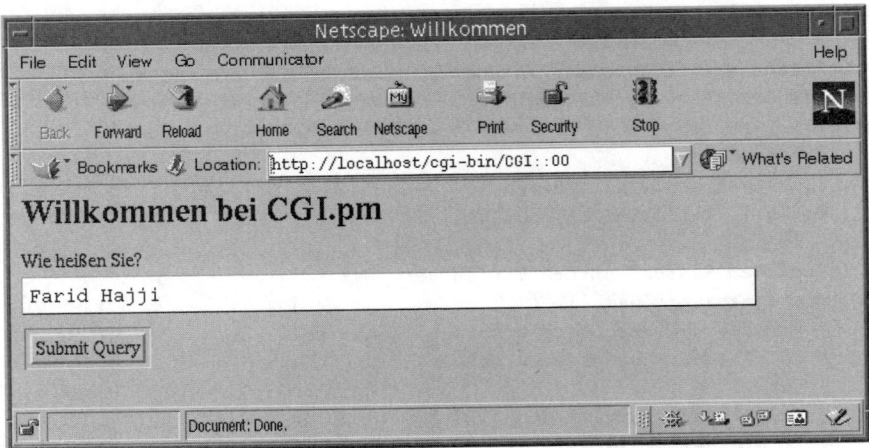

Abbildung 4.1: Das automatisch erzeugte Formular

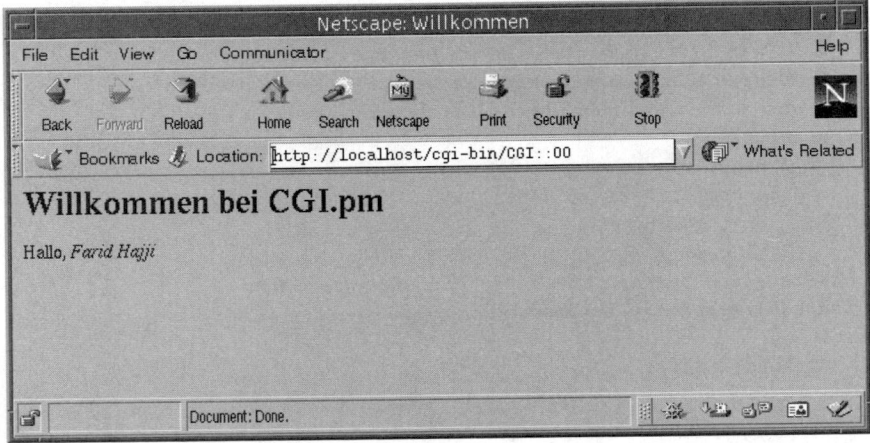

Abbildung 4.2: Die Antwort auf die Benutzereingabe

```
Tk/Tk-example.pl
#!/usr/local/bin/perl -w
# Tk-example.pl -- Zeigt **einige** Widgets des Tk-Moduls.

use strict;
use Tk;                    # Tk-Modul aus dem CPAN

# Einige globale Variablen
my ($mw, $btn1, $btn2, $btn3, $c1, $c2, $r1, $r2);
my ($fbutton, $fcheck, $fradio, $fentry);
my ($c1_value, $c2_value, $hello, $r_common);
my ($entry, $label, $lvar, $lab1, $lab2);
my ($flist, $scrl);
```

4.8 Graphische Ausgabe mit Perl/Tk

```perl
# ---------- Erzeuge das Hauptfenster
$mw     = MainWindow->new();

# ---------- Erzeuge einen Frame mit einigen Buttons
$fbutton = $mw->Frame(-relief => 'ridge', -borderwidth => '1m');
$btn1 = $fbutton->Button(-text    => 'Exit!',
                         -command => sub { exit 0; });
$btn2 = $fbutton->Button(-text    => 'Do It!',
                         -command => [&the_handler,
                                      "button", "arg1"]);
$btn3 = $fbutton->Button(-text    => 'I am disabled',
                         -state   => "disabled",
                         -command => [&the__handler,
                                      "button", "arg2"]);
$btn1->pack(-side => 'left');
$btn2->pack(-side => 'left');
$btn3->pack(-side => 'left');
$fbutton->pack();


# ---------- Erzeuge einen Frame mit zwei Checkbuttons
$fcheck = $mw->Frame(-relief => 'sunken', -borderwidth => '1m');
$c1     = $fcheck->Checkbutton(-text     => 'Yes/No',
                               -command  => [&the_handler,
                                             "check", "arg3"],
                               -state    => "normal",
                               -onvalue  => "I am ready",
                               -offvalue => "I ain't ready",
                               -variable => $c1_value);
$hello = "Hi!";
$c2     = $fcheck->Checkbutton(-textvariable => $hello,
                               -onvalue  => "ACK",
                               -offvalue => "NAK",
                               -variable => $c2_value);
$c1->pack(-side => 'right', -padx => '1c');
$c2->pack(-side => 'right', -padx => '1c');
$fcheck->pack();


# ---------- Erzeuge einen Frame mit zwei Radiobuttons
$fradio = $mw->Frame(-relief => 'ridge', -borderwidth => '1m');
$r1     = $fradio->Radiobutton(-text => "Ack", -anchor => "w",
                               -variable => $r_common,
                               -value    => "ACK");
$r2     = $fradio->Radiobutton(-text => "Nack", -anchor => "w",
                               -variable => $r_common,
                               -value    => "NAK",
                               -command  => [&the_handler,
                                             "radiobutton",
                                             "no ack"]);
$r1->pack(-side => 'left', -padx => '1c');
$r2->pack(-side => 'right');
$fradio->pack();
```

```perl
# ---------- Erzeuge einen Frame mit einem Label und einem Entry
$fentry = $mw->Frame(-relief => 'ridge', -borderwidth => '1m');
$lvar   = "Prompt: ";
$label  = $fentry->Label(-text => "$lvar")
    ->pack(-side => 'left', -padx => '0.5c');
$entry  = $fentry->Entry(-textvariable => $lvar)
    ->pack(-side => 'left', -padx => '0.5c');
$lab1   = $fentry->Label(-text => "You entered: ")
    ->pack(-side => 'top', -pady => '0.1c');
$lab2   = $fentry->Label(-textvariable => $lvar)
    ->pack(-side => 'left', -padx => '0.5c');

$entry->bind('<Return>', [ &the_handler, "entry", "RET" ]);
$entry->bind('<F1>',     [ &the_handler, "entry", "F1" ]);
$fentry->pack();

# ---------- Erzeuge eine scrollbare Listbox
$flist = $mw->Frame(-relief => 'ridge', -borderwidth => '1m');
$flist->Label(-text => 'Choose one of these:')
    ->pack(-side => 'left');
$scrl = $flist->ScrlListbox(-label => 'Selection',
                            -selectmode => 'single',
                            -height => 3,
                            -exportselection => 0)
    ->pack(-side => 'left');
$scrl->insert("end", "first");
$scrl->insert("end", "second");
$scrl->insert("end", "third");
$scrl->insert("end", "fourth");
$scrl->insert("end", "fifth");
$flist->Button(-text => "Read It!",
        -command => sub { print $scrl->Getselected(), "\n"; })
    ->pack();
$flist->pack();

# ---------- Haupt-Event-Schleife
MainLoop;

# ---------- Hilfsfunktion
sub the_handler {
    my ($what, @arglist) = @_;
    my $elem = "";
    print "handler: [$what] list = (";
    foreach $elem (@arglist) {
        print "$elem ";
    }
    print ")\n";
}
```

Tk/Tk-example.pl

Die Ausgabe dieses Programms sehen Sie in Abbildung 4.3.

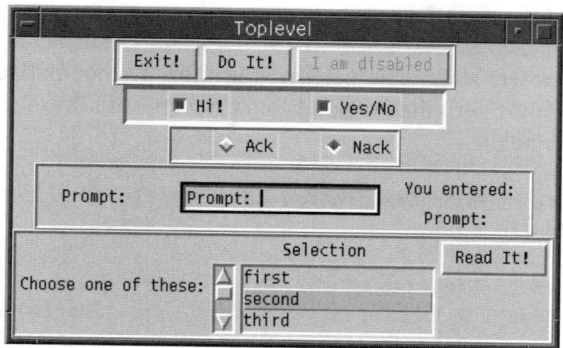

Abbildung 4.3: Ausgabe des Programms `Tk-example.pl`

4.9 Fehlersuche in Perl-Programmen

Auch in Perl werden Sie nicht umhinkommen, fehlerhafte Programme zu debuggen. Dazu bietet Perl einige Hilfsmittel, die bei der Fehlersuche sehr nützlich sind:

- Warnungen einschalten: `-w`
- Keine automatische Variablendeklaration: `use strict;`
- Den Perl-Debugger: `perl -d`

4.9.1 Warnungen mit -w einschalten

Sie sollten grundsätzlich Warnungen mit dem -w-Flag einschalten. Dies erreichen Sie am leichtesten in der She-Bang-Zeile:

```
#!/usr/local/bin/perl -w
```

Alles was auf dieses Flag folgt und vom Perl-Interpreter als mehrdeutig erkannt wird, löst eine Warnung bei der Ausführung oder der Syntaxüberprüfung aus. Perl kann viele Warnungen ausgeben. Für Anfänger sind sie jedoch nicht immer sofort verständlich. Wenn Sie jedoch zusätzlich zum -w-Flag auch noch das Pragma `use diagnostics;` einschalten, werden die Warnungen und Fehlermeldungen richtig ausführlich erklärt:

```
#!/usr/local/bin/perl -w
use diagnostics;
```

Auch wenn die -w-Warnungen zunächst lästig erscheinen, sollten sie dennoch beherzigt werden. Sie werden später viel weniger Probleme mit Ihren Programmen haben, wenn Sie sich früh angewöhnen, warnungsfreie Programme zu schreiben. Außerdem vermeiden Sie somit Stunden, ja Tage der Fehlersuche!

4.9.2 Variablendeklaration erzwingen: `use strict;`

Die wahrscheinlichste Fehlerursache bei Perl-Skripten besteht in Tippfehlern bei Variablennamen und, damit verbunden, der automatischen, stillschweigenden Deklaration weiterer globaler Variablen:

```perl
# Zunaechst die normale Deklaration der Variable
$variable = "hello";

# Etwas spaeter im Programm...
$varriable = "bye";   # Vertippen verhindert, dass $variable
                      # den richtigen Wert erhaelt.

print $variable;      # 'hello' statt wie beabsichtigt 'bye'.
```

Um solche Fehler zu vermeiden, kann die Deklaration von Variablen mit dem Pragma `use strict;` erzwungen werden. Variablen werden mit `my()` deklariert. Falls Sie sich nun bei Variablennamen vertippen und dabei keine bereits deklarierte Variable angegeben haben, wird der Perl-Interpreter die Übersetzung des Programms verweigern:

```perl
use-strict.pl
#!/usr/local/bin/perl -w
# use-strict.pl -- Schutz vor dem Vertippen durch use strict.
#                  Dieses Skript laesst sich nicht starten!

use strict;                     # Variablendeklarationen erzwingen.

my $variable = "hello";         # So weit, so gut!
print $variable;                # Auch okay.
$variable = "new value";        # Immer noch okay.
print $variable;                # Stimmt ja noch.

$varriable = "bye";             # FALSCH! Nicht deklariert!

print "Still alive\n";          # Kommen wir hier an? (Nein!)
                                                      use-strict.pl
```

Die Ausführung dieses Programms ergibt:

```
farid@sun-1:~/p> ./use-strict.pl
Global symbol "$varriable" requires explicit package name
                         at ./use-strict.pl line 12.
Execution of ./use-strict.pl aborted due to compilation errors.
```

Genau, was wir ja wollten!

Einige Module können globale Variablen zur Laufzeit erzeugen. Diese können Sie ja nicht mit `my()` deklarieren. Dummerweise gibt es dann Probleme mit dem Pragma `use strict;`! Ein Ausweg ist die Prädeklaration dieser Variablen mit `use vars;`:

```
#!/usr/local/bin/perl -w
use strict;
use vars qw($opt_x $opt_y $opt_z);

# use strict wird keine Probleme machen bei den
# Namen $opt_x, $opt_y und $opt_z.
```

4.9.3 Der Perl-Debugger `perl -d`

Perl besitzt einen integrierten Debugger, der Ihnen bei der Fehlersuche zur Seite stehen kann. Dieser Debugger ist den Debuggern von C (z.B. *gdb*, *adb*) durchaus gewachsen. Folgende Features können beim Perl-Debugger eingesetzt werden:

- Einzelschrittfunktion (*single step*)
- Führe Funktion aus ohne darin zu halten (*step over*)
- Breakpoints setzen und löschen
- Bedingte Breakpoints setzen und löschen
- Setzen von Watchpoints
- Anzeige von Variablen und komplexerer Datenstrukturen
- Veränderung von Variablen und anderer Datenstrukturen
- Ausführung von beliebigem Perl-Code während des Debuggens
- u.v.m.

Eine ausführliche Erläuterung der Funktionen des Debuggers finden Sie in *man perldebug*.

Aufruf des Perl-Debuggers: `perl -d`

Der Perl-Debugger wird aufgerufen, indem Sie dem Perl-Interpreter das –d-Flag übergeben:

```
farid@sun-1:~/p> perl -d ls.pl

Loading DB routines from perl5db.pl version 1.0402
Emacs support available.

Enter h or 'h h' for help.

main::(ls.pl:6):        my $start_dir = cwd;
  DB<1>
```

An dieser Stelle erwartet der Debugger spezielle Kommandos.

Neben dem Programmnamen können Sie selbstverständlich dem zu debuggenden Programm Argumente übergeben:

```
farid@sun-1:~/p> perl -d ls.pl -a /usr/local
```

Sie können beispielsweise nun mit der Einzelschrittfunktion „n" das Programm Schritt für Schritt durchlaufen:

```
main::(ls.pl:6):         my $start_dir = cwd;
  DB<1> n
main::(ls.pl:8):         while (@ARGV) {
  DB<1> n
Debugged program terminated.  Use q to quit or R to restart,
  use O inhibit_exit to avoid stopping after program termination,
  h q, h R or h O to get additional info.
  DB<1> q
```

Interessanter ist es natürlich, wenn Argumente auf der Kommandozeile angegeben werden:

```
farid@sun-1:~/p> perl -d ls.pl /tmp

Loading DB routines from perl5db.pl version 1.0402
Emacs support available.

Enter h or 'h h' for help.

main::(ls.pl:6):         my $start_dir = cwd;
  DB<1> n
main::(ls.pl:8):         while (@ARGV) {
  DB<1> n
main::(ls.pl:9):             my $fname = shift @ARGV;
  DB<1> n
main::(ls.pl:11):            chdir($start_dir);
  DB<1> n
main::(ls.pl:12):            &print_file($fname) if not -d $fname;
  DB<1>
```

An dieser Stelle wollen wir, neugierig wie wir sind, den Inhalt von $fname überprüfen. Dazu benutzen wir das „x"-Kommando. Wir können auch beliebigen Code ausführen. Was ergibt beispielsweise -d $fname?

```
    DB<1> x $fname
0  '/tmp'
    DB<2> x -d $fname
0  1
    DB<3>
```

Aha! Die Bedingung ist also wahr. Daher würde wohl die Funktion print_file() nicht ausgeführt werden. Ist es wirklich so? Noch ein Einzelschritt, und schon wissen wir es:

```
    DB<3> n
main::(ls.pl:13):            &print_dir($fname) if -d $fname;
```

4.9 Fehlersuche in Perl-Programmen

Genau, das war der nächste Schritt. Wir haben hier die Wahl, entweder mit dem *Single-step*-Kommando „s" in die Funktion selbst zu springen oder aber die Funktion auszuführen, aber nicht mit dem *Step-over*-Kommando „n" hineinzudebuggen. Hier entscheiden wir uns dafür, die Funktion ohne Debugging auszuführen (vielleicht sind wir ja schon sicher, daß diese Funktion richtig funktioniert und daher nicht mehr „entwanzt" werden muß):

```
  DB<3> n
Directory: /tmp
----------
          .:               dS,rwxRWX
          ..:              dS,rxRX
        .X11-pipe:         dS,rwxRWX
        .X11-unix:         dS,rwxRWX
        .pcmcia:           dS,rwxRWX
        .printd.lock:      -S,
        .removable:        dS,rwxoRWXO
        .rpc_door:         dS,rwxRWX
        dtdbcache_:0:      -S,rwoRWO
        esrv1001-sun-1:    ,rwoRWO
        g990707c.tgz:      -S,rwoRWO
        ls-lR-cpan.gz:     -S,roRO
        ps_data:           -S,rR
        sdtvolcheck2680:      -,rwoRWO
main::(ls.pl:8):           while (@ARGV) {
  DB<3>
```

Nun haben wir keine Lust mehr zum Debuggen. Wir können jetzt die Ausführung des Programms mit „c" (für *continue*) fortsetzen oder das Programm mit „q" komplett abbrechen. Wir tun letzteres und verlassen den Debugger:

```
  DB<3> q
```

Mit Breakpoints können Programme auch sehr bequem durchlaufen werden. Dazu müssen Sie zunächst entscheiden, wo der Debugger das Programm anhalten soll. Dies tun Sie, indem Sie einen *Breakpoint* mit dem „b"-Kommando entweder auf eine bestimmte Zeile (angegeben durch ihre Nummer) oder auf eine Funktion (angegeben durch ihren Namen) setzen. Anschließend starten Sie das Programm mit „r" bzw. mit „c". Der Debugger wird das Programm am Breakpoint anhalten. Dann können Sie Variablen untersuchen, mit der Einzelschrittfunktion weitermachen oder die Ausführung einfach mit „c" fortsetzen. Wird der Breakpoint ein weiteres Mal erreicht, hält der Debugger natürlich wieder dort. Es ist auch möglich, Breakpoints wieder zu entfernen und sogar Breakpoints abhängig von einer Bedingung zu setzen. Ein kronkretes Beispiel:

```
farid@sun-1:~/p> perl -d ls.pl /a/nonexistant/path

Loading DB routines from perl5db.pl version 1.0402
Emacs support available.

Enter h or 'h h' for help.
```

```
main::(ls.pl:6):          my $start_dir = cwd;
  DB<1> w
3
4:      use strict;
5:      use Cwd;
6==>    my $start_dir = cwd;
7
8:      while (@ARGV) {
9:          my $fname = shift @ARGV;
10
11:         chdir($start_dir);
12:         &print_file($fname) if not -d $fname;
  DB<1> b 12
  DB<2> b print_dir
  DB<3> c
main::(ls.pl:12):              &print_file($fname) if not -d $fname;
  DB<3> x $fname
0  '/a/nonexistant/path'
  DB<4> c
          /a/nonexistant/path:    ,
Debugged program terminated.  Use q to quit or R to restart,
  use O inhibit_exit to avoid stopping after program termination,
  h q, h R or h O to get additional info.
  DB<4> q
```

Die Tabellen 4.1 und 4.2 geben einen Überblick über die wichtigsten Kommandos des Perl-Debuggers. Eine ausführliche Beschreibung finden Sie in *man perldebug*. Sie können auch die Onlinehilfe des Debuggers selbst mit „h" oder „h h" aufrufen:

Kommando	Syntax	Bedeutung
Hilfe	h	Zeigt die Hilfe an.
Stack Trace	T	Zeigt den Inhalt des Stacks an.
Single Step	s	Einzelschritt, betritt Subroutinen.
Next Step	n	Einzelschritt, atomarer Subroutinenaufruf.
Finish	f	Restliche Befehle der aktuellen Subroutine ausführen.
Continue	c	Ausführung bis zum nächsten Breakpoint fortsetzen.
	c *line*	Bis Zeile *line* weitermachen.
Repeat	CR	Wiederhole letztes n oder s.

Tabelle 4.1: Einige Kommandos des Perl-Debuggers (Teil 1)

Kommando	Syntax	Bedeutung
List	l	Zeigt die aktuelle Zeile an.
	l *line*	Zeigt die Zeile Nummer *line* an.
List Sub	l *subname*	Zeigt eine Subroutine an.
List Breakp	L	Zeigt alle Zeilen mit Breakpoints an.
List Subs	S	Zeigt die Namen aller Subroutinen an.
Window	w	Zeigt ein Fenster um die aktuelle Zeile an.
Search	/*pattern*/	Sucht nach Muster.
	?*pattern*?	Sucht rückwärts nach Muster.
Breakpoint	b [*line*]	Setzt Breakpoint.
	b *line* [*condition*]	Setzt bedingten Breakpoint.
	b *subname*	Setzt Breakpoint an Sub.
	d [*line*]	Löscht Breakpoint.
	D	Löscht alle Breakpoints.
Anzeige	p *EXPR*	Zeigt Wert von *EXPR* an.
	X *EXPR*	*Pretty Printer* Ausgabe von *EXPR*.
Aktionen	a *line command*	Fügt pro Zeile Perl-Code ein.
	A	Löscht alle Aktionen.
	< *command*	Aktion erfolgt vor der Promptanzeige.
	> *command*	Aktion erfolgt nach der Promptanzeige.

Tabelle 4.2: Einige Kommandos des Perl-Debuggers (Teil 2)

```
DB<1> h h
List/search source lines:                Control script execution:
 l [ln|sub]    List source code           T            Stack trace
 - or .        List previous/current line s [expr]     Single step [in expr]
 w [line]      List around line           n [expr]     Next, steps over subs
 f filename    View source in file        <CR>         Repeat last n or s
 /pattern/ ?patt?    Search forw/backw    r            Return from subroutine
 v             Show versions of modules   c [ln|sub]   Continue until position
Debugger controls:                        L            List break/watch/actions
 O [...]       Set debugger options       t [expr]     Toggle trace [trace expr]
 <[<] or {[{] [cmd]   Do before prompt    b [ln|event] [cnd]   Set breakpoint
 >[>] [cmd]    Do after prompt            b sub [cnd]  Set breakpoint for sub
 ! [N|pat]     Redo a previous command    d [ln] or D  Delete a/all breakpoints
 H [-num]      Display last num commands  a [ln] cmd   Do cmd before line
 = [a val]     Define/list an alias       W expr       Add a watch expression
 h [db_cmd]    Get help on command        A or W       Delete all actions/watch
 |[|]dbcmd     Send output to pager       ![!] syscmd  Run cmd in a subprocess
 q or ^D       Quit                       R            Attempt a restart
Data Examination:     expr     Execute perl code, also see: s,n,t expr
```

```
x|m expr      Evals expr in array context, dumps the result or lists methods.
p expr        Print expression (uses script's current package).
S [[!]pat]    List subroutine names [not] matching pattern
V [Pk [Vars]] List Variables in Package. Vars can be ~pattern or !pattern.
X [Vars]      Same as "V current_package [Vars]".
DB<2> q
```

Das folgende ist ein Beispiel für bedingte Breakpoints:

```
b 333 $x > 70
b 2322 /muster/
```

Debugger-Aktionen sind Perl-Code-Befehle, die vom Debugger automatisch durchgeführt werden sollen, sobald eine gewisse Zeile erreicht ist (*a line*) oder bevor oder nachdem der Debugger-Prompt angezeigt wird. Somit können Sie z.B. bequem eine Variable überwachen, indem Sie eine print $var-Aktion vor jeder Prompt-Anzeige definieren. Nun haben Sie den Wert von $var stets vor Augen.

Ein rekursives Beispiel

Auch wenn Ihnen klar ist, wieso das folgende Programm nicht funktioniert, versuchen Sie bitte, den Fehler mit dem Perl-Debugger zu finden:

```
toh-err.pl
#!/usr/local/bin/perl
# toh-err.pl -- Towers Of Hanoi mit einem Fehler.

print "how many discs? ";
$n = <STDIN>;

t_o_h($n, "left", "center", "right");

sub t_o_h
{
    local($nr, $l, $m, $r) = @_;
    return if $nr == 0;

    t_o_h($nr-1, $l, $r, $m);
    print "move disc from $l to $r\n";
    t_o_h($nr-1, $m, $r, $l);
}
                                                                toh-err.pl
```

Die Ausgabe würde ergeben:

```
farid@sun-1:~/p> ./toh-err.pl
how many discs? 3
move disc from left to right
move disc from left to center
move disc from right to left
move disc from left to right
```

```
move disc from center to right
move disc from center to left
move disc from right to center
```

Die Lösung des obigen Beispiels lautet:

toh-ok.pl
```perl
#!/usr/local/bin/perl
# toh-ok.pl -- Towers Of Hanoi, jetzt hoffentlich richtig!

print "how many discs? ";
$n = <STDIN>;   chomp($n);

t_o_h($n, "left", "center", "right");

sub t_o_h
{
    local($nr, $from, $via, $to) = @_;
    return if $nr == 0;

    t_o_h($nr-1, $from, $to, $via);
    print "move disc from $from to $to\n";
    t_o_h($nr-1, $via, $from, $to);
}
```
toh-ok.pl

Die Ausgabe sieht jetzt wie folgt aus:

```
farid@sun-1:~/p> ./toh-ok.pl
how many discs? 3
move disc from left to right
move disc from left to center
move disc from right to center
move disc from left to right
move disc from center to left
move disc from center to right
move disc from left to right
```

4.10 Aufgaben

1. Suchen Sie nach fertigen Perl-Skripten und versuchen Sie, diese zu verstehen. Auch wenn Sie bisher Perl noch nicht kennen, schreiben Sie sich dennoch Ihre Überlegungen auf, und vergleichen Sie später Ihre Vermutungen mit der Realität.

2. Was sagt Ihnen die vorige Aufgabe über die Lesbarkeit von Perl-Skripten? Sind alle Skripten gleich gut lesbar? Wenn nicht, wo liegen die Unterschiede?

3. An welche Programmiersprachen erinnert Sie Perl? Worin liegen die Gemeinsamkeiten, worin die Unterschiede?

4. Blättern Sie ein wenig in den Manual-Seiten von Perl, und versuchen Sie zu verstehen, was dort beschrieben ist. Nehmen Sie eine gewöhnliche Unix-Manual-Seite zur Hand, und vergleichen Sie beide Manual-Seiten auf Lesbarkeit und Verständlichkeit. Was schließen Sie daraus?

5. Auf Seite 45 haben wir die Häufigkeit einer Nachricht als Sortierkriterium verwendet. Leider ist dabei bei gleicher Häufigkeit keine alphabetische Sortierung erfolgt. Wenn Sie schon Erfahrungen mit Perl haben, können Sie versuchen, die Ausgabe erst nach Häufigkeit absteigend und bei gleicher Häufigkeit, alphabetisch aufsteigend zu sortieren.

6. Vergleichen Sie die Kommandos des Perl-Debuggers mit denen des GNU-Debuggers *gdb*.

7. Überlegen Sie sich Anwendungen von Debugger-Aktionen!

8. Was ist der Unterschied zwischen „s" (step) und „n" (next)?

9. Wie würden Sie Perl-Erweiterungen in C debuggen? Können Sie den Perl-Debugger mit dem GNU-Debugger *gdb* kombinieren?

5 Strings

5.1 Synopsis

```perl
"Hello, $interpolated string!"      # Doppelt gequoteter String
'I see $$ in your eyes!'            # Keine Interpolation
`ps -ax`                            # Unix-Kommandos in Backticks
$var = <<ENDE;                      # HERE-Dokument
...
ENDE


"\a,\b,\e,\f,\n,\r,\t,\\,\033,\x1b,\cJ"   # C-Sonderzeichen

$str1 {eq,ne,lt,le,gt,ge,cmp} $str2      # Vergleichsoperatoren

$teil = substr($quelle, $offset, $laenge);
substr($ziel, $offset, $laenge) = $neuer_teilstring;

$beides = $teil1 . $teil2;          # Konkatenation
$zeile  = "-" x 80;                 # Wiederholung

$var = "Haaa"; ++$var;              # Neuer Wert: "Haab"

$laenge = length($string);          # Anzahl der Zeichen
$gnirts = reverse($string);         # String, andersrum

@liste  = unpack("A1 A5 x3 A*", $eingabe);
$string = pack("A1 A5 A*", @liste);

$ascii = ord($char);                # Zeichen -> ASCII
$char  = chr($ascii);               # ASCII   -> Zeichen

$var =~ tr/A-Z/a-z/;                # 7-Bit-Konvertierung
uc(), lc(), ucfirst(), lcfirst();   # Gross- und Kleinschreibung
"\U, \L, \u, \l, \E"                # Umschaltzeichen

use locale;                         # 8-Bit-Code mit Umlauten...
no locale;                          # Nur 7-Bit-ASCII

print "found!" if $var =~ /Regexp/gismox;
$var =~ s/Regexp/newvalue/egismox;
$count = $var =~ tr/Vonliste/Nachliste/;
```

5.2 Eigenschaften von Strings

- *Strings sind kein Zeichenarray.* Strings sind in Perl ein Grundtyp. Sie bestehen nicht aus einem Array von Zeichen, wie dies bei C oder anderen Sprachen der Fall ist. Daher ist der Zugriff auf einzelne Zeichen eines Strings so nicht möglich:

    ```
    $zeichen = "Hallo, Welt!"[3];    # FEHLER!
    ```

    Wir werden aber in 5.5.2 und 5.5.8 sehen, wie mit Hilfe spezieller Operatoren dennoch auf einzelne Bereiche eines Strings zugegriffen werden kann.

- *Unbeschränkte Länge.* Die Länge eines Strings wird in Perl nur durch die Größe Ihres virtuellen Speichers beschränkt. Somit sind Sie in der Lage, sehr große Datenbestände in eine Variable einzulesen und direkt im Speicher zu bearbeiten.

- *Strings wachsen und schrumpfen bei Bedarf automatisch.* Dank der ausgeklügelten Speicherverwaltung von Perl, brauchen Sie sich keine Gedanken über die Reservierung und Freigabe von Speicher zu machen. Strings können und werden bei Bedarf wachsen und auch wieder schrumpfen. Zusätzlicher Speicherbedarf wird von Perl automatisch allokiert. Nicht mehr benötigte Strings werden durch die *Garbage Collection* von Perl automatisch wieder dem freien Speicher zugeführt.

- *Strings sind 8-Bit-clean.* Alle Bytes mit einem Code von 0 bis 255 sind gültige Zeichen innerhalb eines Strings. Sogar das Null-Byte \0 kann, auch mehrfach, innerhalb eines Strings vorkommen. Ein String kann daher beliebige Binärdaten enthalten. Perl-Strings sind also allgemeiner (und bei weitem mächtiger) als C-Strings. Beispiel:

    ```
    # Binaere Daten, die auch mehrere \0 enthalten:
    $binary = "Part#1\0Part#2\0Part#3\n";    # Part#1\0Part#2\0Part#3\n

    # Mehrere Zeilen, die alle im gleichen String Platz haben
    $multiline = "Line#1\nLine#2\nLine#3\n";
    ```

- *Unicode ist für Perl Version 5.006 geplant.* Im Gegensatz zu Java unterstützt Perl bis zur Version 5.005 noch keinen Unicode. Laut [16, Seite 3] sollte dies ab Version 5.006 möglich werden. Daher sind die Begriffe Zeichen und Byte noch äquivalent.

5.3 Quoting

Stringliterale kommen in vier Grundformen vor:

- *Einfach gequotete Strings*: Variablen bzw. Sonderzeichen innerhalb dieser Art von String werden nicht durch ihren Inhalt bzw. Bedeutung ersetzt. Der String ist also wörtlich zu nehmen:

    ```
    $pi  = 3.141592654;
    $var = 'The value of Pi is $pi\n';    # The value of Pi is $pi\n
    ```

    Das einzige Zeichen, das innerhalb eines einfach gequoteten Strings eine besondere Bedeutung hat, ist natürlich das Quote-Zeichen selbst:

    ```
    $var = 'Ich hab's gesagt!';           # FEHLER!
    ```

5.3 Quoting

Das Quote-Zeichen (hier „'") muß dann mit einem Backslash („\") *entwertet* werden:

```
$var = 'Ich hab\'s gesagt!';        # Ich hab's gesagt!
```

Achtung! *Achten Sie darauf, das Newline-Zeichen stets richtig zu quotieren:*

```
print '>this is not good\n<';       # FALSCH! >this is not good\n<
print $$, '\n';                     # FALSCH! z.B. 33231\n
print $$, "\n";                     # Okay
```

Es gibt auch eine alternative Form des Quotings:

```
$var = q/Ich hab's gesagt!/;
$var = q[Ich hab's gesagt!];
$var = q{Ich hab's gesagt!};
$var = q(Ich hab's gesagt!);
$var = q<Ich hab's gesagt!>;
```

Somit sind Sie also in der Lage, ein anderes Quote-Zeichen zu wählen. Wichtig ist dabei, daß

– das oder die neuen Quote-Zeichen nun selbst bei Bedarf entwertet werden muß oder müssen:

```
$var = q< \<A HREF="..."\> >;       # Ungeschickt
$var = q( <A HREF="..."> );         # Schon besser!
```

– die Quote-Zeichen zueinander passen. Eine öffnende Klammer muß also zu einer schließenden Klammer passen. Sonstige Zeichen sind einfach nur zu wiederholen, wie das oben mit dem Schrägstrich / gezeigt wurde.

Doppelt gequotete Strings: Bei dieser Art von Strings werden Variablen interpoliert, und Sonderzeichen bekommen ihre spezielle Bedeutung:

```
$pi  = 3.141592654;
$var = "The value of Pi is $pi\n";  # The value of Pi is 3.141592654,
                                    # gefolgt von einem Newline
```

Natürlich hat das Quote-Zeichen innerhalb eines doppelt gequoteten Strings eine Sonderbedeutung. Es ist wie im Fall einfach gequoteter Strings entweder zu entwerten:

```
$var = "<A HREF=\"...\">";          # Ungeschickt
```

oder durch ein anderes Quoting-Zeichen oder Quoting-Paar zu ersetzen:

```
$var = qq/<A HREF="...">/;
$var = qq[<A HREF="...">];
$var = qq{<A HREF="...">};
$var = qq(<A HREF="...">);
$var = qq<\<A HREF="..."\>>;        # Ungeschickt
```

Ein weiteres Beispiel ist das *leaning toothpick syndrome* (LTS):

```
$var = qq/\/usr\/local\/bin\/perl/; # Ungeschickt, LTS!
$var = qq!/usr/local/bin/perl!;     # Schon besser!
```

Die Quote-Zeichen sollten wieder zueinander passen und sinnvoll gewählt werden.

Ausdrücke, die komplizierter als Variablen sind, so zum Beispiel Funktionsaufrufe, werden nicht in Strings interpoliert. Einen Trick, wie dies dennoch erreicht werden kann, können Sie in 13.7.1 auf Seite 538 finden.

- *In Backticks eingeschlossene Strings*: Diese Strings haben eine ganz spezielle Bedeutung. Sie werden zunächst wie im Falle doppelt gequoteter Strings interpoliert, aber dann werden sie als Kommandos der Shell Ihres Systems zur Ausführung übergeben. Der Wert dieser Backtick-Strings besteht dann in der Ausgabe der ausgeführten Kommandos:

```
$sysuptime = 'uptime';    # 7:53pm  up 29 day(s) 21 mins, 17 user,...
                          # gefolgt von Newline

$fsystem   = "/usr/local";
$space     = 'du -s -k $fsystem';    # 1906467 /usr/local
                                     # gefolgt von Newline
```

Sollte ein Kommando mehr als nur eine Zeile ausgeben, so werden die einzelnen Zeilen im skalaren Kontext (siehe Seite 278) zu einem großen String mit eingebauten \n-Zeichen zusammengefaßt. Im Listenkontext (siehe Seite 280) wird hingegen eine Liste von Zeilen zurückgegeben:

```
# Backticks im skalaren Kontext
$longlist = 'ls *.tex';      # Lange Zeile
foreach $texfile (split(/\n/, $longlist) {
   # Tu etwas mit $texfile
}


# Backticks im Listenkontext
@toremove = 'ls *~ *.bak *.core core';
chomp @toremove;             # WICHTIG!
foreach $file (@toremove) {
   unlink $file;             # GEFAEHRLICH!
}
```

Sie können auch mehrere Kommandos nacheinander ausführen. Dazu trennen Sie die Kommandos durch das Trennzeichen Ihrer Shell. Für Unix-Shells ist dies das Semikolon (;):

```
$datewho = 'date; who';   # Datum, dann Liste eingeloggter User
```

Vergessen Sie nicht, daß Sonderzeichen innerhalb von Backquotes schon vor der Übergabe an die Shell ausgewertet werden. Die Shell selbst kann durchaus ihre eigenen Sonderzeichen nochmals auswerten (*Shell-Globbing*). Beispiel:

```
# Wir wollen ein '*' ausgeben
$star = 'echo *';      # FALSCH! Dateiliste kommt heraus
                       # Die Shell expandiert '*' (Globbing)

$star = 'echo \*';     # FALSCH! Dateiliste kommt heraus
                       # Backquote-Interpolation hat
```

5.3 Quoting

```
                        # \* in * transformiert.
                        # Die Shell sieht 'echo *' => Globbing
$star = `echo \\*`;     # RICHTIG! * wird ausgegeben.
                        # Backquote-Interpolation hat
                        # \\ in \ transformiert.
                        # Die Shell sieht 'echo \*'
                        # => Kein Globbing.
```

Achtung! Backticks können tückisch sein! Es ist sehr leicht zu übersehen, daß die Zeilen der ausgeführten Kommandos meist ein abschließendes Newline-Zeichen enthalten. Das kann zu schwer aufzuspürenden Fehlern führen, wie etwa dem folgenden:

```
$hostname = `hostname`;                         # Backticks
$ip       = gethostbyname($hostname);           # FALSCH!
print join '.', unpack('C4',$ip);               # Nichts da!
```

Es hätte richtiger heißen sollen:

```
$hostname = `hostname`;                         # Backticks
chomp      $hostname;                           # WICHTIG!
$ip       = gethostbyname($hostname);           # Jetzt stimmt es!
print join '.', unpack('C4',$ip);               # 192.168.1.1
```

- *Strings als HERE-Dokumente*: Diese werden Sie kennen, wenn Sie schon Shell-Skripten geschrieben haben. Ein HERE-Dokument ist nichts anderes als ein String, der im Programmtext zwischen zwei identischen, frei wählbaren Tokens vorkommt. Dabei muß das zweite Token allein am Anfang einer neuen Zeile stehen. Konkret sieht das so aus:

```
$here = <<HERE_MY_TOKEN;
Das ist ein langer String,
  der sich auch ueber mehrere Zeilen
  erstrecken kann.
HERE_MY_TOKEN
```

Beachten Sie dabei folgende Regeln:

- Zwischen << und dem ersten, frei wählbaren HERE-Token darf keine Leerstelle vorkommen.

    ```
    $var = << A_HERE_TOKEN;     # FALSCH! Eine Leerstelle zuviel
    ...
    A_HERE_TOKEN
    ```

- Nach dem ersten Token muß noch der aktuelle Programmausdruck beendet werden.

    ```
    $var = <<END_OF_TEXT
    ...
    END_OF_TEXT
    $pi  = 3.141592654;         # FALSCH! Es fehlt ein ; vor $pi
    ```

    Dagegen ist folgendes erlaubt:

    ```
    $var = <<BOARD
    X O X O X O X O
    ```

```
                O X O X O X O X
                BOARD
                x 4;                      # Viermal wiederholen. Hier hoert
                                          # der String auf.
                print $var, "\n";         # X O X O X O X O
                                          # O X O X O X O X
                                          # X O X O X O X O
                                          # O X O X O X O X
                                          # X O X O X O X O
                                          # O X O X O X O X
                                          # X O X O X O X O
                                          # O X O X O X O X
```

- Erst auf der nächsten Zeile nach dem ersten Token fängt das eigentliche HERE-Dokument an.

```
        print length(<<TOKEN) + 5;     # 16 == 10 + Newline + 5
        1234567890
        TOKEN

        print length(<<TOKEN) + 5,
        " blah\n";
        1234567890
        TOKEN
        # 26. Kein blah und auch kein Newline
```

Dieses Beispiel zeigt auch klar und deutlich, daß ein HERE-Dokument wirklich auf der nächsten Zeile anfängt und nicht erst nach Abschluß des aktuellen Ausdrucks durch ;.

- Das HERE-Dokument erstreckt sich bis zur Zeile, die das zweite, *identische* HERE-Token enthält; diese gehört jedoch nicht mehr zu dem HERE-Dokument.

- Das zweite HERE-Token *muß* allein auf einer Zeile vorkommen und *muß* am Anfang dieser Zeile stehen.

- Die Formatierung innerhalb des HERE-Dokuments bleibt erhalten. Der String is so zu nehmen, wie er formatiert wurde. Auch führende Leerstellen sind dabei wichtig:

```
        print <<RHOMBUS;
           x
          x x
         x   x
          x x
           x
        RHOMBUS
        # Ausgabe:         x
        #                 x x
        #                x   x
        #                 x x
        #                  x
```

5.3 Quoting

Here-Dokumente müssen also linksbündig im Programm erscheinen, auch wenn dies manchmal nicht so gut aussieht:

```perl
if ($condition > 10) {
    my $var = <<END_OF_HERE;
blah blah blah
  blob blob blob
blih bloh blah
  blem blim blom
END_OF_HERE
    print length($var), "\n";
}
```

Sie finden in [16, Seite 23] Lösungsansätze zu diesem Problem.

Wenn das erste HERE-Token nicht gequotet ist, wird ein HERE-Dokument hinsichtlich der Interpolation wie ein doppelt gequoteter String behandelt. Ansonsten gilt die Behandlung, die zu den Token-Quotes paßt:

herequotes.pl
```perl
#!/usr/local/bin/perl -w
# herequotes.pl -- HERE-Dokumente und Interpolation.

print <<NOT_QUOTED;         # Meine Prozess-ID: 706
Meine Prozess-ID: $$
NOT_QUOTED

print <<"DOUBLE_QUOTED";    # Meine Prozess-ID: 706
Meine Prozess-ID: $$
DOUBLE_QUOTED

print <<'SINGLE_QUOTED';    # Ich sehe  $$ in Deinen Augen
Ich sehe $$ in Deinen Augen
SINGLE_QUOTED

print <<'UNIXCMDS';
/usr/ucb/echo -n 'OS Name    :'; uname -s
/usr/ucb/echo -n 'OS Release :'; uname -r
UNIXCMDS
# Ausgabe: OS Name    :SunOS
# OS Release :5.6
```
herequotes.pl

Zum Schluß sei noch erwähnt, daß HERE-Dokumente auch aufeinanderfolgen können:

```perl
print <<END1, " und ", <<END2;
Das gehoert zum ersten HERE-Dokument
END1
Das gehoert zum zweiten HERE-Dokument
END2
```

5.4 Zeichenliterale

Obwohl in einem String alle Bytes mit Werten von 0 bis 255 erlaubt sind, müssen bei Stringliteralen besondere Darstellungen für nichtdruckbare Zeichen verwendet werden.

Daher betrachten wir in diesem Abschnitt die Darstellung dieser Zeichen. Bitte beachten Sie jedoch, daß die besondere Bedeutung dieser Darstellungen nur in Stringliteralen selbst gilt!

Einzelne Zeichen können in Stringliteralen wie folgt aufgeschrieben werden:

- *Als sie selbst*: Die meisten druckbaren Zeichen können Sie ohne besondere Änderung in Stringliteralen verwenden:

  ```
  $var    = 'A';
  $sauber = 'Keine Sonderzeichen';
  ```

- *Oktaldarstellung*: Sie können beliebige ASCII-Zeichen durch ihre Oktaldarstellung repräsentieren:

  ```
  $string_with_escape = "This (\033) was an ESCAPE character";
  $cr_nl_the_hard_way = "\015\012";
  $ascii_del          = "\177";
  $ascii_backspaced   = "Bad\010\010\010Good morning!";
  ```

- *Hexadezimaldarstellung*: Wenn Sie lieber den Hex-Code eines Zeichens verwenden möchten, können Sie die \x*nn*-Notation, wobei *nn* zwei Hexadezimalziffern sind, verwenden:

  ```
  $crln       = "\x0d\x0a";
  $backspaced = "That's not\x08\x08\x08okay!";
  ```

- *Control-Darstellung*: Eine weitere beliebte und in vielen Fällen natürliche Notation ist die \c*X*-Darstellung:

  ```
  $xoff = "\cS";     # Control-S friert das Terminal ein
  $xon  = "\cQ";     # Control-Q gibt es wieder frei
  $crln = "\cM\cJ";  # Die Control-M, Control-J-Sequenz!
  ```

- *C-Sonderzeichen*: Einige Sonderzeichen kommen so häufig vor, daß sie in C und in Perl besondere Abkürzungen haben. Tabelle 5.1 listet diese auf.

- *Sonstige Sonderzeichen*: Zusätzlich zu C kennt Perl weitere Abkürzungen in Stringliteralen, über die Sie Bescheid wissen sollten. Diese werden in 5.5.12 ab Seite 80 vorgestellt.

5.5 Operationen mit Strings

Haben wir bisher die Darstellung von Strings in Programmen als Stringliterale in den Vordergrund gestellt, wird es jetzt langsam Zeit, sich den Operationen dieses grundlegenden Datentyps zuzuwenden.

5.5 Operationen mit Strings

Sonderzeichen	Bedeutung	Verwendung
\a	Alarm (Piep!)	`print "\aVorsicht!";`
\b	Backspace	`$var = "Not\b\b\bOK";`
\e	Escape	`$pfeiloben = "\e[A";`
\f	Form-Feed: neue Seite	`print "\fNew Page";`
\n	Newline: neue Zeile	`print "That's it!\n";`
\r	Carriage-Return	`$doseol = "\r\n";`
\t	Horizontaler Tabulator	`print join("\t", @list);`
\\	Der Backslash selbst	`$backslash = "\\";`
\nnn	Oktaldarstellung	`$esc = "\033";`
\x$hh$	Hexadezimaldarstellung	`$esc = "\x1b";`
\cX	Control-darstellung	`$xonxoff = "\cQ\cS";`

Tabelle 5.1: Darstellung der C-Sonderzeichen in Perl

5.5.1 Vergleichsoperatoren

Sie können Strings miteinander vergleichen. Dazu verwenden Sie die *Stringvergleichsoperatoren*, die in Tabelle 5.2 aufgelistet sind.

Operator	Bedeutung	Verwendung
S_1 eq S_2	Gleichheit von S_1 und S_2	`if ($a eq $b) { ... };`
S_1 ne S_2	S_1 ungleich S_2	`return if $a ne $b;`
S_1 lt S_2	S_1 lexikographisch $<$ S_2	`$a lt $b and isless();`
S_1 le S_2	S_1 lexikographisch $\leq$ S_2	`$a le $b and islesseq();`
S_1 gt S_2	S_1 lexikographisch $>$ S_2	`$a gt $b and ismore();`
S_1 ge S_2	S_1 lexikographisch $\geq$ S_2	`$a ge $b and ismoreeq();`
S_1 cmp S_2	-1, 0 oder 1, je nachdem ob $S_1 <, =$ oder $> S_2$ ist	`sort { $b cmp $a } @list;`

Tabelle 5.2: Stringvergleichsoperatoren

Achtung! *Bitte achten Sie darauf, beim Vergleich von Strings auch wirklich die Stringvergleichsoperatoren und nicht die Zahlenvergleichsoperatoren zu verwenden. Da Perl bei Bedarf Strings in Zahlen und umgekehrt konvertiert, werden Sie nicht die Ergebnisse bekommen, die Sie vielleicht erwartet haben:*

```
if ($a == $b) { ... }    # FALSCH! "abc" == "def"
                         # da 0 == 0
if ($a < $b) { ... }     # FALSCH! "10ab" > "9ab"
                         # da 10 > 9
                         # aber "10ab" lt "9ab"
```

Die meisten Strings sind numerisch *gleich, da sie nicht mit einer Ziffer anfangen und somit zu 0 konvertiert werden!*

Die Vergleiche erfolgen aufgrund der ASCII-Ordnung. Ziffern kommen vor Großbuchstaben und diese wiederrum vor Kleinbuchstaben. Umlaute und weitere europäische Zeichen mit gesetztem achten Bit stehen stets hinter allen anderen ASCII-Zeichen. Das kann bei Stringvergleichen im europäischen Raum zu Fehlern führen.

Damit die Stringvergleichsoperatoren auch bei europäischen und sonstigen Sprachen richtig funktionieren, muß Ihr Programm „lokalisiert" (*localized*) werden. Dieses Thema wird in Abschnitt 5.8 ab Seite 121 behandelt.

5.5.2 Manipulation von Teilstrings mittels `substr()`

Auch wenn ein String kein Array einzelner Zeichen ist, können Sie trotzdem auf Teilstrings mittels `substr()` zugreifen. Das erste Argument zu `substr()` ist der in Frage kommende String. Das zweite Argument ist ein Offset innerhalb des Strings. Dabei befindet sich das erste Zeichen eines Strings an der 0-ten Position[1]. Negative Offsets sind ebenfalls möglich. Dann wird ab der letzten Position rückwärts gezählt. Das letzte Zeichen befindet sich an der Position −1, das vorletzte bei Offset −2 usw. Das dritte Argument ist die Anzahl von Zeichen, die ab dem gewünschten Offset extrahiert werden sollen. Dieses Argument ist optional, und wenn es weggelassen wird, liefert `substr()` alle Zeichen ab dem angegebenen Offset bis zum Ende des Strings zurück.

```
$var = "0123456789";
print substr($var, 3, 5);    # 34567
print substr($var, 3);       # 3456789
print substr($var, -3, 1);   # 7
print substr($var, -3, 2);   # 78
print substr($var, -5);      # 56789
```

`substr()` ist eine der wenigen Funktionen, die auch auf der linken Seite einer Zuweisung stehen dürfen (*lvalue*). Hier wird der selektierte Substring durch einen neuen erstezt.

```
$var = "Perl ist schwer zu lernen";
substr($var, 9, 6) = "leicht";
print $var, "\n";    # Perl ist leicht zu lernen
```

Dabei kann dieser neue Teilstring auch eine andere Länge aufweisen als der zu ändernde Substring. In diesem Fall wächst oder schrumpft der String entsprechend:

---

1 Tatsächlich befindet sich das erste Zeichen eines Strings an der `$[`-ten Position. Sie sollten allerdings `$[` nicht verändern (*deprecated*).

```
# Strings koennen schrumpfen:
$var = "Was soll das?";
substr($var, 4, 4) = "war";
print $var, "\n";       # Was war das?

# Sie koennen aber auch wachsen:
$var = "Perl macht Spass!";
substr($var, 5, 0) = "lernen ";
print $var, "\n";       # Perl lernen macht Spass!

# Altes raus, neues rein!
$var = "Bisher 1.000.000 verkauft!";
substr($var, 7, 9) = "10.234.121";
print $var, "\n";       # Bisher 10.234.121 verkauft!

# Neues Ende
$var = "Hier kommt das duenne Ende!";
substr($var, 15) = "dicke Ende!";
print $var, "\n";       # Hier kommt das dicke Ende!
```

5.5.3 Konkatenation von Strings

Mit Hilfe des *Konkatenationsoperators* „.“ können zwei Strings aneinandergehängt werden:

```
$cat = "hello " . "world!";     # >hello world<
```

Natürlich können auch mehr als nur zwei Strings konkateniert werden:

```
$catn = "hello " . "world!" . "\n"; # >hello world!
                                    # <
```

```
print "Erg. von 3+2 ist (" . 3+2 . ")\n"; # Erg. von 3+2 ist (5)
```

Eine Stringvariable kann auch verlängert werden:

```
$var = "Ergebnis: ";        # "Ergebnis: "
$var = $var . sin(0);       # "Ergebnis: 0"

# Das geht auch kuerzer:
$var = "Ergebnis: ";        # "Ergebnis: "
$var .= sin(0);             # "Ergebnis: 0"
```

Achtung! *Strings werden in Perl mit „.“, nicht mit „+“ konkateniert. Wer aus anderen Sprachen an „+“ als Konkatenationsoperator gewöhnt ist, sollte sich folgendes Beispiel vor Augen führen:*

```
$var = "Ergebnis: ";        # "Ergebnis: "
$var = $var + sin(0);       # 0
```

Das Problem hier ist, daß „+“ ein numerischer Operator ist. Daher wird der Inhalt von *$var* erst in eine Zahl konvertiert (hier die 0), und zu dieser wird dann sin(0) addiert. Ergebnis ist die Zahl 0.

5.5.4 Wiederholung eines Strings

Perl besitzt einen ungewöhnlichen Operator, „x", der aus einem String und einer ganzen Zahl einen neuen String erzeugt. Dieser neue String besteht aus der $(n-1)$-maligen Konkatenation (siehe 5.5.3) des Eingangsstrings, wenn n die ganze Zahl war. Beispiel:

```
$input   = "WARNING...";
$output  = $input x 3;        # >WARNING...WARNING...WARNING...<

$input = '<>' x 10;           # (<><><><><><><><><><>)

$screen_cols = 80;            # Kann auch ausgerechnet werden
$hruler = '-' x $screen_cols; # Horizontaler Trennstrich ----
```

5.5.5 Der magische Stringinkrementationsoperator ++

Der aus C bekannte Inkrementationsoperator ++ hat bei Strings eine *magische* Wirkung:

```
$var    = "Haaa";      # $var ist "Haaa"
$newvar = ++$var;      # $var und $newvar jetzt "Haab"

$postvar = $var++;     # $postvar ist "Haab"
                       # $var ist jetzt "Haac"
```

Der Unterschied zwischen dem *Präinkrementoperator* ++$var und dem *Postinkrementoperator* $var++ liegt darin, daß zwar in beiden Fällen $var inkrementiert wird, aber im Falle des Präinkrementoperators ist der Wert des gesamten Ausdrucks schon der inkrementierte, während es im Falle des Postinkrementoperators noch derjenige vor der Inkrementation ist.

Interessant ist, daß ++$var offenbar etwas anderes ist als $var = $var+1 (oder meinetwegen $var += 1):

```
$var = "Haaa";
$var = $var + 1;       # 1, da "Haaa" numerisch zu 0 wird

$var = "Haaa";
$var += 1;             # 1, da "Haaa" wieder als 0 gilt
```

Was passiert, wenn wir „Hzzz" erreicht haben?

```
$var = "Hzzz";
++$var;                # "Iaaa"

$var = "zzzz";
++$var;                # "aaaaa"

$var = "Zzzz";
++$var;                # "AAaaa"

$var = "Haaa";         # Wieder String
```

5.5 Operationen mit Strings

```
$nnn = $var + 1;          # Numerischer Kontext
++$var;                   # 1, weil $var schon im
                          # numerischen Kontext ausgewertet wurde
```

Erkennen Sie jetzt das Bildungsgesetz? Wenn nicht, schauen Sie einfach mal in *man perlop* nach!

Funktioniert eigentlich auch der Dekrementierungsoperator bei Strings? Probieren wir es einfach aus:

```
$var = "Hzzz";
--$var;                   # -1, da "Hzzz" als 0 gilt
```

Leider ist der Dekrementierungsoperator bei Strings *nicht* magisch.

5.5.6 Länge eines Strings

Die Länge eines Strings ist die Anzahl der in ihm enthaltenen Zeichen. Anders als bei C brauchen Sie sich keine besonderen Gedanken um abschließende \0-Zeichen zu machen.

Die Funktion `length()` liefert die Anzahl der Zeichen eines Strings zurück:

```
print length "hello",   "\n";    # 5
print length "ha" x 10, "\n";    # 20

$var = "Guess, how long this\b\b\b\bthat is?";
print length $var, "\n";          # 32
```

5.5.7 Umkehrung eines Strings

Wollen Sie die Umkehrung eines Strings ausrechnen? Kein Problem! Verwenden Sie einfach die Funktion `reverse()` *im skalaren Kontext* (siehe Seite 278):

```
$var = reverse "this is good";       # $var: >doog si siht<

# Vorsicht: reverse() im Listenkontext!
print reverse "this ", "is ", "ok!";  # FALSCH! >ok! is this <
print reverse "this is ok!", "\n";    # FALSCH! >
                                      # this is ok!<

# Sogar das ist ein Listenkontext, von print() induziert!
print reverse "this is ok!";          # FALSCH! >this is ok!<

# Erzwingen des Listenkontexts
print scalar reverse "this is ok!";   # Korrekt: >!ko si siht<
```

Sie können mit `reverse()` beispielsweise leicht *Palindrome* erkennen:

```
print $word if $word eq reverse $word;
```

5.5.8 Zerlegung mittels unpack()

In diesem Unterabschnitt wollen wir sehen, wie die mächtige Funktion unpack() dazu verwendet werden kann, Strings auseinanderzunehmen.

- Angenommen, Sie müssen Altdaten weiterverarbeiten. Diese Altdaten liegen in einem einfachen Format vor. Ein Satz pro Zeile und die Felder haben stets eine feste, im voraus bekannte Länge. Viele Datenbankprogramme haben eine Exportfunktion, die Daten in so einem Format ausgeben kann. Sie haben irgendwie einen Satz dieses Formats in Ihr Programm eingelesen (wie? Das werden wir in Kapitel 12 erfahren) und in einer Variablen als String gespeichert. Nun wollen Sie die einzelnen Felder aus dem Satz extrahieren. Sie könnten natürlich mehrere substr()-Aufrufe tätigen. Das ist aber weitaus weniger effizient als die Verwendung von unpack() mit dem richtigen *Template-String*:

```
stringparts1.pl
#!/usr/local/bin/perl -w
# stringparts1.pl -- Zerlege einen String an bestimmen Positionen.
#                    Sinnvoll bei Feldern fester Laenge.

#  01234567890123456789012345678901234567
$input_line = "Feld1     Feld2     Feld3Feld4  Feld5";

@fields = unpack("a10 a10 a5 x2 a5 x2 a5", $input_line);

foreach my $field (@fields) { print ">$field<\n"; }
# Ausgabe: >Feld1     <
#          >Feld2     <
#          >Feld3<
#          >Feld4<
#          >Feld5<
```
stringparts1.pl

In diesem Beispiel gehen wir davon aus, daß das erste und zweite Feld jeweils genau zehn Zeichen breit sind ('a10 a10') und das dritte Feld dann genau fünf Zeichen umfaßt ('a5'). Anschließend sind wir an zwei Zeichen nicht interessiert ('x2'). Danach lesen wir wieder ein fünf Zeichen großes Feld ('a5'), überspringen wieder zwei Zeichen ('x2') und extrahieren am Schluß noch ein letztes Fünf-Zeichen-Feld.

Die Funktion unpack() erwartet als erstes Argument einen sogenannten *Template-String*, in dem angegeben wird, wie der Inhalt des zweiten Arguments zerlegt werden soll. unpack() liefert eine Liste zurück, die die getrennten Komponenten enthält. Wir haben in unserem Beispiel dann in einer Schleife die Elemente dieser Liste ausgegeben.

Bei der Ausgabe haben wir auch jedes Element sorgfältig in spitzen Klammern optisch vom Rest getrennt. Dabei fällt auf, daß die beiden ersten Elemente auch wirklich zehn Zeichen breit sind (so wie wir es mit a10 im Template-String angefordert haben).

5.5 Operationen mit Strings

- In vielen Situationen ist man nicht mehr an den abschließenden Leerstellen interessiert. Diese hätten vermieden werden können, wenn wir statt a10 innerhalb des Template-Strings A10 verwendet hätten.

- Wenn Sie nun einen Datensatz zerlegen wollen, der aus genau, sagen wir mal, 100 Feldern der Länge 7 bestünde, wie würden Sie vorgehen? Natürlich wäre es mühselig, ein Template-String mit 100 Wiederholungen von 'a7 ' einzutippen. Entweder konstruieren Sie das Template mit einer Schleife und dem in Unterabschnitt 5.5.3 gezeigten Konkatenationsoperator „." (genauer „.="), oder Sie verwenden den im Abschnitt 5.5.4 vorgestellten Wiederholungsoperator „x":

```
stringparts2.pl
#!/usr/local/bin/perl -w
# stringparts2.pl -- unpack() und automatische Template-Erzeugung.

use vars qw (@listcat @listwh);      # Unterdrueckt Warnungen.

# Der Eingabestring:
$input = "1234567" x 100;    # 100mal "1234567" aneinandergehaengt.

# Verwendung des Konkatenationsoperators:
for ( 1 .. 100 ) { $template .= "a7 "; }
@listcat = unpack($template, $input);

# Verwendung des Wiederholungsoperators:
@listwhl = unpack("a7 " x 100, $input);

# $listcat[0] bis $listcat[99] enthalten alle den String "1234567"
# Dasselbe gilt fuer $listwhl[0] bis $listwhl[99], z.B:
print '$listcat[47]: >', $listcat[47], "<\n";
print '$listwhl[98]: >', $listwhl[98], "<\n";

# Ausgabe:  $listcat[47]: >1234567<
#           $listwhl[98]: >1234567<
```
stringparts2.pl

- Angenommen, Sie haben wieder einen Satz mit einer unbestimmten Anzahl an Feldern. Sie wissen dabei, daß die zwei ersten Felder jeweils fünf und sieben Zeichen groß sind. Der Rest interessiert Sie dabei nicht. Wie können Sie dies mit unpack() verarbeiten?

```
stringparts3.pl
#!/usr/local/bin/perl -w
# stringparts3.pl -- Die "... a*"-Form bei unpack()-Templates

# 12345abcdefgblahblahblah
$string = "12345" . "abcdefg" . ("blah" x 3);

print join(':', unpack("a5 a7 a*", $string)), "\n";
# Ausgabe: 12345:abcdefg:blahblahblah
```
stringparts3.pl

- Ein anderes häufiges Problem bei der Übernahme von Altdaten liegt im Bilden von *Chunks* fester konstanter Länge. Angenommen, der Eingabesatz besteht aus *N* Feldern der Länge 5. Wir wissen aber nicht, um wie viele Felder es sich handelt:

```
stringparts4.pl
#!/usr/local/bin/perl -w
# stringparts4.pl -- Zerlege den String in Chunks konstanter Laenge,
#                    auch wenn die Anzahl der Chunks im voraus
#                    nicht bekannt ist.

print "Aus wie vielen Chunks sollte die Eingabe bestehen? ";
$string = "chunk" x <> . "chu";  # Erfrage die Anzahl Chunks dynamisch
                                 # und erzeuge eine Test-Eingabe.
                                 # Unvollstaendiger Chunk am Ende.

$chsize = length "chunk";        # Groesse eines einzelnen Chunks

@chunks  = unpack("a$chsize" x (length($string)/$chsize) . " a*",
                  $string);

$nchunks = @chunks;              # Liefert Anzahl der Chunks
print "Wir haben $nchunks Chunks!\n";
print "Erster     Chunk: >", $chunks[0],            "<\n";
print "Vorletzter Chunk: >", $chunks[$#chunks-1],   "<\n";
print "Letzter    Chunk: >", $chunks[$#chunks],     "<\n";

# Ausgabe bei Eingabe von 7:
# Aus wie vielen Chunks sollte die Eingabe bestehen? 7
# Wir haben 8 Chunks!
# Erster     Chunk: >chunk<
# Vorletzter Chunk: >chunk<
# Letzter    Chunk: >chu<
```
stringparts4.pl

- Wie können Sie einen String in einzelne Zeichen zerlegen? Sie können wieder die unpack()-Funktion benutzen:

```
string2chars.pl
#!/usr/local/bin/perl -w
# string2chars.pl -- Zerlege Strings in einzelne Zeichen mit unpack().

$string = "Hello World!";
@chars  = unpack("a1" x length($string), $string);

print '@chars: ', join(':', @chars), "\n";
# Ausgabe: @chars: H:e:l:l:o: :W:o:r:l:d:!

$normal  = "WICHTIG";
$gesperrt = join(' ', unpack('a1' x length($normal), $normal));
print ">$gesperrt<", "\n";
# Ausgabe: >W I C H T I G<
```
string2chars.pl

5.5 Operationen mit Strings

Wir verwenden hier wieder einmal den Stringwiederholungsoperator. Wie oft wollen wir nach a1 trennen? Nun, genauso oft, wie es Zeichen im String gibt, also entsprechend der Länge dieses Strings. Natürlich verwenden wir dafür die Funktion length(), die in 5.5.6 auf Seite 73 vorgestellt wurde.

Bitte beachten Sie, daß unpack() Strings in viel mehr Formate umwandeln kann, als hier gezeigt wurde. Eine Übersicht finden Sie bei den Einträgen zu pack() und unpack() in *man perlfunc*.

5.5.9 Zusammensetzung mittels pack()

Im Gegensatz zu unpack() kann pack() aus vielen Teilen einen String zusammensetzen. Dabei kommt wieder ein Template-String zur Anwendung, der dieselbe Bedeutung wie bei unpack() hat.

- *Erstellen von Datensätzen mit festen Feldlängen*: Angenommen, Sie müssen einem Datenbankprogramm irgendwelche Daten im festen Feldlängenformat übergeben. Sie können dazu entweder die Funktion sprintf() verwenden oder das effizientere pack() einsetzen:

  ```
  stringpack1.pl
  #!/usr/local/bin/perl
  # stringpack1.pl -- Erzeugt ein String fester Feldlaengen mit pack()

  @input = qw ( feld1 feld2 feld3 feld4 feld5 );   # Beispieldaten
  $templ = 'A10 A5 A2 A*';                          # Feldgroessen

  $output = pack($templ, @input);

  print ">$output<", "\n";
  # Ausgabe: >feld1     feld2fefeld4<
  ```
  ─── stringpack1.pl

  Wir haben „An" statt „an" benutzt, da wir durchaus nicht benutzte Spalten mit Leerzeichen füllen wollen. Wenn ein Feld größer als seine Spezifikation ist (im Beispiel „A2" für „feld3"), wird dieses in der Ausgabe einfach abgeschnitten. Schließlich kann mit „A*" ein Feld beliebiger Größe angegeben werden. Das letzte Feld „feld5", wurde nicht in die Ausgabe mit aufgenommen, da es im Template keine Anweisung dazu gab.

- Sie können mit pack() auch Binärdaten erzeugen. Angenommen, Sie möchten eine Zahl in *Network-Byte-Order* (Big Endian) erzeugen. Dann schreiben Sie einfach:

  ```
  $network   = pack("N", 0x0a000001);         # 10.0.0.1
  $ipandport = pack("Nn", 0x0a000001, 7);     # 10.0.0.1, Port 7
  ```

  „N" erzeugt eine *long*-Big-Endian-Zahl und „n" eine *short*-Zahl in Network Byte Order.

- Kennen Sie *uuencode*? Es handelt sich um ein Programm, das Binärdaten so konvertiert, daß sie nur noch aus druckbaren Zeichen bestehen. Dies ist bei der Übertragung von E-Mail notwendig. Eine mit *uuencode* verschlüsselte Datei kann mit *uudecode* wieder entschlüsselt werden. Das „u"-Template von `pack()` konvertiert einen String in uuencodete Form. Es liegt also nahe, das *uuencode*-Programm in Perl nachzuimplementieren. Obwohl es langsamer als das kompilierte und C geschriebene Tool ist, kann es als Ersatz auf Rechnern dienen, die kein *uuencode*-Programm haben.

```
uuencode.pl
#!/usr/local/bin/perl -w
# uuencode.pl -- Implementation von uuencode(1) in Perl mit pack().

$filename = shift;                   # Aufruf: uuencode.pl zieldatei ...
print "begin 644 $filename\n";       # Praeambel.

{ local $/; $input = <>; }           # Ganze Datei nach $input einlesen.

print pack("u", $input);             # Konvertieren und ausgeben.
print "`\n", "end\n";                # Abschluss.
```
uuencode.pl

Es sei wiederum daran erinnert, daß `pack()` viel mehr Formate erzeugen kann, als hier gezeigt wurde. Eine Übersicht finden Sie in *man perlfunc* beim `pack()`-Eintrag.

5.5.10 ASCII-Darstellung

Manchmal wird die ASCII-Darstellung einzelner Zeichen benötigt. Vielleicht möchten Sie einen String aus ASCII-Codes zusammensetzen? Möglicherweise müssen Sie Prüfsummen erzeugen oder überprüfen? In all diesen Fällen benötigen Sie Funktionen, die Zeichen in ihre ASCII-Darstellung überführen oder umgekehrt.

chr() und ord()

Die aus anderen Programmiersprachen bekannten Funktionen `chr()` und `ord()` finden Sie natürlich auch bei Perl:

```
$asciinl = ord("\n");     # Zeichen -> ASCII
$charnl  = chr(0x0a);     # ASCII -> Zeichen
```

Wenn Sie `ord()` einen String übergeben, der mehr als nur ein Zeichen enthält, wird nur das erste Zeichen in ASCII konvertiert:

```
printf "0x%x\n", ord("012345"); # 0x30, der ASCII-Code von "0"
```

sprintf()

Die Funktion `sprintf()` kann dazu verwendet werden, aus ASCII-Codes Zeichen zu erzeugen:

```
$newline   = sprintf("%c", 0x0a);     # Das Zeichen \n

# "Hello dumb\b\b\b\bdear l\buser!\n"
$greetings = sprintf("hello dumb%c%c%c%cdear l%cuser%c",
                     (0x08)x5, 0x0a);
```

pack() und unpack()

Sie haben schon auf Seite 76 gesehen, wie unpack() dazu verwendet werden kann, einen String in eine Liste von Zeichen zu konvertieren. Dieselbe Technik kann benutzt werden, um eine Liste von ASCII-Codes zu bekommen:

```perl
                            string2ascii.pl
#!/usr/local/bin/perl -w
# string2ascii.pl -- Zerlege Strings in einzelne Zeichen mit unpack().
#                    VORSICHT! Die Zeichen sind ASCII-Codes!

$string = "Hello World!\n";
@chars  = unpack("C*", $string);

print '@chars: ', join(':', @chars), "\n";
# Ausgabe: @chars: 72:101:108:108:111:32:87:111:114:108:100:33:10
                                                               string2ascii.pl
```

Wie geht es nun umgekehrt? Angenommen, Sie haben aus irgendeiner Datei eine Liste numerischer ASCII-Codes in @codes eingelesen. Nun soll daraus ein String erzeugt werden:

```perl
                            ascii2string.pl
#!/usr/local/bin/perl -w
# ascii2string.pl -- Konvertiert eine Liste von ASCII-Codes
#                    in einen String.

@codes  = ( 72,101,108,108,111,32,87,111,114,108,100,33,10 );
$string = pack("C*", @codes); # "Hello World!\n"

print ">$string<";
# Ausgabe: >Hello World!
#          <
                                                               ascii2string.pl
```

Der Vorteil dieser Methode gegenüber sprintf() ist, daß hier die Länge der Liste nicht im voraus bekannt sein muß. Außerdem ist pack() deutlich schneller als eine Schleife mit Aufrufen von chr()!

5.5.11 Entfernen des letzten Zeichens mit chomp()

Oft ist es nötig, das letzte Zeichen eines Strings zu entfernen. Das wird meistens das abschließende Newline sein, das beim Einlesen mit im String bleibt. Dazu verwenden Sie einfach die Funktion chomp():

```perl
$input = <STDIN>;           # Eingabe einlesen.
chomp $input;               # Abschliessendes Newline entfernen.
```

Ein häufiges Problem ist jedoch, daß zwar die meisten Zeilen mit einem Newline-Zeichen enden, aber machmal die letzte Zeile nicht. Hätten Sie manuell immer das letzte Zeichen entfernt, würde bei der letzten Zeile ein „gültiges" Zeichen irrtümlicherweise entfernt! Die Funktion chomp() erkennt glücklicherweise diese Situation und entfernt aus jeder Variable nur die Zeichen, die in der reservierten Variablen $/ enthalten sind (das ist \n, wenn Sie diese Variable nicht verändert haben). Somit werden tatsächlich nur die Zeilen mit abschließenden Newlines um ein Newline bereinigt, nicht aber die letzte Zeile, wenn diese zufälligerweise nicht mit einem Newline-Zeichen enden sollte.

Ein weiteres Problem besteht bei der Verwendung einiger Nicht-Unix-Systeme wie etwa MSDOS. Dort werden Zeilen nicht mit \n, sondern mit \r\n abgeschlossen. chomp() kann solche Zeilenendezeichen automatisch entfernen, wenn $/ \r\n enthält. Sie können dabei diese Variable selbst zuweisen, wenn Sie solche Dateien verarbeiten müssen. Bei diesen Systemen ist der Perl-Interpreter bereits so eingestellt, daß $/ richtig belegt ist. Bei Unix müssen Sie durch Zuweisung an $/ entscheiden, was zu tun ist.

> **Achtung!** *chomp() verändert die Variable, die als Argument übergeben wurde. Das Ergebnis ist die Anzahl der entfernten Zeichen,* nicht jedoch der veränderte String selbst!
>
> ```
> $line = chomp(<STDIN>);          # FALSCH und GEFAEHRLICH!
> $line = chomp(scalar <STDIN>);   # auch FALSCH!
> $line = <STDIN>; chomp $line;    # schon besser
> chomp($line = <STDIN>);          # okay, Erg. in $line
> ```
>
> Hier ist der erste Aufruf besonders tückisch! Sie bekommen nicht nur die Anzahl gelöschter Zeichen, sondern zu allem Überfluß auch eine geleerte Standardeingabe, da <STDIN> im Listenkontext aufgerufen wurde und somit alle Zeilen der Eingabe zurückgeliefert hat! Im zweiten Aufruf wurde zwar <STDIN> im skalaren Kontext aufgerufen, aber dennoch ist es nicht ganz das, was Sie vorhatten.

Sie werden in vielen Programmen noch eine Funktion chop() finden. Diese verhält sich wie chomp(), mit dem Unterschied, daß stets das letzte Zeichen entfernt wird. Es ist bei chop() nicht möglich, durch Veränderung von $/ das Zeilenendezeichen zu ersetzen!

5.5.12 Groß- und Kleinschreibung

Oft werden Sie in die Verlegenheit kommen, Zeichen zwischen Klein- und Großschreibung konvertieren zu müssen. Wenn Sie sich in der 7-Bit-Welt bewegen und sich keine Sorgen um europäische Besonderheiten wie Umlaute und dergleichen machen müssen, reicht natürlich ein einfaches tr/a-z/A-Z/:

```
$var7bit = "Help me!";         # Noch nicht dringend
$var7bit =~ tr/a-z/A-Z/;       # Hoechste Zeit! HILFE!

$var8bit = "gr\366\337ten";    # groessten mit Umlauten
$var8bit =~ tr/a-z/A-Z/;       # FALSCH! GRoessTEN mit kleinen Umlauten
```

Das liegt natürlich daran, daß die Umlaute und sonstigen europäischen Zeichen außerhalb des normalen 7-Bit-ASCII-Codes liegen und daher natürlich auch nicht zwischen A und Z bzw. a und z liegen.

Wollen Sie jedoch portabel programmieren, sollten Sie lieber die Perl-Funktionen uc(), lc(), ucfirst() und lcfirst() verwenden. Diese konvertieren einen String in Großbuchstaben (uc()), Kleinbuchstaben (lc()), nur das erste Zeichen in Großbuchstaben (ucfirst()) und nur das erste Zeichen in Kleinbuchstaben (lcfirst()). Dabei berücksichtigen sie auch Umlaute und weitere Nicht-ASCII-Zeichen, wenn man es ihnen durch ein spezielles Pragma mitteilt (siehe Abschnitt 5.8).

```perl
$var = "helLo";            # "helLo"
print uc($var);            # "HELLO"
print lc($var);            # "hello"
print ucfirst($var);       # "HelLo"
print lcfirst(uc($var));   # "hELLO"
```

Anstelle der o.g. Routinen können Sie auch Umschaltzeichen innerhalb von Stringliteralen verwenden:

```perl
$var = "helLo";            # "helLo"
print "\U$var";            # "HELLO" wie uc()
print "\L$var";            # "hello" wie lc()
print "\u$var";            # "HelLo" wie ucfirst()
print "\l$var";            # "helLo" wie lcfirst()
print "\U$var world";      # "HELLO WORLD" bis Stringende
print "\U$var\E world";    # "HELLO world" nur bis \E

print $var;                # "helLo" keine Veraenderung an $var
```

In vielen Fällen möchten Sie die Gleichheit zweier Strings überprüfen. Dabei soll jedoch die Groß- oder Kleinschreibung keine Rolle spielen, d.h. „HalLo" soll dasselbe wie „hallO" bedeuten. Wie gehen Sie dabei vor? Eine mögliche Lösung mit uc() sieht so aus:

```perl
# Rufe equali(), eine benutzerdefinierte Funktion, auf,
# wenn beide Strings case-insensitive identisch sind
equali($s1, $s2) if uc($s1) eq uc($s2);
```

Was tun Sie aber, um die „Gleichheit" von Namen wie *Smith* und *Smythe*, aber die Verschiedenheit von *Smith* und *Wesson* festzustellen (eine Aufgabe, die gerne von Telefonauskunfteien erledigt wird)? Verwenden Sie einfach das Standardmodul Text::Soundex:

```perl
soundex.pl
#!/usr/local/bin/perl
# soundex.pl -- "weicher" Vergleich von Namen:

use Text::Soundex;        # Standardmodul

print "Smith und Smythe sind soundex-gleich\n"
    if soundex("Smith") eq soundex("Smythe");

print "Smith und Wesson sind soundex-ungleich\n"
```

```
      if soundex("Smith") ne soundex("Wesson");

# Smith und Smythe sind soundex-gleich
# Smith und Wesson sind soundex-ungleich
```
soundex.pl

Der Soundex-Algorithmus konvertiert jeden String in einen Soundex-Code [47, Seiten 391–392]. Dabei wird versucht, ähnlich klingende *englische* Namen auf denselben Code abzubilden. Somit entstehen Mengen ähnlicher Namen, was für die oben erwähnten Suchdienste sehr sinnvoll sein kann. Beachten Sie jedoch, daß der unmodifizierte Soundex-Algorithmus nichtenglische Namen nur suboptimal in Ähnlichkeitsklassen einteilt.

5.6 Reguläre Ausdrücke

Reguläre Ausdrücke stellen das mächtigste Hilfsmittel zur Verarbeitung textueller Eingaben dar. Mit ihrer Hilfe lassen sich Textbereiche elegant und prägnant beschreiben. In den kommenden Abschnitten werden wir die Grundlagen der regulären Ausdrücke kennenlernen und mit ihnen umzugehen lernen.

5.6.1 Motivation

Perl wurde primär zur Verarbeitung beliebiger textueller Eingaben entwickelt. Aus diesem Grunde verfügt Perl über sehr mächtige Möglichkeiten, Ausschnitte von Texten effizient zu beschreiben und danach zu suchen bzw. diese durch weitere Werte zu ersetzen. Es stellt sich daher die Frage, wie beliebige Textmuster beschrieben werden können. Eine solche Beschreibung sollte nicht nur aus dem zu suchenden Text bestehen, sondern auch Wildcards und Rückverweise aufweisen. Natürlich handelt es sich dabei um *reguläre Ausdrücke*.

Ein regulärer Ausdruck ist eine äußerst kompakte Beschreibung eines Text*musters*; genauer gesagt einer ganzen Klasse von möglichen Texten. Mit Hilfe dieser Ausdrücke, lassen sich für Strings typische Operationen wie „Suchen" bzw. „Suchen und Ersetzen" generisch angeben.

Sie werden bestimmt schon eine solche Funktion bei Ihrem Lieblingseditor benutzt haben, um in einem Text alle Vorkommen eines Wortes durch ein anderes zu ersetzen oder auch einfach nur die Stelle eines bestimmten Textes zu suchen. Dabei haben Sie sich wahrscheinlich auf die einfachste Form eines Suchmusters beschränkt: die wörtliche Angabe, womöglich mit der Maßgabe, daß Groß- und Kleinschreibung ignoriert werden sollen.

Eine solche Angabe ist aber bei weitem nicht mächtig genug, um kompliziertere Sachverhalte anzugeben. Wie würden Sie z.B. einen Text suchen, der zwischen den HTML-Tags <TABLE> und </TABLE> steht? Wohlgemerkt geht es nicht darum, die Tags selbst zu finden, sondern den Text, der dazwischen liegt! Vielleicht schreiben Sie auch einen längeren Text und möchten gern alle Wortdubletten, wie „und und", „die die" usw., möglicherweise durch Zeilenumbrüche getrennt, erkennen. Möglicherweise wollen Sie Quellcode einer bestimmten Programmiersprache verschönert ausdrucken (*pretty printing*) und dabei etwa alle Kommentare in einem Zeichensatz, Schlüsselwörter fett und Zeichenketten wiederum in einem neuen Zeichensatz angeben[2]. Eine weitere Aufgabe wäre, alle Wörter zu zählen, die mit einem Großbuchstaben beginnen und mindestens fünf Zeichen lang sind.

Zur Lösung dieser und ähnlicher Aufgaben eignen sich die schon oben erwähnten regulären Ausdrücke. Diese können beliebig kompliziert werden und eine große Klasse von Problemen lösen. Allerdings sind sie auch beschränkt auf die (nicht gerade kleine) Klasse der *regulären Sprachen*; siehe [99, 6, 39, 70] sowie [96] und [95]. Wenn es etwas mehr sein sollte, wie etwa bei *kontextfreien* oder sogar Teilen von *kontextsensitiven Sprachen*, sind komplexere Parser erforderlich, wie etwa die sehr praktischen Tools *lex* und *yacc* bzw. ihre GNU-Äquivalente *flex* und *bison* [1, 2, 51, 34]. Auch diese Tools beschreiben Teilausdrücke mit Hilfe von regulären Ausdrücken.

In der Unix-Welt wurde die Mächtigkeit der regulären Ausdrücke schon sehr früh erkannt. Daher sind diese in vielen populären Werkzeugen zu finden, wie etwa in den Editoren *ed*, *vi*, *emacs*, im Stream-Editor *sed*, in diversen Filtern wie *grep* (samt Varianten *egrep* und *fgrep*), in *awk* und in diversen Pagern wie *more* und *less*. Natürlich sind auch Programmiersprachen nicht vor regulären Ausdrücken verschont geblieben, etwa C (mit der `regexp`-Library), Tcl, Python und natürlich Perl.

Reguläre Ausdrücke sind durch POSIX standardisiert worden. Es ist davon auszugehen, daß POSIX-kompatible Parser von regulären Ausdrücken auf allen Plattformen dieselben Ergebnisse liefern werden. Perl hat einen eigenen Parser, der einige Erweiterungen gegenüber POSIX aufweist. Dennoch dürfte, bis auf einige zusätzliche Sonderzeichen, die Abwärtskompatibilität gewährleistet sein, so daß Sie bereits existierende reguläre Ausdrücke problemlos in Perl weiterverwenden können.

In diesem Abschnitt werden wir einige Grundlagen der regulären Ausdrücke in Perl kennenlernen. Eine vollständige Behandlung dieser Thematik würde ein eigenes Buch erfordern. Tatsächlich ist ein solches erschienen, das nur wärmstens sowohl als Einführung als auch als in die Tiefe gehende Behandlung empfohlen werden kann [26]. Sie sollten sich dieses Buch nach Möglichkeit auf jeden Fall zulegen, wenn Sie ernsthaft mit regulären Ausdrücken arbeiten wollen oder müssen. Ansonsten kann auch die Perl-Dokumentation *man perlre* zu Rate gezogen werden. Schließlich sei noch ein gutes anwenderorientiertes Kapitel über reguläre Ausdrücke aus [36] empfohlen. Nachdem Sie mehr Erfahrung mit regulären Ausdrücken gesammelt haben, können Sie auch *man perlfaq6* durchlesen.

---

[2] Ein Pretty-Printer für Perl und viele andere Sprachen befindet sich beispielsweise im Tool *a2ps*, das Textdateien in PostScript transformiert und dabei sprachenabhängige Styles benutzen kann. Zu erwähnen ist dabei auch die automatische Einrückung (Indentierung) und das *Syntax-Highlighting* des `perl-mode` von *emacs*.

5.6.2 Suchen in Strings

Mit Hilfe des *Pattern-Matching*-Operators m//, oder abgekürzt einfach //, kann ein Teilstring in einem Text gesucht werden. Beispielsweise:

```
print "Dog found!\n" if $_ =~ m/Dog/;    # Dog in $_ vorhanden
print "Dog found!\n" if $_ =~ /Dog/;     # Dasselbe, aber kuerzer
print "Dog found!\n" if m/Dog/;          # Noch kuerzer...
print "Dog found!\n" if /Dog/;           # Kuerzeste Version.
```

Im obigen Beispiel wurde in der reservierten Variablen $_ nach der Zeichenkette Dog gesucht. Der Operator m// liefert einen wahren Wert, falls das zwischen den beiden Schrägstrichen (/) angegebene Muster in der entsprechenden Variable gefunden wurde. Bevor wir mit der Behandlung der regulären Ausdrücke beginnen, sollten wir uns erst einmal die Syntax des *Pattern-Matching*-Operators genauer anschauen:

- Die Syntax des m//-Operators ist in *man perlop* nachzulesen:

    ```
    $var =~ m/PATTERN/cgimosx
    ```

    Dabei steht PATTERN für den regulären Ausdruck, nach dem gesucht werden soll. Es wird versucht, diesen Ausdruck in $var zu finden. Die nach dem zweiten Schrägstrich folgenden optionalen Flags haben die Wirkungen, die in Tabelle 5.3 zusammengefaßt sind. Eine genaue Erläuterung einzelner Flags finden Sie weiter unten. Auch die Syntax von PATTERN wird noch im folgenden erläutert.

Flag	Bedeutung
c	Suchposition nicht zurücksetzen bei Fehler (bei g).
g	Globale Suche, d.h. finde alle Vorkommen.
i	Groß- und Kleinschreibung ignorieren (*case-insensitive*).
m	Strings können aus mehreren Zeilen bestehen.
o	Suchmuster nur ein einziges Mal kompilieren.
s	Strings nur als eine einzige Zeile betrachten.
x	Erweiterte Syntax aktivieren.

Tabelle 5.3: Flags des *Pattern-Matching*-Operators m//

- Kommt in PATTERN ein Schrägstrich vor, muß er bei der obigen Verwendung mit einem führenden Backslash entwertet werden:

    ```
    $path =~ m//usr/local/bin/             # FALSCH!
    $path =~ m/\/usr\/local\/bin/          # LTS
    $path =~ m,/usr/local/bin,             # Alternativer Delimiter
    $path =~ m{/usr/local/bin}             # Oder auch so
    ```

    Die übermäßige Verwendung von Backslashes zur Entwertung von Schrägstrichen ist optisch nicht besonders schön anzusehen. Hacker haben dafür den Ausdruck LTS (*Leaning Toothpick Syndrome*) geprägt. Zur Vermeidung von LTS kann der

5.6 Reguläre Ausdrücke

Schrägstrich des m//-Operators durch jedes andere Zeichen ersetzt werden[3]. Im obigen Beispiel wurde der Schrägstrich erst durch ein Komma und in der darauffolgenden Zeile durch ein Paar geschweifter Klammern ersetzt. Es ist daher wichtig, Zeichen, die paarweise vorkommen, wie etwa Klammern, jeweils auch paarweise in der richtigen Reihenfolge zu verwenden.

- Das führende m kann nur in dem Fall weggelassen werden, wenn der Schrägstrich als Delimiter des m//-Operators verwendet wird.

  ```
  $cat  =~ /Dog/              # Kuerzer, statt m/Dog/
  $path =~ /\/usr\/local\/bin/ # LTS
  $path =~ ,/usr/local/bin,   # FALSCH!, m notwendig
  ```

- Falls der zu durchsuchende Text in $_ steht, kann auf die Angabe einer Variablenbindung mit =~ verzichtet werden:

  ```
  $_ =~ /Dog/                 # Umstaendlich
  /Dog/                       # Geht ja einfacher
  
  $_ =~ m!/usr/local/bin!     # Etwas umstaendlich
  m!/usr/local/bin!           # Einfacher
  ```

- Die Suche kann auch negiert werden. Anstelle der Bindung mit =~ sollte dann die Bindung mit !~ benutzt werden:

  ```
  print "$city is Dog free!\n" if $city !~ /Dog/;
  ```

- Das Suchmuster *PATTERN* kann auch aus einer Variablen kommen:

  ```
  $what = 'Dog';
  print "Wau!\n" if $city =~ /$what/;
  ```

- Die Suche ist erfolgreich, sobald das Suchmuster irgendwo innerhalb der zu suchenden Variablen gefunden wurde. Dieses Muster muß nicht unbedingt an einer ausgezeichneten Position, wie etwa am Anfang oder Ende stehen. Es kann auch Teil eines anderen Wortes sein:

  ```
  $var     = "The big city of London never sleeps";
  $pattern = "Londo";         # Aus Babylon 5 :-)
  print "Londo found in London\n" if $var =~ /$pattern/;
  print "'it' also found\n"       if $var =~ /it/;
  ```

  Natürlich kann mit Hilfe spezieller regulärer Ausdrücke eine bestimmte Position des Suchmusters im Suchstring erzwungen werden.

- Seien Sie besonders vorsichtig bei der Angabe von *PATTERN*: Es handelt sich dabei um einen regulären Ausdruck, nicht um einen beliebigen String! Bei einem solchen Ausdruck haben viele Zeichen eine Sonderbedeutung. Da wir reguläre Ausdrücke noch nicht behandelt haben, reicht es an dieser Stelle zu wissen, daß sowohl Groß- und Kleinbuchstaben als auch Ziffern sicher sind. Sogar einfache Punkte werden nicht nur als solche erkannt:

---

[3] Bei Fragezeichen, wie in ?*PATTERN*?, ist Vorsicht geboten. Siehe *man perlop*.

```
$truth = "Dog. Cat. Trouble.";
$other = "Dog";

print 'Dots found in $truth', "\n" if $truth =~ /./; # Dots...
print 'Dots found in $other', "\n" if $other =~ /./; # Dots...
```

Wie das Beispiel zeigt, sollte angeblich mindestens ein Punkt in Dog vorhanden sein. Natürlich kann das nicht sein. In Wirklichkeit hat der Punkt in PATTERN eine besondere Bedeutung, die da lautet: Jedes beliebige einzelne Zeichen.

- Ist PATTERN leer, versucht m//, statt dessen das Muster des letzten erfolgreichen Matchings für eine erneute Suche zu verwenden:

    ```
    print "Okay\n" if /Dog/;    # Angenommen, das war erfolgreich
    # ... etwas spaeter, evtl. nach Aenderung von $_ ...
    print "Still a Dog out there!\n" if //;
    ```

Was ist der Wert des m//-Operators? Das hängt davon ab, ob er im skalaren oder im Listenkontext aufgerufen wurde:

- Im skalaren Kontext liefert m// wahr oder falsch, je nachdem ob das Muster gefunden werden konnte oder nicht. Das prädestiniert diesen Operator z.B. für if-Bedingungen:

    ```
    if ($var =~ /Dog/) { print "There's a dog...\n"; }
    unless (/X-Spam/)  { fetch_mail_from_pop3(); }
    ```

- Im Listenkontext hingegen, wenn die Option /g nicht angegeben wird, liefert m// eine Liste von Teilausdrücken zurück, die in PATTERN in runden Klammern eingeschlossen waren:

    ```
    $var = "Subject: Re: This is a test";
    if (($field, $value) = $var =~ /^(.+?):\s*(.*)/)
        print $field, "\n";     # Subject
        print $value, "\n";     # Re: This is a test
    ```

Eine Suche mit Hilfe des m//-Operators kann durch optionale Flags beeinflußt werden. Diese wurden bereits in Tabelle 5.3 zusammengefaßt und werden im folgenden kurz erläutert.

- Optimierung konstanter Muster mit /o:

    Schauen wir uns folgendes Programm an:

    regexp-o.pl
    ```
    #!/usr/local/bin/perl -w
    # regexp-o.pl -- Zeigt den Vorteil von m//o gegenueber m//

    use Time::HiRes qw(gettimeofday tv_interval); # CPAN-Modul.
    use vars qw($count1 $count2);

    my $words = "/usr/share/lib/dict/words";      # Evtl. anpassen!
    ```

5.6 Reguläre Ausdrücke

```
        open(DICT, $words) or die "can't open $words: $!\n";
        chomp(@words = <DICT>);
        close DICT;

        print "Pattern? "; chomp($pat = <STDIN>);

        # Wir suchen einmal mit m//, dann mit m//o und vergleichen
        # die Ausfuehrungszeiten:

        # Suche ohne Optimierung:
        $tstart = [gettimeofday];
        foreach $word (@words) {
            $count1++ if $word =~ /$pat/;     # Ohne /o
        }
        $time1 = tv_interval($tstart, [gettimeofday]);

        # Suche mit Optimierung:
        $tstart = [gettimeofday];
        foreach $word (@words) {
            $count2++ if $word =~ /$pat/o; # Mit /o
        }
        $time2 = tv_interval($tstart, [gettimeofday]);

        print "Ohne Optimierung: $time1\n";
        print "Mit  Optimierung: $time2\n";
```
———————————————————————————————————— regexp-o.pl

Ausführung:

```
    farid@sun-1:~/p> ./regexp-o.pl
    Pattern? ^[A-Z]
    Ohne Optimierung: 0.311616
    Mit  Optimierung: 0.219003
    farid@sun-1:~/p> ./regexp-o.pl
    Pattern? ing$
    Ohne Optimierung: 0.206392
    Mit  Optimierung: 0.141398
    farid@sun-1:~/p> ./regexp-o.pl
    Pattern? ard.{3}ing
    Ohne Optimierung: 0.178734
    Mit  Optimierung: 0.110713
```

In diesem Programm haben wir das Online-Wörterbuch zunächst in den Speicher, genauer in ein Array eingelesen. Anschließend fragten wir nach einem Suchmuster. Danach haben wir die Anzahl der Wörter ermittelt, die auf dieses Muster paßten. Einmal geschah dies ohne Optimierung mit dem m//-Operator. Beim zweiten Mal wurde die Optimierung mit m//o eingeschaltet. Die Zeit können wir mikrosekundengenau bestimmen, indem wir das CPAN-Modul Time::HiRes einsetzen. Im ersten Fall muß in der Schleife das Suchmuster immer und immer wieder von m// in ein internes Format kompiliert werden. Dies ist mit einem entsprechenden Overhead verbunden. Im zweiten Fall wurde das Muster ein einziges Mal kompiliert und anschließend immer wieder verwendet. Da dies in einer Schleife geschieht, wird somit eine deutliche Zeitersparnis sichtbar.

Bei der Verwendung des /o-Flags muß jedoch darauf geachtet werden, das Suchmuster später nicht mehr zu ändern. Hätten wir innerhalb der zweiten Schleife etwa $pat verändert, würde diese Änderung von Perl noch nicht einmal bezüglich des m//o-Operators bemerkt. Durch die Verwendung des /o-Flags, versprechen Sie dem m//-Operator, daß das entsprechende Suchmuster sich im Laufe des gesamten Programms nicht mehr ändern wird.

Wann wird das /o-Flag in der Praxis eingesetzt? Immer dann, wenn in einer Schleife viele Vergleiche mit demselben, möglicherweise sehr komplexen Muster durchgeführt werden und sich dieses Muster garantiert nicht ändern wird. Natürlich wird ein konstantes Muster nur einmal kompiliert, so daß es in diesem Fall unnötig wäre, /o anzuhängen. Ein /o-Flag kann aber sehr wohl bei interpolierten Variablen in Mustern Sinn machen, wie es im obigen Beispiel ja mit $pat der Fall war.

- Groß- und Kleinschreibung ignorieren mit /i:

Normalerweise unterscheidet m// zwischen Groß- und Kleinschreibung. Es ist möglich, eine Suche zu initiieren, die Groß- und Kleinbuchstaben als identisch ansieht, indem das /i-Flag benutzt wird:

```
$var =~ /dog/i     # Passt auf: dog Dog dOg DOg DoG DOG usw.
```

Die Verwendung des /i-Flags verlangsamt jedoch die Suche deutlich, so daß es durchaus Sinn macht, eine der Konvertierungsfunktionen uc(), lc() usw. einzusetzen:

```
lc($var) =~ /dog/  # schneller als /dog/i
```

> **Achtung!** Beachten Sie, daß die Perl-Definition von Groß- und Kleinbuchstaben nur auf den 7-Bit-ASCII-Code paßt. Insbesondere Umlaute werden somit nicht richtig erkannt. Dies kann jedoch durch Verwendung von use locale; und geeigneter LANG- oder LC_CTYPE-Umgebungsvariablen gelöst werden, wie in Abschnitt 5.8 ab Seite 121 erklärt wird. Siehe auch man locale.

- Globale Suche mit /g:

Normalerweise erkennt m// nur das erste Vorkommen eines Musters im Suchstring. Das ist ja gewöhnlich auch genug, denn es interessiert meist nur, *daß* ein Muster vorhanden ist, nicht, daß es mehrfach vorkommt. Mit m//g werden alle Vorkommen des Musters im Suchstring gefunden. Das /g-Flag hat eine kontextabhängige Wirkung:

– Im skalaren Kontext sucht m//g das nächste Vorkommen des Suchmusters und liefert wahr, wenn das Muster gefunden wurde, sonst falsch. Somit kann eine Schleife aufgebaut werden:

```
regexp-g-scalar.pl
#!/usr/local/bin/perl -w
# regexp-g-scalar.pl -- m//g im skalaren Kontext

print "Input   : "; chomp($line = <STDIN>);
```

5.6 Reguläre Ausdrücke

```
         print "Pattern: "; chomp($pat  = <STDIN>);

         while ($line =~ /$pat/g) {
             print "Found! Resuming at position: ", pos($line), "\n";
         }
```
                                                                  regexp-g-scalar.pl

Ausführung:

```
farid@sun-1:~/p> ./regexp-g-scalar.pl
Input   : a rose is a rose is a rose
Pattern: rose
Found! Resuming at position: 6
Found! Resuming at position: 16
Found! Resuming at position: 26
```

Die Funktion pos() liefert die Position innerhalb des Suchstrings zurück, bei der m//g beim nächsten Aufruf weitersuchen würde. Dies ist im obigen Beispiel gut zu sehen. Interessant ist auch, daß pos() ein *Lvalue* ist. Das bedeutet, daß durch die Zuweisung an pos($var) die Position der nächsten Suche in $var verändert werden kann!

– Im Listenkontext liefert m//g eine Liste von gefundenen Teilstrings:

regexp-g-list.pl
```
#!/usr/local/bin/perl -w
# regexp-g-list.pl -- m//g im Listenkontext.

print "Input   : "; chomp($input = <STDIN>);
print "Pattern : "; chomp($pat   = <STDIN>);

@result = $input =~ /$pat/g;          # Listenkontext

print "Found: ", join(', ', map { ">$_<" } @result), "\n";
```
                                                                  regexp-g-list.pl

Ausführung:

```
farid@sun-1:~/p> regexp-g-list.pl
Input   : Diplomacy: Thinking twice before saying nothing.
Pattern : \w*ing\b
Found: >Thinking<, >saying<, >nothing<
```

- Einzelzeilenmodus mit /s:

Wir werden in Kürze sehen, daß ein einzelner Punkt „." in *PATTERN* eine besondere Bedeutung hat: Er steht für ein und genau ein Zeichen, *außer Newline*. Bei Strings mit eingebauten Newlines ist ein Treffer aus diesem Grund nicht ganz naheliegend:

```
$var = "<title>\nThis is a title</title>";
if ($var =~ /<title>(.*)<\/title>/) {
    # In $1 sollte "\nThis is a title" stehen.
    # Das ist aber nicht so, da . nicht auf \n zutrifft.
    # Vielmehr wird der Ausdruck nie gefunden.
}
```

```
if ($var =~ /<title>(.*)</title>/s) {
    # Jetzt steht in $1: "\nThis is a title",
    # da . jetzt auch auf \n zutrifft.
}
```

Der Inhalt des zu durchsuchenden Strings wird also wie eine einzelne Zeile behandelt; ein \n hat keine besondere trennende Bedeutung mehr.

Die Verwendung von Klammern und Variablen wie $1 wird weiter unten behandelt.

- Schrittweises Weitersuchen mit /m:

Normalerweise steht ^ für den Anfang der Zeile und $ für das Ende einer Zeile:

```
"hello world" =~ /^hello/      # Treffer
"hello world" =~ /rld$/        # Treffer
```

Was ist aber, wenn \n im Suchstring vorkommt?

```
$var = "hello\nhalo\n";
if ($var =~ /^(h.*)/) {
    print "Found: >$1<\n";     # Found: >hello<
}
if ($var =~ /(h.*)$/) {
    print "Found: >$1<\n";     # Found: >halo<
}
```

Wir erkennen also, daß normalerweise ^ den allerersten Anfang des Strings kennzeichnet, während $ das Ende eines Strings, möglicherweise aber auch das abschließende Newline-Zeichen bezeichnet. Wollten wir den Anfang und das Ende jeder einzelnen „Zeile" im Suchstring finden, hätten wir das /m-Flag benutzen können:

```
$var = "hello world\nbye folks\n";
print $var =~ /(.)$/;       # s: ...folk(s)
print $var =~ /(.)$/m;      # d: ...worl(d)
```

Wir sehen also, daß im Normalfall $ nur das Ende eines kompletten Strings, evtl. das abschließende Newline-Zeichen bezeichnet. Mit Hilfe des /m-Flags hingegen bezeichnet $ das Ende einer *Zeile* innerhalb eines Strings. Das kann das erste \n-Zeichen innerhalb eines Strings sein oder das Ende dieses Strings darstellen. Aus diesem Grund hat das obige Beispiel das Ende aller Zeilen (ohne /m) bzw. das Ende der ersten Zeile ab der Suchposition (mit /m) gefunden.

Dies kann mit /g kombiniert werden, um das Ende jeder Zeile herauszufinden:

```
$var = <<EOTEXT;
a line with a final dot.
a line without a period
but aline with a period again.
and another line with a period.
EOTEXT

# Finde Zeilen heraus, die mit einem Punkt enden:
while ($var =~ /^(.*\.)$/mg) { print ">$1<\n"; }

# >a line with a final dot.<
```

```
#  >but aline with a period again.<
#  >and another line with a period.<
```

In diesem Beispiel wurde mit Hilfe von /m die Bedeutung von $ so verändert, daß es sich nicht mehr auf das Ende des gesamten Strings bezog, sondern nur noch auf das Ende einer jeden Zeile. Darüber hinaus wurde auch ^ so verändert, daß es sich nicht mehr ausschließlich auf den Anfang des Strings bezog, sondern bei jeder erfolgreichen Suche (/g) jeweils weiter nach vorn auf den Anfang der darauffolgenden Zeile verschob.

Es werden also mehrere Zeilen mit /m gefunden. Ein weiteres sinnvolles Beispiel folgt weiter unten beim Substitute-Operator s///.

- Weitersuchen bei erfolglosem Matching ab der letzten Position mit /c:

Angenommen, Sie wollen einen String in eine Folge von Tokens zerlegen, beispielsweise wie es das Tool *lex* tut. Diese Tokens könnten z.B. Zahlen, Sonderzeichen, Identifier usw. sein. Wie gehen Sie dabei vor? Der folgende Ansatz versucht, Tokens am Anfang der Zeichenkette herauszufinden, und verkürzt bei Erfolg die Suchzeichenkette um die Länge des gefundenen Tokenwerts, bevor die Suche weitergeht.

```
# $_ enthalte den zu parsenden String (ohne Whitespaces)
while (length($_)) {
    if (/^(\d+)/) {
        # $1 enthaelt eine Zahl
    } elsif (/^([A-Za-z][A-Za-z_0-9]*)/) {
        # $1 enthaelt einen Identifier
    } elsif (/^([()+\-*/])/) {
        # $1 enthaelt ein Sonderzeichen
    } else {
        # Unbekanntes Token
    }
    substr($_, 0, length($1)) = '';   # Anfang abschneiden
}
```

Der Nachteil dieser Lösung ist, daß sie bei größeren Eingaben nicht gut skaliert. Der Tokenizer wird immer langsamer, je länger der Text in $_ ist. Eine Möglichkeit, den zeitraubenden Aufruf von `substr()` zu umgehen, besteht in der Verwendung des skalaren m//g, wie wir oben schon gesehen hatten. Um das folgende Beispiel zu verstehen, müssen Sie noch wissen, daß

```
/(dog)|(cat)|(rabbit)/
```

wahr ist, wenn eines der drei Wörter dog, cat oder rabbit in $_ vorkommt. Falls dog gefunden wurde, ist es in $1 gelandet, falls es aber cat war, dann ist es in $2 gespeichert worden usw.

```
while (/(\d+)|([A-Za-z][A-Za-z_0-9]*)|([()+\-*/])/g) {
    if ($1 ne '') {
        proceed_number($1);
    } elsif ($2 ne '') {
        proceed_identifier($2);
    } elsif ($3 ne '') {
```

```
                proceed_special($3);
        } else {
            # sollte nicht passieren
        }
    }
    # Unbekanntes Token wurde hier gefunden
```

Diese Lösung ist zwar besser als die vorige, weil kein unnötiges Umkopieren mehr, z.B. mit substr(), notwendig ist. Das liegt daran, daß *bei Erfolg* m//g die Suche ab der letzten gefundenen Position innerhalb des Suchstrings fortsetzt, wodurch der String traversiert wird.

Ein großer Nachteil ist jedoch, daß *line noise*, also nicht erkannte Zeichen die Suche scheitern lassen werden.

An dieser Stelle kann das skalare m//gc-Konstrukt zusammen mit dem speziellen Anker \G eingesetzt werden:

```
while (1) {                              # Endlosschleife
    if (/\G(\d+)/gc) {
        # In $1 steht eine Zahl
    } elsif (/\G([A-Za-z][A-Za-z_0-9]*)/gc) {
        # In $1 steht ein Identifier
    } elsif (/\G([()+\-*/])/gc) {
        # In $1 steht ein Sonderzeichen
    } else (/\G(.)/gc) {
        # In $1 steht ein Zeichen, das zu keinem bisher
        # behandelten Token gehoert, zu finden
    } else {
        # Wir sind am Ende der Tokenfolge
        last;      # Ende der Endlosschleife :-)
    }
}
```

Wozu ist zunächst /c gut? Im obigen Beispiel würde ein mißglückter Vergleich in einer der if- bzw. elsif-Bedingungen dazu führen, daß die Suchposition ohne /c wieder auf den Anfang des Suchstrings zurückgesetzt würde. Mit /c hingegen würde die Suchposition bei Mißerfolg einer der Suchoperationen nicht an den Anfang zurückgesetzt.

Der Anker \G am Anfang des Suchmusters erzwingt, daß die Suche erst ab der letzten Suchposition wieder aufgenommen wird. Sonst würden vorherige Tokens immer wieder fälschlicherweise gefunden.

- Verbesserung der Lesbarkeit von *PATTERN* mit /x:

Reguläre Ausdrücke können sehr kompliziert werden. Da bietet es sich an, diese durch Leerzeichen etwas aufzulockern und möglicherweise sogar durch Kommentare zu dokumentieren. Dummerweise würden diese Leerzeichen und Kommentarzeichen nicht als solche erkannt, sondern fälschlicherweise dem Suchmuster zugeschlagen.

5.6 Reguläre Ausdrücke

Mit Hilfe von /x kann ein regulärer Ausdruck über mehrere Zeilen mit Blanks versehen und kommentiert werden. Whitespaces selbst sollten dann, wie sonst auch immer, durch \s und Newlines durch \n angegeben werden.

```
while (/ (\d+)                  # Zahlen: eine oder mehrere Ziffern
         |                      # ODER
         ([A-Za-z][A-Za-z_0-9]*) # Identifier: Buchstabe,   dann
                                # Buchstaben, _ und
                                # Ziffern
         |                      # ODER
         ([()+\-*/])            # Sonderzeichen: +, -, *, /
         |                      # ODER
         (.)                    # Sonstige Zeichen
       /gx) { ... }
```

5.6.3 Transliteration mit tr/// bzw. y///

Bevor wir uns im nächsten Abschnitt dem s///-Operator zuwenden, wollen wir erst die einfache Ersetzung einer Zeichenfolge durch eine andere Buchstabenfolge betrachten. Dies wird mit den tr///- bzw. y///-Operatoren bewerkstelligt:

```
tr/A-Z/a-z/;              # In $_ Gross- nach Kleinbuchstaben konvertieren
                          # Besser: lc() verwenden, wg. der Umlaute
$var =~ tr/n-za-m/a-z/;   # $var mit rot13 [de]codieren
```

Die allgemeine Syntax zu tr/// bzw. y/// lautet:

```
tr/VONLISTE/ZULISTE/cdsUC
y/VONLISTE/ZULISTE/cdsUC
```

- VONLISTE ist eine Liste von Zeichen, nach denen gesucht werden soll. Jedes Zeichen von VONLISTE in $_ wird durch das korrespondierende Zeichen in ZULISTE ersetzt, wenn keines der optionalen Flags /c, /d, /s, /U oder /C angegeben wurde.

- Eine Liste von Zeichen kann wörtlich hingeschrieben werden:

    ABCDE
    A-E
    ABCDE01234
    A-E0-4

    Sie kann aber auch aus einer Variablen kommen. Dazu muß jedoch eval() benutzt werden, da sowohl VONLISTE als auch ZULISTE während des Kompilierens zusammengestellt werden:

    ```
    eval "tr/$von/$nach/";            die "Fehler: $@\n" if $@;
    eval "$v =~ y/$von/$nach/, 1" or die "Fehler: $@\n";
    ```

- tr/// und y/// wirken normalerweise auf $_, es sei denn, ein *Lvalue* wurde mit =~ an diese Operatoren gebunden:

    ```
    y/ABCDE/EDCBA/;              # Wirkt auf $_
    $var =~ tr/0-9/A-J/;         # Wirkt auf $var
    ```

```
    substr($src, $offset, 5) =~ y/a-j/0-9/;   # Wirkt auf Bereich
                                              # von $src

    "hello" =~ y/A-Z/a-z/;                    # FALSCH!, kein lvalue
```

- tr/// bzw. y/// liefern im skalaren Kontext die Zahl der betroffenen (z.B. geänderten, gelöschten (/d) usw.) Zeichen zurück:

```
    $digitcount = tr/0-9/0-9/;      # Anzahl Ziffern in $_
    $scount     = $var =~ y/ / /;   # Anzahl Leerstellen in $var
    $nremoved   = tr/0-9//d;        # Entferne in $_ Ziffern
                                    # und zaehle deren Anzahl
```

Die optionalen Flags werden in Tabelle 5.4 zusammengestellt.

Flag	Bedeutung
c	Komplement der VONLISTE
d	Entfernt nichtersetzte Zeichen
s	Aus der Ersetzung entstandene Duplikate entfernen
U	Konvertiert von/nach UTF-8
C	Konvertiert von/nach 8-Bit-Zeichen (Oktet)

Tabelle 5.4: Optionale Flags der tr///- und y///-Operatoren

Die genaue Wirkung von tr/// bzw. y/// und ihrer Flags lautet:

- Komplement von VONLISTE mit /c:

  Jedes Zeichen, das *nicht* in VONLISTE aufgelistet ist, wird durch das erste Zeichen aus ZULISTE ersetzt:

```
    tr/A-Za-z_0-9/./c;         # Jedes andere Zeichen in . ersetzen
```

- Entfernen nichtersetzter Zeichen mit /d:

  Betrachten wir erst einmal folgende Transliteration:

```
    $n = tr/ABCDE/xyz/;        # A->x, B->y, C->z
                               # D, E unveraendert
                               # D,E werden nicht gezaehlt,
                               # bleiben aber in $_

    # $n: Anzahl der ersetzten A,B,C in $_
```

Wenn also ZULISTE weniger Zeichen als VONLISTE aufweist, werden nur die Zeichen ersetzt, die in ZULISTE auch tatsächlich vorkommen. Die anderen, nichtersetzten Zeichen aus VONLISTE verbleiben in $_ bzw. in den an tr/// gebundenen Variablen.

Damit diese nichtersetzten Zeichen auch wirklich entfernt werden, kann das /d-Flag benutzt werden:

```
    $nodigits =~ y/0-9//d;     # Ziffern aus $nodigits loeschen!
```

5.6 Reguläre Ausdrücke

In diesem Beispiel wurden alle Ziffern aus $nodigits entfernt, denn sie kamen in der (leeren) ZULISTE nicht vor und wurden daher nicht ersetzt.

Beachten Sie die Wirkung von /d bei einer nichtleeren ZULISTE:

```
$n = tr/ABCDE/xyz/d;     # A->x, B->y, C->z, D und E loeschen!
```

Hier wurden nur die Ds und Es aus $_ entfernt, da sie ja nicht ersetzt werden konnten. Dagegen wurde jedes A durch ein x, jedes B durch ein y und jedes C durch ein z ersetzt.

Beachten Sie auch, daß /d und /c kombiniert eingesetzt werden können:

```
$clean = y/A-Za-z_0-9//cd;      # Nur diese Zeichen behalten!
```

- Komprimiere neuerzeugte Duplikate mit /s:

Bei der Ersetzung können Dubletten entstehen. Diese können mit /s wieder entfernt werden. Eine nützliche Anwendung davon ist folgende:

```
tr/A-Za-z//s;           # Dublette  -> Dublete
                        # Hallo     -> Halo
                        # Parallel  -> Paralel
```

Natürlich werden nur zusammenhängende Duplikate komprimiert. Das ist bei *Parallel* mit dem *l* sehr gut zu sehen.

- Wenn alle Zeichen ersetzt werden sollen, gehen Sie wie folgt vor:

Die Klasse aller (ASCII-)Zeichen kann z.B. so angegeben werden:

```
\0-\xFF
```

Also werden alle Zeichen von ASCII NUL bis Extended-ASCII 255 erfaßt.

- Wenn Sie spezielle Klassen von Zeichen erfassen wollen, können Sie einen Bereich direkt angeben. Ein Beispiel dafür ist folgendes:

Das Entfernen des höchstwertigen Bits (Bit 7)[4] aus jedem Zeichen in $input ist sehr einfach:

```
$input =~ y/\200-\377/\000-\177/;
```

Viel Spaß dabei: Alle Ihre Umlaute und sonstige Zeichen aus dem erweiterten ASCII-Code werden auf andere Zeichen des Standard-7-Bit-ASCII-Codes abgebildet! Somit kann leicht ein nichttransparentes 7-Bit-Netz, das dieses höchste Bit zur Paritätsprüfung einsetzt, simuliert werden :-)

- Konvertierung von oder nach Unicode[5]:

```
tr/\0-\xFF//CU;         # Latin-1 -> Unicode
tr/\0-\x{FF}//UC;       # Unicode -> Latin-1
```

---

[4] Wir zählen wie üblich die Bits von 0 bis 7, wobei 0 das niederwertigste Bit und 7 das höchstwertige Bit darstellt.

[5] Die Unicode-Unterstützung habe ich hier mit Perl 5.005_53 ausprobiert. Einige ältere Versionen von Perl können dies noch nicht.

- Wiederholte Zeichen in *VONLISTE*:

    Kommen Zeichen mehrfach in *VONLISTE* vor, wird nur das erste Vorkommen durch das passende Zeichen in *ZULISTE* ersetzt:

    ```
    y/A-EA/0-5/;        # A->0, B->1, C->2, D->3, E->4
                        # und NICHT A->5, da schon A->0
    ```

Schließlich muß noch erwähnt werden, daß `tr///` stets schneller als der viel mächtigere und flexiblere, im folgenden vorgestellte Substitutionsoperator `s///` ist.

5.6.4 Der Substitutionsoperator s///

Während beim Transliterationsoperator `tr///` bzw. `y///` lediglich einzelne Zeichen miteinander ersetzt werden konnten, können beim Substitutionsoperator `s///` durch Muster angegebene Teilstrings durch andere Strings ersetzt werden. Es handelt sich dabei um einen ganz mächtigen Mechanismus.

Die Syntax des Substitutionsoperators lautet:

```
s/Muster/Ersetzungsstring/egimosx
```

Wie beim `m//`-Operator operiert `s///` entweder auf `$_` oder auf einer Variablen, die durch `=~` auf der linken Seite angegeben wird:

```
s/old/new/;             # operiert auf $_
$line =~ s/local/my/;   # operiert auf $line
```

Muster ist dabei ein beliebiger regulärer Ausdruck und *Ersetzungsstring* eine Folge von Zeichen, die anstelle des gematchten *Muster*s in `$_` bzw. der gebundenen Variablen ersetzt werden soll.

Ohne optionale Argumente wird nur das *erste* Vorkommen des *Muster*s ersetzt, bei `/g` dagegen werden *alle* Vorkommen ausgetauscht.

Die optionalen Flags des `s///`-Operators sind in Tabelle 5.5 aufgelistet:

Die Flags `/g`, `/i`, `/m`, `/o`, `/s` und `/x` haben dieselbe Bedeutung wie beim `m//`-Operator. Lediglich das `/e`-Flag bedarf einer Erklärung. Ohne `/e` würde der *Ersetzungsstring* wörtlich den auf *Muster* passenden Teilstring ersetzen. Auch eine Variablensubstitution ist möglich:

```
s/User/$ENV{'LOGNAME'}/;    # Ersetze 'User' durch Login-Name
```

Folgendes funktioniert aber nicht wie erwartet:

```
$text = "This is a random number\n";
$text =~ s/random/int(rand(5))/;    # "This is a int(rand(5)) number"
$text =~ s/random/int(rand(5))/e;   # "This is a 4 number" (e.g.)
```

Wie leicht zu erkennen ist, werden zwar ohne `/e` Variablen durch ihren Inhalt in *Ersetzungsstring* interpoliert, richtige Funktionsaufrufe und Teile von Perl-Programmen

Flag	Bedeutung
e	Evaluiere den *Ersetzungsstring* durch eval().
g	Globales Ersetzen aller Vorkommen des *Musters*.
i	Groß- und Kleinschreibung im Suchstring ignorieren.
m	Strings können aus mehreren Zeilen bestehen.
o	Suchmuster nur ein einziges Mal kompilieren.
s	Strings nur als eine einzige Zeile betrachten.
x	Erweiterte Syntax aktivieren.

Tabelle 5.5: Optionale Flags des Substitutionsoperators s///

werden jedoch nicht ausgeführt. Dies kann durch /e erzwungen werden: Dann wird der *Ersetzungsstring* durch eval() als Perlcode *evaluiert*. Somit können u.a. auch Funktionen aufgerufen werden.

Eine typische Anwendung des /e-Flags ist die Dekodierung der URL-Enkodierung:

```
$_ = "hello%2C%20world%21";
s/%([0-9A-Fa-f]2)/pack("c", hex($1))/eg;
print ">$_<\n";     # >hello, world!<
```

Was über die „/"-Delimiter beim m//-Operator gesagt wurde, gilt natürlich auch beim s///-Operator. Somit kann z.B. wieder das LTS vermieden werden:

```
$path =~ s,.*/,,;       # /var/local/log/mylog -> mylog
```

Mit Hilfe des /x-Flags können sogar zwei verschiedene Paare von Klammern benutzt werden:

```
# Entferne die meisten /* C-Kommentare */
$ccode =~ s {
            /\*         # Kommentaranfang : /* ...
            .*?         # gefolgt von beliebigen Zeichen
                        # (aber moeglichst wenig: nicht gierig)
            \*/         # Kommentarende: ... */
         } [
                        # Ersatzlos streichen!
         ]gsx;
```

5.6.5 Aufbau von regulären Ausdrücken

In diesem Abschnitt werden wir uns die Struktur von regulären Ausdrücken etwas näher ansehen. Ein regulärer Ausdruck besteht normalerweise aus *Atomen*. Einzelne Atome können mehrfach vorkommen, was durch nachgestellte *Quantifier* signalisiert wird. Für den Suchautomat (*pattern matcher*) können auch Einschränkungen angegeben werden, z.B. daß das Muster nur am Anfang des Suchstrings vorkommen darf. Dies wird durch

Anker angegeben. Schließlich können auch Teile des gefundenen Strings gespeichert werden, so daß darauf später wieder zugegriffen werden kann. Dies wird durch die Gruppierung mit *runden Klammern* im Muster angegeben. Manchmal müssen Quantifier auf Gruppen von Teilausdrücken angewandt werden. Auch dies wird mit runden Klammern erreicht. Aus Effizienzgründen können jedoch an dieser Stelle auch *speicherfreie runde Klammern* eingesetzt werden.

Ein Quantifier, der mehrere Atome angibt, ist normalerweise *gierig*. Das bedeutet, daß er so viele Zeichen wie möglich matcht, so daß das restliche Muster gerade noch paßt. Es gibt auch eine nicht-gierige Version dieser Quantifier.

Atome

Ein Atom kennzeichnet jeweils ein einziges Zeichen. Einige Zeichen stehen einfach für sich selbst. Das ist der Fall bei Buchstaben, Ziffern und einigen Interpunktionszeichen. Einige Zeichen haben aber in einem regulären Ausdruck eine besondere Bedeutung. Möchte man ein solches Zeichen wörtlich interpretieren, muß es durch einen vorangestellten Backslash *entwertet* werden. Beispielsweise hat der Punkt eine besondere Bedeutung. Möchte man alle Dateinamen finden, die (mindestens) einen Punkt enthalten, könnte man angeben:

```
# $name enthalte einen Dateinamen
print $name if $name =~ /./;      # FALSCH!
print $name if $name =~ /\./;     # Okay
```

Die in Tabelle 5.6 aufgelisteten *Metazeichen* haben in einem regulären Ausdruck eine besondere Bedeutung.

Metazeichen	Bedeutung
\	Das folgende Zeichen entwerten.
^	Verankert das Muster am Anfang des Strings.
$	Verankert das Muster am Ende des Strings.
.	Ein beliebiges einzelnes Zeichen (außer Newline).
|	Alternativen
()	Gruppierung mit runden Klammern
[]	Zeichenklasse
*	Quantifier: Kein-, ein- oder mehrmaliges Vorkommen
+	Quantifier: Ein- oder mehrmaliges Vorkommen
?	Quantifier: Kein- oder einmaliges Vorkommen
{n,m}	Quantifier: zwischen n und m Vorkommen

Tabelle 5.6: Metazeichen von regulären Ausdrücken

- Die Entwertung mit dem Backslash haben wir gerade gesehen. Ein Backslash selbst kann ebenfalls durch einen vorangestellten Backslash entwertet werden:

  ```
  print "Backslash enthalten\n" if $var =~ /\\/;
  ```

  Einige Zeichen, die auf einen Backslash folgen, haben eine besondere Bedeutung. Dies wird weiter unten gezeigt.

- Die Anker werden auf Seite 108 erläutert.

- Anders als beim Shell-Globbing wird ein einziges Zeichen nicht durch „?" sondern durch „." angegeben. Darum muß ein Punkt, der auch als Punkt gemeint ist, entwertet werden.

  ```
  $var = "ac";
  print "true\n" if $var =~ /../;    # true
  ```

  Wie dieses Beispiel zeigt, steht jeder einzelne „." für ein beliebiges Zeichen im regulären Ausdruck. Somit lassen sich also *nicht* Dubletten erkennen!

- Die Alternative bezeichnet eine Reihe möglicher Muster. Wenn eines dieser Muster gilt, ist der *Pattern Matcher* erfolgreich gewesen:

  ```
  print "found one of foo, bar, baz!\n" if /foo|bar|baz/;
  ```

  Die Alternativen werden von links nach rechts der Reihe nach ausprobiert, bis eine davon zutrifft:

  ```
  $_ = "footbar"; print "found!\n" if /foo|foot|bar/;
  # Passt auf foo, nicht auf (foot oder bar).
  # Daher ist die Alternative nicht unbedingt gierig.
  ```

- Die Gruppierung mit runden Klammern wird ab Seite 109 erklärt.

- Ein einziges Zeichen kann auch durch eine *Zeichenklasse* spezifiziert werden. Dazu werden in eckigen Klammern die Zeichen aufgelistet, die für dieses Zeichen stehen:

  ```
  print "$a enthaelt mind. einen Vokal\n" if $a =~ /[aeiouAEIOU]/;
  ```

  Achtung! *Eine Zeichenklasse stellt immer nur genau ein Zeichen dar, auch dann, wenn in den eckigen Klammern mehrere Zeichen aufgelistet sind!*

  Anstatt alle Zeichen einer Zeichenklasse aufzulisten, kann ein Bereich angegeben werden:

  ```
  [A-Z]              # Grossbuchstaben, ohne Umlaute!
  [a-eX5-9]          # [abcdeX56789]
  [\000-\177]        # ord(Zeichen) < 128
  [\0-\xFF]          # Alle ASCII-Zeichen: Dasselbe wie '.'
  ```

  Eine Zeichenklasse kann auch komplementiert werden. Dazu wird ein ^ am Anfang aufgestellt:

  ```
  [^0-9]             # Ein Zeichen, das keine Ziffer ist
  [^A-Za-z0-9_]      # Nichtalphanumerisches Zeichen
  ```

Wir sehen also, daß - und ^ sowie natürlich] eine Sonderbedeutung innerhalb der eckigen Klammern einer Zeichenklasse haben. Diese Sonderbedeutung muß dann mit einem Backslash entwertet werden:

```
[+\-*/]          # +, -, *, /: '-' muss entwertet werden!
[(){}[\]]        # (, ), {, }, [, ]
[\^]             # Dasselbe wie '^'
[xyz^abc]        # ^ hat nur am Anfang eine Sonderbedeutung
```

Metazeichen von regulären Ausdrücken verlieren ihre Bedeutung innerhalb der eckigen Klammern einer Zeichenklasse:

```
[,.;:]           # ',' '.' ';' ':': '.' kein Metazeichen
[foo|bar|baz]    # [abforz|]: Keine Alternative
```

Schließlich können die Zeichen aus Tabelle 5.1 von Seite 69 innerhalb der eckigen Klammern einer Zeichenklasse benutzt werden:

```
[\b\a\f]         # Backspace (\b), Alarm (\a), Formfeed (\f)
```

Beachten Sie, daß \b innerhalb einer Zeichenklasse tatsächlich ein Backspace, nicht eine Wortgrenze (siehe Seite 101) darstellt.

- Die Quantifier beziehen sich immer auf den links von ihnen stehenden Teilausdruck. Sie werden auf Seite 104 vorgestellt.

Da bei den m//- und s///-Operatoren das Suchmuster, also der reguläre Ausdruck, wie ein doppelt gequoteter String interpretiert wird, werden Variablen interpoliert. Außerdem haben die Zeichen aus Tabelle 5.1 von Seite 69 und die Umschaltzeichen von Seite 81 ihre gewohnte Bedeutung (siehe auch *man perlre*).

Wenn in einem regulären Ausdruck viele Metazeichen entwertet werden müssen, kann statt wiederholtem Backslashing (LTS!) auch die \Q .. \E-Quotierung benutzt werden: Jedes Zeichen zwischen \Q und \E verliert seine Bedeutung als Metazeichen und wird daher wörtlich übernommen:

```
if (/^.\Q.$.\E.$/) { ... }
```

In diesem Beispiel wurde ein Muster gefunden, das mit einem beliebigen Zeichen anfängt (^.), dann die Zeichenkette .$. enthält, gefolgt von einem weiteren beliebigen Zeichen am Ende. Das erste ^ ist ein Metazeichen; ein Anker. Der erste Punkt ist ebenfalls ein Metazeichen; er steht für ein beliebiges Zeichen. Die Zeichen aus .$. wären zwar auch normalerweise Metazeichen, doch diese Sonderbedeutung wurde durch die \Q..\E-Klammer außer Kraft gesetzt. Der letzte Punkt ist aber wieder ein Metazeichen, genauso wie der Ende-Anker $. Diese Funktionalität wird auch durch die Funktion quotemeta() realisiert.

Zusätzlich zu diesen normalen Metazeichen definiert Perl weitere Atome, die in Tabelle 5.7 zusammengestellt sind.

- Die in Tabelle 5.7 aufgelisteten Bezeichnungen beschreiben immer nur jeweils ein Zeichen. Beispielsweise steht \w für ein einzelnes alphanumerisches Zeichen oder _.

5.6 Reguläre Ausdrücke

Metazeichen	Bedeutung
\w	Wort-Zeichen: [A-Za-z0-9_], erweitert durch `use locale;`
\W	Nicht-Wort-Zeichen: Gegenteil von \w
\s	Whitespace-Zeichen: Blank, Tabulator, evtl. Newline
\S	Nicht-Whitespace-Zeichen: Gegenteil von \s
\d	Ziffer: [0-9]
\D	Nicht-Ziffer: Gegenteil von \d
\pP	Property-P, auch \p{Prop} (siehe *man perlre*)
\PP	Nicht-Property-P: Gegenteil von \pP (siehe *man perlre*)
\X	Erweiterter Unicode \pM\pm*
\C	Einzelnes Oktett, auch unter UTF-8 matchen.

Tabelle 5.7: Perl-Erweiterungen der regulären Ausdrücke

Ein ganzes Wort muß mit einem Quantifier angegeben werden: \w+. Dasselbe gilt für Zahlen: \d+ usw.

- Ein Whitespace-Zeichen ist ein Blank oder ein Tabulator. Je nach den Flags /m und /s von m// oder s/// gehört auch ein Newline-Zeichen zur Klasse der Whitespace-Zeichen.

- Die Unicode-Erweiterungen werden Sie erst in neueren Perl-Versionen finden, z.B. in Perl 5.005_53. Es handelt sich dabei um experimentelle Erweiterungen, die eine vollständige Unterstützung von Unicode in Perl 5.006 vorbereiten sollen, das zum Zeitpunkt der Erstellung dieses Buches noch nicht fertiggestellt war.

Zero-Width-Assertions

Perl definiert auch spezielle Zeichen, die im Suchtext eine Breite von null Zeichen aufweisen (*Nullbreite*)! Diese werden in Tabelle 5.8 zusammengefaßt.

Metazeichen	Bedeutung
\b	Wortgrenze: Übergang zwischen \w und \W
\B	Nicht-Wortgrenze: Gegenteil von \b
\A	Anfang eines Strings
\Z	Ende eines Strings oder vor Newline am Ende
\z	Ende eines Strings
\G	Suche da fortsetzen, wo das letzte m//g aufgehört hat

Tabelle 5.8: Die *Zero-Width-Assertions* von Perl

- Eine Wortgrenze wird dann benötigt, wenn Sie sicherstellen wollen, daß ein Muster nur am Anfang oder am Ende eines Wortes vorkommt, oder aber daß das Muster nur auf ganze Wörter zutrifft, aber nicht auf Teilwörter. Beispiel:

  ```
  $truth = "Microsoft software ain't soft not antisoftware, " .
           "just plain broken";
  ($nv1 = $truth) =~ s/soft/XXXX/g;
  ($nv2 = $truth) =~ s/soft\b/XXXX/g;
  ($nv3 = $truth) =~ s/\bsoft/XXXX/g;
  ($nv4 = $truth) =~ s/\bsoft\b/XXXX/g;
  ($nv5 = $truth) =~ s/\Bsoft\B/XXXX/g;
  print join("\n", $nv1, $nv2, $nv3, $nv4, $nv5), "\n";
  # MicroXXXX XXXXware ain't XXXX not antiXXXXware, just plain broken
  # MicroXXXX software ain't XXXX not antisoftware, just plain broken
  # Microsoft XXXXware ain't XXXX not antisoftware, just plain broken
  # Microsoft software ain't XXXX not antisoftware, just plain broken
  # Microsoft software ain't soft not antiXXXXware, just plain broken
  ```

  Bei der ersten Ersetzung wurde jedes Vorkommen von soft durch XXXX ersetzt, egal wo sich soft in den jeweiligen Wörtern befand. Im zweiten Fall wurde soft nur am Ende von Wörtern ersetzt, im dritten Fall hingegen nur am Anfang von Wörtern. Im vierten Fall wurde nur das Wort soft, das allein stand, ersetzt. Im letzten Fall wurde hingegen nur ein eingebettetes soft ersetzt, indem die Nicht-Wortgrenze \B benutzt wurde.

- Seien Sie vorsichtig bei der Charakterisierung von Wörtern. Ein Wort wie don't würde nicht richtig gematcht, da ' kein \w-Zeichen ist. Im folgenden Beispiel ersetzen wir jede Wortgrenze durch einen Doppelpunkt:

  ```
  $var = "Don't use Windows, it's plain broken!";
  $var =~ s/\b/:/g;
  print $var, "\n";
  # :Don:':t: :use: :Windows:, :it:':s: :plain: :broken:!
  ```

  Wir erkennen hieraus, daß Don't und it's als jeweils zwei bzw. drei Wörter interpretiert wurden. Außerdem fehlte am Ende des Strings eine Wortgrenze[6]!

- Eine Möglichkeit, solche Wörter wie don't zu erkennen, besteht darin, den Übergang zwischen Leerzeichen und Nicht-Leerzeichen auszunutzen:

  ```
  $var = "A NAVY flier's nightmare: NO CARRIER";
  $var =~ s/\s+(\S+)\s+/($1)/g;
  print ">$var<\n";
  # >A(NAVY)flier's(nightmare:)NO CARRIER<
  ```

  Oje! Das ist aber nicht das, was wir vorhatten. Der Grund dafür ist etwas kompliziert:

  - Das erste Wort, A, konnte nicht erkannt werden, weil davor kein Whitespace vorkam.
  - Dasselbe gilt für das letzte Wort, CARRIER.

---

6 Das ist aber normal, da das Ausrufezeichen selbst ja kein \w-Zeichen ist.

- flier's würde normalerweise erkannt werden, da es von zwei Whitespaces eingerahmt ist. Aber, dummerweise wurde „ NAVY " durch (NAVY) ersetzt. Damit sind die Leerzeichen links von flier's verschwunden! Dies ergab dann nach der ersten Ersetzung den String:

    A(NAVY)flier's nightmare: NO CARRIER

- Das nächste ersetzbare Wort, das durch Whitespaces eingerahmt ist, ist nightmare:. Beachten Sie, daß jetzt der Doppelpunkt Teil des Wortes ist, da er ein Nicht-Whitespace-Zeichen ist! Also wird dieses „Wort" eingerahmt: (nightmare:).

- Da wieder alle Whitespaces vor NO von der vorigen Ersetzung betroffen waren und daher verschwunden sind, konnte NO nicht mehr als Wort identifiziert werden. Darum wurde es nicht in runden Klammern eingerahmt.

Das gerade gezeigte Problem rührt daher, daß \s im Gegensatz zu \b, eine Länge aufweist, die nicht null ist. Darum sind diese Whitespaces dummerweise verschluckt worden!

Es ist also nicht ganz einfach, ein Wort richtig zu erkennen! Natürlich können Sie jetzt immer komplexere reguläre Ausdrücke basteln, die schließlich alle Möglichkeiten berücksichtigen. Das ist aber nicht ganz einfach. Sie können sich auch einmal das Modul Text::ParseWords anschauen.

- Die Anker ^ und $ stehen normalerweise für den Anfang bzw. das Ende eines Strings. Das ist aber bei Strings, die \n enthalten, zusammen mit den /mg-Flags bei m// oder s/// nicht immer selbstverständlich. In diesem Fall wird die Bedeutung von $ so verändert, daß es das jeweils nächste \n-Zeichen oder das komplette Ende bezeichnet. Auch die Bedeutung von ^ wird in diesem Fall so verändert, daß es den Anfang der jeweils nächsten „Zeile" bezeichnet. Dagegen behalten \A und \Z die Bedeutung: Anfang und Ende des gesamten Strings:

    ```
    # Klassische Anker
    $var = "line1\nline2\n";
    $var =~ s/^/<a>/mg;
    $var =~ s/$/<z>/mg;
    print "[$var]\n";
    # [<a>line1<z>
    # <a>line2<z>
    # <z>]
    ```

Hier wurde die Bedeutung von ^ und $ durch /mg so verändert, daß jeweils die „Zeilen" eingekreist werden konnten. Beachten Sie, daß vor dem letzten Newline ein $-Anker steht, aber auch nach diesem letzten Newline!

```
# Absolute Anker, \Z: Ende, oder vor dem letzten Newline
$var = "line1\nline2\n";
$var =~ s/\A/<a>/mg;
$var =~ s/\Z/<z>/mg;
print "[$var]\n";
# [<a>line1
# line2<z>
# <z>]
```

Hier bezieht sich \A auf den absoluten Anfang des Strings. Das gilt trotz der Modifikation von ^ durch /m. Ebenso steht \Z für das Ende des Strings, *abzüglich eines abschließenden Newlines*. Darum sind hier wieder zwei \Z-Anker erkannt worden!

```
# Absolute Anker: \z: Ende, unabhaengig von Newline
$var = "line1\nline2\n";
$var =~ s/\A/<a>/mg;
$var =~ s/\z/<z>/mg;
print "[$var]\n";
# [<a>line1
# line2
# <z>]
```

Hier sehen wir den Unterschied zwischen \Z und \z anhand der Ausgabe: \z kümmert sich nicht darum, ob ein Newline am Ende des Strings vorkommt oder nicht. Es greift immer auf das absolute Ende des Strings zu, also insbesondere hinter einem eventuell abschließenden Newline.

- Der \G-Anker samt seiner typischen Anwendung wurde bereits auf Seite 92 vorgestellt.

Quantifier

Mit Hilfe von Quantifiern lassen sich Atome oder Teilausdrücke wiederholen. Sie können mit einem Quantifier beispielsweise bestimmen, daß ein Muster mindestens n-mal hintereinander vorkommen muß, oder daß höchstens m hintereinanderfolgende Vorkommen eines Atoms oder Teilausdrucks vorkommen dürfen.

Quantifier stehen direkt hinter den Atomen, auf die sie sich beziehen. Soll statt eines einzelnen Atoms eine Gruppe von Zeichen (also ein Teilmuster) quantisiert werden, muß diese Gruppe in (speicherlose?) runde Klammern eingeschlossen werden.

Tabelle 5.9 zeigt die in Perl üblichen Quantifier von regulären Ausdrücken.

Ein kleines Beispiel soll dies verdeutlichen:

```
regexp-quantors.pl
#!/usr/local/bin/perl -w
# regexp-quantors.pl -- Verwendung von Quantifiern in Regexps.

$var = "Hello 0123456789 Number";

print "-------- greedy quantors: ------------- \n";
($nv1 = $var) =~ s/\d*/X/;       print '\d*:    ', ">$nv1<\n";
($nv2 = $var) =~ s/\d+/X/;       print '\d+:    ', ">$nv2<\n";
($nv3 = $var) =~ s/\d?/X/;       print '\d?:    ', ">$nv3<\n";
($nv4 = $var) =~ s/\d{3}/X/;     print '\d{3}:  ', ">$nv4<\n";
($nv5 = $var) =~ s/\d{3,}/X/;    print '\d{3,}: ', ">$nv5<\n";
($nv6 = $var) =~ s/\d{3,5}/X/;   print '\d{3,5}: ', ">$nv6<\n";

print "-------- non-greedy quantors ---------- \n";
```

5.6 Reguläre Ausdrücke

Quantifier	Bedeutung
*	Kleenescher Stern-Operator: Äquivalent zu {0,}
+	Kleenescher Plus-Operator: Äquivalent zu {1,}
?	Null oder einmal: Äquivalent zu {0,1}
{n}	Genau n Vorkommen
{n,}	Mindestens n Vorkommen
{n,m}	Mindestens n, höchstens m Vorkommen
*?	Wie *, nicht gierige Version
+?	Wie +, nicht gierige Version
??	Wie ?, nicht gierige Version
{n}?	Wie {n}, nicht gierige Version
{n,}?	Wie {n,}, nicht gierige Version
{n,m}?	Wie {n,m}, nicht gierige Version

Tabelle 5.9: Quantifier für die regulären Ausdrücke von Perl

```
($nv1 = $var) =~ s/\d*?/X/;      print '\d*?:     ', ">$nv1\n";
($nv2 = $var) =~ s/\d+?/X/;      print '\d+?:     ', ">$nv2\n";
($nv3 = $var) =~ s/\d??/X/;      print '\d??:     ', ">$nv3\n";
($nv4 = $var) =~ s/\d{3}?/X/;    print '\d{3}?:   ', ">$nv4\n";
($nv5 = $var) =~ s/\d{3,}?/X/;   print '\d{3,}?:  ', ">$nv5\n";
($nv6 = $var) =~ s/\d{3,5}?/X/;  print '\d{3,5}?: ', ">$nv6\n";
```
———————————————————————————————— regexp-quantors.pl

Die Ausführung ist auch sehr interessant:

```
farid@sun-1:~/p> ./regexp-quantors.pl
-------- greedy quantors: -------------
\d*:     >XHello 0123456789 Number<
\d+:     >Hello X Number<
\d?:     >XHello 0123456789 Number<
\d{3}:   >Hello X3456789 Number<
\d{3,}:  >Hello X Number<
\d{3,5}: >Hello X56789 Number<
-------- non-greedy quantors ----------
\d*?:    >XHello 0123456789 Number<
\d+?:    >Hello X123456789 Number<
\d??:    >XHello 0123456789 Number<
\d{3}?:  >Hello X3456789 Number<
\d{3,}?: >Hello X3456789 Number<
\d{3,5}?:>Hello X3456789 Number<
```

Erläuterungen zu dieser Ausgabe folgen in Kürze.

Auswertung von links nach rechts

Beim *Pattern Matching* wird zunächst versucht, einen Ausdruck von links nach rechts nach dem Muster zu durchsuchen. Das bedeutet, daß versucht wird, so früh wie möglich zu matchen.

Diese Regel hat auch Vorrang vor der im folgenden erklärten Regel des gierigen Matchings. Beispielsweise:

```
$var = "abxxxabcde";
$var =~ /ab/;        # Matcht das erste "ab" am Anfang,
                     # nicht das "ab" an Position 6
```

Die Regel des *frühen Matchings*, wie sie auch genannt wird, ist ebenfalls beim s///-Operator wichtig:

```
$var = "Subject: This Subject Should Be Killed";
$var =~ s/Subject/Topic/;   # Kein /g
print "$var\n";   # Topic: This Subject Should Be Killed
                  # NICHT ETWA
                  # Subject: This Topic Should Be Killed
                  # AUCH NICHT
                  # Topic: This Topic Should Be Killed
```

Hier wurde also das *erste* Vorkommen von `Subject` durch `Topic` ersetzt, weil die Regel des frühen Matchings dies so vorsah.

Achtung! *Eine typische Falle, die aus dem* frühen Matching *resultiert, lautet:*

```
$var = "xyzaaabcde";
$var =~ s/a*/X/;     # Moeglicherweise FALSCH!
```

Hier werden nicht die drei a *an der Position 3 durch ein X ersetzt, sondern es wird ein X am Anfang des Strings eingefügt:*

```
print ">$var<\n";    # >Xxyzaaabcde<
```

Woran liegt das? Bedenken Sie, daß a* *null, eins oder mehrere Vorkommen von* a *bedeutet. Da von links nach rechts gesucht wird, findet der* Pattern Matcher *gleich am Anfang des Strings 0* a*s und ersetzt diese durch ein führendes X. Darum fing der veränderte String mit einem X an. Da wir auch kein* /g *an* s/// *angehängt haben, blieben die anderen* a*s in der Mitte unversehrt.*

Anders wäre es gewesen, wenn die a*s am Anfang vorgekommen wären:*

```
$var = "aaabcde";
$var =~ s/a*/X/;
print ">$var<\n";    # >Xbcde<
```

Hier sieht die Situation ganz anders aus: Natürlich wird zunächst das frühe Matching benutzt. Da aber anschließend die Greedy-Regel (siehe unten) gilt, werden alle aufeinanderfolgenden a*s durch* a* *eingenommen und in ein einzelnes X transformiert.*

Diese Warnung zeigt auch, warum auf Seite 105 folgendes galt:

```
\d*:     >XHello 0123456789 Number<
\d?:     >XHello 0123456789 Number<
\d{3,}:  >Hello X Number<
\d{3,5}: >Hello X56789 Number<
```

Im ersten Fall wurden null Ziffern am Anfang des Strings gefunden, und diese wurden aufgrund des frühen Matchings konsequenterweise durch ein X ersetzt. Im zweiten Fall wurden wieder 0 Ziffern (? bedeutet 0 oder 1) am Anfang gefunden und diese durch X ersetzt. Im dritten Fall sollten mindestens drei Ziffern gematcht werden. Es wurden aber alle aufeinanderfolgenden Ziffern gematcht, da es sich ja um einen gierigen Quantifier handelte. Dasselbe galt für das vierte Beispiel: Dort sollten zwischen drei und fünf Ziffern gematcht werden. Da die Maximalzahl 5 ohne Nachteil für das restliche Matching gematcht werden konnte, wurden folgerichtig fünf Ziffern ersetzt.

Gierig oder bescheiden?

Perls Quantifier sind normalerweise „gierig" (*greedy*). Das bedeutet, daß sie so viele Zeichen des Suchstrings wie nur möglich matchen, daß das restliche Muster gerade noch auf dem restlichen Suchstring gematcht werden kann. Sie versuchen also, gierig alle möglichen Zeichen in sich „hineinzusaugen". Beispiel:

```
$var = "Subject: Re: That old thread should die...";
if ($var =~ /(.*):(.*)/) {
    print "Vor  dem Doppelpunkt: >$1<\n";
    print "Nach dem Doppelpunkt: >$2<\n";
}
# Vor  dem Doppelpunkt: >Subject: Re<
# Nach dem Doppelpunkt: > That old thread should die...<
```

Der erste, d.h. linke .*-Ausdruck hat, dank der Gier des „*"-Quantifier alle Zeichen bis zum *zweiten* Doppelpunkt in sich aufgenommen. Da blieb für den rechten .*-Ausdruck nur nur der Rest.

> **Achtung!** *Vergessen Sie nicht, daß die Quantifier, z.B. „*" und „+", gierig so viele Zeichen wie möglich zu matchen versuchen.*

Ein Quantifier kann auch zur Bescheidenheit (zum nicht gierigen Verhalten) erzogen werden, indem ein Fragezeichen rechts angehängt wird:

```
$var = "root:x:0:1:Super-User:/:/sbin/sh";
if ($var =~ /(.*?):(.*)/) {
    print "Login Name: >$1<\n";
    print "Der Rest   : >$2<\n";
}
# Login Name: >root<
# Der Rest   : >x:0:1:Super-User:/:/sbin/sh<
```

Hier wurde an das erste „.*" ein Fragezeichen angehängt: „.*?" Somit wurden am Anfang *so wenige Zeichen wie möglich* gematcht, damit der gesamte Ausdruck gerade noch gematcht werden konnte.

> Ist bei „.*?" nicht 0 die kleinste Anzahl von Zeichen, die gematcht werden kann? Müßte dann dieser Teilausdruck nicht immer zutreffen, nämlich auf einen leeren Teilstring, der ja immer da ist?

> Die Frage ist berechtigt, wenn wir nicht die Funktionsweise des *Boyer-Moore*-Algorithmus [73, 37, 59] kennen würden, der vom *Pattern Matcher* von Perl benutzt wird. Tatsächlich wird zunächst versucht, so viele Zeichen wie möglich zu matchen (also gierig), danach wird jedoch zurück Richtung Anfang gegangen (*Backtracking*), und zwar so lange, wie es notwendig ist, um entweder gierig oder nicht gierig zu matchen.

> Mit anderen Worten: Zuerst gilt die Regel des *frühen Matchings*, dann erst die Regel der Gier oder Bescheidenheit!

Jetzt, da wir das Verhalten der nicht gierigen Quantifier verstanden haben, können wir die Ausgaben des Beispielprogramms auf Seite 105 endlich verstehen:

```
\d+?:     >Hello X123456789 Number<
\d{3,}?:  >Hello X3456789 Number<
\d{3,5}?: >Hello X3456789 Number<
```

In diesem Beispiel wurde im ersten Fall mindestens eine Ziffer gematcht. Mehr wurde aber nicht gematcht, da es sich jetzt um einen nicht gierigen Quantifier handelte. Im zweiten Fall sollten mindestens drei Ziffern gematcht werden. Es hätten auch mehr sein können, aber da wir nun nicht gierig sind, reichten drei völlig aus, ohne sich nachteilig auf das restliche Matchen auszuwirken. Im letzten Beispiel wurde die kleinste Zahl Ziffern (zwischen drei und fünf waren das drei, ohne Nachteile beim weiteren Matchen zu verursachen) ersetzt.

Anker

Zu den Ankern wurde eigentlich schon alles gesagt. Sie werden nochmals in Tabelle 5.10 zusammengefaßt.

Es sei daran erinnert, daß ein Anker eine Breit von null Zeichen hat und keinen Platz im Suchstring besetzt. Er erzwingt nur das Matchen des Musters an der jeweiligen Position, schränkt also die Möglichkeiten der Suche etwas ein.

Ein am Anfang verankertes Muster wird schneller gefunden als ein „freischwebendes" Muster. Das gilt auch im geringeren Umfang für am Ende verankerte Muster. Sie sollten daher nach Möglichkeit Ihre Suchmuster so oft es geht verankern:

```
/^Subject:\s+/       # Schnell
/^\s+Subject:\s+/    # Geht auch noch
/Subject:\s+/        # Viel langsamer, wobei ausserdem
                     # >This Subject: is boring<
                     # gematcht wuerde!
```

Anker	Bedeutung
^	Anfang des Strings im Normalfall,
	Anfang oder direkt nach Newlines bei /m, /mg
$	Ende des Strings oder Position vor dem letzten Newline im Normalfall,
	Ende einer Zeile, auch vor jedem Newline bei /mg
\A	Absoluter Anfang eines Strings, trotz /g
\Z	Absolutes Ende eines Strings bzw. vor dem letzten Newline, trotz /mg
\z	Absolutes Ende eines Strings, unabhängig von (letztem) Newline

Tabelle 5.10: Anker (*anchors*) bei regulären Ausdrücken

Klammern und Speicherung

Beim *Pattern Matching* wird versucht, Muster, die durch kompakte und generische reguläre Ausdrücke beschrieben sind, auf reale Zeichenfolgen abzubilden:

```
$_ = "All computers wait at the same speed.";
if (/\w{4}/) {
    # Erstes Wort mit vier Zeichen gefunden.
    # Aber welches war es?
}
```

Mit Hilfe von runden Klammern lassen sich Teilausdrücke für eine spätere Verwendung speichern:

```
$_ = "All good work is done in defiance of management.";
if (/(\w{4})/) {
    # Erstes Wort mit vier Zeichen gefunden
    print "First 4-letter word: >$1<\n";
}
# First 4-letter word: >good<
```

Die runden Klammern haben den auf das Muster \w{4} passenden Teilstring good in die reservierte Variable $1 gespeichert. Darauf können wir anschließend zugreifen.

Es können auch mehrere Teilausdrücke geklammert werden:

```
$_ = "Luke, Use The Force --Yoda";
s/(\w+).*?(\w+).*?(\w+).*?(\w+)/$3 $4 $2 $1/;
print "$_\n";
# The Force Use Luke --Yoda
```

Runde Speicherklammern können auch verschachtelt werden. Dann sollten sie anhand der *öffnenden* Klammern von links nach rechts gezählt werden:

```
$link = q!And <A HREF="this/file.html">Link Text</A> this!;
if ($link =~ m#(.*?)(<A HREF="(.*?)">(.*?)</A>)(.*)#) {
    print "Pre    : >$1<\n";
    print "Link   : >$2<\n";
    print "Target: >$3<\n";
    print "Text   : >$4<\n";
    print "Post   : >$5<\n";
}
# Pre    : >And <
# Link   : ><A HREF="this/file.html">Link Text</A><
# Target: >this/file.html<
# Text   : >Link Text<
# Post   : > this<
```

Runde Speicherklammern haben auch eine besondere Bedeutung im Listenkontext: Sie spezifizieren einfach den Ausdruck, der auf der Zielliste landen soll:

```
$_ = "All along, Bill Gates has been beta-tester for Dr. Chandra.";
@three = /(\b\w{3}\b)/g;
print "3-letter words: ", join(',', @three), "\n";
# 3-letter words: All,has,for
```

Gelegentlich müssen Ausdrücke gruppiert werden, z.B. für die Alternative oder damit Quantifier auf mehr als nur ein Atom wirken. Dies muß ebenfalls mit runden Klammern geschehen. Normalerweise würden diese runden Klammern ebenfalls speichernden Charakter haben und müßten bei der Numerierung der Variablen $1, $2 usw. berücksichtigt werden. Diese Speicherung ist aber nicht immer notwendig. Dann können auch *speicherlose* runde Klammern eingesetzt werden:

```
$_ = "a1a2a3 b4b5b6 a7b8c9 d0e1f2";
while (/((?:\w\d){3})/g) {
    print "Found: >$1<\n";
}
# Found: >a1a2a3<
# Found: >b4b5b6<
# Found: >a7b8c9<
# Found: >d0e1f2<
```

In diesem Beispiel mußte der {3}-Quantifier auf den zusammengesetzten Ausdruck \w\d angewandt werden. Daher mußte dieser Ausdruck in runde Klammern eingeschlossen werden. Damit diese Klammern $2 nicht belegen, wurden sie *speicherlos* gemacht: (?:\w\e). Erst der quantisierte Ausdruck (?\w\d){3} sollte in $1 gespeichert werden.

Syntax runder Klammern

Perl kennt noch weitere Bedeutungen für runde Klammern. Diese sind in *man perlre* aufgelistet und in Tabelle 5.11 zusammengefaßt.

Syntax	Bedeutung
`(?#text)`	Ein Kommentar für reguläre Ausdrücke
`(?:pattern)`	Speicherloses Klammernpaar
`(?imsx-imsx:pattern)`	Erweiterte speicherlose Klammern
`(?=pattern)`	Lookahead mit Nullbreite
`(?!pattern)`	Negatives Lookahead mit Nullbreite
`(?<=pattern)`	Lookbehind mit Nullbreite
`(?<!pattern)`	Negatives Lookbehind mit Nullbreite
`(?{ code })`	Experimenteller Perl-Evaluationscode mit Nullbreite
`(?>pattern)`	Unabhängiger Teilausdruck zum Matchen
`(?(cond)yes-pat|no-pat)`	Ternärer Operator für Muster
`(?(cond)yes-pat)`	Dito, ohne *no pattern*
`(?imsx-imsx)`	`/(?i)nOCaSe/` ist dasselbe wie `/nOCaSe/i`; auch für `/m`, `/s`, `/x`.

Tabelle 5.11: Bedeutung der (? ...)-Klammern bei regulären Ausdrücken

Wenn Sie mehr Informationen zu diesen perltypischen Erweiterungen der regulären Ausdrücke wissen wollen, sollten Sie unbedingt die passenden Stellen in *man perlre* und [26] durchlesen.

5.7 Exkurs: `lex` und `yacc` für Perl

Mit regulären Ausdrücken lassen sich viele Aufgaben bewältigen. Es gibt jedoch Situationen, in denen Sie mehr als nur einfaches Suchen und Ersetzen vorhaben. In diesen Fällen benötigen Sie möglicherweise einen vollwertigen Parser, der Eingaben analysiert und gemäß einer Grammatik reagiert. In den folgenden Abschnitten werden wir sehen, wie mit Hilfe von Perl die aus Unix gewohnte *lex*- und *yacc*-Umgebung nachgebildet werden kann.

5.7.1 Selbstgebastelter Lexer mit `eval()`

Erinnern Sie sich an das Beispiel mit dem Anker `\G` von Seite 92? Dort wurde eine Liste von regulären Ausdrücken auf einen String angewandt. Interessant dabei war, daß die

Suche jeweils an der Stelle weitergeführt wurde, an der die vorige Suche aufgehört hatte (mit dem \G-Anker und den Flags /gc des m//-Operators).

Bei diesem Beispiel ging es darum, einen Text in *Tokens* zu zerlegen und abhängig vom Typ dieser Tokens bestimmte Aufgaben zu erledigen.

Ein *Tokenizer* ist eine Funktion oder ein Programm, das eine Eingabe aufgrund einer Spezifikation in eine Folge von Tokens zerlegt. Diese Tokens können dann beispielsweise an einen Parser weitergereicht werden, wie es in Compilern üblich ist.

Einer der berühmtesten Tokenizer, auch *Lexer* genannt, ist das Unix-Tool *lex* (bzw. *flex*). Dieses erzeugt aus einer Spezifikationsdatei eine Funktion (also Code), die dann eine beliebige Eingabe in Tokens zerlegt und dabei die Aktionen aufruft, die Anwender in der Spezifikationsdatei angegeben haben.

Diese Lex-Datei besteht im Hauptteil aus mehreren Zeilen. Jede Zeile enthält auf der linken Seite einen regulären Ausdruck, der ein Token beschreibt. Auf der rechten Seite steht dann der Code, den der Benutzer ausführen möchte, wenn der Lexer dieses Token gefunden hat. Hier sehen Sie ein vereinfachtes Beispiel für eine Lex-Datei:

```
wc.lex
[^ \t\n]+        $words++; $chars += length($1);
\n               $chars++; $lines++;
.                $chars++;
%%
print "Lines: $lines; Words: $words; Chars: $chars\n";
print "That's all, folks!\n";
                                                           wc.lex
```

Diese Spezifikation zählt die Anzahl der Zeichen, Wörter und Zeilen einer Eingabe, ähnlich dem Unix-Tool *wc*. Wir erkennen auf der linken Seite einen regulären Ausdruck, der jeweils ein Wort, ein Newline und jedes beliebige andere Zeichen erkennt. Auf der rechten Seite steht dann traditionell C-Code, der die Aktionen repräsentiert. In unserem Fall haben wir einfach statt C-Code Perl-Code hingeschrieben.

Nach einem speziellen Trenner (hier %% auf einer Zeile), folgt Perl-Code, der ausgeführt werden soll, nachdem der Text komplett geparst wurde. In unserem Fall geben wir einfach den Inhalt von Zählervariablen wieder aus.

Nun kann *lex* leider nur C-Code als Benutzeraktionen akzeptieren und erzeugt eine Funktion yylex(), die ebenfalls in C geschrieben ist. Diese müßte dann noch durch einen Compiler übersetzt werden. Wir wollen aber Perl sowohl für Aktionen als auch für die eigentliche Lexerfunktion bekommen. Da *lex* dies nicht kann, werden wir einen eigenen Lexer schreiben, der diese Aufgabe erfüllt.

Natürlich können wir nicht die gesamte Funktionalität von *lex* realisieren; das würde den Rahmen dieses Exkurses bei weitem sprengen. Wir beschränken uns daher auf den Hauptteil einer Lex-Datei und versuchen lediglich, dieses einfache Schema in Perl zu implementieren.

5.7 Exkurs: lex und yacc für Perl

Wie können wir dabei vorgehen? Die wesentliche Idee ist, den Code von Seite 92 als Schablone zu nehmen und darauf aufzubauen. Dabei wird während des Analysierens der Lex-Datei dieser Code nach und nach als Folge von if, elsif usw. zu einem String zusammengesetzt. Anschließend haben wir ausführbaren Perl-Code, der, wenn er ausgeführt wird, genau die Lex-Spezifikation erfüllt. Konkret wollen wir folgenden Code bekommen, wenn wir die obige Datei *wc.lex* analysieren:

```
farid@sun-1:~/p> ./mini-lexer.pl -v wc.lex
while(1) {
    if (/\G([^ \t\n]+)/gc) {
        $words++; $chars += length($1);;
    } elsif (/\G(\n)/gc) {
        $chars++; $lines++;
    } elsif (/\G(.)/gc) {
        $chars++;
    } else {
      last;
    }
}
%%
print "Lines: $lines; Words: $words; Chars: $chars\n";
print "That's all, folks!\n";
```

Wie man sieht, entsteht tatsächlich regulärer Perl-Code, der, wenn er ausgeführt wird, auch wirklich die Zahl der Zeichen, Wörter und Zeilen ausgeben würde.

Nun stellt sich nur noch die Frage, wie Perl-Code, der in einem String enthalten ist, zur Ausführung gebracht werden kann. Dazu gibt es ja die Funktion eval()!

Der Lexer sieht nun wie folgt aus:

mini-lexer.pl
```
#!/usr/local/bin/perl -w
# mini-lexer.pl -- Simuliert eine Teilmenge des lex(1)

use Getopt::Std;
use vars qw ($opt_v);
getopts("v") || die "usage: $0 [-v] lexfile [lex-input ...]\n";

$lexfile = shift;
open(LEX, $lexfile) or die "can't open lexfile $lexfile: $!\n";
while (<LEX>) {
    chomp;
    if ($_ eq '%%') {
        # Nach %% folgt die main()-Funktion...
        $exec_code = join('', <LEX>);
        last;
    } else {
        # Normale Trennung: regexp <tab> perlcode; perl; perl;...
        ($regexp, $pcode) = split(/\t+/);
        $regexp =~ s!/!\\/!g;
```

```perl
                push(@regs, $regexp); push(@codes, $pcode);
        }
    }
    close(LEX);

    if (@regs) {
        $dyncode = "while(1) {\n";
        $dyncode .= "    if (/\\G($regs[0])/gc) {\n";
        $dyncode .= "        $codes[0];\n";
        $dyncode .= "    } ";
    }

    shift @regs; shift @codes;
    foreach $reg (@regs) {
        $dyncode .= "elsif (/\\G($reg)/gc) {\n";
        $dyncode .= "        " . shift(@codes) . "\n";
        $dyncode .= "    } ";
    }

    if ($dyncode) {
        $dyncode .= " else {\n";
        $dyncode .= "    last;\n";
        $dyncode .= " }\n";
        $dyncode .= "}\n";
    }

    print STDERR $dyncode if defined $opt_v;
    print STDERR "%%\n", $exec_code if defined $opt_v;

    $_ = join('', <>);
    eval $dyncode;
    eval $exec_code if defined $exec_code;
```
── mini-lexer.pl

Eine typische Anwendung sieht dann wie folgt aus:

```
farid@sun-1:~/p> ./mini-lexer.pl wc.lex
this is a test
with many lines.
^D
Lines: 2; Words: 7; Chars: 32
That's all, folks!
```

5.7.2 Modul `Parse::Lex`

Natürlich können wir den obigen Ansatz weiterverfolgen. Das ist aber sehr mühsam und vor allem nicht erforderlich, da wir ein bereits existierendes Modul aus dem CPAN benutzen können: `Parse::Lex`. Dieses Modul kann eine Spezifikation in eine Lexer-Funktion transformieren.

5.7 Exkurs: lex und yacc für Perl

Wie wird Parse::Lex nun eingesetzt? Schauen wir uns einfach unser Beispiel mit *wc.lex* an:

mywc.pl
```perl
#!/usr/local/bin/perl -w
# mywc.pl -- wc.lex simuliert mit Parse::Lex

use Parse::Lex;                    # CPAN-Modul

use Getopt::Std;
use vars qw ($opt_v);
getopts("v") || die "Usage: $0 [-v] [inputfile]\n";

# Die Lex-Spezifikation liegt im folgenden Format vor:
# Token-Symbol, regulaerer Ausdruck [, Aktionssubroutine]
# Wobei die Aktionssubroutine als ersten Parameter das Token-Symbol
# und als zweiten Parameter den Wert des Tokens
# bekommt. Der Rueckgabewert ist der neue Tokenwert.
my @token = (
                'WORD'    => '[^ \t\n]+'
                          => sub { my ($tok,$tokval) = @_;
                                   ++$words; $chars += length($tokval);
                                   return $tokval; },
                'EOL'     => '\n'
                          => sub { ++$lines; ++$chars;
                                   return $_[1]; },
                'OTHER'   => '.'
                          => sub { ++$chars; return $_[1]; }
            );

# Lexer-Objekt instanziieren:
my $lexer = Parse::Lex->new(@token);

# Eingabe entweder von STDIN oder einer Eingabedatei:
if (defined $ARGV[0]) {
    open(MYDATA, $ARGV[0]) or die "$!\n";
    $lexer->from(\*MYDATA);
} else {
    # Redundant, da Default: $lexer->from(\*STDIN);
    # Alternativ: $lexer->from( $inputstring);
}

# Nun holen wir Token nach Token herein...
# Wenn die Eingabe komplett gelesen wurde -> $Parse::Token::EOI
while (($token = $lexer->next()) ne $Parse::Token::EOI) {
    print $token->name(), ": >", $token->text(), "<\n"
        if defined $opt_v;
}

# Wir koennen nun auf unsere Zaehlervariablen zugreifen:
print "Lines: $lines; Words: $words; Chars: $chars\n";
```
mywc.pl

Zur Kontrolle:

```
farid@sun-1:~/p> ./mywc.pl
this is a test
with many lines.
^D
Lines: 2; Words: 7; Chars: 32
farid@sun-1:~/p> wc
this is a test
with many lines.
^D
      2       7      32
```

Es kam also dasselbe heraus wie bei *wc*. Auch kompliziertere Eingaben werden richtig gezählt:

```
farid@sun-1:~/p> ./mywc.pl mywc.pl
Lines: 47; Words: 193; Chars: 1537
farid@sun-1:~/p> wc mywc.pl
     47     193    1537 mywc.pl
```

Das Lexen kann auch in Aktion beobachtet werden:

```
farid@sun-1:~/p> ./mywc.pl -v
this is a test
WORD: >this<
OTHER: > <
WORD: >is<
OTHER: > <
WORD: >a<
OTHER: > <
WORD: >test<
EOL: >
<
with many lines.
WORD: >with<
OTHER: > <
WORD: >many<
OTHER: > <
WORD: >lines.<
EOL: >
<
^D
Lines: 2; Words: 7; Chars: 32
```

5.7.3 Yacc mit Perl-Ausgabe: `byacc -P`

Nachdem *lex*, genauer gesagt yylex(), eine Folge von Tokens erzeugt hat, kann ein Parser diese Folge lesen und anhand einer *Grammatik*, die üblicherweise in einer der *Backus-Naur-Form* (BNF) ähnlichen Syntax angegeben wird, parsen und entsprechende *semantische Aktionen* ausführen.

5.7 Exkurs: *lex* und *yacc* für Perl

Nichts anderes tut ein Compiler oder Interpreter, wenn er eine Programmiersprache analysiert: Beispielsweise werden Zuweisungen an Variablen erkannt und semantisch dann auch durchgeführt. Eine solche Grammatik bestimmt auch die Menge der gültigen Eingaben. Ein Programm, das den Regeln dieser Grammatik nicht genügt, kann beispielsweise nicht übersetzt werden: Klassischer Syntaxfehler!

Viele Sprachen werden in *BNF* angegeben. Typische Beispiele sind Pascal, C, HTML und SQL, um nur einige wenige zu nennen. Auch benutzerdefinierte „kleine" Sprachen können und werden oft in BNF angegeben. Als Beispiel wollen wir uns die BNF-Spezifikation eines kleinen „Taschenrechners" anschauen, der nur die vier arithmetischen Operationen +, -, * und / sowie die Klammerung mit runden Klammern vorsieht:

```
LINES   ::= LINES EXPR '\n'         Aktion: EXPR ausgeben
LINES   ::= LINES '\n'
LINES   ::=

EXPR    ::= EXPR '+' TERM           Aktion: Addiere EXPR zu TERM
EXPR    ::= EXPR '-' TERM           Aktion: Subtrahiere EXPR von TERM
EXPR    ::= TERM

TERM    ::= TERM '*' FACTOR         Aktion: Mult. TERM mit FACTOR
TERM    ::= TERM '/' FACTOR         Aktion: Dividiere TERM durch FACTOR
TERM    ::= FACTOR

FACTOR  ::= '(' EXPR ')'            Aktion: FACTOR hat Wert EXPR
FACTOR  ::= NUMBER

NUMBER  ::= <Eine Zahl>
```

Wir brauchen glücklicherweise keinen *Parser-Generator* selbst schreiben, der aus einer beliebigen BNF-Grammatik einen Parser konstruiert. Vielmehr kann das Unix-Tool *yacc* (bzw. die freie Berkeley-Version *byacc* oder das GNU-Tool *bison*) eingesetzt werden. All diese Parser lesen eine Grammatikspezifikation, die eine große Ähnlichkeit zum oben gezeigten BNF-Format hat, und erzeugen daraus einen Parser, genauer eine Parser-Funktion yyparse(). Diese Funktion versucht nun, die Grammatik zu erfüllen, indem sie jedesmal, wenn sie ein Token benötigt, dieses durch den Aufruf der Funktion yylex() anfordert.

Die Funktion yylex() ihrerseits wurde durch *lex* anhand einer Lex-Spezifikation erzeugt, wie wir bereits oben gesehen haben.

Dummerweise erwartet *yacc* Aktionen in C-Code. Darüber hinaus wird die Funktion yyparse() ebenfalls immer in C sein. Das macht sie für unsere Zwecke nicht ganz brauchbar.

Glücklicherweise wurde das frei verfügbare *byacc* von Perl-Hackern so modifiziert, daß es auch Perl-Aktionen — und noch wichtiger — einen Parser in Perl erzeugt. Wir werden im folgenden diese modifizierte Version von *byacc* einsetzen, um den oben gezeigten Taschenrechner zu implementieren:

```
calc.y
%token number
%token eol
%token opplus
%token opminus
%token optimes
%token opdiv
%token braceopen
%token braceclose
%%
LINES    : LINES EXPR eol       { print "Result: ", $2, "\n";
                                  $$ = $2; }
         | LINES eol
         |
         ;

EXPR     : EXPR opplus  TERM    { $$ = $1 + $3; }
         | EXPR opminus TERM    { $$ = $1 - $3; }
         | TERM
         ;

TERM     : TERM optimes FACTOR  { $$ = $1 * $3; }
         | TERM opdiv   FACTOR  { $$ = $3 == 0 ? "undef" : $1/$3; }
         | FACTOR
         ;

FACTOR   : braceopen EXPR braceclose   { $$ = $2; }
         | number
         ;
%%
```
calc.y

Die Ähnlichkeit zur BNF-Form ist nicht zu übersehen. In den Aktionen konnten wir Perl-Code mit der folgenden kleinen Veränderung benutzen: Die Variablen $1, $2 usw. beziehen sich auf den Wert des ersten, zweiten usw. Ausdrucks auf der rechten Seite der Produktionsregel. Dagegen hat die Variable $$ die Bedeutung: Wert der Produktionsregel.

Diese Yacc-Spezifikation kann von jedem *yacc*-Parser übersetzt werden. Allerdings würde die entstehende C-Datei, z.B. *y.tab.c*, nicht übersetzbar sein, da sie Perlcode für die Aktionen enthalten würde.

Mit Hilfe des modifizierten *byacc* läßt sich dagegen ein Parser in Perl erzeugen.

> Zur Ausführung dieses Beispiels benötigen wir den modifizierten Parser *byacc* mit objektorientierten Features. Sie können diesen Parser beim CPAN besorgen. Dazu benötigen Sie die Datei *perl-byacc1.8.2.tar.gz* sowie die dazugehörigen Patches *perl5-byacc-patches-0.6.tar.gz*. Beide finden Sie im CPAN. Anschließend muß

5.7 Exkurs: *lex* und *yacc* für Perl

der Sourcecode zu *byacc* mit den genannten Patches gepatcht und dann übersetzt werden. Wenn Sie die Instruktionen beider Pakete befolgen, dürften Sie ein Programm *byacc* bekommen, das Sie wie gewohnt installieren können.

Seien Sie vorsichtig beim Einsatz bereits existierender *byacc*! Einige haben keine Perl-Unterstützung (kein -P-Flag) und andere, die Perl unterstützen, haben keine objektorientierten Features. Es ist daher besser, wenn das unten gezeigte Beispiel nicht funktioniert, sich selbst ein *byacc* mit Perl und objektiorientierter Unterstützung zu bauen.

Der Aufruf von *byacc* ist einfach:

```
farid@sun-1:~/tmp/x> byacc -d -P CalcParser calc.y
farid@sun-1:~/tmp/x> ls -l calc.y CalcParser* y.tab.ph
-r--r--r--   1 farid    users        517 Jun 27 17:16 calc.y
-rw-r--r--   1 farid    users       9422 Jun 27 17:17 CalcParser.pm
-rw-r--r--   1 farid    users        109 Jun 27 17:17 y.tab.ph
```

Wir sehen also, daß *byacc* die Yacc-Spezifikationsdatei *calc.y* gelesen und dank des Flags -P Perl- statt C-Code produziert und in der Datei *CalcParser.pm* abgespeichert hat. Es handelt sich hierbei um ein Modul, das wir später noch benötigen werden. Dieses Modul enthält einen Parser in Perl, der die Grammatik in *calc.y* parsen wird. Mit Hilfe des Flags -d wurde die Ausgabe von numerischen Tokens in die Datei *y.tab.ph* erzwungen.

Wie kann nun der Parser aus *CalcParser.pm* benutzt werden? Dazu verwenden wir das Modul Parse::YYLex, das wie Parse::Lex funktioniert, mit dem Unterschied, daß es aufrufkompatibel zum *byacc*-erzeugten Parser ist:

```
calc.pl
#!/usr/local/bin/perl -w
# calc.pl -- Taschenrechner mit der Perl-Version von lex und yacc;
#            Vorher aufrufen: byacc -d -P CalcParser calc.y

use Parse::YYLex;                       # CPAN-Modul

use Getopt::Std;                        # Standardmodul
use vars qw ( $opt_v );
getopts("v") || die "usage: $0 [-v]\n";  # -v: Debugging
$debug = defined $opt_v ? 1 : 0;

my @tokens = (
     number    => '\d+',
     eol       => '\n',
     opplus    => '\+', opminus => '-',
     optimes   => '\*', opdiv   => '/',
     braceopen => '[({[]', braceclose => '[)}\]]',
     other     => '.'
            );

my $lexer = Parse::YYLex->new(@tokens);

use CalcParser;         # aus: byacc -d -P CalcParser calc.y
```

```
    my $parser = CalcParser->new($lexer->getyylex, &yyerror, $debug);

    $lexer->from(\*STDIN);
    $parser->yyparse(\*STDIN);

    sub yyerror {
        my $errmsg = shift;
        print STDERR "Error: $errmsg\n";
        exit 0;
    }
```
─── calc.pl

Der Aufruf zeigt, daß das Programm richtig funktioniert:

```
farid@sun-1:~/tmp/x> ./calc.pl
17
Result: 17
11+9
Result: 20
16-(3+6)
Result: 7
9/0
Result: undef
9/2
Result: 4.5
2*[6+(9]}
Result: 30
3+(7/(6-(3*2)))
Argument "undef" isn't numeric in add at calc.y
                  line 16, <STDIN> chunk 7.
Result: 3
999-111
Result: 888
11(231)
Error: syntax error
```

Wir sehen also, daß der Parser sich so verhält, wie er eigentlich sollte. Natürlich kann dieser Taschenrechner nun noch deutlich erweitert werden. Unterstützt werden sollten auch Dezimalzahlen mit Nachkommastellen. Auch negative Zahlen sollten richtig erkannt werden. Versuchen Sie es!

Dieses konkrete Beispiel mit dem Taschenrechner hätten wir mit Perl auch einfacher gestalten können:

calc-with-eval.pl ──
```
#!/usr/local/bin/perl -w
# calc-with-eval.pl -- Taschenrechner mit eval()-Unterstuetzung.

print "Next> ";
while (<STDIN>) {
    $code = "print qq!Result: !, $_, qq!\n!; print qq!Next> !;";
```

```
        eval $code;
        die "Syntax Error: $@\n" if $@;
}
```
calc-with-eval.pl

Aufruf:

```
farid@sun-1:~/p> ./calc-with-eval.pl
Next> 3+7
Result: 10
Next> 17-(11*3)
Result: -16
Next> 9/0
Syntax Error: Illegal division by zero at (eval 3)
            line 2, <STDIN> chunk 3.

farid@sun-1:~/p> ./calc-with-eval.pl
Next> $accum = sin(1.232)
Result: 0.943155391963321
Next> $quad = $accum * $accum
Result: 0.889542093389485
Next> $quad/17 + 9
Result: 9.0523260054935
```

Obwohl wir hier einen viel flexibleren Taschenrechner bekommen haben, sind wir nun an Perl gebunden. Sobald Sie eine andere Sprache unterstützen wollen, müssen Sie doch auf Lexer und Parser zurückgreifen, z.B. mit den hier gezeigten Werkzeugen.

Informationen zu *lex* und *yacc* finden Sie in [51, 34] sowie der *texinfo*-Dokumentation zu *flex* und *bison*. Details zum eingesetzten Lexer sind in *man Parse::Lex* und *man Parse::YYLex* nachzulesen. Die Manual-Seite *man byacc* zeigt, mit welchen Optionen *byacc* aufgerufen werden kann.

5.8 Internationale Belange

Der *American Standard Code for Information Interchange* ASCII wurde von US-Ingenieuren zu einer Zeit entwickelt, in der Netze noch deutlich unsicherer waren als heute. Damals benutzte man das achte Bit als Paritätsbit und hatte noch sieben Bits, also 128 Plätze für Zeichen und Sonderzeichen zur Verfügung. Leider fehlte der Platz für die vielen westeuropäischen und slawischen Sonderzeichen (von den kyrillischen und sehr großen ostasiatischen Alphabeten ganz zu schweigen). Darum beschränkte man sich auf ein Minimum von Zeichen, die im Englischen benötigt wurden. Daß dies eine klassische Fehleinschätzung war, erkannte man jedoch erst, als auch Europäer immer häufiger am Datenverkehr teilnahmen. Natürlich war es zu diesem Zeitpunkt zu spät, die häufigsten Sonderzeichen des europäischen Raums in den 7-Bit-ASCII-Code zu übernehmen.

Nach einem langatmigen Standardisierungsprozeß durch die *International Organization for Standards* (ISO), oft auch „International Standards Organization" genannt, wurde der ASCII-Zeichensatz auf acht Bits erweitert und unter den Bezeichnungen *ISO-8859-1*,

ISO-8859-2 usw. etabliert. Warum wurde mehr als nur eine Bezeichnung gewählt? Durch die Erweiterung auf acht Bit gewann man ja 128 zusätzliche Plätze. Diese reichten jedoch bei weitem nicht aus, um z.B. das kyrillische Alphabet aufzunehmen. Daher wurden die westeuropäischen Eigenheiten, die auf dem lateinischen Alphabet beruhten, im *ISO-8859-1*-Code untergebracht, während der *ISO-8859-5*-Code für slawische und kyrillische Zeichen reserviert wurde. Daher entstanden also gleich *mehrere* Zeichensätze.

Auch Unix entstand in der 7-Bit-ASCII-Zeit. Daher waren viele Funktionen der C-Library einfach nicht auf die erweiterten 8-Bit-*ISO-8859-x* Zeichensätze eingestellt. Natürlich wurden Unix und die C-Library an die neuen Gegebenheiten angepaßt. Doch zu diesem Zeitpunkt existierten schon viele Millionen Zeilen C-Code, die niemand hätte umschreiben können.

Perl entstand in einer Unix-Umgebung, als die internationale Unterstützung (*localization*) noch nicht vorhanden bzw. ausgereift war. Die Tatsache, daß Perl auf Gedeih und Verderb der lokalen C-Library ausgeliefert ist, hat dazu beigetragen, daß internationale Belange in Perl zunächst ausgeklammert wurden. Erst mit der Verbreitung besserer, aktualisierter C-Libraries konnte auch Perl näher darauf eingehen.

Sehr wichtig war jedoch auch die Rückwärtskompatibilität zu vorhandenen Skripten. Daher sollte die zusätzliche Unterstützung der internationalen Besonderheiten erst durch den expliziten Aufruf eines speziellen Pragmas: use locale; eingeschaltet werden. Wird use locale; nicht eingeschaltet oder durch no locale; explizit ausgeschaltet, verhalten sich Stringvergleichsoperatoren und Konvertierungsfunktionen zwischen Groß- und Kleinschreibung wie gewohnt. Bei aktivierter internationaler Unterstützung hingegen werden die oben genannten Funktionen und Operatoren erweitert.

Wir wollen nun zeigen, wie sich die obengenannten Konvertierungsfunktionen mit und ohne internationale Unterstützung verhalten:

```perl
upcase8bit.pl
#!/usr/local/bin/perl
#   upcase8bit.pl -- Konvertiert 8-Bit-Strings in Großschreibung.
#                    Berücksichtigt auch Umlaute

$var8bitlow = "\344\366\374 umlaute \337";    # ä-ö-ü-Umlaute, ß
$var8bithi  = "\304\326\334 UMLAUTE";         # Ä-Ö-Ü-Umlaute

print "Klein: >$var8bitlow<, Gro\337: >$var8bithi<\n";

use locale;
print "Mit   locale: uc:     >", uc($var8bitlow),      "<\n";
print "Mit   locale: lc:     >", lc($var8bithi),       "<\n";
print "Mit   locale: ucfirst: >", ucfirst($var8bitlow), "<\n";
print "Mit   locale: lcfirst: >", lcfirst($var8bithi),  "<\n";

no locale;
print "Ohne locale: uc:     >", uc($var8bitlow),      "<\n";
print "Ohne locale: lc:     >", lc($var8bithi),       "<\n";
print "Ohne locale: ucfirst: >", ucfirst($var8bitlow), "<\n";
```

```
print "Ohne locale: lcfirst: >", lcfirst($var8bithi),  "<\n";
```
─── upcase8bit.pl

```
Klein: >äöü   umlaute ß<, Groß: >ÄÖÜ   UMLAUTE<
Mit   locale: uc:        >ÄÖÜ   UMLAUTE ß<
Mit   locale: lc:        >äöü   umlaute<
Mit   locale: ucfirst:   >Äöü   umlaute ß<
Mit   locale: lcfirst:   >äÖÜ   UMLAUTE<
Ohne  locale: uc:        >äöü   UMLAUTE ß<
Ohne  locale: lc:        >ÄÖÜ   umlaute<
Ohne  locale: ucfirst:   >äöü   umlaute ß<
Ohne  locale: lcfirst:   >ÄÖÜ   UMLAUTE<
```

Auch Vergleiche werden nun richtig durchgeführt:

string8bitsort.pl ─────────────────────────────────
```
#!/usr/local/bin/perl
# string8bitsort.pl -- Sortierung von Strings unter Beruecksichtigung
#                      internationaler Zeichen (z.B. Umlaute)

@woerter = ( "Wasser", "\3261", "Essig",
             "\334bung", "Zucchini", "\304hren" );

print "Unsortiert     : ", join(' ', @woerter), "\n";

use locale;
print "Sortiert (intl.): ", join(' ', sort @woerter), "\n";

no locale;
print "Sortiert (ascii): ", join(' ', sort @woerter), "\n";

# Unsortiert      : Wasser Öl Essig Übung Zucchini Ähren
# Sortiert (intl.): Ähren Essig Öl Übung Wasser Zucchini
# Sortiert (ascii): Essig Wasser Zucchini Ähren Öl Übung
```
──────────────────────────────────── string8bitsort.pl

Damit use locale; auch richtig funktioniert, müssen Sie die gewünschte Codetabelle (z.B. *ISO-8859-1* für Deutschland) durch Angabe einer Sprache in der Umgebungsvariablen LANG auswählen. Weitere Voraussetzungen und Randbedingungen werden in *man perllocale* ausführlich erläutert.

5.9 Aufgaben

1. In Abschnitt 5.5.7 auf Seite 73 wurde gezeigt, wie Palindrome — Wörter, die in beiden Richtungen gleich aussehen — erkannt werden. Leider würde „*Otto*" fälschlicherweise nicht als Palindrom erkannt. Wie würden Sie die Abfrage modifizieren, um die Palindromsuche *case-insensitive* zu machen?

2. Erklären Sie das Bildungsgesetz beim magischen Stringinkrementationsoperator, der in Abschnitt 5.5.5 auf Seite 72 vorgestellt wurde. Berücksichtigen Sie auch die Grenzfälle!

3. Verwenden Sie den Wiederholungsoperator, um ein Go-Brett mit 19 × 19 Feldern zu zeichnen. Versuchen Sie, das verwendete String-Literal möglichst kurz zu halten. Sie dürfen hier keine Schleifenkonstrukte verwenden. Die Aufgabe ist alleine mit dem Wiederholungsoperator lösbar!

4. Versuchen Sie, mit `pack()` eine Liste mit einer unbekannten Anzahl von Elementen in einen String mit festen Feldlängen (Chunks) zu konvertieren! Einen Hinweis finden Sie auf Seite 76.

5. Auf Seite 77 haben wir das Unix-Tool *uuencode* in Perl nachimplementiert. Natürlich ist auch der umgekehrte Weg möglich. Versuchen Sie, *uudecode* in Perl zu implementieren! Berücksichtigen Sie auch bei der Überarbeitung Ihres Programms, daß vor der Präambel durchaus andere Zeilen stehen könnten (wie dies ja bei E-Mail-Nachrichten üblich ist). Diese sollten Sie dann erst überspringen.

6. Im Programm `string2ascii.pl` auf Seite 79 haben wir einen String in einzelne ASCII-Zeichen zerlegt. Modifizieren Sie das Programm so, daß nicht die Liste der ASCII-Codes ausgegeben wird, sondern die Häufigkeit jedes *benutzten* ASCII-Codes. Verwenden Sie *keinen* Hash für diese Aufgabe. *Hinweis:* Eine Liste mit 256 Elementen wäre eine geeignete Datenstruktur.

7. Erklären Sie die Sortierreihenfolge des Beispielprogramms `string8bitsort.pl`, wenn `no locale;` selektiert wurde! Wieso kommen die Umlaute erst hinter Z?

8. Eine beliebte „Verschlüsselungs"-Methode im USENET ist *rot13*. Versuchen Sie, einen String mit *rot13* zu verschlüsseln und anschließend wieder zu entschlüsseln. *Hinweis:* Zerlegen Sie den String in seine ASCII-Bestandteile, wie es in diesem Kapitel gezeigt wurde.

9. Oft muß man Tabulator-Zeichen (`\t`) aus einem String durch die *passende* Anzahl von Blanks ersetzen (*detabulate*) oder auch umgekehrt (*tabulate*). Es wird angenommen, daß Tabs alle acht Spalten gesetzt werden. Versuchen Sie es! Beachten Sie dabei, daß Sie nicht blind jedes Tab-Zeichen durch acht Blanks bzw. umgekehrt ersetzen dürfen. *Hinweis:* Sehen Sie sich das Standardmodul `Text::Tabs` an.

10. Gegeben sei ein String mit 8-Bit-Zeichen. Entfernen Sie das höchstwertige Bit jedes Zeichens (d.h. setzen Sie es auf 0).

11. Finden Sie heraus, ob ein gegebener String *7-Bit-Clean* ist. Das bedeutet, daß das höchstwertige Bit jedes Zeichens nicht gesetzt ist. Hier sollten Strings mit Umlauten den Test nicht bestehen, ASCII-Strings hingegen doch.

12. Lesen Sie in *man perlfunc* die Definition von `quotemeta()`. Können Sie sich ein konkretes Beispiel vorstellen?

13. Wir haben nichts über die Funktion `index()` gesagt. Lesen Sie in *man perlfunc* nach, wozu diese Funktion benutzt werden kann. Denken Sie sich ein konkretes Beispiel aus.

14. Erweitern Sie den Parser aus dem Exkurs so, daß auch Dezimalzahlen unterstützt werden. Berücksichtigen Sie auch die Exponentialdarstellung von Zahlen. Zahlen können auch negativ oder positiv sein.

6 Zahlen

6.1 Synopsis

```
# Zahlenliterale:
$z1 = 3.14159265; $G = 6.672e-11; $c = 299_792_458;
chmod 0644, 'myfile'; $bighex = 0xffffffff;

# Numerische Operatoren:
$z1 <, <=, >, >=, ==, !=, <=> $z2;      # numerischer Vergleich
$z1 +, -, *, /, **, % $z2               # Arithm. zweistellig
-$var, +$var,                           # Arithm. einstellig
$z1 +=, -=, *=, /=, **=, <<=, >>= $z2;  # Zuweisende Operatoren

# Bitoperatoren
$z1 |, &, ^ $z2;                        # oder, und, xor
$z1 << 4, $z1 >> 3;                     # Links-, Rechtsshift
~$z1;                                   # Bitweise invertieren

# Funktionen
abs, sin, cos, atan2, exp, log, sqrt    # Eingebaute Funktion
                                        # Weitere im POSIX-
                                        # und Math::Trig-Modul

eval { print 5/$var, "\n" };            # $var==0 nicht mehr fatal

# Automatische String<->Zahlen-Konvertierungen

floor(), ceil(), sprintf(), int()       # ab-, auf-, runden, trunc

hex(), oct()                            # Konvertierungsfunktionen

# Zufallszahlengeneratoren
rand(), srand()                         # Nicht so gut, Standard.
use Math::TrulyRandom;                  # fuer besseren Seed
use Math::Random;                       # andere Verteilungen
use Statistics::ChiSquare;              # Guete von RNG testen

# Zahlen mit unbeschraenkten Dezimalstellen
use Math::BigInt;                       # Grosse Int-Zahlen
use Math::BigFloat;                     # Grosse Gleitpunktzahlen

use Math::Complex;                      # Komplexe Zahlen

use Roman;                              # Roemische Zahlen
```

6.2 Eigenschaften von Zahlen

- Zahlen bei Perl werden intern als doppelt genaue Gleitpunktzahlen (entspricht dem *double*-Typ bei C) gespeichert und auch als solche behandelt.

- Zahlen werden wie Strings in skalare Variablen gespeichert. Dabei konvertiert Perl bei Bedarf Zahlen in Strings und umgekehrt, ohne daß Sie dabei irgendwelche Konvertierungsfunktionen aufrufen müssen.

- Mit einer speziellen Anweisung können Sie auch von *perl* verlangen, mit ganzen Zahlen zu rechnen. Das ist besonders bei Bitoperationen sinnvoll.

- Mit Hilfe von Standardmodulen kann Perl auch mit Zahlen beliebiger Größe und Genauigkeit sowie mit komplexen Zahlen rechnen.

6.3 Zahlenliterale

Wenn Sie Zahlen innerhalb Ihres Programms aufschreiben wollen, stehen Ihnen dieselben Formate für Zahlenliterale zur Verfügung wie die der Sprache C:

- *Ganze Zahlen oder Gleitpunktzahlen ohne Dezimalanteil*:

    ```
    $zahl1 = 3231;          # Ganze Zahl oder
                            # Gleitpunktzahl ohne Komma
    $zahl2 = +3241;         # Fuehrendes positives Vorzeichen moeglich
                            # aber meistens redundant
    $zahl3 = -72;           # Negative Zahl
    $c     = 299792458;     # Lichtgeschwindigkeit, ms^{-1}

    # Eine Liste von Zahlen(literalen)
    @liste = (234341, -32767, -234341, 121, 0, 9892);
    ```

- *Festpunktdarstellung*:

    ```
    $pi   = 3.141592654;    # Approximation als Festpunktdarstellung
    $e    = 2.718281828;    # exp(1), approximiert
    $neg  = -32.6234;       # natuerlich sind negative Zahlen erlaubt
    $pos  = +123.4567;      # redundantes, aber erlaubtes Vorzeichen
    ```

- *Exponentialdarstellung*: Wollen Sie sehr große oder sehr kleine Zahlen darstellen, eignet sich die Exponentialdarstellung besser als alle anderen Schreibweisen:

    ```
    $G   = 6.672e-11;       # Gravitationskonstante, Nm^2kg^{-2}
    $e   = 1.6021892e-19;   # Ladung eines Elektrons, C
    $Na  = 6.022045e23;     # Na, mol^{-1}

    $var = -11.234E+17;     # -11.234 * 10^{17}
    ```

- *Übersichtliche Darstellung*: Zahlen mit vielen Dezimalziffern können Sie auch, im Gegensatz zu C, übersichtlicher schreiben:

    ```
    $c = 299792458;         # Etwas unuebersichtlich
    $c = 299_792_458;       # Kann man dies nicht leichter lesen?
    ```

- *Oktaldarstellung*: Ganze Zahlen können auch zur Basis 8 angegeben werden. Dazu sind sie, wie bei C, mit einer führenden 0 zu kennzeichnen:

    ```
    chmod 0755, 'myscript';    # myscript ausfuehrbar machen: -rwxr-xr-x
    $asciidelcode = 0177;      # DEL, \177, \x7F, 127
    ```

    Die Oktaldarstellung ist besonders nützlich, wenn Sie eine ganze Zahl in Binärdarstellung konvertieren: Jede Oktalziffer entspricht genau drei Bits; beispielsweise:

    ```
    $umask    = 0022;    # Oktal: 022, Binaer: 000 010 010
    $readable = 0644;    # Oktal: 644, Binaer: 110 100 100: rw-r--r--
    ```

    Achtung! Die Oktaldarstellung wird nur in Zahlenliteralen richtig erkannt. Die automatische Konvertierung von String nach Zahlen berücksichtigt weder die Oktal- noch die Hexadezimaldarstellung! Das kann zu schwer auffindbaren Fehlern führen:

    ```
    $mode = '0644';             # String, der scheinbar eine Oktalzahl
                                # enthaelt.
    chmod $mode, 'file';        # file hat nun die Rechte: --w----r-T
                                # und nicht, wie erwartet: -rw-r--r--
                                # weil '0644' -> 644 dez. -> 01204 oktal

    print "Geben Sie die neuen Rechte (oktal) ein: ";
    chmod scalar <>, 'file';    # FALSCH!
    ```

    Eine Konvertierung zur Laufzeit kann mit der Funktion oct() (siehe Abschnitt 6.5.4) durchgeführt werden.

- *Hexadezimaldarstellung*: Ganze Zahlen können zur Basis 16 angegeben werden. Dazu muß das Zahlenliteral mit „0x" anfangen. Gültige Hexadezimalziffern sind die Ziffern 0 bis 9 sowie die Buchstaben „a" bis „f" und „A" bis „F":

    ```
    # Auf einem 32-Bit-Prozessor:
    $biggest_unsigned_32bit  = 0xffffffff;    # 4294967295
    $smallest_signed_32bit   = 0x80000000;    # 2147483648
    $zero_in_hex             = 0x0;           # 0
    $biggest_short_16bit     = 0xffff;        # 65535
    ```

    Sie erkennen daraus auch, daß Integerzahlen in Perl als *unsigned int* behandelt werden.

    Achtung! Wie die Oktaldarstellung gilt auch die Hexadezimaldarstellung nur bei Zahlenliteralen. Sie können jedoch die Funktionen hex() oder oct() (siehe Abschnitt 6.5.4) verwenden, um Strings oder Eingaben, die eine Hexadezimaldarstellung enthalten, zur Laufzeit in Dezimalzahlen zu konvertieren.

6.4 Operationen mit Zahlen

6.4.1 Vergleichsoperationen

Zum Vergleich von Zahlen können Sie die aus C bekannten *numerischen Vergleichsoperatoren* verwenden. Diese sind in Tabelle 6.1 aufgeführt. Neu hinzugekommen ist der *numerische Vergleichsoperator* <=>, der insbesondere zum numerischen Sortieren von Listen verwendet werden kann. Bitte beachten Sie, daß sich die ASCII-Reihenfolge von

Operator	Bedeutung	Verwendung
$Z_1 == Z_2$	Gleichheit von Z_1 und Z_2	`if ($num == 5) { ... };`
$Z_1 != Z_2$	Ungleichheit von Z_1 und Z_2	`return if $num != 4711;`
$Z_1 < Z_2$	$Z_1 < Z_2$, kleiner als	`$z1 < $z2 and smaller();`
$Z_1 <= Z_2$	$Z_1 \leq Z_2$, kleiner oder gleich	`$z1 <= $z2 or bigger();`
$Z_1 > Z_2$	$Z_1 > Z_2$, größer als	`$z1 > $z2 and bigger();`
$Z_1 >= Z_2$	$Z_1 \geq Z_2$, größer oder gleich	`$z1 >= $z2 or smaller();`
$Z_1 <=> Z_2$	-1, 0 oder 1, je nachdem ob $Z_1 <, =$ oder $> Z_2$ ist	`sort {$a <=> $b} @numlist;`

Tabelle 6.1: Numerische Vergleichsoperatoren

der numerischen Reihenfolge unterscheidet! Da Perl darüber hinaus bei Bedarf automatisch Zahlen in Strings konvertiert, mußten Vergleichsoperatoren durch verschiedene Tokens symbolisiert werden:

```
print "a < b\n" if 'a' < 'b';     # FALSCH! 'a' -> 0 == 0 <- 'b'

print "10.0 eq 10\n" if "10.0" eq "10";   # FALSCH! Ungleiche Strings
print "10.0 == 10\n" if "10.0" == "10";   # OK, String -> Zahl
                                          # aber ineffizient
print "10.0 == 10\n" if 10.0 == 10;       # OK, siehe aber unten!
```

Achtung! *Numerische Vergleichsoperatoren dürfen nicht mit den Stringvergleichsoperatoren verwechselt werden. Dies ist besonders beim Sortieren von Listen mit numerischen Angaben ein häufiger Fehler:*

```
@numlist = ( 10, 100, 20 );

# Normales Sortieren benutzt Stringvergleiche
# Ausgabe: Normales Sortieren: 10-100-20
print "Normales Sortieren: ",
      join('-', sort @numlist), "\n";

# Mit numerischer Vergleichsroutine wird richtig sortiert
# Ausgabe: Numerisches Sortieren   : 10-20-100
print "Num. Sortieren    : ",
      join('-', sort $a <=> $b @numlist), "\n";
```

Achten Sie also darauf, explizit numerische Vergleichsoperatoren zu verwenden, wenn Sie Zahlen miteinander vergleichen möchten!

Reelle Zahlen können natürlich nur mit beschränkter Genauigkeit im Rechner dargestellt werden. Auch wenn Sie ein Zahlenliteral explizit angeben, muß dieses nicht eine genau passende Maschinendarstellung aufweisen (siehe Abschnitt 6.5.6 ab Seite 143):

```
print "ok" if 0.3 == 3*0.1;   # FALSCH!
```

Hier hat 0.3 ein anderes Bitmuster als 3*0.1. Daher werden sie beim Test auf Gleichheit fälschlicherweise als ungleich angesehen.

Wir sehen also, daß der Test auf Gleichheit bei reellen Zahlen nicht richtig funktioniert: Sie können nie sicher sein, ob die Zahlen, die Sie vergleichen wollen, beide genau auf eine Maschinendarstellung (z.B. im IEEE-754-Format) fallen und daher dasselbe Bitmuster aufweisen.

Ein Umweg liegt im Vergleich innerhalb einer vorgegebenen Genauigkeit, ε:

$$a = b \iff |a - b| < \varepsilon$$

In Perl-Code umgesetzt sieht das so aus:

```
if (abs($a - $b) < $epsilon) { ... };   # Sind sie gleich?
```

Sie können auch die Zahlen in Strings konvertieren und diese dann mit einer vorgegebenen Anzahl an Dezimalstellen vergleichen. Dazu eignet sich die Funktion `sprintf()` hervorragend (siehe Abschnitt 6.5.3 ab Seite 138):

```
$dez = 6;       # Anzahl relevanter Dezimalstellen

# Vergleich mit genau $dez Dezimalstellen
# VORSICHT: $dez >= Maschinengenauigkeit!
if (sprintf("%.$dezg", $a) eq sprintf("%.$dezg", $b)) { ... }
```

Alternativ dazu können Sie sich auf Ganzzahlen beschränken. Diese werden innerhalb ihres Gültigkeitsbereichs ohne Fehler dargestellt:

```
$value = 200_00;        # Summe in Cents
$n     = 30;            # Anzahl der Waren
$total = $value*$n;     # Total in Cents, GENAUE RECHNUNG

printf "Total: %.2f\n", $total/100; # 6000.00
                                    # Moegliche Fehler hier!
```

6.4.2 Arithmetische Operatoren

Perls arithmetische Operatoren entsprechen weitgehend denen von C. Sie sind in Tabelle 6.2 aufgelistet.

Ferner können Sie, wie bei C, die kombinierte Form eines binären Operators mit der Zuweisung verwenden. Dabei steht

   lvalue @= *rvalue*

wobei „@" ein beliebiger binärer Operator ist, für

   lvalue = *lvalue* @ *rvalue*

Die zuweisenden Operatoren (nicht nur arithmetisch) sind in Tabelle 6.3 zusammengefaßt.

Operator	Bedeutung	Verwendung
$Z_1 + Z_2$	Addition von Z_1 und Z_2	`$sum = $a + $b;`
$Z_1 - Z_2$	Subtraktion von Z_1 und Z_2	`$diff = $a - $b;`
$Z_1 * Z_2$	Multiplikation von Z_1 und Z_2	`$prod = $a * $b;`
$Z_1 - Z_2$	Division von Z_1 und Z_2	`$div = $a / $b;`
$Z_1 ** Z_2$	Z_1 hoch Z_2	`$kwurz = $a ** 1.5;`
$N_1 \% N_2$	N_1 modulo N_2 (N_1 und N_2 sind Integer.)	`$rest = $a % $b;`
$+ Z_1$	Unärer Plus-Operator	`${+shift} = 4711;`
$- Z_1$	Unärer Minus-Operator	`$a = -$a;`

Tabelle 6.2: Arithmetische Operatoren

Arithmetisch	+=	-=	*=	/=	%=	**=	<<=	>>=
Strings	.=						
Logisch	||=	&&=	^=	|=	&=		

Tabelle 6.3: Zuweisende Operatoren

6.4.3 Mathematische Funktionen

Neben den arithmetischen Operatoren bietet Perl natürlich auch eine Menge von *numerischen Funktionen*. Diese entsprechen denen der `libm`, der mathematischen Library auf Ihrem System. Tabelle 6.4 zeigt die eingebauten numerischen Funktionen.

Funktion	Bedeutung	Verwendung
`abs()`	Absolutbetrag	`$pos = abs($pm);`
`sin()`	Sinus	`$sinPi = sin(3.141592654);`
`cos()`	Kosinus	`$cosPi = cos(3.141592654);`
`atan2()`	Arcustangens y/x	`$at = atan2($x,$y);`
`exp()`	Exponentialfunktion	`$e = exp(1);`
`log()`	Natürlicher Logarithmus	`$eins = log(exp(1));`
`sqrt()`	Quadratwurzel	`$sqrt_two = sqrt(2.0);`

Tabelle 6.4: Eingebaute numerische Funktionen

Das `POSIX`-Modul enthält noch eine Reihe weiterer mathematischer Funktionen, die Sie aus der `libm` kennen. Tabelle 6.5 enthält eine Übersicht. Vergessen Sie dabei nicht, das

6.4 Operationen mit Zahlen

Funktion	Bedeutung	Verwendung
acos()	Arcuscosinus	$pi = acos(-1);
asin()	Arcussinus	$pihalf = asin(1);
atan()	Arcustangens	$val = atan($pi/4);
ceil()	$\lceil x \rceil$, kleinster Integer größer gleich x	$four = ceil(3.14);
cosh()	Kosinus Hyperbolicus	$one = cosh(0);
floor()	$\lfloor x \rfloor$, größter Integer kleiner gleich x	$two = floor(2.91);
fmod()	Gleitpunktrest von x/y	$eineinhalb = fmod(3.5,2);
frexp()	Mantisse und Exponent zur Basis 2	($mant,$expo) = frexp(3.14);
ldexp()	$x2^y$	$val = ldexp($x,$y);
log10()	Logarithmus zur Basis 10	$ndigits = ceil(log10(12345));
modf()	Ganzzahl- und Fraktionsanteil	($i,$f) = modf(3.14);
pow()	Exponentialfunktion	$pw = POSIX::pow($x,$pwr);
sinh()	Sinus Hyperbolicus	$v = sinh(1.2);
tan()	Tangens	$eins = tan($Pi/4);
tanh()	Tangens Hyperbolicus	$v = tanh(0.2);

Tabelle 6.5: Numerische Funktionen des POSIX-Moduls

POSIX-Modul mit

```
use POSIX;         # Standardmodul
```

einzubinden, bevor Sie eine dieser Funktionen verwenden! Weitere Informationen erhalten Sie mit *man POSIX*.

Das POSIX-Modul enthält jedoch nur Funktionen, die auf Ihrem System auch implementiert sind. Speziell für trigonometrische Funktionen eignet sich dagegen das Math::Trig-Modul aus dem CPAN. Sie finden mehr Informationen darüber wie gewohnt unter *man Math::Trig*.

6.4.4 Bitoperatoren und use integer;

Perl behandelt Zahlen wie Integer, wenn Sie einen der *Bitoperatoren* aus Tabelle 6.6 verwenden.

Operator	Bedeutung	Verwendung
N_1 << n	Bitweiser Linksshift von N_1 um n Bits	$erg = $a << 2;
N_1 >> n	Bitweiser Rechtsshift von N_1 um n Bits logisch, bei no integer; arithmetisch, bei use integer;	$erg = $a >> 5;
N_1 | N_2	Bitweises Oder von N_1 und N_2	$a = 0x0040 | 0x0002;
N_1 & N_2	Bitweises Und von N_1 und N_2	$a = 0xff00 & 0x1234;
N_1 ^ N_2	Exklusives Oder von N_1 und N_2	$a = $a ^ 0xffffffff;
~ N_1	Bitweises Negieren von N_1	$rev = ~$a;

Tabelle 6.6: Bitoperatoren

Bitoperationen sind besonders sinnvoll, wenn Sie mit Systemaufrufen zu tun haben. Möglicherweise wollen Sie explizit einige Bits setzen oder löschen. Vielleicht wollen Sie auch nur einige Bits maskieren, um sie zu testen. Einzelne Bits können auch getoggelt werden; beispielsweise:

```
$bitmuster = 0x0000f021;        # Irgendein Bitmuster

# Testen eines Bits durch Maskierung aller anderen
print "Bit 3 gesetzt" if $bitmuster & 0x00000008;

# Loeschen eines Bits, ohne andere zu aendern
$bitmuster &= 0xfffffffe;       # Loesche Bit 0
                                # Ergebnis: 0x0000f020

# Setzen eines Bits, ohne andere zu aendern
$bitmuster |= 0x00200000;       # Setze Bit 22
                                # Ergebnis: 0x0020f020

# Bit 31 toggeln, d.h. 1 <-> 0 und 0 <-> 1
$bitmuster ^= 0x80000000;       # Bit 31 toggeln
                                # Ergebnis: 0x8020f020
$bitmuster ^= 0x80000000;       # Bit 31 wieder toggeln
                                # Ergebnis: 0x0020f020
```

Normalerweise rechnet Perl intern mit Gleitpunktzahlen. Sie können auch eine Rechnung mit Integern erzwingen. Verwenden Sie dazu das Pragma use integer;, das

6.4 Operationen mit Zahlen

bis zum Ende des einschließenden Blocks gilt. Sie können innerhalb eines Blocks `use integer;` durch `no integer;` wieder ausschalten. Beispiel:

```
# Hier wird mit no integer; normal gerechnet
{
    use integer;        # Integerarithmetik ein
    $x   = 3.1415;      # ist wirklich 3.1415, nicht 3
    $y   = 5;
    $sum = $x + $y;     # 3+5 = 8

    $min = -1.5;        # VORSICHT! das ist -1
                        # wg. des unaeren Minus

    no integer;         # Integerarithmetik aus
    $sum = $x + $y;     # 3.1415 + 5 = 8.1415

    use integer;        # Integerarithmetik wieder ein
    $sum = $x + $y;     # Wieder 3+5 = 8
}
# Hier wird wieder mit no integer; normal gerechnet
```

Auch auf die logischen Operatoren haben `use integer;` und `no integer;` eine Wirkung. So werden bei `use integer;` die Ganzzahlen als *signed integer*, bei `no integer;` hingegen als *unsigned integer* behandelt. Das kann man besonders schön beim Rechtsshiftoperator >> beobachten:

```
use integer;            # signed integer
$var = 0xf0000000;      # Vorzeichenbit gesetzt
$v2  = $var >> 1;       # Arithmetischer Rechtsshift
printf "%x\n", $v2;     # Ergebnis: f8000000

no integer;             # unsigned integer
$var = 0xf0000000;      # Das ist kein Vorzeichen!
$v2  = $var >> 1;       # Logischer Rechtsshift
printf "%x\n", $v2;     # Ergebnis: 78000000
```

Im `no integer;`-Fall hat der logische Rechtsshift eine 0 von rechts eingefügt, unabhängig vom „Vorzeichenbit". Im `use integer;`-Fall hingegen hat der arithmetische Rechtsschift das (alte) Vorzeichenbit von rechts aus wieder eingefügt, also eine 1 für negative Zahlen und eine 0 für positive Zahlen. Somit blieb das Ergebnis sinnvoll.

6.4.5 Fehlerbehandlung

Arithmetische Operationen können auch mal schiefgehen. Was geschieht beispielsweise, wenn Sie durch 0 dividieren oder die Quadratwurzel einer negativen Zahl berechnen wollen? Probieren wir es einfach aus:

```
arith-err.pl
#!/usr/local/bin/perl
# arith-err.pl -- Arithmetische Fehler
```

```perl
print "Please enter 0: ";        # Prompt
$var = <STDIN>;                  # Eingabe vom Benutzer
                                 # Geben Sie z.B. 0 ein!

print 5/$var, "\n";              # Oops, bei  $var==0 Laufzeitfehler
print "Should never happen\n";   # Dies wird nie angezeigt.
```
arith-err.pl

Die Ausführung ergibt:

```
farid@bsd-1:~/p> ./arith-err.pl
Please enter 0: 0
Illegal division by zero at ./arith-err.pl line 8, <STDIN> chunk 1.
```

Das Programm wird also mit einem fatalen Laufzeitfehler abgebrochen! Sie haben nun mehrere Möglichkeiten, einen solchen Fehler abzufangen:

- *Verwenden Sie* eval():

```perl
eval { print 5/$var, "\n"; };
print "Fehler war: ", $@, "\n" if defined $@;
print "Es geht auf jeden Fall weiter...\n";
```

Die Fehlermeldung wird zwar ausgegeben, aber nur, weil wir es so wollten. Außerdem wird die Ausführung des Programms fortgesetzt und nicht wie oben abgebrochen. Sie können sogar nur den entsprechenden Ausdruck in einem eval()-Block setzen und anschließend auf undef mit der defined()-Funktion testen.

```perl
$result = eval { 5/$var };
print "Ergebnis: ", defined $result ? $result : "Div/0", "\n";
print "Es geht auf jeden Fall weiter...\n";
```

Mehr Informationen zur Funktion eval() finden Sie in Abschnitt 10.10 ab Seite 281.

- *Prüfen Sie im voraus, ob Ihre Operatoren und Argumente stimmen*:

```perl
$var = <STDIN>;                          # Benutzereingabe
$erg = $var == 0 ? 'Div/0' : 5/$var;     # Abfrage, ob okay
```

Dies ist natürlich mühsam, da Sie jede Stelle Ihres Programms auf kritische arithmetische Ausdrücke überprüfen müssen.

6.5 Konvertierungen und Formatierungen

Perl konvertiert bei Bedarf eine Zahl in einen String und umgekehrt einen String in eine Zahl. Wann diese Konvertierungen stattfinden und wie sie genau durchgeführt werden, wird in den folgenden Abschnitten untersucht.

6.5.1 Automatische Konvertierungen

Perl konvertiert bei Bedarf automatisch einen String in eine Zahl und auch umgekehrt. Sie brauchen also nicht, wie in anderen Programmiersprachen üblich, spezielle Konvertierungsfunktionen wie etwa die C-Funktionen `atol()` oder `strtol()` aufzurufen.

Konvertierung von Strings in Zahlen

Sobald Perl einen String im *numerischen Kontext* auswerten muß, etwa bei arithmetischen Operationen oder Aufrufen mathematischer Funktionen, wird der String in eine Zahl konvertiert. Dabei geht Perl davon aus, daß der String die Darstellung einer Zahl zur Basis 10 enthält. Die Konvertierung wird mit Hilfe der C-Funktion `atof()` durchgeführt:

```
$string = '2416';   $num = $string + 0;   # 2416
$string = '1.2e6';  $num = $string + 0;   # 1200000
$string = '123a7';  $num = $string + 0;   # 123
```

Sie sehen also, daß sowohl Festpunkt- als auch Exponentialdarstellungen richtig konvertiert werden. Die Konvertierung stoppt beim ersten Zeichen, das nicht zu einer Dezimaldarstellung gehört.

Häufig werden Strings auch zu 0 ausgewertet. Außerdem werden die Hexadezimal- und Oktaldarstellungen *nicht* automatisch erkannt (siehe Abschnitt 6.5.4, Seite 140):

```
$string = 'a7234';  $num = $string + 0;   # 0
$string = '';       $num = $string + 0;   # 0
$string = '0xff';   $num = $string + 0;   # 0
$string = '0644';   $num = $string + 0;   # 644, nicht 272
```

Auch uninitialisierte Variablen werden im numerischen Kontext zu 0 ausgewertet. Bei eingeschaltetem -w-Flag werden allerdings Warnungen ausgegeben:

```
farid@bsd-1:~/p> perl -e 'print $uninit + 0, "\n"'
0
farid@bsd-1:~/p> perl -we 'print $uninit + 0, "\n"'
Name "main::uninit" used only once: possible typo at -e line 1.
Use of uninitialized value at -e line 1.
0
```

Das -e-Flag ermöglicht übrigens die Eingabe von Skripten auf der Kommandozeile.

Beachten Sie auch, daß führender Leerraum am Anfang einer Zeichenkette vor der Konvertierung verschluckt wird:

```
$string = '   123hello';  print $string + 0;   # 123
$string = "\n123ok";      print $string + 0;   # VORSICHT! 123
$string = "\t\t1122";     print $string + 0;   # VORSICHT! 1122
```

\n und \t sind also, genau wie das Leerzeichen, gültiger Leerraum.

Konvertierung von Zahlen in Strings

Wenn Sie eine Zahl im *Stringkontext* benötigen, wird diese automatisch konvertiert:

```
$pinum = 3.141592654;
$pistring = ">" . $pinum . "<";      # >3.141592654<

$onethird = 1/3.0;
print ">" . $onethird . "<";         # >0.333333333333333<
```

Die Konvertierung wird mit dem sprintf()-Format '%.15g' durchgeführt. Wenn Ihr System die C-Funktion gconvert() aufweist, wird diese statt sprintf() verwendet.

6.5.2 Die Funktionen int(), ceil() und floor()

Eine Gleitpunktzahl können Sie wie folgt in eine Ganzzahl (Integer) konvertieren:

- *Runden zur nächsten ganzen Zahl*: Sie verwenden dazu einfach die Funktion sprintf() mit dem „%f"-Formatidentifizierer (siehe den nächsten Abschnitt).

- *Abschneiden des dezimalen Anteils*: Sind Sie nur am ganzzahligen Anteil einer Gleitpunktzahl interessiert, können Sie die Funktion int() verwenden. Beachten Sie dabei, daß z.B. int(1.8) und int(1.2) beide 1 liefern, wohingegen int(-1.2) und int(-1.8) beide −1 zurückgeben.

- *Aufrunden zur nächsthöheren ganzen Zahl*: Wenn Sie unabhängig vom Vorzeichen stets zur kleinsten ganzen Zahl, die größer oder gleich der zu konvertierenden Gleitpunktzahl ist, aufrunden wollen, also zu x die Zahl $\lceil x \rceil$ brauchen, können Sie die Funktion ceil() aus dem POSIX-Modul verwenden.

- *Abrunden zur nächsttieferen ganzen Zahl*: Die größte ganze Zahl kleiner oder gleich der zu konvertierenden Gleitpunktzahl x, also $\lfloor x \rfloor$ bekommen Sie mit der Funktion floor() aus dem POSIX-Modul.

6.5.3 Zahlenformatierung mit sprintf()

Mit Hilfe der Funktion sprintf() können Sie Zahlen in den verschiedensten Formaten anzeigen. Das erste Argument von sprintf() ist ein *Formatstring*, der die Formatanweisungen für die nachfolgenden Argumente enthält. Es wird ein String zurückgeliefert. Gültige Formate werden in Tabelle 6.7 zusammengefaßt. Zwischen dem Prozentzeichen (%) und dem Formatzeichen (z.B. e,f,...) können bei Bedarf auch Flags eingefügt werden. Diese sind in Tabelle 6.8 enthalten. Weitere Details finden Sie beim sprintf()-Eintrag in *man perlfunc*. Wichtig bei den Konvertierungen mit Hilfe von sprintf() ist, daß die Zahlen bei Bedarf *gerundet* werden. Dies ist auch die einfachste Möglichkeit, eine Zahl zu runden:

```
$rnd = sprintf "%5.2f\n", 3.14159265;   # 3.14
$rnd = sprintf "%5.2f\n", 2.71828182;   # 2.72
```

6.5 Konvertierungen und Formatierungen

Format	Bedeutung	Verwendung
%%	Das Prozentzeichen selbst	`sprintf('%.2f%%');`
%c	Char zum ASCII-Code	`sprintf('%c', 0x1B);`
%s	String	`sprintf('%s:%s',@lst);`
%d	Zahl in Dezimaldarstellung	`sprintf('%d',$num);`
%u	Unsigned Integer, Dezimal	`sprintf('%u',$num);`
%o	Unsigned Integer, Oktal	`sprintf('O%o',$num);`
%x	Unsigned Interger, Hexadezimal	`sprintf('Ox%x',$num);`
%e	Gleitkommazahl, Exp. Darstellung	`sprintf('%e',$num);`
%f	Gleitkommanzahl, Festpunktdarst.	`sprintf('%f',$num);`
%g	Gleitkommazahl in %e oder %f	`sprintf('%g',$num);`
%X	Wie %x mit [A-F]	`sprintf('%X',$num);`
%E	Wie %e mit E	`spritnf('%E',$num);`
%G	Wie %g mit E	`spritnf('%G',$num);`

Tabelle 6.7: Formatargumente von `sprintf()`

Flag	Bedeutung	Verwendung
space	Zahl ≥ 0 hat Blank als Präfix	`sprintf('[% d]',17);` # *[17]*
+	Zahl ≥ 0 hat + als Präfix	`sprintf('%+d',19);` # *+17*
-	Linksbündige Ausrichtung (statt Default rechtsbündig)	`sprintf('[%-5d%d]',7,9);` # *[7 9]*
0	Linksseitiges Auffüllen mit Nullen statt Blanks	`sprintf('[%05d]',99);` # *[00099]*
#	Oktalpräfix 0 Hexadezimalpräfix 0x	`sprintf('%#o',127);` `sprintf('%#x',127);`
width[.prec]	(Gesamt-)Feldbreite *width* mit *prec* Nachkommastellen; *.prec* ist optional	`sprintf('[%5.2f]',$Pi);` # *[3.31]*

Tabelle 6.8: Flags bei Formatangaben der `sprintf()`-Funktion

Schließlich kann sprintf() (und damit natürlich auch printf() und weitere Konvertierungsfunktionen) auch noch mit use locale; verwendet werden, wodurch z.B. in vielen Ländern im europäischen Raum der Dezimalpunkt zu einem Dezimalkomma wird:

```
farid@sun-1:~> export LANG=de LC_NUMERIC=de
farid@sun-1:~> perl -Mlocale -e 'printf "%5.2f\n", 3.1415'
3,14
farid@sun-1:~> export LANG=en_US LC_NUMERIC=en_US
farid@sun-1:~> perl -Mlocale -e 'printf "%5.2f\n", 3.1415'
3.14
```

Das -M-Flag entspricht dabei einem Aufruf von use innerhalb des Programms.

6.5.4 hex() und oct()

Sie haben in Abschnitt 6.3 auf Seite 129 gesehen, daß Oktal- und Hexadezimaldarstellungen nur in Zahlenliteralen vom Perl-Interpreter erkannt werden. Wenn Sie hingegen Zahlen in einer dieser Darstellungen in einem String haben (z.B. weil Sie sie dynamisch eingelesen haben), erkennt Perl bei der Konvertierung dieses Strings in eine Zahl *nicht*, daß es sich um eine spezielle Darstellung handelt. Vielmehr wird angenommen, daß eine Dezimalzahl vorliegt, die entsprechend konvertiert werden muß:

```
$var   = '0644';  print $var + 0;    # Dezimal 644
$nohex = '0x32F7'; print $nohex + 0;  # Dezimal 0, stoppt bei 'x'
```

Sie müssen also in diesem Fall explizit eine Konvertierungsfunktion aufrufen. Die Funktion oct() konvertiert ein String, der eine Oktalzahl enthält, in eine Zahl:

```
$var = '0644';           # String mit Oktaldarstellung
print $var + 0, "\n";    # Ohne Konvertierung: Dezimal 644
print oct($var), "\n";   # Mit Konvertierung:  Dezimal 420
```

Achtung! Die Funktion oct() überprüft nicht, ob der String wirklich in Oktaldarstellung vorliegt. Seien Sie also besonders vorsichtig, wenn Sie Strings bearbeiten, die sowohl Zahlen in Dezimal- als auch in Oktaldarstellung enthalten und sich dabei auf die C-Konvention der führenden Null für die Oktaldarstellung verlassen. Das funktioniert bei oct() nämlich nicht:

```
$var = '0377';           # Gueltige Oktaldarstellung
print oct($var), "\n";   # OK, richtig erkannt: dezimal 255

$var = '255';            # Gemeint: Dezimal 255
print oct($var), "\n";   # FALSCH! dezimal 173
```

Damit es also funktioniert, sollten Sie überprüfen, ob der String wirklich mit einer 0 anfängt, der kein *x* folgt:

```
$var  = '0377';
$ovar = $var =~ /^0[^x]\d*/ ? oct($var) : $var;
print "$var -> $ovar\n";   # 0377 -> 255, erkannt!
```

6.5 Konvertierungen und Formatierungen

```perl
$var   = '0x32F7';
$ovar  = $var =~ /^0[^x]\d*/ ? oct($var) : $var;
print "$var -> $ovar\n";    # 0x32F7 -> 0x32F7, geht eh nicht

$var   = '255';
$ovar  = $var =~ /^0[^x]\d*/ ? oct($var) : $var;
print "$var -> $ovar\n";    # 255 -> 255, bleibt dezimal!
```

Die Funktion hex() kann Strings, die Hexadezimalzahlen enthalten, in Zahlen konvertieren. Dabei erkennt hex() im Gegensatz zu oct() auch die C-Konvention (nur) für Hexadezimalliterale an:

```perl
$octvar = '0644';            # Gemeint: Oktaldarstellung
print hex($octvar), "\n";    # FALSCH! Dezimal: 1604

$hexvar = '0x32F7';          # Hexadezimaldarstellung
print hex($hexvar), "\n";    # OK. Dezimal: 13047

$dezvar = '1263';            # Gemeint: Dezimaldarstellung
print hex($dezvar), "\n";    # FALSCH! Dezimal: 4707

# Mit C-Konvention fuer Oktal und Dezimal
# Ausgabe: 420, 13047, 1263
for $var ( '0644', '0x32F7', '1263' )
    print $var =~ /^0x\d*/ ? hex($var) :
          $var =~ /^0[^x]\d*/ ? oct($var) : $var, "\n";


# Typische Verwendung: CGI-Dekodierung
$cgiinput = '%4D%79%73%74%65%72%79';
$cgiinput =~ s/%([0-9a-fA-F]{2})/chr(hex($1))/eg;
print $cgiinput;       # Ausgabe: Mystery
```

Achtung! Die Funktion hex() konvertiert einen Hex-String in eine Zahl und nicht umgekehrt! Wenn Sie die Hexadezimaldarstellung einer Zahl benötigen, sollten Sie lieber die Funktion sprintf() verwenden:

```perl
$input    = 'Mystery';   # Zu konvertierender String

# Zeichen extrahieren und in Hexadezimalzeichen konvertieren?
@asciierr = map { '%' . hex($_) } unpack('C*', $input);
$output   = join('', @asciierr);
print $output, "\n";     # FALSCH! %119%289%277%278%257%276%289

# So ist es richtig:
@asciihex = map { sprintf("%%%x", $_) } unpack('C*', $input);
$output   = join('', @asciihex);
print $output, "\n";     # OK: %4d%79%73%74%65%72%79
```

6.5.5 Binärdarstellung

Konvertierung in Binärdarstellung

Möchten Sie eine Zahl in Binärdarstellung konvertieren? Sie können dazu das „B"-Template der Funktion `pack()` verwenden:

```
# 16-Bit-Konvertierungen
$bin = unpack("B16", pack("S", 0x1234));   # FALSCH!
# Auf Big-Endian    : 0001 0010 0011 0100
# Auf Little-Endian: 0011 0100 0001 0010

$bin = unpack("B16", pack("n", 0x1234));   # OK!
# Auf Big-Endian    : 0001 0010 0011 0100
# Auf Little-Endian: 0001 0010 0011 0100


# 32-Bit-Konvertierungen
$bin32 = unpack("B32", pack("L", 0x12345678));   # FALSCH!
# Auf Big-Endian    : 0001 0010 0011 0100 0101 0110 0111 1000
# Auf Little-Endian: 0111 1000 0101 0110 0011 0100 0001 0010

$bin32 = unpack("B32", pack("N", 0x12345678));   # OK!
# Auf Big-Endian    : 0001 0010 0011 0100 0101 0110 0111 1000
# Auf Little-Endian: 0001 0010 0011 0100 0101 0110 0111 1000
```

Auf *Big-Endian*-Computern (z.B. SPARC, Motorola, MIPS) werden die Zahlen in *Network-Byte-Order* gespeichert. Diese Reihenfolge kann problemlos in Binärdarstellung konvertiert werden.

Problematisch wird es bei *Little-Endian*-Computern (z.B. Intel). Diese speichern z.B. die Zahl 0x12345678 intern als 0x78563412. Diese Hostdarstellung wird im obigen Beispiel erst in Network Byte Order (Big Endian) konvertiert und anschließend in eine Binärdarstellung überführt.

Konvertierung der Binärdarstellung

Wenn Sie eine Zahl in Binärdarstellung vorliegen haben, können Sie diese mit dem folgenden klassischen Perl-Idiom in eine Ganzzahl konvertieren:

```
$bin  = '10010001101000101011001111000';   # ohne fuehrende 000
$zahl = unpack("N", pack("B32", substr("0" x 32 . $bin, -32)));
printf "%#0x", $zahl;                      # 0x12345678
```

Was geschieht hier? Die Funktion `pack()` benötigt genau 32 Binärziffern, bevor diese in Network Byte Order mit `unpack()` ausgepackt werden. Wenn Sie sicher sind, daß Ihr String genau 32 Binärziffern enthält, können Sie auf den `substr()`-Trick verzichten. Wenn jedoch erst führende Nullen hinzugefügt werden müssen, muß ein Trick angewandt werden: Wir fügen einfach 32 Nullen vor dem entsprechenden String ein ('0' x

32 . $bin). Dabei würde der String in den meisten Fällen mehr als 32 Binärziffern enthalten. Nun interessieren uns nur die 32 *letzten* Zeichen (-32 als Offset von `substr()`) des Strings. Insgesamt haben wir also die Binärzahl auf 32 Ziffern normalisiert und können dann wie gewohnt konvertieren.

6.5.6 Exkurs: Der IEEE754-Standard

Früher hatte jeder Prozessorhersteller ein eigenes System zur Darstellung von Gleitpunktzahlen. Anfang der 80er Jahre standardisierte das *Institute of Electrical and Electronic Engineers*, kurz *IEEE* genannt, die Darstellung und Operationen dieser Zahlen [5]. Dieser neue Standard, *IEEE754*, hat maßgeblich dazu beigetragen, daß viele Applikationen nun binärkompatible Gleitpunktzahlen untereinander austauschen können.

Der IEEE754-Standard definiert drei Gleitpunktformate:

- *single*-Zahlen mit 32 Bit. Diese entsprechen dem Datentyp *float* bei C.
- *double*-Zahlen mit 64 Bit. Diese entsprechen dem Datentyp *double* bei C.
- *double-extended*-Zahlen mit 80 Bit. Diese werden vor allem innerhalb numerischer Prozessoren für interne Rechnungen gebraucht und treten nach außen hin selten auf.

Jede Zahl wird durch drei Bitfelder definiert:

- Das *Vorzeichenbit* S: Ist es 1, dann handelt es sich um eine negative Zahl, bei 0 ist die Zahl nicht negativ. Bei allen drei Formaten ist das Vorzeichenbit stets das höchstwertige Bit, also das Bit 31[1] bei *single*-Zahlen, das Bit 63 bei *double*-Zahlen und das Bit 79 bei *double extended*-Zahlen.

- Die *Charakteristik* (*biased exponent*) C, hat eine Länge von 8, 11 oder 15 Bits. Dabei werden jedoch die Grenzwerte 0 und $2^n - 1$ zur Kennzeichnung bestimmter Ausnahmesituationen (siehe unten) verwendet. Durch Addition einer festen Zahl (*bias*) zur Charakteristik bekommt man den Exponenten E zur Basis 2:

  single: $\qquad C = E + 127 \qquad$ für $\qquad -127 \leq E \leq 127$

  double: $\qquad C = E + 1023 \qquad$ für $\qquad -1023 \leq E \leq 1023$

  double extended: $\quad C = E + 16383 \qquad$ für $\qquad -16383 \leq E \leq 16383$

- Die *Mantisse* liegt (meist) in *normalisierter* Form vor. Das bedeutet, daß sie binär die Form $1.M_2$ hat. Dabei werden die führende 1 und der Dezimalpunkt nicht gespeichert, um Platz zu sparen.

  - Die Mantisse bei *single*-Zahlen ist 23 Bit breit und liegt in den Bits 0 bis 22. Das ergibt eine Rechengenauigkeit von sieben Dezimalstellen.

  - Bei *double*-Zahlen ist die Mantisse 52 Bit lang und liegt in den Bits 0 bis 51. Das ergibt eine Rechengenauigkeit von 15 Dezimalstellen.

---

[1] Wir zählen Bits immer ab 0, wobei das nullte Bit das niederwertigste Bit (*least significant bit*) ist.

- Die *double-extended*-Zahlen haben eine 64 Bit lange Mantisse in den Bits 0 bis 63. Die interne Rechengenauigkeit beträgt also maximal 19 Dezimalstellen.

Zusammengefaßt ergibt dies [5]:

$$\begin{aligned}
\textit{single-Zahlen:} & \quad (-1)^S . 2^{C-127} . (1.M)_2 \\
\textit{double-Zahlen:} & \quad (-1)^S . 2^{C-1023} . (1.M)_2 \\
\textit{double-extended-Zahlen:} & \quad (-1)^S . 2^{C-16383} . (1.M)_2
\end{aligned}$$

$C = 0 \wedge M \neq 0$ oder $C = 2^n - 1$ sind für Zahlendarstellungen nicht zugelassen. Statt dessen liegt eine Ausnahmesituation vor, die laut IEEE754 ein „Trap" auslösen muß:

- *NaN*: $C = 2^n - 1 \wedge M \neq 0$ ist keine gültige Zahl. Diese Darstellung wird auch oft mit NaN, *not a number*, bezeichnet. Damit kann nicht gerechnet werden, und der Versuch, es trotzdem zu tun, muß ein Trap auslösen.

- ∞ oder $-\infty$: Bei $C = 2^n - 1 \wedge M = 0$ liegt eine unendliche Zahl vor. Ist das Vorzeichenbit $S = 0$, handelt es sich um $+\infty$, sonst um $-\infty$.

- *Denormalisierte Zahlen*: Bei $C = 0 \wedge M \neq 0$ ist die Zahl $Z = (-1)^S . 2^{-K} . (0.M)_2$, wobei $K = 2^n - 2$ ist d.h. $K = 126$ bei *single-* und $K = 1022$ bei *double-*Zahlen. Man beachte, daß jetzt implizit nicht mehr die 1 vor dem Dezimalpunkt angenommen wird, sondern eine 0. Jede führende 0 in M bedeutet einen Verlust an Genauigkeit. Es liegt ein Unterlauf (*Underflow*) vor.

Wie können wir von Perl heraus auf die IEEE754-Darstellung einer Gleitpunktzahl zugreifen?

Liegen die *double-*Zahlen Ihres Systems in IEEE754-Darstellung vor, können Sie einfach auf die interne Darstellung einer Gleitpunktzahl mit Hilfe der Funktionen `pack()` und `unpack()` mit dem Template „d" zugreifen. Dasselbe gilt für *float-* d.h. *single-*Zahlen. Dort verwenden Sie das Template „f".

6.6 Zufallszahlen

Das Erzeugen von Zufallszahlen auf einem Computer kann überraschend schwierig sein. Ein Rechner ist immerhin ein deterministischer Automat, bei dem stets klar ist, welches Ergebnis eine Operation erzielen wird. Ohne Hardware-Unterstützung ist das Erzeugen echter Zufallszahlen unmöglich. Das beste, was möglich ist, ist das Erzeugen von *Pseudozufallszahlen*, die so aussehen, als ob sie wirklich zufällig wären.

> Wie sieht eigentlich eine Hardware-Unterstützung von Zufallszahlen aus? Beispielsweise kann das Quantenrauschen in einem Widerstand verstärkt und einem Timer übergeben werden. Die Intervalle zwischen den einzelnen Pulsen sind nicht vorhersehbar und können für die Erzeugung von „echten" Zufallszahlen herangezogen werden.
>
> Leider sind die meisten Rechner nicht mit einem solchen hardwarebasierten Zufallszahlengenerator ausgestattet. Eine Alternative liegt in der Verwendung der

scheinbaren Entropie in einem komplexen System, etwa dem Kernel selbst. Die Zeitdauer zwischen einzelnen Interrupts (von der Platte, der Netzkarte usw.) ist ebenfalls *kaum* vorhersehbar und eignet sich ebenfalls als Zufallsquelle. Der Nachteil dabei ist, daß diese Information sich *regenerieren* muß, damit sie wirklich zufällig genug bleibt. Daher ist die Rate der Zufallszahlen aus solchen Quellen sehr langsam.

FreeBSD und Linux stellen eine Schnittstelle zu ihrer inneren Entropie in Form eines Zufallsgerätetreibers zur Verfügung. Unter FreeBSD z.B. finden Sie diese unter */dev/random* und */dev/urandom*. Weitere Informationen hierzu finden Sie in den entsprechenden Manual-Seiten.

Ein ähnlicher Ansatz zur Erzeugung guter Zufallszahlen wurde bei *PGP* benutzt: Bei der Erzeugung eines Schlüsselpaars wird der Benutzer aufgefordert, beliebige Tasten zu drücken. Dabei wird der zeitliche Abstand zwischen den Tastendrücken millisekundengenau gemessen [27].

Was sind aber nun Pseudozufallszahlen? Das sind Zahlen, die aufgrund eines Algorithmus erzeugt werden. Sie sehen so aus, als ob sie zufällig wären und können in vielen Anwendungen verwendet werden. Leider sind diese Zahlen keineswegs zufällig. Aufgrund ihrer algorithmischen Natur ist es sogar üblich, *dieselbe Zahlenfolge* beim selben Anfangswert, *Seed* genannt, zu bekommen!

Wir werden in den kommenden Unterabschnitten verschiedene Zufallszahlengeneratoren betrachten. Als erstes schauen wir uns rand() und srand() an, die die Perl-Sicht auf den standardmäßigen Zufallszahlengenerator der C-Library darstellen. Diese Funktionen sind jedoch nur eine sehr grobe Annäherung an gute Zufallszahlenverteilungen. Sie sind für wissenschaftliche Experimente wie etwa Simulationen völlig ungeeignet. Bessere Generatoren, die auch diesen Ansprüchen genügen, werden anschließend betrachtet.

6.6.1 rand() und srand()

Die Perl-Funktion rand() erzeugt Pseudozufallszahlen nach einem einfachen Algorithmus. Sie rufen die rand()-Funktion mit oder ohne Argumente auf. Ohne Argumente liefert jeder Aufruf von rand() eine Zufallszahl zwischen 0 inklusive und 1 exklusive. Geben Sie hingegen ein Argument *n* an, liefert rand() eine Zufallszahl zwischen 0 inklusive und *n* exklusive.

Die von rand() gelieferten Zufallszahlen sind Gleitkommazahlen mit einer festen Anzahl zufälliger Bits, die von der C-Library-Funktion rand() vorgegeben werden. Bei der Übersetzung von Perl testet *Configure* Ihre C-Library und paßt rand() an die C-Funktion an.

Oft möchten Sie jedoch auch ganzzahlige Zufallszahlen zwischen zwei Grenzen verwenden. Dazu können Sie die Funktion int() zur Konvertierung in Integer verwenden.

Das folgende Programm zeigt die typischen Verwendungsarten der Funktion rand():

```
random-rand.pl
#!/usr/local/bin/perl
# random-rand.pl -- Zeigt die Verwendung der rand()-Funktion.

# Erzeuge eine Zufallszahl zwischen [0,1[
print "rand() [0,1[: ", rand(), "\n";

# Erzeuge fuenf Zufallszahlen zwischen [0, 7[
for (1 .. 5) { print "rand() [0,7[: ", rand(7), "\n"; }

# Ergebnis eines Wuerfels (ganzzahlig zwischen 1 und 6):
print "Wuerfel: ", int(rand(6))+1, "\n";

# random_range() erzeugt ganzzahlige Zufallszahlen
# zwischen n und m (inklusive) (n < m):
sub random_range {
    my $low = shift;      # Untere Schranke
    my $hi  = shift;      # Obere Schranke

    return int( rand( $hi - $low + 1 ) ) + $low;
}

for (1 .. 5) { print "random_range(5,10): ",
                     random_range(5,10), "\n"; }
```
```
                                                         random-rand.pl
```

Die Zahlen sehen wirklich zufällig aus:

```
farid@bsd-1:~/p> ./random-rand.pl
rand() [0,1[: 0.464245906099677
rand() [0,7[: 5.66886531701311
rand() [0,7[: 2.17577016633004
rand() [0,7[: 0.161424531135708
rand() [0,7[: 6.02527128532529
rand() [0,7[: 4.61724118469283
Wuerfel: 1
random_range(5,10): 7
random_range(5,10): 8
random_range(5,10): 9
random_range(5,10): 10
random_range(5,10): 5
```

Im obigen Beispiel haben wir den Zufallszahlengenerator rand() *nicht* initialisiert. In diesem Fall kümmert sich Perl darum, daß srand() mit einigermaßen „vernünftigen" Anfangswerten initialisiert wird.

Sie können auch srand() selbst aufrufen. Bitte beachten Sie jedoch, daß rand() dieselbe Zahlenfolge zum selben Seed liefert. Darum sollten Sie ein Element des Zufalls in den Seed einfließen lassen, wie z.B. die aktuelle Zeit, kombiniert mit der Prozeß-ID.

6.6 Zufallszahlen

Im folgenden Programm wurde der Zufallszahlengenerator mit demselben Seed initialisiert. Die Zahlenfolge ist in beiden Fällen identisch:

random-srand.pl
```perl
#!/usr/local/bin/perl
# random-srand.pl -- Zeigt den Sinn der srand()-Funktion

srand(12345);         # Fester Seed
for (1 .. 5) { print "$_: ", rand(), "\n"; }

print "-" x 30, "\n";

srand(12345);         # Denselben Seed verwenden
for (1 .. 5) { print "$_: ", rand(), "\n"; }

# Bei gleichem Seed kommt dieselbe Folge von Zufallszahlen heraus.
# Fehlt die Initialisierung des Seeds, wird srand() implizit beim
# ersten Aufruf von rand() aufgerufen, und zwar ohne Argumente.
# Dann wird eine Kombination der aktuellen Zeit, der Prozeß-ID
# und weiterer Zufallskomponenten verwendet.
```
random-srand.pl

Der Aufruf des obigen Programms bestätigt unsere Behauptung, daß beide Zahlenfolgen identisch sind:

```
farid@bsd-1:~/p> ./random-srand.pl
1: 0.655154048465192
2: 0.30481432331726
3: 0.674960633739829
4: 0.106768483761698
5: 0.51657444704324
------------------------------
1: 0.655154048465192
2: 0.30481432331726
3: 0.674960633739829
4: 0.106768483761698
5: 0.51657444704324
```

6.6.2 Initialisierung mit Math::TrulyRandom

Wir haben im obigen Abschnitt gesehen, daß ein Zufallszahlengenerator bei identischem Seed dieselbe Folge von Pseudozufallszahlen erzeugt. Aus diesem Grund ist die Auswahl eines „wirklich zufälligen" Seeds sehr wichtig. Der Standardalgorithmus von Perl verwendet eine Kombination aus der aktuellen Zeit und der Prozeß-ID als Argument zu srand(). Wenn Sie jedoch kryptographische Verfahren verwenden, brauchen Sie auf jeden Fall bessere, d.h. schwerer vorhersehbare Seeds.

Das CPAN-Modul Math::TrulyRandom verwendet die systeminterne Unordnung (Entropie) des Kernels, um eine gute Zufallszahl zu erzeugen. Sie könnten natürlich die durch dieses Modul angebotene Funktion truly_random_value() anstelle von rand() verwenden. Das ist aber keine besonders gute Idee, da es sich dabei um eine sehr langsame Funktion handelt. Es ist besser, diese Funktion zur Erzeugung eines „wirklich zufälligen" Seeds für srand() zu verwenden:

```perl
random-trulyrandom.pl
#!/usr/local/bin/perl
# random-trulyrandom.pl -- Math::TrulyRandom (CPAN) fuer bessere Seeds.

use Math::TrulyRandom;                  # CPAN-Modul

$random_seed = truly_random_value();    # 'Zufaelligere' Zahl
srand($random_seed);                    # Damit den RNG initialisieren!

for (1 .. 5) { print rand(), "\n"; }    # Hoffentlich echt zufaellig.

# Hinweis: truly_random_value() ist sehr langsam, da es u.a. die Zeit
# zwischen Interrupts misst und somit nur wenige Zufallszahlen
# innerhalb einer gewissen Zeit erzeugt.
# Darum wird truly_random_value() verwendet, um Seeds zu
# erzeugen, die wiederum schnellere RNGs initialisieren.
                                                        random-trulyrandom.pl
```

6.6.3 Math::Random-Distributionen

Trotz guter Seeds ist die Funktion rand() nicht besonders gut für spezielle Zwecke geeignet. Wissenschaftler benötigen oft Zufallszahlen, die das Verhalten eines Experiments hinreichend gut simulieren. Die Anforderung an diese Art Zufallszahlen sind vielfältig, beispielsweise:

- Sie müssen einer speziellen *Verteilung* genügen.

- Sie müssen „echt" zufällig sein, d.h. auch statistische Tests überstehen.

Wenn Sie Experimente oder Simulationen durchführen, sollten Sie auf jeden Fall die Systemfunktion rand() vermeiden. Diese weist einige erhebliche Schwächen auf und produziert *keine* gleichverteilten Zufallszahlen [62, 48].

Sie können auch selbst überprüfen, wie gut Ihr Zufallszahlengenerator rand() ist. Dazu verwenden Sie den χ^2-Test, der im CPAN-Modul Statistics::ChiSquare implementiert und in u.a. [12] beschrieben ist:

```perl
chisquare-rand.pl
#!/usr/local/bin/perl
# chisquare-rand.pl -- Testet die Guete der rand()-Funktion.

use Math::TrulyRandom;             # (CPAN) Fuer einen guten Seed
use Statistics::ChiSquare;         # (CPAN) Chi-Quadrat-Test

srand(truly_random_value());       # Gute Initialisierung
```

6.6 Zufallszahlen

```
# Wir wuerfeln $ARGV[0]mal und zaehlen die Vorkommen:
for (1 .. $ARGV[0]) { $anzahl[int(rand(6))]++; }

# Nun schauen wir, ob die Distribution wirklich gut war:
print "@anzahl\n";
print chisquare(@anzahl), "\n";
```
── chisquare-rand.pl

Eine typische Ausführung auf meinem System ergibt z.B.:

```
farid@bsd-1:~/p> ./chisquare-rand.pl 10000
1651 1645 1643 1686 1671 1704
There's a >70% chance, and a <90% chance,
   that this data is evenly distributed.
```

Sie können nun entweder selbst Ihre Zufallszahlengeneratoren in Perl schreiben, oder aber das CPAN-Modul Math::Random verwenden. Dieses Modul verwendet die *randlib*-Library. Es bietet eine Menge nützlicher Zufallsdistributionen, beispielsweise *uniforme*, *Poisson-*, *Binomial-*, χ^2- und *Normal-Verteilungen*, um nur einige zu nennen [12].

Gleichmäßige (uniforme) Verteilungen bekommen Sie beispielsweise mit Hilfe der Funktionen `random_uniform()` und `random_uniform_integer()`, die sowohl im Listen- als auch im skalaren Kontext aufgerufen werden können:

random-uniform.pl ─────────────────────────────────
```
#!/usr/local/bin/perl
# random-uniform.pl -- Erzeugt gleichverteilte Zufallszahlen.
use vars qw ( @flist1 $fzuff1 $fzuff2 @ilist1 $izuff1 );

use Math::Random;                      # CPAN-Modul

# random_uniform( $nr=1, $low=0.0, $hi=1.0) erzeugt $nr Gleitpunkt-
# Zufallszahlen zwischen $low und $hi:
@flist1 = random_uniform(25, -2.5, 2.5);  # 25 Zahlen zw. -2.5 und 2.5
$fzuff1 = random_uniform(1, -5, 5);       # Zufallszahl zw. -5 und 5
$fzuff2 = random_uniform();               # Zufallszahl zw. 0 und 1.0

# random_uniform_integer( $nr=1, $low, $hi) erzeugt $nr Integer-
# Zufallszahlen zwischen $low und $hi:
@ilist1 = random_uniform_integer(5, 1, 6);  # Fuenf Wuerfelwuerfe
$izuff1 = random_uniform_integer(1, 1, 10); # Zufallszahl zw. 1 und 10
```
────────────────────────────────────── random-uniform.pl

Vielleicht benötigen Sie auch normalverteilte Zufallszahlen? Kein Problem! Dazu verwenden Sie einfach die Funktion `random_normal()` aus demselben Modul. Als Parameter geben Sie die Anzahl der benötigten Werte sowie den Durchschnitt und die Standardabweichung für eine unendliche Folge dieser Werte an:

random-normal.pl ──────────────────────────────────
```
#!/usr/local/bin/perl
# random-normal.pl -- Erzeugt normalverteilte Zufallszahlen.
```

```
use Math::Random;                    # CPAN-Modul

# Fuenf Zufallszahlen einer Normalverteilung mit Durchschnitt 10
# und Standardabweichung 0.5:
@list1 = random_normal(5, 10, 0.5);
print join("\n", @list1), "\n", "-" x 30, "\n";

# Einzelne Zufallszahl aus einer Normalverteilung mit
# Durchschnitt 0 und Standardabweichung 1 (Defaultwerte):
for (1 .. 5) { $zuff = random_normal(); print $zuff, "\n"; }
```
random-normal.pl

Die Ausgabewerte sind also normalverteilt mit dem entsprechenden Durchschnitt und der entsprechenden Standardabweichung:

```
farid@bsd-1:~/p> ./random-normal.pl
9.87082576751709
10.718092918396
10.5331830978394
9.91101741790771
10.2503499984741
------------------------------
-0.680297672748566
-0.640531837940216
-0.605906009674072
0.480739951133728
0.0805502757430077
```

Bitte beachten Sie, daß die Zahlen *nicht* in einem Bereich um den Durchschnittswert herum eingeschränkt sind. Ihre Wahrscheinlichkeit nimmt jedoch bei zunehmender Entfernung vom Durchschnittswert gemäß der Standardabweichung ab (Gauß-Kurve).

Weitere Distributionen werden ebenfalls durch `Math::Random` angeboten. Details finden Sie unter *man Math::Random*.

6.7 Große Zahlen

Die *double*-Zahlen Ihres Systems können reelle Zahlen nur mit beschränkter Genauigkeit darstellen. Auf einem typischen IEEE754-System sind dies etwa 15 Dezimalstellen. Doch auch ganze Zahlen können nur durch die Wort-Breite Ihres Prozessors dargestellt werden. Diese betrug, als dieses Buch geschrieben wurde, gerade einmal 32 oder 64 Bit.

Sie können jedoch auch mit sehr großen Zahlen rechnen, die die Grenzen der nativen Zahlen Ihres Systems bei weitem sprengen. Wie lautet z.B. 1000!, die Fakultät der Zahl 1000? Wie kann eine sehr große Zahl in ihre Primfaktoren zerlegt werden? Ist es möglich, mit 500 Dezimalstellen zu rechnen?

Wer sich mit solchen Fragen befaßt, mußte sich bisher entweder mit einem Programm zur symbolischen Manipulation von Ausdrücken und Zahlen, wie *Derive*,

6.7 Große Zahlen

Maple (http://www.maplesoft.com/) oder *Mathematica*, oder mit einer Library zur Manipulation beliebig großer Zahlen, wie der Multiprecision-*gmp*-Library von GNU behelfen.

Da Perl jedoch eine hervorragende Textmanipulationssprache ist, war das Entstehen von Modulen, die Zahlen als Strings darstellen und mit diesen rechnen, nur eine Frage der Zeit. Der größte Nachteil dieser speziellen Zahlen, die Langsamkeit ihrer Berechnung, wird durch die unbegrenzte Zahl an Dezimalstellen mehr als ausgeglichen.

6.7.1 Große ganze Zahlen: `Math::BigInt`

Das Standardmodul `Math::BigInt` ermöglicht das Rechnen mit beliebig großen ganzen Zahlen. Durch die objektorientierte Schnittstelle und das Überladen von Operatoren können Sie mit dieser Art spezieller Zahlen wie mit gewöhnlichen Zahlen rechnen:

```perl
bigint.pl
#!/usr/local/bin/perl
# bigint.pl -- Zeigt die Verwendung des Math::BigInt Moduls.

use Math::BigInt;        # Standardmodul

# Erzeugen einiger Math::BigInt-Objekte mit dem 'new'-Konstruktor:
my $n1 = Math::BigInt->new('1234567890 1234567890 1234567890');
my $n2 = Math::BigInt->new('9876543210 9876543210 9876543210');

# Die normalen arithmetischen Operatoren wurden ueberladen
# und unterstuetzen nun auch Math::BigInt-Objekte:
$nsum  = $n1 + $n2;
$ndiff = $n1 - $n2;
$nprod = $n1 * $n2;
($nquot, $nrest) = ($n2 / $n1, $n2 % $n1); # Zwei Operationen...
($nquot, $nrest) = $n2->bdiv($n1);         # Effizienter!

# Die Darstellung eines Math::BigInt-Objekts erfolgt immer im
# kanonischen Format:
print '$n1        == ', $n1, "\n";
print '$n2        == ', $n2, "\n\n";
print '$n1 + $n2  == ', $nsum , "\n";
print '$n1 - $n2  == ', $ndiff, "\n";
print '$n1 * $n2  == ', $nprod, "\n";
print '$n2 / $n1  == ', $nquot, "\n";
print '$n2 % $n1  == ', $nrest, "\n";

# Es gibt auch Nicht-Zahlen: NaN (Not-a-Number)
print '$n1 / 0    == ', $n1 / Math::BigInt->new('0'), "\n";

# Schliesslich koennen Math::BigInt und normale Zahlen
# vermischt werden. Es kommt immer eine Math::BigInt-Zahl heraus:
print '$n1 + 999  == ', $n1 + 999, "\n";
print '111 * 222  == ', 111 * Math::BigInt->new('222'), "\n";
```

```
# Inkrement- und Dekrement-Operatoren funktionieren auch:
$n1 = Math::BigInt->new('99999 99999');
print "\n", '$n1    == ', $n1, "\n";

print '$n1++ == ', $n1++, "\n";
print '$n1   == ', $n1, "\n";
print '--$n1 == ', --$n1, "\n";
```
bigint.pl

Die Ausgabe sieht wie folgt aus:

```
farid@bsd-1:~p> ./bigint.pl
$n1        == +12345678901234567890
$n2        == +98765432109876543210

$n1 + $n2  == +111111111011111111011111111100
$n1 - $n2  == -86419753208641975320864197 5320
$n1 * $n2  == +1219326311370217952261850327336229233322374638011112 63526900
$n2 / $n1  == +8
$n2 % $n1  == +9000000000900000000090
$n1 / 0    == NaN
$n1 + 999  == +12345678901234567890 1234568889
111 * 222  == +24642

$n1        == +9999999999
$n1++      == +9999999999
$n1        == +10000000000
--$n1      == +9999999999
```

Auch Vergleichsoperatoren wurden überladen. Sie können somit z.B. eine Liste von Math::BigInt-Objekten sortieren oder in Booleschen Ausdrücken entscheiden, ob die eine große Zahl kleiner als die andere ist usw.:

bigintcmp.pl
```
#!/usr/local/bin/perl
# bigintcmp.pl -- Ueberladene Vergleichsoperatoren bei Math::BigInt
#                 ermoeglichen eine richtige (numerische) Sortierung.

use Math::BigInt;

my $n1 = Math::BigInt->new('12345 67890 12345 67890');
my $n2 = Math::BigInt->new('98765 43210 98765');
my $n3 = Math::BigInt->new('55555 55555 55555 55555');

@biglist = ( $n1, $n2, $n3 );

# +12345678901234567890, +5555555555555555555, +987654321098765
print join(", ", sort @biglist), "\n";
```
bigintcmp.pl

Neben den überladenen Operatoren können Sie auch die objektorientierte Schnittstelle des Math::BigInt-Moduls verwenden. Details hierzu finden Sie in der Manual-Seite man *Math::BigInt*.

6.7.2 Große Gleitkommazahlen: `Math::BigFloat`

Während das Modul Math::BigInt nur mit ganzen Zahlen umzugehen versteht, kann das Math::BigFloat-Modul mit reellen Zahlen beliebiger Genauigkeit rechnen. Wie bei Math::BigInt werden auch bei Math::BigFloat die arithmetischen und Vergleichsoperatoren überladen, so daß Sie mit diesen Zahlen wie mit normalen nativen Gleitkommazahlen rechnen können:

```perl
bigfloat.pl
#!/usr/local/bin/perl
# bigfloat.pl -- Verwendung des Moduls Math::BigFloat

use Math::BigFloat;          # Standardmodul

# Erzeugen von Math::BigFloat-Objekten mit dem Konstruktor 'new':
my $pi = Math::BigFloat->new('3.1415926535897932384626433832');
my $e  = Math::BigFloat->new('2.7182818284590452353602874713');

# Die arithmetischen Operatoren sind ueberladen worden:
$pi_plus_e      = $pi + $e;
$e_minus_pi     = $e  - $pi;
$pi_mal_minus_e = $pi * -$e;
$pi_durch_e     = $pi / $e;
$wurzel_e       = $e->fsqrt();

# Die Ausgabe erfolgt in kanonischer Form:
print '$pi        == ', $pi, "\n";
print '$e         == ', $e,  "\n\n";

print '$pi + $e   == ', $pi_plus_e, "\n";
print '$e  - $pi  == ', $e_minus_pi, "\n";
print '$pi * -$e  == ', $pi_mal_minus_e, "\n";
print '$pi / $e   == ', $pi_durch_e, "\n";
print 'Wurzel $e  == ', $wurzel_e, "\n\n";

# Siehe Dokumentation von Math::BigFloat zur Anzahl der Stellen.
# Math::BigFloat und native Zahlen koennen gemischt werden.
print '1 / 3      == ', Math::BigFloat->new('1.00000') / 3, "\n";

# Nicht-Zahlen (NaN) bei ungueltigen Operationen:
print 'fsqrt(-1)  == ', Math::BigFloat->new('-1.0')->fsqrt(), "\n";
```
bigfloat.pl

Ausgabe:

```
farid@bsd-1:~/p> ./bigfloat.pl
$pi        == 3.1415926535897932384626433832
$e         == 2.71828182845904523536028747135

$pi + $e   == 5.8598744820488384738229308546 3
$e  - $pi  == -.42331082513074800310235591193
$pi * -$e  == -8.5397342226735670654635508695395613124939960167987 60069028
$pi / $e   == 1.1557273497909217179100931833140111875339
Wurzel $e  == 1.6487212707001281468486507878133561 28393

1 / 3      == .3333333333333333333333333333333333333333
fsqrt(-1)  == NaN
```

Durch die Verwendung der objektorientierten Schnittstelle zu Math::BigFloat sind Sie in der Lage, eine bessere Kontrolle über die Zahl der relevanten Dezimalstellen, z.B. bei der Division oder der Wurzelfunktion sqrt() auszuüben:

```
bigfloatscale.pl
#!/usr/local/bin/perl
# bigfloatscale.pl -- Objektorientierte Schnittstelle zu Math::BigFloat.
#                     Bessere Kontrolle ueber die Zahl der
#                     relevanten Dezimalstellen.

use Math::BigFloat;                    # Standardmodul

my $eins = Math::BigFloat->new('1.0');
my $drei = Math::BigFloat->new('3.0');

$eins_durch_drei_10 = $eins->fdiv($drei, 10);
$eins_durch_drei_30 = $eins->fdiv($drei, 30);

print '1.0 / 3.0 (10 Stellen) == ', $eins_durch_drei_10, "\n";
print '1.0 / 3.0 (30 Stellen) == ', $eins_durch_drei_30, "\n";
                                                        bigfloatscale.pl
```

Die Ausgabe überrascht ein wenig, ist aber richtig:

```
farid@bsd-1:~/p> ./bigfloatscale.pl
1.0 / 3.0 (10 Stellen) == +3333333333E-10
1.0 / 3.0 (30 Stellen) == +333333333333333333333333333333E-30
```

Weitere Details finden Sie in der Manual-Seite *man Math::BigFloat*.

6.8 Komplexe Zahlen: Math::Complex

Komplexe Zahlen aus dem Körper $\mathbb{C}$ können entweder durch die getrennte Behandlung von Real- und Imaginärteil wie Gleitpunktzahlen verwendet oder mit Hilfe des Standardmoduls Math::Complex viel intuitiver eingesetzt werden. Sämtliche Operatoren werden durch dieses Modul überladen, so daß sie auch mit komplexen Zahlen richtig umgehen können. Besser noch, auch mathematische Funktionen werden, soweit es sinnvoll ist, auf den Definitionsbereich ℂ erweitert. Komplexe Zahlen können auch problemlos ausgegeben werden.

```
complex.pl
#!/usr/local/bin/perl
# complex.pl -- Zeigt die Verwendung der Math::Complex-Zahlen.

use Math::Complex;                              # Standardmodul

# Wir erzeugen erst einige komplexe Zahlen:
$z1 = Math::Complex->make(3, 4);                # Kartesisch -> 3+4i
$z2 = -5.3 + 4.6*i;                             # Symbol i ist ueberladen
$z3 = Math::Complex->emake(2, pi/2);            # Polar -> 2i

# Die Zahlen werden richtig angezeigt:
print join("\n", $z1, $z2, $z3), "\n";

# Einige einfache arithmetische und mathematische Operationen:
print '$z1 / $z2  = ',   $z1/$z2,     "\n";  # Komplexe Division
print 'Re($z3)    = ',   $z3->Re(),   "\n";  # Realteil.
print 'Im($z3)    = ',   $z3->Im(),   "\n";  # Imaginaerteil.

print 'sin($z3)   = ',   sin($z3),    "\n";  # Sinus
print 'acos($z2)  = ',   acos($z2),   "\n";  # acos(), komplex
```
complex.pl

Ausgabe:

```
farid@bsd-1:~/p> ./complex.pl
3+4i
-5.3+4.6i
[2,pi/2]
$z1 / $z2  = 0.050761421319797-0.710659984477157i
Re($z3)    = 1.22460635382238e-16
Im($z3)    = 2
sin($z3)   = 3.62686040784702i
acos($z2)  = 2.42174807319378-2.640924891581125i
```

Dies ist nur ein winzig kleiner Ausschnitt der Möglichkeiten und Fähigkeiten des Moduls Math::Complex. Eine gute Einführung in komplexe Zahlen und ihre Realisierung durch das Standardmodul Math::Complex finden Sie in *man Math::Complex*.

6.9 Aufgaben

1. Lesen Sie zunächst den Exkurs zum IEEE754-Standard! Was sind die größten und kleinsten *positiven* single- und *double*-Zahlen? Beachten Sie, daß weder NaN noch $+\infty$ oder $-\infty$ gültige Zahlen sind! Was sind die kleinsten positiven normalisierten und denormalisierten Zahlen?

2. Die *Maschinengenauigkeit* ε ist die kleinste positive Zahl, mit der ein Rechner noch korrekt, also ohne Verlust von Genauigkeit rechnen kann. Ermitteln Sie ε einmal theoretisch anhand des IEEE754-Standards, und dann experimentell mit einem Programm.

3. Berechnen Sie die Fakultät der Zahl 1000. Verwenden Sie hierzu das Modul `Math::BigInt`.

4. Da IEEE754-Zahlen nur mit einer endlichen Anzahl Bits dargestellt werden, können natürlich nur sehr wenige reelle Zahlen aus $\mathbb{R}$ in einem Rechner dargestellt werden. Genauer kann nur eine endliche Teilmenge der rationalen Zahlen $\mathbb{Q}$ dargestellt werden. Nennen Sie die Nachteile für numerische Berechnungen! Zusatzfrage: Verbessern `Math::BigFloat`-Zahlen die Situation grundlegend?

5. Was ist ein numerischer *Auslöschungsfehler*? Wann tritt er auf? Kann eine Erhöhung der Genauigkeit den Auslöschungsfehler vermeiden? Hinweise finden Sie in jeder Einführung zur numerischen Mathematik, z.B. [85].

6. Auf Seite 144 wurde behauptet, daß man auf die IEEE754-Darstellung einer Zahl mit Hilfe der Funktionen `pack()` und `unpack()` zugreifen kann. Versuchen Sie, die IEEE754-*Binär*darstellung der Zahlen 0, 0,5, $-0,5$, 10^{20}, -10^{-3} und $\frac{1}{3}$ zu bekommen. Interpretieren Sie die einzelnen Bits. *Hinweis:* Wo ist das Vorzeichenbit? Haben Sie auch an die Endian-Darstellung gedacht (bei Zwischenergebnissen)?

7. Jede ganze Zahl läßt sich als Produkt von Primzahlen darstellen. Versuchen Sie es! Verwenden Sie `Math::BigInt`-Zahlen. Die Zerlegung in Primfaktoren ist bisher nur mit einer *Brute Force Attack* möglich. Wieso ist das für Public-Key-Verschlüsselungsverfahren wie RSA oder Diffie-Hellman wichtig?

8. Schreiben Sie eine Routine, die eine gegebene Zahl in eine andere beliebige Basis konvertiert. Verwenden Sie für Basen bis einschließlich 36 die Kleinbuchstaben a bis z. Schreiben Sie eine weitere Routine, die eine so kodierte Zahl wieder zurückkonvertiert.

9. Als Erweiterung zur vorigen Aufgabe versuchen Sie eine ganze Zahl in einer beliebigen Basis b (auch $b > 36$) darzustellen. Eine Ausgabe könnte wie folgt aussehen:

    17(0) 3(1) 25(2) 17(3) 29(7) 59(99) ...

    (für die Zahl $17.b^0 + 3.b^1 + 25.b^2 + 17.b^3 + 29.b^7 + 59.b^{99}$.)

10. Versuchen Sie, gegebene Zahlen in die *römische Darstellung* zu konvertieren und umgekehrt römische Zahlen auszuwerten! Wofür steht die Zahl MCMXCIX? Können Sie 4711 in eine römische Zahl konvertieren? Was ist mit der Zahl 0? Hinweise finden Sie im CPAN-Modul `Roman` und in [37].

11. Untersuchen Sie mit Ihnen bekannten statistischen Tests die Güte der Zufallszahlengeneratoren aus dem Modul `Math::Random`. Was schließen Sie daraus?

12. Sie haben eine ganze Zahl von der Kommandozeile oder einer anderen Quelle eingelesen. Dabei gilt die C-Konvention, daß Oktalzahlen einen 0-Präfix und Hexade-

6.9 Aufgaben

zimalzahlen einen 0x-Präfix haben sollen. Wie können Sie sicherstellen, daß diese Zahlen richtig erkannt werden?

13. Alle trigonometrischen Funktionen erwarten ihre Argumente im Bogenmaß (Radians). Ihre Anwendung geht aber von Graden aus. Wie gehen Sie dabei vor?

14. Trigonometrische Funktionen werden normalerweise relativ langsam berechnet. Wie können Sie ein Programm beschleunigen, das nur eine relativ kleine Anzahl von trigonometrischen Werten benötigt, also z.B. nur den Sinus und Cosinus für alle Winkel zwischen 0 und 360 Grad? *Hinweis*: Versuchen Sie es mit dem Caching oder Precomputing einer Wertetabelle [8].

15. Welche Funktionen werden durch das `Math::Complex`-Modul überschrieben? Schauen Sie sich die Manual-Seite dieses Moduls an, um sich einen Überblick zu verschaffen.

16. Was ist eine Zufallsverteilung? Wie lautet die Definition der Poisson-Verteilung? Wissen Sie, wieso bei der Warteschlangentheorie oft ein Poisson-verteilter Input angenommen wird?

7 Listen und Arrays

7.1 Synopsis

```perl
(1, "hello", 4711, $var);                    # Heterogene Listen
();                                          # Leere Liste
(1,2,(3,4,5),6) ist identisch mit (1,2,3,4,5,6)

@array = ("hello", "world");                 # Arrays speichern Listen
$array[5];                                   # Zugriff auf Element
$maxindex = $#array;                         # Hoechster Index
$length   = @array;                          # Anzahl der Elemente

@array[2,7] = (555,666);                     # Array-Slices
@newlist    = (55,66,77) x $ntripels;        # Wiederholungsoperator

@sorted   = sort @non_sorted;                # Sortierung von Arrays
@numsort  = sort { $a <=> $b } @nums;        # Numerische Sortierung
@specsrt  = sort mycmp @input;               # Eigene Vergleichsfunktion

@reversed = reverse @list;                   # Umkehrung
@selected = grep(myselect, @input);          # Auswahl einiger Elemente
@modified = map(mymodifier, @input);         # Mapping

@range = 'a' .. 'z';                         # ('a','b',...,'z')

push(@list, "some", "new", "elements");      # Am Ende hinzufuegen
$last = pop(@list);                          # Vom Ende entfernen
unshift(@list, "new top");                   # Am Anfang hinzufuegen
$top = shift @list;                          # Vom Anfang entfernen
@removed = splice(@list, $offset, $len, @newlist);

@fields = split(/:/, $pwd);                  # Trennt an ':'
$pwd    = join(":", @fields);                # Fuege wieder zusammen
```

7.2 Listen

Listen und Hashes sind Datentypen, die aus mehreren skalaren Datentypen bestehen. Sie unterscheiden sich somit grundlegend von den Perl-Grundtypen: Zahlen, Strings, Referenzen und Filehandles. Listen werden in Arrays gespeichert und können — im Gegensatz zu anderen Sprachen — Elemente verschiedener Datentypen gleichzeitig enthalten.

Dank mächtiger Operatoren und Funktionen, haben Listen einen wichtigen Anteil an der Mächtigkeit und Flexibilität von Perl.

7.2.1 Allgemeine Eigenschaften

Listen sind geordnete Folgen von skalaren Werten. Wir werden im folgenden die wichtigsten Eigenschaften aufzählen und im nächsten Unterabschnitt sehen, wie Listen in Perl-Programmen aufgeschrieben werden.

- *Listen sind polymorph*: Perl-Listen müssen nicht, wie bei anderen Programmiersprachen üblich, *homogen* sein. Das bedeutet, daß sie nicht nur Werte eines einzigen Datentyps enthalten müssen, wie etwa nur Zahlen, nur Strings oder nur Referenzen. Vielmehr sind Listen in Perl *heterogen*. Somit kann eine Liste in bunter Reihenfolge Zahlen, Strings, Referenzen und Filehandles enthalten. Man sagt daher auch, daß eine Liste in Perl *polymorph* sei.

- *Keine Verschachtelung erlaubt*: Da die Elemente von Listen *skalare* Werte sein müssen, ist eine Schachtelung von Listen in Listen nicht möglich. Sollten Sie dies trotzdem versuchen, wird Perl die Elemente der „Subliste" auspacken und in die enthaltende Liste einsetzen. Wir sprechen in diesem Zusammenhang von *flachen Listen*.

  > Daß Listen nicht verschachtelt werden dürfen, ist eine kleinere Einschränkung, als es zunächst erscheint. Wir werden in Kapitel 13 sehen, daß man mit Hilfe von Referenzen und anonymen Listen problemlos beliebige Schachtelungen erreichen kann.

- *Listenoperatoren unterstützen Programmierklischees*: Dank mächtiger Operatoren, wie `grep` und `map`, können typische Algorithmen wie *Selektion* und *Transformation*, auch *Programmierklischees* genannt [101] werden, in einer oder wenigen Zeilen komprimiert. Gerade aus diesem Grund können Perl-Programme äußerst kompakt, aber dennoch gut lesbar sein.

- *Listenkontexte bei Funktionen*: Wir werden noch in Kapitel 11 sehen, daß viele Funktionen unterschiedliche Werte zurückliefern, je nachdem, ob sie in einem Listen- oder einem skalaren Kontext aufgrufen werden.

7.2.2 Listenliterale

Wenn Sie eine Liste in einem Perl-Programm aufschreiben wollen, verwenden Sie *Listenliterale*. Es handelt sich dabei einfach um eine durch Kommata getrennte Folge von skalaren Werten, die in *runden Klammern* eingeschlossen ist:

```
( 33, 222, 777, 666, 98798 );   # Eine homogene Liste
( "hello", 33, \$ptr, "ok" );   # Eine heterogene Liste
( $var, undef, "with holes" );  # Liste mit einem Loch
();                             # Die leere Liste
( undef );                      # Einelementige Liste mit Loch
```

Eine häufig verwendete Abkürzung liegt in der Verwendung des qw()-Operators:

```
use vars ( $var1, @list2, %hash3 );   # Liste, konventionell
use vars qw ( $var1 @list2 %hash3 );  # Quote-Words-Liste
```

Achtung! Listen dürfen nicht geschachtelt werden. Besonders Lisp-Programmierer übersehen häufig diese Eigenart von Perl:

```
# @list1 und @list2 sind identisch:
@list1 = ( 1, 2, ( 3.1, 3.2, 3.3 ), 4, 5 );
@list2 = ( 1, 2, 3.1, 3.2, 3.3, 4, 5 );
```

Aus diesem Grunde können Sie so keine Matrizen darstellen:

```
@matrix = ( ( $x11, $x12, $x13 ),
            ( $x21, $x22, $x23 ),
            ( $x31, $x32, $x33 ) );  # FALSCH! Schachtelung
$diag = $matrix[1,1];                # FALSCH!
$diag = $matrix[1][1];               # FALSCH!
```

Der folgende Trick mit Hashes (siehe Kapitel 8) wurde bei Perl4 vor der Einführung von Referenzen häufig verwendet:

```
%hash = ( "1:1" => $x11, "1:2" => $x12, "1:3" => $x13,
          "2:1" => $x21, "2:2" => $x22, "2:3" => $x23,
          "3:1" => $x31, "3:2" => $x32, "3:3" => $x33 );
print $hash{"$zeile:$spalte"};    # Liefert $x{$zeile}{$spalte}
```

Eine Lösung ohne Verwendung von Hashes werden Sie in Kapitel 13 kennenlernen.

7.2.3 Zugriff auf ganze Listen

Listen können sowohl *rvalue* als auch *lvalue* sein. Das bedeutet, daß sie auf beiden Seiten einer Zuweisung stehen dürfen:

```
@array    = (123, 456, 789);  # Zuweisung ganzer Listen
($a, $b)  = ($b, $a);         # Vertauschung von $a und $b

(1, 2, $var) = (7, 6, 9);     # FALSCH!, 1 <- 7?, 2 <- 6?
                              # Konstanten nicht aenderbar!
```

Natürlich können Listen auch als Argumente einer Funktion übergeben werden:

```
$pwd1 = join(':', ("root", "x", "0", "1", "God", "/", "/sbin/sh"));
$pwd2 = join(':', "root", "x", "0", "1", "God", "/", "/sbin/sh");
$pwd3 = join(':', qw ( root x 0 1 God / /sbin/sh ));
$pwd4 = join(':', @array);
```

Andersherum liefern viele Funktionen ganze Listen zurück:

```
($elem1, $elem2, @rest) = split(/:/, "root:x:0:1:God:/:/sbin/sh");
@chars                  = unpack("C*", $mystring);
```

Der Wiederholungsoperator x kann auch bei Listen eingesetzt werden:

```
print join(':', ('haha', 'hehe') x 3);
# haha:hehe:haha:hehe:haha:hehe
```

7.2.4 Zugriff auf einzelne Listenelemente

Elemente einer Liste werden durch ihre Position innerhalb dieser Liste adressiert. Dabei steht das erste Element an der Position 0[1]. Der Index wird im Anschluß an die Liste in *eckigen Klammern* angegeben:

```
( "zero", "one", "two", "three" )[2];                    # two
( "sun", "mon", "tue", "wed", "thu", "fri", "sat" )[$day]; # Wochentage
```

Dieses Beispiel zeigt deutlich, wie man mit Listen sehr leicht eine Zuordnung von Zahlen zu Namen realisieren kann.

7.2.5 Zugriff auf Listenausschnitte

Möchten Sie auf bestimmte Elemente einer Liste gleichzeitig zugreifen? Vielleicht sind Sie ja nur am ersten, fünften und siebten Element einer Liste interessiert? Kein Problem: Verwenden Sie einfach die *Slice-Notation*:

```
# Extrahiere Subliste ( 222, 444, 666, 888 )
@evens = ( 111, 222, 333, 444, 555, 666, 777, 888, 999 )[1,3,5,7];
```

Diese Slice-Notation ist besonders bei Funktionen interessant, die eine lange Liste von Werten zurückliefern, von denen uns jedoch nur einige interessieren:

```
($mode, $atime, $blocks)   = (stat '/etc/passwd')[2,8,12];
($user, $fullname, $shell) = (split(/:/, $pwd))[0,4,6];
```

---

[1] Genauer an der Position $[. Die Verwendung dieser Variable ist aber *deprecated*.

7.3 Arrays

Arrays sind Variablen, die Listen speichern.

7.3.1 Allgemeine Eigenschaften

- *Arrays beginnen mit einem @-Zeichen*: Im Gegensatz zu skalaren Variablen beginnen Arrays mit einem @-Zeichen.

- *Arrays brauchen weder vordeklariert noch mit einer Anfangsdimension versehen werden*: Im Gegensatz zu vielen anderen Programmiersprachen (wie C oder Pascal, um nur einige zu nennen), brauchen Sie Arrays genausowenig wie skalare Variablen vor ihrer ersten Verwendung zu deklarieren. Darüber hinaus brauchen Sie auch nicht eine maximale Größe für Arrays anzugeben.

- *Arrays wachsen und schrumpfen bei Bedarf automatisch*: Der Garbage-Collection-Mechanismus von Perl ermöglicht es Ihnen, mit einem leeren (undeklarierten) Array zu beginnen und dieses nach Lust und Laune aufzufüllen. Zusätzlich benötigter Speicherplatz wird bei Bedarf automatisch und für die Applikation transparent zum Array hinzugefügt. Darüber hinaus ist es sogar möglich, Arrays schrumpfen zu lassen, wodurch wieder mehr freier Speicherplatz der Anwendung zur Verfügung steht.

- *Arrays sind wie Listen polymorph*: Da Arrays Listen aufnehmen, sind diese natürlich ebenfalls polymorph. Das ist wieder ein Unterschied zu den Arrays anderer Programmiersprachen.

- *Arrays haben einen eigenen Namensraum*: Namen von skalaren Variablen, Hashes und Arrays können aufgrund des eindeutigen Präfix nicht kollidieren. Somit ist @a ist etwas völlig anderes als $a (und auch $a[0] ist nicht mit $a zu verwechseln).

7.3.2 Arrayliterale

Wir haben es schon oben erwähnt: Arrays beginnen mit einem @-Zeichen:

```
@myarray = ( 55, 66, 77, "hi", $var );
```

Gültige Identifier nach dem @-Zeichen sind auch die Identifier, die in C gültig sind.

7.3.3 Zugriff auf das gesamte Array

Arrays können sowohl *rvalue* als auch *lvalue* sein:

```
@myarray = unpack("B32", pack("N", $num));   # lvalue
$string  = join(':', @pwd);                  # rvalue
```

> **Achtung!** Wenn Sie ein Array im skalaren Kontext verwenden, wird die Anzahl seiner Elemente benutzt (siehe Abschnitt 7.3.6)!

7.3.4 Zugriff auf einzelne Elemente

Die Elemente eines Arrays können durch ihre Position innerhalb des Arrays eindeutig gekennzeichnet werden. Sie gehen wie in Abschnitt 7.2.4 vor und spezifizieren den Index (der bei 0 anfängt[2]) in eckigen Klammern. Der Name des Arrays beginnt dann aber nicht mehr mit einem @-Zeichen, sondern mit einem $-Zeichen! Der Grund dafür ist, daß ein einzelnes Element eines Arrays ein *skalarer* Wert ist, und alle skalaren Werte müssen mit einem $-Zeichen beginnen:

```
@mylist = ( "hello", "brave", "new", "world" );
print $mylist[2];        # new
$mylist[2] = "old";      # qw ( hello brave old world )
```

Achtung! *Verwenden Sie beim Zugriff auf ein einzelnes Arrayelement stets $ und nicht @! Das ist ein häufiger und beliebter Fehler von Perl-Neulingen:*

```
@var = ( 111, 222, 333);

@var[1] = 6;              # FALSCH!
$var[1] = 6;              # Richtig.

$result = @var[1] + 99;   # FALSCH!
$result = $var[1] + 99;   # Richtig.
```

Dieser Fehler ist besonders tückisch, denn es scheint *gelegentlich gut zu funktionieren:*

```
@var = ( 111, 222, 333 );
$result = @var[2] + 99;   # FALSCH! Aber $result==432
@var[1] = 444;            # FALSCH! Aber @var==(111,444,333)
```

Das stimmt aber nicht. In Wirklichkeit ist @var[1] *ein Slice, der zufällig aus einer einelementigen Liste besteht. In Abschnitt 7.3.5 werden wir eine Situation kennenlernen, in der* @var[1] *und* $var[1] *sehr wohl unterschiedlich sein können.*

Gewöhnen Sie sich also schnell daran, Arrayelemente mit einem $-Zeichen einzuleiten, obwohl die Arrayvariablen mit einem @-Zeichen beginnen.

Arrays können auch *Löcher* enthalten. In Abbildung 7.1 sehen Sie eine graphische Darstellung von Arraylöchern.

```
@a = 5 .. 8;              # 5 .. 8 ergibt die Liste (5,6,7,8)
$a[$#a + 3] = "ende";     # @a == (5,6,7,8,undef,undef,"ende")
print "loch" if not defined $a[4]; # "loch" wird ausgegeben.
```

Wie das obige Beispiel zeigt, können Arrays dynamisch wachsen. Im Beispiel wurde erst ein Array mit Werten von 5 bis 8 gefüllt, also mit vier Werten. Danach wurde etwas weiter vorn ein weiteres Element hinzugefügt, was das Array dynamisch bis zu dieser Grenze wachsen ließ.

Das automatische Wachsen eines Arrays ist die Ursache dafür, daß eine Deklaration von Arrays, dazu noch mit der Angabe einer maximalen Größe oder einer späteren expliziten Speicherallokierung mit `malloc()`, bei Perl nicht erforderlich ist.

---

2 In Wirklichkeit ab $[. Es handelt sich jedoch um eine Kontrollvariable, die *deprecated* ist.

7.3 Arrays

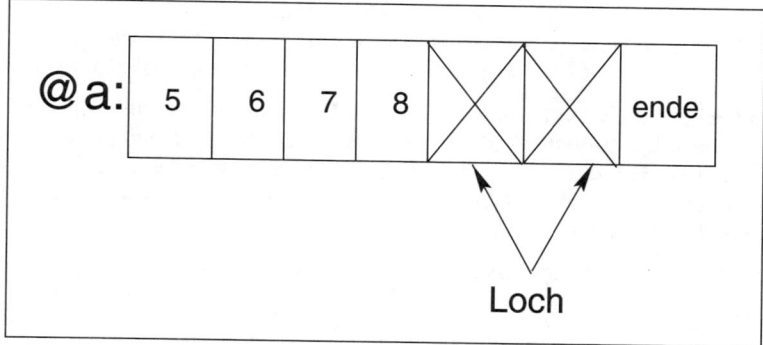

Abbildung 7.1: Array mit Löchern

7.3.5 Zugriff auf bestimmte Elemente

Wie in Abschnitt 7.2.5 bei Listen gezeigt, können Sie auch bei Arrays auf Slices zugreifen. Dazu fängt der Name des Arrays wieder mit einem @-Zeichen an. In eckigen Klammern geben Sie eine Liste von Indizes an, die Sie interessieren:

```
@numbers = ( 232, 552, 127, 789, 999, 777, 122 );
@even    = @numbers[0,1,6];    # ( 232, 552, 122 )
@odds    = @numbers[2 .. 5];   # ( 127, 789, 999, 777 )

@idx     = ( 1, 6, 2 );        # Liste von Indizes
@nums    = @numbers[@idx];     # ( 552, 127, 122 )

$idx9    = 4;                  # Index von 999 in @numbers
@many9   = @numbers[$var,$var]; # ( 999, 999)
```

Array-Slices können ebenfalls *lvalue* sein:

```
@numbers      = ( 111, 222, 333, 444 );
@numbers[0,2] = ( 888, 999 );   # @numbers==(888,222,999,444)
```

Ein Array-Slice kann sogar sowohl *lvalue* als auch *rvalue* sein:

```
@array = ( 111, 222, 333, 444 );
@array[0,2] = @array[1,3];     # @array==(222,222,444,444)
```

Eine mögliche Anwendung von Slices finden Sie in Abschnitt 7.7.1 auf Seite 176.

> **Achtung!** Slices sind stets Listen. Das kann besonders bei Funktionen, die ein unterschiedliches Verhalten im skalaren oder im Listenkontext haben, gefährlich sein:
>
> ```
> @a[5] = <STDIN>;    # FALSCH! Ganze Eingabe "eingeschluerft"
> $a[5] = <STDIN>;    # Ok, eine Zeile nach $a[5] einlesen
>                     # ... ABER STDIN ist nun leer wegen
>                     # des vorigen Fehlers :-(
>
> @a[7] = localtime(); # FALSCH! Sekunden dieser Minute statt
>                      # ctime(3)-Ausgabe!
> ```

```
                       # Weil: Listenkontext
$a[7] = localtime();   # Ok, Ausgabe des /bin/date-Kommandos,
                       # genauer der ctime(3), weil skalarer Kontext
```

In diesem Beispiel hat der <STDIN>-Operator im Listenkontext die gesamte Eingabe(datei) eingelesen und nur deren ersten Zeile in $a[5] gespeichert. Der Rest wurde weggeworfen! Die Funktion localtime() hingegen liefert im Listenkontext eine Liste von Werten, wie in man perlfunc erläutert wird. Im skalaren Kontext hingegen wird die aktuelle Zeit präformatiert als String zurückgegeben.

Solche Fehler sind schwer aufzufinden und können daher besonders tückisch sein.

7.3.6 Anzahl der Elemente

Wenn Sie ein Arrayliteral im skalaren Kontext einsetzen, wird die Anzahl seiner Elemente verwendet:

```
@array    = ( 111, 222, 333, 444, 555 );

# @array im skalaren Kontext:
$numelem  = @array;                     # 5
$maxindex = @array - 1;                 # 4 (wenn $[==0)
for ($i=0; $i<@array; $i++) { ... }     # Umstaendlich

print @array;                           # FALSCH! 111222333444555
                                        # da Listenkontext
print scalar @array;                    # 5
```

Die Funktion print() wertet ihre Argumente im Listenkontext aus. Durch die Funktion scalar() wird eine Auswertung von @array im skalaren Kontext erzwungen.

Sie haben also eine bequeme Möglichkeit, die Anzahl der Elemente jedes Arrays herauszufinden, ohne dabei irgendeine Methode oder Funktion wie bei Java oder C++ einsetzen zu müssen.

Achtung! *Verwenden Sie nicht die Funktion* length() *zur Bestimmung der Anzahl der Elemente eines Arrays:*

```
@a = ("aa", "bbb", "cccc");
$l = length(@a);            # FALSCH! 1
```

Die Funktion length() ist ausschließlich für Strings sinnvoll (siehe Abschnitt 5.5.6 auf Seite 73).

7.3.7 Index des letzten Elements

Der Index des letzten Elements des Arrays @myarray ist in der speziellen Variablen $#myarray enthalten:

```
@a        = ( "aaa", "bbb", "ccc", "ddd" );
$lastindx = $#a;                              # 3
$length   = @a;                               # 4
```

7.3 Arrays

Wozu wird eigentlich `$#myarray` benötigt, wenn die Länge eines Arrays ja durch `@array` im skalaren Kontext (siehe Abschnitt 7.3.6) angegeben werden kann? Gilt denn die Beziehung

```
$#myarray == @myarray - 1;
```

nicht immer? Nein! Das ist nur der Fall, wenn `$[` seinen Defaultwert 0 hat. Sie sollten jedoch `$[` nicht verändern, da es sich um eine obsolete (*deprecated*) Variable handelt. Sie sollten deshalb aus Gründen der Portabilität stets `$#myarray` anstelle der obigen Beziehung benutzen.

Die Variable `$#myarray` kann auch als *lvalue* verwendet werden. Durch die Zuweisung eines größeren Wertes an `$#myarray` wird das Array `@array` vergrößert. Genauer gesagt: Es wird Speicherplatz präallokiert, damit spätere Zugriffe auf neue Elemente schneller ablaufen können.

Das stückchenweise Wachsen eines Arrays kann auch zu Performance-Problemen führen. Da beim Erweitern eines Arrays in der Regel der bisher gefüllte Teil in einen größeren Container umkopiert werden muß[3], wird bei einer inkrementellen Erweiterung eines großen Arrays ziemlich viel unnötigerweise umkopiert:

```
for ($i = 1; $i < 1_000_000; $i++) {
  $ary[$i] = sqrt($i);   # Stueckweises Vergroessern
}
```

Eine Alternative zur Vermeidung dieser häufigen Umkopiererreien besteht darin, ein großes Array zu *präallokieren*, indem ein Array mit Löchern benutzt wird:

```
$ary[1_000_000] = "ende";   # Praeallokation
for ($i = 1; $i < 1_000_000; $i++) {
  $ary[$i] = sqrt($i);      # Ist effizienter
}
```

Wenn Sie die beiden oberen Programmstückchen miteinander vergleichen, liefert das untere eine erhebliche Verbesserung der Geschwindigkeit. Dies liegt daran, daß die automatische Speicherverwaltung nicht mehr so häufig aufgerufen werden muß und bereits eingetragene Elemente u.U. auch nicht mehr so oft umkopieren muß.

Eine Verringerung von `$#myarray` unterhalb von `@array-1` läßt ein Array schrumpfen. Elemente, die oberhalb `$#myarray` lagen, sind nun verloren. Eine nachfolgende Erhöhung von `$#array` bringt diese Elemente nicht mehr zuverlässig zurück.

---

[3] Hat eine neue Version von Perl dieses Umkopieren durch Ausnutzen des virtuellen Speichers von Unix mittlerweile überflüssig gemacht?

7.4 Operationen auf ganzen Listen

In diesem Abschnitt betrachten wir Operationen, die auf ganze Listen bzw. Arrays wirken und Listen zurückliefern.

7.4.1 Sortierung mit sort

Wollen Sie eine Liste sortieren? Kein Problem! Verwenden Sie einfach sort(). Beachten Sie, daß sort() standardmäßig nach ASCII-Reihenfolge sortiert:

```
@input   = ( "hello", "brave", "new", "world" );
@sorted  = sort @input;      # qw( brave hello new world )
                             # @input ist unveraendert!

@numinput  = ( 555, 1024, 97, 323 );
@notsorted = sort @numinput;        # FALSCH!
                                    # ( 1024, 323, 555, 97 )

@numsorted = sort { $a <=> $b } @numinput;   # Ok
```

sort() sortiert also eine Liste und liefert eine *Kopie* dieser Liste in sortierter Reihenfolge zurück. Beachten Sie dabei, daß die Liste (oder das Array) selbst nicht verändert wird!

Jeder Sortieralgorithmus muß eine *Vergleichsfunktion* wiederholt aufrufen, um zu entscheiden, ob Elemente verschoben werden sollen oder nicht. sort() ist so flexibel, daß es eine benutzerdefinierte Vergleichsfunktion akzeptiert. Da wir Subroutinen erst in Kapitel 11 im Detail behandeln werden, begnügen wir uns hier mit einer vereinfachten Erklärung.

Wenn Sie beim Aufruf von sort() keine Vergleichsfunktion angeben, wird defaultmäßig nach der ASCII-Reihenfolge verglichen:

```
@sorted = sort @input;
@sorted = sort { $a cmp $b } @input; # Dieselbe Wirkung
```

Eine Vergleichsfunktion ist nichts anderes als eine normale Subroutine, die zwei Werte vergleicht und −1, 0 oder 1 zurückliefert, je nachdem, ob der erste Wert kleiner, gleich oder größer als der zweite Wert ist. Beide Werte werden von sort() in die *globalen Variablen* $a und $b eingesetzt. Anschließend ruft sort() die Vergleichsfunktion auf. Eine Vergleichsfunktion können Sie direkt nach dem Schlüsselwort sort in geschweiften Klammern angeben. In diesem Fall handelt es sich um einen *Vergleichsausdruck*.

Alternativ dazu können Sie selbst eine Vergleichsfunktion definieren und ihren Namen nach sort angeben:

```
sub vergleich { $a <=> $b; }         # Benutzerdefinierte Routine
@list = sort vergleich @input;       # Numerische Sortierung
```

Da −1, 0 oder 1 zurückgegeben werden müssen, erweisen sich die beiden Vergleichsoperatoren cmp und <=> als besonders nützlich.

Angenommen, Sie möchten eine Liste in *absteigender Reihenfolge* sortieren:

```
@list = qw ( hello brave new world );
@revl = sort { $b cmp $a } @list;    # qw ( world new hello brave )

@topten = sort { $b <=> $a } @hits;  # Hoechste Zahl zuerst...
```

Dies ist effizienter als eine aufsteigende Sortierung mit anschließendem `reverse()`.

7.4.2 Umkehrung mit reverse

Mit `reverse()` können Sie ganze Listen umdrehen. `reverse()` liefert eine *Kopie* der angegebenen Liste mit umgedrehter Reihenfolge:

```
@mylist  = ( 1122, "hello", 7872, 11 );
@revlist = reverse @mylist;          # (11, 7872, "hello", 1122)
```

7.4.3 Selektion mit grep

Eine häufige Programmieraufgabe ist es, bestimmte Elemente aus einer Liste zu extrahieren. Die Funktion `grep()` scannt eine Liste und liefert als Ergebnis eine neue Liste, die nur aus den Elementen besteht, für die die Diskriminatorfunktion bzw. der Diskriminatorausdruck *true* liefert:

```
@list  = ( 555, 232, 172, 113, 239);
@odds  = grep { $_ % 2 } @list;       # ( 555, 113, 239 )
@evens = grep { $_ % 2 == 0 } @list;  # ( 232, 172 )
```

Die Funktion `grep()` führt für jedes Element der Eingangsliste den in geschweiften Klammern angegebenen Diskriminatorausdruck aus. Dabei übergibt sie ihm das aktuelle Element in der reservierten Variablen `$_`. Die Diskriminatorfunktion oder der Diskriminatorausdruck sollten dann *true* für die Elemente zurückgeben, die auch in der Ausgangsliste erscheinen sollen, und *false* sonst.

Während im obigen Beispiel der Diskriminatorausdruck in geschweiften Klammern stand, kann man auch den Namen einer benutzerdefinierten Diskriminatorfunktion angeben:

```
sub discriminator {
    # Werte $_ aus und liefere true oder false zurueck
}

@output = grep(discriminator, @input);
```

Oft wird auch ein regulärer Ausdruck (siehe Abschnitt 5.6 ab Seite 82) in Kombination mit dem *Pattern-Matching-Operator* `m//` als Diskriminatorfunktion verwendet:

```perl
@comments = grep(/^\s*#/, @code);   # Extrahiere nur die Zeilen,
                                    # die mit # anfangen;
                                    # fuehrende Blanks sind erlaubt.
```

Die Bedingung kann sogar umgedreht werden:

```perl
@nonempty = grep(!/^\s*$/, @input);  # Zeilen, die nicht leer sind
                                     # und nicht nur aus Blanks
                                     # bestehen.

@nopath = grep(! m!/!, @files);      # Dateinamen, die keinen
                                     # Slash '/' enthalten.
```

Sie könnten theoretisch auch innerhalb der Diskriminatorfunktion $_ modifizieren. Dies wird aber nur bei Eingabearrays, nicht jedoch bei Eingabelisten unterstützt.

Brauchen Sie beispielsweise eine Liste aller Zeilen, die mit dem Kommentarzeichen # beginnen? Dabei wollen Sie zusätzlich, daß diese Kommentarzeilen im Eingabearray in Kleinbuchstaben konvertiert werden (und nur diese):

```perl
sub mod_disc {
    s/^#(.*)/"#" . lc($1)/e;    # Modifikation der Kommentar-Zeilen
    return /^#/;                # Entscheidungsfunktion
}

@input    = <>;                          # Eingabedatei einlesen
@comments = grep(mod_disc, @input);      # ACHTUNG! @input veraendert!
```

Dies zeugt jedoch von schlechtem Programmierstil. Ihre Programme bleiben besser lesbar, wenn Sie darauf verzichten, $_ innerhalb der Diskriminatorfunktion zu verändern.

Gelegentlich werden Sie auch grep() in einem *skalaren Kontext* aufrufen. In diesem Fall liefert grep() die Anzahl der selektierten Elemente zurück:

```perl
@files = <*.tex>;      # Liste von Dateinamen, die mit .tex enden

# Liefert die Anzahl der Dateien, deren Groesse (-s) >50 Kbyte ist
$nbigfiles = grep { -s > 50*1024 } @files;
```

In diesem Beispiel haben wir den Dateitestoperator -s verwendet, der die Größe der angegebenen Datei zurückliefert. Fehlt die Datei, wird $_ angenommen (siehe Abschnitt 12.7.1, Seite 441).

7.4.4 Modifikation mit map

Während grep() bestimmte Elemente aus einer Liste *selektiert* und eine i.d.R. kleinere Liste zurückliefert, kann map() eine Funktion auf jedes Element der Eingabeliste anwenden und eine Ausgabeliste zurückliefern, die aus den modifizierten Elementen besteht:

```perl
@list = 1 .. 5;                  # @list: ( 1, 2, 3, 4, 5 )
@quad = map { $_ ** 2 } @list;   # @quad: ( 1, 4, 9, 16, 25)
                                 # @list: ( 1, 2, 3, 4, 5)
```

Wie bei grep() ruft auch hier map() für jedes Element der Eingabeliste die übergebene Funktion oder den gegebenen Ausdruck auf. Dabei wird das zu modifizierende Element in die reservierte Variable $_ geschrieben. map() liefert dann eine *neue* Liste zurück, die aus den Aufrufergebnissen der übergebenen Funktion oder Ausdruck besteht.

Wenn die aufgerufene Funktion bzw. der aufgerufene Ausdruck $_ nicht verändern, wird auch die Eingabeliste bzw. das Eingabearray ebenfalls nicht verändert. Nur die Ausgabeliste ist dann unterschiedlich.

Auch hier kann anstelle des Ausdrucks der Name einer benutzerdefinierten oder eingebauten Routine angegeben werden:

```
@lines    = <>;                      # Ganze Eingabedatei einlesen
@uplines  = map(lc, @lines);         # Alle Zeilen mit lc()
                                     # in Kleinbuchstaben konvertieren
                                     # @lines bleibt unveraendert!

@words    = qw ( hello brave new world );  # Woerterliste
@lengths  = map(length, @words);     # (5,5,3,5)
```

Hier haben wir die eingebauten Funktionen lc(), die einen String in Kleinbuchstaben konvertiert (siehe Abschnitt 5.5.12) und length(), die die Länge eines Strings angibt (siehe Abschnitt 5.5.6), verwendet, um eine Liste von Zeilen in Kleinbuchstaben bzw. eine Liste von Wortlängen zu bekommen.

7.5 Zerlegung und Zusammensetzung von Listen

Die Elemente einer Liste können in einem String zusammengefaßt werden. Umgekehrt können auch Strings zerlegt, und ihre Teile in eine Liste gesammelt werden.

7.5.1 split() und join()

Eine häufige Aufgabe, für die Perl bevorzugt eingesetzt wird, ist die Behandlung von Sätzen mit variabler Feldlänge. Die einzelnen Felder sind durch ein Trennzeichen voneinander getrennt. Ein bekanntes Beispiel aus dem Unix-Bereich ist die Paßwortdatei. Ein Ausschnitt:

```
root:*:0:0:Charlie &:/root:/bin/csh
toor:*:0:0:Bourne-again Superuser:/root:
daemon:*:1:1:The Devil Himself:/root:/sbin/nologin
operator:*:2:5:System &:/:/sbin/nologin
bin:*:3:7:Binaries Commands and Source,,,:/:/sbin/nologin
tty:*:4:65533:Tty Sandbox:/:/sbin/nologin
kmem:*:5:65533:KMem Sandbox:/:/sbin/nologin
news:*:8:8:News Subsystem:/:/sbin/nologin
man:*:9:9:Mister Man Pages:/usr/share/man:/sbin/nologin
pop:*:68:6:Post Office Owner:/nonexistent:/sbin/nologin
```

```
nobody:*:65534:65534:Unprivileged user:/nonexistent:/sbin/nologin
ftp:*:14:5:Anonymous FTP Admin:/var/ftp:/nonexistent
farid:*:1001:1001:Farid Hajji:/users/farid:/usr/local/bin/bash
```

Wenn Sie nun auf einzelne Felder eines gegebenen Satzes einer Paßwortdatei zugreifen wollen, müssen Sie einen String in eine Liste von Feldern konvertieren. Dazu verwenden Sie die Funktion split():

```
@pwdfields = split(/:/, $pwdline);
```

Nun befindet sich in $pwdfields[0] der Login-Name, in $pwdfields[2] die User-ID, in $pwdfields[4] das allgemeine GCOS-Feld usw.

Sie können anstelle eines Arrays auch direkt eine Liste von Variablen verwenden:

```
($login,$pwd,$uid,$gid,gcos,$home,$shell) = split(/:/, $pwdline);
```

Wenn Sie nur an bestimmten Feldern interessiert sind, können Sie entweder undef() oder Slices (siehe Abschnitt 7.2.5) verwenden:

```
($login,undef,$uid,undef,undef,undef,$shell) = split(/:/, $pwdline);
($login,$uid,$shell) = (split(/:/, $pwdline))[0,2,6];
```

Bitte beachten Sie, daß das Trennzeichen bei split()

- zwischen zwei Slashes stehen muß und
- ein regulärer Ausdruck (siehe Abschnitt 5.6 ab Seite 82) ist. Daher sind Zeichen, die für reguläre Ausdrücke Sonderzeichen sind, mit besonderer Vorsicht zu behandeln.

Die Funktion join() ist das Gegenstück zu split(). Dort wird eine Liste in einen String konvertiert, wobei Trennzeichen die einzelnen Einträge im String voneinander trennen:

```
@list1 = ( 'a', 'b', 'c', 'd' );
$word1 = join(':', @list1);       # a:b:c:d
$word2 = join('', @list1);        # abcd
$word3 = join('XX', @list1);      # aXXbXXcXXd
```

join() wird besonders gern genommen, um Listen auszugeben:

```
@list = ( 111, 222, 333, 444 );
print @list;                      # FALSCH! 111222333444
print join(', ', @list);          # Ok: 111, 222, 333, 444
```

7.5.2 unpack() und pack()

Die Funktion pack() konvertiert eine Eingabeliste in einen String (siehe die Abschnitte 5.5.9 und 6.5.5) wobei mehrere Konvertierungsoptionen unterstützt werden. unpack() hingegen konvertiert einen Wert in eine Liste. Auch hier gibt es diverse Konvertierungsoptionen (siehe die Abschnitte 5.5.8 und 6.5.5). Weitere Informationen zu pack() und unpack() entnehmen Sie bitte *man perlfunc*.

7.5.3 Der Bereichsoperator

Wenn Sie schnell eine Liste erzeugen wollen, die aus aufeinanderfolgenden Zahlen oder Strings besteht, können Sie den Bereichsoperator „.." verwenden:

```
@onetofive = 1 .. 5;           # (1,2,3,4,5)
@atoz      = 'a' .. 'z';       # ('a','b',...'z')
@list      = 'zzy' .. 'aaab';  # ('zzy', 'zzz', 'aaaa', 'aaab')
@vlist     = $from .. $to;     # Auch Variablen sind erlaubt
```

Sie sehen also, daß bei Strings der magische Stringinkrementationsoperator (siehe Abschnitt 5.5.5) eingesetzt wird.

> **Achtung!** *Der Bereichsoperator funktioniert nur, wenn das linke Argument kleiner oder gleich dem rechten Argument ist. Daher funktioniert es so nicht:*
>
> ```
> @countdown = 5 .. 0;    # FALSCH! Leere Liste
> ```

Sie können den Bereichsoperator auch als Zählschleife verwenden:

```
for ( 1 .. 1_000_000 ) { # Zaehlvariable ist $_ }
```

Beispielsweise können Sie so die Summe aller Zahlen zwischen 1 und 1.000.000 (ohne die bekannte Summenformel zu benutzen) ausrechnen:

```
for ( 1 .. 1_000_000 ) { $sum += $_; }
print $sum;
```

Hierbei werden Sie aber einen deutlichen Unterschied zwischen Perl bis Version 5.004 und Perl ab Version 5.005 bemerken: Während Perl 5.004 noch intern eine Liste mit allen Zahlen zwischen 1 und 1.000.000 anlegen mußte und somit viel virtuellen Speicher verbrauchte, wird bei Perl 5.005 nur noch bei Bedarf der jeweils nächste Wert erzeugt. Das ist gut zu wissen, wenn Ihnen noch ein Perl-Interpreter begegnet, der älter als Version 5.005 ist.

7.6 Operationen auf Arraybereichen

7.6.1 `push()`, `pop()`, `unshift()` und `shift()`

Die folgenden Funktionen greifen auf den Anfang und das Ende einer Liste oder eines Arrays zu:

- Mit Hilfe der Funktion `push()` kann ein Element *am Ende* eines Arrays oder einer Liste hinzugefügt werden:

  ```
  @list = ( 11, 22, 33 );
  push(@list, 44);          # @list: (11,22,33,44)
  ```

Sie können sogar eine ganze Liste an das Ende einer anderen Liste anhängen (konkatenieren):

```
@list = ( 'a', 'b', 'c' );
push (@list, 'd' .. 'f');           # (a,b,c,d,e,f)
push (@list, 'end', 'of', 'list');  # (a,b,c,d,e,f,end,of,list)
```

- Das Gegenstück zu push() ist pop(). Durch pop() entfernen Sie das *letzte* Element eines Arrays oder einer Liste. Außerdem liefert pop() dieses Element zurück:

    ```
    @list = 'a' .. 'c';          # @list: (a,b,c)
    $var  = pop @list;           # $var: 'c', @list: (a,b)
    $var  = pop @list;           # $var: 'b', @list: (a)
    $var  = pop @list;           # $var: 'a', @list: ()
    $var  = pop @list;           # $var: undef, @list: ()
    ```

- Die Funktion unshift() fügt am *Anfang* eines Arrays oder einer Liste ein neues Element hinzu:

    ```
    @list = ( 11, 22, 33 );      # (11,22,33)
    unshift @list, 44;           # (44,11,22,33)
    ```

    Sie können sogar eine ganze Liste am Anfang einer anderen Liste mit unshift() hinzufügen:

    ```
    @list = ( 11, 22, 33 );      # @list: (11,22,33)
    @blst = ( 'aa', 'bb', 'cc'); # @blst: ('aa','bb','cc')
    unshift @list, @blst;        # @list: ('aa','bb','cc',11,22,33)
                                 # @blst: ('aa','bb','cc')
    ```

- Das Gegenstück zu unshift() ist die Funktion shift(). Diese entfernt das *erste* Element einer Liste oder eines Arrays. Darüber hinaus liefert sie den Wert dieses Elements zurück:

    ```
    @list = ( 11, 22, 33 );      # @list: (11,22,33)
    $top  = shift @list;         # @list: (22,33), $top: 22
    ```

    Eine typische Verwendung von shift() ist das Auslesen der Programmparameter aus der globalen Variablen @ARGV sowie der Parameter einer Funktion aus der Variablen @_. In diesem Fall geben Sie kein Array an:

    ```
    # Ausserhalb einer Funktionsdefinition:
    $arg     = shift;            # entspricht: $arg = shift @ARGV;
    $nextarg = shift;            # Naechstes Programmargument

    # Innerhalb einer Funktionsdefinition:
    sub myfunc {
        my $param1 = shift;      # Erstes Argument in @_
        my $param2 = shift;      # Zweites Argument in @_
        my @otherargs = @_;      # der Rest
    }
    ```

    Der Name shift() stammt übrigens aus der Shell-Programmierung.

Abbildung 7.2 zeigt den Unterschied zwischen den Funktionen shift() und push() sowie zwischen unshift() und pop(). Bitte beachten Sie insbesondere, daß push(), pop(), shift() und unshift() ihre Eingabelisten bzw. -arrays modifizieren, während z.B. reverse() und sort() ihre Eingabelisten unverändert lassen und modifizierte Kopien zurückliefern.

7.6 Operationen auf Arraybereichen

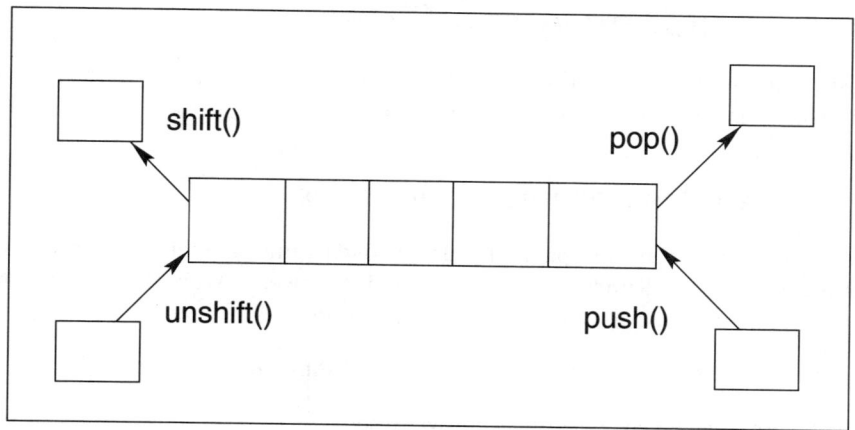

Abbildung 7.2: shift()/unshift() vs. push()/pop()

7.6.2 Die Funktion `splice()`

Die Funktion splice() entfernt einen Bereich einer Liste und ersetzt ihn durch einen anderen Bereich (der auch größer oder kleiner sein kann):

```
@list    = 'a' .. 'e';      # (a,b,c,d,e)
$offset  = 2;               # Position, ab der geloescht wird
$len     = 2;               # Anzahl der zu loeschenden Elemente
@newlist = 'w' .. 'z';      # (w,x,y,z)

# Ersetze aus @list $len Elemente ab $offset durch die
# neue Liste @newlist und liefere die geloeschte Liste zurueck
@removed = splice(@list, $offset, $len, @newlist);

# Ergebnis: @list: (a,b,w,x,z,y,e), @removed: (c,d)
```

Fehlt die Länge, wird alles bis zum Ende der Liste entfernt. Ein negatives Offset bezieht sich auf das Ende eines Arrays oder einer Liste. Dabei ist −1 das letzte Element, −2 das vorletzte usw.

splice() kann sehr nützlich sein, wenn Sie mehrere Elemente gleichzeitig aus einem Array mittels pop() oder shift() löschen wollen. pop() und shift() können ja nur jeweils genau ein Element gleichzeitig entfernen. Mit splice() ist es dagegen überhaupt kein Problem:

```
@list    = 1 .. 20;                  # (1,2,...,20)
$anzahl  = 5;                        # So viele sollen raus

@anfang  = splice(@list, 0, $anzahl); # @list: (6,...,20)
                                      # @anf:  (1,...,5)

@ende    = splice(@list, -$anzahl);   # @list: (6,...,15)
                                      # @ende: (16,...,20)
```

7.7 Anwendungen von Listen

Listen sind eine sehr nützliche Datenstruktur. In den folgenden Abschnitten werden einige sinnvolle Anwendungen davon gezeigt.

7.7.1 Paralleles Sortieren mit Slices

Angenommen, Sie haben zwei parallele Arrays, @kdid und @kdname. Das erste Array enthält die eindeutigen Kundennummern kd und das zweite Array die Kundennamen zu diesen Kundennummern. Dabei gelte die Beziehung:

$$\forall i \in \{0, \ldots, |\text{@kdname}| - 1\} : Kundennummer(\text{\$kdname}[i]) = \text{\$kdid}[i]$$

Wie kommt man zu so etwas? Beispielsweise so:

```
while (<>) {      # Einlesen von Zeilen "kdid:kdname"
  ($kdid, $kdname) = split(/:/);
  push(@kdid, $kdid); push(@kdname, $kdname);
}
```

Sie wollen nun die Liste der Kundennamen @kdname nach aufsteigenden Kundennummern sortieren. Wie gehen Sie dabei vor?

Reicht es etwa nicht, @kdname sequentiell auszugeben? Das klappt nicht: Weder die Liste der Kundennummern @kdid noch die der Kundennamen @kdname ist sortiert. Sie können also nicht einfach nur @kdname sequentiell ausgeben:

```
@kdid   = ( 3233, 423, 2223 );
@kdname = ( "alf", "ben", "ctulhu" );

# Kunden-ID von "alf" ist 3233, von "ben" 423
# und von "ctulhu" 2223
# Gewuenschte Reihenfolge: ( "ben", "ctulhu", "alf" )
```

Natürlich können Sie entweder @kdid numerisch oder @kdname stringmäßig getrennt voneinander sortieren. Dabei würden Sie aber die Beziehung zwischen beiden Arrays aufbrechen. Wie lösen Sie nun die Aufgabe, alle Kundennamen auszugeben, sortiert nach aufsteigender Kundennummer?

Eine mögliche Lösung verwendet Slices. Dazu sortieren Sie die Indizes der Kundennamen (also die Liste 0 .. $#kdname) so, daß hinterher diese Indizes die richtige Reihenfolge von @kdname-Namen enthält:

```
@newidx = sort { $kdid[$a] <=> $kdid[$b] } ( 0 .. $#kdname );
```

Anschließend verwenden Sie diese neue Liste von Indizes als Slice-Selektor in @kdname:

```
@newnames = @kdname[@newidx];
```

und schließlich weisen Sie das neue Namensarray an @kdname zu:

```
@kdname = @newnames;
```

Das ist natürlich für Perl-Hacker viel zu langatmig. Konzentriert lautet die Lösung:

```
@kdname = @kdname[ sort {$kdid[$a] <=> $kdid[$b]} 0 .. $#kdname ];
```

7.7.2 Extraktion zufälliger Elemente aus einer Liste

Angenommen, Sie haben eine Liste von beliebigen Elementen. Nun möchten Sie zufällige Elemente aus dieser Liste extrahieren:

```
@list = 'a' .. 'z';               # Beliebige Liste
print $list[rand @list];          # Liefert ein zufaelliges Element
```

Wie bekommt man nun ein zufälliges Paßwort, das aus Ziffern, Groß- und Kleinbuchstaben besteht?

```
@chars = ( 'A'..'Z', 'a'..'z', 0..9 );
$pw = join("", @chars[map{rand @chars}(1..8)]);
```

Etwas surrealistische Poesie gefällig? Bitte schön:

```
randpoetry.pl
#!/usr/local/bin/perl -w
# randpoetry.pl -- Erzeugt zufaellige Saetze aus Wortlisten

@arts  = qw(the this that every);
@adjs  = qw(blue big small dangerous intelligent old yellow transparent);
@subs  = qw(mouse student fish tv-set book hacker floppy door hedgehog);
@verbs = qw(runs plays explodes sleeps shines cries clicks looks);
@adj2  = qw(on over under with);

while (1) {
    print join(" ", ucfirst($arts[rand @arts]),
               $adjs[rand @adjs],    $subs[rand @subs],
               $verbs[rand @verbs], $adj2[rand @adj2],
               $arts[rand @arts],   $adjs[rand @adjs],
               $subs[rand @subs]), ".\n";
}
                                                              randpoetry.pl
```

Eine typische Ausgabe sieht dann etwa so aus:

```
farid@bsd-1:~/p> ./randpoetry.pl
That yellow hacker sleeps on that blue hedgehog.
This intelligent mouse shines with that small student.
Every dangerous book shines on this transparent hedgehog.
That yellow floppy sleeps over that old fish.
```

7.8 Aufgaben

1. Die sort()-Funktion von Perl basiert in den meisten Fällen auf der Quicksort-Implementierung Ihrer C-Library-Funktion qsort(). Ein wesentlicher Nachteil dieser Implementierung ist, daß die gesamte Sortierung im virtuellen Hauptspeicher

stattfindet (sogenanntes *In-memory-sorting*). Wie würden Sie eine Liste sortieren, die mehr als die gesamte Hälfte des virtuellen Hauptspeichers (also auch inklusive Swap-Bereich) einnimmt? Beachten Sie dabei, daß Sie nicht genügend Platz für die Ausgangsliste und die sortierte Liste gleichzeitig haben. *Hinweise*: Externes Sortieren oder *In-place-sorting* [47, 59, 3].

2. Quicksort ist in den meisten Fällen ein sehr schneller Sortieralgorithmus. Dies gilt jedoch nur für den Durchschnittfall, wo Quicksort $O(n \log n)$ ist. Im schlimmsten Fall (*worst case*) ist Quicksort jedoch $O(n^2)$[3]. Geben Sie ein Beispiel für den *worst case* an, bei dem sort() überfordert ist!

3. Finden Sie mit reverse() heraus, ob eine Liste ein *Listenpalindrom* ist. Ein Listenpalindrom ist eine Liste, die wertmäßig mit ihrer Spiegelliste übereinstimmt. So ist z.B. (1, 2, 3, 2, 1) ein Listenpalindrom, während (1, 2, 3) keins ist.

4. Geben Sie eine Liste oder ein Array in umgekehrter Reihenfolge aus, die größer sind als die Hälfte Ihres virtuellen Speichers! Warum funktioniert reverse() nicht?

5. Gegeben seien zwei Arrays, @list1 und @list2. Finden Sie heraus, ob beide Arrays wertmäßig gleich sind! Nehmen Sie zur Vereinfachung an, daß die Arrays nur Zahlen und Strings enthalten. Können Sie diese Aufgabe auch ohne explizite Schleifen lösen?

6. Konvertieren Sie einen String so, daß jedes ASCII-Zeichen durch seinen Nachfolger (modulo 256) ersetzt wird. So soll z.B. „HAL" zu „IBM" werden. Verwenden Sie map(), pack() und unpack() (siehe auch Abschnitt 5.5.10 auf Seite 79).

7. Gegeben sei eine Liste (Array) von Strings. Erzeugen Sie ein dazu paralleles Array, das die Längen dieser Strings enthält. *Hinweis*: length() und map().

8 Hashes

8.1 Synopsis

```perl
%myhash = ( "key1", "value1", "key2", "value2" ); # Hashliteral
%myhash = ( key1 => "value1", key2 => "value2" ); # Uebersichtlicher

$myhash{'key1'} = 'newvalue';              # Einzelnes Element
@myhash{$key1,$key2} = ('val1','val2');    # Hash-Slices: @, nicht %
%newhash = %oldhash;                       # Hash-Zuweisungen
undef %somehash;                           # Ganzen Hash loeschen
%inverted_hash = reverse %hash;            # Bei eindeutigen Werten

delete $myhash{'$key2'};                   # Schluessel/Wert-Paar entfernen
undef $myhash{'$key1'};                    # Nur den Wert loeschen
if (exists $myhash{'somekey'} ) { ... }  # Ist ein Paar da?

while (($key,$val) = each %hash) { ... }  # Paarweises Traversieren
foreach $key ( sort keys %hash) { ... }    # Sortiert nach Schluesseln
foreach $val ( values %hash) { ... }       # Nur die Werte

# Sortieren nach Werten statt nach Schluesseln
foreach $key ( sort { $hash{$a} cmp $hash{$b} } keys %hash ) { ... }

# Einhaltung der Einfuegereihenfolge
use Tie::IxHash;                           # CPAN-Modul
tie %ordered_hash, Tie::IxHash;

# Persistente Hashes
use SDBM_File;
use Fcntl;
tie %store, 'SDBM_File', $filename, O_CREAT|O_RDWR, 0644;

# Multihashes ohne Referenzen
$mhash{$key} = join(":", @values);
foreach $val (split(/:/, $mhash{$key})) { ... }
```

8.2 Was sind Hashes?

Hashes, auch *assoziative Arrays* genannt, sind Arrays mit einer speziellen Eigenschaft: Anstatt ihre Elemente über ihre Position zu indizieren, werden diese über einen String gekennzeichnet. Somit besteht ein Hash aus einer Menge von Schlüssel/Wert-Paaren.

Hashes sind vielleicht das Sprachelement, das am entscheidensten zu Perls Stärke beiträgt.

Hashes wurden lange von Sprachdesignern vernachlässigt bzw. in Libraries verbannt. Das ist angesichts der Nützlichkeit dieser Datenstruktur erstaunlich.

Eine der ersten Sprachen, die das Konzept von Hashes bereits in den 50er Jahren implementierte, war *Lisp* [101, 54, 86]. Dort wurde eine spezielle Art von Listen, sog. *Property-Lists*, auch *Association-Lists* genannt, als spezielle Realisierung von assoziativen Arrays eingeführt. Dies trug wesentlich zum Erfolg von Lisp im Bereich der künstlichen Intelligenz und Sprachverarbeitung bei.

Andere Sprachen hingegen konnten Arrays nur über ganzzahlige Werte indizieren. Darunter fallen auch Pascal und C.

Erst Jahrzehnte später wurden Hashes in neuere Sprachen integriert. C++ beispielsweise bekam mit der *Standard Template Library* (STL) die Datentypen *map* und *multimap* [87, 14], Python den Datentyp *Dictionary* [55], Tcl den verallgemeinerten Typ *Array*, der auch mit Strings indiziert werden konnte, [60] und Java die Klasse *Hashtable* [58, 18].

Eine der wesentlichen Eigenarten von Hashes ist, daß die Reihenfolge der Schlüssel/Wert-Paare nicht erhalten bleibt. Das bedeutet, daß Paare gegebenenfalls in einer anderen Reihenfolge ausgegeben werden, als sie ursprünglich in den Hash eingefügt wurden.

Wichtig ist auch, daß Schlüssel/Wert-Paare aus einem Hash entfernt werden können. Das unterscheidet Hashes stark von linearen Vektoren, wie etwa Arrays.

In Perl sind Hashes *heterogen*. Sie können sowohl Strings und Zahlen als auch Referenzen in Hashes gleichzeitig speichern. Dies entspricht genau der Situation bei Arrays.

Eines der wesentlichen Vorteile von Hashes gegenüber anderen Datenstrukturen ist, daß diese die Suche nach einem Schlüssel erheblich beschleunigen können.

8.3 Hashliterale

Hashes werden wie normale Listen in Programmen aufgeschrieben:

```
("red", "0xff0000", "green", "0x00ff00", "blue", "0x0000ff");
```

Zur besseren Lesbarkeit kann auch anstelle des Kommas => verwendet werden. Dies ist eine Form von *syntactic sugar*[1]:

```
( $key1 => $value1, $key2 => $value2, $key3 => $value3 )
```

---

[1] Darunter versteht man eine Eigenschaft der Sprachsyntax, die strenggenommen nicht unbedingt notwendig ist, aber das Schreiben korrekter Programme erleichtert.

Listen von Schlüssel/Wert-Paaren werden in *Hashvariablen*, die auch im folgenden stets einfach Hashes genannt werden, gespeichert:

```
%monlen = ( "Jan" => 31, "Feb" => 28, "Mar" => 31, "Apr" => 30,
            "May" => 31, "Jun" => 30, "Jul" => 31, "Aug" => 31,
            "Sep" => 30, "Oct" => 31, "Nov" => 30, "Dec" => 31 );
```

Wir sehen also, daß Hashes mit einem Prozentzeichen „%" beginnen müssen. Somit werden sie von skalaren Variablen, die mit einem „$"-Zeichen und Arrays, die mit einem „@"-Zeichen, beginnen, unterschieden.

Hashes haben einen eigenen Namensraum. Das bedeutet, daß die Variablen $a, @a und %a stets verschieden sind.

Hashes sind heterogen. Sie können als Werte eines Hashs alle möglichen skalaren Werte speichern, seien es Strings, Zahlen oder Referenzen:

```
%dispatcher = ( "add" => &adder, "CONNECT" => 56000, "fh" => *FILE );
```

Als Schlüssel hingegen können Sie nur Strings oder etwas, das automatisch in Strings konvertiert wird, speichern. Insbesondere harte Referenzen (Siehe Abschnitt 13.3) können nicht sinnvoll als Schlüssel dienen:

```
%wrong = ( \$myvar => $mvar );          # FALSCH!
```

Übrigens kann das Quoting der Schlüssel entfallen, wenn Sie den =>-Operator anstelle des Kommaoperators verwenden und wenn die Schlüssel gültige Perlbezeichner wären (siehe *man perldata*):

```
%roman = ( one => 'I', two => 'II', threee => 'III' );
```

8.4 Zugriff auf einzelne Schlüssel/Wert-Paare

Bei Arrays haben Sie schon in Abschnitt 7.2.4 gesehen, wie man auf einzelne Elemente zugreift. Dort wurde der Index in *eckige Klammern* gesetzt und der Name des Arrays fing mit einem Dollarzeichen an:

```
print $array[$position];          # Wert an dieser Position
```

Bei Hashes treten anstelle der eckigen Klammern *geschweifte Klammern* auf. Wenn der Schlüssel $key bekannt ist, können Sie auf den zugehörigen Wert mittels $hash{$key} zugreifen:

```
print $hash{$key};                # Zeigt den passenden Wert an
```

Achtung! Wie bei Arrays auch, müssen besonders Anfänger darauf achten, daß einzelne Werte eines Hashs mit einem Dollarzeichen beginnen müssen und nicht mit einem Prozentzeichen:

```
$value = %hash{$key};             # FALSCH! Fast ein Hash-Slice!
$value = $hash{$key};             # Ok
```

Auch wenn dies in manchen Fällen zu funktionieren scheint, ist dem nicht immer so. Siehe auch Abschnitt 7.3.5 auf Seite 165.

Achtung! Verwechseln Sie nicht eckige und geschweifte Klammern!

```
@var = (1,2,3,4,5,6);           # Ein Array
%var = (1 => "one", 2 => "two" );  # Ein Hash

$key = 1;                        # Irgendein Schluessel
print $var[$key], "\n";          # 2, aus @var
print $var{$key}, "\n";          # one, aus %var
```

8.4.1 Lesen oder Schreiben eines Paares

Wenn ein Schlüssel bekannt ist können Sie den dazugehörigen Wert abfragen:

```
$firstname = $fnames{$lastname};   # Ermittle Vornamen
&dial($phone{"Jerry"});            # Rufe Jerry an
$function = $dispatcher{$action};  # Referenz auf Funktion
```

Natürlich können auch die Werte zu bekannten Schlüsseln geändert werden:

```
print $email{'Michael'};                          # Alte Mail-Adresse
$email{'Michael'} = 'u231232@some.where.org';     # Neue Mail-Adresse
```

Wie aus diesem Beispiel eindeutig hervorgeht, kann zu einem Schlüssel zu jeder Zeit nur genau ein Wert gehören. Wie man mehrere Werte zu einem einzigen Schlüssel binden kann, sehen Sie in Abschnitt 8.10.3 ab Seite 203.

Es ist jedoch logischerweise nicht möglich, den Inhalt des Schlüsselfeldes zu ändern:

```
# Die E-Mail-Adresse von Michael:
$email{'Michael'} = 'u231232@some.where.org';   # Alter Wert

# Michael nennt sich nun Thomas:
$email{'Thomas'} = 'u231232@some.where.org';    # FALSCH!
```

Hier gibt es nun *zwei* Schlüssel/Wert-Paare; eins mit dem Schlüssel `'Michael'` und ein anderes mit dem Schlüssel `'Thomas'`. Beide besitzen denselben Wert.

8.4.2 Hinzufügen neuer Paare

Sie können bei Bedarf neue Schlüssel/Wert-Paare in einen bestehenden Hash einfügen, indem Sie einfach dem neuen Schlüssel den neuen Wert zuweisen:

```
$email{'newuser'} = 'u999999@some.where.org';   # Neuer Eintrag
```

Der Hash wächst einfach entsprechend. Wie auch bei Arrays brauchen Sie sich keine Gedanken über die Speicherverwaltung zu machen.

Wenn einem Hash sukzessive sehr viele Paare hinzugefügt werden sollen, kann es aus Effizienzgründen sinnvoll sein, eine Anfangsgröße anzugeben:

```
# Hash-Presizing, mit geschaetzter Anzahl der Paare
keys(%hash) = $a_big_number;
```

Somit kann das dynamische Hashing bereits eine Hashtabelle in der richtigen Größe anlegen, ohne daß es erforderlich wäre, diese Tabelle nach und nach in Sprüngen zu vergrößern, was entsprechende Umkopierungen erfordern würde.

Es ist natürlich nicht schlimm, wenn Sie mehr als $a_big_number Paare hinzufügen wollen. Das dynamische Hashing vergrößert dann einfach den Hash automatisch.

8.4.3 Löschen von Paaren

Existierende Schlüssel/Wert-Paare können aus einem Hash auch wieder entfernt werden. Dazu verwenden Sie die Funktion `delete()`:

```
delete $email{'Michael'};        # Michael/u231... entfernen
```

Im Gegensatz zu Arrays können Sie jedes beliebige Schlüssel/Wert-Paar eines Hashs effizient löschen. Das unterscheidet Hashes klar von Arrays. Bei Arrays können Elemente nicht einfach entfernt werden. Sie können höchstens durch Löcher, die mit `undef()` erzeugt werden, ersetzt werden:

```
@list = 'a' .. 'z';
undef $list[3];                  # 'd' durch Loch ersetzen
```

Daß Schlüssel effizient aus Hashes gelöscht werden können, wird sich noch als sehr nützlich erweisen (siehe Abschnitt 8.9.2).

8.4.4 Existenz vs. Definiertheit

Während mit `delete()` ganze Schlüssel/Wert-Paare aus einem Hash entfernt werden können, wird mit `undef()` ein Wert zu einem Schlüssel gelöscht. Das ist nicht dasselbe!

```
delete $email{'Michael'};        # Loesche Michael/Mail-adresse
undef  $email{'Deanna'};         # Loesche Mail-adresse von Deanna

print "Michael here\n" if exists $email{'Michael'}; # Nichts!
print "Deanna  here\n" if exists $email{'Deanna'};  # Deanna here

print "Michael defined\n" if defined $email{'Michael'}; # Nein!
print "Deanna  defined\n" if defined $email{'Deanna'};  # Nein!
```

Wir sehen also, daß im ersten Fall mit `delete()` der Schlüssel am Ende nicht mehr vorhanden ist. Im zweiten Fall hingegen existiert zwar der Schlüssel immer noch, er hat aber keinen Wert mehr!

Mit `exists()` können wir also prüfen, ob ein Schlüssel im Hash vorhanden ist, und zwar unabhängig von seinem Wert. Mit `defined()` hingegen prüfen wir, ob der Wert definiert ist.

Dieser Unterschied mag zwar auf den ersten Blick subtil erscheinen, ist aber nicht ganz unwichtig. Es gibt Situationen, in denen Sie nur die Liste der Schlüssel auswerten:

```
%users = ( 'Michael' => 1, 'Deanna' => 321, 'Hacker' => 42 );
undef $users{'Hacker'};                 # FALSCH! Gemeint ist: delete!
print join(' ', sort keys %users), "\n"; # Deanna Hacker Michael
                                        # Hacker immer noch da!
```

Hier wurde die Funktion `keys()` benutzt, die die Liste aller Schlüssel ausgibt (siehe Abschnitt 8.6.2). In diesem Beispiel wurde fälschlicherweise `undef()` statt `delete()` benutzt. Somit blieb `hacker` in der Schlüsselliste enthalten (wenn auch ohne zugehörigen Wert) und wurde durch `keys()` mit in die Liste der Schlüssel aufgenommen.

8.5 Zugriff auf ganze Hashes

Im vorigen Abschnitt haben wir gesehen, wie auf einzelne Schlüssel/Wert-Paare eines Hashs zugegriffen werden kann. Hier betrachten wir Operationen, die auf ganze Hashes einwirken.

8.5.1 Zuweisung von Hashes

Wie bei skalaren Variablen oder Arrays können Sie auch Hashes einander zuweisen:

```
%newhash = %oldhash;        # %newhash ist eine Kopie von %oldhash
```

Hashes können sogar kombiniert (*merged*) werden[2]:

```
%union = (%setA, %setB);
```

8.5.2 Löschen von Hashes

Anstatt nun für jeden Schlüssel `delete()` aufzurufen, können Sie ganze Hashes löschen, indem Sie ihnen einfach die leere Liste zuweisen:

```
%hash = ();                 # %hash ist nun leer
```

Beachten Sie, daß die Hashvariable immer noch definiert ist! Sie enthält keine Schlüssel/Wert-Paare mehr, ist aber noch vorhanden. Wenn die Variable selbst verschwinden soll, verwenden Sie `undef()`:

```
undef %hash;                # %hash gibt es nicht mehr!
```

Selbstverständlich brauchen Sie Hashes vor `undef()` nicht explizit zu leeren!

---

2 Eine effizientere Lösung, die das Anlegen einer temporären Liste vermeidet, benutzt `each()`. Siehe Abschnitt 8.6.1.

8.5.3 Invertierte Hashes

Hashes, deren Werte nur einmal vorkommen, können bequem mit reverse() invertiert werden:

```
%eng2rom = ( 'one' => 'I', 'two' => 'II', 'three' => 'III' );
%rom2eng = reverse %eng2rom;

# %rom2eng = ( 'I' => 'one', 'II' => 'two', 'III' => 'three' )
```

Erinnern Sie sich? Hashes sind ja auch eine Art Liste. Wir könnten %eng2rom auch so schreiben:

```
%eng2rom = ( 'one', 'I', 'two', 'II', 'three', 'III' );
```

Die Funktion reverse() würde dies wie eine gewöhnliche Liste umdrehen:

```
@revlist = reverse ( 'one', 'I', 'two', 'II', 'three', 'III' );

# @revlist = ( 'III', 'three', 'II', 'two', 'I', 'one' );
```

Wenn wir nun @revlist an %rom2eng zuweisen würden:

```
%rom2eng = ( 'III', 'three', 'II', 'two', 'I', 'one' );
```

so entspräche dies auch der Zuweisung:

```
%rom2eng = ( 'III' => 'three', 'II' => 'two', 'I' => 'one' );
```

Schließlich ist ja die Reihenfolge der Schlüssel/Wert-Paare für Hashes irrelevant. Somit wurden Werte zu Schlüsseln und Schlüssel zu Werten. Natürlich funktioniert dies nicht richtig, wenn Werte mehrfach vorkommen:

```
%u2grades = ( "Michael" => 'A', "Deanna" => 'A', "John" => 'C-' );
%grades2u = reverse %u2grades;      # FALSCH! Werte gehen verloren

# Je nach Implementation der Hash-Funktion:
# %grades2u = ( 'A' => 'Michael', 'C-' => 'John' ) ODER
# %grades2u = ( 'A' => 'Deanna' , 'C-' => 'John' )
```

Die Invertierung eines Hashs, dessen Werte mehrfach vorkommen, ist natürlich nicht so naheliegend, denn somit entstünde eine Datenstruktur, die pro Schlüssel mehrere Werte vorsehen würde. Diese Datenstruktur wird *Multihash* genannt und kann in Perl z.B. mit anonymen Listen (siehe Abschnitt 13.5.3) oder mit Tricks (siehe Abschnitt 8.10.3) realisiert werden.

8.5.4 Hash-Slices

Wie bei Arrays gibt es auch bei Hashes den Begriff der *Slices*. Ein Hash-Slice ist nichts anderes als eine Auswahl von Schlüssel/Wert-Paaren anhand einer Subliste von Schlüsseln. Im folgenden Beispiel werden die Werte von $hash{'a'} und $hash{'b'} vertauscht:

```
@hash{'a','b'} = @hash{'b','a'};     # Vertauschung der Werte
                                     # Beachte @! Hash-Slices
```

Slices sind nützlich. Sie können mit ihnen effizient mehrere Elemente eines Hashs gleichzeitig entfernen:

```
@goners = ( 'Michael', 'Deanna', 'John' );
delete @hash{@goners};      # Entferne all diese Schluessel
                            # Beachte das @: Hash-Slice
```

Das ist besonders nützlich, wenn Sie eine vorberechnete Liste von Schlüsseln haben, die Sie aus einem Hash entfernen wollen.

Eine andere Anwendung von Hashes ist das kompakte Erzeugen von Hashes aus Listen. Angenommen, Sie haben eine Liste @newkeys von Schlüsseln. Diese sollen nun dem Hash %myhash hinzugefügt werden. Als Werte tragen wir lediglich leere Strings ein:

```
@myhash{@newkeys} = ('') x @newkeys;
```

8.6 Traversierung

Bisher konnten wir auf die Schlüssel/Wert-Paare eines Hashs zugreifen, indem wir bei bekanntem Schlüssel auf den zugehörigen Wert kamen. Woher kann man jedoch nicht bekannte Schlüssel bekommen? Bei Arrays war das übrigens kein Problem: Dort wurden einfach numerische Indizes hochgezählt. Wir wußten sogar, daß wir höchstens von 0 bis scalar @array zählen mußten, um alle potentiellen Indizes zu finden. Auch Löcher konnten uns nichts anhaben:

```
for $idx ( 0 .. @array ) {
    &proceed_it($array[$idx]) if defined $array[$idx];
}
```

Bei Hashes hingegen kann man nicht so einfach durch den Raum aller möglichen Strings wandern. Allein schon mit Strings der Länge 5 wären das immerhin $256^5 \approx 10^{12}$ Möglichkeiten!

Es wird daher niemanden überraschen, daß Perl Iteratoren zum Traversieren von Hashes bereitstellt.

8.6.1 Paarweises Traversieren mit each

Jeder Aufruf der Funktion each() liefert jeweils das nächste Schlüssel/Wert-Paar eines Hashs. Sind keine Paare mehr vorhanden, liefert each() *false*. Somit können bequem Schleifen geschrieben werden:

```
while (($key, $value) = each %hash) {
    # Tue etwas mit dem Schluessel $key und dem Wert $value
}
```

Im skalaren Kontext liefert each() den nächsten Schlüssel:

```
while (defined ($key = each %hash)) {
    # Schluessel: $key, Wert: $hash{$key}
}
```

Achtung! *each() liefert im skalaren Kontext Schlüssel. Als gültige Schlüssel gelten jedoch auch 0 und '' (leerer String). Diese sind im Booleschen Kontext falsch. Daher funktioniert das folgende Konstrukt* nicht *immer:*

```
while ($key = each %hash) {
   # FALSCH! Ein Schluessel mit 0 oder '' beendet
   # die Schleife viel zu frueh
}
```

Bitte beachten Sie, daß Sie undefinierbare Ergebnisse bekommen werden, wenn Sie innerhalb einer each()-Schleife Paare zum Hash hinzufügen oder aus ihm entfernen. Dasselbe gilt für Aufrufe der Funktionen keys() (siehe Abschnitt 8.6.2) und values() (siehe Abschnitt 8.6.3).

Achtung! *Verwenden Sie keys() und values() nicht innerhalb einer each()-Schleife! Fügen Sie keine neue Paare in ein Hash ein bzw. entfernen Sie keine daraus, während Sie ihn mit each() durchlaufen!*

Das Durchlaufen eines Hashs mit each() ist effizienter, sowohl zeitlich als auch vom Speicherbedarf her, als die Verwendung der Funktionen keys() bzw. values(), die weiter unten vorgestellt werden.

Effizienteres Vermischen zweier Hashes:

```
%union = (%setA, %setB);    # Ineffizient

while (($k,$v)=each(%setA)) { $union{$k}=$v; }
while (($k,$v)=each(%setB)) { $union{$k}=$v; }
```

Übrigens hat in diesem Beispiel %setB stets Vorrang vor %setA: Sind zu einem Schlüssel die Werte in %setA und %setB verschieden, so würde der Wert des %setB denjenigen aus %setA überschreiben. Sie können natürlich bei der zweiten Zuweisung überprüfen, welcher der beiden Werte nun eingesetzt werden soll.

Sie sollten die Funktion each() stets bevorzugen, wenn Sie große Hashes verarbeiten wollen. Das gilt besonders für den Fall permanenter Hashes (siehe Abschnitt 8.8), die so groß werden können, daß eine Liste ihrer Schlüssel nicht mehr in den virtuellen Speicher passen würde.

Die Reihenfolge, in der each() Schlüssel/Wert-Paare zurückliefert, entspricht derjenigen der Funktionen keys() und values(). Sie scheint zufällig zu sein. Den Grund dafür erfahren Sie in Abschnitt 8.7.1.

8.6.2 Schlüsselweises Traversieren mit keys

Eine weitere Möglichkeit, an eine Liste von Schlüsseln eines Hashs heranzukommen, ist die Funktion keys(). Diese liefert die Liste von Schlüsseln eines Hashs zurück:

```
%myhash = ( 'one' => 'I', 'two' => 'II', 'three' => 'III' );

@allkeys = keys %myhash;    # Liste von Schluesseln
# @allkeys = qw ( three two one )
```

Diese Liste ist aber, wie im Falle der Funktion each() gerade erwähnt, in scheinbar zufälliger Reihenfolge angeordnet. Das ist wieder einmal das Ergebnis der den Hashes zugrundeliegenden Hashfunktion.

Nichts hindert uns aber daran, diese Liste von Schlüsseln mittels sort() zu sortieren (siehe Abschnitt 7.4.1):

```
%myhash = ( 'one' => 'I', 'two' => 'II', 'three' => 'III' );
foreach $key (sort keys %myhash) {
    # Tue etwas mit dem Schluessel $key und dem Wert $myhash{$key}:
    print "$key => ", $myhash{$key}, ", ";
}
# one => I, three => III, two => II,
```

Wir werden noch sehr häufig dieses typische Perl-Idiom verwenden.

Sie sehen übrigens, daß sort() die Schlüssel wie Strings sortiert! Die Eingabereihenfolge kann somit also *nicht* wiederhergestellt werden.

> **Achtung!** *Vermeiden Sie* keys() *bei persistenten Hashes (siehe Abschnitt 8.8)! Solche Hashes können so groß werden, daß die Liste aller ihrer Schlüssel nicht mehr in den virtuellen Speicher paßt. Dieses Problem wird durch* sort() *dann nur noch verschlimmert. In diesem Fall sollten Sie lieber* each() *benutzen und den persistenten Hash elementweise durchlaufen.*

Nichts hindert Sie auch daran, innerhalb einer keys()-Schleife Werte zu verändern:

```
foreach $key ( keys %myhash ) {
    $myhash{$key} = uc($myhash{$key});
}
```

Das Hinzufügen von Paaren wird aber nicht mehr durch die Funktion keys() erfaßt. Diese wurde ja vor dem Einfügen aufgerufen!

```
%myhash = ( 'hello' => 'h', 'world' => 'w' );
foreach $key ( keys %myhash ) {
    $myhash{uc($key)} = uc($myhash{$key});
    print $key, "\n";
}

# print zeigt an: world hello
# aber nicht: hello HELLO WORLD world (z.B.)
# %myhash: ( 'hello' => 'h', 'HELLO' => 'H',
#            'world' => 'w', 'WORLD' => 'W' )
```

Zum Schluß sehen Sie hier noch eine besonders clevere Verwendung der Funktionen keys(), sort() und map() zum Anzeigen eines Hashs:

```
print map { "$_ => $myhash{$_}\n" } sort keys %myhash;
```

8.6.3 Werteweises Traversieren mit `values`

Wenn Sie nur an einer Liste aller Werte interessiert sind, können Sie die Funktion `values()` verwenden:

```
%myhash = ('one' => 'I', 'two' => 'II', 'three' => 'III');
@vals   = values %myhash;         # Nur die Werte

# @vals: qw(III II I)
```

Wie auch bei `keys()` liefert `values()` Werte in scheinbar zufälliger Reihenfolge zurück.

Bei bekanntem Wert können Sie nicht so ohne weiteres auf den zugehörigen Schlüssel kommen. Wenn Sie jedoch den Hash inzwischen nicht verändert haben (konkret: keine neuen Paare hinzugefügt oder daraus entfernt haben), dann können Sie noch die Tatsache ausnutzen, daß die Werte, die `values()` zurückliefert, in derselben Reihenfolge vorliegen, wie die Schlüssel, die `keys()` bzw. `each()` ausgeben würden:

```
%myhash = ('one' => 'I', 'two' => 'II', 'three' => 'III');
@vals   = values %myhash;         # Nur die Werte
@keys   = keys %myhash;           # Nur die Schluessel

# @vals: qw(III II I), @keys: qw(three two one)
# Die Reihenfolge bleibt erhalten

print "Passender Schluessel zu ", $vals[0], " ist ", $keys[0], "\n";
# Passender Schluessel zu III ist three
```

Sie können aber, angesichts persistenter Hashes (siehe Abschnitt 8.8), nicht davon ausgehen, daß sich Hashes nicht verändert haben, nur weil Sie sie in Ihrem Programm nicht verändert haben!

Übrigens gilt wie im Falle von `keys()` auch bei `values()` die Warnung, daß insbesondere persistente Hashes sehr groß werden können!

8.7 Sortierungen

Schlüssel/Wert-Paare eines Hashs sind normalerweise nicht sortiert. Das liegt am verwendeten Hashingalgorithmus. Wie Sie dennoch Paare nach verschiedenen Kriterien sortieren können, erfahren Sie in den folgenden Abschnitten.

8.7.1 Keine Sortierung

Ohne besondere Vorkehrungen scheinen die Schlüssel eines Hashs in zufälliger Reihenfolge vorzuliegen. Die Funktionen `each()`, `keys()` und `values()` halten sich noch nicht einmal an die Einfügereihenfolge der Paare, geschweige denn an irgendeine alphanumerische Sortierung der Schlüssel.

Diese scheinbare zufällige Reihenfolge der Paare in einem Hash ist keine Schlamperei oder ein Fehler von Perl! Sie ist vielmehr inhärenter Teil jedes Hashing-Verfahrens. In dem Exkurs in Abschnitt 8.11 können Sie mehr über das Hashing erfahren. Jetzt reicht es, sich zu merken, daß die Reihenfolge der Paare eines Hashs nicht definiert ist und scheinbar zufällig aussieht.

Es ist übrigens nicht immer erforderlich, Schlüssel zu sortieren oder in ihrer ursprünglichen Reihenfolge umzuordnen. Es ist sogar häufig effizienter (und ausreichend), eine bestimmte Operation für jedes Schlüssel/Wert-Paar auszuführen. Solange nichts angezeigt wird, ist die Reihenfolge für das Programm ja irrelevant. Natürlich würde man dazu den each()-Iterator verwenden. Das ist auch dann der Fall, wenn die Menge der Schlüssel so groß ist, daß sie nicht mehr in den virtuellen Hauptspeicher passen würde. In diesem Fall würden den Funktionen keys(), values() bzw. erst recht sort() kein Platz mehr zur Verfügung stehen.

Daher ist also „keine Sortierung" häufig eine annehmbare Alternative!

8.7.2 Sortierung nach Schlüsseln

Die naheliegendste Sortierung von Schlüssel/Wert-Paaren ist die der alphanumerischen Anordnung der Schüssel. Wir haben bereits gesehen, daß dazu einfach die Funktion sort() am Anschluß an die Funktion keys() verwendet werden kann:

```
foreach $key ( sort keys %myhash ) {
    # Schluessel: $key, Wert: $myhash{$key}
}
```

Dieses Idiom wird sehr häufig in Perl-Skripten verwendet.

Es ist jedoch zu beachten, daß dies weder besonders speichersparend noch zeitmäßig effizient ist, und zwar aus folgenden Gründen:

- keys() muß zunächst eine Liste von Schüsseln aus dem Hash extrahieren. Der zeitliche Aufwand ist $O(n)$, der des verbrauchten Speichers ebenfalls.
- sort() muß nun diese temporäre Liste von ungeordneten Schlüsseln in einer Zeitkomplexität von $O(n \log n)$ (oder sogar $O(n^2)$ im *Worst-Case*) sortieren und eine weitere Liste mit $O(n)$ Speicherbedarf zurückliefern.

Daher sollten Sie einen Hash mit vielen Schlüsseln nur bei wirklichem Bedarf sortieren. Das ist vor allem bei der Anzeige der Fall.

8.7.3 Sortierung nach Werten

Sie haben nun einen Hash %u2uid und möchten die Schlüssel/Wert-Paare in der Reihenfolge der Werte anzeigen:

```
# Liste von Login-Namen und ihrer User-IDs aus /etc/passwd:
%u2uid = ( 'daemon' => 1, 'farid' => 1001, 'root' => 0 );

# Gewuenschte Reihenfolge der Paare:
# root => 0, daemon => 1, farid => 1001
```

8.7 Sortierungen

Sie können nicht nur die Ausgabe von `values()` sortieren, da die Zuordnung zu den Schlüsseln dadurch verlorengeht:

```
foreach $value ( sort values %u2id ) {
    # Was ist aber der Schluessel zu $value?
}
```

Eine mögliche Lösung zu diesem Problem wurde in Abschnitt 7.7.1 vorgeführt. Eine andere Lösung besteht darin, der `sort()`-Funktion eine Vergleichsfunktion mit zu übergeben, die Werte statt Schlüssel vergleicht:

```
foreach $key ( sort { $u2uid{$a} <=> $u2uid{$b} } keys %u2uid ) {
    # Nun sind die $u2uid{$key} numerisch nach
    # der UID statt nach den Schluesseln sortiert
}
```

Beachten Sie hierbei auch die Verwendung des numerischen Vergleichsoperators `<=>` anstelle des Stringvergleichsoperators `cmp`!

Wir sortieren also die Schlüssel von `%u2uid` anhand des numerischen Vergleichs zugehöriger Werte.

8.7.4 Erhaltung der Einfügereihenfolge

Schlüssel/Wert-Paare werden in einem Hash gemäß einer Hashfunktion gespeichert. Somit geht die Reihenfolge ihrer erstmaligen Eingabe im Hash verloren. Eine Sortierung, sei sie nach Schlüsseln oder nach Werten, würde die ursprüngliche Einfügereihenfolge nicht wiederherstellen.

Glücklicherweise können Sie mit Hilfe des CPAN-Moduls `Tie::IxHash` Hashes so verwenden, daß dabei die Einfügereihenfolge erhalten bleibt:

```
ixhash.pl
#!/usr/local/bin/perl -w
# ixhash.pl -- Erhaltung der Eingabereihenfolge in Hashes: Tie::IxHash

use Tie::IxHash;                              # CPAN-Modul

@mykeys = qw (one two three four five);
@myvals = qw (I II III IV V);

%o_hash = (); tie %o_hash, Tie::IxHash;       # Behalte Einfuegereihenfolge
%n_hash = ();                                 # Keine besondere Reihenfolge

for $i (0 .. $#mykeys) {
    $o_hash{$mykeys[$i]} = $myvals[$i];       # Behalte die Reihenfolge
    $n_hash{$mykeys[$i]} = $myvals[$i];       # hier aber nicht
}

# Probieren wir es mit den Schluesseln:
```

```
    print "%o_keys: ",
        join(',', map {"($_,$o_hash{$_})"} keys %o_hash), "\n";
    print "%n_keys: ",
        join(',', map {"($_,$n_hash{$_})"} keys %n_hash), "\n";
```
ixhash.pl

Die Ausführung dieses Programms ergibt:

```
farid@bsd-1:~/p> ./ixhash.pl
%o_keys: (one,I),(two,II),(three,III),(four,IV),(five,V)
%n_keys: (three,III),(five,V),(two,II),(one,I),(four,IV)
```

Hier wird übrigens von der *Variablenbindung* Gebrauch gemacht. Diese wird ausführlich in Abschnitt 15.4 ab Seite 699 erläutert.

Die Verwendung des Moduls `Tie::IxHash` ist jedoch auch mit einem gewissen Overhead verbunden: Die ursprüngliche Reihenfolge muß irgendwo intern gespeichert werden. Darüber hinaus ist jeder Zugriff z.B. mittels `each()` langsamer als bei normalen Hashes. Darum sollte dieses Modul nur dort eingesetzt werden, wo es auch wirklich erforderlich ist.

8.8 Persistenz von Hashes

Hashes, wie alle anderen Arten von Variablen auch, verschwinden bei Programmende. Perl kannte jedoch schon sehr früh einen Mechanismus, mit dem der Inhalt von Hashes in speziellen Dateien, sogenannten DBM-Dateien, gespeichert werden konnte. Mit Hilfe der nun obsoleten (*deprecated*) Funktionen `dbmopen()` und `dbmclose()` konnte ein Hash an eine DBM-Datei gebunden werden. Sobald dies geschehen war, wurde jede Änderung an diesem Hash automatisch in die zugeordnete DBM-Datei eingetragen. Umgekehrt spiegelte dieser Hash den Inhalt der DBM-Datei wider so daß eine 1:1-Zuordnung zwischen der DBM-Datei und dem Hash gegeben war.

Seit Perl Version 5 wurde dieser Mechanismus mit Hilfe der Funktionen `tie()` und `untie()` verallgemeinert.

In diesem Abschnitt zeigen wir kurz, wie mit Hilfe von `tie()` und `untie()` Hashes persistent gemacht werden können, so daß diese über mehrere Aufrufe eines Programms hinweg erhalten bleiben können. Dabei spielt die *Variablenbindung* eine Rolle. Der zugrundeliegende Mechanismus wird in aller Ausführlichkeit in Kapitel 15.4 ab Seite 699 erklärt.

Typische Anwendungen von persistenten Hashes sind:

- *Zähler*: Insbesondere im CGI-Umfeld werden häufig Zähler auf diese Art und Weise realisiert.

- *Langandauernde Berechnungen*: Berechnungen, die mehrere Tage in Anspruch nehmen, können mit Hilfe persistenter Hashes bei jedem Programmstart an einem definierten Checkpoint wieder aufgenommen werden.

Persistente Hashes sind jedoch für manche Anwendungen nicht mächtig genug:

- *Konkurrierender Zugriff*: Wenn mehrere Programme gleichzeitig auf eine DBM-Datei zugreifen wollen, können üble Dinge geschehen. Es ist also stets wichtig, die DBM-Datei zusätzlich zu sperren. Dies muß getrennt geschehen und ist nicht Bestandteil des normalen tie()-Mechanismus. Das ist besonders bei CGI-Zählern ein häufiger Fehler.

- *Komplizierte Datenstrukturen*: Hashes können pro Schlüssel nur genau einen skalaren Wert speichern. Kompliziertere Strukturen, die mit Hilfe von Referenzen (siehe Kapitel 13) realisiert sind, können nicht ohne besondere Vorkehrungen in einer DBM-Datei abgelegt werden, da die Zeigerwerte für einen anderen Aufruf desselben oder eines anderen Programms keine Bedeutung mehr haben.

Zu beiden Problemen gibt es allerdings Lösungen im CPAN. Wie komplizierte Datenstrukturen in persistenten Hashes dennoch gespeichert werden können, wird in Abschnitt 18.4 ab Seite 935 gezeigt.

Wie sieht aber eine konkrete Bindung von Hashes an DBM-Dateien aus? Dazu verwenden wir einfach eines der Standardmodule SDBM_File oder DB_File. Wir verwenden im folgenden Beispiel SDBM_File, da es garantiert von jeder Perl-Version unterstützt wird:

```perl
hashbind1.pl
#!/usr/local/bin/perl -w
# hashbind1.pl -- Persistente Hashes mit Hilfe der tie()-Funktion
#                 erzeugen.

use SDBM_File;                          # Standardmodul
use Fcntl;                              # O_CREAT, O_RDONLY...

tie (%hash, 'SDBM_File', '/tmp/mytempfile', O_RDWR|O_CREAT, 0640)
    or die "can't tie %hash to SDBM_File: $!\n";

print "Actual contents:\n",
    join("\n", map { "($_ => $hash{$_})" } sort keys %hash), "\n";

print "A key please? "; $key = <STDIN>; chomp $key;
print "and a value ? "; $val = <STDIN>; chomp $val;
$hash{$key} = $val;                     # Hier wird die Datei ergaenzt.

untie(%hash);                           # Ab hier wirken sich Aenderungen
                                        # nicht mehr auf die SDBM-Datei aus.
```
hashbind1.pl

Eine Ausführung des obigen Programms ergibt:

```
farid@bsd-1:~/p> ./hashbind1.pl
Actual contents:

A key please? picard
and a value ? jean-luc
```

```
farid@bsd-1:~/p> ./hashbind1.pl
Actual contents:
(picard => jean-luc)
A key please? riker
and a value ? william t.
farid@bsd-1:~/p> ./hashbind1.pl
Actual contents:
(picard => jean-luc)
(riker => william t.)
A key please? crusher
and a value ? beverly
farid@bsd-1:~/p> ./hashbind1.pl
Actual contents:
(crusher => beverly)
(picard => jean-luc)
(riker => william t.)
A key please? ^C
```

Sie haben es erfaßt: Der Hash %hash behält seinen Wert zwischen den Aufrufen des Programms bei. Wir hätten genausogut auch Paare mit delete() entfernen können. Der Wert des gesamten Hashs wird in der DBM-Datei /tmp/mytempfile konserviert:

```
farid@bsd-1:~/p> ls -l /tmp/mytempfile*
-rw-r-----   1 farid    users            0 May  9 02:15 /tmp/mytempfile.dir
-rw-r-----   1 farid    users         1024 May  9 02:16 /tmp/mytempfile.pag
```

Zwei Dateien? Ja! Eine DBM-Datei besteht üblicherweise aus zwei physischen Dateien:

- einer Indexdatei (*index file*) mit der Endung .dir und

- einer Datendatei (*page file*) mit der Endung .pag.

Beide physischen Dateien gehören zusammen und werden von der DBM-Library gemeinsam ausgelesen bzw. verändert.

Neben SDBM-Dateien, die von Perl selbst realisiert werden, gibt es je nach Plattform DBM-Dateien, DB-Dateien usw. Diese diversen Implementationen sind meist schneller als das SDBM_File, dafür sind sie leider nicht überall vorhanden. DB_File-Dateien verwenden übrigens nur eine einzige physische kombinierte Index-/Datendatei zur Speicherung ihrer Daten.

Es sei hier noch einmal darauf hingewiesen, daß DBM-Dateien sehr groß werden können. Wenn nun ein Hash mit tie() an eine solche große DBM-Datei gebunden wird, werden dabei nur wenige Bytes virtuellen Speichers mehr benötigt. Der Inhalt der DBM-Datei selbst wird dabei nicht in den virtuellen Speicher gelesen, sondern bleibt da, wo er hingehört: in der DBM-Datei. Nur bei Bedarf (z.B. Lesezugriff auf ein Element mittels $hash{$key}) wird dabei nur der zu $key gehörige Wert von der DBM-Datei ausgelesen.

Somit können Hashes problemlos an DBM-Dateien gebunden werden, die weit mehr Daten enthalten, als der gesamte virtuelle Hauptspeicher aufnehmen könnte.

Auch wenn dies alles sehr bequem ist, sollte man eines nicht vergessen: Sobald man mit `keys()` oder `values()` eine Liste von Schlüsseln oder Werten aus einem gebundenen Hash anfordert, wird diese Liste auch wirklich im Hauptspeicher angelegt. Diese Liste kann, wie bereits erwähnt, so riesig sein, daß sie keinen Platz im Hauptspeicher (inklusive der Swap-Bereiche) mehr hat. Darum die Warnung:

> **Achtung!** Vermeiden Sie `keys()` und `values()` und erst recht `sort()` bei persistenten Hashes.

Weitere Informationen zum Thema persistente Hashes finden Sie in *man perlfunc* beim `tie()`-Eintrag sowie in den Manual-Seiten *man SDBM_File*, *man DB_File* und *man AnyDBM_File*.

8.9 Typische Anwendungen von Hashes

Hashes gehören zu den nützlichsten Datenstrukturen von Perl. Es gibt kaum Anwendungen, die nicht elegant mit Hilfe von Hashes implementiert werden könnten. Es ist natürlich unmöglich, auch nur annähernd die Menge aller existierenden oder möglichen Anwendungen aufzuführen. In den folgenden Abschnitten werden Sie daher nur einige Anwendungen kennenlernen, die stellvertretend für andere Anwendungen die Flexibilität von Hashes zeigen.

8.9.1 Häufigkeitsermittlung

Hashes eignen sich besonders gut zur Häufigkeitsermittlung. Dazu enthält der Schlüssel einen String und der passende Wert dessen Häufigkeit. Dies kann beispielsweise dazu genutzt werden, die Anzahl der Wörter in einem Text zu ermitteln:

```perl
wfreq.pl
#!/usr/local/bin/perl
# wfreq.pl -- Ermittelt die Haeufigkeit aller Woerter

while (defined ($line = <>)) {
    chomp $line;                    # abschliessendes Newline entfernen
    @words = split(/\s/, $line);    # anhand Whitespaces aufsplitten

    foreach $word (@words) {
        $word =~ s/\W//g;           # alle Nicht-Wort-Zeichen loeschen
        next if $word eq '';        # Leere Woerter sind uninteressant
        $freq{lc($word)}++;         # Haeufigkeit case-insensitive.
    }
}

# Liste alphabetisch ausgeben
foreach $key (sort keys %freq) {
    print "$key: $freq{$key}\n";
}
```

wfreq.pl

In diesem Beispiel lesen wir die Dateien, die auf der Kommandozeile angegeben wurden, oder die Standardeingabe zeilenweise. Jede Zeile wird in einzelne Wörter zerlegt. Jedes Wort gilt dann als Schlüssel innerhalb des Hashs %freq. Der zu diesem Schlüssel passende Wert wird bei jedem Vorkommen inkrementiert. Insgesamt enthält dann %freq pro Wort dessen Häufigkeit. Wir geben anschließend die Wörter und ihre Häufigkeit nach alphabetischer Sortierung aus. Beachten Sie auch, daß wir nicht an der zufälligen Groß- oder Kleinschreibung eines Wortes interessiert sind. Darum verwenden wir die Funktion lc() (siehe Abschnitt 5.5.12 auf Seite 80) um sämtliche Wörter in Kleinbuchstaben zu konvertieren, bevor diese dann als Schlüssel verwendet werden. Wir wollen beispielsweise den folgenden Text untersuchen:

> *Three Rings for the Elven-kings under the sky,*
> *Seven for the Dwarf-lords in their halls of stone,*
> *Nine for Mortal Men doomed to die,*
> *One for the Dark Lord on his dark throne*
> *In the Land of Mordor where the Shadows lie.*
> *One Ring to rule them all, One Ring to find them,*
> *One Ring to bring them all and in the darkness bind them*
> *In the Land of Mordor where the Shadows lie. [91]*

Die Ausgabe der zehn ersten Wörter ergibt:

```
farid@sun-1:~/p> ./wfreq.pl ring.txt | head -10
all: 2
and: 1
bind: 1
bring: 1
dark: 2
darkness: 1
die: 1
doomed: 1
dwarflords: 1
elvenkings: 1
```

Wie würden Sie vorgehen, um die Wörter nach absteigender Häufigkeit anzuzeigen?

wfreq2.pl
```
#!/usr/local/bin/perl -w
# wfreq2.pl -- Ermittelt die Haeufigkeit aller Woerter
#              Liste nach fallender Haeufigkeit anzeigen

while (defined ($line = <>)) {
    chomp $line;                       # abschliessendes Newline entfernen
    @words = split(/\s/, $line);       # anhand Whitespaces aufsplitten

    foreach $word (@words) {
        $word =~ s/\W//g;              # alle Nicht-Wort-Zeichen loeschen
        next if $word eq '';           # Leere Woerter uninteressant
        $freq{lc($word)}++;            # Haeufigkeit, case-insensitive.
    }
}
```

```perl
# Liste nach fallender Haeufigkeit anzeigen
# Nachteil hier: Bei gleicher Haeufigkeit,
# keine Sortierung nach $key
foreach $key (sort { $freq{$b} <=> $freq{$a} } keys %freq) {
    print "$key: $freq{$key}\n";
}
```
─── wfreq2.pl

Hier wurde der Hash %freq numerisch absteigend nach Werten, wie in Abschnitt 8.7.3 gezeigt, sortiert.

Die Ausgabe der zehn häufigsten Wörter ergibt:

```
farid@sun-1:~/p> ./wfreq2.pl ring.txt | head -10
the: 9
one: 4
them: 4
in: 4
for: 4
to: 4
of: 3
ring: 3
mordor: 2
shadows: 2
```

Hierbei zeigt sich aber ein Nachteil: Wörter gleicher Häufigkeit werden nicht alphabetisch sortiert. Wie kann man das Problem lösen?

wfreq3.pl ───
```perl
#!/usr/local/bin/perl -w
# wfreq3.pl -- Ermittelt die Haeufigkeit aller Woerter
#              Liste nach fallender Haeufigkeit anzeigen
#              und alphabetisch aufsteigend bei gleicher Haeufigkeit

while (defined ($line = <>)) {
    chomp $line;                        # abschliessendes Newline entfernen
    @words = split(/\s/, $line);        # anhand Whitespaces aufsplitten

    foreach $word (@words) {
        $word =~ s/\W//g;               # alle Nicht-Wort-Zeichen loeschen
        next if $word eq '';            # Leere Woerter uninteressant
        $freq{lc($word)}++;             # Haeufigkeit, case-insensitive
    }
}

# Liste nach fallender Haeufigkeit anzeigen
foreach $key (sort { $freq{$b} <=> $freq{$a}
                              or
                     $a cmp $b         } keys %freq) {
    print "$key: $freq{$key}\n";
}
```
─── wfreq3.pl

Die Ausgabe ist nun richtig sortiert:

```
farid@sun-1:~/p> ./wfreq2.pl ring.txt | head -10
the: 9
for: 4
in: 4
one: 4
them: 4
to: 4
of: 3
ring: 3
all: 2
dark: 2
```

Die Vergleichsfunktion, die wir `sort()` übergeben haben, ist die bisher komplizierteste, die wir in diesem Buch gesehen haben. Jedesmal, wenn `sort()` zwei Schlüssel vergleichen muß, ruft sie diese Vergleichsfunktion auf. Die globalen Variablen `$a` und `$b` werden vorher aber noch mit den Schlüsseln vorbelegt. Nun vergleichen wir erst einmal die Werte numerisch, und zwar absteigend:

```
$freq{$b} <=> $freq{$a}
```

Das Ergebnis dieses Vergleichs ist −1, 0 oder 1. Sind die beiden Häufigkeiten unterschiedlich, liefert `<=>` auf jeden Fall einen Wert ungleich 0 (nämlich −1 oder 1). In diesem Fall ist die Oder-Bedingung `or` bereits wahr, und der Vergleich der Schlüssel selbst entfällt (*Short-Cut*-Auswertung, siehe Abschnitt 10.3.3 auf Seite 261). Der Wert des or-Operators ist somit identisch mit dem Wert des numerischen absteigenden Vergleichs der Häufigkeiten[3].

Sind aber die Häufigkeiten gleich, liefert `<=>` 0. Daher muß der Oder-Ausdruck weiter ausgewertet werden, indem die Schlüssel selbst stringmäßig aufsteigend sortiert werden:

```
$a cmp $b
```

Der Wert dieses Vergleichs ist wiederum −1, 0 oder 1 und auch gleichzeitig der Wert des gesamten Booleschen Ausdrucks.

Insgesamt werden also die Schlüssel erst nach absteigender numerischer Häufigkeit und anschließend bei gleicher Häufigkeit nach aufsteigender alphabetischer Reihenfolge angeordnet.

8.9.2 Realisierung von Mengen

Bei einem Hash läßt sich mit `exists()` effizient herausfinden, ob ein Schlüssel in ihm enthalten ist. Das Einfügen eines Schlüssels ist ebenfalls einfach, genauso wie das

---

3 Vorsicht, C-Programmierer: Das logische Oder bei C liefert 0 oder 1, während es in Perl 0 oder den Wert des ersten Teilausdrucks liefert, der wahr ist. Nur deswegen funktioniert dieser Trick hier in Perl!

Löschen mittels `delete()`. Außerdem können Schlüssel nicht mehrfach in einem Hash vorkommen. Daß die Reihenfolge der Schlüssel nicht erhalten bleibt, ist dabei nicht so wichtig.

Zufälligerweise entsprechen diese Eigenschaften genau denen von Mengen. Bei Mengen ist es wichtig herauszufinden, ob ein Element in dieser Menge enthalten ist ($x \in M$). Ein Element darf höchstens einmal in einer Menge vorkommen und außerdem kann ein Element aus einer Menge effizient wieder entfernt werden.

Was liegt also näher, als Mengen mit Hilfe von Hashes zu realisieren?

Wesentlich dabei ist, daß wir nur an Schlüsseln interessiert sind. Die dazugehörigen Werte sind für unsere Betrachtung hier irrelevant. Daher können wir eine Menge wie folgt aus einer Liste konstruieren:

```perl
@list = ( 1,5,2,7,1,3,2,1,5,6,2 );   # Liste: Mehrfache Elemente
foreach $elem (@list) {
   $set{$elem}=0;                    # Baue %set auf
}
print join(' ', sort keys %set), "\n";
# Ausgabe: 1 2 3 5 6 7
```

Dies kann uns bei einigen Anwendungen durchaus nützlich sein, wenn es um die Eindeutigkeit von Werten geht.

Ist nun z.B. 4 oder 6 in der Menge enthalten?

```perl
print "4 in set\n" if exists $set{"4"};   # Keine Ausgabe!
print "6 in set\n" if exists $set{"6"};   # 6 in set
```

Es ist auch kein Problem, 3 aus der Menge zu entfernen:

```perl
delete $set{"3"};    # Entferne 3 aus der Menge
```

Was wären Mengen ohne die Operationen Durchschnitt ($M_1 \cap M_2$), Vereinigung ($M_1 \cup M_2$), Differenz ($M_1 \setminus M_2$), symmetrische Differenz ($M_1 \triangle M_2$) und das Prädikat der Inklusion ($M_1 \subset M_2$)?

Durchschnitt zweier Mengen

Der Durchschnitt zweier Mengen M_1 und M_2 ist definiert als:

$$M_1 \cap M_2 = \{x \mid x \in M_1 \wedge x \in M_2\}$$

Der Durchschnitt von M_1 und M_2 ist also eine Menge, die nur Elemente enthält, die sowohl in M_1 als auch in M_2 enthalten sind.

Den Durchschnitt können wir in Perl problemlos ermitteln:

```perl
# %intersect == Durchschnitt von %set1 und %set2
while (defined ($key = each %set1)) {
    $intersect{$key} = 0 if exists $set2{$key};
}
```

Vereinigung zweier Mengen

Die Vereinigung zweier Mengen M_1 und M_2 ist definiert als:

$$M_1 \cup M_2 = \{x \mid x \in M_1 \vee x \in M_2\}$$

Die Vereinigung von M_1 und M_2 ist also eine Menge, die aus allen Elementen besteht, die in einer (oder auch beiden) Mengen M_1 oder M_2 enthalten sind.

Die Vereinigung können wir in Perl ganz leicht ermitteln:

```
# %union == Vereinigung von %set1 und %set2
%union = (%set1, %set2);
```

Differenz zweier Mengen

Die Differenz zweier Mengen M_1 und M_2 ist definiert als:

$$M_1 \setminus M_2 = \{x \mid x \in M_1 \wedge x \notin M_2\}$$

Die Differenz von M_1 und M_2 besteht also aus den Elementen von M_1, die nicht in M_2 enthalten sind.

In Perl könnte man die Mengendifferenz beispielsweise wie folgt ausrechnen:

```
%diff = %set1;
foreach $key (keys %set2) {
    delete $diff{$key} if exists $set2{$key};
}
```

Symmetrische Differenz zweier Mengen

Die symmetrische Differenz zweier Mengen M_1 und M_2 ist definiert als:

$$M_1 \triangle M_2 = \{x \mid (x \in M_1 \wedge x \notin M_2) \vee (x \notin M_1 \wedge x \in M_2)\}$$

Die symmetrische Differenz von M_1 und M_2 besteht also aus den Elementen von $M_1 \cup M_2$, die nicht in $M_1 \cap M_2$ enthalten sind. Mit anderen Worten: Nur die Elemente, die in genau einer der beiden Mengen M_1 oder M_2 enthalten sind, gehören der symmetrischen Differenz von M_1 und M_2 an.

Die symmetrische Differenz kann wie folgt berechnet werden:

```
# %symdiff == symmetrische Differenz von %set1 und %set2
while (defined ($key = each %set1)) {
  $symdiff{$key} = 0 if not exists $set2{$key};
}
while (defined ($key = each %set2)) {
  $symdiff{$key} = 0 if not exists $set1{$key};
}
```

Inklusionsprädikat für Mengen

Eine Menge M_1 ist genau dann in M_2 enthalten (in Zeichen: $M_1 \subset M_2$), wenn alle Elemente aus M_1 auch in M_2 enthalten sind:

$$M_1 \subset M_2 \iff \forall x \in M_1 : x \in M_2$$

In Perl kann man dies etwa folgendermaßen formulieren:

```
$included = 1;                         # Vorlaeufig stimmt es
while (defined ($key = each %set1)) {
    if (not exists $set2{$key}) {
        $included = 0;                 # Stimmt nicht mehr!
        last;                          # Raus aus der Schleife!
    }
}
# $included ist genau dann 1, wenn %set1 in %set2 enthalten ist
```

In [16, Recipe 4.8] werden auch kompaktere Lösungen gezeigt, die gleichzeitig Vereinigung und Durchschnitt berechnen.

Eine effizientere Implementation von Mengen kann mit Hilfe des CPAN-Moduls Bit::Vector realisiert werden.

8.9.3 Sortierung

Hashes können auch bei komplexen Sortieroperationen hilfreich sein. Sie wissen ja, daß man sort() eine Vergleichsfunktion in geschweiften Klammern oder auch direkt als Sortierkriterium übergeben kann. Diese Vergleichsfunktion sollte dann die zu überprüfenden Werte $a und $b irgendwie überprüfen und -1, 0 oder 1 zurückliefern.

Problematisch ist es, daß diese Vergleichsfunktion relativ häufig aufgerufen wird. Im besten Fall werden $O(n \log n)$ Aufrufe, im *Worst Case* sogar $O(n^2)$ Aufrufe dieser Funktion notwendig.

Wenn nun diese Funktion eine langandauernde Operation durchführen muß, wird der Sortiervorgang erheblich in die Länge gezogen:

```
@sorted = sort { long($a) <=> long($b) } @input;
```

Hierbei ist long() eine hypothetische benutzerdefinierte Funktion, die eine langandauernde Operation auf ihre Argumente ausführt und dann eine Zahl zurückliefert.

Eine mögliche Lösung besteht im Caching der long()-Aufrufe mit Hilfe von Hashes:

```
{
    my %cache;                    # Damit %cache lokal bleibt
                                  # Muss am Anfang leer sein
    @sorted = sort { ($cache{$a} ||= long($a))
                     <=>
                     ($cache{$b} ||= long($b)) } @input;
}
```

Hier wird bei jedem Aufruf der Vergleichsfunktion zunächst überprüft, ob für $a bzw. $b die Funktion long() schon früher aufgerufen wurde. Wenn der Cache-Eintrag vorhanden ist, ist der logische Oder-Ausdruck wahr, und long() wird nicht mehr aufgerufen. Ansonsten ist der Oder-Ausdruck falsch, und long() wird aufgerufen. Das Ergebnis des long()-Aufrufs landet dann per Zuweisung direkt im Cache. Die Anzahl der Aufrufe von long() ist auf diese Weise von $O(n \log n)$ auf $O(n)$ verringert worden, was eine erhebliche Beschleunigung der Sortierung zur Folge hat.

Eine andere Lösung ist die berühmte *Schwartzsche Transformation*, die in Abschnitt 13.7.4 auf Seite 545 vorgestellt wird.

8.10 Weitere Anwendungen

In diesem Abschnitt wollen wir einige typische Anwendungen von Hashes betrachten. Die folgenden Beispiele können selbstverständlich nur einen ersten Eindruck von der Mächtigkeit dieser Datenstruktur vermitteln.

8.10.1 Apache-Hitliste

Eine typische Anwendung von Hashes ist das Zählen von Ereignissen. Möglicherweise sind Sie an einer *Hitliste* Ihres Webservers interessiert? Wollen Sie nicht die Dateien herausfinden, die am häufigsten angefordert werden? Kein Problem mit Hashes!

Im folgenden Beispiel parsen wir mit Hilfe des CPAN-Moduls Apache::ParseLog den Transferlog des Apache-Webservers. Eine der Methoden liefert uns einen Hash mit Pfadnamen als Schlüsseln und der Anzahl der Treffer als zugehörigen Wert. Diesen Hash geben wir dann numerisch absteigend nach Werten sortiert aus, wie wir es in Abschnitt 8.7.3 gelernt haben.

```
apache-logs.pl
#!/usr/local/bin/perl
# apache-logs.pl -- Hits mit absteigender Haeufigkeit: Apache::ParseLogs

use Apache::ParseLog;                           # CPAN-Modul

$mytransferlog = "/usr/local/apache/logs/access_log"; # Einstellen!

# Wir parsen den Apache-Transferlog auf der Suche nach Hits
$apalog = new Apache::ParseLog();
$apalog = $apalog->config(transferlog => $mytransferlog);

$trlog  = $apalog->getTransferLog();
%file   = $trlog->file();                       # Schluessel: Dateien
                                                # Werte     : Hit-Count

# Nun sortieren wir nach absteigenden numerischen Werten, dann
# nach aufsteigenden Dateinamen
foreach $fn (sort { $file{$b} <=> $file{$a}
```

```
                                    or
                          $a cmp $b } keys %file) {
        print "$file{$fn}\t$fn\n";
}
```
── apache-logs.pl

Das Apache::ParseLog-Modul kann natürlich weit mehr, als hier vorgestellt wurde. Lesen Sie dazu die entsprechende Manual-Seite in *man Apache::ParseLog* durch.

8.10.2 Benannte Subroutinenparameter

Eine weitere nützliche Anwendung von Hashes sind Parameterlisten von Subroutinen (siehe Abschnitt 11.3.1). Parameter werden dabei entweder durch ihre Position gekennzeichnet:

```
# Funktion mit einer klassischen Parameterliste
sub myfunc {
    my (@list) = @_;
    # Tue etwas mit $list[0], $list[1], ...
}

# Aufruf der Funktion: Reihenfolge spielt eine Rolle!
myfunc($param1, $param2, $param3);
```

oder durch sogenannte *benannte Parameter*:

```
sub myparamfunc {
    my (%params) = @_;
    # Tue etwas mit $params{'Name'}, $param{'Phone'}
}

# Aufruf der Funktion: Reihenfolge kann veraendert werden!
myfuncparam( Name => 'Smith', Phone => '555-2321' );
myfuncparam( Phone => '555-2321', Name => 'Smith' );
```

Viele Module benutzen diesen flexiblen Mechanismus, beispielsweise CGI.pm (siehe Abschnitt 19.3).

8.10.3 Multihashes

Hashes können pro Schlüssel nur einen skalaren Wert speichern. Das ist keine Einschränkung, solange pro Schlüssel nur ein Wert vorhanden ist. Es gibt jedoch auch Situationen, in denen mehrere Werte pro Schlüssel existieren. In diesem Fall haben Sie drei Möglichkeiten:

- Sie speichern alle diese Werte in einer Liste und tragen als Wert des entsprechenden Schlüssels eine Referenz auf diese Liste ein. Dieses werden wir in Abschnitt 13.6.3 sehen.

- Wenn die Anzahl der Werte im voraus bekannt und relativ klein ist, können mehrere Hashvariablen verwendet werden:

  ```
  %u2uid = ('root'=>0, 'daemon'=>1, 'farid'=>1001);
  %u2gid = ('root'=>0, 'daemon'=>10, 'farid'=>1001);
  %u2sh  = ('root'=>'/bin/sh', 'daemon'=>undef, 'farid'=>'/bin/bash');
  %u2home= ('root'=>'/','daemon'=>'/','farid'=>'/users/farid');
  ```

  Der Nachteil dieser Lösung ist, daß Daten, die zusammengehören, in unterschiedlichen Hashes gespeichert werden. Eine Änderung in einem der Hashes (z.B. das Entfernen eines Elements) muß auch in den anderen Hashes nachvollzogen werden, um die Konsistenz zu erhalten.

- Mehrere Werte können in einem String kombiniert werden. Dazu werden diese z.B. mit einem Separator getrennt, oder sie haben eine fest vereinbarte Länge. Als Separator kommt dann jedes Zeichen in Frage, das nicht innerhalb einzelner Werte vorkommen kann:

  ```
  %passwd = (
          'root'   => '0:1:Super-User:/:/sbin/sh',
          'daemon' => '1:10:The Devil Himself:/:',
          'farid'  => '1001:101:Farid Hajji:/users/farid:/bin/bash' );
  ```

  Der Zugriff ist ebenfalls einfach:

  ```
  foreach $user ( keys %passwd ) {
      foreach $value (split (/:/, $passwd{$user})) {
          # Tue etwas mit $user und $value
      }
  }
  ```

  Als Separator eignet sich auch besonders \0, da es in normalen Texten kaum vorkommt.

  Ein allgemeines Problem ist jedoch, daß die Werte nicht transparent gespeichert werden können: Der Separator ist stets ausgeschlossen! Wenn jedoch auch Binärwerte gespeichert werden sollen, können Sie durch Quoting oder Bit-Stuffing dafür sorgen, daß der Separator in Werten stets transformiert wird. Dies ist jedoch mit zusätzlichem Overhead verbunden.

Die beste Lösung ist also doch, Listenreferenzen als Werte zu speichern.

8.10.4 Beschleunigte Zugriffe auf Wörterbücher

Angenommen, Sie haben einen großen Text, den Sie auf Rechtschreibfehler überprüfen wollen. Nehmen wir nun an, daß Sie den Text bereits geparst und eine Liste von Wörtern in @words haben. Zusätzlich steht Ihnen ein Online-Wörterbuch zur Verfügung, mit dem Sie jedes Wort in @words überprüfen wollen. Wie gehen Sie dabei vor?

Der ineffizienteste Weg besteht darin, pro Wort in @words die Wörterbuchdatei zu scannen, um zu sehen, ob das Wort dort vorkommt. Natürlich ist eine solche „Lösung" bei längeren Texten kaum praktikabel, denn Sie müßten eine mehrere Megabyte große Datei mehrere tausend Male wiederholt einlesen bzw. durch ein einmalig vorbelegtes Array scannen.

Es geht darum herauszufinden, ob ein Wort in einer Menge Wörter enthalten ist. Diese Operation läßt sich effizient mit exists() und Hashes erledigen.

Eine sehr interessante Behandlung dieses sog. Spelling-Problems mit diversen Lösungsansätzen finden Sie übrigens in [8].

Suche im Speicher

Eine Möglichkeit wäre, einen Hash zu verwenden. Dieser Hash soll als Schlüssel sämtliche Wörter der Wörterbuchdatei aufnehmen. Anschließend kann jedes Wort des Textes mit diesem Hash überprüft werden:

spell-incore.pl
```perl
#!/usr/local/bin/perl -w
# spell-incore.pl -- Rechtschreibpruefung mit Hash-Woerterbuch.

# Ort des Woerterbuchs. Ein Wort pro Zeile.
$dict = '/usr/share/dict/words';

# Liste der zu ueberpruefenden Woerter.
# Sie wuerde normalerweise aus einer Parsing-Funktion kommen.
@mywords = qw ( this is okay but nottt thhat right);

# Wir lesen das Woerterbuch in den Hash %words ein:
open (DICT, "< $dict") or die "can't open $dict: $!\n";
while (defined ($line=<DICT>)) {
    chomp $line;
    $words{$line} = "";
}
close DICT;

# Nun sind wir bereit, unsere Wortliste zu ueberpruefen:
foreach $word (@mywords) {
    print "Misspelled: $word\n" if not exists $words{$word};
}
```
spell-incore.pl

Der Nachteil dieser Methode ist, daß eine Wörterbuchdatei durchaus mehrere Megabytes groß sein kann. Der gesamte Inhalt des Wörterbuchs muß in den Hauptspeicher geladen werden. Das kann bei Computern mit kleinem Hauptspeicher ein ernstzunehmendes Problem darstellen.

Persistente Hashes

Wie wäre es mit persistenten Hashes? Wir haben ja gesehen, daß diese in DBM-Dateien abgelegt werden und auch nicht in den Hauptspeicher geladen werden müssen.

Eine Lösung ist nun, einmalig eine solche DBM-Datei aus dem Wörterbuch aufzubauen. Anschließend kann jede Suche (also auch über verschiedene Aufrufe des Programms hinweg) über diese DBM-Datei durchgeführt werden. Das zeit- und speicheraufwendige Laden der riesigen Wörterbuchdaten entfällt somit:

```perl
spell-tied.pl
#!/usr/local/bin/perl -w
# spell-tied.pl -- Rechtschreibpruefung mit persistentem
#                  Hash-Woerterbuch.

# Ort des Woerterbuchs. Ein Wort pro Zeile.
$dict   = '/usr/share/dict/words';

# Ort der DBM-Datei
$dbfile = '/var/local/words';

# Liste der zu ueberpruefenden Woerter.
# Sie wuerde normalerweise aus einer Parsing-Funktion kommen.
@mywords = qw ( this is okay but nottt thhat right);

use DB_File;

# Wenn die DBM-Datei noch nicht existiert, muessen wir sie anlegen:
if (not -e $dbfile) {
    tie %words, 'DB_File', $dbfile, O_CREAT|O_RDWR, 0644
        or die "can't tie to $dbfile: $!\n";

    # Wir lesen das Woerterbuch in dem Hash %words ein:
    open (DICT, "< $dict") or die "can't open $dict: $!\n";
    while (defined ($line=<DICT>)) {
        chomp $line;
        $words{$line} = "";
    }
    close DICT;

    untie %words;
}

# Nun benutzen wir die DBM-Datei im Nur-Lese-Modus:
tie %words, 'DB_File', $dbfile, O_RDONLY
    or die "can't tie to $dbfile: $!\n";

# Nun sind wir bereit, unsere Wortliste zu ueberpruefen:
foreach $word (@mywords) {
    print "Misspelled: $word\n" if not exists $words{$word};
}

# Das war es.
untie %words;
```
spell-tied.pl

8.10 Weitere Anwendungen

Obwohl diese Lösung durchaus vernünftige Laufzeiten erzielt, so hat sie dennoch einen Nachteil: Vor der ersten Verwendung muß die komplette Wörterbuchdatei in eine DBM-Datei umgewandelt werden. Eine alternative Lösung verwendet das *Caching*: Anstatt nun das gesamte Wörterbuch im voraus in eine DBM-Datei zu konvertieren, werden in einem persistenten Hash nur noch die Wörter eingetragen, die im aktuellen Text benötigt wurden:

```perl
spell-cached.pl
#!/usr/local/bin/perl -w
# spell-cached.pl -- Rechtschreibpruefung mit gecachtem
#                    Hash-Woerterbuch.

# Ort des Woerterbuchs. Ein Wort pro Zeile.
$dict   = '/usr/share/dict/words';

# Ort der DBM-Dateien
$dbfile = '/var/local/words';       # Gecachte richtige Woerter
$wfile  = '/tmp/wrongs';            # Gecachte falsche Woerter

# Liste der zu ueberpruefenden Woerter.
# Sie wuerde normalerweise aus einer Parsing-Funktion kommen.
@mywords = qw ( this is okay but nottt thhat right);

use DB_File;
tie %words, 'DB_File', $dbfile, O_CREAT|O_RDWR, 0644
    or die "can't tie to $dbfile: $!\n";
tie %wrongs, 'DB_File', $wfile, O_CREAT|O_RDWR, 0644
    or die "can't tie wrongs: $!\n";

WORDS: foreach $word (@mywords) {
    next if exists $words{$word};       # Gecacht, alles klar!
    if (exists $wrongs{$word}) {        # Als falsch gecacht!
        print "Misspelled: $word\n";
        next;
    }

    open (DICT, "< $dict") or die "can't open $dict: $!\n";
    while (defined ($dword = <DICT>)) {
        chomp $dword;
        if ($dword eq $word) {
            $words{$word} = "";         # Cachen, ist okay
            close DICT;
            next WORDS;
        }
    }
    close DICT;
    $wrongs{$word} = "";                # Cachen, falsche Woerter
    print "Misspelled: $word\n";
}

untie %wrongs;
```

```
untie %words;
```
———————————————————————————————— spell-cached.pl

Das Caching scheint auf dem ersten Blick nicht so effizient zu sein wie das Vorberechnen einer DBM-Datei. Bei näherer Betrachtung hingegen stellt sich heraus, daß in einem oder auch mehreren Texten nur eine ganz kleine Teilmenge von Wörtern benutzt wird. Diese kann durchaus effizient gecacht werden.

Das Modul Search::Dict

Mit Hilfe des Standardmoduls Search::Dict sind Sie in der Lage, ein Wort innerhalb einer Wörterbuchdatei zu suchen. Anders als die obigen Lösungen setzt die bereitgestellte Funktion look() das Filehandle genau auf die Zeile, die das gesuchte Wort enthält, oder auf die Zeile, die direkt stringweise darauf folgen würde. Daraus folgt, daß die entsprechende Datei stringweise sortiert sein muß:

spell-searchdict.pl
```perl
#!/usr/local/bin/perl -w
# spell-searchdict.pl -- Benutzt Search::Dict zur Woerterbuchsuche

use Search::Dict;                                       # Standardmodul

$dict = '/usr/share/dict/words';                        # Muss sortiert sein
open (DICT, "< $dict") or die "can't open $dict: $!\n";
print "Enter a word: "; $word = <STDIN>; chomp $word;
$pos = look(*DICT, $word);
if ($pos == -1) {
    print "An Error occured\n";
} else {
    $found = <DICT>; chomp $found;
    print "Entry found: >$found<\n";
}

close DICT;
```
———————————————————————————————— spell-searchdict.pl

Eine typische Ausgabe sieht so aus:

```
farid@bsd-1:~/p> ./spell-searchdict.pl
Enter a word: hello
Entry found: >hello<
farid@bsd-1:~/p> ./spell-searchdict.pl
Enter a word: helli
Entry found: >hellicat<
```

8.10.5 Der MH-Trick

Ein weiteres Beispiel für die Verwendung von Hashes sei hier vorgestellt. Es handelt sich um den sogenannten *MH-Trick*. Sie haben sicher schon viele E-Mails bekommen.

8.10 Weitere Anwendungen

E-Mails sind nach dem SMTP-Standard RFC822 [20], mit einem Mail-Header versehen, der Informationen über den Absender, das Sendedatum und allen Zwischenstationen sowie über andere Bereiche enthält. Diesen Header möchten wir gern weiterverarbeiten.

Eine typische E-Mail sieht wie folgt aus:

```
From http Sat Jan  4 21:34:53 1997
Return-Path: <http>
Received: by sun-1.meta.net (SMI-8.6/SMI-SVR4)
        id VAA00847; Sat, 4 Jan 1997 21:34:52 +0100
Date: Sat, 4 Jan 1997 21:34:52 +0100
From: http (HTTP Pseudo-User)
Message-Id: <199701042034.VAA00847@sun-1.meta.net>
To: farid
Subject: Das ist ein test
Content-Length: 15

blah blah blah
```

Nun soll erst der Header vom Mail-Body getrennt werden. Das zeilenweise Lesen der Datei ist zwar möglich, aber nicht ganz praktisch. Statt dessen verwenden wir die reservierte Variable $RS, um den Record-Separator auf eine leere Zeile zu setzen. Danach lesen wir den ganzen Header mit einem Schwung in eine Variable $header ein:

parse-mail.pl
```perl
#!/usr/local/bin/perl
# parse-mail.pl -- Ganzer Mail-Header mit einem Schlag lesen
#                  und getrennt vom Mail-Body bearbeiten
#                  "MH-Trick": Verwendet Absatz-Einlesemodus.

use English;         # fuer $RS

$ors = $RS;          # Alten Record-Separator merken.
$RS = '';            # Records sind durch eine leere Zeile
                     # voneinander getrennt.

$header = <STDIN>;   # lies einen Record ein.
                     # In Wirklichkeit wird der
                     # gesamte Mail-Header auf
                     # einen Schlag eingelesen.

# Header parsen
@lines = split(/\n/, $header);
foreach $line (@lines) {
    if ($line =~ /(.*?):\s(.*)/) {
        $MH{$1} = $2;    # Funktioniert nicht bei Headern,
                         # die mehrfach vorkommen koennen,
                         # wie z.B. Received:
    }
}
```

```
# Fuege eigene Header-Zeilen hinzu, bzw.
# veraendere Header-Zeilen.
$MH{"X-Parsed"} = "MH-Trick Programm";
$MH{"X-Uppercased"} = "Yes";
$MH{"Subject"} =~ s/\S/X/g;      # Subject-Zeile ausXen.

# Header sortiert ausgeben:
foreach $key (sort keys %MH) {
    print "$key: $MH{$key}\n";
}
print "\n";                      # Mail-Header ist zu Ende.

# Restliche Mail unveraendert ausgeben:
$RS = $ors;                      # Verwende wieder den alten
                                 # normalen Record-Separator.
while (<STDIN>) { print; }       # Den Rest einfach umkopieren.
```
—— parse-mail.pl

Die Ausführung mit obiger Beispieldatei ergibt:

```
farid@sun-1:~> ./parse-mail.pl  <  mail-text
Content-Length: 15
Date: Sat, 4 Jan 1997 21:34:52 +0100
From: http (HTTP Pseudo-User)
Message-Id: <199701042034.VAA00847@sun-1.meta.net>
Received: by sun-1. (SMI-8.6/SMI-SVR4)
Return-Path: <http>
Subject: XXX XXX XXX XXXX
To: farid
X-Parsed: MH-Trick Programm
X-Uppercased: Yes

blah blah blah
```

Was hat das MH-Trick-Programm an dieser Stelle zu bieten?

- Zunächst zum MH-Trick selbst: Wir wollen den gesamten Mail-Header einlesen und geeignet verändern. Danach wollen wir den Mail-Body, also die restliche Mail, unverändert durchreichen. Um den Mail-Header einzulesen, müssen wir wissen, wie oft wir eine einzelne Zeile einlesen sollen. Danach folgt eine leere Zeile und schließlich alle anderen Zeilen aus dem Body. Ein eleganter Weg liegt in der Verwendung einer speziellen reservierten Variable, dem Record-Separator. Reservierte Variablen werden im nächsten Kapitel behandelt. Die $RS-Variable steuert das Verhalten des Spitzeklammern-Leseoperators. Wir haben bisher gesagt, daß eine Zeile gelesen wird. Das war nur deswegen immer richtig, weil $RS ein Newline-Zeichen enthielt, was soviel bedeutete wie: Eingaberecords sind durch Newline zu trennen. Das bedeutet zeilenweises Einlesen. Wir verändern dieses Verhalten, indem wir in $RS eine leere Zeile speichern. Somit ist klar, daß ein einzelnes Lesen mit dem Spitzeklammernoperator den ganzen Mail-Header mit allen eingebetteten Newline-Zeichen in einem Schwung einlesen wird.

- Der nächste Schritt besteht im Parsen des Headers. Wir verwenden eine Technik, die der des Programms `wfreq.pl` (Abschnitt 8.9.1) ähnelt. Hier kommt auch unser Hash ins Spiel: `%MH` enthält als Schlüssel die Wörter vor dem Doppelpunkt, wie z.B. `To`, `Subject`, `Received` usw. Als zugeordnete Werte stehen dann die Zeilen nach dem Doppelpunkt. Auf diese Weise kann dann auf die einzelnen Zeilen/Komponenten des Headers zugegriffen werden.

- Wir werden exemplarisch einige Header-Zeilen hinzufügen. Dabei handeln wir RFC822-konform und verwenden *X-Header*. Wir verändern auch die Subject-Zeile so, daß sie hinterher maskiert ist. Wir hätten auch einige Header-Zeilen entfernen können, z.B. so:

  ```
  delete $MH{'Received'};    # nicht RFC822-konform
  ```

- Jetzt sortieren wir noch den Header lexikographisch nach Schlüsseln. Danach geben wir ihn aus, gefolgt von einer leeren Zeile.

- Nachdem wir den Record-Separator wieder auf seinen vorherigen Wert zurückgesetzt haben, behandeln wir den Rest des Mail-Bodys zeilenweise. Jede eingelesene Zeile wird einfach wieder ausgegeben. Wir haben insgesamt eine veränderte E-Mail produziert.

8.10.6 Zufälliges Umordnen eines Arrays

Sie wollen ein Array in zufälliger Reihenfolge umordnen. Ein möglicher Algorithmus funktioniert wie folgt:

1. `@input` sei das Array mit den umzuordnenden Werten, `@shuffled` soll die Werte aus `@input` in zufälliger Reihenfolge enthalten.
2. Wähle ein zufälliges Element `$var` aus `@input`.
3. Füge `$var` an das Ende von `@shuffled` an.
4. Entferne `$var` aus `@input`.
5. Gehe zu 2., solange `@input` noch Elemente enthält.

Dieser Algorithmus benötigt das Löschen aus einem Array. Da dies nicht so ohne weiteres möglich ist, verwenden wir Hashes:

```
shuffle-viahash.pl
#!/usr/local/bin/perl -w
# shuffle-viahash.pl -- Ordnet ein Array zufaellig mit Hashes

@input = 'a' .. 'z';               # Umzuordnende Eingabeliste

# Alle Elemente von @input in einem Hash speichern.
@myhash{@input} = ("") x @input;   # Hash-Slices

# Shuffle-Algorithmus:
```

```
    while ((@remains) = keys %myhash) {
        $myrand = $remains[rand @remains];
        push(@output, $myrand);
        delete $myhash{$myrand};
    }

    # @output enthaelt die Elemente von @input in zufaelliger
    # Reihenfolge. Diese geben wir hier aus:
    print "input : ", join("", @input),  "\n";
    print "output: ", join("", @output), "\n";
```
———————————————————————————————— shuffle-viahash.pl

Typische Ausgabe:

```
farid@bsd-1:~/p> ./shuffle-viahash.pl
input : abcdefghijklmnopqrstuvwxyz
output: ieahvocgbkuxrtnsjzmwlqdpyf
farid@bsd-1:~/p> ./shuffle-viahash.pl
input : abcdefghijklmnopqrstuvwxyz
output: kflwvgcspnhrdamtjeyuoxiqzb
```

8.11 Exkurs: Hashing

Die Suche nach einem Schlüssel in einer linearen Liste bzw. einem Array erfordert einen Aufwand von $O(n)$. Im Durchschnitt müssen normalerweise etwa $n/2$ Elemente einer n-elementigen Liste verglichen werden, bevor das gesuchte Element gefunden wird. Im *Worst Case* müssen sogar alle n Elemente der Liste überprüft werden.

Bei einem Binärbaum kann der Aufwand auf $O(\log n)$ reduziert werden. Trotzdem muß auch hier eine relativ hohe Anzahl von Elementen überprüft werden.

Während beide oben genannten Methoden das Durchlaufen einer gewissen Anzahl von Elementen erfordern, wird beim Hashing ein ganz anderer Ansatz verfolgt. Anstatt das zu suchende Element mit existierenden Elementen direkt zu vergleichen, wird zunächst eine Berechnung durchgeführt.

Eine spezielle Funktion, *Hashfunktion* genannt, berechnet aus dem zu suchenden Element eine Zahl. Diese Zahl ist ein Index innerhalb einer *Hashtabelle*. Nun wird in der Hashtabelle unter diesem Index nach dem Element gesucht.

Eine Hashtabelle ist also ein Vektor von Listen. Unter jedem Index befindet sich eine (hoffentlich kleine) Liste von Elementen der Tabelle. Aufgrund der Hashfunktion wird zunächst eine dieser Listen ausgewählt. Schließlich wird nur noch diese Liste durchsucht.

Wenn der Raum möglicher Werte klein ist, kann eine *ideale Hashfunktion* verwendet werden: Jeder mögliche Wert bekommt genau einen Index in der Hashtabelle.

Wenn beispielsweise nur die Elemente „f" bis „j" als Werte in Frage kommen, kann folgende Hashfunktion verwendet werden:

$$h : \{f, g, h, i, j\} \longrightarrow \{0, 1, 2, 3, 4\}$$

mit

$$h(f) \mapsto 0, h(g) \mapsto 1, h(h) \mapsto 2, h(i) \mapsto 3, h(j) \mapsto 4$$

In diesem Fall haben wir eine injektive Abbildung von der Menge möglicher Werte in die Menge der Indizes in der Hashtabelle.

In der Regel wird jedoch die Anzahl aller möglichen Werte viel größer sein als die Anzahl freier Slots in der Hashtabelle. Aus diesem Grund ist es nicht möglich, eine injektive Abbildung für große Werteräume zu konstruieren, wenn dabei die Hashtabelle in einem Rechner Platz finden soll.

Eine nicht injektive Abbildung hat aber leider die Eigenschaft, daß es Elemente $Wert_1$ und $Wert_2$ gibt, mit $h(Wert_1) = h(Wert_2)$ und $Wert_1 \neq Wert_2$. Beide Werte konkurrieren also um dieselbe Slotposition $h(Wert_1)$ innerhalb der Hashtabelle. Es liegt eine *Adreßkollision* vor.

Da Adreßkollisionen nie ganz zu vermeiden sind, müssen wir damit leben. Die Lösung ist nun, mehrere Werte pro Hashtabellenslot zu speichern. Das ist z.B. mit einer linearen Liste möglich. Pro Slot i gibt es dann eine Liste von Werten $Wert_{ij}$. Diese Listen müssen dann anschließend durchsucht werden. Diese Listen werden häufig auch *Buckets* genannt.

Hashfunktionen unterscheiden sich stark in ihrer Güte. Eine „gute" Hashfunktion versucht, die Werte möglichst gleichmäßig auf die Slots der Hashtabelle zu verteilen, um so die Größe der Buckets zu minimieren. Somit ist die Suche innerhalb eines Buckets möglichst schnell beendet. Andererseits versucht eine gute Hashfunktion auch, die Zahl der Adreßkollisionen möglichst niedrig zu halten, da somit eine extensive Suche in Buckets vermieden werden kann. Natürlich ist dies nur bei wenigen Werten und vielen Slots möglich.

Wie groß sollte eine möglichst effiziente Hashtabelle sein? Wie viele Slots (d.h. Buckets) sollten für durchschnittliche Fälle vorgesehen werden? Das *statische Hashing* sieht eine feste Anzahl von Slots vor und verteilt dann die Werte auf diese Slots. Auch bei immer größer werdenden Buckets bleibt die Anzahl der Slots gleich. Bei großen Mengen von Werten ist dieses Verfahren ineffizient.

Das *dynamische Hashing* hingegen fängt mit einer kleinen Anzahl von Slots an (um Speicherplatz zu sparen) und erhöht diese Anzahl erst bei zunehmendem Füllgrad der Buckets. Natürlich muß dann die Hashfunktion die erhöhte Anzahl von Slots berücksichtigen! Die Erhöhung der Slotanzahl ist aber i.d.R. mit einer Verschiebung einiger Elemente von vollen Buckets zu den neu geschaffenen Buckets verbunden. Diese Verschiebung kostet aber Zeit und ist nicht ganz zu vermeiden. Aus diesem Grund kann man in Perl einen Hash mit einer bestimmten Anfangsgröße vorbelegen (*Presizing*: siehe Abschnitt 8.4.2 auf Seite 182).

Sie können übrigens selbst herausfinden, ob die Perl-eigene Hashfunktion Ihre Daten gleichmäßig auf Buckets verteilt hat. Dazu werten Sie Ihren Hash im skalaren Kontext aus:

```
while (<>) { $hlines{$_} = 1; }
print scalar %hlines, "\n";
```

Es wird ein Eintrag der Form n/m ausgegeben. Dabei ist n die Anzahl benutzter Buckets und m die Gesamtzahl aller Buckets. Sie werden feststellen, daß m in Zweier-Potenzschritten wächst. Je näher das Verhältnis n/m an 1 heranreicht, um so besser ist die Verteilung auf die existierenden Buckets. Sie können sogar den Zeitpunkt erwischen, an dem die Hashfunktion von Perl die Gesamtzahl der Buckets verdoppelt. Mehr Informationen dazu entnehmen Sie bitte dem Eintrag in *man perldata*.

Weitere Informationen über statisches und dynamisches Hashing sowie über diverse Hashfunktionen finden Sie in jedem guten Text über Algorithmen und Datenstrukturen, beispielsweise [47, 3, 59].

8.12 Aufgaben

1. Warum erscheinen die Elemente eines Hashs in zufälliger Reihenfolge?
2. Erklären Sie, wieso man persistente Hashes bearbeiten kann, die mehr Elemente enthalten, als im Hauptspeicher Platz finden.
3. Geben Sie ein Beispiel aus der Praxis, das den Unterschied zwischen dem Löschen eines Schlüssel/Wert-Paares mittels `delete()` und dem Undefinieren eines Wertes mittels `undef()` betont.
4. Wieso funktioniert dieses Codefragment nicht immer?
   ```
   while ($key = each %myhash) { ... }
   ```
   Wie würden Sie es umformulieren, damit keine Probleme mehr entstehen?
5. Finden Sie weitere Perl-Formulierungen zur Berechnung der Vereinigung, der Differenz, der symmetrischen Differenz und des Durchschnitts zweier Mengen!
6. Finden Sie eine andere Perl-Implementation des Inklusionsprädikats für Mengen.
7. Sie haben eine Liste von Schlüsseln in `@mykeys` und zugehöriger Werte im Array `@myvalues`. Erstellen Sie daraus einen Hash in `%myhash`. Versuchen Sie dabei, so effizient wie möglich zu arbeiten. Verwenden Sie nach Möglichkeit mächtige Listenoperatoren, um das Arbeiten mit Indizes zu vermeiden.
8. Finden Sie alle Schlüssel, die in zwei Hashes gleichzeitig vorhanden sind. Wiederholen Sie die Übung für Schlüssel, die *nicht* in beiden Hashes gleichzeitig vorhanden sind. Können Sie eine praktische Anwendung dieser Aufgabe nennen?
9. Lesen Sie mehr über Hashfunktionen nach. Nennen Sie einige gute Hashfunktionen. Was zeichnet eine gute Hashfunktion aus, was eine schlechte? Die Häufigkeit der Werte im Werteraum ist nicht gleich verteilt. Wie berücksichtigt eine Hashfunktion dieses Ungleichgewicht?
10. Implementieren Sie den *Algorithmus von Prim* [21, 93] zur Bestimmung minimal aufspannender Bäume von kantenbewerteten ungerichteten zusammenhängenden

8.12 Aufgaben

Graphen! Ein minimal aufspannender Baum eines Graphen besteht aus sämtlichen Ecken des Graphen, aber nur aus den Kanten, deren Wertsumme minimal ist. Beim Algorithmus von Prim wird eine zufällige Ecke des Graphen in den Baum gesetzt. Anschließend werden nacheinander alle Kanten minimalen Gewichts zwischen einer Ecke im Graphen, die nicht bereits im Baum ist, und einem Knoten des Baumes dem Baum hinzugefügt. Zur Lösung dieser Aufgabe eignen sich die Mengenoperationen mit Hashes, wie sie in Abschnitt 8.9.2 gezeigt wurden, besonders gut. Verwenden Sie eine geeignete Datenstruktur. Wenn Sie Multihashes benötigen, können Sie Abschnitt 8.10.3 zu Rate ziehen.

11. In Abschnitt 8.9.3 auf Seite 201 wurde eine Form des Sortierens mittels Caching vorgeführt. Was würde geschehen, wenn die dort angegebene Benutzerfunktion für einige Werte 0 zurückliefern würde? Wie kann erreicht werden, daß auch in diesem Fall Aufrufe der `long()`-Funktion effektiv gecacht werden? *Hinweis*: `exists()`.

12. Wir haben gesehen, wie die Liste von Schlüsseln eines assoziativen Arrays (aufsteigend) sortiert ausgegeben werden kann. Wie kann eine solche Liste absteigend sortiert werden? *Hinweis*: Operator `reverse`. Verwenden Sie die kompakte Schreibweise, um durch die absteigend sortierte Liste von Schlüsseln zu wandern.

13. Haben Sie die Verwendung von assoziativen Arrays wirklich verstanden? Was geschieht, wenn Sie das dritte Schlüssel/Wert-Paar des Hashs verwenden wollen? Wieso ist es fast nie das Schlüssel/Wert-Paar, das als drittes in den Hash eingegeben wurde?

9 Variablen

9.1 Synopsis

```
$skalar; @array; %hash;              # Skalare, Arrays und Hashes
                                     # keine Deklaration noetig

use strict;                          # Praedeklaration nun
my $variable;                        # mit my() erforderlich!

$var = 17; $var = "string"; ...      # Variablen sind heterogen

@var; $var; %var;                    # sind alle verschiedene Variablen

{ my $lexicallocal; }                # Lokale Variable [Normalfall]
{ local $dynlocal; }                 # dynamisch lokale Variable

$#array = $big_value;                # Praeallokation von Arrays
keys %hash = $big_value;             # Praeallokation von Hashes

# Reservierte Variablen:
# ----------------------
use English;                         # nur fuer die Langform
$_;                                  # Die wichtigste Variable
$<n> $& $' $' $+ $*                  # Pattern Matching
$. $/ $\ $, $| $"""" $;              # Ein-/Ausgabe-Steuerung
$# $% $= $- $~ $^ $: $^L $^A         # Report-Generator
$? $! $^E $@                         # Fehler des Betriebssystems
$$ $< $> $( $)                       # Prozess-ID, User-ID, Group-ID
$0                                   # Name des Skripts
@ARGV @INC %INC %ENV %SIG            # Die Umgebungen, Includes etc.
@ISA @EXPORT @EXPORT_OK              # Klassenhierarchie, Namensraeume
@_                                   # Parameterliste in Funktionen
# Allgemeine Informationen:
$[ $] $^D $^F $^H $^I $^M $^O $^P $^R $^S $^T $^W $^X $ARGV

print "Defined" if defined $variable; # Definierte Variable
print "True"    if $variable;         # ist nicht dasselbe!
undef $variable;                      # Wieder auf undef setzen

%:: %main:: %package::               # Symboltabellen

tie %myhash 'MyClass';               # Variablenbindung
```

9.2 Eigenschaften von Variablen

- *Variablen sind Container für skalare und vektorielle Werte*: Die Variablen von Perl sind, wie bei anderen Sprachen auch, Behälter für diverse Wertetypen. So können skalare Werte, wie Strings, Zahlen und Referenzen, in skalaren Variablen gespeichert werden. Listen hingegen werden in Arrays gespeichert, während Hashes Schlüssel/Werte-Paare aufnehmen können.

  Dabei ist eine Variable mehr als nur ein Speicherplatz für Daten. Sie ist auch ein *benannter* Speicherplatz, da innerhalb des Programms ein *Bezeichner* mit diesem Speicherplatz verbunden ist. Wir werden noch in Abschnitt 13.5 sehen, daß es auch *anonyme Strukturen* gibt, die nur über Referenzen ansprechbar sind.

- *Variablen müssen nicht vor ihrer Verwendung deklariert werden*: Viele Programmiersprachen fordern Benutzer auf, Variablen vor ihrer ersten Verwendung zu *deklarieren*. Dabei wird normalerweise der Datentyp dieser Variable mit angegeben, damit der Compiler zum einen Speicherplatz geeigneter Größe bereitstellen kann, aber auch bestimmte Sicherheitsüberprüfungen (*sanity checks*) über die möglichen Operationen mit diesen Variablen durchführen kann.

  Die Fähigkeit, Variablen nicht zu deklarieren, sondern direkt zu verwenden, kann aber auch zum Nachteil gereichen: Oft ist es möglich, unabsichtlich, z.B. durch Tippfehler, neue Variablen einzuführen. Diese werden dann auch bedenkenlos erzeugt. Dies kann zu schwer auffindbaren Fehlern führen:

  ```
  $variable = "somewhat";          # Erste Verwendung

  # Viel spaeter im Programm:
  $varriable = "oops";             # FALSCH! Gemeint war $variable

  # Wieder etwas spaeter im Programm:
  print $variable;                 # somewhat, nicht oops
  ```

  Eine Lösung dieses Problems besteht darin, eine Deklaration von Variablen zu erzwingen. Dazu verwenden Sie das Pragma `use strict;` in Verbindung mit dem Schlüsselwort `my()`:

  ```
  use strict;                      # Erzwinge Deklaration
  my $variable;                    # Deklaration

  $varriable = "oops";             # Fehler beim Kompilieren
                                   # da nicht erklaert
  ```

  Sie finden weitere Details zu diesem Thema auf Seite 52.

Nicht deklarierte Variablen sind *undefiniert*. Sobald sie jedoch verwendet werden (ohne dabei vorher zugewiesen worden zu sein), bekommen sie einen Wert (Defaultwerte undefinierter Variablen):

- 0 bei Verwendung im numerischen Kontext
- den leeren String '' im Stringkontext
- die leere Liste (), das leere Array bzw. den leeren Hash im Listenkontext

- *Variablen können den Typ wechseln*: Da Perl eine *schwach typisierte Sprache* ist, kann der Typ einer Variablen mit ihrem Inhalt auch im Laufe der Zeit wechseln. Enthielt eine skalare Variable soeben noch einen String, so kann sie kurz darauf eine Zahl und danach wieder eine Referenz enthalten:

  ```
  $myvar = "a string";        # Ist ein String
  $myvar = \$another_var;     # Nun eine Referenz
  $myvar = 4711;              # und jetzt eine Zahl
  ```

  Darüber hinaus haben wir schon in Kapitel 7 gesehen, daß Arrays (genauer gesagt Listen) heterogen sind und in bunter Folge alle möglichen skalaren Werte enthalten können.

- *Symboltabellen*: Sämtliche Variablen eines Packages (siehe Abschnitt 14.3) werden in einer sogenannten *Symboltabelle* zusammengefaßt. Wir werden in Abschnitt 9.9 sehen, wie man auf diese Symboltabelle zugreifen kann.

- *Automatische Speicherverwaltung*: Die automatische Speicherverwaltung von Perl (*Garbage Collection*) sorgt zuverlässig dafür, daß für Variablen, seien sie skalar oder Arrays und Hashes, stets genügend Speicherplatz zur Verfügung steht. Ein String kann bei Bedarf wachsen und schrumpfen. Dasselbe gilt für Arrays und auch für Hashes. Es gibt jedoch Situationen, in denen manuell Speicherplatz *präallokiert* werden kann. Dies ist Gegenstand von Abschnitt 9.5.

9.3 Variablentypen

Perl kennt drei verschiedene Kategorien von Variablen: skalare Variablen, Listen und Hashes. Aufgrund ihrer unterschiedlichen Natur haben sie jeweils ein eigenes Präfix.

9.3.1 Skalare Variablen

Skalare Variablen sind Container für skalare Datentypen. Das sind Typen, die nur aus genau einem Wert bestehen. Beispiele für skalare Datentypen sind Strings, Zahlen und Referenzen.

Bezeichner für skalare Variablen beginnen stets mit einem Dollarzeichen:

```
$var  = "a string";    # $var ist eine skalare Variable,
                       # die gerade einen String enthaelt
$vn   = 3.14159265;    # $vn ist eine skalare Variable,
                       # die gerade eine Zahl enthaelt
$pref = \$vn;          # $pref ist eine skalare Variable,
                       # die gerade eine Referenz auf $vn enthaelt
```

Regeln zur Bildung von Bezeichnern skalarer (und auch anderer Variablen) werden in Abschnitt 9.8 auf Seite 249 vorgestellt.

9.3.2 Arrays

Arrays sind Variablen, die Listen enthalten. Die Bezeichner für Arrays beginnen im Gegensatz zu denen von skalaren Variablen oder von Hashes stets mit einem @-Zeichen:

```
@list      = ( 1,2,3,4,5 );
@sorted    = sort @unsorted;
@heterogen = ( 1, "hello", undef, \$var );
```

Hierbei ist aber darauf zu achten, daß der Zugriff auf einzelne Elemente eines Arrays durch ein $-Zeichen einzuleiten ist (siehe Abschnitt 7.3.4):

```
$firstelem = $list[0];
$lastelem  = $list[$#list];
```

Arrays wurden bereits in Kapitel 7 ausführlich behandelt.

9.3.3 Hashes

Hashvariablen, auch kurz Hashes genannt, beginnen stets mit einem Prozentzeichen. Dies unterscheidet sie von skalaren Variablen und Arrays:

```
%days = ( mon => 1, tue => 2, wed => 3, thu => 4,
          fri => 5, sat => 6, sun => 7 );
```

Der Zugriff auf einzelne Schlüssel/Wert-Paare geschieht mit Hilfe von geschweiften Klammern und einem Dollarzeichen anstelle des Prozentzeichen (siehe Abschnitt 8.4 auf Seite 181):

```
print "Number of wed: ", $days{'wed'}, "\n";
```

Hashes wurden in aller Ausführlichkeit in Kapitel 8 behandelt.

9.4 Namensräume und Sichtbarkeit

Auch in Perl gibt es globale und lokale Variablen. Wie in anderen Programmiersprachen überlagert in Perl eine lokale Variable eine globale Variable gleichen Namens. In den folgenden Abschnitten werden Sie erfahren, wie lokale Variablen definiert und wozu sie verwendet werden können.

9.4.1 Namensräume

Skalare Variablen, Arrays und Hashes haben jeweils für sich eigene Namensräume: So sind $a, @a und %a drei verschiedene Variablen: $a ist eine skalare Variable, @a ist ein Array, und %a ist ein Hash. Alle drei haben nichts miteinander zu tun und können in einem Programm gleichzeitig verwendet werden.

Sogar der Zugriff auf einzelne Elemente von @a oder %a, der mit einem Dollarzeichen beginnt, unterscheidet sich von dem auf eine skalare Variable $a:

```
%a = ( I => 'one', II => 'two', III => 'three' );
@a = qw (brave new world);
$a = "annoybot";

print $a;           # annoybot
print $a[1];        # new
print $a{II};       # two
```

Auch wenn es möglich ist, denselben Namen für verschiedene Variablen zu verwenden, sollte wegen der besseren Lesbarkeit von Programmen lieber darauf verzichtet werden.

Sie werden in Abschnitt 14.3 ab Seite 564 sehen, daß mit Hilfe von *Packages* weitere abgeschlossene Namensräume geschaffen werden können. Hier haben wir uns auf das Defaultpackage main:: beschränkt.

9.4.2 Sichtbarkeit mit my und `local`

Normalerweise sind Variablen *global*. Das bedeutet, daß sie überall im Programm sichtbar sind:

```
$var = 4711;                # globale Variable
{                           # Ein Block
    $var = 19;              # globale Variable wird veraendert
}
print $var;                 # 19
```

Mit Hilfe der Funktionen my() und local() lassen sich zwei Formen von *lokalen Variablen* erzeugen.

Wir betrachten im folgenden die wesentlichen Einsatzgebiete von my() und local(). Mehr Informationen über den lexikalischen und den dynamischen Sichtbarkeitsbereich finden Sie in *man perlsub*.

Lexikalischer Sichtbarkeitsbereich mit my

Mit my() werden Variablen als *lexikalisch lokal* zum einschließenden Block deklariert. Ein solcher Block kann unter anderem sein:

- Jeder in geschweifte Klammern gesetzte Syntaxblock:

```
    $var = 911;             # Globale Variable
    if ( ... ) {
        my $var;            # Lokal zum Then-Block
        $var = 112;         # Lokale Einstellung
    }
    print $var;             # 911: globale Variable hier!
```

- Jede Subroutine:

    ```perl
    $var = "global value";      # Globale Variable
    myfunc();                   # Veraendert nur lokale Variable
    print $var;                 # Ergibt: global value

    sub myfunc {
        my $var = "subroutine value";   # Lokale Aenderung
    }
    ```

- Jeder eval()-Block:

    ```perl
    $var = 4711;                # globaler Wert
    eval { $var = 999; }        # Aenderung der globalen Variable
    eval { my $var = 333; }     # Eine lokale Variable
    print $var;                 # 999, nicht 333
    ```

- Jede mit require() oder use() eingebundene Datei. Somit ist ein Sichtbarkeitsbereich, der auf eine Datei beschränkt ist (*file scope*), wie er bei den `static`-Variablen in C bekannt ist, möglich: Das Hauptprogramm:

    ```
    sup.pl ────────────────────────────────────────────────
    #!/usr/local/bin/perl -w
    # sup.pl -- Lexikalischer Dateisichtbarkeitsbereich
    #           (File-Scope) mit my

    $var = 4711; print "Global: $var\n";

    require 'sub.pl';
    print "Global $var: $var\n";
    $tmpvar = retvar();
    print "Sub $var: $tmpvar\n";
    print "Global $var: $var\n";
    ──────────────────────────────────────────────── sup.pl
    ```

Die eingebundene Datei sieht so aus:

    ```
    sub.pl ────────────────────────────────────────────────
    # sub.pl -- Wird durch sup.pl eingebunden
    my $var = 9911;
    sub retvar { print "Old: $var\n"; $var = 9999; return $var; }
    1;
    ──────────────────────────────────────────────── sub.pl
    ```

Die Ausführung ergibt:

    ```
    farid@sun-1:~/p> ./sup.pl
    Global: 4711
    Global $var: 4711
    Old: 9911
    Sub $var: 9999
    Global $var: 4711
    ```

9.4 Namensräume und Sichtbarkeit

Sie können übrigens my() eine Liste von lexikalisch lokalen Variablen übergeben. Diese muß dann in runden Klammern gesetzt werden. Außerdem handelt es sich dabei um ein *Lvalue*, so daß Sie diesen Variablen auch gleiche Werte zuweisen können:

```perl
my ($var1, $var2, $var3, @ary4, %hash5);
sub myfunc {
    my (@paramlist) = @_;   # Kopie der Parameterliste
}
```

Achtung! *Seien Sie vorsichtig bei der Deklaration mehrerer Variablen mit* my()*! Das folgende ist falsch:*

```perl
my $foo, $bar = 1;          # FALSCH!

# Das entspricht:
my $foo;
$bar = 1;
```

Auch der Ausführungskontext kann irrtümlicherweise geändert werden:

```perl
my ($buf) = <STDIN>;        # FALSCH! Listenkontext
my $buf   = <STDIN>;        # Okay, Skalarer Kontext
```

Vor dem *Abschluß* der my()-Deklaration einer Variablen kann noch auf ihren alten Wert zugegriffen werden:

```perl
$x = "old value";           # Irgendeine alte Variable
my $x = "funny $x";         # $x jetzt: "funny old value"
```

Dynamischer Sichtbarkeitsbereich mit `local`

Mit local() wird eine Variable *dynamisch lokal* erklärt. Das bedeutet, daß diese Variable außerhalb des Blocks, in dem sie als lokal (mit local()) erklärt wurde, nicht sichtbar ist. Allerdings ist sie in jedem Bereich sichtbar, der von innerhalb dieses Blocks aufgerufen wurde:

```perl
local.pl
#!/usr/local/bin/perl -w
# local.pl -- Zeigt die Verwendung des dynamischen Scopings mit local:

$var = 4711;                # Globale Variable
{
    local $var = 9999;      # dynamisch lokale Variable
    print "Lokal: $var\n";  # Lokal: 9999
    myfunc();               # bekommt $var: 9999
                            # veraendert in $var: 8888
    print "$var\n";         # 8888, wegen myfunc()
}
print "Global: $var\n";     # Global: 4711

sub myfunc {
    print "Alt: $var\n";    # Alt: 9999
```

```
        $var = 8888;              # local $var aendern
}
```
———————————————————————————————————— local.pl

In diesem Beispiel wurde die Variable $var mit Hilfe von local() dynamisch lokal erklärt. Innerhalb des lokalen Blocks wird die Funktion myfunc() aufgerufen. Diese Funktion bekommt den Wert der *lokalen* Variable $var und kann ihn auch verändern. Die Veränderung dieser *dynamisch* lokalen Variable wirkt sich auch auf den einschließenden Block aus.

Unterschied zwischen my und local

Bitte beachten Sie den Unterschied zwischen my() und local():

mylocal.pl ————————————————————————————————————
```perl
#!/usr/local/bin/perl -w
# mylocal.pl -- Unterschied zwischen my und local

$var = "Globaler Wert";             # Globale Variable
print "Global vor local-Aenderungen: >$var<\n\n";

# Der erste Block ist ein dynamisches local:
{
    local $var;                     # dynamisches Scoping
    $var = "Dynamischer Wert";      # Veraendert lokale Variable
    print "Dynamisch vorher: >$var<\n"; # >Dynamischer Wert<
    myvar();                        # Lesen und veraendern
    print "Dynamisch danach: >$var<\n"; # >Veraendert zu myvar<
}
print "Global nach local-Aenderungen: >$var<\n\n"; # >Globaler Wert<

# Der folgende Block ist ein lexikalisches my:
{
    my $var;                        # lexikalisches Scoping
    $var = "Lexikalischer Wert";    # Veraendert my-Variable
    print "Lexikalisch vorher: >$var<\n"; # >Lexikalischer Wert<
    myvar();                        # Lesen und veraendern? VORSICHT!
    print "Lexikalisch danach: >$var<\n"; # >Lexikalischer Wert<
}
print "Global nach my-Aenderungen: >$var<\n"; # >Veraendert zu myvar<

# Die subroutine liest und veraendert $var
sub myvar {
    print "myvar(): >$var<\n";
    $var = "Veraendert zu myvar";
    print "myvar(): -> >$var<\n";
}
```
———————————————————————————————————— mylocal.pl

9.4 Namensräume und Sichtbarkeit

Die Ausführung ergibt:

```
farid@sun-1:~/p> ./mylocal.pl
Global vor local-Aenderungen: >Globaler Wert<

Dynamisch vorher: >Dynamischer Wert<
myvar(): >Dynamischer Wert<
myvar(): -> >Veraendert zu myvar<
Dynamisch danach: >Veraendert zu myvar<
Global nach local-Aenderungen: >Globaler Wert<

Lexikalisch vorher: >Lexikalischer Wert<
myvar(): >Globaler Wert<
myvar(): -> >Veraendert zu myvar<
Lexikalisch danach: >Lexikalischer Wert<
Global nach my-Aenderungen: >Veraendert zu myvar<
```

In diesem Beispiel wurde im `local()`-Block die Variable `$var` dynamisch lokal gemacht. Ein Aufruf der Funktion `myfunc()` belegt dies: Die lokale Variable wurde innerhalb von `myfunc()` mit dem dynamisch lokalen Wert gesehen und geändert. Nach der Rückkehr aus `myfunc()` war die Variable auch tatsächlich verändert worden. Die globale Variable blieb hingegen komplett unangetastet.

Im Fall des lexikalischen `my()`-Blocks verhielt es sich jedoch anders: Zwar wurde mit `my()` innerhalb des Blocks eine lexikalisch lokale Variable geschaffen. Dennoch hat sich der Sichtbarkeitsbereich (*scope*) dieser Variable nicht auf die Funktion `myfunc()` erstreckt, die ja von innerhalb dieses Blocks aufgerufen wurde. Darum hatte `myfunc()` den Inhalt der *globalen Variablen* gesehen und diesen auch folgerichtig verändert. Nach der Rückkehr aus `myfunc()` war die `my()`-Variable unverändert geblieben, dagegen änderte sich der Wert der globalen Variablen.

Eine sinnvolle Anwendung für `local()`

Normalerweise werden Sie in den meisten Fällen `my()`-Variablen benutzen und `local()` bestimmten Sonderfällen vorbehalten. Im folgenden Beispiel wird ein *Aufrufzähler* einer rekursiven Subroutine als Variable mit dynamischem Sichtbarkeitsbereich `$count` realisiert:

```
localuse.pl
#!/usr/local/bin/perl -w
# localuse.pl -- Eine sinnvolle Verwendung von local()-Variablen

for $i ( 0 .. 10 ) {
    local $count = 0;                        # Aufrufzaehler
    ($result, $ncounts) = fib($i);           # Fibonacci von 10 ausrechnen
    print "fib($i) == $result, after $ncounts calls\n";
}

sub fib {
    my $n = shift;                           # Parameter von fib()
```

```
        ++$count;                              # dynamische Veraenderung
        return (1,$count) if $n == 0 or $n == 1;
        return (fib($n-1) + fib($n-2), $count);
}
```
_____ localuse.pl

Die Ausführung ergibt:

```
farid@sun-1:~/p> ./localuse.pl
fib(0) == 1, after 1 calls
fib(1) == 1, after 1 calls
fib(2) == 5, after 3 calls
fib(3) == 9, after 5 calls
fib(4) == 15, after 9 calls
fib(5) == 25, after 15 calls
fib(6) == 41, after 25 calls
fib(7) == 67, after 41 calls
fib(8) == 109, after 67 calls
fib(9) == 177, after 109 calls
fib(10) == 287, after 177 calls
```

In diesem Beispiel wurde mit Hilfe eines Aufrufzählers ermittelt, wie oft eine *rekursive Funktion* aufgerufen wurde. Diese Variable $count wurde außerhalb der zu instrumentarisierenden[1] Funktion fib() in einem Block (hier einem Schleifenblock) mittels local() deklariert und mit 0 initialisiert. Innerhalb desselben Blocks wurde die zu messende Funktion fib() aufgerufen. Wir sehen hier, daß dank des dynamischen Scopings diese lokale Variable durch den Aufruf an fib() übergeben wurde — und dies sogar über mehrere Rekursionsebenen hinweg.

Hätten wir anstelle von local() fälschlicherweise my() verwendet, so hätte dies nicht funktioniert. Bestenfalls hätte fib() eine höhere bzw. globale Variable $count verändert. Mit Hilfe von local() stellten wir hingegen sicher, daß außerhalb des Schleifenblocks eine andere Variable mit dem Namen $count unangetastet geblieben wäre und dabei trotzdem der Zähler dynamisch an die unteren Rekursionsebenen weitergegeben werden konnte.

Ein anderer Mechanismus zur Implementierung eines Aufrufzählers, *Closure* genannt, wird in Abschnitt 11.5.2 ab Seite 328 vorgestellt.

---

[1] Dieser Begriff bedeutet, daß innerhalb einer Funktion Profiling-Code eingefügt wird, mit dessen Hilfe die Ausführungszeit, Aufrufhäufigkeit und diverse andere Parameter bestimmt werden können. Es werden also wie im Cockpit eines Flugzeugs „Instrumente" eingebaut, die Auskunft über wichtige Eigenschaften einer Funktion geben.

Wann werden `local()`-Variablen wirklich gebraucht?

Meistens sollten Sie lokale Variablen mit `my()` deklarieren. `local()`-Variablen sind fast nie erforderlich. Es gibt folgende Ausnahmen, wo `local()`-Deklarationen unumgänglich sind:

- Temporäre Veränderung einer globalen (reservierten?) Variable:
  ```
  { $/ = ''; $paragraph = <STDIN>; }
  ```
- Lokale Filehandles:
  ```
  sub myfunc { local *FH = shift; }
  ```
- Temporäre Veränderung eines Arrayelements:
  ```
  sub critical { local $SIG{'INT'} = 'IGNORE'; do_critical(); }
  ```

9.5 Speicherverwaltung

Es wurde bereits häufiger erwähnt, daß Perl über eine automatische Speicherverwaltung verfügt. Dadurch ist es möglich, Strings beliebiger Größe, Arrays mit einer unbestimmten Anzahl von Elementen und Hashes mit einer variablen Anzahl von Schlüssel/Wert-Paaren zu benutzen.

Im Gegensatz zu vielen kompilierten Sprachen, wie C und Pascal, müssen Variablen in Perl nicht vor ihrer ersten Verwendung expliziert deklariert werden. Das ist ja angesichts der automatischen Speicherverwaltung und der Heterogenität von Arrays und Hashes, aber auch wegen der schwachen Typbindung von skalaren Variablen schließlich zu erwarten. Außerdem führt die Vergrößerung eines Strings nicht zu einem Pufferüberlauf, der sonst nicht nur *Coredumps*, sondern auch zahlreiche Sicherheitslücken, wie sie in den CERT-Hinweisen (siehe `http://www.cert.dfn.de/`) beschrieben werden, verursachen könnte.

Die Vergrößerung eines Arrays ist auch unproblematisch. Sobald mehr Elemente einem Array hinzugefügt werden, vergrößert Perl einfach den benötigten Speicherplatz, und zwar völlig transparent für die Anwender.

Nachdem nun nach und nach mehr Speicher automatisch angefordert wurde, ist es nun an der Zeit, wieder aufzuräumen. Perl verfolgt die Strategie der Referenzzählung (*reference counting*). Das bedeutet, daß Speicherplatz, der von nirgendwo mehr referenziert wird, wieder freigegeben wird, und zwar sobald der Referenzzähler auf 0 gefallen ist. Im Gegensatz zu *Java* oder *Lisp* ist das Verhalten der *Garbage Collection* also stets vorausberechenbar.

Perl-Programmierer brauchen sich *in der Regel* keine Gedanken über die Speicherverwaltung zu machen. Brauchen Sie größere Strings? Kein Problem! Vergrößern Sie sie einfach zur Laufzeit. Sollen Arrays mehr Elemente aufnehmen? Wieder kein Problem: Fügen Sie sie einfach hinzu. Nicht mehr benötigte Variablen werden automatisch wieder aus dem Speicher entfernt.

Ist deswegen nun alles in bester Ordnung? Meistens ja! Dennoch gibt es Situationen, in denen es sich als nützlich erweist, etwas mehr über die internen Mechanismen der Speicherverwaltung zu wissen:

- *Schrittweise Vergrößerung eines Arrays*: Eine typische Aufgabe besteht darin, ein Array aus irgendwelchen Daten aufzubauen. Dieses Array würden Sie z.B. mit push() oder durch direktes Hinzufügen neuer Elemente in einer Schleife immer wieder vergrößern. Nun sollten Sie aber wissen, daß Arrays intern meist als zusammenhängende Speicherbereiche realisiert sind[2]. Sobald nun kein Platz mehr für neue Elemente vorhanden ist (etwa bei hoher Fragmentierung des Speichers), muß das gesamte Array in einen neuen größeren Speicherbereich umkopiert[3] werden (dies wird höchstwahrscheinlich intern durch die C-Funktion realloc() bewerkstelligt). Dieses Umkopieren geschieht immer dann, wenn die Speicherverwaltung ein Array so weit vergrößern wird, daß dafür ein größerer zusammenhängender Speicherbereich gefunden werden muß.

  Das Umkopieren zwecks schrittweiser Vergrößerung kann, vor allem auf älteren Betriebssystemen eine kostspielige, d.h. langsame Operation sein. Leider ist sie nur selten vermeidbar.

  Ist die zukünftige Anzahl der Elemente *ungefähr* bekannt, ist es möglich, einem Array vor dem schrittweisen Hinzufügen bereits eine passende Größe zu geben. Dies wird *Presizing* genannt und kann etwa durch die Erhöhung der reservierten Variablen $#myarray für das Array @myarray realisiert werden:

  ```
  @myarray = ();              # Noch nicht presized
  $#myarray = 1_000_000;      # So viele kommen sicher rein
  for $i ( 1 .. 1_000_000 ) {
      push(@myarray, &user_func($i));
  }
  $myarray[1_000_001] = "still more";  # Trotzdem moeglich!
  ```

  Was für Arrays gilt, ist bei Strings und bei Hashes ebenfalls wahr.

- *Freigabe von Speicher muß nicht immer sichtbar sein*: Die Freigabe von Speicher innerhalb eines Programms muß nicht unbedingt zu einer Verkleinerung des ausführenden Prozesses führen. Da die Speicherverwaltung von Perl auf den C-Library-Funktionen malloc() und free() basiert und diese ihrerseits meistens auf der nicht rückgängig zu machenden Verschiebung der sbrk()-Grenze basieren, bleibt der Verbrauch an virtuellem Speicher auf dem höchsten Niveau, das malloc() durch die sbrk()-Verschiebung bewirkt hat.

  Dennoch ist eine Verwendung von free() nicht immer umsonst. Das gilt insbesondere dann, wenn während der Lebenszeit eines Prozesses häufiger Speicher allokiert

---

2 Genauer gesagt bestehen Arrays aus zusammenhängenden Adressen des *virtuellen Adreßraums*. Das VM-Subsystem moderner Betriebssysteme kann durchaus mehrere physische Seiten, die weit voneinander entfernt sind, zu zusammenhängenden virtuellen Adressen kombinieren. Dies ändert jedoch nichts Wesentliches an der obigen Diskussion.

3 Tatsächlich würde auch hier das VM-Subsystem die Daten nicht immer physisch kopieren, sondern versuchen, entweder direkt oder durch Tricks wie *copy on write* diese vorbelegten Seiten auf freie virtuelle Adressen abzubilden.

und wieder freigegeben wird. In diesem Fall recycelt die klassische `malloc()`-Implementation freigegebenen Speicher, so daß es sich durchaus lohnt, explizit nicht mehr benötigten Speicher wieder freizugeben.

> Übrigens gehen einige C-Library-Implementationen dazu über, Speicher für `malloc()` viel aggressiver vom VM-Subsystem in Form einzelner Seiten anzufordern und bei `free()` wieder zurückzugeben (z.B. bei FreeBSD). Gerade in diesem Fall kann das explizite Freigeben von Speicher die allgemeine Systemperformanz deutlich steigern: Man denke nur an ein System mit vielen Hunderten von Prozessen, die alle um den virtuellen Speicher kämpfen!

Bei Arrays kann Speicher explizit durch die Verkleinerung der reservierten Variablen `$#myarray` für das Array `@myarray` freigegeben werden.

9.6 Reservierte Variablen

Neben benutzerdefinierten Variablen können in einem Perlskript auch reservierte Variablen verwendet werden. Es handelt sich dabei um Variablen, die für den Perl-Interpreter eine besondere Bedeutung haben. In den folgenden Abschnitten werden wir die reservierten Variablen von Perl kennenlernen.

9.6.1 Was sind reservierte Variablen?

Reservierte Variablen sind Variablen, die für Perl bereits besondere Bedeutungen haben. Sie sind frei, diese Variablen auszulesen und in vielen Fällen sogar zu beschreiben. Reservierte Variablen spiegeln den Zustand des Systems wider und können auch zur Steuerung bestimmter Abläufe verwendet werden.

Einige reservierte Variablen können nur gelesen werden: Beispielsweise liefert die Variable `$$` die Nummer des aktuellen Prozesses, die *Prozeß-ID* zurück:

```
farid@sun-1:~/p> perl -e 'print "PID: $$\n"'
PID: 613
```

In diesem Fall ist es natürlich wenig sinnvoll, `$$` einen Wert zuweisen zu wollen!

Andere reservierte Variablen können hingegen geändert werden:

```
@list = 'a' .. 'h';        # Irgendeine Liste
print @list, "\n";         # abcdefgh

$, = ':';                  # Output-Field-Separator $OFS veraendern
print @list, "\n";         # a:b:c:d:e:f:g:h:
```

Doch reservierte Variablen sind nicht nur skalar! Auch Arrays und Hashes kommen zum Einsatz:

```
# Oeffne die erste Datei auf der Kommandozeile: @ARGV
open (IFILE, "< $ARGV[0]") or die { ... }
```

```
# Setze die Umgebungsvariable 'TMPDIR' auf /tmp
# durch Veraenderung des Hashs %ENV
$ENV{'TMPDIR'} = '/tmp';
```

Sie werden sich sicherlich wundern, daß einige reservierte Variablen scheinbar ihren Wert erst dann annehmen, wenn Sie diese auslesen wollen, obwohl Sie selbst diese Variablen nicht vorbelegt haben. Darüber hinaus bewirken Zuweisungen an bestimmte reservierte Variablen auch eine Veränderung des Systemzustands, ohne daß scheinbar dazu erforderliche Funktionen aufgerufen würden (etwa im obigen Beispiel mit %ENV die C-Funktion putenv()).

In Wirklichkeit werden beim Auslesen und auch beim Schreiben der meisten reservierten Variablen im Hintergrund — für den Benutzer unsichtbar — spezielle Aktionen *getriggert*. Dies ist nur ein Teil eines allgemeineren Mechanismus, der *Variablenbindung*, die ausführlich in Abschnitt 15.4 ab Seite 699 behandelt wird.

Wir werden im folgenden kurz reservierte skalare Variablen sowie reservierte Arrays und Hashes betrachten. Dabei werden wir einige typische Verwendungen dieser Variablen kennenlernen. Allerdings ist die folgende Übersicht nicht vollständig. Sie sollten auf jeden Fall auch die Originaldokumentation zu Rate ziehen.

9.6.2 Kurz- und Langform

Perl kennt viele reservierte Variablen. Diese können sowohl über ihren ursprünglichen, „hackerischen" Kurznamen, als auch über längere Namen angesprochen werden, die durch das Pragma use English; aktiviert werden. Eine vollständige Übersicht über die von Ihrer Version von Perl unterstützten reservierten Variablen erhalten Sie in *man perlvar*.

Die Verwendung der Langform erhöht zwar die Lesbarkeit Ihrer Programme, kann aber auch eine ganz kleine Verringerung der Performanz nach sich ziehen. Daher ist die Verwendung der Kurzformen nicht nur mit weniger Tastenanschlägen verbunden, sondern auch mit einer etwas höheren Effizienz! Perl-Hacker sollten sämtliche reservierten Variablen gut beherrschen, und zwar auch und gerade in ihrer Kurzform.

9.6.3 Die Defaultvariable $_

Die Defaultvariable $_, auch $ARG genannt, ist die wichtigste Variable in Perl. Sie wird jedoch nur selten wortwörtlich im Programm zu finden sein. Ihre Präsenz ist jedoch unübersehbar:

- Viele Funktionen verwenden $_ als Defaultargument, wenn dieses nicht mit übergeben wird; beispielsweise:

    ```
    @list = split(/:/, $line);
    @list = split(/:/);          # Bedeutet split(/:/, $_)
    ```

    Eine gute Übersicht über diese Funktionen finden Sie in *man perlfunc*.

9.6 Reservierte Variablen

- Listenfunktionen gehen auch oft von $_ aus:

    ```
    print;                      # Kurzform
    print $_;                   # Aequivalente Form
    ```

- Pattern-Matching-Operatoren, wie m//, s/// und tr/// ohne den =~-Operator (siehe Abschnitt 5.6 ab Seite 82) benutzen ebenfalls $_:

    ```
    print "hi" if $_ =~ m/hello/;    # Lange Form
    print "hi" if m/hello/;          # Kuerzer
    print "hi" if /hello/;           # noch besser

    $_ =~ s/old/new/;                # Nicht perlig genug
    s/old/new/;                      # so wird's gemacht
    ```

- $_ wird auch als Standarditerator bei einer foreach-Schleife verwendet:

    ```
    foreach $item (@list) { ... };   # $item durchlaeuft @list
    foreach (@list) { ... };         # $_ durchlaeuft @list
    ```

- $_ kommt als implizite Iteratorvariable in grep() und map() zum Einsatz:

    ```
    @selected = grep { $_ % 2 == 0 } @input;
    @squares  = map  { $_ * $_ }     @numbers;
    ```

- $_ spielt auch bei einer Eingabe über den <>- oder <FHANDLE>-Operator eine wesentliche Rolle:

    ```
    while (defined ($line = <>)) { print $line; }   # Langform
    while (<>) { print }                             # Kurzform
    ```

Die Defaultvariable zieht sich wie ein roter Faden durch viele Perl-Programme. Wenn Sie gelegentlich einige Konstrukte nicht verstehen, sollten Sie an $_ denken!

9.6.4 Pattern-Matching-Variablen

Die vom *Pattern Matching* verwendeten reservierten skalaren Variablen sind in Tabelle 9.1 zusammengefaßt. Eine detaillierte Behandlung des *Pattern Matching* finden Sie in Abschnitt 5.6 ab Seite 82.

Kurz	Lang	Bedeutung
$<digits>		nter geklammerter regulärer Ausdruck
$&	$MATCH	zuletzt gematchter Ausdruck
$`	$PREMATCH	vor dem gematchten Ausdruck
$'	$POSTMATCH	nach dem gematchten Ausdruck
$+	$LAST_PAREN_MATCH	letzte gematchte Klammer
$*	$MULTILINE_MATCHING	(*deprecated*)

Tabelle 9.1: Reservierte Variablen des *Pattern Matching*

9.6.5 Ein-/Ausgabe-Steuerung

Das von `print()` verwendete Ausgabeformat von Arrays und weiteren Strukturen kann mit Hilfe einiger reservierter Variablen gesteuert und beeinflußt werden.

Eine Zusammenfassung der reservierten Variablen zur Ein-/Ausgabe-Steuerung finden Sie in Tabelle 9.2.

Kurz	Mittel Lang	Bedeutung
$.	$NR $INPUT_LINE_NR	Nummer der aktuell eingelesenen Zeile
$/	$RS $INPUT_RECORD_SEPARATOR	Trenner zwischen Eingabesätzen, normalerweise Newline
$\	$ORS $OUTPUT_RECORD_SEPARATOR	Ausgabetrenner für `print()`, normalerweise leer
$,	$OFS $OUTPUT_FIELD_SEPARATOR	Trenner zwischen Feldern bei `print()`
$|	$OUTPUT_AUTOFLUSH	1 ↦ keine Pufferung der Ausgabe
$"	$LIST_SEPARATOR	Listenseparator bei gequoteten Listen
$;	$SUBSEP $SUBSCRIPT_SEPARATOR	Subscriptoperator für die Emulation multidimensionaler Arrays

Tabelle 9.2: Reservierte Variablen zur Ein-/Ausgabe-Steuerung

Wozu ist das alles gut?

```
ioresvar.pl
#!/usr/local/bin/perl -w
# ioresvar.pl -- Reservierte Variablen der Ein-/Ausgabe:

@mylist = 'a' .. 'e';                  # Irgendeine Beispielliste

# Der Output-Field-Separator als Trenner zwischen einzelnen Feldern.
{
    print @mylist, "\n";               # abcde, da $, = '' ( $OFS)
    local $, = ':';                    # neuer Feldtrenner
    print @mylist, "\n";               # a:b:c:d:e:, da $, = ':'
}
```

9.6 Reservierte Variablen

```perl
# Der Output-Record-Separator trennt die Ausgabe einelner
# print()-Statements voneinander
{
    foreach $elem (@mylist) { print $elem; }   # abcde
    local $\ = "\n";                            # neuer Satztrenner
    foreach $elem (@mylist) { print $elem; }   # ein Element pro Zeile
}

# Die Nummer der aktuell eingelesenen Zeile in  $.
# Der Name der gerade eingelesenen Datei in   $ARGV
# ACHTUNG!  $. wird bei einem Dateiwechsel nicht zurueckgesetzt
while (<>) { print "$ARGV($.): $_"; }

# Der Input-Record-Separator, der ja normalerweise \n ist,
# kann auch veraendert werden, so dass damit ganze
# Absaetze eingelesen werden koennen:
{
    local $/ = '';                   # Absatz-Modus
    while (<DATA>) { chomp;
                     print "\n", "-"x10, "\n",
                           "Paragraph:\n", $_; }
}

__DATA__
From: "James T. Kirk" <jtkirk@ncc1701.federation.earth>
To: "Jean-Luc Picard" <jlpicard@ncc1701d.federation.earth>
Cc: "Q" <q@the-continuum>
Date: 32341.11 (Stardate)
Subject: Prime Directive sucks

Hi Jean-Luc!

That Prime Directive shouldn't stop you from drinking beer
with earthlings of the 21st century.
As long as you don't tell'em how to brew arcturian ale,
this won't interfere with their civilization :-)

cu, -K.
```
——————————————————————————————— ioresvar.pl

Beispielausführung:

```
farid@sun-1:~/p> ./ioresvar.pl /tmp/file1 /tmp/file2
abcde
a:b:c:d:e:
abcdea
b
c
d
e
/tmp/file1(1): line 1
/tmp/file1(2): line 2
```

```
/tmp/file1(3): line 3/tmp/file2(4): another line 1
/tmp/file2(5): another line 2
/tmp/file2(6): another line 3
----------
Paragraph:
From: "James T. Kirk" <jtkirk@ncc1701.federation.earth>
To: "Jean-Luc Picard" <jlpicard@ncc1701d.federation.earth>
Cc: "Q" <q@the-continuum>
Date: 32341.11 (Stardate)
Subject: Prime Directive sucks
----------
Paragraph:
Hi Jean-Luc!
----------
Paragraph:
That Prime Directive shouldn't stop you from drinking beer
with earthlings of the 21st century.
As long as you don't tell'em how to brew arcturian ale,
this won't interfere with their civilization :-)
----------
Paragraph:
cu, -K.
```

Was können wir hieraus lernen?

- Im obigen Beispiel haben wir zunächst den Ausgabe*feld*-Separator mit einem Doppelpunkt belegt. Somit wurden die einzelnen Elemente der Liste bei der Ausgabe des gesamten Arrays durch „:" voneinander getrennt. Anschließend wurde der Ausgabe-Record-Separator mit einem Newline belegt. Somit konnte darauf verzichtet werden, nach jedem `print()` explizit ein Newline hinzuzufügen. Jedes einzelne `print()`-Statement erscheint auf einer eigenen Zeile.

- Beachten Sie auch, daß wir reservierte Variablen mittels `local()` nur innerhalb ihrer einschließenden Blöcke geändert haben. Das ist eine beliebte Technik, um sicherzustellen, daß eine Veränderung von Steuervariablen auf einen klar umrissenen Bereich beschränkt bleibt.

- Dann gingen wir dazu über, die auf der Kommandozeile benannten Dateien zeilenweise einzulesen und jede Zeile, mit ihrer Nummer (in `$.`) und dem Namen der aktuell bearbeiteten Datei (in `$ARGV`) versehen, auszugeben.

  Beachten Sie hierbei, daß der Zeilenzähler nur dann zurückgesetzt wird, wenn die Funktion `eof()` aufgerufen wird. Da der Spitzklammernoperator (*diamond operator*) `<>` die Dateien nicht explizit schließt, wird der Zähler nicht zwischen einzelnen Dateien zurückgesetzt.

- Der Eingabe-Record-Separator ist normalerweise mit Newline belegt. Somit wird eine Datei immer zeilenweise eingelesen. Indem wir nun einen leeren String benutzen, schalten wir in den sog. *Absatz-Modus* (*paragraph mode*) um. Nun wird jeder Lesevorgang einen ganzen Absatz einlesen.

Schließlich sei noch die Variable $| erwähnt, die auch $OUTPUT_AUTOFLUSH genannt wird: Die Ausgabe mittels `print()` wird intern über die *stdio*-Bibliothek realisiert. Das bedeutet aber auch, daß Ausgaben *gepuffert* werden. Somit kann es passieren, daß einige auszugebende Zeichen noch im Ausgabepuffer stecken, obwohl der `print()`-Aufruf schon längst beendet ist. Das kann in einigen Situationen ärgerlich sein, etwa bei der Netzkommunikation. Darum kann das automatische Leeren des Ausgabepuffers (*autoflushing*) durch das Setzen von $| auf 1 erzwungen werden. Wir werden dieses Thema noch in Abschnitt 12.3.4 auf Seite 381 behandeln.

9.6.6 Reservierte Variablen des Report-Generators

Tabelle 9.3 zeigt eine Übersicht der reservierten Variablen des Report-Generators `write()`. Diesen werden wir erst in Abschnitt 12.5 auf Seite 419 behandeln.

Kurz	Lang	Bedeutung
$#	$OFMT	Ausgabeformat für Zahlen
$%	$FORMAT_PAGE_NUMBER	Aktuelle Seitennummer
$=	$FORMAT_LINES_PER_PAGE	Anzahl der Zeilen pro Seite
$-	$FORMAT_LINES_LEFT	Übriggebliebene Zeilen bis zum Ende der aktuellen Seite
$~	$FORMAT_NAME	Name des aktuellen Formats
$^	$FORMAT_TOP_NAME	Name des Top-of-page-Formats
$:	$FORMAT_LINE_BREAK_CHARACTERS	Trenner von Multiline-Einträgen
$^L	$FORMAT_FORMFEED	Seitentrenner
$^A	$ACCUMULATOR	Akkumulator

Tabelle 9.3: Reservierte Variablen des Report-Generators

9.6.7 Fehler des Betriebssystems und von `eval`

Viele Funktionen erfordern die Mitwirkung des Betriebssystems. So muß beispielsweise `open()` das Öffnen einer Datei vom Kernel anfordern. Fehlerhafte Ergebnisse werden oft durch einen undefinierten Rückgabewert angezeigt. Mehr Informationen können dann über die reservierte Variable $! angefordert werden. Weitere Variablen liefern ebenfalls sinnvolle Rückgabewerte. Tabelle 9.4 zeigt eine Übersicht dieser Variablen.

Eine typische Verwendung dieser Fehlercodes ist:

```
errno.pl
#!/usr/local/bin/perl -w
# errno.pl -- Reservierte Variablen fuer Fehlercodes
```

Kurz	Lang	Bedeutung
$?	$CHILD_ERROR	Status von system(),
		Backticks oder geschlossener Pipe
$!	$ERRNO	Numerischer Kontext: *errno*
	$OS_ERROR	String-Kontext: Fehlermeldung
		Beachte: Read/Write-Variable
$^E	$EXTENDED_OS_ERROR	Wie $!, außer bei
		VMS, OS/2, Win32 und MacPerl
$@	$EVAL_ERROR	Fehler bei eval()

Tabelle 9.4: Reservierte Variablen, Fehlercodes des Betriebssystems

```
use vars qw (*IFILE *OFILE $output);

# Folgende Datei existiert nicht:
open (IFILE, "< /no/such/file")
    or warn "Error: $!\n";

# Von einem nicht-root User
# kann /etc/passwd nicht beschrieben werden:
open (OFILE, ">> /etc/passwd")
    or warn "Error: $!\n";

#  $! ist sogar schreibbar:
$! = 16;     # EBUSY: Mount device Busy
print "Error: $!\n";

# Fehler bei der Ausfuehrung eines Kindprozesses in Backticks:
$output = `/no/such/file 2>/dev/null`;
print "Child Error: $?\n";

# Fehler bei eval():
$code = '$erg = 5/0';
eval $code or print "Eval Error: $@";
print "Still living!\n";
```
———————————————————————————————————— errno.pl

Ausgabe:

```
farid@sun-1:~/p> ./errno.pl
Error: No such file or directory
Error: Permission denied
Error: Device busy
Child Error: 256
Eval Error: Illegal division by zero at (eval 1) line 2.
Still living!
```

9.6.8 Prozeß- und Benutzer-IDs

Tabelle 9.5 zeigt die reservierten Variablen, die den Stand des aktuellen Prozesses, insbesondere die Prozeß-ID und die ID des ausführenden Users, widerspiegeln.

Kurz	Mitte Lang	Bedeutung
$$	$PID $PROCESS_ID	Prozeß-ID des aktuellen Prozesses
$<	$UID $REAL_USER_ID	Reale User-ID; *Vorsicht*: R/W
$>	$EUID $EFFECTIVE_USER_ID	Effektive User-ID; *Vorsicht*: R/W
$(	$GID $REAL_GROUP_ID	Reale Gruppen-ID; *Vorsicht*: R/W
$)	$EGID $EFFECTIVE_GROUP_ID	Effektive Gruppen-ID; *Vorsicht*: R/W

Tabelle 9.5: Reservierte Variablen zu Prozeß- und User-IDs

Die aktuelle Prozeß-ID, eine jederzeit eindeutige Zahl, die den Prozeß innerhalb des Betriebssystems kennzeichnet, ist in der reservierten Variablen $$ enthalten. Die Prozeß-ID wird häufig dazu verwendet, den Zufallszahlengenerator mittels srand() zu initialisieren (evtl. kombiniert mit der aktuellen Zeit):

```perl
process-id.pl
#!/usr/local/bin/perl -w
# process-id.pl -- Reservierte Variable  $$ (Prozess-ID)

# Initialisiere den Zufallszahlengenerator anhand der
# aktuellen Zeit und der Prozess-ID:
srand($$ ^ time);

# Eltern/Kind-Beziehung:
if (fork()) {
    # Hier ist der Elternprozess:
    print "Parent($$)\n";
} else {
    # Hier ist der Kindprozess:
    print "Child($$)\n";
    exit 0;
}
```
process-id.pl

Beispielausführung:

```
farid@sun-1:~/p> ./process-id.pl
Child(1050)
Parent(1049)
```

Die diversen Benutzer- und Gruppen-IDs dienen sowohl zur eindeutigen Identifizierung eines Users innerhalb des Systems als auch vor allem zur Überprüfung der Zugriffsrechte auf geschützte Teile des Systems:

uid.pl
```perl
#!/usr/local/bin/perl -w
# uid.pl -- Identifiziert einen User mit reservierten Variablen

print "User  ID: $< (real), $> (effective)\n";
print "Group ID: $( (real), $) (effective)\n";
```
uid.pl

Beispielsweise:

```
farid@bsd-1:~/p> ./uid.pl
User  ID: 1001 (real), 1001 (effective)
Group ID: 1001 0 1001 1001 (real), 1001 0 1001 1001 (effective)
farid@bsd-1:~/p> su
Password:
bsd-1# ./uid.pl
User  ID: 0 (real), 0 (effective)
Group ID: 0 31 20 5 4 3 2 0 0 (real), 0 31 20 5 4 3 2 0 0 (effective)
```

Es ist auch möglich, innerhalb eines Skripts die Benutzer- und Gruppen-IDs (genügend Rechte vorausgesetzt) durch eine einfache Zuweisung der neuen numerischen IDs an die reservierten Variablen zu verändern.

Wozu das alles? Schauen Sie sich doch als Anwendung das FreeBSD-Skript *adduser* an. Es handelt sich um ein Perl-Skript, das Systemadministratoren in die Lage versetzt, neue Benutzer interaktiv einzutragen. Eine typische Subroutine von *adduser* lautet z.B.:

```perl
sub check_root {
    die "You are not root!\n" if $< && !$test;
}
```

Hier wird überprüft, ob die *reale* User-ID 0 ist. Nur dann[4] kehrt check_root() zurück, und das Skript kann weiterlaufen.

9.6.9 Name des laufenden Programms

Mit Hilfe der reservierten Variablen $0, auch $PROGRAM_NAME genannt, können Sie den Namen des aktuell laufenden Programms ermitteln. Das ist bei Fehlermeldungen und diversen Mitteilungen, z.B. einer usage()-Funktion, sinnvoll.

---

4 ... und wenn $test ebenfalls 0 ist, aber das ist für unsere Diskussion irrelevant.

9.6 Reservierte Variablen

Beachten Sie jedoch, daß $0 einen Pfadnamen enthalten kann, der mehr als nur den Basisnamen umfaßt. Daher ist es sinnvoll, diesen Pfadnamen gelegentlich zu entfernen:

——————————————— usage.pl ———————————————
```perl
#!/usr/local/bin/perl -w
# usage.pl -- Zeigt Kommandozeilen-Parsing und eine usage()-Funktion

use Getopt::Std;
use vars qw ($opt_h $opt_c $opt_w);
$0 =~ s,.*/,,;                          # Pfadname entfernen
getopts("hwc:") or usage();

usage() if defined $opt_h;              # -h-Flag aufgerufen
print "-w flag set\n" if defined $opt_w;    # -w-Flag gesetzt
print "-c flag: $opt_c\n" if defined $opt_c; # -c-Option gesetzt
print "Arguments: ", join(':', @ARGV), "\n"; # restliche Argumente

sub usage {
    print STDERR <<EOUSAGE;
usage: $0 [-h] [-w] [-c argument] arg1 [arg2 ...]

    -h              shows this help page
    -w              an on/off flag
    -c argument     specify an argument

    arg1 arg2...    some arguments

    This is just a dummy program.
EOUSAGE

    # Der folgende RCS/CVS-Versionsstring lautete vor seiner
    # Erweiterung: 'DollarIdDollar', wobei zu Dollar das
    # passende Zeichen eingesetzt werden muss.
    print STDERR "\n",
        '$Id: usage.pl,v 1.3 1999/08/17 17:15:58 farid Exp $',
        "\n";

    exit 1;                             # Ende mit Fehlercode
}
```
——————————————————————————————— usage.pl

Verwendung:

```
farid@sun-1:~/p> ./usage.pl -h
usage: usage.pl [-h] [-w] [-c argument] arg1 [arg2 ...]

    -h              shows this help page
    -w              an on/off flag
    -c argument     specify an argument

    arg1 arg2...    some arguments
```

```
    This is just a dummy program.

$Id: usage.pl,v 1.3 1999/08/17 17:15:58 farid Exp $

farid@sun-1:~/p> ./usage -w -c myopt myarg1 myarg2
-w flag set
-c flag: myopt
Arguments: myarg1:myarg2
```

Es ist auch möglich, einen neuen Wert an $0 zuzuweisen. Somit würde der Eintrag in der *ps*-Liste (Prozeßliste) verändert. Das kann sowohl zum Verstecken des echten Programmnamens verwendet werden, als auch zur Anzeige z.B. des aktuellen Status des Programms:

```
psentry.pl
#!/usr/local/bin/perl -w
# psentry.pl -- Eintrag in der Prozessliste modifizieren
#                abhaengig vom aktuellen Zustand.
#                Beachte die Backticks!

$0 =~ s,.*/,,;                        # Entferne fuehrende Pfadnamen
$pname = $0;                          # Programmname merken

$pscommand= 'ps -ax';                 # BSD, Linux

$0 = $pname . " [initializing]";      # PS-Liste veraendern
print grep /$pname/, `$pscommand`;    # und Eintrag anzeigen

$0 = $pname . " [running]";           # Anderer Zustand
print grep /$pname/, `$pscommand`;    # und Eintrag anzeigen

$0 = $pname . " [cleaning up]";       # Wieder ein anderer Zustand
print grep /$pname/, `$pscommand`;    # und Eintrag anzeigen
                                                            psentry.pl
```

Ausführung:

```
farid@bsd-1:~/p> ./psentry.pl
   234   p0   S+      0:00.26 psentry.pl [initializing] (perl)
   234   p0   S+      0:00.28 psentry.pl [running] (perl)
   234   p0   S+      0:00.29 psentry.pl [cleaning up] (perl)
```

Achtung! *C-Programmierer sollten beachten, daß $0 den Inhalt von argv[0] enthält. Dagegen enthält die Perl-Variable $ARGV[0] das, was bei C in der Variablen argv[1] steht usw.*

9.6.10 Allgemeine Informationen

Tabelle 9.6 zeigt reservierte Variablen, die verschiedene Informationen über das aktuelle Programm, das Betriebssystem usw. liefern.

Kurz	Lang	Bedeutung
$[		Basis der Indizes bei Arrays; *Vorsicht: deprecated*
$]	$PERL_VERSION	Version des Perl-Interpreters
$^D	$DEBUGGING	Wert des -D-Flags
$^F	$SYSTEM_FD_MAX	Höchster offener Dateideskriptor
$^H		Aktivierte Syntax-Checks
$^I	$INPLACE_EDIT	Ist das -i-Flag gesetzt?
$^M		Emergency-Pool bei Speichermangel
$^O	$OSNAME	Name des Betriebssystems
$^P	$PERLDB	Debug-Status
$^R		(siehe Abschnitt 5.6 ab Seite 82)
$^S		Aktueller Zustand des Interpreters
$^T	$BASETIME	Startzeit des Skripts
$^W	$WARNING	Ist das -w-Flag eingeschaltet? *Vorsicht: R/W*
$^X	$EXECUTABLE_NAME	Name des Interpreters
$ARGV		Name der aktuellen Datei bei <>

Tabelle 9.6: Reservierte Variablen für allgemeine Informationen

Das folgende Programm zeigt den Inhalt einiger Informationsvariablen an:

```
show-status.pl
#!/usr/local/bin/perl -w
# show-status.pl -- Zeigt verschiedene Informationen ueber das System

use strict;

print "Script started: ", scalar localtime($^T), "\n";
print <<EOSTATUS;
Base Index in Arrays: $[
Perl Version        : $]
Debugging Flag -D   : $^D
Max. open Filedesc. : $^F
Actual syntax Checks: $^H
```

```
OS-Name              : $^O
Debug Status         : $^P
Warning Flag (-w)    : $^W
Executable Name      : $^X
EOSTATUS
```
———————————————————————————————————— show-status.pl

Ausführung:

```
farid@bsd-1:~/p> ./show-status.pl
Script started: Sun May 16 16:18:19 1999
Base Index in Arrays: 0
Perl Version         : 5.00502
Debugging Flag -D    : 0
Max. open Filedesc.  : 2
Actual syntax Checks : 1794
OS-Name              : freebsd
Debug Status         : 0
Warning Flag (-w)    : 1
Executable Name      : /usr/local/bin/perl
```

Eine typische Verwendung ist das temporäre Ausschalten von Warnungen, die durch das -w-Flag und uninitialisierte Variablen entstehen:

```
#!/usr/local/bin/perl -w
# Hier sind Warnungen wegen des -w-Flags aktiv
{
    local $^W = 0;    # -w-Warnungen temporaer ausschalten
    # tue etwas, evtl. auch mit undefinierten Variablen
}
# Nun sind die Warnungen wieder aktiv
```

9.6.11 Die Kommandozeilenargumente: @ARGV

Wir haben ja in Abschnitt 4.1 auf Seite 35 gesehen, daß man beim Aufruf eines Perl-Skripts auf der Kommandozeile zusätzliche Argumente übergeben konnte:

```
farid@bsd-1:~/p> ./myscript.pl arg1 arg2
```

Diese Argumente (arg1, arg2 im obigen Beispiel) erhalten Sie im reservierten Array @ARGV:

show-argv.pl ——————————————————————————————————
```
#!/usr/local/bin/perl -w
# show-argv.pl -- Zeigt die Argumente der Kommandozeile an:

# Direktes Durchlaufen des Argumentenarrays:
foreach (@ARGV) { print "Argment: $_\n"; }

# Eine andere Methode, @ARGV zu durchlaufen:
print join("\n", map { "\$ARGV[$_]: $ARGV[$_]" } 0 .. $#ARGV), "\n";
```

9.6 Reservierte Variablen

```perl
# Zerstoererisches Durchlaufen von @ARGV mit shift():
while (@ARGV) { print "Arg: ", shift, "\n"; }   # Anzeige
while (@ARGV) { print "Arg: ", shift, "\n"; }   # Keine Anzeige mehr:
                                                # da @ARGV leer.
```
— show-argv.pl

Sie erhalten beispielsweise die folgende Ausgabe:

```
farid@sun-1:~/p> ./show-argv.pl hello world
Argment: hello
Argment: world
$ARGV[0]: hello
$ARGV[1]: world
Arg: hello
Arg: world
farid@sun-1:~/p> ./show-argv.pl hello "brave new" world
Argment: hello
Argment: brave new
Argment: world
$ARGV[0]: hello
$ARGV[1]: brave new
$ARGV[2]: world
Arg: hello
Arg: brave new
Arg: world
```

9.6.12 Die Umgebungsvariablen mit %ENV

Die Umgebungsvariablen Ihres Systems können Sie mit Hilfe des reservierten Hashs %ENV auslesen, aber auch setzen:

```perl
show-env.pl
#!/usr/local/bin/perl
# show-env.pl -- Anzeige der Umgebungsvariablen aus %ENV

# Zeige die aktuelle Belegung der Umgebungsvariablen an:
print map { "$_=$ENV{$_}\n" } sort keys %ENV, "\n";

# Neue Einstellung: PATH auf ein Minimum verkuerzen...
$ENV{'PATH'} = '/bin:/usr/bin';               # Pfad veraendern
print "\n", "PATH(new)=", $ENV{'PATH'}, "\n"; # Ueberpruefen
```
— show-env.pl

Beispielausführung:

```
farid@bsd-1:~/p> ./show-env.pl

=
BLOCKSIZE=K
DISPLAY=bsd-1.meta.net:10.0
EDITOR=/bin/vi
```

```
ENV=/users/farid/.shrc
HOME=/users/farid
HOSTNAME=bsd-1.meta.net
HOSTTYPE=i386
LD_LIBRARY_PATH=/usr/local/lib:/usr/lib:/lib:/usr/X11R6/lib:
LOGNAME=farid
MACHTYPE=i386-pc-freebsd3.1
MAIL=/var/mail/farid
MANPATH=/usr/local/man:/usr/X11R6/man:/usr/share/man:/usr/man:
        /usr/local/share/man:/usr/share/perl/man:
OSTYPE=freebsd3.1
PAGER=more
PATH=/users/farid/bin:/usr/local/bin:/sbin:/bin:/usr/sbin:/usr/bin:
     /usr/games:/usr/X11R6/bin
PS1=\u@\h:\w>
PWD=/users/farid/p
SHELL=/usr/local/bin/bash
SHLVL=1
SSH_CLIENT=134.95.254.20 32802 22
SSH_TTY=/dev/ttyp0
TEMPDIR=/tmp
TERM=xterm
TMPDIR=/tmp
USER=farid
_=./show-env.pl

PATH(new)=/bin:/usr/bin
```

9.6.13 Signalbehandlung mit %SIG

Mit Hilfe des reservierten Hashs %SIG sind Sie in der Lage, *Signalhandler* zu installieren:

```
                   show-sig.pl
#!/usr/local/bin/perl -w
# show-sig.pl -- Zeigt die Signale Ihres Systems mit %SIG an:

# Zeigt den Inhalt des %SIG-Hashs an:
print join("\t", sort keys %SIG), "\n";

# Blockiere (ignoriere) das Signal SIGINT:
$SIG{'INT'} = 'IGNORE';
                                                              show-sig.pl
```

Auf meinem FreeBSD-Rechner ergab die Ausgabe:

```
farid@bsd-1:~/p> ./show-sig.pl
 ABRT    ALRM    BUS     CHLD    CONT    EMT     FPE     HUP     ILL
 INFO    INT     IO      IOT     KILL    PIPE    PROF    QUIT    SEGV
 STOP    SYS     TERM    TRAP    TSTP    TTIN    TTOU    URG     USR1
 USR2    VTALRM  WINCH   XCPU    XFSZ
```

Eine ganz andere Liste von Signalen erhalten Sie hingegen bei Solaris:

```
farid@sun-1:~/p> ./show-sig.pl
ABRT      ALRM      BUS       CANCEL    CHLD      CLD       CONT      EMT       FPE
FREEZE    HUP       ILL       INT       IO        IOT       KILL      LOST      LWP
NUM39     NUM40     NUM41     NUM42     NUM43     NUM44     PIPE      POLL      PROF
PWR       QUIT      RTMAX     RTMIN     SEGV      STOP      SYS       TERM      THAW
TRAP      TSTP      TTIN      TTOU      URG       USR1      USR2      VTALRM    WAITING
WINCH     XCPU      XFSZ
```

9.6.14 Der Include-Suchpfad: @INC und %INC

Wenn Sie eine Datei mittels require() oder use() in das aktuelle Skript einbinden (siehe Kapitel 14 ab Seite 563), werden einige Verzeichnisse nach dieser Datei durchsucht. Die Liste der zu durchsuchenden Verzeichnisse finden Sie in der reservierten *read/write*-Variablen @INC:

```
farid@bsd-fw3:~> perl -e 'print join("\n", @INC), "\n"'
/usr/libdata/perl/5.00502/mach
/usr/libdata/perl/5.00502
/usr/local/lib/perl5/site_perl/5.005/i386-freebsd
/usr/local/lib/perl5/site_perl/5.005
.

farid@sun-1:~/p> perl -e 'print join("\n", @INC), "\n"'
/usr/local/lib/perl5/i86pc-solaris/5.00404
/usr/local/lib/perl5
/usr/local/lib/perl5/site_perl/i86pc-solaris
/usr/local/lib/perl5/site_perl
.
```

Beachten Sie, daß auf beiden Computern jeweils das aktuelle Verzeichnis „." am Ende der @INC-Liste stand. Somit ist sichergestellt, daß sowohl mit use() geladene Module als auch mit require() eingebundene Dateien stets auch am Schluß im aktuellen Verzeichnis gesucht werden.

Es ist gelegentlich nützlich, die Reihenfolge der @INC-Einträge zu verändern oder sogar neue Einträge dort hinzuzufügen:

```
# Fuege ~/mymods und . dem Anfang von @INC hinzu:
BEGIN {
    unshift $ENV{'HOME'} . "/mymods", @INC:
    unshift '.', @INC;
}
use MyOwnModule;       # ... das in ~/mymods/MyOwnModule.pm enthalten ist
```

Beachten Sie den BEGIN-Block! Dieser ist notwendig, da die nachfolgende use-Anweisung bereits zum Zeitpunkt der Kompilierung ausgeführt wird. Würde der BEGIN-Block fehlen, hätte das Programm zu diesem Zeitpunkt die unshift()-

Funktion noch nicht aufrufen können. Etwas eleganter läßt sich dies wie folgt schreiben:

```
use lib $ENV{'HOME'} . "/mymods";
```

Hier wird das Pragma `use lib`; verwendet, das fast die oben erwähnte Wirkung hat.

Um das mehrfache Laden einer Datei mit `require()` oder `do()` zu vermeiden, enthält der reservierte *Hash* `%INC` als Schlüssel die Namen der Dateien, die bereits geladen wurden, und als zugehörige Werte die Pfadnamen der gefundenen Dateien. Sobald nun eine Datei mit `require()` oder `do()` geladen werden soll, wird automatisch erst in `%INC` nachgeschaut.

Mit `use()` eingebundene Dateien werden natürlich ebenfalls in `%INC` gespeichert und ebenfalls nicht mehrfach geladen. Das liegt daran, daß `use()` selbst `require()` zum Laden der Datei aufruft.

Der `%INC`-Mechanismus zur Vermeidung des mehrfachen Ladens einer Datei ist eine deutliche Verbesserung gegenüber C. Dort muß in Headern mit Präprozessordirektiven ein Mehrfachladen explizit verhindert werden:

```
/* Datei myheader.h */
#ifndef _H_MYHEADER
#define _H_MYHEADER
/* hier kommt die gesamte Headerdatei */
#endif /* _H_MYHEADER */
```

9.6.15 Klassenhierarchie und Basisklassen: @ISA

Das reservierte Array `@ISA` enthält eine Liste von *Basisklassen* einer Klasse. In Abschnitt 15.3.7 auf Seite 690 finden Sie mehr Details darüber.

9.6.16 Namensräume: @EXPORT und @EXPORT_OK

Die reservierten Arrays `@EXPORT` sowie `@EXPORT_OK` werden bei Modulen benutzt. Dabei können Sie bei einem Modul entscheiden, welche Namen (von Variablen, Funktionen etc.) in den Namensraum des Aufrufers *exportiert* werden sollen. Mehr Informationen hierüber entnehmen Sie bitte Kapitel 14 ab Seite 563.

9.6.17 Parameterliste bei Funktionsaufrufen: @_

Das reservierte Array `@_` enthält innerhalb einer Funktion die Liste der Aufrufparameter dieser Subroutine. Dieses Array besteht aus *read/write*-Werten. Die Veränderung eines Werts dieses Arrays innerhalb der Subroutine wirkt sich auf die aktuellen Parameter aus (*call by reference*).

```
# Aufruf der Subroutine myfunc() mit diesen Parametern:
myfunc($arg1, $arg2, \@list3); # Veraendert $arg2 !!
```

```
# Definition der Subroutine myfunc() mit @_
sub myfunc {
    my $a1 = shift;         # Ein Element aus @_ entfernen
    my $a3 = $_[1];         # @$a3 ist die liste
    $_[0] = 'new value';    # Veraendert $arg2
}
```

Subroutinen werden ausführlich in Kapitel 11 ab Seite 291 besprochen.

9.7 Werte und Nicht-Werte

Variablen haben vor ihrer ersten Verwendung noch keinen Wert. Anders als in C enthalten sie nicht einen zufälligen Wert, sondern sind *undefiniert*. Sie können durch die Funktion defined() herausfinden, ob eine Variable definiert ist, und diese Variable mit der Funktion undef() wieder auf undefiniert setzen:

```
print ('$var = ', $var) if defined $var;
undef $var;        # var ist wieder undefiniert.

while (defined ($line = <>)) { ... }
```

Wird eine undefinierte Variable dennoch in einem numerischen Kontext aufgerufen, z.B. wenn eine undefinierte Variable zu einer anderen Variable addiert werden soll, so wird sie behandelt, als enthalte sie den Wert Null (0). In einem Stringkontext hingegen wird eine undefinierte Variable wie ein leerer String ('') behandelt. Im Booleschen Kontext (bei if- Abfragen, while-Schleifen usw.) wird ein undefinierter Wert wie false behandelt:

- Undefinierte Variable im numerischen Kontext:
  ```
  undef $var;         # erst wieder undefinieren
  $erg = $var + 3;    # im numerischen Kontext 0
  print $erg;         # 3 wird ausgegeben
  ```
- Undefinierte Variable im Stringkontext:
  ```
  undef $string;          # erst wieder leeren
  print length($string):  # wie leerer String '' -> 0
  ```
- Undefinierte Variable im Booleschen Kontext:
  ```
  undef $var;             # erst undefinieren
  print "Uh?" if not $var; # Uh?
  ```

Wird der Perl-Interpreter mit eingeschalteten Warnungen aufgerufen (mit Hilfe des -w-Flags), so wird zusätzlich eine Warnung ausgegeben:

```
Use of uninitialized value at - line 2.
```

Auch wenn undefinierte Variablen im Booleschen Kontext als *false*, im numerischen Kontext als 0, im Stringkontext als leerer String und im Listenkontext als leere Liste gelten, sind sie nicht 0, '', *false* oder ()!

```
# Schleife wird verfrueht bei '0' abgebrochen
@list = ( 3, 2, 0, 7, undef, 8 );
while ($list[0]) { print shift @list; }           # FALSCH! >32<

# Schleife wird nicht verfrueht abgebrochen,
# aber beim ersten undef jetzt gestoppt
@list = ( 3, 2, 0, 7, undef, 8 );
while (defined $list[0]) { print shift @list; } # Ok: >3207<
```

In diesem Beispiel wurde zunächst das jeweils zu testende Element im Booleschen Kontext ausgewertet. Bei der 0 wurde der Ausdruck falsch und die Schleife irrtümlich frühzeitig abgebrochen.

Im zweiten Fall wurde die Funktion `defined()` verwendet, um ein Element auf Definiertheit zu prüfen. Die 0 wurde richtiger als *definiert* (wenn auch *false*) erkannt, womit also die Schleife weitergehen konnte.

In beiden Fällen wurde die Schleife beim ersten `undef()` abgebrochen.

Achtung! *„Falsch" und „undefiniert" sind zwei verschiedene Begriffe. Eine Verwechslung kann im folgenden Fall zu einem Fehler führen:*

Angenommen, Sie haben eine Datei mit Meßwerten. Es ist ein Wert pro Zeile vorhanden. Nun möchten Sie diese Datei zeilenweise verarbeiten:

undef-false.pl
```
#!/usr/local/bin/perl -w
# undef-false.pl -- Unterschied zwischen false und undefined, falsch!

while ($line = <DATA>, chomp $line, $line) {  # FALSCH!
    print $line, "\n";
}

__END__
17
32
0
19
21
```
undef-false.pl

Ausführung:
```
farid@sun-1:~/p> ./undef-false.pl
17
32
```

Das liegt daran, daß wir hier den Kommaoperator „," verwendet haben. Dessen Wert ist der Wert des letzten Ausdrucks. Beim obigen Beispiel wird $line beim Wert 0 als false interpretiert, was zu einem verfrühten Abbruch der Schleife führt. Prüfen wir statt dessen auf Definiertheit, erhalten wir zwar eine Warnung (wegen des –w-Flags), aber die Schleife sieht jeden Wert, inklusive der 0 und der darauffolgenden Werte.

```
undef-undef.pl
#!/usr/local/bin/perl -w
# undef-undef.pl -- Unterschied zwischen false und undefined, okay.

while ($line = <DATA>, chomp $line, defined $line) {
    print $line, "\n";
}

__END__
17
32
0
19
21
```
undef-undef.pl

Ausführung:

```
farid@sun-1:~/p> ./undef-undef.pl
17
32
0
19
21
Use of uninitialized value at ./undef-undef.pl line 4, <DATA> chunk 5.
```

9.8 Regeln für Bezeichner

Wir haben schon viele Variablen entweder selbst benannt oder aber bereits existierende Namen von reservierten Variablen verwendet. Nun stellt sich aber die Frage, wie syntaktisch richtige Namen für Variablen gebildet werden. Mit anderen Worten: *Was sind gültige Bezeichner?*

Ein *Bezeichner* (*Identifier*) ist dabei der Teil des Variablennamens, der nach dem Präfix („$", „@" und „%") folgt.

Die Regel für gültige Bezeichner ist sehr einfach (aus *man perldata*):

Ein gültiger Bezeichner ist ein String, der mit einem Buchstaben oder dem Unterstrich beginnt und ausschließlich aus Buchstaben, Unterstrichen und Ziffern besteht.

Viele reservierte Variablen folgen dieser Regel nicht, nicht zuletzt deshalb, um Kollisionen mit den von Ihnen gewählten Namen zu vermeiden.

Bezeichner können jedoch auch mit einem Package-Namen voll qualifiziert werden. Das bedeutet, daß vor dem Bezeichner ein Package-Name, gefolgt von zwei Doppelpunkten „::" stehen darf. Dies wird in Abschnitt 14.3 ab Seite 564 erklärt.

9.9 Die Symboltabelle

Sämtliche Variablennamen werden in einem speziellen Hash, der *Symboltabelle*, gespeichert. Dabei steht als Schlüssel der Name der Variable und als Wert eine Referenz auf den Speicherbereich, der den Wert dieser Variable, enthält.

> Symboltabellen sind package-orientiert. Das bedeutet, daß pro Package eine eigene Symboltabelle existiert (siehe Abschnitt 14.3.7 auf Seite 571).

Die Symboltabelle des Hauptprogramms heißt %:: oder auch %main::. Probieren wir es einfach einmal aus:

```perl
show-symtab.pl
#!/usr/local/bin/perl -w
# show-symtab.pl -- Zeigt die Haupt-Symboltabelle an:

# Definieren wir zum Spass einmal einige Variablen:
use vars qw ( $varscal @varlist %varhash &varsub );
$varscal = 4711;
@varlist = qw (hello brave new world);
%varhash = ( I => 'one', II => 'two', III => 'three' );
sub varsub { print "hello, this is varsub()\n" }

# Die Symboltabelle %:: enthaelt alle aktuellen Bezeichner
# des laufenden Programms.
# VORSICHT: Nur die Bezeichner ohne ihre Praefixe sind
# in der Symboltabelle enthalten.

foreach $key ( sort keys %:: ) {
    # $key ist ein gueltiger Bezeichner.
    # Wir wissen aber nicht, von welchem Typ:
    foreach $prefix (identify_type($key)) {
        print "$prefix$key\n";
    }
}

# Liefert eine Liste mit moeglichen Praefixen:
# Vorsicht: Beruecksichtigt nicht Referenzen und Filehandles
sub identify_type {
    my $identifier = shift;      # Bezeichner ohne Praefix
    my @list = ();               # Moegliche Typen

    push (@list, '$') if defined ${$identifier};
    push (@list, '@') if defined @{$identifier};
    push (@list, '%') if defined %{$identifier};
    push (@list, '&') if defined &{$identifier};

    return @list;
}
```
show-symtab.pl

9.9 Die Symboltabelle

Ausführung:

```
farid@sun-1:~/p> ./show-symtab.pl
$
$
$"
$$
$/
$0
$@
%Carp::
%DB::
%DynaLoader::
%ENV
%Exporter::
@INC
%INC
%IO::
%SIG
%UNIVERSAL::
$]
@_
$_<./show-symtab.pl
$_</usr/local/lib/perl5/Carp.pm
$_</usr/local/lib/perl5/Exporter.pm
$_</usr/local/lib/perl5/vars.pm
$_<perlmain.c
$_<universal.c
&identify_type
$key
%main::
%varhash
@varlist
%vars::
$varscal
&varsub
```

Es sind viel mehr Variablen angezeigt worden, als zunächst vermutet wurde. Ganz am Ende der Ausgabe finden wir unsere Variablen wieder, die wir am Anfang des Programms deklariert haben. Dort finden wir auch unsere „Identifizierfunktion", $key und die globale Symboltabelle %main::. Wir erkennen weiter oben einige reservierte Variablen, seien es Hashes oder skalare Variablen. Durch das Pragma use vars; wurden gleich noch einige Packages geladen. Diese haben jeweils eine eigene Symboltabelle, deren Bezeichner mit :: enden.

9.10 Variablenbindung

Variablen können mit Hilfe der Funktion `tie()` an benutzerdefinierte Klassen gebunden werden. Zugriffe auf gebundene Variablen *triggern* dann bestimmte Methoden (d.h. Funktionen) dieser Klassen. So kann es geschehen, daß ein Lesezugriff auf eine Variable für den Benutzer unsichtbar z.B. eine Anfrage an einen Webserver auslöst:

```
use Hypothetical::HTTP::Fetch;     # Eine hypothetische Klasse
tie %url, 'Hypothetical::HTTP::Fetch';

print $url{'http://www.perl.com/CPAN/SITES'};
```

Der obige lesende Zugriff auf den Hash `%url` mit einer speziellen URL als Schlüssel hat eine Methode des hypothetischen Moduls `Hypothetical::HTTP::Fetch` (einer Klasse) aufgerufen. Diese Methode hat dann im Hintergrund das Dokument mit der entsprechenden URL geholt und als Wert zurückgeliefert. Eine weiteres hypothetisches (optionales?) Feature dieser Klasse wäre etwa das Cachen von URLs, damit nicht bei jedem Zugriff das zur URL gehörende Dokument wieder heruntergeladen werden muß.

Wir werden ein solches Modul in Abschnitt 15.4.4 auf Seite 709 vorstellen.

Dieser Mechanismus heißt *Variablenbindung*. Er wurde bereits konkret im Falle persistenter Hashes in Abschnitt 8.8 auf Seite 192 vorgeführt. Dort wurde die von Perl mitgelieferte Klasse `SDBM_File` an Hashes gebunden, die wir persistent machen wollten.

Nicht nur Hashes, sondern auch skalare Variablen und Arrays können an Klassen gebunden werden.

Die Variablenbindung wird ausführlich in Abschnitt 15.4 ab Seite 699 behandelt.

9.11 Exkurs: Garbage Collection

Speicher kann auf zweierlei Arten verwaltet werden:

- *Explizit* mit Hilfe des Compilers und der C-Funktionen `malloc()` und `free()` bzw. äquivalenter Funktionen in anderen Sprachen.

- *Automatisch* durch Referenzzählung (*reference counting*) oder *Garbage-Collection*-Techniken.

Die explizite Methode fordert vom Programmierer große Disziplin und führt dennoch leicht zu Fehlern: Durch nicht zugewiesene Zeiger kann auf geschützte Bereiche des Speichers zugegriffen werden, was einen *Coredump* zur Folge hat. Bei Systemen ohne Speicherschutzmechanismen (wie z.B. `MSDOS`) führt ein solcher Zugriff nicht selten zum Absturz des kompletten Rechners!

Auch wenn Sie stets Speicher allokieren, bevor Sie Zeiger dereferenzieren, kann es dennoch vorkommen, daß Sie vergessen, diesen Speicher zurückzugeben. Das führt dann zu einem erhöhten Speicherbedarf des Programms. Auch wenn dabei stets nur ganz wenig Speicherplatz verschenkt wird, kann ein weiteres tückisches Phänomen auftreten:

9.11 Exkurs: Garbage Collection

Viele Programme müssen mehrere Tage, Wochen, Monate, ja sogar Jahre ununterbrochen laufen können. Typische Vertreter dieser Art sind etwa Datenbankserver, Steuerungsprogramme, X-Server, aber auch richtige Kernel, die diese Programme ebenfalls so lange „begleiten" müssen.

Diese längerlaufenden Programme müssen äußerst sorgfältig mit dem Hauptspeicher (*Heap*) umgehen. Ein vergessenes `free()`, wenn es auch nur wenige Bytes sind, führt dazu, daß nun langsam, aber sicher der gesamte verfügbare Speicher verbraucht wird: Das Programm wird mit einer *out of [virtual] memory*-Meldung abgebrochen!

> Zwar kann ein *mission critical* Programm mit einem *Watchdog* wieder gestartet werden, aber dies ist nicht immer so problemlos möglich. Man denke dabei nur an einen abgestürzten Datenbankserver. Beim Neustart durch den Watchdog müssen Transaktionen zurück- bzw. vorwärtsgerollt werden, um die Datenbanken wieder in einen konsistenten Zustand zu bringen. Diese Operationen sind unvermeidlich mit einem Datenverlust verbunden (die gerade abgebrochenen Transaktionen etwa), aber vor allem auch mit unter Umständen erheblichen zeitlichen Verzögerungen. Darüber hinaus ist oft ein manuelles Eingreifen des Datenbankadministrators erforderlich. Zur Erhöhung der Verfügbarkeit ist also eine sorgfältige Programmierung vonnöten. Dazu gehört auch eine strikte Allokations-/Deallokationsdisziplin des Speichers.

Durch vergessenes Zurückgeben wird der Speicher nach und nach aufgebraucht. Dies wird häufig als „Speicherleck" (*memory leak*) bezeichnet und ist ein ernstzunehmendes Phänomen, das aber erst nach längeren Laufzeiten entdeckt wird (dann aber gleich mit einem Riesenschreck!).

Die explizite Verwaltung von Speicher ist zwar effizienter als die weiter unten vorgestellten Methoden, aber sie ist auch sehr gefährlich und kann leicht *Coredumps* und Speicherlecks zur Folge haben.

Die automatische Verwaltung des Speichers wird meist in Interpretern vorgenommen. So unterstützte *Lisp* von Anfang an eine automatische Verwaltung mit Hilfe der *Garbage Collection*. Neuere Sprachen, vor allem Python [55], Tcl [60] und Perl [56], verfügen ebenfalls über Mechanismen zur automatischen Speicherverwaltung.

Wie kann nun die Verwendung des Speichers automatisch verfolgt werden? Dazu gibt es prinzipiell drei mögliche Ansätze:

- *Referenzzählung* (*reference counting*): Bei dieser Methode wird jeder adressierbare kleinste Speicherbereich (*Chunk*) mit einem Zähler versehen, der die Anzahl der Referenzen, die auf diesen Bereich zeigen, ständig verzeichnet (Referenzzähler). Sobald also eine Referenz auf einen Speicherbereich hinzugefügt wird, wird dieser Zähler automatisch inkrementiert. Verschwindet hingegen eine Referenz (z.B. wenn der Programmzähler den Sichtbarkeitsbereich einer Zeigervariable (*Scope*) verläßt), wird der Referenzzähler dekrementiert. Sobald nun der Zähler auf 0 abgefallen ist, wird der Speicherbereich wieder in die *Freiliste* eingetragen.

- *Garbage Collection*: Während bei der Referenzzählung die Überprüfung des Referenzzählers sehr häufig war, wird bei dieser Methode der Speicher nicht sofort zurückgegeben, wenn kein Zeiger mehr darauf zeigt. Vielmehr wird der Speicher immer von einer Freiliste genommen, aber nicht wieder dorthin zurückgestellt. Natürlich wird somit die Größe der Freiliste irgendwann einmal unterhalb einer bestimmten Grenze (*threshold*) liegen (z.B. unter 10 % des gesamten Speichers). Zu diesem Zeitpunkt wird das Programm angehalten. Eine spezielle Routine übernimmt nun die Kontrolle und überprüft den gesamten Speicher. Hierbei werden Zeiger von den bekannten Variablen des Programms verfolgt und die Speicherchunks, die auch durch diese Zeiger erreichbar sind, *markiert*. Anschließend werden alle nicht markierten Chunks wieder zur Freiliste hinzugefügt. Diese waren ja *verwaist* (*orphaned chunks*) und können nun bedenkenlos wiederverwendet werden. Nach einer mehr oder weniger langen Phase des Aufsammelns von Speicher-„Leichen" (treffend *Garbage Collection* genannt), beendet sich diese spezielle Routine, und das unterbrochene Programm wird fortgesetzt. Für den Anwender entsteht dann der Eindruck, das Programm wäre für einige Sekunden „eingefroren", hätte sich aber dann wieder wie von selbst „erholt".

- *Kombinierte Mechanismen*: Sowohl eine reine Referenzzählung als auch eine reine *Garbage Collection* haben gewisse Nachteile. So funktioniert die Referenzzählung bei *zirkulären Referenzen* nicht so gut. Die *Garbage Collection* hingegen scheint zu richtig zufälligen Zeitpunkten ein Programm (oder sogar ganze Rechner, wie das bei *Lisp-Machines* der Fall war) komplett anzuhalten und für mehrere Sekunden den Rechner komplett für sich zu beanspruchen, womit beispielsweise viele Netzprotokolle zu einem Timeout kämen. Zur Linderung dieser Probleme wurden kombinierte Mechanismen entwickelt, die sehr raffiniert vorgehen.

Klassische *Garbage-Collection*-Algorithmen werden in [46, Abschnitt 2.3.5] vorgestellt. Neuere Entwicklungen der letzten Dekade sind hingegen unter anderem in [100] zu finden.

Perl benutzt übrigens die Referenzzählung auf *Chunks*. Jede Variable zeigt ja (via Symboltabelle) einmal auf einen Speicherplatz. Eine Variable, die eine Referenz auf eine andere Variable enthält, führt dazu, daß mindestens zwei Referenzen auf einen Speicherplatz zeigen. Nur deswegen ist es möglich, Referenzen auf lokale Variablen einer Funktion zurückzuliefern, ein bei C tödlicher Fehler:

```perl
($ptr1,$ptr2) = myfunc();           # Aufruf
foreach $elem (@$ptr1) { ... }      # Liste noch vorhanden!

sub myfunc {
    my (@l1, @l2);                  # Lokale Listen
    # Baue hier @l1 und @l2 auf...

    return (\@l1, \@l2);            # Referenz darauf zurueck
}
```

9.12 Aufgaben

1. In Abschnitt 9.6.1 auf Seite 229 wurde gezeigt, wie mit Hilfe der reservierten Variable $,, eine Liste mit Separatoren ausgegeben werden konnte. Haben Sie jedoch bemerkt, daß nach dem „h" ein Trennzeichen steht? Wie erklären Sie dieses scheinbare zusätzliche Trennzeichen? Wie kann es vermieden werden?

2. In Abschnitt 9.9 auf Seite 250 haben wir ein Programm vorgestellt, das den Inhalt der globalen Symboltabelle ausgibt. Dabei haben wir folgendes nicht berücksichtigt:

    - Wir haben Referenzen nicht richtig aufgelöst (siehe Kapitel 13 und ref() in *man perlfunc* und *man perlref*).

    - Wir sind nicht rekursiv durch die Symboltabellen der eingebundenen Packages gegangen (diese enden ja immer mit „::").

   Versuchen Sie nun, dieses Programm so zu ergänzen, daß damit beiden obigen Einwänden begegnet wird.

10 Kontrollstrukturen und Programmfluß

10.1 Synopsis

```perl
undef, 0, '0', '', ()                   # Falsche Werte

$a && $b, $a || $b, $a ^ $b, !$a        # und oder xor nicht: Stark
$a and $b, $a or $b, $a xor $b, not $a  # schwache Bindung

open (IFILE, "< /not/there") or die '...';  # Shortcut-Verhalten
prepare_arguments() and use_arguments();    # Shortcut-Verhalten

{ # Das ist ein Block }
code1; code2; code3;                    # Sequenz von Anweisungen
$result = code1, code2, code3           # Der Kommaoperator

$result = $condition ? $true_expr : $false_expr;  # Ternaerer Operator
if (Condition) { ... }
if (Condition) { ... } else { ... }
if (Condition) { ... } elsif { ... } else { ... }

Code if Condition;
Code unless Condition;
do { Block } if Condition
do { Block } unless Condition

&$dispatcher{$function_name}($funcarg1, $funcarg2);

foreach $key ( @list ) { ... }
for $key ( @list ) { ... }
for (init; condition; increment) { ... }
while (Condition) { ... }
until (Condition) { ... }
do { ... } while (Condition);
do { ... } until (Condition);
while ( Condition ) { ... last if Cond2; ... }
while ( Condition ) { ... next if Cond2; ... }
while ( Cond-with-Sideeffects ) { ... redo if Cond; ... }
while ( ... ) { ... } continue { ... }
code while (...);      # Minischleife
code until (...);      # Minischleife

@selected = grep { Selektor-Ausdruck }     @input;
@transfmd = map  { Transformer-Ausdruck }  @input;

$oneline  = <STDIN>;   # skalarer Kontext
@alllines = <STDIN>;   # Listenkontext
```

10.2 Was sind Kontrollstrukturen?

Kontrollstrukturen lotsen eine CPU[1] durch ein Programm. Jeder denkbare Algorithmus kann ja durch die Kombination der drei Kontrollstrukturen *Sequenz*, *Alternative* und *Schleife* zusammen mit zugehörigen Datenstrukturen ausgedrückt werden.

In diesem Kapitel werden wir die Kontrollstrukturen von Perl ausführlich vorstellen. Wenn Sie bereits andere imperative Programmiersprachen beherrschen, sollten Sie dennoch dieses Kapitel überfliegen, um sich die abweichende Syntax von Perl anzueignen.

Eine vollständige Übersicht über Kontrollstrukturen finden Sie in *man perlsyn* und *man perldata* [56]. Das *Camel Book* [97] enthält ebenfalls eine gute Zusammenfassung.

10.3 Boolesche Logik

Alternativen und Schleifen benötigen den Begriff der Booleschen Wahrheit. Ein Boolescher Ausdruck kann wahr oder falsch sein. Je nach Wahrheitsgehalt wird bei der Alternative ein Weg gewählt und bei einer Schleife entschieden, ob diese noch einmal durchlaufen werden soll.

Perl kennt natürlich auch den Begriff des Booleschen Ausdrucks. Allerdings existiert kein expliziter Datentyp *Boolean* wie bei *Pascal* oder *Java*. Der Begriff der Wahrheit orientiert sich bei Perl mehr an dem von *Lisp* oder *Python*.

10.3.1 Evaluation im Booleschen Kontext

Ein *Boolescher Kontext* liegt dann vor, wenn Perl einen Booleschen Wert benötigt. Dies ist der Fall bei Alternativen und Schleifen. Ein gewöhnlicher Perl-Ausdruck wird nun ausgewertet. Anschließend entscheidet Perl, ob das Ergebnis der Auswertung im Booleschen Sinne wahr oder falsch ist.

Was sind aber nun genau falsche oder wahre Ausdrücke?

Falsche Ausdrücke

Ein im Booleschen Kontext falscher Ausdruck ist ausschließlich:

- eine undefinierte Variable,
- ein leerer String,
- der String "0",
- die Zahl 0 und
- die leere Liste.

---

1 ... die real oder auch virtuell, wie im Falle von Threads, sein kann.

Beispiel:

```
undef $unvar;          # $unvar ist falsch
$empty = "";           # Der leere String ist falsch
$zero  = "0";          # Das ist falsch
$dzero = "00";         # VORSICHT! Das ist wahr!
$null  = 0;            # Die Zahl 0 ist falsch
@array = ();           # Das leere Array ist falsch
%hash  = ();           # Der leere Hash ist falsch
```

Wahre Ausdrücke

Alles, was nicht für falsch befunden wurde, ist wahr. Der Boolesche Wert ist dann weder 1 noch *true*, sondern einfach der Wert des Ausdrucks selbst. Diese Eigenschaft haben wir bereits beim zweistufigen Sortieren in Abschnitt 8.9.1 auf Seite 197 ausgenutzt.

> **Achtung!** *Vergessen Sie nicht, daß eine einzelne 0 in einem String im Booleschen Kontext als falsch gewertet wird. Das kann man dadurch erklären, daß diese 0 im numerischen Kontext ebenfalls 0 ist und somit falsch wäre. Allerdings stimmt die Begründung nicht uneingeschränkt: Auch der String '00' wird im numerischen Kontext als 0 gewertet, aber im Booleschen Kontext als wahr! Auch die Länge des Strings ist dabei kein stichhaltiges Argument: ein leerer String hat natürlich die Länge 0 und ist Boolesch falsch; der String '0' hingegen hat die Länge 1 und ist trotzdem Boolesch falsch. Darum gilt nur die oben angegebene Definition für falsche und somit für wahre Ausdrücke.*

10.3.2 Boolesche Operatoren

Boolesche Operatoren erzwingen eine Auswertung des ihnen übergebenen Ausdrucks im Booleschen Kontext. Obwohl jeder gültige Perl-Ausdruck im Booleschen Kontext ausgewertet werden kann, werden normalerweise einige Operatoren und Funktionen bevorzugt bei Booleschen Operatoren eingesetzt.

Operatoren, die Boolesche Werte liefern

Einige dieser gern verwendeten Funktionen bzw. Operatoren, die im Booleschen Kontext sinnvolle *wahr*- oder *falsch*-Werte liefern, sind:

- *String- und numerische Vergleichsoperatoren.* Diese wurden bereits in Abschnitt 5.5.1 auf Seite 69 und in Abschnitt 6.4.1 auf Seite 129 vorgestellt.

- *Boolesche Verknüpfungsoperatoren* werten einen oder zwei Ausdrücke im Booleschen Kontext aus und liefern wiederum einen Wert, der entweder direkt oder im Booleschen Kontext ausgewertet werden kann. Typische Vertreter dieser Klasse von Operatoren sind not, and und or. Diese werden weiter unten vorgestellt.

- *Boolesche Auswertung*: Wir haben bereits darauf hingewiesen, daß *jeder* Perl-Ausdruck im Booleschen Kontext ausgewertet werden kann. Dabei bestimmt in diesem Zusammenhang der Wert des Ausdrucks, ob es sich dabei um einen falschen oder wahren Ausdruck handelt. Dazu wird einfach die Definition aus Abschnitt 10.3.1 zugrundegelegt.

Logische Verknüpfungsoperatoren

Logische Verknüpfungsoperatoren werten ihre Argumente im Booleschen Kontext aus und liefern einen weiteren Booleschen Wert. Tabelle 10.1 zeigt die *logischen Verknüpfungsoperatoren*.

Operator	Bedeutung	Beispiel
Operatoren hoher Präzedenz		
!	Logische Negation	`$erg = $a / $b if ! $b`
^	Exklusives Oder	`while ($a ^ $b) { ... }`
&&	Logisches Und	`$ok if $a && $b`
||	Logisches Oder	`open(...) || die '...'`
Operatoren niedriger Präzedenz		
not	Logische Negation	`do {...} while not $op`
and	Logisches Und	`return $is_ok and $result`
or	Logisches Oder	`open(...) or die '...'`
xor	Exklusives Oder	`doit() if $a xor $b`

Tabelle 10.1: Logische Verknüpfungsoperatoren

Bitte beachten Sie folgendes:

- Alle Operatoren in Perl haben eine *Präzedenz*. Das bedeutet, daß sie vor oder nach anderen Operatoren in einem zusammengesetzten Ausdruck ausgewertet werden können. Eine Tabelle mit den Präzedenzen sämtlicher Operatoren entnehmen Sie bitte *man perlop*. Operatoren aus C behalten auch bei Perl ihre Präzedenz untereinander.

- Die Operatoren !, ^, && und || haben eine höhere Präzedenz als not, and, or und xor. Sie binden ihre Argumente stärker an sich; beispielsweise:

    ```
    $result = $tryit || $doit;   # $result = ($tryit || $doit)
    $result = $tryit or $doit;   # ($result = $tryit) or $doit
    ```

    In diesem Beispiel bindet || stärker als =, wohingegen or schwächer als = bindet. Beachten Sie diesen Unterschied! Er kann zu schwer auffindbaren Fehlern führen.

- Alle binären Operatoren weisen ein *Shortcut-Evaluation*-Verhalten auf (siehe unten).

    Achtung! *Vergessen Sie nicht die relative Präzedenz der Operatoren untereinander. Beispielsweise bindet ! stärker als not. Ebenso binden && und || stärker als and und or. Die Tabelle 10.2 auf Seite 287, die Sie auch in man perlop finden können, enthält die relativen Präzedenzen der Perl-Operatoren.*

10.3.3 Shortcut-Auswertung

Die binären Booleschen Vergleichsoperatoren &&, | |, and und or werten die ihnen übergebenen Ausdrücke nur so lange aus, bis das Ergebnis des gesamten Vergleichsausdrucks feststeht.

Beispielsweise ist es nicht mehr nötig, einen Oder-Ausdruck weiter auszuwerten, wenn bereits der erste Teilausdruck wahr ist. Der Wert des gesamten Oder-Ausdrucks ist dann ja ebenfalls wahr. Nur falls der erste Teilausdruck falsch ist, muß der Oder-Operator auch den zweiten Teilausdruck auswerten. Dessen Wert bestimmt dann den Wert des gesamten logischen Ausdrucks.

Die Lage ist bei einem Und-Ausdruck spiegelverkehrt identisch: Wenn der erste Teilausdruck falsch ist, braucht und wird der Und-Operator den zweiten (rechten) Teilausdruck nicht mehr auswerten. Das Ergebnis des Vergleichs steht ja schon fest, nämlich falsch. Andererseits muß der Und-Operator auch den zweiten Teilausdruck auswerten, wenn der erste Teilausdruck wahr ist. Der Wert des zweiten Teilausdrucks bestimmt nun den Wert des gesamten Und-Ausdrucks.

Die Tatsache, daß die Auswertung eines Und- oder Oder-Ausdrucks abgebrochen wird, sobald der Gesamtwert feststeht, heißt *Shortcut-Evaluation*, oder kurz *Shortcut*-Verhalten. Dieses Verhalten ist keineswegs das Ergebnis einer zufälligen Implementation der Und- und Oder-Operatoren, sondern es ist explizit so definiert und gewollt.

Das *Shortcut*-Verhalten lautet also konkret:

Die Ausdrücke werden von links nach rechts ausgewertet. Sobald der Wahrheitswert des Gesamtausdrucks feststeht, unterbleibt die Auswertung der restlichen Teilausdrücke. Der Gesamtwert der Booleschen Shortcut-Auswertung ist der Wert des Ausdrucks, der zuletzt evaluiert wurde.

> Auch andere Sprachen kennen diese *Shortcut*-Regel: Die *Shortcut*-Evaluation von *Lisp* ist mit der von Perl identisch. Bei C wird zwar ebenfalls die Auswertung gegebenenfalls frühzeitig abgebrochen, aber dort ist der Wert des gesamten | |- oder &&-Ausdrucks 0 oder 1 und nicht *falsch* oder der *Wert* des zuletzt ausgewerteten Ausdrucks (siehe auch Abschnitt 8.9.1, wo der Unterschied eine Rolle spielt). *Standard-Pascal* kennt hingegen keine *Shortcut*-Regel. Vielmehr müssen hier beide Teilausdrücke auf jeden Fall ausgewertet werden. Der *Turbo-Pascal*-Compiler hingegen verfügt über einen Schalter, der vom Programmierer entweder auf Standard-Pascal oder *Shortcut*-Evaluation gesetzt werden kann.

Wozu ist nun die *Shortcut*-Evaluation gut?

- Viele Funktionen liefern im Fehlerfall *undef* zurück. Da *undef* im Booleschen Kontext als falsch gilt, kann es in einem *Shortcut*-Ausdruck benutzt werden:

    ```
    open (IFILE, "< /not/there") or die "can't open file: $!\n";
    ```

    In diesem Beispiel liefert die Funktion open() beim Versuch, eine nicht existierende Datei zu öffnen, *undef*. Der Oder-Ausdruck stand also noch nicht fest, da der rechte Teilausdruck durchaus noch wahr hätte sein können. Darum mußte der or-

Operator die Auswertung des zweiten Teilausdrucks veranlassen. Während dieser Auswertung mußte die Funktion `die()` aufgerufen werden. Diese beendete dann das Programm mit einer Fehlermeldung.

Wäre hingegen `open()` erfolgreich gewesen, so hätte die Boolesche Auswertung des linken Teilausdrucks *wahr* geliefert, womit dann der Wert des gesamten Oder-Ausdrucks ebenfalls schon feststehen würde, nämlich auch *wahr*. In diesem Fall hätte `or` die *Shortcut*-Regel angewendet und den rechten Teilausdruck mit `die()` gar nicht mehr ausgewertet. `die()` wäre somit nie aufgerufen worden.

Beachten Sie auch, daß `or` selbst einen Wert zurückliefert. Dieser Wert hat uns aber in diesem konkreten Beispiel nicht interessiert. `or` mußte einen oder beide Teilausdrücke nur auswerten, um somit einen *Seiteneffekt* zu erzielen.

- Manchmal muß eine Auswertung erst vorbereitet werden. Beispielsweise könnte eine Hilfsroutine Parameter für die Hauptroutine vorbereiten. Allerdings sollte in diesem Fall die Hauptroutine nur dann aufgerufen werden, wenn die Werte der Hilfsroutine „passend" sind; beispielsweise:

```
$div = get_divisor() and divide($value, $div);
```

In diesem Beispiel liefert die Benutzerfunktion `get_divisor()` einen Nenner zurück. Dieser wird in `$div` gespeichert. Der Und-Ausdruck ist aber im Falle der 0 falsch. Dann bricht der and-Operator gemäß der *Shortcut*-Regel die Auswertung des gesamten Ausdrucks ab und ruft nicht mehr `divide()` auf. Somit haben wir eine Divison durch 0 vermieden! Wäre aber `$div` nicht null, so wäre der linke Teilausdruck im Booleschen Sinne wahr. Der Wert des gesamten Und-Ausdrucks stünde somit noch nicht fest, und `and` müßte dann den rechten Teilausdruck ebenfalls auswerten, was mit einem Aufruf der Funktion `divide()` einhergehen würde.

Beachten Sie hier die Verwendung des **and**-Operators! Aufgrund der höheren Präzedenz des Zuweisungsoperators = gegenüber **and** ist der Ausdruck wie folgt zu verstehen:

```
($div = get_divisor()) and divide($value, $div);
```

Der &&-Operator hingegen wäre an dieser Stelle nicht korrekt gewesen, da er eine höhere Präzedenz als = hätte:

```
$div = (get_divisor() and divide($value, $div));
# Haeh? $div im divide()-Aufruf nicht definiert.
# $div enthaelt hinterher 0 oder das Ergebnis
# von divide().
# Sicher nicht das, was beabsichtigt war
```

Wir waren bei diesem Beispiel am Ergebnis des **and**-Operators nicht interessiert. Wir haben **and** lediglich aufgerufen, damit dieser einen oder beide Teilausdrücke auswertet und somit Seiteneffekte bewirkt. Allerdings wäre hier der Wert von `divide()` durchaus interessant gewesen. Kein Problem:

```
$res = ($div = get_divisor() and divide($value, $div));
```

Dies funktioniert auch nur deswegen, weil entweder 0 oder das Ergebnis des `divide()`-Aufrufs auch der Wert des and-Ausdrucks ist. Bei C enthielte hingegen `$res` immer nur 0 oder 1.

- Das *n*-stufige Sortieren mit Hilfe des *Shortcut*-Verhaltens haben wir ja schon in Abschnitt 8.9.1 auf Seite 197 kennengelernt.

10.4 Blöcke als syntaktische Einheit

Ein Block faßt mehrere Anweisungen zusammen. Er kann überall dort eingesetzt werden, wo auch eine einzelne Anweisung angebracht ist.

10.4.1 Schreibweise für Blöcke

Blöcke werden in Perl in *geschweifte Klammern* gesetzt:

```
{
    # Ein Block mit mehreren Anweisungen
}
```

Dies entspricht genau der Syntax von Blöcken bei C.

10.4.2 Scope

Variablen sind normalerweise global. Sie können jedoch mit `my()` lexikalisch und mit `local()` sogar dynamisch lokal zum sie einschließenden Block deklariert werden (siehe Abschnitt 9.4.2 auf Seite 221). In diesem Fall sind sie nur noch innerhalb des sie einschließenden Blocks sichtbar (lexikalisch) und im Falle dynamisch lokaler Variablen sind sie auch für Funktionen sichtbar, die aus diesem Block heraus aufgerufen wurden.

10.4.3 Die letzte Anweisung bestimmt den Wert

Wir haben gesehen, daß ein Block syntaktisch anstelle einer einzelnen Anweisung stehen kann. Darum muß auch ein Block einen Wert (skalar oder Liste) haben. Der Wert eines Blocks ist der Wert der zuletzt ausgeführten Anweisung des Blocks.

10.5 Die Sequenz

Die Hintereinanderausführung mehrerer Befehle wird als *Sequenz* bezeichnet. Eine Sequenz kann auch durch den Kommaoperator an den Stellen angegeben werden, wo syntaktisch nur ein einziger Befehl erwartet wird.

10.5.1 Was ist eine Sequenz?

Die *Sequenz* ist die einfachste aller Kontrollstrukturen. Dort werden alle hintereinanderstehenden Anweisungen der Reihe nach durchgeführt:

```
$var = 17;          # Erst dies...
$res += 2;          # ...dann das...
print $res;         # ...und schliesslich das da.
```

Der sequentielle Fluß wird nur durch den Aufruf von Subroutinen kurzfristig angehalten, damit der Code innerhalb der aufgerufenen Subroutinen ausgeführt werden kann. Dafür wird dann natürlich intern ein Aufrufstack verwaltet. Das ermöglicht auch den rekursiven Aufruf mehrerer Subroutinen innerhalb der Sequenz.

Eine Sequenz ist nur deswegen interessant, weil die in ihr nacheinander ausgeführten Anweisungen *Seiteneffekte* bewirken: Zuweisung an Variablen, Ausgaben, Eingaben usw.

10.5.2 Sequenz mit dem Kommaoperator

Ein versteckte Form der Sequenz bietet auch der Kommaoperator:

```
$result = scalar ($var+=2, $res<17, $pos); # $result <- $pos
                                           # mit $var+=2
```

In einem skalaren Kontext wirkt der Kommaoperator wir bei C: Alle Ausdrücke werden der Reihe nach von links nach rechts ausgeführt. Der Wert des letzten Ausdrucks (des am weitesten rechts stehenden) ist auch der Wert des Kommaoperators.

Bitte beachten Sie, daß der Kommaoperator im Listenkontext einfach nur der Listenseparator für Listenliterale ist und keine besondere Bedeutung hat. Darum gilt:

```
$result = ($var+=2, $res<17, $pos);  # OK: $result <- 4711
$result = $var+=2, $res<17, $pos;    # FALSCH! $result <- $var+2
                                     # da = staerker bindet als ,
@reslis = ($var+=2, $res<17, $pos);  # FALSCH! Listenkontext
```

10.5.3 Vorsicht bei Seiteneffekten!

Ein einzelner Ausdruck stellt noch keine Sequenz dar. Überlegen Sie einmal, was beim folgenden Programmfragment ausgegeben wird:

```
$a = 5; $b = 7;
print ++$b + $a*$b;
```

Hier sehen Sie die Beispielausführung auf einem Solaris-Rechner mit Perl 5.00404:

```
farid@sun-1:~/p> perl
$a = 5; $b = 7;
print ++$b + $a*$b, "\n";
^D
48
```

Wo liegt das Problem? Die Addition ist in der Mathematik kommutativ:

$$\forall x, y \in \mathbb{G} : x + y = y + x$$

wobei $(\mathbb{G}, +)$ eine beliebige abelsche Gruppe ist. In unserem Beispiel enthalten x und y Seiteneffekte in Form von Postinkrementoperatoren. Nun ist leider nicht definiert, in welcher Reihenfolge die Addition „+" ihre Argumente evaluiert. Soll bei $x + y$ zunächst x, dann y evaluiert und dann die Addition durchgeführt werden, oder soll vielmehr erst y und dann x evaluiert werden mit anschließender Addition? Sollen vielleicht sogar x und y *parallel* evaluiert werden?

Wie bei C ist das Verhalten auch bei Perl *implementationsabhängig* und nicht festgelegt. Darum werden die Teilausdrücke eines komplexeren Ausdrucks nicht immer wie eine Sequenz abgearbeitet.

Im obigen Beispiel ist nicht klar, in welcher Reihenfolge die Teilausdrücke ++$b und $a*$b evaluiert werden, bevor ihre Werte addiert werden. Sollte $b inkrementiert werden, bevor die Multiplikation evaluiert wird, oder sollte vielmehr erst multipliziert und dann $b inkrementiert werden?

> Im konkreten Beispiel können Sie einmal versuchen, die Reihenfolge der Multiplikation mit $bs Inkrementierung zu vertauschen. Das Ergebnis auf dem oben genannten Computer ist dann 43 statt 48.
>
> Es sieht also so aus, als würden die Argumente der Addition von links nach rechts evaluiert. Ein Blick auf die Präzedenz- und Assoziativitätstabelle in *man perlop* kennzeichnet „+" als *linksassoziativ*. Daher werden die Argumente von links her evaluiert, was auch die obigen Ergebnisse erklärt.
>
> Wenn Sie Programme schreiben, die sich auf diese Art von Abhängigkeiten verlassen, sind Sie wahrscheinlich ein eingefleischter Hacker. Trotzdem werden solche Programme schwer wartbar, insbesondere wenn Sie solche „Details" nicht in Kommentaren festgehalten haben.

10.6 Alternativen

Bei der Alternative geht es um *Verzweigungen* in verschiedene Coderegionen, und zwar in Abhängigkeit vom Booleschen Wert einer *Bedingung*. Bestimmte Aktionen werden also nur dann ausgeführt, wenn eine Bedingung wahr oder falsch ist.

10.6.1 Der ternäre Operator ?:

Die einfachste Form der Alternative ist der aus C bekannte *ternäre Operator* ?:. Dieser Operator erwartet, im Gegensatz zu den meisten anderen Operatoren, nicht einen, auch nicht zwei, sondern drei Operanden; daher der Name ternär. Die Syntax des ternären Operators lautet:

```
Ergebnis = Bedingung ? Wahr-Ausdruck : Falsch-Ausdruck
```

Zunächst wird *Bedingung* im Booleschen Kontext ausgewertet. Ist der Boolesche Wert von *Bedingung* wahr, wird der *Wahr-Ausdruck* evaluiert, und der gesamte Wert des ternären Operators, *Ergebnis*, ist der Wert des *Wahr-Ausdrucks*. Ist hingegen *Bedingung* Boolesch falsch, dann wird der *Falsch-Ausdruck* evaluiert, und dessen Wert ist das *Ergebnis* des ternären Operators:

```
# Richtige Plural/Singular-Ausgabe
printf "found %d error%s\n", $num, ($num > 1) ? 's' : '';

# Ausnutzung des Shortcut-Verhaltens
$result = open (FILE, "< $myfile") ? proceed() : die "can't open: $!\n";
```

In welchem Kontext (skalar oder Listenkontext) wird aber nun ein *Wahr-Ausdruck* oder *Falsch-Ausdruck* evaluiert? Das hängt davon ab, im welchem Kontext der ternäre Operator selbst evaluiert wird:

```
# Ternaerer Operator im Listenkontext
@uid    = get_uids();       # Irgendwoher UIDs besorgen
@login  = get_logins();     # Irgendwoher logins besorgen

@users  = by_uid() ? @uid : @login;   # Listenkontext
$nusers = by_uid() ? @uid : @login;   # FALSCH! Anzahl User!
```

Sogar gemischte Formen sind möglich (siehe Abschnitt 11.3.2):

```
sub myroutine {
    # berechne @erglist und $ergscal
    return wantarray ? @erglist : $ergscal;
}
```

Schließlich kann der ternäre Operator auch ein *lvalue* sein. In diesem Fall wird abhängig vom Booleschen Wert der *Bedingung* im folgenden Beispiel `$newvalue` entweder an den *Wahr-Ausdruck* oder an den *Falsch-Ausdruck* (die ja dann auch *Lvalues* sein sollten) zugewiesen:

```
# Ternaerer Ausdruck als lvalue, im skalaren Kontext
(defined $var ? $othervar : $var) = $newvalue;

# Ternaerer Ausdruck als lvalue, im Listenkontext
$selector = these_are_uids(\@newusers);   # wahr oder falsch
($selector ? @uid : @login) = @newusers;  # wohin nun damit?
```

10.6.2 if ... then ... else

Perl kennt drei Formen von bedingten Verzweigungen:

- if (*Bed*) {*Blk*$_w$}

    Hierbei ist *Bed* (*Bedingung*) ein Perl-Ausdruck, der im Booleschen Kontext ausgewertet wird. Ist der Boolesche Wert von *Bed* wahr, dann wird auch der Block *Blk*$_w$,

10.6 Alternativen

der ebenfalls aus mehreren Anweisungen bestehen darf, ausgeführt. Ist hingegen *Bed* Boolesch falsch, wird *Blk*$_w$ übersprungen.

Dies ist identisch mit den `if (...) then { ... }`-Konstrukten anderer Sprachen.

Achtung! *C-Programmierer sollten hier besonders aufpassen: Die geschweiften Klammern um Blk$_w$ sind zwingend erforderlich! Das gilt auch für den Fall, daß Blk$_w$ nur aus einer oder sogar aus gar keiner Anweisung besteht. Das Weglassen der geschweiften Klammern führt zu einem Kompilierzeitfehler. Dies gilt auch für die Schleifen, die weiter unten (ab Seite 271) vorgestellt werden. Die einzige Ausnahme sind Minischleifen (siehe Abschnitt 10.7.9 auf Seite 277).*

Beispiel:

```
if ( $money > 1_000_000 ) {
    # VIP-Behandlung eines Millionaers
    get_limousine();
    free_presidential_suite();
    notify_bodyguards();
}
# Hier geht's fuer jedermann weiter
```

- `if (`*Bed*`) {`*Blk*$_w$`} else {`*Blk*$_f$`}`

Bed ist wieder ein Perl-Ausdruck, der im Booleschen Kontext ausgewertet wird. Ist diese Auswertung wahr, dann wird *Blk*$_w$ ausgeführt und *Blk*$_f$ übersprungen. Sonst wird *Blk*$_w$ übersprungen und *Blk*$_f$ ausgeführt.

Dies ist mit dem `if (...) then { ... } else { ... }`-Konstrukt anderer Sprachen identisch:

```
if (using(Unix)) {
    print "Congrats! You're a real hacker!\n";
    $strength += 10000;
} else {
    print "Go back to Disneyland!\n";
    $strength -= 10000;
    corrupt_vital_dlls_again();
    crash_that_ms_windoze_crap();
}
```

- `if (`*Bed*$_1$`) {`*Blk*$_{w_1}$`} elsif (`*Bed*$_2$`) {`*Blk*$_{w_2}$`} elsif` $\cdots$ `else {`*Blk*$_{f_n}$`}`

Verschachtelte bedingte Ausdrücke werden in Perl mit dem zusammengesetzten Schlüsselwort `elsif` eingeleitet. In der obigen Zeile wird zunächst *Bed*$_1$ Boolesch ausgewertet. Ist *Bed*$_1$ wahr, dann wird der Block *Blk*$_{w_1}$ ausgeführt. Ist aber *Bed*$_1$ falsch, wird dann *Bed*$_2$ Boolesch ausgewertet. Wenn jetzt *Bed*$_2$ wahr ist, dann wird *Blk*$_{w_2}$ ausgewertet, ansonsten geht es immer so weiter. Wenn keine Bedingung wahr war, wird der `else`-Block *Blk*$_{f_n}$ ausgewertet. Der `else`-Block ist optional:

```
# Typische Routine des Bastard-Operators From Hell: Siehe auch [92]
if (not luser_calls()) {
    play_xtank();
    grep_others_email();
```

```
        kill_that_dbserver_to_speed_up_xtank();
} elsif (luser_gives_login_name()) {
        remove_her_files();         # ... >clickety click<
        offer_to_restore_them_from_her_own_backup_disks();
        bulk_erase_her_backups_and_pretend_they_dont_work();
} else {
        get_luser_name_from_caller_id();
        forge_an_offending_email_going_to_ceo();
        file_her_name_into_the_fbi_most_wanted_computer();
}
```

Im Gegensatz zu C kennt Perl das Problem des *dangling else* nicht. Natürlich liegt das daran, daß die geschweiften Klammern bei Perl erforderlich sind — auch für Blöcke mit nur einer einzigen Anweisung.

10.6.3 Bedingte Ausdrücke

Sie können in Perl die Auswertung einer Anweisung oder eines Anweisungsblocks von einer Bedingung abhängig machen.

Perl kennt folgende bedingte Ausdrücke:

- *Anweisung* `if` *Bedingung*

    Zunächst wird *Bedingung* im Booleschen Kontext ausgewertet. Nur dann, wenn die Auswertung wahr ergibt, wird auch *Anweisung* ausgeführt. Beachten Sie, daß um *Bedingung* hier keine runde Klammern erforderlich sind. Ein solches Konstrukt wird „Bedingter Ausdruck" genannt. Bedingte Ausdrücke erhöhen die Lesbarkeit von Perl-Skripten und ersparen Ihnen ein paar runde und geschweifte Klammern:

    ```
    print "Debug: $value\n" if defined $opt_v;   # Debug-Info ausgeben
    $var = $DEFAULT_VALUE if not defined $var;   # Default, falls nicht
                                                 # schon belegt gewesen
    get_a_nap() if $tired;
    ```

- *Anweisung* `unless` *Bedingung*

    Diese Form ist identisch mit: *Anweisung* `if not` *Bedingung*:

    ```
    $var = $DEFVAL unless defined $var;          # Default, falls unbenutzt
    divide($x,$y)  unless $y == 0;               # Gueltige Division
    die "can't open: $!\n" unless open(IFILE, "/some/file");
    ```

- `do {`*Blk*`} if` *Bedingung*

    Ein ganzer Block von Anweisungen kann mittels `do()` zu einem *bedingten Block* gemacht werden. Allerdings dürfte die Lesbarkeit in diesem Falle schlechter sein als beim normalen `if`-Konstrukt.

    Zunächst wird *Bedingung* im Booleschen Kontext ausgewertet. Nur wenn die Auswertung *wahr* ergibt, wird der Block *Blk* ausgeführt.

```
        do {
                suspend_threads();
                unmark_all_memory();
                mark_all_orphaned_memory_chunks();
                append_marked_chunks_to_freelist();
                resume_threads();
        } if garbage_collection_needed();
```

- do {*Blk*} unless *Bedingung*

  Diese Form ist identisch mit: `do {Blk} if not` *Bedingung*

  Denken Sie also daran, daß hier *Bedingung* Boolesch *falsch* sein muß, damit der Block *Blk* ausgeführt werden kann!

  Achtung! *Pascal-Programmierer sollten hier aufpassen: Auch wenn sie so ähnlich aussieht, ist diese Form keine* `REPEAT ... UNTIL`*-Schleife!*

  Achtung! *Verwechseln Sie nicht die bedingte Anweisung* `do ... unless` *mit der Schleife* `do ... until`.

Ein kleiner Hinweis zum Stil: Perl-Hacker ziehen es vor, bedingte Anweisungen anstelle des `if`-Konstrukts zu verwenden. Somit sind solche Programme kürzer und für all diejenigen von uns, die die englische Sprache beherrschen, auch natürlicher und flüssiger lesbar.

10.6.4 Die Auswahl

Perl kennt kein spezielles Schlüsselwort für die Auswahl, die unter C als *switch-* und bei *Pascal* als *case*-Statements bekannt ist. Dazu läßt sich aber ein Auswahlkonstrukt simulieren. `man perlsyn` schlägt folgende Alternativen vor:

- Verwendung des Kommaoperators mit dem `last`-Operator (siehe auch Abschnitt 10.7.6 auf Seite 275):

  ```
  SWITCH: {
          $abc = 1, last SWITCH  if /^abc/;
          $def = 1, last SWITCH  if /^def/;
          $xyz = 1, last SWITCH  if /^xyz/;
          $nothing = 1;
  }
  ```

- Der `&&`-Operator, ein `do{...}`-Block und `last`:

  ```
  SWITCH: {
          /^abc/ && do { $abc = 1; last SWITCH; };
          /^def/ && do { $def = 1; last SWITCH; };
          /^xyz/ && do { $xyz = 1; last SWITCH; };
          $nothing = 1;
  }
  ```

- Eine andere Form der `and`-, Komma- und `last`-Operatoren:

```
    SWITCH: {
        /^abc/ and $abc = 1, last SWITCH;
        /^def/ and $def = 1, last SWITCH;
        /^xyz/ and $xyz = 1, last SWITCH;
        $nothing = 1;
    }
```

- Verschachtelte `ifs` (häßlich!):

```
    if (/^abc/)
        { $abc = 1 }
    elsif (/^def/)
        { $def = 1 }
    elsif (/^xyz/)
        { $xyz = 1 }
    else
        { $nothing = 1 }
```

- Schleifen mit impliziter `$_`-Variable:

```
    SWITCH: for ($where) {
        /In Card Names/    && do { push @flags, '-e'; last; };
        /Anywhere/         && do { push @flags, '-h'; last; };
        /In Rulings/       && do {                    last; };
        die "unknown value for form variable where: '$where'";
    }
```

10.6.5 Aufruf über einen Dispatcher

Eine weitere elegante Methode, um im Programmfluß zu verzweigen, besteht in der Verwendung eines *Dispatchers*. Es handelt sich dabei um eine Tabelle, in der pro gewünschtem Schlüssel eine Referenz zur dazu assoziierten Aktion gespeichert wird:

```
    sub adder    { ... }        # Addier-Routine
    sub multiplier { ... }      # Multiplizier-Routine
    sub subber   { ... }        # Subtrahierer

    %disp = ( add => \&adder, mul => \&multiplier, sub => \&subber,
              div => sub { $_[1] ? $_[0] / $_[1] : 0 } );

    $resdiv = &{$disp{'div'}}(32,17);    # 32/17
    $resadd = &{$disp{'add'}}(11,22);    # 33
```

10.7 Schleifen

Perl kennt, wie andere Programmiersprachen auch, eine ganze Menge von Schleifen.

10.7.1 foreach-Schleifen

Bei einer `foreach`-Schleife durchläuft eine skalare Variable eine Liste oder ein Array. Diese Variable ist bei jedem Durchgang ein Alias auf das gerade bearbeitete Listen- oder Arrayelement. Somit ist sowohl ein lesender wie auch ein schreibender Zugriff auf das Array möglich. Die Elemente der Liste oder des Arrays werden in ihrer natürlichen aufsteigenden Indexreihenfolge durchlaufen.

- Schleife mit dem Bereichsoperator:
    ```
    foreach $i (1 .. 5) {
      print "$i ...";
    }
    print "BOOM!\n";
    ```

- Schleife mit dem Glob-Operator:
    ```
    foreach $file <*.bak> {
      print "$file loeschen?";
      $jn = <STDIN>; chop $jn;
      unlink $file if $jn =~ /jy/i;
    }
    ```

- Schleife durch ein Array:
    ```
    foreach $elem (@ARGV) {
        print "Argument: $elem\n";
    }
    ```

- Schleife durch einen Hash:
    ```
    foreach $key (sort keys %ASSOC) {
        print $key, $ASSOC$key;
    }
    ```

- Über die Schleifenvariable kann ein Array verändert werden:
    ```
    foreach $var (@list) {
        $var *= $var;       # Jedes Element quadrieren
        $var = -$var;       # und dann negieren
    }
    ```

Anstelle des Schlüsselworts `foreach` kann auch das Schlüsselwort `for` stehen. Es handelt sich trotzdem um dieselbe `foreach`-Schleife:

```
for $var (keys %hash) { ... }
```

10.7.2 for-Schleifen wie bei C

Die allgemeine Syntax dieser Art von Schleifen lautet:

```
for ( Initexpr; Condition; Iteration ) { Body }
```

Dabei wird der Ausdruck *Initexpr* vor dem Anfang der Schleife genau einmal ausgewertet. Er dient vor allem zur Initialisierung von Indexvariablen, Zählern und dergleichen. Beachten Sie bitte, daß dieser Ausdruck — obwohl er nur aus genau einer Perl-Anweisung bestehen darf — dennoch aus einem Komma-Ausdruck bestehen kann.

Die Bedingung *Condition* wird *vor* dem Betreten des Schleifenkörpers *Body* und vor jeder Wiederholung im Booleschen Kontext ausgewertet. Ergibt *Condition* einen wahren Wert, wird ein weiterer Durchlauf gestattet. Ansonsten wird die Schleife verlassen.

Nach jedem Durchlaufen des Schleifenkörpers *Body* wird der Perl-Ausdruck *Iteration* ausgewertet. Anschließend wird wieder *Condition* für den nächsten Durchlauf überprüft. Üblicherweise werden in *Iteration* Zähler inkrementiert.

C-Programmierer werden hier die klassische *for*-Schleife von C wiedererkennen. Es handelt sich tatsächlich genau um dieselbe Form.

- Klassische for-Schleife:

    ```
    for ($i=0; $i<100; $i++) {
        # Tue etwas mit $array[$i]
        print "$i: ", $array[$i];
    }
    ```

- Ein etwas anderer Iterator:

    ```
    for ($i=0; $i<100; $i+=2) {
        # $i durchlaeuft alle geraden Zahlen
        # im Bereich [0..100[
    }
    ```

- Komma-Ausdruck für die gleichzeitige Initialisierung weiterer Zähler:

    ```
    # Summe aller geraden Zahlen zwischen 0 und 100:
    for ($sum=0, $i=0; $i<=100; $i+=2) {
        $sum += $i;
        print "$i: $sum\n";
    }
    ```

- Komma-Ausdruck sowohl im Initialisierungsteil als auch im Inkrementierungsteil:

    ```
    # Summe von allen geraden Zahlen zwischen 1 und 100:
    # Beachte die Reihenfolge im Inkrement-Ausdruck!
    for ($sum=0, $i=0; $i<=100; $i+=2, $sum+=$i) {
        print "$i: $sum\n";
    }
    ```

- Initialisierung mit Listen und einem Kommaoperator im Inkrement-Ausdruck:
    ```
    for (($sum,$i)=(0,0); $i<=100; $i+=2, $sum+=$i) {
        print "$i: $sum\n";
    }
    ```

- for-Schleifen können auch mehr als nur ein Array durchlaufen:
    ```
    sub ask { print "Next entry? " }
    for (ask(); <STDIN>; ask()) {
        # Tue etwas mit $_, z.B. chomp(), ...
        print "You typed: $_";
    }
    ```

- for-Schleife mit leerem Körper:
    ```
    use Math::BigInt;
    for ($fak=Math::BigInt->new(1), $i=1;
         $i <= 100;
         $fak *= $i, $i++) {}     # Leerer Koerper
    print "100! = $fak\n";
    ```

10.7.3 while- und until-Schleifen

Eine while-Schleife hat folgende Form:

```
while ( Condition ) { Body }
```

Hierbei wird *vor* jedem Durchlauf *Condition* im Booleschen Kontext ausgewertet. Dabei können durchaus auch Seiteneffekte auftreten. Ergibt die Boolesche Auswertung einen wahren Wert, wird der Schleifenkörper *Body* durchlaufen. Anschließend wird wieder *Condition* Boolesch ausgewertet usw.:

- Eine klassische while-Schleife, die besser eine for-Schleife gewesen wäre:
    ```
    ($i,$fak) = (1,1);            # Initialisierungsteil
    while ($i <= 10) {            # Die Bedingung
        $fak *= $i;               # Eigentlicher Schleifenkoerper
        $i++;                     # Inkrementierung nicht vergessen!
    }
    ```

- Seiteneffekte in der Bedingung:
    ```
    while (defined ($line=<STDIN>)) {
        # Tue etwas mit $line, z.B.:
        chomp $line;
        print "You typed: $line\n";
    }
    ```

- Endlos-Schleifen:
    ```
    while (1) {
        # Das wird hier endlos wiederholt, z.B:
        accept_connection();
        handle_connection();
    ```

```
        close_connection();
    }
```

Eine until-Schleife hat die folgende Syntax:

```
until ( Condition ) { Body }
```

Sie ist identisch mit der while-Schleife, bis auf die negierte Bedingung:

```
while ( not Condition ) { Body }
```

10.7.4 do {...} while (...)-Schleifen

Während bei der while-Schleife die Bedingung noch *vor* dem ersten Durchlauf überprüft wird, wird bei der folgenden Schleifenform der Schleifenkörper mindestens einmal durchlaufen. Erst danach wird die Bedingung zum erstenmal überprüft. Die allgemeine Form dieser Schleifen lautet:

```
do { Body } while ( Condition );
```

Hier wird also *Body* mindestens einmal durchlaufen. Anschließend wird *Condition* im Booleschen Kontext ausgewertet, wobei durchaus auch Seiteneffekte möglich sind. Ergibt die Auswertung einen wahren Wert, wird *Body* erneut durchlaufen usw. Ansonsten bricht die Schleife ab:

```
do {
  print "hi, say something ('quit' to quit): ";
  $value = <STDIN>; chomp $value;
} while ($value ne 'quit');
```

Achtung! *Pascal-Programmierer sollten hier aufpassen! Dies ist keine exakte REPEAT ... UNTIL-Schleife! Dazu verwenden Sie die do ... until-Schleife, die im nächsten Unterabschnitt gezeigt wird.*

10.7.5 do {...} until (...)-Schleifen

Diese Schleifenform entspricht den REPEAT ... UNTIL-Schleifen von *Pascal*. Die Syntax lautet:

```
do { Body } until ( Condition );
```

Auch hier wird also *Body* mindestens einmal durchlaufen. Anschließend wird *Condition* im Booleschen Kontext ausgewertet, wobei durchaus auch Seiteneffekte möglich sind. Ergibt die Auswertung einen wahren Wert, wird die Schleife verlassen. Ansonsten ist die nächste Iteration fällig:

```
do {
  print "hi, say something ('quit' to quit): ";
  $value = <STDIN>; chomp $value;
} until ($value eq 'quit');
```

10.7.6 last und next

Es kann schon einmal vorkommen, daß Sie eine Schleife frühzeitig verlassen müssen oder aber auch frühzeitig eine weitere Iteration veranlassen möchten. Dazu dienen die `last`- und `next`-Operatoren.

- Frühzeitiges Verlassen einer Schleife mit `last`:

    ```
    while (<>) {
        chomp;                    # Newline entfernen
        last if /bye/;            # Fruehzeitig Schleife verlassen
        print "You entered: >$_<\n";
    }
    ```

- Sofortige neue Iteration mit `next`:

    ```
    foreach (@list) {
        print;                    # Jedes Element anzeigen.
        next if not /SPECIAL/;    # Wenn $_ 'SPECIAL' enthaelt, dann
        do_special($_);           # spezielle Behandlung einleiten
    }
    ```

- `next` und `last` lassen sich auch kombinieren:

    ```
    # Bearbeite alle Zeilen der Eingabe.
    # Ende der Eingabe, wenn quit angegeben wird.
    # Leere Zeilen und Zeilen mit 'skip' ueberspringen
    while (<STDIN>) {
        chomp;                              # Entferne immer Newline

        last if /^\s*quit\s*$/;             # Schleife verlassen
        next if (/skip/ || /^\s*$/);        # Wieder zum Anfang

        &proceed($_);                       # Irgendeine Behandlung
    }
    # Hier geht es weiter...
    ```

- Verlassen tief verschachtelter Schleifen:

    ```
    OUTER: for $i (1 .. 10) {
        INNER: for $j ($i .. 10) {
            next OUTER if $j==5;
            last OUTER if $i>8;
            print "($i,$j) ";
        }
        print "\n", "-" x 10, "\n";
    }
    # Ausgabe:
    # (1,1) (1,2) (1,3) (1,4) (2,2) (2,3) (2,4) (3,3) (3,4)
    # (4,4) (6,6) (6,7) (6,8) (6,9) (6,10)
    # ----------
    # (7,7) (7,8) (7,9) (7,10)
    # ----------
    # (8,8) (8,9) (8,10)
    # ----------
    ```

In diesem Beispiel haben wir die Schleifen mit *Tags* (*Labels*) benannt. Dadurch war es uns möglich, zum Anfang (next *Tag*) oder zum Ende (last *Tag*) der Schleife zu springen, die wir ansprechen wollen.

Ohne *Tag* würden sich last und next auf die Schleife beziehen, in der sie sich befinden.

10.7.7 Der continue-Block

Der continue-Block einer while-Schleife wird durchlaufen, kurz bevor die Bedingung erneut überprüft wird. Das gilt sogar für den Fall, daß mit next wieder an den Anfang der Schleife gesprungen werden soll:

```
# Fakultaet ungerader Zahlen zwischen 1 und 10
($i,$fak)=(1,1);         # Initialisierung
while ($i<10) {          # Bedingung
  next if not $i % 2;    # Gerade: Ab zum continue-Block
  print "$i! $fak\n";    # Ungerade: Ausgeben
} continue {             # Wird immer am Ende des
  $fak *= ++$i;          # Koerpers ausgefuehrt, auch
}                        # bei next.
```

Beachten Sie, daß der continue-Block im Normalfall (also ohne last, next und redo) immer am Ende des Schleifenkörpers durchlaufen wird. Bei next wird er ebenfalls durchlaufen, aber nicht bei last.

10.7.8 redo

Mit redo wird, wie bei next, wieder an den Anfang der Schleife gesprungen. Allerdings gelten andere Regeln:

- Die Schleifenbedingung wird *nicht* ausgewertet oder überprüft.

- Ein eventuell vorhandener continue-Block wird *nicht* durchlaufen.

Wozu ist redo gut? *man perlsyn* zeigt das klassische Beispiel:

```
while (<>) {             # Erste Zeile einlesen
    chomp;
    if (s/\\$//) {       # Zeile endet mit Backslash: Weg damit und
        $_ .= <>;        # naechste Zeile anhaengen
        redo unless eof();   # Gehe zum chomp() !!
    }
    # $_ enthaelt die gesamte bereinigte Zeile
}
```

Was geschieht hier? Unter Unix oder auch unter C wird oft eine sehr lange Zeile in mehrere aufeinanderfolgende Zeilen umbrochen. Dabei kennzeichnet ein abschließender Backslash einen solchen Umbruch:

10.7 Schleifen

```
Bh|AT386|at386|at/386 console:\
        :am:bw:eo:xo:xt:bs:\
        :co#80:li#25:kn#4:\
        :ae=^P:al=\E[1L:cd=\E[0J:ce=\E[0K:cl=\E[2J\E[H:\
        :cm=\E[%i%2;%2H:ct=\E[3g:dc=\E[1P:dl=\E[1M:ho=\E[H:\
        :ic=\E[1@:k1=\EOP:k2=\EOQ:k3=\EOR:k4=\EOS:k5=\EOT:\
        :k6=\EOU:k7=\EOV:k8=\EOW:k9=\EOX:kb=\b:kd=\E[B:\
        :kh=\E[H:kl=\E[D:kr=\E[C:ku=\E[A:nd=\E[C:se=\E[m:\
        :so=\E[7m:st=\EH:ue=\E[m:up=\E[A:us=\E[4m:nl=\E[B:\
        :ko=do,nd,up,ho:
```

Dieser aus /etc/termcap entnommene Eintrag ist logisch nur eine einzige Zeile. Da diese jedoch sehr lang ist, wurde sie, der besseren Lesbarkeit halber, in mehrere Zeilen umgebrochen, die jeweils mit einem abschließenden Backslash enden.

Das obige Programm versucht nun, zeilenweise einen solchen Eintrag einzulesen. Die erste Zeile dieses Eintrags wird durch die while-Bedingung while (<>) eingelesen. Endet diese Zeile nicht mit einem Backslash, ist die if-Bedingung nicht erfüllt. Dann wird die Zeile ganz normal verarbeitet. Lange Zeilen enden aber mit einem Backslash. Innerhalb der if-Bedingung wird dieser Backslash entfernt. Anschließend wird direkt die nächste Zeile eingelesen und $_ hinzugefügt: $_ .= <>. Solange wir nicht am Ende der Datei angelangt sind (eof()), springen wir an den Anfang der Schleife zurück. Wichtig ist, daß wir dazu redo und nicht next verwenden. Die while-Bedingung sollte ja gerade nicht wieder ausgewertet werden, da wir die nächste Zeile bereits eingelesen haben und nur noch durch die Schleife schleusen wollen.

10.7.9 Minischleifen

Minischleifen sind Schleifen mit einem Körper, der nur aus einer einzigen Anweisung besteht.

- until-Minischleife:

    ```
    @array = 'a' .. 'h';
    ++$array[$i++] until $i > $#array;     # Minischleife
    print "@array\n";
    # Ausgabge: b c d e f g h i
    ```

    Hier wird ein Array durchlaufen, wobei jedes Element inkrementiert wird.

- while-Minischleife:

    miniloop.pl
    ```
    #!/usr/local/bin/perl -w
    # miniloop.pl -- Minischleife mit while: Erste Entity-Zeile

    # Ueberspringe alle Zeilen vor der ersten leeren Zeile (Header).
    $line = 'non-empty';
    $line = <STDIN> while $line !~ /^$/;

    # Ueberspringe nun alle leeren Zeilen:
    ```

```
$line = <STDIN> while $line =~ /^$/;

# Zeige die erste Zeile an, die auf die leere Zeile folgt:
chomp($line); print "First line: >$line<\n";
```
miniloop.pl

Ausführung:
```
farid@sun-1:~/p> ./miniloop.pl
HTTP/1.1 200 OK
Date: Sun, 11 Jul 1999 11:35:55 GMT
Server: Apache/1.3.6 (Unix) mod_perl/1.16_02
Connection: close
Content-Type: text/html

<!DOCTYPE HTML PUBLIC "-//W3C//DTD HTML 3.2 Final//EN">
First line: ><!DOCTYPE HTML PUBLIC "-//W3C//DTD HTML 3.2 Final//EN"><
```

10.7.10 Implizite Schleifen mit map und grep

Die Selektion mit grep() wurde bereits in Abschnitt 7.4.3 auf Seite 169 gezeigt. Es handelt sich dabei ja auch um eine implizite Schleife, die durch das Eingabearray iteriert. Sie ist häufig effizienter als eine explizite Schleife, nicht zuletzt deshalb, weil die Indexoperationen entfallen.

Die Transformation einer Liste l_1 in eine andere Liste l_2 mit Hilfe von map() wurde in Abschnitt 7.4.4 auf Seite 170 schon vorgeführt. Auch hier handelt es sich um eine effizientere Methode als eine explizite Schleife.

10.8 Subroutinen

Funktionen, in Perl auch Subroutinen genannt, können auch als Kontrollstruktur aufgefaßt werden: Der Programmfluß wird beim Aufruf einer Subroutine dorthin verzweigt. Wenn die Subroutine beendet ist, kehrt der Programmfluß an die Stelle direkt nach dem Aufruf zurück. Subroutinen können auch *rekursiv* aufgerufen werden. In diesem Fall wird ein ganzer Aufrufstack aufgebaut.

Subroutinen sind Gegenstand von Kapitel 11 ab Seite 291.

10.9 Der Ausführungskontext

Das Verhalten vieler Operatoren und Funktionen hängt auch vom *Ausführungskontext* ab. Der Ausführungskontext wird sowohl durch die Art der beteiligten Operanden, als auch vom Typ der *Lvalue*-Ausdrücke, bestimmt:

- *Skalarer Kontext*: Das Ergebnis der Subroutine oder des Operators wird vom umgebenden Programmcode wie ein Skalar behandelt. Das ist beispielsweise der Fall, wenn das Ergebnis einer skalaren Variablen zugewiesen wird:

10.9 Der Ausführungskontext

```
$date = localtime(time);
$line = <STDIN>;
```

Die Funktion `localtime()` liefert einen String mit dem aktuellen Datum, wenn sie im skalaren Kontext aufgerufen wurde. Dies ist hier der Fall, da `$date` eine skalare Variable ist.

Der Eingabeoperator `<STDIN>` liest von der Standardeingabe im skalaren Kontext den nächsten Eingabe-Record. Das ist in den meisten Fällen eine einzelne Zeile[2].

Skalare Ausführungskontexte können auch bei Bedarf weiter untergliedert werden in:

- *Stringkontext*: Der in Frage kommende Ausdruck soll wie ein String weiter behandelt werden:

  ```
  $zahl = 4711;
  $erg  = "Ergebnis: " . $zahl;
  ```

  Hier wurde `$zahl` mit dem Stringkonkatenationsoperator einem String hinzugefügt. Dies ist also ein Stringkontext. Daher wurde die Zahl in `$zahl` automatisch in einen String konvertiert (siehe Abschnitt 6.5.1 auf Seite 137) und anschließend weiter wie ein String behandelt.

- *Numerischer Kontext*: Häufig wird anstelle eines Strings eine Zahl benötigt. Das kann beispielsweise in einem arithmetischen Ausdruck notwendig sein. In diesem Fall spricht man vom *numerischen Kontext*:

  ```
  $input = <STDIN>;           # Eingabe einlesen: String!
  print "Ergebnis: ", $input+2;  # Numerischer Kontext
  ```

  In diesem Beispiel wurde der eingelesene String im numerischen Kontext um 2 inkrementiert. Also wurde der String automatisch in eine Zahl konvertiert (siehe Abschnitt 6.5.1).

- *Boolescher Kontext*: Ein skalarer Ausdruck kann auch als Bedingung für `if`, den ternären Operator oder für Schleifen dienen. In diesem Fall wird er im *Booleschen Kontext* ausgewertet. Dies ist, im Gegensatz zum String- oder Zahlenkontext, mit keinerlei Konvertierungen verbunden, da ein wahrer Wert nicht *true* wie bei anderen Sprachen ist, sondern einfach der Wert des Booleschen Ausdrucks.

Wichtig ist auch, daß Listen, Arrays oder Hashes im skalaren Kontext ausgewertet werden können. In diesem Fall gelten folgende Regeln:

- Eine Liste oder Array im skalaren Kontext besteht aus der Anzahl der in ihr oder ihm enthaltenen Elemente:

  ```
  @list = 'a' .. 'h';
  $num1 = @list;          # Liste im skalaren Kontext
  print $num1;            # 8

  @lhole = ( 1, 2, undef, 7, 6); # Liste mit Loechern
  ```

---

[2] Was ein Eingabe-Record ist, wird durch die reservierte Variable `$/` bestimmt; siehe dazu Abschnitt 9.6.5 auf Seite 232. Der Defaultwert für `$/` ist `\n`, wodurch einzelne Zeilen eingelesen werden.

```
    $numh    = @lhole;                      # Skalarer Kontext
    print $numh;                            # 5, Loecher zaehlen mit

    @lholetail = ( 1, 2, undef, undef);     # Loecher am Ende
    $numht = @lholetail;                    # Skalarer Kontext
    print $numht;                           # 4, auch hier!
```

- Ein Hash im skalaren Kontext liefert einen String in der Form n/m, wobei n die Anzahl der benutzten und m die Gesamtzahl aller Buckets ist (siehe Abschnitt 8.11 auf Seite 213).

- *Listenkontext*: Soll ein Ausdruck einem Hash, einer Liste oder einem Array zugewiesen werden, handelt es sich um einen *Listenkontext*. Viele Funktionen und Operatoren verhalten sich bei Listen anders als bei Skalaren; beispielsweise:

```
    @alllines = <STDIN>;                         # Alle Eingabezeilen einlesen
    ($sec,$min,$hour, @etc) = localtime(time);   # Listenkontext
```

Eine Übersicht über eingebaute Funktionen finden Sie in *man perlfunc*. Dort steht auch bei jeder Funktion, wie diese sich im skalaren und im Listenkontext verhält.

Es ist auch möglich, den Listenkontext zu erzwingen. Dazu setzen Sie den Ausdruck einfach in runde (Listen-)Klammern:

```
    $min = localtime(time)[1];      # FALSCH: Syntaxfehler
    $min = (localtime(time))[1];    # Okay, Listenkontext
```

Wollen Sie selbst Subroutinen programmieren, so wäre es ganz sinnvoll zu wissen, ob sie eine Liste oder einen Skalar zurückliefern müßten. Siehe hierzu Seite 305.

Achtung! *Ein Listenkontext liegt öfter vor, als man denkt. Insbesondere wertet* print() *seine Argumente im Listenkontext aus. Wollen Sie statt dessen den skalaren Kontext dort erzwingen, müssen Sie die Funktion* scalar() *verwenden:*

```
    print "Hash Status: ", scalar %hash;    # n/m Bucket-Belegung
    print "Anzahl Elem: ", @liste;          # FALSCH! Ganze Liste
    print "Erste Zeile: ", <STDIN>;         # FALSCH! Alle Zeilen
```

Ein besonders beliebter Fehler ist es, Arrayelemente mit einem „@"-Zeichen statt mit einem „$"-Präfix zu beginnen:

```
    @lines = ();                # Eine Liste
    @lines[0] = <STDIN>;        # FALSCH! Listenkontext, da Slice!
    $nextline = <STDIN>;        # FALSCH! Nichts mehr drin wegen
                                # der vorherigen Anweisung!
```

In diesem Beispiel wurde @lines[0] statt $lines[0] benutzt. Es handelte sich hier um ein Slice (siehe Abschnitt 7.3.5 auf Seite 165), also um eine Liste. Darum wurde <STDIN> im Listenkontext aufgerufen. Dieser Operator hat dann alle Zeilen der Standardeingabe eingelesen und die erste davon in $lines[0] kopiert. Alle anderen Zeilen wurden weggeworfen. Bei der nächsten Einleseoperation blieb in der Standardeingabe nichts mehr zum Lesen übrig!

Wie bereits erwähnt, verhalten sich sehr viele Funktionen und Operatoren je nach Ausführungskontext unterschiedlich. Sie sollten daher unbedingt *man perlfunc* und *man perlop* zu Rate ziehen.

10.10 Die `eval()`-Funktion

Perl verfügt, wie viele interpretierte Sprachen, über eine `eval()`-Funktion. Diese Funktion ist der direkte Zugang zum Interpreter. Anders als bei C oder anderen kompilierten Sprachen, ist es nämlich möglich, *zur Laufzeit* Code zu erzeugen und ausführen zu lassen. Die Fähigkeit, Code automatisch generieren und schließlich ausführen zu lassen, ist sehr mächtig. In diesem Abschnitt werden wir einige wenige Anwendungen dieser Technik kennenlernen.

10.10.1 Verwendung von `eval()`

`eval()` kann auf zweierlei Arten verwendet werden:

- Übergabe eines Strings, der Perlcode enthält oder
- Aufruf mit geschweiften Klammern.

Beide Methoden unterscheiden sich dadurch, daß der Code in geschweiften Klammern bereits zur Kompilierzeit feststeht, wobei fatale Fehler abgefangen werden, während der Code im String zur Laufzeit konstruiert sein kann.

Code in Strings

Im folgenden Codefragment wird der auszuführende Perl-Code erst zur Laufzeit in `$code` zusammengestellt und anschließend mit `eval()` ausgewertet.

```perl
$var  = 4711;
$code = qq{ print "hello world! This is $var\n"; };
eval $code;      # hello world! This is 4711
```

Es ist sogar möglich, den Code vom Benutzer zu erfragen:

perl-eval-shell.pl
```perl
#!/usr/local/bin/perl -w
# perl-eval-shell.pl -- Eine primitive Perl-Shell mit eval().

sub prompt {
    my $prompt_text = shift;
    my $code;

    ++$nprompt;
    print "$prompt_text <$nprompt>? ";
    $code = <STDIN>; chomp($code) if defined $code;
    return $code;
}

for (my $code=prompt("code (CTRL-D to stop)");
     defined $code;
     $code=prompt("code")) {
```

```
        eval $code;
}
```
———————————————————————————————— perl-eval-shell.pl

Sehr interessant ist auch, daß eval() den übergebenen Perl-Code *im Kontext des Aufrufers* ausführt:

```
farid@bsd-1:~/p> perl-eval-shell.pl
code (CTRL-D to stop) <1>? $var = 4711;
code <2>? print $var, "\n";
4711
code <3>? $nprompt = 100;
code <101>? ^D
```

Der Inhalt der Variable $var hat deswegen überlebt, weil in Wirklichkeit $var im Programm, das eval() aufgerufen hat, ebenfalls deklariert wurde. Die Änderung der Variable $nprompt hat sich auch sofort auf dem Prompt ausgewirkt. eval()-Code wird wirklich innerhalb des Kontexts des Aufrufers ausgeführt!

Was geschieht bei Fehlern?

```
farid@bsd-1:~/p> perl-eval-shell.pl
code (CTRL-D to stop) <1>? $var = "this is still okay";
code <2>? this is a syntax error
Unquoted string "error" may clash with future reserved word
                    at (eval 2) line 1, <STDIN> chunk 2.
code <3>? print "still living\n";
still living
code <4>? ^D
```

Auf die Fehlerbehandlung gehen wir in Kürze noch ein.

> **Achtung!** *Die Zeichenkettenform von* eval() *kann auch gefährlich sein, insbesondere wenn die Zeichenketten* tainted *sind, d.h. unter anderem von fremden Benutzern kommen. Angenommen, Sie entwickeln einen Taschenrechner wie auf Seite 120 und fordern Benutzer zur Eingabe ein. Spaßvögel könnten nun beispielsweise als Eingabe folgendes antworten:*
>
> ```
>     system("/bin/rm -rf *");
> ```
>
> *Schon haben Sie ein größeres Problem, als Sie es sich gewünscht haben.*
>
> *Wenn Sie mit derartigen Problemen zu kämpfen haben, sollten Sie sich das Standardmodul* Safe *anschauen: Informationen darüber finden Sie in* perldoc Safe.

Code in geschweiften Klammern

Eine andere Form der Übergabe des dynamischen Codes an eval() verwendet geschweifte Klammern. Im Gegensatz zur Stringform wird hier der übergebene Code *zur Kompilierzeit* nur ein einziges Mal auf syntaktische Korrektheit geparst. Daher werden schon einige offensichtliche Syntaxfehler früh erkannt:

```
eval { $result = }      # FALSCH! Syntaxfehler zur Kompilierzeit
                        # und Abbruch der Kompilierung
eval "$result =";       # Okay, aber Fehler in $@
```

Diese Form ist besonders effizient, wenn der auszuführende Code konstant bleibt, aber häufig aufgerufen werden soll, beispielsweise in einer Schleife:

```
while (<>) {
    eval { $result = 5 / $_; };
    print "Result: $result\n" unless $@;
}
```

Es macht ja offensichtlich keinen Sinn, den Code in der Schleife immer wieder zu parsen und zu kompilieren. Eine einfache Übersetzung zur Kompilierzeit reicht völlig aus; übrigens auch dann, wenn der Code Variablen enthält, die zur Laufzeit variieren können!

Der eval()-Aufruf mit geschweiften Klammern wird oft benutzt, wenn versucht wird, portabel zu programmieren. So sind beispielsweise einige *Builtins* nicht bei allen Perl-Plattformen vorhanden. Der Aufruf einer nicht existierenden Funktion würde normalerweise eine Ausnahme auslösen, die zum Abbruch des Programms führen würde. Wird hingegen der fragliche Code an eval() übergeben, würde das Programm im Falle einer Ausnahme nicht abgebrochen. Lediglich eval() würde mit einem Fehlercode in $@ und einem Rückgabecode von *undef* zurückkehren.

10.10.2 Rückgabecode und Fehlerbehandlung

Der Rückgabecode von eval() ist der Wert der zuletzt ausgeführten Anweisung im übergebenen Codeblock oder -String. Wird der dynamische Code mit return verlassen, ist der Rückgabewert von eval() ebenfalls der Wert, der an return übergeben wurde.

Im Fehlerfall, und das ist auch der Fall bei Aufrufen von die(), liefert eval() *undef* zurück und trägt in die globale Variable $@ den Fehlermeldungstext ein, wie er normalerweise angezeigt werden würde. Ist hingegen kein Fehler aufgetreten, ist $@ leer.

> Vermeiden Sie den Aufruf von exit() in Ihren Subroutinen. Es ist stets besser, im Fehlerfall mit die() eine Ausnahme auszulösen. Diese kann dann von Anwendern Ihrer Funktionen bei Bedarf mit eval() abgefangen werden. Dies wäre bei exit() leider nicht möglich.

10.10.3 Einige nützliche eval()-Anwendungen

Wir haben in diesem Buch einige nützliche Anwendungen von eval() auf den Seiten 43, 93, 96, 111, 120, 136, 343, 462 und 534 kennengelernt. Weitere Anwendungen sind die folgenden:

- Signalbehandlung in einem eval()-Block:

```
eval {
    while (<>) {
        doSomething($_);
    }
};
if ($@ ne '') {
    print "Signal caught!...\n";
}
```

In diesem Beispiel wird wie gewohnt in einer Schleife eine Liste von Werten eingelesen. Senden Benutzer während dieser Schleife ein fatales, nicht abgefangenes Signal an den Prozeß, beispielsweise durch Drücken der CTRL-C-Taste, bricht der eval()-Block ab, jedoch nicht das ganze Programm.

- Ausnahmebehandlung, die in Abschnitt 10.11 vorgestellt wird.

- Dynamische Erzeugung von Akzessorfunktionen aus Klassenschablonen. Siehe hierzu das CPAN-Modul Class::Template und Beispiele in [75].

- Das CPAN-Modul Exception simuliert die Ausnahmebehandlung von C++ durch Bereitstellung der Schlüsselwörter try und catch.

- In [75, Seite 75] wird ein Beispiel vorgestellt, das eine Liste von Suchmustern mit regulären Ausdrücken in einem beliebigen Text sucht. Da es bei vielen Suchmustern nicht effizient ist, diese alle als Alternativen in einem einzigen regulären Ausdruck zusammenzufassen, wird dynamisch Code erzeugt, der nach und nach alle Muster jeweils einzeln mit dem m//-Operator ausprobiert. Mit anderen Worten wird statt des ineffizienten Codes

    ```
    m/$pattern1|$pattern2|$pattern3|.../
    ```

    der viel effizientere Code:

    ```
    if (m/$pattern1/ || m/$pattern2/ || m/$pattern3/ || ...) { ... }
    ```

    in einer Schleife zu einem String zusammengesetzt:

    ```
    $code  = 'if (m/';
    $code .= join ('/ || m/', @patterns);
    $code .= '/) { ... }';
    ```

    und anschließend ausgewertet:

    ```
    $eval $code;
    ```

- Teile des Perl-Codes könnten digital signiert und/oder verschlüsselt werden. Ein Perl-Programm könnte diese Programme beispielsweise über das Netz von einem Server beziehen und vor ihrer Auswertung mit Hilfe eines eindeutigen Sitzungsschlüssels entschlüsseln oder auch gleich deren Signatur überprüfen. Anschließend kann der entschlüsselte und überprüfte Code mit eval() ausgeführt werden.

- Einträge für den *International Obfuscated Perl Code Contest* können von dynamisch erzeugtem und mit eval() ausgeführtem Code profitieren. Es gibt kaum verwirrendere Techniken, als zur Laufzeit Code zu erzeugen und erst dann auszuführen! Eine interessante Idee wäre, durch einen komplizierten Algorithmus eine

Gödel-Zahl [38] auszurechnen und diese dann in Perl-Code umzuwandeln, der anschließend mit `eval()` ausgeführt wird.

- Der Perl-Interpreter kann in andere Systeme integriert werden. In diesem Fall rufen diese Systeme die `eval()`-Funktion auf, um Perl-Code auszuwerten. Dies wird in Abschnitt 16.4 ab Seite 739 gezeigt.

Das Thema *dynamische Codeerzeugung* ist viel umfassender und ergiebiger, als hier gezeigt wurde. Leider können wir aus Platzgründen nicht näher darauf eingehen.

10.11 Exkurs: Ausnahmebehandlung

Bei den meisten Programmiersprachen sind die normale Codeausführung und die Fehlerbehandlung stark miteinander verwoben:

```
open (INPUT, "< /path/to/file") or die "can't open: $!\n";
flock(INPUT, LOCK_EX) or die "can't get a lock: $!\n";
```

Die Fehlerbehandlung findet also stets direkt vor Ort statt. Bei dieser Art von Fehlerbehandlung benötigt man aber für Fehler einen besonderen Wert, der einen Fehler anzeigt. Bei C liefern viele Funktionen im Fehlerfall -1 oder *NULL* zurück. Bei Perl wird bevorzugt *undef* zurückgegeben. Mehr Informationen über die Art des Fehlers werden dann in einer weiteren Variablen zur Verfügung gestellt, z.B. in `errno` bei C oder in `$!` bei Perl.

Das Problem bei dieser Art der Fehlerübergabe ist, daß der Fehlerwert nicht zur Menge der gültigen Werte gehören darf. Es ist zwar meistens möglich, einen speziellen Wert als Fehlerwert auszuzeichnen, wenn dieser nicht benötigt wird. Sind aber potentiell alle Werte gültig, muß ein echter Wert „entwertet" werden (so wie das mit dem Backslash beim Quoting gemacht wird). Dies ist dann aber mit einem zusätzlichen Overhead verbunden.

Ein anderer Ansatz wird in einigen objektorientierten Sprachen verfolgt. Bei C++ wird ein `try { ... } catch`-Konstrukt verwendet [87]:

```
try {
    // Code, der Ausnahmen ausloesen koennte
}
catch (...) {
    // Code, der Ausnahmen behandeln kann
}
```

Es ist sogar möglich, diverse Arten von Ausnahmen auszulösen:

```
try {
    // Code, der Ausnahmen erzeugen kann
    somefunc();   // Ausnahmen, die nicht von somefunc()
                  // behandelt wurden, werden
                  // hierher weitergereicht.
```

```
        // Man kann auch explizit Ausnahmen ausloesen:
        throw SomeException("Something happened");
    }
    catch (SomeException) {
        // Handler fuer Fehler der Art SomeException
    }
    catch (AnotherException) {
        // Ein anderer Handler fuer AnotherException-Ausnahmen
    }
    catch (...) {
        // Behandelt alle sonstigen Ausnahmen
        throw;    // Nach oben weiterreichen
    }
```

In den Handlern kann man auch noch entscheiden, ob der Fehler behandelt werden konnte, oder aber (in der Aufrufhierarchie) nach oben weitergereicht werden soll (bei C++ durch ein parameterloses throw).

Python sieht ebenfalls ein try ... except-Konstrukt vor [55]:

```
    try:
        # Code, der Ausnahmen erzeugen koennte
        call.some.command()
        call.another.command()
        raise "Some error occured"     # Explizites Ausloesen
    except (EOFerror, SystemExit):
        return 1;     # Ausnahme behandelt
    except:
        print "what?" # Bei allen anderen Fehlern
                      # implizit None zurueckgeben
```

Ausnahmen werden bei Perl ganz anders behandelt. Hier wird der try-Block von eval() ausgeführt. Ausnahmen, die beispielsweise durch die() ausgelöst werden können, führen dazu, daß eval() mit einem Fehlercode zurückkehrt. Die Art des Fehlers, d.h. die Fehlermeldung, kann dann der reservierten Variablen $@ entnommen werden:

```
    eval {
        # Code, der Ausnahmen ausloesen koennte
        die "oops, an error occured here";
    } or do {
        # Handler fuer Ausnahmen
        print "Handler: $@";
    };
    print "Still alive!\n";
    # Handler: oops, an error occured here at - line 3.
    # Still alive!
```

Beachten Sie aber in jedem Fall, daß viele Funktionen *keine* Ausnahme auslösen, sondern im Fehlerfall lediglich *undef* zurückliefern. Das reicht nicht, um einen eval()-Block zu verlassen.

10.12 Operatorenpräzedenz

Operatoren binden ihre Argumente mehr oder weniger stark an sich. Es gibt Operatoren, die stärker binden als andere: Sie haben eine *stärkere* oder *höhrere Präzedenz*. Tabelle 10.2 , die aus *man perlop* stammt, listet die Operatoren von Perl in absteigender Präzedenz auf.

Assoziativität	Operatoren
Links	Terme und Listoperatoren (linksassoziativ)
Links	->
keine	++ --
Rechts	**
Rechts	! \ ~ sowie unäres + und -
Links	=~ und !~
Links	* / % x
Links	+ - .
Links	<< >>
keine	Benannte unäre Operatoren
keine	< > <= >= lt gt le ge
keine	== != <=> eq ne cmp
Links	&
Links	| ^
Links	&&
Links	||
keine	.. ...
Rechts	?:
Rechts	= += -= *= usw.
Links	, =>
keine	Listenoperatoren (rechtsassoziativ)
Rechts	not
Links	and
Links	or xor

Tabelle 10.2: Präzedenztabelle der Perl-Operatoren

Beispielsweise bindet < stärker als or, da es auf einer höheren Zeile in der Tabelle steht. Das bedeutet:

```
if ($var1 < 4711 or $var1 == 7777) { ... }

# Das bedeuetet:
if (($var1 < 4711) or ($var1 == 7777)) { ... }

# und NICHT wie bei Pascal:
if (($var1 < (4711 or $var1)) == 7777) { ... }
```

C-Programmierer werden erkennen, daß die relative Präzedenz und Assoziativität der aus C bekannten Operatoren unverändert geblieben ist. Lediglich neue Operatoren sind hinzugekommen. Das trägt dazu bei, Perl für C-Programmierer leichter erlernbar zu machen.

Die Assoziativität ist wichtig, wenn mehrere Operatoren nacheinander aufgelistet werden. Im folgenden Beispiel ist die Rechtsassoziativität des Zuweisungsoperators notwendig, damit folgendes funktioniert:

```
$var1 = $var2 = $var3 = 4711;

# Dasselbe wie:
$var1 = ($var2 = ($var3 = 4711));
```

Dagegen gilt hier wegen der Linksassoziativität von -:

```
$result = 7 - 16 - 11;      # -20

# Dasselbe wie:
$result = (7 - 16) - 11;    # -20

# und NICHT:
$result = 7 - (16 - 11);    # 2
```

Schließlich gilt auch noch die Regel: Präzendenz geht vor Assoziativität!

10.13 Aufgaben

1. Was bedeutet Präzedenz von Operatoren? Wo finden Sie die Präzedenz der Perl-Operatoren?

2. Was sind *links-* und *rechtsassoziative* Operatoren? Geben Sie jeweils ein Beispiel für Links- und Rechtsassoziativität.

3. Was ist das *Dangling-else*-Problem, das auf Seite 268 erwähnt wurde? Geben Sie ein Beispiel in C an!

4. Eine Variable $antwort enthalte „xyzzy" oder irgend etwas anderes. Ist der Wert „xyzzy", dann soll der String „Richtig" ausgegeben werden, ansonsten ist der String „Blödsinn" auszugeben. Schreiben Sie das passende Programm, indem Sie:

- bedingte Ausdrücke,
- die `if-else`-Struktur und
- den ternären Operator innerhalb einer `print`-Anweisung

verwenden!

5. Was macht die `redo`-Anweisung innerhalb einer Schleife? Was ist der Unterschied zu `next`? Denken Sie sich ein sinnvolles Beispiel aus, das als Existenzberechtigung für `redo` dienen könnte.

6. Finden Sie alle Standardfunktionen von Perl heraus, die unterschiedliche Ergebnisse im Listen- und skalaren Kontext liefern. Eine Liste von Standardfunktionen und ihren Beschreibungen finden Sie in *man perlfunc*.

7. Es wurde im Text gesagt, daß auch Arrays im skalaren Kontext ausgewertet werden können. Geben Sie dazu ein Beispiel an, und erläutern Sie, was genau passiert!

8. Die `next`- und `last`-Operatoren können mit einem zusätzlichen Parameter verwendet werden. Geben Sie dazu ein Beispiel an.

11 Subroutinen

11.1 Synopsis

```perl
myfunc(); myfunc; &myfunc();           # Aufruf von Subroutinen

myfunc($arg1, @list2);                 # Argumente beim Aufruf
myfunc(\@list1, \@list2);              # Listen als Referenzen

# Aufruf mit benannten Argumenten:
$success = sendit( from => 'farid.hajji@ob.kamp.net',
                   to   => 'somebody@cs.someuniversity.edu',
                   subject => $subject,
                   body => \@lines );

$retval = myfunc(3277, "hi");          # Rueckgabewert
($r1, $r2, @rest) = myfunc();          # Mehrere Rueckgabewerte

$hour = (localtime(time))[2];          # Listenkontext
$ctate = localtime(time);              # Skalarer Kontext
sideeffects($i, $line);                # Void-Kontext

# Konventionelle Definition von Subroutinen:
sub myfunc {
    my ($from, $to, $subject, @body) = @_;
    # Tue etwas mit diesen Argumenten
    # Call by value: $from, $to, etc...
    # Parameter veraenderbar: $_[0], $_[1], ...
}
# Definition mit benannten Argumenten:
sub myfunc {
    my %params = (
            subject   => 'testmail, please ignore', # Default-
            date      => localtime(time),           # Argumente
            @_ );
    # Tue etwas mit den Parametern
}


# Rueckgabewerte bei der Definition:
sub myfunc {
    return $scalar;                    # Nur ein Skalar
    return ($val1, $val2, @list3);     # Rueckgabeliste
    return wantarray ? @T : $s1;       # Kontextsensitiv
}
```

11.2 Eigenschaften von Subroutinen

Subroutinen sind wiederverwendbare Codeblöcke. Sie entsprechen den Funktionen und Prozeduren anderer Sprachen. In diesem Kapitel werden wir allgemeine Eigenschaften von Subroutinen betrachten. Darüber hinaus listen wir auch die in Perl eingebauten Subroutinen (*builtin functions*) tabellarisch auf. Anschließend betrachten wir noch einige fortgeschrittene Themen im Zusammenhang mit Subroutinen.

Eine vollständige Übersicht über die Subroutinen von Perl finden Sie sowohl in *man perlfunc* als auch in [97].

Zur Terminologie: Wir werden häufig „Funktionen" anstelle des offiziellen Ausdrucks „Subroutinen" sagen. Beide Begriffe werden auch in der Dokumentation und der allgemeinen Perl-Literatur synonym behandelt. Pascal-Programmierer sollten wissen, daß Perl keinen Unterschied zwischen Funktion und Prozedur macht.

- *Subroutinen können überall im Programm definiert werden*: Viele Programmiersprachen schränken Ihre Freiheit diesbezüglich ein. Bei *Pascal* müssen alle Prozeduren und Funktionen vor dem Hauptprogramm definiert worden sein. Darüber hinaus ist es dort u.U. sogar notwendig, *forward*-Deklarationen zu benutzen. Bei C können Sie zwar die Definition einer Funktion auch hinter ihrer Verwendung setzen. Allerdings ist es dort notwendig, diese vorher zu *deklarieren*, meist in *Headerdateien*.

    Ganz anders bei Perl: Hier können Sie Subroutinen überall dort definieren, wo eine normale Anweisung stehen könnte. Ob Ihre Subroutine nun am Anfang, in der Mitte oder am Ende der jeweiligen Programmdatei steht, ist vollkommen gleichgültig. Das liegt daran, daß der Perl-Interpreter den gesamten Quellcode parst, bevor die Ausführung beginnt. Außerdem ist Perl eine schwach typisierte Sprache. Darum muß der Interpreter nicht im voraus wissen, welche Datentypen eine Funktion für ihre Argumente erwartet.

    Es ist sogar möglich, Funktionen dynamisch zur Laufzeit zu erzeugen oder den Aufruf undefinierter Funktionen abzufangen und an eine Allzweckfunktion zu delegieren (siehe Abschnitt 11.5.6 auf Seite 340).

    > Was ist der genaue Unterschied zwischen *Deklaration* und *Definition*? Eine Deklaration benennt ein Objekt, z.B. eine Funktion oder eine Variable, weist ihr aber noch keinen Wert zu. Sie dient in kompilierten Sprachen dazu, dem Compiler schon Vorabinformationen über den Datentyp zukommen zu lassen. Erst bei der Definition wird auch tatsächlich Speicherplatz reserviert (im Falle von Variablen) oder Code generiert (bei Funktionen).
    >
    > Auch Perl kennt den Unterschied zwischen Deklaration und Definition. Allerdings ist dieser Unterschied nur minimal (siehe Abschnitt 9.2 auf Seite 218). Wir werden also im folgenden stets von *Definition* sprechen.

- *Subroutinen akzeptieren eine variable Anzahl von Parametern*: Dies ist eine deutliche Verbesserung gegenüber vielen Programmiersprachen. Während viele Sprachen eine variable Anzahl von Argumenten überhaupt nicht vorsehen, werden bei C nur mit Müh und Not (siehe <stdarg.h> und die Ellipsis (...)) mehrere Argumente, etwa für `printf()`, unterstützt.

Perl geht grundsätzlich davon aus, daß beim Aufruf von Funktionen eine ganze Liste von Argumenten übergeben wird. Es liegt in der Verantwortung der Subroutine, die Liste der Parameter auszuwerten, also auch deren Anzahl und Reihenfolge. Dies ist Gegenstand von Abschnitt 11.3.2 auf Seite 300.

- *Subroutinen können mehrere Werte auf einmal zurückliefern*: So wie mehrere Argumente einer Subroutine übergeben werden können, können keine, ein oder auch mehrere Werte gleichzeitig von einer Subroutine an den Aufrufer zurückgegeben werden. Das ist wieder eine Verbesserung gegenüber vielen anderen imperativen Programmiersprachen. Meist lassen solche Sprachen die Rückgabe skalarer Werte oder fester Strukturen zu. Eine variable Anzahl von Rückgabewerten kann dort meist nur über Zeiger der Parameterliste (sogenannte `out`- oder `inout`-Parameter) an den Aufrufer zurückgegeben werden.

  Bei Perl ist wieder einmal alles besser: Sie können bei Bedarf gar nichts, einen skalaren Wert oder eine ganze Liste von Werten an den Aufrufer zurückgeben (siehe Abschnitt 11.3.2 auf Seite 302). Es ist sogar möglich, in Abhängigkeit vom Aufrufkontext einen skalaren Wert oder eine Liste zurückzugeben (siehe Abschnitt 11.3.2 auf Seite 305).

- *Parameter- und Rückgabewerte sind schwach typisiert*: Perl erzwingt kein starres Schema bei der Übergabe von Werten in oder aus einer Subroutine. Was bei einem Aufruf noch eine Zahl war, kann beim nächsten Aufruf eine Referenz oder ein String sein. Da die Parameter- und Rückgabelisten selbst ebenfalls heterogen sind, liegt es insgesamt in der Verantwortung der Subroutine, die Typen ihrer Parameter bzw. ihrer Rückgabewerte zu bestimmen bzw. festzulegen.

- *Subroutinen sind rekursiv aufrufbar*: Eine mittlerweile selbstverständliche Eigenschaft von Funktionen ist, daß diese sich selbst *rekursiv* aufrufen können. Nur ältere Sprachen kennen dieses Konzept nicht und müssen es durch einen eigenen Stack verwalten. Dies ist natürlich bei Perl nicht notwendig.

11.3 Benutzerdefinierte Subroutinen

Wir unterscheiden im folgenden Funktionen, die Sie selbst definieren, und solche, die Perl zur Verfügung stellt. Erstere werden *benutzerdefiniert*, während letztere *Builtins* genannt werden. Die in Perl eingebauten Funktionen werden in Abschnitt 11.4 ab Seite 306 vorgestellt.

11.3.1 Aufruf von Subroutinen

Angenommen, Sie haben irgendwie eine eigene Funktion definiert. Diese Funktion können Sie nun wie folgt aufrufen. Kombinationen sind natürlich erlaubt.

Funktionen ohne Parameter und ohne Rückgabewert

Eine Subroutine myfunc, der keine Parameter übergeben werden sollen und die entweder keine Ergebnisse zurückliefert oder deren Ergebnisse uns nicht interessieren, kann wie folgt aufgerufen werden:

```
myfunc();            # Immer moeglich
&myfunc;             # Immer moeglich, altmodische Art
&myfunc();           # Auch immer moeglich, altmodisch

# Diese Aufrufart ist nur moeglich, wenn myfunc VORHER
# definiert wurde!
myfunc;
```

Eine solche Funktion wird wohl nur ihrer *Seiteneffekte* wegen aufgerufen.

Funktionen mit einem Parameter

Sie können einer Subroutine ein Argument übergeben. Dieses Argument wird im Anschluß an den Funktionsnamen in runde Klammern gesetzt. Es gibt jedoch Fälle, wo die runden Klammern auch weggelassen werden können:

```
myfunc($arg);        # Ein Argument in runden Klammern
myfunc(4711);        # Ditto

myfunc $arg;         # Nur wenn myfunc vorher definiert wurde
myfunc 4711;         # Nur wenn myfunc vorher definiert wurde
```

Wenn kein Rückgabewert vorhanden ist oder nicht ausgewertet wird bzw. wenn die Parameter von der Subroutine nicht verändert werden, wird diese Funktion nur wegen ihrer Seiteneffekte aufgerufen.

Funktionen mit mehreren Parametern

Die Subroutinen von Perl können mit einer variablen Anzahl von Argumenten aufgerufen werden. Diese werden einfach in runde Klammern eingeschlossen. In einigen Fällen kann auf die runden Klammern verzichtet werden. Mehrfachwerte können auch in einem Array oder einem Hash übergeben werden:

```
myfunc(1, 2, 3);              # Klassische Aufrufart
myfunc 1, 2, 3;               # Nur wenn myfunc vorher definiert wurde

myfunc($arg, @list);          # Ein Skalar und eine Liste
myfunc(@list1, @list2);       # VORSICHT! Zusammengesetzte Liste
myfunc(\@list1, \@list2);     # Okay, Listenreferenzen
```

Bei der Übergabe von Argumenten werden diese vorher evaluiert. Allerdings wird mehr als nur deren Wert übergeben. Wir werden auf den Seiten 298 und 301 sehen, daß Funktionen den Wert ihrer Argumente auch ändern können.

11.3 Benutzerdefinierte Subroutinen

Vorsicht bei der Übergabe von Listen oder Arrays! Vor dem Aufruf werden alle Elemente aller Listen, Arrays und Skalare zu einer großen flachen Liste zusammengefaßt (siehe Abschnitt 7.2.1 auf Seite 160). Somit kann die Zuordnung der Parameter zu den einzelnen Argumenten verlorengehen:

```
vec_add(@vec1, @vec2);           # FALSCH! Zuordnung geht verloren

# Da hier die Laenge der Arrays mit uebergeben wird,
# kann die Funktion die Parameterliste wieder geeignet
# aufteilen. Das ist aber nicht so schoen.
vec_add2(scalar(@vec1), scalar(@vec2), @vec1, @vec2);   # Hmmm...

# Auch bei der Uebergabe von Arraylaengen kann man
# sich leicht vertun!
# Wie lang ist hier @vec1, damit scalar(@vec1) gelesen wird?
# Muessen wir etwa die Parameterliste rueckwaerts lesen? Haarig!
vec_add3(@vec1, scalar(@vec1), @vec2, scalar(@vec2));   # Haarig!

# Das ist aber nun ganz sicher falsch:
vec_add3(@vec1, scalar(@vec1), scalar(@vec2), @vec2);   # FALSCH!
```

Wie wird das Problem nun konkret gelöst?

- Wenn mehrere skalare Argumente und nur ein Array, ein Hash oder eine Liste zu übergeben sind, sollten die skalaren Argumente zuerst aufgeführt werden. Somit wird verhindert, daß diese vom Array bzw. der Liste oder dem Hash „verschluckt" werden:

    ```
    myfunc($skal1, $arg2, "string3", @restliste);
    ```

- Sind mehrere Arrays, Listen oder Hashes zu übergeben, sollten Sie Referenzen vorziehen. Diese sind nichts anderes als Zeiger und als solche ebenfalls skalar. Referenzen werden ausführlich in Kapitel 13 ab Seite 495 erläutert:

    ```
    myfunc(\@array1, \@array2);    # Referenzen auf Arrays
    ```

    Achtung! *Denken Sie daran, daß die Argumentliste vor dem Aufruf der Funktion zu einer großen flachen Liste wird. Stellen Sie daher skalare Argumente vor Arrays und Hashes, und übergeben Sie Referenzen von Arrays und Hashes, wenn mehr als nur eine vektorielle Größe übergeben werden soll.*

Funktionen mit einem Rückgabewert

Viele Funktionen liefern einen Rückgabewert. Dabei kann es sich um einen skalaren Wert oder auch um ganze Listen handeln. In diesem Abschnitt werden wir den ersten Fall diskutieren. Ganze Rückgabelisten werden im folgenden Abschnitt behandelt.

Sie kennen sicher schon viele Funktionen, die einen skalaren Rückgabewert zurückgeben:

```
$strlen = length($string);           # Laenge eines Strings: Zahl
$hstr   = pack("A5 A2", $v1, $v2);   # Ergebnis: Ein String
```

Es ist dank Perls automatischer Speicherverwaltung auch möglich einen Zeiger auf lokale Variablen zurückzugeben. Das folgende wäre in C falsch, aber in Perl vollkommen legal:

```
sub myfunc {
    my $localvar;          # Lokale Variable
    # tue etwas mit $localvar, dann:
    return \$localvar;     # Rueckgabewert: Zeiger auf $localvar
}

# Verwendung:
$ptr = myfunc();           # $ptr zeigt auf gueltigen Speicher
```

Es können auch Referenzen auf Hashes oder Arrays zurückgegeben werden. Dabei können diese Hashes und Arrays durchaus auch lokale Variablen der Subroutine sein:

```
sub myfunc {
    my @array;
    # Tue etwas mit @array, dann:
    return \@array;        # Referenz auf Array zurueck
}

# Verwendung:
for $val (@myfunc()) { ... }
```

Funktionen mit mehreren Rückgabewerten

Wenn Sie mehrere Werte gleichzeitig an den Aufrufer einer Subroutine zurückgeben wollen, stehen Ihnen folgende Möglichkeiten offen:

- Sie sehen Rückgabeparameter vor (sogenannte inout- oder out-Parameter) und weisen diesen Parametern die zurückzugebenden Werte zu.

- Sie erzeugen innerhalb der Subroutine eine Liste mit Rückgabewerten. Anschließend übergeben Sie einen Zeiger auf diese Liste an den Aufrufer zurück.

- Sie geben gleich eine ganze Liste zurück.

Interessant ist die dritte Möglichkeit. Im Gegensatz zu vielen Programmiersprachen können die Subroutinen von Perl ganze Listen (Arrays, Hashes) direkt an den Aufrufer zurückgeben:

```
($median, $mode, $stddev) = stat_describe(@dataset);
@output       = map(transform_it, @input);
@selected     = grep(select_it, @data);
@keys_sorted  = sort keys %hash;
```

Dies ist die natürlichste Art, mehrere Daten gleichzeitig zu übergeben. Sogar Hashes können so zurückgegeben werden, da es sich dabei ebenfalls um eine Liste von Schlüssel/Wert-Paaren handelt.

```
%form = parse_cgi(<INPUT>);
```

Wie gehen Sie aber vor, wenn Sie zwei oder mehr Listen, Arrays oder Hashes zurückgeben wollen? Folgendes funktioniert nicht, wie es sollte:

```
(@array1, @array2) = compute_results();   # FALSCH! @array2 = ()
```

Das Problem ist hier wieder, daß die Rückgabewerte alle zu einer großen flachen Liste zusammengefaßt werden, bevor sie weitergegeben werden. Im obigen Beispiel würden dann sämtliche Elemente der Rückgabeliste im Array @array1 landen. @array2 bliebe auf jeden Fall leer.

Die Lösung wäre hier wieder einmal die Rückgabe einer Liste von zwei Referenzen auf Listen (Arrays, Hashes):

```
($aptr1, $aptr2) = compute_results();
# Erste Liste: @$aptr1, zweite Liste @$aptr2
```

Viele Funktionen liefern mehr Werte zurück, als tatsächlich benötigt werden. Sie können einige Werte wie folgt selektieren:

- Selektion mit *undef*-Platzhaltern:

    ```
    # Nach $wday interessiert uns nichts mehr!
    ($ss, $mm, $hh, undef, undef, undef, $wday) = localtime(time);
    ```

- Selektion mit Slices:

    ```
    ($hh, $mm, $ss, $wday) = (localtime(time))[2,1,0,6];
    ```

Funktionen, die vom Ausführungskontext abhängig sind

Der Begriff des Ausführungskontexts ist uns schon in Abschnitt 10.9 auf Seite 278 begegnet. Viele Funktionen können im skalaren oder Listenkontext aufgerufen werden. Dies wird wesentlich vom gewünschten Rückgabewert bestimmt. Wenn Sie das Ergebnis einer Funktion einer Liste (Array, Hash) zuweisen oder dieser Rückgabewert in einem Ausdruck benötigt wird, in dem eine Liste erwartet würde, wird diese Funktion im Listenkontext ausgewertet. Ansonsten wird die Funktion im skalaren Kontext ausgewertet:

```
@timedata    = localtime(time);   # Listenkontext
$timestring  = localtime(time);   # Skalarer Kontext
```

Im obigen Beispiel wurde `localtime()`, eine eingebaute Funktion, zunächst im Listenkontext aufgerufen, da ihr Rückgabewert einem Array zugewiesen werden soll. Im zweiten Fall wurde dieselbe Funktion im skalaren Kontext aufgerufen, da das *lvalue* eine skalare Variable war. `localtime()` ist *kontextsensitiv*. Das bedeutet, daß sie „merkt", in welchem Kontext sie aufgerufen wurde. Im Listenkontext liefert sie folgende Liste (siehe *man perlfunc*):

```
($sec,$min,$hour,$mday,$mon,$year,$wday,$yday,$isdst)
```

Im skalaren Kontext hingegen liefert dieselbe Funktion einen String, der das aktuelle Datum enthält, wie die C-Funktion `ctime()` es darstellen würde:

```
"Sat May 22 18:02:39 1999"
```

Den Ausführungskontext können Sie mit scalar() oder runden Klammern erzwingen:

```
scalar <STDIN>;           # Schlucke *eine* Zeile!
()     = <STDIN>;         # Schlucke alle uebrigen Zeilen
$hour = (localtime(time))[2];              # Listenkontext
($hh,$mm,$ss) = (localtime(time))[2,1,0];  # Slice
```

Funktionen, die ihre Parameter verändern

Perls Aufrufmethode entspricht in etwa einem *Call-by-reference* in C oder VAR-Parametern in Pascal. Das bedeutet, daß es möglich ist, innerhalb einer Funktion die Werte der aktuellen Argumente zu verändern:

```
swap $a, $b;              # Vertausche den Inhalt von $a und $b
initialize $a, $b, @rest; # Initialisiere auf Defaultwerte
square(@input);           # Quadriere jedes Element aus @input
```

Auch wenn dies gelegentlich nützlich sein kann, sollten Sie von dieser Möglichkeit besser keinen Gebrauch machen. Das Verhalten von Perl ist nämlich undefiniert, wenn Sie versuchen, innerhalb einer Subroutine einen konstanten Parameter zu verändern:

```
swap $a, 5;               # FALSCH! Param 5 ist nicht veraenderbar!
```

Außerdem können solche Funktionen sehr verwirrend sein, um so mehr, wenn man als C-Programmierer an *call by value* gewöhnt ist.

Da Perl ohnehin Rückgabelisten unterstützt, lassen sich die oberen Beispiele viel natürlicher wie folgt ausdrücken:

```
($b, $a) = swap($a, $b);    # Besser: ($a,$b) = ($b,$a)
($a, $b, @rest) = initialize();  # Beachte die Reihenfolge!

@output = square(@input);   # Hmmm, @input unveraendert :-(
square(\@input);            # Zeigt an, dass wir @input
                            # selbst veraendern wollen
```

Alte Aufrufkonvention mit &

Vor Perl Version 5 war es notwendig, jede selbstdefinierte Subroutine mit einem vorangestellten & aufzurufen:

```
$result = &myfunc();
```

Dies ist meistens nicht mehr notwendig. Nur im Falle von Referenzen auf Funktionen ist eine Dereferenzierung mittels & noch erforderlich:

```
$funcptr = \&myfunc;        # Referenz auf myfunc()
&{$funcptr}(1,2,3);         # Aufruf ueber Funktionspointer
```

Dies wird ausführlich in Kapitel 13 erklärt.

> **Achtung!** Es gibt doch einen Unterschied zwischen der alten und der neuen Aufrufkonvention, was die Parameterliste @_ angeht: Bei der alten Konvention (mit führendem &) kann die aufgerufene Subroutine auf das Array @_ der aufrufenden Subroutine (auch verändernd) zugreifen, wenn keine Argumente übergeben werden:
>
> ```
> sub myfunc {
>     # Parameterliste von myfunc() in @_
>     &otherfunc;    # Vorsicht!
> }
>
> sub otherfunc {
>     # @_ entspricht demjenigen von myfunc()
> }
> ```

Vorsicht im Listenkontext

Betrachten Sie folgendes Beispiel:

```
sub myfunc { print "myfunc: (", join(',', @_), ")\n"; return 4711; }
push(@results, myfunc 3, 2, 1);
print "results: (", join(',', @results), ")\n";
# myfunc: (3,2,1)
# results: (4711)
```

Der Aufruf der Funktion myfunc() im Listenkontext von push() hat dazu geführt, daß alle restlichen Argumente von push() an myfunc() übergeben wurden. Das ist vielleicht nicht das, was Sie beabsichtigten.

Wollten Sie zum Beispiel nur die 3 an myfunc() übergeben, die 2 und die 1 hingegen an push(), so hätten Sie myfunc() wie folgt aufrufen müssen:

```
push(@results, myfunc(3), 2, 1);
# myfunc: (3)
# results: (4711,2,1)
```

Auch wenn man also gelegentlich auf Klammern verzichten kann, sollte dies nur in eindeutigen Fällen geschehen.

11.3.2 Definition von Subroutinen

Wir haben bereits erwähnt, daß Subroutinen überall im Programm definiert werden können, wo auch eine normale Anweisung stehen kann. Es ist sogar möglich, Funktionen *on the fly* zur Laufzeit zu definieren.

Der einzige Fall, wo die relative Reihenfolge der Definition und des Aufrufs einer Subroutine eine Rolle spielt, ist der Aufruf ohne führendes & und ohne Klammern.

> Die Namen von Subroutinen können frei gewählt werden. Es gibt jedoch drei Punkte, die Sie dabei beachten sollten:
>
> - Schlüsselwörter von Perl können nicht als Funktionsname verwendet werden.

- Namen von eingebauten Funktionen (*builtins*) sollten Sie nicht für eigene Funktionsnamen benutzen (es sei denn, Sie wollen ein *Builtin* überladen).
- Namen von Funktionen, die nur aus Großbuchstaben bestehen, werden durch Perl selbst in bestimmten Situationen aufgerufen. Normale benutzerdefinierte Subroutinen sollten keine Namen haben, die nur aus Großbuchstaben bestehen (es sei denn, Sie wissen, was Sie tun). Das ist jedoch lediglich eine Konvention, die aber von Perl-Hackern stets eingehalten wird.

Definition mit sub

Eine Subroutine wird durch das Schlüsselwort sub definiert. Nach sub steht der Name der zu definierenden Subroutine. Anschließend wird der Körper der Funktion in geschweifte Klammern gesetzt:

```
sub myfunc {
    # hier steht der Koerper der Funktion myfunc()
}
```

Der Name einer Subroutine ist ein gewöhnlicher Bezeichner, der den Regeln zur Bildung gültiger Bezeichner von Seite 249 genügen muß. Der Namensraum für Funktionsbezeichner ist wiederum von den Namensräumen für skalare Variablen, Arrays, Hashes, Filehandles und Formate vollkommen getrennt. Darum sind folgende Objekte alle veschieden: $a, @a, %a, &a (Funktion) und a (Filehandle).

Parameterübergabe in @_

Die aktuellen Aufrufargumente können innerhalb der Funktion gelesen, aber auch verändert werden. Dazu wird bei jedem Aufruf einer Funktion die reservierte Variable @_ mit den aktuellen Parametern gefüllt. @_ wird automatisch gesetzt und ist jeweils lokal auf die definierten Funktionen „gescopt". Die einzelnen Elemente dieses Arrays können dann wie folgt ausgelesen werden:

- Direkter Zugriff über die einzelnen Elemente:

    ```
    sub myadd {
        print "$_[0] + $_[1] = ", $_[0] + $_[1];
        return $_[0] + $_[1];
    }
    $result = myadd 4711, 1271;
    ```

- Zugriff über das ganze Array:

    ```
    sub adder {
        my $result;
        foreach my $val (@_) { $result += $val; }
        return $val;
    }
    ```

- Iteratives zerstörendes Auslesen der Parameterliste:

```perl
sub myfunc {
    my $first_param = shift;     # Das ist shift @_
    my $second_param = shift;
    my ($p3, $p4, $p5, @remains) = @_;

    # Zugriff ueber diese Parameter
}
```

- Die Anzahl der aktuellen Argumente ist `scalar @_`. Sie kann auch 0 betragen (keine Argumente).

Veränderung von Parameterwerten

Wir haben bereits erwähnt, daß es möglich ist, innerhalb einer Subroutine den Wert von Parametern zu verändern. Sie brauchen dazu nur die Werte in `@_` zu verändern, und schon werden die Argumente ebenfalls verändert:

```perl
sub permute {
    # permute($a,$b,$c): $a -> $b, $b -> $c, $c -> $a
    ($_[1], $_[2], $_[0]) = ($_[0], $_[1], $_[3]);
}
```

Häufig wird ein Rückgabeparameter verändert:

```perl
sub myreturn {
    my $p1 = shift;
    $_[0] = $p1 * $p1;
}
myreturn(323, $result);      # $result = 323*323
```

Sie sollten aber auf die Veränderung von Argumenten aus Gründen der Übersichtlichkeit besser verzichten.

Achtung! *Eine Zuweisung an das gesamte Array `@_` zerstört das Aliasing. Aufrufargumente verändern Sie nur, indem Sie `$_[0]`, `$_[1]` usw. verändern.*

Call by value mit my

Wir haben gerade gesehen, wie mit Hilfe von `@_` die Argumente einer Funktion verändert werden können. Das ist nicht immer erwünscht. Wenn Sie als C-Programmierer an *call by value* gewohnt sind, erwarten Sie ja auch nicht, daß eine Funktion die Werte ihrer Argumente einfach so verändert (außer über Zeiger). Sie können nun mit Hilfe lexikalisch lokaler Variablen (my()) *Kopien* der Argumente anlegen. Diese können Sie dann nach Lust und Laune innerhalb der Subroutine verändern. Diese Änderungen bleiben auf die Subroutine beschränkt und werden nicht an die Argumente beim Aufrufer weitergegeben. Ein weiterer Vorteil dieser Methode ist, daß Sie somit die Parameter auch benennen können. Parameter wie `$vec1`, `$string2` usw. sind allemal vielsagender als `$_[0]`, `$_[1]` etc.:

```
sub add_incremented {
    my ($t1, $t2) = @_;          # Kopien anlegen: Call by value
    ++$t1; ++$t2;                # Veraendert Aufrufargumente nicht
    return $t1+$t2;              # Rueckgabewert: $arg1+$arg2+2
}

($val1, $val2) = (10, 20);                    # Aufrufargumente
$result = add_incremented($val1, $val2);      # Aufruf
# $result = 32, $val1 = 10, $val2 = 20
```

In diesem Beispiel hat die Inkrementierung von $t1 und $t2 keine Auswirkung auf die Argumente $val1 und $val2 gehabt. Dies wäre anders verlaufen, wenn wir $_[0] und $_[1] inkrementiert hätten.

Rückgabewerte

Eine Funktion kann einen oder auch mehrere Rückgabewerte an den Aufrufer übergeben:

- Mit return kann an jeder Stelle innerhalb des Funktionskörpers die Subroutine sofort verlassen werden. Die optionalen Argumente von return bezeichnen die zurückzugebenden Werte:

    ```
    sub myfunc {
        # Tue etwas...
        return "File too big" if (-s > 50*1024);
        return $somevar;
        # Dies wird nicht mehr erreicht
    }
    ```

    Mehrere Werte können auch problemlos zurückgegeben werden:

    ```
    sub permute {
        return ($_[1], $_[2], $_[0]);      # Liste zurueckgeben
    }
    ```

    Ein return ohne Argument liefert *undef* im skalaren Kontext und () im Listenkontext zurück.

    Achtung! *Was ist der Unterschied zwischen den folgenden Aufrufen?*

    ```
    return;
    ```

    und

    ```
    return undef;
    ```

    Im ersten Fall wird im Listenkontext die leere Liste () zurückgegeben. Im zweiten Fall wird im Listenkontext dagegen eine nicht leere Liste mit einem einzigen Element zurückgegeben: (undef). Das ist nicht dasselbe:

    ```
    if (@result = myfunc()) { ... }
    ```

    Die Liste (undef) enthält ein Element. Darum enthält dann @result ebenfalls ein Element. Im Booleschen Kontext von if wird @result wie ein Skalar ausgewertet. Das ergibt die Anzahl seiner Elemente, also 1. Darum ist die Bedingung wahr! Das ist nicht immer das, was Sie möglicherweise beabsichtigten!

11.3 Benutzerdefinierte Subroutinen

- Der Wert einer Funktion ist beim Fehlen von `return` der Wert der zuletzt ausgeführten Anweisung:

```perl
sub swap { ($_[1], $_[0]) };    # Letzte Anweisung ist Rueckgabewert
sub somefunc {
    # Hier erst viele Anweisungen, dann:
    $result = $var * 17 / length($somestring);
}
sub anotherfunc {
    # Hier wieder viele Anweisungen, dann:
    $result;
}
```

Achtung! *Seien Sie vorsichtig, wenn Sie auf* `return` *verzichten:*

```perl
lastone.pl
#!/usr/local/bin/perl
# lastone.pl -- Letzte Anweisung == Wert der Funktion
#               Erst ohne -w, dann mit -w aufrufen!

use vars qw ($result);
sub myfunc {
    $result = 4711;         # Wirklich letzte Anweisung?

    print "leaving myfunc()\n" if $^W;
}

$res = myfunc();            # Aufruf
print "Result: >$res<\n";   # Ergebnis
                                                              lastone.pl
```

Schauen wir uns einmal die Ausführung an:

```
farid@sun-1:~/p> ./lastone.pl
Result: >0<
farid@sun-1:~/p> perl ./lastone.pl
Result: >0<
farid@sun-1:~/p> perl -w ./lastone.pl
leaving myfunc()
Result: >1<
```

Was ist hier geschehen? Die Debug-Anweisung wird nur ausgeführt, wenn das -w-*Flag eingeschaltet ist. Dies wird durch den Inhalt der reservierten Variablen* `$^W` *(siehe Tabelle 9.6 auf Seite 241) bestimmt. Wir hätten erwartet, daß ohne* -w-*Flag die* `print`-*Anweisung überhaupt nicht ausgeführt worden wäre und die zuletzt ausgeführte Anweisung den Wert von* `$result` *repräsentiert hätte. Dem war aber nicht so. Bei gesetztem* -w-*Flag hingegen ist der Wert der Funktion mit dem Wert von* `print()` *identisch. Das ist definitiv nicht das, was Sie meistens vorhaben.*

Private Variablen von Funktionen mit my

Variablen sind normalerweise global. Das gilt auch bei Funktionen. Wenn Sie private Variablen innerhalb einer Funktion benötigen, können Sie diese mit my() lexikalisch lokal zur Funktion definieren:

```
$var = 1122;                # Globale Variable
sub myfunc {
    $global = 4711;         # Aenderung globaler Variablen
    my $var = 3332;         # Nur auf myfunc() beschraenkt
}
myfunc();                   # Aufruf: $var bleibt danach 1122
```

static-Variablen

Bei C können Variablen innerhalb einer Funktion als static deklariert werden. Das bedeutet, daß ihr Wert auch nach dem Aufruf der Funktion erhalten bleibt. Eine typische Verwendung ist ein Aufrufzähler. In Perl können solche Variablen wie folgt simuliert werden:

```
{
    my $statvar;
    sub myfunc {
        # Greife auf $statvar zu
    }
}
```

Eine Initialisierung ist aber so nicht möglich. $statvar ist vor ihrer ersten Verwendung *undefiniert*. Wenn Sie diese Variable explizit vor ihrer ersten Verwendung initialisieren möchten, können Sie sich mit einem BEGIN-Block behelfen:

```
BEGIN {
    my $statvar = 100;      # Initialisierung moeglich
    sub myfunc {
        # Greife auf $statvar zu
    }
}
```

Schließlich sind die „statischen" Variablen von Perl besser als die von C, da sie von mehreren Funktionen gemeinsam benutzt werden können:

```
{
    my @processpool;
    sub assign_task { ... }
    sub kill_process { ... }
}
```

Hier können beide Funktionen auf @processpool zugreifen!

Ausführungskontext und `wantarray`

Sie wollen eine kontextsensitive Funktion schreiben? Kein Problem! Die Funktion `wantarray()` liefert *true*, wenn Ihre Funktion im Listenkontext aufgerufen wurde und *false* (aber definiert), wenn sie im skalaren Kontext aufgerufen wurde. Im *void*-Kontext wird hingegen *undef* zurückgegeben. Sie können diese Information nutzen, um jeweils eine Liste, einen skalaren Wert oder gar nichts zurückzugeben:

```perl
sub myfunc {
    # Waehrend der Berechnung entsteht @results

    # Im Listenkontext soll @results zurueckgeliefert werden,
    # sonst nur dessen erster Wert.
    return wantarray ? @results : $result[0];
}
```

In diesem Beispiel haben wir den ternären Operator (siehe Abschnitt 10.6.1) verwendet. Je nachdem, ob `wantarray()` wahr oder falsch liefert, geben wir eine Liste oder einen skalaren Wert zurück.

Beachten Sie, daß in diesem Beispiel folgendes nicht ausgereicht hätte:

```perl
return @results;
```

Warum nicht? Im skalaren Kontext würde die Liste `@result` nicht etwa in ihr erstes Element konvertiert werden, sondern vielmehr in die Anzahl ihrer Elemente. Das ist ja nicht dasselbe!

Ein weiteres Beispiel: Wir wollen eine Funktion schreiben, die im skalaren Kontext ihre Argumente addiert und deren Summe zurückliefert. Im Listenkontext hingegen sollen kumulative Summen berechnet und ausgegeben werden:

addcumul.pl
```perl
#!/usr/local/bin/perl -w
# addcumul.pl -- wantarray() und kumulative Summe

sub addcumul {
   if (wantarray) {
      # Listenkontext: Kumulative Summe berechnen
      my @sum = @_;             # Kopie anlegen
      my $total;

      foreach $sum (@sum) { $sum = $total += $sum; }
      return @sum;
   } else {
      # Skalarer Kontext: Normale Summe berechnen
      my ($total, $sum);

      foreach $sum (@_) { $total += $sum; }
      return $total;
   }
```

```perl
    }

    # Aufruf im skalaren und im Listenkontext:
    @list = 5 .. 10;            # Eingabearray

    $tot  = addcumul @list;     # Skalarer Kontext
    print "Total: $tot\n";

    @res  = addcumul @list;     # Listenkontext
    print "@res\n";             # Ergebnisliste anzeigen
```
                                                                    addcumul.pl

Aufruf:

```
farid@sun-1:~/p> ./addcumul.pl
Total: 45
5 11 18 26 35 45
```

Eine sinnvolle Anwendung des Rückgabewerts von `wantarray()` im *void*-Kontext besteht im Erzeugen von Ausnahmen, wenn der Rückgabewert einer Funktion nicht ausgewertet wurde [16]:

```perl
sub myfunc {
    if (wantarray) {
        # Liefere Liste zurueck oder () im Fehlerfall
    } elsif (defined wantarray) {
        # Liefere skalaren Wert zurueck oder undef im Fehlerfall
    } else {
        # Tue nichts, oder erzeuge Ausnahme im Fehlerfall
        die "Hey, don't ignore my return value!\n";
    }
}
```

Der *void*-Kontext liegt übrigens dann vor, wenn der Wert einer Funktion oder eines allgemeinen Ausdrucks nirgendwo verwendet wird (also nicht einer Variablen zugewiesen oder weiterverwendet wurde):

```perl
    myfunc();           # myfunc() im void-Kontext
```

11.4 Eingebaute Subroutinen

Eingebaute Subroutinen sind Funktionen, die der Perl-Interpreter kennt und die vor ihrer Verwendung nicht deklariert werden müssen.

11.4.1 Eigenschaften eingebauter Subroutinen

- *Builtins sind im Perl-Interpreter integriert*: Neben benutzerdefinierten Subroutinen bietet Perl selbst viele nützliche Funktionen. Diese sind im Perl-Interpreter integriert und brauchen nicht zur Laufzeit von irgendeiner Datei oder einem Modul geladen zu werden.

- *Builtins basieren auf Funktionen der Systemlibraries*: In Abschnitt 1.3 auf Seite 8 wurde Perl als *Glue Language* bezeichnet. Dies kann nirgends deutlicher werden als im Falle eingebauter Funktionen, die auch *Builtins* genannt werden: Vor der Installation von Perl prüft *Configure*, welche Funktionen von Ihrer C-Library (und anderen Libraries) unterstützt werden. Die in Perl eingebauten Subroutinen spiegeln den Stand dieser Überprüfung wider. Es kann also sein, daß Perl auf Ihrer Plattform die eine oder andere eingebaute Funktion nicht unterstützt. Bei MSDOS zum Beispiel würde eine fork()-Funktion zum Erzeugen paralleler Prozesse wenig Sinn machen!

- *Ausführungskontext*: Viele *builtins* sind kontextsensitiv. Das bedeutet, daß sie je nach Ausführungskontext unterschiedliche Ergebnisse zurückliefern oder unterschiedliche Wirkungen haben.

- *Defaultvariable*: In den meisten Fällen unterstützen die in Perl eingebauten Subroutinen auch Defaultargumente in Gestalt der Variablen $_, @_ oder auch in wenigen Fällen @ARGV.

- *Ausführliche Dokumentation*: Unter *man perlfunc* werden sämtliche eingebauten Subroutinen Ihrer Version von Perl aufgelistet. Dort steht, neben der allgemeinen Verwendung, wie sich die Funktion im skalaren oder im Listenkontext verhält, welche Argumente sie erwartet und wie ihre Rückgabewerte aussehen. Außerdem steht dort, wie Defaultargumente behandelt werden. Diese Informationen sind auch in [97] abgedruckt. Sie sollten jedoch stets die Online-Dokumentation Ihrer Perl-Version zu Rate ziehen.

Die folgenden Unterabschnitte enthalten eine tabellarische Übersicht der eingebauten Funktionen. Sie basiert auf dem Stand von Perl 5.005_02. Dabei bedeutet ⊠, daß kein Argument angegeben wird. Gelegentlich wird auch mit → ein Rückgabewert bezeichnet. Erläuterungen zu den einzelnen Funktionen finden Sie in *man perlfunc*.

11.4.2 Skalare und Strings

Funktionen, die skalare Werte, insbesondere Strings, verarbeiten, werden in Tabelle 11.1 zusammengefaßt.

Funktion	Argumente	Bedeutung
chomp()	Variable Liste ⊠	Entfernt abschließendes Zeichen in $/ (meist Newline) aus einem String, einer Liste oder $_.
chop()	Variable Liste ⊠	Entfernt abschließendes Zeichen aus einem String, einer Liste oder $_.

Forsetzung auf der nächsten Seite

Fortsetzung

Funktion	Argumente	Bedeutung
chr()	Zahl ⊠	ASCII-Zeichen mit Code *Zahl* oder Code in $_
crypt()	plain, salt	Verschlüsselt den Text *plain* mit der C-Funktion crypt() unter Verwendung des „Salzes" *salt*.
hex()	Ausdruck ⊠	Wertet *Ausdruck* oder $_ als Hexadezimalzahl und liefert eine Dezimalzahl zurück.
index()	str, substr, pos str, substr	Position des ersten Vorkommens von *substr* in *str* ab Position *pos* (0); −1, falls nicht gefunden.
lc()	String ⊠	Konvertiert *String* oder $_ in Kleinbuchstaben.
lcfirst()	String ⊠	Konvertiert das erste Zeichen von *String* oder $_ in Kleinbuchstaben.
length()	String ⊠	Anzahl der Bytes in *String* oder $_
oct()	Ausdruck ⊠	Wertet *Ausdruck* oder $_ als Oktalzahl und liefert Dezimalzahl zurück. Hex-Präfix 0x wird berücksichtigt.
ord()	String ⊠	ASCII-Wert des ersten Zeichens von *String* oder $_
pack()	Template, Liste	Konvertiert *Liste* in einen String gemäß *Template*.
reverse()	Liste	Listenkontext: Elemente von *Liste* Skalarkontext: String aus *Liste* byteweise in umgekehrter Reihenfolge
rindex()	str, substr, pos str, substr	Position des letzten Vorkommens von *substr* in *str* vor *pos* (0)
sprintf()	Format, Liste	Erzeugt einen String aus *Liste* gemäß *Format* (siehe Abschnitt 6.5.3, Seite 138).
substr()	String, Offset, len, repl String, Offset, len	Extrahiert einen Substring aus *String* ab *Offset* (< 0: vom Ende)

Forsetzung auf der nächsten Seite

Fortsetzung

Funktion	Argumente	Bedeutung
	String, Offset	der Länge *len* (bzw. bis Ende). Ist ein *Lvalue*! (oder *repl* benutzen)
uc()	*String* ☒	Konvertiert *String* oder $_ in Großbuchstaben.
ucfirst()	*String* ☒	Konvertiert das erste Zeichen von *String* oder $_ in Großbuchstaben.
vec()	*Ausdruck, Offset, Bits*	Bitvektoroperation

Tabelle 11.1: Skalare und Strings

Viele dieser Funktionen kennen wir bereits: chr() und ord() begegneten uns schon auf Seite 78, hex() und oct() auf Seite 140, lc(), lcfirst(), uc() und ucfirst() ab Seite 80, length() auf Seite 73, pack() auf Seite 77, reverse() auf Seite 73, sprintf() ab Seite 138 und substr() auf Seite 70.

11.4.3 Reguläre Ausdrücke und Mustersuche

Oft ist es nötig, ein spezielles Muster in einem String zu suchen oder auch jedes Vorkommen eines Wortes durch ein anderes zu ersetzen. Vielleicht ist man ja nur an der Aufteilung eines Strings in mehrere Felder interessiert. Perl bietet eine Menge von Funktionen und Operatoren, die *reguläre Ausdrücke* als Argumente erwarten.

Tabelle 11.2 zeigt eine Übersicht dieser Funktionen. Sie erfahren mehr über reguläre Ausdrücke in Abschnitt 5.6 ab Seite 82.

Funktion	Argumente	Bedeutung
pos()	*Skalar* ☒	Letzte Position, wo m//g auf *Skalar* oder $_ aufgehört hat. Ist ein *Lvalue*.
quotemeta()	*String* ☒	Konvertiert *String* oder $_ so, daß jedes Zeichen nicht in [A-Za-z_0-9] mit einem Backslash entwertet wird.
split()	/*Muster*/, *String, Limit* /*Muster*/, *String* /*Muster*/ ☒	Zerhackt *String* oder $_ am Trenner, der zu *Muster* (oder Blanks) paßt, und erzeugt eine Feldliste mit max. *Limit* (allen) Elementen.
study()	*Muster*	Wertet *Muster* oder $_ aus,

Forsetzung auf der nächsten Seite

Fortsetzung

Funktion	Argumente	Bedeutung
	☒	um später schneller zu matchen.
m//	m/*Muster*/	Pattern-Matching-Operator
s///	s/*Muster*/*Neu*/	Substitute-Operator
tr///	tr/*von*/*nach*/	Transliterationsoperator, wie y///
y///	y/*von*/*nach*/	Transliterationsoperator, wie tr///

Tabelle 11.2: Funktionen: Reguläre Ausdrücke und Mustersuche

Die Funktion split() ist uns schon auf Seite 171 begegnet.

11.4.4 Numerische Funktionen, Zeitberechnung

Perl unterstützt relativ wenige numerische Funktionen. Tabelle 11.3 zeigt eine Übersicht numerischer Funktionen. Außerdem werden dort Funktionen zur Anzeige der Zeit bereitgestellt.

Funktion	Argumente	Bedeutung
abs()	*Zahl* ☒	Absolutbetrag von *Zahl* oder $\$\_$
atan2()	*y, x*	Arcustangens von y/x von $-\pi$ bis π
cos()	*Zahl* ☒	Kosinus von *Zahl* oder $\$\_$ (Argument in Bogenmaß)
exp()	*Zahl* ☒	Exponentialfunktion: Liefert e^{Zahl} zurück (oder exp($\$\_$))
int()	*Zahl* ☒	Ganzzahliger Anteil von *Zahl* oder $\$\_$. (Runden mit sprintf())
log()	*Zahl* ☒	Natürlicher Logarithmus (zur Basis e) von *Zahl* oder $\$\_$
rand()	*Grenze* ☒	„Zufällige" Gleitkommazahl ≥ 0 und $<$ *Grenze* (1). Ruft srand() automatisch auf.
sin()	*Zahl* ☒	Sinus von *Zahl* oder $\$\_$ (Argument in Bogenmaß)
sqrt()	*Zahl* ☒	Quadratwurzel von *Zahl* oder $\$\_$.

Forsetzung auf der nächsten Seite

Fortsetzung

Funktion	Argumente	Bedeutung
`srand()`	*Seed* ☒	Initialisiert Zufallszahlengenerator mit *Seed* oder Systementropie.
`gmtime()`	*Epoch* ☒	Konvertiert die Zeit in *Epoch*, die z.B. von `time()` geliefert wird, in (Sek,Min,Std,MTag,Mon,Jahr,WTag,JTag,DST) oder `ctime()`-String (*date*). In GMT.
`localtime()`	*Epoch* ☒	Wie `gmtime()`, nur diesmal in lokaler Zeit
`time()`	☒	Anzahl der (Nicht-Schalt-)Sekunden seit der Epoche (1. Januar 1970 bei Unix)
`times()`	☒	Laufzeit (Sek.) dieses Prozesses als Liste (User, System, Kinderuser, Kindersystem)

Tabelle 11.3: Funktionen: Numerische Funktionen und Zeitberechnung

Numerische Funktionen wurden schon in Abschnitt 6.4.3 ab Seite 132 betrachtet. Neben den *builtins* gibt es auch noch im `POSIX`-Modul eine Reihe weiterer nützlicher mathematischer Funktionen (siehe Tabelle 6.5 auf Seite 133). Die Zufallsfunktionen `rand()` und `srand()` wurden auf Seite 145 diskutiert.

Die meisten Funktionen zur Anzeige der Zeit basieren auf dem Rückgabewert der Funktion `time()`. Auf den meisten Systemen wird die *Epoche* zurückgegeben. Das ist die Anzahl der Sekunden (Schaltsekunden nicht berücksichtigt), die seit dem 1. Januar 1970, 00:00:00 Uhr GMT bis zum Aufrufzeitpunkt abgelaufen sind.

> Diese große ganze Zahl wird von allen Unix-Systemen als interne Systemzeit benutzt. Man beachte, daß diese Zeit immer relativ zu GMT (UTC) ist! Sie wird durch die Zeitzone nicht beeinflußt. Die Zeitzone selbst wird konfigurationsmäßig im System eingestellt und ist häufig in der Umgebungsvariablen TZ enthalten. Die Anzeigefunktionen aller Unix-Tools, z.B. *date, ls* etc. konvertieren die interne Systemzeit dann in die lokale Zeit, die der eingestellten Zeitzone entspricht.
>
> Im Gegensatz zu vielen anderen Betriebssystemen hat Unix bezüglich der Zeitfunktionen kein *Jahr-2000-Problem*[1]. Die Zahl der Sekunden seit der Epoche wird in einem C-*int*-Typ gespeichert. Das ist zur Zeit meist eine 32-Bit-Zahl, die erst im Jahr 2038 überlaufen würde. Bis zu diesem Zeitpunkt dürften aber die meisten Systeme Wortbreiten von mindestens 64 Bit (128 Bit, 256 Bit usw.) aufweisen. Somit dürfte ein Überlauf der Zeit in sehr weite Ferne gerückt sein!

---

[1] Dabei meine ich natürlich nicht die vielen schlechtprogrammierten Applikationen, die ja unter jedem Betriebssystem Probleme verursachen!

Die Zahl der Sekunden seit der Epoche kann von Menschen nur schwer als Zeit interpretiert werden. Darum konvertieren die Zeitfunktionen `gmtime()` bzw. `localtime()` die Zeit, die von `time()` (oder einer anderen Quelle) geliefert wird, in ein lesbares Format, das sich auf GMT bzw. die lokale Zeit bezieht.

> **Achtung!** *Zur Rückgabeliste von `gmtime()` und `localtime()`:*
>
> MTag *ist der Tag innerhalb des Monats,* Mon *ist der Monat von 0 (Januar) bis 11 (Dezember),* Jahr *ist die Zahl der Jahre seit 1900 (also entspricht 110 dem Jahr 2010),* WTag *ist der Wochentag von 0 (Sonntag) bis 6 (Samstag),* JTag *der Tag innerhalb des Jahres und* DST *ist wahr während der Sommerzeit.*

In [16] finden Sie ein ganzes Kapitel über die Zeit.

11.4.5 Array-, Listen- und Hashfunktionen

Viele Funktionen erwarten Listen als Argumente oder liefern Listen zurück. Auch Hashes werden durch eigene Funktionen verwaltet. Arrayfunktionen werden in Tabelle 11.4, Listenfunktionen in Tabelle 11.5 und Hashfunktionen in Tabelle 11.6 zusammengefaßt.

Funktion	Argumente	Bedeutung
`pop()`	*Array* ⊠	Entfernt das letzte Element von *Array*, `@ARGV` (im Hauptprogramm) oder `@_` (in Subroutinen) und liefert dieses zurück.
`push()`	*Array, Liste*	Fügt die Elemente von *Liste* am Ende von *Array* an.
`shift()`	*Array* ⊠	Entfernt das erste Element von *Array*, `@ARGV` (im Hauptprogramm) oder `@_` (in Subroutinen) und liefert dieses zurück.
`splice()`	*Array, Offset, Len, Liste* *Array, Offset, Len* *Array, Offset*	Ersetzt *Len* (alle) Elemente von *Array* ab *Offset* durch *Liste*. *Offset* < 0: Ab Ende des *Arrays*.
`unshift()`	*Array, Liste*	Fügt die Elemente von *Liste* unter Erhaltung von deren Reihenfolge am Anfang von *Array* ein.

Tabelle 11.4: Funktionen: Arrayfunktionen

Funktion	Argumente	Bedeutung
grep()	Block, Liste	Ruft für jedes Element von *Liste*
	Ausdruck, Liste	*Block* oder *Ausdruck* auf ($_ als Iterator)
		und liefert eine Liste aus Elementen,
		für die *Block* oder *Ausdruck* wahr sind.
join()	Trenner, Liste	Fügt die Elemente von *Liste*
		zu einem String zusammen, wobei
		diese durch *Trenner* getrennt werden.
map()	Block, Liste	Ruft für jedes Element von *Liste*
	Ausdruck, Liste	*Block* oder *Ausdruck* auf ($_ als Iterator)
		und liefert eine Liste mit den neuen
		Werten (neues $_) zurück.
reverse()	Liste	Im Listenkontext: *Liste* in
		umgekehrter Reihenfolge.
sort()	Subname, Liste	Sortiert *Liste* gemäß Vergleichsfunktion
	Block, Liste	*Subname*, *Block* oder ASCII-Reihenfolge
	Liste	und liefert eine sortierte Liste zurück.
unpack()	Template, String	Zerhackt *String* gemäß *Template*
		und liefert eine Liste zurück.

Tabelle 11.5: Funktionen: Listenfunktionen

Funktion	Argumente	Bedeutung
delete()	$Hash{Key}	Entfernt *Key*/Wert-Paar aus %*Hash*.
	@Hash{@Keylist}	Löscht alle *Keylist* Schlüssel aus %*Hash*.
each()	%Hash	Nächstes Schlüssel/Wert-Paar.
exists()	$Hash{Key}	*Key* in %*Hash* vorhanden
keys()	%Hash	Liste der Schlüssel von %*Hash*
values()	%Hash	Liste der Werte von %*Hash*

Tabelle 11.6: Funktionen: Hashfunktionen

Viele dieser Funktionen sind uns bereits begegnet: push(), pop(), shift() und unshift() auf Seite 173, splice() auf Seite 175, grep() auf Seite 169, *map()* auf

Seite 170, `join()` auf Seite 171, `reverse()` auf Seite 169, `sort()` zum Beispiel auf Seite 168 und `unpack()` auf Seite 172.

Auch die Hashfunktionen haben wir schon kennengelernt: `delete()` auf Seite 183, `each()` auf Seite 186, `keys()` auf Seite 187, `values()` auf Seite 189 und `exists()` auf Seite 183.

11.4.6 Ein- und Ausgabe, Dateien

Tabelle 11.7 zeigt alle Funktionen, die mit Dateien, dem Dateisystem und der Ein- und Ausgabe zu tun haben.

Funktion	Argumente	Bedeutung
`binmode()`	FH	Binärmodus bei Nicht-Unix-Systemen
`chdir()`	Pfad ☒	Wechselt nach *Path* oder ins Home-Verzeichnis. → *true* wenn Okay, *false* bei Fehler
`chmod()`	Mode, Liste	Ändert die Zugriffsrechte der Dateien aus *Liste* in *Mode*. → Anzahl erfolgter Änderungen
`chown()`	uid, gid, Liste	Ändert den Besitzer (*uid*) und die Gruppe (*gid*) der Dateien aus *Liste*. *uid* und *gid* müssen numerisch sein. → Anzahl erfolgter Änderungen
`chroot()`	Pfad ☒	Systemaufruf `chroot()`. Benutzt *Pfad* oder `$_`
`close()`	FH ☒	Schließt Datei mit Handle *FH* oder die aktuell `select()`ierte Datei.
`closedir()`	DH	Schließt Verzeichnis mit Handle *DH*.
`eof()`	FH ☒ ()	Wahr, wenn Datei mit Handle *FH*, die letzte gelesene Datei oder die GesamtKdoZeilen-Datei zuende ist.
`fcntl()`	FH, Flags, Buf	Systemaufruf `fcntl()`
`fileno()`	FH	(Unix-)Dateideskriptor zu Handle *FH*

Forsetzung auf der nächsten Seite

Fortsetzung

Funktion	Argumente	Bedeutung
flock()	FH, Op	Sperre Datei mit Handle FH
		Op: LOCK_SH, LOCK_EX, LOCK_UN
		aus Modul Fcntl.
format()	Name = Templ	Reportgenerator Format (write())
formline()	Pict, Liste	Formatiert *Liste* gemäß *Pict*.
		→ Ergebnis in $^A.
getc()	FH	Nächstes Zeichen von Datei mit
	☒	Handle *FH* oder *STDIN*.
		undef bei Fehler oder Dateiende.
glob()	Ausdruck	Shell-Expansion (relativ zum aktuellen
	☒	Verzeichnis) von *Ausdruck* oder $_
ioctl()	FH, Flags, Buf	Systemaufruf ioctl()
link()	alt, neu	Erzeugt *neuen* Hardlink auf *alt*
lstat()	FH	Wie stat().
	Pfad	Verfolgt aber keine Symlinks.
	☒	
mkdir()	Pfad, Mode	Erzeugt neuen Verzeichnis *Pfad*
		mit Zugriffsrechten *Mode* (umask()).
		→ *true* oder Fehler in $!
open()	FH, Pfadausdruck	Öffnet Datei *Pfadausdruck* oder $FH
	FH	gemäß diesem Ausdruck
		und assoziiert Filehandle *FH* damit.
		→ *false* bei Fehler, siehe $!
opendir()	DH, Pfad	Öffnet Verzeichnis *Pfad* zum Lesen.
		Mit Verzeichnishandle *DH* assoziieren.
print()	FH Liste	Druckt *Liste* oder $_
	Liste	auf Datei mit Handle *FH*
	☒	oder select()ierte Datei (*STDOUT*).
printf()	FH Format, Liste	Kombination aus print()
	Format, Liste	und sprintf()
read()	FH, Buf, Len, Offset	Liest *Len* Bytes aus *FH*

Forsetzung auf der nächsten Seite

Fortsetzung

Funktion	Argumente	Bedeutung
	FH, Buf, Len	in *Buf* ab *Offset* (0) (benutzt *stdio*)
		→ Anzahl gelesener Bytes (0=Ende),
		und *undef* bei Fehler
readdir()	DH	Nächster Verzeichniseintrag aus *DH*.
		Listenkontext: Alle restlichen Einträge
readline()	FH	Entspricht <*FH*>.
readlink()	Pfad	Liest den Inhalt des Symlinks
	☒	*Pfad* oder $_, (d.h. Zielpfadname).
		→ Bei Fehler *undef* und $!
readpipe()	Syscmd	Entspricht Backticks: '*Syscmd*'
rename()	alt, neu	Ändere Dateinamen von *alt* nach *neu*.
		Nicht über Dateisystemgrenzen!
rewinddir()	DH	Zum Anfang des Verzeichnisses *DH*
rmdir()	Pfad	Lösche *leeres* Verzeichnis *Pfad* oder $_
	☒	→ Bei Fehler *false* und $!
seek()	FH, Pos, Whence	Bewege Dateizeiger in Datei *FH*
		nach *Pos* relativ zu *Whence*.
		Whence: SEEK_SET, SEEK_CUR, SEEK_END
		aus Modul POSIX
seekdir()	DH, pos	Positioniere *DH*-Zeiger auf *pos*.
		pos kommt aus telldir().
select()	FH	Wähle aktuelles Filehandle *FH*
	☒	oder liefere aktuelles Filehandle.
		Nicht C-Funktion select()!
select()	RB,WB,EB,Timeout	Entspricht C-Funktion select().
stat()	FH	Dateiinformationen über *FH*, *Pfad*
	Pfad	oder $_.
	☒	→ Bei Fehler: Null-Liste
symlink()	alt, neu	Erzeugt ein Symlink *neu* nach *alt*.
		→ 1 wenn Okay, 0 bei Fehler
sysopen()	FH, Pfad, Mode	Systemaufruf open() öffnet *Pfad*

Fortsetzung auf der nächsten Seite

Fortsetzung

Funktion	Argumente	Bedeutung
	FH, Pfad, Mode, Perm	im Modus *Mode*, Rechte *Perm* in das Filehandle *FH*, *undef* bei Fehlern.
sysread()	FH, Buf, Len, Offset FH, Buf, Len	Wie read(), aber als Systemaufruf
sysseek()	FH, Pos, Whence	Wie seek(), aber als Systemaufruf
syswrite()	FH, Buf, Len, Offset FH, Buf, Len	Schreibt *Len* Bytes aus *Buf* ab *Offset* (< 0: ab Ende) (0) nach Datei *FH* als Systemaufruf. → Anzahl geschriebener Bytes *undef* bei Fehlern.
tell()	FH ☒	Aktuelle Position des Dateizeigers *FH* oder des zuletzt gelesenen Handles
telldir()	DH	Liefert aktuelle Position in *DH*
truncate()	FH, len Pfad, len	Verkleinert Datei mit Handle *FH* oder mit Namen *Pfad* zu *len* Bytes. → *undef*, wenn Fehler
umask()	Wert ☒	Setzt die *umask* auf *Wert* oder liefert aktuelle *umask* zurück.
unlink()	Liste ☒	Löscht alle in *Liste* oder $_ benannten Dateien. → Anzahl gelöschter Dateien
utime()	atime, mtime, Liste	Verändert die Zugriffszeit *atime* und Veränderungszeit *mtime* aller in *Liste* benannten Dateien. → Anzahl modifizierter Dateien
write()	FH Ausdruck ☒	Ausgabe eines Datensatzes in den Reportgenerator. Das ist nicht print() und auch kein umgekehrtes read().

Tabelle 11.7: Funktionen: Ein- und Ausgabe, Dateien und Dateisystem

In Kapitel 12 werden diese Funktionen ausführlicher behandelt.

11.4.7 Kontrollfluß und Scoping

Tabelle 11.8 zeigt die Funktionen und Schlüsselwörter, die den Kontrollfluß beeinflussen. Der Kontrollfluß wurde in Kapitel 10 ab Seite 257 behandelt.

Funktion	Argumente	Bedeutung
`caller()`	*nframes* ☒	Name der aufrufenden Funktion oder `eval()`. *nframes*: gewünschte Tiefe des Aufrufstacks
`continue()`	*Block*	Schleifenkontrollstruktur, siehe 10.7.7.
`die()`	*Liste*	Zeigt *Liste* auf *STDERR* und verläßt das Programm mit Fehlercode `$!`, `$?` oder 255. Innerhalb `eval()`: Löst Ausnahme aus.
`do()`	*Block*	Sequenzkontrollstruktur. Wert ist derjenige der letzten Anweisung in *Block* (siehe 10.6.3). Auch Schleife: Siehe 10.7.4 und 10.7.5
`dump()`	*label* ☒	Erzeugt sofortigen *Coredump* für *undump*. Obsolet (*deprecated*)
`eval()`	*String* *Block* ☒	Übergibt *String*, *Block* oder `$_` dem Interpreter zur Ausführung. → Fehlercode in `$@`
`exit()`	*Fehlercode* ☒	Verläßt das aktuelle Programm mit *Fehlercode* oder 0.
`goto`	*Label* *Ausdruck* *&Name*	Springt direkt zum *Label*, dynamisches Label aus *Ausdruck* oder einer Funktion (magisch)
`last`	*Label* ☒	Verläßt die aktuelle Schleife bis zum übergeordneten *Label*.
`next`	*Label* ☒	Sofortige Wiederholung der Schleife, bis zum übergeordneten *Label*
`redo`	*Label* ☒	Sofortiger Sprung an den Anfang der Schleife oder zum *Label*, ohne Bedingung neu zu testen
`reset`	*Ausdruck* ☒	Reinitialisiert Variablen (siehe *man perlfunc*).

Forsetzung auf der nächsten Seite

11.4 Eingebaute Subroutinen

Fortsetzung

Funktion	Argumente	Bedeutung
`return`	*Ausdruck* ⊠	Kehrt aus Subroutine, `eval()` oder `do()` mit Wert *Ausdruck* oder nichts zurück.
`sub`	*Block* *Name* *Name Block*	Definiert eine (anonyme) Subroutine. Vorwärtsdeklaration. Definiert eine benannte Subroutine.
`wantarray()`	⊠	Wahr, wenn im Listenkontext, falsch, wenn im skalaren Kontext und *undef*, wenn im *void*-Kontext
`warn`	*Liste*	Gibt *Liste* auf *STDERR* aus (wie eine Warnung).

Tabelle 11.8: Funktionen: Kontrollfluß

Die mit dem Gültigkeitsbereich (*Scoping*) befaßten Funktionen werden in Tabelle 11.9 zusammengefaßt (siehe auch Abschnitt 10.4.2).

Funktion	Argumente	Bedeutung
`defined()`	*Var* ⊠	*Wahr*, wenn *Variable* oder `$_` definiert wurden (auch wenn sie *Falsch* enthalten).
`import()`		Per Modul bereitgestellte Funktion
`local()`	*Variable* (*Varlist*)	*Variable* oder eine *Varlist* davon soll dynamisch lokal gemacht werden.
`my()`	*Variable* (*Varlist*)	*Variable* oder eine *Varlist* davon soll lexikalisch lokal gemacht werden.
`package()`	*Namespace* ⊠	Schaltet zum Package *Namespace* oder zu keinem Package um.
`scalar()`	*Ausdruck*	Wertet *Ausdruck* im skalaren Kontext aus.
`undef()`	*Var*	Setzt *Variable* oder `$_` auf den *undef*inierten Wert zurück.

Tabelle 11.9: Funktionen: Scoping

my() wurde auf Seite 221, local() auf Seite 223 (zum Unterschied zwischen beiden Formen siehe Seite 224) betrachtet. Die restlichen Funktionen werden in Kapitel 14 ab Seite 563 vorgestellt.

11.4.8 Prozeßverwaltung

Die in Tabelle 11.10 vorgestellten Funktionen sind die Schnittstelle zum Betriebssystem.

Funktion	Argumente	Bedeutung
alarm()	Sekunden ⊠	Sorgt dafür, daß ein SIGALRM in Sekunden oder $_ Sekunden zugestellt wird.
exec()	Liste Prog Liste	Überlagert den aktuellen Prozeß mit einem Programm und einer ParameterListe.
fork()	⊠	Erzeugt einen Kindprozeß. → 0 im Kindprozeß, pid des Kindprozesses im Elternprozeß, und undef bei Fehlern
getpgrp()	pid	Prozeßgruppe von pid (0: aktuell)
getppid()	⊠	pid des Elternprozesses
getpriority()	which, who	Priorität eines Prozesses oder Users
kill()	Signal, Prozeßliste	Sendet Signal an Prozeßliste.
pipe()	RH, WH	Erzeugt eine Pipe.
setpgrp()	pid, pgrp	Setzt den Prozeßgruppenführer.
setpriority()	which, who, prio	Setzt Priorität eines Prozesses/Users.
sleep()	Sekunden ⊠	Hält den aktuellen Prozeß für so viele Sekunden oder für „ewig" an.
system()	Liste Prog, Liste	Ruft Programm mit Parametern aus Liste auf. → Rückgabecode des Programms.
times()	⊠	Laufzeit (Sek.) dieses Prozesses als Liste (User, System, Kind-User, Kind-System)
wait()	⊠	Wartet auf das Ende eines Kindprozesses. → childpid, −1. Status: $?

Forsetzung auf der nächsten Seite

Fortsetzung

Funktion	Argumente	Bedeutung
waitpid()	*pid, flags*	Wartet auf das Ende eines bestimmten Kindprozesses (Systemaufruf). → *childpid*, −1. Status: $?

Tabelle 11.10: Funktionen: Prozeßverwaltung

11.4.9 Module und Klassen

Tabelle 11.11 faßt die Funktionen und Schlüsselwörter zusammen, die in Modulen (Kapitel 14) und Klassen verwendet werden.

Funktion	Argumente	Bedeutung
do()	*Block*	Sequenzkontrollstruktur. Wert ist derjenige der letzten Anweisung in *Block* (10.6.3) Auch Schleife: Siehe Abschnitte 10.7.4 und 10.7.5.
import()		Per Modul bereitgestellte Funktion
no	*Modul* *Modul Liste*	Gegensatz von use
package()	*Namespace* ☒	Schaltet zum Package *Namespace* oder zu keinem Package um.
require	*Pfad* ☒	Lädt bei Bedarf Datei *Pfad* oder $_.
use	*Modul, Liste* *Modul* *Modul, Version, Liste* *Version* *pragma*	Bindet *Modul* ein, Mindestens *Version*, *Liste* zu import()ierender Funktionen (wird an import() übergeben) Pragma für den Interpreter
bless()	*Ref, Klasse* *Ref*	Assoziiert *Referenz* zur *Klasse* bzw. zum aktuellen Package. Erzeugt ein Objekt.
ref()	*Referenz*	Liefert den Typ der dereferenzierten

Forsetzung auf der nächsten Seite

Fortsetzung

Funktion	Argumente	Bedeutung
	⊠	*Referenz* oder `$_`. → `REF, SCALAR, ARRAY, HASH, CODE, GLOB` Name der mit `bless()` markierten *Klasse*, *falsch*, wenn keine Referenz.
`tie()`	*Var, Klasse, Liste* *Var, Klasse*	Bindet *Variable* an *Klasse*. Übergibt *Liste* an `TIE*()`-Initialisierer.
`tied()`	*Var*	Referenz auf das mit *Variable* assoziierte Objekt. *undef* sonst.
`untie()`	*Var*	Löst die Bindung dieser *Vari*ablen.

Tabelle 11.11: Funktionen: Module und Klassen

Die Funktionen `tie()`, `tied()` und `untie()` werden in Kapitel 15.4 ab Seite 699 erklärt.

11.4.10 Sockets und Interprozeßkommunikation

Tabelle 11.12 enthält die Funktionen der Low-Level-Socket-API. Die IPC-Funktionen von System V werden in Tabelle 11.13 zusammengefaßt. Viele dieser Funktionen weisen eine etwas umständliche Syntax auf. Sie können aber statt dessen Standardmodule einsetzen. Die Interprozeßkommunikation ist Gegenstand von Kapitel 17 ab Seite 797.

Funktion	Argumente	Bedeutung
`accept()`	*newsock, rendezvous*	Wartet auf *rendezvous* auf eine Verbindung nach *newsock*.
`bind()`	*Socket, Addr*	Weist *Socket* eine *Addresse* zu.
`connect()`	*Socket, Addr*	Initiiert Verbindung zu *Addr*.
`getpeername()`	*Socket*	Adresse der anderen Seite
`getsockname()`	*Socket*	Adresse dieser Seite
`getsockopt()`	*Sock, Level, Optname*	Optionen dieses Sockets
`listen()`	*Socket, Queuesize*	*Queuesize* Verbindungswünsche
`recv()`	*sock, buf, len, flags*	Liest max. *len* Bytes aus *sock* nach *buf*.
`send()`	*sock, msg, flags, to* *sock, msg, flags*	Sendet *msg* über *sock* (bei UDP nach *to*).

Forsetzung auf der nächsten Seite

Fortsetzung

Funktion	Argumente	Bedeutung
setsockopt()	Sock, Lvl, Oname, Oval	Setzt Optionen für *Socket*.
shutdown()	sock, how	Schließt unsere Seite.
socket()	sock, domain, type, proto	Erzeugt ein Socket.
socketpair()	s1, s2, dom, type, proto	Erzeugt unbenanntes Socketpaar.

Tabelle 11.12: Funktionen: Sockets-API und Interprozeßkommunikation

Die Socketprogrammierung wird mit Hilfe der etwas bequemer handhabbaren Standardmodule in Kapitel 17 erläutert.

Funktion	Argumente	Bedeutung
msgctl()	id, cmd, arg	Steuerung der Message-Queues
msgget()	key, flags	Entspricht Systemcall msgget().
msgrcv()	id, var, size, type, flags	Liest Nachricht aus Message-Queue.
msgsnd()	id, msg, flags	Setzt *msg* in Message-Queue.
semctl()	id, semnum, cmd, arg	Kontrolliert Semaphoren.
semget()	key, nsems, flags	Entspricht Systemaufruf semget().
semop()	key, opstring	P()- oder V()-Operation
shmctl()	id, cmd, arg	Steuerung des Shared-Memory
shmget()	key, size, flags	Entspricht Systemaufruf shmget().
shmread()	id, var, pos, size	Liest in *var* aus Shared-Memory.
shmwrite()	id, string, pos, size	Schreibt *String* ins Shared-Memory.

Tabelle 11.13: System V Interprozeßkommunikation

Beispiele zur Behandlung von Message-Queues finden Sie in Abschnitt 17.2.6 auf Seite 832, Semaphoren in Abschnitt 17.2.6 auf Seite 819 und Shared Memory in Abschnitt 17.2.6 auf Seite 843.

11.4.11 Informationen aus Konfigurationsdateien

Die in Tabelle 11.14 aufgelisteten Funktionen können dazu benutzt werden, Konfigurationsdatenbanken wie */etc/passwd* (Paßwortdatei) und */etc/group* (Gruppendatei) oder deren NIS-Gegenstücke zu durchlaufen. Beachten Sie dabei, daß diese Funktionen viel portabler sind, als das direkte Lesen der obigen Dateien. In einer NIS- oder sogar einer Kerberos-Umgebung werden User-Informationen oft zentral auf einem *Master*-Rechner gepflegt. Diese Informationen werden dann bei Bedarf durch RPC-Funktionen an andere Workstations verteilt. Die lokalen Paßwort- und Gruppendateien entsprechen dann meist nicht mehr dem aktuellen Stand. Es ist sogar möglich, daß Ihr eigener Paßworteintrag in der lokalen */etc/passwd* fehlt, da Ihre Workstation Sie über NIS (früher *Yellow Pages* (YP) genannt) bzw. NIS+ identifiziert hat!

In Tabelle 11.14 wird von Dateien gesprochen. Gemeint ist aber allgemein die Quelle, die auch per RPC-Aufruf erreicht werden kann.

Funktion	Argumente	Bedeutung
endgrent()	☒	Gehe zum Ende von */etc/group*.
endhostent()	☒	Gehe zum Ende von */etc/hosts*.
endnetent()	☒	Gehe zum Ende von */etc/networks*.
endpwent()	☒	Gehe zum Ende von */etc/passwd*.
getgrent()	☒	Skalar: Nächster Eintrag von */etc/group* Liste: (Name, GrPass, GID, Members) *undef* bei Ende
getgrgid()	*gid*	Gehe in */etc/group* zum Eintrag mit der Gruppen-ID *gid*. → Rückgabewerte wie bei getgrent(), *undef* wenn *gid* nicht gefunden wurde.
getgrnam()	*name*	Gehe in */etc/group* zum Eintrag mit dem Gruppennamen *name*. → Rückgabewerte wie bei getgrent(), *undef* wenn *name* nicht gefunden wurde.
getlogin()	☒	Name des aktuell eingeloggten Users
getpwent()	☒	Skalar: Nächster Eintrag von */etc/passwd* Liste: (Name, Passwd, UID, GID, Quota, Comment, GCOS, HomeDir, Shell, Expire), *undef* bei Ende.
getpwnam()	*name*	Gehe in */etc/passwd* zum Eintrag mit dem Login-Namen *name*. → Rückgabewerte wie bei getpwent()
getpwuid()	*uid*	Gehe in */etc/passwd* zum Eintrag mit der User-ID *uid*. → Rückgabewerte wie bei getpwent()

Forsetzung auf der nächsten Seite

11.4 Eingebaute Subroutinen

Fortsetzung

Funktion	Argumente	Bedeutung
setgrent()	⊠	Gehe zum Anfang von */etc/group*.
setpwent()	⊠	Gehe zum Anfang von */etc/group*.

Tabelle 11.14: Funktionen: User- und Gruppeninformationen

Auch Informationen zu Hostnamen (*/etc/hosts*) und seltener zu Netznamen (*/etc/networks*), Protokollen (*/etc/protocols*) und Diensten (auch Ports genannt); */etc/services* werden oft nicht mehr in den lokalen Dateien gepflegt. Gerade die Zuordnungstabelle von IP-Adressen zu Hostnamen wird in größeren Netzen nicht mehr (ausschließlich) lokal in */etc/hosts* gehalten, sondern meist (auch) über NIS, NIS+ oder DNS durch RPC-Aufrufe an die anfragenden Workstations verteilt. Darum ist wiederum das Lesen der Textdateien weniger portabel als die Verwendung der in Tabelle 11.15 aufgelisteten Funktionen. Diese Funktionen honorieren auch die Einstellungen des Service-Switches, der auf den meisten Systemen in der */etc/nsswitch.conf*-Datei festlegt, welche Quellen in welcher Reihenfolge angezapft werden sollen (Dateien, NIS oder DNS) und wie bei Fehlern vorzugehen ist.

In Tabelle 11.15 wird von Dateien gesprochen. Gemeint ist aber allgemein die Quelle, die auch per RPC-Aufruf erreicht werden kann.

Funktion	Argumente	Bedeutung
endhostent()	⊠	Gehe ans Ende von */etc/hosts*.
endnetent()	⊠	Gehe ans Ende von */etc/networks*.
endprotoent()	⊠	Gehe ans Ende von */etc/protocols*.
endservent()	⊠	Gehe ans Ende von */etc/services*.
gethostbyaddr()	*ip, addrtyp*	Hostname zu *ip*, (bei *addrtyp* `AF_INET`)
gethostbyname()	*name*	Adresse zum Hostnamen *name*
gethostent()	⊠	Skalar: Nächster */etc/hosts*-Eintrag Liste: (Name, Aliases, AddrTyp, Len, @Addr); → *undef* bei Ende
getnetbyaddr()	*ip, addrtyp*	Netzname zu *ip* (bei *addrtyp* `AF_INET`)
getnetbyname()	*name*	Adresse des Netzes *name*
getnetent()	⊠	Skalar: Nächster */etc/networks* Eintrag; Liste: (Name, Aliases, AddrTyp, Netz); → *undef* bei Ende

Forsetzung auf der nächsten Seite

Fortsetzung

Funktion	Argumente	Bedeutung
getprotobyname()	name	Numerischer Wert zum Protokoll *name*
getprotobynumber()	Zahl	Name des Protokolls Nr. *Zahl*
getprotoent()	☒	Skalar: Nächster */etc/protokols*-Eintrag; Liste: (Name, Aliases, Proto); → *undef* bei Ende
getservbyname()	name, proto	Nr. des Ports *name* und *proto*
getservbyport()	Zahl, proto	Name des Ports Nr. *Zahl* und *proto*
getservent()	☒	Skalar: Nächster */etc/services*-Eintrag; Liste: (Name, Aliases, Port, Proto); → *undef* bei Ende
sethostent()	☒	Gehe zum Anfang von */etc/hosts*.
setnetent()	☒	Gehe zum Anfang von */etc/networks*.
setprotoent()	☒	Gehe zum Anfang von */etc/protocols*.
setservent()	☒	Gehe zum Anfang von */etc/services*.

Tabelle 11.15: Funktionen: Informationen zu den Netzdiensten

11.4.12 Sonstige Funktionen

Tabelle 11.16 enthält die restlichen *builtins*, die in keiner Kategorie Platz gefunden haben.

Funktion	Argumente	Bedeutung
dbmclose()	Hash	Obsolet (*deprecated*), siehe untie().
dbmopen()	Hash, DBName, Mode	Obsolet (*deprecated*), siehe tie().
do	Pfad	Besser require() oder use() benutzen!
prototype()	Funktion	Liefert den Prototyp von *Funktion* als String zurück. *undef* bei Funktionen ohne Prototypen.
syscall()	Syscall, Params	Ruft den Systemaufruf Nummer *Syscall* mit den Parametern *Params* auf. Zahlen → int Strings → char *

Tabelle 11.16: Funktionen: Sonstige Funktionen

11.5 Fortgeschrittene Themen

In den folgenden Abschnitten werden wir einige Themen behandeln, die für fortgeschrittene Anwender von Interesse sein können.

11.5.1 Benannte Parameter und Defaultparameter

Beim Aufruf einer Subroutine muß stets auf die Reihenfolge der Argumente geachtet werden. Es ist aber nicht immer leicht, sich diese Reihenfolge zu merken.

Mit Hilfe von Hashes lassen sich *benannte Parameter* realisieren:

```perl
# Benannte Parameter:
myfunc( file => *FH, message => 'hello world', sep => "\n" );
myfunc( message => 'hello world', file => *FH, sep => "\n" );

# Ohne benannte Parameter: Reihenfolge zaehlt!
myfunc(*FH, 'hello world', "\n");
```

Da Hashes auch als Schlüssel/Wert-Paare betrachtet werden können, ist es ein leichtes, diese Art der Parameterübergabe in eigenen Funktionen zu simulieren:

```perl
sub myfunc {
    my %params = @_;      # Benannte Parameter
    local *FH  = $params{'file'};

    print FH $params{'message'}, $params{'sep'};
}
```

Auch optionale Argumente mit Defaultwerten sind somit möglich:

```perl
myfunc( message => 'hello world' );    # Auf STDOUT

sub myfunc {
    my %params = @_;      # Benannte Parameter
    local *FH;

    # Defaultargumente
    *FH = exists $params{'file'} ? $params{'file'} : *STDOUT;
    $params{'sep'} = "\n"    if not exists $params{'sep'};

    print FH $params{'message'}, $params{'sep'};
}
```

Defaultparameter können übrigens eleganter ausgedrückt werden:

```perl
sub myfunc {
    my %params = (
        FNAME    => '/tmp/mytemp',    # Erst Defaultwerte
        MAXLINES => 100,
        BUFFERED => 1,
```

```
            @_ );                          # Aktuelle Liste

    # Parameter in %params erreichbar
}
```

In diesem Beispiel wurden benannte Argumente verwendet. Dabei wurden Defaultargumente zuerst definiert. Anschließend wurde die Liste der übergebenen benannten Parameter in %params „eingemischt". Wichtig dabei ist, daß @_ am *Ende* von %params steht! Nicht angegebene Parameter behalten ihren Defaultwert, während explizit angegebene Argumente die Default-Belegung überschreiben würden. Besonders schön an dieser Lösung ist auch, daß zusätzlich zu den Defaultparametern weitere optionale Parameter problemlos übergeben werden können!

Benannte Parameter werden bei komplexen Funktionsschnittstellen mit vielen Argumenten und sinnvollen Defaultwerten gern benutzt. Beispiele dafür sind die Module Tk und CGI.

11.5.2 Closures

Wer schon einmal in *Lisp* programmiert hat, kennt sicherlich den Begriff der *Closure*. Es ist schwer, diesen Begriff einfach zu erklären. Besser ist es, sich ein Beispiel vor Augen zu führen:

```
closure1.pl
#!/usr/local/bin/perl -w
# closure1.pl -- Das Grundprinzip der Closure

sub make_log {
    my $base = shift;
    return sub { return log(shift())/log($base); };
}

$loge  = make_log(exp(1));   # Neue Funktion: Natuerlicher Logarithmus
$log2  = make_log(2);        # Neue Funktion: Logarithmus zur Basis 2
$log10 = make_log(10);       # Neue Funktion: Logarithmus zur Basis 10

print "log2(1024)  = ", &$log2(1024),   "\n";
print "log10(1000) = ", &$log10(1000),  "\n";
print "loge(100)   = ", &$loge(1000),   "\n";
                                                        closure1.pl
```

Ausführung:

```
farid@sun-1:~/p> ./closure1.pl
log2(1024)  = 10
log10(1000) = 3
loge(100)   = 6.90775527898214
```

In diesem Beispiel haben wir zum erstenmal eine *Metafunktion* kennengelernt: Die Funktion make_log() erzeugt zur Laufzeit weitere Funktionen. Die neu erzeugten

Funktionen haben keinen Namen. Vielmehr sind es *anonyme Subroutinen* (siehe Abschnitt 13.5.5 auf Seite 523). Jede dieser anonymen Subroutinen liefert den Logarithmus einer Zahl zu einer bestimmten Basis. Dabei gilt die Definition:

$$\forall x \in \mathbb{R} : \log_a(x) = \frac{\ln(x)}{\ln(a)}$$

wobei ln der natürliche Logarithmus (zur Basis *e*) ist [25].

Pro Basis erzeugen wir nun in `make_log()` eine eigene Logarithmusfunktion. Beachten Sie hierbei, was mit der Variablen `$base` geschieht: Sie ist in `make_log()` lexikalisch lokal deklariert und wird in der Definition der neuen Logarithmusfunktion verwendet!

Wenn nun `make_log()` fertig ist, gibt es keine lokale Variable `$base` mehr. Trotzdem zeigt uns der Aufruf der jeweils im Hauptprogramm erzeugten Logarithmusfunktionen, daß diese Basis es irgendwie geschafft hat zu überleben.

Interessant hierbei ist, daß die definierten Logarithmusfunktionen einen Teil des externen Kontexts (wie z.B. die Variable `$base`) während ihrer Erzeugung quasi in sich aufgenommen (eingeschlossen) haben. Dieser Vorgang wird *Closure* genannt.

Closures haben viele mögliche Verwendungen:

- *Closures speichern Aufrufzähler*: Der Kontext ihrer Erzeugung kann nicht nur gespeichert, sondern auch anschließend modifiziert werden, wie im folgenden Beispiel:

  closure2.pl
  ```
  #!/usr/local/bin/perl -w
  # closure2.pl -- Aufrufzaehler und static-Variablen mit Closures

  sub make_closure {
      my $name    = shift;          # Name fuer Funktion
      my $counter = 0;              # Zaehler mit Initialwert
      return sub {
          ++$counter;
          print "$name() called $counter times...\n";
      }
  }

  $foo = make_closure("foo");
  $bar = make_closure("bar");

  &$foo(); &$foo(); &$foo();
  &$bar(); &$foo(); &$bar();
  ```
  closure2.pl

  Ausführung:
  ```
  farid@sun-1:~/p> ./closure2.pl
  foo() called 1 times...
  foo() called 2 times...
  foo() called 3 times...
  bar() called 1 times...
  ```

```
foo() called 4 times...
bar() called 2 times...
```

Die von `make_closure()` erzeugten Funktionen sind anonyme Subroutinen. Dennoch konnten wir ihnen während der Erzeugung mittels einer *closure*-Variable so etwas wie einen Namen geben. Die Variable `$name` enthält dann pro erzeugter anonymer Subroutine den Namen, den wir an `make_closure()` übergeben hatten.

Hier haben sowohl `foo()` als auch `bar()` ihre eigenen privaten in der Closure eingeschlossenen Zähler `$counter` inkrementiert. Das Beispiel hat auch verdeutlicht, daß es sich bei `$counter` nicht um eine globale Variable handelte, sondern tatsächlich um eine private *closure*-Variable von `foo()` und `bar()`.

- *Closures als Iteratoren (Streaming)*: Dieses an [57] angelehnte Beispiel ist eine typische Verwendung von *Closures*:

```
closure3.pl
#!/usr/local/bin/perl -w
# closure3.pl -- Closures im Streaming-Modus: Kartesisches Produkt

sub make_cartesian {
    my $list1 = shift;       # Zeiger auf die erste Liste
    my $list2 = shift;       # Zeiger auf die zweite Liste
    my ($i, $j) = (0, 0);    # Aktuelle Zeigerposition
    return sub {
        ($j = 0, ++$i) if $j >= @$list2;
        ($i = 0, return ()) if $i >= @$list1;

        return ($list1->[$i], $list2->[$j++]);
    }
}

@colors = qw (red yellow green);
@directions = qw (straight left right);

$crossing = make_cartesian(\@colors, \@directions);
$chess    = make_cartesian([1 .. 8], ['a' .. 'h']);

# Welche Kombinationen sind hier richtig?
while (($col,$dir) = &$crossing()) {
    print "$col and $dir? "; chomp($answer = <STDIN>);
    push(@answers, $answer);
}

# Dazwischen Schachbrett-Kombinationen ausgeben:
while (($col,$row) = &$chess()) { print $col, $row, " "; }
print "\n";


# Noch einmal iterieren:
print "Your answers:\n";
while (($col,$dir) = &$crossing()) {
```

```perl
        print "($col, $dir) => ", shift(@answers), "\n";
    }
```
— closure3.pl

Ausgabe:

```
farid@sun-1:~/p> ./closure3.pl
red and straight? no
red and left? no
red and right? no
yellow and straight? maybe
yellow and left? no
yellow and right? maybe
green and straight? yes
green and left? no
green and right? yes
1a 1b 1c 1d 1e 1f 1g 1h 2a 2b 2c 2d 2e 2f 2g 2h 3a 3b 3c 3d
3e 3f 3g 3h 4a 4b 4c 4d 4e 4f 4g 4h 5a 5b 5c 5d 5e 5f 5g 5h
6a 6b 6c 6d 6e 6f 6g 6h 7a 7b 7c 7d 7e 7f 7g 7h 8a 8b 8c 8d
8e 8f 8g 8h
Your answers:
(red, straight) => no
(red, left) => no
(red, right) => no
(yellow, straight) => maybe
(yellow, left) => no
(yellow, right) => maybe
(green, straight) => yes
(green, left) => no
(green, right) => yes
```

Das *kartesische Produkt* zweier Mengen M_1 und M_2 ist definiert als:

$$M_1 \times M_2 := \{(x, y) \mid x \in M_1 \wedge y \in M_2\}$$

Die Anzahl der Elemente des kartesischen Produkts zweier Mengen ist das Produkt der Anzahl der Elemente der einzelnen Mengen. Das kann sehr schnell eine große Zahl werden: Das kartesische Produkt zweier Mengen mit je 10.000 Elementen ist bereits 100 Millionen Elemente groß. Darum ist es wenig sinnvoll, eine Liste mit allen Paaren des kartesischen Produkts zurückzugeben. Dies Liste wäre in den meisten Fällen zu groß, was sowohl speicher- als auch rechenzeitintensiv sein kann.

Im obigen Beispiel erzeugt die Funktion `make_cartesian()` zur Laufzeit eine anonyme Subroutine, die als Iterator durch die zwei an `make_cartesian()` übergebenen Listen(referenzen) iterieren kann. Dieser dynamisch erzeugte Iterator verfügt über zwei Indizes in die jeweiligen Listen, die bei jedem Aufruf entsprechend inkrementiert werden.

Da wir ja mehrere Iteratoren für verschiedene Listen gleichzeitig im Programm verwenden wollen, können wir die Indizes schlecht als globale Variablen verwenden! Die einzelnen Iteratoren würden sich gegenseitig stören. Die Indizes und Listen können auch nicht lokale Variablen sein; diese würden schon vor und erst recht nach dem ersten Aufruf des Iterators verschwinden. Darum verwenden wir eine *Closure*, die sowohl die Listen als auch die Indizes einschließt. Nun sind die einzelnen Iteratoren voneinander isoliert und können getrennt und auch gemischt eingesetzt werden.

Können Werte in einer *Closure* von mehreren Subroutinen gleichzeitig verwendet werden? Kein Problem:

closure4.pl
```
#!/usr/local/bin/perl -w
# closure4.pl -- Einfacher Puffer. Closure mit gemeinsamen Daten

sub make_buffer {
    my @buf;                            # Gemeinsamer Puffer

    my $insert = sub { return push(@buf, shift()); };
    my $remove = sub { return shift(@buf); };
    my $first  = sub { return $buf[0]; };
    my $last   = sub { return $buf[$#buf]; };
    my $all    = sub { return @buf; };

    return ($insert, $remove, $first, $last, $all);
}

# Erzeuge einen Puffer und Zugriffsmethoden
($i,$r,$f,$l,$a) = make_buffer();

# Arbeite mit diesem Puffer:
&$i("hello"); &$i("brave"); &$i("new"); &$i("world");
print join(" ", &$f(), &$l()), "\n";
&$r();
print join(" ", &$a()), "\n";
```
closure4.pl

Ausführung:
```
farid@sun-1:~/p> ./closure4.pl
hello world
brave new world
```

In diesem Beispiel teilen sich die dynamisch erzeugten Funktionen das Datenelement @buf. Ein weiterer Aufruf von make_buffer() würde hingegen eine neue Closure mit einem neuen @buf erzeugen.

- *Closures als Callbacks*: Callbacks sind Funktionen, die nicht explizit durch Ihr Programm aufgerufen werden, sondern von einem anderen Subsystem. Konkret *registrieren* Sie bestimmte Funktionen als Callbacks und rufen dann meist eine ereignisverarbeitende Schleife (*event processing loop*) auf. Nun übernimmt diese Schleife die Kontrolle über Ihr Programm. Tritt ein bestimmtes Ereignis ein, ruft diese Schleife die für dieses Ereignis registrierte Callback-Funktion auf.

Closures sind hier nützlich, weil sie *smarte Callbacks* ermöglichen. Das sind Callbacks, die sich noch an eine Menge Informationen, die während ihrer Erzeugung galten (z.B. irgendwelche Parameter) erinnern, obwohl die erzeugende Funktion längst nicht mehr läuft und statt dessen der Event-Handler die Kontrolle übernommen hat.

Ein typisches Beispiel für smarte Callbacks findet man bei GUI-Toolkits wie etwa dem Tk-Modul [75]: Angenommen, Sie wollen mehrere Buttons in Ihrer Oberfläche erzeugen. Sie können mit Tk zwar pro Button eine eigene Subroutine (Callback) angeben, die als Callback aufgerufen wird, wenn jemand den Button anklickt. Normalerweise müßten Sie pro Button eine eigene Subroutine (Handler) angeben, auch wenn sich die Aktionen stark ähneln. Das liegt daran, daß nicht Sie diese Callbacks aufrufen, sondern die Eventschleife. Daher können Sie auch nicht zur Laufzeit Parameter an den Handler übergeben.

Was tun Sie nun, wenn Sie dennoch den Handlercode nur einmal bereitstellen, diesen aber vom jeweiligen Button abhängig machen wollen? Sie verwenden *smarte Callbacks*, die mit Hilfe von *Closures* implementiert werden können:

closure5.pl
```perl
#!/usr/local/bin/perl -w
# closure5.pl -- Smarte Callbacks mit Closures. Simuliert GUI

sub make_handler {
    my $button_name = shift;       # Closure fuer smarte Callbacks
    return sub {                   # Das ist ein smarter Callback
        print "Button $button_name pressed\n" if $^W;
        if ($button_name eq "Ok")    { print "Okay, okay!\n"; }
        elsif ($button_name eq "Cancel") { return; }
        elsif ($button_name eq "Abort")  { die "Aborted!\n"; }
        else { print "Normal handling...\n"; }
    }
}

sub event_handler {
    my %dispatcher = @_;           # Hmmm... noch eine Closure!
    sub prompt { print shift(); my $x=<STDIN>; chomp $x; return $x; }
    return sub {                   # Die Eventschleife
        while (defined ($event = prompt("Button to press: "))) {
            if (not exists $dispatcher{$event}) {
                print STDERR "Button $event not registered\n";
                print STDERR "Registered are: ",
                        join(" ", sort keys %dispatcher), "\n";
                next;
            }
            &{$dispatcher{$event}}(); # smarten Callback aufrufen!
        }
    }
}

# Wir brauchen eine Eventschleife mit einigen Buttons:
$evloop = event_handler(
    Ok     => make_handler("Ok"),      # Ok-Button registrieren
    Cancel => make_handler("Cancel"),  # Cancel-Button registrieren
```

```
            Abort => make_handler("Abort"),    # Abort-Button registrieren
            Magic => make_handler("Magic")     # Irgendein anderer Button
        );

        &$evloop();                            # Eventschleife starten
```
─── closure5.pl

Ausführung:
```
farid@sun-1:~/p> ./closure5.pl
Button to press: sdf
Button sdf not registered
Registered are: Abort Cancel Magic Ok
Button to press: Cancel
Button Cancel pressed
Button to press: Ok
Button Ok pressed
Okay, okay!
Button to press: Magic
Button Magic pressed
Normal handling...
Button to press: Abort
Button Abort pressed
Aborted!
```

Was passiert hier?

- Konzentrieren wir uns erst auf den Code des Button-Handlers:
    ```
    sub { # Das ist ein smarter Callback
        print "Button $button_name pressed\n" if $^W;
        if ($button_name eq "Ok") { print "Okay, okay!\n"; }
        elsif ($button_name eq "Cancel") { return; }
        elsif ($button_name eq "Abort")  { die "Aborted!\n"; }
        else { print "Normal handling...\n"; }
    }
    ```
    Wir sehen, daß dieser Handler von $button_name abhängig ist. Da wir nicht auf die normale Parameterübergabe zählen können, kommt die Verwendung der Parameterliste für den Namen des involvierten Buttons nicht in Frage. Diese Funktion wird später durch den Eventhandler beim „Drücken eines Buttons" aufgerufen.

- $button_name ist in der Closure enthalten und kam über die normale Parameterübergabe dorthin:
    ```
    sub make_handler {
        my $button_name = shift;    # Closure fuer smarte Callbacks
        return sub {
            # ... Callback-Code haengt von $button_name ab
        }
    }
    ```

- Der Aufruf von make_handler() erfolgt später im Hauptprogramm beim Erzeugen des Eventhandlers:
    ```
    $evloop = event_handler(
    ```

```
     Ok     => make_handler("Ok"),      # Ok-Button
     Cancel => make_handler("Cancel"),  # Cancel-Button
     Abort  => make_handler("Abort"),   # Abort-Button
     Magic  => make_handler("Magic")    # Anderer Button
  );
```

Während dieses Aufrufs wird der Name des erzeugten Buttons in der Closure von `make_handler()` gespeichert und einen smarten Callback erzeugt. Dies geschieht mehrmals.

- Den Eventhandler mit seiner Registrierung und seiner Eventschleife haben wir in diesem Programm ebenfalls mit Closures simuliert. Obwohl hier Closures nicht im strikten Sinn notwendig waren; bei mehreren Eventhandlern (einer Multithreaded-Applikation) wäre dies aber sinnvoll und richtig gewesen.

  Der Eventhandler `event_handler()` schließt in seiner eigenen Closure einen Dispatcher `%dispatcher` als Datenelement ein. Dieser Dispatcher ist ein Hash von Button-Namen zu Zeigern auf smarte Callbacks. Wir haben hier keine explizite Registrierfunktion für Callbacks vorgesehen (obwohl wir dies auch hätten tun können), sondern haben den Button-Namen und die Callbacks direkt über die Parameterliste von `event_handler()` eingelesen. Dabei haben wir von der Technik benannter Parameter Gebrauch gemacht (siehe Abschnitt 11.5.1 auf Seite 327)!

```
  sub event_handler {
     my %dispatcher = @_;       # Hmmm... noch eine Closure!
     return sub {                # Die Eventschleife
        # .... Code der Eventschleife, von %dispatcher abhaengig
     }
  }
```

  Der Aufruf von `event_handler()` wurde gerade eben gezeigt.

- Der Eventhandler `event_handler()` erzeugt nun mit richtig initialisiertem `%dispatcher`-Hash eine anonyme Eventschleife und liefert diese als Zeiger zurück.

- Die Eventschleife liest über die einfache Funktion `prompt()` den Namen des gedrückten Buttons ein. In einer richtigen Applikation würde dies ein echter Event sein, der durch irgendeinen nicht näher definierten Mechanismus an die Eventschleife weitergereicht würde. In dieser Simulation begnügen wir uns aber mit einem einfachen `prompt()`.

  Nun prüft die Schleife den Namen des Buttons anhand des %dispatchers. Ist der Button nicht eingetragen (registriert), wird eine Warnung zusammen mit der Liste aktuell registrierter Buttons ausgegeben. Ansonsten erfolgt der Aufruf des im Dispatcher-Hash gespeicherten zugehörigen smarten Callbacks.

```
  sub {                     # Die Eventschleife
     while (defined ($event = prompt("Button to press: "))) {
        if (not exists $dispatcher{$event}) {
           print STDERR "Button $event not registered\n";
           print STDERR "Registered are: ",
                  join(" ", sort keys %dispatcher), "\n";
```

```
        next;
    }
    # Hier folgt der Aufruf des Callbacks
```

- Beachten Sie, daß dieser Aufruf des Callbacks ohne Parameter geschieht. Der Callback erkennt dank seiner eigenen Closure schnell, um welchen Button es sich handelt (Variable $button_name).

```
    &{$dispatcher{$event}}();    # smarten Callback aufrufen!
```

- Die vom Eventhandler event_handler() gelieferte Eventschleifenfunktion wird am Ende des Programms aufgerufen und somit aktiviert:

```
    &$evloop();        # Eventschleife starten
```

11.5.3 Memoizing

Es gibt Situationen, in denen der Aufruf einer Subroutine so aufwendig sein kann, daß es sich lohnt, bereits berechnete Ergebnisse in einem Cache zu speichern. Ein solcher Cache würde pro Argument den bereits berechneten Wert bereithalten. Eine Funktion, die diesen Cache benutzt, würde vor der langandauernden Berechnung erst nachschauen, ob für das aktuelle Argument bereits ein Ergebnis im Cache vorliegt. Ist das der Fall, muß nur dieses Ergebnis zurückgegeben werden. Nur wenn im Cache kein passender Eintrag gefunden wurde (*cache miss*), muß notgedrungen auf die zeitaufwendige Berechnung zurückgegriffen werden.

Sie werden sich vielleicht an diese Technik aus dem Beispiel des or-Cache beim beschleunigten Sortieren erinnern (siehe Abschnitt 8.9.3 auf Seite 201).

Das Cachen von Ergebnissen kann viele Programme beschleunigen, verursacht aber einen erhöhten Speicherbedarf (klassischer *Time-to-space-Tradeoff*) [8]. Die Technik ist allerdings nicht neu. In *Lisp* wurde sie schon sehr früh entdeckt und intensiv benutzt. Bei *Maple* ist sie als *remember tables* bekannt. Bei Perl läßt sie sich mit Hilfe von Hashes realisieren und heißt hier *Memoizing*.

Ein besonders beeindruckendes Beispiel für das Memoizing ist die Beschleunigung der rekursiven Fibonacci-Funktion:

```
fib-memoize.pl
#!/usr/local/bin/perl -w
# fib-memoize.pl -- Memoizing zur Beschleunigung der Fibonacci-Funktion

# Diese Version von fib() benutzt Memoizing zur Beschleunigung
{
    local %cache;
    sub fib {
        return 1 if $_[0] == 0 || $_[0] == 1;
        return $cache{$_[0]} if exists $cache{$_[0]};
        return $cache{$_[0]} = fib($_[0]-1) + fib($_[0]-2);
    }
}
```

```
# Das ist die alte, klassische rekursive fib()-Definition
sub slowfib {
    return 1 if $_[0] == 0 || $_[0] == 1;
    return slowfib($_[0] - 1) + slowfib($_[0] - 2);
}

my $big = shift;        # Argument von der Kommandozeile

use Time::HiRes qw( time );

$before = time(); $res = fib($big); $secs = time() - $before;
print "fib($big) = $res, ($secs seconds)\n";

$before = time(); $res = fib($big); $secs = time() - $before;
print "fib($big) = $res, ($secs seconds)\n";

$before = time(); $res = slowfib($big); $secs = time() - $before;
print "slowfib($big) = $res, ($secs seconds)\n";
```
                                                                    fib-memoize.pl

Ausführung:

```
farid@sun-1:~/p> ./fib-memoize.pl 25
fib(25) = 121393, (0.000475049018859863 seconds)
fib(25) = 121393, (0.000206947326660156 seconds)
slowfib(25) = 121393, (8.69318902492523 seconds)
```

Wenn das keine Beschleunigung ist! Da die Funktion time() normalerweise nur mit Sekundenauflösung funktioniert, mußten wir das CPAN-Modul Time::HiRes verwenden. Dieses überschrieb time() mit einer eigenen Version, die auf Unix-Systemen mikrosekundengenau die Zeit angibt.

Die Beschleunigung bei der Fibonacci-Funktion war deshalb so groß, weil auch innerhalb der Rekursion viele Zwischenergebnisse nicht mehr immer wieder berechnet werden mußten. Bei nicht rekursiven Funktionen kann das Memoizing aber auch zu einer vernünftigen Zeitersparnis führen.

Ein Problem beim Memoizing ist die Unterbringung des Caches. Wir haben im obigen Beispiel einen Block benutzt und innerhalb dieses Blocks einen dynamisch lokalen Cache verwendet. Das ist ganz klar ein *Kluge*[2]. Die Verwendung einer *Closure* wäre hier auch möglich gewesen, aber dann schon fast ein *Hack*. Ein natürlicher Platz für den Cache wäre ein Datenelement eines Objekts (oder auch eine Klassenvariable, damit der Cache gemeinsam von mehreren Instanzen der Klasse genutzt werden kann).

Noch ein Hinweis zum Cache: In den meisten Fällen werden Sie einen Hash als Cache verwenden. Allerdings ist der Zugriff auf einen Hash immer langsamer als auf ein Array.

---

[2] Ein *Kluge* ist ein milder *Hack*. Das Jargon-File definiert ein *Kluge* (*Kludge*) als ein cleverer Programmiertrick, der auf schnelle, wenn auch nicht immer offensichtliche Art und Weise ein schwieriges Problem löst [64].

Darüber hinaus sind Arrays meist speicherplatzschonender als Hashes. Wieso also nicht auch Arrays als Cache einsetzen? Das sollten Sie auch tatsächlich tun, wenn

- Ihre Argumente numerisch sind und
- der Bereich, in dem sich die Argumente befinden, eng begrenzt ist (d.h. Ihre Argumente sind nicht *sparse* (spärlich verteilt)).

Das ist nur selten der Fall. Bei der Fibonacci-Funktion hätten wir ein Array als Cache durchaus sinnvoll einsetzen können. In vielen anderen Fällen ist aber ein Hash flexibler, da er auch Strings und numerische Werte, die spärlich verteilt sind, effizient speichern kann.

Hashes eignen sich als Caches auch aus einem anderen Grund. Da Hashes persistent gemacht werden können (siehe Abschnitt 8.8 ab Seite 192), ist es möglich, von den Berechnungen früherer Ausführungen Ihres Programms zu profitieren!

Es ist sogar möglich, eine Art *Checkpointing* bei lange laufenden Programmen durch persistente Hashes zu realisieren: Bei einem Abbruch eines lange laufenden Programms (z.B. aufgrund eines Programmfehlers, Not-Shutdowns oder dergleichen), kann beim späteren Wiederanlauf (Aufruf) die Berechnung ab dem letzten Checkpoint wieder aufgenommen werden!

11.5.4 Prototypen

Bei der Übergabe von Parametern werden alle skalaren Werte in einer großen, *flachen* Liste zusammengefaßt, die dann an die Funktion in Gestalt von @_ übergeben wird. Darum war es nicht möglich, zwei Arrays direkt zu übergeben. Statt dessen mußten Referenzen benutzt werden:

```perl
myadd(@v1, @v2);            # FALSCH!
myadd(\@v1, \@v2);          # Okay

sub myadd {
    my ($vec1, $vec2) = @_;
    # Zugriff als @$vec1 und @$vec2
}
```

Einige *Builtins* haben aber eine Schnittstelle, die scheinbar widersprüchlich ist:

```perl
push(@array, @list);   # Das geht bei push()
```

Wieso werden hier @array und @list nicht zu einer großen flachen Liste verschmolzen, wie das sonst der Fall ist?

Der Grund ist, daß push() in Wirklichkeit als erstes Argument eine Referenz auf @array erwartet:

```perl
# Was push() in Wirklichkeit erwartet, ist:
sub push {
```

11.5 Fortgeschrittene Themen

```
    my ($arrptr, @list) = @_;
    # ...
}
```

Es ist aber falsch, dies explizit beim Aufruf anzugeben:

```
push(\@array, @list);    # FALSCH!
```

Woran liegt das? Tatsächlich ist `push()` mit einem Prototyp versehen, der wie folgt aussieht:

```
sub push (\@@) {
    my ($arrptr, @list) = @_;
    # ...
}
```

Prototypen geben dem Interpreter oder Compiler einen Hinweis, wie die Argumente einer Funktion aussehen müssen. Im Falle der Funktion `push()` lautet der Prototyp: `(\@@)`. Das bedeutet, daß das erste Argument als Referenz auf ein Array und das zweite als normales Array oder Liste übergeben werden soll. Außerdem müssen beide Argumente mit einem @ beginnen.

> **Achtung!** Seien Sie vorsichtig bei der Verwendung von Prototypen! Ein Prototyp bedeutet nicht, daß Argumente zur Laufzeit überprüft werden können. Nur der Interpreter kann beim Parsen Prototypen einigermaßen berücksichtigen. Es handelt sich um einen eher fragilen Mechanismus!

> **Achtung!** Der Aufruf einer Funktion mit führendem & schaltet das Prototyping grundsätzlich aus.

Mehr über Prototypen erfahren Sie in *man perlsub*.

11.5.5 Übergabe von Filehandles und Typeglobs

Wie können Filehandles (und allgemeiner Typeglobs) an Funktionen übergeben oder von ihnen zurückgegeben werden?

- Sie verwenden Referenzen auf Typeglobs wie folgt:

```
symbol.pl
#!/usr/local/bin/perl -w
# symbol.pl -- Verwendet das Standardmodul Symbol fuer Filehandles

use Symbol;                  # Standardmodul

sub wrapopen {
    my $path = shift;
    my $symbol = gensym;
    open ($symbol, "< $path") or die "can't open $path: $!\n";
    return $symbol;
}
```

```perl
    local $handle = wrapopen(shift @ARGV);
    print <$handle>;
```
———————————————————————————————————— symbol.pl

Zum Beispiel:

```
farid@sun-1:~/p> ./symbol.pl ../hd/MicroDroid
:MicroDroid: /n./  [Usenet] A Microsoft employee, esp. one who
   posts to various operating-system advocacy newsgroups. MicroDroids
   post follow-ups to any messages critical of Microsoft's operating
   systems, and often end up sounding like visiting Mormon
   missionaries. [64]
```

In diesem Beispiel wurde die Funktion open() mit einem Wrapper versehen. Innerhalb dieses Wrappers haben wir mit Hilfe der Funktion gensym() des Standardmoduls Symbol einen indirekten Typeglob erzeugt. Das ist eine Referenz auf einen Typeglob, also auch auf ein Filehandle. Nach dem Öffnen der gewünschten Datei haben wir dieses Symbol normal zurückgegeben.

Im Hauptprogramm kann nun das Filehandle direkt verwendet werden.

- Sie übergeben einen Typeglob:

typglob.pl ————————————————————————————————————
```perl
#!/usr/local/bin/perl -w
# typglob.pl -- Uebergabe von Filehandles an Funktionen mit Typglobs

sub logger {
    local *FH = shift;          # Achtung! local(), nicht my()!
    my $message = shift;        # Die Nachricht

    print FH "Logging: $message\n";
}

open (TMPFILE, "> /tmp/$$.test") or die "can't open!: $!\n";
logger(STDOUT, "Hello Stdout!");
logger(STDERR, "Hello Stderr!");
logger(*TMPFILE, "Hello temporary file!");
```
———————————————————————————————————— typglob.pl

In diesem Fall haben wir einen ganzen Typeglob *TMPFILE an die Funktion übergeben. Die Funktion selbst hat diesen Typeglob in einen *lokalen* Typeglob umgewandelt und beim print()-Befehl das Filehandle dieses Typeglobs verwendet.

Achtung! *Achten Sie darauf, Typeglobs mit* local() *und nicht mit* my() *zu deklarieren!*

11.5.6 AUTOLOAD und dynamisch erzeugte Funktionen

Was geschieht, wenn Sie eine Funktion aufrufen, die nicht existiert?

```
farid@sun-1:~/p> perl
print "before...\n";
myfunc("hello");
```

```
print "still living\n";
^D
before...
Undefined subroutine &main::myfunc called at - line 2.
```

Perl bricht die Ausführung des Programms mit einer Fehlermeldung ab.

In Wirklichkeit geschieht noch etwas mehr. Für jede nicht gefundene Funktion ruft Perl zunächst die Funktion AUTOLOAD() auf. Diese Funktion hat im obigen Beispiel die Fehlermeldung erzeugt.

Sie können aber AUTOLOAD() durch eine eigene Funktion überschreiben:

```
autoload1.pl
#!/usr/local/bin/perl -w
# autoload1.pl -- Eine benutzerdefinierte AUTOLOAD-Funktion

sub AUTOLOAD {
    my (@theargs) = @_;

    my ($package, $filename, $line, $subroutine) = caller(1);
    print <<EOAUTO;
 AUTOLOAD() called!
 Called from (Package)(Filename)(Line): ($package)($filename)($line)
 Calling Function : $subroutine
 Called Function  : $AUTOLOAD (@theargs)
EOAUTO

    # Hier folgt die spezielle Behandlung der aufgerufenen Funktion...
    return "dynamic!";
}

sub mycaller {
    print "mycaller(): now calling non-defined function...\n";
    $result = whaddayawant('hello', 'world');
    print "mycaller(): still living\n";
    print "mycaller(): non-def. func. Retval: $result\n";
}

mycaller();                       # Es geht los!
                                                                 autoload1.pl
```

Ausführung:

```
farid@sun-1:~/p> ./autoload1.pl
mycaller(): now calling non-defined function...
 AUTOLOAD() called!
 Called from (Package)(Filename)(Line): (main)(./autoload1.pl)(26)
 Calling Function : main::mycaller
 Called Function  : main::whaddayawant (hello world)
mycaller(): still living
mycaller(): non-def. func. Retval: dynamic!
```

Was lernen wir daraus?

- Wenn eine nicht definierte Funktion (hier whaddayawant()) aufgerufen wird, übernimmt AUTOLOAD() automatisch die Kontrolle.

- Innerhalb von AUTOLOAD() kann man den Namen der gewünschten aufgerufenen Funktion in $AUTOLOAD finden. Dieser Funktionsname ist mit dem Packagenamen voll qualifiziert (siehe Kapitel 14).

- Die Parameter der aufgerufenen Funktion werden an AUTOLOAD() weitergereicht.

- AUTOLOAD() kann Werte anstelle der aufgerufenen Funktion zurückliefern. Für den Aufrufer sieht es dann so aus, als ob die aufgerufene Funktion tatsächlich existiert und auch Werte zurückliefert.

Schauen wir uns noch eine weitere Anwendung von AUTOLOAD() an:

```perl
autoload2.pl
#!/usr/local/bin/perl -w
# autoload2.pl -- Selektive Simulation von Funktionen mit AUTOLOAD()

%ADISP = ( hello => sub { "hello world! (@_)\n" },
           bye   => sub { "that's all, folks! (@_)\n" },
           what  => sub { "what's that? (@_)\n" } );

sub AUTOLOAD {
    my (@theargs) = @_;          # Zu uebergebende Argumente
    $AUTOLOAD =~ s/.*:://;       # Entferne den Packagenamen

    if (exists $ADISP{$AUTOLOAD}) {
        # Bekannte Funktion indirekt aufrufen
        return &{$ADISP{$AUTOLOAD}}(@theargs);
    } elsif ($AUTOLOAD eq 'magic') {
        # Noch eine spezielle Behandlung
        return "This is magic! (@_)\n";
    } else {
        # Nicht behandelte Faelle als Exceptions weiterreichen
        die "Undefined subroutine &$AUTOLOAD(@_) called!\n";
    }
}

# Versuchen wir es:
print hello("wow!", "that's", "cool!");   # Indirekter Aufruf
print what("wizard", "of", "oz");         # Indirekter Aufruf
print magic("xyzzy");                      # Direkt von AUTOLOAD()
print bye("used time", times());           # Indirekter Aufruf
print nondef("never", "seen");             # Erzeugt Ausnahme
print "Still living!\n";                   # Wird nie erreicht!
                                                                    autoload2.pl
```

11.5 Fortgeschrittene Themen

Ausführung:

```
farid@sun-1:~/p> ./autoload2.pl
hello world! (wow! that's cool!)
what's that? (wizard of oz)
This is magic! (xyzzy)
that's all, folks! (used time 0.04 0.03 0 0)
Undefined subroutine &nondef(never seen) called!
```

Eine weitere sinnvolle Anwendung von AUTOLOAD() ist das selektive Laden von Funktionen aus einzelnen Dateien oder sogar von persistenten Hashes, wenn diese benötigt werden:

autoload3.pl
```perl
#!/usr/local/bin/perl -w
# autoload3.pl -- Laden von Funktionen aus einem persistenten Hash
#                 Verwendet AUTOLOAD(), tie() und eval()

use SDBM_File;
use Fcntl;

BEGIN {
    tie (%auto, 'SDBM_File', "func.defs", O_RDWR|O_CREAT, 0666)
        or die "can't tie to function hash: $!\n";
}
END { untie %auto; }

sub AUTOLOAD {
    $AUTOLOAD =~ s/.*:://;            # Entferne den Packagenamen
    if (defined $auto{$AUTOLOAD}) {
        # Funktionsdefinition: Ist schon Funktionshash vorhanden?
        print "AUTOLOAD(): Loading $AUTOLOAD...\n" if defined $^W;
        eval $auto{$AUTOLOAD};        # Definition kompilieren
        &{$AUTOLOAD}(@_);             # Funktion aufrufen
    }
    else {
        # Funktionsdefinition unbekannt: Ausnahme ausloesen
        die "AUTOLOAD(): couldn't find $AUTOLOAD in function hash!\n";
    }
}

# Bereiten wir einige Funktionen vor, die dynamisch geladen werden.
# Das koennte auch aus einem anderen Programm heraus geschehen...
$auto{'add'}   = 'sub add { return $_[0] + $_[1]; }';
$auto{'mul'}   = 'sub mul { return $_[0] * $_[1]; }';
$auto{'magic'} = 'sub magic { return "xyzzy"; }';

# Nun rufen wir diese Funktionen auf:
$res = add(11,22);            # Einlesen und evaluieren
print "add(11,22) == $res\n";

$res = mul(10,20);            # Einlesen und evaluieren
```

```perl
        print "mul(10,20) == $res\n";

        $res = add(33,44);              # Funktion schon da, direkter Aufruf!
        print "add(33,44) == $res\n";

        print magic(), "\n";            # Einlesen und evaluieren
```
── autoload3.pl

Ausführung:

```
farid@sun-1:~/p> ./autoload3.pl
AUTOLOAD(): Loading add...
add(11,22) == 33
AUTOLOAD(): Loading mul...
mul(10,20) == 200
add(33,44) == 77
AUTOLOAD(): Loading magic...
xyzzy
```

Interessant an dieser Art der Anwendung ist, daß Funktionsdefinitionen nicht im Programm selbst gespeichert werden müssen, sondern aus externen Quellen (hier SDBM-Dateien, woanders z.B. SQL-Server) und nur bei Bedarf eingelesen werden.

In diesem Beispiel war es notwendig, den Text der Funktionsdefinition mittels eval() dem Interpreter zur Übersetzung in den internen Bytecode zu übergeben. Alternativ dazu hätten wir require() anwenden können, um die benötigten Funktionsdefinitionen aus Dateien in einem Schritt einzulesen und zu evaluieren:

autoload4.pl ──
```perl
#!/usr/local/bin/perl -w
# autoload4.pl -- Liest Funktionsdefinition bei Bedarf aus einer Datei:

my $libdir = ".";    # VERAENDERN, z.B.  $ENV{'HOME'} . "/lib";

sub AUTOLOAD {
    $AUTOLOAD =~ s/.*:://;              # Entferne den Packagenamen
    print "AUTOLOAD(): Trying to load $AUTOLOAD...\n" if defined $^W;
    eval {
        require "$libdir/$AUTOLOAD.inc"; # Datei einlesen und evaluieren
    };
    die "AUTOLOAD(): Error while loading: $@\n" if $@;
    &{$AUTOLOAD}(@_);                   # Geladene Funktion selbst aufrufen!
}

# Probieren wir es aus:
$erg = add(11,22);                      # Laden und evaluieren
print "add(11,22) == $erg\n";
$erg = add(33,44);                      # Kein Laden, da add() definiert ist!
print "add(33,44) == $erg\n";

print magic();                          # Ausnahme! Funktion unbekannt.
```
── autoload4.pl

Die Datei add.inc lautet:

```
                                                                 add.inc
# add.inc: Wird durch AUTOLOAD() von autoload4.pl geladen

sub add {
    return $_[0] + $_[1];
}

1;                                  # Wichtig fuer require!
                                                                 add.inc
```

Die Ausführung ergibt:

```
farid@sun-1:~/p> ./autoload4.pl
AUTOLOAD(): Trying to load add...
add(11,22) == 33
add(33,44) == 77
AUTOLOAD(): Trying to load magic...
AUTOLOAD(): Error while loading: Can't locate ./magic.inc in @INC
(@INC contains: /usr/local/lib/perl5/i86pc-solaris/5.00404
/usr/local/lib/perl5 /usr/local/lib/perl5/site_perl/i86pc-solaris
/usr/local/lib/perl5/site_perl .) at ./autoload4.pl line 10.
```

Hier gingen wir davon aus, daß es ein Verzeichnis gibt ($libdir), in dem pro Funktion func() eine Datei func.inc vorhanden ist, die die Definition von func() enthält. Diese Datei soll dann per require() eingelesen und evaluiert werden (siehe Kapitel 14). Wir rufen im Hauptprogramm zunächst die Funktion add() auf. Da diese Funktion kein *Builtin* war und auch sonst nicht definiert wurde, wird AUTOLOAD() aufgerufen. Nun wird mit require() die passende Datei eingelesen und evaluiert. Dabei kann aber etwas schiefgehen. Wenn wir nicht daran interessiert sind, speziell auf diesen Fall zu reagieren, bräuchten wir den eval()-Block um require() nicht. Da wir jedoch eine eigene Fehlerbehandlung vorsehen, müssen wir Fehler beim Laden in diesem Block abfangen[3]. Damit das Einlesen mit require() erfolgreich sein kann, muß die eingelesene Datei syntaxfehlerfrei sein, aber auch einen wahren Wert am Ende enthalten. Darum wird 1; dort angefügt.

Im Fehlerfall löst AUTOLOAD() mit die() eine Ausnahme aus. Die Fehlermeldung der require()-Funktion wird ebenfalls angezeigt.

Hat das Einlesen der Datei funktioniert, verfügen wir über eine neue Funktion add(). Diese werden wir nun von AUTOLOAD() aus aufrufen. Dabei übergeben wir ihr die Argumente, die an AUTOLOAD() selbst übergeben wurden.

Beim zweiten Aufruf von add() im Hauptprogramm ist die Funktion AUTOLOAD() nicht mehr aufgerufen worden: add() war ja schließlich vorher schon definiert worden. Statt dessen wird add() direkt aufgerufen.

---

3 Beachten Sie dabei, daß dieses eval() nicht mit dem Evaluieren aus dem vorigen Beispiel verwechselt werden darf! Das Evaluieren der Definition ist bereits Bestandteil von require().

Zum Testen riefen wir noch eine andere Funktion auf (`magic()`), für die es keine `magic.inc`-Datei gab.

Wozu ist diese Vorgehensweise gut? Sie kann die Ausführung großer Programme mit vielen Subroutinen beschleunigen. Stellen Sie sich nun vor, daß dieses Programm häufig aufgerufen wird, wobei jedoch nur ein kleiner Anteil der Funktionen pro Lauf benötigt wird. Es würde dann wenig Sinn machen, Hunderte oder gar Tausende von Funktionen jedesmal durch den Perl-Interpreter zu schleusen, bloß um einige wenige Funktionen zu benutzen. Bei dem hier gezeigten Ansatz werden nur die Funktionen explizit eingelesen, die auch wirklich benötigt werden. Beachten Sie, daß diese Funktionen sich auch gegenseitig aufrufen können und eine eingelesene Funktion durchaus noch weitere Funktionen einlesen lassen kann.

> Dieses Vorgehen erinnert etwas an das *demand paging* vieler Betriebssysteme: Ein Programm wird da auch nur seitenweise durch wiederholte *page faults* nach und nach eingelesen. Genau das geschieht bei Verwendung der `AUTOLOAD()`-Funktion schließlich auch: Es ist ein *„function fault"*, der neue Funktionen bei Bedarf durch `AUTOLOAD()` einliest.

Da das Laden einer oder mehrerer Funktionen aus einer oder mehreren Dateien zur Laufzeit auch einen gewissen Overhead darstellt, müssen Sie von Fall zu Fall entscheiden, ob Sie diese Technik wirklich einsetzen wollen. Meistens wird das nicht der Fall sein.

Eine besonders clevere Anwendung der `AUTOLOAD()`-Funktion ist in *man perlsub* bzw. dem `Shell`-Modul enthalten.

11.5.7 Überladen eingebauter Funktionen

Auch *Builtins* können durch eigene Funktionen *überladen*, d.h. ersetzt werden. Dies sollten Sie jedoch nur in Ausnahmefällen tun, insbesondere wenn Sie auf einem System arbeiten, das bestimmte Funktionalitäten nicht bereitstellt, und Sie diese nun simulieren wollen.

Builtins überladen Sie nicht durch eine Neudefinition:

```
sub time { ... }        # FALSCH!
```

Sie müssen statt dessen den Typeglob der Funktion überladen:

```
undef &time;                            # Vermeidet Warnungen
*time = sub { return 0; };              # Zurueck zur Epoche!

print scalar localtime(&time());        # Wann ist die Epoche?
print scalar localtime(time());         # FALSCH! Aktuelle Zeit
```

Wir sehen also, daß es zwar möglich ist, einem Typeglob eine Funktionsreferenz zu übergeben. Allerdings muß dann die alte Aufrufkonvention benutzt werden!

Mit Hilfe des Pragmas `use subs;` können auch Builtins leichter prädeklariert werden:

```
use subs 'time';

print scalar localtime(time());    # Die Epoche
print scalar localtime;            # Nein, die aktuelle Zeit!

sub time { return 0; }             # Ueberlagern
```

Wenn Sie sich in einem anderen Package befinden (siehe Kapitel 14) oder durch use() *Builtins* in Ihren Namensraum importiert haben, können Sie die eigentlichen *Builtins* dennoch überlagern, indem Sie vor diese das Präfix CORE:: stellen.

Übrigens können Sie keine Schlüsselwörter überladen. Ein Schlüsselwort bei Perl ist jedes Token, dem die Funktion keyword() in toke.c einen negativen Wert zuweist (im Quellcode Ihrer Version von Perl).

11.6 Aufgaben

1. Was ist der Unterschied zwischen Perl-eigenen, Bibliotheks- und benutzerdefinierten Subroutinen?

2. In welchen Programmiersprachen werden die Begriffe Funktion und Prozedur unterschieden? Warum erfolgt eine solche Unterscheidung?

3. Würde folgender Perl-Code funktionieren? Wenn ja, wieso? Wenn nicht, geben Sie einen funktionierenden Code-Abschnitt an:

   ```
   $b = 2;
   $a = $b + sub func { print "ok\n"; } 17;
   print "$a\n";
   &func(); &func();
   print "$b\n";
   # Was wird insgesamt ausgegeben?
   ```

4. Verwenden Sie den sort()-Operator, um ein Array so zu sortieren, als würde die Groß- und Kleinschreibung keine Rolle spielen. Damit ist gemeint, daß für die Sortierung ein a mit einem A gleichgesetzt werden sollte. Achtung! Die Aufgabe wird nicht dadurch gelöst, daß alles groß- oder alles kleingeschrieben und dann sortiert wird, denn wir wollen die ursprüngliche Schreibweise erhalten. *Hinweis*: Verwenden Sie eine speziell konstruierte Vergleichsfunktion. Betrachten Sie auch uc() oder lc().

5. Lösen Sie die vorige Aufgabe, jedoch mit der Maßgabe, daß auch Umlaute richtig sortiert werden.

6. Schreiben Sie eine Funktion, die eine variable Anzahl von Argumenten erwartet und daraus das arithmetische Mittel berechnet und zurückliefert. Wiederholen Sie die Aufgabe, aber berechnen Sie diesmal das geometrische Mittel.

7. Es ist oft nützlich, aus einer Liste bestimmte Elemente auszuwählen. Schreiben Sie deswegen eine Funktion, die eine variable Anzahl von Elementen annimmt (in diesem Beispiel seien es Zahlen) sowie eine Grenze (ebenfalls eine Zahl). Diese Funktion soll dann eine Liste zurückgeben, die aus allen Elementen besteht, die über der Grenze liegen, falls die Funktion im Listen-Kontext aufgerufen wird. Ansonsten soll diese Funktion im skalaren Kontext die Anzahl der Elemente zurückgeben, die über der Grenze liegen. *Hinweise*: Benutzen Sie `wantarray()` sowie eine geeignete Reihenfolge von Grenze und Liste der Elemente!

8. Funktionsargumente werden oft der Reihe nach ausgewertet. So sieht man häufig folgendes Konstrukt:

    ```
    $filename = shift;
    sub xyz {
        $name = shift;
        $vorname = shift;
        # ...
    }
    ```

    Verstehen Sie die Syntax? Wenn nicht, schlagen Sie in *man perlfunc* bei `shift()` nach. Worauf operiert `shift()` in der Subroutine xyz? Was ist mit dem `shift()` außerhalb der Subroutine? Worauf operiert es?

9. Eine rekursive Funktion ist eine Funktion, die durch sich selbst definiert ist. Unterstützt Perl rekursive Subroutinen? Versuchen Sie, eine Funktion namens Fakultät zu definieren, die die Fakultät einer Zahl berechnet. Verwenden Sie einerseits eine iterative Version, indem Sie mit einer Schleife schrittweise das Produkt aufbauen. Wenn die Rekursion bei Perl funktioniert, definieren Sie eine rekursive Variante der Funktion Fakultät. Achten Sie dabei auf eine saubere Abbruchbedingung! Was liefern &fak(5), &fak(0), &fak(-1) zurück?

10. Schreiben Sie eine Funktion, die den Perl-Code einer rekursiven Funktion als String entgegennimmt und, falls es sich bei dieser Rekursion um eine End-Rekursion (Tail-Recursion) handelt, einen neuen Code generiert, der statt der Rekursion gewöhnliche, effizientere Schleifen enthält! Der neue Code ist als String zurückzugeben. *Hinweis*: Arbeiten Sie mit dem Substitute-Operator. Reguläre Ausdrücke werden in Abschnitt 5.6 ab Seite 82 erläutert.

    Zusatzaufgabe: Lesen Sie in Abschnitt 10.10 ab Seite 281 nach, wie die Funktion `eval()` verwendet wird. Schreiben Sie eine Subroutine, die den gesamten Perl-Code einer Datei parst und dabei alle end-rekursiven Subroutinen in iterative Subroutinen transformiert und diesen Perl-Code schließlich ausführt!

11. Können Arrays an Subroutinen übergeben werden? Was ist mit Hashes? Wie würden Sie *zwei* Arrays einer Subroutine übergeben[4]? Schreiben Sie eine Funktion, die zwei Arrays als Argumente annimmt, dann die Elemente des ersten Arrays ausgibt, danach eine Trennzeile und schließlich die Elemente des zweiten Arrays.

---

4 Wenn Sie auf die letzte Frage keine Antwort haben, sollten Sie erst das Kapitel über Referenzen durcharbeiten und dann zu dieser Aufgabe zurückkehren.

12. Können Subroutinen weitere Subroutinen als Argumente haben? Eine solche Fragestellung ist berechtigt, wenn Sie einen Dispatcher oder einen Wrapper schreiben, der um Funktionen gelegt werden soll:

    ```
    sub wrapper {
        # Tue etwas vor Aufruf der Subroutine.
        # Rufe Subroutine auf.
        # Tue etwas nach Aufruf der Subroutine.
    }
    # Der folgende Aufruf ist syntaktisch nicht korrekt.
    &wrapper(eine_funktion, parameter, der, funktion);
    ```

    Wie würden Sie einen solchen Wrapper programmieren[5]?

13. Was geschieht mit einer Funktion swap(), die das erste und zweite Argument vertauscht und dabei *Call by Reference* verwendet, wenn die Argumente keine Variablen, sondern z.B. Strings sind?

    ```
    &swap($a, $b);      # vertausche Inhalte von $a und $b
    &swap($a, "ACK");   # was geschieht hier?
    ```

14. Schreiben Sie einen Iterator für Primzahlen. Konkret soll eine Funktion erzeugt werden, die jeweils die nächste Primzahl liefert. Speichern Sie den aktuellen Zustand des Streams in einer Closure.

15. Implementieren Sie einen zirkulären Puffer mit Closures. Verwenden Sie ein Array und zwei Indizes, die den Anfang und das Ende des Puffers kennzeichnen. Welche Akzessorfunktionen benötigen Sie für einen zirkulären Puffer? Implementieren Sie diese in einer Closure. Die Metafunktion sollte als Parameter die Größe des Puffers akzeptieren und diese ebenfalls in der Closure speichern.

16. Verbessern Sie die Simulation eines Eventhandlers, der in Abschnitt 11.5.2 auf Seite 332 mit Hilfe von Closures und smarten Callbacks implementiert wurde! Dort konnten Buttons nur beim Erzeugen (Aufruf) des Eventhandlers registriert werden. Fügen Sie eine Funktion register() zum Eventhandler hinzu, so daß Buttons auch noch nach dessen Erzeugung beim Eventhandler registriert werden können.

17. Implementieren Sie persistentes Memoizing für Ihre Lieblingsfunktion.

---

5 Auch hier sollten Sie bei Schwierigkeiten erst etwas über symbolische oder harte Referenzen gelesen haben, z.B. im Kapitel 13 ab Seite 495.

12 Ein- und Ausgabe

12.1 Synopsis

```perl
print STDOUT "Standardoutput\n";        # Normale Ausgaben
print STDERR "Error messages...\n";     # Fehlerkanal
$input = <STDIN>;                       # Benutzereingaben

open(IFH, "< infile")         or die "can't open: $!\n";
open(OFH, "> overwrite.me") or die "...: $!\n";
open(AFH, ">> appendto.me") or die "...: $!\n";
open(TOPROG, "| pietome.program) or die "...: $!\n";
open(FROMPG, "readfromme.prog |") or die "...: $!\n";

print FH "Some output\n";
$line = <FH>; @remlines = <FH>; chomp $line; chomp @remlines;

close(FH) or die "Error while close()ing: $!\n";

{ local $/; $allfile = <FH>; }          # Schluerfmodus
{ local $/ = ''; $paragraph = <FH>; }   # Absatz-Modus
while (<FH>) { print "$.: $_\n"; }      # Zeilennummer

# Defaulthandle aendern und Pufferung aussschalten
$ofh = select(FH);        # Defaulthandle aendern
  $| = 1;                 # Pufferung auf FH aus!
  print "Hehe, this goes to FH!\n";
select($ofh);   # Alter Defaulthandle, Pufferung von FH aus!

sub myfunc { local *FH = shift; print FH "okay\n"; }
myfunc(*STDOUT);
sub retfh  { local *FH; open(FH, '...'); return *FH; }
*fh = retfh(); print fh "okay\n";

while (<>) { # Spitzeklammernoperator (Diamond-Operator)
    # Naechste Zeile aller Kommandozeilendateien
    # Aktuelle Datei: $ARGV
}

# Systemnahe Ein-/Ausgage
use Fcntl;
sysopen(FH, $fname, O_RDWR | O_CREAT, 0666) or die "...: $!\n";
$nbytes = read(FH, $buf, $wanted, $offset);
$nbytes = sysread(FH, $buf, $wanted, $offset);
$nbytes = syswrite(FH, $buf, $wanted, $offset);

# Report-Generator
write;                    # Vorher Variablen vorbelegen
```

```perl
format STDOUT_TOP =
                    Page
                    $%
.
format STDOUT =
@<<<<<<  @<<<<<<  @|||||||  @####.##
$field1, $field2, $field3, $sum
.


# Das Dateisystem
@cfiles = <*.c>;                  # Fileglob
opendir(DIR, $path) or die "...: $!\n";
  # Skalarer Zugriff
  while (defined ($file = readdir(DIR))) { ... }
  # oder Listenzugriff
  @files = readdir(DIR);
closedir(DIR);

mkdir('/tmp/newdir', 0777) or die "...: $!\n";
rmdir('/tmp/emptydir')     or die "...: $!\n";

link($oldname, $newhardlink);
symlink($oldname, $newsymlink);
$followed = readlink($symlink);

# Dateitestoperatoren
print "File exists\n" if -e $fname;
-r -w -x -o -R -W -X -O -e -z -s -u -g -k -T -B
-f -d -l -p -S -b -c -t -M -A -C

($dev, $ino, $mode, $nlink, $uid, $gid, $rdev, $size,
 $atime, $mtime, $ctime, $blksize, $blocks) = stat(FH);

unlink($fname) or die "...: $!\n";   # Datei loeschen
rename($old, $new);                  # Umbenennen: =FS

# Temporaere Dateien
use IO::File;
$fh = IO::File->new_tmpfile or die "...: $!\n";

# Direkter Zugriff
seek(FH, $offset, SEEK_SET);         # SEEK_CUR, SEEK_END
$pos = tell(FH);

# Dateisperren
use Fcntl qw(:DEFAULT :flock);
flock(FH, LOCK_EX); flock(FH, LOCK_EX | LOCK_NB); # Schreiben
flock(FH, LOCK_SH); flock(FH, LOCK_SH | LOCK_NB); # Lesen
flock(FH, LOCK_UN);                  # Sperre wieder aufheben
```

12.2 Eigenschaften der Ein- und Ausgabe

Perl verfügt über eine große Vielfalt von Ein- und Ausgabeoperationen sowie von Operationen auf Dateien und Dateiverzeichnissen. Der Umfang dieses Kapitels soll jedoch nicht abschrecken. Mächtige Programme können bereits mit wenigen grundlegenden Operationen geschrieben werden, die in Abschnitt 12.3 dargestellt werden. Manchmal ist aber auch etwas mehr Flexibilität erforderlich. Vielleicht brauchen Sie nichtblockierende Dateien oder eine ungepufferte Ausgabe. Solche Themen werden in Abschnitt 12.4 behandelt und diskutiert. In Abschnitt 12.5 werden wir eine Methode zur strukturierten Ausgabe von tabellarischen Berichten, den Report-Generator, kennenlernen.

Manchmal wollen Sie nicht den Inhalt von Dateien verändern, sondern vielmehr Dateiverzeichnisse durchsuchen, oder Dateiattribute auswerten und verändern. In den Abschnitten 12.6 und 12.7 wird dies genauer betrachtet. Anschließend wenden wir uns in Abschnitt 12.8 dem Thema Filehandles und Dateideskriptoren zu.

- Die normalen Ein- und Ausgabeoperationen von Perl basieren auf der *stdio*-Bibliothek Ihrer C-Library[1]. Das bedeutet unter anderem, daß Ein- und Ausgaben *gepuffert* sind. Dies ist in dem meisten Fällen gut, kann aber gelegentlich stören. Perl sieht auch eine Abschaltung der Pufferung vor, wenn dies erforderlich sein sollte.

- Neben der normalen, *stdio*-basierten Ein- und Ausgabe kann von Perl aus auf die Systemaufrufe `read()` und `write()` zugegriffen werden. Diese Systemaufrufe umgehen die *stdio* komplett und sind für größere Zugriffe gelegentlich effizienter. Dafür dürfen sie nicht pro Datei mit den *stdio*-Aufrufen vermischt werden.

12.3 Einfache Ein- und Ausgabe

In diesem Abschnitt werden wir die grundlegenden Ein- und Ausgabeoperationen von Perl kennenlernen. Viele Programmierer benötigen nicht mehr als die hier vorgestellten Konzepte, um bereits voll funktionsfähige Programme zu schreiben. Denken Sie aber daran, daß Ihnen bei Bedarf auch flexiblere Mechanismen zur Verfügung stehen.

12.3.1 Grundlegende Vorgehensweise

Wie geht man nun vor, um Daten in eine Datei zu schreiben oder Daten aus ihr zu lesen? Die folgende Vorgehensweise entspricht der von C oder anderen Programmiersprachen.

- *Datei öffnen und Filehandle abholen.* Der erste Schritt beim Zugriff auf eine Datei ist das *Öffnen* derselben. Eine Datei öffnen bedeutet, daß man dem Betriebssystem signalisiert, daß einige Ein- und Ausgabeoperationen mit einer Datei ausgeführt werden sollen. Durch das Öffnen einer Datei bekommt man ein *Filehandle*, das man dann bei jeder Ein- und Ausgabe in die bzw. aus der geöffneten Datei verwenden

---

[1] Das stimmt nur dann, wenn Sie bei der Übersetzung von Perl nicht die PerlIO-Abstraktion eingestellt haben. Diese kann nämlich die u.U. effizientere *sfio*-Library anstelle von *stdio* verwenden. Dennoch kann *sfio* im weiteren Sinne mit *stdio* verglichen werden.

muß. Ein Filehandle ist eine Art „Zugangsberechtigung" für eine Datei. Sie müssen diese bei jedem Zugriff vorweisen. Eine Analogie aus dem wirklichen Leben ist ein Ausweis, den Sie beim Besuch einer Sicherheitszone ständig mitführen müssen. Diesen bekommen Sie am Eingang ausgehändigt, und am Schluß müssen Sie ihn wieder zurückgeben.

Was ist eine Datei? Diese Frage ist erstaunlicherweise nicht ganz einfach zu beantworten! Vielleicht denken Sie, daß eine Datei ein persistentes Behältnis für Daten ist. Das muß aber nicht immer so sein! Viele Betriebssysteme kennen eine ganze Menge von Dateien:

- Dateien mit sequentiellem Zugriff,
- Indexsequentielle Dateien (ISAM),
- Dateien mit fester oder variabler Satzstruktur,
- Dateiverzeichnisse,
- Spezielle Geräte,
- Netzverbindungen (Sockets) usw.

Bei älteren Betriebssystemen mußte man je nach Dateityp unterschiedliche Systemaufrufe verwenden. Dies war alles sehr kompliziert und umständlich. Eine der hervorragenden Eigenschaften von Unix ist, daß dort Dateien aus einer einheitlichen Sicht betrachtet werden. Das Lesen aus einer Datei, einem Dateiverzeichnis, einer Gerätedatei oder gar einem Socket geschieht beispielsweise über denselben Systemaufruf. Dateien unter Unix sind also in einem gewissen Sinne *virtuell*. Aus diesem Grunde können Sie die im folgenden vorgestellten Operationen mit Filehandles auch auf Sockets anwenden und somit problemlos Programme schreiben, die über das Netz kommunizieren. Dies wird noch ausführlicher behandelt.

Anstatt eine Datei erst zu öffnen, können Sie auch direkt einige schon beim Programmstart automatisch geöffnete Filehandles benutzen. Diese sind die Standardeingabe-, die Standardausgabe- und die Standardfehler-Kanäle, die wir bereits in den vorigen Kapiteln benutzt haben.

- *Lesen und Schreiben via Filehandle.* Nachdem Sie nun ein Filehandle zur Verfügung haben, können Sie dieses nutzen, um in eine Datei zu schreiben oder daraus zu lesen. Beachten Sie jedoch, daß einige Filehandles nur das Lesen, andere hingegen nur das Schreiben und einige sogar abwechselnd das Lesen und das Schreiben ermöglichen.

- *Schließen und Rückgabe des Filehandles.* Nachdem Sie ein Filehandle nicht mehr benötigen, sollten Sie die entsprechende Datei wieder *schließen*. Das Schließen einer Datei bewirkt nicht nur, daß noch gepufferte Daten in die Datei geschrieben werden, sondern auch, daß Ressourcen vom Betriebssystem freigegeben werden. Nicht explizit geschlossene Dateien werden beim Programmende automatisch geschlossen.

12.3.2 Standard Ein-, Ausgabe- und Fehlerkanäle

Jedes neu gestartete Programm verfügt standardmäßig über drei geöffnete Dateien. Diese Dateien sind die Standardeingabe, die normalerweise mit der Tastatur verbunden ist, die

12.3 Einfache Ein- und Ausgabe

Standardausgabe, die mit dem Bildschirm verbunden ist, und für Fehlermeldungen die Standardfehlerausgabe, die ebenfalls mit dem Bildschirm verbunden ist.

Abbildung 12.1 zeigt die Standardeingabe-, Standardausgabe- und Standardfehlerausgabekanäle eines Prozesses.

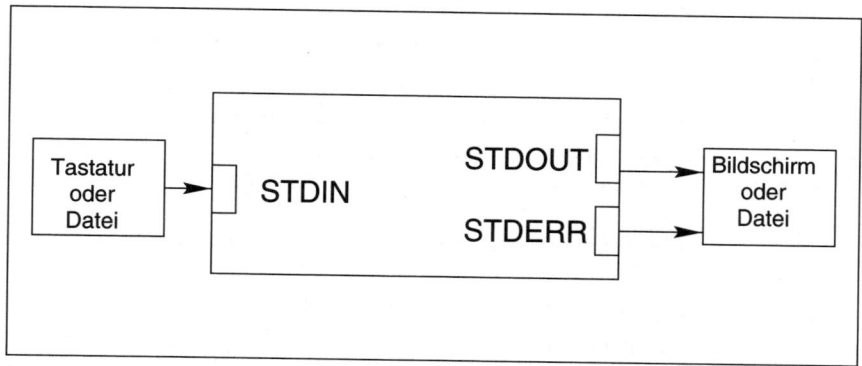

Abbildung 12.1: Standard-Ein-/Ausgabe-Kanäle

Betrachten wir nun einige Eigenschaften der Standardkanäle.

- *Die Standardkanäle sind beim Programmstart schon geöffnet*: Wie bereits erwähnt, erzeugt das C-Laufzeitsystem vor dem Start eines Programms drei offene Dateien. Diese sind schon geöffnet und brauchen nicht vom Programm explizit geöffnet zu werden. Das ist auch der Grund, warum wir schon die ganze Zeit Ausgaben auf dem Bildschirm produzieren, Fehlermeldungen sehen und Benutzereingaben über die Tastatur einlesen konnten. Das explizite Öffnen des Terminals (*/dev/tty*) war dafür nicht notwendig.

- *Die Standardeingabe* STDIN:
    - Normale Eingaben eines Programms erfolgen über die Standardeingabe. Diese hat in Perl das Filehandle STDIN.
    - Die Standardeingabe ist normalerweise mit der Tastatur verbunden. Darum gelangen die Eingaben der Benutzer über diesen Weg in das Programm. Allerdings kann die Standardeingabe auch durch die Shell vor dem Start des Programms umgelenkt worden sein:
        ```
        farid@sun-1:~/p> ./myprog.pl
        data1
        data2
        data3
        ^D
        farid@sun-1:~/p> ./myprog.pl < inputfile
        farid@sun-1:~/p> gzip -cd rawdata.gz | ./myprog.pl
        ```
        Wir sehen also, daß im ersten Fall das Programm myprog.pl seine Eingabedaten direkt vom Benutzer (über die Tastatur) bekommen hat. Im zweiten Fall hingegen waren die Daten in der Datei inputfile enthalten. Durch die Umlenkung

durch die Shell konnte `myprog.pl` die in dieser Datei enthaltenen Daten wie normale Eingaben lesen. Für das Programm änderte sich dabei nichts. Im dritten Fall wurde die Ausgabe eines Programms (hier des Dekompressors *gzip*) in die Standardeingabe von `myprog.pl` kopiert. Wiederum hat `myprog.pl` nichts von der Umlenkung gemerkt und lediglich wie gewohnt Daten vom „Benutzer" angefordert und bekommen. Hier spricht man von einer *Pipe*: Beide Programme liefen (unter Unix) parallel, wobei die Datenkommunikation über den Kernel lief.

- Wie kann nun von der Standardeingabe gelesen werden?

    ```
    # Lies einen Datensatz (typischerweise eine Zeile):
    $line = <STDIN>;

    # Lies alle (restlichen) Datensaetze (typischerweise Zeilen):
    @manylines = <STDIN>;
    ```

    Das haben wir ja schon oft gesehen. Wichtig dabei ist, daß beim `<STDIN>`-Operator jeweils ein ganzer Datensatz eingelesen wird. Wenn gerade keine Daten vorliegen, aber die Standardeingabe noch geöffnet ist, dann *blockiert* der aktuelle Prozeß (das Programm), bis Daten bereitliegen. Aus diesem Grunde hat das Programm darauf gewartet, daß Benutzer Daten über die Tastatur eingegeben haben.

- Beim Einlesen mit dem `<STDIN>`-Operator ist es wichtig, sich zu merken, daß der Datensatzseparator (also typischerweise der Zeilenseparator `\n`) mit eingelesen wird. Dieser *sollte* bei Bedarf mit `chomp()` wieder entfernt werden:

    ```
    $line  = <STDIN>; chomp $line;    # Skalarer Kontext
    @lines = <STDIN>; chomp @lines;   # Listenkontext
    ```

- Wichtig bei der Standardeingabe ist auch die *Einlesegranularität* (siehe Abschnitt 12.3.4 auf Seite 374): Sie können ganze Zeilen, Paragraphen oder sogar ganze Dateien in einem Schritt lesen. Standardmäßig beträgt die Einlesegranularität eine Zeile.

■ *Die Standardausgabe* STDOUT:

- Die Ausgaben eines Programms werden normalerweise zur Standardausgabe geschickt. Diese hat in Perl das Filehandle `STDOUT`.

- Die Standardausgabe ist normalerweise mit dem Bildschirm bzw. der Konsole (*xterm*, usw.) verbunden. Darum kann man auch die Ausgaben des Programms direkt sehen. Die Standardausgabe kann aber auch durch die Shell vor dem Start des Programms umgelenkt worden sein:

    ```
    farid@sun-1:~/p> ./myprog.pl
    <Irgendeine Ausgabe>
    <die auch mehrere Zeilen>
    <lang sein kann>
    farid@sun-1:~/p> ./myprog.pl > outputfile
    farid@sun-1:~/p> ./myprog.pl >> logfile
    farid@sun-1:~/p> ./myprog.pl | sort | gzip -9 > /tmp/out.gz
    ```

Im ersten Fall wurden die Ausgaben von `myprog.pl` direkt ausgegeben, da die Standardausgabe nicht umgelenkt war. Im zweiten Fall wurde die gesamte Ausgabe in die Datei `outputfile` geschrieben. `outputfile` wurde dabei neu angelegt bzw. ihr alter Inhalt überschrieben. `myprog.pl` hat jedoch nichts davon gemerkt, sondern einfach wie gewohnt Daten zur Standardausgabe geschickt. Der dritte Fall ist wie der zweite Fall, mit der Ausnahme, daß die Ausgaben nun an das Ende der Datei `logfile` *angehängt* wurden. Ein früherer Inhalt von `logfile` wurde dabei nicht überschrieben. Bei Bedarf würde ein nicht existierendes `logfile` angelegt werden. Im vierten Fall schließlich wurden die Ausgaben von `myprog.pl` in die Standardeingabe des Programms *sort* geleitet, das die Daten jeweils sortiert. Dessen Standardausgabe wurde mit der Standardeingabe des Kompressors *gzip* verbunden, und die Standardausgabe von *gzip* wurde schließlich in die Datei */tmp/out.gz* umgelenkt. Es handelte sich also wieder um eine Pipe, in der die Prozesse `myprog.pl`, `sort` und `gzip` gleichzeitig, wie bei einem Montageband, die Daten weiterverarbeiten.

- Daten werden mit Hilfe der Funktionen `print()`, `printf()` und `write()` zur Standardausgabe geschickt. `print()` haben wir schon genügend oft in Aktion gesehen. `printf()` ist nur eine Kombination aus `sprintf()` und `print()`. `write()` hingegen ist eine Funktion des Report-Generators, der in Abschnitt 12.5 betrachtet wird.

  ```
  print  STDOUT "Hello, World!\n";
  printf STDOUT "Price: %.2f\n", $price;
  write  STDOUT;
  ```

  Bei `print()` (oder `printf()` oder `write()`) kann auch gelegentlich auf das Filehandle verzichtet werden. Das ist der Fall, wenn Sie zum sogenannten *Default-Filehandle* schreiben wollen. Das *Default-Filehandle* ist bei Programmbeginn STDOUT und kann später mit Hilfe der Funktion `select()` geändert werden (siehe Abschnitt 12.3.4 auf Seite 380). Da STDOUT beim Programmstart das Default-Filehandle ist, können wir die obigen Beispiele auch wie folgt schreiben:

  ```
  print  "Hello, World!\n";
  printf "Price: %.2f\n", $price;
  write;
  ```

- Die Standardausgabe ist *gepuffert*. Das bedeutet, daß nicht jeder `print()`- `printf()`- oder `write()`-Aufruf alle auszugebenden Daten auch tatsächlich unmittelbar zur Standardausgabe schickt. Vielmehr wird es so sein, daß zunächst ein *Puffer* (der sogenannte *stdio-Puffer*) gefüllt und erst dann als ganzes zur Standardausgabe weitergereicht wird. Das hört sich schlimmer an, als es ist. Nach jedem Newline (\n) erzwingen die Ausgabefunktionen eine sofortige Entleerung des *stdio*-Puffers (*buffer flush*).

  Die Pufferung der Standardausgabe ist normalerweise eine gute Sache. Insbesondere dann, wenn Sie viele kleine Datenstücke nacheinander ausgeben, ist es effizienter, so wenige Systemaufrufe wie möglich zu veranlassen, da jeder Systemaufruf einen Kontext-Switch verursacht.

Die Pufferung kann aber auch negative Folgen haben: Wenn Sie etwa die Standardausgabe auf einen Netzwerkserver (z.B. einen Webserver *httpd*, einen FTP-Server *ftpd* oder dergleichen) umgelenkt haben, geschieht folgendes: Sie schreiben etwas zur Standardausgabe, während der Server auf Ihre Anforderung wartet. Die Pufferung bewirkt aber, daß Ihre Daten nicht sofort zum Server gesendet werden. Der Server selbst wartet daher immer noch und sieht nichts. Daraufhin kann er ja natürlich nicht antworten, und der Client wartet ebenfalls vergeblich auf eine Antwort. Der Ausgabepuffer des Clients wird sich dann nie leeren, da ein *Deadlock* vorliegt. Ein anderer Fall, in dem die Pufferung der Ausgabe schlecht sein kann, ist ein *Pager* (wie *more* oder *less*), der die Ausgabe eines Programms seitenweise anzeigt (verhindert das Wegscrollen).

Es ist also sinnvoll, eine Möglichkeit zu haben, die Pufferung der Standardausgabe bei Bedarf auszuschalten. Dies wird in Abschnitt 12.3.4 auf Seite 381 erklärt.

- *Der Standardfehlerkanal* STDERR:
  - Fehlermeldungen eines Programms werden normalerweise zur Standardfehlerausgabe geschickt. Das kann explizit durch `print()` (oder `printf()` oder `write()`), aber auch implizit durch `die()` und `warn()` geschehen. Das Filehandle für die Standardfehlerausgabe heißt bei Perl STDERR.
  - Der Stanardfehlerkanal ist beim Programmstart mit dem Bildschirm (der Konsole, *xterm* oder dergleichen) verbunden. Darum sehen wir Fehlermeldungen auch direkt, wenn sie auftreten. Da die Standardausgabe STDOUT beim Programmstart normalerweise auch auf den Bildschrim zeigt, können Ausgaben des Programms und dessen Fehlermeldungen gemischt auftreten. Der Standardfehlerkanal ist jedoch von der Standardausgabe trotzdem verschieden. Wenn nun beispielsweise die Standardausgabe umgelenkt wurde, muß dies noch lange nicht auch für den Fehlerkanal gelten. Somit erscheinen Fehlermeldungen eines umgelenkten Programms immer noch auf dem Bildschirm, was ja auch durchaus sinnvoll ist.

  Der Standardfehlerkanal kann ebenfalls mit der Shell in eine Datei umgelenkt werden:

  ```
  farid@sun-1:~/p> ./myprog.pl >> outlogfile
  farid@sun-1:~/p> ./myprog.pl > outfile 2> errfile
  farid@sun-1:~/p> ./myprog.pl 2> errfile | outfilter
  farid@sun-1:~/p> ./myprog.pl 2>&1 out-and-errfile
  farid@sun-1:~/p> ./myprog.pl 2>&1 | out-and-err-filter
  ```

  Im ersten Fall wurden alle normalen Ausgaben (die Ausgaben nach STDOUT) an die Datei `outlogfile` angehängt. Die Fehlermeldungen von `myprog.pl` wurden hingegen nicht umgelenkt und erscheinen folglich auf dem Bildschirm. Im zweiten Fall gehen die STDOUT-Ausgaben nach `outfile`, und die Fehlermeldungen aus STDERR landen in `errfile`. Achten Sie darauf, daß bei 2> kein Leerzeichen zwischen 2 und > steht! Im dritten Fall gingen die STDERR-Ausgaben in `errfile`, während alle anderen STDOUT-Meldungen in die Pipe zum Programm `outfilter` geschickt wurden. Der Fall Nummer vier zeigt, wie sowohl die Standardausgabe als auch die Fehlermeldungen in eine einzige Datei

12.3 Einfache Ein- und Ausgabe

umgelenkt werden können. In Wirklichkeit werden einfach der Fehlerkanal und der Standardausgabekanal zu einem einzigen Ausgabekanal verschmolzen. Im letzten Fall wird dies ausgenutzt, um sowohl die Fehlermeldungen als auch die normalen Ausgaben in eine Pipe zu senden.

Trotz aller Umlenkungen ist es wichtig festzustellen, daß das Programm `myprog.pl` nichts von diesen Umlenkungen merkt. Aus diesem Grunde sollten Sie also für Fehlermeldungen stets `STDERR` verwenden und für die normale Ausgabe auf `STDOUT` zurückgreifen. Die Entscheidung, was mit den diversen Meldungen geschehen soll, überlassen Sie am besten dem Anwender. Die Defaults sind sinnvoll.

- `STDERR` ist das Ausgabehandle für `die()` und `warn()`. Das ist ja auch sinnvoll, weil die durch `die()` oder `warn()` ausgegebenen Meldungen Fehlermeldungen sind und daher folgerichtig in die Standardfehlerausgabe geschrieben werden sollten:

  ```
  warn "Something's weird...\n";
  die  "Something's definitely wrong!\n";
  ```

  `die()` sendet seine Ausgabe nach `STDERR` und löst eine Ausnahme aus, die entweder zu einem sofortigen Programmabbruch führt (nach Abarbeitung aller END-Handler (`atexit()`) und des `$SIG{__DIE__}`-Handlers) oder durch einen `eval()`-Block abgefangen werden kann:

  ```
  eval {
      die "Throwing exception...\n";  # Ausnahme: Keine Ausgabe
  };
  print STDERR "Error: $@" if $@;     # Erst hier Ausgabe
  ```

  `warn()` hingegen löst keine Ausnahme aus, sondern gibt nur seine eigene Fehlermeldung auf `STDERR` aus.

  Wenn Sie nicht an der Anzeige von Zeilennummer usw. interessiert sind, sollten Sie statt `warn()` Ihre Fehlermeldungen mit `print()` direkt nach `STDERR` schicken.

- `STDERR` ist im Gegensatz zur Standardausgabe *ungepuffert*. Das hat einen besonderen Grund: Sie wollen bestimmt Fehlermeldungen so früh wie möglich sehen, d.h. sobald diese auftreten. Eine Pufferung würde bei `STDERR` ohnehin keinen Sinn machen.

- Daten können genauso einfach nach `STDERR` wie nach `STDOUT` geschickt werden. Dazu übergeben Sie den Ausgabefunktionen `print()` bzw. `printf()` einfach `STDERR` als Filehandle. Alternativ dazu benutzen Sie `die()` oder `warn()`.

  ```
  print STDERR "Error: $!\n";
  die "this goes to STDERR\n";
  ```

12.3.3 Dateien mit open() öffnen

Wollen Sie Ihre Daten nicht aus der Standardeingabe `STDIN` entnehmen oder in die Standardausgabe `STDOUT` oder die Standardfehlerausgabe `STDERR` schreiben, müssen Sie sich zuerst ein neues Filehandle besorgen. Dieses bekommen Sie durch das *Öffnen* einer

Datei oder eines Programms. Eine Datei öffnen Sie mit Hilfe der Funktion open(). Dabei geben Sie an:

- *welche Datei geöffnet werden soll.* Dies ist ein Dateiname, der relativ zum aktuellen Arbeitsverzeichnis (chdir()) oder auch durch einen absoluten Pfad angegeben werden kann.

- *wie die Datei geöffnet werden soll.* Dabei können Sie angeben, ob diese nur zum Lesen, zum Schreiben oder zum Anhängen geöffnet werden soll. Was Sie hier angeben, bestimmt anschließend, was mit der geöffneten Datei (bzw. dem neu erworbenen Filehandle) geschehen kann. Beispielsweise kann nicht in eine Datei geschrieben werden, die nur zum Lesen geöffnet wurde.

- *wie das neue Filehandle heißen soll.* Sie können als Filehandle einen beliebigen gültigen Bezeichner wählen. Filehandles fangen mit *keinem* speziellen Präfix an (im Gegensatz zu skalaren Variablen, Arrays oder Hashes) und bestehen nach einer weitverbreiteten Konvention nur aus Großbuchstaben. Wählen Sie dabei das Filehandle einer bereits geöffneten Datei, wird diese zunächst geschlossen. Darum ist folgendes möglicherweise falsch:

    Achtung! *Ein besonders beliebter Fehler beim Öffnen einer Datei oder eines Programms mit* open() *besteht darin, vor dem Filehandle irrtümlicherweise ein falsches Präfix zu verwenden:*

    ```
    open ($FH, "afile");      # Wahrscheinlich falsch!
    ```

    In diesem Beispiel steht in der skalaren Variablen $FH *wahrscheinlich nicht das, was Sie erwarten!*

Durch das Öffnen assoziieren Sie ein Filehandle mit einem Dateinamen und veranlassen gleichzeitig das Betriebssystem, diese Datei zu öffnen.

Wir werden im folgenden die diversen Formen des Öffnens einer Datei oder eines Programms betrachten. Beachten Sie dabei, daß open() noch einige weitere Öffnungsmodi kennt, die im open()-Eintrag in *man perlfunc* aufgelistet sind. Diese hier nicht aufgeführten Modi werden weit seltener benutzt als die nun im folgenden gezeigten Öffnungsmodi. Ganz spezielle Wünsche (z.B. nichtblockierendes Öffnen) können dagegen nicht durch open() erfüllt werden. Dazu gibt es die in Abschnitt 12.4.2 ab Seite 397 gezeigte Funktion sysopen(), die auch zum normalen Öffnen benutzt werden kann.

Öffnen zum Lesen

Eine Datei können Sie wie folgt zum Lesen öffnen:

```
open(FH, "< inputfile") or die "can't open inputfile: $!\n";
```

Was geschieht hier alles?

- Die Funktion open() versucht, eine Datei zu öffnen.

- Der erste Parameter zu open() ist das mit der offenen Datei zu assoziierende Filehandle. Wir wählen einfach irgendeinen gültigen Bezeichner aus, wie bereits oben

12.3 Einfache Ein- und Ausgabe

gesagt. Dabei halten wir uns an die Konvention und verwenden Filehandles, die ausschließlich aus Großbuchstaben bestehen. Das hier gewählte Filehandle soll nun `FH` heißen.

- Der zweite Parameter von `open()` ist ein spezieller Formatstring, der gleichzeitig angibt, welche Datei geöffnet werden soll und wie diese anschließend verwendet werden darf. In unserem Beispiel möchten wir die Datei namens `inputfile` öffnen.

- Der Dateiname oder der hier angegebene Pfad ist relativ zum *aktuellen Arbeitsverzeichnis* (*current working directory*) zu verstehen, es sei denn, ein absoluter Pfad wird angegeben. Das aktuelle Arbeitsverzeichnis kann wie folgt ausgegeben werden:

    ```perl
    use Cwd;
    $curdir = cwd;
    ```

Woher kommt nun das aktuelle Arbeitsverzeichnis? Es ist das Verzeichnis, aus dem heraus das aktuelle Programm gestartet wurde; beispielsweise:

```
farid@sun-1:~/p> pwd
/export/home/farid/p
farid@sun-1:~/p> ./openit.pl
farid@sun-1:~/p> cd /tmp
farid@sun-1:/tmp> pwd
/tmp
farid@sun-1:/tmp> ~/p/openit.pl
```

Beim ersten Aufruf von `openit.pl` würde versucht — wenn wir das obige Beispiel zugrunde liegen würden — die Datei */export/home/farid/p/inputfile* zu öffnen. Beim zweiten Aufruf hingegen wird versucht, die Datei */tmp/inputfile* zu öffnen.

Das aktuelle Arbeitsverzeichnis kann auch mit der Funktion `chdir()` geändert werden:

```perl
chdir("/tmp") or die "can't chdir() to /tmp: $!\n";
open (FH, "< inputfile") or die "can't open inputfile: $!\n";
```

Hier wurde versucht, die Datei */tmp/inputfile* zum Lesen zu öffnen. Das können Sie auch einfacher haben, wenn Sie einen *absoluten Pfadnamen* verwenden:

```perl
open (FH, "< /tmp/inputfile") or die "can't open file: $!\n";
```

Auch relative Pfade sind möglich:

```perl
open (FH, "< local/path/to/file")    or die "...: $!\n";
open (FH, "< ../other/path/to/file") or die "...: $!\n";
```

In ersten Fall wird versucht, die Datei *local/path/to/file* relativ zum aktuellen Verzeichnis zu öffnen. In zweiten Fall hingegen wird versucht, die Datei *other/path/to/file*, relativ zum übergeordneten Verzeichnis des aktuellen Arbeitsverzeichnisses zu öffnen.

Der Pfad- bzw. Dateiname kann auch aus einer Variablen kommen:

```perl
# $filename enthaelt einen Dateinamen, z.B.:
# $filename = "/usr/include/stdio.h";
open (FH, "< $filename") or die "can't open $filename: $!\n";
```

- Neben dem Pfad- oder Dateinamen wird im Formatstring zu `open()` auch der gewünschte *Öffnungsmodus* angegeben. Sie haben es bestimmt erraten: `< datei` öffnet `datei` zum Lesen. Dies ist eine Anlehnung an die Umlenksyntax der Shell, bei der Eingabedateien in `STDIN` ebenfalls so umgelenkt werden können:

  ```
  farid@sun-1:~/p> ./myprog.pl < datei
  ```

  Eine so geöffnete Datei darf nur zum Lesen verwendet werden. Es ist also nicht möglich, das angegebene Filehandle zum Schreiben zu verwenden. Wenn Sie es dennoch versuchen sollten, wird einfach nichts geschrieben.

  ```
  # FH sei ein Nur-lese-Filehandle
  $input = <FH>;              # Okay, Lesen erlaubt
  print FH "Huh?\n";          # FALSCH! Nur-Lesen erlaubt
  print "Still alive!\n";     # Okay, keine Ausnahme vorher
  ```

  Offensichtlich wird also keine Ausnahme ausgelöst. Alle auf einem Nur-lese-Filehandle geschriebenen Zeichen werden kommentarlos verschluckt (*silently ignored*). Der Fehler kann nur dann erkannt werden, wenn der Rückgabecode von `print()` getestet wird. `print()` liefert nur dann *true*, wenn das Schreiben gelang. Das ist im obigen Beispiel nicht der Fall.

- Normalerweise müssen Sie stets beim Öffnen einer Datei mit `open()` den Öffnungsmodus im Formatstring angeben. Es gibt jedoch auch einen *Defaultmodus*, der dann angenommen wird, wenn Sie keinen Modus angegeben haben. Der Defaultmodus ist *Öffnen zum Lesen*:

  ```
  open (FH, "< $filename")   or die "can't open: $!\n";
  open (FH, "$filename")     or die "can't open: $!\n";
  open (FH, $filename)       or die "can't open: $!\n";
  ```

  Alle drei Beispiele sind aufgrund des Defaultmodus äquivalent.

- Das Öffnen einer Datei kann aus verschiedensten Gründen fehlschlagen (siehe Seite 371). Darum ist es unerläßlich, den Rückgabewert von `open()` zu prüfen, bevor das neue Filehandle verwendet werden kann. Wenn nämlich auf ein nicht geöffnetes Filehandle zugegriffen wird, schlägt die Lese- oder Schreiboperation fehl (allerdings ohne Ausnahme, sondern kommentarlos).

  `open()` liefert einen wahren Wert, wenn die Datei erfolgreich geöffnet werden konnte, und *undef*, wenn es aus irgendeinem Grund nicht funktioniert hat. Da mit *undef* nicht die Art des Fehlers zurückgegeben werden kann, können Sie in der reservierten Variable `$!` den Fehlercode (numerischer Kontext) oder die Fehlermeldung (Stringkontext) lesen, was zum Scheitern des `open()` geführt hat.

  Der Rückgabecode von `open()` kann auf vielerlei Arten geprüft werden:

  ```
  if (not open(FH, "inputfile")) {
      # Oeffnen hat nicht geklappt!
      die "can't open inputfile: $!\n";
  } else {
      # Oeffnen hat geklappt
      # Hier z.B. lesen mit $line=<FH>
  }
  ```

12.3 Einfache Ein- und Ausgabe

Das geht auch einfacher:

```
die "can't open inputfile: $!\n"
    unless open(FH, "inputfile");
```

Eine besonders schöne Anwendung des *Shortcut-Verhaltens* Boolescher Operatoren (siehe Abschnitt 10.3.3 auf Seite 261) ist:

```
open (FH, "inputfile") or die "can't open inputfile: $!\n";
```

Dies ist zugleich die meistbenutzte Form zum Öffnen einer Datei und zur gleichzeitigen Überprüfung, ob das Öffnen gelungen ist.

Öffnen zum Schreiben

Eine Datei können Sie wie folgt zum Schreiben öffnen:

```
open (FH, "> outputfile") or die "can't open outputfile: $!\n";
```

Wir werden hier nicht alle Punkte wiederholen, die beim *Öffnen zum Lesen* erwähnt wurden. Diese sind, soweit es nicht um das reine Lesen über das Filehandle FH ging, auch in diesem Fall gültig. Einiges ist aber neu:

- Das Öffnen einer Datei zum Schreiben *leert* eine eventuell vorher vorhandene Datei gleichen Namens. Wenn eine solche Datei vorher nicht existiert hat, wird sie erzeugt.

- Auch das Öffnen zum Schreiben kann aus verschiedenen Gründen fehlschlagen. Darum sollte auch hier der Rückgabewert von open() überprüft werden. Der Versuch, auf ein Filehandle zu schreiben, das nicht geöffnet wurde, scheitert kommentarlos (ohne eine Ausnahme auszulösen).

- Es ist nicht möglich, aus einer Datei zu lesen, die zum Schreiben mit > geöffnet wurde. Der Versuch, es doch zu tun, scheitert kommentarlos.

Achtung! *Wenn Sie eine Datei zum Schreiben öffnen, wird der eventuell schon vorhandene alte Inhalt kommentarlos gelöscht (Schreibrechte vorausgesetzt, natürlich). Eine alte Datei wird also überschrieben!*

Öffnen zum Anhängen

Oft möchten Sie Informationen ans Ende einer Datei *anfügen*, anstatt die Datei komplett mit dem neuen Inhalt zu überschreiben. Das ist typischerweise bei Protokolldateien (*Logfiles*) der Fall.

Das normale *Öffnen zum Schreiben* reicht da natürlich nicht aus, da dieses einen eventuell vorhandenen alten Inhalt gnadenlos überschreiben würde. Statt dessen kann die zu ergänzende Datei zum *Anhängen* geöffnet werden.

Eine Datei öffnen Sie zum Anhängen wie folgt:

```
open (LOGFH, ">> $logname") or die "can't append: $!\n";
```

Dies hat folgende Wirkung:

- Eine bereits existierende Datei wird durch das anhängende Öffnen nicht zerstört.
- Existiert die Datei nicht, an die etwas angehängt werden soll, wird sie einfach, wie im Falle des *Öffnens zum Schreiben* auch, erzeugt.
- Jedes Schreiben (z.B. mit `print()`, `printf()` oder `write()`) fügt die zu schreibenden Daten ans Ende der Datei an.
- Sonstige Punkte, die schon im Falle des *Öffnens zum Lesen* und des *Öffnens zum Schreiben* erwähnt wurden, gelten hier auch. Das gilt insbesondere für das Prüfen des Rückgabewerts von `open()`.

Achtung! Das Anhängen geschieht beim Schreiben, und zwar unabhängig davon, wo der Dateizeiger gerade steht.

Achtung! Seien Sie beim Öffnen zum Anhängen besonders vorsichtig! Es ist sehr leicht, eine Datei zu zerstören, indem man einfach ein > vergißt!

```
open(LOGFH, "> $logf") or die "...";   # FALSCH! $logf kaputt
open(LOGFH, ">>$logf") or die "...";   # Okay!
```

Achten Sie auch darauf, daß kein Leerzeichen zwischen den beiden >-Zeichen bei >> stehen darf!

Öffnen aus einem Programm

Eine besonders interessante Möglichkeit bei Perl ist das Lesen aus einem laufenden Programm. Genauer gesagt, starten Sie ein Programm und lesen anschließend seine Standardausgabe über ein Filehandle.

Das ist ähnlich wie bei *Backticks*:

```
@pslines  = `ps -ax`;              # BSD, Linux. SysV: ps -ef
@kstrings = `strings /kernel`;     # Strings in einem Binary
@alldirs  = `find / -type d -print`; # Alle Verzeichnisse
$uptime   = `uptime`; chomp $uptime; # Nur eine Zeile
```

Ein Problem bei Backticks ist, daß Sie keine Kontrolle über die Menge der eingelesenen Informationen und den Zeitpunkt haben, zu dem Sie bereit sind, diese Daten einzulesen. Das macht sich besonders bei Programmen bemerkbar, die eine sehr große Menge an Daten ausgeben. Bei diesen Programmen sind Sie möglicherweise nur an einem Bereich der Ausgabe interessiert. Sie wollen dabei aber nicht die gesamte Eingabe in eine Liste oder ein Array in den Hauptspeicher einlesen müssen, sondern so lange Zeilen überspringen, bis Sie die richtigen Zeilen gefunden haben. Anschließend sind Sie auch an den restlichen Zeilen nicht interessiert. Diese brauchen Sie dann nicht mehr einzulesen. All diese Optionen stehen Ihnen bei einfachen Backticks nicht zur Verfügung.

Wie kann nun ein Programm gestartet und dessen Ausgabe gelesen werden? Sie rufen wieder die Funktion `open()` auf, wobei Sie

- *als ersten Parameter ein Filehandle angeben*: Dies unterscheidet sich in keinerlei Art und Weise von der vorherigen Verwendung von `open()` im Falle einfacher Dateien.

12.3 Einfache Ein- und Ausgabe

- *als zweiten Parameter einen Formatstring angeben*: Dieser Formatstring beginnt mit dem Namen des zu startenden Programms, dem eventuell ein relativer oder absoluter Pfadangabe vorausgeht und dem unter Umständen Flags und Parameter folgen. Anschließend fügen Sie einen senkrechten Strich „|" am *Ende* des Formatstrings ein.

    ```
    open (PFH, "who |") or die "can't open pipe to who: $!\n";
    open (PFH, "grep POSIX /usr/include/*.h |") or die "...";
    open (PFH, "$ENV{'HOME'}/bin/myprog |") or die "...";
    ```

    Im ersten Beispiel wurde das Kommando *who* gestartet, das eine Liste von eingeloggten Usern anzeigt. Wir können anschließend die Ausgabe von *who* über das Nur-lese-Filehandle PFH auslesen. Im zweiten Beispiel wurde das *grep*-Kommando mit Argumenten aufgerufen, um alle Zeilen aus allen Headerdateien in */usr/include* zu selektieren, die POSIX enthalten. Dieses Beispiel zeigt, daß das Shell-Globbing gut funktioniert. Das dritte Beispiel schließlich verläßt sich nicht auf *PATH*, um das Programm myprog zu finden, indem es vor dem Programmnamen einen Pfad hinzufügt. Hier wird das Programm myprog gestartet, das sich im *bin*-Unterverzeichnis des Home-Verzeichnisses des Users befindet, der diesen Code ausführt.

- Fehlt eine Pfadangabe vor dem Programm, wird die Umgebungsvariable *PATH* nach dem zu startenden Programm durchsucht. Sie können *PATH* auch explizit setzen, indem Sie den reservierten Hash %ENV verändern:

    ```
    $ENV{'PATH'} = '/bin:/usr/bin';
    ```

- Aufgrund der zugrundeliegenden Mechanismen[2] kann der Rückgabewert von open() nicht zuverlässig den Erfolg des ausgeführten Programms anzeigen. Einiges kann zwar bei open() schon erkannt werden, z.B. daß das zu startende Programm nicht gefunden wurde oder nicht ausgeführt werden durfte, aber Fehler des Programms selbst können so nicht erkannt werden. Erst durch das Schließen dieses Filehandles erfahren Sie mit Sicherheit, ob das Programm erfolgreich gelaufen ist oder nicht.

- Sie müssen nicht nur ein einziges Programm angeben, aus dem Sie lesen möchten. Es ist auch möglich, im „Formatstring" eine ganze Pipe von Programmen anzugeben:

    ```
    open (CPIOFH, "find /users -depth -print | cpio -o | gzip -9 |")
        or die "can't backup /users: $!\n";
    ```

    In diesem Beispiel wurde eine kleine Pipe aufgebaut, die Dateien aus dem Dateisystem */users* per *cpio* einliest und anschließend mit *gzip* komprimiert. Das Programm kann nun über das Filehandle CPIOFH diese komprimierte Ausgabe weiterverwenden.

- Es ist wichtig, sich vor Augen zu halten, daß nur die Standardausgabe des Programms (oder der Pipe) über das Filehandle eingelesen wird. Insbesondere Meldungen, die zum Standardfehlerkanal geleitet werden, werden so nicht gelesen. Diese erscheinen höchstens, wenn nicht umgelenkt, auf dem Bildschirm. Das ist übrigens

---

2 Der Pipe-Mechanismus wird mit Hilfe der C-Funktion popen() realisiert.

auch bei Backticks so. Wenn Sie dennoch an den Meldungen von STDERR interessiert sind, können Sie den Standardfehlerkanal z.B. wie folgt auf die Standardausgabe umlenken:

```
open (PERR, "someprog someargs 2>&1 |") or die "...";
```

Beachten Sie jedoch, daß in diesem Fall beide Kanäle zu einem einzigen Standardausgabekanal „verschmolzen" werden! Sie können dann nicht mehr mit Sicherheit normale Ausgaben und Fehlermeldungen auseinanderhalten. Es ist zwar möglich, die beiden Kanäle zu erhalten, aber das erfordert die Verwendung der Funktionen fork() und fdopen().

- Das ausgeführte Programm erzeugt nicht nur Meldungen auf dessen Standardausgabe, sondern auch einen (numerischen) Rückgabecode beim Programmende. Der Konvention gemäß signalisiert dieser Rückgabecode dem Aufrufer, ob das Programm erfolgreich (0) ausgeführt wurde oder ob ein Fehler auftrat (Wert ungleich 0). Ein solcher Rückgabecode kann durchaus wertvoll sein: Beispielsweise liefert das Unix-Kommando *cmp* 0, wenn beide auf seiner Kommandozeile angegebenen Dateien identisch sind, und einen Wert ungleich 0, wenn die Dateien sich irgendwo unterscheiden. Wie können wir nun den Rückgabecode von *cmp* (oder irgendeines anderen Programms) aus Perl heraus auswerten?

  – Wenn Sie nicht nur am Rückgabecode, sondern auch an der Ausgabe des Programms interessiert sind, können Sie es wie oben gezeigt öffnen und seine Ausgabe auslesen. Anschließend müssen Sie das Filehandle mit close() schließen. Sobald das geschehen ist, liegt der Rückgabecode des Programms in der reservierten Variable $? zur Abholung bereit:

    ```
    open (CMPFH, "cmp $ARGV[0] $ARGV[1] |") or die "...";
    @cmpoutput = <CMPFH>;
    close (CMPFH);         # Explizites Schliessen des Programms
    print $? ? "not equal" : "equal";
    ```

  – Sind Sie hingegen an der Ausgabe des Programms nicht interessiert, sondern nur an dessen Rückgabecode, können Sie die Funktion system() verwenden:

    ```
    $retval = system("cmp $ARGV[0] $ARGV[1]");
    print $retval ? "not equal" : "equal";
    ```

    Der Nachteil hierbei ist, daß die Ausgabe von *cmp* nach wie vor erscheint. Um diese zu verstecken, kann sie weggeworfen werden:

    ```
    $retval = system("cmp $ARGV[0] $ARGV[1] 2>&1 >/dev/null");
    ```

    Hier haben wir die Fehlermeldungen auf die Standardausgabe umgelenkt und diese anschließend zum *null device* gesendet, wodurch sämtliche Ausgaben und Fehler stillschweigend weggeworfen werden[3].

Typische Anwendungen sind die Programme *idea* oder *pgp* zur *On-the-fly*-Entschlüsselung, *zcat* bzw. *gzip* zum Entkomprimieren oder gar *nc* bzw. *netcat* zur Kommunikation mit anderen Computern über das Netzwerk.

---

3 Das *null device* heißt bei Unix */dev/null*. Andere Systeme kennen andere Namen. Beispielsweise heißt das *null device* bei einem weitverbreiteten Pseudobetriebssystem *NUL:*.

Öffnen zu einem Programm

Viele Programme erwarten Daten von ihrer Standardeingabe. Mit Perl ist es möglich, diese Programme über ein Filehandle zu „füttern". Dazu verwenden Sie open() wie folgt:

- *Als ersten Parameter übergeben Sie ein Filehandle*: Dies ist dasselbe wie schon oben gezeigt.

- *Als zweiten Parameter übergeben Sie einen Formatstring*: Dieser Formatstring beginnt mit einem senkrechten Strich „|", dem der Name des zu startenden Programms folgt. Dieser Name kann wie im vorigen Fall schon gezeigt ein absoluter oder auch ein zum aktuellen Arbeitsverzeichnis relativer Pfadname sein. Darüber hinaus wird das angegebene Programm in *PATH* gesucht. Anschließend können dem Programm weitere Parameter übergeben werden:

    ```
    open (GZIPFH, "| gzip -9 > $outfile") or die "...";
    ```

- Es ist wiederum möglich, eine ganze Pipe anzugeben, beispielsweise:

    ```
    # @files enthalte eine Liste von zu sichernden Dateien
    open (CPIOFH, "| cpio -o | gzip -9 > $backup") or die "...";
    # Nun koennen wir @files auf CPIOFH ausgeben...
    ```

Typische Anwendungen sind wieder die Verwendung von *pgp* bzw. *idea* zur *On-the-fly-*Verschlüsselung, von *gzip* zur Komprimierung und von *mail* bzw. *sendmail* zum Senden von Mail über ein Programm (es gibt bessere Methoden mit dem Net::SMTP Modul):

```
open(TOMAIL, "| mail -s '$subject' $user")
    or die "can't open mail program: $!\n";

print TOMAIL "Hello, $user\n";
print TOMAIL "Automatically generated mail. Please ignore.\n";
```

Standardeingabe oder Standardausgabe: -

- Die ursprüngliche Standardeingabe kann unter dem Pseudodateinamen „-" beim lesenden Öffnen angesprochen werden:

    ```
    # STDIN zeigte frueher woandershin...
    open (STDIN, "-") or die "can't open STDIN: $!\n";
    ```

- Die ursprüngliche Standardausgabe kann unter dem Pseudodateinamen „-" beim schreibenden Öffnen angesprochen werden:

    ```
    # STDOUT zeigte frueher woandershin...
    open (STDOUT, ">-") or die "can't open STDOUT: $!\n";
    ```

- Auch Pipes können davon Gebrauch machen:

    ```
    open (COMPRESS, "| compress -") or die "...";
    open (DECOMP,   "gzip -cd - |") or die "...";
    ```

Wozu ist das gut? Es ist möglich, einem Filehandle einen anderen Wert zuzuweisen. Nun ist es problemlos möglich, auch STDIN und STDOUT auf eine andere offene Datei zeigen zu lassen (einfach durch Zuweisung). Wenn Sie nun wieder an der alten Standardein- und -ausgabe interessiert sind, können Sie diese als „-" wieder öffnen.

Selbstgespräche mit |- oder -|

Sie können eine Verbindung zu sich selbst herstellen, indem Sie entweder |- oder -| als Argument zu open() benutzen. Das hat dann folgende Wirkung:

```
self-output.pl
#!/usr/local/bin/perl -w
# self-output.pl -- Selbstgespraeche, Ausgabefilter

$rval = open(OUTFILTER, "|-");
die "can't fork(): $!\n" unless defined $rval;

if ($rval) {
    # Elternprozess. Kindprozess hat PID $rval
    # Wir arbeiten wie gehabt mit OUTFILTER
    print OUTFILTER "hello world!\n";
    print OUTFILTER "another string\n";
} else {
    # Kindprozess. Elternprozess hat PID getppid()
    # Eingabe: <STDIN> kommt vom Elternprozess OUTFILTER
    while (<STDIN>) {
        print "Filtered: ", uc($_);
    }
}
```
self-output.pl

Ausführung:

```
farid@sun-1:~/p> ./self-output.pl
Filtered: HELLO WORLD!
Filtered: ANOTHER STRING
```

Was geschah hier?

- Indem wir die spezielle Datei |- geöffnet haben, wurde implizit ein Kindprozeß erzeugt (mittels fork()). Beide Prozesse laufen gleichzeitig und führen auch dasselbe Programm aus. Damit wir jedoch unterscheiden können, ob wir nun Kindprozeß oder Elternprozeß sind, müssen wir den Rückgabewert von open() auswerten:
  - Liefert open() *undef* zurück, ist irgend etwas schiefgelaufen. Dieser Fall ist identisch mit den mißlungenen open()-Aufrufen von vorhin, die wir ja schon so oft mit die() abgefangen haben.
  - Im Elternprozeß liefert open() die PID des Kindprozesses als Rückgabewert zurück. Diese PID kann nie 0 sein, da 0 für einen speziellen Systemprozeß reserviert ist.
  - Im Kindprozeß liefert open() 0 zurück.

12.3 Einfache Ein- und Ausgabe

- Im Elternprozeß können wir nun wie gewohnt Ausgaben zu dem neu geöffneten Filehandle senden. Diese Ausgaben werden später noch vom Kindprozeß nachbearbeitet.

- Im Kindprozeß wurde STDIN (das sich vom STDIN des Elternprozesses unterscheidet!) mit der Ausgabe des Elternprozesses verbunden. Lesen wir nun von dem Kindprozeß aus STDIN, so bekommen wir in Wirklichkeit die Ausgabe des Elternprozesses zu sehen. Diese können wir nun nacharbeiten und bei Bedarf auf STDOUT ausgeben.

Dies ist eine besonders schöne Methode, nachträglich die Ausgaben eines existierenden Skripts zu „verbessern":

```perl
$retval = open (STDOUT, "|-");
die "Error while fork()ing: $!\n" unless defined $retval;
if (not $retval) {
    # Kindprozess: Nacharbeiten
    while (<STDIN>) { print uc($_); }
} else {
    # Elternprozess: Alter Code muss nicht veraendert werden,
    # da STDOUT Defaultausgabehandle ist.
}
```

Andersherum können wir auch einen Eingabefilter basteln:

self-input.pl
```perl
#!/usr/local/bin/perl -w
# self-input.pl -- Selbstgespraeche, Eingabefilter

$rval = open(INFILTER, "-|");
die "can't fork(): $!\n" unless defined $rval;

if ($rval) {
    # Elternprozess. Kindprozess hat PID $rval
    # Wir arbeiten wie gehabt mit INFILTER, um Daten einzulesen
    while (<INFILTER>) {
        print "Parent: $_";
    }
} else {
    # Kindprozess. Elternprozess hat PID getppid()
    # Eingabe: <STDIN> kommt von normaler Standardeingabe
    # Ausgabe: <STDOUT> geht nach INFILTER von Elternprozess
    $. = 1;                 # Eingabezeilen
    while (<STDIN>) {
        print STDOUT "$.: $_";
    }
}
```
self-input.pl

Ausführung:

```
farid@sun-1:~/p> ./self-input.pl
hello world
a long test
^D
Parent: 1: hello world
Parent: 2: a long test

farid@sun-1:~/p> head -3 /etc/group | ./self-input.pl
Parent: 1: root::0:root
Parent: 2: other::1:
Parent: 3: bin::2:root,bin,daemon
```

Was geschah jetzt?

- Durch das Öffnen der speziellen Datei -| haben wir einen Eingabefilter initiiert.

- Das Öffnen von -| hat implizit einen Kindprozeß mittels `fork()` erzeugt. Der Rückgabewert von `open()` ist
    - *undef*, wenn das Öffnen aus irgendeinem Grund fehlschlug,
    - 0 beim Kindprozeß und
    - die PID des Kindprozesses (nicht 0) beim Elternprozeß.

- Der Elternprozeß kann nun wie üblich Daten aus dem gerade geöffneten Filehandle `INFILTER` einlesen und irgend etwas damit anstellen (also auch diese wieder auf `STDOUT` ausgeben). Die Daten, die aus `INFILTER` stammen, kommen aber in Wirklichkeit vom Kindprozeß, dem eigentlichen Eingabefilter.

- Der Kindprozeß dient, wie gerade gesagt, als Eingabefilter. Er liest wie üblich seine Eingabe über `STDIN`. Diese Eingaben kann er nun nach Belieben verändern und dann, bei Bedarf auf seine eigene `STDOUT` ausgeben. Diese wurde jedoch auf `INFILTER` des Elternprozesses umgelenkt, so daß alles, was der Kindprozeß schreibt, zum Elternprozeß geleitet wird.

Die Ausführung hat auch noch etwas weiteres zutage gebracht: Aufgrund der Pufferung der Ein- und Ausgaben mußten wir bei der manuellen Eingabe „länger" warten, bis unsere transformierten Eingaben als Ausgaben erschienen. Das Thema der Pufferung wird weiter unten auf Seite 381 behandelt.

Anwendung: Ausgabefilter

Eine Anwendung der Standardausgabe ist ein *Ausgabefilter*. Es handelt sich dabei um ein Programm, das seine Standardeingabe irgendwie verarbeitet und die transformierten Daten zur Standardausgabe schickt. Nehmen wir nun an, daß Sie ein Programm haben, das irgendwelche Ausgaben produziert. Das Programm ist schon fertig und relativ umfangreich. Nun kommt, völlig (un)erwartet, die Zusatzforderung an Sie:

Das Programm muß seine Ausgaben ausschließlich per idea *verschlüsselt ausgeben.*

12.3 Einfache Ein- und Ausgabe

Wie gehen Sie vor? Natürlich können Sie einen *Wrapper* verwenden:

wrapmyprog.sh
```
#!/bin/sh
# wrapmyprog.sh -- Verschluesselungswrapper mit IDEA:

echo "Program to run: "
read progname

echo "IDEA Password: "
read passwd

$progname | idea -e -k "$passwd" -
```
wrapmyprog.sh

Das ist aber keine richtige Lösung, denn Ihr ursprüngliches Programm gibt seine Daten immer noch unverschlüsselt auf die Standardausgabe aus. Niemand hindert einen User daran, dieses Programm ohne den Wrapper aufzurufen! Besser wäre es, am Anfang Ihres Programms folgendes einzutragen:

```
$passwd = <STDIN>; chomp $passwd;
open (STDOUT, "| idea -e -k $passwd -") or die "...";
# Ausgaben nach STDOUT werden nun vorher verschluesselt
```

Das obige Beispiel ist vom Sicherheitsstandpunkt betrachtet nicht ganz sicher: Das IDEA-Paßwort wurde auf der Kommandozeile zu *idea* im Klartext übergeben. Diese Kommandozeile erscheint auch auf den meisten Systemen beim *ps*-Kommando. Ein Angreifer könnte nun *ps* während der Ausführung dieses Programms aufrufen und problemlos das Paßwort auslesen. Andere Lösungen beinhalten die Übergabe des Paßworts über Umgebungsvariablen oder dergleichen. Lesen Sie dazu die Dokumentation zu *idea* oder *pgp*. Ein anderes Problem ist natürlich, daß das Perl-Programm im Sourcecode vorhanden ist. Jeder User könnte sich eine private Kopie davon anlegen und diese dann so modifizieren, daß keine Verschlüsselung der Ausgabe mehr stattfindet. Es gibt dagegen diverse Maßnahmen, die aber alle mit Sourcecode-Filterung und C-Modulen zusammenhängen. Darauf werden wir hier nicht eingehen.

Fehler beim Öffnen

Das Öffnen einer Datei oder eines Programms kann aus vielen Gründen fehlschlagen. Einige mögliche Fehlerursachen:

- Die Datei, die zum Lesen geöffnet werden soll, ist nicht vorhanden.
- Der User hat nicht genügend Zugriffsrechte für die gewünschte Datei oder für das gewünschte Verzeichnis. So kann beispielsweise eine *Read-only*-Datei nicht beschrieben werden (außer durch den Superuser `root`), und einige Programme können nicht durch jeden User (zum Lesen oder zum Schreiben) geöffnet, d.h. gestartet werden.

- Das Gerät, auf dem die Datei liegt, ist gerade nicht bereit (z.B. besteht keine Netzverbindung zum NFS-Server oder dergleichen).
- Der dem User zugewiesene Plattenplatz (*quota*) ist erschöpft.
- Es wurde versucht, ein Verzeichnis zum Schreiben zu öffnen.
- Der Dateiname ist zu lang. Das ist nicht nur bei der 8+3-Einschränkung von MSDOS möglich, sondern auch bei Unix, wenn z.B. Pfadnamen mehr als (z.B.) 1024 Zeichen oder Dateinamen mehr als 256 Zeichen aufweisen (systemabhängig).
- Es wurden bereits zu viele Dateien von diesem Prozeß geöffnet. Die Anzahl der maximal zu einer Zeit offenen Dateien, NOFILE, wurde überschritten.
- Das Dateiverzeichnis, das die neue Datei aufnehmen soll, kann nicht mehr erweitert werden.
- Es ist nicht möglich, eine Datei zum Schreiben bzw. Anhängen zu öffnen, die in einem *Read-only*-Dateisystem liegt.

Eine vollständige Übersicht über mögliche Fehlerursachen beim Öffnen einer Datei entnehmen Sie bitte der Dokumentation Ihres open()-Systemaufrufs, z.B. mit *man -s2 open* (Solaris) oder *man 2 open* (BSD, Linux). Die Liste der Rückgabecodes ist wirklich lang!

open() zeigt einen Fehler an, indem es *undef* zurückgibt. Die eigentliche Fehlerursache (errno) ist in der reservierten Variablen $! enthalten. Der Versuch, auf ein nicht richtig geöffnetes Filehandle zu schreiben oder daraus zu lesen, wird stillschweigend ignoriert. Dies kann zu schwer zu findenden Fehlern führen. Darum ist es absolut erforderlich, den Rückgabewert von open() sofort zu prüfen.

Gleichzeitiges Lesen und Schreiben

Wie kann man ein Programm gleichzeitig zum Lesen und zum Schreiben öffnen? Die folgende Möglichkeit ist *nicht* korrekt und führt in den meisten Fällen zu *Deadlocks*:

```
open (DEADLOCK, "| somefilter |") or die "...";    # FALSCH!
```

Wie kann ein Deadlock entstehen? Angenommen, somefilter wartet auf eine Eingabe, bevor es etwas auf seine Standardausgabe sendet. Gleichzeitig wartet aber unser Programm auf die (frühere) Ausgabe von somefilter, bevor es etwas an *somefilter* sendet. Diese frühere Ausgabe könnte aber z.B. aufgrund der Pufferung der Ausgabe von somefilter in dessen *stdio*-Ausgabepuffer warten. Nun wartet jedes Programm auf das jeweils andere. Beide blockieren sich gegenseitig. Dies ist ein einfacher einstufiger Deadlock. Es gibt auch andere Gründe für Deadlocks; diese hier aufzulisten würde jedoch zu weit führen.

Wie kann man das Problem umgehen? Eine Lösung verwendet fork(), um auf unserer Seite zwei Prozesse zu erzeugen. Einer der Prozesse wird dann auf die Eingabe des externen Programms angesetzt, während der andere Prozeß auf die Ausgabe desselben externen Programms wartet. Somit kann kein Deadlock mehr entstehen, da beide Prozesse unseres Programms unabhängig voneinander (quasi)parallel laufen.

Mehr Informationen über diesen Themenkreis finden Sie in *man perlipc*.

12.3.4 Lesen und Schreiben

Nachdem wir nun ein Filehandle durch das erfolgreiche Öffnen einer Datei oder einer Pipe zu einem Programm mittels open() bzw. als Standardeingabe, Standardausgabe oder Standardfehlerausgabe bekommen haben, können wir dieses benutzen, um

- aus einer Datei, einem Programm oder der Standardeingabe zu lesen,
- in eine Datei, ein Programm oder die Standardausgabe oder Standardfehlerausgabe zu schreiben und
- diverse Operationen auf der offenen Datei auszuführen.

In diesem Unterabschnitt betrachten wir in Kürze das Lesen und Schreiben mit geöffnetem Filehandle.

Lesen aus einem Filehandle

Das Lesen aus einem erfolgreich geöffneten Filehandle *FH* kann mit Hilfe des <FH>-Operators *satzweise* geschehen. Das direkte Lesen einer Binärdatei ab einer bestimmten Stelle wird in Abschnitt 12.4.3 ab Seite 405 gezeigt.

- Satzweises Lesen mit <FH> oder readline():
    - Eine Datei wird normalerweise *satzweise* gelesen. Ein *Satz* ist normalerweise eine Zeile. Dies kann jedoch geändert werden, wie weiter unten gezeigt wird.
    - Jede Leseoperation im skalaren Kontext liefert den nächsten Satz zurück:

        ```
        $line = <FH>;     # Liefert der naechsten Satz aus FH zurueck
        ```

    - Der so eingelese Satz wird normalerweise auch noch den *Satzterminator* (typischerweise \n) am Ende enthalten. Dieser sollte in den meisten Fällen mit chomp() entfernt werden:

        ```
        $line = <FH>; chomp $line;
        ```

    - Wenn gerade keine Daten bereitliegen, der Eingabe-Stream jedoch noch nicht geschlossen wird, *blockiert* die Leseoperation den Prozeß (d.h. das Programm), bis neue Daten ankommen. Das ist nützlich, wenn Eingaben von Benutzern erforderlich sind:

        ```
        $input = <STDIN>;    # Blockiert, bis der User
                             # die Eingabe mit <ENTER> beendet hat.
        ```

        In diesem Fall wartet das Programm, bis der Benutzer die erforderlichen Angaben gemacht hat.

- Liegen keine Daten mehr bereit, liefert der <FH>-Operator *undef* zurück. Dies kann in Schleifen benutzt werden:
  ```
  while (defined ($line = <FH>)) { ... }
  ```
  Bei Verwendung der Defaultvariable $_ läßt sich dieses Konstrukt vereinfachen:
  ```
  while (<FH>) { ... }
  ```
- Eine Leseoperation im Listenkontext führt dazu, daß *alle* verbleibenden Sätze auf einmal eingelesen und einer Liste zugewiesen werden:
  ```
  @many = <FH>;   # Alle restlichen Saetze auf einmal einlesen
  ```
- Beachten Sie, daß auch im Listenkontext am Ende jeder Zeile ein Zeilenendezeichen (meist \n) enthalten sein wird. Dieses kann mittels chomp() entfernt werden. Da chomp() im Listenkontext auch funktioniert, kann es wie folgt verwendet werden:
  ```
  @manylines = <FH>; chomp @manylines;
  ```
- Auch im Listenkontext blockiert der <FH>-Operator, wenn keine Daten mehr bereitliegen, der Eingabestrom aber noch nicht versiegt ist.

- Das Einlesen im Listenkontext kann unter Umständen speicherintensiv sein: Eingabedaten könnten relativ umfangreich werden, und zwar so umfangreich, daß der gesamte virtuelle Speicher von ihnen belegt werden könnte. In diesem Fall wäre es besser, die Daten „stromlinienförmig" satzweise einzulesen und auch sofort zu verarbeiten. Natürlich kann Ihre Anwendung das komplette Einlesen der Eingaben erforderlich machen. Sie müssen entscheiden, wie Sie von Fall zu Fall vorgehen wollen.

- Einlesegranularität mit $/ verändern:
  - Normalerweise wird eine Datei *zeilenweise* gelesen. Jede Leseoperation mit dem <FH>-Operator (bzw. der readline()-Funktion) liefert im skalaren Kontext die nächste Zeile und im Listenkontext eine Liste von Zeilen zurück. Man sagt dazu, daß die Eingabe *zeilenorientiert* ist.
  - Was ist eigentlich eine Zeile? Die Frage ist berechtigt, denn eine Zeile wird von verschiedenen Systemen intern unterschiedlich dargestellt:
    * Unter Unix ist eine Zeile eine Folge von Bytes, die mit dem Zeichen \n abgeschlossen ist. Die letzte Zeile einer Datei könnte unter Umständen auch ohne abschließendes \n auskommen.
    * Unter MacOS ist eine Zeile wiederum eine Folge von Bytes, die jedoch diesmal mit dem Zeichen \r abgeschlossen wird.
    * Bei Microsoft-Systemen endet eine Zeile mit dem Doppelzeichen \r\n. Dateien können darüber hinaus auch noch mit dem \cZ-Zeichen enden.

    Andere Systeme können wiederum eine ganze andere Definition von Zeilen haben. Je nach System kann die reservierte Variable $/ den Zeilentrenner bzw.

die Zeilenendesequenz enthalten. Bei Unix-Systemen wäre dies \n, bei MacOS \r und bei Microsoft-Systemen \r\n[4].

Wie gehen Sie vor, wenn Sie Dateien aus Unix und MSDOS verarbeiten müssen? Eine Möglichkeit besteht darin, ein externes Hilfsprogramm zum Konvertieren in das Unix-Format zu verwenden:

```
open (UNIXFILE, "dos2unix $filename |") or die "...";
while (<UNIXFILE>) {
    chomp;       # Hier wird \n entfernt!
    # Tue etwas mit $_
}
close (UNIXFILE);
```

Das Schöne an dieser Lösung ist, daß somit sowohl Unix-Dateien als auch MSDOS-Dateien verarbeitet werden können, da *dos2unix* beide Formate als Eingabe akzeptiert. Ein Nachteil dieser Lösung ist die fehlende Portabilität: *dos2unix* muß nicht auf jedem System existieren. Außerdem werden somit zwei zusätzliche Prozesse gestartet, was die Ausführung insgesamt etwas verlangsamt.

- Die *Einlesegranularität* bestimmt die Menge an Daten, die durch den <FH>-Operator oder die readline()-Funktion auf einmal gelesen wird. Mit anderen Worten: Die *Einlesegranularität* bestimmt, was ein Satz ist. Die Einlesegranularität kann innerhalb eines Programms geändert werden. Möglicherweise wollen Sie nicht zeilenweise einlesen, sondern z.B. wortweise, absatzweise oder auch dateiweise. Die Einlesegranularität kann durch das Ändern der reservierten Variable $/ anders definiert werden. Im folgenden betrachten wir einige typische Einlesemodi.

- *Absatz-Modus*: Indem Sie die Variable $/ mit dem leeren String belegen, erzwingen Sie Leseoperationen im Absatz-Modus (*paragraph mode*). Ein Absatz ist dabei eine Folge von Zeilen, die durch *eine oder mehrere* leere Zeilen von anderen Paragraphen getrennt sind.

```
# Hier Zeilen-Modus
{
    local $/ = '';            # Absatz-Modus
    while (<FH>) {
        # $_ enthaelt einen ganzen Absatz
    }
}
# Hier wieder Zeilen-Modus
```

Wir haben hier die Variable $/ nur temporär innerhalb eines Blocks mit local() verändert. Das ist besser als das direkte Ändern von $/, dessen Rücksetzung leicht vergessen werden kann. Ein Fall, wo dies einen Unterschied bedeutet, ist:

```
# Zunaechst den Header einlesen (MH-Trick):
{ local $/ = ''; $header = <MAILMESSAGE>; }
```

---

[4] So einfach ist es wiederum nicht. \n dient oft auch als *generischer* Zeilentrenner, der aber nicht immer für das Zeichen mit dem ASCII-Code \012 stehen muß.

```
# Nun restliche Nachricht _zeilenweise_ lesen!
while (<MAILMESSAGE>) {
    # Zeile der Nachricht
}
```

Beachten Sie dabei, daß wir die Variable $/ mit `local()` und nicht mit `my()` lokalisiert haben!

Achtung! *Obwohl Absätze in der Regel durch zwei aufeinander folgende New-line-Zeichen \n\n voneinander getrennt sind, ist es nicht immer richtig, $/ jeweils so zu belegen:*

```
{
    local $/ = "\n\n";   # FALSCH! Kein Absatz-Modus!
    while (<FH>) { ... }
}
```

Das Problem hierbei ist, daß Absätze auch durch mehrere aufeinander folgende leere Zeilen getrennt sein können. In diesem Fall würden wir auch leere Absätze einlesen, was wahrscheinlich nicht das ist, was wir tun wollten. Wenn hingegen $/ wie oben empfohlen mit einem leeren String belegt wird, dann liefert <FH> immer nur nicht leere Absätze zurück, unabhängig davon, wie viele (zusätzliche) leere Zeilen diese trennen.

Beachten Sie auch, daß ein ganzer Absatz in einem einzigen String Platz hat. Da Strings beliebige Zeichen enthalten können, ist es kein Problem, mehrere Zeilen in einem String unterzubringen. Wie kann aber ein solcher Absatz anschließend wieder in einzelne Zeilen zerlegt werden? Mit `split()` ist das kein Problem:

```
{
    local $/ = '';       # Absatz-Modus
    while (<FH>) {
        foreach $line (split /\n/) {
            # ...
        }
    }
}
```

– *Schlürf-Modus*, auch Datei-Modus oder *slurp mode* genannt: Es ist möglich, ganze Dateien auf einmal in einen String einzulesen. Dazu schalten Sie den *Schlürf-Modus* ein, indem Sie $/ mit `undef()` *undefinieren*:

```
# Schluerf-Modus, umstaendlich:
$ors = $/; undef $/; $file = <FH>; $/ = $ors;

# Schluerf-Modus, elegant:
{
    local $/;            # Kein Initialwert => undef
    $file = <FH>;
}
```

Der Schlürf-Modus ist auch interessant im Zusammenhang mit dem Spitze-klammeroperator (*diamond operator*) <> (siehe Absatz 12.3.7 auf Seite 395).

Beim Schlürf-Modus wird, genauso wie beim Absatz-Modus, eine ganze Datei in einen einzigen String eingelesen. Das kann, je nach Dateigröße, speicherintensiv sein. Sie können den String aber wieder z.B. mit `split()` auftrennen.

12.3 Einfache Ein- und Ausgabe

- *Eigener Modus*: Viele Dateien weisen ein spezielles Format auf, das sich von der zeilenorientierten oder absatzorientierten Art und Weise unterscheidet. Als Beispiel wollen wir die *fortune*-Datei betrachten:

```
farid@bsd-1:~/p> head -69 /usr/share/games/fortune/
                 fortunes | tail -18
%
186,282 miles per second:

It isn't just a good idea, it's the law!
%
2180, U.S. History question:
        What 20th Century U.S. President was almost impeached
and what office did he later hold?
%
$3,000,000
%
"355/113 -- Not the famous irrational number PI,
but an incredible simulation!"
%
43rd Law of Computing:
        Anything that can go wr
fortune: Segmentation violation -- Core dumped
%
```

Bei dieser Datei werden die einzelnen Einträge, die auch aus mehreren Zeilen bestehen können, durch eine Zeile getrennt, die nur aus einem Prozentzeichen (%) besteht. Wollen wir diese Datei satzweise einlesen, müssen wir einen eigenen Satztrenner definieren. Nach kurzer Überlegung, kommen wir zu dem Schluß, daß $/ aus %\n bestehen muß. Jetzt ist die Auswahl eines zufälligen Satzes aus der *fortune*-Datei überhaupt kein Problem mehr:

fortune.pl
```
#!/usr/local/bin/perl -w
# fortune.pl -- Waehlt zufaelligen Fortune-Satz aus.

$fortune = "/usr/share/games/fortune/fortunes";
$/       = "%\n";

open(FORTUNE, $fortune) or die "can't open fortune file: $!\n";

# <FORTUNE> liefert immer einen ganzen Datensatz, in $_
# $. ist die Nummer des aktuellen Datensatzes.
# Die folgende Zeile (Recipe 8.6, Perl Cookbook) liefert
# einen zufaelligen Datensatz aus der Fortune-Datei.
rand($.) < 1 && ($line = $_) while <FORTUNE>;

chomp $line; print $line;
close(FORTUNE);
```
fortune.pl

Ausführung:
```
farid@bsd-1:~/p> ./fortune.pl
My God, I'm depressed! Here I am, a computer with a mind a
thousand times as powerful as yours, doing nothing but cranking
out fortunes and sending mail about softball games.  And I've
got this pain right through my ALU.  I've asked for it to be
replaced, but nobody ever listens.  I think it would be better
for us both if you were to just log out again.
```

Dieses Programm liest die *fortune*-Datei satzweise ein, da $/ auf den richtigen Trenner gesetzt wurde. Wir werden weiter unten sehen, daß die reservierte Variable $. die Nummer des aktuell eingelesenen Datensatzes enthält. Durch die „magische" Zeile aus [16, Recipe 8.6] extrahieren wir einen zufälligen Datensatz der *fortune*-Datei und geben diesen aus. Insgesamt haben wir daher das *fortune*-Programm mit Leichtigkeit in Perl nachgebildet.

- Dateiende und `eof()`:

Jede eingelesene Datei und jeder eingelesene Datenstrom ist irgendwann einmal zu Ende. Wie kann dies erkannt werden?

– Die Funktion `readline()` bzw. der `<FH>`-Operator liefert *undef*, wenn versucht wird, über das Dateiende hinweg zu lesen. Das wird dann in der üblichen `while`-Schleife verwendet:

```
while (defined ($line = <FH>)) { ... }
```

Beachten Sie jedoch, daß *undef* nicht dasselbe ist wie *falsch*!

– `eof` ohne runde Klammern: Wenn das folgende Lesen der zuletzt gelesenen Datei *undef()* liefern würde, dann liefert `eof` (ohne runde Klammern) 1 zurück. Das bedeutet, daß mit `eof` schon im voraus geprüft werden kann, ob wir am Ende der Datei oder des Datenstroms angelangt sind, und zwar ohne den nächsten Datensatz lesen zu müssen.

– `eof()` mit runden Klammern ohne FH: Diese Verwendung der `eof()` Funktion ist besonders im Zusammenhang mit dem Spitzeklammernoperator `<>` sinnvoll. `eof()` liefert 1, wenn die zusammengesetzte „Datei" aus allen Dateien, die auf der Kommandozeile angegeben waren, zu Ende ist.

– `eof(FH)`: Ein explizites Filehandle FH kann mit `eof(FH)` geprüft werden. Das ist nicht dasselbe wie `eof`, bei dem die zuletzt gelesene Datei auf ein Datenende geprüft wird.

Sie werden kaum eine der `eof()`-Varianten in Ihren Perl-Programmen benötigen, da `<FH>` bzw. `readline()` stets den „richtigen" Booleschen Wert aufweisen und somit als Abbruchkriterien in Schleifen verwendet werden können.

- Aktuelle Zeile oder Datensatz: `$.`

Die reservierte Variable `$.` zählt automatisch die eingelesenen Datensätze. Der erste Datensatz ist 1, der zweite 2 usw. Beachten Sie, daß ganze Datensätze gezählt

12.3 Einfache Ein- und Ausgabe

werden. Das sind zwar meistens Zeilen, können aber auch Absätze, Dateien oder benutzerdefinierte Datensätze sein (abhängig von $/). Im folgenden wollen wir einige Anwendungen von $. betrachten:

- Wie können wir die n-te Zeile einlesen? Ganz einfach:

  ```
  # $n enthalte die Nummer der Zeile (ab 1)
  # $/ sei nicht veraendert worden (bzw. enthalte \n)
  $line = <FH> until $. == $n;
  ```

- Wir wollen die Anzahl der Zeilen einer Datei bestimmen:

  ```
  for ($count=0; <FH>; $count++) {}    # Eigener Zaehler
  ```

  ```
  # Oder, falls sonst keine Datei parallel dazu gelesen wird:
  1 while <FH>; $count = $.;
  ```

  ```
  # Mit externem Programm wc:
  $count = `wc -l < $path`; die "Err: $?" if $?; chomp $count;
  ```

  In diesem Beispiel haben wir zunächst einen eigenen Zähler verwendet und diesen selbst jeweils inkrementiert. Im zweiten Fall haben wir die reservierte Variable $. als Zähler durch unsere Datei verwendet. Dabei ist es wichtig, die Leseoperationen mehrerer Dateien nicht zu vermischen, da $. für *jede* Datei inkrementiert wird, was sicher nicht das ist, was wir hier wollten. Im dritten Fall haben wir ein externes Unix-Kommando benutzt: *wc* (steht für *word count*) mit der Option -l zählt die Anzahl der Zeilen der angegebenen Datei und gibt diese auf seiner Standardausgabe aus. Darum bietet sich die Anwendung von Backticks geradezu an. Diese Lösung ist jedoch langsamer als die vorigen, da ein weiterer Prozeß gestartet und ein anderes Programm in den Speicher geladen werden muß.

Schreiben zu einem Filehandle

- Ausgabe mit `print()` und `printf()`:

Die Ausgabe zu einem zum Schreiben geöffneten Filehandle geschieht am leichtesten mit der Funktion `print()` (bzw. ihrer Erweiterung `printf()`). Dazu ist als erstes Argument das Filehandle anzugeben, gefolgt von den auszugebenden Daten:

```
# Ausgabe mittels print() zum Schreibhandle FHOUT
print FHOUT "Hello World\n";
print FHOUT "This is a ", $how, " test\n";

# Ausgabe auf die Standardausgabe
print STDOUT "Hey, this goes to STDOUT!\n";

# Ausgabe auf die Standardfehlerausgabe
print STDERR "Error: $!\n";
```

Sie können auch Daten formatiert ausgeben. Dazu benutzen Sie die Funktion `printf()`:

```
printf FHOUT "%02d:%02d:%02d", $tt, $mm, $yy;

# Das ist aequivalent zu:
$outstring = sprintf "%02d:%02d:%02d", $tt, $mm, $yy;
print FHOUT $outstring;
```

Die im Formatstring der Funktion `sprintf()` (bzw. `printf()`) zulässigen Anweisungen und Sonderzeichen wurden bereits in den Tabellen 5.1 auf Seite 69, 6.7 und 6.8 auf Seite 139 zusammengefaßt.

> **Achtung!** *Achten Sie darauf, daß zwischem dem Filehandle und dem zweiten Argument von* `print()` *oder* `printf()` *kein Komma stehen darf:*
>
> ```
> print FHOUT, "this is a test";   # FALSCH! Komma zuviel
> print FHOUT "That's okay\n";     # Okay.
> ```

- Formatierte Ausgabe mit `write()`:

Mit `printf()` lassen sich problemlos tabellarische Übersichten erstellen. Für diesen Zweck eignet sich jedoch der Report-Generator noch etwas besser. Dieser wird durch die Funktion `write()` dazu veranlaßt, einen Datensatz formatiert auszugeben. Mehr Informationen zum Report-Generator finden Sie in Abschnitt 12.5 auf Seite 419.

- Das Defaulthandle:

Sie haben sicherlich schon gemerkt, daß man `print()` bzw. `printf()` auch ohne die Angabe eines Ausgabefilehandles aufrufen kann:

```
print "Guess, where this goes?";
```

Wohin werden die Ausgaben in diesem Fall geleitet? Normalerweise wird hierfür defaultmäßig `STDOUT` genommen. Darum konnten wir schon sehr früh Ausgaben machen, ohne uns um Filehandles und dergleichen Sorgen zu machen.

Das Defaulthandle kann aber auch geändert werden! Mit Hilfe der Funktion `select()` läßt sich ein neues Filehandle als Defaulthandle angeben. `select()` liefert das alte Defaulthandle zurück, so daß dieses bei Bedarf wiederhergestellt werden kann:

```
$oldfh = select(NEWFH);  # Waehle NEWFH als neues Defaulthandle
print "This goes to NEWFH!\n";
select($oldfh);          # Altes Defaulthandle zuruecksetzen
print "This goes to old default handle\n";
```

Hier wurde kurzfristig das Defaulthandle auf `NEWFH` gesetzt. Die Ausgabe mittels `print()`, aber ohne explizites Filehandle ging dann nicht mehr zum Defaulthandle (z.B. `STDOUT`), sondern zu `NEWFH`. Anschließend wurde wieder das alte Defaulthandle gewählt, und alle folgenden Ausgaben gingen wieder ihren alten Weg.

12.3 Einfache Ein- und Ausgabe

Wozu ist das gut?

- Einige Operationen beziehen sich immer nur auf das Defaulthandle. Wenn wir diese jedoch auch auf andere Filehandles anwenden wollen, müssen wir kurzfristig das Defaulthandle verändern. Dies würden wir beispielsweise tun, um die Pufferung auszuschalten (siehe unten).

- Sie wollen ohne große Mühe die Ausgaben eines umfangreichen, schon fertigen Programms von `STDOUT` auf ein anderes Filehandle speichern. Wenn das Programm nicht folgendes tut:

    ```
    print STDOUT "something\n";
    ```

    sondern ausschließlich:

    ```
    print "this should go to STDOUT\n";
    ```

    dann können Sie ganz am Anfang des Programms die folgenden Zeilen hinzufügen:

    ```
    open (NEWSTDOUT, "| tee capture.log") or die "...";
    select(NEWSTDOUT);
    ```

    Alle darauf folgenden Ausgaben mit `print()` (oder `printf()` oder sogar `write()`) gehen dann nicht mehr direkt nach `STDOUT`, sondern in das externe Programm *tee*. Dieses Unix-Kommando funktioniert ein wenig wie ein T-Stück in einer langen Pipeline: Es liest von seiner Standardeingabe und schreibt alles, was es gelesen hat, sowohl in die angegebene Datei als auch auf seine eigene Standardausgabe. Durch unser obiges Beispiel haben wir also sämtliche Ausgaben, die normalerweise nach `STDOUT` gegangen wären, mit einer Pipe in dieses T-Stück geleitet. *tee* wird nun unsere Ausgaben sowohl in die angegebene Datei als auch auf seine eigene Standardausgabe senden.

    Das ist eine bequeme Möglichkeit, die Ausgaben eines Programms in einem Logfile abzufangen, aber diese trotzdem weiterhin zu sehen!

    Aufrufe von:

    ```
    print STDOUT "directly to STDOUT?\n";
    ```

    können mit der obigen Methode nicht abgefangen werden. Auf Seite 391 werden wir eine Lösung kennenlernen, die auch diesen Fall behandelt.

- Pufferung ausschalten:

Die Ausgaben auf zum Schreiben geöffnete Filehandles (bis auf `STDERR`) sind *gepuffert*. Das bedeutet, daß eine Ausgabe mittels `print()`, `printf()` oder sogar `write()` nicht unbedingt sofort auch zum Filehandle geschickt wird. Vielmehr wartet die *stdio*-Library ab, ob Sie noch weitere Daten senden wollen, bevor diese dann in Wirklichkeit physisch ausgegeben werden. Dieses Warten wird durch einen Puffer bewerkstelligt und soll die Effizienz steigern. Wie kann es sein, daß Warten die Effizienz erhöhen soll? Ganz einfach: Das physische Schreiben (bzw. der Systemaufruf `write()` zum Schreiben) ist mit einem Overhead verbunden, da mindestens ein Kontext-Switch erforderlich ist. Viele kleine (ungepufferte) Schreiboperationen würden daher viele Systemaufrufe triggern, die jeder für sich einen gewissen Overhead verursachen würden[5]. Die Pufferung hilft hier, die Anzahl der Systemaufrufe zu reduzieren, indem die zu schreibenden Daten erst in einem Puffer gesammelt werden und dieser Puffer erst unter gewissen Voraussetzungen geleert wird (man sagt auch *flushing* dazu). Dazu sind wenige oder nur ein einziger Systemaufruf notwendig.

Die Pufferung ist besonders sinnvoll bei Programmen, die ihre Ausgabe in viele kleine Stücke zerlegen. Sie erhöht auf jeden Fall die Effizienz und verkürzt die Laufzeit eines Programms.

Es gibt jedoch auch Situationen, in denen die Pufferung der Ausgabe unerwünscht ist:

- Bei Netzprotokollen oder *RPC*-Aufrufen ist es ganz schlecht, erst etwas gepuffert an den Server zu senden und anschließend auf eine Antwort zu warten. Der Server hat nämlich nie die gesamte Anfrage erhalten (sie war ja auf unserer Seite noch gepuffert) und hat daher auch folgerichtig (noch) keine Antwort geschickt. Der Client *blockiert* aber beim Leseaufruf und sieht nie die Antwort des Servers. Andererseits sendet der Client auch keine weiteren Daten, was zum *flushing* seines Ausgabepuffers geführt und die Blockierung aufgehoben hätte, da er ja immer noch auf die Antwort des Servers wartet. Sie haben es erkannt: Es liegt ein *Deadlock* vor.

- Interaktive Programme gehen ebenfalls davon aus, daß die Ausgaben sofort geschehen und nicht durch die Pufferung verspätet stattfinden. Möglicherweise sind auch gewisse zeitliche Grenzen einzuhalten, damit kein *timeout* entsteht. Ein typisches Beispiel ist ein *Pager*. Es handelt sich dabei um ein Programm, das die Ausgabe anderer Programme liest und seitenweise anzeigt. Somit wird das Wegscrollen verhindert. Typische Pager im Unix-Umfeld sind *more* und *less*. Ein langes Dateilisting kann dann seitenweise angehalten werden:

    ```
    farid@bsd-1:~/p> ls -l | more
    ```

    Der User muß dann nach jeder Seite eine Taste drücken, damit die nächste Seite der Ausgabe angezeigt wird. Pager sind jedoch „datenhungrig", da sie ja möglichst viel auf einmal einlesen („saugen") möchten, um eine ganze Seite anzeigen zu können. Eine Ausgabepufferung des gepageten Programms würde nur dazu führen, daß viel weniger Daten überhaupt durch den Pager angezeigt würden als ohne Pager.

Die Ausgbe von Perl ist, wie bei *stdio* üblich, gepuffert. Daher können die oben genannten Probleme auch bei Perl-Skripten entstehen. Es wird somit niemanden wundern, daß Perl über Möglichkeiten verfügt, diese Pufferung bei Bedarf auszuschalten.

Wie wird aber die Pufferung ausgeschaltet? Es gibt dazu mehrere Möglichkeiten:

- Verwendung der reservierten Variable $|:

---

5 Das gilt sogar für den Fall, daß das echte physische Schreiben auf die Platte durch den kernelweiten *buffer cache* abgefangen wird. Ein Kontext-Switch ist immer noch notwendig, was auch mit einem frühzeitigen Ende des Zeitquantums verbunden ist.

12.3 Einfache Ein- und Ausgabe

Das Setzen der reservierten Variable $| auf 1 bewirkt, daß sämtliche nachfolgenden Ausgaben *auf dem Defaulthandle* ungepuffert stattfinden. Achten Sie darauf, daß stets nur das Defaulthandle ungepuffert gemacht werden kann. Da wir jedoch oben schon gesehen haben, wie mit Hilfe der Funktion `select()` das Defaulthandle geändert werden kann, ist es ein leichtes, jedes beliebige Filehandle auf ungepuffert umzuschalten:

```
# NEWFH ungepuffert machen
$ofh = select(NEWFH); $| = 1; select($ofh); # langatmig
```

Es geht auch kompakter mit Hilfe des Kommaoperators und des Rückgabewerts von `select()`:

```
# NEWFH ungepuffert machen
select((select(NEWFH), $|=1)[0]); # Was fuer ein Hack!
```

Wir sehen also, daß die reservierte Variable $| sich stets auf das aktuelle Defaulthandle bezieht. Diese Methode ist übrigens die effizienteste und sollte den beiden folgenden Methoden nach Möglichekeit vorgezogen werden.

- Objektorientierte Version:

  Durch Verwendung des Standardmoduls `IO::Handle` ist es möglich, ein Filehandle NEWFH auf „ungepuffert" umzustellen:

  ```
  # Handle NEWFH ungepuffert machen...
  use IO::Handle;
  NEWFH->autoflush(1);
  ```

  Dieses Modul wird in Abschnitt 12.8.3 ab Seite 489 besprochen.

- Verwendung als Funktion:

  Anstelle der objektorientierten Schnittstelle kann `autoflush()` aus demselben Modul auch wie eine normale Funktion verwendet werden:

  ```
  # Pufferung ein- und ausschalten:
  use IO::Handle;
  autoflush NEWFH 1;        # Pufferung aus!
  autoflush QUICKFH 0;      # Pufferung ein!
  ```

12.3.5 Dateien mit `close()` schließen

Dateien werden automatisch beim Beenden des Prozesses (d.h. des Programms) geschlossen. Dennoch sollten Sie sich angewöhnen, Dateien explizit zu schließen, sobald Sie diese nicht mehr benötigen. Das Schließen von Dateien geschieht durch die Funktion `close()`:

```
close FH;    # Schliesse Datei/Kanal mit Handle FH
```

Es folgt eine Liste von Gründen, warum es sinnvoll ist, Dateien explizit zu schließen:

- Maximale Anzahl gleichzeitig offener Dateien:

  Jeder Prozeß kann nur eine maximale Anzahl gleichzeitig offener Dateien verkraften. Diese Grenze wird vom Betriebssystem vorgegeben und ist stark implementationsabhängig. Dabei spielt es keine Rolle, ob Sie Unix oder dieses andere weitverbreitete Pseudobetriebssystem benutzen. Diese Grenze ist stets vorhanden und kann auch nicht überschritten werden.

Wie viele Dateien können gleichzeitig offen sein? Unter Unix finden Sie in der Datei <sys/param.h> die Konstante NOFILE. Diese ist z.B. wie folgt gesetzt:

```
farid@sun-1:~/> grep NOFILE /usr/include/sys/param.h
#define NOFILE      20        /* backward compatibility */
farid@bsd-1:~/> grep NOFILE /usr/include/sys/param.h
#define NOFILE      OPEN_MAX  /* max open files per process */
farid@bsd-1:~/> grep OPEN_MAX /usr/include/sys/syslimits.h
#define OPEN_MAX    64        /* max open files per process */
```

Im obigen Beispiel wurde auf Solaris eine Grenze von 20, bei FreeBSD eine Grenze von 64 gleichzeitig offenen Dateien suggeriert. In Wirklichkeit ist es nicht so einfach. Sowohl bei Solaris als auch bei FreeBSD sollte statt NOFILE der Systemaufruf getrlimit() benutzt werden, um die Grenzen herauszufinden, und setrlimit(), um diese zu verändern (mehr Details finden Sie in der entsprechenden Manual-Seite). Hier wird speziell die Ressource RLIMIT_NOFILE benötigt. Bei FreeBSD kann die maximale Anzahl offener Dateien auch bei der Kompilierung eines neuen Kernels angegeben werden.

Da die Anzahl der gleichzeitig offenen Dateien beschränkt ist, sollten nicht mehr benötigte Dateien so früh wie möglich wieder geschlossen werden. Es gibt jedoch auch eine Situation, in der es nötig ist, mehr Dateien gleichzeitig offen zu halten, als vom Betriebssystem erlaubt ist. Wie geht man dann vor? Natürlich kann, wenn möglich, ein neuer Kernel generiert werden, der mit der erhöhten Anzahl offener Dateien zurechtkommt. Das ist aber nur bis zu einem gewissen Grad möglich. Es gibt auch Anwendungen, die mehrere Zehntausende gleichzeitig offener Dateien benötigen. In diesem Fall bräuchten Sie für einen neuen Kernel sehr viel physischen Hauptspeicher, da pro Prozeß sehr große Filetabellen im *Non-swappable*-Kernel vorgesehen werden müßten.

Eine Lösung, die ohne Veränderung des Kernels auskommt, verwendet das Standardmodul FileCache.

```
FileCache-example.pl
#!/usr/local/bin/perl -w
# FileCache-example.pl -- FileCache ermoeglicht mehr offene Dateien,
#                         als das System erlaubt.

use FileCache;              # Standardmodul

# Erzeuge ein Verzeichnis mit VIELEN Dateien:
mkdir("manyfiles", 0755) or die "can't mkdir: $!\n";
chdir("manyfiles") or die "can't chdir: $!\n";
foreach $fname (1 .. 500) {  # 500 > NOFILES
    cacheout $fname;
}

# Benutzer nach Dateinamen fragen
# und anschliessend einige Daten dort hineinschreiben.
```

12.3 Einfache Ein- und Ausgabe

```
@data = ("this is some data\n", "this is more data\n");
while (defined ($candidate = <STDIN>)) {
    chomp $candidate;
    cacheout $candidate;       # Name der Datei
    print $candidate @data;    # Transparent wieder oeffnen
}                              # Die Datei ist tatsaechlich offen

# Wir brauchen nichts zu schliessen;
# dies geschieht beim Programmende automatisch.
```
────────────────────────────────────── FileCache-example.pl

Das gerade gezeigte Beispiel benutzt das `FileCache`-Modul, um viele gleichzeitig offene Dateien vorzuhalten. Wir erzeugen zunächst mit Hilfe der Funktion `mkdir()` ein neues Verzeichnis *manyfiles* und machen dieses mit `chdir()` zu unserem neuen Arbeitsverzeichnis. Jetzt wird es interessant. Wir erzeugen 500 Dateien, die 1, 2, 3, ... heißen. 500 Dateien sind auf vielen Systemen mehr, als das Betriebssystem einem Prozeß gestattet, gleichzeitig offen zu halten.

Durch die Funktion `cacheout()` des Moduls `FileCache` wird eine nicht existierende Datei erzeugt und zum Schreiben geöffnet.

> **Achtung!** Seien Sie hier besonders vorsichtig! Der erste Aufruf von `cacheout()` öffnet die Datei zum Schreiben, nicht zum Anhängen!

Nach dem „Öffnen" der 500 Dateien erfragen wir vom Benutzer den Namen einiger dieser Dateien. Durch `cacheout()` wird die Datei bei Bedarf automatisch wieder geöffnet. Anschließend können wir in diese Datei schreiben.

In diesem Beispiel kann der Benutzer auch neue Dateinamen angeben. Diese werden durch `cacheout()` bei Bedarf neu erzeugt. Dateinamen können auch mehrfach angegeben werden. In diesem Fall wird einfach die Ausgabe an das Ende dieser Datei angehängt. Es sieht also so aus, als ob tatsächlich eine unbestimmte große Anzahl von Dateien offen wäre.

Typische Anwendungen, die eine große Anzahl gleichzeitig offener Dateien benötigen, sind Datenbankserver mit vielen Tabellen, die wiederum aus vielen Extends bestehen, und Webserver, die viele Hunderte von Dateien gleichzeitig lesen wollen, aber auch Hunderte von gleichzeitig offenen Socketverbindungen brauchen usw.

- Aufgrund der Pufferung unerkannte Fehler:

Wegen der Pufferung der Ausgabe können Sie bestimmte Fehler nicht sofort erkennen. Angenommen, Sie schreiben noch einige Daten auf ein Filehandle und beenden dann das Programm, ohne explizit `close()` aufgerufen zu haben. Nehmen Sie ferner an, daß das Dateisystem, das die Ausgabedatei enthält, plötzlich übergelaufen ist (z.B. durch einen anderen hungrigen Prozeß). Ihr Programm wird beim letzten Aufruf von `print()` nicht wissen, daß die vermeintlich ausgegebenen Daten nie auf die Platte geschrieben werden können. Dies würde erst durch den Rückgabewert von `close()` sichtbar. Wenn Sie aber das Programm ohne explizites `close()` schließen, können Sie im Falle dieses Fehlers keine Maßnahmen mehr ergreifen (wie z.B. eine Fehlermeldung auf `STDERR` zu schreiben oder die auszugebenden Daten in eine Rettungsdatei in */tmp* abzuspeichern).

- Verlust der Verbindung zu einem Netzwerkgerät:

  Es soll schon einmal vorkommen, daß ein Rechner ausgetauscht werden muß oder eine Netzverbindung ausfällt. Das ist aber nicht so schön, wenn gerade der Fileserver (sei es *NFS* oder *Samba*) derjenige ist, der nicht mehr antwortet! Ein Perl-Programm würde hier wiederum aufgrund der Pufferung nicht merken, daß es ein Problem gab. Ein explizites Schließen der Datei mit close() und eine anschließende Überprüfung des Rückgabewerts von close() stellen sicher, daß Ihre Daten auch wirklich zum Fileserver gesendet wurden. Sogar beim Lesen von einem *Read-only*-Server sollte der Rückgabewert von close() abgefragt werden.

- Der wichtigste Grund, den Rückgabewert von close() abzufragen, besteht darin sicherzustellen, daß ein externes Programm ohne Fehler abgelaufen ist. Wir hatten ja bereits gesehen, daß der Rückgabecode von open() allein nicht immer ausreichte, um sicherzustellen, daß das aufgerufene Programm auch tatsächlich erfolgreich war:

  ```
  open (EXTPROG, "myextprog.pl |") or die "...";
  while (<EXTPROG>) { ... }
  warn "Err in myextprog.pl...: $?" unless close(EXTPROG);
  ```

12.3.6 Verwendung von Filehandles

Nun haben wir mit open() ein Filehandle besorgt. Was kann man damit machen? Wie kann ein Filehandle in eine Variable gespeichert werden? Können Filehandles einer Funktion als Parameter übergeben werden oder von Funktionen als Rückgabewerte zurückgegeben werden? Wozu sind Filehandles in der Lage? Da Filehandles keine normalen Skalare sind, ist ihre Verwendung etwas unhandlich. Wir werden in diesem Abschnitt sehen, daß Filehandles mit einer speziellen Notation, der *Typeglob*-Schreibweise, auch außerhalb von open(), print() und <FH> verwendet werden können.

Verwendung bei print, <FH> usw.

Diese klassische Verwendung von Filehandles haben wir gerade oben kennengelernt. Ein Filehandle wird hier ohne führendes Präfix wie etwa $, @, % oder * eingesetzt:

```
open (MYFH, "somefile") or die "...";
$line = <MYFH>;
print MYFH $line;
close MYFH;
```

Rückgabewert von Funktionen

Filehandles können auch von Funktionen zurückgegeben werden. Eine typische Anwendung ist ein Wrapper um open() herum. Dieser Wrapper soll eine Datei, deren Name als Parameter angegeben wird, öffnen und das offene Filehandle zurückgeben. Im Fehlerfall

12.3 Einfache Ein- und Ausgabe

soll hingegen eine Ausnahme mittels die() ausgelöst werden. Die Verwendung dieses Wrappers sollte dann wie folgt aussehen:

```
*MYFH = myopen("grep NOFILE /usr/include/sys/* |");
while (<MYFH>) { chomp; print; }
```

Wie kann nun eine Funktion ein Filehandle zurückgeben?

```
sub myopen {
    my $path = shift;
    local *FH;                    # Nicht my()
    open (FH, $path) or die $!;

    return *FH;
}
```

Das sieht alles relativ einfach aus. Aber was sollen all diese Sternchen vor dem Filehandle? Es ist zunächst nicht möglich, darauf zu verzichten. Ein Filehandle ist etwas besonderes, das nur über die *Typeglob*-Notation angesprochen werden kann, wenn nicht gerade Ein- und Ausgabefunktionen involviert sind.

Schauen wir uns zunächst die Verwendung unseres Wrappers an:

```
*MYFH = myopen(...);
$line = <MYFH>;
```

Hier wurde der Rückgabewert von myopen() einem *Typeglob* *MYFH zugewiesen. Anschließend wurde der Typeglob als Filehandle ohne führendes Sternchen verwendet: <MYFH>.

Auch wenn es nicht ganz stimmt, kann man sich vorstellen, daß das Sternchen ein Präfix für Filehandles ist, genauso wie ein Dollarzeichen das Präfix für skalare Variablen, das Prozentzeichen das Präfix für Hashes usw. sind.

Was ist aber mit der Funktionsdefinition des Wrappers? Hier benötigten wir zunächst eine lokale „Variable", die unser neues Filehandle aufnehmen soll. Das ist zwar wieder keine echte Variable, aber ein *typeglob*. Den Typeglob haben wir zunächst mit local() in unserer Funktion lokal deklariert. Dazu war ein Sternchen notwendig. Anschließend haben wir ihn ohne Sternchen in open() verwendet, weil open() ja bereits mit Filehandles umzugehen versteht. Anschließend haben wir den gesamten Typeglob mit return zurückgegeben. Dabei haben wir wieder das Sternchen benutzt.

Sie können das als Kochrezept anwenden oder aber richtig verstehen. Im Augenblick sollte die Vorstellung, daß ein Sternchen das Präfix für Filehandles benutzt wird, genügen. Wenn Sie verstanden haben, wo dieses Modell nicht mehr stimmt, brauchen Sie auch diese Eselsbrücke nicht mehr.

> **Achtung!** *Es ist sehr wichtig, daß innerhalb der Funktion* local() *und nicht* my() *zur Deklaration eines lokalen Filehandles benutzt wird!*

Warum überhaupt `local()` anwenden? Natürlich hätten wir darauf verzichten und ein globales Filehandle benutzen können:

```
open (GLOBFH, "somefile") or die "...";    # Globales FH

sub myopen {
    open (GLOBFH, shift) or die "...";
    return *GLOBFH;
}

*NEWFH = myopen("anotherfile");    # FALSCH!
# GLOBFH wurde von myopen() erneut geoffnet,
# und somit wurde 'somefile' faelschlicherweise geschlossen.
```

Sie sehen also, daß man doch lokale Filehandles benötigt, um nicht irrtümlicherweise andere globale Filehandles zu zerstören.

Übergabe als Funktionsparameter

Sie haben nun ein Filehandle und möchten es einer Funktion als Parameter übergeben. Möglicherweise repräsentiert diese Funktion Ihre Anwendung. Sie könnten ja zum Beispiel in einer Bibliothek einen Algorithmus oder ein Protokoll implementiert haben. Dieses Protokoll gilt dann für jedes Handle, sei es ein Filehandle, die Standardein- oder -ausgaben, oder sogar für einen Socket, der eine Verbindung mit einem anderen Prozeß über das Netz herstellt.

Wir müssen hier wieder die *Typeglob*-Notation zur Hilfe nehmen. Eine parametrisierte Funktion, die ein Filehandle erwartet, wird wie folgt verwendet:

```
open (FH, "somefile") or die "...";

$line = myreadline(*FH, $maxlinesize, $timeout);
@rlin = myreadline(*FH, $maxlinesize, $timeout);

$lin2 = myreadline(*STDIN, 100, 0);
@xxx  = myreadline(*STDIN, 100, 0);
```

Das bereits vorhandene Filehandle FH haben wir als ersten Parameter an die benutzerdefinierte Funktion `myreadline()` übergeben. Dabei war es notwendig, einen Typeglob mit führendem Sternchenpräfix zu übergeben. Wir sehen auch, daß ein Typeglob ähnlich wie ein Skalar ist und folglich auch als erster Parameter übergeben werden kann (flache Liste!).

Wie bekommen wir dieses Filehandle nun in die Funktion hinein? Ganz einfach: Wir verwenden wieder einen lokalen Typeglob:

```
sub myreadline {
    local *LFH = shift;          # local(), NICHT my()
    my ($max, $timeout) = @_;    # z.Z. unbenutzt
```

```
        return <LFH>;           # Kontext durchlassen
}
```

In diesem Beispiel haben wir ein lokales Filehandle über die Parameterliste eingelesen. Dieses konnten wir dann wie ein normales Filehandle innerhalb der Funktion benutzen.

Exkurs: Typeglobs und Symboltabellen

Warum muß innerhalb einer Funktion ein lokales Filehandle mit `local()` statt mit `my()` deklariert werden? Das hängt mit der Eigenart von *Typeglobs* zusammen.

Sämtliche Variablen werden in einer *Symboltabelle* gespeichert. Wenn Sie keine Packages verwenden, heißt die Symboltabelle des Hauptprogramms `%main::` oder nur kurz `%::`. Sie ist also ein Hash, der als Schlüssel Variablennamen enthält und als Werte Zeiger in die belegten Speicherbereiche.

Wir haben aber bereits gesehen, daß sich die Namensräume von skalaren Variablen, Arrays, Hashes, Filehandles und Funktionen nicht überschneiden. Daher sind $a, @a, %a, &a und a (Filehandle) alle verschieden. Teilweise aus historischen Gründen, aber auch wegen der Implementation der Symboltabellen können alle diese Variablen unter dem Begriff *a subsummiert werden. Sie können sich dabei das Sternchen als eine Art Wildcard für die diversen Präfixe vorstellen.

Es ist nun möglich, alle Variablen mit den gleichen Namen (also im obigen Beispiel mit dem Namen a) gleichzeitig anzusprechen. Dazu verwendet man einfach die *Typeglob*-Notation *a. Je nach Anwendung von *a kann es sich um einen skalaren Wert, ein Array, eine Funktion oder gar ein Filehandle handeln. Der Kontext (nicht zu verwechseln mit dem Ausführungskontext, den wir schon kennengelernt haben) bestimmt, wie ein *Typeglob* nun interpretiert wird.

Wozu soll das gut sein? Stellen wir uns eine Funktion vor, die als Parameter einen Typeglob erwartet:

```
    myfunc(*tg);
```

In diesem Fall hat `myfunc()` eigentlich mehrere Parameter gleichzeitig erhalten: Die skalare Variable `$tg`, das Array `@tg`, den Hash `%tg`, die Funktion(sreferenz) `&tg` und sogar das Filehandle `tg`.

Spinnen wir diesen Gedanken etwas weiter, und fügen wir der `myfunc()` noch einen weiteren Parameter hinzu, der anzeigt, welche Werte sich nun tatsächlich hinter dem Typeglob verbergen:

```
    @res = myfunc(*tg, 'scalar', 'array', 'filehandle');
    @res = myfunc(*tg, 'scalar');
    @res = myfunc(*tg, 'array', 'function', 'hash');
```

Man könnte sich nun vorstellen, daß `myfunc()` in Abhängigkeit von den zusätzlich angegebenen Wörtern *tg unterschiedlich auswertet, z.B. so:

```
sub myfunc {
    local *tglob = shift;   # Alles rein!
    my @uses    = @_;
    my @results;

    foreach my $theuse (@uses) {
        push(@results, $tglob)       if $theuse eq 'scalar';
        push(@results, [ @tglob ])   if $theuse eq 'array';
        push(@results, { %tglob })   if $theuse eq 'hash';
        push(@results, [ &tglob() ]) if $theuse eq 'function';
        push(@results, scalar <tglob>) if $theuse eq 'filehandle';
    }

    return @results;
}
```

Hier baut myfunc() ein Rückgabearray auf, das von den gewünschten Typen (Skalar, Array etc.) des Typeglobs abhängt. Das Interessante hierbei ist, daß ein Typeglob *tg eine skalare Variable $tg, ein Array @tg usw. repräsentieren kann.

Was hat das nun mit Filehandles zu tun? Aus historischen Gründen bekamen Filehandles kein eigenes Präfix, wie das bei den anderen Typen schon der Fall war. Darum war das Ansprechen eines Filehandles außerhalb des Kontexts der Ein- und Ausgabefunktionen nur durch die Angabe des gesamten Typeglobs möglich. Es lag in der Verantwortung des Programmierers, den so übergebenen Typeglob wie ein Filehandle zu behandeln.

Glücklicherweise gibt es mittlerweile auch modernere Repräsentationen von Filehandles, die solche Verrenkungen ein für allemal ausschließen. Beispielsweise kann mit Hilfe des Moduls IO::Handle ein Modul viel einfacher verwendet werden (siehe 12.8.3 auf Seite 489). Dennoch gibt es noch sehr viele Skripten, die auf der alten Typeglob-Notation aufbauen. Es ist ja auch manchmal wirklich einfacher, schnell einen Typeglob zu verwenden, anstatt Tausende von Zeilen (durch das Einbinden diverser Module) einzulesen. Es ist schön, wenn man dabei weiß, was man tut. Die Vorstellung, daß Filehandles mit einem Sternchen beginnen, beruht dann, wie Sie jetzt erkennen, auf falschen Tatsachen, aber sie reicht allemal aus, wenn man sich nicht zu intensiv mit Typeglobs auseinandergesetzt hat.

Filehandles und Aliase

Was geschieht, wenn wir Filehandles aufeinander kopieren?

```
*NEWOUT = *STDOUT;    # NEWOUT ist neuer Alias zu STDOUT
```

In diesem Fall ist *NEWOUT* nur ein *Alias* für STDOUT. Beide Filehandles beziehen sich nun auf dieselbe offene Datei bzw. denselben offenen Kanal. Wir können daher Aufrufe von print() jeweils wahlweise an NEWOUT oder STDOUT richten:

```
print STDOUT "hello stdout\n";
print NEWOUT "hi, this also goes to stdout\n";
```

12.3 Einfache Ein- und Ausgabe

Mit dem Aliasing-Mechanismus haben wir also keine neue Datei geöffnet und auch kein neues Filehandle angelegt, das z.B. einen anderen Dateizeiger hätte. Vielmehr haben wir einfach einem Filehandle einen zweiten Namen gegeben. Es handelt sich dabei aber immer noch um dasselbe ursprüngliche Filehandle.

Es ist wichtig, sich den Unterschied zwischen der *Kopie* eines Filehandles und einem *Alias* desselben klarzumachen: Alle Operationen, die auf einem der Namen ausgeführt werden, gelten auch für den anderen Namen. Beispielsweise hinterläßt das Schließen des Filehandles über den einen Namen ein geschlossenes Filehandle unter dem anderen Namen zurück:

```
close NEWOUT;      # Schliesst STDOUT
```

Das Schreiben über den einen oder anderen Alias verschiebt denselben Dateizeiger, so daß die Ausgaben nacheinander in der Datei oder im Kanal erscheinen. Das Lesen aus dem einen Alias verschiebt ebenfalls den Dateizeiger des anderen Alias (es ist ja schließlich dasselbe Filehandle!), so daß aufeinanderfolgendes Lesen über beide Aliase *nicht* unabhängig voneinander geschieht.

Eine Anwendung des Aliasings von Filehandles ist das beliebte Umlenken sämtlicher Ausgaben eines fertigen umfangreichen Programms in eine Datei. Dazu tragen wir einfach die folgenden Zeilen am Anfang des umfangreichen Skripts ein:

```
open (OUTFH, "| tee logfile") or die "...";
*STDOUT = *OUTFH;
```

Hierbei wird das alte `STDOUT` geschlossen und repräsentiert nun unsere Pipe zu *tee*. Wenn `STDOUT` unser Defaulthandle ist, dann können wir problemlos alle Ausgaben des Programms abfangen:

```
print "this will be logged!\n";
```

Diese Lösung ist besser als das Beispiel auf Seite 381, denn hier wurde nicht nur das Defaulthandle umgelenkt, sondern explizit `STDOUT`. Somit können auch Aufrufe von

```
print STDOUT "this will be logged\n";
```

abgefangen werden, was ja auf Seite 381 nicht möglich war. Wenn das Programm aber mehr tut, als nur auf seinen Defaulthandle oder `STDOUT` zu schreiben, könnte das nicht mehr funktionieren.

Filehandles temporär sichern

Wie gehen wir vor, wenn wir temporär ein Filehandle sichern wollen, wie das ja bei Variablen auch möglich ist? Wie ist es, wenn wir mitten im Programm beispielsweise `STDOUT` oder `STDERR` umlenken wollen, später aber wieder auf den alten Wert zurücksetzen müssen:

```
# Kopieren wir STDOUT und STDERR in OFH und EHF
# Achtung: Aliasing reicht nicht aus!
```

```perl
open (OFH, ">&STDOUT") or die "...";   # OFH ist eine Kopie
open (EHF, ">&STDERR") or die "...";   # EHF ist eine Kopie

# Nun koennen wir STDOUT und STDERR umlenken
# Die alten STDOUT und STDERR werden geschlossen!
open (STDOUT, "| tee logfile") or die "...";
open (STDERR, "| tee errlog")  or die "...";

# STDOUT und STDERR sind temporaer umgelenkt worden
print "This will be logged\n";
print STDOUT "This will be logged too\n";
print STDERR "Hey, this too\n";

# Restaurieren wir nun das alte STDOUT und STDERR
open (STDOUT, ">&OFH") or die "...";
open (STDERR, ">&EFH") or die "...";

print "This won't be logged anymore\n";
print STDOUT "This won't be logged either\n";
print STDERR "Cool, logging dropped!\n";
```

In diesem Beispiel wurde eine neue Art des Öffnens mit open() vorgeführt. Durch

```perl
open (OFH, ">&STDOUT")
```

wird ein neues Filehandle OFH erzeugt. Dieses ist eine unabhängige Kopie (Systemaufruf dup()) des Filehandles STDOUT. Da es eine Kopie und kein Alias ist, können wir nun getrost STDOUT schließen und auf einem anderen Kanal wieder öffnen (Sie erinnern sich? Das Öffnen eines offenen Filehandles schließt zunächst implizit die alte Datei):

```perl
open (STDOUT, "| tee logfile") or die "...";
```

Das alte Filehandle von STDOUT ist immer noch in OFH enthalten. Wenn wir nun auf das alte STDOUT schreiben wollen, können wir direkt in OFH schreiben:

```perl
print STDOUT "This goes to new STDOUT (logged)\n";
print OFH    "This goes to old STDOUT (not logged)\n";
```

Im vorliegenden Beispiel haben wir anschließend das neue STDOUT-Filehandle wieder geschlossen und erneut mit dem letzten open() wieder aus OFH kopiert:

```perl
open (STDOUT, ">&OFH") or die "...";
```

STDIN und andere Filehandles können auf dieselbe Art und Weise gesichert werden.

12.3.7 Der Diamond-Operator <>

Ein sehr häufig verwendetes Perl-Idiom ist der Einsatz des *diamond* Operators <>, der auch Spitzeklammernoperator genannt wird.

Verwendung des Diamond-Operators

Bei Unix ist es üblich, mehrere Dateien auf der Kommandozeile zu übergeben und davon auszugehen, daß das Programm diese Dateien der Reihe nach abarbeiten wird:

```
farid@bsd-1:~> cat dat1 dat2 dat3 > out
```

Das Unix-Kommando *cat* konkateniert einfach den Inhalt aller auf der Kommandozeile angegebenen Dateien zu einer einzigen Ausgabe. Diese wird auf die Standardausgabe geschrieben, so daß sie dann in Pipes oder mit normaler Umlenkung weiterverwendet werden kann.

Wie kann nun *cat* in Perl realisiert werden? Dazu gibt es mehrere Möglichkeiten. Eine davon ist das explizite Öffnen aller Dateien und die nachfolgende Ausgabe auf die Standardausgabe. Eine andere Methode verwendet den <>-Operator:

- Die umständliche Methode:

    ```
    foreach $file (@ARGV) {
       open (INP, "< $file")
              or die "$file: $!\n";
       while (<INP>) { print; }
       close(INP)
    }
    # Keine vollstaendige Emulation des Diamond-Operators!
    ```

- Die elegante Methode:

    ```
    while (<>) { print; }
    ```

Was ist hier geschehen? Der Operator <> öffnet der Reihe nach alle auf der Kommandozeile (in @ARGV) angegebenen Dateien und liefert dann je nach Einlesegranularität bei jedem Aufruf den nächsten Datensatz zurück. Beachten Sie dabei, daß Sie immer noch ganze Datensätze lesen können. Im Zeilenmodus zum Beispiel müssen Sie pro Datei <> so oft aufrufen, wie die jeweils aktuelle Datei gerade Zeilen hat.

Besondere Dateinamen

Der <>-Operator erkennt auch einige besondere Dateinamen:

- Kein Dateiname:

    Wenn in @ARGV (also der Kommandozeile) keine Dateien angegeben wurden, liest <> einfach aus der Standardeingabe STDIN. In diesem Fall sind <> und <STDIN> identisch.

    Das ist durchaus sinnvoll und entspricht der Philosophie von Unix. Ein Filter kann entweder Daten aus den auf der Kommandozeile angegebenen Argumenten lesen, oder aber, wenn keine Argumente angegeben wurden, einfach von der Standardeingabe.

- Die Datei „-":

  Diese steht explizit für die Standardeingabe. Sinnvolle Anwendungen sind:

  ```
  farid@bsd-1:~> grep OK file | cat file1 - file2 > out
  ```

  In diesem Beispiel liest *cat* erst alle Zeilen aus *file1*, dann alle Zeilen aus der Standardeingabe (d.h. diejenigen, die das *grep*-Kommando ausgegeben hat) und anschließend alle Zeilen aus *file3* ein. Alle eingelesenen Zeilen gehen in der oben genannten Reihenfolge in die Ausgabedatei *out*. <> interpretiert, genauso wie *cat*, die spezielle Datei „-" als Standardeingabe. Daher funktioniert auch unser Perl-*cat* in diesem Fall wie das Unix-*cat*.

- open()-Argumente:

  Als Argument zu open() versteht <> auch z.B. das Lesen aus einem Programm. Dazu ist es jedoch erforderlich, die entsprechenden Zeichen durch Verwendung von Quotes vor der Auswertung durch die Shell zu schützen:

  ```
  farid@bsd-1:~> ./myprog.pl 'ps -ax|' 'who |'
  farid@bsd-1:~> ./myprog.pl file1 'date |'
  farid@bsd-1:~> ./myprog.pl 'head -10 file1 |' file2 file3
  ```

Aktuelle Datei: $ARGV

Da <> die zusammengesetzte „Datei" aus der Kommandozeile satzweise einliest, könnte es schwierig sein, den Namen der aktuell bearbeiteten Datei zu bekommen. Glücklicherweise hat <> noch eine weitere „magische" Wirkung: Bei jedem Lesen durch <> enthält die reservierte Variable $ARGV den Namen der gerade bearbeiteten Datei. Dadurch ist es möglich, innerhalb der Schleife zu wissen, woher etwas kommt.

Eine typische Anwendung von $ARGV ist das Voranstellen des Dateinamens vor jede einzelne auszugebende Zeile:

```
while (<>) { print "$ARGV: $_"; }
```

Aktuelle Zeile/Datensatz: $.

Die reservierte Variable $. zählt auch bei <> die Anzahl der eingelesenen Datensätze. Wichtig hierbei ist jedoch, daß $. nur beim expliziten Schließen einer Datei wieder auf 1 zurückgesetzt wird. Der <>-Operator schließt aber die eingelesenen Dateien nicht explizit. Darum wird $. immer weiter erhöht: In $. steht die Gesamtzahl von eingelesenen Zeilen:

```
while (<>) { print "$.: $_"; }
```

Dies entspricht *nicht* cat -n, da die Zeilennumerierung zwischen den einzelnen Dateien nicht zurückgesetzt wird!

Schlürf-Modus: `$/`

Durch die Änderung der Einlesegranularität läßt sich das Verhalten des `<>`-Operators verändern. Wir können zum Beispiel den schon in 12.3.4 auf Seite 376 vorgestellten Schlürf-Modus in `$/` einstellen. In diesem Fall liest dann `<>` jeweils ganze Dateien auf einmal ein:

```perl
{
    local $/;       # Nicht definieren: Schluerf-Modus
    while (<>) {
        # Aktuelle Datei $ARGV in $_
        my @lines = split(/\n/);  # Irgend etwas damit tun
    }
}
```

Dateiende: `eof`

Obwohl `<>` Dateien nicht explizit schließt, können Sie mit Hilfe von `eof()` folgendes erkennen:

- Eine der Dateien der Kommandozeile wurde gerade zu Ende gelesen:
  ```perl
  while (<>) {
      print "Finished with $ARGV\n" if eof;   # NICHT eof()
  }
  ```

- Die letzte Datei der Kommandozeile wurde gerade zu Ende gelesen:
  ```perl
  while (<>) {
      print "Finished with last file: $ARGV\n" if eof();
  }
  ```

Es gibt also einen Unterschied zwischen `eof` und `eof()`. Anstelle von `eof` kann in diesem Zusammenhang auch `eof(ARGV)` benutzt werden.

Ab zur nächsten Datei

awk-Anwender werden sich vielleicht daran erinnern, daß es möglich ist, entweder zur nächsten Zeile oder sogar direkt zur nächsten Datei zu springen. Der `<>`-Operator definiert zwei Pseudo-Labels `ARGV` und `LINE`, die direkt angesprungen werden können. Ein Sprung nach `LINE` liest direkt die nächste Zeile ein. Ein Sprung nach `ARGV` liest die erste Zeile der nächsten Datei ein:

```perl
#/usr/local/bin/perl -n
while (<>) {
    close ARGV if blah;
    next LINE if bloh;
}
```

Ein sinnvoller Trick

<> funktioniert nur mit Dateien, die auf der Kommandozeile angegeben wurden. Wirklich?

Angenommen, Sie haben eine Liste von Dateien in Ihrem Programm errechnet und in `@flist` gespeichert. Nun möchten Sie, daß der <>-Operator auf dieser Liste genauso arbeitet wie auf Dateien, die auf der Kommandozeile angegeben wurden. Kein Problem!

```
{
    local @ARGV = @flist;     # NICHT my()
    while (<>) { ... }
}
```

Wir haben einfach `@ARGV`, unsere Kommandozeile, kurzfristig mit den dynamisch ausgerechneten Werten aus `@flist` gefüllt und wie gewohnt den <>-Operator aufgerufen.

12.4 Systemnahe Ein- und Ausgabe

Obwohl die Techniken des vorigen Abschnitts für die meisten Programme ausreichen, gibt es auch Situationen, in denen die Anforderungen an die Ein- und Ausgabemechanismen höher und spezialisierter sind. Perl läßt uns in diesem Fall nicht im Stich. Ganz im Gegenteil! Dank der starken Anbindung an die C-Library steht Perl die gesamte Flexibilität des ausführenden Betriebssystems zur Verfügung.

12.4.1 Unterschied zur normalen Ein- und Ausgabe

- Während die Ein- und Ausgabemechanismen des vorigen Abschnitts auf der Standard-Ein-/Ausgabe-Bibliothek *stdio* beruhen und sinnvolle Defaults aufwiesen, ist es auch möglich, sowohl die *stdio*-Defaults zu verändern als auch diese Library komplett zu umgehen und direkt auf die Systemaufrufe des Betriebssystems zuzugreifen. Mit anderen Worten: Es ist möglich, mit Hilfe der normalen *stdio*-Bibliothek flexibler zu reagieren. Bei Bedarf kann aber auch eine Ebene tiefer auf die Systemaufrufe zurückgegriffen werden.

- Die Pufferung der Ausgabe geschieht durch die *stdio*-Bibliothek. Wir haben bereits in 12.3.4 auf Seite 381 gesehen, wie diese Pufferung pro Ausgabefilehandle bei Bedarf ausgeschaltet werden kann. Natürlich findet keine Pufferung statt, wenn die *stdio* umgangen wird und Systemaufrufe direkt aufgerufen werden. Nichtsdestotrotz bleibt die Pufferung des Betriebssystems durch den Filebuffer davon unberührt.

- Es ist darauf zu achten, daß *stdio*-Aufrufe und Systemaufrufe, die *stdio* umgehen, beim selben Filehandle nicht gemischt werden sollten. Sonst könnte es passieren, daß gepufferte, aber noch nicht ausgegebene Daten erst nach den ungepufferten Daten beim nächsten *Flushing* auf der Ausgabe erscheinen.

- Die in diesem Abschnitt vorgestellten Techniken sind weitaus flexibler als die bisher beschriebenen.

12.4.2 Dateien mit sysopen() öffnen

In diesem Abschnitt werden wir eine weitere Funktion kennenlernen, um Dateien zu öffnen: sysopen(). Diese Funktion liefert genauso wie open() ein Filehandle. Operationen auf diesem Filehandle sind *stdio*-basiert. Das bedeutet, daß wir nach wie vor alle normalen Ein- und Ausgabeoperationen — Pufferung inklusive, die wir im vorigen Abschnitt kennengelernt haben — auf dieses Filehandle anwenden können. Der wesentliche Vorteil von sysopen() ist eine höhere Flexibilität. Hier ist es möglich, die Zugriffsrechte und den Öffnungsmodus genau zu spezifizieren, was ja letztendlich eine entscheidende Wirkung auf die Ein- und Ausgabeoperationen haben wird.

- sysopen() wird so ähnlich verwendet wie open(). Es gibt jedoch auch Unterschiede, die im folgenden deutlich werden.

- Die Parameter von sysopen() unterscheiden sich von denen von open() wie folgt:

    - Als ersten Parameter erwartet sysopen() ein Filehandle. Das ist genau dasselbe wie im Falle der Funktion open(). Die Regeln zur Bildung gültiger Filehandles sind ebenfalls mit denen von open() identisch.

    - Der zweite Parameter ist der Name der zu öffnenden Datei. Wichtig hierbei ist aber jetzt, daß im Gegensatz zu open() kein „Formatstring" mit Sonderzeichen angegeben werden sollte. Nur der eigentliche Dateiname soll angegeben werden. Die Art des Öffnens (z.B. Lesen, Anhängen usw.) wird erst im nächsten Parameter angegeben. Daß nur der Dateiname, ohne irgendwelche besonderen Zeichen angegeben werden muß, hat auch den Vorteil, daß hierdurch auch besondere Dateinamen, wie etwa „-", „|file", „>file" spezifiziert werden können. Solche Namen hätten bei open() eine besondere Bedeutung, hier jedoch nicht. Natürlich sollten Sie berücksichtigen, daß solche Namen bei Verwendung aus der Shell heraus durchaus Probleme bereiten können.

    - Der dritte Parameter spezifiziert die Art des Öffnens einer Datei. Hier können Sie angeben, ob die Datei zum Lesen, zum Schreiben, anhängend oder nicht blockierend geöffnet werden soll. Für jede mögliche Zugriffsart steht eine Konstante zur Verfügung, die im Standardmodul Fcntl definiert ist. Mehrere Zugriffsarten können auch kombiniert werden. Dazu werden die Konstanten „verodert", wie weiter unten noch gezeigt wird.

    - Der optionale vierte Parameter spezifiziert in dem Fall, in dem eine neue Datei mit O_CREAT erzeugt werden soll, die Zugriffsrechte in Oktalform. Die neue Datei wird dann mit diesen Zugriffsrechten unter Berücksichtigung der aktuell eingestellten umask() angelegt.

- sysopen() liefert im Fehlerfall *undef*. Die genaue Art des Fehlers kann der reservierten Variable $! entnommen werden. Dies ist genau dasselbe wie bei open().

- Das als erste Parameter spezifizierte Filehandle kann im Falle des erfolgreichen sysopen()-Aufrufs wie bisher gewohnt verwendet werden. Alle Ein- und Ausgabeoperationen des vorigen Abschnitts können bedenkenlos auf dieses Filehandle angewandt werden. Das gilt selbstverständlich auch für die Operationen dieses Abschnitts.

Schauen wir uns ein Beispiel an:

```
use Fcntl;              # Importiere O_*-Konstanten
sysopen(NEWFH, $fname, O_WRONLY | O_CREAT, 0644)
    or die "can't create $fname: $!\n";
print NEWFH "Hello, new file!\n";
close (NEWFH);
```

In diesem Fall haben wir zunächst das Standardmodul `Fcntl` eingelesen, um die Konstanten `O_WRONLY` und `O_CREAT` verwenden zu können. Anschließend versuchten wir, eine Datei, deren Name in `$fname` steht, zu öffnen und im Erfolgsfall diese Datei mit dem Filehandle `NEWFH` zu verbinden. Sollte bei `sysopen()` ein Fehler auftreten, würde der Rückgabewert *undef* dazu führen, daß eine Ausnahme mit `die()` ausgelöst würde. Geht aber alles gut, kann mit `print()` wie gewohnt zu diesem Filehandle geschrieben werden. Auch das Schließen mit `close()` geschieht wie üblich.

Der dritte Parameter von `sysopen()` besteht aus einer bitweisen „Veroderung" einiger `O_*`-Konstanten. Dadurch wird die gewünschte Art und Weise des Öffnens angegeben. In diesem Fall wurde durch `O_WRONLY` eine Datei zum (ausschließlichen) Schreiben geöffnet. Wenn die Datei vorher nicht existiert hat, wird sie erzeugt, da wir auch `O_CREAT` spezifiziert haben. Dieses Verhalten entspricht zufällig demjenigen von:

```
open(NEWFH, "> $fname") or die "...";
```

Da wir `O_CREAT` angegeben haben, konnten im vierten Parameter die gewünschten Zugriffsrechte für die neue Datei angegeben werden.

Zugriffsrechte, O_CREAT und umask()

Was sind Zugriffsrechte? Sie sind die Menge der Operationen, die ein User aufgrund seiner Identität auf einer Datei ausführen kann. Unter Unix werden Benutzer bezüglich der Zugriffsrechte in drei Kategorien eingeteilt:

- Der Eigentümer einer Datei
- Alle User, die in derselben Gruppe registriert sind, zu der die Datei gehört
- Alle anderen User

Bei jedem Öffnen einer Datei wird überprüft, ob der Benutzer Besitzer der Datei ist. Ist das der Fall, wird nachgeschaut, wie der Eigentümer auf diese spezielle Datei zugreifen darf. Ist der Benutzer nicht der Eigentümer der Datei, wird beim Öffnen geprüft, ob er derselben Gruppe angehört, der diese Datei zugeordnet ist. Ist das der Fall, wird in den Gruppenrechten der Datei die Berechtigung überprüft. Ist der Anwender weder Eigentümer noch in derselben Gruppe wie die Datei, wird in den Zugriffsrechten für die

12.4 Systemnahe Ein- und Ausgabe

restlichen User nachgeprüft, ob und wie die Datei geöffnet werden darf. Ein konkretes Beispiel:

```
farid@sun-1:~/Books/Perl/buch> ls -l Kap_A_IO.tex
-rw-r--r--   1 farid    users       356294 Jun  7 16:00 Kap_A_IO.tex
```

Die Datei *Kap_A_IO.tex* gehört dem User `farid` und gehört zur Gruppe `users`. Ganz links stehen die Zugriffsrechte für diese Datei: `-rw-r--r--`. Das `-` am weitesten links gehört nicht zu den Zugriffsrechten, sondern kennzeichnet diese Datei als normale Datei (andere Kennzeichnungen wären d für ein Inhaltsverzeichnis, c für ein *character device* usw.). Die drei ersten Zeichen, `rw-`, kennzeichnen die Besitzerrechte, die nächsten drei, `r--`, die Gruppenrechte und die letzten drei, `r--`, die Rechte aller anderen User.

Der Besitzer dieser Datei (`farid`) kann nun dank `rw-` diese Datei sowohl lesend (`r`) als auch schreibend (`w`) öffnen. Er kann sie aber nicht ausführen (kein `x`, sondern ein `-`). Andere User der Gruppe `users` können dank der Gruppenrechte `r--` die Datei lesen, aber weder beschreiben noch ausführen. Dasselbe gilt schließlich für alle anderen Benutzer (dank der letzten drei `r--`).

> Durch die Zugriffsrechte von Inhaltsverzeichnissen, insbesondere des die Datei enthaltenden Verzeichnisses, ist die Lage ein klein wenig komplizierter. Wir gehen in diesem Beispiel davon aus, daß die Benutzer auf die entsprechenden Verzeichnisse zugreifen können.

Wie können solche Zugriffsrechte numerisch repräsentiert werden? Ganz einfach: durch Oktalzahlen! Wieso das? Eine Oktalzahl gruppiert eine Binärzahl in Dreiergruppen. Beispielsweise können die Zugriffsrechte `rw-r--r--` binär durch 110100100 repräsentiert werden, was auch 110 100 100 ist. Jede der Dreiergruppen kann nun durch eine Oktalziffer ersetzt werden: 644. Das ergibt dann oktal 0644, die Zahl, die wir im Beispiel auf Seite 398 angegeben haben.

Wie kann nun eine Datei mit den Zugriffsrechten `r--r-----` erzeugt werden? Die entsprechende Oktalzahl lautet 0440. Das Erzeugen dieser Datei ist einfach:

```
use Fcntl;
sysopen(NEWFH, $somefile, O_CREAT, 0440) or die "...";
close(NEWFH);
```

> **Achtung!** *Seien Sie vorsichtig bei der Angabe einer Oktalzahl! Das folgende ist falsch:*
> ```
> # Das folgende Beispiel ist FALSCH!
> sysopen(NEWFH, $somefile, O_CREAT, "0644") or die "...";
> ```

Der Grund ist, daß bei der automatischen Konvertierung eines Strings in eine Zahl die Konvention der führenden Null für Oktalzahlen nicht berücksichtigt wird! Siehe auch Abschnitt 6.3 auf Seite 129.

Eine Datei wird *nur* dann erzeugt, wenn mindestens `O_CREAT` angegeben wird!

Eines muß noch berücksichtigt werden: Dateien werden nicht immer genau mit den angegebenen Zugriffsrechten erzeugt! Die gewünschten Zugriffsrechte werden erst noch durch die *umask* des aktuellen Prozesses (die durch die Funktion umask() verändert werden kann) modifiziert.

Schauen wir uns das einmal konkret an: Unser Prozeß hat folgende *umask*:

```
farid@sun-1:~> umask
022
```

Wenn nun eine Datei mit den Zugriffsrechten 0666 erzeugt wird:

```
sysopen(NEWFH, "/tmp/xxx", O_CREAT, 0666) or die "...";
```

entsteht folgende Datei:

```
farid@sun-1:~> ls -l /tmp/xxx
-rw-r--r--   1 farid    users           0 Jun  7 16:30 /tmp/xxx
```

Interessant! Wir haben nicht die erwarteten Rechte rw-rw-rw-, sondern vielmehr rw-r--r-- bekommen.

Modifizieren wir einmal die *umask*:

```
farid@sun-1:~> umask 020
```

Erzeugen wir nun eine neue Datei, wieder mit den Zugriffsrechten 0666:

```
sysopen(NEWFH, "/tmp/yyy", O_CREAT, 0666) or die "...";
```

Wie sieht es nun aus?

```
farid@sun-1:~> ls -l /tmp/yyy
-rw-r--rw-   1 farid    users           0 Jun  7 16:34 /tmp/yyy
```

Aha! Jetzt sind die Zugriffsrechte rw-r--rw-. Erkennen Sie schon das Bildungsgesetz?

Schauen wir uns das obigen Beispiel noch einmal genauer an, auch noch mit weiteren *umask*s und gewünschten Zugriffswerten (siehe Tabelle 12.1).

Die in *umask* angegebene Zahl ist wie eine Oktalzahl zu interpretieren. Jedes gesetzte Bit in *umask* hat die Wirkung, daß das entsprechende Bit in den resultierenden Zugriffsrechten *ausgeschaltet* wird. Die *umask* 020 ist binär 000 010 000. Somit wird bei den Zugriffsrechten das Gruppenschreibrecht (....w...., wobei . für *don't care* steht) ausgeschaltet. Wünschen wir bei einer *umask* von 020 beispielsweise die Rechte rwxrwxr-x, so entsteht nach Löschung des Gruppenschreibrechts: rwxr-xr-x.

Was soll das alles? Mit *umask* können Sie entscheiden, welche Rechte neu erzeugte Dateien *auf keinen Fall* haben dürfen. Angenommen, Sie haben eine Anwendung, die temporäre Dateien in /tmp anlegt, und zwar mit den Rechten 0666. Sie möchten aber nicht, daß jeder Benutzer diese Dateien lesen darf. Statt dessen sollen nur Sie selbst diese Dateien lesen können. Anstatt nun die Anwendung so zu modifizieren, daß temporäre Dateien nur noch mit den Rechten 0600 erzeugt werden, können Sie die *umask* vor der Ausführung dieser Anwendung auf 077 setzen. Wenn Sie aber etwas großzügiger

umask	Gewünscht	Tatsächlich
022	rw-rw-rw-	rw-r--r--
020	rw-rw-rw-	rw-r--rw-
777	rw-rw-rw-	---------
077	rw-rw-rw-	rw-------
022	rw-rw-r--	rw-r--r--
022	rw-rw----	rw-r-----
000	rw-r--rwx	rw-r--rwx
020	rwxrwxrwx	rwxr-xrwx

Tabelle 12.1: Wirkung von *umask* auf resultierende Zugriffsrechte

sein wollen und den Mitgliedern Ihrer Gruppe Leserechte zugestehen, können Sie statt dessen die *umask* 037 verwenden.

Die *umask* kann auch innerhalb eines Perl-Programms mit Hilfe der Funktion umask() geändert werden:

umask-demo.pl
```perl
#!/usr/local/bin/perl -w
# umask-demo.pl -- Zeigt die Verwendung der umask

use Fcntl;                        # Importiert die O_*-Konstanten

$old_umask = umask;               # Alte umask
printf "Old umask: %o\n", $old_umask;

$old_umask = umask(0077);         # Neue umask: 077

# Durch die umask 077 wird 0666 in 0600 transformiert.
# Dadurch erhalten wir eine private Datei.
sysopen(PRIVFH, "/tmp/zzz", O_CREAT | O_RDWR, 0666)
    or die "can't open /tmp/zzz: $!\n";
print PRIVFH "Hello, my diary\n";
close PRIVFH;
```
umask-demo.pl

Ausführung:

```
farid@sun-1:~/p> ./umask-demo.pl
Old umask: 22
farid@sun-1:~/p> ls -l /tmp/zzz
-rw-------   1 farid    users          16 Jun  7 16:58 /tmp/zzz
```

Sie sollten normalerweise dem Anwender die Entscheidung über die benötigten Zugriffsrechte überlassen, indem Sie

- normale Dateien mit den Rechten 0666 anlegen,
- Verzeichnisse (`mkdir()`) mit den Rechten 0777 anlegen und
- die vom Benutzer eingestellte *umask* innerhalb des Perl-Programms nicht explizit verändern.

Ausnahmen sind natürlich von Fall zu Fall erlaubt!

Zugriffsarten und O_*-Konstanten

Wenden wir uns nun dem dritten Parameter von `sysopen()` zu. Hier kann die Art und Weise des beabsichtigten Zugriffs angegeben werden. Wie bereits im vorigen Abschnitt gezeigt, kann eine Datei zum Lesen, zum Schreiben oder zum Anhängen geöffnet werden. Mit `sysopen()` sind wir aber flexibler und können eine Datei z.B. zum gleichzeitigen Lesen und Schreiben oder auch beim Öffnen auf die Größe 0 verkleinern. Zusätzlich ist es möglich, eine Datei mit bestimmten Zugriffsrechten zu erzeugen und sie sogar nur dann zu erzeugen, wenn sie nicht vorher schon existiert hat.

Wie wird nun die Zugriffsart angegeben? Diese kann durch die bitweise „Veroderung" von Konstanten, die im Standardmodul `Fcntl` definiert sind, spezifiziert werden. Eine Übersicht über diese Symbole finden Sie in Tabelle 12.2.

Konstante	Bedeutung
O_RDONLY	Datei nur zum Lesen öffnen.
O_WRONLY	Datei nur zum Schreiben öffnen.
O_RDWR	Datei zum Lesen und Schreiben öffnen.
O_APPEND	Schreiben immer nur am Ende der Datei.
O_CREAT	Nichtexistierende Datei erzeugen.
O_EXCL	Datei nur erzeugen, wenn nicht schon da.
O_NONBLOCK	Blockieren beim Öffnen, jedoch nicht
O_NDELAY	wenn Gerät nicht bereit ist.
O_SYNC	Nach jedem Schreiben `fsync()` aufrufen.
O_TRUNC	Verkürzt die existierende Datei auf Länge 0.

Tabelle 12.2: Einige Zugriffskonstanten für `sysopen()` aus `Fcntl`

Schauen wir uns einige typische Anwendungen an. Vergessen Sie nicht, die O_*-Konstanten mittels

```
use Fcntl;
```

am Anfang Ihres Programms einzubinden.

- Datei nur zum Lesen öffnen:

    ```
    sysopen(READFH, "somefile", O_RDONLY) or die "...";
    $line = <READFH>;          # Lesen erlaubt
    print READFH $line;        # Hat hier keinen Sinn!
    ```

    Achten Sie darauf, daß die Datei nicht erzeugt wird, wenn sie noch nicht existiert. Darüber hinaus müssen die Zugriffsrechte der Datei das Lesen erlauben.

- Datei nur zum Schreiben öffnen:

    ```
    sysopen(WRITEFH, "somefile", O_WRONLY) or die "...";
    print WRITEFH "Hello, World!\n";    # Schreiben erlaubt
    $line = <WRITEFH>;                  # Lesen hat keinen Sinn
    ```

    Existierte die Datei vorher nicht, wird sie, im Gegensatz zu open(), *nicht* erzeugt! Dazu benötigen Sie zusätzlich die Konstante O_CREAT:

    ```
    sysopen(WRITEFH, "somefile", O_WRONLY | O_CREAT, 0666)
        or die "...: $!\n";
    ```

- Datei zum Lesen und Schreiben öffnen:

    ```
    use POSIX;                         # Fuer SEEK_SET
    sysopen(RDWRFH, "somefile", O_RDWR) or die "...";

    # Erste Zeile lesen
    $line = <RDWRFH>;

    # Zurueck zum Anfang!
    seek(RDWRFH, 0, SEEK_SET) or warn "seek(): $!\n";

    # Nun ab hier schreiben!
    print RDWRFH "New contents\n";    # und Schreiben
    ```

    Auch hier wird die Datei nicht erzeugt, wenn sie nicht schon vorher existiert hat. Sie benötigen in diesem Fall wieder O_CREAT. Diese Form ist gegenüber open() neu: Es ist möglich, auf eine so geöffnete Datei sowohl lesend, als auch schreibend zuzugreifen.

Eine der Konstanten O_RDONLY, O_WRONLY und O_RDWR kann bitweise mit weiteren O_*-Konstanten „verodert" werden, um ein anderes Verhalten zu erreichen. Typische Beispiele sind:

- Anhängendes Schreiben mit O_APPEND:

    ```
    sysopen(LOGFILE, $logfile, O_WRONLY | O_APPEND) or die "...";
    print LOGFILE "new last line\n";
    ```

Dies entspricht (fast) dem Format >> bei open(). Jedes Schreiben bewegt den Dateizeiger an das Ende der Datei.

Der Unterschied zwischen >> bei open() und der hier gezeigten Version ist das Fehlen von O_CREAT.

- Noch nicht existierende Dateien mit O_CREAT erzeugen:

  ```
  # Zum Schreiben oeffnen, notfalls erzeugen:
  sysopen(OUTFILE, $fname, O_WRONLY | O_CREAT, 0666) or die "...";

  # Nur erzeugen, aber kein Zugriff auf die Datei:
  sysopen(CFILE, $fname, O_CREAT, 0666) or die "...";
  close(CFILE);
  ```

  Wenn die Datei bereits existiert, hat O_CREAT keine Wirkung. Die Datei wird nicht zerstört, sondern normal geöffnet.

- Datei bei Bedarf neu erzeugen, Fehler, falls die Datei schon existiert:

  ```
  sysopen(NEWFH, $fname, O_WRONLY | O_CREAT | O_EXCL, 0666)
      or warn "...: $!\n";
  ```

  Durch das Hinzufügen der Konstante O_EXCL wird eine bereits existierende Datei nicht mehr geöffnet. sysopen() kehrt dann mit *undef* und einem Fehlercode in $! zurück.

  Diese Form wird gern verwendet, um sicherzugehen, daß tatsächlich eine neue Datei erzeugt oder eine bereits existiernde Datei mit einem Fehler angezeigt wird.

- Mit einer leeren Datei anfangen (O_TRUNC):

  ```
  sysopen(EMPTYFH, $fname, O_WRONLY | O_TRUNC) or die "...";
  ```

  In diesem Fall wird die (bereits existierende) Datei mit dem Namen in $fname zum Schreiben geöffnet. Eventuell vorhandener Inhalt wird dabei weggeworfen und die Datei auf die Länge 0 zurückgesetzt. Das überschreibende Öffnen von open() wird so definiert:

  ```
  # Ueberschreibendes Oeffnen mit open():
  open(FH, "> $outfile") or die "...";

  # ist aequivalent zu:
  sysopen(FH, $outfile, O_WRONLY | O_TRUNC | O_CREAT, 0666)
      or die "...";
  ```

- Synchrones Schreiben auf die Platte mit O_SYNC:

  ```
  sysopen(SYNCFH, $outfile, O_WRONLY | O_SYNC | O_CRAT, 0666)
      or die "...";
  { local $ofh; $ofh = select(SYNCFH); $| = 1; select($ofh); }
  print SYNCFH "written to disk";
  ```

  Es ist möglich, eine Datei so zu öffnen, daß jedes Schreiben (genauer jeder Schreibsystemaufruf) den Prozeß so lange anhält, bis die Daten physisch auf die Platte geschrieben wurden. Das ist besonders bei transaktionsbasierten Systemen wie Datenbanksystemen beliebt. Beachten Sie aber dabei, daß Sie mit O_SYNC zwar die

Kernelpufferung dieser Datei ausschalten, aber noch lange nicht die *stdio*-Pufferung. Darum müssen Sie diese ebenfalls explizit mittels `select()` ausschalten.

Das Öffnen einer Datei mit `O_SYNC` „modifiziert" den Systemaufruf `write()` so, daß automatisch und für den Benutzer unsichtbar stets am Anschluß jedes `write()` ein `fsync()`-Systemaufruf getätigt wird.

- Nichtblockierendes Öffnen einer Datei mit `O_NONBLOCK`:

Dieses Thema wird in Abschnitt 12.4.7 auf Seite 416 behandelt.

12.4.3 Fortgeschrittene Lesetechniken

Direktes Lesen

Es gibt drei Möglichkeiten, von einem Filehandle Daten zu lesen:

- Satzweises Lesen mit `readline()` bzw. `<FH>`
- *stdio*-basiertes direktes Lesen mit `read()`
- direktes Lesen mit Systemaufrufen unter Umgehung der *stdio*-Bibliothek mit `sysread()`

Die erste Möglichkeit wurde bereits im vorigen Abschnitt gezeigt. Sie kann auch auf Filehandles der `sysopen()`-Funktion angewandt werden. Der Nachteil dieser Methode ist, daß damit eine Datei immer nur *sequentiell* gelesen werden kann. Es ist damit nicht möglich, direkt zum n-ten Datensatz oder zum m-tem Byte einer Datei zu springen und k Bytes einzulesen, ohne vorher alle vorigen Datensätze bzw. Bytes zu überspringen.

Ganz anders beim direkten Lesen. Hier wird eine Datei nicht mehr nur als sequentieller Strom betrachtet, der ausschließlich von Anfang bis zum Ende ähnlich einem Band durchlaufen werden muß, sondern als eine Datensammlung, in der an jede Position gesprungen werden kann. Eine schöne Analogie ist es, eine sequentielle Datei als Band und eine Datei mit direktem Zugriff als eine Platte anzusehen.

Anders als beim sequentiell basierten Lesen, ist beim direkten Lesen folgendes möglich:

- Sie können zu einer beliebigen Position innerhalb der Datei mit Hilfe der Funktionen `seek()` (bei *stdio*) und `sysseek()` (bei Systemaufrufen) springen. Abschnitt 12.7.8 auf Seite 471 enthält mehr Informationen zu dieser Technik.

- Sie können eine beliebige Anzahl Bytes ab der aktuellen Dateizeigerposition mit Hilfe der Funktionen `read()` (bei *stdio*) oder `sysread()` (als Systemaufruf) in einen Puffer (skalare Variable) einlesen . Dies ist unabhängig von der Struktur der in der Datei enthaltenen Daten möglich. Sinnvoll ist dies bei der Verarbeitung von Binärdateien, die keine besondere Datensatzstruktur aufweisen.

Allerdings kann man nicht auf jede Datei direkt zugreifen! Neben den immer seltener werdenden Bandlaufwerken (Streamer etc.) sind auch Pipes und die Standardeingabe, Standardausgabe und Standardfehlerausgabe Dateien, die nur sequentiell durchlaufen werden können.

Gepuffertes Lesen mit `read()`

Die *stdio*-basierte Funktion `read()` wird wie folgt aufgerufen:

```
$bytes_read = open(RDFH, $buf, $nbytes);
$bytes_read = open(RDFH, $buf, $nbytes, $offset);
```

Hierbei ist RDFH ein durch `open()` oder `sysopen()` erzeugtes Filehandle. Die Datei muß (mindestens) zum Lesen geöffnet worden sein. `$buf` ist der Puffer, der die einzulesenden Daten aufnehmen wird. Dieser wird automatisch auf die tatsächlich aufgenommene Datenmenge vergrößert oder verkleinert. `$nbytes` ist die Anzahl der einzulesenden Bytes. Der Rückgabewert `$bytes_read` enthält im Anschluß die Anzahl der tatsächlich gelesenen Bytes. Beachten Sie, daß `$bytes_read` kleiner als `$nbytes` sein kann! Das optionale Argument `$offset` bezeichnet die Position innerhalb von `$buf`, ab der die eingelesenen Daten abgelegt werden sollen.

`read()` liest ab der *aktuellen Dateizeigerposition*. Dieser Dateizeiger kann mit Hilfe der Funktion `tell()` abgefragt und mit `seek()` auf jede beliebige Position gesetzt werden. Natürlich verschiebt `read()` genauso wie `<FH>` den Dateizeiger um die Anzahl eingelesener Bytes ebenfalls weiter nach vorn. Details zum Dateizeiger finden Sie in Abschnitt 12.7.8 auf Seite 471.

Trat ein Fehler auf, liefert `read()` *undef*. Der genauere Fehlercode ist in `$"!$!` enthalten.

Es sei noch erwähnt, daß `read()` auch problemlos von einer sequentiellen Datei lesen kann, wie etwa von den Standardkanälen oder auch von einer Netzwerkverbindung.

Eine einfache, aber naive Anwendung von `read()` sieht wie folgt aus:

```
# Moeglicherweise FALSCH!
read(FH, $buf, $wanted) or warn "can't read: $!\n";
```

Dieser Aufruf ist möglicherweise falsch! Wir haben bereits gesagt, daß `read()` durchaus weniger Daten lesen könnte, als gewünscht ist. Dieser als *short read* bezeichnete Fall tritt beispielsweise unter folgenden Umständen auf:

- Die Menge der gewünschten Daten überschreitet eine systemabhängige Grenze: Einige Systeme erlauben nur (atomare) Lesezugriffe bis zu einer maximalen Größe. Eine längere Leseoperation muß dann auf mehrere kleinere aufgeteilt werden.

- Zum Lesezeitpunkt standen weniger Daten zur Verfügung, als gewünscht war, wobei der *nichtblockierende* Modus aktiv war. Normalerweise ist der Defaultmodus *blockierendes Lesen*. Ein `read()` wird in dem Fall so lange blockieren, bis alle Daten tatsächlich zur Verfügung stehen. Beim *nichtblockierenden* Modus kehrt hingegen `read()` so früh wie möglich zurück, zur Not auch ohne alle gewünschten Daten, sondern nur mit so vielen wie gerade ohne Blockierung noch gelesen werden konnten.

- Der `read()`-Systemaufruf kann auch aus anderen Gründen unterbrochen werden.

12.4 Systemnahe Ein- und Ausgabe

Es ist daher sehr wichtig, die Anzahl tatsächlich gelesener Bytes von `read()` auszuwerten. Diese Anzahl kann kleiner als die gewünschte Anzahl sein. Sie kann sogar 0 betragen, wenn wir uns im nicht blockierenden Modus befinden. Die gewünschte Anzahl von Bytes muß dann durch sukzessives, wiederholtes Lesen mit `read()` eingelesen werden.

Die typische Anwendung von `read()` lautet:

```
$offset = 0
while (defined ($nbytes = read(FH, $buf, $wanted, $offset))) {
    $wanted -= $nbytes;
    $offset += $nbytes;
}
# Hier kann $buf verwendet werden
```

Schöner sieht das mit einer `for()`-Schleife aus:

```
for ($offset = 0;
    defined ($nbytes = read(FH, $buf, $wanted, $offset));
    $wanted -= $nbytes, $offset += $nbytes) { }
# Hier kann $buf verwendet werden
```

Eine schöne Anwendung von `read()` liefert das CGI-Protokoll: Ein Webserver kann ein CGI-Programm durch die POST-Methode aufrufen. Dabei steht in der Umgebungsvariable CONTENT_LENGTH die Anzahl der einzulesenden Bytes. Diese werden über STDIN eingelesen:

```
for ($offset=0, $wanted=$ENV{'CONTENT_LENGTH'};
    defined ($nbytes = read(STDIN, $buf, $wanted, $offset));
    $wanted -= $nbytes, $offset += $nbytes) { }
# Eingelesene Daten in $buf
```

Gerade im Fall des CGI-Protokolls sind *short reads* ein Problem:

```
# FALSCH! short reads
read(STDIN, $buf, $ENV{'CONTENT_LENGTH'}) or warn "...";
```

Bei dieser kurzen Version bekommen wir unter Umständen nicht alle gewünschten Daten in $buf. Das kann schneller geschehen, als Sie wahrscheinlich vermuten. Darum noch einmal zur Erinnerung:

> **Achtung!** *Vorsicht vor* short reads *bei* `read()`*! Überprüfen Sie stets den Rückgabewert von* `read()`*, und lesen Sie (z.B. in eine Schleife) eventuell noch einmal, bis Sie alle gewünschten Bytes bekommen haben!*

Ungepuffertes Lesen mit `sysread()`

Während die Funktion `read()` *stdio*-basiert ist (es handelt sich bei `read()` in der Tat um die *stdio*-Funktion `fread()` Ihrer C-Library), repräsentiert `sysread()` den Systemaufruf zum Lesen von einem Filehandle.

sysread() wird äußerlich wie read() verwendet:

    $bytes_read = sysread(FH, $buf, $wanted);
    $bytes_read = sysread(FH, $buf, $wanted, $offset);

Das Filehandle FH stammt aus open() oder sysopen(), $wanted ist die Zahl der einzulesenden Bytes. Diese werden in den Puffer $buf (ab Offset $offset) eingelesen. Möglicherweise können aber auch weniger Bytes eingelesen worden sein, nämlich $bytes_read. Im Fehlerfall liefert sysread() *undef* mit einem Fehlercode in $! zurück.

Auch wenn die Anwendung von sysread() der von read() ähnelt, ergeben sich aber doch einige bedeutende Unterschiede:

- Aufrufe von sysread() sind effizienter als die von read(), da sie die *stdio*-Bibliothek umgehen. Allerdings kann die Eingabepufferung der *stdio* dazu beitragen, daß viele „kleine" sysread()s ineffizienter sind als mehrere read()s. Bei größeren Datenmengen ist aber der Systemaufruf effizienter als read().

- Aufrufe von sysread() dürfen beim selben Filehandle nicht mit Aufrufen der *stdio*-Funktionen (z.B. <FH>, read(), seek() usw.) vermischt werden! Der Grund ist der, daß *stdio* einen eigenen Puffer und eigene Dateizeiger pro Filehandle pflegt. Diese können durch direkte Systemaufrufe auf dieselbe Datei durcheinandergebracht werden. Darum sollten Sie nach Möglichkeit auf Systemaufrufe verzichten.

- Wenn Sie unbedingt Systemaufrufe statt der *stdio*-Funktionen benötigen, sollten Sie diese ausschließlich verwenden. Zu den Systemaufrufen zählen: sysread(), syswrite(), systell() und sysseek().

Achtung! *sysread() kann* short reads *aufweisen. Prüfen Sie daher stets den Rückgabewert von sysread(), und lesen Sie (evtl. in einer Schleife) die fehlenden Bytes ein.*

Achtung! *Vermischen Sie nicht die Aufrufe der Systemaufrufe mit denen der stdio-Bibliothek beim selben Filehandle! Sie könnten sonst die Puffer- und Dateizeigerverwaltung der stdio-Bibliothek für diese Filehandles durcheinanderbringen.*

12.4.4 Exkurs: Lesen von mehreren Filehandles

Das Problem

Nehmen Sie an, daß Sie mehrere Filehandles zum Lesen haben. Diese Filehandles können zum Lesen geöffnete Dateien, Pipes oder gar Netzwerkverbindungen zu verschiedenen Programmen repräsentieren. Daten können in beliebiger zeitlicher Reihenfolge zu diesen Filehandles gesendet worden sein.

Ihr Auftrag, sollten Sie sich entschließen, diesen anzunehmen, lautet:

> *Sammle alle eingehenden Daten in ein Array @incoming. Dabei sollten in $incoming[0] alle Daten aus dem ersten Filehandle, in $incoming[1] alle Daten aus dem zweiten Filehandle usw. konkateniert werden. Da die Sender es besonders eilig haben, muß Ihr Programm die eingehenden Daten so schnell wie möglich entgegennehmen.*

Die Aufgabe sieht auf den ersten Blick einfach aus. Nehmen wir zunächst einmal an, daß Daten textorientiert als Zeilen gesendet werden. Ein erster Versuch ergibt:

```
while (not eof(FH1) and not eof(FH2) and
       not eof(FH3) and not eof(FH4) and
       not eof(FH5)) {
    $incoming[0] .= <FH1>;
    $incoming[1] .= <FH2>;
    $incoming[2] .= <FH3>;
    $incoming[3] .= <FH4>;
    $incoming[4] .= <FH5>;
}
```

Nach kurzer Zeit hagelt es Beschwerden: Das Programm reagiert zu langsam und scheint manchmal minutenlang, wenn nicht sogar tagelang zu hängen. Wieso?

Eine gründliche Detektivarbeit enthüllt die Ursache: Der Sender an FH4 hatte einfach zu wenig zu berichten! Dadurch blieb der Aufruf <FH4> so lange hängen, bis irgendwann einmal etwas von FH4 kam. Währenddessen mußten alle anderen Sender ungeduldig auf einen freien Kanal warten, obwohl sie selbst völlig unschuldig an dieser Lage waren.

Das Problem war also, daß das *Round-robin*-Lesen aus einer Menge von Filehandles *nichtblockierend* erledigt werden mußte. Ein zur Zeit leeres Filehandle darf nicht dazu führen, daß andere Filehandles nicht mehr ausgelesen werden können.

Netzprogrammierer werden jetzt sicherlich einwenden, daß es einen Ausweg gibt:

Starte für jedes Filehandle, aus dem man lesen möchte, mit fork() *einen eigenen Prozeß! Dann kann jeder Prozeß nach Lust und Laune auf die Eingaben „seines" Filehandles warten. Auf einem Multitasking-System laufen diese Prozesse (quasi)parallel, wodurch es keine Gesamtblockierung gibt, wenn einer der Sender zu langsam sein sollte.*

Systemprogrammierer haben gleich eine andere Lösung parat:

Statt mehrere Prozesse zu erzeugen, reicht es aus, die Dateien im nichtblockierenden Modus zu öffnen und nichtblockierende Leseoperationen der Reihe nach (round robin) auf die Filehandles anzuwenden. Hat ein Sender zwischenzeitlich nichts zu sagen, werden einfach 0 Bytes eingelesen, und das nächste Filehandle kann dann sofort bedient werden. Eine Blockierung findet nie statt.

Aufmerksame Leser werden aber jetzt den Systemprogrammierern erwidern:

Das ist ja schön und gut, aber es gibt da ein kleines Problem! Wenn kein Sender gerade etwas zu sagen hat, wird das Programm in einer Schleife immer wieder die einzelnen Filehandles prüfen. Das ist ja übelstes busy waiting, *das CPU-Zyklen ohne Nutzen verschwendet!*

Es gibt glücklicherweise eine Möglichkeit, von mehreren Filehandles zu lesen, *ohne* dabei fork() oder *busy waiting* zu verwenden. Bevor wir diese Methode vorstellen, sollten wir kurz überlegen, was dazu nötig ist:

- Wir wollen wissen, welche Filehandles gerade Daten für uns bereitstellen. Das Lesen von einem leeren Filehandle hat offensichtlich keinen Sinn.
- Wir wollen Daten im nichtblockierenden Modus von Filehandles lesen, die etwas anzubieten haben.
- Wenn nichts vorliegt, wollen wir nicht mit *busy waiting* unsere (CPU-)Zeit vergeuden, sondern so lange blockieren, bis Daten vorhanden sind.

Der Systemaufruf select(), der nicht mit der Funktion select() zum Auswählen des Defaulthandles (siehe Abschnitt 12.3.4 auf Seite 380) verwechselt werden darf, bietet genau diese Funktionalität!

Leider ist select() etwas schwierig anzuwenden. Der Grund ist, daß select() die Liste der zu überwachenden Filehandles als ein *Bitfeld* erwartet. Dieses Bitfeld muß aus den Dateideskriptoren gewonnen werden, die zu den Filehandles gehören (siehe Abschnitt 12.8 auf Seite 487). Glücklicherweise gibt es auch eine einfachere Methode, die uns das Arbeiten mit Bitfeldern ersparen kann.

> **Achtung!** *Die im folgenden vorgestellte* select()*-Funktion verträgt sich nicht gut mit der* stdio-*basierten Ein-/Ausgabe! Darum sollte zum Lesen nur* sysread() *und zum Schreiben ausschließlich* syswrite() *verwendet werden!*

Direktes Manipulieren von Bitvektoren

Fangen wir erst mit der schwierigsten, der *Low-level*-Methode an!

Zu den bereits vorhandenen, hoffentlich nichtblockierenden Filehandles FH1 bis FH5 benötigen wir ein Bitfeld:

```
$rin = '';                      # Bitfeld
vec($rin, fileno(FH1), 1) = 1;
vec($rin, fileno(FH2), 1) = 1;
vec($rin, fileno(FH3), 1) = 1;
vec($rin, fileno(FH4), 1) = 1;
vec($rin, fileno(FH5), 1) = 1;
```

Dieses Bitfeld werden wir später bei select() benötigen. Zum Erzeugen dieses Bitfelds benötigen wir die Funktion vec(). vec() wird wie folgt aufgerufen:

```
$bitsval = vec($bitfield, $offset, $nbits);
vec($bitfield, $offset, $nbits) = $bitsval;
```

Der erste Parameter ist ein Bitfeld. Dieses Bitfeld wird intern als ein *integer*-Feld behandelt. Daher besteht es aus genau 32 Bits (von 0 bis 31, in *host byte order*). $offset ist die Nummer des Bits, ab der vec() operieren soll. $nbits, das meistens 1 ist, bezeichnet die

12.4 Systemnahe Ein- und Ausgabe

Anzahl der ab `$offset` konsekutiven Bits der `vec()`-Operation. `vec()` kann ein wenig wie ein `substr()` für 32-Bit-Bitfelder angesehen werden. Wichtig ist auch, daß `vec()` auch *lvalue* sein kann, womit dem expliziten Setzen von Bits nichts mehr im Wege steht.

In diesem Beispiel haben wir mit einem leeren Bitfeld angefangen:

```
$rin = '';      # Nur aus 32x0 bestehendes Bitfeld
```

Danach haben wir jeweils die Bits, die zu den Filehandles FH1 bis FH5 passen, auf 1 gesetzt.

Filehandles sind nicht dasselbe wie Filedeskriptoren (siehe Abschnitt 12.8 auf Seite 487). Die Funktion `fileno()` konvertiert ein Filehandle in einen numerischen Dateideskriptor.

Was fangen wir nun mit dem Bitfeld `$rin` an? Das ist einfach! Wir rufen `select()` auf:

```
$nokay = select($rout=$rin, undef, undef, undef);
```

Was geschieht hier? `select()` wird wie folgt aufgerufen:

```
$retval = select($rbits, $wbits, $ebits, $timeout);
```

Hierbei enthält `$rbits` ein Bitfeld der zu überwachenden zum Lesen geöffneten Filehandles, `$wbits` ein Bitfeld der zum Schreiben geöffneten Filehandles und `$timeout` die (fraktionale) Anzahl der in `select()` maximal zu wartenden Sekunden (*undef* für ewiges Warten).

Dieser Aufruf von `select()` blockiert nun so lange, bis Daten auf einem der in `$rin` angegebenen Filehandles zur Verfügung stehen. Welche Filehandles enthalten nun Daten, die wir lesen können? *Die Parameter von select() werden verändert!* Wir erhalten in `$rout` eine neue Bitmaske, in der nur die Bits der lesebereiten Filehandles gesetzt sind. Dies können wir wieder mit `vec()` prüfen:

```
if ($nokay) {
    # Kein timeout: Es lagen Daten vor!
    if (vec($rout, fileno(FH1), 1)) {
        # FH1 kann ausgelesen werden
    }
    if (vec($rout, fileno(FH2), 1)) {
        # FH2 kann ausgelesen werden
    }
    if (vec($rout, fileno(FH3), 1)) {
        # FH3 kann ausgelesen werden
    }
    if (vec($rout, fileno(FH4), 1)) {
        # FH4 kann ausgelesen werden
    }
    if (vec($rout, fileno(FH5), 1)) {
        # FH5 kann ausgelesen werden
    }
}
```

Wir haben hier mit Absicht noch nicht gezeigt, wie FH1 bis FH5 nichtblockierend gelesen werden können. Nur soviel: `sysread()` muß im nichtblockierenden Modus benutzt werden (siehe Abschnitt 12.4.7 auf Seite 416).

Mehr Informationen zu `select()`, `vec()` und `fileno()` finden Sie in *man perlfunc*.

Verwendung von IO::Select

Es ist schwierig, mit `select()`, `vec()` und `fileno()` die Filehandles herauszufinden, die gerade etwas zum Lesen enthalten. Glücklicherweise gibt es das Standardmodul IO::Select, das wie folgt benutzt werden kann:

```
use IO::Select;             # Standardmodul

$s = IO::Select->new();     # Ein IO::Select-Objekt
$s->add(*FH1);
$s->add(*FH2);
$s->add(*FH3);
$s->add(*FH4);
$s->add(*FH5);
if (@readyfh = $s->can_read()) {
    foreach $fh (@readyfh) {
        # Nichtblockierend von Filehandle $fh lesen
    }
}
```

Anstatt ein Bitfeld zu benutzen, haben wir hier ein IO::Select-Objekt verwendet. Nach dessen Konstruktion mit `new()` haben wir mit der Methode `add()` die Filehandles angegeben, die wir überwachen wollen. Das ist deutlich besser lesbar als Aufrufe von `vec()` und `fileno()`! Anschließend haben wir die Methode `can_read()` aufgerufen. Ein Argument ist die Timeout-Zeit. Ohne Argument warten wir ewig. Sobald nun auf einem der überwachten Filehandles Daten zum Lesen bereitliegen, kehrt `can_read()` mit einem Array von Filehandles zurück, aus denen gelesen werden kann.

Auch hier haben wir das nichtblockierende Lesen aus den Filehandles nicht vorgeführt. Dies wird in Abschnitt 12.4.7 auf Seite 416 nachgeholt.

Das Modul IO::Select ist deutlich flexibler, als hier angedeutet wurde. So können beispielsweise Filehandles mittels `remove()` entfernt werden, Schreibhandles mit `can_write()` überwacht werden usw. Mehr Informationen zu diesem sehr nützlichen Modul erhalten Sie in *man IO::Select*.

12.4.5 Fortgeschrittene Schreibtechniken

Direktes Schreiben

Das Schreiben mit Hilfe von `print()`, `printf()` und `write()` geschieht immer ab der aktuellen *Dateizeigerposition*. Dabei wird nach jeder Schreiboperation dieser Dateizeiger um die Anzahl geschriebener Bytes weiter nach vorn verschoben. Somit ist das Schreiben von sequentiellen Dateien und in Kanäle ganz natürlich.

Mit Hilfe der Dateizeigeroperation `seek()` läßt sich der Dateizeiger bei Dateien mit wahlfreiem Zugriff beliebig positionieren. Somit ist *direktes* Schreiben an einer beliebigen Position möglich.

Gepuffertes Schreiben mit `print()`, `printf()`, `write()`

Diese Funktionen verwenden die normale *stdio*-Bibliothek. Darum sind sie auch normalerweise alle gepuffert. Wie bereits erwähnt, ist dies aus Effizienzgründen meist eine gute Sache.

Pufferung ausschalten

Die *stdio*-Pufferung läßt sich mit Hilfe der reservierten Variablen $| für das Defaulthandle ausschalten. Wie die Pufferung für ein beliebiges Filehandle ausgeschaltet werden kann, wurde bereits in Abschnitt 12.3.4 ab Seite 381 gezeigt. Bitte beachten Sie jedoch, daß damit das betriebssystemweite Puffern im Dateicache nicht unbedingt ausgeschaltet wird.

Ungepuffertes Schreiben mit `syswrite()`

Mit Hilfe des Systemaufrufs `syswrite()` läßt sich die *stdio*-Bibliothek samt ihrer Pufferung komplett umgehen. Dies kann unter Umständen die Effizienz erhöhen, vor allem dann, wenn Datenstücke einer systemabhängigen Größe (z.B. Vielfache von 2 Kbyte oder 4 Kbyte) geschrieben werden sollen.

`syswrite()`-Aufrufe sind nicht gepuffert. Genauer gesagt, sind sie nur betriebssystemweit im Dateicache gepuffert, nicht jedoch anwendungsweit. Diese Pufferung läßt sich ebenfalls teilweise aufheben, indem

- beim Öffnen einer Datei mit `sysopen()` das Flag `O_SYNC` angegeben wird (siehe Abschnitt 12.4.2 auf Seite 404) oder
- manuell nach jedem Schreiben der Systemaufruf `fsync()` oder sogar systemweit `sync()` aufgerufen wird.

Wie wird nun `syswrite()` verwendet? Ganz einfach spiegelbildlich zu `sysread()` (Abschnitt 12.4.3 auf Seite 407):

```
$nbytes = syswrite(FH, $buf, $length);
$nbytes = syswrite(FH, $buf, $length, $offset);
```

Bei diesen Aufrufen wird versucht, `$length` Bytes aus `$buf` (ab `$offset`) zum Schreibhandle FH zu schreiben. Dabei kann, wie bei `sysread()` auch, ein *short write* auftreten. Die Anzahl tatsächlich geschriebener Bytes ist der Rückgabewert von `syswrite()`:

$nbytes. Im Fehlerfall liefert `syswrite()` *undef*. Der genaue Fehlercode ist dann in $!
enthalten.

Aufgrund der *short writes* sollten daher die zu schreibenden Daten in einer Schleife
ausgegeben werden (siehe Abschnitt 12.4.3 auf Seite 407):

```
for($offset=0;
    defined ($nbytes=syswrite(FH, $buf, $length, $offset));
    $offset += $nbytes, $length -= $nbytes) { }
```

Achtung! `syswrite()` *kann* short writes *aufweisen. Darum sollten Sie Daten in einer
Schleife so lange schreiben, bis alles ausgegeben wurde.*

Achtung! *Vermischen Sie keine Aufrufe von* `syswrite()` *mit* stdio*-Funktionen auf
demselben Filehandle (d.h. verwenden Sie* `sysseek()` *statt* `seek()`*,* `sysread()` *statt*
`read()`*, und benutzen Sie in diesem Fall nicht* `print()`*,* `printf()` *oder* `write()`*).
Sie könnten sonst die Dateizeigerverwaltung der* stdio*-Bibliothek für dieses Filehandle
durcheinanderbringen.*

Achtung! *Obwohl* `syswrite()` *das „Gegenteil" von* `sysread()` *darstellt, ist* `write()`
nicht das „Gegenteil" von `read()`*!* `write()` *ist eine Funktion des Report-Generators, der
in 12.5 ab Seite 419 vorgestellt wird.*

12.4.6 Exkurs: Schreiben zu mehreren Filehandles

In Abschnitt 12.4.4 auf Seite 408 haben wir gesehen, wie ein Programm von mehreren
Filehandles gleichzeitig lesen kann. Wie kann nun die spiegelbildliche Operation durchgeführt werden?

- Mit Hilfe eines externen Programms: *tee*

    Das Unix-Programm *tee* liest seine Standardeingabe und schreibt alle eingelesenen
    Daten sowohl auf seine Standardausgabe als auch auf alle Dateien, deren Namen
    auf der *tee*-Kommandozeile angegeben wurden. Typische Verwendungen sind:

    ```
    farid@sun-1:~> ./myprog.pl | tee out1 -a log2 out3
    farid@sun-1:~> ./myprog.pl | tee outfile | wc
    farid@sun-1:~> ./myprog.pl | tee -a log out >/dev/null
    ```

    Im ersten Fall wird die Ausgabe von `myprog.pl` durch *tee* in die neuen Dateien `out1`
    und `out3` geschrieben, an die Datei `log2` angehängt (-a-Flag) und auf die Standardausgabe der Pipe geschrieben. Im zweiten Fall wird die Ausgabe von `myprog.pl` in
    die Datei `outfile` (überschreibend, falls diese Datei vorher schon existiert hat) geschrieben. Gleichzeitig geht diese Ausgabe weiter in die Standardeingabe von *wc*,
    das die Anzahl der Zeichen, Wörter und Zeilen ermittelt und anschließend ausgibt.
    Im letzten Fall wird die Ausgabe von `myprog.pl` an die Datei `log` angehängt und
    in die Datei `out` überschreibend geschrieben. Die Ausgabe erscheint nicht auf den
    Bildschirm, da diese insgesamt zum Null-Device */dev/null* umgelenkt wurde.

    Wir können *tee* innerhalb unseres Programms wie folgt nutzen:

    ```
    open (TEEFH, "| tee out1 out2 -a log3") or die "...";
    ```

12.4 Systemnahe Ein- und Ausgabe

```
    print TEEFH "Multiple output\n";
    close (TEEFH);
```

Wenn die Ausgabe nicht auf der Standardausgabe erscheinen soll, können wir die Standardausgabe von *tee* wegwerfen:

```
    open (TEEFH, "| tee out1 out2 >/dev/null") or die "...";
```

Es ist sogar möglich, unser eigenes STDOUT umzulenken mit:

```
    open (STDOUT, "| tee out1 -a out2") or die "...";
    print STDOUT "Multiple output\n";
    print "Also multiple output\n";
```

Somit würde jede normale Ausgabe unseres Programms nun auch zusätzlich in out1 geschrieben und an out2 angehängt. Dies ist sehr nützlich, wenn Sie die Ausgabe eines bereits existierenden (umfangreichen?) Programms in eine Datei protokollieren wollen und dabei keine Tricks aus der Shell-Ebene heraus benutzen wollen. Wenn Sie das nichtprotokollierende Verhalten wiederherstellen wollen, müssen Sie vorher dafür sorgen, daß Sie eine Kopie von STDOUT angelegt haben (siehe Abschnitt 12.3.6 auf Seite 391):

```
    open (OFH, ">&STDOUT") or die "...";
    open (STDOUT, "| tee -a logfile") or die "...";
    print "STDOUT is now being logged...\n";
    open (STDOUT, ">&OFH") or die "...";
    print "STDOUT is not logged anymore...\n";
```

tee befindet sich auf jedem Unix-System. Was tun Sie aber, wenn Sie nicht Unix benutzen? Sie können natürlich *tee* in Perl schreiben und die Perl-Version von *tee* benutzen. Ein in Perl geschriebener *tee*, *tctee*, wird in [16, Recipe 8.19] vorgestellt.

- Nacheinander auf alle Filehandles schreiben:

Sie können manuell nacheinander auf mehrere Filehandles schreiben:

```
    # FH1 bis FH3 seien offene Schreibhandles
    print FH1 "myoutput\n";
    print FH2 "myoutput\n";
    print FH3 "myoutput\n";
```

Das ist natürlich sehr lästig. Es geht auch mit einer Schleife und indirekten Filehandles:

```
    # @fh enthalten Filehandles:
    @fhs = (*FH1, *FH2, *FH3);
    foreach $fh (@fhs) {
        print $fh "myoutput\n";
    }
```

- Berücksichtigung der Blockierung:

Was tun, wenn eines der Filehandles mit einer Pipe verbunden ist oder eine Socketverbindung zu einem anderen Programm quer über das Internet repräsentiert? Natürlich können Sie auch hier nacheinander auf die einzelnen Filehandles schreiben. Allerdings entsteht nun das aus Abschnitt 12.4.4, Seite 408, bekannte Problem der Behinderung bis hin zur Blockierung durch zu langsame oder gar hängende Empfänger. Diesem Problem kann durch eine Kombination aus nichtblockierendem Schreiben (Abschnitt 12.4.7) und select() bzw. IO::Select begegnet werden:

```
# @fhs enthalte nichtblockierende Schreibhandles:
use IO::Select;
$out = IO::Select->new();
foreach $fh (@fhs) {
    $out->add($fh);
}
@wfh = $out->can_write(undef);
foreach $fh (@wfh) {
    # Nichtblockierendes Schreiben nach $fh
}
```

12.4.7 Blockierung und Polling

Ein grundsätzliches Problem beim Lesen oder Schreiben ist das *Blockieren*.

Wenn beim Lesen keine Daten bereitliegen, das Filehandle aber noch nicht geschlossen wurde, wird der lesende Prozeß angehalten, bis neue Daten eintreffen. Man sagt dazu auch, daß der lesende Prozeß beim Lesen *blockiert*. Ein Prozeß kann auch beim Versuch, aus einer leeren Pipe oder leeren Socketverbindung zu lesen, blockieren. Das Blockieren beim Lesen ist normalerweise eine gute Sache:

```
print "Hi, what's your name?\n";
$name = <STDIN>;
# Hier geht es nach der Blockierung weiter
```

Ohne Blockierung würde das Programm nicht anhalten und auf unsere Eingabe warten. Wenn ein Prozeß beim Lesen blockiert ist, verbraucht er keine CPU-Zyklen. Er verweilt nicht im *busy waiting* und überläßt die CPU großzügig anderen Prozessen.

Beim Schreiben kann ein Prozeß ebenfalls blockieren. Das kann z.B. beim Versuch geschehen, in eine volle Pipe zu schreiben, in eine Socketverbindung Daten zu senden, obwohl der Partner diese Daten nicht mehr entgegennimmt,[6] oder sogar, wenn die Datei auf einem NFS-Server liegt und dieser zu langsam ist. In all diesen Fällen wird der schreibende Prozeß vom Kernel so lange angehalten, bis wieder Platz für die Ausgaben vorliegt. Ein so angehaltener (*blockierter*) Prozeß verbraucht wieder einmal keine CPU-Zyklen, was anderen Prozessen gegenüber freundlich ist.

Es gibt jedoch Situationen, in denen diese automatische Blockierung beim Lesen oder Schreiben lästig oder gar schädlich ist. Man denke nur an die beiden obigen Exkurse in den Abschnitten 12.4.4 auf Seite 408 und 12.4.6 auf Seite 414: Wenn beispielsweise mehr Daten aus einem zum Lesen geöffneten (und Daten enthaltenden) Filehandle gelesen werden sollen, als dort gerade vorhanden sind, würde der Leseaufruf blockieren, wodurch andere Filehandles nicht mehr *round robin* abgefragt werden würden. Auch

---

6 Genauer: Wenn das TCP-Fenster voll ist.

12.4 Systemnahe Ein- und Ausgabe

beim Schreiben kann es sinnvoll sein, im Falle übervoller Pipes oder TCP-Fenster alternativ zu reagieren, anstatt einfach nur zu blockieren.

Wir brauchen also eine Möglichkeit, die Blockierung bei Bedarf auszuschalten. Beachten Sie jedoch, daß dies nur bei `sysread()` und `syswrite()` richtig funktioniert: Die *stdio*-Bibliothek hat eine eigene Logik, die mit der im folgenden vorgestellten Methode nicht immer reibungslos interagiert!

Zunächst muß ein Filehandle in den *nichtblockierenden Zustand* versetzt werden. Das kann auf zweierlei Arten geschehen:

- Beim Öffnen:

    ```
    use Fcntl;
    sysopen(NONBLOCK, $somefile, O_RDWR | O_NONBLOCK)
        or die "...";
    ```

    Durch die Angabe des Flags `O_NONBLOCK` wird eine Datei im nichtblockierenden Modus geöffnet. Dies funktioniert natürlich nur während des Öffnens, wobei nur `sysopen()` benutzt werden kann. Darum kann eine Pipe zu einem anderen Prozeß oder ein Socket mit dieser Methode nicht nichtblockierend geöffnet werden.

- Mit `fcntl()`:

    ```
    use Fcntl;              # O_NONBLOCK
    use POSIX qw(:errno_h); # EAGAIN

    # Wir koennen sowohl sysopen() als auch open() benutzen:
    open(MYFH, "| someprog.pl") or die "...";

    # Filehandle MYFH nichtblockierend machen:
    #### Alle Flags von MYFH in $fcntlflags einlesen
    $fcntlflags = '';
    fcntl(MYFH, F_GETFL, $fcntlflags) or die "fcntl(): $!\n";
    #### Das Flag O_NONBLOCK diesen Flags hinzufuegen
    $fcntlflags |= O_NONBLOCK;
    #### Neue Flagkombination zu MYFH zurueckschreiben
    fcntl(MYFH, F_SETFL, $fcntlflags) or die "fcntl(): $!\n";
    ```

Nun kann mit diesem nichtblockierenden Handle `MYFH` wie folgt nichtblockierend gelesen oder geschrieben werden:

- Nichtblockierendes Lesen aus einem nichtblockierenden Filehandle:

    ```
    $nbytes = sysread(MYFH, $buf, $wanted)
                or die "sysread(): $!\n";
    if (!defined($nbytes) && $! == EAGAIN) {
        # Es war nichts zu lesen da!
        # sysread() wuerde ohne O_NONBLOCK hier blockieren!
        # Typischerweise kurze Zeit mit sleep() warten,
        # spaeter erneut versuchen
    } elsif (!defined ($nbytes)) {
        # Sonstiger Fehler beim Lesen von MYFH
    ```

```
    } else {
        # Wir haben $nbytes Bytes erfolgreich gelesen
        # Beachte: Short read: $nbytes <= $wanted
    }
```

Bei einem zum Lesen geöffneten Filehandle MYFH mit gesetztem O_NONBLOCK-Flag kann das Lesen mit dem Systemaufruf sysread() nicht mehr blockieren. Liegen irgendwelche Bytes zum Lesen bereit, werden diese gelesen, und ihre Anzahl wird zurückgegeben (hier in $nbytes). Natürlich sind hierbei *short reads* nicht ausgeschlossen. Die Behandlung dieser *short reads* wurde bereits in Abschnitt 12.4.3 auf Seite 407 gezeigt.

Falls jedoch keine Daten zum Zeitpunkt des sysread()-Aufrufs in MYFH bereitlagen, wird nun, im Gegensatz zu früher, der Prozeß nicht mehr blockiert, bis irgendwann Daten ankommen. Statt dessen kehrt sysread() sofort mit einem Rückgabewert von *undef* und dem Fehlercode EAGAIN in $! zurück. Die Fehlerkonstanten EAGAIN und weitere sind in *<errno.h>* definiert und können mit Hilfe des POSIX-Moduls, wie oben gezeigt, eingelesen werden. Was tun wir, wenn dieser Fall eintritt? Normalerweise könnten wir nun sofort wieder sysread() aufrufen. Damit hätten wir aber wieder *busy waiting*, was ja bekanntlich CPU-Zyklen vergeudet. Statt dessen ist es meist besser, eine kurze (anwendungsabhängige) Zeit mit sleep() zu warten (blockierend), bevor wir es wieder mit dem Lesen versuchen. Somit wird eine ansonsten enge Leseschleife etwas entzerrt.

Natürlich können auch andere Fehler beim Lesen auftreten. Möglicherweise ist das Filehandle ja von der anderen Seite her geschlossen worden. Vielleicht haben wir das Datenende erreicht usw. All diese Fehler werden ebenfalls durch den sysread()-Rückgabewert *undef* angezeigt, mit der genauen Ursache in $!.

- Nichtblockierendes Schreiben auf ein nichtblockierendes Filehandle:

```
    $nbytes = syswrite(MYFH, $buf, length($buf));
    if (!defined($nbytes) && $! == EAGAIN) {
        # MYFH ist nicht bereit, syswrite() wuerde blockieren
        # Warte ein wenig mit sleep(), dann noch einmal versuchen
    } elsif (!defined($nbytes)) {
        # Irgendein anderer Fehler ist aufgetreten
    } else {
        # Wir haben $nbytes erfolgreich geschrieben.
        # VORSICHT: Moegliches short write, daher
        # in Schleife evtl. weiterschreiben
    }
```

Bei einem nichtblockierenden Filehandle, das zum Schreiben benutzt werden kann, blockiert syswrite() nicht mehr, falls der Empfänger keinen Platz mehr für die Daten hat. Vielmehr würde dann syswrite() sofort mit dem Rückgabecode *undef* und dem Fehlercode EAGAIN in $! zurückkehren. Wie auch im Lesefall ist EAGAIN in *<errno.h>* enthalten und wurde oben mit dem Modul POSIX eingelesen.

Andere Fehler können ebenfalls auftreten. Diese werden hier wieder durch einen Rückgabewert von *undef* und den genauen Fehlercode in $! angezeigt.

Ging alles gut, liefert `syswrite()` die Anzahl der erfolgreich geschriebenen Bytes zurück (hier in `$nbytes`). Natürlich können wieder *short writes* auftreten. Wie diese zu behandeln sind, wurde in Abschnitt 12.4.5 auf Seite 414 gezeigt.

12.5 Der Report-Generator

Perl entstand aus *awk*, einem Unix-Tool, das vorwiegend zum Erstellen von tabellarischen Übersichten eingesetzt wird. Aus diesem Grund wurde ein *template*-gesteuerter Report-Generator in Perl eingebaut. Diesen werden wir in diesem Abschnitt kurz kennenlernen. Mehr Informationen über seine Entstehungsgeschichte und Verwendung finden Sie in [97] und *man perlform*.

12.5.1 Motivation

Kennen Sie das *Document/View-Modell*? In ihm wird das Layout der Datenausgabe von der Programmlogik entkoppelt. Es soll mit anderen Worten leicht möglich sein, die Ausgabe eines Programms zu ändern, ohne dabei weitreichende Programmänderungen vornehmen zu müssen. Idealerweise ist dabei nur eine Ausgabeschablone, *Template* genannt, zu ändern, und schon müßte das Programm seine Daten ganz anders präsentieren können. Vergleichen Sie dies mit der klassischen Ausgabe normaler Programme, die aus einer Reihe von `printf()`-Aufrufen besteht. Wollte man die Ausgabe dieser Programme ändern, müßten all diese Aufrufe manuell im Programm angepaßt werden.

12.5.2 Allgemeine Vorgehensweise: `format` und `write`

Für eine strukturierte Ausgabe von Daten muß zunächst ein Format definiert werden. Dabei geben Sie gleich zwei Templates an: Ein *Top-of-page*-Format, das bei jeder neuen Seite automatisch angezeigt werden soll, und ein „normales" Format, das für jeden Datensatz, der aus mehreren Werten bestehen kann, beim Aufruf der Funktion `write()` ausgegeben wird.

Nachdem beide Formate definiert wurden, *können* diese einem Defaulthandle zugewiesen werden. Dieser Schritt ist, wie wir noch weiter unten sehen werden, optional.

Nun kann die Ausgabe der Daten losgehen: Für jeden Datensatz füllen Sie die Formatvariablen mit den aktuellen Daten und rufen anschließend `write()` auf. Das *Top-of-page*-Format und die normalen Formate werden dann automatisch durch den Report-Generator gefüllt und ausgegeben. Jeder neue Datensatz, der mit `write()` ausgegeben wird, wird der aktuellen Seite hinzugefügt, bis die Seite voll ist. Beim darauffolgenden Datensatz gibt `write()` auf einer neuen Seite ein neues *Top-of-page*-Format, gefolgt vom nächsten formatierten Datensatz, aus. Dieser Seitenumbruch geschieht automatisch, so daß Sie sich darum keine Sorgen machen müssen.

12.5.3 Ein konkretes Beispiel

Kommen wir nun ohne Umschweife zu einem Beispiel: Wir wollen die /etc/passwd-Datei etwas anders ausgeben als gewohnt:

```perl
form-demo.pl
#!/usr/local/bin/perl
# form-demo.pl -- Report-Generator mit Formaten und write().
#                 Zeigt die Passwortdatei tabellarisch an.

$host = 'hostname'; chomp $host;
open (PASSWD, '< /etc/passwd')
            or die "can't open password file: $!\n";
while (<PASSWD>) {
    chomp;
    ($name, $gcos, $shell) = (split(/:/))[0,4,6];

    write;      # Einen Datensatz formatiert ausgeben.
                # Bei der ersten Seite und bei jedem
                # Seitenwechsel wird ein Top-of-page-Format
                # zusaetzlich am Anfang der Seite ausgegeben.
}
close (PASSWD);

# Das Top-of-page-Format wird am Anfang jeder Seite
# automatisch angezeigt.
format STDOUT_TOP =
-----------------------------------------------------------------
       Eingetragene User auf @<<<<<<<<<<<<<<<<<<<      Seite @>>
                            $host,                          $%
-----------------------------------------------------------------
Login-Name    Echter Name                Login Shell
----------    ----------------------     ----------------------
.

# Das Format eines einzelnen Datensatzes, der mit write()
# ausgegeben wird.
format STDOUT =
@<<<<<<<<     @<<<<<<<<<<<<<<<<<<<<<<    @<<<<<<<<<<<<<<<<<<<<<<
$name, $gcos, $shell
.
                                                         form-demo.pl
```

Die Ausgabe dieses Programms sieht beispielsweise wie folgt aus:

```
farid@bsd-1:~/p> ./form-demo.pl
-----------------------------------------------------------------
       Eingetragene User auf bsd-1.meta.net             Seite  1
-----------------------------------------------------------------
Login-Name    Echter Name                Login Shell
----------    ----------------------     ----------------------
root          Charlie &                  /bin/csh
toor          Bourne-again Superuser
```

12.5 Der Report-Generator

```
daemon      The Devil Himself        /sbin/nologin
operator    System &                 /sbin/nologin
bin         Binaries Commands and    /sbin/nologin
tty         Tty Sandbox              /sbin/nologin
kmem        KMem Sandbox             /sbin/nologin
games       Games pseudo-user        /sbin/nologin
news        News Subsystem           /sbin/nologin
man         Mister Man Pages         /sbin/nologin
bind        Bind Sandbox             /sbin/nologin
uucp        UUCP pseudo-user         /usr/libexec/uucp/uuci
xten        X-10 daemon              /sbin/nologin
pop         Post Office Owner        /sbin/nologin
nobody      Unprivileged user        /sbin/nologin
ftp         Anonymous FTP Admin      /nonexistent
farid       Farid Hajji              /usr/local/bin/bash
```

Um dieses Programm zu verstehen, sind folgende Bemerkungen hilfreich:

- Die Ausgabe des Programms (die Templates) sind vom Programm selbst getrennt. Sie brauchen nicht mehr die lästigen Details des endgültigen Aussehens einer Ausgabe in einer langen Folge von `printf()`-Aufrufen zu kodieren. Vielmehr definieren Sie *Ausgabetemplates*.

- Nach der Vorbelegung bestimmter Variablen kann die Funktion `write()` ohne Parameter aufgerufen werden. Damit wird nun zweierlei bewirkt:
  - Am Anfang einer Seite wird das *Top-of-page*-Format ausgegeben.
  - Jeder Aufruf der Funktion `write()` bewirkt auch die Ausgabe einer normalen Datensatzzeile.

- Die Templates beginnen mit dem Schlüsselwort `format`. Sie bestehen aus sogenannten Musterzeilen, die entweder normale Zeichen oder aber Sonderzeichen enthalten können. Die normalen Zeichen werden wörtlich ausgegeben, während die Sonderzeichen Platzhalter für Variablen sind und in der Ausgabe durch deren Inhalt ersetzt werden.

- Kommen in einer Musterzeile Platzhalter vor, muß auf der nachfolgenden Zeile eine Liste von (Perl-)Variablen stehen, deren Inhalt in die oberen Platzhalter eingefügt werden soll.

- Die Anzahl der < oder > zusammen mit dem @ gibt die Breite des Platzhalter-Feldes an. Sie definieren z.B. ein fünfstelliges linksbündiges Feld wie folgt:

    @<<<<

- Jeder Aufruf von `write()` bedeutet, daß ein neuer Datensatz im Report ausgegeben werden soll. Hierbei wird automatisch die Anzahl der Zeilen auf der Seite gezählt, die bisher ausgegeben wurden. Ist die Seite gefüllt, wird automatisch ein Seitenumbruch erzeugt und ein neues *Top-of-page*-Format ausgegeben. Sie brauchen sich also nicht um die Details der Seitenzählung zu kümmern. Dies erledigt der Report-Generator für Sie.

- Perl kennt bisher[7] noch keine Fußzeilen. Das ist schade! Sie können diese Fußzeilen jedoch selbst simulieren. Dazu verwenden Sie die reservierten Variablen $= und $-.

12.5.4 Formate

Es gibt zwei Sorten von Formaten:

- Ein Format, das am Anfang jeder neuen Seite automatisch ausgeben wird: Das *Top-of-page*-Format.
- Ein Format, das bei jedem durch `write()` ausgegebenen Datensatz verwendet wird.

Formate werden durch das Schlüsselwort `format` definiert. Nach `format` steht der Name des zu definierenden Formats. Wir werden noch sehen, daß es sinnvoll ist, als Namen für das Defaulthandle FH ebenfalls FH für das normale Format und FH_TOP für das *Top-of-page*-Format zu verwenden. Nach dem Namen des Formats folgt ein Gleichheitszeichen „=". Die darauffolgenden Zeilen bestehen abwechselnd aus einer Musterzeile und aus einer durch Kommata getrennte Liste von Variablen, die die Felder der darüberliegenden Musterzeile füllen sollen. Am Ende des Formats folgt eine Zeile mit einem einzelnen Punkt am Anfang.

Im obigen Beispiel haben wir als normales Format für die Paßwortdatei folgendes definiert:

```
format STDOUT =
@<<<<<<<<     @<<<<<<<<<<<<<<<<<<<     @<<<<<<<<<<<<<<<<<<<
$name, $gcos, $shell
.
```

Wir sehen also, daß wir ein Format namens STDOUT (nicht zu verwechseln mit dem Filehandle STDOUT, obwohl es sich bei der Namensgleichheit nicht um einen Zufall handelt!) definiert haben. Die Musterzeile bestand aus drei Feldern, die mit speziellen Zeichen definiert wurden. Tabelle 12.3 zeigt die Sonderzeichen und reservierten Variablen, die Formate beeinflussen.

Anschließend stand auf der nächsten Zeile pro Feld der Name einer Variablen, die jeweils aktuelle Daten enthielt.

12.5.5 Formate und Filehandles

- Es gibt immer ein aktuelles Filehandle, auf das sich die Funktion `write()` bezieht.
- Ohne besondere Vorkehrungen ist STDOUT das aktuelle Filehandle für `write()`.

---

7 Bis einschließlich Perl 5.005

Zeichen	Bedeutung
@<<<<<<	Linksbündig.
	Anzahl der <-Zeichen einschließlich @-Zeichen → Länge
@>>>>>>	Rechtsbündig.
	Anzahl der <-Zeichen einschließlich @-Zeichen → Länge
@||||||	Zentriert.
	Anzahl der |-Zeichen einschließlich @-Zeichen → Länge
@#.###	Numerisches Format mit Position um Dezimalpunkt.
@*	Multiline-Feld (siehe *man perlform*).
$~	Name des aktuellen Formats.
$^	Name des aktuellen Kopfseitenformats.
$%	Aktuelle Seite.
$=	Anzahl Zeilen pro Seite.
$-	Anzahl übriggebliebener Zeilen für diese Seite.

Tabelle 12.3: Perl-Formate für reservierte Zeichen

- Standardmäßig werden für das Filehandle FH die Formate FH und FH_TOP benutzt. Dies kann durch die reservierten Variablen $~ und $^ wie folgt geändert werden:
  - Beide Variablen beziehen sich immer auf das aktuelle Defaulthandle. Durch Umschalten des Filehandles mit `select()` können auch die Namen der Formate anderer Filehandles durch Zuweisung an diese Variablen geändert werden.
  - $^ definiert den Namen des *Top-of-page*-Formats, während $~ das normale Datensatzformat bezeichnet. Somit können Sie für ein Filehandle Formate wählen, die nicht denselben Namen haben wie das Filehandle.

12.5.6 Verschiedenes

- Sie können die Ausgaben des Report-Generators vor der Ausgabe abfangen. Dazu verwenden Sie die Funktion `formline()` zusammen mit der Variable $^A. Das folgende Beispiel aus *man perlform* zeigt eine Funktion `swrite()`, die zu `write()` in derselben Beziehung steht wie `sprintf()` zu `printf()`:

```
use Carp;
sub swrite {
    croak "usage: swrite PICTURE ARGS" unless @_;
    my $format = shift;
    $^A = "";
    formline($format,@_);
    return $^A;
}
```

```
$string = swrite(<<'END', 1, 2, 3);
Check me out
@<<<    @|||    @>>>
END

print $string;
```

- Obwohl Fußzeilen von `write()` noch nicht implementiert wurden, kann manuell wie folgt vorgegangen werden: Die Variable `$=` enthält die Anzahl der Zeilen pro Seite. Die aktuelle Zeile innerhalb der aktuellen Seite ist in `$-` enthalten. Nun kann manuell nach jedem `write()` die Differenz

    ```
    $remains = $= - $-;
    ```

    gebildet werden. Wenn die Anzahl der Zeilen der Fußnote bekannt ist, kann diese dann manuell mit `print()` ausgegeben werden. Danach ist `$-` auf 0 zu setzen, damit beim nächsten `write()` direkt eine neue Seite ausgegeben wird. Ein anderer Trick mit

    ```
    open(MYFH, "-|") or die "...";
    ```

    wird in *man perlform* erwähnt.

- Mehrzeilige Felder:

    ```
    format SOMEFORMAT =
    @<<<<<<<<<<<<<<<<<<<<          ^<<<<<<<<<<<<<<<<<<<<<
    $somefield,                    $multifield
    @<<<<<<  @<<<<<<  @<<<<<<      ^<<<<<<<<<<<<<<<<<<<<<
    $f01,    $f02,    $tel         $multifield
                                   ^<<<<<<<<<<<<<<<<<<<<<
                                   $multifield
    ```

    In diesem Beispiel wird der Inhalt von `$multifield` auf mehrere Felder verteilt.

- Die Anzahl der Zeilen pro Seite kann durch explizites Zuweisen an `$=` geändert werden. Insbesondere kann dort eine sehr große Zahl hinterlegt werden, wenn Endloslisten ausgegeben werden sollen, die nur am Anfang einen Header aufweisen.

- In vielen Fällen ist der Report-Generator nicht notwendig. Zur Ausgabe von tabellarischen Daten reicht es z.B. aus, entweder `pack()` oder `sprintf()` bzw. `printf()` einzusetzen. Auch ein HERE-Dokument kann bei festen Templates mit einzusetzenden Werten verwendet werden.

12.6 Das Dateisystem

In diesem Abschnitt versuchen wir, Fragen bezüglich das Dateisystems zu beantworten, z.B.:

- Ich benötige eine Liste von Dateien im aktuellen Verzeichnis, die mit `.c` enden (C-Quellen). Wie geht das?

- Wie kann ein Inhaltsverzeichnis durchlaufen werden?

- Was ist mit Unterverzeichnissen? Können ganze Verzeichnisbäume durchlaufen werden? Wie kann man sie löschen?

- Was sind *Hardlinks* und *Symlinks*? Wie können diese erkannt und aufgelöst werden?

Weitere Fragen, die sich auf einzelne Dateien beziehen, werden im nächsten Abschnitt behandelt.

12.6.1 Fileglobs

Von der Shell sind Sie bestimmt Abkürzungen wie *.c oder *~ gewohnt. Was bedeuten sie? *.c steht z.B. für eine Liste von Dateien im aktuellen Verzeichnis, die aus beliebigen Zeichen bestehen und mit .c enden. Das sind unter Unix konventionsgemäß Dateien, die C-Quellcode enthalten. Dagegen steht *~ für alle Dateien, die mit ~ enden. Das sind meist Sicherungsdateien von Editoren und sonstigen Programmen.

Wie kann eine solche Liste erzeugt werden? Versuchen wir es erst ohne Perl nur mit der Shell:

```
farid@sun-1:/usr/include> echo sys*.h
sysexits.h syslog.h
farid@sun-1:/usr/include> echo vm/*.h
vm/anon.h vm/as.h vm/faultcode.h vm/hat.h vm/page.h vm/pvn.h vm/rm.h
vm/seg.h vm/seg_dev.h vm/seg_enum.h vm/seg_kp.h vm/seg_map.h
vm/seg_spt.h vm/seg_vn.h vm/vpage.h
```

Es geht auch in einer Schleife:

```
farid@sun-1:/usr/local/src> for src in [bcd]*.tar.gz
> do
> echo File: $src
> done
File: bash-2.02.tar.gz
File: binutils-2.9.1.tar.gz
File: bzip2-0.1p12.tar.gz
File: communicator-v45-export.x86-sun-solaris2.5.1.tar.gz
File: cvs-1.10.tar.gz
File: db-2.4.14.tar.gz
File: db-2.5.9.tar.gz
```

Innerhalb eines Perl-Skripts können Sie den *fileglob*-Operator benutzen:

```
chdir "/usr/include" or die "can't chdir(): $!\n";
@H_Files = <*.h>;            # Fileglob-Operator

foreach $file (@H_Files) {
    open (IF, $file) or die "...";
    # Tue etwas mit IF
    close (IF);
}
```

Im obigen Beispiel lieferte <*.h> eine Liste von Dateinamen zurück, die mit .h enden. Da der Fileglob-Operator immer relativ zum aktuellen Arbeitsverzeichnis arbeitet, haben wir dieses vorher mit chdir() so verändert, daß <*.h> relativ zum Headerverzeichnis /usr/include reagiert.

Wir hätten auch direkt folgendes angeben können:

```perl
@hf = </usr/include/*.h>;

forach $file (@hf) {
    open (IF, $file) or die "...: $!\n";
    # tue etwas mit IF
    close (IF);
}
```

Auch relative Pfadnamen sind möglich:

```perl
chdir "/usr/include" or die "can't chdir(): $!\n";

@sysfiles = <sys/*.h>;       # Relativer Fileglob
```

Beachten Sie auch, daß Dateien, die mit einem Punkt anfangen, auch für Fileglobs zunächst unsichtbar sind:

```perl
cloaked.pl
#!/usr/local/bin/perl -w
# cloaked.pl -- Zeigt die Namen von unsichtbaren .Dateien an.

chdir $ENV{'HOME'} or die "Can't go home :-( $!\n";

@noncloaked = <*>;        # Keine .files
@cloaked    = <.*>;       # Nur .files
@all        = <* .*>;     # Beide zusammen

print "Cloaked: (", join(' ', @cloaked), ")\n\n";
print "Visible: (", join(' ', @noncloaked), ")\n\n";
print "All    : (", join(' ', @all), ")\n";
                                                        cloaked.pl
```

Die Ausführung ergibt:

```
farid@sun-1:~/p> ./cloaked.pl
Cloaked: (. .. .a2ps .abbrev_defs .bash_history .bash_profile
.bash_profile.backup .bochsrc .cgobanrc .cshrc .ctwmrc .cvspass
.desksetdefaults .dt .dtprofile .dtprofile-backup .emacs .fetchmailrc
.fm .fontalias .globalrc .history .hotjava .kderc .lynxrc .mail_aliases
.mailcap .mailrc .mime.types .mtoolsrc .mysql_history .netscape .newsrc
.newsrc.eld .newsrc.old .oldnewsrc .openwin-init .openwin-init.BAK
.openwin-menu-programs .OWdefaults .pgp .povrayrc .profile .rhosts
.RTPdefaults .saves-445-sun-1~ .sdr .sh_history .shrc .signature
.solregis .sql-mode .ssh .tin .wastebasket .wgetrc .Xauthority
```

12.6 Das Dateisystem

```
          .xinitrc .xmaplev5rc .xmysqladminrc .Xresources)

Visible: (bin Books Briefe Devel e FU HURD INMAIL LONGMAILS Mail misc
N333 News nsmail nsnews OUTMAIL p PDIR PGP pov public_html RCS RMAIL
SPAM src tmp tmpmail www)

All     : (bin Books Briefe Devel e FU HURD INMAIL LONGMAILS Mail misc
N333 News nsmail nsnews OUTMAIL p PDIR PGP pov public_html RCS RMAIL
SPAM src tmp tmpmail www . .. .a2ps .abbrev_defs .bash_history
.bash_profile .bash_profile.backup .bochsrc .cgobanrc .cshrc .ctwmrc
.cvspass .desksetdefaults .dt .dtprofile .dtprofile-backup .emacs
.fetchmailrc .fm .fontalias .globalrc .history .hotjava .kderc .lynxrc
.mail_aliases .mailcap .mailrc .mime.types .mtoolsrc .mysql_history
.netscape .newsrc .newsrc.eld .newsrc.old .oldnewsrc .openwin-init
.openwin-init.BAK .openwin-menu-programs .OWdefaults .pgp .povrayrc
.profile .rhosts .RTPdefaults .saves-445-sun-1~ .sdr .sh_history .shrc
.signature .solregis .sql-mode .ssh .tin .wastebasket .wgetrc
.Xauthority .xinitrc .xmaplev5rc .xmysqladminrc .Xresources)
```

Achtung! *Seien Sie vorsichtig, wenn Sie statt Unix MSDOS benutzen! Bei MSDOS liefert <*> alle Dateien ohne Erweiterung (das sind meist sehr wenige), während Unix bei <*> alle sichtbaren Dateien (die nicht mit einem Punkt anfangen) zurückliefert. Wollen Sie unter MSDOS alle Dateien anzeigen, sollten Sie statt <*> lieber <*.*> benutzen. Bei Unix würde aber <*.*> nur Dateien anzeigen, die auch einen Punkt enthalten und nicht unsichtbar sind! Dateien ohne „Erweiterung" sind bei Unix aber nicht so ungewöhnlich, so daß <*.*> nicht portabel zwischen beiden Systemen eingesetzt werden kann.*

Der Fileglob-Operator <*.c> bzw. die Funktion glob() ruft ein externes Programm auf, um eine Liste von Dateien aus einem Dateiverzeichnis zu bekommen. Dieses Programm ist unter Unix die Bourne-Shell *sh* (meist unter */bin/sh* zu finden), während unter anderen Systemen ein eigenes Programm gestartet wird.

Durch den Aufruf eines externen Programms konnte man es sich sparen, den Globbing-Algorithmus in Perl zu kodieren. Ein Vorteil ist auch, daß dadurch eine hundertprozentige Kompatibilität zwischen dem durch die Shell bewirkten Globbing und dem Globbing von glob() oder dem Fileglob-Operator erreicht wird.

Der Aufruf einer Shell hat aber auch Nachteile:

- Eine Shell kann nicht ohne weiteres *setuid root* laufen.

- Die meisten Shell-Implementierungen können nur eine eingeschränkte Anzahl von Dateinamen „globben". Das ist bei Verzeichnissen mit vielen Dateien problematisch.

- Das Starten eines externen Kommandos bindet Systemressourcen und ist mit u.U. erheblichem Overhead verbunden.

Glücklicherweise gibt es beim CPAN das Modul `File::KGlob`, das das Globbing komplett in Perl implementiert, wodurch die oben genannten Nachteile vermieden werden. Hier sehen Sie ein Beispiel mit `File::KGlob`:

```perl
file-kglob.pl
#!/usr/local/bin/perl
# file-kglob.pl -- Zeigt die Verwendung des File::KGlob-CPAN-Moduls

use File::KGlob qw(glob kglob);           # CPAN-Modul

@cloaked = glob(".*");                    # Alle versteckten Dateien
@files   = kglob("{.,[A-Z]}*");           # .* und [A-Z]*
@root    = kglob("~root/*");              # ~root/*: Alle Dateien von root

print "Cloaked: (", join(' ', @cloaked), ")\n\n";
print "Files   : (", join(' ', @files), ")\n\n";
print "Root    : (", join(' ', @root), ")\n";
                                                       file-kglob.pl
```

Ausführung:

```
farid@bsd-1:~> p/file-kglob.pl
Cloaked: (. .. .Xauthority .Xresources .abbrev_defs .bash_history
.bash_profile .cshrc .emacs .fvwm2rc .login .login_conf .lynxrc
.mail_aliases .mailrc .netscape .pgp .profile .rhosts
.saves-370-bsd-1.meta.net~ .shrc .ssh .xinitrc .xinitrc~ 0)

Files   : (. .. .cshrc .login .login_conf .mailrc .profile .shrc
.mail_aliases .rhosts .bash_history .Xauthority .emacs .bash_profile
.abbrev_defs .ssh .fvwm2rc .Xresources .xinitrc~ .xinitrc .lynxrc
.netscape .saves-370-bsd-1.meta.net~ .pgp RCS B)

Root    : (/root/dmesg.GENERIC /root/dmesg.NEW /root/dmesg.8MB
/root/RMAIL /root/RMAIL~ /root/filt-nonencrypted.pl /root/quiz.asc)
```

`File::KGlob` kennt nicht die Einschränkungen, die beim normalen, auf einem externen Programm basierenden Globbing vorhanden sind. Beachten Sie übrigens, daß die Dateinamen bei `kglob()` nicht unbedingt sortiert sind. Wenn Sie eine Sortierung brauchen, sollten Sie die Dateiliste noch mit `sort()` sortieren:

```perl
@sorted = sort kglob("~user/*.pl");
```

Mehr Informationen zu `File::KGlob` finden Sie in der Datei *KGlob.pm*.

12.6.2 `opendir()`, `readdir()` und `closedir()`

Während der Fileglob-Operator bzw. die Funktion `glob()` ein Dateiverzeichnis in einem Schritt einliest und eine Liste von Dateien, die zum Muster passen, zurückliefern, kann mit Hilfe der im folgenden vorgestellten Funktionen `opendir()`, `readdir()` und `closedir()` ein Dateiverzeichnis Eintrag für Eintrag (d.h. Datei für Datei) durchlaufen werden. Dies ist flexibler als Globbing, da Sie selbst entscheiden können, was mit den einzelnen Dateien geschehen soll und wie die Traversierung der Verzeichnishierarchie weitergeführt werden soll, wenn bestimmte Konditionen eintreten.

Verzeichnis mit `opendir()` öffnen

Ein Verzeichnis öffnen Sie so ähnlich wie eine normale Datei. Dabei rufen Sie die Funktion `opendir()` auf und bekommen anschließend ein Directoryhandle, das wie ein Filehandle später von `readdir()`, `telldir()`, `seekdir()`, `rewinddir()` und `closedir()` benötigt wird:

```
opendir(MYDH, $path) or die "can't opendir: $!\n";
```

- Der erste Parameter von `opendir()` ist ein *Directoryhandle*. Es handelt sich dabei um etwas ähnliches wie ein Filehandle für Dateiverzeichnisse. Die Regeln zur Bildung gültiger Directoryhandles entsprechen denen zur Bildung von Filehandles. Eine weitverbreitete Konvention besagt, daß Directoryhandles ausschließlich aus Großbuchstaben bestehen sollten.

- Der Namensraum von Directoryhandles ist vollkommen getrennt von dem anderer Perl-Entitäten, wie skalare Variablen, Arrays usw., und insbesondere auch von Filehandles. Nichts hindert Sie daran, gleichzeitig ein Filehandle `GLORK` und ein Directoryhandle `GLORK` zu verwenden. Ob Ihr Programm dadurch leichter zu lesen ist, sei dahingestellt.

- Der zweite Parameter von `opendir()` ist der Pfadname des zu öffnenden Dateiverzeichnisses. Wenn dabei kein absoluter Pfadname angegeben wird, wird vom aktuellen Arbeitsverzeichnis, das mit `chdir()` geändert werden kann, ausgegangen.

- Im Fehlerfall liefert `opendir()` *undef* zurück. Der genaue Fehlergrund ist in der reservierten Variablen `$!` enthalten. Mögliche Fehlerursachen bei `opendir()` sind:

    - Fehlende Zugriffsrechte auf das zu öffnende Verzeichnis oder eines der übergeordneten Verzeichnisse, die zum Erreichen unseres Verzeichnisses durchlaufen werden müssen.

    - Beim Durchlaufen von *Symlinks* wurde eine Schleife entdeckt oder eine zu lange Kette von *Symlinks*.

    - Das zu öffnende Verzeichnis existiert nicht oder hat einen zu langen Dateinamen (z.B. mehr als 256 Zeichen) oder einen zu langen Pfadnamen (z.B. insgesamt mehr als 1024 Zeichen).

    - Der aktuelle Prozeß hat schon zu viele gleichzeitig offene Dateideskriptoren.

  Aus diesem Grund sollte nicht davon ausgegangen werden, daß `opendir()` immer funktioniert.

Nächsten Eintrag lesen mit `readdir()`

Mit Hilfe eines erfolgreich geöffneten Directoryhandles `DIR` kann nun dieses Verzeichnis durchlaufen werden. Dazu verwenden wir die Funktion `readdir()`, die jeweils den nächsten Eintrag zurückgibt, oder *undef*, wenn wir am Ende des Verzeichnisses angelangt sind. Darum ist folgende Schleife typisch:

```
while (defined ($fname = readdir(DIR))) {
    # Tue etwas mit $fname, relativ zu $path
}
```

Die von opendir() zurückgegebenen Dateinamen haben keinen führenden Pfad vor sich. Das ist nicht genau dasselbe wie beim Fileglob-Operator! Darum sollte folgende Konstruktion benutzt werden:

```
subdirs.pl
#!/usr/local/bin/perl -w
# subdirs.pl -- Unterverzeichnisse (1. Ebene) anzeigen

$path = shift || "/usr/include";         # Aus @ARGV
opendir(DIR, $path) or die "can't opendir $path: $!\n";

while (defined ($fname = readdir(DIR))) {
    # Tue etwas mit  $path/ $fname (UNIX Style)
    # z.B.: Unterverzeichnisse anzeigen:
    print "$fname\n" if -d "$path/$fname";
}
                                                                    subdirs.pl
```

```
farid@sun-1:~/p> ./subdirs.pl /usr/local/share
.
..
emacs
psutils
ghostscript
Mesa-2.5
xfig
a2ps
locale
apache
netscape4.5
mysql
```

An diesem Beispiel können wir zwei Dinge lernen:

- Um festzustellen, ob eine Datei ein Verzeichnis ist, haben wir den Dateitestoperator -d benutzt. Dieser liefert *wahr*, wenn eine Datei ein Verzeichnis ist. Damit das aber klappt, mußten wir den ganzen Pfadnamen angeben und nicht nur den Dateinamen:

```
    print "$fname\n" if -d "$fname";         # FALSCH! geht nicht!
    print "$fname\n" if -d "$path/$fname";   # Okay
```

Der Grund dafür ist, daß -d bei reinen Verzeichniseinträgen, wie sie readdir() (hier in $fname) zurückliefert, diese Namen relativ zum aktuellen Arbeitsverzeichnis interpretiert. Das muß nicht mit dem durch opendir() geöffneten Dateiverzeichnis übereinstimmen. Sie können zwar vorher chdir() aufrufen, um das Arbeitsverzeichnis mit dem geöffneten Verzeichnis gleichzusetzen, aber das ist nicht immer das, was Sie wirklich wollen. Darum ist es besser, durch readdir() gelieferte Einträge gleich mit dem richtigen Pfad zu ergänzen.

- Die Reihenfolge der durch readdir() zurückgegebenen Verzeichniseinträge (die ja Dateien, Verzeichnisse und sonstige Einträge sein können) ist nicht unbedingt sortiert. Das liegt daran, daß die Einträge implementierungsabhängig im Dateiverzeichnis abgespeichert sind. Eine Sortierung ist aber wie folgt möglich:

```
foreach $fname (sort readdir(DIR)) {
    # Tue etwas mit $path/$fname
}
```

Der Witz dabei ist, daß readdir() im Listenkontext eine Liste von Dateien zurückliefert, die dann anschließend mit sort() sortiert wird.

Achtung! *Beim Zugriff auf Dateien, deren Namen durch readdir() (oder auch Fileglobs) zurückgeliefert werden, wird oft vergessen, den Pfadnamen anzuhängen. Daher funktioniert das folgende meistens nicht:*

```
opendir (DIR, '/usr/include') or die "can't open dir: $!\n";
while (defined ($file = readline(DIR))) {
    if (-d $file) { ... }           # FALSCH!
    open (FILE, "$file") or die "...";    # FALSCH!
}
closedir(DIR);
```

Richtig ist hier, /usr/include vor $file anzuhängen, bevor auf die Datei zugegriffen wird:

```
while (defined ($file=readline(DIR))) {
    my $fname = "$path/$file";      # Unix-Style
    # Tue etwas mit $fname
}
```

Verzeichnis mit closedir() wieder schließen

Ein nicht mehr benötigtes Directoryhandle wird automatisch bei Programmende zurückgegeben. Dieses können wir auch manuell zurückgeben, und zwar aus demselben Grund, warum Dateien mit close() geschlossen werden sollen:

```
closedir DIR;
```

rewinddir(), telldir() und seekdir()

- Mit rewinddir() wird der Directoryzeiger wieder an den Anfang des Verzeichnisses zurückgesetzt.

- Mit `telldir()` wird die aktuelle Position des Directoryzeigers zurückgeliefert.

- Mit `seekdir()` kann an eine beliebige Stelle innerhalb eines Verzeichnisses gesprungen werden (mit dem Directoryzeiger, versteht sich). Beachten Sie jedoch, daß nur Positionen, die mit `telldir()` zurückgegeben wurden, sinnvolle Werte sind!

Achtung! *Seien Sie vorsichtig beim Lesen von Verzeichnissen, die schnell von vielen anderen Prozessen modifiziert werden. Die mit telldir() gelesene Position muß z.B. schon nach kürzester Zeit nicht mehr auf einen sinnvollen Eintrag verweisen.*

12.6.3 Rekursives Traversieren des Dateisystems

Sie möchten eine ganze Verzeichnishierarchie rekursiv durchlaufen. Dabei möchten Sie zum Beispiel eine Datei finden, alle Verzeichnisse ausgeben, Dateien, die eine bestimmte Größe überschreiten, benennen oder nur die Dateinamen von Dateien, die „zuletzt" modifiziert wurden, anzeigen. Wir wollen im folgenden davon ausgehen, daß die anwendungsspezifische Problemstellung in einer benutzerdefinierten Funktion festgehalten wird. Diese Funktion soll nacheinander für jeden Eintrag während der rekursiven Traversierung aufgerufen werden. Als Parameter wird der Pfadname der gerade erreichten Datei angegeben. Die Funktion kann dann irgend etwas mit der gerade angegebenen Datei tun.

Ein Verzeichnisbaum wird wie folgt rekursiv durchlaufen:

- Manuell mit `opendir()`, `readdir()` und `closedir()`:

```perl
traverse-dir-manual.pl
#!/usr/local/bin/perl -w
# traverse-dir-manual.pl -- Rekursives Durchlaufen eines Directory

use Symbol;                         # wg. gensym

my $top    = shift;                 # Ab hier starten
my $check  = &wanted;               # Benutzerdefinierte Funktion
traverse($top);                     # Erster Aufruf

sub traverse {
    my $localtop = shift;           # Parameter: Ab hier...
    my $dirh     = gensym;          # Lokales Directoryhandle
    my $fname;

    unless (opendir($dirh, $localtop)) {
        warn "Err: $localtop ($!)\n";
        return;
    }

    while (defined ($fname = readdir($dirh))) {
        # . und .. sollen uebersprungen werden:
        next if $fname eq '.' or $fname eq '..';
```

12.6 Das Dateisystem

```
        # Eigentlicher Dateiname:
        my $pname = $localtop . '/' . $fname;

        # Benutzerdefinierte Funktion aufrufen
        &{$check}($pname);

        # Bei Verzeichnissen rufen wir uns selbst rekursiv auf.
        traverse($pname) if -d $pname;
    }

    closedir($dirh);
}

# Dies kann beliebig geaendert werden...
sub wanted {
    my $path = shift;
    print "Subdir: $path\n" if -d $path;
}
```
── traverse-dir-manual.pl

Ausführung:

```
farid@sun-1:~/p> ~/p/traverse-dir-manual.pl /usr/local/include
Subdir: /usr/local/include/g++
Subdir: /usr/local/include/g++/std
Subdir: /usr/local/include/python1.5
Subdir: /usr/local/include/readline
Subdir: /usr/local/include/GL
Subdir: /usr/local/include/apache
```

Ein kleines Problem bei diesem Programm ist, daß bedingt durch die maximale Anzahl gleichzeitiger offener Filedeskriptoren die Rekursionstiefe beschränkt ist. Ein *Workaround* ist die Verwendung von `readline()` im Listenkontext mit sofortigem anschließenden `closedir()` und erst dann durchgeführter Analyse der Ergebnisse. Versuchen Sie es!

Ein weiteres Problem entsteht, wenn Symlinks auf Verzeichnisse zeigen. Diese werden dann vom Algorithmus nicht als Dateiverzeichnis interpretiert, und folglich werden die Verzeichnisse, auf die gezeigt wurde, aufgrund des Symlinks allein nicht durchlaufen.

Es ist bei diesem Programm wichtig, die speziellen Dateiverzeichnisse „." und „.." zu überspringen, um Schleifen zu vermeiden. Ist es notwendig zu erwähnen, daß „." das aktuell besuchte Verzeichnis bezeichnet und „.." das übergeordnete Verzeichnis darstellt?

- Mit dem Unix-Kommando *find*:

  Wenn Sie unter Unix arbeiten, können Sie das Tool *find* benutzen, um rekursiv eine Dateihierarchie zu durchlaufen:

  ```
  farid@bsd-1:~> find / -name '*.h' -print
  ```

Dieses Beispiel durchsucht von ganz oben (/) die gesamte Dateihierarchie nach Headerdateien, die mit .h enden, und gibt diese Dateinamen anschließend auf die Standardausgabe aus.

```
farid@bsd-1:~> find /users -name '*.pl' -print
```

Hier werden nur Dateien ab */users* gesucht, die mit .pl enden. Diese werden angezeigt.

```
farid@bsd-1:~> find $HOME/Devel -type d -exec chmod a-w {} \;
```

Hier wird allen Verzeichnissen (Typ: d) unterhalb vom ~/*Devel*-Unterverzeichnis mit dem Tool *chmod* das Schreibrecht entzogen. Dabei steht {} für die aktuelle Datei. Wegen der Shell muß das Semikolon, das den find(1)-Befehl abschließt, jedoch entwertet werden.

```
farid@bsd-1:~> find bin -type d -o -type f -print
```

Hier werden alle Verzeichnisnamen oder Dateinamen ab dem Unterverzeichnis ~/*bin* angezeigt.

```
farid@bsd-1:~> find . -print | cpio -o |
>                gzip -9 | cryptit >
>                /var/local/backups/mybackup.$$
```

In dem letzten Beispiel werden all meine Dateien (in */users/farid*, oder hier einfach nur als . bezeichnet) mittels *cpio* zusammengefaßt, mit *gzip* komprimiert, mit einem eigenen Wrapper um *idea* namens *cryptit* verschlüsselt und anschließend in das Verzeichnis */var/local/backups/mybackup.nn* gesichert, wobei *nn* die PID des aktuellen Prozesses ist[8].

Das *find*-Kommando ist sehr flexibel und vielseitig. Die vollständige Dokumentation zu *find* finden Sie in *man find*.

Könnte *find* nicht aus Perl heraus aufgerufen werden, so daß wir von dessen Stärke profitieren könnten? Sicher doch! Dazu können entweder *Backticks* oder eine Pipe benutzt werden:

```
# Verwendung von Backticks:
@hfiles = `find / -name '*.h' -print`;   # ACHTUNG: Backquotes

# Eine Pipe zum find-Kommando:
open(FINDFH, "find /usr/include -name '*.h' -print |")
    or die "...";
@hfiles = <FINDFH>;
close(FINDFH);
```

Trotz der großen Flexibilität von *find* dürfen einige Nachteile nicht verschwiegen werden:

— Der Overhead beim Starten eines externen Programms

— Die zunächst für Anfänger schwerverständliche Syntax

---

8 Die Shell ersetzt die spezielle Variable $$ durch die PID des aktuellen Prozesses.

12.6 Das Dateisystem

- *find* ist nur auf Unix-Systemen standardmäßig vorhanden. Benutzern anderer Plattformen wird durch die Verwendung dieses Tools nicht geholfen.

- Mit dem Standardmodul `File::Find`:

Wenn Sie die explizite rekursive Traversierung oder das Kommando *find* nicht verwenden möchten, können Sie auch das Standardmodul `File::Find` benutzen:

```perl
                    traverse-dir-module.pl
#!/usr/local/bin/perl
# traverse-dir-module.pl -- Rekursives Traversieren mit File::Find
#                           Finde groesste und juengste Datei

use File::Find;                       # Standardmodul

my @biggest  = ( '', 0 );
my @youngest = ( '', 0 );
@ARGV = "." unless defined @ARGV;

find(&wanted, @ARGV);        # Rekursiver Alg.

print "Biggest  File: ", join(' ', @biggest), "\n";
print "Youngest File: ", $youngest[0], " ",
               scalar localtime($youngest[1]), "\n";

# Diese Funktion wird fuer jeden Verzeichniseintrag aufgerufen.
# Der Name des aktuellen Verzeichnisses
# befindet sich in $File::Find::dir.
# Der Name der aktuellen Datei
# in diesem Verzeichnis liegt in $_.
# Wir sind hier implizit chdir( $File::Find::dir) worden,
# so dass wir auf $_ direkt zugreifen koennen.
sub wanted {
    # $File::Find::name ist " $File::Find::dir/ $_ "
    print STDERR "Examining: ", $File::Find::name, "\n" if $^W;

    return unless -f;     # raus, wenn wir keine echte Datei haben

    # Ermittle groesste und juengste Datei bisher
    my ($size, $date) = (stat(_))[7,9];
    @biggest  = ( $File::Find::name, $size )
        if $size > $biggest[1];
    @youngest = ( $File::Find::name, $date )
        if $date > $youngest[1];
}
                                               traverse-dir-module.pl
```

Die Ausführung ergab:

```
farid@sun-1:~/> p/traverse-dir-module.pl .
Biggest  File: ./Devel/eplus/radb.db 104367103
Youngest File: ./p/traverse-dir-module.pl Fri Jun 11 12:35:07 1999
```

Der rekursive Traversierungsalgorithmus ist in der Funktion `find()` des Standardmoduls `File::Find` verborgen. `find()` ruft für jeden gefundenen Eintrag die Funktion, die als erstes Argument angegeben wird (hier `wanted()`) auf. Die aufgerufene Funktion erhält folgende globale Argumente:

- das aktuelle Verzeichnis in `$File::Find::dir`
- den Namen des aktuellen Eintrags relativ zu `$File::Find::dir` in `$_`
- den zusammengesetzten kompletten Pfadnamen in `$File::Find::name`

Darüber hinaus hat uns `find()` mittels `chdir()` implizit in `$File::Find::dir` versetzt, so daß wir direkt auf die Datei bzw. das Verzeichnis in `$_` zugreifen können.

Die Suche geschieht in einer zufälligen Reihenfolge (der Reihenfolge, in der die Einträge im Verzeichnis vorhanden sind). Diese kann auch für Teilbäume abgeschnitten werden (*pruning*), indem die Variable `$File::Find::prune` auf 1 gesetzt wird.

Mehr Informationen über `File::Find` finden Sie in *man File::Find*.

12.6.4 Verzeichnisse erzeugen und löschen

Verzeichnis mit `mkdir()` erzeugen

Ein neues Verzeichnis zu erzeugen ist sehr einfach. Sie verwenden einfach die Funktion `mkdir()` wie folgt:

```
mkdir("/tmp/newdir", 0777) or warn "can't mkdir: $!\n";
```

In diesem Beispiel wird ein neues Verzeichnis */tmp/newdir* mit den Zugriffsrechten 0777 (modifiziert durch *umask*) erzeugt. Wenn es ein Problem gab, liefert *mkdir()* 0 und den genauen Fehlercode in `$!`.

Verzeichnis mit `rmdir()` löschen

Ein bis auf . und .. leeres Dateiverzeichnis kann mit Hilfe der Funktion `rmdir()` wie folgt gelöscht werden:

```
rmdir("/tmp/killme") or warn "can't rmdir(): $!\n";
```

`rmdir()` löscht im obigen Beispiel das leere Verzeichnis */tmp/killme*. Falls ein Fehler aufgetreten ist, liefert `rmdir()` 0 und die genaue Fehlerursache in `$!`.

> **Achtung!** Beachten Sie, daß nur leere Verzeichnisse mit `rmdir()` gelöscht werden können! Dies wird oft übersehen. Auch „unsichtbare" Dateien, die mit einem Punkt anfangen, gehören dazu. Diese müssen ebenfalls vorher gelöscht worden sein, bevor das Verzeichnis, das sie enthält, durch `rmdir()` entfernt werden kann.

Verzeichnis mit `rm -rf *` rekursiv löschen

Wenn Sie rekursiv einen ganzen Baum von Verzeichnissen löschen möchten, können Sie nicht `rmdir()` benutzen, da es sich dabei ja, bis auf die Blattverzeichnisse, nicht um leere Verzeichnisse handelt. Dies können Sie jedoch erreichen, indem Sie ein externes Programm zum Löschen ganzer Verzeichnishierarchien benutzen. Unter Unix können Sie das *rm*-Kommando mit dem -r-Flag dazu benutzen. Andere Systeme können eventuell auch eigene Kommandos haben, die einen ganzen Verzeichnisbaum löschen. Diese Kommandos sollten dann anstelle von `rm -r` benutzt werden.

```
# Rekursives Loeschen ab $topdir unter Unix
system("rm -rf $topdir") == 0 or warn "Couldn't remove $topdir";
```

Rekursives Löschen als Perl-Programm

Wenn Sie kein externes Programm zum rekursiven Löschen eines ganzen Verzeichnisbaums verwenden wollen — sei es aus Portabilitäts- oder Effizienzgründen — können Sie die Funktion `rmtree()` des Standardmoduls `File::Path` benutzen:

```
use File::Path;          # Standardmodul

$removed_files = rmtree($topdir);
print "Successfully removed $removed_files files\n";
```

Natürlich hindert Sie niemand daran, die Verzeichnishierarchie auch manuell oder semimanuell rekursiv zu durchlaufen und zunächst Dateien mit `unlink()` und anschließend leere Verzeichnisse mit `rmdir()` zu löschen. Sie müssen jedoch beachten, daß in diesem Fall die Traversierungsreihenfolge dergestalt ist, daß zunächst die tiefsten Verzeichnisse erreicht werden, von allen Dateien befreit (sukzessive mit `unlink()`-Aufrufen) und anschließend mit `rmdir()` gelöscht werden können. Wenn Sie zum rekursiven Traversieren das Standardmodul `File::Find` benutzen, sollten Sie dann statt der Funktion `find()` die Funktion `finddepth()` benutzen, die eine für das Löschen von Verzeichnissen bestens geeignete *Depth-first-search*-Traversierungsstrategie ausführt.

12.6.5 Hardlinks und Symlinks

Verzeichniseinträge bestehen intern im wesentlichen aus einem Namen und einem Verweis auf eine interne Struktur, der *Inode*-Tabelle. Jedes Dateisystem enthält eine solche Inode-Tabelle. Der Inode ist die eigentliche Struktur, die Informationen über eine physische Datei speichert, etwa ihre Position auf der Platte, deren Größe, Eigentümer, Zugriffsrechte, und, sehr wichtig, einen Referenzzähler, der die Anzahl der Verzeichnisse zählt, die einen Eintrag haben, der auf diesen Inode verweist. Wird nun ein Verzeichniseintrag mittels `unlink()` gelöscht, so wird gleichzeitig im Inode der Referenzzähler um 1 dekrementiert. Erst wenn dieser Zähler 0 erreicht und wenn kein Prozeß mehr diese Datei geöffnet hat, wird die physische Datei *logisch* gelöscht und der belegte Platz auf der Platte der Liste der freien Blöcke wieder zugeführt. Abbildung 12.2 zeigt diesen Sachverhalt.

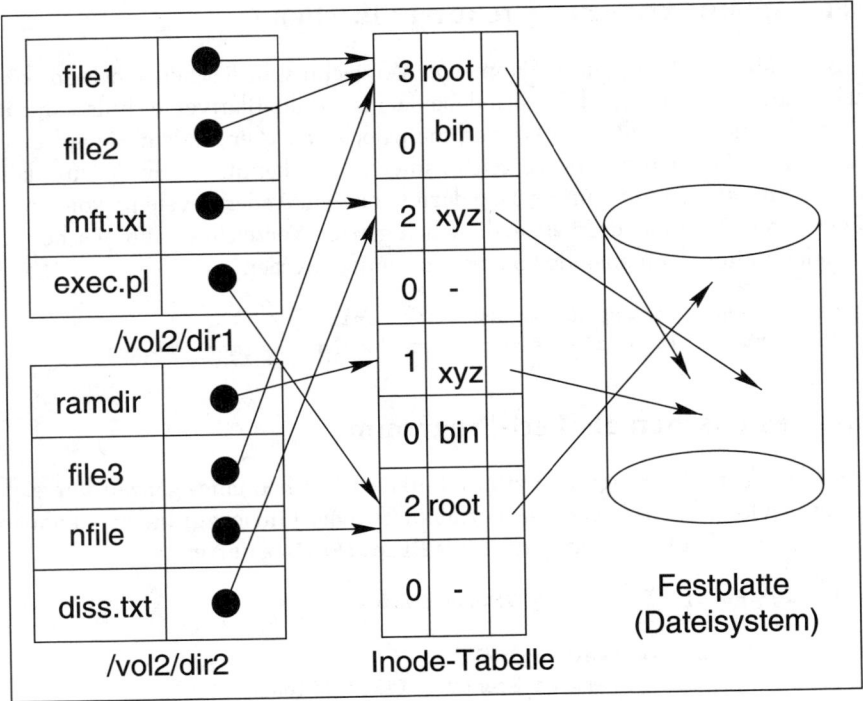

Abbildung 12.2: Dateisystem-Links

Eine Datei kann auch mehrere Namen haben, die darüber hinaus in mehreren Verzeichnissen untergebracht werden können. Jeder Eintrag ist ein *Link* auf den eindeutigen Inode.

Ein echter Link kann mit Hilfe der Funktion link() erzeugt werden:

```
link($old, $new) or die "can't link(): $!\n";
```

Hier wird ein neuer Link mit dem Namen $new erzeugt, der auf eine bereits existierende Datei namens $old zeigt. Beachten Sie jedoch, daß sich sowohl $new als auch $old im selben Dateisystem befinden müssen.

> **Achtung!** *Auch wenn eine Datei zwei oder mehr Link-Namen hat, handelt es sich immer noch um dieselbe physische Datei. Verändern Sie die Datei über den einen Namen, sind die Veränderungen sofort für den anderen Namen ebenfalls sichtbar.*

Symlinks hingegen sind symbolische Links. Während echte Links lediglich Verzeichniseinträge sind, die auf dieselbe Datei (Inode) zeigen, sind Symlinks spezielle Verzeichniseinträge, die den Namen eines anderen Verzeichniseintrags (also eines Datei- oder Verzeichnisnamens) enthalten.

Während echte Links lediglich auf Dateien im gleichen Dateisystem zeigen können, reichen Symlinks über Dateisystemgrenzen hinweg. Der Grund ist der, daß echte Links lediglich auf den Index des entsprechenden Inode innerhalb der Inode-Tabelle des Dateisystems verweisen, während Symlinks ganze Pfadnamen enthalten können. Die Nummer einer Inode ist ja nur pro Inode-Tabelle relevant. Davon gibt es ja so viele, wie Dateisysteme vorhanden sind.

Ein Beispiel:

```
farid@sun-1:/tmp/test> ls -li .
9718 -rw-r--r--  2 farid 152 Jun 19 22:30 blah
9718 -rw-r--r--  2 farid 152 Jun 19 22:30 blah.blah
9723 -rw-------  1 farid 562 Jun 19 22:31 dead.letter
7743 lrwxr-xr-x  1 farid  11 Jun 19 22:32 life.letter -> dead.letter
7912 lrwxr-xr-x  1 farid  20 Jun 19 22:32 stdio.header
                                              -> /usr/include/stdio.h
```

Aus dem obigen Listenausschnitt erkennt man folgendes:

- Die Dateien *blah* und *blah.blah* sind identisch. Dies erkennt man sowohl am gleichen Inode (9718) als auch daran, daß der Referenzzähler auf 2 steht. Alle anderen Attribute der Datei sind gleich.

- Die Datei *dead.letter* ist eine Datei, auf die kein weiterer harter Link zeigt. Ob ein Symlink auf diese Datei zeigt, ist hier nicht ersichtlich. Es wird bei Symlinks nicht mitprotokolliert, wie viele auf eine Datei zeigen. Tatsächlich können Symlinks sogar ins Leere zeigen. Das ist an und für sich kein Problem, sondern wird erst dann zu einem, wenn versucht wird, dem Link zu folgen.

- Der Verzeichniseintrag *life.letter* ist ein Symlink, wie aus dem l vor den Zugriffsbits zu erkennen ist. Außerdem ist der *Inhalt* dieses Links *dead.letter*.

- *stdio.header* ist ein weiterer Symlink, der diesmal auf eine Datei zeigt, die außerhalb dieses Dateisystems liegt.

Abbildung 12.2 auf Seite 438 zeigte bereits das Konzept der Links in einem Dateisystem.

Harte Links werden in Perl wie eine gewöhnliche Datei behandelt. Schwieriger wird es bei Symlinks. Ein Symlink hat einen Namen; er hat aber auch einen Inhalt, der ein anderer Name ist. Wollen Sie den Inhalt eines Symlinks auslesen, brauchen Sie eine spezielle Funktion. Die `readlink()`-Funktion von Perl tut genau dies:

```
$followed_link = readlink "stdio.header";
die "readlink() Error: $!\n" unless defined $followed_link;
# $followed_link eq "/usr/include/stdio.h"
```

Sie können auch einen Symlink selbst erstellen, indem Sie die Funktion `symlink()` verwenden:

```
symlink("/usr/include/stdio.h", "stdio.header")
    or die "can't symlink(): $!\n";
```

Der erste Parameter zu `symlink()` ist der Inhalt des neuen Symlinks. Der zweite Parameter ist der Name des Symlinks selbst. Der obige Aufruf erzeugt den Symlink *stdio.header*

```
stdio.header -> /usr/include/stdio.h
```

im aktuellen Arbeitsverzeichnis.

Symlinks sind mit Vorsicht zu genießen: Zum einen können Sie sich mit zu vielen Symlinks sehr schnell eine unübersichtliche Struktur aufbauen. Zum anderen können Sie *zirkuläre* Symlink-Ketten aufbauen, wie etwa:

$$a \to b \to c \to d \to a$$

Schließlich können zu viele Symlinks die Performance des Systems senken, denn ein Zugriff auf eine Datei erfordert dann unter Umständen das Verfolgen vieler Links, was wiederum viele Plattenzugriffe erforderlich machen könnte. Erwähnt sei noch, daß viele Unix-Varianten Symlinks nur bis zu einer gewissen Grenze verfolgen, normalerweise in der Größenordnung von etwa 16 Symlinks. Dazu kommt, daß Symlinks bei einigen Unix-Varianten nicht optimal über NFS- oder AFS-Grenzen funktionieren, und schließlich werden Symlinks auf eine unkonventionelle Weise vom *Automounter* verwendet[9].

Wozu werden Symlinks benötigt? Zwei wichtige Anwendungen aus der Praxis sind:

- Erleichterte Konfiguration von Programmpfaden:

    Angenommen, die Datei */usr/local/share/flutzpah* wird von vielen Anwendungen benutzt. Nun installieren Sie eine neue Anwendung, die ebenfalls *flutzpah* benutzen möchte. Leider erwartet die neue Anwendung *flutzpah* im Verzeichnis */opt/flutzpah*. Einen normalen Link

    ```
    /opt/flutzpah <-> /usr/local/share/flutzpah
    ```

    können Sie leider nicht anlegen, da auf diesem System */opt* und */usr/local* zwei verschiedene Filesysteme darstellen. Die Lösung ist dann, in */opt* einen Symlink auf das ursprüngliche *flutzpah* zu setzen:

    ```
    root@sun-1:~> ln -s /usr/local/share/flutzpah /opt/flutzpah
    root@sun-1:~> ls -l /opt/flutzpah
    lrwxrwxrwx 1 root other 25 /opt/flutzpah -> /usr/local/share/flutzpah
    ```

    Nun kann die neue Anwendung problemlos *flutzpah* unter */opt/flutzpah* ansprechen, während die alten Anwendungen *flutzpah* unter dem alten Pfadnamen nach wie vor ansprechen können.

- Shadow/Mirror-Link-Baum zum Kompilieren:

    Angenommen, Sie haben den Quellcode eines sehr großen Programms auf CD-ROM bekommen. Er ist bereits in einzelne Dateien ausgepackt, wie z.B. (ausschnittsweise):

---

9 Der Automounter ist ein Daemon, der NFS-Verzeichnisse erst dann einhängt, wenn ein Prozeß darauf zugreift und diese abhängt, wenn nach einer Inaktivitätsphase nicht mehr darauf zugegriffen wird.

```
/cdrom/bigproject/esim/src/simul/auth.c
/cdrom/bigproject/esim/src/simul/hover.c
/cdrom/bigproject/esim/src/simul/lame.c
/cdrom/bigproject/ep2/unix/src/runway.c
/cdrom/bigproject/ep2/unix/src/zygo.c
/cdrom/bigproject/include/unix/ep2/zygo.h
```

Wie können Sie diese Quellcodedateien kompilieren? Die klassische Lösung, einfach alles von CD-ROM auf die Platte zu kopieren, scheidet diesmal wegen der schieren Größe der Sourcen aus. Unter Umständen kann man `Makefiles` so einstellen, daß die Objektdateien und ausführbaren Programme in einstellbaren Verzeichnissen landen. Das ist aber vom jeweils eingesetzten *make* abhängig und nicht immer sehr einfach. Im obigen Beispiel ist es auch nicht leicht, denn auch Makefiles sind auf der CD-ROM und somit vor Ort nicht änderbar. Was tun?

Eine gern benutzte Alternative ist das Anlegen einer Parallelhierarchie auf der Festplatte, die die Hierarchie auf der CD-ROM widerspiegelt. Dabei werden aber statt echten Dateien nur Symlinks auf die CD-ROM zeigen:

```
farid@sun-1:~/tmp/mirror> ls -l esim/src/simul/*
esim/src/simul/auth.c  -> /cdrom/bigproject/esim/src/simul/auth.h
esim/src/simul/hover.c -> /cdrom/bigproject/esim/src/simul/hover.c
esim/src/simul/lame.c  -> /cdrom/bigproject/esim/src/simul/lame.c
```

Interessant hierbei ist, daß es jetzt möglich ist, eigene Objektdateien im Zielverzeichnis abzulegen:

```
farid@sun-1:~/tmp/mirror> ls esim/src/simul/*.o
esim/src/simul/auth.o
esim/src/simul/hover.o
esim/src/simul/lame.o
```

Das Verzeichinis */tmp/mirror/esim/src/simul* ist also schreibbar. Beim Übersetzen wurde über die *symlinked* Sourcen zugegriffen, als ob sie tatsächlich auch dort wären. Ein weiterer Vorteil dieser Methode liegt darin, daß Dateien auch geändert werden können. Dazu muß nur der Symlink entfernt und durch eine echte Kopie von der CD-ROM ersetzt werden.

Ein Programm, das eine Parallelhierarchie aus Symlinks aus einem bereits existierenden Verzeichnis erstellt, finden Sie unter anderem in [16, Recipe 9.11].

12.7 Dateien

In diesem Abschnitt werden wir Operationen und Funktionen, die auf einzelne Dateien einwirken, kennenlernen.

12.7.1 Dateitestoperatoren

Häufig werden Informationen *über* bestimmte Dateien benötigt. Typische Fragen hierbei sind:

- Wie groß ist Datei *xyz*?

- Wann wurde die Datei *blah* zuletzt verändert?
- Ist Datei *glork.tex* lesbar? Ist sie schreibbar?
- Handelt es sich bei */tmp/xyzzy* um eine Datei oder um ein Verzeichnis?
- Könnte es sich bei *a.out* um eine Textdatei handeln?

Solche und ähnliche Fragen lassen sich mit Hilfe von *Dateitestoperatoren* leicht beantworten.

Tabelle 12.4 gibt eine Übersicht über die Dateitestoperatoren. Alle Dateitestoperatoren erwarten eines von drei Argumenten:

- *Nichts*: Dateiname in `$_`
- *Pfad*: Angabe durch Dateiname in *Pfad*
- *HANDLE*: Offenes File- oder Directoryhandle.

Operator	Bedeutung
-r	Datei ist durch effektive UID/GID lesbar.
-w	Datei ist durch effektive UID/GID schreibbar.
-x	Datei ist durch effektive UID/GID ausführbar.
-o	Datei gehört der effektiven UID.
-R	Datei ist durch echte UID/GID lesbar.
-W	Datei ist durch echte UID/GID schreibbar.
-X	Datei ist durch echte UID/GID ausführbar.
-O	Datei gehört echter UID.
-e	Datei existiert.
-z	Datei hat die Länge Null (leer).
-s	Länge in Bytes einer nicht leeren Datei.
-f	Datei ist eine reguläre Datei.
-d	Datei ist ein Dateiverzeichnis.
-l	Datei ist ein Symlink.
-p	Datei ist eine *named pipe* (FIFO).
-S	Datei ist ein Socket.
-b	Gerätedatei ist ein *block special file*.
-c	Gerätedatei ist ein *character special file*.
-t	Datei ist ein `tty` (STDIN bei ⊠).
-u	Datei hat das *setuid*-Bit gesetzt.

Forsetzung auf der nächsten Seite

Fortsetzung

Operator	Bedeutung
-g	Datei hat das *setgid*-Bit gesetzt.
-k	Datei hat das *Sticky*-Bit gesetzt.
-T	Datei ist eine Textdatei.
-B	Datei ist Binärdatei.
-M	Modifikationszeit in Tagen seit Programmstart.
-A	Zugriffszeit in Tagen seit Programmstart.
-C	Inode-Veränderungszeit in Tagen seit Programmstart.

Tabelle 12.4: Dateitestoperatoren

Wie können diese Dateitestoperatoren benutzt werden?

ls.pl
```perl
#!/usr/local/bin/perl -w
# ls.pl -- Mini-ls(1) mit Dateitestoperatoren.

use strict;
use Cwd;
my $start_dir = cwd;

while (@ARGV) {
    my $fname = shift @ARGV;

    chdir($start_dir);
    &print_file($fname) if not -d $fname;
    &print_dir($fname)  if -d $fname;
}

sub print_dir
{
    my $dir = shift;
    my @dircontents;
    my $file;

    opendir(DIRHANDLE, $dir)
        or die "can't open directory $dir: $!\n";
    @dircontents = readdir(DIRHANDLE);
    closedir(DIRHANDLE);

    print "Directory: $dir\n";
    print "---------\n";
    chdir($dir);   # WICHTIG!
    foreach $file (sort @dircontents) {
        &print_file($file);
    }
```

```perl
}

sub print_file
{
    local $_ = shift;
    my $flags;

    print "\t$_:\t";
    $flags = "";

    $flags .= "-" if -f;
    $flags .= "d" if -d; $flags .= "l" if -l;
    $flags .= "S" if -s; $flags .= "p" if -p;
    $flags .= "b" if -b; $flags .= "c" if -c;

    $flags .= ",";
    $flags .= "r" if -r; $flags .= "w" if -w;
    $flags .= "x" if -x; $flags .= "o" if -o;
    $flags .= "R" if -R; $flags .= "W" if -W;
    $flags .= "X" if -X; $flags .= "O" if -O;

    print "$flags\n";
}
```
———————————————————————————————————— ls.pl

Ausführung:

```
farid@sun-1:~/p> ./ls.pl /tmp
Directory: /tmp
----------
        .:              dS,rwxRWX
        ..:             dS,rxRX
        .X11-pipe:      dS,rwxRWX
        .X11-unix:      dS,rwxRWX
        .asppp.fifo:    p,rwRW
        .pcmcia:        dS,rwxRWX
        .printd.lock:   -S,
        .removable:     dS,rwxoRWXO
        .rpc_door:      dS,rwxRWX
        dtdbcache_:0:   -S,rwoRWO
        flutzpah:       1,
        new:    1,
        ps_data:        -S,rR
        sdtvolcheck427: -,rwoRWO
```

Jeder Aufruf von -X *path* oder -X *FH* führt intern zu einem Aufruf der Funktion stat() bzw. lstat(). Diese Systemaufrufe liefern weit mehr, als nur von einem einzigen Dateitestoperator -X benötigt wird. Aus diesem Grund werden die Ergebnisse des letzten stat()- oder lstat()-Systemaufrufs in dem speziellen Handle _ gespeichert.

Daher ist folgendes effizienter:

```
print "readable " if -r $file;
print "writable " if -w _;
print "executable" if -x _;
```

Versuchen Sie daher, den _-Cache so oft wie möglich zu benutzen.

12.7.2 Die stat()-Funktion

Wenn Sie viele Informationen über eine Datei oder ein offenes Filehandle erhalten möchten, können Sie dafür entweder mehrere Dateitestoperatoren nacheinander aufrufen (wobei Sie aus Effizienzgründen auch den _-Cache benutzen können), oder Sie verwenden gleich die Funktionen stat() bzw. lstat().

stat() akzeptiert als Parameter entweder einen Pfadnamen, ein offenes Filehandle oder kein Argument. Ohne Argument nimmt stat() an, daß der Pfadname in $_ gespeichert ist.

Im Fehlerfall liefert stat() eine leere Liste zurück. Im Erfolgsfall wird eine 13-elementige Liste zurückgegeben. Die Elemente dieser Liste sind in Tabelle 12.5 zusammengefaßt.

Pos	Kurzname	Bedeutung
0	dev	Systemweite Gerätenummer des Dateisystems.
1	ino	Inode-Nummer innerhalb des Dateisystems.
2	mode	Modus: Zugriffsrechte und Dateityp.
3	nlink	Referenzzähler: Anzahl harter Links.
4	uid	UID des Besitzers.
5	gid	GID des Besitzers.
6	rdev	Systemweite Raw-Gerätenummer des Dateisystems.
7	size	Logische Größe der Datei in Byte
8	atime	Letzte Zugriffszeit in Sekunden seit der Epoche.
9	mtime	Letzte Modifikationszeit in Sekunden seit der Epoche.
10	ctime	Letzte Inode-Änderungszeit in Sek. seit der Epoche.
11	blksize	Ideale Blockgröße für Dateisystem-Ein-/Ausgabe.
12	blocks	Anzahl aktuell zugewiesener Blöcke.

Tabelle 12.5: Rückgabewerte der Funktion stat()

Die Verwendung von stat() ist einfach:

```
statme.pl
#!/usr/local/bin/perl -w
```

```
# statme.pl -- Zeigt alle stat()-Informationen einer Dateiliste an

foreach $file (@ARGV) {
    unless (($dev, $ino, $mode, $nlink, $uid, $gid,
             $rdev, $size, $atime, $mtime, $ctime,
             $blksize, $blocks) = stat($file)) {
        warn "can't stat() $file: $!\n";
    } else {
        $octmode      = sprintf("%o", $mode);
        $physsize     = $blksize * $blocks;
        $at           = scalar localtime($atime);
        $mt           = scalar localtime($mtime);
        $ct           = scalar localtime($ctime);

        print <<"...";
File              : $file

Device            : ($dev, $rdev) Inode: $ino
Mode              : 0$octmode
Number of Links   : $nlink
Owner             : ($uid, $gid)
Logical Size      : $size Bytes
Physical Size     : $blocks Blocks ($blksize Bytes/Block) == $physsize
Access Time       : $at
Mod.  Time        : $mt
Inode Time        : $ct
...
    }
}
```
── statme.pl

Ausführung:

```
farid@sun-1:~/p> ./statme.pl statme.pl
File              : statme.pl

Device            : (26738695, 0) Inode: 218394
Mode              : 0100555
Number of Links   : 1
Owner             : (1001, 101)
Logical Size      : 920 Bytes
Physical Size     : 2 Blocks (8192 Bytes/Block) == 16384
Access Time       : Fri Jun 11 16:50:39 1999
Mod.  Time        : Fri Jun 11 16:50:06 1999
Inode Time        : Fri Jun 11 16:50:12 1999

farid@sun-1:~/p> ./statme.pl /usr
File              : /usr

Device            : (26738693, 0) Inode: 2
Mode              : 040775
Number of Links   : 31
```

```
Owner            : (0, 3)
Logical Size     : 1024 Bytes
Physical Size    : 2 Blocks (8192 Bytes/Block) == 16384
Access Time      : Thu Jun 10 16:33:42 1999
Mod.  Time       : Tue Oct 20 19:16:08 1998
Inode Time       : Tue Oct 20 19:16:08 1998

farid@sun-1:~/p> ./statme.pl /dev/tty
File             : /dev/tty

Device           : (26738688, 5767168) Inode: 308
Mode             : 020666
Number of Links  : 1
Owner            : (0, 7)
Logical Size     : 2147483647 Bytes
Physical Size    : 0 Blocks (8192 Bytes/Block) == 0
Access Time      : Fri Jun 11 15:45:00 1999
Mod.  Time       : Fri Jun 11 12:22:16 1999
Inode Time       : Fri Jun 11 15:45:14 1999
```

Wieso stimmt im obigen Beispiel die physische Größe mit der logischen Größe nicht immer überein? Das liegt an der Art und Weise, wie Dateien unter Unix intern repräsentiert werden. Dateien werden intern in Blöcken fester Größe gespeichert. Häufig ist dann die logische Größe kleiner als die physische Größe, da der letzte Block i.d.R. nicht immer gefüllt sein wird. Es gibt aber auch Situationen, in denen die logische Größe einer Datei die physische Größe übertreffen kann!

makehole.pl
```
#!/usr/local/bin/perl -w
# makehole.pl -- Erzeugt eine Datei mit einem Loch

use Fcntl;           # Wegen den O_*-Konstanten
use POSIX;           # Wegen SEEK_SET

sysopen(HOLE, shift, O_WRONLY | O_CREAT, 0666)
    or die "can't create file: $!\n";
syswrite(HOLE, "x", 1);
sysseek(HOLE, 1_000_000_000, SEEK_SET);
syswrite(HOLE, "y", 1);
close(HOLE);
```
— makehole.pl

Mit makehole.pl erzeugen wir eine Datei mit einem großen „Loch". Schauen wir uns an, wie diese Datei konkret aussieht:

```
farid@sun-1:~/p> ./makehole.pl /var/tmp/ahole
farid@sun-1:~/p> ./statme.pl /var/tmp/ahole
File             : /var/tmp/ahole

Device           : (26738691, 0) Inode: 88083
Mode             : 0100644
```

```
Number of Links  : 1
Owner            : (1001, 101)
Logical Size     : 1000000001 Bytes
Physical Size    : 64 Blocks (8192 Bytes/Block) == 524288
Access Time      : Fri Jun 11 17:09:38 1999
Mod.  Time       : Fri Jun 11 17:09:38 1999
Inode Time       : Fri Jun 11 17:09:38 1999
farid@sun-1:~/p> ls -l /var/tmp/ahole
-rw-r--r--   1 farid users 1000000001 Jun 11 17:09 /var/tmp/ahole
farid@sun-1:~/p> rm /var/tmp/ahole
```

Interessant! Wir haben eine Datei mit 10^9+1 Bytes logischer Größe erzeugt, die jedoch auf der Platte nur 524 288 Byte (64 Blöcke zu 8192 Byte/Block) belegt.

Solche Dateien mit Löchern sind keine reine Kuriosität. Sie kommen tatsächlich häufiger vor, als man es sich zunächst vorstellt. Typische Vertreter dieser seltsamen Art von Dateien sind DBM-Dateien, wie sie beispielsweise in Abschnitt 8.8 auf Seite 192 erzeugt wurden.

Dateien mit Löchern können aber auch problematisch sein: Insbesondere bei einigen Sicherungsverfahren werden beim Sichern und erst recht beim Wiedereinspielen auf die Platte die Löcher „gefüllt" (meist durch \0-Zeichen). Somit werden diese Dateien dann sehr stark „aufgebläht", möglicherweise mehr als im Dateisystem überhaupt noch Platz ist. Sogar eine einfache Kopie mit *cp* bläht dabei Dateien mit Löchern auf.

Die lange Rückgabeliste von stat() kann verwirrend sein. Mit Hilfe des Standardmoduls File::stat (achten Sie auf den Kleinbuchstaben bei stat) können die einzelnen Felder mit ihren Namen angesprochen werden:

showsize.pl
```
#!/usr/local/bin/perl -w
# showsize.pl -- Groesse einer Datei mit File::stat stat() abfragen

use File::stat;             # Standardmodul, ueberlagert stat()

my $fname = shift;          # Dateiname von der Kommandozeile
my $si = stat($fname);      # Erzeuge ein Stat-Objekt

print "Logical  Size: ", $si->size(), "\n";
print "Physical Size: ", $si->blocks() * $si->blksize(), "\n";
```
showsize.pl

Ausführung:

```
farid@sun-1:~/p> ./showsize.pl showsize.pl
Logical  Size: 393
Physical Size: 16384
```

12.7 Dateien

In diesem Beispiel wurde mit dem Standardmodul `File::stat` die Funktion `stat()` überlagert. Der neue Rückgabewert von `stat()` ist nun ein stat-Objekt, das anschließend über Accessormethoden Auskunft über die einzelnen Felder der `stat()`-Rückgabeliste gibt. Die Namen der einzelnen Zugriffsmethoden sind identisch mit denen aus Tabelle 12.5 auf Seite 445.

Betrachten wir nun kurz die einzelnen Rückgabewerte von `stat()` etwas näher:

- Identifizierung mit *dev, ino*:

  Jede Datei hat eine eindeutige Adresse in einem System. *dev* gibt dabei die Nummer des Dateisystems, auf dem sich die mit `stat()` abgefragte Datei befindet. Relativ zu diesem Dateisystem hat die Datei die Inode-Nummer *ino*. Wozu kann das benutzt werden? Wir haben gesehen, daß durch echte Links eine Datei über mehr als nur einen Namen angesprochen werden kann. Mit Hilfe des folgenden Programmfragments läßt sich leicht feststellen, ob es sich dabei um dieselbe physische Datei handelt oder nicht. Das Prinzip ist, sowohl *dev* als auch *ino* auf Gleichheit zu überprüfen:

  ```
  sub same_files {
      my ($fname1, $fname2) = @_;
      my ($dev1, $ino1, $dev2, $ino2);
      ($dev1, $ino1) = (stat($fname1))[0,1];
      ($dev2, $ino2) = (stat($fname2))[0,1];
      return $dev1 == $dev2 and $ino1 == $ino2;
  }
  ```

  Wir haben hier zweimal einen Listen-Slice auf die Rückgabeliste von `stat()` angewandt, um an die gewünschten Werte heranzukommen.

- Zugriffsrechte und Dateityp *mode*:

  Dies ist eine zusammengesetzte Zahl, die sowohl die Zugriffsrechte der Datei als auch deren Typ (z.B. normale Datei, Dateiverzeichnis, Gerätedatei usw.) angibt. Wie ist diese Zahl zu interpretieren? Versuchen wir doch einfach, durch Beobachtung dahinterzukommen: Die Ausgaben von `statme.pl` auf Seite 446 lassen sich diesbezüglich wie folgt zusammenfassen:

statme.pl	Normale Datei	-r-xr-xr-x	0100555
/usr	Verzeichnis	drwxrwxr-x	040775
/dev/tty	Character Special File	crw-rw-rw-	020666

  Wenn es nicht schon klargeworden ist: Die drei letzten Oktalziffern (also die ganz rechts) von *mode* entsprechen den Zugriffsrechten. Die fünfte Oktalziffer von rechts entspricht dem Typ der Datei. Die einzelnen Konstanten können Sie in der Headerdatei *<sys/stat.h>* finden.

  Natürlich ist es besser, den Typ der Datei mit den Dateitestoperatoren -d, -f, -c, -b, -p usw. zu bestimmen. Die Zugriffsrechte können dann durch Maskierung von *mode* gewonnen werden, etwa so:

```
    $mode &= 0777;    # Nur noch Zugriffsrechte interessant
                      # Keine setuid, setgid, Sticky-Bits...
```

- Anzahl der echten Links auf eine Datei: *nlink*

  Die meisten Dateien werden hier eine 1 aufweisen. Wenn ein echter Link hinzugefügt wird (mit *ln* oder der Funktion `link()`), dann wird dieser Zähler inkrementiert. Wenn ein Verzeichniseintrag mit `unlink()` gelöscht wird, wird *nlink* um 1 dekrementiert. Wenn *nlink* auf 0 fällt, wird die Datei physisch als gelöscht markiert; ihr Platz kann dann wiederverwendet werden.

  Übrigens haben Verzeichnisse bei ihrer Erzeugung (mit `mkdir()`) sofort einen *nlink*-Wert von 2. Können Sie herausfinden, wieso?

  ```
  farid@sun-1:~> mkdir /tmp/newdir
  farid@sun-1:~> ls -ld /tmp/newdir
  drwxr-xr-x   2 farid   users   69 Jun 11 18:06 /tmp/newdir
  ```

  Denken Sie einfach an „*/tmp/newdir/.*". Das Pseudoverzeichnis „*.*" zeigt immer auf das eigene Verzeichnis, also hier auf */tmp/newdir*. Da `mkdir()` jedes neue Verzeichnis gleich mit „*.*" und „*..*" erzeugt, wird dabei der *nlink*-Wert auf 2 initialisiert. Übrigens erhöht sich auch der *nlink*-Wert des Elternverzeichnisses um 1. Wieso? Wegen „*..*"!

- Besitzer der Datei mit *uid, gid*:

  Jede Datei, jedes Verzeichnis, jede Gerätedatei usw. hat einen Eigentümer. Dieser wird durch die *numerische* User-ID *uid* und Gruppen-ID *gid* eindeutig identifiziert. Die Zugriffsrechte des Eigentümers und die Gruppenrechte beziehen sich stets auf diese Werte.

- Logische (*size*) und physische (*blocks, blksize*) Größe einer Datei:

  Die Größe einer Datei wird in *size* bereitgestellt. Diese kann, wie wir bereits gesehen haben, kleiner, gleich oder auch größer als die physische Größe sein. *blksize* ist die Größe jedes einzelnen Blocks innerhalb des Dateisystems, das die mit `stat()` abgefragte Datei enthält. In *blocks* steht dann die Anzahl der zugewiesenen Blöcke der Größe *blksize*. Dabei kann es durchaus vorkommen, daß weniger Blöcke, als die logische Größe erfordert, reserviert werden (Datei mit Löchern). Normalerweise wird der letzte allokierte Block nicht ganz gefüllt sein.

  Der Wert von *blksize* kann übrigens dazu genutzt werden, eine Datei möglichst effizient einzulesen oder zu beschreiben: Dazu sollten dann wiederholte Aufrufe von `syswrite()` oder `sysread()` mit einer gewünschten Größe von *blksize* eingesetzt werden.

- Zeitstempel *atime*, *mtime* und *ctime*:

  Unix protokolliert jeden Zugriff und jede Änderung auf eine Datei in drei Zeitstempeln, die mit *atime*, *mtime* und *ctime* abgefragt werden können. Die dort abgelegte Zeit ist die Zahl der Sekunden seit der Epoche (bei Unix mit dem 1. Januar 1970).

Diese Zeit läßt sich mit `localtime()` in einen von Menschen lesbaren String konvertieren.

- Letzte Zugriffszeit in *atime*: Jeder lesende oder schreibende Zugriff auf die Datei aktualisiert diese Zeit.
- Letzte Modifikationszeit in *mtime*: Jeder schreibende Zugriff auf die Datei aktualisiert sowohl *mtime* als auch *atime*
- Letzte Inode-Modifikationszeit in *ctime*: Jede Aktion, die den Inode modifiziert, aktualisiert diese Zeit.

> **Achtung!** ctime *ist weder die Erzeugungszeit (creation time) noch die Zeit, in der z.B. der Dateiname geändert wird (mit* mv *oder* rename()*)! Wann wird also* ctime *geändert? Genau dann, wenn einer der Werte, die* stat() *zurückliefert, sich ändern würde!*

Die Zeitstempel *atime* und *mtime* einer Datei können auch mit Hilfe der Funktion `utime()` geändert werden. Das kann bei Sicherungsprogrammen (z.B. *tar, cpio*) sinnvoll sein, die ihren eigenen Zugriff auf eine Datei aus guten Gründen (inkrementelle Sicherung) zurücksetzen wollen. Ein andere Anwendung ist die „Aktualisierung" einer Datei (so ähnlich wie mit dem Kommando *touch*):

touch.pl
```perl
#!/usr/local/bin/perl -w
# touch.pl -- Aktualisiert die Zugriffszeit auf Dateien
#              Beispiel aus 'man perlfunc' beim utime()-Eintrag

$now = time;              # Aktuelle Zeit sichern
utime $now, $now, @ARGV;  # atime, mtime, Dateiliste
```
touch.pl

Der Unterschied zum normalen *touch*-Kommando ist der, daß nicht existierende Dateien nicht erzeugt werden.

`stat()` folgt Symlinks. Das bedeutet, daß Sie auf die Datei zugreifen, auf die ein Symlink zeigt, oder auf die sogar eine Kette von Symlinks zeigt. Der Symlink selbst kann somit aber nicht analysiert werden. Anders bei `lstat()`: Diese Funktion entspricht genau `stat()` — mit dem wesentlichen Unterschied, daß Symlinks nicht verfolgt werden. Verwenden Sie aber `lstat()` nur dann, wenn Sie wirklich die Inode-Einträge des Symlinks selbst benötigen. Das ist viel seltener der Fall, als Sie zunächst vermuten könnten.

12.7.3 Dateien löschen

Wenn wir hier von „Dateien löschen" sprechen, meinen wir eigentlich das Entfernen einer Datei aus einem Verzeichnis. Das ist nicht immer dasselbe, wie wir weiter unten sehen werden. Doch auch eine „gelöschte" Datei muß noch lange nicht von der Festplatte verschwunden sein. Wir werden noch eine Methode kennenlernen, wie Dateien auch „physisch" gelöscht werden können.

Löschen mit `unlink()`

Die größte Schwierigkeit, die Anfängern begegnet, ist das Fehlen einer `remove()`-Funktion. `delete()` funktioniert auch nicht, da es sich dabei um das Entfernen eines Schlüssel/Wert-Paars aus einem Hash handelt. Wie heißt dann die Funktion zum Löschen einer Datei?

Die Antwort, `unlink()`, klingt erst wenig plausibel! Wieso soll eine Datei mit einer so benannten Funktion gelöscht werden?

Der Grund liegt wieder einmal in der internen Darstellung von Dateien unter Unix. Dort kann eine physische Datei mehrere Namen haben. Dabei können diese unterschiedlichen Namen sowohl im selben, als auch in unterschiedlichen Verzeichnissen desselben Dateisystems vorkommen. All diese Namen sind (echte) Links auf die physische Datei. Anders als zunächst vermutet wird, gibt es keinen privilegierten Namen in einem der Verzeichnisse und nicht priviligierte Links in andere Verzeichnisse. Vielmehr sind alle Namen, die auf dieselbe physische Datei zeigen, gleichberechtigt. Das liegt daran, daß eine Datei nicht in einem Verzeichnis „gespeichert" ist, sondern in einem Dateisystem, das sich auf einem Gerät befindet (z.B. Festplatte, RAM-Disk usw.). Die Einträge in den Verzeichnissen sind dann nur Paare, die aus dem Namen und dem Index innerhalb der sog. *Inode-Tabelle*[10] bestehen.

Was bedeutet dann „Löschen einer Datei" in diesem Kontext? Soll das Löschen einer Datei die physische Datei löschen und dabei alle Namen (Aliase, Links) aus den Verzeichnissen entfernen? Unix geht da einen sichereren Weg: Wenn eine Datei „gelöscht" werden soll, wird in Wirklichkeit nur der gewünschte Name aus einem Verzeichnis entfernt. Wenn andere Namen noch auf dieselbe physische Datei zeigen, bleibt diese erhalten. Nur wenn das Löschen eines Namens dazu führt, daß kein einziger Eintrag mehr auf eine physische Datei zeigen würde, wird diese dann „gelöscht".

Eine Datei wird daher nicht physisch zerstört. Vielmehr wird ein Name aus einem Dateiverzeichnis entfernt. Die Verbindung zwischen diesem Namen und der physischen Datei wird aufgeboben. Darum heißt die „Löschfunktion" `unlink()` und nicht `remove()`, `erase()` oder `delete()`.

Nun aber zur Praxis! Wie löschen wir konkret eine Datei */tmp/killme*?

```
unlink "/tmp/killme" or warn "not killed: $!\n";
```

Das ist alles sehr einleuchtend. `unlink()` hat aber noch eine weitere nützliche Eigenschaft: Mit ihr können ganze Listen von Dateien auf einmal gelöscht werden:

```
unlink(@fnames) == @fnames or warn "not all removed: $!\n";
```

Die Funktion `unlink()` „löscht" alle Dateinamen, die in der Eingabeliste enthalten waren. Dabei können aber durchaus Fehler auftreten. Daher liefert `unlink()` die Anzahl

---

[10] Beim *dosfs* gibt es keine Inode-Tabelle, sondern eine FAT (file allocation table). Die FAT erfüllt eine ähnliche Funktion wie die Inode-Tabelle. Allerdings sind im (reinen) MSDOS-Dateisystem Links nicht erlaubt.

erfolgreich gelöschter Dateien als Rückgabewert zurück. Im obigen Beispiel wird geprüft, ob die gewünschte Anzahl Dateien auch tatsächlich gelöscht wurde (`@fnames` im skalaren Kontext ist die Anzahl der Elemente von `@fnames`!).

Vergessen Sie nicht, daß *unlink()* eine Datei physisch nur dann „löscht", wenn der letzte Name, der darauf zeigt, verschwunden ist.

Löschen mit externem Programm: `rm`

Wenn Ihnen `unlink()` unbekannt ist und Sie es nicht sofort gefunden haben, sind Sie möglicherweise auf die Idee gekommen, Dateien mit Hilfe eines externen Programms zu löschen. Unter Unix heißt dieses Programm *rm*. Damit läßt sich eine (Liste von) Datei(en) wie folgt löschen:

```
system("rm", "/tmp/killme");
system("rm", @goners);
```

Das ist natürlich weniger effizient und auch weniger portabel als der direkte Einsatz von `unlink()`.

Physisches Löschen einer Datei

Auch wenn eine Datei physisch „gelöscht" wird, wenn der *nlink*-Zähler auf 0 gefallen ist, ist sie noch lange nicht von der Festplatte verschwunden! Sie ist nur nicht mehr direkt ansprechbar, da jeder Verweis von Dateiverzeichnissen darauf verschwunden ist. Das ist normalerweise kein Problem, wenn die von der Datei belegten Blöcke wieder in die Liste der freien Blöcke eingereiht wurden und daher wieder für alle zur Verfügung stehen.

Problematisch wird es bei sicherheitsrelevanten Daten! Stellen Sie sich folgende, nicht so unwahrscheinliche Szenarien vor:

- Die alten Blöcke der „gelöschten" Datei, die ja jetzt in der Liste der freien Blöcke eingetragen sind, werden irgendwann einmal einer anderen neuen Datei zugewiesen. Wenn das Betriebssystem nicht automatisch dafür sorgt, daß diese Blöcke (z.B. mit \0) initialisiert werden, bevor sie der neuen Datei zugeschlagen werden, kann durch eine Verschiebung des Dateizeigers mit `sysseek()` und durch direktes Lesen der alte Inhalt abgefragt werden!

- Ihre Festplatte wird von Dieben, der Polizei, einem Geheimdienst oder anderen gestohlen oder beschlagnahmt. Nichts hindert diese Leute nun, die Platte auf Block- oder Byte-Ebene zu untersuchen. Dabei stoßen sie dann auf Fragmente der „gelöschten" Datei.

Soweit zur angeblichen Sicherheit, die das „Löschen" bringen soll!

Glücklicherweise gibt es Alternativen:

- Sie setzen durchgehend starke Kryptographie zum Verschlüsseln sämtlicher Daten ein, *bevor* diese auf die Platte geschrieben werden. Das erfordert jedoch große Aufmerksamkeit, denn es ist schnell möglich, eine temporäre unverschlüsselte Datei zu vergessen!

- Sie sorgen dafür, daß eine Datei auch wirklich physisch gelöscht wird (diesmal ohne Anführungszeichen).

Die zweite Lösung ist aber aufgrund des eben gezeigten Verfahrens mit der Liste freier Blöcke nicht ganz einfach. Auf Nummer Sicher gehen Sie nur, wenn Sie die zu löschende Datei erst komplett mit nichtssagenden Daten (z.B. \0, oder — perfider — mit anderen unverschlüsselten Daten, die jedoch nur in die Irre führen sollen) *überschreiben* und erst dann „löschen". Unbefugte können durch die Analyse der Platte dann nicht mehr auf die alten Daten zugreifen[11].

Das folgende Programm zeigt, wie eine Datei komplett überschrieben wird, bevor sie anschließend gelöscht wird:

```
wipe.pl
#!/usr/local/bin/perl -w
# wipe.pl -- Ueberschreibt Dateien vor dem 'physischen' Loeschen.

use Fcntl;                      # Wegen der O_*-Konstanten

foreach my $file (@ARGV) {
    my ($nlink, $size, $blksize);

    # Datei zum Schreiben oeffnen.
    # Beachte: O_SYNC zum sofortigen Schreiben auf Platte!
    unless (sysopen(WIPEIT, $file, O_WRONLY | O_SYNC)) {
        warn "can't wipe $file: $!\n";
        next;
    }

    # <- Konkurrenzschlitz -> (Race condition)

    # Verzeichniseintrag schon jetzt loeschen!
    unless (unlink($file)) {
        warn "can't unlink $file: $!\n";
        next;
    }

    # Wir brauchen einige Metadaten...
    unless (($nlink, $size, $blksize) = (stat(WIPEIT))[3,7,11]) {
```

---

[11] Natürlich kann mit *erheblichem* Aufwand die frühere Magnetisierung teilweise rekonstruiert werden. In diesem Fall ist das oben gezeigte Verfahren ausgehebelt. Dennoch ist es nicht ganz unberechtigt, da zum einen die Rekonstruktion sehr umständlich und kostspielig ist und zum anderen für genügend Interferenzen gesorgt wird, daß nicht mehr alle Daten rekonstruiert werden können.

12.7 Dateien

```perl
            warn "can't stat $file (not wiped): $!\n";
            next;
        }

        # Kurze Warnung, falls weitere echte Links vorhanden sind:
        warn "$file has still $nlink names!" if $nlink and $^W;

        # Datei physikalisch ueberschreiben
        wipe(\*WIPEIT, $size, $blksize);

        # Wenn wir der letzte Prozess sind, wird die Datei jetzt geloescht
        close(WIPEIT);
    }

    # wipe() loescht $size Bytes, indem es sie mit \0 ueberschreibt.
    # Es wird moeglichst effizient in $blksize Bloecke geschreiben.
    sub wipe {
        my $fh      = shift;
        my $size    = shift;
        my $blksize = shift;
        my $buf     = "\0" x $blksize;      # Ueberschreibpuffer
        my ($written, $nbytes);

        for($written=0;
            $written < $size and
            defined($nbytes=syswrite($fh, $buf, $blksize));
            $written += $nbytes) { }
    }
```
——————————————————————————————— wipe.pl

Schauen wir uns einmal wipe.pl in Aktion an:

```
farid@sun-1:/tmp> cp /kernel/genunix gunix1
farid@sun-1:/tmp> cp /kernel/genunix gunix2
farid@sun-1:/tmp> ln gunix2 gunix.link
farid@sun-1:/tmp> ls -li gunix*
 515753249 -rwxr-xr-x 2 farid users 857876 Jun 11 20:07 gunix.link
 515753041 -rwxr-xr-x 1 farid users 857876 Jun 11 20:07 gunix1
 515753249 -rwxr-xr-x 2 farid users 857876 Jun 11 20:07 gunix2
farid@sun-1:/tmp> od gunix1 | head -5
0000000 042577 043114 000401 000001 000000 000000 000000 000000
0000020 000001 000003 000001 000000 027414 000002 000000 000000
0000040 012344 000015 000000 000000 000064 000000 000000 000050
0000060 000016 000011 105525 101754 004354 042613 101414 006170
0000100 072402 105407 104420 176125 013753 052613 025410 004120
Broken Pipe
farid@sun-1:/tmp> ~/p/wipe.pl gunix1 gunix2
gunix2 has still 1 names! at /export/home/farid/p/wipe.pl line 31.
farid@sun-1:/tmp> ls -li gunix*
 515753249 -rwxr-xr-x 1 farid users 860160 Jun 11 20:10 gunix.link
farid@sun-1:/tmp> od gunix.link
0000000 000000 000000 000000 000000 000000 000000 000000 000000
```

*
3220000

Zunächst benötigten wir einige zu löschende Dateien. Wir haben einfach den Unix-Kernel mit *cp* kopiert, da er ausreichend groß ist. Neben den echten Kopien *gunix1* und *gunix2* haben wir noch mit *ln* einen echten Link auf *gunix2* mit Namen *gunix.link* erzeugt. Das Listing mit *ls* (`ls -li`) zeigt, daß *gunix2* und *gunix.link* die gleiche Inode-Nummer haben (ganz links), während die Inode-Nummer von *gunix1* anders ist. Wir haben also zwei physische Dateien, auf die drei Namen zeigen.

Nun schauen wir mit *od* (*octal dump*) kurz in eine dieser Dateien hinrein. Wir sehen, daß verschiedenste Werte dort vorkommen.

Nun rufen wir unser Löschprogramm `wipe.pl` auf, um *gunix1* und *gunix2* überschreibend zu löschen. `wipe.pl` hat erkannt, daß *gunix2* noch andere Namen hatte, und zwar *gunix.link*.

Nach dem Aufruf von `wipe()` haben wir dann mit *ls* nachgeschaut, welche Namen noch vorhanden waren. *gunix1* und *gunix2* sind, wie erwartet, verschwunden.

Interessant wird es aber mit *gunix.link*, das ja nur ein anderer Name für *gunix2* war. Der Name selbst ist ja nicht verschwunden, da wir es nicht mit `unlink()` von `wipe.pl` heraus erwischt hatten (es stand ja nicht auf der Kommandozeile). Nun haben wir auch eine gute Gelegenheit zu prüfen, ob die physische Datei, die *gunix2* (und *gunix.link*) darstellte, tatsächlich überschrieben wurde.

Die Größe von *gunix.link* ist leicht angestiegen. Das lag wohl daran, daß `wipe()` immer nur ganze Blöcke der Größe *blksize* überschrieben hat. Dabei wurde diesmal der letzte Block komplett überschrieben. Das ist ja schon Hinweis genug, daß *gunix.link* auch tatsächlich „angefaßt" wurde. Um ganz sicherzugehen, prüfen wir mit *od*, was innerhalb der Datei übrigblieb: nur noch lauter \0. Der alte Inhalt von *gunix2* ist tatsächlich überschrieben worden. Hätte *gunix2* keinen weiteren Namen gehabt (wie bei *gunix1*), wäre jetzt die physische Datei zerlegt worden, und ihre nun nur noch aus \0 bestehenden Blöcke wären der Liste der freien Blöcke wieder zugeführt worden. Ein Angreifer, der das Dateisystem von */tmp* auf Byte-Ebene analysieren möchte, könnte nicht mehr auf den alten Inhalt zurückgreifen.

Was ist nun der Unterschied zwischen `wipe.pl` und dem Unix-Löschkommando *rm*? Ganz einfach: *rm* entfernt nur Namen aus Verzeichnissen und würde physische Dateien, die noch weitere nicht zu löschende Namen haben, nicht verändern. Das ist tatsächlich das gewünschte Verhalten von *rm*. Dagegen überschreibt `wipe.pl` eine Datei mit mehreren Namen gnadenlos mit \0-Zeichen. Der alte Inhalt dieser Datei ist dann zerstört und kann nicht mehr unter den anderen Linknamen rekonstruiert werden.

Achtung! *Das Programm* `wipe.pl` *weist noch eine Schwäche auf. Diese wird im folgenden Abschnitt erklärt.*

Verschwinden beim letzten Prozeß

Eine Datei wird erst dann physisch „gelöscht", wenn sowohl der *nlink*-Zähler auf 0 gefallen ist als auch der letzte Prozeß, der diese Datei geöffnet hat, explizit (oder beim Prozeßende implizit) schließt.

Somit kann es vorkommen, daß eine Datei länger existiert, obwohl sie unter keinem Dateiverzeichnis mehr gefunden werden kann. Das kann nützlich sein, wenn temporäre oder private Dateien benötigt werden, die bei Prozeßende weggeworfen werden können:

```
use Fcntl;
sysopen(OFILE, $file, O_RDWR | O_CREAT, 0600) or die "...";
# <- Konkurrenzschlitz -> (Race condition)
unlink($file)            or warn "can't unlink: $!\n";
# Hier kann noch auf OFILE zugegriffen werden!
# Aber der Name $file existiert nicht mehr.

# Erst hier wird die Datei auch physisch geloescht!
close(OFILE);
```

Ein anderer Prozeß kann nur zwischen dem Erzeugen mit `sysopen()` und dem Löschen mit `unlink()` diese Datei ebenfalls öffnen und Zugriff auf sie erhalten oder einen weiteren Namen dafür mit `link()` oder *ln* anlegen. Dies wird oben mit

```
# <- Konkurrenzschlitz -> (Race condition)
```

angedeutet. Wir haben das Problem etwas abgeschwächt, indem wir die Zugriffsrechte mit 0600 restriktiver als normal gesetzt haben. Dennoch ist das Problem damit nicht aus der Welt geschafft.

Hier erkennen wir auch die oben erwähnte Schwäche von `wipe.pl`: Die mit `unlink()` gelöschten Dateien könnten noch von anderen Prozessen geöffnet sein. Es ist nicht ausgeschlossen, daß diese anderen Prozesse Kopien dieser Dateien in ihrem Speicher haben. Möglicherweise können sie sogar noch kurz nach dem Start von `wipe.pl` die Datei schnell lesen und irgendwo anders speichern. Zugegeben, dieser Fall ist sehr selten. Aber wenn man schon mit sicherheitsrelevanten Daten arbeitet, tut man gut daran, etwas paranoid zu sein.

Kann man eigentlich erkennen, ob andere Prozesse eine Datei geöffnet haben? Das ist nicht einfach und sicher systemabhängig. Einige Unix-Systeme bieten das Kommando *fuser*, das pro Datei eine Liste von Prozessen anzeigt, die diese Datei geöffnet haben:

```
farid@sun-1:~> fuser 'which resonator'
/usr/local/bin/resonator:    1134tm     442tm     407tm
farid@sun-1:~> fuser /var/local/log/resonator.log
/var/local/log/resonator.log:  1134tm     442tm     407tm
```

In diesem Fall ist die Datei */usr/local/bin/resonator* (ein Programm) von drei Prozessen geöffnet: Die PIDs dieser Prozesse lauten 1134, 442 und 407. Um zu zeigen, daß das kein verstecktes *ps* ist, prüfen wir auch, ob das Logfile */var/local/log/resonator.log* von irgendwelchen Prozessen geöffnet ist. Welch ein Wunder: Genau die Prozesse, die *resonator* ausführen, haben dieses Logfile geöffnet!

fuser ermittelt die Prozesse, indem es in den Datenstrukturen des laufenden Kernels, genauer in der systemweiten Tabelle offener Dateien, nachschaut. Das macht *fuser* zum einen äußerst systemabhängig, und schlimmer noch, abhängig von einem einzelnen Kernel. Andere *fuser*-Implementierungen nutzen das */proc*-Dateisystem aus. Wieder andere Implementierungen nutzen das Dateisystem der abzufragenden Dateien aus, indem sie Zugriffslisten (*access lists*) und dergleichen prüfen. Leider kann man sich nicht auf eine portable Library-Funktion verlassen, die die Funktionalität von *fuser* realisiert.

12.7.4 Dateien umbenennen

Wollen Sie den Namen einer Datei ändern? Soll eine Datei in ein anderes Verzeichnis verschoben werden? Dazu stehen Ihnen gleich drei Möglichkeiten zur Verfügung, die sich in ihren Eigenschaften unterscheiden.

Umbenennen mit `rename()`

Die naheliegendste Möglichkeit, den Namen einer Datei zu ändern, besteht in der Verwendung der Funktion `rename()`:

```
rename($oldname, $newname) or warn "can't change name: $!\n";
```

Der erste Parameter zu `rename()` ist der Name der umzubenennenden Datei, entweder als absoluter Pfad oder relativ zum aktuellen Arbeitsverzeichnis. Der zweite Parameter ist der neue Name, wieder als absoluter Pfad oder relativ zum Arbeitsverzeichnis. Im Fehlerfall liefert `rename()` 0, sonst 1.

Wir haben bisher den Fall diskutiert, daß gewöhnliche Dateien umbenannt werden. Es ist auch möglich, ganze Verzeichnisse umzubenennen, einfach indem als erster Parameter ein Verzeichnisname benutzt wird:

```
rename($olddir, $newname) or die "...";
```

Falls der erste Parameter eine Datei bezeichnet, die kein Dateiverzeichnis ist, und der zweite Parameter ein existierendes Verzeichnis, dann wird die „umzubenennende" Datei mit gleichem Namen in das als zweiter Parameter genannte Verzeichnis verschoben:

```
rename("/tmp/vol1/$file", "/tmp/vol2") or die "...";
```

Hier wird eine Datei `$file` aus */tmp/vol1* in */tmp/vol2* verschoben, ohne dabei den Namen `$file` zu ändern.

Wichtig bei `rename()` ist die Tatsache, daß eine Datei nicht über Dateisystemgrenzen hinweg verschoben werden kann:

```
# FALSCH, wenn /tmp und /var verschiedene Dateisysteme sind
rename("/tmp/somefile", "/var/tmp/somefile") or die "...";
```

Eine solche Verschiebung ist deswegen nicht möglich, weil `rename()` nur den Namen in einem Verzeichniseintrag ändert bzw. einen Verzeichniseintrag in ein anderes Verzeichnis verschiebt. Dabei wird nichts an der Inode-Nummer verändert, die ja bekanntlich dateisystemabhängig ist.

Um eine Datei über Dateisystemgrenzen hinweg zu verschieben, muß zunächst eine Kopie davon angelegt werden und anschließend, bei erfolgreicher Kopie, die ursprüngliche Datei gelöscht werden. Glücklicherweise gibt es einfachere Möglichkeiten, die weiter unten vorgestellt werden.

Achtung! *`rename()` kann Dateien nicht über Dateisystemgrenzen hinweg umbenennen bzw. verschieben.*

Umbenennen mit externem Programm: mv

Anstatt die Funktion `rename()` zu benutzen, können Sie zum Umbenennen oder Verschieben einer Datei auch ein externes Kommando benutzen. Ein solches Kommando heißt unter Unix *mv*. Dieses kann aus Perl heraus direkt verwendet werden:

```
system("mv", $oldname, $newname);
system("mv $oldname $newname");
```

Mit *mv* lassen sich auch, im Gegensatz zu `rename()`, Dateien über Dateisystemgrenzen hinweg verschieben:

```
# mv funktioniert ueber Dateisystemgrenzen hinweg
$ENV{'TMPDIR'} = "/tmp" unless defined $ENV{'TMPDIR'};
system("mv", "$ENV{'HOME'}/atest", "$ENV{'TMPDIR'}");
system("mv", "afile", "/var/tmp/newfile");
```

Natürlich kann, wie im Falle von `rename()`, das erste Argument zu *mv* ein Verzeichnis sein, wodurch ganze Verzeichnishierarchien verschoben werden können. Das zweite (genauer: das letzte) Argument kann ein existierendes Verzeichnis sein: Dann werden alle vorherigen Argumente in dieses Verzeichnis verschoben.

Da *mv* ein Kommando ist, das durch `system()` über eine Shell gestartet wird, funktioniert auch das Shell-Globbing. Somit ist folgendes möglich:

```
# alle *.c Dateien woandershin verschieben
system("mv *.c $srcdir");
```

Natürlich ist die Verwendung eines externen Kommandos wieder mit den klassischen Nachteilen verbunden: Overhead beim Starten eines anderen Prozesses und fehlende Portabilität in Richtung anderer Plattformen und Betriebssysteme.

Mehr Informationen zu *mv* finden Sie in *man mv*.

Umbenennen über Dateisystemgrenzen hinweg: `File::Copy`

Wollen Sie Dateien auch über Dateisystemgrenzen hinweg verschieben bzw. umbenennen und dabei kein externes Kommando wie *mv* nutzen, können Sie die `move()`-Funktion des Standardmoduls `File::Copy` einsetzen:

```
use File::Copy;

# Auch ueber Dateisystemgrenzen hinweg
move($oldname, $newname) or warn "can't rename: $!\n";
```

Auch hier können sowohl der erste als auch der zweite Parameter normale Dateien oder auch Verzeichnisse sein. Die Semantik ist dieselbe wie bei `rename()` und *mv*.

Anwendung: Umbenennen mehrerer Dateien

Oft stellt sich die Aufgabe, mehrere Dateien nach gewissen Regeln umzubenennen. Angenommen, wir wollen alle Dateien, die in */tmp/rentest* die Endung „.c" haben (alle C-Quellen), so umbenennen, daß sie nun die neue Endung „.c.bak" haben. Wie gehen Sie dabei vor?

Beachten Sie, daß aufgrund des Datei-Globbings folgendes falsch gewesen wäre:

```
farid@sun-1:/tmp/rentest> # FALSCH
farid@sun-1:/tmp/rentest> mv *.c *.c.bak
```

Die Lösung auf Shell-Ebene ist eine kleine Schleife:

```
# Alle *.c-Dateien in *.c.bak umbenennen
farid@sun-1:/tmp/rentest> for i in *.c
> do
> mv $i $i.bak
> done
```

Soweit läßt sich dies problemlos in Perl realisieren:

```
# /tmp/rentest/*.c -> /tmp/rentest/*.c.bak
chdir "/tmp/rentest" or die "can't chdir: $!\n";
foreach $file (<*.c>) {
    rename($file, "$file".".bak") or warn "err: $file $!\n";
}
```

Wie gehen Sie aber vor, wenn Sie nun alle „.bak"-Erweiterungen wieder entfernen wollen? Wir wissen bereits, daß der folgende Versuch zum Scheitern verurteilt ist:

```
farid@sun-1:/tmp/rentest> # FALSCH
farid@sun-1:/tmp/rentest> mv *.c.bak *.c
```

Wir können auch schlecht eine Schleife benutzen:

```
farid@sun-1:/tmp/rentest> for i in *.c.bak
```

12.7 Dateien

```
> do
> mv $i ??????????
> done
```

Was soll nun anstelle der Fragezeichen stehen? Der Wert von $i, aus dem „.bak" entfernt wurde. Wie geht das mit der Shell? Wir können z.B. Backticks auf Shell-Ebene benutzen:

```
farid@sun-1:/tmp/rentest> for i in *.c.bak
> do
> mv $i 'echo $i | sed -e "s/\\.bak\$//"'
> done
```

Beachten Sie die zusätzlichen Backslashs, um vor der Shell sicher zu sein! Diese Lösung funktioniert wie folgt:

- Bei jedem Schleifendurchlauf wird der nächste Dateiname, der mit *.c.bak* endet, in der Shellvariable $i gespeichert.

- Wir müssen nun den Wert von $i so transformieren, daß das abschließende *.bak* entfernt wird.

- Dazu verwenden wir reguläre Ausdrücke. Der reguläre Ausdruck, um das abschließende *.bak* zu entfernen, lautet:

    ```
    s/\.bak$//
    ```

    Der erste Backslash entwertet die besondere Bedeutung des Punktes, der ja sonst für jedes beliebige Zeichen steht. Wir wollen statt dessen den Punkt in seiner Bedeutung als Punkt suchen. Das Dollarzeichen verankert das Muster am Ende der Zeile. Wir wollen ja nicht, daß eine Datei namens *my.bak.game* in *my.game* verändert wird!

- Dieser reguläre Ausdruck enthält Zeichen, die für die Shell eine besondere Bedeutung haben. Diese Zeichen müssen mit einem *zusätzlichen* Backslash vor der Shellauswertung entwertet werden. Wir müssen den Backslash selbst und das Dollarzeichen mit einem Backslash entwerten. Der reguläre Ausdruck wird nun zu:

    ```
    s/\\.bak\$//
    ```

- Reguläre Ausdrücke müssen durch ein Programm ausgewertet werden, da die meisten Shells dies nicht von sich aus können. Als Programme bieten sich sowohl Perl als auch der standardmäßig bei Unix vorhandene Stream-Editor *sed* an. Wir verwenden im folgenden *sed*, um eine reine shellbasierte, „Perl-lose" Lösung zu zeigen.

- *sed* liest Zeilen von der Standardeingabe und modifiziert sie gemäß einem *sed*-Programm. Anschließend gibt er die Zeilen auf seiner Standardausgabe wieder aus.

- Da wir das Ergebnis der Standardausgabe eines Kommandos innerhalb der Shell benötigen, benutzen wir natürlich Backticks (so wie wir es schon von Perl gewohnt sind). Daher muß der ganze *sed*-Aufruf in Backquotes eingeschlossen werden. Die Ausgabe von *sed* ist dann (hoffentlich) der Wert von $i ohne das abschließende *.bak*.

- Wie bekommen wir den Wert von $i in die Standardeingabe von *sed* hinein? Einfach indem wir ihn durch ein Kommando auf die Standardausgabe ausgeben lassen und ihn dann mit einer Pipe in die Standardeingabe von *sed* leiten. Ein Kommando, das den Wert seiner Kommandozeile auf die Standardausgabe ausgibt, ist *echo*. Nun rufen wir einfach *echo* auf und übergeben ihm $i auf der Kommandozeile. Anschließend leiten wir die Ausgabe von *echo* über eine Pipe in den *sed*.

- Das *sed*-Programm mit dem regulären Ausdruck wird auf der *sed*-Kommandozeile nach dem -e-Flag angegeben. Wir haben ja bereits darauf geachtet, dieses vor der Shell zu schützen.

Eine wahrhaft haarige Lösung! Diese ist jedoch typisch für Unix, dessen Philosophie darin besteht, eine Lösung aus allgemeinen Bausteinen zusammenzustellen. Sie können mehr Informationen zum Stream-Editor *sed* in *man sed* finden.

Geht es nicht einfacher? Larry Wall hat ein geniales Perl-Skript geschrieben, das Aufgaben dieser Art problemlos löst. Wir wollen im folgenden dieses Skript kurz vorstellen und die typischen Anwendungen dazu zeigen.

rename
```
#!/usr/local/bin/perl -w
# rename -- Larry's filename fixer
$op = shift or die "Usage: rename expr [files]\n";
chomp(@ARGV = <STDIN>) unless @ARGV;
for (@ARGV) {
    $was = $_;
    eval $op;
    die $@ if $@;
    rename($was,$_) unless $was eq $_;
}
```
rename

Was geschieht hier?

- *rename* wird wie folgt aufgerufen:

    rename *expr file...*

    expr ist der Perl-Ausdruck, der dafür sorgt, daß alte Namen in neue Namen konvertiert werden. Hier kann z.B. unser obiger regulärer Ausdruck stehen.

- *rename* weist jedem Dateinamen, der auf *expr* folgt, der reservierten Variablen $_ zu, bevor *expr* diesen dann verändert. Dadurch funktioniert z.B. der reguläre Ausdruck

    rename 's/\.bak$//' *.c.bak

    der ja defaultmäßig auf $_ operiert.

- Der durch *expr* veränderte Wert wird nun als neuer Name für die jeweilige Datei benutzt.

- Die Umbenennung erfolgt durch *rename*, indem einfach die Funktion `rename()` aufgerufen wird. Daher ist eine Umbenennung von Dateien über Dateisystemgrenzen hinweg mit `rename` nicht möglich. Nichts hindert Sie aber daran, statt `rename()`

die move()-Funktion des Standardmoduls File::Copy zu verwenden, die bereits auf Seite 460 gezeigt wurde.

- Genial bei diesem Skript ist die Verwendung von eval() zur Auswertung eines *beliebigen* Perl-Ausdrucks *expr*. Dies verleiht diesem Skript eine enorme Flexibilität, die weit über die vergleichbarer Skripten hinausgeht. Dies wird in den möglichen Anwendungen von rename gleich sichtbar.

Spielen wir nun ein wenig mit rename:

```
farid@sun-1:/tmp/rentest> touch a[123].c
farid@sun-1:/tmp/rentest> ~/p/rename '$_.= ".bak"' *.c
farid@sun-1:/tmp/rentest> ~/p/rename 's/\.bak$//' *.bak.c
```

In diesem Beispiel haben wir erst drei Dateien mit dem Hilfsprogramm *touch* erzeugt: *a1.c*, *a2.c* und *a3.c*. Anschließend haben wir diese Dateien um die Endung *.bak* erweitert. Die Dateien heißen nun *a1.c.bak*, *a2.c.bak* und *a3.c.bak*. Anschließend haben wir mit dem bereits bekannten regulären Ausdruck die *.bak*-Endungen aus diesen Dateien wieder entfernt.

Eine weitere, häufig benötigte Änderung von Dateinamen ist die, Großbuchstaben in Dateinamen in Kleinbuchstaben zu konvertieren. Das kann besonders dann notwendig sein, wenn Sie Dateien von anderen Systemen, wie z.B. MSDOS (z.B. via *mtools*) unter Unix weiterverarbeiten wollen. Natürlich kann Unix problemlos auch mit Dateien arbeiten, die Großbuchstaben enthalten, aber das ist für uns eingefleischte Unix-Hacker, die lieber mit kleingeschriebenen Dateinamen umgehen, ungewohnt. Eine Konvertierung in Kleinbuchstaben ist hier kein Problem:

```
farid@sun-1:/tmp/rentest> ~/p/rename 'tr/A-Z/a-z/' *
farid@sun-1:/tmp/rentest> ~/p/rename 'tr/A-Z/a-z/ unless
                          /^Makefile/' *
```

Im ersten Fall haben wir alle Dateien in Kleinbuchstaben konvertiert. Im zweiten Fall haben wir *Makefile**-Dateien von dieser Konvertierung ausgeschlossen, da sie für *make* eine besondere Bedeutung haben. Beachten Sie auch, daß Umlaute in Dateinamen so nicht richtig konvertiert werden. Damit dies funktioniert, müssen Sie wie in Abschnitt 5.8 auf Seite 122 vorgehen:

```
farid@sun-1:/tmp/rentest> export LANG=de
farid@sun-1:/tmp/rentest> ~/p/rename 'use locale; $_= uc( $_)' *
```

Wie gehen Sie vor, wenn Sie Benutzer erst um Erlaubnis bitten, bevor Sie Dateien umbenennen?

```
farid@sun-1:/tmp> ~/p/rename 'print "$_ -> $_.bak? (Yy/*) ";
>                             $_ .= ".bak" if <STDIN> =~ /^y/i'
>                *.c
a1.c -> a1.c.bak? (Yy/*)y
a2.c -> a2.c.bak? (Yy/*)n
a3.c -> a3.c.bak? (Yy/*)y
farid@sun-1:/tmp> ls -l a[123]*
```

```
-rw-r--r--   1 farid    users           0 Jun 12 12:11 a1.c.bak
-rw-r--r--   1 farid    users           0 Jun 12 12:11 a2.c
-rw-r--r--   1 farid    users           0 Jun 12 12:11 a3.c.bak
```

12.7.5 Dateien kopieren

Wie kann eine Datei kopiert werden? Dazu kann man entweder die Datei aus Perl heraus manuell kopieren, ein externes Kopierkommando benutzen oder ein Standardmodul einsetzen.

Manuell kopieren

Betrachten wir die folgende naive Weise, Dateien zu kopieren:

```
# Aufruf: progname source destination
open (IN, shift)          or die "can't open inputfile: $!\n";
open (OUT, "> " . shift)  or die "can't open outputfile: $!\n";
while (<IN>) { print OUT $_; }
close(IN); close(OUT);
```

Das ist eine akzeptable Lösung, wenn wir mit kleineren Textdateien arbeiten. Binärdateien können zwar auch so kopiert werden, aber die `readline()`-Funktion oder der `<IN>`-Operator kann dabei sehr ineffizient werden. Warum? Der Datensatzseparator, der in $/ gespeichert ist (meist \n), kann sehr häufig in der Binärdatei vorkommen, was wiederum viele Aufrufe von `<IN>` erforderlich machen würde. Außerdem werden Binärdateien unter einigen Betriebssystemen so nicht 1:1 kopiert!

Natürlich kann das Kopieren optimiert und betriebssystemunabhängig gemacht werden, indem `sysopen()`, `sysread()` und `syswrite()` benutzt werden. Außerdem sollte immer in *blksize* große Chunks gelesen und geschrieben werden, eine Größe, die von `stat()` zurückgeliefert wird. Das können Sie ja als Übungsaufgabe versuchen.

Kopieren mit `cp`

Zum effizienteren Kopieren von beliebigen Dateien können Sie auch ein externes Kopierprogramm benutzen. Bei Unix heißt das Programm zum Kopieren von Dateien *cp*. Das Kopieren ist nun einfach:

```
system("cp", $src, $dest);
system("cp $src $dest");
```

Natürlich bedeutet das Starten eines externen Programms einen gewissen Overhead.

Kopieren und Konkatenieren mit `cat`

Wenn Sie mehrere Dateien nacheinander in eine große Datei kopieren wollen, so daß diese dann aneinandergefügt werden, können Sie auch hier ein externes Programm zum

12.7 Dateien

Konkatenieren von Dateien benutzen. Unter Unix heißt dieses Programm *cat*. Es wird wie folgt verwendet:

```
# @logfiles: Namen aller zu konkatenierenden Dateien
# $dest: Neue Datei, die alle @logfiles aufnehmen soll
system("cat", @logfiles, $dest);
```

Enthält @logfiles so viele Dateien, daß die durch `system()` gestartete Shell damit überfordert ist, können Sie die Dateien auch nacheinander konkatenieren:

```
foreach $file (@logfiles) {
    system("cat $file >> $dest");
}
```

Beachten Sie dabei das Anhängen mit >>!

Kopieren mit `File::Copy`

Wenn Sie keine externen Kommandos zum Kopieren von Dateien einsetzen wollen und dies auch nicht manuell implementieren möchten, können Sie die `copy()`-Funktion des Standardmoduls `File::Copy` benutzen:

```
use File::Copy;

copy($src, $dest);
copy($src, \*STDOUT);
```

Mehr Informationen zu `File::Copy` erhalten Sie in *man File::Copy*.

12.7.6 Dateien vergleichen

Das Problem: Sie haben zwei Dateien und wollen diese nun vergleichen. Möglicherweise wollen Sie auch die Stelle angeben, an der sich beide Dateien unterscheiden. Wie bei den anderen Dateioperationen auch, haben Sie mehrere Möglichkeiten.

Vergleichen mit `cmp`

Dateien können mit Hilfe eines externen Programms verglichen werden. Unter Unix kann dazu das Programm *cmp* eingesetzt werden. Ob zwei Dateien den gleichen Inhalt haben oder nicht, wird durch den *Rückgabecode* von *cmp* angezeigt. Ist dieser Code 0, sind die Dateien inhaltlich gleich, sonst sind sie verschieden.

Wie wird der Rückgabecode von *cmp* (oder irgendeines anderen Prozesses) aus Perl heraus abgefangen? Das ist einfach der Rückgabecode von `system()`, geteilt durch 256. Daher ist das Vergleichen zweier Dateien einfach:

```
$rv = system("cmp $file1 $file2 >/dev/null");
if ($rv == 0) {
```

```
            # Dateien sind gleich
    } else {
            # Dateien sind verschieden
    }
```

Das Kommando *cmp* besitzt noch eine weitere nützliche Eigenschaft: Falls sich beide Dateien unterscheiden, gibt *cmp* auf seiner Standardausgabe eine Meldung aus, die aus der Bytenummer und Zeilennummer besteht, in der sich beide Dateien unterscheiden. Wir haben diese Meldung im obigen Beispiel nicht benötigt und daher nach /dev/null weggeworfen. Falls wir sie aus Perl heraus auswerten wollen, müssen wir statt `system()` Backticks benutzen. Allerdings ist der Rückgabecode eines durch Backticks gestarteten Kommandos der Variable $? zu entnehmen:

```
    $cmpoutput = `cmp $file1 $file2`;  # ACHTUNG! Backticks
    if ($? == 0) {
            # Dateien sind gleich, $cmpoutput leer!
    } else {
            # Dateien sind verschieden.
        print "cmp said: $cmpoutput";
    }
```

Mehr Informationen zu *cmp* erhalten Sie mit *man cmp*.

Vergleichen mit `File::Compare`

Wenn Sie zum Vergleichen zweier Dateien kein externes Kommando benutzen wollen, sei es aus Effizienz- oder aus Portabilitätsgründen, können Sie die Funktion `compare()` des Standardmoduls `File::Compare` benutzen:

```
    use File::Compare;

    if (compare($file1, $file2) == 0) {
            # Beide Dateien sind gleich
    } else {
            # Beide Dateien sind verschieden
    }
```

Auch Filehandles können verglichen werden:

```
    use File::Compare;

    $rv1 = compare($file1, \*STDIN);
    $rv2 = compare(\*FH1, \*FH2);
```

Unterschiede anzeigen mit `diff`

Gelegentlich sind Sie nicht nur daran interessiert zu wissen, *ob* sich zwei Dateien unterscheiden, sondern vor allem auch, *wo* genau dies geschieht. *cmp* kann nur herausfinden, wo der erste Unterschied vorliegt. Eine Auflistung von Zeilen, die sich in der einen oder

anderen Datei unterscheiden, zusätzlich vorkommen oder fehlen, liefert das Unix-Tool
diff.

diff vergleicht zwei Textdateien zeilenweise. Wenn keine Unterschiede vorkommen, gibt
diff nichts aus. Ansonsten zeigt *diff* die abweichenden Zeilen der einen oder anderen
Datei mit einem <- bzw. >-Präfix:

```
farid@sun-1:~/tmp/difftest> cat file1
ip route 50.11.7.0         255.255.255.0    250.11.9.10
ip route 50.11.12.128      255.255.255.128  250.11.9.2
ip route 195.62.97.0       255.255.255.0    250.11.9.1
ip route 195.62.98.0       255.255.255.0    250.11.9.1
ip route 203.11.0.0        255.255.0.0      250.11.9.2
ip route 205.153.0.0       255.255.0.0      250.11.9.1
farid@sun-1:~/tmp/difftest> cat file2
ip route 50.11.7.0         255.255.255.0    250.11.9.10
ip route 50.11.12.128      255.255.255.128  250.11.9.2
ip route 121.171.12.128    255.255.255.128  250.11.9.1
ip route 150.11.0.0        255.255.0.0      250.11.9.2
ip route 195.62.97.0       255.255.255.0    250.11.9.10
ip route 205.153.0.0       255.255.0.0      250.11.9.1
farid@sun-1:~/tmp/difftest> diff file1 file2
3,5c3,5
< ip route 195.62.97.0     255.255.255.0    250.11.9.1
< ip route 195.62.98.0     255.255.255.0    250.11.9.1
< ip route 203.11.0.0      255.255.0.0      250.11.9.2
---
> ip route 121.171.12.128  255.255.255.128  250.11.9.1
> ip route 150.11.0.0      255.255.0.0      250.11.9.2
> ip route 195.62.97.0     255.255.255.0    250.11.9.10
```

Wir werden hier nicht die Details der *diff*-Ausgabe behandeln. Nur soviel: Zeilen wie
`3,5c3,5` sind Kommandos des Unix-Editors *ed*, um `$file1` so umzuformen, daß es den
gleichen Inhalt wie `$file2` bekommt. Zeilen, die mit „> " anfangen, sind der alten Datei
hinzuzufügen, um die zweite zu erhalten. Zeilen, die mit „< " anfangen, sind hingegen
aus der ersten Datei zu entfernen. Eine typische Anwendung davon ist das folgende
Programmfragment, das Konfigurationskommandos für Cisco-Router erzeugt:

```
cisco-static-routes.pl ─────────────────────────
#!/usr/local/bin/perl -w
# cisco-static-routes.pl -- Erzeugt bzw. entfernt statische Routen

my $oldconfig = shift;
my $newconfig = shift;

@diff = sort `diff $oldconfig $newconfig`;
foreach (@diff) {
    next if not /^[<>]\s/;    # ed(1)-Kommandos ignorieren (!)
    s/^<\s/no /;              # alte Routen mit 'no ip...' entfernen
    s/^>\s//;                 # neue Routen eintragen
    print;                    # und ausgeben.
```

```
}
                                                        cisco-static-routes.pl
```

Gefüttert mit den oben gezeigten Dateien *file1* und *file2*, produziert dieses Skript die Konfigurationskommandos, die notwendig sind, um auf einem Cisco-Router die alten Routen auszutragen und die neuen Routen einzutragen.

```
farid@sun-1:/tmp/difftest> ./cisco-static-routes.pl file1 file2
no ip route 195.62.97.0      255.255.255.0    250.11.9.1
no ip route 195.62.98.0      255.255.255.0    250.11.9.1
no ip route 203.11.0.0       255.255.0.0      250.11.9.2
ip route 121.171.12.128      255.255.255.128  250.11.9.1
ip route 150.11.0.0          255.255.0.0      250.11.9.2
ip route 195.62.97.0         255.255.255.0    250.11.9.10
```

Dieses Skript ist weit davon entfernt, perfekt zu sein. Es soll nur die typische Verwendung von *diff* zeigen.

> **Achtung!** diff *gibt nur dann sinnvolle Ergebnisse aus, wenn die identischen Zeilen in beiden Dateien in derselben Reihenfolge vorkommen. Das erreicht man am besten, indem man beide Dateien sortiert und erst dann miteinander vergleicht. Im obigen Beispiel sind wir davon ausgegangen, daß die Liste der statischen Routen durch weitere Skripten in bereits sortierter Reihenfolge erzeugt wird.*

Mehr Informationen zum IOS von Cisco erhalten Sie in `http://www.cisco.com/` und z.B. in [7, 52, 41, 35, 28]. Details zu *diff* liefert die Manual-Seite *man diff*. Schauen Sie sich auch *man ed* an. Für noch anspruchsvollere Aufgaben könnten Sie *context diff* in Betracht ziehen.

12.7.7 Temporäre Dateien

Perl-Anwender benötigen nur selten temporäre Dateien, da es leicht ist, Daten in dynamisch zugewiesenen Datenstrukturen zwischenzulagern. Auch zur Kommunikation mit anderen Prozessen sind temporäre Dateien dank der großartigen Fähigkeiten von Perl in diesem Bereich nur selten notwendig. Pipes, bei denen die Ausgabe des einen Programms automatisch in die Eingabe des anderen Programms umgelenkt wird, tragen auch dazu bei, daß temporäre Dateien immer seltener benötigt werden. Allerdings gibt es immer noch Situationen, in denen Sie ganz gern eine temporäre Datei verwenden möchten.

Eine temporäre Datei ist nichts anderes als eine normale Datei, die jedoch nur während der Ausführungszeit des Programms, das sie angelegt hat, existiert. Sie muß nach dem Programmende zusammen mit dem Prozeß das System verlassen. Temporäre Dateien sind normalerweise *private* Dateien, die nur vom Erzeuger eingesehen werden können. Ganz selten soll eine temporäre Datei das Ende des sie erzeugenden Prozesses überleben.

Daraus folgt, daß es zwei Sorten von temporären Dateien gibt:

- Dateien, die ausschließlich von einem einzigen Prozeß benötigt werden.

12.7 Dateien

- Dateien, die zwar von einem Prozeß erzeugt und auch eventuell mit Daten gefüllt werden, aber von einem anderen Prozeß zur weiteren Verarbeitung gelesen werden müssen.

Die erste Kategorie von temporären Dateien braucht keinen für andere Prozesse sichtbaren Namen im Dateisystem. Der Name einer solchen Datei ist sogar für die sie erzeugende Anwendung irrelevant, da sie nur über ein irgendwie geöffnetes Filehandle angesprochen werden soll. Bei der zweiten Kategorie ist der Name jedoch wichtig, weil die Datei, obwohl ihr Name nur temporär ist, doch an den anderen Prozeß übergeben werden muß. Daher gibt es zwei Möglichkeiten, eine temporäre Datei anzulegen:

Datei anlegen, ohne den temporären Namen zu kennen

Wenn Sie eine temporäre Datei brauchen, an dem Namen jedoch nicht interessiert sind, können Sie die Funktion `new_tmpfile()` des Standardmoduls `IO::File` benutzen. Diese Methode erzeugt und öffnet in einem Rutsch eine temporäre Datei und liefert ein Filehandleobjekt zurück. Dieses `IO::File`-Objekt kann dann zum Lesen und Schreiben (und für alle anderen Operationen, die mit Dateien ausgeführt werden können) verwendet werden:

```
tempfile-io.pl
#!/usr/local/bin/perl -w
# tempfile-io.pl -- Temporaere Datei anlegen, ohne den Namen zu kennen

use IO::File;              # new_tmpfile()-Methode
use POSIX;                 # wg. SEEK_SET, siehe unten

$fh = IO::File->new_tmpfile or die "can't make tempfile: $!\n";
$fh->autoflush(1);         # Pufferung ausschalten

# Dann verwenden:
print $fh "Never mount a scratch monkey!\n";
seek($fh, 0, SEEK_SET);    # SEEK_SET in POSIX-Modul, 0
$quote = <$fh>;
print "Quote: $quote";
```
tempfile-io.pl

```
farid@sun-1:~> p/tempfile-io.pl
Quote: Never mount a scratch monkey!
```

Die temporäre Datei wird beim Programmende automatisch gelöscht. Sie erscheint auch nur ganz kurz im Dateisystem, da sie sofort nach dem Öffnen wieder mit `unlink()` gelöscht wird. Trotzdem besteht sie so lange, bis der letzte Prozeß, der sie benutzt, beendet ist.

Der Name der temporären Datei muß bekannt sein

Wenn der Name einer temporären Datei bekannt sein muß, können Sie die Funktion `tmpnam()`, die im Standardmodul `POSIX` definiert ist, verwenden. `tmpnam()` erzeugt den

Namen einer temporären Datei. Dennoch kann es passieren, daß dieser Name bereits existiert. Jeder Aufruf von tmpnam() erzeugt jedoch einen neuen Namen. Darum müssen diese Namen so lange in einer Schleife getestet werden, bis einer davon noch unbenutzt ist. Anschließend können Sie selbst eine Datei mit sysopen() wie gewohnt öffnen. Um sicherzugehen, daß die Datei auch am Programmende gelöscht wird, können Sie in einem END-Block unlink() aufrufen:

```perl
tempfile-tmpnam.pl
#!/usr/local/bin/perl -w
# tempfile-tmpnam.pl -- Temporaere Datei mit bekanntem Namen

use Fcntl;                            # wg. den O_*-Konstanten
use POSIX qw(tmpnam);                 # Funktion tmpnam()

$ENV{'TMPDIR'} = '/var/tmp';          # Alternatives Temp-Verzeichnis

# Erzeugen wir die temporaere Datei:
do {
    $path = tmpnam();
} until sysopen(TMPFH, $path, O_RDWR | O_CREAT | O_EXCL, 0700);
select((select(TMPFH),$|=1)[0]);     # Pufferung aus!
print STDERR "Name of tempfile: $path\n" if defined $^W;

# Nun verwenden wir die Datei, z.B.:
print TMPFH "Never mount a scratch monkey\n";   # selbst beschreiben
system("cat", $path);                             # anderer liest.

END   { unlink($path) or die "can't unlink $path: $!\n"; }
                                                    tempfile-tmpnam.pl
```

Ausführung:

```
farid@sun-1:~> p/tempfile-tmpnam.pl
Name of tempfile: /var/tmp/aaaaWPyc_
Never mount a scratch monkey
farid@sun-1:~> ls /var/tmp/aaaaWPyc_
/var/tmp/aaaaWPyc_: No such file or directory
```

In diesem Programm haben wir wiederholt tmpnam() aufgerufen. Für jedes Ergebnis haben wir versucht, den Namen direkt mit sysopen() zum Lesen und Schreiben zu öffnen, aber ihn auch gleichzeitig zu erzeugen (O_CREAT). Dabei haben wir aber darauf geachtet, daß eine bereits existierende Datei gleichen Namens nicht überschrieben wird (O_EXCL). Danach konnten wir das Filehandle *TMPFH* wie gewohnt benutzen. Da wir auch den Namen der Datei kannten, war es ein leichtes, die Datei mit Hilfe des Unix-Tools *cat* auszugeben. Haben Sie auch gemerkt, daß wir die *stdio*-Pufferung ausgeschaltet hatten? Sonst hätte *cat* womöglich nichtgepufferte Daten nicht gesehen und auch nicht ausgegeben!

Die von tmpnam() erzeugen temporären Namen sind relativ zu einem Verzeichnis temporärer Daten zu verstehen. Dieses Verzeichnis kann durch das Setzen der Umgebungsvariable TMPDIR geändert werden. Durch unsere Wahl von */var/tmp* haben wir ein anderes Verzeichnis gewählt als das Defaultverzeichnis /tmp. Die Regeln, nach denen `tmpnam()` temporäre Namen erzeugt, finden Sie in der Dokumentation der Funktion `tmpnam()` Ihrer C-Library, meist unter *man tmpnam*.

Eine so erzeugte temporäre Datei würde normalerweise nicht bei Programmende verschwinden. Das kann durchaus so gewollt sein. Wenn Sie jedoch sicher sind, daß Sie diese Datei nicht mehr benötigen, können Sie sie kurz vor Programmende mit `unlink()` explizit löschen. Wir haben hier den `unlink()`-Aufruf in einem END-Block eingetragen, damit sichergestellt ist, daß trotz `exit()` und `die()` auf jeden Fall die temporäre Datei gelöscht wird (sogenannter `atexit()`-Handler).

12.7.8 Direkter Zugriff auf Dateien

Dateien mit wahlfreiem Zugriff können an jeder beliebigen Stelle modifiziert werden. Dazu muß nur der *Dateizeiger* mit `seek()` bzw. `sysseek()` an die gewünschte Position verschoben und anschließend mit `print()` bzw. `syswrite()` in die Datei geschrieben werden. Eventuell an dieser Stelle vorhandener Inhalt wird, wie erwartet, *überschrieben*.

Zugriff mit `seek()` und `tell()`

Angenommen, Sie müssen ein *sehr* großes Bytearray manipulieren. Dies kann sich aus Ihrer Anwendung durchaus ergeben. Dummerweise reicht der virtuelle Speicherplatz für ein solches Array nicht mehr aus. Was liegt also näher, als eine gewöhnliche Datei anstelle des Arrays zu nutzen und jeden Zugriff auf das Array durch wahlfreies Lesen und Schreiben an der entsprechenden Position zu simulieren?

Wir müssen hierbei den Begriff des Dateizeigers (*file pointer*) kurz erklären. Es handelt sich dabei um einen für Anwendungen unsichtbaren Zeiger, der die Position des nächsten Lese- oder Schreibzugriffs innerhalb einer Datei markiert. Die Position des Dateizeigers kann mit Hilfe der Funktion `tell()` ausgelesen und mit der Funktion `seek()` gesetzt werden. Beide Funktionen können nur auf *stdio*-basierten Dateien benutzt werden.

Die Position des Dateizeigers kann mit `tell()` wie folgt abgefragt werden:

```
$pos = tell;          # Position in der zuletzt gelesenen Datei
$pos = tell FH;       # Position innerhalb der Datei
                      # mit Filehandle FH
```

Die Position des Dateizeigers kann mit Hilfe der Funktion `seek()` wie folgt verändert werden:

```
use POSIX;            # Wegen SEEK_SET, SEEK_CUR, SEEK_END

# Zu einer absoluten Position springen
seek(FH, $newpos, SEEK_SET) or die "can't seek to $newpos: $!\n";

# Zeiger um 50 Bytes nach vorn verschieben
seek(FH, 50, SEEK_CUR) or die "...";
```

```
# Zeiger um -20 Bytes zuruecksetzen
seek(FH, -20, SEEK_CUR) or die "...";

# Zeiger 10 Bytes vor dem Ende setzen
seek(FH, -10, SEEK_END) or die "...";

# Zeiger nach dem letzten Zeichen setzen
seek(FH, 0, SEEK_END) or die "...";
```

Allgemein lautet der Aufruf von seek():

seek(*Filehandle*, *Offset*, *Whence*)

Der Dateizeiger zur offenen Datei *Filehandle* wird abhängig von *Whence* wie folgt verändert:

- SEEK_SET: Der Dateizeiger wird auf die absolute Position *Offset* gesetzt.

- SEEK_CUR: Der Dateizeiger wird relativ zu seiner aktuellen Position um *Offset* nach vorn (wenn *Offset* > 0) oder um −*Offset* rückwärts (wenn *Offset* < 0) verschoben.

- SEEK_END: Der Dateizeiger wird relativ zu eof verschoben. Bei *Offset* < 0 wird der Dateizeiger rückwärts in die Datei verschoben. Ist *Offset* > 0 wird der Dateizeiger über das Ende der Datei hinweg verschoben. Ein nachfolgender Schreibzugriff erzeugt dann evtl. ein *Loch* in der Datei.

> **Achtung!** *Die aktuelle Position innerhalb einer Datei entspricht nicht immer der vermeintlichen Anzahl von Zeichen ab dem Beginn der Datei. Das liegt daran, daß auf einigen Systemen der Zeilenendetrenner \n aus mehreren Zeichen bestehen kann (z.B. bei MSDOS). Wenn Sie auf einem solchen System dann folgendes ausgeben:*
>
> ```
> print "hello, world\nhi!";
> ```
>
> *wird tatsächlich*
>
> ```
> hello, world\r\nhi!
> ```
>
> *ausgegeben. Ein* seek() *an die Position 13 positioniert auf diesem System den Dateizeiger nicht auf das „h" von „hi", sondern auf das \n!*
>
> *Darum sollten Sie also stets den Dateizeiger nur an solche Positionen mit* seek() *setzen, die durch* tell() *zurückgeliefert wurden.*

Kehren wir nun zu unserem Problem des großen Bytearrays zurück:

```
use POSIX;
open(FH, "> arraycache") or die "...: $!\n";

# Initialisiere das gesamte Array mit 100 Nullen
for ( 1 .. 100 )  print FH "\0";

# Lese $i-tes Byte (ab 0 zaehlend)
seek(FH, $i, SEEK_SET) or die "...: $!\n";
read(FH, $byte, 1)     or warn "short read?\n";
```

```
    # Ueberschreibe $j-tes Byte
    seek(FH, $j, SEEK_SET) or die "...: $!\n";
    print FH $byte;

    close(FH);
```

Zugriff mit sysseek() und systell()

Wenn Sie die Systemaufrufe sysread() zum Lesen und syswrite() zum Schreiben benutzen, müssen Sie sysseek() und systell() anstelle von seek() und tell() benutzen.

Zeilenzugriff mit DB_File

Angenommen, Sie möchten einen Editor schreiben. Dabei soll dieser Editor auch *sehr* große Dateien (die nicht in den virtuellen Speicher passen) editieren helfen. Die normale Strategie beim Implementieren von Editoren ist die Verwendung von Puffern, in denen Anwender die zu editierende Datei laden, verändern und anschließend durch Schreiben zurück auf die Platte kopieren.

Dies ist bei Dateien mit variablen Satzlängen, wie es normale Textdateien meistens sind, notwendig: Wie würden Sie sonst eine Verkürzung oder Verlängerung einer einzelnen Zeile mitten in der Datei bewirken? Sie müßten ja nachfolgende Daten nachziehen oder nach hinten verschieben! Dasselbe gilt für den Fall, daß existierende Zeilen mitten aus der Datei gelöscht oder neue Zeilen mitten in der Datei hinzugefügt werden.

Es ist also offensichtlich, daß der wahlfreie Zugriff auf die Textdatei mit seek() und tell() nicht ausreicht, um diese *vor Ort* zu editieren.

Wie bereits gesagt, besteht die übliche Strategie darin, die gesamte Datei in ein Array zu laden und dieses Array dann zu editieren. Anschließend wird das Array wieder auf die Platte geschrieben. Um jedoch das Einfügen oder Löschen von Zeilen zu ermöglichen, sollte wahrscheinlich statt eines Arrays doch lieber ein Hash benutzt werden. Dieser Hash würde dann als Schlüssel „Zeilennummern" enthalten und als Werte den jeweiligen Inhalt einer Zeile.

Hierbei stellt sich ein Problem: Angenommen, der Hash hat fünf Zeilen, die von 1 bis 5 durchnumeriert sind. Wie kann nun zwischen der zweiten und der dritten Zeile eine neue Zeile hinzugefügt werden? Eine Lösung ist der Einsatz von fraktionalen Werten, wie etwa 2.1, 2.2, 2.3 usw.

Einen ganz anderen Ansatz verfolgt das Standardmodul DB_File.

```
dbfile-lines.pl
#!/usr/local/bin/perl -w
# dbfile-lines.pl -- Zeilenweises Editieren einer Textdatei.

use DB_File;              # DB_RECNO Bindung
```

```perl
use Fcntl;                          # O_*-Konstanten

# @lines soll ein Abbild einer Textdatei sein.
# $L benoetigen wir fuer put()- und del()-Methoden
$L = tie @lines, 'DB_File', (shift || "/tmp/testfile"),
        O_RDWR | O_CREAT, 0666, $DB_RECNO
    or die "can't tie(): $!\n";

while (($cmd,$pos,$newval) = prompt()) {
    if ($cmd eq 'd') {
        # (d)elete: Zeile Nummer $pos loeschen
        $L->del($pos);
    } elsif ($cmd eq 'c') {
        # (c)hange): Zeile Nummer $pos ersetzen
        $lines[$pos] = $newval;
    } elsif ($cmd eq 'i') {
        # (i)nsert before: Zeile vor $pos einfuegen:
        $L->put($pos, $newval, R_IBEFORE);
    } elsif ($cmd eq 'a') {
        # insert (a)fter: Zeile nach $pos einfuegen:
        $L->put($pos, $newval, R_IAFTER);
    } elsif ($cmd eq '.') {
        # Zeige aktuelle (.) Zeile an Position $pos:
        print "$pos: ", $lines[$pos], "\n";
    } elsif ($cmd eq 'p') {
        # (p)rint all: Zeige alle Zeilen an:
        print join("\n", @lines), "\n";
    } elsif ($cmd eq 'n') {
        # print all with (n)umbers: Zeilen mit Nummern anzeigen:
        print join("\n", map { "$_: $lines[$_]" } 0 .. $#lines),
            "\n";
    } elsif ($cmd eq 'x' or $cmd eq 'q') {
        # e(x)it program: Das war's Leute!
        print "Bye!\n";
        last;
    } else {
        # Unerkanntes Kommando
        print "What? [(d)elete, (c)hange, (i)nsert before,\n";
        print "        insert (a)fter, print current (.) line,\n";
        print "        (p)rint all lines, all (n)umbered lines,\n";
        print "        e(x)it or (q)uit]\n";
    }
}

# Wir sind fertig: $L Referenz aufloesen, dann untie()
undef $L; untie @lines;

sub prompt {
    my ($cmd,$pos,$newval);
    print "Cmd? "; chomp($cmd = <STDIN>) or return ();
```

12.7 Dateien

```
    if ($cmd =~ /^[acid.]/) {
        print "Pos? "; chomp($pos = <STDIN>) or return ();
        if ($cmd =~ /^[aci]/) {
            print "Val? "; chomp($newval = <STDIN>) or return ();
        }
    }

    return ($cmd, $pos, $newval);
}
```
————————————————————————————————————— dbfile-lines.pl

Eine typische Sitzung mit diesem zeilenorientierten „Editor" läuft wie folgt ab:

```
farid@bsd-1:~/p> ./dbfile-lines.pl sometags
Cmd? ?
What? [(d)elete, (c)hange, (i)nsert before,
       insert (a)fter, print current (.) line,
       (p)rint all lines, all (n)umbered lines,
       e(x)it or (q)uit]
Cmd? n
0: All computers wait at the same speed.
1: An elegant weapon, from a more civilized age. --Obi Wan Kenobi
2: And God said "ATDT14043457324" And there was a CONNECTion!
3: And 'root' said, "rm -rf /" and all was null and void...
4: Big Sister is watching!
5: Breaking Windows isn't just for kids anymore...
6: Captain! The UARTs can't handle this speed much longer!
7: Coming Soon: Microsoft EDLIN for Windows.
8: Cursor (n): what you become when your computer crashes.
9: Dave. Put down those Windows disks. Dave. DAVE!
10: Depress key to test. click... Release key to detonate.
11: Diagonally parked in a parallel universe...
Cmd? a
Pos? 11
Val? Keyboard? How quaint! --Scotty
Cmd? d
Pos? 7
Cmd? i
Pos? 0
Val? A communist keyboard has no 'ESC' key!
Cmd? d
Pos? 5
Cmd? d
Pos? 2
Cmd? n
0: A communist keyboard has no 'ESC' key!
1: All computers wait at the same speed.
2: And God said "ATDT14043457324" And there was a CONNECTion!
3: And 'root' said, "rm -rf /" and all was null and void...
4: Breaking Windows isn't just for kids anymore...
5: Captain! The UARTs can't handle this speed much longer!
6: Cursor (n): what you become when your computer crashes.
```

```
 7: Dave. Put down those Windows disks. Dave. DAVE!
 8: Depress key to test. click... Release key to detonate.
 9: Diagonally parked in a parallel universe...
10: Keyboard? How quaint! --Scotty
Cmd? .
Pos? -2
-2: Diagonally parked in a parallel universe...
Cmd? x
Bye!
```

Was ist hier geschehen?

- Das Modul DB_File haben wir bereits in Abschnitt 8.8 kennengelernt, als es darum ging, einen Hash persistent zu machen. Durch die große Flexibilität der Berkeley DB-Bibliothek kann DB_File mehr, als nur DB-Dateien zu verwalten. Eine nützliche Bindung ist $DB_RECNO, mit der ein *Array* an eine flache Textdatei gebunden werden kann. Beachten Sie jedoch, daß DB_File nur auf Systemen installiert ist, bei denen die DB-Bibliothek während der Installation von Perl vorhanden war. Das ist bei allen BSD-Systemen (wie FreeBSD, NetBSD und OpenBSD) der Fall. Andere Systeme *können* ebenfalls die DB-Bibliothek bereitstellen. Wenn nicht, kann ihr Quellcode für diverse Plattformen von http://www.sleepycat.com/ heruntergeladen werden.

- Der tie()-Aufruf, der eine normale Textdatei an ein Array bindet, lautet dann:

    ```
    $L = tie @lines, 'DB_File', (shift || "/tmp/testfile"),
           O_RDWR | O_CREAT, 0666, $DB_RECNO
        or die "can't tie(): $!\n";
    ```

    Das Array @lines bekommt dann eine „magische" Eigenschaft: Jeder Zugriff auf das $i-te Element entspricht einem Zugriff auf die $i-te Zeile[12]. Wesentlich hierbei ist die Verwendung der Konstante $DB_RECNO, um die spezielle Bindung zu bekommen. Neben der normalen tie()-Bindung haben wir auch den Rückgabewert von tie() in $L gesichert. Es handelt sich hierbei um ein Objekt, das uns später einige nützliche Methoden bereitstellen wird.

- Der Zugriff auf die $i-te Zeile der Textdatei ist plötzlich sehr einfach geworden:

    ```
    print $lines{$i};         # Lesender Zugriff
    $lines{$i} = "newvalue";  # Schreibender Zugriff
    ```

    Dabei spielt es keine Rolle, ob die neue Zeile kürzer oder länger als die jetzige Zeile war.

- Der Zugriff über die Zeilennummer kann auch durch negative Indizes erfolgen. Die letzte Zeile ist bei Index −1, die vorletzte bei Index −2 usw.

- Eine Zeile kann *vor* der $i-ten Zeile eingefügt werden, indem die Methode put() mit dem Flag R_IBEFORE auf das Objekt $L angewandt wird:

    ```
    $L->put($i, "new contents", R_IBEFORE);
    ```

---

[12] Die Zeilen zählen hier ab 0, nicht 1 wie bei *ed* und anderen Editoren.

Soll hingegen erst *nach* der $i-ten Zeile eingefügt werden, ist statt dessen die Konstante R_IAFTER zu verwenden:

```
$L->put($i, "new contents", R_IAFTER);
```

Durch das Einfügen einer Zeile verschieben sich automatisch alle darauffolgenden Zeilen im Array in Richtung höherer Indexnummern.

- Eine beliebige Zeile kann auch ohne Probleme gelöscht werden. Alle darauffolgenden Zeilen rücken indexmäßig um eine Position zurück, so daß kein Loch entsteht. Um die $i-te Zeile zu löschen, rufen Sie einfach die Methode del() des tie()-Objekts auf:

```
$L->del($pos);        # Zeile loeschen
```

- Die Anzahl der Zeilen der Datei ist einfach die Anzahl der Zeilen des gebundenen Arrays:

```
print "Maxline: ", $#lines;    # Hoechster Index
$nlines = @lines;               # Anzahl der Zeilen
```

- Beachten Sie, daß $DB_RECNO intern Bereiche der Datei in einem Cache verwaltet. Daher werden alle Änderungen des gebundenen Arrays erst dann komplett auf die darunterliegende Datei abgebildet, wenn die Bindung mit untie() wieder aufgehoben wurde.

- Da wir ein Objekt $L benutzen, können wir nicht einfach untie() aufrufen, um die Bindung aufzuheben. Statt dessen muß erst die letzte Referenz ($L) auf das Objekt verschwinden. Darum haben wir $L mittels undef() wieder geleert. Erst dann konnte untie() ohne Probleme ausgeführt und die Datei mit dem Cache zu Ende synchronisiert werden:

```
undef $L;
untie @lines;
```

Die $DB_RECNO-Bindungsart des Moduls DB_File kann noch viel mehr, als hier kurz angedeutet wurde. Werfen Sie dazu einen Blick in *man DB_File* in der Rubrik DB_RECNO.

12.7.9 Dateisperren

Wenn zwei oder mehr Prozesse gleichzeitig auf eine Datei zugreifen wollen und mindestens einer davon in der Datei schreiben möchte, können Synchronisationsprobleme entstehen. Mit Hilfe von *Dateisperren* kann dieses Problem teilweise behoben werden, indem die Zugriffe der einzelnen Prozesse auf die Datei *serialisiert* werden.

Motivation

Nehmen wir einmal an, daß zwei Prozesse gleichzeitig in eine Datei schreiben wollen. Da beide Prozesse völlig unabhängig voneinander sind, werden die Daten beider Prozesse in willkürlicher Reihenfolge in die Datei geschrieben. Wann kann so etwas geschehen? Häufiger, als man zunächst annimmt. Ein einfaches Beispiel ist ein WWW-Zähler, der mit

Hilfe eines CGI-Programms realisiert ist. Das CGI-Programm kann mehrfach gleichzeitig ausgeführt werden. Dennoch sollten die Zugriffe auf die Zählerdatei(en) so geregelt werden, daß die einzelnen Prozesse, die alle dasselbe CGI-Zählerprogramm durchführen, nicht durcheinandergeraten. Was geschieht, wenn man nicht auf die Synchronisierung von Prozessen achtet, kann anhand des folgenden einfachen Programms demonstriert werden:

```perl
parallel-file.pl
#!/usr/local/bin/perl -w
# parallel-file.pl -- Konkurrierender Zugriff auf eine Datei

use Fcntl;                          # Wg. der O_*-Konstanten
use Time::HiRes qw(sleep);          # CPAN: Mikrosekunden warten

unlink("/tmp/pfile");
sysopen(MYHANDLE, "/tmp/pfile", O_WRONLY | O_CREAT, 0666)
    or die "can't open file: $!\n";

$SIG{'INT'} = sub { close(MYHANDLE); die "$$ quitting...\n"; };

if (($nval = fork()) == -1) {
    die "can't fork(): $!\n";
} elsif ($nval) {
    # Elternprozess
    while (1) {
        foreach my $char ('A' .. 'Z', "\n") {
            syswrite(MYHANDLE, $char, 1);
            sleep(rand(0.1));
        }
    }
} else {
    # Kindprozess
    while (1) {
        foreach my $char ('a' .. 'z', "\n") {
            syswrite(MYHANDLE, $char, 1);
            sleep(rand(0.1));
        }
    }
}
```
parallel-file.pl

Ausführung:

```
farid@sun-1:~/p> ./parallel-file.pl
^C
19837 quitting...
19841 quitting...
farid@sun-1:~/p> cat /tmp/pfile
aABbcCDdeEfgFGhHijkIJKlmnoLpMNqOrPQstRuvSwxTUyzVW
XYabZc
deAfgBhiCjDEkFlGmHnIJoKpLqMrNstOuvwPxQRySTUz
```

```
VaWbXcYdZe
fgAhBiCjDklmEFnGHoIpJqKrLstMuNvOPwQxRSyTzU
VWXaYZb
```

Um das Problem deutlicher zu zeigen, haben wir mit Hilfe der Funktion `sleep()` eine zufällige Zeit zwischen den einzelnen Schreibzugriffen gewartet. Das Durcheinander wäre zwar auch aufgetreten, wenn beide Prozesse genau dasselbe gemacht (und nicht gewartet) hätten, aber somit ist der Effekt viel sichtbarer.

Sperren ganzer Dateien mit `flock()`

Mit Hilfe der Funktion `flock()` kann eine ganze Datei „gesperrt" werden.

```
use Fcntl qw(:DEFAULT :flock);   # Wg. den O_*- und LOCK_*-Konstanten

sysopen(FH, $somefile, O_RDWR | O_CREAT, 0666)
    or die "...: $!\n";

# Datei exklusiv sperren.
# Dieser Aufruf blockiert, bis wir die Sperre haben
flock(FH, LOCK_EX) or die "error in flock(): $!\n";

# Wir haben jetzt die Sperre
# Tue hier etwas Kritisches mit FH

# Sperre wieder aufheben
flock(FH, LOCK_UN) or die "error in flock(): $!\n";

# Das war's
close(FH);
```

- Durch den Aufruf:

    ```
    flock(FH, LOCK_EX);
    ```

    wird der Prozeß so lange angehalten (blockiert), bis alle anderen Prozesse ihre Sperren auf diese Datei aufgegeben haben. Es handelt sich hierbei um eine *exklusive Sperre*. Diese Art Sperre sollte dann benutzt werden, wenn eine Datei beschrieben werden soll. Sie stellt sicher, daß andere Prozesse diese Datei weder lesen noch beschreiben können[13].

- Soll eine Datei gelesen werden, die potentiell von anderen Prozessen beschrieben werden könnte, kann zwar auch eine exklusive Sperre beantragt werden. Es ist aber effizienter, für lesende Zugriffe eine *gemeinsame Sperre* (*shared lock*) zu beantragen:

    ```
    flock(FH, LOCK_SH);
    ```

    Mehrere Prozesse können eine gemeinsame Sperre aufweisen, aber nur ein Prozeß eine exklusive Sperre. Damit läßt sich die *One writer, many reader*-Sperrdisziplin

---

[13] ...vorausgesetzt, sie bewerben sich ebenfalls um die Sperre und bekommen diese auch.

realisieren: Ein schreibender Prozeß muß erst eine exklusive Sperre bekommen, bevor er die Datei verändert. Dies kann er nur, wenn alle anderen Sperren (exklusive und gemeinsame) wieder aufgehoben wurden. Damit kann ein schreibender Prozeß lesende Prozesse nicht stören. Andererseits kann eine Datei gleichzeitig von mehreren Prozessen gelesen werden. Damit diese Prozesse nicht durch einen schreibenden Prozeß gestört werden, beantragen sie alle gemeinsame Sperren.

- Eine Sperre wird aufgehoben durch:

  ```
  flock(FH, LOCK_UN);
  ```

  oder durch das explizite Schließen einer Datei (mit close()) oder das implizite Schließen derselben (bei Programmende). Alle anderen Prozesse, die auf die Sperre gewartet haben, werden vom Kernel wieder „geweckt". Falls es mehrere waren, können sie dann wieder um die Sperre konkurrieren.

- Nichtblockierender Sperrversuch:

  ```
  if (!flock(FH, LOCK_EX | LOCK_NB)) {
      # Hat nicht geklappt. Siehe $!
      # z.B. in einer Schleife noch einmal versuchen,
      # evtl. nach einer kleinen Wartepause.
  } else {
      # Wir haben die Sperre.
  }
  ```

  Wenn die Konstante LOCK_NB zu LOCK_EX oder LOCK_SH „verodert" wird, handelt es sich um einen *nichtblockierenden Sperrversuch*. Anstatt bei bereits vergebener Sperre zu blockieren, kehrt flock() hier sofort mit geeignetem Fehlercode zurück. Diesen können wir in $! finden:

  ```
  use POSIX qw(:errno_h);
  use Fcntl qw(:DEFAULT :flock);

  if (!flock(FH, LOCK_EX | LOCK_NB)) {
      if ($! == EWOULDBLOCK) {
          # Spaeter noch einmal versuchen
      } else {
      die "Error in flock(): $!\n":
      }
  }
  ```

- Achten Sie darauf, daß sich die Datei sehr wahrscheinlich verändert hat, während Sie in flock() darauf gewartet haben. Wollen Sie z.B. an die Datei etwas anhängen, müssen Sie, sobald Sie die Sperre haben, den Dateizeiger mit seek() an das neue Ende der Datei verschieben:

  ```
  if (flock(FH, LOCK_EX)) {
      # Okay, jetzt haben wir die Sperre:
      seek(FH, 0, SEEK_END);
      print FH "The new end\n";
  }
  ```

Achtung! Wenn Sie Sperren verwenden, sollten Sie auch gleichzeitig die stdio-Pufferung ausgeschaltet haben (siehe Abschnitt 12.3.4 auf Seite 381)! Es könnte nämlich sonst passieren, daß Sie — nachdem Sie die Sperre wieder aufgehoben haben und ein anderer Prozeß sie bekommen hat — verspätet durch flushing Ihres Ausgabepuffers die Datei ohne Sperre beschreiben!

Achtung! Ein verwandtes Problem ist die Race Condition zwischen der manuellen Entsperrung mit `flock()` und dem Schließen der Datei mit `close()` oder bei Programmende. Während dieser Zeit könnte ein anderer Prozeß selbst eine Sperre anfordern und bekommen. Wenn Sie jetzt die Datei schließen, wird der stdio-Ausgabepuffer auf die nun von einem anderen Prozeß gesperrte Datei „geflushed".

Es ist sehr wichtig zu wissen, daß Sperren bei Unix von nicht kooperierenden Prozessen ignoriert werden können (*advisory locks*). Es ist nicht möglich, *allen* Prozessen durch Sperren den Zugriff auf eine Datei zu verweigern. Nur Prozesse, die Sperren mit `flock()` oder `fcntl()` abfragen, würden an existierenden Sperren eventuell blockieren.

Sperren über das Netz mit `fcntl()`

Über das Netz, d.h. NFS-erreichbare Dateien lassen sich nicht zuverlässig portabel sperren. Das liegt daran, daß NFS ein zustandsloses (*stateless*) Protokoll ist [42, 15]. Einige Implementierungen von NFS verwenden einen *Locking-Daemon lockd* und einen *Status-Daemon statd*, um Sperren zu implementieren. Diese lassen sich durch RPC-Aufrufe über das Netz ansprechen. Die Schnittstelle zu diesem Sperr-Daemon ist häufig die `fcntl()`-Funktion. Dies ist jedoch nicht portabel und wird nur von einigen Systemen unterstützt.

```
use Fcntl;

open (LOCKFILE, ">> /nfs/sun-5/testnfs/lockfile")
    or die "can't append to lockfile: $!\n";

# Versuche, LOCKFILE ueber das Netz zu sperren
# VORSICHT! Systemabhaengig. Siehe 'man fcntl'!
$lockstruct = pack('s s l l s', F_WRLOCK, 0, 0, 0, 0);
fcntl(LOCKFILE, F_SETLK, $lock)
    or die "another process has the lock: $!\n";
```

Sie sollten in diesem Fall die Dokumentation Ihres Systems gründlich lesen. Nützliche Informationsquellen finden Sie in *man fcntl, man lockd, man statd, man nfsd* sowie in *man Fcntl* und dem `fcntl()`-Eintrag in *man perlfunc*. Übrigens ist der oben angegebene Formatstring zu `pack()` systemabhängig!

Ein anderer Ansatz als das fragwürdige direkte Sperren von Dateien über das Netz besteht in der Nutzung eines Shadow-Verzeichnisses mit „Sperrdateien". Anstatt nun über das Netz zu sperren, kann die lokale Sperrdatei gesperrt werden. Dies funktioniert aber nur in dem Fall, daß die konkurrierenden Prozesse alle auf demselben Rechner laufen, der auch das Shadow-Verzeichnis beherbergt! Sie finden eine Implementierung dieser Strategie in [16, Recipe 7.21: *netlock*].

Sperren von Dateiteilen

Die Funktion `flock()` von Perl kann immer nur ganze Dateien auf einmal sperren. Oft ist jedoch eine totale Sperrung einer Datei überflüssig. Ein typisches Beispiel ist eine Datei mit festem Satzformat. Prozesse, die nur einen Datensatz aktualisieren wollen, brauchen nicht gleich alles zu sperren (was unter Umständen längere Zeit dauert, bis alle anderen Prozesse ihre Sperren aufgegeben haben), sondern nur noch den Bereich, den sie ändern wollen. Auch hier kann zwischen Schreib- und Lesesperren unterschieden werden.

Auch wenn Bereiche einer Datei mit `flock()` nicht gesperrt werden können, ist nicht alles verloren. Auf vielen Systemen kann dazu die Funktion `fcntl()` mit speziellen Optionen genutzt werden.

`fcntl()` erwartet als erstes Argument ein offenes Filehandle der Datei, deren Bereiche gesperrt werden sollen. Das zweite Argument ist eine Kommandokonstante, die die gewünschte Operation spezifiziert. Das dritte Argument ist eine *flock_t-Struktur*, die unter anderem sowohl den Anfang als auch das Ende des zu sperrenden Bereichs anzeigt. Diese Struktur ist es, die von Betriebssystem zu Betriebssystem variiert und für die Nichtportabilität verantwortlich ist.

Schauen wir uns erst einmal diese Struktur für Solaris näher an! In <*sys/fcntl.h*> finden wir folgende Definition der Struktur *flock_t*:

```
/* Solaris 2.6 flock_t aus <sys/fcntl.h> */
typedef struct flock {
        short   l_type;     /* F_RDLCK, F_WRLCK, F_UNLCK    */
        short   l_whence;   /* SEEK_SET, SEEK_CUR, SEEK_END */
        off_t   l_start;    /* Offset relativ zu l_whence   */
        off_t   l_len;      /* Sperrbereich: 0=bis Ende     */
        long    l_sysid;    /* l_sysid: l_pid-Prozess hat   */
        pid_t   l_pid;      /* Sperre bei F_GETLK[64].      */
        long    l_pad[4];   /* Fuellbytes.                  */
} flock_t;
```

Wir wollen diese Struktur nun binär aus Perl-Variablen gewinnen. Wie gehen wir dabei vor? Bei Binärdaten bietet sich die Funktion `pack()` an! Daher lautet die Aufgabe: Wie sieht das `pack()`-Template aus, um die oben gezeigte Struktur abzubilden? Wir können dies entweder manuell herausfinden oder aber *c2ph* benutzen. Wir haben folgendes Template für Solaris erhalten:

```
# Solaris: Ohne _LARGEFILE64_SOURCE ist off_t long
# Mit     _LARGEFILE64_SOURCE ist off_t long long
# Normalerweise: 's s l l l l', aber
# 's s ll ll l l l' bei 64-Bit-Modus
$myflock_struct = pack('s s l l l l',
                       $type, $whence, $start, $len,
                       $xxsysid, $xxpid, $xxpad);
```

Bei FreeBSD hingegen lautet die *flock_t*-Struktur aus <*sys/fcntl.h*>:

12.7 Dateien

```
/* FreeBSD 3.1 struct flock aus <sys/fcntl.h> */
struct flock {
        off_t    l_start;     /* Offset relativ zu l_whence        */
        off_t    l_len;       /* Bereichsgroesse. 0: bis Ende.     */
        pid_t    l_pid;       /* bei F_GETLK, wer die Sperre hat.  */
        short    l_type;      /* F_RDLCK, F_WRLCK, F_UNLCK         */
        short    l_whence;    /* SEEK_SET, SEEK_CUR, SEEK_END      */
};
```

Dies ergibt dann folgendes pack()-Template:

```
# FreeBSD 3.1: off_t ist __int64_t, d.h. long long
# pid_t ist int
$myflock_struct = pack('ll ll i s s',
                      $start, $len, $xxpid, $type, $whence);
```

Bei anderen Systemen müssen Sie selbst in <sys/fcntl.h> nachschauen und eine eigene Funktion hierfür zusammenstellen.

Wie geht es aber jetzt weiter? Wir haben ja herausgefunden, wie die Sperrstruktur aussehen soll. Nun wollen wir den Bereich einer Datei sperren:

```
use Fcntl qw(:DEFAULT);    # Wegen den F_*-Konstanten
use POSIX;                 # Wegen SEEK_SET

sub lockme {
    my $start = shift;     # Von offset...
    my $len   = shift;     # so viele Bytes
    my $cmd   = shift;     # F_RDLCK, F_WRLCK, F_UNLCK
    my $fh    = shift;     # Filehandlereferenz

    if ($^O eq 'freebsd') {
        my $lock_freebsd = pack('ll ll i s s',
                                $start, $len, undef, $cmd, SEEK_SET);
        return fcntl($fh, F_SETLK, $lock_struct);
    } elsif ($^O eq 'solaris') {
        my $lock_solaris = pack('s s l l l l l',
                                $cmd, SEEK_SET, $start, $len,
                                undef, undef, undef);
        return fcntl($fh, F_SETLK, $lock_solaris);
    } else {
        die "unsupported operating system!\n";
    }
}
```

Der Aufruf dieser Funktion sieht dann so aus:

```
# Lesesperre anfordern
lockme(\*FH, $start, $len, F_RDLCK);

# Schreibsperre anfordern
lockme(\*FH, $start, $len, F_WRLCK);
```

```
# Sperre fuer Bereich aufheben
lockme(\*FH, $start, $len, F_UNLCK);
```

Beim Aufruf von `fcntl()` haben wir die Kommandokonstante F_SETLK eingesetzt. Somit wird versucht, eine Sperre auf einen Bereich der Datei zu setzen. Umgekehrt kann auch durch F_GETLK abgefragt werden, welcher Prozeß gerade eine Sperre auf einen Bereich hat. Dies wird hier nicht weiter gezeigt. Die Vorgehensweise ist ähnlich wie beim Setzen einer Sperre.

Anwendung: Sperrung von persistenten Hashes

In Abschnitt 8.8 auf Seite 192 haben wir gesehen, wie mit Hilfe der Funktion `tie()` und des Standardmoduls SDBM_File oder besser noch DB_File ein Hash persistent gemacht werden kann. Wenn damit gerechnet werden kann, daß mehrere Prozesse gleichzeitig auf die darunterliegenden DBM- oder DB-Dateien zugreifen werden, müssen diese Dateien aus Konsistenzgründen für die Zeit der Bindung (also zwischen `tie()` und `untie()`) oder besser noch für die Zeit des Lese- oder Schreibzugriffs durch eine geeignete Sperre vor konkurrierendem Zugriff geschützt werden.

Eine naheliegende Möglichkeit ist die Sperrung der gesamten DBM-Datei, indem diese zusätzlich zum `tie()` auch noch mit `sysopen()` oder `open()` (nur zum Sperren) geöffnet wird:

```
use DB_File;
use Fcntl qw(:DEFAULT; :flock);

$F = tie(%hash, 'DB_File', $fname, O_CREAT | O_RDWR, 0666)
        or die "...: $!\n";
$fdesc = $F->fd();              # Dateideskriptor
open(LOCKFH, "+<&=$fdesc")
    or die "dup(): $!\n";
flock(LOCKFH, LOCK_EX) or die "Error in flock(): $!\n";

# Nun kann auf %hash zugegriffen werden

# Sperren wieder aufheben...
undef $F;
untie %hash;
flock(LOCKFH, LOCK_UN);
close(LOCKFH);
```

Es gibt auch andere mögliche Ansätze, Sperren zu benutzen. Wenn Sie die DB-Bibliothek, Version 2, benutzen, können Sie sich die eingebauten Locking- und Transaktionsmechanismen anschauen. Alternativ dazu können Sie die Techniken der Variablenbindung, die in Abschnitt 15.4 ab Seite 699 gezeigt werden, dazu einsetzen, vor jedem Lesezugriff (FETCH) eine Lesesperre und vor jedem Schreibzugriff (STORE) eine Schreibsperre anzufordern. Dann müssen Sie sich keine Sorgen mehr um Sperren machen. Darüber hinaus wäre die feinere Sperrgranularität für die allgemeine Performance unter Umständen besser. Diese Entscheidung müssen Sie aber von Fall zu Fall selbst treffen. Achten Sie auch bei einer feineren Granularität der Sperren auf mögliche Deadlocks!

12.7.10 Dateien mit `truncate()` verkürzen

Jede reguläre Datei, entsprechende Zugriffsrechte vorausgesetzt, kann mit `truncate()` verkürzt werden. Eine mögliche Anwendung ist die Modifikation einer Textdatei im Speicher mit anschließendem Zurückschreiben, wobei die Größe durchaus auch kleiner werden könnte:

```
use Fcntl;      # Wg. den O_*-Konstanten
use POSIX;      # Wg. SEEK_SET

sysopen(MYFH, $fname, O_RDWR) or die "can't sysopen $fname: $!\n";
@lines = <MYFH>; chomp @lines;
@lines = map(uc, @lines);
$lastone = pop(@lines);         # Im Speicher verkuerzen
seek(MYFH, 0, SEEK_SET) or die "can't go back to beginning: $!\n";
print MYFH join("\n", @lines);
truncate(MYFH, tell(MYFH));     # Auf aktuelle Laenge verkuerzen
close(MYFH);
```

Im diesem Beispiel wurde die letzte Zeile der Datei entfernt. Darüber hinaus wurden alle Zeilen mit `uc()` in Großbuchstaben konvertiert. Beachten Sie wieder die elegante Anwendung von `map()`, die uns eine Schleife erspart.

12.7.11 Inline-Dateien mit `DATA`

Einige Programme enthalten eine eingebaute Dokumentation. Diese kann innerhalb dieser Programme wie eine normale Datei ausgegeben werden. Bei Perl wird nach der letzten Zeile des Programms der Trenner `__DATA__` hinzugefügt, gefolgt vom Inhalt der eingebauten Dokumentation.

Die so eingebaute *inline*-Datei kann datensatzweise (meist zeilenweise) mit dem speziellen Operator `<DATA>` ausgelesen werden.

Eine typische Anwendung ist die Einbindung von Copyright-Informationen:

```
print <DATA> if $wanted_copyright;

__DATA__
ONE LINE TO GIVE THE PROGRAM'S NAME AND AN IDEA OF WHAT IT DOES.
Copyright (C) 19YY/20ZZ   NAME OF AUTHOR

This program is free software; you can redistribute it and/or
modify it under the terms of the GNU General Public License
as published by the Free Software Foundation; either version 2
of the License, or (at your option) any later version.

This program is distributed in the hope that it will be useful,
but WITHOUT ANY WARRANTY; without even the implied warranty of
MERCHANTABILITY or FITNESS FOR A PARTICULAR PURPOSE.  See the
GNU General Public License for more details.
```

```
You should have received a copy of the GNU General Public License
along with this program; if not, write to the Free Software
Foundation, Inc., 59 Temple Place, Suite 330, Boston,
MA 02111-1307, USA.
```

Hier wurde <DATA> im Listenkontext ausgewertet, wodurch eine ganze Liste ausgegeben wurde.

Eine andere Anwendung ist der Einbau von Konfigurationsinformationen in ein existierendes Perl-Programm:

```perl
%config = %ENV;
if (not -e $configfile) {
    while (<DATA>) {
        chomp;
        ($key,$val)=split(/=/);
        $config{$key} = $val unless exists $config{$key};
    }
}
__DATA__
TMPFILE=/tmp/mytemp
PATH=/bin:/usr/bin
```

Im Gegensatz zum ersten Beispiel wurde hier <DATA> wie gewohnt im skalaren Kontext in einer while-Schleife benutzt. Falls im vorliegenden Beispiel die Konfigurationsdatei nicht gefunden wurde (Dateitestoperator -e), wird eine Defaultkonfiguration in %config aus der Inline-Datei konstruiert. Sie haben nun ein Programm, das seine eigene Konfiguration enthält! Eine lustige Anwendung von <DATA> ist das folgende, sich selbst ausgebende Programm:

reverse-self.pl
```perl
#!/usr/local/bin/perl -w
# reverse-self.pl -- a program that prints itself

@lines = <DATA>;
foreach $line (reverse @lines) {
chomp $line;
print scalar reverse($line), "\n";
}
print join("\n", @lines), "\n";
__DATA__
__ATAD__
;"n\" ,)senil@ ,"n\"(nioj tnirp
}
;"n\" ,)enil$(esrever ralacs tnirp
;enil$ pmohc
{ )senil@ esrever( enil$ hcaerof
;>ATAD< = senil@

flesti stnirp taht margorp a -- lp.fles-esrever #
w- lrep/nib/lacol/rsu/!#
```
reverse-self.pl

12.8 Filehandles und Dateideskriptoren

In diesem Abschnitt wollen wir den Unterschied zwischen *Filehandles* und *Dateideskriptoren* genauer betrachten. Außerdem soll eine andere Schreibweise und Verwendungsweise für Filehandles vorgeführt werden.

12.8.1 Allgemeines zu Filehandles

- Filehandles entsprechen der FILE-Struktur von *stdio*. Damit handelt es sich um eine höhere Datenstruktur, die neben einem Dateizeiger und einem Puffer noch weitere Daten enthalten kann. Filehandles sind vom Betriebssystemstandpunkt eine reine *Userland*-Struktur. Ein Filehandle ist eine *opaque* Datenstruktur: Der Inhalt dieser Struktur ist implementierungsabhängig und kann von Betriebssystem zu Betriebssystem variieren. Ein Feld dieser Struktur ist ein *Dateideskriptor*, der die Schnittstelle zum Kernel für die offene Datei darstellt.

- Filehandles repräsentieren offene Dateiströme, also auch Sockets usw. Dank der generischen Struktur der *stdio*-API, ist es möglich, Filehandles für offene Dateien genauso zu behandeln, wie Filehandles auf Sockets, Pipes und weitere Dateitypen. Dies wird sich noch als sehr nützlich herausstellen. Ein Filehandle kann als eine konkrete Ausprägung der abstrakten Begriffe „Datenquelle" und „Datensenke" angesehen werden.

- Verwechseln Sie nicht Filehandles und Typeglobs!

    ```
    @fh = (*STDOUT, *STDERR, *FH);
    print $fh[1] "To standard error?";    # FALSCH!
    print { $fh[1] } "This is okay!";     # Okay
    ```

    Eine sinnvolle Anwendung von readline(), wenn <FH> nicht weiterhilft:

    ```
    @fh = (*STDIN, *FH);
    $line = <$fh[1]>;               # FALSCH!
    $line = readline($fh[1]);       # Okay
    ```

12.8.2 Filehandles und Typeglobs

Wir haben in Abschnitt 12.3.6 auf Seite 389 bereits etwas über Typeglobs gelernt. Hier wollen wir noch einmal die Verwendung von Filehandles zusammenfassen:

- Wenn es nicht als Argument zu den *stdio*-Funktionen (z.B. von open(), sysopen(), print(), printf(), seek(), tell() usw.) verwendet wird, wo kein Präfix bei Filehandles benutzt wird, kann ein Filehandle FH als *FH angesprochen werden.

- Ein Filehandle, genauer ein indirektes Filehandle, oder noch besser gesagt, eine Referenz auf einem Typeglob, kann in skalaren Variablen gespeichert werden:

    ```
    $fh = \*FH;
    @fhs = (\*FH1, \*FH2, \*FH3);
    ```

- Das Symbol-Modul kann dazu benutzt werden, mit Hilfe der Funktion gensym() zur Laufzeit neue Symbole für Filehandles zu generieren. Das ist sinnvoll bei dynamischen Applikationen:

    ```
    use Symbol;              # wg. gensym()

    $sym = gensym();         # Erzeuge ein Symbol
    open($sym, "< $fname") or die "...: $!\n";

    $dir = gensym();
    opendir($dir, "< $fname") or die "...: $!\n";
    }
    ```

    Die Funktion gensym() des Moduls Symbol erzeugt einen anonymen Typeglob, und liefert eine Referenz darauf zurück. Durch die Verwendung als Filehandle oder Directoryhandle bekommt der (indirekte) Typeglob seine Bedeutung.

    > gensym() ist eine sehr allgemeine Funktion, die sich nicht nur auf File- oder Directoryhandles beschränkt. Da dadurch ein ganzer Typeglob erzeugt wird, können somit zur Laufzeit Variablen, Arrays, Hashes, Funktionen, Filehandles, Directoryhandles und Formate erzeugt werden, ohne daß es notwendig wäre, diesen explizit einen Namen zu geben.

- Das FileHandle-Modul liefert eine objektorientierte Schnittstelle zu Filehandles:

    ```
    use FileHandle;          # Frontend fuer IO::Handle

    $fh = new FileHandle;
    $fh->open("< $fname")) or die "can't open file: $!\n";
    $line = <$fh>;
    $fh->close();

    $fh->open("> $outfile")) or die "can't open file: $!\n";
    print $fh "this get's out!\n";
    $fh->close();
    ```

    FileHandle definiert noch weitaus mehr Methoden, als nur das einfache Überladen von <FH> und print(). Mehr Informationen zum FileHandle-Modul finden Sie in *man FileHandle*.

- Das IO::Handle-Modul ist das Backend zum FileHandle-Modul. Eine Instanz von IO::Handle kann sowohl für Sockets als auch Dateien und Pipes genutzt werden. Die Dokumentation *man IO::Handle* enthält alle notwendigen Informationen zu dieser äußerst nützlichen Klasse.

- Das IO::File-Modul ist eine Spezialisierung von IO::Handle. Dadurch erbt es alle seine Methoden sowie die Methoden der Klasse IO::Seekable. Auch hierzu sollten Sie die Informationen in *man IO::File* konsultieren.

12.8.3 Objektorientierte Schnittstelle: `IO::Handle`

Betrachten wir einmal die Verwendung eines `IO::Handle`-Objekts etwas genauer:

- Das Modul `IO::Handle` muß zunächst wie gewohnt mit `use()` eingebunden werden:

    ```
    use IO::Handle;
    ```

- Ein (generisches) `IO::Handle`-Objekt wird durch den Aufruf der new-Funktion erzeugt:

    ```
    $hd = new IO::Handle;
    ```

- Das generische Handle kann nun geöffnet werden. Dazu stehen mehrere Möglichkeiten zur Verfügung. Es ist ja möglich, ein Socket zu öffnen, aber auch eine Datei. Mit Hilfe eines (geöffneten) Dateideskriptors läßt sich unser neues Handle an eine Pipe, einen Socket oder eine Datei anschließen:

    ```
    # Verbinde $hd mit STDIN oder STDOUT
    $hd->fdopen(fileno(STDIN), "r") or die "...: $!\n";
    $hd->fdopen(fileno(STDOUT),"w") or die "...: $!\n";
    ```

- Verwendet wird dieses Handle wie gewohnt:

    ```
    $myline = $hd->getline();      # Einlesen
    print $hd "some output\n";     # Ausgeben
    $hd->autoflush(1);             # Pufferung aus
    $hd->close();                  # Und wieder schliessen
    ```

Es sei noch einmal betont, daß ein `IO::Handle`-Objekt nicht nur für Dateien, sondern allgemeiner auch für Sockets und Pipes eingesetzt werden kann.

Mehr Informationen finden Sie in *man IO::Handle*.

12.8.4 Objektorientierte Filehandles: `IO::File`

Da die Klasse `IO::File` lediglich eine Spezialisierung von `IO::Handle` ist, wird es zunächst nicht verwundern, daß die Methoden zum Erzeugen, Beschreiben und Lesen, Schließen und Autoflush auch bei `IO::File` zu finden sind. Darüber hinaus sind einige Methoden hinzugefügt bzw. modifiziert worden, um bequemer auf Dateien zuzugreifen. Zunächst ist `IO::File` auch von `IO::Seekable` abgeleitet worden, da (gewöhnliche) Dateien mehr als nur einfache Ströme sind; wir können damit den Dateizeiger verschieben (mit der Methode `seek()`) und auslesen (mit der Methode `tell()`). Das Öffnen einer Datei ist bequemer als bei `IO::Handle`-Objekten und kann gleichzeitig im Konstruktor angegeben werden:

```
use IO::File;

$fh = new IO::File "> outfile" or die "...: $!\n";
$fh = new IO::File "file", "r" or die "...: $!\n";
$fh = new IO::File $fname, O_WRONLY | O_CREAT, 0666
         or die "...: $!\n";
```

Mehr Informationen zu diesem Modul finden Sie in *man IO::File*.

12.8.5 Dateideskriptoren

■ Dateideskriptoren sind eine Low-Level-Repräsentation offener Dateien. Meistens werden sie nicht benötigt, denn sogar `sysopen()`, `sysread()` und natürlich auch `syswrite()` — um nur einige low-level Funktionen zu nennen — verwenden Filehandles statt Dateideskriptoren. In folgenden seltenen Situationen werden jedoch Dateideskriptoren benötigt:

- `select()` benötigt Bitmaps, die auf den Dateideskriptoren der zu überwachenden Dateien basieren.
- `fcntl()` kann mit einigen Kommandos einen Dateideskriptor als Teil der `fcntl()`-Struktur erwarten.
- Dasselbe gilt auch für die Funktion `ioctl()`.
- Das Verdoppeln von Dateideskriptoren erfolgt mit dem Systemaufruf `dup()`.
- Einige C-Funktionen Ihrer System-Libraries oder auch von spezialisierten Libraries, für die es eine Perl-Schnittstelle in Form eines Moduls gibt, können gelegentlich Dateideskriptoren benötigen.

■ Die Funktion `fileno()` liefert zu einem Filehandle den zugehörigen Dateideskriptor:

```
$fdesc = fileno(FHANDLE);           # Standardverwendung
$fdesc = fileno("FHANDLE");         # Alte Verwendung
$fdesc = fileno($name_of_fhandle);  # Auch eine Moeglichkeit
```

■ Mit Hilfe der Funktion `fdopen()` aus dem Modul `IO::Handle` kann eine bereits geöffnete Datei durch Angabe des Dateideskriptors geöffnet werden. Das ist für die Simulation von `dup()` bzw. `dup2()` sinnvoll:

```
use IO::Handle;

$fh = new IO::Handle;
$fh->fdopen($fdesc, "r");
$fh->fdopen($fdesc, "w");
```

12.9 Aufgaben

1. Schreiben Sie ein Programm, das eine Textdatei einliest und die Zeilen dieser Datei in umgekehrter Reihenfolge wieder ausgibt. Wenn die Eingabedatei also „Zeile 1", „Zeile 2", „Zeile 3" lautet, sollte die Ausgabe lauten: „Zeile 3", „Zeile 2", „Zeile 1". *Hinweis:* Listenkontext beim Spitzeklammernoperator und `reverse()`.

2. Wiederholen Sie die vorige Übungsaufgabe so, daß auch sehr große Dateien rückwärts gelesen werden! Groß bedeutet in diesem Fall, „zu groß für den Hauptspeicher". *Hinweis:* `DB_File`-Bindung `$DB_RECNO`.

3. Rufen Sie aus einem Perl-Skript heraus das Programm `ps -ef` bzw. `ps -axu` auf, und zählen Sie, wie viele Prozesse von welchem Benutzer gerade ablaufen. Eine

Ausgabe könnte lauten: `root: 23, daemon: 1, http:10, meier: 5`. Sortieren Sie die Ausgabe nach Benutzernamen. Alternativ können Sie auch nach der Anzahl der Prozesse sortieren, um eine Art Top-10-Liste zu bekommen.

4. Warum muß ein `open()` immer auf Erfolg überprüft werden? Was würde passieren, wenn Sie eine Datei nicht öffnen konnten, aber dennoch auf den (nicht offenen) Filehandle schreiben? Was passiert beim Lesen aus einem nicht offenen Filehandle?

5. Warum kann ein `open()` scheitern? Nennen Sie einige Ursachen für das Scheitern eines `open()`.

6. Was ist ein Symlink? Worin liegt der Unterschied zu einem harten Link?

7. Versuchen Sie, eine Kette von Symlinks mit Hilfe der Funktion `readlink()` zu verfolgen. *Hinweis*: `readlink()` sollte natürlich nur auf Symlinks angewendet werden und nicht auf das letzte Glied der Symlink-Kette!

8. Angenommen, Sie befinden sich im speziellen Unterverzeichnis */vol/www*. Von dort aus sollen Symlinks nur dann verfolgt werden, wenn diese wieder nach */vol/www* oder unterhalb davon führen. Symlinks nach oben, also z.B. nach */vol*, */* oder auch indirekt nach */etc/passwd* sollen jedoch *nicht* verfolgt werden. Schreiben Sie eine Subroutine, die Symlinks ähnlich wie `readlink()` verfolgt, und zwar bei einer Kette von Symlinks bis zu dem letzten Glied. Diese Funktion sollte jedoch mit einer Fehlermeldung abbrechen, sollte ein Link vom */vol/www*-Baum wegführen.

Der Hintergrund für diese Aufgabe ist der Schutz eines Webservers vor unrichtig gesetzten Symlinks, die von der `DOCUMENT_ROOT` wegführen, so z.B. nach */etc/passwd*, was die Sicherheit des Rechners gefährden würde[14].

9. Wir wollen die vorige Aufgabe erweitern. Benutzer sollen eigene Homepages pflegen dürfen, und zwar unter `~/public_html`. Hier steht die Tilde für das Home-Verzeichnis eines Benutzers. Alle Benutzerverzeichnisse werden wie folgt durch einen Automounter auf einen globalen Baum abgebildet:

```
/home/user0001 -> /nfs/faculty/user0001
/home/user0002 -> /nfs/students/user0002
/home/user0003 -> /nfs/rz/user0003
/home/user0004 -> /nfs/faculty/user0004
/home/user0005 -> /nfs/students/user0005
/home/user0006 -> /nfs/students/user0006
...
```

Die Benutzer dürfen nun unter */home/userNNNN/public_html* einen Baum mit HTML-Dokumenten aufbauen. Dabei sollen sie innerhalb dieses Baumes und zwischen den Bäumen der anderen `public_html`-Benutzer Symlinks anlegen können. Sie dürfen auch Symlinks in den Baum der `DOCUMENT_ROOT` legen. Sie könnten Symlinks auch in andere, verbotene Areas legen, so z.B. nach */etc*. Erweitern Sie nun Ihre Subroutine aus der vorigen Aufgabe um die oben genannten Möglichkeiten. Wie läßt sich eine solche Subroutine in einen Webserver integrieren?

---

[14] Dank an Heinz Stöwe für diese Anregung.

10. Viele Shells erlauben die *Tilde*-Notation, die folgende Bedeutung hat:

    ```
    ~user/path/to/a/file
    ~/path/to/some/file
    ~
    ```

    Im ersten Fall handelt es sich um `path/to/a/file` relativ zum Home-Verzeichnis des Users `user`, also etwa:

    ```
    /users/user/path/to/a/file    # Auf BSD-Systemen
    /home/user/path/to/a/file     # Auf System-V-Systemen
    ```

    Im zweiten Fall handelt es sich um `path/to/some/file` relativ zum Home-Verzeichnis des aktuellen Users. Im dritten Fall handelt es sich einfach um das Home-Verzeichnis des Users (ein Fall für `opendir()` oder `glob()`).

    `open()` und `sysopen()` erkennen nicht die Tilde-Notation an. Wie würden Sie vorgehen, damit es trotzdem funktioniert? *Hinweis*: [16, Recipe 7.3 *Expanding Tildes in Filenames*].

11. Ändern Sie die dritte Zeile einer fünfzeiligen Datei. Dabei soll die neue Zeile größer (oder kleiner) sein als die bisherige Zeile. Verwenden Sie *nicht* das Modul `DB_File`! *Hinweis*: Schreiben Sie in eine temporäre Datei und benennen Sie diese in die alte Datei um. Alternativ dazu: Verwenden Sie das -i-Flag zusammen mit dem -p-Flag (siehe *man perlrun*).

12. Entfernen Sie die letzte Zeile einer Datei! Die Datei soll anschließend kürzer sein. Lösen Sie diese Aufgabe zunächst ohne Perl, dafür aber mit *wc* und *head*. Versuchen Sie anschließend, ein Perl-Skript zu schreiben, das die zu verkürzende Datei genau einmal durchläuft (*One-pass-Programm*)!
    Hinweis: `tell()` und `truncate()`, [16, Recipe 8.10].

13. Mit Hardlinks können mehrere Dateinamen auf eine einzige physische Datei zeigen. Finden Sie heraus, wann zwei Pfadnamen auf die gleiche physische Datei zeigen. *Hinweis*: Eine physische Datei ist eindeutig gekennzeichnet durch das Gerät, d.h. das Dateisystem (`$dev`) und die Inode-Nummer innerhalb dieses Dateisystems (`$ino`). Beide Informationen werden durch `stat()` zurückgeliefert.

14. Gegeben sei der Name eines Verzeichnisses. Finden Sie die kleinste, die größte und die zuletzt geänderte reguläre Datei unter diesem Verzeichnisbaum (rekursiv)!

15. Auf Seite 388 wurde eine benutzerdefinierte Funktion `myreadline()` definiert. Erweitern Sie diese Funktion so, daß die Eingabe vorher mittels `chomp()` vom abschließenden Datensatzendezeichen gesäubert wird und erst dann zurückgegeben wird. Bedenken Sie dabei, daß die Funktion sowohl im skalaren, als auch im Listenkontext aufgerufen werden könnte! *Hinweis*: `wantarray()`. Haben Sie auch an den *void*-Kontext gedacht?

16. Nennen Sie die drei wichtigsten Methoden zur formatierten Ausgabe! Geben Sie dabei auch gleich ein Beispiel.

17. Schreiben Sie ein Filterprogramm, das als Eingabe eine Liste von Dateinamen (Pfade) enthält und als Ausgabe ein `ls -l`-ähnliches Listing ausgibt. Verwenden

Sie dazu die Format-Funktion von Perl. Dieses Filterprogramm sollte wie folgt benutzt werden:

```
find /users -print | filter.pl > /tmp/ausgabe.dat
```

18. In dieser Aufgabe wollen wir das Umschalten mittels `select()` üben. Modifizieren Sie das Programm der vorigen Ausgabe so, daß die Ausgabe in *zwei* Dateien erfolgen soll:

    - In der ersten Datei soll der Pfadname, gefolgt vom aktuellen Eigentümer der Datei (*Owner*), ausgegeben werden.
    - In der zweiten Datei sollen weitere Informationen zu dieser Datei ausgegeben werden (z.B. Länge, Zeitstempel usw.).

    Verwenden Sie dabei zwei verschiedene Formate, und schalten Sie zwischen diesen immer hin und her.

19. Schreiben Sie einen Bericht, der neben den Kopfzeilen auch Fußnoten enthalten soll. Gehen Sie davon aus, daß die Anzahl der Zeilen der Fußnoten konstant bleibt. *Hinweise*: Nichts hindert Sie daran, außer über `write()` auch direkt in die Ausgabe zu schreiben. Sie müssen jedoch dann die Perl-eigene Verwaltung der übriggebliebenen Zeilen davon informieren. Siehe hierzu die reservierten Variablen für Formate in Perl.

20. Wie könnten Fußzeilen in Perl implementiert werden? Warum fehlen bisher diese Fußzeilen? Erkennen Sie die Schwierigkeiten, die mit einer Implementierung von Fußzeilen einhergehen? Wie würden Sie dieses Problem lösen?

21. Modifizieren Sie *traverse-dir-manual.pl* (siehe Seite 432) so, daß die Rekursionstiefe nicht mehr durch die Anzahl gleichzeitig offener Filehandles beschränkt ist. *Hinweis*: siehe Seite 433.

22. Verbessern Sie `wipe.pl` (siehe Seite 454) dahingehend, daß zusätzlich sämtliche echte Links zu den zu löschenden Dateien ebenfalls gelöscht werden.

23. Kopieren Sie eine Datei mit einem Perl-Programm in eine andere. Verwenden Sie dabei die `sysread()`- und `syswrite()`-Systemaufrufe möglichst effizient, wie auf Seite 464 angedeutet wurde.

24. Versuchen Sie, manuell zwei Dateien zu vergleichen (siehe Abschnitt 12.7.6 auf Seite 465), ohne dabei ein externes Programm zu starten und ohne eine fertige Modulfunktion einzusetzen. Beachten Sie auch den Fall, daß eine Datei kürzer als die andere sein kann, obwohl sonst keine Unterschiede zwischen beiden entdeckt wurden (natürlich sind sie dann verschieden!).

25. Ab Seite 466 haben wir die Verwendung des Unix-Programms *diff* vorgeführt. Da *diff* ja lediglich Textdateien zeilenweise verarbeitet und jeweils Unterschiede anzeigt, bietet es sich sich an, Teile seiner Funktionalität in Perl zu implementieren. Versuchen Sie es! Beschränken Sie sich zunächst nur darauf, die Präfixe „> " und „< " vor unterschiedlichen Zeilen auszugeben. Es ist nicht so einfach, wie es zunächst scheint! Seien Sie nicht überrascht, wenn Sie erst ein wenig suchen

müssen, bevor Ihre Lösung richtig funktioniert. Vergleichen Sie die Ausgabe Ihres Skripts mit der des Original-*diff*. Aufgabe für Fortgeschrittene: Emulieren Sie das gesamte Verhalten von *diff*, inklusive der *ed*-Kommandos, um eine Datei in die andere zu überführen.

26. In Abschnitt 12.7.8 auf Seite 473 haben wir gesehen, wie eine gewöhnliche Textdatei zeilenweise wie ein Array behandelt werden kann. Modifizieren Sie das dort gezeigte Programm so, daß der Unix-Editor *ed* simuliert wird. Sie können ja mit einer Teilmenge der *ed*-Kommandos beginnen und nach und nach immer mehr hinzufügen. Diese Simulation von *ed* ist dann besser als das Original-*ed*, da sie eine Datei *vor Ort* editiert und diese nicht in einen Puffer lädt. Damit sind viel größere Dateien editierbar, als in den virtuellen Speicher passen würden. Lesen Sie mehr über *ed* in *man ed* nach!

27. In Abschnitt 12.7.9 ab Seite 482 haben wir Bereiche einer Datei gesperrt. Finden Sie den Template-String Ihres Systems heraus, indem Sie in die richtige *Include*-Datei betrachten.

28. Schreiben Sie ein Programm, das herausfindet, welcher Prozeß eine Sperre auf bestimmte Bereiche einer Datei besitzt. *Hinweis*: Abschnitt 12.7.9 ab Seite 482 und die Konstante F_GETLK, *man fcntl*.

13 Referenzen

13.1 Synopsis

```
use strict 'refs';        # Verbiete symbolische Referenzen
no  strict 'refs';        # Erlaube symrefs wieder

# Der Backslash-Operator erzeugt benannte Referenzen
\$scalvar, \@array, \%hash, \&function, \*FH, \substr(), \$ptr, \\var
# Die *foo{THING}-Syntax, anstelle des Backslash-Operators
*foo{SCALAR}, *foo{ARRAY}, *foo{HASH}, *foo{CODE}, *foo{IO}, *foo{GLOB}
# Referenzen auf anonyme Strukturen sind auch moeglich
$listptr = [ $var1, "hello", @alist ];
$hashptr = { I => 1, II => 2, III => 3, IV => 4, V => 5 };
$funcptr = sub { print "hello, this is an anon. subroutine\n" };

# Dereferenzierung von Zeigern mit der Blocknotation
${$s_ptr} = "new value";      # Veraendert, worauf $s_ptr zeigte
push(@{$a_ptr}, @morevalues); # Ergaenzt eine Liste
foreach my $key ( keys %{$h_ptr} ) { ... }
${ gimme_a_ptr($something) } = "this is new";  # Ausdruecke okay

# Dereferenzierung von Zeigern mit dem Pfeiloperator
$a_ptr->[42] = "The answer to all questions";
print $h_ptr->{'PHONE'};       # 555-2311
@resultlist = $f_ptr->($arg1, $arg2, $arg3);

# Typ einer Referenz erkennen
$type = ref($ptr); # SCALAR, ARRAY, HASH, CODE, GLOB, REF, LVALUE
                   # oder Name der Klasse des Objekts $ptr
                   # oder falsch, falls $ptr keine Referenz war

# Komplexe Strukturen
@LoL = ( [ $x11,$x12,$x13 ], [ $x21,$x22,$x23 ], [ $x31,$x32,$x33 ] );
$pivot = $LoL[1][1];
$prof->{'NAME'} = $name; $prof->{'PHONE'} = $phone;
use Data::Dumper; print Dumper(\@LoL, \$prof);

# Die Schwartzsche Transformation
@sorted = map  { $_->[0] }              # 4. Extrahieren
          sort { $a->[1] <=> $b->[1] }  # 3. Sortierung
          map  { [ $_, slowfunc($_) ] } # 2. Werte vorberechnen
          @nonsorted;                   # 1. Was sortiert wird
```

```perl
# Schluessel koennen normalerweise keine Referenzen sein
use Tie::RefHash;
tie %h, 'Tie::RefHash' or die "can't tie: $!\n";
$h{ $ptr } = "some value";
$h{ [ "this", "is", "an", "anonymous", "list" ] } = time();
@refs = keys %h;

# Kopieren komplexer Datenstrukturen
@dstLOL = @oldLoL;                  # VORSICHT: Shallow Copy
use Storable qw(dclone);
@copyLoL = dclone(\@oldLoL);    # Deep Copy

# Symbolische Referenzen
$var = "some value";    $vname = 'var'; ${$vname} = "other value";
@ary = ( .... );        $vname = 'ary'; push(@{$vname}, "more");
sub fun { ... }; $vname = 'fun'; $vname->(); $SIG{'INT'} = $vname;

# Eine sinnvolle Anwendung symbolischer Referenzen
if ($arg =~ /-D(\w+)=(\w+)/) { ${$1} = $2 }
```

13.2 Eigenschaften von Referenzen

Bei älteren Versionen von Perl konnten komplexe Datenstrukturen nur mühsam aufgebaut werden. Das lag vor allem daran, daß die Grundtypen Listen und Hashes nur skalare Elemente enthalten können. Ein Schachtelung von Listen, z.B. um Matrizen zu erzeugen, war daher nicht möglich. Kompliziertere Datenstrukturen wie Bäume oder Graphen waren erst recht kaum aufzubauen. Natürlich konnte man sich auch damals mit vielen Tricks helfen, indem z.B. ein Baum durch ein Array repräsentiert wurde, aber all diese Tricks trugen höchstens dazu bei, die algorithmische Komplexität des Programms zu erhöhen.

Seit Perl Version 5 wurde ein neuer skalarer Datentyp eingeführt: die Referenz. Eine Referenz ist das, was in anderen Programmiersprachen oft als Zeiger bezeichnet wird. Referenzen sind skalare Werte und können daher in Listen oder Hashes gespeichert werden. Dadurch können Listen von (Referenzen auf) Listen und weitere komplexere Datenstrukturen problemlos aufgebaut werden. Auch die Übergabe mehrerer Arrays an eine Funktion kann nur durch Zeiger geschehen. Außerdem ist eine solche Übergabe bei großen Arrays und Listen auch viel effizienter.

Referenzen sind jedoch mehr als nur gewöhnliche Zeiger:

- Referenzen „wissen", worauf sie zeigen. Es ist also stets möglich, durch Aufruf der Funktion `ref()` den Typ des Speicherobjekts herauszufinden, auf den eine Referenz verweist. Anschließend kann durch passende Dereferenzierung der richtige Datentyp angesprochen werden.

- Referenzen verändern den *Referenzzähler* der Speicherobjekte, auf die sie zeigen. Dieser Referenzzähler sorgt dafür, daß Objekte, auf die kein Zeiger mehr verweist, dem Freispeicher zurückgegeben werden. Sie sind es auch, die sicherstellen, daß eine Referenz nicht mehr plötzlich „ins Leere" zeigt (*dangling pointer*), wie dies bei vielen Sprachen der Fall ist.

- Referenzen können nicht auf beliebige Speicherstellen gesetzt werden. Sie zeigen stets nur auf gültige Speicherobjekte. Daher kann ein Programm nicht durch Unachtsamkeit oder Absicht den restlichen Speicher über diesen Zeiger modifizieren und somit Daten zerstören und durch einen *Coredump*[1] abstürzen[2].

- Es ist nicht möglich, wie in C mit Referenzen *Zeigerarithmetik* zu betreiben. Es ist lediglich möglich, Zeiger zu dereferenzieren.

Schließlich sei noch erwähnt, daß es zwei verschiedene Sorten von Zeigern gibt:

- Harte Referenzen, im folgenden auch nur kurz Referenzen oder Zeiger genannt

---

[1] User eines weitverbreiteten Pseudobetriebssystems werden anstelle eines *Coredump*s die gefürchtete „Allgemeine Schutzverletzung" (*general protection fault*) bekommen, die im Gegensatz zu Unix auch oft mit einem nun unstabilen System bezahlt werden muß.

[2] Wollen oder müssen Sie dennoch auf absolute Speicheradressen zugreifen, z.B. im Falle von Gerätetreibern, können Sie dies immer noch mit Hilfe eines C-Moduls oder unter Unix mit den Gerätedateien */dev/mem* und */dev/io* (soweit vorhanden) unter Verwendung der `ioctl()`- und `fcntl()`-Funktionen Ihrer C-Library tun.

- Symbolische Referenzen

Symbolische Referenzen werden erst in Abschnitt 13.8 ab Seite 555 vorgestellt. Sie sind „gefährlicher" als normale Referenzen und sollten daher nach Möglichkeit vermieden werden.

Zeiger sind sehr mächtig. Mit Ihrer Hilfe können auch komplizierte Konstrukte realisiert werden. Wie in Kapitel 15 ab Seite 665 noch gezeigt wird, bestehen auch Objekte der objektorientierten Programmierung aus Zeigern. Ihre Implementierung basiert auf Zeigern, und der Zugriff auf ihre Methoden wird ebenfalls über Zeiger realisiert. Da wir in den Anwendungskapiteln dieses Buches noch ausführlich auf die Verwendung objektorientierter Module eingehen werden, lohnt sich die Beschäftigung mit Referenzen allemal.

Perl verfügt über eine gute und umfangreiche Dokumentation. Natürlich kommen auch Referenzen nicht zu kurz:

- Alles über Referenzen erfahren Sie in *man perlref*.
- Die Konstruktion von verschachtelten Listen und Hashes wird in *man perllol* eingeführt.
- Ein Kochbuch für komplexe Datenstrukturen mit einer Sammlung nützlicher Codefragmente finden Sie in *man perldsc*.

> **Achtung!** *Referenzen sind vom Konzept her gar nicht schwierig. Es ist ihre Syntax, insbesondere die ihrer Dereferenzierung, die für Anfänger schwierig ist. Es ist möglich, gelegentlich etwas anderes zu meinen und das Falsche aufzuschreiben. Darum sollten gerade Anfänger, aber nicht nur diese, zwei wichtige Vorsichtsmaßnahmen ergreifen: Das -w-Flag und das* use strict 'refs'; *bzw.* use strict; *Pragma benutzen:*
>
> ```
> #!/usr/local/bin/perl -w
> use strict;
> ```
>
> *Dann wird Perl Sie bei möglichen Fehlern warnen (-w) bzw. die Übersetzung komplett verweigern (*use strict;*).* use strict; *läßt sich bei Bedarf durch* no strict; *bzw.* no strict 'refs'; *temporär ausschalten, wenn Sie wissen, was Sie tun.*

Bevor wir aber Referenzen vorstellen, sollten wir uns noch deutlich vor Augen führen, wozu diese gut sind: Sie werden beispielsweise keine verkettete Liste aufbauen wollen, nur weil Perl Zeiger unterstützt. Für diesen Zweck eignet sich der primitive Datentyp „Liste" weit besser. Auch Suchbäume werden Sie wohl kaum mit Zeigern aufbauen, da ja der in der Regel effizientere Datentyp „Hash" zur Verfügung steht.

13.3 Referenzen

In den folgenden Abschnitten werden wir sehen, was Referenzen sind, wie sie erzeugt und was damit angestellt werden kann.

13.3.1 Was ist ein Zeiger?

Ein Zeiger besteht im wesentlichen aus zwei Informationen:

- der Adresse des Speicherobjekts, auf das verwiesen wird
- dem Typ dieses Speicherobjekts

Darüber hinaus beeinflussen Referenzen den Referenzzähler des Objekts, auf das verwiesen wird, und tragen somit maßgeblich zur automatischen Speicherverwaltung bei.

Abbildung 13.1 zeigt das Prinzip der Referenzen.

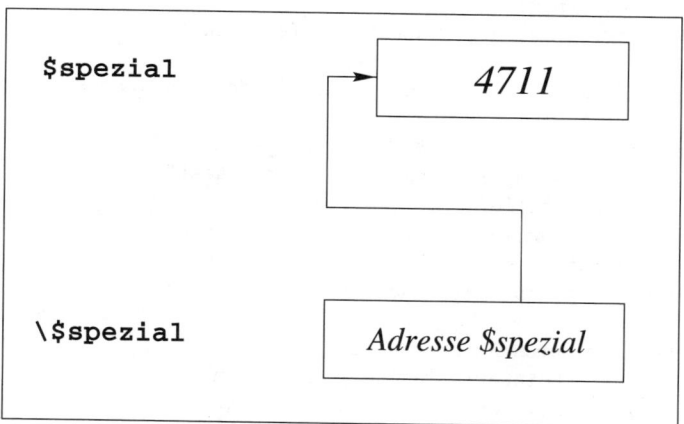

Abbildung 13.1: Harte Referenzen

Referenzen sind insbesondere deswegen interessant, weil sie formal skalare Werte sind. Somit können sie in Listen und Hashes gespeichert und an Funktionen übergeben werden.

13.3.2 Woher kommen Zeiger?

Ein Zeiger kann aus verschiedenen Quellen stammen:

- Ist der Name einer Variablen (Skalare, Arrays oder Hashes), einer Subroutine, eines Typeglobs (Filehandles) bzw eines *Lvalues* bekannt, kann durch Voranstellen eines Backslashs eine Referenz auf dieses Objekt erzeugt werden. Dies wird ab Seite 501 gezeigt.

- Es können sogar Zeiger auf konstante Werte angelegt werden. Dies macht zwar wenig Sinn im Falle skalarer Werte, ist aber durchaus denkbar.

- Einige Funktionen können Referenzen zurückgeben. Der Zugriff auf die Rückgabewerte erfolgt dann über diese Referenzen.

- Es kann auch Speicher zur Laufzeit angefordert werden. In diesem Speicher werden dann *anonyme* Strukturen abgelegt. Zeiger auf diese Strukturen sind ebenfalls Referenzen. Anonyme Strukturen werden in Abschnitt 13.5 ab Seite 515 vorgestellt. Auch anonyme Subroutinen werden durch Funktionszeiger angesprochen.

13.3.3 Wie sieht ein Zeiger aus?

Eine seltsame Frage! Probieren wir es einfach einmal aus. Die im folgenden Programm gezeigte Backslash-Notation wird in Abschnitt 13.3.5 ab Seite 501 ausführlicher erklärt.

refs-display.pl
```perl
#!/usr/local/bin/perl -w
# refs-display.pl -- Zeigt "nackte" Referenzen.

use strict 'refs';        # Symbolische Referenzen verbieten

# Deklarieren wir erst einige Speicherobjekte
my $skalvar = 1234; my $string = "this is a test";
my @list    = qw (hello world);
my %phones  = ( john => '555-2321', mary => '555-9234' );
my $hptr    = \%phones;
sub greetings { print "hello world!\n"; }

# Nun geben wir deren Referenzn aus.
print "Scalar      Pointer: ", \$skalvar,    "\n";
print "Array       Pointer: ", \@list,       "\n";
print "Hash        Pointer: ", \%phones,     "\n";
print "Sub         Pointer: ", \&greetings,  "\n";
print "FH          Pointer: ", \*STDIN,      "\n";
print "Pointer     Pointer: ", \$hptr,       "\n";
print "Lvalue      Pointer: ", \substr($string, 5, 2), "\n\n";

print "Anon-List Pointer: ", [ 'hello', 'world' ], "\n";
print "Anon-Hash Pointer: ", { I => 1, II => 2 },  "\n";
print "Anon-Sub  Pointer: ", sub { die "now!" },   "\n";
print "Scalconst Pointer: ", \4711,                "\n";
```
refs-display.pl

Ausführung:

```
farid@bsd-1:~/p> ./refs-display.pl
Scalar      Pointer: SCALAR(0x804eeac)
Array       Pointer: ARRAY(0x804ef00)
Hash        Pointer: HASH(0x804efd8)
```

```
Sub        Pointer:  CODE(0x805f318)
FH         Pointer:  GLOB(0x804e36c)
Pointer    Pointer:  SCALAR(0x805f06c)
Lvalue     Pointer:  LVALUE(0x8057ca8)

Anon-List  Pointer:  ARRAY(0x8057e4c)
Anon-Hash  Pointer:  HASH(0x8057e4c)
Anon-Sub   Pointer:  CODE(0x8057d74)
Scalconst  Pointer:  SCALAR(0x8057dec)
```

Wir sehen also, daß die Anzeige eines Zeigers automatisch einen String erzeugt, der den Typ des gezeigten Objekts kennzeichnet. Dann folgt eine Zahl im Hexadezimalformat in runden Klammern, die die Adresse des entsprechenden Objekts im virtuellen Adreßraum angibt.

Es ist nicht möglich, so einen Zeiger zu erzeugen, der auf eine bestimmte Stelle im Speicher verweist, etwa:

```
$ptr = "SCALAR($pos_in_memory)";  # ist ein STRING
print ref($ptr);                   # Nichts: Keine Referenz
```

Es ist also nicht möglich, auf beliebige Stellen im Speicher zu verweisen und dann zu hoffen, darauf zugreifen zu können. Perl liefert nur Zeiger auf Speicherbereiche zurück, die durch den Interpreter bereits allokiert wurden. Ein Zeiger kann nicht vom Programm selbst geändert werden!

13.3.4 Werteänderung über Zeiger

Durch *Dereferenzierung* ist es möglich, auf den Wert des Speicherobjekts zuzugreifen, auf den der dereferenzierte Zeiger verweist:

```
$var = "hello, world\n";
$ptr = \$var;                  # Zeiger auf $var
${$ptr} = "bye!";              # $var ueber Zeiger veraendern
print "New var: >$var<\n";     # New var: >bye!<
```

Das ist nicht überraschend: Schließlich wird durch die Variable $var und den dereferenzierten Zeiger $\{$ptr} derselbe Speicherbereich angesprochen. Hätten wir eine weitere Referenz auf $var gehabt:

```
$otherptr = \$var;   # noch eine Referenz auf $var
```

so hätten wir auch über ${$othervar} den Wert von $var verändern können.

Die Dereferenzierung wird noch ausführlich in Abschnitt 13.4 ab Seite 509 besprochen.

13.3.5 Der Backslash-Adreßoperator

Wir haben gerade gesehen, daß mit Hilfe des Backslash-Operators die Adresse, besser gesagt eine Referenz auf eine benannte Variable, Subroutine, Typeglob oder sogar *Lvalue* erzeugt wird. Wir können uns den Backslash als eine Art „Adresse von"-Operator vorstellen.

Zeiger auf Skalare

Die Referenz auf einen skalaren Wert ist sehr einfach aufzuschreiben:

```
$ptr1    = \$scalar_variable;     # Referenz auf Variable
$ptr2    = \"a constant string";  # Referenz auf Werte
$refval  = \4711;                 # Referenz auf Werte
$rv      = \oct('0777');          # Referenz auf Werte
```

Wir sehen daraus, daß Zeiger nicht nur auf Variablen verweisen müssen, sondern auch auf konstante Werte zeigen können. Allerdings ist eine Änderung eines konstanten Werts über den Zeiger nicht möglich:

```
$ptr     = \"this is constant";
${$ptr}  = "a new value?";        # FALSCH!
print "Value: >", ${$ptr}, "<\n";
# Modification of a read-only value attempted at - line 2.
```

Das Programm wird an der Stelle abgebrochen, an der versucht wurde, einen konstanten Wert über den Zeiger zu verändern.

Zeiger auf Listen

Ein Zeiger auf ein Array @myarray kann ebenfalls über den Backslash-Operator erzeugt werden:

```
$aptr = \@myarray;
```

Das ist nützlich, wenn Sie mehrere Arrays einer Subroutine übergeben möchten:

```
@vecresult = vector_add(@vec1, @vec2);     # FALSCH!
@vecresult = vector_add(\@vec1, \@vec2);   # Okay
```

Da bei der Parameterübergabe an Funktionen alle Werte in das Array @_ mit einem Alias versehen werden und Listen nicht verschachtelt werden dürfen, würden sich die Werte von @vec1 und @vec2 zu einer einzigen großen Liste „vermischen". Da jedoch Referenzen skalare Werte sind, ist das Problem somit gelöst.

> **Achtung!** *Seien Sie vorsichtig bei Listenliteralen:*
>
> ```
> \($a, $b, $c)
> # Entspricht
> (\$a, \$b, \$c)
> # und NICHT der Adresse der Liste ($a, $b, $c)
> ```
>
> *Dies ist ein besonders beliebter Anfängerfehler, der häufig zu schwer aufzuspürenden Fehlern führt.*

Zeiger auf Hashes

Zeiger auf Hashes sind die Einfachheit selbst:

```
$hptr = \%myhash;
```

Durch diese Notation können insbesondere auch mehrere Hashes an eine Funktion übergeben werden, ohne daß sich ihre Werte zu einer großen Liste vermischen. Beachten Sie auch die Warnung im vorigen Abschnitt.

Zeiger auf Subroutinen

Eine Subroutine mysub kann durch einen vorangestellten Backslash referenziert werden. Dazu ist aber das &-Präfix zwingende Voraussetzung:

```
sub mysub { ... }

$fptr = \&mysub;
```

Achtung! *Durch die gerade gezeigte Notation wird die Funktion* nicht *aufgerufen. Lediglich ihre Adresse wird gespeichert. Es ist auch nicht möglich, die Adresse eines Funktionsaufrufs samt Parametern so zu speichern:*

```
sub mysub { ... }
$faufruf = \&mysub(11,22,33);   # FALSCH! Aufruf nicht
                                # referenzierbar
```

Eine typische Verwendung von Funktionszeigern ist ein Dispatcher:

```
my %dispatcher = (
       action1 => \&handler_1,
       action2 => \&handler_2,
       quit    => sub { die "can't handle it anymore!\n"; },
       action3 => \&some_other_handler );
```

Zeiger auf Filehandles

Ein Zeiger auf ein Filehandle, genauer einen Typeglob, ist ebenfalls mit dem Backslash-Operator möglich. Dazu muß das Filehandle jedoch mit seinem angestammten Präfix * beginnen:

```
$fh_ptr = \*STDIN;      # Zeiger auf Filehandle STDIN
```

Solche Zeiger können wieder bequem u.a. als Funktionsparameter übergeben werden. Ein gutes Beispiel dafür ist eine Abfragefunktion, der Zeiger auf geöffnete Filehandles übergeben werden können:

```
prompter.pl
#!/usr/local/bin/perl -w
# prompter.pl -- Uebergabe von Referenzen auf Filehandles

sub prompt {
   my $src    = shift;      # Von wo wird eingelesen?
   my $dst    = shift;      # Wohin geht der Prompt?
   my $prompt = shift;      # Der Prompt-Text
```

```perl
    select((select(*{$dst}), $|=1)[0]);    # Pufferung ausschalten.
    print $dst $prompt;                     # Gib den Prompt aus.
    return scalar <$src>;                   # Lesen und zurueckgeben.
}

# Eine moegliche Verwendung
$erg = prompt(\*STDIN, \*STDOUT, "Your answer: ");
print "You said: $erg";
```
── prompter.pl

Die Ausführung ergibt:

```
farid@sun-1:~/> ./prompter.pl
Your answer: This is my answer
You said: This is my answer
```

Eine weiteres Beispiel ist ein *Wrapper* um die open()-Funktion:

opener.pl
```perl
#!/usr/local/bin/perl -w
# opener.pl -- Wrapper um die open()-Funktion, der eine Referenz auf
#              ein geoeffnetes Filehandle zurueckliefert.

use Symbol;                     # Standardmodul: wg. gensym()
use strict 'refs';

sub Open {
  my $fname   = shift;          # Name der zu oeffnenden Datei
  my $anonfh  = gensym();       # Referenz auf anonymes Filehandle
  open($anonfh, $fname)
        or die "can't open $fname: $!\n";

  return $anonfh;               # die Referenz zurueckliefern
}

# Eine moegliche Verwendung:
my $fh = Open("< /etc/group");
while (<$fh>) { print; }
close(*{$fh});
```
── opener.pl

Achtung! Beachten Sie, daß wir hier nicht einfach hätten schreiben können:

```perl
    sub Open {
        open(FH, shift()) or die "...: $!\n";
        return \*FH;       # FALSCH!
    }
```

Wäre nämlich Open() mehrfach aufgerufen worden, würde jeder Aufruf das globale Filehandle FH implizit schließen und explizit wieder mit dem jeweils neuesten Namen öffnen:

13.3 Referenzen

```
$fh1 = Open("file1");
$fh2 = Open("file2");
# OOPS: $fh1 und $fh2 beide offen auf file2
```

Da ein my()-Filehandle zu „haarig" ist, haben wir hier die Funktion gensym() aus dem Standardmodul Symbol benutzt, um Referenzen auf eindeutige *anonyme Filehandles* zu bekommen. Diese konnten dann für das Öffnen und später als Rückgabewert zu Open() verwendet werden.

Zeiger auf Zeiger

Es können beliebig lange *Zeigerketten* entstehen:

```
$var  = "this is a test";
$ptr  = \$var;
$pptr = \\$var;
$ppptr = \\\$var;
```

Oder auch indirekt:

```
%phones = ( john => '555-2321', mary => '555-1121' );
$ptr  = \%phones;
$pptr = \$ptr;
```

Zeiger auf *Lvalues*

Ein *Lvalue* ist ein Wert, der auf der linken Seite einer Zuweisung stehen kann. Sie erinnern sich sicher an die Funktion substr(): Diese galt als *lvalue*, weil man

```
substr($var, $offset, $length) = "new value";
```

schreiben konnte und somit den Wert von $var verändert hat.

Es ist auch möglich, einen Zeiger auf ein *Lvalue* zu bekommen:

```
ref-lvalue.pl
#!/usr/local/bin/perl -w
# ref-lvalue.pl -- Undokumentierte LVALUE-Zeiger

use strict 'refs';

$str     = "perl is hard to learn";
$lv_ptr  = \substr($str, 8, 4);

print "Pointer    : ", $lv_ptr, "\n";
print "ref()      : ", ref($lv_ptr), "\n";
print "str before : ", $str, "\n";

${$lv_ptr} = "easy";

print "str after  : ", $str, "\n";
                                                        ref-lvalue.pl
```

Ausführung:

```
farid@sun-1:~/p> ref-lvalue.pl
Pointer      : LVALUE(0x8059c88)
ref()        : LVALUE
str before   : perl is hard to learn
str after    : perl is easy to learn
```

Beachten Sie, daß *LVALUE*-Referenzen bisher[3] ein undokumentiertes Feature sind.

13.3.6 Die *foo{THING}-Syntax

Mit Hilfe der sogenannten *foo{THING}-Syntax lassen sich Referenzen auf eine alternative Art und Weise anlegen:

```
$scalarref = *foo{SCALAR};
$arrayref  = *ARGV{ARRAY};
$hashref   = *ENV{HASH};
$coderef   = *handler{CODE};
$ioref     = *STDIN{IO};
$globref   = *foo{GLOB};
```

Diese Notation ist allerdings nicht sehr verbreitet.

13.3.7 Verwendungen von Zeigern

Sobald nun eine Referenz entweder mit dem Backslash-Operator, mit den Konstruktoren für Objekte oder anonyme Listen und Hashes oder aus einer Funktion erzeugt wurde, kann damit gearbeitet werden.

Dereferenzierung von Zeigern

Die wichtigste Anwendung von Zeigern ist das *Dereferenzieren*. So heißt die Operation, die den Wert des Objekts repräsentiert, auf das der Zeiger verwies. Tatsächlich würde ein Zeiger ohne abschließende Dereferenzierung keinen Sinn machen! Wie Zeiger dereferenziert werden, wird in Abschnitt 13.4 ab Seite 509 ausführlich gezeigt.

Speicherung in Variablen

Referenzen können in Variablen gespeichert werden. Da es sich bei Zeigern um skalare Werte handelt, können auch Listen von Referenzen oder Hashes von Referenzen aufgebaut werden und somit komplexe Datenstrukturen erzeugt werden. Dies ist Gegenstand von Abschnitt 13.6 ab Seite 524.

---

3 Bis einschließlich Perl Version 5.005_53, der aktuellen Version zum Zeitpunkt der Erstellung dieser zweiten Auflage.

13.3 Referenzen

Natürlich können Zeiger hin- und herkopiert werden:

```
%hash    = ( larry => 'wall', tom => 'christiansen' );
$ptr     = \%hash;
$ptrcopy = $ptr;             # Kopie eines Zeigers
push(@ptr_array, $ptr);      # und Speicherung in einem Array
```

Nicht ganz so temporäre Variablen

Wenn der Ausführungsthread den Gültigkeitsbereich (*scope*) einer mit my() lokalisierten Variable verläßt, wird diese Variable normalerweise zerstört. Es sei denn, ein Zeiger auf diese Variable wurde im voraus gerettet. In diesem Fall ist nämlich der Referenzzähler dieser Variable nicht Null, wodurch diese folglich nicht zerstört werden darf:

```
sub func {
    my @result_list;    # Temporaere lokale Variable
    # etwas spaeter...
    return \@result_list;
}

$ptr1 = func();
$ptr2 = func();
# $ptr1, $ptr2 zeigen immer noch auf gueltige Ergebnislisten
```

In diesem Beispiel wurde der Wert der Ergebnisliste @result_list gerettet, indem nach dem Aufruf der Zeiger auf diese Variable in $ptr gesichert wurde. Obwohl die Funktion längst beendet ist, existiert die Ergebnisliste immer noch. Beachten Sie, daß im obigen Beispiel $ptr1 und $ptr2 auf zwei verschiedene Ergebnislisten @result_list zeigen. Sie enthalten verschiedene Werte, und sie verweisen auf Listen möglicherweise verschiedenen Inhalts oder auf verschiedene Listen, die jedoch aus denselben Werten bestehen.

C-Programmierer werden sich hier wundern, denn es ist in C ein „tödlicher" Fehler, einen Zeiger auf eine temporäre Variable (in C-Sprache: eine auto-Variable) zurückzugeben:

```
void f(void) {
    double value;      /* temporaere Variable */
    /* ... etwas spaeter ... */
    return &value;     /* Adressen zurueckliefern */
}

double *ptr = f();
printf("value: %lf\n", *ptr);   /* FALSCH: Coredump! */
```

In diesem Fall war es klar, aber was ist hiermit?

```
void g(void) {
    char buf[256];         /* Temporaere Variable */
    strcpy(buf, "hello, world!");
    return buf;            /* Zeiger zurueckgeben */
}
```

```
      char *ptr = g();
      printf("new buf: [%s]\n", ptr);   # FALSCH: Coredump! */
```

Das liegt daran, daß in C Zeiger keinen Referenzzähler aufweisen. Die temporären Variablen werden ja auf dem Stack abgelegt, und dieser wird beim Verlassen der Funktion wieder aufgeräumt. Ein späterer Zugriff über diesen nun ins Leere weisenden Zeiger (*dangling pointer*) führt dann unweigerlich zu einem *Coredump*.

Bei Perl ist die Situation anders: Dort werden die Werte der temporären Variablen nicht zerstört, da darauf noch mindestens ein Zeiger zeigte. Der Referenzzähler war nicht 0, und folglich haben diese temporären Werte überlebt.

Übergabe an Funktionen

Wir haben bereits erwähnt, daß Zeiger an Funktionen übergeben werden und von Funktionen zurückgegeben werden können. Dies ist aus zwei Gründen wichtig:

- Die direkte Übergabe mehrerer Listen oder Arrays an Funktionen ist nicht möglich, da alle Werte aller Parameter in eine große „flache" Liste @_ übergeben werden, wodurch die Identität der einzelnen Listen zerstört würde. Das gilt übrigens auch für die Rückgabeliste einer Funktion. Mehrere Listen können aber indirekt durch Zeiger übergeben werden, die ja schließlich gewöhnliche skalare Werte sind.

  ```
  # Nur eine Listeneingabe darf (nur) am Ende stehen
  somefunc($par1, $par2, @list);    # Okay
  somefunc($par1, @list, $par2);    # FALSCH!

  # Uebergabe als Zeiger
  betterfunc($par1, \@list1, rueckstrich@list2);

  # Mehrere Rueckgabelisten
  sub myfunc {
      # .....
      return (\@res1, \@res2, \@res3);
  }
  ```

- Die Übergabe einer (oder mehrerer) langer Listen bzw. Arrays an eine Funktion bzw. ihre Rückgabe ist aus Effizienzgründen nur suboptimal: Die großen Listen müssen immer erst kopiert werden, was ja mit einem gewissen Overhead verbunden ist — sowohl was den Zeit- als auch den Speicherplatzbedarf betrifft. Die Übergabe von Zeigern auf Listen ist da viel ökonomischer:

  ```
  $ptroutlist = afunc(\@biginputlist);
  ```

Identifizierung des Zeigertyps mit `ref()`

Sie erinnern sich, daß skalare Variablen, Listen und Hashes in Perl *heterogen* sein können. So ähnlich ist es beispielsweise mit einer Liste von Zeigern. Wie würden Sie eine solche Liste weiterverarbeiten, wenn Sie nicht wüßten, worauf die einzelnen Referenzen zeigen? Dazu gibt es die Funktion `ref()`, die den Typ einer Referenz als String zurückgibt. Mögliche Rückgabewerte sind SCALAR, ARRAY, HASH, REF, CODE, GLOB und LVALUE, je nach Typ des referenzierten Objekts.

Bei Objekten im Sinne der objektorientierten Programmierung liefert ref() den Namen der Klasse dieses Objekts als String zurück. Ist der Eingabeparameter zu ref() keine Referenz, wird ein falscher Wert zurückgegeben.

Die Funktion ref() kann als eine Art typeof-Operator angesehen werden.

Die typische Verwendung der ref()-Funktion ist daher:

```
foreach my $ptr (@list_of_ptrs) {
    if (ref($ptr) eq 'SCALAR') {
        print "SCALAR: ", ${$ptr};
    } elsif (ref($ptr) eq 'ARRAY') {
        print "ARRAY: ", join(', ', @{$ptr});
    } elsif (ref($ptr) eq 'HASH') {
        print "HASH:  ", join("\n", map { "$_ => $ptr->{$_}" }
                              sort keys %{$ptr});
    } else {
        print "Some other type...\n";
    }
}
```

13.4 Dereferenzierung

Die wichtigste Operation mit Zeigern ist das *Dereferenzieren*. Diese Operation liefert das Objekt zurück, auf das ein Zeiger verweist. Wir werden im folgenden sehen, wie die verschiedenen Typen von Zeigern dereferenziert werden. Die entscheidende Regel jedoch ist, daß Perl niemals einen Zeiger derefenziert, es sei denn, es wurde explizit dazu aufgefordert.

13.4.1 Die Blocknotation

Die konsequenteste Art, einen Zeiger zu dereferenzieren ist, die *Blocknotation* zu benutzen. Diese Notation kann zwar gelegentlich vereinfacht werden, aber wir werden sie meistens einhalten, weil sie zum einen flexibler ist und zum anderen weniger zur Verwirrung beiträgt als ihre kürzeren Formen.

Dereferenzierung von skalaren Zeigern

Ein skalarer Zeiger oder genauer: ein Zeiger auf einen skalaren Wert kann wie folgt dereferenziert werden:

```
$myvar     = 4711;
$skal_ptr = \$myvar;           # skalarer Zeiger
print ${$skal_ptr}, "\n";      # Dereferenzierung
${$skal_ptr} = "new value";    # Veraendernder Zugriff
```

Die Dereferenzierung eines skalaren Werts ist also sehr einfach: Zunächst wird mit dem skalaren Präfix $ begonnen. Anschließend wird in geschweiften Klammern der Zeiger selbst aufgelistet. Eine solche Schreibweise wird *Blocknotation* genannt, weil innerhalb der geschweiften Klammern auch kompliziertere Ausdrücke, ja sogar ganze Codeblöcke enthalten sein können:

```
$val = ${ target() ? $ref1 : $ref2 };
```

In diesem Fall wurde der Zeiger $ref1 oder $ref2, abhängig vom Wahrheitswert des Funktionsaufrufs target() dereferenziert.

Es ist oft möglich, die Blocknotation zu vereinfachen, wenn keine Mißverständnisse zu befürchten sind:

```
$$skal_ptr = "another value";
```

Dereferenzierung von Arrays

Zeiger auf ganze Arrays können ebenfalls bequem mit der Blocknotation dereferenziert werden. Das Ergebnis dieser Dereferenzierung ist das ursprüngliche Array:

```
$a_ptr = \@myarray;
push(@{$a_ptr}, "newval1", "newval2", "newval3");
@sorted = sort @{$a_ptr};
print join("\n", map { "'$_'" } @{$a_ptr});
@copy = @{$a_ptr};
```

Auch hier könnte der Ausdruck in den geschweiften Klammern komplizierter sein:

```
push(@val{$ref || []}, $irgendwas);
```

Im einfachen Fall können auch die Klammern weggelassen werden:

```
push(@$a_ptr, $newvalue);
```

Die Anzahl der Elemente eines Arrays @myarray ist @myarray im skalaren Kontext. Der Index des letzten Elements ist dagegen $#myarray. Bei Zeigern sieht das dann so aus:

```
@array = ("this", "this", "a", "test");
$arrayref = \@array;

$lindex = $#{$arrayref};     # Letzter Index
$lindex = $#$arrayref;        # Aehnliche Notation

$nvals = @{$arrayref};        # Anzahl der Elemente
$nvals = @$arrayref;          # aehnliche Notation
```

Auf ganze Array-Slices kann wie gewohnt zugegriffen werden:

```
@{$arrayref}[@wanted] = @newvalues;
```

Wie auf einzelne Arrayelemente zugegriffen werden kann, wird in Abschnitt 13.4.2 ab Seite 512 gezeigt.

Dereferenzierung von Hashes

Ein Hash wird genau wie ein Array durch die bequeme Blocknotation dereferenziert:

```
$hashref = \%myhash;

%newhash = %{$hashref};
foreach my $key (sort keys %{$hashref}) { ... }
```

Hier kann wieder anstelle des Zeigers ein beliebiger Ausdruck in den geschweiften Klammern stehen, der eine Hashreferenz ergibt. Die geschweiften Klammern können bei Eindeutigkeit entfallen:

```
@the_keys = keys %$hashref;
```

Der Zugriff auf ein Schlüssel/Wert-Paar wird in Abschnitt 13.4.2 gezeigt.

Dereferenzierung von Funktionszeigern

Ein Funktionszeiger kann ebenfalls mit der Blocknotation zu einer Funktion dereferenziert werden:

```
sub myfunc { ... }
$fptr = \&myfunc;

$result = &{$fptr}($arg1, $arg2);
```

Es ist aber bequemer, hier die Pfeilnotation zu benutzen, die in Abschnitt 13.4.2 vorgestellt wird.

Dereferenzierung von Filehandles

Ein Zeiger auf ein Filehandle, genauer auf einen Typeglob, kann einfach dereferenziert werden:

```
$gptr = \STDIN;
$xptr = \STDOUT;

$input = <*{$gptr}>;
print *{$xptr} "Hello, Standardoutput!\n";
```

Dereferenzierung von *Lvalue*-Zeigern

Ein *Lvalue*-Zeiger kann ebenfalls mit der Blocknotation dereferenziert werden. Die Zuweisung an einen solchen dereferenzierten Zeiger wirkt sich auf das ursprüngliche *Lvalue* aus:

```
$mystr   = "hello, world!\n";
$lvalptr = \substr($mystr, 0, 5);

${$lvalptr} = "bye";
print "mystr: $mystr";        # mystr: bye, world!
```

Dereferenzierung von Zeigern auf Zeiger

Wenn Sie Zeiger auf Zeiger haben, kann eine Dereferenzierung ein Schritt in Richtung des endgültigen Zielobjekts sein:

```
@myarray = ("hello", "world");
$a_ptr   = \@myarray;
$p_ptr   = \$a_ptr;
$pp_ptr  = \$p_ptr;

$newptr  = ${$pp_ptr};           # Identisch mit $p_ptr
$newptr2 = ${${$pp_ptr}};        # Identisch mit $a_ptr
@arrcopy = ${${${$pp_ptr}}};     # Das Objekt @myarray

@arrcopy = @$$$pp_ptr;           # Kuerzere Notation
```

13.4.2 Der Pfeiloperator

Mit Hilfe des Pfeiloperators „->" kann man mit Hilfe der Array- oder Hashreferenz ein Element eines Arrays oder den zugehörigen Wert eines Schlüssels bei einem Hash ansprechen:

```
$arrayref->[$index] = "new value";
print $arrayref->[17];

$phoneref->{'john'} = "555-7234";
proceed_number($phoneref->{'john'});

foreach my $key (sort keys %{$hashref}) {
    print $key, ": ", $hashref->{$key}, "\n";
}

# Die obige Schleife, eleganter:
print join("\n",
           map { "$_: $hashref->{$_}" }
               sort keys %{$hashref}),
      "\n";
```

Auch komplizierte Strukturen können aufgebaut werden. Eine Matrix läßt sich beispielsweise wie folgt aufbauen und dann abfragen:

```
@row1   = ( $x_11, $x_12, $x_13 );
@row2   = ( $x_21, $x_22, $x_23 );
@row3   = ( $x_31, $x_32, $x_33 );
@matrix = ( \@row1, \@row2, \@row3 );

# Matrix[1][1] ausgeben:
print $matrix[1]->[1];

# Matrix[2][0] veraendern:
$matrix[2]->[0] = $x_newvalue;
```

Eine elegantere Möglichkeit, Matrizen darzustellen, wird in Abschnitt 13.6 mit Hilfe von *anonymen Listen* (siehe Abschnitt 13.5) gezeigt.

Der Pfeil kann auch *zwischen* Subskriptoperatoren weggelassen werden:

```
$matrix[2]->[0]      # Pfeil kann weggelassen werden
$matrix[2][0];       # Hm, sieht das nicht wie bei C aus?

$array[$pos]->{'akey'}->[17]->[$elseval]
$array[$pos]{'akey'}[17][$elseval]
```

Achtung! *Der erste Pfeil kann in der folgenden Situation* nicht *weggelassen werden:*

```
$arrayref->[1]->[17]->[6]   # Okay, aber zu viele Pfeile
$arrayref[1][17][6]         # FALSCH!
$arrayref->[1][17][6]       # Okay
```

Das liegt daran, daß der erste Pfeiloperator eine Arrayreferenz dereferenzieren muß. Würde der Pfeiloperator fehlen, würde versucht, das Array @arrayref zu indizieren; wahrscheinlich nicht gerade das, was Sie im Sinn hatten.

Ein typischer Fehler, der oft unerkannt bleibt, ist auch:

```
$value = $arrayref[1][2][7];     # FALSCH!
$value = $arrayref->[1][2][7];   # Okay
```

Aber wenn @array ein Array ist, dann ist ein Pfeil an erster Stelle wiederrum nicht angebracht:

```
print $array->[3][1][2];   # FALSCH! @array ist kein Zeiger!
print $array[3][1][2];     # Okay
```

Auch Funktionen lassen sich bequem mit der Pfeilnotation dereferenzieren, sprich aufrufen:

```
$result = $f_ptr->($arg1, $arg2, $arg3);
```

13.4.3 Autovivikation

Was geschieht eigentlich, wenn Sie am Anfang Ihres Programms folgendes schreiben?

```
$var->[3] = 17;
```

Hier wird, wenn $var noch nicht als Referenz auf einem Array deklariert wurde, ein Array ohne Namen erzeugt und eine Referenz $var, die darauf zeigt. Dieses Array wird auch gleich mit vier Elementen angelegt, von denen die drei ersten auf *undef* und das letzte auf den Wert 17 gesetzt wird.

Der Vorgang des automatischen Erzeugens von Speicherobjekten, wenn darauf über Zeiger verwiesen wird, heißt *Autovivikation*. Perl versucht damit, genau das zu tun, was Sie (hoffentlich) beabsichtigten. Tatsächlich funktioniert die Autovivikation auch über mehrere Ebenen hinweg:

```
$record->[$pers_id]{'address'}{'zipcode'} = 90210;
```

In diesem Fall wird zunächst ein Array von Hashes angelegt, wobei `$record` ein Zeiger darauf ist. Dann werden bei Bedarf `$pers_id` leere Elemente dieses Arrays mit `undef` initialisiert. Anschließend wird ein anonymer Hash (siehe Abschnitt 13.5 ab Seite 515) erzeugt, der einen Schlüssel `address` besitzt. Eine Referenz auf diesen Hash wird dann in `$record->[$pers_id]` abgelegt. Der Wert zum Schlüssel `'address'` dieses Hashs ist dann ein Zeiger auf einen weiteren, neu erzeugten anonymen Hash. Dieser zweite Hash hat schon einen Schlüssel `'zipcode'` mit der zugehörigen Postleitzahl als Wert.

Es wurden also in diesem Beispiel gleich mehrere Strukturen angelegt:

- ein Zeiger auf ein anonymes Array: `$record`
- ein anonymes Array mit mindestens `$pers_id+1` Elementen mit einem Zeiger auf einen anonymen Hash an der Position `$pers_id`
- ein anonymer Hash, der unter anderem einen Schlüssel `'address'` aufweist und als zugehörigen Wert einen weiteren Hashzeiger auf einen anderen anonymen Hash besitzt,
- ein weiterer anonymer Hash, der einen Schlüssel `'zipcode'` mit zugehörigem Wert besitzt

All diese Objekte wurden direkt ohne explizite Initialisierung erzeugt. Bei den meisten anderen Programmiersprachen müßten Sie die Objekte erst von rechts nach links anlegen: Zunächst den Hash mit den Adreßinformationen, dann den Hash mit den personenbezogenen Daten einer Person und dann ein Array von Hashreferenzen auf personenbezogene Daten. Erst dann könnten Sie einen Zeiger auf dieses Array nehmen und diesen dann wieder — eventuell über mehrere Stufen — dereferenzieren.

Anders bei Perl: Dank der *Autovivikation* werden all diese Strukturen bei Bedarf automatisch angelegt, so daß Sie direkt mit der Programmierung Ihrer Datenstruktur beginnen können, ohne sich um Details der Speicherverwaltung und dergleichen kümmern zu müssen: Ein schöner Fall von DWIM (*Do What I Mean*)!

Die Autovivikation tritt aber nicht nur in ganz komplizierten Fällen auf. Sogar bei einfachen skalaren Werten kann die Autovivikation aktiv sein:

```
${$s_ref} = 4711;        # Wenn vorher $s_ref undefiniert war
printf ref $s_ref, " ", $s_ref, " ${$s_ref}\n";
# SCALAR SCALAR(0x804d85c) 4711
```

Die Autovivikation funktioniert auch andersherum:

```
@{$a_ref} = 5 .. 10;
print "$a_ref, (", join(',', @{$a_ref}), ")\n";
# ARRAY(0x8059c88), (5,6,7,8,9,10)
```

Hier wurde die Referenz `$a_ref` automatisch angelegt, wobei sie auf ein anonymes Array (siehe Abschnitt 13.5) zeigte, das eine Kopie der Liste 5 .. 10 aufnehmen konnte.

13.5 Anonyme Strukturen

Zeiger können auch auf Speicherbereiche verweisen, die nicht an eine Variable gebunden sind. Es handelt sich dabei um *anonyme Strukturen*, weil sie keinen Namen besitzen.

13.5.1 Motivation

Erinnern Sie sich an das Matrizenbeispiel auf Seite 512? Dort mußten wir explizit die Zeilenarrays @row1, @row2 und @row3 anlegen, bevor wir Referenzen darauf in einem Array von Zeilen speichern konnten. Natürlich wurde damit nicht gegen das Verbot der Verschachtelung von Listen verstoßen, da diese Referenzen selbst keine Listen, sondern Skalare waren. Somit konnten wir eine Liste von Zeigern auf Listen erzeugen.

Dennoch war die explizite Auflistung der Variablennamen @row1, @row2... sehr lästig. Schlimmer noch: Wie hätten wir eine beliebige $n \times m$-Matrix anlegen können, wenn n, die Zahl der Zeilen, sehr groß gewesen wäre oder aber erst zur Laufzeit feststehen würde? Wir können ja nicht jedesmal einen Variablennamen dafür erfinden, wenn es potentiell sehr viele davon gibt.

Eine mögliche Lösung ist die Verwendung von Zeigern auf lokale Variablen:

```
foreach my $rownum ( 0 .. $maxrows ) {
    my @newrow = create_row_number($rownum);   # my WICHTIG!
    push(@matrix, \@newrow);
}
```

Dieses Beispiel funktioniert folgendermaßen: Für jede Zeile der Matrix wird der Schleifenkörper einmal durchlaufen. Innerhalb der Schleife wird zunächst mit my() eine lokale Variable erzeugt. Diese Variable, @newrow, wird mit den Werten der $rownum-ten Zeile gefüllt. Anschließend wird eine Referenz auf diese lokale Variable in dem Array @matrix abgelegt.

Dieses Beispiel funktioniert aber nur aus zwei Gründen:

- Dank des Referenzzählers wird der Inhalt der lokalen Variable @newrow am Ende einer Schleifeniteration *nicht* zerstört. Somit speichern wir keine *dangling pointer* im Array @matrix.

- Bei jedem Schleifendurchlauf wird eine *neue* lokale Variable @newrow erzeugt. Diese hat dann auch prompt eine andere Adresse und somit auch einen anderen Zeiger. Daher speichern wir nicht immer wieder denselben Zeiger in @matrix ab, sondern verschiedene Zeiger, die alle auf verschiedene Matrizenzeilen verweisen.

> **Achtung!** *Hätten wir das my()-Schlüsselwort im obigen Beispiel weggelassen, hätte dies eine ganze andere Wirkung gehabt:*
>
> ```
> @samerow = create_row_number($rownum); # Ueberschreibt die Zeile!
> push(@matrix, \@samerow);              # Immer dieselbe Zeile!
> ```
>
> *Wir bekämen ein Array von Zeigern, die alle auf eine einzige Zeile verweisen: Diese Zeile enthielte die Werte der letzten Zeile der Matrix. Das ist sicher nicht das, was beabsichtigt war!*

Die Verwendung von Zeigern auf lokale Variablen ist für viele Anwender nicht ganz einsichtig. Schließlich gibt es viele C-Programmierer, die sich mit der Idee, einen Zeiger auf eine lokale Variable zurückzugeben, nicht recht anfreunden können. Bei C würde man eher explizit anonymen Speicher vom *Heap* mit `malloc()` anfordern und dann erst einen Zeiger darauf zurückgeben. Bei C++ oder Java gilt das auch, mit dem Unterschied, daß dort neuer Speicher mit dem Operator new angelegt würde:

matrix.c
```c
/* matrix.c -- Matrix-Beispiel in C: Variable Zeilengroessen */
/*             Uebersetzen mit: gcc -Wall -o matrix matrix.c */

#include <stdlib.h>
#include <errno.h>
#include <stdio.h>

#define MAXROW 3
#define MAXCOL 3

void myerror(const char *msg) { (void)perror(msg); exit(1); }

int main(void) {
  double **matrix;
  int i, j;

  /* Platz fuer MAXROW Zeilen schaffen */
  matrix = (double **)malloc(MAXROW * sizeof(double *));
  if (!matrix)
    myerror("out of memory!");

  for (i=0; i<MAXROW; i++) {
    /* Platz fuer MAXCOL Spalten schaffen */
    double *row = (double *)malloc(MAXCOL * sizeof(double));
    if (!row)
      myerror("out of memory");

    /* Zeilen fuellen */
    for (j=0; j<MAXCOL; j++)
      row[j] = i*j;        /* Irgendeinen Wert */

    /* Zeiger auf diese Zeile speichern */
    matrix[i] = row;       /* Zeile speichern */
  }

  /* Alles ausgeben bzw. damit rechnen */
  for (i=0; i<MAXROW; i++) {
    for (j=0; j<MAXCOL; j++)
      printf("Matrix[%d,%d] = %G\t", i, j, matrix[i][j]);
    printf("\n");
  }

  /* Alle Zeilen wieder freigeben, dann das Zeilenarray freigeben */
```

13.5 Anonyme Strukturen

```c
    /* [Optional, da am Ende des Programms!] */
    for (i=0; i<MAXROW; i++)
      free(matrix[i]);
    free(matrix);

    return 0;     /* Das war's */
}
```
── matrix.c

Ausführung:

```
farid@sun-1:/tmp> gcc -Wall -o matrix matrix.c
farid@sun-1:/tmp> ./matrix
Matrix[0,0] = 0 Matrix[0,1] = 0 Matrix[0,2] = 0
Matrix[1,0] = 0 Matrix[1,1] = 1 Matrix[1,2] = 2
Matrix[2,0] = 0 Matrix[2,1] = 2 Matrix[2,2] = 4
```

Bei C++ ist es nicht viel besser:

matrix.cc
```cpp
/* matrix.cc -- Matrix-Beispiel in C++: Variable Zeilengroessen */
/*              gcc -Wall -o matrix matrix.cc -lstdc++ */

#include <stdlib.h>
#include <errno.h>
#include <iostream.h>

const int MAXROW=3;
const int MAXCOL=3;

void myerror(const char *msg) { cerr << msg << endl; exit(1); }

int main(void) {
  double **matrix;

  /* Platz fuer MAXROW Zeilen schaffen */
  matrix = new double*[MAXROW];
  if (!matrix)
    myerror("out of memory!");

  for (int i=0; i<MAXROW; i++) {
    /* Platz fuer MAXCOL Spalten schaffen */
    double *row = new double[MAXCOL];
    if (!row)
      myerror("out of memory");

    /* Zeilen fuellen */
    for (int j=0; j<MAXCOL; j++)
      row[j] = i*j;      /* Irgendeinen Wert */

    /* Zeiger auf diese Zeile speichern */
    matrix[i] = row;     /* Zeile speichern */
```

```
    }

    /* Alles ausgeben bzw. damit rechnen */
    for (int i=0; i<MAXROW; i++) {
      for (int j=0; j<MAXCOL; j++)
        cout << matrix[i][j] << "\t";
      cout << "\n";
    }

    /* Alle Zeilen wieder freigeben, dann das Zeilenarray freigeben */
    /* [Optional, da am Ende des Programms!] */
    for (int i=0; i<MAXROW; i++)
      delete[] matrix[i];
    delete[] matrix;

    return 0;     /* Das war's */
}
```
—— matrix.cc

Ausführung:

```
farid@sun-1:/tmp> gcc -Wall -o matrix matrix.cc -lstdc++
farid@sun-1:/tmp> ./matrix
0    0    0
0    1    2
0    2    4
```

Das ist alles ziemlich umständlich. Bei Perl gibt es glücklicherweise zwei Operatoren, die jeweils anonyme Listen und Hashes zur Laufzeit erzeugen, und, ähnlich wie `malloc()` bzw. `new`, einen Zeiger auf die neuangelegten Speicherbereiche zurückliefern.

Zur Einstimmung können wir uns schon einmal Abbildung 13.2 anschauen. Diese Abbildung zeigt die anonymen Strukturen, die durch den folgenden Programmabschnitt erzeugt werden:

```perl
$pary  = [ 'a' .. 'c', undef, 'xyz' ];
$phash = { Kirk => 'Jim', Picard => 'Jean-Luc',
           Janeway => 'Katherine', McCoy => 'Bones' };
$psub  = sub { print "hello world!" };
```

13.5.2 Anonyme Skalare

Ein anonymer skalarer Wert ist eigentlich in Perl nicht sinnvoll. Dann kann man gleich den Wert selbst speichern, statt nur Referenzen darauf. Ein solcher Wert läßt sich dennoch wie folgt erzeugen:

```perl
# Erzeuge elf anonyme Skalare in einem Array
@myanons = map { \my $anonvar } 0 .. 10;   # my ist WICHTIG
```

13.5 Anonyme Strukturen

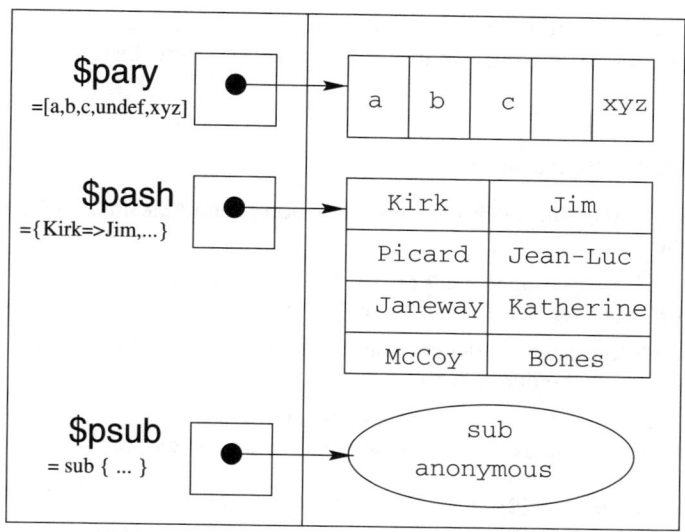

Abbildung 13.2: Referenzen auf anonyme Strukturen

13.5.3 Anonyme Listen

Eine anonyme Liste wird mit Hilfe von *eckigen Klammern* erzeugt:

```
$a_ptr1 = [ "hello", "brave", "new", "world" ];
$a_ptr2 = [ @lines ];
$a_ptr  = [];
```

Im ersten Fall wurde eine Liste mit vier Elementen angelegt. Diese hatte aber keinen Namen. Nur ein Zeiger darauf wurde durch den „Eckigklammernoperator" zurückgegeben. Durch diesen Zeiger, $a_ptr1, kann nun auf diese Liste zugegriffen werden, z.B:

```
print $a_ptr1->[2];      # new
$a_ptr1->[2] = "old";    # hello brave old world
push(@{$a_ptr1}, @othervals);
```

Im zweiten Beispiel wurde eine neue anonyme Liste erzeugt, die eine *Kopie* der Elemente aus lines ist. Es ist wichtig, sich den folgenden Unterschied klarzumachen:

```
$a_ptrX = \@lines;
$a_ptrY = [ @lines ];
```

Eine spätere Änderung des (z.B. globalen) Arrays @lines würde sich auf das, worauf $a_ptrX verweist, auswirken. Dagegen würde die anonyme Liste, auf die der Zeiger $a_ptrY zeigte, von einer Änderung an @lines verschont bleiben. Das ist sehr wichtig, wenn in Funktionen Zeiger auf globale Variablen zurückgegeben werden:

```
sub myfunc1 { my @tempvar; return \@tempvar; }
sub myfunc2 { @tempvar = ( ... ); return [ @tempvar ]; }
sub myfunc3 { @tempvar = ( ... ); return \@tempvar; } # FALSCH?
```

Im letzten Fall wurde mit [] eine leere anonyme Liste erzeugt und ein Zeiger darauf zurückgegeben. Das ist wichtig, wenn später unbedingt eine Liste benötigt wird, z.B. bei:

```
$ptr = [];
push(@{$ptr}, @newvalues);
```

In diesem Fall hätte uns auch die Autovivikation (siehe Abschnitt 13.4.3 auf Seite 513) geholfen:

```
# Obwohl $a_ptr noch undefiniert ist... (Autovivikation)
push(@{$a_ptr}, "hello", "brave", "new", "world");
```

Es gibt aber Situationen, in denen man klar zwischen einer leeren Liste und gar keiner Liste unterscheiden möchte:

```
$xxx[$pos1] = [];           # Leere Liste
undef $xxx[$pos2];          # Gar keine Liste hier!

if (defined $xxx[$pos1]) { ... }   # Das ist wahr!
if (defined $xxx[$pos2]) { ... }   # Das ist falsch!
```

Anonyme Listen sind vollwertige Listen. Sie werden uns noch in vielen Beispielen begegnen, so auch in Abschnitt 13.6 beim Aufbau komplexer Datenstrukturen und auch als Eingabe- oder Rückgabewerte von Funktionen vieler existierender oder benutzerdefinierter Module.

Das Beispiel mit den Matrizen wird jetzt klarer:

```
$matrix = [ [ 1, 2, 3 ], [ 4, 5, 6 ], [ 7, 8, 9 ] ];

# Explizites Durchlaufen
foreach my $rowptr (@$matrix}) {
    print "(", join(",", @{$rowptr}), ") ";
}
print "\n";
# (1,2,3) (4,5,6) (7,8,9)

# Durchlaufen mit Indizes
print
    join(" ",
        map {
                "(" . join(",", @{$matrix->[$_]}) . ")"
            } 0 .. $#$matrix),
    "\n";
# (1,2,3) (4,5,6) (7,8,9)
```

Als Anwendung wollen wir eine Datei mit Matrizenwerten einlesen und dynamisch diese Matrix mit Hilfe von anonymen Listen aufbauen.

matrix-dyn.pl
```
#!/usr/local/bin/perl -w
# matrix-dyn.pl -- Dynamisches Einlesen von Matrizenwerten.
```

13.5 Anonyme Strukturen

```perl
# Matrix einlesen und dynamisch aufbauen.
while (<>) {
    chomp;
    push(@{$matptr}, [ split(/\s+/) ]);
}

# Matrix wieder ausgeben:
foreach my $rowptr ( @{$matptr} ) {
    print "(", join(',', @{$rowptr}), ")\n";
}
```
matrix-dyn.pl

Ausführung:

```
farid@sun-1:~/p> cat matrix.data
55 22 11.23 17
99 87 22.11  9
 0  0  0     6
farid@sun-1:~/p> ./matrix-dyn.pl matrix.data
(55,22,11.23,17)
(99,87,22.11,9)
(0,0,0,6)
```

Beachten Sie, wie hier mit Hilfe von Autovivikation und dynamischen Listen $n \times m$-Matrizen mit beliebigen n und m aus externen Quellen erzeugt werden konnten! Es ist sogar möglich, „Matrizen" zu erzeugen, die pro Zeile eine unterschiedliche Zahl von Elementen enthalten.

Perl 5.005 hat ein neues experimentelles Feature eingeführt: *Pseudo-Hashes*:

```perl
$objptr = [{'name' => 1, 'zipcode' => 2}, "john", 90210];

$objptr->{name};      # Dasselbe wie $objptr->[1]: john
$objptr->{zipcode};   # Dasselbe wie $objptr->[2]: 90210

keys   %{$objptr};    # ("name", "zipcode") in zufaelliger
                      # Reihenfolge
values %{$objptr};    # ("john", 90210) in derselben
                      # Reihenfolge

while (my($k,$v) = each %{$objptr}) {
    print "$k => $v\n";
}
```

Perl wird eine Ausnahme (`die()`) auslösen, wenn Sie versuchen, Schlüssel aus einem Pseudo-Hash zu löschen oder nicht existierende Felder anzusprechen. Weitere Details finden Sie unter *man perlref* und *man fields*.

Achtung! *Ein besonders beliebter Fehler ist es, irrtümlicherweise immer wieder dieselbe Adresse in einer Liste zu speichern:*

```perl
while (<>) {
    @tmp = split;
```

```
        push @LoL, \@tmp;         # FALSCH!
    }
```

Das Problem war hier, daß @tmp trotz ihres Namens keine temporäre Variable war, die immer wieder bei jedem Schleifendurchlauf neu erzeugt würde, sondern vielmehr eine globale Variable. Insgesamt hätten Sie hiermit mehrmals in @LoL denselben Zeiger auf dieselbe globale Variable @tmp gespeichert. Außerdem würde @tmp ausschließlich aus der zuletzt eingelesenen Zeile bestehen, da sie immer wieder neu überschrieben wird.

Es gibt zwei mögliche Auswege aus diesem Dilemma:

- Lokalisierung von @tmp mit my():

```
        my @tmp = split;          # my(), nicht local()
```

- Erzeugung einer anonymen Liste, die eine Kopie der Werte der globalen Variablen @tmp aufnehmen würde:

```
        push(@LoL, [ @tmp ]);     # @tmp kann ruhig global sein
```

Diese zweite Lösung ist zwar etwas weniger effizient, da die Listenelemente erst umkopiert werden müssen, aber sie ist klarer lesbar, denn sie setzt kein Wissen über das Speicherverhalten von mit my() lokalisierten Variablen voraus.

13.5.4 Anonyme Hashes

Anonyme Hashes können ebenso einfach wie anonyme Listen erzeugt werden. Anstelle des „Eckigeklammernoperators" verwenden wir nun den „Geschweifteklammernoperator":

```
$h_ptr1 = { phone => '555-2323', name => 'john' };
$h_ptr2 = { %copyme };
$h_ptr3 = { %oldhash, %merge_me_in };
$h_ptr4 = {};
```

Im ersten Fall wurde einfach ein Zeiger auf einen anonymen Hash mit zwei Schlüssel/Wert-Paaren zurückgegeben. Angesprochen wird dieser Hash wie üblich mit der Pfeilnotation:

```
$h_ptr1->{'zipcode'} = 90210;
print h_ptr1->{'name'};   # john
```

Auch die normale Dereferenzierung des ganzen Hashs ist natürlich möglich:

```
foreach my $key ( keys %{$h_ptr1} ) {
    print $key, "/", $h_ptr1->{$key}, "\n";
}
```

Im zweiten Beispiel wurde eine Kopie des Hashes %copyme in einem anonymen Hash angelegt und eine Referenz auf diesen anonymen Hash in $h_ptr2 gespeichert. Wie im Falle der anonymen Arrays sind auch hier

```
$ptr1 = \%copyme;
$ptr2 = { %copyme };
$ptr3 = { %copyme };
```

alle drei Zeiger $ptr1, $ptr2 und sogar $ptr3 paarweise verschieden: Es werden immer wieder neue anonyme Hashes an verschiedenen Stellen im Speicher abgelegt.

Im dritten Beispiel wurde wieder ein anonymer Hash erzeugt, der aus der Kopie der Schlüssel/Wert-Paare von %oldhash und %merge_me_in besteht. Übrigens überschreiben Schlüssel/Wert-Paare aus %merge_me_in die Paare mit identischen Schlüsseln in %oldhash. Somit lassen sich selektiv einige Werte in einem Hash verändern. Natürlich bleibt %oldhash von dieser Überschreibung verschont; nur der neue anonyme Hash ist davon betroffen.

Im vierten Beispiel wurde einfach ein leerer Hash erzeugt. Dies wird aufgrund der Autovivikation nur dann benötigt, wenn zwischen einem leeren Hash und gar keinem Hash unterschieden werden soll.

Eine typische Verwendung von anonymen Hashes ist bei der objektorientierten Programmierung zu finden. Dort werden die Attribute eines Objekts in einem anonymen Hash, genannt *Stash*, gespeichert:

```
$objptr->{'name'}    = "john";
$objptr->{'zipcode'} = 90210;
```

Interessante Codebeispiele finden Sie auch in *man perldsc*.

13.5.5 Anonyme Subroutinen

Subroutinen, die ohne Namen mit sub deklariert werden, heißen *anonyme Subroutinen*. Das Ergebnis des sub-Operators ist eine Referenz auf diese anonyme Funktion:

```
$code_ptr = sub { ... };
```

Dieser Zeiger kann z.B. in einem Array oder Hash gespeichert werden:

```
push(@fptrs, $code_ptr);
push(@fptrs, sub { exit 0; });

%dispatcher = (
    'prompt' => sub { print "Depress key to test...\n"; },
    'test'   => sub { print "Release key to detonate!\n"; },
    'bye'    => sub { exit 0; },
    'magic'  => $code_ptr );
```

Die so referenzierte Funktion kann durch Dereferenzierung entweder direkt oder durch den Pfeiloperator aufgerufen werden. Beim Aufruf kann auch eine Liste von Parametern übergeben werden. Die Rückgabewerte der Funktion können wie üblich verarbeitet werden:

```
@result = &{$code_ptr}($arg1, $arg2, @restlist);
@result = $code_ptr->($arg1, $arg2, @restlist);

@result = $fptrs[0]->($arg1, $arg2, @restlist);

@result = &{$dispatcher{magic}}($arg1, $arg2, @restlist);
```

Sie können sogar *Lambda-Funktionen*[4] (λ-Funktionen) wie folgt aufrufen:

```
sub { print sort @_ }->(1,5,2,3);
```

Mit Hilfe von anonymen Subroutinen können *Closures* erzeugt werden. Diese wurden bereits in Abschnitt 11.5.2 ab Seite 328 vorgestellt.

13.6 Komplexe Datenstrukturen

Mit Hilfe von Referenzen und anonymen Strukturen lassen sich komplexe Datenstrukturen leicht in Perl abbilden. In diesem Abschnitt werden wir einige typische Datenstrukturen betrachten. Eine gute Einführung zu diesem Thema bieten *man perllol* und *man perldsc*.

13.6.1 Listen von Listen: Verschachtelung

Das Problem ist schon bekannt:

```
flat-list.pl
#!/usr/local/bin/perl -w
# flat-list.pl -- Verschachtelung bei Listen nicht direkt moeglich

# Die folgende Liste sieht verschachtelt aus,
# ist es aber nicht!
@liste = ("Dies", "ist", ("ein", "lustiger"), "test");

for ($i=0; $i<@liste; $i++) { print "$i: $liste[$i]\n"; }
                                                              flat-list.pl
```

Die Ausführung dieses Programms ergibt:

```
farid@sun-1:~/p> ./flat-list.pl
0: Dies
1: ist
2: ein
3: lustiger
4: test
```

Was ist passiert? Perl hat die verschachtelte Liste mit der Hauptliste vermischt und dabei die Struktur nicht erhalten. Daher sind beide folgenden Strukturen gleich:

```
(Dies ist (ein lustiger) test)
(Dies ist ein lustiger test)
```

---

4 Dieser Begriff stammt aus Lisp und kennzeichnet anonyme Funktionen.

13.6 Komplexe Datenstrukturen

Aus genau diesem Grund war es bis einschließlich Perl Version 4 nicht möglich, Matrizen oder weitere mehrdimensionale Strukturen auf natürliche Weise zu repräsentieren.

Mehrdimensionale Arrays konnten in Perl 4 mit assoziativen Arrays simuliert werden:

```perl
$mat{"0,0"} = 555;           # Koordinate 0,0
$mat{"0,1"} = 666;           # Koordinate 0,1
$mat{"$x,$y"} = somval($x,$y); # Koordinate $x, $y
for(($i,$erg)=(0,0); $i<10; $i++) {
   for($j=0; $j<10; $j++) {
      $erg += $mat{"$i,$j"};
   }
}
print "Summe aller Matrix-Elemente: $erg\n";
```

Dieser an die Sprache Tcl angelehnte Trick, der ein Paar von Koordinaten einfach als String interpretiert, ist seit dem Vorhandensein von Zeigern ab Perl Version 5 nicht mehr nötig.

Verschachtelte Listen sind in Perl nicht erlaubt. Das liegt daran, daß nur skalare Werte Element einer Liste sein dürfen. Glücklicherweise sind Zeiger auch skalare Werte. Nichts hindert uns daran, innerhalb einer Liste Zeiger auf Unterlisten unterzubringen:

```perl
lol.pl
#!/usr/local/bin/perl -w
# lol.pl -- Demo der list of list

use strict 'refs';

$lref = ["Dies", "ist", ["ein", "lustiger"], "test"];
@newlist = @{$lref};

for ($i=0; $i<=$#newlist; $i++) {
    print "$i: $newlist[$i]\n";
}

print "Unterliste: ";
print $lref->[2][1], "\n";
```
——————————————————————————— lol.pl

Ausführung:

```
farid@sun-1:~/p> ./lol.pl
0: Dies
1: ist
2: ARRAY(0x804d85c)
3: test
Unterliste: lustiger
```

Wie Sie sehen, können Sie nun auf die Elemente der Liste von Listen mit derselben Syntax zugreifen wie bei mehrdimensionalen Arrays unter C. Abbildung 13.3 zeigt die Repräsentation dieser Liste von Listen.

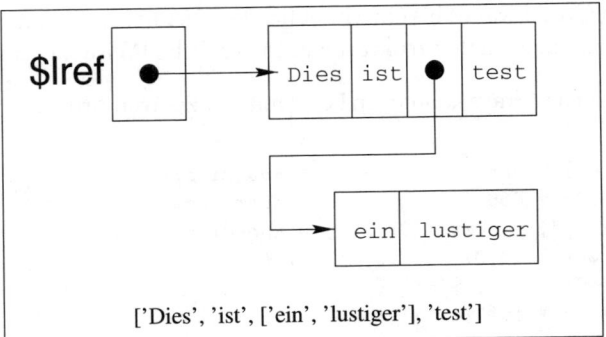

Abbildung 13.3: Liste von Listen

13.6.2 Listen von Hashes: Objektlisten

Eine Liste von Zeigern auf Hashes macht vor allem dann Sinn, wenn Sie mehrere Objekte speichern wollen. Ein Objekt im Sinne der objektorientierten Programmierung ist nichts anderes als ein Zeiger auf ein Hash von Attributen, der durch die Funktion `bless()` mit den Methoden seiner Klasse verbunden wurde. Eine solche Struktur läßt sich problemlos in einer Liste speichern.

Ein Beispiel zeigt Abbildung 13.4.

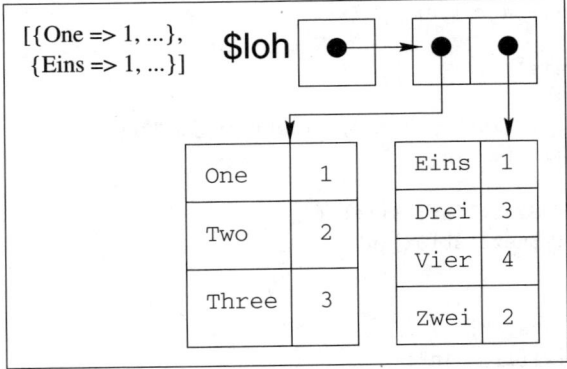

Abbildung 13.4: Liste von Hashes

Das folgende Programm zeigt ein typisches Beispiel einer Liste von Hashes. Wir werden das Standardmodul `Data::Dumper` zur Anzeige komplexer Datentypen noch in Abschnitt 13.6.8 auf Seite 532 betrachten.

```
loh.pl
#!/usr/local/bin/perl -w
# loh.pl -- Liste von Hashes

use Data::Dumper;                      # Standardmodul
```

13.6 Komplexe Datenstrukturen

```perl
$loh = [ { "One" => 1, "Two" => 2, "Three" => 3 },
         { "Eins" => 1, "Zwei" => 2, "Drei" => 3 } ];

print $loh->[0]{'Two'},  "\n";          # 2
print $loh->[1]{'Drei'}, "\n";          # 3

$loh->[1]{'Vier'} = 4;                  # Hash erweiterbar

print Dumper($loh);                     # Erweiterte Anzeige
```
                                                                    loh.pl

Die Ausführung ergibt:

```
farid@sun-1:~/p> ./loh.pl
2
3
$VAR1 = [
          {
            'Three' => 3,
            'Two' => 2,
            'One' => 1
          },
          {
            'Eins' => 1,
            'Vier' => 4,
            'Zwei' => 2,
            'Drei' => 3
          }
        ];
```

13.6.3 Hashes von Listen: Multihashes

Hashes können pro Schlüssel immer nur einen Wert speichern. Perl kennt keine *Multihashes*, also assoziative Arrays, die einem Schlüssel mehrere Werte gleichzeitig zuweisen.

Mit Hilfe von Zeigern läßt sich ein Multihash problemlos realisieren: Es genügt, anstelle eines normalen Wertes einen Zeiger auf eine anonyme Liste als Wert eines Schlüssels zu speichern:

```perl
                                                                    hol.pl
#!/usr/local/bin/perl -w
# hol.pl -- Hash von Listen: Mehrere Werte pro Schluessel = Multihash

use Data::Dumper;                       # Standardmodul

$phash = { "Farben" => ['Red', 'Green', 'Blue'],
           "Zahlen" => ['Eins', 'Zwei', 'Drei'] };

# Ein spezielles Element zu einem Schluessel abfragen
```

```perl
print $phash->{'Farben'}[1], "\n";        # Green

# Liste von Werten erweitern
push(@{$phash->{'Zahlen'}}, 'Vier');

# Hash mit Autovivikation erweitern:
push(@{$phash->{'Obst'}}, "Apfel", "Orange", "Birne");

# Und nun alles ausgeben:
print Dumper($phash);
```
hol.pl

Ausführung:

```
farid@sun-1:~/p> ./hol.pl
Green
$VAR1 = {
          'Obst' => [
                      'Apfel',
                      'Orange',
                      'Birne'
                    ],
          'Zahlen' => [
                        'Eins',
                        'Zwei',
                        'Drei',
                        'Vier'
                      ],
          'Farben' => [
                        'Red',
                        'Green',
                        'Blue'
                      ]
        };
```

Abbildung 13.5 zeigt die Datenstruktur auch graphisch an:

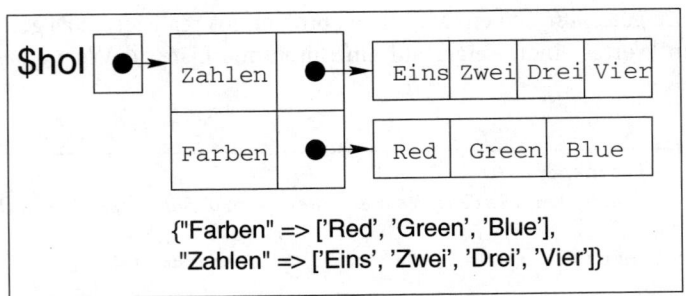

Abbildung 13.5: Hash von Listen

13.6.4 Hashes von Hashes: Dünn besetzte Matrizen

Stellen Sie sich eine dünn besetzte Matrix (*sparse matrix*) vor. Eine solche Matrix besteht überwiegend aus Nullen. Typische Beispiele sind *bewertete Adjazenz-Matrizen*, die einen Graphen darstellen: An der Position (i, j) ist das Gewicht der Kante zwischen Knoten i und Knoten j aufgelistet. Fehlt eine Kante zwischen i und j, steht dort ein ausgezeichneter Wert ∞, der in Perl auch als *undef* dargestellt werden kann [93].

Eine $n \times m$-Matrix hat einen Speicherbedarf von nm Zellen. Das ist bei dünn besetzten Matrizen eine enorme Verschwendung von Speicherplatz. Je größer nm ist, um so mehr ungenutzten Speicherplatz gibt es!

Hashes von Hashes können hier Abhilfe schaffen. Ein Hash kann beispielsweise nur die Indizes 3, 17, 102, 1923 als Schlüssel speichern und würde keinen Platz benötigen, um alle anderen Indizes ≤ 1923 auch noch aufzunehmen. Im mehrdimensionalen Fall können Sie dann eine verschachtelte Hashstruktur aufbauen.

Im folgenden Beispiel wird ein Hash von Hashes aufgebaut, der die Kostenentfernungen zwischen einigen Städten darstellt. Diesmal wählen wir keine Adjazenz-Matrix für die Darstellung des Graphen, sondern vielmehr *Adjazenz-Listen* [93]. Dieses kleine Programm kann mit dem Flag -u aufgerufen werden. In diesem Fall wird eine symmetrische Matrix aufgebaut, sonst handelt es sich bei den Kanten um gerichtete Kanten. Mit dem Flag -v wird die aus einer Datei eingelesene Struktur mit dem Standardmodul Data::Dumper angezeigt.

```
hoh.pl
#!/usr/local/bin/perl -w
# hoh.pl -- Hash von Hashes: Duenn besetzte Matrizen

use strict 'refs';
use Data::Dumper;
use Getopt::Std;
use vars qw ($opt_u $opt_v);

getopts("uv") || die "usage: $0 [-u] [-v]\n\n" .
                 "  -u: undirected graph\n" .
                 "  -v: verbose\n";

# Wir lesen eine Graphbeschreibung ein und erzeugen daraus
# eine duenn besetzte Matrix:
open(GRAPH, "hoh.data") or die "can't open hoh.data: $!\n";
while (<GRAPH>) {
    chomp;
    ($from, $to, $weight) = split(/:/);
    $p->{$from}{$to} = $weight;
    $p->{$to}{$from} = $weight if defined $opt_u; # ungerichtet
}
close GRAPH;

# Hier zeigen wir die Struktur an:
```

```perl
    print Dumper($p) if defined $opt_v;

# Einige typische Anfragen:
    print "Node? "; chomp($node = <STDIN>);

    @outgress = sort keys %{$p->{$node}};
    foreach my $neighbor (@outgress) {
        print "Distance to: $neighbor: ", d($node, $neighbor), "\n";
    }

# Die Kantengewichtsfunktion: Liefert undef oder d(x,y),
# wobei undef bedeutet: Keine Kante von x nach y
# und d(x,y) das Gewicht der Kante von x nach y bedeutet.
    sub d {
        my ($x, $y) = @_;
        return if not exists $p->{$x};
        return if not exists $p->{$x}{$y};
        return $p->{$x}{$y};
    }
```
── hoh.pl

Nehmen wir an, daß die Kostendatei *hoh.data* folgendes enthält:

```
farid@sun-1:~/p> cat hoh.data
Frankfurt:Perryman:60000
Frankfurt:Amsterdam:20000
Frankfurt:Honkong:270000
Amsterdam:Perryman:66000
Perryman:Honkong:120000
```

Darüber hinaus gehen wir davon aus, daß unser Netz ungerichtet ist. Die Ausführung des obigen Programms ergibt:

```
farid@sun-1:~/p> ./hoh.pl -u -v
$VAR1 = {
          'Hongkong' => {
                          'Frankfurt' => 270000,
                          'Perryman' => 120000
                        },
          'Frankfurt' => {
                          'Hongkong' => 270000,
                          'Amsterdam' => 20000,
                          'Perryman' => 60000
                        },
          'Amsterdam' => {
                          'Frankfurt' => 20000,
                          'Perryman' => 66000
                        },
          'Perryman' => {
                          'Hongkong' => 120000,
                          'Frankfurt' => 60000,
                          'Amsterdam' => 66000
```

```
                }
        };
Node? Perryman
Distance to: Amsterdam: 66000
Distance to: Frankfurt:  60000
Distance to: Hongkong:  120000
```

Achtung! *Beachten Sie die Kostenfunktion* d() *im obigen Beispiel. Die vorsichtige Annäherung an die Werte mit* exists() *ist notwendig, um die Autovivikation zu vermeiden. Ansonsten würden schon Anfragen nach nicht existierenden Kanten Zeilenhashes ins Leben rufen, die möglicherweise noch nicht vorhanden waren, wodurch der dünn besetzte Charakter der Datenstruktur langsam, aber sicher verschwände.*

13.6.5 Heterogene Hashes

Es können auch heterogene Datenstrukturen aufgebaut werden. Ein künstliches Beispiel ist in *man perldsc* zu finden:

```
$rec = {
        TEXT      => $string,
        SEQUENCE  => [ @old_values ],
        LOOKUP    => { %some_table },
        THATCODE  => \&some_function,
        THISCODE  => sub { $_[0] ** $_[1] },
        HANDLE    => \*STDOUT,
};
```

Der Schlüssel sollte in diesem Fall Auskunft über den Typ des zugehörigen Wertes geben.

13.6.6 Selektion mit grep

Angenommen, Sie haben eine komplexe Datenstruktur mit diversen Personaldaten aufgebaut. Nun möchten Sie all die Personen herausfinden, die mindestens 18 Jahre alt sind:

```
@XXX = grep { $_->{'AGE'} >= 18 } @persons;
```

In diesem Fall wurde davon ausgegangen, daß @persons eine Liste mit Zeigern auf Personenrecords war. Eine einzelne Person wird durch einen anonymen Hash dargestellt. Das Alter der jeweiligen Person ist unter dem Schlüssel „AGE" ihres jeweiligen anonymen Hashes zu finden. Natürlich eignet sich dann grep() am besten für die Selektion einiger Personensätze.

13.6.7 Transformation und Slice-Auswahl mit map

Wie gehen Sie vor, wenn Sie nur an bestimmten Teilen Ihrer komplexen Datenstruktur interessiert sind? In Anlehnung an das obige Beispiel wollen wir zunächst eine Gehaltsliste der Personen erzeugen, deren Struktur in @persons gespeichert ist. Natürlich eignet sich für diesen Zweck die Transformationsfunktion map():

```perl
@ages = map { $_->{'AGE'} } @persons;
```

Beide Arrays, @ages und @persons, sind nun parallel zu betrachten. Wenn wir diese Abhängigkeit nicht wollen, können wir eine Liste von anonymen Arrays zurückgeben, wobei jedes anonyme Array aus zwei Elementen besteht: Einer eindeutigen Personen-ID und dem zugehörigen Alter:

```perl
@pid2ages = map { [ $_->{'PERSID'}, $_->{'AGE'} ] } @persons;
```

Dieser Trick wird uns später noch bei der *Schwartzschen Transformation* begegnen.

Das hätten wir auch mit Hash-Slices kürzer schreiben können:

```perl
@pid2ages = map { [ %{$_}{'PERSID','AGE'} ] } @persons;
```

Doch warum immer nur eine Liste von Paaren verwenden, die dann mühsam wieder nach Personen-IDs durchsucht werden muß? Ein neuer Hash wäre sicherlich für unsere Zwecke besser geeignet:

```perl
%pid2ages = map { $_->{'PERSID'} => $_->{'AGE'} } @persons;
```

13.6.8 Ausgabe komplexer Strukturen mit Data::Dumper

Motivation

Wir haben bereits gesehen, daß Datenstrukturen ganz schön kompliziert werden können. Diese können wir leider nicht wie übliche Strukturen ausgeben:

```perl
cmplx-print0.pl
#!/usr/local/bin/perl -w
# cmplx-print0.pl -- Versuch, komplexe Datenstrukturen anzuzeigen

use strict 'refs';

$listp = [ { one  => 1,   two  => 2,   three => 3 },
           { eins => 1,   zwei => 2,   drei  => 3 },
           { uno  => 'I', due  => 'II', tre  => 'III' } ];

print $listp, "\n";

print join("\n", @{$listp}), "\n";
```
cmplx-print0.pl

13.6 Komplexe Datenstrukturen

Ausführung:

```
farid@sun-1:~/p> ./cmplx-print0.pl
ARRAY(0x806697c)
HASH(0x804d85c)
HASH(0x8066904)
HASH(0x8066940)
```

Selbstgemachte Darstellungsfunktion

Natürlich kann abhängig vom Typ dereferenziert werden. In diesem Fall benötigen wir eine rekursive Funktion:

cmplx-print1.pl
```perl
#!/usr/local/bin/perl -w
# cmplx-print1.pl -- Komplexe Datenstrukturen anzeigen
#                    Selbstgemachte Version

use strict 'refs';

$listp = [ { one  => 1,   two  => 2,   three => 3 },
           { eins => 1,   zwei => 2,   drei  => 3 },
           { uno  => 'I', due  => 'II', tre  => 'III' },
           "some other string",
           "some other value",
           4711,
           sub { exit 0; },
           \*STDIN,
           \substr("immutable", 0, 5),
           "That's all, folks!"
         ];

print showit($listp), "\n";

# Zeigt einen skalaren Wert an:
sub showit {
    my $what = shift;
    my $ptrtype = ref $what;

    return $what if not $ptrtype;   # Kein Zeiger...

    if ($ptrtype eq 'SCALAR') {
        return "SCALAR(" . showit($$what) . ")";
    } elsif ($ptrtype eq 'ARRAY') {
        return "[ " . join("\n", map { showit($_) } @$what) . " ]";
    } elsif ($ptrtype eq 'HASH') {
        return "{ " . join(", ",
                        map { showit($_) . " => " . $what->{$_} }
                            sort keys %{$what}) . " }";
    } elsif ($ptrtype eq 'CODE' or
             $ptrtype eq 'GLOB' or
```

```
                $ptrtype eq 'LVALUE') {
        return $ptrtype . "<$what>";
    } elsif ($ptrtype eq 'REF') {
        return "REF<" . showit($$what) . ">";
    } else {
        # Ist ein anderer Typ (Objekt einer Klasse)
        return $ptrtype . "(" . showit($$what) . ")";
    }
}
```
─── cmplx-print1.pl

Ausführung:

```
farid@sun-1:~/p> ./cmplx-print1.pl
[ { one => 1, three => 3, two => 2 }
  { drei => 3, eins => 1, zwei => 2 }
  { due => II, tre => III, uno => I }
  some other string
  some other value
  4711
  CODE<CODE(0x80670b0)>
  GLOB<GLOB(0x804db74)>
  LVALUE<LVALUE(0x806714c)>
  That's all, folks! ]
```

Die rekursive Funktion `showit()` transformiert einen skalaren Wert in einem String, der ihn darstellt. Ist dieser Wert kein Zeiger, wird er direkt ausgegeben. Ist er aber ein Zeiger, wird abhängig vom Zeigertyp, den uns `ref()` zurückliefert, dereferenziert. Bei dereferenzierten Listen und Hashes wird `showit()` rekursiv auf alle ihre Elemente bzw. Schlüssel/Wert-Paare angewandt.

Umständlich ist hierbei auch die Darstellung mit Einrückungen. Diese müßten noch hinzugefügt werden, damit ein ansprechendes Bild entsteht.

Achtung! *Diese rekursive Funktion funktioniert aber nicht bei zyklischen Strukturen! Dazu müssen Sie sich vorher merken, welche Knoten in dieser Struktur bereits besucht wurden, und diese dann vermeiden. Genau dieses Problem hat auch die Speicherverwaltung, wenn es um die* Garbage Collection *geht!*

Das Modul `Data::Dumper`

Viel einfacher ist die Verwendung des Standardmoduls `Data::Dumper`. Dieses Modul bietet eine Funktion `Dumper()` an, die Zeiger auf beliebige Strukturen *stringifiziert*, d.h. in einen String konvertiert. Dieser String kann dann später mit `eval()` ausgewertet werden, um die Datenstruktur wieder zu rekonstruieren. Das ist nützlich bei der Persistenz komplexer Strukturen bzw. bei der Übertragung über das Netz bei RPC-Aufrufen.

Wie wird nun `Data::Dumper` eingesetzt?

13.6 Komplexe Datenstrukturen

cmplx-print2.pl
```perl
#!/usr/local/bin/perl -w
# cmplx-print2.pl -- Komplexe Datenstrukturen mit Data::Dumper

use Data::Dumper;
use strict 'refs';

$listp = [ { one  => 1,   two => 2,    three => 3 },
           { eins => 1,   zwei => 2,   drei  => 3 },
           { uno  => 'I', due => 'II', tre   => 'III' },
           "some other string",
           "some other value",
           4711,
           sub { exit 0; },
           \*STDIN,
           "That's all, folks!"
         ];

print Dumper($listp), "\n";
```
——————————————————————————— cmplx-print2.pl

Ausführung:

```
farid@sun-1:~/p> ./cmplx-print2.pl
$VAR1 = [
          {
            'one' => 1,
            'three' => 3,
            'two' => 2
          },
          {
            'eins' => 1,
            'zwei' => 2,
            'drei' => 3
          },
          {
            'due' => 'II',
            'uno' => 'I',
            'tre' => 'III'
          },
          'some other string',
          'some other value',
          4711,
          sub { "DUMMY" },
          \*::STDIN,
          'That\'s all, folks!'
        ];
```

Wir erkennen also, daß Dumper() ähnliche Ausgaben wie unsere Funktion showit() des vorigen Beispiels erzeugt[5]. Es ist auch zu erkennen, daß CODE-Referenzen nicht richtig stringifiziert und LVALUE-Referenzen überhaupt nicht dargestellt werden können.

Das Modul Data::Dumper bietet noch mehr Funktionalität, als hier gezeigt wurde. Insbesondere muß bei selbstreferenzierten (zyklischen) Strukturen ein spezielles Flag gesetzt werden. Darüber hinaus kann mehr als nur ein Zeiger dargestellt werden. Der Name der Zielvariablen (im obigen Beispiel defaultmäßig $VAR1) kann ebenfalls angegeben werden. Schließlich bietet Data::Dumper auch eine objektorientierte Schnittstelle an. Details können der Moduldokumentation aus *man Data::Dumper* entnommen werden.

Anzeige komplexer Strukturen im Debugger

Wenn Sie sich im Perl-Debugger befinden, können Sie komplexe Strukturen mit dem Kommando x anzeigen lassen:

```
farid@sun-1:~/p> perl -d cmplx-print0.pl

Loading DB routines from perl5db.pl version 1.0402
Emacs support available.

Enter h or 'h h' for help.

main::(cmplx-print0.pl:6):   $listp = [{one=>1,two=>2,three=>3},
main::(cmplx-print0.pl:7):              {eins=>1,zwei=>2,drei=>3},
main::(cmplx-print0.pl:8):              {uno=>'I',due=>'II',tre=>'III'}];
  DB<1> n
main::(cmplx-print0.pl:10):       print $listp, "\n";
  DB<1> x $listp
0  ARRAY(00   ARRAY(0x81b71a0)
   0  HASH(0x806450c)
      'one' => 1
      'three' => 3
      'two' => 2
   1  HASH(0x81b723c)
      'drei' => 3
      'eins' => 1
      'zwei' => 2
   2  HASH(0x81b71e8)
      'due' => 'II'
      'tre' => 'III'
      'uno' => 'I'
  DB<2> q
```

Sie sehen übrigens, daß der Perl-Debugger mit Hilfe des -d-Flags gestartet wird.

---

[5] Das ist ja kein Zufall, showit() versuchte ja nur, Dumper() nachzueifern ;-)

13.6.9 Persistenz von komplexen Strukturen

Die Persistenz von komplexen Datenstrukturen ist etwas problematisch, da Zeiger nur während des Aufrufs eines Programms Sinn machen. Würde man die Zeigerwerte direkt in eine Datei speichern, so hätten diese beim nächsten Start des Programms keine Bedeutung mehr. Aus diesem Grund müssen Zeigerwerte *stringifiziert* werden. Dies kann beispielsweise mit dem Modul `Data::Dumper` realisiert werden und wurde im vorigen Abschnitt vorgeführt. Ein solcher String kann dann problemlos auf die Festplatte kopiert werden. Beim nächsten Programmaufruf wird dieser String wieder eingelesen und mit `eval()` ausgewertet, womit die ursprüngliche Datenstruktur wiederhergestellt wird. Ein noch besseres Modul, das ebenfalls stringifizieren und auch noch auf Dateien speichern kann, ist `Storable`, das Sie sich aus dem CPAN herunterladen können.

Auch die Implementierung von *Remote Procedure Calls* (RPC) kann nur durch die Stringifizierung von Zeigern in komplexen Datenstrukturen realisiert werden. Eine komplexe Struktur muß ja bei RPC-Aufrufen von einem Rechner zum anderen übertragen werden. Zeiger auf dem einen Computer haben dann selbstverständlich keinen Sinn auf einem anderen Rechner.

Zur Speicherung von Multihashes sei schließlich das CPAN-Modul `MLDBM`, am besten in Kombination mit dem Modul `Storable`, erwähnt (Siehe Abschnitt 18.4.6 auf Seite 943).

Es gibt also mehrere Möglichkeiten, komplexe Datenstrukturen persistent zu speichern. Diese werden in Kapitel 18 ab Seite 927 vorgestellt.

13.6.10 Ungarische Notation

Es ist sehr leicht, die Übersicht über den Typ von Referenzen zu verlieren. Zeigte `$ptr` auf einen Hash oder ein Array? Natürlich kann dies mit Hilfe der Funktion `ref()` ermittelt werden. Besser ist es jedoch, den Typ des Zeigers gleich in den Namen der Variablen zu integrieren. So könnten beispielsweise Referenzen auf Hashes mit dem Präfix `rh` beginnen, während Referenzen auf Arrays das Präfix `ra` aufweisen würden. Längere Ketten von Zeigern könnten ebenfalls so dargestellt werden: Ein Zeiger auf einen Zeiger von Hashes würde das Präfix `rrh` tragen.

Diese Notation wurde ursprünglich bei der Firma *Microsoft* von einem Ungar namens Charles Simonyi eingeführt [75, Fußnote, Seite 12]. Dort hatten die Systementwickler sowohl beim Quellcode von *Windows* als auch von Anwendungen zunehmende Probleme, sich den Typ der Variablen zu merken.

Natürlich ist die ungarische Notation nur dann sinnvoll, wenn der Typenwirrwarr ziemlich groß ist. Es ist eigentlich lächerlich, offensichtliche Namen in das enge ungarische Korsett zu pressen, wenn aus dem Zusammenhang genauso klar hervorgehen würde, worum es geht.

Eine sinnvolle Verwendung der ungarischen Notation besteht darin, sich daran zu erinnern, worauf eine Referenz tatsächlich zeigt:

```
$rh_something->[1];      # Oops, rh: ref auf Hash!
$rh_something->{'key'};  # jetzt stimmt es!
```

In diesem Beispiel wurde zunächst mit eckigen Klammern dereferenziert. Das ist aber nicht korrekt, da rh konventionsgemäß eine Referenz auf ein Hash, nicht auf ein Array, bezeichnen soll. Daher würden Programmierer den Fehler leicht lokalisieren.

Die Verwendung der ungarischen Notation ist eine reine Geschmackssache. Jeder hat seinen eigenen Programmierstil und sollte auch nach Möglichkeit dabei bleiben. Aus Gründen des Software-Engineerings könnte jedoch das Projektmanagement einen bestimmten Stil vorschreiben [61]. Dies ist meiner Meinung nach fast immer keine gute Idee. Eine gute Schnittstellenspezifikation sollte bei guten Projekten vollkommen ausreichend sein. Vorschriften, die in die Implementation von Modulen hineinreichen, engen nur die Kreativität der Programmierer ein.

13.7 Anwendungen

In diesem Abschnitt wollen wir uns einige Anwendungen von Referenzen anschauen. Viele dieser Anwendungen sind repräsentativ für den Löwenanteil an Perl-Software und sollten daher gründlich studiert werden.

13.7.1 Interpolation von Ausdrücken in Strings

In doppeltgequoteten Strings werden normalerweise nur Variablen durch ihren Wert ersetzt, d.h. interpoliert. Ausdrücke, die aus mehr als nur aus der Angabe einer Variable bestehen, werden jedoch *nicht* ausgewertet. Somit lassen sich beispielsweise keine Funktionsaufrufe in Strings einbauen, etwa:

```
$var = "Sum(1,10) = mysum(1 .. 10)\n";    # FALSCH!
# Keine Interpolation: Sum(1,10) = mysum(1 .. 10)
```

Hier wurde der Funktionsaufruf mysum(1 .. 10) nicht durchgeführt.

Es ist aber mit Hilfe der @{[...]}-Notation möglich, den Block als Ausdruck innerhalb eines Strings auswerten zu lassen:

```
$var = "Sum(1,10) = @{[mysum(1 .. 10)]}\n";
print $var; # Sum(1,10) = 55

sub mysum {
    my $sum = 0;
    foreach my $elem (@_) { $sum += $elem; }
    return $sum;
}
```

Diese Interpolation funktioniert wie folgt: Da innerhalb des @{...}-Blocks eine Referenz steht: [...], wird davon ausgegangen, daß ein Arrayzeiger zu einem Array dereferenziert werden soll. Das ist deswegen der Fall, weil Arrays selbst ja in doppeltgequoteten

Strings interpoliert werden! Nun wird also der Wert des Zeigers benötigt. Dieser wird durch die eckigen Klammern zurückgeliefert, die ja bekanntlich eine anonyme Liste erzeugen. Was innerhalb dieser anonymen Liste steht, kann beliebig sein. Insbesondere kann es auch ein Funktionsaufruf sein.

Nun entsteht durch Dereferenzierung eine Liste, die in einem doppeltgequoteten String einfach zu einem String wird. Somit ist der Wert des Ausdrucks im String interpoliert worden.

Wenn Ihnen diese komplizierte Erklärung nicht besonders zusagt, können Sie sich einfach merken, daß sich ein Ausdruck *Expression* innerhalb eines doppeltgequoteten Strings wie folgt interpolieren läßt:

```
$var = "Result of expression: @{[Expression]} !!!";
```

13.7.2 Bäume und Graphen

Komplizierte Datenstrukturen wie Bäume oder sogar Graphen lassen sich mit Hilfe von Referenzen leicht erzeugen. Einzelne Knoten lassen sich dann als anonyme Hashes erzeugen. Wie bei C und anderen Programmiersprachen können dann ein oder mehrere Felder jedes Knotens für Informationen reserviert werden.

Binäre Bäume

```
# Elternknoten eines binaeren Baums
my $node = { VALUE => '4711',
             LEFT  => \@lnode,
             RIGHT => \@rnode };

# Blatt eines binaeren Baums
my $leaf = { VALUE => $somevalue };
```

Ein solcher Baum kann dann rekursiv traversiert werden:

```
bintree-traverse.pl
#!/usr/local/bin/perl -w
# bintree-traverse.pl -- Traversiert einen binaeren Baum

use strict 'refs';

my $tree = {
    VALUE => '1',
    LEFT  => { VALUE => '2',
               LEFT  => { VALUE => 3 },
               RIGHT => { VALUE => 4 }
             },
    RIGHT => { VALUE => '5',
               LEFT  => { VALUE => 6 },
               RIGHT => { VALUE => 7 }
```

```perl
        }
    };

    print "Preorder : "; preorder($tree);  print "\n";
    print "Postorder: "; postorder($tree); print "\n";
    print "Inorder  : "; inorder($tree);   print "\n";

    sub proceed { print "(" . shift() . ")"; }

    sub preorder {
        my $root = shift;

        proceed($root->{'VALUE'});
        preorder($root->{'LEFT'})  if exists $root->{'LEFT'};
        preorder($root->{'RIGHT'}) if exists $root->{'RIGHT'};
    }

    sub postorder {
        my $root = shift;

        postorder($root->{'LEFT'})  if exists $root->{'LEFT'};
        postorder($root->{'RIGHT'}) if exists $root->{'RIGHT'};
        proceed($root->{'VALUE'});
    }

    sub inorder {
        my $root = shift;

        inorder($root->{'LEFT'})  if exists $root->{'LEFT'};
        proceed($root->{'VALUE'});
        inorder($root->{'RIGHT'}) if exists $root->{'RIGHT'};
    }
```
_____ bintree-traverse.pl

Ausführung:

```
farid@sun-1:~/p> ./bintree-traverse.pl
Preorder  : (1)(2)(3)(4)(5)(6)(7)
Postorder: (3)(4)(2)(6)(7)(5)(1)
Inorder   : (3)(2)(4)(1)(6)(5)(7)
```

Beliebige Bäume

Natürlich können Bäume auch mehr als nur zwei Kinder pro Blatt aufweisen. Ein beliebiger Baum kann beispielsweise so dargestellt werden:

```perl
    my $node = { VALUE    => $somevalue,
                 CHILDREN => [ @list_of_node_pointers ]
               };
```

Der Vorteil der anonymen Liste von Kindern ist auch, daß dadurch die Links-nach-rechts-Reihenfolge der Kinder erhalten bleibt. Eine Traversierung könnte dann wie folgt aussehen:

```
sub preorder {
    my $node = shift;

    proceed($node->{'VALUE'});
    return unless exists $node->{'CHILDREN'};

    foreach my $child ( @{$node->{'CHILDREN'}} ) {
        preorder($child);
    }
}
```

Graphen

Einen beliebigen Graphen kann man ebenfalls wie folgt darstellen:

```
my $node = { VALUE   => $somevalue,
             NEXT    => [ { NEIGH => $neigh1, COST => $cost1 },
                          { NEIGH => $neigh2, COST => $cost2 },
                          ... ],
           };
```

Wobei hier `$neigh1` und `$neigh2` ebenfalls Knotenreferenzen wie `$node` sind und `$cost1` die Kosten der Verbindung von `$node` zu `$neigh1` bezeichnet.

Ein solcher Graph kann dann wie folgt traversiert werden:

```
graph-traverse.pl
#!/usr/local/bin/perl -w
# graph-traverse.pl -- Traversiert einen zusammenhaengenden Graphen.

sub depth_first_search {
    my $node = shift;
    return if exists $node->{'DFSVISITED'};

    $node->{'DFSVISITED'} = 1;

    if (exists $node->{'NEXT'}) {
        foreach my $neigh ( map { $_->{'NEIGH'} }
                                @{$node->{'NEXT'}} ) {
            depth_first_search($neigh);
        }
    }

    proceed($node->{'VALUE'});
}

sub breadth_first_search {
    my $node  = shift;
```

```perl
        my @queue = ();

    $node->{'BFSVISITED'} = 1;
    proceed($node->{'VALUE'});

    push(@queue, map { $_->{'NEIGH'} } @{$node->{'NEXT'}});
    while (defined ($node = shift @queue)) {
        next if exists $node->{'BFSVISITED'};
        $node->{'BFSVISITED'} = 1;

        proceed($node->{'VALUE'});
        push(@queue, map { $_->{'NEIGH'} } @{$node->{'NEXT'}});
    }
}

sub create_undirected_weighted_graph {
    my $net;

    while (<DATA>) {
        chomp;
        next if /^\s*#/;

        ($from, $to, $cost) = split(/:\s*/);

        $net->{$from} = {} unless exists $net->{$from};
        $net->{$to}   = {} unless exists $net->{$to};

        $net->{$from}->{'VALUE'} = "$from"
            unless exists $net->{$from}->{'VALUE'};
        $net->{$to}->{'VALUE'}   = "$to"
            unless exists $net->{$to}->{'VALUE'};

        $net->{$from}->{'NEXT'} = []
            unless exists $net->{$from}->{'NEXT'};
        $net->{$to}->{'NEXT'}   = []
            unless exists $net->{$to}->{'NEXT'};

        push(@{$net->{$from}->{'NEXT'}},
             { NEIGH => $net->{$to}, COST => $cost });
        push(@{$net->{$to}->{'NEXT'}},
             { NEIGH => $net->{$from}, COST => $cost });
    }

    return $net;
}

sub proceed {
    my $value = shift;
    print "($value)";
}
```

13.7 Anwendungen

```
my $net = create_undirected_weighted_graph();

print "Starting from where? "; chomp($start = <STDIN>);
print "DFS-Traversal: ";
    depth_first_search($net->{$start});
    print "\n";
print "BFS-Traversal: ";
    breadth_first_search($net->{$start});
    print "\n";

__DATA__
# A                           F
#  \3    1         2        5/
#   C ------- D -------- E
#  /3                       5\
# B                           G
D: C: 1
D: E: 2
C: A: 3
C: B: 3
E: F: 5
E: G: 5
```
_____ graph-traverse.pl

Ausführung:

```
farid@sun-1:~/p> ./graph-traverse.pl
Starting from where? D
DFS-Traversal: (A)(B)(C)(F)(G)(E)(D)
BFS-Traversal: (D)(C)(E)(A)(B)(F)(G)
```

Einige Anmerkungen zu diesem Programm sind hier angebracht:

- Graphen können Zyklen aufweisen. Darum wurde bei beiden klassischen Traversierungsalgorithmen eine Markierung *DFSVISITED* bzw. *BFSVISITED* bei allen Knoten gesetzt, die bereits vom Algorithmus besucht wurden. Da diese Markierung auch nach dem Ende der obengenannten Algorithmen nicht entfernt wurde, darf die jeweilige Funktion höchstens einmal aufgerufen werden. Wie würden Sie diesen Nachteil beheben (Übungsaufgabe)?

- Bei der Erzeugung der Datenstruktur ist es sehr wichtig, mit leeren anonymen Hashes bzw. Arrays anzufangen. Ansonsten würden in den Strukturen Zeiger auf noch nicht zugewiesene Knoten, mit dem Wert *undef* gespeichert.

- Die Implementierung der Funktion, die einen Graphen erzeugt, geht davon aus, daß es sich um ungerichtete Graphen handelt.

- Versuchen Sie anhand des Beispielgraphen und der Ausgabe des Programms nachzuvollziehen, wie die beiden Traversierungsalgorithmen funktionieren. Bei der *depth first search* werden zunächst die vom Anfangsknoten (hier D) am weitesten entfernten Knoten besucht. Bei der *breadth first search* entfernt sich die Suche dagegen nach und nach vom Anfangsknoten.

- Die *depth first search* wurde mit einer rekursiven Funktion realisiert. Dagegen reichte bei der *breadth first search* eine Warteschlange zu besuchender Knoten.

13.7.3 Objekte und ihre Konstruktoren

Echte Objekte und *Stashes*

Eine weitere Anwendung von komplexen Datenstrukturen mit Hilfe von Zeigern sind Objekte im Sinne der objektorientierten Programmierung. Eine Klasseninstanz, auch Objekt genannt, besteht aus einer Menge von Attributen und Methoden, die auf diese Attribute einwirken können. Die Attribute der Objekte lassen sich ganz bequem in einem anonymen Hash speichern:

```
$prof->{'NAME'}    = $name;
$prof->{'PHONE'}   = $phone;
$prof->{'ROOM'}    = $roomnr;
$prof->{'LECTURES'} = [ @lectures ];

$phonenr = $prof->getPHONE();      # Methodenaufruf
push(@{$prof->{'LECTURES'}}, "how to avoid too much lectures");
```

Dieser Hash wird oft *Stash* genannt; eine Abkürzung, die aus *store* und *hash* gebildet wurde.

Die objektorientierte Programmierung wird in aller Ausführlichkeit in Kapitel 15 ab Seite 665 erläutert.

Closures statt echter Objekte

Eine Alternative zum Einsatz „echter" Objekte im Sinne von Kapitel 15 besteht in der Verwendung von *Closures* zur Speicherung von Objektattributen. Closures wurden bereits in 11.5.2 ab Seite 328 vorgestellt.

Ein *closure*-basiertes Objekt kann z.B. wie folgt konstruiert werden:

```
obj-closures.pl
#!/usr/local/bin/perl -w
# obj-closures.pl -- Objekte mit Closures

sub new {
    my $theName  = shift;          # my wichtig!
    my $thePhone = shift;          # my wichtig!
    my $objptr = {
        get_name  => sub { return $theName; },
        set_name  => sub { $theName = shift; },
        get_phone => sub { return $thePhone; },
        set_phone => sub { $thePhone = shift; },
        print_it  => sub { return "Name: $theName, Phone: $thePhone"; }
    };
```

```
        return $objptr;
}

$myobj1 = new 'Smith', '555-2321';
$myobj2 = new 'Jones', '555-1263';

print $myobj1->{'get_name'}->(), "\n";

$myobj2->{'set_phone'}->('555-9999');
print $myobj2->{'print_it'}->(), "\n";
```
———————————————————————————— obj-closures.pl

Ausführung:

```
farid@sun-1:~/p> ./obj-closures.pl
Smith
Name: Jones, Phone: 555-9999
```

Es handelt sich dabei aber keineswegs um „echte" Objekte. Insbesondere können Sie ihre Attribute nicht an abgeleitete Klassen vererben. Natürlich ist auch Polymorphismus nicht denkbar. Außerdem kann eine Methode nicht wie gewohnt direkt mit der Pfeilnotation aufgerufen werden. Allerdings weisen diese „Objekte" immerhin eine eigene Identität auf und eigene per Instanz erzeugte Attribute. Sogar eine gewisse Kapselung über Akzessorfunktionen ist in diesen „Objekten" enthalten.

13.7.4 Die Schwartzsche Transformation

Im Jahre 1995 stellte ein Perl-Anfänger in der Newsgroup news:comp.lang.perl folgende, scheinbar einfache Frage:

```
Hugo> print $str;
Hugo> eir    11  9  2  6  3  1   1  81%  63%  13
Hugo> oos    10  6  4  3  3  0   4  60%  70%  25
Hugo> hrh    10  6  4  5  1  2   2  60%  70%  15
Hugo> spp    10  6  4  3  3  1   3  60%  60%  14
Hugo>
Hugo> and I like to sort it with the last field as the order key.
Hugo> I know perl has some features to do it, but I can't make 'em
Hugo> work properly.
```

Daraufhin antwortete Randal L. Schwartz mit folgender, zunächst für die meisten Leser dieser Newsgroup vollkommen unverständlichen Lösung(!):

```
$str =
        join "\n",
        map   { $_->[0] }
        sort  { $a->[1] <=> $b->[1] }
        map   { [$_, (split)[-1]] }
        split /\n/,
        $str;
```

Dies war die Geburtsstunde des Begriffs *„Schwartzsche Transformation"*.

Das obige Beispiel samt ausführlicher Erklärung kann unter der URL

```
http://www.perl.com/CPAN/doc/FMTEYEWTK/sorting
```

gefunden werden.

Was geht hier eigentlich vor sich? Um eine solche Transformation zu verstehen, müssen Sie sie von unten nach oben lesen. Es handelt sich dabei um ein verschachteltes Konstrukt, wie es in *Lisp* sehr verbreitet, aber ansonsten kaum bekannt ist. Versuchen wir nun, Schritt für Schritt zu verstehen, was da geschieht:

- Zunächst wird der String in `$str`, der ja mit Newlines durchsetzt ist, in einzelne Zeilen aufgesplittet:

  ```
  @templines = split /\n/, $str;
  ```

  Es entsteht eine temporäre Liste von Zeilen.

- Diese Liste wird jedoch bei der Schwartzschen Transformation nirgends gespeichert, sondern gleich weiter an einen cleveren `map()`-Ausdruck weitergereicht:

  ```
  @temppairs = map { [$_, (split)[-1]] } @templines;
  ```

- Die `map()`-Funktion hat hier eine Liste `@templines` in eine andere Liste, wir wollen sie `@temppairs` nennen, wie folgt transformiert:

  – Jede Zeile wird zu einer Referenz auf ein anonymes Array, das aus zwei Elementen besteht: aus der Zeile selbst und aus einem vorberechneten (*precomputed*) Ausdruck:

  ```
  (split)[-1]
  ```

  – Der `(split)[-1]`-Ausdruck selektiert das letzte Element einer Zeile, indem er diese (also defaultmäßig `$_`) mit den Defaultseparator `/\s+/` aufsplittet. Die Ergebnisliste dieser Aufsplitterung wird mit dem Index −1 indiziert. Es handelt sich dabei um das letzte Element dieser Liste.

  – Insgesamt entsteht also pro Zeile ein Paar, das aus der Zeile und aus ihrem letzten Element besteht.

- Die Liste der Paarreferenzen kann nun clever nach dem zweiten Paarelement, also dem letzten Element der Zeile, numerisch sortiert werden:

  ```
  @tempsortedpairs = sort { $a->[1] <=> $b->[1] } @temppairs;
  ```

  Es entsteht eine neue Liste von (Satz, letztes Element)-Paaren, sortiert nach dem letzten Element.

- Da wir jedoch nur an den Zeilen selbst interessiert sind, nicht an ganzen Paaren, wird schließlich mit einem erneuten `map()`-Aufruf jedes erste Paarelement (Sie erinnern sich? Das war die jeweilige Zeile!) extrahiert:

  ```
  @tempnewlines = map { $_->[0] } @tempsortedpairs;
  ```

- Die nun extrahierte neue Liste `@tempnewlines` enthält nun die Zeilen schon in der gewünschten Sortierreihenfolge.

- Nun muß nur noch diese Liste wieder zu einem String mit Newlines zusammengefaßt werden. Dafür ist join() geeignet:

    ```
    $str = join "\n", @tempnewlines;
    ```

- Anstatt all diese temporären Arrays explizit zu erstellen, wird bei der Schwartzschen Transformation das Ergebnis jedes Aufrufs direkt in die Eingabe des nächsten Aufrufs geleitet, wodurch temporäre Variablen unnötig werden.

Das war ja ganz schön kompakt! Wann wird aber diese berühmte Schwartzsche Transformation eingesetzt? Immer dann, wenn die Vergleichsfunktion beim Sortieren rechenintensiv ist. Wir erinnern uns, daß sort() lediglich den Quicksort-Algorithmus in Form der qsort()-Funktion Ihrer C-Library implementiert. Bei diesem Algorithmus wird bei jedem nötigen Vergleich eine Vergleichsfunktion aufgerufen. Dies kann ja sehr häufig geschehen, konkret zwischen $O(n \log n)$ im Durchschnittsfall und $O(n^2)$ im *worst case*. Das sind bei großen Listen sehr viele Aufrufe! Wenn darüber hinaus jeder dieser Aufrufe auch noch zeitintensiv ist, weil weitere Funktionen wieder und wieder aufgerufen werden müssen (im obigen Beispiel war es die Funktion split() zum Extrahieren des letzten Elements), wird es zeitlich gesehen teuer!

Es ist daher besser, *vor* dem Sortieren diese zu berechnenden Werte für jedes Element der Liste vorzubereiten (*precomputed values*, Siehe [8]). Doch wo sollen diese Ergebnisse dann abgelegt werden? Jedenfalls nicht in einem zur sortierenden Liste parallelen Array! Es ist ja schwierig, parallele Arrays zusammenzusortieren. Am besten wird eine neue Liste der folgenden Art erzeugt:

```
( [val1, precomputed1], [val2, precomputed2], ... )
```

Diese Liste kann ja dann anschließend nach den vorausberechneten Werten sortiert werden, z.B. in:

```
( [val25, precomputed25], [val11, precomputed11], ... )
```

Anschließend brauchen nur noch die Werte selbst (*val*) aus dieser Liste extrahiert zu werden:

```
( val25, val11, ... )
```

Eine praktische Anwendung der Schwartzschen Transformation ist das Sortieren von IP-Adressen, die in *Dotted-quad*-Notation vorliegen:

```
sort-ip.pl
#!/usr/local/bin/perl -w
# sort-ip.pl -- Sortiert IP-Adressen in Dotted-Quad-Notation
#                mit Hilfe der Schwartzschen Transformation

use strict 'refs';

chomp(@ip = <>);              # Liste von IP-Adressen einlesen

@sip = map { $_->[0] }
```

```perl
         sort { $a->[1] <=> $b->[1] or $a->[2] <=> $b->[2] or
                $a->[3] <=> $b->[3] or $a->[4] <=> $b->[4] }
         map { [ $_, split /\./ ] }
         @ip;

print join "\n", @sip;
print "\n";
```
                                                                  sort-ip.pl

Ausführung:

```
farid@sun-1:~/p> ./sort-ip.pl
50.1.23.11
209.99.88.66
50.1.17.252
124.11.97.11
129.253.17.6
^D
50.1.17.252
50.1.23.11
124.11.97.11
129.253.17.6
209.99.88.66
```

Führen wir unser Beispiel noch etwas weiter fort. Angenommen, Sie möchten aus dem Eingabestrom der IP-Adressen nur diejenigen in sortierter Reihenfolge haben, die zur Klasse B gehören[6] (also deren höchstwertiges, d.h. linkes Byte zwischen 128 und 191 liegt). Kein Problem mit der Schwartzschen Transformation! Ein grep() an der richtigen Stelle sorgt für die richtige Filterung:

```perl
@sip = map { $_->[0] }
       sort { $a->[1] <=> $b->[1] or $a->[2] <=> $b->[2] or
              $a->[3] <=> $b->[3] or $a->[4] <=> $b->[4] }
       grep { $_->[1] >= 128 and $_->[1] <= 191 }
       map { [ $_, split /\./ ] }
       @ip;
```

13.7.5 Mehrdimensionale Slices verschachtelter Listen

Einfache Slices

Angenommen, Sie haben eine Liste von Zeigern auf Listen:

```perl
@records = ( ['john', 'john@somewhere.com', '555-2343' ],
             ['mary', 'mary@somewhere.com', '555-7234' ],
             ['ruby', 'ruby@thisplace.org', '555-9999' ] );
```

---

6 In Zeiten des *classless internet domain routing* CIDR ist die Einteilung in Klassen nicht mehr so sinnvoll wie früher.

13.7 Anwendungen

Wie können Sie hieraus nur den Namen und die Telefonnummer des zweiten Eintrags (also von *mary*) extrahieren?

```
($name, $phone) = $records[1]->[0,2];    # FALSCH!
print "Name: >$name<, Phone: >$phone<\n";
# Name: >555-7234<, Phone: ><
```

Was ist hier geschehen? Die Pfeilnotation interpretiert die eckigen Klammern anders, als wir es bei Slices gewohnt sind. Hier gilt nämlich der Kommaoperator, der als Wert den Wert des letzten Komma-Ausdrucks hat. Also ist die obige Notation äquivalent zu:

```
($name, $phone) = $records[1]->[2];
```

Da dies ein Wert war und darüber hinaus eine Telefonnummer, wurde diese in $name gespeichert, aber gar nichts in $phone; definitiv nicht das, was Sie vorhatten.

Wie kann das Problem gelöst werden? Beispielsweise durch Dereferenzierung:

```
($name, $phone) = @{ $records[1] }[0,2];
# $name: mary, $phone: 555-7234
```

Zweidimensionale Slices

Angenommen, unsere Liste ist etwas mehr verschachtelt, z.B. so:

```
@records = ( [ 'john', [ 'pine lane 55',  '53432', '555-2343' ],
                       [ 'motor drive 9', '53432', '555-8888' ],
                       "03/25/1961" ],
             [ 'mary', [ 'sunset blvd 1',  '90563', '555-7234' ],
                       [ 'sunny road 31',  '90532', '555-7777' ],
                       "12/30/1973" ] );
```

Wenn Sie nur die Adressen von *mary* extrahieren wollen, und speziell daraus nur die Straßen und die Telefonnummern; wie würden Sie dann vorgehen?

```
($str1, $ph1, $str2, $ph2) = map { @{ $records[1]->[$_] }[0,2] } 1,2;
print "S1: >$str1<, P1: >$ph1<\n", "S2: >$str2<, P2: >$ph2<\n";
# S1: >sunset blvd 1<, P1: >555-7234<
# S2: >sunny road 31<, P2: >555-7777<
```

Das läßt sich verallgemeinern (siehe *man perllol*):

```
sub Slice2D {
    my $listp  = shift;
    my @slice1 = @{ shift() };
    my @slice2 = @{ shift() };

    return map { @{ $listp->[$_] }[@slice2] } @slice1;
}

@list = Slice2D($records[1], [1,2], [0,2]);
print join(", ", @list), "\n";
# sunset blvd 1, 555-7234, sunny road 31, 555-7777
```

Durch diese Funktion `Slice2D()` können auch „rechteckige" Bereiche aus einer Matrix extrahiert werden:

```
@matrix = ( [ 1, 2, 3, 4 ], [ 5, 6, 7, 8 ],
            [ 9,10,11,12 ], [ 13,14,15,16 ] );
@center = Slice2D(\@matrix, [1 .. 2], [1 .. 2]);
#  ( 6, 7, 10, 11 )
```

13.7.6 Speicherung von Multihashes in einer Textdatei

Einfache Hashes

Es ist möglich, einen Hash wie folgt in einer editierbaren Textdatei zu speichern:

```
fieldname1: value1 xxx
fieldname2: value2 xxx
fieldname3: value3 xxx
```

Mehrere Hashes, also mehrere Datensätze könnten dann absatzweise durch je eine oder mehrere leere Zeilen voneinander getrennt werden:

```
fn1: v1
fn2: v2

fn1: otherv1
fn2: otherv2
```

Der Nachteil hierbei ist, daß in Schlüsseln weder Doppelpunkte noch Newlines und in den zugehörigen Werten keine Newlines vorkommen dürfen. Natürlich könnten diese durch geeignete Kodierung, beispielsweise der Entwertung, dennoch zugelassen werden. Dies geht dann aber auf Kosten der Laufzeit und der Übersichtlichkeit, da die Schlüssel und Werte beim Einlesen bzw. Speichern erst jeweils kodiert oder dekodiert werden.

Multihashes

Bei Multihashes können mehrere Werte pro Schlüssel vorkommen. Diese lassen sich dann beispielsweise durch Wiederholung des Schlüssels in der flachen Textdatei auflisten:

```
ip: 134.95.254.0/24
na: mek-vwdv-net
co: 96/12/06 this network is behind a firewall
co: 97/08/14 added to ospf region 6
co: 97/09/11 changed nat config (top: 3121232#2341)
ac: N/A (not registered)
tc: N/A (not registered)
```

Hier wurde das Feld „co" mehrfach aufgeführt. Ein solcher eingelesener Hash könnte dann wie folgt aussehen:

13.7 Anwendungen

```
( ip => [ '134.95.254.0/24' ],
  na => [ 'mek-vwdv-net' ],
  ac => [ 'N/A (not registered)' ],
  tc => [ 'N/A (not registered)' ],
  co => [ '96/12/06 this network is behind a firewall',
          '97/08/14 added to ospf region 6',
          '97/09/11 changed nat config (top: 3121232#2341)' ] )
```

Es folgt nun ein Programm, das eine solche Struktur aufbaut bzw. wieder speichert und darüber hinaus auch eine ganze Liste dieser Hashes verwaltet:

multihash-flatfile.pl

```perl
#!/usr/local/bin/perl -w
# multihash-flatfile.pl -- Multihashes in einer flachen Textdatei
#                         speichern

open(INFILE, "< " . shift()) or die "can't open inputfile: $!\n";
my $listp = read_em(\*INFILE);
close(INFILE);

use Data::Dumper;
print Dumper($listp);

open(OUTFILE, "> " . shift()) or die "can't open outputfile: $!\n";
write_em(\*OUTFILE, $listp);
close(OUTFILE);

sub read_em {
    my $fh = shift;             # Offenes Filehandle
    local $/ = '';              # Absatz-Modus. Wichtig: local
    my @records;

    while (<$fh>) {
        my $hashp = {};         # my wichtig!
        foreach my $entry (split /\n/) {
            my ($key, $value) = ($entry =~ /^(.*?):\s*(.*)$/);
            push(@{ $hashp->{$key} }, $value);
        }
        push(@records, $hashp);
    }

    return [ @records ];
}

sub write_em {
    my $fh       = shift;
    my $reclistp = shift;
    my ($key, $val);

    foreach my $recordp ( @{ $reclistp } ) {
        while (($key,$val) = each(%{ $recordp })) {
```

```
            print $fh join("\n", map { "$key: $_" } @{ $val }), "\n";
        }
        print $fh "\n";
    }
}
```
─── multihash-flatfile.pl

13.7.7 Referenzen als Schlüssel mit `Tie::RefHash`

Es ist leider nicht möglich, Referenzen als Schlüssel innerhalb eines Hashs zu benutzen:

```
$timestamps{ [ 'a', 'simple', 'list' ] } = time();    # FALSCH!
$timestamps{ SomeClass->new(); }         = time();    # FALSCH!
$timestamps{ \@alist }                   = time();    # FALSCH!
$timestamps{ $a_ptr }                    = time();    # FALSCH!
$timestamps{ "$a_ptr" }                  = time();    # FALSCH!
```

Das Problem ist hier, daß in Schlüsseln nur Strings, keine allgemeinen Skalare gespeichert werden können. Eine Referenz wird dabei zwar zu einem String konvertiert, aber es gibt keine Möglichkeit, aus einem solchen String wieder die ursprüngliche Referenz zu bekommen. Beispielsweise würden die Funkionen `keys()` oder `each()` lediglich Strings, aber keine echten Referenzen zurückliefern.

Mit Hilfe des Standardmoduls `Tie::RefHash` kann dieses Problem wie folgt umgangen werden:

tie-refhash.pl ───
```perl
#!/usr/local/bin/perl -w
# tie-refhash.pl -- Referenzen als Schluessel in Hashes

use Tie::RefHash;           # Standardmodul
use strict 'refs';          # Keine symbolische Referenzen!

$node = { VALUE => 'xyzzy' };
$changeme = "change me!";

tie %ts, 'Tie::RefHash';

$ts{ [] }                        = "The Array";
$ts{ {} }                        = "The Hash";
$ts{ \substr($changeme, 0, 6) }  = "An lvalue!";
$ts{ sub { exit 0; } }           = "Anonymous subroutine!";
$ts{ \*STDIN }                   = "This is stdin!";
$ts{ $node }                     = "VISITED";
$ts{ \@ARGV }                    = 'This is Array @ARGV!';

while (($key,$val) = each %ts) {
    print "Found: $key",
          ", Type: " , ref($key),
          ", Value: ", $val, "\n";
```

13.7 Anwendungen

```perl
            push(@{$key}, qw(not empty anymore)) if $val eq 'The Array';
            $key->{'firstkey'} = 'first value'   if $val eq 'The Hash';
            ${$key} = 'try'                      if $val eq 'An lvalue!';
            print "node visited...\n"            if $key == $node
                                                    and
                                       exists $key->{'VISITED'};
    }
    print "new changeme: >$changeme<\n";

    use Data::Dumper;
    print Dumper(grep { ref($_) ne 'LVALUE' } keys %ts);

    untie %ts;
```
——————————————————————————————————— tie-refhash.pl

Ausführung:

```
farid@sun-1:~/p> ./tie-refhash.pl
Found: CODE(0x806ded4), Type: CODE, Value: Anonymous subroutine!
Found: LVALUE(0x806deb0), Type: LVALUE, Value: An lvalue!
Found: ARRAY(0x80568f8), Type: ARRAY, Value: This is Array @ARGV!
Found: GLOB(0x804db74), Type: GLOB, Value: This is stdin!
Found: HASH(0x804d85c), Type: HASH, Value: VISITED
Found: HASH(0x80b7fc4), Type: HASH, Value: The Hash
Found: ARRAY(0x8053140), Type: ARRAY, Value: The Array
new changeme: >try me!<
$VAR1 = sub { "DUMMY" };
$VAR2 = [];
$VAR3 = \*::STDIN;
$VAR4 = {
          'VALUE' => 'xyzzy'
        };
$VAR5 = {
          'firstkey' => 'first value'
        };
$VAR6 = [
          'not',
          'empty',
          'anymore'
        ];
```

13.7.8 Rekursives Kopieren verschachtelter Strukturen

Oberflächliches Kopieren

Was geschieht eigentlich, wenn Sie versuchen, eine Liste von Listen oder jede andere verschachtelte Struktur zu kopieren?

```perl
copy-shallow.pl
#!/usr/local/bin/perl -w
# copy-shallow.pl -- Shallow Copy: Oberflaechenkopie
```

```
       #           einer verschachtelten Struktur

       @LoLoL = ( [ [ 1 , 2 , 3 ], [ 4 , 5 , 6 ], [ 7 , 8 , 9 ] ],
                 [ ['a','b','c'], ['d','e','f'], ['g','h','i'] ],
                 [ ['A','B','C'], ['D','E','F'], ['G','H','I'] ] );

       @copyLoLoL = @LoLoL;         # VORSICHT! Oberflaechenkopie

       print $copyLoLoL[2][1][0], "\n";   # Okay, 'D'
       $copyLoLoL[2][1][0] = 'X';         # in @copyLoLoL geaendert

       print $LoLoL[2][1][0], "\n";       # OOPS: 'X', nicht 'D'!
                                                            copy-shallow.pl
```

Das Problem hierbei ist, daß nur die Zeiger der obersten Ebene in die neue Liste kopiert wurden. Nach der Kopie zeigten jeweils zwei Zeiger auf jede der anonymen Listen. Schematisch:

```
       $LoLoL[0] --> ( [1,2,3], [4,5,6], [7,8,9] ) <-- $copyLoLoL[0]
       $LoLoL[1] --> ( [a,b,c], [d,e,f], [g,h,i] ) <-- $copyLoLoL[1]
       $LoLoL[2] --> ( [A,B,C], [D,E,F], [G,H,I] ) <-- $copyLoLoL[2]
```

Eine Änderung über den einen Zeiger wirkt sich natürlich nun unmittelbar auf die Daten aus, auf die der andere Zeiger verweist! Es handelt sich dabei um eine Oberflächenkopie (*shallow copy*).

Tiefes Kopieren

Eine Kopie von verschachtelten Strukturen kann daher nicht auf die Oberfläche beschränkt bleiben. Auch die Werte, auf die durch die Zeiger verwiesen wird, müssen selbst, eventuell rekursiv, kopiert werden. Es geht ja nicht darum, Zeiger zu kopieren, sondern das, worauf sie zeigen. Wichtig ist, daß in der Kopie Zeiger mit *neuen Adressen* entstehen, nicht neue Zeiger mit alten Adressen!

Bei der rekursiven tiefen Kopie (*deep copy*) muß darauf geachtet werden, zirkuläre Strukturen richtig zu kopieren. Dies kann alles manuell geschehen, wobei mit Hilfe der Funktion `ref()` auch jeder Zeiger vor seiner Dereferenzierung analysiert werden muß. Einfacher ist es jedoch, die Funktion `dclone()` aus dem CPAN-Modul `Storable` zu verwenden (siehe Abschnitt 18.4.5 auf Seite 941):

```
copy-deep.pl
#!/usr/local/bin/perl -w
# copy-deep.pl -- Deep Copy: Tiefe rekursive Kopie
#                 einer verschachtelten Struktur
#                 mit Hilfe des CPAN-Moduls Storable

use Storable qw(dclone);           # CPAN-Modul

@LoLoL = ( [ [ 1 , 2 , 3 ], [ 4 , 5 , 6 ], [ 7 , 8 , 9 ] ],
          [ ['a','b','c'], ['d','e','f'], ['g','h','i'] ],
```

```
                [ ['A','B','C'], ['D','E','F'], ['G','H','I'] ] );

    @copyLoLoL = map { dclone($_) } @LoLoL;    # Tiefe Kopie

    print $copyLoLoL[2][1][0], "\n";      # Okay, 'D'
    $copyLoLoL[2][1][0] = 'X';             # in @copyLoLoL geaendert

    print $LoLoL[2][1][0], "\n";          # Okay, immer noch 'D'.
```
─── copy-deep.pl

Das Modul `Storable` bietet noch deutlich mehr Funktionen an. Diese eignen sich insbesondere zur persistenten Speicherung von komplexen Strukturen. Dies wird in Kapitel 18, insbesondere ab Seite 941 erläutert. Mehr Informationen zu `Storable` erhalten Sie nach dessen Installation aus *man Storable*. Eine kurze Diskussion zum Thema *deep copy* finden Sie auch in [16, Recipe 11.12].

13.8 Symbolische Referenzen

Bevor Perl über echte Referenzen verfügte, konnte man ein referenzähnliches Verhalten ausnutzen, das mit Hilfe von *symbolische Referenzen* implementiert wurde.

13.8.1 Was sind symbolische Referenzen?

Symbolische Referenzen sind nichts anderes als Variablen, die *Namen* anderer Variablen bzw. Objekte (Skalare, Arrays, Hashes, Subroutinen) enthalten, auf die verwiesen wird. Dieses Verfahren ist den Symlinks aus dem Unix-Dateisystem nicht unähnlich.

Ein Beispiel soll dies verdeutlichen:

```
symrefs-example.pl
#!/usr/local/bin/perl -w
# symrefs-example.pl -- Beispiele symbolischer Referenzen

no      strict 'refs';               # Lasse symbolische Referenzen zu
use vars qw($var @ary %hash);        # -w-Flag befriedigen

# Erst einige Variablen
$var  = 4711;
@ary  = ( 'a', 9, 'p', ' ', 'h', ' ' );
%hash = ( Wall => 'Larry', Kirk => 'Jim', Spock => 'Mr.' );
sub f1 { return "Blah"; }

# Und jetzt die symbolischen Referenzen
$pvar   = 'var';          # Name einer skalaren Variablen
$par    = 'ary';          # Name eines Arrays
$phash  = 'hash';         # Name eines Hashs
$psub   = 'f1';           # Name einer Subroutine
```

```
# Dereferenzierung von symbolischen Referenzen:
print 'Contents $var : ', ${$pvar}, "\n";
print 'Contents @ary : ', "(", join(',', @{$par}), ")\n";
print 'Contents %hash: ', "(", join(', ', map { "$_ => ${$phash}{$_}" }
                                        sort keys %{$phash}), ")\n";
print 'Calling f1    : ', &{$psub}(), "\n";

# Aenderung von Werten ueber symbolische Referenzen:
$par->[0] = 'new value';
$phash->{'Kirk'} = 'Jim Tiberius';
delete $phash->{'Spock'};

print 'New Array: ', "(", join(',', @ary), ")\n";
print 'New Hash : ', "(", join(', ', map { "$_ => $hash{$_}" }
                                  sort keys %hash), ")\n";
```
                                                   symrefs-example.pl

Aufruf:

```
farid@sun-1:~/p> ./symrefs-example.pl
Contents $var : 4711
Contents @ary : (a,9,p, ,h, )
Contents %hash: (Kirk => Jim, Spock => Mr., Wall => Larry)
Calling f1    : Blah
New Array: (new value,9,p, ,h, )
New Hash : (Kirk => Jim Tiberius, Wall => Larry)
```

Abbildung 13.6 zeigt die passenden Strukturen zum obigen Programm.

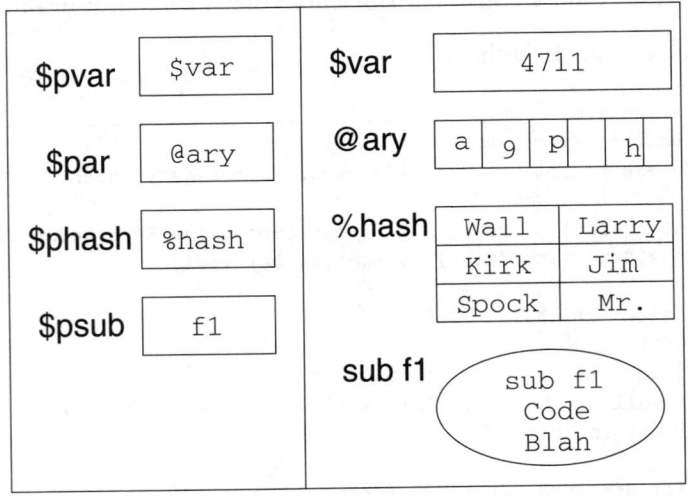

Abbildung 13.6: Symbolische Referenzen

Normalerweise versucht Perl, zunächst eine echte Referenz zu dereferenzieren. Erst wenn das nicht gelingt, wird versucht, „symbolisch zu dereferenzieren". Es ist möglich,

13.8 Symbolische Referenzen

diesen zweiten Versuch zu verhindern, indem das Pragma use strict 'refs'; oder allgemeiner und strenger use strict; dieser Dereferenzierung vorangestellt wird. In diesem Fall bricht der Perl-Interpreter die Übersetzung mit einer Warnung ab. Symbolische Referenzen können später wieder durch das Pragma no strict 'refs'; erlaubt werden.

Da symbolische Referenzen problematisch sind, sollten Sie versuchen, diese soweit es geht zu vermeiden. Wenn Sie diese jedoch unbedingt brauchen, sollten Sie dies anderen Lesern Ihres Programms mitteilen, am besten durch ein redundantes no strict 'refs'; gleich am Anfang Ihres Programms.

13.8.2 Probleme bei symbolischen Referenzen

Sie sollten symbolische Referenzen aus mehreren Gründen meiden:

- Symbolische Referenzen beeinflussen nicht den Referenzzähler der Variablen, auf die sie „zeigen". Das ist sehr schlecht, denn somit können solche Referenzen später im Programm auf Objekte zeigen, die längst nicht mehr da sind:

    ```
    {
        local $somevar;             # NICHT my!
        $symref = 'somevar';        # Globale symbolische Referenz
                                    # auf eine lokale Variable
        ${$symref} = 'a value';     # Wie $somevar = 'a value'
    }
    print $symref, "\n";            # somevar
    print ${$symref}, "\n";         # NICHTS! $somevar ist weg!
    ```

    Wir haben also so etwas wie ein „Dangling-Pointer"-Problem vor uns. Die lokale Variable $somevar wurde beim Verlassen des Blocks zerstört, da kein weiterer Verweis darauf zeigte und somit ihr Referenzzähler auf 0 gefallen ist. Das war nur möglich, weil $symref den Referenzzähler von $somevar nicht erhöht hatte.

    Nach dem Verlassen des Blocks hatte die globale Variable $symref zwar immer noch den Namen der früheren lokalen Variablen „somevar" als Wert, aber eine Dereferenzierung ergab wenig Sinn, da es außerhalb des Blocks in diesem Beispiel keine Variable $somevar gab.

- Noch gefährlicher als das vorige Problem ist, daß unbeabsichtigt andere Variablen überschrieben oder neue erzeugt werden können. Um unser voriges Beispiel weiterzuführen:

    ```
    {
        local $somevar = '4711';
        $symref = 'somevar';
    }
    ${$symref} = 'new value';       # Erzeugt neue globale Variable
                                    # $somevar mit Wert 'new value'
    ```

    Noch kritischer ist diese Situation mit einer bereits existierenden globalen Variable $somevar:

    ```
    $somevar = 'global value';      # WICHTIG: nicht my()
    ```

```
{
    local $somevar = 'local value';      # Lokale Variable
                                         # Globale Variable unveraendert
    $symref = 'somevar';
    ${$symref} = 'new local value';      # Lokale Aenderung
                                         # Globale Variable unveraendert
}
print ${$symref}, "\n";                  # global value
${$symref} = 'another local value';      # VORSICHT!
print $somevar, "\n";                    # another local value
```

Solange wir uns im Block befanden, war alles wie erwartet: Nur die lokale Variable $somevar wurde auch tatsächlich verändert. Außerhalb des Blocks zeigte dann aber $symref plötzlich auf die globale Variable $somevar. Daher rührte auch die (unerwartete?) Anzeige des globalen Wertes. Gefährlich wurde es, als der Wert über die symbolische Referenz geändert wurde. Möglicherweise beabsichtigten Sie, den Rückgabewert des Blocks, z.B. einer Funktion, etwas zu „tunen". In Wirklichkeit änderten Sie somit unbeabsichtigt die globale Variable.

- Es ist nicht möglich, symbolische Referenzen auf my()-Variablen zu erzeugen:

  ```
  no strict 'refs';
  use vars qw($var);

  my $var = 4711;                                    # my: VORSICHT
  $symref = 'var';                                   # VORSICHT!
  print 'Contents of $var: ', ${$symref}, "\n";      # FALSCH!
  # Use of uninitialized value at - line 6.
  # Contents of $var:
  ```

  Der Grund dafür ist etwas obskur: Die Dereferenzierung einer symbolischen Referenz erfolgt über die *Symboltabelle*. Allerdings werden my()-Variablen nicht in der Symboltabelle abgelegt. Daher kann die Dereferenzierungsoperation dort keinen passenden Eintrag finden und löst daher die symbolische Referenz nicht auf.

  Übrigens werden globale und local()-Variablen anstandslos symbolisch dereferenziert. Nur my()-Variablen sind von diesem Problem betroffen.

- Es ist nicht möglich herauszufinden, ob auf skalare Variablen, Arrays, Hashes oder Subroutinen verwiesen wird. Anders als bei den in Abschnitt 13.3 behandelten harten Referenzen gibt es keinen ref()-Operator für symbolische Referenzen.

- Da symbolische Referenzen überhaupt keine Verbindung zum Inhalt der referenzierten Variablen haben, können somit auch keine Verweise auf anonyme Listen, anonyme Hashes oder anonyme Subroutinen mit Hilfe symbolischer Referenzen angelegt werden.

- Symbolische Referenzen können auch „haarig" sein:

  ```
  symrefs-hairy.pl
  #!/usr/local/bin/perl -w
  # symrefs-hairy.pl -- Symbolische Referenzen koennen haarig sein
  ```

13.8 Symbolische Referenzen

```perl
    no strict 'refs';           # Erlaube symbolische Referenzen

    $vname    = ' ';            # Variable, genannt $' '
    ${$vname} = 4711;           # Sowas wie $' ' = 4711;
    print ${$vname}, "\n";      # 4711

    $strange_name    = 'illegal name for an identifier';
    ${$strange_name} = 'Wow!';  # Sowas wie $'illegal name...' = 'Wow!';
    print ${$strange_name}, "\n";    # Wow!

    $vreserved    = 9;          # Variable genannt $9
    ${$vreserved} = 0;          # Hmmm, 9 = 0? Diagonalbeweis?
                                # FALSCH! $9 = 0 geht nicht, da $9 eine
                                # Read-only-Variable ist.
    print ${$vreserved};        # $9 ist reservierte Variable!
```
── symrefs-hairy.pl

Ausführung:

```
farid@sun-1:~/p> ./symrefs-hairy.pl
4711
Wow!
Modification of a read-only value attempted at
            ./symrefs-hairy.pl line 15.
```

Es ist also möglich, Variablennamen zu erzeugen, die normalerweise kein Perl-Interpreter und auch kein erfahrener Programmierer als solche akzeptieren würde. Dies trägt nicht gerade zur Lesbarkeit bei. Natürlich eignet sich dies hervorragend als Trick beim *International Obfuscated Perl Code Contest*!

13.8.3 Wozu dienen symbolische Referenzen?

Symbolische Referenzen scheinen ja aufgrund ihrer vielen Nachteile ziemlich unnütz zu sein. Es ist daher nicht leicht, ein gutes, sinnvolles Beispiel für ihre Anwendung zu finden.

Sriram Srinivasam schlägt in [75, Seite 16] folgende denkbare Anwendung vor:

```perl
# KDO-Zeile: -Ddebug_level=3 -Dverbose=yes
# sollte Variable $debug_level auf 3
# und Variable $verbose auf 'yes' setzen.
while ($arg = shift @ARGV) {
    if ($arg =~ /-D(\w+)=(\w+)/) { $$1 = $2; }
}
```

Durch die Anweisung ${$1} = $2 wird dynamisch eine neue Variable erzeugt, deren Name in $1 steht. Sie bekommt dann den Wert zugewiesen, der in $2 steht. Die Variablen $1 und $2 beziehen sich auf die geklammerten regulären Ausdrücken hinter dem −D bzw. =-Zeichen auf der Kommandozeile (siehe Abschnitt 5.6.5 ab Seite 109).

Genau dieser Mechanismus wird übrigens im Modul `Getopt::Std` eingesetzt, um aus Kommandozeilenflags Variablen `$opt_X` zu erzeugen, wobei „X" hier für den Wert des Flags steht (also konkret wird -a durch `$opt_a` repräsentiert).

Der relevante Ausschnitt aus dem Modul `Getopt::Std`, der dies realisiert, sieht so aus:

```
while (@ARGV && ($_ = $ARGV[0]) =~ /^-(.)(.*)/) {
    ($first,$rest) = ($1,$2);
    ${"opt_$first"} = $rest;
}
```

13.9 Aufgaben

1. Was sind Referenzen? Geben Sie eine Definition, die Ihrer Meinung nach den in diesem Kapitel geschilderten Sachverhalt möglichst treffend beschreibt.

2. Was wird unter einer symbolischen Referenz verstanden? Was wird tatsächlich unter einer symbolischen Referenz gespeichert?

3. Nennen Sie einige Nachteile von symbolischen Referenzen! Fallen Ihnen weitere Nachteile als die in diesem Kapitel genannten ein?

4. Was sind harte Referenzen? Worin unterscheiden sie sich von den symbolischen Referenzen? Nennen Sie ein Beispiel!

5. Schreiben Sie eine Subroutine, die eine Vektoraddition ausführt! Dabei soll die Subroutine zwei Parameter erwarten, die die zu addierenden Vektoren darstellen. Als Rückgabewert soll eine Liste zurückgegeben werden, die den Summenvektor repräsentiert. Wie würden Sie die Eingabeparameter wählen, damit die Elemente beider Vektoren nicht zu einem großen Vektor vermischt werden? Zeigen Sie auch, wie Sie die gerade geschriebene Subroutine aufrufen würden?

6. Wiederholen Sie die vorige Aufgabe mit folgender Änderung: Der Rückgabewert des Vektoraddierers soll nicht mehr eine Liste sein, sondern nur noch eine harte Referenz auf das Ergebnis. Wie muß das temporäre Rückgabearray deklariert werden, damit Sie nicht gezwungen sind, eine anonyme Liste zu erzeugen?

7. Was sind anonyme Strukturen? Können Sie ein Beispiel angeben? Wie würden Sie eine anonyme Liste erzeugen, die jedoch noch keine Elemente enthält?

8. Schreiben Sie ein Skript, das einen anfangs leeren anonymen Hash nach und nach mit Schlüssel/Wert-Paaren füllt!

9. In Abschnitt 13.5.3 auf Seite 520 wurde das Programm *matrix-dyn.pl* zum Einlesen beliebiger Matrizen vorgestellt. Modifizieren Sie dieses Programm so, daß anstelle der Matrix selbst ihre *Determinante* ausgegeben wird. Schlagen Sie die Definition der Determinante einer Matrix und ein Verfahren zu ihrer Berechnung in jedem guten Buch über Lineare Algebra bzw. Numerische Mathematik nach, z.B. in [9, 23, 37, 50, 63].

10. In 13.7.2 auf Seite 541 wurde ein Algorithmus zur *depth first search* und *breadth first search* angegeben. Die Implementierung kann aber nur einmal aufgerufen werden, weil die *VISITED*-Flags anschließend nicht wieder gelöscht werden. Wie würden Sie die Funktionen so modifizieren, daß sie idempotent sind, d.h. damit sie mehrfach ohne Nachteil aufgerufen werden können? *Hinweise*: Vorsicht bei der *depth first search*! Es handelt sich um eine rekursive Funktion. Sie können einen weiteren Hash benutzen, der dann bei einer neuen Traversierung wieder gelöscht werden kann. Wenn Sie als Schlüssel Referenzen auf Knoten wählen, sollten Sie auch Abschnitt 13.7.7 auf Seite 552 beachten.

11. Erweitern Sie das Beispiel von Seite 547 dahingehend, daß „verallgemeinerte" Adressen akzeptiert und richtig sortiert werden. Eine „verallgemeinerte" Adresse[7] besteht aus einer variablen Anzahl numerischer Werte, die alle durch Punkte voneinander getrennt sind. Beispielsweise:

    195.62.72.11.17.209.13.63.99

    Das Problem hierbei ist, daß Sie nicht mehr eine feste Anzahl von Werten in der Vergleichsfunktion manuell kodieren können. *Hinweis*: Versuchen Sie es mit einer Schleife mit geeigneter Abbruchbedingung und Rückgabewert.

12. In 13.7.5 auf Seite 549 wurde ein zweidimensionales Slice aus einer verschachtelten Struktur extrahiert. Verallgemeinern Sie diesen Algorithmus so, daß beliebige n-dimensionale Slices extrahiert werden:

    ```
    @result = SliceND($ptr, [ @range1 ], [ @range2 ], [ @range3 ], ...);
    ```

    Hinweis: Sie können dynamisch eine verschachtelte Schwartzsche Transformation mit `map()` in einem String aufbauen und diesen anschließend mit `eval()` auswerten!

13. Modifizieren Sie das Programm aus Abschnitt 13.7.6, Seite 550, so, daß das überflüssige, abschließende Newline-Zeichen nicht mehr in die Ausgabedatei geschrieben wird.

---

[7] Dieser Begriff ist nicht standardisiert, er kommt nur in dieser Aufgabe vor.

14 Module

14.1 Synopsis

```
package mypack; $var = "blah";         # Namensraum umschalten
package otpack; print $mypack::var;    # Externe Variablen

# Wo sind wir, und von welchem Package wurden wir aufgerufen?
print "I'm in Package ", __PACKAGE__, " called from ", caller();

# my()-Variablen sind von anderen Dateien aus unsichtbar.
*symtab = *{ "${packname}:: " };  # %mypack:: Symboltabelle

BEGIN { ... } # Code zur Kompilierzeit schon ausfuehren
END   { ... } # Ein atexit()-Handler

# Einbinden von Dateien ohne besondere Semantik
require 'path/to/a/perl-file.pl'; # Fremde Dateien einbinden
require ST::Warp;                 # Laedt ST/Warp.pm

# Einbinden von Modulen mit richtigem Import
use ST::Warp; # Laedt ST/Warp.pm aus @INC und importiert Namen
use Module qw(this that);   # Diese Namen moechte ich haben!

1;  # Am Ende von Modulen, fuer require() bzw. use().

use lib 'one/more/path/to/perl/modules';  # Erweitert @INC
require 5.005;                  # Mindestens diese Perl-Version!

# Verwenden Sie 'perldoc' statt 'man':
perldoc perlmod; perldoc -f chomp; perldoc Text::Warp

# Erstellen eigener Module; Modulschablone anlegen:
h2xs -A -X -n ST::WarpEngine

# Namensraum des Aufrufers mit eigenen Namen fuellen
@EXPORT = qw(f1 f2 f3);     # Diese Namen unbedingt exportieren
@EXPORT_OK = qw(fft ffo);   # Aufrufer sagt: use Modul qw(fft);

# Module holen bzw. bauen und installieren:
perl -MCPAN -e shell                # Module vom CPAN holen
perl Makefile.PL; make; make test;  # Als normaler User
make install                        # Als root

# Wo ist der CPAN?
http://www.perl.com/CPAN       # CPAN-Multiplexer
http://www.perl.com/CPAN/      # Umlenken zu einem CPAN-Server
```

14.2 Einführung

Die meisten Skripten, die wir bisher kennengelernt haben, konnten problemlos auf einer oder zwei Seiten untergebracht werden. Auch Sie werden sicher viele solcher nützlichen, aber doch kleinen Skripten geschrieben haben und sind bisher sehr gut damit ausgekommen. Sind nun die meisten Programme in Perl so klein? Nicht unbedingt. Wahrscheinlich haben Sie schon, ohne es zu merken, Programme geschrieben, die mehrere tausend Zeilen umfaßten. Wieso das? Indem Sie die Macht anderer Module mit use ausgenutzt haben. Diese Module können ihrerseits wieder weitere Module einbinden usw. Dies kann schon eine ganz stattliche Anzahl von Codezeilen bedeuten!

In diesem Kapitel werden wir uns die Struktur von Modulen genauer anschauen. Insbesondere werden wir die bereits existierenden Module der Perl-Distribution zusammenfassen und lernen, wie sie benutzt werden. Neben den Standardmodulen, die in jeder Perl-Distribution enthalten sind, gibt es im CPAN eine riesige Auswahl von weiteren Modulen, die nur darauf warten, eingesetzt zu werden. Wie ein solches Modul besorgt und installiert wird, werden wir dann sehen. Vielleicht hat Sie auch die Lust gepackt, eigene Module zu schreiben und möglicherweise sogar dem CPAN zu übermitteln. Ein Modul hat einen genau definierten Aufbau. Wie dieser Aufbau erzeugt wird, werden wir anschließend erfahren.

14.3 Packages

Module beruhen wesentlich auf einer sauberen Trennung von Namensräumen. Diese Trennung wird durch *Packages* realisiert.

14.3.1 Motivation: Namenskollisionen

Stellen Sie sich folgende typische Situation vor: Sie haben ein bereits größer gewordenes Programm und wollen durch *cut and paste* oder durch require() eine weitere Datei mit nützlichen Funktionen einbinden. Wenn Sie oder der Autor der einzubindenden Datei keine besonderen Vorkehrungen getroffen haben, könnte es leicht geschehen, daß nach dem Einbinden überhaupt nichts mehr funktioniert. Auch Ihr bereits laufendes Programm scheint nun kaputt zu sein. Woran liegt das?

Das wahrscheinlichste Problem ist in diesem Fall eine *Kollision* zwischen den von Ihnen und vom Autor der einzubindenden Datei gewählten Namen für Variablen, Funktionen etc. Eine solche Namenskollision wird in der Regel unentdeckt bleiben und zu äußerst schwer aufzufindenden Fehlern führen.

Manchmal kann eine solche Kollision durch geschickte Wahl von Namen vermieden werden, oder man kann zumindest entgegenwirken. Wenn beispielsweise alle Namen von Variablen und Funktionen der einzubindenden Datei mit dem Präfix xxx_ anfangen würden, könnten Sie dafür sorgen, im eigenen Skript keine mit diesem Präfix beginnenden Namen zu verwenden; es sei denn, Sie wollten explizit eine Funktion der fremden Datei verwenden:

```
# Einzubindende Datei:
sub xxx_myfunc { ... }
$xxx_counter = "this is a global variable";

# Einbindende Datei:
sub myfunc { ... }           # Eigene myfunc()
$result = myfunc();          # Aufruf der eigenen myfunc()
if (xxx_myfunc()) { ... }    # Expliziter Aufruf der
                             # fremden Funktion
```

Es ist natürlich noch besser, wenn Sie selbst in Ihrem eigenen Programm ebenfalls eindeutige Präfixe verwenden, damit auch andere von Ihren Kreationen profitieren können.

Das explizite Voranstellen eines Präfixes zur Abgrenzung von Namensräumen ist nicht nur lästig, sondern auch fehleranfällig. Wie leicht passiert es, daß Sie vergessen, eine Zählervariable richtig zu benennen:

```
sub xxx_myfunc {
    for ($i=0; $i<$xxx_maxvar; $i++) { ... }
}
# Oops! $i des Einbindenden ist ueberschrieben worden :-(
```

Einige neuere Programmiersprachen bieten die Möglichkeit an, getrennte Namensräume zu definieren. Perl kann dies selbstverständlich auch[1].

14.3.2 Namensräume auswählen mit package

Ein Namensraum wird in Perl *Package* genannt. Mit Hilfe des Schlüsselworts package kann zwischen Packages hin- und hergeschaltet werden:

```
package pack1;
# Namensraum pack1

package pack2;
# Namensraum pack2

package pack1;
# Wieder Namensraum pack1
```

Die package-Anweisung gilt so lange, bis

- sie durch eine andere package-Anweisung außer Kraft gesetzt wurde oder
- bis zum Ende des jeweils einschließenden Blocks oder
- bis zum Ende der Datei, in der sie sich befindet.

Vor der ersten Umschaltung durch package befinden wir uns im *Defaultnamensraum* main. Wir haben also bei allen bisherigen Skripten schon in einem Package gearbeitet, ohne es zu ahnen!

---

[1] Woher können Sie das jetzt schon wissen? Sie haben ja bereits Module anderer Autoren benutzt und hatten wohl keine Probleme mit Namenskollisionen, oder?

14.3.3 Verwendung von Namensräumen

Alle globalen und mit `local()` deklarierten Variablen sowie alle Subroutinen, die innerhalb eines Namensraums deklariert werden, können ohne besondere zusätzliche Angaben dort verwendet werden. Das ist auch der Grund, warum bisher alle Skripten funktionierten: Alle dort deklarierten Namen gehörten einfach dem Package `main` an und wurden auch innerhalb von `main` benutzt.

Interessant wird es mit Namen aus anderen Packages. Diese können auch angesprochen werden, jedoch müssen Sie mit dem Namen des jeweiligen Packages, gefolgt von zwei Doppelpunkten (einem doppelten Doppelpunkt) beginnen. Fehlt dieses Präfix wird der Name des aktuellen Packages angenommen.

```
package xyzzy;
$var1  = "this is xyzzy";
@ary1  = qw(this is xyzzy too);
%has1  = ( one => 1, two => 2, three => 3);
sub f1 { print "this is xyzzy!\n"; }

package zippy;
$var1  = "belonging to zippy";
@ary1  = qw(this belongs to zippy);
%has1  = ( zippy => 'zoo', xyzzy => 'pass' );
sub f1 { print "hey, this is zippy!\n"; }

print $var1;                              # belonging to zippy
print $xyzzy::var1;                       # this is xyzzy
push(@xyzzy::ary1, "appended", "from", "zippy");
delete $xyzzy::has1'two';
f1();                                     # hey, this is zippy!
xyzzy::f1();                              # this is xyzzy!
```

14.3.4 Wo sind wir gerade?

Aktuellen Namensraum herausfinden

Der Name des aktuellen Packages kann leicht ermittelt werden:

```
$pack_name = __PACKAGE__;
print "I'm in $pack_name\n";              # I'm in main

package wizard;
$pack_name = __PACKAGE__;
print "I'm now in $pack_name\n";          # I'm now in wizard
```

Das Symbol `__PACKAGE__` expandiert zur Übersetzungszeit zum Namen des Packages, in dem es sich lexikalisch befand.

> **Achtung!** *Das Symbol* `__PACKAGE__` *wird* nicht *automatisch in doppeltgequoteten Strings interpoliert!*

```perl
package weirdo;
$errmsg = "Error in Package __PACKAGE__: blah blah\n";
print $errmsg;  # Error in Package __PACKAGE__: blah blah
```

Namensraum des Aufrufers herausfinden

Während `__PACKAGE__` zur Kompilierzeit den Namen des Packages annimmt, in dem es sich befindet, kann die Funktion `caller()` den Namen des Packages ihrers Aufrufers ermitteln. Dies kann natürlich erst zur Laufzeit geschehen und ist vom jeweiligen Kontext abhängig:

```perl
package error;
sub errhandler {
    my $mypack   = __PACKAGE__;      # Immer error
    my $callpack = caller();         # Kommt drauf an...

    print $mypack . '::' . "errhandler() called from $callpack\n";
}
errhandler();           # error::errhandler() called from error

package user1;
error::errhandler();    # error::errhandler() called from user1

package user2;
error::errhandler();    # error::errhandler() called from user2
```

Das ist oft sinnvoll, um geeignete Fehlermeldungen auszugeben.

14.3.5 Gültigkeitsbereich eines Namensraums

Ein Namensraum ist gültig ab der Stelle, an der er mit `package` spezifiziert wird, bis zum Ende des einschließenden Blocks oder bis zum Ende der Datei:

```perl
# package-scope.pl
#!/usr/local/bin/perl -w
# package-scope.pl -- Gueltigkeitsbereich von Packages

print __PACKAGE__, "\n";
if (1) {
    package privmyfunc;
    print "  ", __PACKAGE__, "\n";
    {
        package nested;
        print "    ", __PACKAGE__, "\n";
    }
    print "  ", __PACKAGE__, "\n";

    package privotherfunc;
    print "  ", __PACKAGE__, "\n";
}
```

```perl
    print __PACKAGE__, "\n";
```
                                                                    package-scope.pl

Die Ausführung ergibt:

```
farid@sun-1:~/p> ./package-scope.pl
main
  privmyfunc
    nested
  privmyfunc
  privotherfunc
main
```

14.3.6 Packages und my

Globale Namen, die in Packages deklariert sind, können aus anderen Packages heraus angesprochen werden. Dazu müssen Sie die Namen nur mit dem *packagename*::-Präfix beginnen.

```perl
package somepack;
$global    = "this is global";
local $var = "this is localized";
sub f1 { ... }

package otherpack;
print $somepack::global;
$somepack::var = "new value";
$result = somepack::f1();
```

Das funktioniert aber nicht bei my()-Variablen:

```perl
package somepack;
my $var = "this is a variable";

package otherpack;
print $somepack::var;       # FALSCH! Existiert nicht!!

my $somepack::newvar;       # FALSCH! Geht nicht!
```

Das Problem hier hat mit Symboltabellen zu tun. Dies wird in Abschnitt 14.3.7 ab Seite 571 genauer erklärt. Kurz gesagt, werden lexikalische (d.h. durch my() deklarierte) Variablen *nicht* in Symboltabellen gespeichert. Die Präfixnotation ist aber von Symboltabellen abhängig, um die Namen aufzulösen.

Eine besonders tückische Form von Fehlern entsteht, wenn innerhalb einer einzigen Datei zwei verschiedene Packages benutzt werden, wobei im ersten Package eine lexikalische Variable deklariert und im zweiten Package verwendet wird:

```perl
package somepack;
my $var = 4711;              # my ist hier wichtig!
```

14.3 Packages

```
package otherpack;
print $somepack::var;   # Ja, ja, gibt es nicht!
print $var;             # 4711! Wow! Was ist hier los?
$var = "new value";     # Gehoert das zu otherpack
                        # oder zu somepack?

package somepack;
print $var;             # new value
```

Was ist hier geschehen? Anders als bei globalen Namen ist hier die Variable $var mit my(), also lexikalisch deklariert worden. Diese Deklaration ist gültig bis zum Ende des einschließenden Blocks oder beim Fehlen eines solchen bis zum Ende der Datei, *und zwar unabhängig von Packagegrenzen!*

Da lexikalische Variablen nicht durch die Umschaltung von Packagegrenzen mit der Anweisung package in ihrem Gültigkeitsbereich beeinflußt werden, ist es möglich, diese unbeabsichtigt zu modifizieren.

Sie sollten daher vorsichtig sein, wenn Sie my() und zweimal package in einer einzigen Datei einsetzen.

Eine sinnvolle Anwendung von lexikalischen Variablen bei Packages ist jedoch das Erzeugen privater Package-Variablen. Dazu müssen Sie allerdings das betroffene Package in einer anderen Datei speichern als das Package, vor dem diese Variable versteckt werden soll. Ein Beispiel soll das verdeutlichen.

Die folgende Datei enthält eine private Variable $privvar, die mit my() deklariert wurde. Eine andere Variable, $globvar, wurde hingegen nicht mit my() deklariert. Daher handelt es sich um eine globale Variable, die von außerhalb des Packages benutzt werden könnte. Es folgt zunächst das einzubindende Package:

---
apack.pl
```
# apack.pl -- Zeigt die Verwendung von privaten Variablen.
#             Diese Datei wird z.B. von atest.pl eingelesen

package mypack;              # Ein eigener Namensraum

my $privvar;                 # Privat zu diesem Package
$globvar = "initvalue";      # Kann von aussen erreicht werden

# Diese Funktion kann von ausserhalb aufgerufen werden
sub f1 {
   ++$privvar;
   print "Called $privvar times...\n";
   print "Current globvar: $globvar\n";
}

1;  # Damit require() bzw. use() des Aufrufers nicht misslingt.
```
apack.pl

Das Package *mypack* ist also in einer eigenen Datei gespeichert. Diese wird durch ein Testprogramm später mit der Anweisung `require()` eingebunden:

```
atest.pl
#!/usr/local/bin/perl -w
# atest.pl -- Zeigt die Verwendung privater Variablen an. Testprogramm

    require 'apack.pl';              # Laedt diese Datei ein

    print "We are in ", __PACKAGE__, "\n";    # We are in main

    mypack::f1();                    # Called 1 times...
                                     # Current globvar: initvalue

    $mypack::globvar = "magic";      # Ist wirklich aenderbar
    mypack::f1();                    # Called 2 times...
                                     # Current globvar: magic

    $mypack::globvar = "more magic"; # Ja, noch einmal aendern
    mypack::f1();                    # Called 3 times...
                                     # Current globvar: more magic

    print $mypack::privvar;          # FALSCH! Geht nicht!
    $mypack::privvar = "overriding?";# FALSCH! Geht auch nicht!
    mypack::f1();                    # Called 4 times...
                                     # Current globvar: more magic
                                                                atest.pl
```

Die Ausführung des Testprogramms ergibt:

```
farid@sun-1:~/p> ./atest.pl
We are in main
Called 1 times...
Current globvar: initvalue
Called 2 times...
Current globvar: magic
Called 3 times...
Current globvar: more magic
Use of uninitialized value at ./atest.pl line 19.
Called 4 times...
Current globvar: more magic
```

Wir sehen also, daß die private Variable zwar von Funktionen innerhalb des Packages gelesen und auch verändert werden kann. Von außerhalb ist diese private Variable völlig unsichtbar, was ja auch der Zweck privater Variablen ist! Die nicht durch `my()` deklarierte globale Variable ist von innerhalb ohnehin erreichbar; von außerhalb jedoch auch, wenn sie mit dem richtigen Präfix beginnt. Die Moral von der Geschicht':

Wenn Packagevariablen privat bleiben sollen, müssen sie mit `my()` *deklariert werden, und das sie enthaltende Package muß in einer eigenen Datei enthalten sein.*

14.3.7 Symboltabellen und Packages

Eine *Symboltabelle* ist nichts anderes als ein Hash, der als Schlüssel globale Namen eines Packages enthält und als Werte Verweise auf die entsprechenden Typeglobs. Jedes Package *mypack* hat eine eigene Symboltabelle namens %mypack::. Die Symboltabelle des main-Packages heißt einfach %main:: oder abgekürzt %::.

In Symboltabellen werden die Namen aller globalen und local()-Variablen, Subroutinen, Filehandles, Typeglobs usw. gespeichert. Die einzige nennenswerte Ausnahme bilden die lexikalischen Namen, die durch my() angegeben werden.

Der durch ein Package aufgespannte Namensraum ist ja gerade durch die Symboltabelle dieses Packages definiert. Eine solche Symboltabelle gibt auch Auskunft über die bekannten Namen eines Packages. Wie wäre es einmal mit einem neugierigen Blick hinter die Kulissen eines Packages?

```
                  package-names.pl
#!/usr/local/bin/perl -w
# package-names.pl -- Zeigt die Namen eines Packages an.

package pnames;      # Damit wir nicht stoeren

print "Package to explore? [main] "; chomp($packname = <STDIN>);
$packname ||= 'main';

# Leider koennen wir nicht % $pname:: direkt sagen...
# Daher verwenden wir den Alias-Mechanismus:
*symtab = *{ "${packname}::" };

print join(' ', sort keys %symtab), "\n";
                                                    package-names.pl
```

Wie funktioniert dieses Programm? Es geht ja nur darum, für ein Package *packname* alle Schlüssel, also Namen der Symboltabelle %*packname*:: auszugeben. Damit unsere Variablen und Namen nicht den zu untersuchenden Namensraum verunreinigen, insbesondere main nicht stören, schalten wir zunächst in einen eigenen Namensraum um. Anschließend fragen wir den Anwender nach dem Namen eines Packages. Wenn nichts eingegeben wird, gilt main als Default.

Jetzt wird es aber etwas schwieriger. Wir wollen auf den Inhalt einer Variablen, genauer eines Hashs, zugreifen, dessen Name erst zur Laufzeit bekannt sein wird. Wir hätten an dieser Stelle natürlich idealerweise eine symbolische Referenz benutzen können:

```
print join(' ', sort keys %{"${packname}::"}), "\n";
```

Aber, um das Leben etwas interessanter zu machen, benutzen wir den Alias-Mechanismus, um der Symboltabelle gleich einen einfacher aufzuschreibenden Namen zu geben:

```
*symtab = *{ "${packname}::" };
```

Hier werden gleich ganze Typeglobs kopiert! Das ist aber für die folgende Diskussion nicht weiter relevant.

Die Ausführung des obigen Programms ergibt:

```
farid@sun-1:~/p>./package-names.pl
Package to explore? [main] pnames
packname symtab
```

Das ist ja wie erwartet. Globale Namen in unserem eigenen Package *pnames* waren ja der Alias der Symboltabelle mit Namen symtab und die globale Variable mit Namen packname. Auch wenn dies hier nicht daraus hervorgeht: Hätten wir eine Variable mit my() deklariert, so wäre ihr Name nicht in der Symboltabelle erschienen!

Beachten Sie auch, daß hier nur globale *Namen* angezeigt werden. Wir wissen noch lange nicht, ob z.B. packname eine skalare Variable $packname, ein Array namens @packname, einen Hash %packname, eine Subroutine &packname, einen Typeglob *packname, mehrere davon oder sogar alles zusammen bezeichnet. Die einzige Information, die uns in der Symboltabelle zur Verfügung steht, ist der reine Name.

Mit Hilfe des *Aliasing* ist es wieder möglich herauszufinden, zu welchen Typen ein reiner Name paßt. Wir sehen einfach nach, ob die entsprechende Variable definiert ist:

```
*alias = $name;
print '$', $name,   "\n" if defined $alias;
print '@', $name,   "\n" if defined @alias;
print '%', $name,   "\n" if defined %alias;
```

Wie sieht es eigentlich mit dem main-Package aus?

```
farid@sun-1:~/p> ./package-names.pl
Package to explore? [main]
 " $ / 0 @ ARGV CORE:: DB:: DynaLoader:: ENV INC IO:: STDERR STDIN
STDOUT UNIVERSAL:: _ _<./package-names.pl _<perlmain.c _<universal.c
main:: pnames:: stderr stdin stdout
```

Das ist ja eine ganze Menge! Einige alte Bekannte können da entdeckt werden:

```
$$ $/ $0 $" $@ @ARGV $ARGV %ENV @INC %INC STDERR STDIN STDOUT _ $_ @_
```

Aber auch die Symboltabellen sind vorhanden:

```
%main:: %pnames::
```

Die restlichen Namen gehören zu den Interna von Perl und werden hier nicht weiter erläutert. Nur soviel: Alle Namen, die mit einem doppelten Doppelpunkt enden, bezeichnen höchstwahrscheinlich eine Symboltabelle für ein weiteres Package. Beispielsweise sieht die Symboltabelle des Packages UNIVERSAL so aus:

```
farid@sun-1:~/p>./package-names.pl
Package to explore? [main] UNIVERSAL
VERSION can isa
```

Viele eingebaute Namen sind hingegen im Package CORE verborgen.

Eine andere Methode, an den Inhalt von Symboltabellen heranzukommen, ist die Verwendung des Standardmoduls `Data::Dumper`:[2]

```
farid@sun-1:~/p> perl -MData::Dumper -e 'print Dumper(\%::)'
```

Anwendungen, die typischerweise auf die Symboltabelle zugreifen, sind Debugger und Profiler. Die Datei *dumpvar.pl* Ihrer Perl-Bibliothek, ein Vorgänger des Standardmoduls `Data::Dumper`, greift ebenfalls auf die Symboltabelle zu.

Weitere Informationen zu Symboltabellen finden Sie unter anderem in *man perlmod*.

14.3.8 Konstruktoren und Destruktoren von Packages

Der BEGIN-Konstruktor

Alles was in einem BEGIN-Block steht, wird schon zur Kompilierzeit ausgeführt, sogar bevor der Rest des Programms vollständig geparst wurde. Dies ist manchmal notwendig, um gewisse Initialisierungen zu erzwingen:

```
BEGIN { my $var = 4711; }
```

Der END-Destruktor

Sobald das Programm beendet ist, auch mit `die()` und `exit()`, werden alle anstehenden END-Blöcke aufgerufen. Diese können einige Aufräumarbeiten erledigen:

```
END { $sqlcursor->finish(); $dbh->disconnect(); }
```

END-Blöcke entsprechen in etwa den durch `atexit()` registrierten Handlern in C.

14.4 Laden fremder Dateien mit `require`

Wie bei einigen anderen Programmiersprachen auch, kann in Perl eine fremde Datei in das aktuelle Programm eingebunden werden. Dies ist mit Hilfe des `require()`-Mechanismus möglich.

14.4.1 Verwendung von `require`

Eine beliebige Datei mit Perl-Code kann mit Hilfe der `require()`-Anweisung in die aktuelle Programmdatei geladen werden:

```
require 'somefile.pl';        # Datei somefile.pl suchen und laden
```

---

[2] Ausgabe aus Platzgründen weggelassen.

Dies ist einigermaßen mit dem #include-Mechanismus des C- und C++-Präprozessors *cpp* vergleichbar.

Die eingelesene Datei wird wie richtiger Perl-Code behandelt und während des Landens auch tatsächlich *ausgeführt*. Das ist der Grund, warum beispielsweise neue Funktionen deklariert und Variablen initialisiert werden:

```
# Die einzulesende Datei, z.B. require_me.pl
sub f1 { ... }
$var = "initial value";
print "hehe, I'm here\n";
1;

# Die einlesende Datei
require 'require_me.pl';   # hehe, I'm here
                           # $var schon initialisiert
                           # f1() schon deklariert
```

require() kann auch mißlingen, wenn die einzulesende Datei

- nicht gefunden werden konnte,
- keinen gültigen Perl-Code enthielt (z.B. Syntaxfehler) oder
- in der letzten ausgeführten Anweisung einen falschen Wert lieferte.

Wegen des dritten Grundes wird bei jeder einzulesenden Datei am Schluß eine grundsätzlich wahre Anweisung hinzugefügt. Die einfachste und verbreitetste Art, dies zu tun, ist einfach, die Nullanweisung „1;" zu benutzen, die selbst keine Seiteneffekte zeitigt, aber wahr ist und somit require() nicht zum Scheitern bringt.

Was geschieht eigentlich, wenn require() nicht erfolgreich ist? In diesem Fall wird einfach eine Ausnahme mit die() ausgelöst, die zum sofortigen Abbruch zu Programms führt, wenn sie nicht mit eval() abgefangen wird:

```
farid@sun-1:~/p> perl -e 'require "notthrere"; print "living"'
Can't locate notthere in @INC (@INC contains:
/usr/local/lib/perl5/5.00553/i86pc-solaris
/usr/local/lib/perl5/5.00553
/usr/local/lib/perl5/site_perl/5.00553/i86pc-solaris
/usr/local/lib/perl5/site_perl/5.00553 .) at -e line 1.
```

Das ist normalerweise eine gute Idee, denn es macht in der Regel wenig Sinn, mit der Ausführung fortzufahren, wenn erforderliche Dateien nicht gefunden oder geladen werden können.

Vielleicht möchten Sie, falls eine Datei nicht geladen werden konnte, es mit einer anderen probieren. In diesem Fall sollten Sie wirklich den require()-Aufruf in einem eval()-String wie folgt abfangen:

```
eval "require 'tryme_first'" ||
eval "require 'tryme_next'"  ||
eval "require 'tryme_last'"  ||
die "it didn't work: $@";
```

14.4.2 Die .pm-Regel bei require

Wenn require() anstelle eines Strings ein Bezeichner (*bareword*) als Argument übergeben wird, hängt es an diesen Bezeichner die Endung .pm an und ersetzt jeden doppelten Doppelpunkt durch den Pfadseparator Ihres Betriebssystems (/ unter Unix, \ bei den für „blaue Bildschirme" anfälligen Systemen usw.):

```
require SomeFile;          # Wie: require 'SomeFile.pm';
require Test::Game;        # Wie: require 'Test/Game.pm';
require Priv::DB::Iface;   # Wie: require 'Priv/DB/Iface.pm';
```

Dies ist nützlich bei den Modulen, die mit use geladen werden sollten.

14.4.3 Den Suchpfad @INC erweitern

Jedesmal wenn Perl versucht, eine Datei zu laden, wird diese in einer Liste von Verzeichnissen gesucht. Erst wenn die Datei nirgends gefunden wurde, lösen require() oder use eine Ausnahme aus.

Der Suchpfad ist die Liste von Verzeichnissen, die beim Laden einer Datei durchsucht werden. Bei Perl heißt diese Liste @INC. Die Standardbelegung dieser Liste enthält schon einige Verzeichnisse, die Perl-Module enthalten. Eine solche Liste ist jedoch systemabhängig, da sie ja zum Zeitpunkt der Konfiguration, Übersetzung und Installation von Perl feststeht:

```
farid@sun-1:~/p> perl -e 'print join("\n", @INC), "\n"'
/usr/local/lib/perl5/5.00553/i86pc-solaris
/usr/local/lib/perl5/5.00553
/usr/local/lib/perl5/site_perl/5.00553/i86pc-solaris
/usr/local/lib/perl5/site_perl/5.00553
.
farid@ndb-3:~/p> perl -e 'print join("\n", @INC), "\n"'
/usr/libdata/perl/5.00502/mach
/usr/libdata/perl/5.00502
/usr/local/lib/perl5/site_perl/5.005/i386-freebsd
/usr/local/lib/perl5/site_perl/5.005
.
```

Beachten Sie auch den einzelnen Punkt am Ende der Liste. Dieser Punkt steht für das aktuelle Verzeichnis und hat zur Folge, daß Perl immer auch dort nach den zu ladenden Dateien sucht. Da der Punkt jedoch erst am Ende vorkommt, werden zuerst die Systemverzeichnisse durchsucht, dann erst Ihres. Wenn Sie die Reihenfolge ändern wollen, müssen Sie @INC selbst ändern.

Es ist möglich, den Suchpfad zu manipulieren. Intuitiv würden viele aufmerksame Leser jetzt vermuten, daß es reichen würde, @INC so zu erweitern:

```
unshift(@INC, '/a/new/searchdir');
unshift(@INC, @DIRS_TO_BE_ADDED);
```

Leider stimmt das nur bedingt. Das Problem dabei ist, daß diese Anweisung erst zur Laufzeit ausgeführt wird. use hingegen wird schon zur Kompilierzeit ausgeführt. Daher kommt die Erweiterung von @INC schon zu spät!

Ein Ausweg wäre die Verwendung eines BEGIN-Blocks. Dies werden wir jedoch hier nicht tun, da es eine bessere Alternative gibt:

```
use lib '/a/new/searchdir';
use lib @DIRS_TO_BE_ADDED;
```

Durch das Pragma use lib; wird der Suchpfad @INC wie gefordert zur Kompilierzeit um die angegebenen Argumente erweitert. Die zusätzlichen Verzeichnisse werden am Anfang des @INC-Arrays hinzugefügt, also wie bei unshift().

Es ist sogar möglich, hinzugefügte Verzeichnisse später wieder aus @INC zu entfernen. Verwenden Sie dazu das no lib-Pragma:

```
no lib '/remove/me/from/searchpath';
no lib @GONERS;
```

Weitere Informationen zum lib-Pragma finden Sie in *man lib*.

> **Achtung!** *Der Suchpfad @INC wird nur von* require() *und* use() *ausgewertet. Daher ist es nicht möglich, mittels* open() *oder* sysopen() *eine Suche durch diese Verzeichnisse zu triggern. Wenn Sie dies wollen, können Sie es ja manuell versuchen:*
>
> ```
> foreach my $searchdir (@INC) {
>     next unless open(FH, "$searchdir/$fname");
>     # FH ist jetzt offen
> }
> ```

14.4.4 Dateien werden nur einmal geladen

Wenn eine Datei mehrfach geladen würde, könnte dies schädliche Auswirkungen haben. Der Grund ist, daß beim Laden auch gleich Anweisungen der Datei ausgeführt werden. Diese könnten nicht idempotent sein, also mehrfach ausgeführt eine andere Wirkung haben, als wenn sie nur einmal ausgeführt worden wären.

Bei C ist das zum Beispiel ein echtes Problem: Dort erkennt der C-Präprozessor *cpp* beim Einbinden einer Headerdatei nicht automatisch, ob sie bereits geladen wurde. Dies wurde bei C durch folgenden Trick vermieden:

```
#ifndef _H_HEADERFILENAME_
#define _H_HEADERFILENAME_
/* Hier der Inhalt der Headerdatei */
#endif /* _H_HEADERFILENAME_ */
```

Bei Perl hingegen brauchen Sie sich keine Sorgen darüber zu machen, daß eine Datei mehrfach geladen werden könnte. Sie wird es einfach nicht, da require() und use()

sich in einem Cache namens `%INC` die Namen der bereits geladenen Dateien merken. Somit kann eine Datei höchstens einmal geladen werden.

Es gibt auch Situationen, in denen Sie das Neuladen einer Datei erzwingen wollen. Ein Beispiel dafür ist das *mod_perl*-Modul für den Apache-Webserver. Dieses Modul läuft so lange wie ein Apache-Prozeß, also deutlich länger als ein CGI-Programm. Wenn Sie nun beispielsweise Funktionen für *Server-Side-Includes* in einer Datei speichern und den *Content-Handler* anweisen, diese Datei bei Bedarf zu lesen, würde normalerweise mit `require()` diese Datei nur ein einziges Mal gelesen. Sie sind also nicht in der Lage, diese Datei zu modifizieren und die Veränderungen in den laufenden Prozeß zu integrieren. Der Grund dafür ist natürlich der, daß `require()` die Namen der geladenen Dateien ja in den `%INC`-Cache schreibt. Um dies zu vermeiden, können Sie den *do file*-Mechanismus benutzen:

```perl
do 'loadme.pl';
```

Mehr Informationen zum *mod_perl*-Modul finden Sie in [78].

14.4.5 Kleinste notwendige Perl-Version

Wenn hinter der Anweisung `require()` eine numerische Angabe steht, wird nicht eine Datei dieses Namens mit angehängter .pm-Endung geladen. Vielmehr wird die Übersetzung abgebrochen, falls die aktuelle Version des Perl-Interpreters, d.h. der Inhalt der reservierten Variable `$]`, kleiner ist als die angegebene Zahl:

```perl
require 5.005;        # Mindestens Perl 5.005 erforderlich!
```

Wenn die Version nicht hoch genug ist, wird die Übersetzung auch wirklich komplett abgebrochen:

```
farid@sun-1:~/p> perl -v
This is perl, version 5.005_53 built for i86pc-solaris

farid@sun-1:~/p> perl
require 5.006;
print "Still living...\n";
^D
Perl 5.006 required--this is only version 5.00553, stopped at - line 1.
```

Dies ist nützlich, wenn Sie bestimmte Module schreiben, die sich auf die Funktionalität einer bestimmten Version von Perl verlassen und sicherstellen wollen, daß diese auch tatsächlich vorhanden ist.

14.5 Benutzung eines Moduls

In den folgenden Abschnitten wird gezeigt, wie ein Modul eingesetzt wird.

14.5.1 Laden eines Moduls mit `use`

Bevor Sie ein Modul benutzen können, muß dieses durch das `use`-Pragma geladen werden:

```
use MyModule;              # Laedt MyModule.pm aus @INC
use Test::TestMod;         # Laedt Test/TestMod.pm aus @INC
```

Einige Module setzen voraus, daß Sie nach dem Modulnamen noch weitere Parameter angeben:

```
use CGI::Carp 'fatalsToBrowser';
use POSIX qw(setsid);
use Fcntl qw(:DEFAULT :flock);
```

Wann werden solche Parameter benötigt? In den meisten Fällen handelt es sich um Parameter für die `import()`-Funktion des `Exporter`-Moduls. Sie werden oft bei Modulen eingesetzt, die eine ganze Menge von Funktionen oder Variablen zur Verfügung stellen. Da Module, wie wir noch in Kürze sehen werden, Namen ihrer öffentlichen Schnittstelle in den Namensraum ihres Aufrufers *exportieren*, kann mit Hilfe der selektiven Auswahl einiger dieser Namen die Gefahr vermindert werden, daß Namenskollisionen mit existierenden Skripten auftreten. Konkret:

```
use BigModule qw(this that runme killme playwithme);

$this = "new value";            # Aus BigModule
print $that;                    # Auch aus BigModule
runme(); playwithme(); killme();# Alle aus BigModule

$result = BigModule::testme();  # Okay, direkt benutzt
$myrest = testme();             # NICHT aus BigModule!
```

Im diesem Beispiel hat das Modul `BigModule` die Namen `this`, `that`, `runme`, `killme` und `playwithme` in den Namensraum des Aufrufers, also unseren Namensraum, *exportiert*. Daher ist es möglich gewesen, Variablen oder Funktionen dieses Namens direkt ohne Präfix zu benennen.

Andererseits können nicht exportierte globale Namen des Moduls durch Präfixbildung dennoch angesprochen werden, wie dies im Fall der mit einem Präfix versehenen Funktion `BigModule::testme()` geschehen ist. Das Exportieren von Namen hat mit der Privatsphäre eines Moduls nichts zu tun, genausowenig wie Packages eine Privatsphäre für globale Namen gewährleisten. Andererseits sind `my()`-Variablen von Modulen von außerhalb auch durch Präfixbildung nicht ansprechbar, genau wie im Fall von Packages: `my()`-Variablen von Modulen gehören zur Privatsphäre eines Moduls und können von außen nicht angesprochen werden.

Im obigen Beispiel wurde der globale Name `testme()` des Moduls `BigModule` nicht exportiert. Wenn wir nun versuchen würden, diesen Namen ohne Präfix zu benutzen, würden wir einen der Namen unseres aktuellen Packages verwenden. Hier würde konkret beim Aufruf von `testme()` die Funktion `main::testme()` aufgerufen, nicht `BigModule::testme()`. Der Name `testme` wurde also nicht in unseren Namensraum exportiert, d.h. unser Namensraum wurde nicht unnötigerweise verunreinigt (*namespace pollution*).

Die Liste der zusätzlichen use-Parameter wird jedoch nur dann berücksichtigt, wenn das entsprechende Modul diese auch auswertet. Nicht jedes Modul ist gezwungen, sich an die oben genannte Konvention mit dem eingeschränkten Exportieren von Namen zu halten. Tatsächlich exportieren viele Module ihre öffentlichen Schnittstellen bedingungslos in den Namensraum des Aufrufers. Andere Module wiederum exportieren nur einige Namen bedingungslos und überlassen es dem Anwender zu entscheiden, welche zusätzlichen Namen und Funktionalitäten benötigt werden.

14.5.2 Dokumentation mit `perldoc` lesen

Ein ganz wichtiger Schritt bei der Arbeit mit Modulen ist es, sich über ihre Funktion und Verwendungsweise zu informieren. Es gehört schon seit langem zum guten Ton, Module nur mit integrierter Dokumentation zur Verfügung zu stellen. Diese integrierte Dokumentation befindet sich in den meisten Fällen bereits in der .pm-Datei, manchmal in einer externen .pod-Datei.

Sie haben zwei Optionen, um Informationen über ein *installiertes* Modul zu bekommen:

- Sie rufen *man Modulname* bzw. *man Obername::Untername* auf.

  Dies funktioniert nur bei Plattformen, die das Unix-*man*-Kommando zur Verfügung stellen. Unter Unix wird *man* zur Anzeige beliebiger Manual-Seiten eingesetzt. Diese Manual-Seiten sind in speziellen Verzeichnissen untergebracht. *man* durchsucht nun einige Verzeichnisse, von denen es annimmt, daß sie standardmäßig Manual-Seiten enthalten. Darüber hinaus durchsucht es all die Verzeichnisse, die in der Umgebungsvariablen `MANPATH` enthalten sind. Auf meinem Rechner ist `MANPATH` beispielsweise wie folgt gesetzt:

  ```
  farid@sun-1:~/p> echo $MANPATH
  /usr/local/man:/usr/local/teTeX/man:/usr/local/lib/perl5/5.00553/man:\
  /usr/local/mysql/man:/usr/local/apache/man:/usr/man:/usr/share/man:\
  /usr/dt/man:/usr/openwin/man
  ```

  Wie Sie vielleicht bemerkt haben, befinden sich in meiner `MANPATH`-Umgebungsvariable zwei Verzeichnisse, die Manual-Seiten von Perl enthalten:

  ```
  /usr/local/man
  /usr/local/lib/perl5/5.00553/man
  ```

  Das erste Verzeichnis enthält die Manual-Seiten von Perl selbst, also diejenigen, die in der allerersten Manual-Seite von Perl, *man perl*, am Anfang aufgelistet sind:

```
perl              Perl overview (this section)
perldelta         Perl changes since previous version
perlfaq           Perl frequently asked questions
perltoc           Perl documentation table of contents

perldata          Perl data structures
perlsyn           Perl syntax
perlop            Perl operators and precedence
perlre            Perl regular expressions
perlrun           Perl execution and options
perlfunc          Perl builtin functions
perlvar           Perl predefined variables
perlsub           Perl subroutines
perlmod           Perl modules: how they work
perlmodlib        Perl modules: how to write and use
perlmodinstall    Perl modules: how to install from CPAN
perlform          Perl formats
perllocale        Perl locale support

perlref           Perl references
perldsc           Perl data structures intro
perllol           Perl data structures: lists of lists
perltoot          Perl OO tutorial
perlobj           Perl objects
perltie           Perl objects hidden behind simple variables
perlbot           Perl OO tricks and examples
perlipc           Perl interprocess communication

perldebug         Perl debugging
perldiag          Perl diagnostic messages
perlsec           Perl security
perltrap          Perl traps for the unwary
perlport          Perl portability guide
perlstyle         Perl style guide

perlpod           Perl plain old documentation
perlbook          Perl book information
perlembed         Perl ways to embed perl in your C or C++ application

perlapio          Perl internal IO abstraction interface
perlxs            Perl XS application programming interface
perlxstut         Perl XS tutorial
perlguts          Perl internal functions for those doing extensions
perlcall          Perl calling conventions from C

perlhist          Perl history records
```

Wenn das keine Dokumentation ist!

Wichtiger für unsere Diskussion ist aber hier der zweite Pfad:

```
/usr/local/lib/perl5/5.00553/man
```

Dort befinden sich Manual-Seiten für alle Module, seien sie Standardmodule, nachträglich installierte benutzerdefinierte Module oder CPAN-Module. Dieser Pfad, genauso wie der andere Systempfad, wird zum Zeitpunkt der Konfiguration, Übersetzung und Installation von Perl angegeben. Er kann von Systemverwaltern auch abweichend gewählt werden, was die Portabilität nicht gerade fördert. Außerdem erkennen Sie hieraus bereits, daß er von der aktuellen Version des installierten Perl-Interpreters abhängt.

Damit *man* bei diesen Manual-Seiten richtig funktioniert, müssen Sie entweder das systemweite oder Ihren eigenen `MANPATH` so erweitern, daß beide Pfade auch tatsächlich gefunden werden.

- Sie verwenden *perldoc* zur Anzeige der Moduldokumentation in einer plattformunabhängigen Art und Weise.

Wenn *man* nicht richtig funktioniert, nicht zum Funktionieren gebracht werden kann oder, schlimmer noch, nicht auf Ihrer Plattform existiert, können Sie das Programm *perldoc* zur Anzeige der Dokumentation verwenden. Dieses Programm ist standardmäßig Bestandteil jeder Perl-Distribution. Es sollte auf jeder Plattform installiert und ausführbar sein, wenn Sie Perl installiert haben. Wichtig ist, daß *perldoc* bereits die aktuellen Plätze für Manual-Seiten kennt und sogar in der Lage ist, eine POD-Dokumentation direkt aus den .pm- oder .pod-Dateien zu extrahieren. Es kann also mehr als nur *man* und ist seit der Perl-Version 5.005 viel schneller geworden, wodurch es nun uneingeschränkt empfohlen werden kann[3].

Wie wird nun *perldoc* eingesetzt?

- Sie rufen *perldoc* direkt auf, gefolgt vom Namen des Moduls oder der gewünschten Perl-Manual-Seite:

  ```
  farid@sun-1:~/p> perldoc perl
  farid@sun-1:~/p> perldoc perldoc
  farid@sun-1:~/p> perldoc CGI
  farid@sun-1:~/p> perldoc CGI::Cookie
  ```

  perldoc wird nun die eingebaute Dokumentation auslesen, ins *man*-Format konvertieren und durch einen Pager Ihrer Wahl leiten (Inhalt der Umgebungsvariablen `PAGER` oder zur Installation von Perl angegeben, meist *more* oder besser *less*). Die Anzeige stoppt, sobald die Seite voll ist. Sie können wie gewohnt mit der Leertaste nach vorn blättern, mit b zurückblättern, mit /*Suchmuster* nach einem Suchmuster suchen und anschließend mit q den Pager wieder verlassen.

- Wenn Ihnen die Dokumentation eines Moduls nicht genau genug ist, können Sie sich mit *perldoc* auch gleich den ganzen Quellcode des Moduls anzeigen lassen:

  ```
  farid@sun-1:~/p> perldoc -m CGI
  farid@sun-1:~/p> perldoc -m Test::BigModule > /tmp/changeme.pm
  ```

---

[3] Ich werde weiterhin aus Gewohnheit und Bequemlichkeit (*Laziness*) *man* verwenden und häufiger in diesem Buch erwähnen, daß die Dokumentation mit *man* angezeigt werden kann. Natürlich können Sie statt dessen stets auch *perldoc* (bis auf Unix-Manual-Seiten) verwenden.

- Sehr nützlich ist auch die blitzschnelle Suche nach der Dokumentation einer eingebauten Funktion in *man perlfunc* durch das -f-Flag:

    ```
    farid@sun-1:~/p> perldoc -f quotemeta
    ```

- Die Suche nach einem Begriff in den FAQs ist mit dem -q-Flag möglich:

    ```
    farid@sun-1:~/p> perldoc -q database
    farid@sun-1:~/p> perldoc -q cgi
    ```

14.5.3 Module sind Software-ICs

Nachdem Sie sich mit *man* oder *perldoc* über die Verwendung des Moduls in der Dokumentation informiert haben, können Sie mit der Kodierung Ihrer eigenen Anwendung beginnen oder fortfahren. Die Dokumentation der einzelnen Module ist oft sehr ausführlich, und sie enthält viele nützliche Beispiele und Erläuterungen. Halten Sie sich einfach an die Beispiele, und passen Sie diese Ihren Bedürfnissen an.

Die Verwendung eines Moduls ist selten schwierig. Das größte Hindernis für unerfahrene Modulbenutzer besteht darin, erst einmal zu wissen, ob und wo es für die eine oder andere Aufgabe ein Modul gibt. Jede Perl-Distribution wird mit einer Menge fertiger Module ausgeliefert. Diese Module werden oft auch *Standardmodule* genannt. Als Perl-Entwickler können Sie sich darauf verlassen, daß die Standardmodule bei jeder Distribution einer bestimmten Version von Perl vorhanden sein werden. Standardmodule sind jedoch nichts weiter als ehemalige Module aus dem CPAN, die sowohl als äußerst nützlich gelten als auch ihre Stabilität und Qualität über einen längeren Zeitraum unter Beweis gestellt haben.

Weitere Module aus dem CPAN werden wohl in Zukunft ebenfalls den Status eines Standardmoduls erhalten. Daher kann die Liste der Standardmodule stets nur ein Schnappschuß einer aktuellen Version von Perl sein.

Die Standardmodule werden in Abschnitt 14.8 ab Seite 607 zusammengestellt. Die CPAN-Module sind so zahlreich, daß sie unmöglich einzeln vorgestellt werden können. Statt dessen begnügen wir uns damit, in Abschnitt 14.9 ab Seite 618 das CPAN und seine grobe Struktur vorzustellen und zu zeigen, wie Module aus dem CPAN heruntergeladen und installiert werden. In diesem Buch wird an einigen Stellen die Verwendung des einen oder anderen Standard- oder CPAN-Modul gezeigt. Die Anwendungskapitel des Buchs werden einige nützliche und populäre Module vorstellen.

Die große Zahl an freiverfügbaren Modulen hat maßgeblich zur Popularität von Perl beigetragen. Sie ist es auch, die das Programmieren unter Perl nicht nur angenehm sein läßt, sondern auch die Produktivität von Perl-Anwendern so enorm steigert. Oft ist ja mit Hilfe cleverer, freiverfügbarer Module das, was früher oder bei anderen Programmiersprachen mehrere Monate eines ganzen Teams verschlungen hätte, nur noch eine Fünf-Zeilen-Aufgabe.

Viel Spaß beim Programmierern!

14.6 Schreiben eigener Module

Hat Sie nun die Lust gepackt, selbst ein oder gar mehrere Module zu schreiben? Dazu dient dieser an Modulentwickler gerichtete Abschnitt.

Ein Modul zu schreiben ist leichter, als Sie vermuten. Sie müssen nur einige, ganz wenige Grundlagen zum Thema Namensraum und `Exporter` beherrschen und wissen, wie eine Schablone für Module erstellt und anschließend gefüllt wird.

14.6.1 Namensräume verstehen

Motivation

Beim Entwurf eines Moduls müssen Sie zunächst entscheiden, welche Namen, meist welche Funktionsnamen, in den Namensraum des Aufrufers eingeblendet, d.h. exportiert werden sollen. Zunächst einmal müssen und sollten nicht alle Namen exportiert werden. Private Funktionen, die der Benutzer des Moduls nie selbst aufrufen würde, sollten selbstverständlich nicht exportiert werden. Dasselbe gilt für ganz selten benutzte Funktionen oder Variablen der öffentlichen Schnittstelle.

Sie haben die Wahl zwischen folgenden Möglichkeiten:

- Sie exportieren gar nichts und erwarten vom Benutzer, daß er die Namen Ihrer Funktionen grundsätzlich mit dem Modulnamen qualifizieren muß:

    ```
    use SomeModule;
    $result = SomeModule::somefunc();
    SomeModule::otherfunc("blah blah blah");
    ```

- Sie exportieren grundsätzlich die Namen der öffentlichen Schnittstelle in den Namensraum des Modulbenutzers. Die öffentlichen Funktionen Ihres Moduls können dann ohne Präfixbildung angesprochen werden:

    ```
    use BetterModule;
    callme();              # Auch okay: BetterModule::callme()
    $result = tryme();     # Auch okay: $result = BetterModule::tryme()
    ```

- Sie exportieren einige oder alle Namen der öffentlichen Schnittstelle in den Namensraum des Modulbenutzers, fordern dabei jedoch, daß dieser die benötigten Funktionsnamen bei use direkt angibt:

    ```
    use BestModule qw(tryme callme);
    callme();                              # Wie BestModule::callme()
    $result     = tryme();                 # Wie BestModule::testme()
    $localtest  = testme();                # Lokale testme()-Version
    $moduletest = BestModule::testme();    # BestModule testme()
    ```

Die erste Möglichkeit erschwert es dem Anwender, Ihr Modul zu benutzen. Es ist immerhin lästig, ständig den Modulnamen vor die Funktionsaufrufe zu stellen. Diese Vorgehensweise wird gelegentlich bei rein objektorientierten Modulen genutzt, denn Methoden von instanziierten Objekten können ohne Präfixbildung aufgerufen werden. Ein Vorteil dieser Vorgehensweise ist, daß der Namensraum des Aufrufers unangetastet bleibt, wodurch sich Ihr Modul problemlos auch in ganz große Programme integrieren läßt, ohne daß die Gefahr einer Namenskollision entsteht.

Die zweite Möglichkeit wird häufig verwendet und erleichtert dem Modulbenutzer die Verwendung des Moduls. Es ist nicht mehr notwendig, die Funktionen der öffentlichen Schnittstelle mit dem Modulnamen zu qualifizieren. Statt dessen können sie so verwendet werden, als wären sie Teil des modulbenutzenden Programms. Viele Modulentwickler gehen so vor. Der Nachteil dieser Methode ist, daß Modulanwender keinerlei Kontrolle über den Exportmechanismus haben. Exportiert das Modul mit dieser Methode eine Funktion flutzpah(), gibt es für den Anwender des Moduls keine andere Möglichkeit, eine Kollision mit einer eigenen Funktion flutzpah() zu vermeiden, als diese umzubenennen. Dazu sagt man, daß der unbedingte Exportmechanismus den Namensraum des Aufrufers unter Umständen unnötig „verunreinigt" (*namespace pollution*).

Mit der dritten Möglichkeit überlassen Sie dem Anwender Ihres Moduls die Wahl, welche Teile der öffentlichen Schnittstelle in den Namensraum des Aufrufers exportiert und welche Teile ausschließlich über eine Qualifizierung mit Präfix angesprochen werden können bzw. sollen. Um an das obige Beispiel anzuknüpfen, könnten Sie dem Anwender die Wahl lassen, ob er flutzpah() importieren möchte oder doch lieber nicht, so daß ein eigenes flutzpah nicht überschrieben wird bzw. das moduleigene flutzpah() überschreibt.

Eine Kombination der zweiten und der dritten Möglichkeit ist ebenfalls denkbar. Häufig benötigte Funktionen können unbedingt, selten benötigte Funktionen nur bei Bedarf exportiert werden.

Die Arrays @EXPORT, @EXPORT_OK und der Exporter

Wenn Sie sich an die Vorgehensweise von Abschnitt 14.6.2 zum Erzeugen von Modulen halten, können Sie den Exportmechanismus mit Hilfe des Exporter-Moduls genau steuern. Dazu müssen Sie lediglich Ihre Module aus der Klasse Exporter ableiten, wie es in der Schablone automatisch gemacht wird, und anschließend die beiden reservierten Arrays @EXPORT und @EXPORT_OK mit den Namen der öffentlichen Schnittstelle füllen.

Das Array @EXPORT übernimmt alle Namen, die Sie unbedingt in den Namensraum des Aufrufers exportiert wissen wollen. Anwender Ihres Moduls haben keine Wahl bezüglich dieser Namen und müssen sie in ihrem Namensraum akzeptieren. Sie sollten versuchen, so wenige Namen wie möglich in @EXPORT zu hinterlegen.

Das Array @EXPORT_OK hingegen enthält alle Namen, die nur bei Bedarf in den Namensraum des Aufrufers exportiert werden sollen. Damit ein Name auch tatsächlich exportiert wird, müssen Anwender diesen in die Liste am Anschluß an die use-Anweisung angeben.

```
# Das Modul MyModule
package MyModule;
require Exporter;              # Fuer @EXPORT, @EXPORT_OK
@ISA      = qw(Exporter);      # Wir sind Subklasse hiervon
@EXPORT   = qw(get head post put);
```

14.6 Schreiben eigener Module

```
@EXPORT_OK = qw($ua statistics analyze overlay);

# Das anwendende Programm
use MyModule qw(analyze overlay);
```

Im diesem Beispiel können im anwendenden Programm folgende Namen ohne Qualifizierung durch `MyModule` direkt benutzt werden: `get`, `head`, `post`, `put`, aber auch `analyze` und `overlay`. Alle anderen Namen müssen über Präfixbildung angesprochen werden. Der Anwender von `MyModule` hat hier entschieden, daß die Namen `statistics` und `$ua` *nicht* ohne Präfixbildung angesprochen werden dürfen. Möglicherweise kennt das anwendende Programm bereits eine eigene `statistics()`-Funktion, die nicht überschrieben werden darf. Würde jedoch auch eine Funktion `get()` existieren, so hätte der Anwender einfach Pech. Da diese in `@EXPORT` steht, wird sie auch grundsätzlich in den Aufrufernamensraum exportiert.

14.6.2 Standardisierte Modulerzeugung

Motivation

Wie kann ein CPAN-kompatibles Modul erstellt werden? Was meine ich damit? Haben Sie gemerkt, daß die Installation von Modulen aus dem CPAN mittlerweile fast nur noch einheitlich abläuft? Das ist nur deswegen möglich, weil all diese Module mit einer *Schablone* erstellt werden. Auch wenn Sie in nächster Zeit nicht vorhaben, dem CPAN ein Modul zu schenken (wieso eigentlich nicht?), sollten Sie dennoch versuchen, CPAN-kompatibel zu programmieren.

Wie kann dies erreicht werden? Durch Verwendung einer standardisierten Schablone, genauer gesagt einer Sammlung von Dateigerippen (*skeleton files*), die aus dem gewählten Modulnamen durch ein Programm automatisch für Sie erstellt werden. Diesen Gerippen muß schließlich „nur" noch Leben eingehaucht werden, und schon ist das neue CPAN-kompatible Modul fertig.

Sie sollten sich angewöhnen, immer ein solches Gerippe zu verwenden. Auch wenn Sie nicht vorhaben, dem CPAN dieses Modul zu übermitteln, werden Sie von der einheitlichen Struktur des Moduls in hohem Maße profitieren:

- Die Installation läuft viel sauberer ab.
- Die Portierung oder Übertragung auf eine andere Plattform ist viel einfacher.
- Viele Perl-Werkzeuge funktionieren einfach besser mit einem nach strengen Richtlinien generierten Modul.

Schauen wir uns aber nun den Prozeß der Erzeugung eines Moduls konkret an.

Wählen des Modulnamens

Bei der Wahl des Modulnamens müssen Sie zwei wichtige Fragen beantworten:

- Existiert der von Ihnen gewählte Modulname bereits?

- Wollen Sie nur ein Modul oder eine ganze Hierarchie von Modulen aufbauen?

Die erste Frage kann leicht entschieden werden. Sie müssen nur überprüfen, ob das Modul nicht bei Ihnen, bei Ihrer Firma oder im CPAN schon existiert. Wenn Sie nicht sicher sind, daß irgendwann einmal später eine Kollision von Modulnamen entsteht, können Sie auch eine Hierarchie wählen, bei der der erste, oberste Name beispielsweise Sie oder Ihre Firma bezeichnet. Sie können sich beispielsweise an die DNS-Hierarchie Ihrer Domain halten:

```
EDU::MIT::CS::RoboTest        # Oder kuerzer MIT::RoboTest
EDU::MIT::CS::RTMWorm         # Oder kuerzer MIT::RMTWorm
EDU::MIT::Kerberos::kinit     # Oder kuerzer Athena::kinit
EDU::MIT::Kerberos::klist     # Oder kuerzer Athena::klist
COM::Spammer::AnnoyEm         # Oder kuerzer Spammer::AnnoyEm
COM::Spammer::CoverUp         # Oder kuerzer Spammer::CoverUp
SETI::Analyze                 # Direkt den Kurznamen benutzen...
SETI::Collect                 # http://setiathome.ssl.berkeley.edu/
```

Die zweite Frage ist wichtig, denn davon hängt die zukünftige Struktur Ihrer Modulschablone ab. Die Meinungen gehen stark darüber auseinander, ob grundsätzlich eine hierarchische Modulstruktur gewählt werden soll oder ob auch Einzelmodule in Ordnung sind. Beim oben genannten Ansatz mit den DNS- oder Projektnamen müssen Sie eh eine solche Struktur anlegen. Auch wenn Sie nur ein einziges Modul planen, sollten Sie bedenken, daß Software ja nie auf demselben Stand bleibt, sondern weiterentwickelt werden kann und auch wird. Eher früher als später werden Sie weitere Hilfsmodule hinzufügen wollen. Dann ist es besser, gleich eine hierarchische Struktur gewählt zu haben.

Für das folgende Beispiel wollen wir folgendes Modul erstellen:

```
ST::Beam                    # Transportersystem in Star Trek
@EXPORT    = qw(beam_me_up, beam_me_down)
@EXPORT_OK = qw(reverse_beaming check_transporter config_biofilter)
```

Die hierarchische Struktur wurde gewählt, weil später eventuell weitere Subsysteme hinzugefügt werden könnten:

```
ST::WarpEngine
ST::TurboLift
ST::Beam::Tractor
```

Erstellen einer Schablone

Nun wollen wir die Schablone für das Modul ST::Beam erstellen. Dazu verwenden wir das mit Perl installierte Tool *h2xs* (Dokumentation in *man h2xs*):

```
farid@sun-1:~/p> h2xs -A -X -n ST::Beam
Writing ST/Beam/Beam.pm
Writing ST/Beam/Makefile.PL
Writing ST/Beam/test.pl
Writing ST/Beam/Changes
Writing ST/Beam/MANIFEST
```

14.6 Schreiben eigener Module

Wir werden die einzelnen Dateien in Kürze betrachten. Anschließend wechseln wir mit *cd* in das neue Verzeichnis:

```
farid@sun-1:~/p> cd ST/Beam
farid@sun-1:~/p/ST/Beam> ls -l
total 10
-rw-r--r--  1 farid   users     959 Jul  6 12:50 Beam.pm
-rw-r--r--  1 farid   users     121 Jul  6 12:50 Changes
-rw-r--r--  1 farid   users     231 Jul  6 12:50 Makefile.PL
-rw-r--r--  1 farid   users      45 Jul  6 12:50 MANIFEST
-rw-r--r--  1 farid   users     653 Jul  6 12:50 test.pl
```

Die .pm-Datei

Das ist die wichtigste Datei, die den Großteil des Modulcodes enthalten wird:

```
ST/Beam/Beam.pm Schablone
package ST::Beam;

use strict;
use vars qw($VERSION @ISA @EXPORT @EXPORT_OK);

require Exporter;

@ISA = qw(Exporter AutoLoader);
# Items to export into callers namespace by default. Note: do not
# export names by default without a very good reason. Use EXPORT_OK
# instead.
# Do not simply export all your public functions/methods/constants.
@EXPORT = qw(

);
$VERSION = '0.01';


# Preloaded methods go here.

# Autoload methods go after =cut, and are processed by the
# autosplit program.

1;
__END__
# Below is the stub of documentation for your module.
# You better edit it!

=head1 NAME

ST::Beam - Perl extension for blah blah blah

=head1 SYNOPSIS
```

```
    use ST::Beam;
    blah blah blah

=head1 DESCRIPTION

Stub documentation for ST::Beam was created by h2xs. It looks like the
author of the extension was negligent enough to leave the stub
unedited.

Blah blah blah.

=head1 AUTHOR

A. U. Thor, a.u.thor@a.galaxy.far.far.away

=head1 SEE ALSO

perl(1).

=cut
```
ST/Beam/Beam.pm Schablone

Diese Daten müssen wir dahingehend editieren, daß sie das neue Modul implementieren. Dazu gehen wir folgendermaßen vor:

- Die Variablen @EXPORT und @EXPORT_OK werden mit den Namen der zu exportierenden Funktions- und Variablennamen belegt.

- Die Versionsnummer ist bei jeder Änderung zu erhöhen.

- Jetzt können Sie der Reihe nach den gesamten Perl-Code des Moduls eintragen. Es ist besser, die öffentlichen Funktionen vor die privaten zu stellen.

- Beachten Sie die Tatsache, daß eine Funktion, die nicht in den Exportlisten steht, dennoch vom aufrufenden Modul durch Qualifizierung des Namens angesprochen werden kann. Nur mit my() deklarierte Variablen sind wirklich privat zu dem Modul, in dem sie deklariert sind.

- Hilfsfunktionen, die von außerhalb des Moduls nicht angesprochen werden sollen, können Sie im Prinzip beliebig benennen. Es ist jedoch weitverbreitete Konvention, solche Namen mit einem führenden Unterstrich einzuleiten. Modulbenutzer sollten dann diesen Unterstrich als semantischen Hinweis verstehen, diese Funktionen bitte nicht selbst aufzurufen.

Die editierte Version sieht nun wie folgt aus:

ST/Beam/Beam.pm
```
package ST::Beam;

use strict;
use vars qw($VERSION @ISA @EXPORT @EXPORT_OK);
```

14.6 Schreiben eigener Module

```perl
    require Exporter;

    @ISA = qw(Exporter AutoLoader);

    # Hier stehen die Funktionen, die in den Namensraum des
    # Aufrufers unbedingt (@EXPORT) oder bedingt (@EXPORT_OK)
    # exportiert werden sollen.
    @EXPORT    = qw(beam_me_up beam_me_down);
    @EXPORT_OK = qw(reverse_beaming check_transporter config_biofilter);

    $VERSION = '0.01';          # Okay, fangen wir hier mit 0.01 an!
                                # Jede neue Version bekommt eine neue
                                # Versionsnummer.

    # Hier ist unsere oeffentliche Schnittstelle
    sub beam_me_up   { print "beaming back... done!\n"; }
    sub beam_me_down { print "hold your breath... done!\n";}

    sub reverse_beaming   { print "breaking... turn around... back!\n"; }
    sub check_transporter { print "can't find any bug, cap'tin!\n"; }
    sub config_biofilter  {
        my $bio = _load_config();
        _proceed_config($bio);
        _save_config($bio);
        _activate_config($bio);
    }

    # Das sind nur oeffentliche Funktionen, die jedoch nicht in
    # den Namensraum des Aufrufers exportiert werden sollen.
    sub schwarzian_transform {
        print "(map 'extract (sort 'by-dna (map 'combine cells)))\n";
    }

    # Das sind schliesslich private Hilfsfunktionen, die nicht vom
    # aufrufenden Programm aufgerufen werden _sollten_. Dies wird
    # durch den vorangestellten Unterstrich angedeutet
    sub _load_config { print "loading config...\n"; return "config"; }
    sub _save_config { print "saving config: ", shift(), "\n"; }
    sub _proceed_config { my $cfg = shift; print "crunching $cfg...\n"; }
    sub _activate_config { print "activating ", shift(), "\n" }

    1;
    __END__
    # Das ist die Dokumentation des ST::Beam-Moduls

    =head1 NAME

    ST::Beam - Perl Access to Starfleet Teleporters

    =head1 SYNOPSIS
```

```
    use ST::Beam;
    use ST::Beam qw(reverse_beaming check_transporter
                    config_biofilter);

    beam_me_down();             # Send me to a planet
    beam_me_up();               # Beam me up, Scotty!

    reverse_beaming();          # In case of emergency
    check_transporter();        # What Scotty really hates
    config_biofilter();         # Filter out all human DNA

    ST::Beam::schwarzian_transform(); # Too scary...
                                      # Don't try at home!

=head1 DESCRIPTION

This Perl module talks directly to the SNMP port of Starfleet
vessel teleporters. You can now request a teleport from your
hypercube laptop with just a few lines of perl.

=head1 EXAMPLES

Selfexplanatory. If you don't understand this, consult the engineering
hotline under eng-hotline@<your ship name here>

=head1 SEE ALSO

perl(1), ST::Beam::Tractor(3), ST::WarpEngine(3), ST::TurboLift(3),
Request for Comments RFC 97343 Starfleet Teleport SNMP MIB.

=head1 BUGS

The Starfleet Teleport SNMP MIB is a little buggy.
You risk under some weird situations a personality split. See
also records about Cpt. Jim T. Kirk, USS 1701 and LtCmdr.
William Riker, USS 1701-D.

=head1 AUTHOR

Farid Hajji <farid.hajji@ob.kamp.net>

=cut
```
ST/Beam/Beam.pm

Die Version eines Moduls

Die Versionsverwaltung eines Moduls ist wichtig. Wenn andere Module von Ihrem Modul abhängig sind, könnten sie wie folgt eine Mindestversionsnummer anfordern. Die Versionsnummer wird auch in einem weiteren Schritt (siehe Seite 595) benötigt, um eine *gzip*pte TAR-Datei mit passender Versionsnummer zu erstellen.

Idealerweise würde die Versionsnummer direkt aus Versionskontrollsystemen wie *RCS* oder *CVS* in die .pm-Datei eingesetzt.

Eine weitere Stelle, an der die Versionsnummer benötigt wird, ist in der Datei Changes:

ST/Beam/Changes
```
Revision history for Perl extension ST::Beam.

0.01  Tue Jul  6 12:50:47 1999
        - original version; created by h2xs 1.19
```
ST/Beam/Changes

In dieser Datei sollten bei jeder Versionserhöhung Einträge zu den erfolgten Änderungen hinzugefügt werden. Somit können Sie und die Benutzer Ihres Moduls stets die Übersicht über die aktuellen Änderungen behalten. Auch hier sollte diese Datei am besten mit Hilfe der Makros der Versionskontrollsysteme *RCS* oder *CVS* automatisch erstellt werden.

Tests für das Modul

h2xs hat auch eine Datei *test.pl* erzeugt, in der Tests Ihres Moduls eingetragen werden können. Die leere Schablone sieht zunächst wie folgt aus:

ST/Beam/test.pl Schablone
```
# Before 'make install' is performed this script should be
# runnable with 'make test'. After 'make install' it should
# work as 'perl test.pl'

############### We start with some black magic to print on failure.

# Change 1..1 below to 1..last_test_to_print .
# (It may become useful if the test is moved to ./t subdirectory.)

BEGIN { $| = 1; print "1..1\n"; }
END {print "not ok 1\n" unless $loaded;}
use ST::Beam;
$loaded = 1;
print "ok 1\n";

######################################################### End of black magic.

# Insert your test code below (better if it prints "ok 13"
# (correspondingly "not ok 13") depending on the success of chunk 13
# of the test code):
```
ST/Beam/test.pl Schablone

An dieser Stelle sollten nun einige Tests Ihres Moduls folgen. Solche Tests sollten die Grundfunktionalität des Moduls prüfen. Eventuell sollten die Ausgaben der Tests mit einer gesicherten erwarteten Ausgabe abgeglichen werden (*Regressionstests*) und dergleichen mehr. Sie sollten dann für jeden erfolgreichen Test ok n ausgeben, wobei n

für die Testnummer steht. Jeder nicht erfolgreiche Test sollte mit not ok *n* angezeigt werden.

In unserem Beispiel rufen wir einfach die einzelnen öffentlichen Funktionen des Moduls auf. Deren Ausgabe haben wir temporär nach STDERR umgeleitet, damit wir nicht mit dem Testmechanismus kollidieren. Dazu verwendeten wir die Funktion select().

Die editierte Testdatei sieht dann wie folgt aus:

```
ST/Beam/test.pl
# Before 'make install' is performed this script should be
# runnable with 'make test'. After 'make install' it should
# work as 'perl test.pl'

############# We start with some black magic to print on failure.

# Change 1..1 below to 1..last_test_to_print .
# (It may become useful if the test is moved to ./t subdirectory.)

BEGIN { $| = 1; print "1..7\n"; }
END {print "not ok 1\n" unless $loaded;}
use ST::Beam;
$loaded = 1;
print "ok 1\n";

############################################### End of black magic.

# Insert your test code below (better if it prints "ok 13"
# (correspondingly "not ok 13") depending on the success of chunk 13
# of the test code):

my $ofh = select(STDERR);       # Ausgaben temporaer nach STDERR

beam_me_down();                         print $ofh "ok 2\n";
beam_me_up();                           print $ofh "ok 3\n";
ST::Beam::check_transporter();          print $ofh "ok 4\n";
ST::Beam::reverse_beaming();            print $ofh "ok 5\n";
ST::Beam::config_biofilter();           print $ofh "ok 6\n";
ST::Beam::schwarzian_transform();       print $ofh "ok 7\n";

select($ofh);                   # Ausgabe zurueck nach STDOUT
```
ST/Beam/test.pl

Dokumentation für das Modul

Die Dokumentation eines Moduls sollte, wie in der Schablone bereits vorgegeben, im sogenannten POD-Format direkt in der .pm-Datei hinterlegt werden. Eine solche Dokumentation ist nicht nur für Sie wichtig, sondern vor allem auch für die Nachwelt. Ein Modul ohne Dokumentation sollte eigentlich gar nicht mehr vorkommen. Nehmen Sie sich einige Minuten Zeit, um Ihre wertvolle Arbeit in wenigen Zeilen zu beschreiben. Anwender des Moduls werden es Ihnen danken!

Das POD-Format wird in *man perlpod* genau beschrieben. Es ist ein sehr einfaches, textorientiertes Format, das ähnlich wie HTML, LaTeX 2_ε und andere Markup-Sprachen die Bedeutung der einzelnen Sprachelemente anstelle der konkreten Formatierung angibt. Die Formatierung selbst wird mit Hilfe weiterer Tools in eines der populären Dokumentenformate konvertiert.

Das Modul erzeugen

Das Modul ist nun zum Erzeugen bereit. Dazu wird ein *Makefile* benötigt, das dem Tool *make* mitteilt, was zu tun ist. Ein Makefile wird automatisch aus der Datei *Makefile.PL* erzeugt:

```
ST/Beam/Makefile.PL
use ExtUtils::MakeMaker;
# See lib/ExtUtils/MakeMaker.pm for details of how to influence
# the contents of the Makefile that is written.
WriteMakefile(
    'NAME'         => 'ST::Beam',
    'VERSION_FROM' => 'Beam.pm', # finds $VERSION
);
                                                      ST/Beam/Makefile.PL
```

```
farid@sun-1:~/p/ST/Beam> perl Makefile.PL
Checking if your kit is complete...
Looks good
Writing Makefile for ST::Beam
```

Mit Hilfe des neu erzeugten *Makefile*s läßt sich nun das Modul erzeugen:

```
farid@sun-1:~/p/ST/Beam> make
mkdir blib
mkdir blib/lib
mkdir blib/lib/ST
mkdir blib/arch
mkdir blib/arch/auto
mkdir blib/arch/auto/ST
mkdir blib/arch/auto/ST/Beam
mkdir blib/lib/auto
mkdir blib/lib/auto/ST
mkdir blib/lib/auto/ST/Beam
mkdir blib/man3
cp Beam.pm blib/lib/ST/Beam.pm
AutoSplitting blib/lib/ST/Beam.pm (blib/lib/auto/ST/Beam)
Manifying blib/man3/ST::Beam.3
```

In einem temporären Installationsverzeichnis *blib* wird eine Reihe von Dateien erzeugt. Inbesondere werden die .pm-Datei und eine aus der POD-Dokumentation erzeugte Manual-Seite dort abgelegt.

Wenn das Modul weitere Erweiterungen enthält, z.B. Quellcode in C, würden an dieser Stelle auch der Stub-Compiler *xsubpp* sowie der C-Compiler (meist *gcc*) aufgerufen, um die C-Anteile des Moduls zu übersetzen. Dies ist Gegenstand von Abschnitt 16.5 ab Seite 761.

Das Modul testen

Nachdem das Modul erzeugt wurde, kann es dann getestet werden:

```
farid@sun-1:~/p/ST/Beam> make test
PERL_DL_NONLAZY=1 /usr/local/bin/perl -Iblib/arch -Iblib/lib
-I/usr/local/lib/perl5/5.00553/i86pc-solaris
-I/usr/local/lib/perl5/5.00553 test.pl
1..7
ok 1
hold your breath... done!
ok 2
beaming back... done!
ok 3
can't find any bug, cap'tin!
ok 4
breaking... turn around... back!
ok 5
loading config...
crunching config...
saving config: config
activating config
ok 6
(map 'extract (sort 'by-dna (map 'combine cells)))
ok 7
```

Natürlich hätten wir die umgeleiteten Ausgaben aus STDERR nicht benötigt:

```
farid@sun-1:~/p/ST/Beam> make test 2> /dev/null
PERL_DL_NONLAZY=1 /usr/local/bin/perl -Iblib/arch -Iblib/lib
-I/usr/local/lib/perl5/5.00553/i86pc-solaris
-I/usr/local/lib/perl5/5.00553 test.pl
1..7
ok 1
ok 2
ok 3
ok 4
ok 5
ok 6
ok 7
```

Wunderbar! Das sieht schon mehr nach einem konventionellen Test aus.

Das Modul zum Versand packen

Das Modul ist nun fertig und kann in eine *gzippte* TAR-Datei im CPAN-kompatiblen Format gepackt werden. Dazu rufen Sie *make tardist* auf:

```
farid@sun-1:~/p/ST/Beam> make tardist
rm -rf ST-Beam-0.01
/usr/local/bin/perl -I/usr/local/lib/perl5/5.00553/i86pc-solaris \
-I/usr/local/lib/perl5/5.00553 -MExtUtils::Manifest=manicopy,maniread \
-e "manicopy(maniread(),'ST-Beam-0.01', 'best');"
mkdir ST-Beam-0.01
tar cvf ST-Beam-0.01.tar ST-Beam-0.01
ST-Beam-0.01/
ST-Beam-0.01/Beam.pm
ST-Beam-0.01/Makefile.PL
ST-Beam-0.01/Changes
ST-Beam-0.01/MANIFEST
ST-Beam-0.01/test.pl
rm -rf ST-Beam-0.01
gzip --best ST-Beam-0.01.tar
```

Es ist nun eine Datei *ST-Beam-0.01.tar.gz* angelegt worden. Diese kann jetzt archiviert oder sogar dem CPAN übermittelt werden.

14.6.3 Das Modul installieren

Das Modul haben wir jetzt noch nicht installiert. Die Installation eines Moduls kopiert dieses von seinem Entwicklungsverzeichnis in die auf dem Rechner installierte Perl-Distribution. Dazu benötigen Sie jedoch Schreibrechte auf diese Perl-Verzeichnisse, meist also *root*-Rechte. Bei der Installation eines Moduls stehen Ihnen einige Optionen offen:

- Sie bitten Ihren Systemadministrator, die fertig übersetzten und getesteten Module zu installieren.

- Sie bitten den Perl-Administrator, der eine andere Person als der Systemadministrator sein kann, die Installation für Sie zu vervollständigen.

- Sie sorgen dafür, daß Ihnen Lese- und Schreibrechte auf die *site_perl*-Verzeichnishierarchie gewährt werden. Dies ist aber bei größeren Sites selten sinnvoll und wird nur in Ausnahmefällen geschehen.

- Sie sind selbst Systemadministrator bzw. besitzen das *root*-Paßwort. Dann können Sie problemlos Module installieren.

- Sie setzen den Trick aus Abschnitt 14.7.1 auf Seite 597 ein, um die Module in einem privaten Verzeichnis zu installieren, auf das Sie natürlich völlige Schreibberechtigung haben.

Wir wollen hier die typische Vorgehensweise demonstrieren, wie ein CPAN-kompatibles Perl-Modul ausgepackt, übersetzt, getestet und installiert wird:

```
farid@sun-1:/tmp> tar -zxvf ST-Beam-0.01.tar.gz
ST-Beam-0.01/
ST-Beam-0.01/Beam.pm
ST-Beam-0.01/Makefile.PL
ST-Beam-0.01/Changes
ST-Beam-0.01/MANIFEST
ST-Beam-0.01/test.pl

farid@sun-1:/tmp> cd ST-Beam-0.01
farid@sun-1:/tmp/ST-Beam-0.01> perl Makefile.PL
Checking if your kit is complete...
Looks good
Writing Makefile for ST::Beam

farid@sun-1:/tmp/ST-Beam-0.01> make
mkdir blib
mkdir blib/lib
mkdir blib/lib/ST
mkdir blib/arch
mkdir blib/arch/auto
mkdir blib/arch/auto/ST
mkdir blib/arch/auto/ST/Beam
mkdir blib/lib/auto
mkdir blib/lib/auto/ST
mkdir blib/lib/auto/ST/Beam
mkdir blib/man3
cp Beam.pm blib/lib/ST/Beam.pm
AutoSplitting blib/lib/ST/Beam.pm (blib/lib/auto/ST/Beam)
Manifying blib/man3/ST::Beam.3

farid@sun-1:/tmp/ST-Beam-0.01> make test
PERL_DL_NONLAZY=1 /usr/local/bin/perl -Iblib/arch -Iblib/lib
-I/usr/local/lib/perl5/5.00553/i86pc-solaris
-I/usr/local/lib/perl5/5.00553 test.pl
1..7
ok 1
hold your breath... done!
ok 2
beaming back... done!
ok 3
can't find any bug, cap'tin!
ok 4
breaking... turn around... back!
ok 5
loading config...
crunching config...
saving config: config
activating config
ok 6
(map 'extract (sort 'by-dna (map 'combine cells)))
ok 7
```

Bisher war die Vorgehensweise genauso wie bei der Entwicklung des Moduls. Bitten Sie nun den Systemverwalter, das Modul fertig zu installieren:

```
root@sun-1:/tmp/ST-Beam-0.01> make install
Installing /usr/local/lib/perl5/site_perl/5.00553/ST/Beam.pm
Installing /usr/local/lib/perl5/site_perl/5.00553/auto/\
          ST/Beam/autosplit.ix
Installing /usr/local/lib/perl5/5.00553/man/man3/ST::Beam.3
Writing /usr/local/lib/perl5/site_perl/5.00553/i86pc-solaris/auto/\
          ST/Beam/.packlist
Appending installation info to /usr/local/lib/perl5/5.00553/\
                          i86pc-solaris/perllocal.pod
```

Nun können Sie das Installationsverzeichnis wieder löschen:

```
farid@sun-1:/tmp/ST-Beam-0.01> cd ..
farid@sun-1:/tmp> rm -rf ST-Beam-0.01
```

Nun sind Sie fertig! Sie können beispielsweise die Dokumentation des Moduls als Manual-Seite anfordern:

```
farid@sun-1:~> man ST::Beam
```

Sie können auch eine Dokumentation in diversen Formaten erstellen:

```
farid@sun-1:~> perldoc -u ST::Beam > /tmp/ST::Beam.pod
farid@sun-1:~> cd /tmp
farid@sun-1:/tmp> pod2latex ST::Beam.pod
farid@sun-1:/tmp> emacs ST::Beam.tex   # Fuege Dokumentanfang hinzu
farid@sun-1:/tmp> latex ST::Beam
farid@sun-1:/tmp> dvips -E -o ST::Beam.eps ST::Beam
```

Die erzeugte Encapsulated-Postscript-Datei sieht dann wie in Abbildung 14.1 aus.

Natürlich kann auch das Modul benutzt werden:

```
farid@sun-1:~> perl -MST::Beam -e 'beam_me_up()'
beaming back... done!
```

14.7 Tips und Tricks

In den folgenden Abschnitten werden Sie einige fortgeschrittene Tips und Tricks kennenlernen, die Ihnen die Arbeit mit oder das Erstellen von Modulen vereinfachen helfen.

14.7.1 Installation in einem privaten Verzeichnis

Sie haben ein richtig schönes Modul im CPAN entdeckt und wollen es unbedingt ausprobieren. Sie wissen aber, daß Module, um nützlich zu sein, in der Perl-Distribution installiert werden müssen. Dummerweise haben Sie keine Zugriffsrechte auf diese Verzeichnisse, und Ihr Systemadministrator ist entweder nicht erreichbar oder auch nicht

1 ST::BEAM

NAME

ST::Beam — Perl Access to Starfleet Teleporters

SYNOPSIS

```
use ST::Beam;
use ST::Beam qw(reverse_beaming check_transporter
                config_biofilter);

beam_me_down();             # Send me to a planet
beam_me_up();               # Beam me up, Scotty!

reverse_beaming();          # In case of emergency
check_transporter();        # What Scotty really hates
config_biofilter();         # Filter out all human DNA

ST::Beam::schwarzian_transform(); # Too scary...
                                  # Don't try at home!
```

DESCRIPTION

This Perl module talks directly to the SNMP port of Starfleet vessel teleporters. You can now request a teleport from your hypercube laptop with just a few lines of perl.

EXAMPLES

Selfexplanatory. If you don't understand this, consult the engineering hotline under eng-hotline@<your ship name here>

SEE ALSO

perl(1), ST::Beam::*Tractor*(3), ST::*WarpEngine*(3), ST::*TurboLift*(3), Request for Comments RFC 97343 Starfleet Teleport SNMP MIB.

BUGS

The Starfleet Teleport SNMP MIB is a little buggy. You risk under some weird situations a personality split. See also records about Cpt. Jim T. Kirk, USS 1701 and LtCmdr. William Riker, USS 1701-D.

AUTHOR

Farid Hajji <farid.hajji@ob.kamp.net>

Abbildung 14.1: Das ST::Beam-Modul

besonders kooperativ. Jedenfalls kann der letzte Installationsschritt nicht vollendet werden. Wie gehen Sie dabei vor?

Der Ausweg aus diesem Dilemma besteht darin, sich selbst ein privates Verzeichnis dort anzulegen, wo man ausreichende Rechte hat, beispielsweise unterhalb des *Home*-Verzeichnisses. Nehmen wir an, daß dieses Verzeichnis ˜/*templib* wäre.

Damit `make install` das neue Modul auch tatsächlich dorthin installiert, müssen Sie bei der Erzeugung des *Makefile*s eine weitere Option angeben:

```
farid@sun-1:/tmp/File-Sync-0.06> perl Makefile.PL LIB=~/templib
farid@sun-1:/tmp/File-Sync-0.06> make
farid@sun-1:/tmp/File-Sync-0.06> make test
farid@sun-1:/tmp/File-Sync-0.06> make install
Warning: You do not have permissions to install into
         /usr/local/lib/perl5/5.00553/man/man3 at
         /usr/local/lib/perl5/5.00553/ExtUtils/Install.pm line 61.
Installing /export/home/farid/templib/i86pc-solaris/auto/File/\
         Sync/Sync.so
Installing /export/home/farid/templib/i86pc-solaris/auto/File/\
         Sync/Sync.bs
Files found in blib/arch --> Installing files in blib/lib into
                      architecture dependend library tree!
Installing /export/home/farid/templib/i86pc-solaris/File/Sync.pm
Installing /export/home/farid/templib/i86pc-solaris/auto/File/\
         Sync/autosplit.ix
Installing /usr/local/lib/perl5/5.00553/man/man3/File::Sync.3
Writing /export/home/farid/templib/i86pc-solaris/auto/File/\
         Sync/.packlist
Appending installation info to /export/home/farid/templib/\
         i86pc-solaris/perllocal.pod
```

Die Installation hat ja scheinbar geklappt! Damit das Modul nun aber von Anwendungsprogrammen gefunden werden kann, muß ˜/*templib* noch dem Suchpfad hinzugefügt werden. Das soll am besten am Anfang von @INC geschehen, damit auch ganz sicher dieses Modul und nicht ein gleichnamiges aus der Perl-Distribution benutzt wird:

```
show-templib.pl
#!/usr/local/bin/perl -w
# show-templib.pl -- Laedt ein Modul aus einem Privatverzeichnis

use lib "$ENV{'HOME'}/templib";         # Suchpfad erweitern
use File::Sync qw(sync);
sync();
                                                           show-templib.pl
```

Die Dokumentation dieses Moduls wird leider nicht gefunden, da keine Manual-Seiten installiert werden konnten. Auch *perldoc* findet zunächst keine Dokumentation des Moduls `File::Sync`. Dem kann aber leicht begegnet werden:

```
farid@sun-1:~> PERL5LIB=~/templib perldoc File::Sync
```

14.7.2 Schnellerer Start mit `SelfLoader`

Das Problem

Sie haben ein großes Modul mit vielen Hunderten von Funktionen geschrieben. Davon wird aber für jeden einzelnen Programmaufruf zur Laufzeit nur eine kleine Teilmenge benötigt. Trotzdem muß der Perl-Interpreter zunächst alle diese Funktionen parsen und in eine interne Darstellung kompilieren. Dies ist ein erheblicher Aufwand für nur wenige benötigte Funktionen. Die Startzeit des Programms wird durch jede zusätzliche Funktion immer länger. Auch wenn sich die Übersetzungszeiten im Bereich weniger Millisekunden bis hin zu einer oder zwei Sekunden bewegen, ist diese Zeit nicht immer zu vernachlässigen.

Bei Programmen, die nur relativ selten aufgerufen werden bzw. insgesamt länger laufen, kann dieser Overhead noch toleriert werden. Es gibt jedoch auch Programme, die sehr häufig aufgerufen werden und möglichst schnell eine Antwort erzeugen müssen. Man denke nur an CGI-Skripten, beispielsweise für die allseits beliebten Hitzähler oder die sehr unbeliebten Werbebanner. Solche Skripten können und sollten sich nicht erst mühsam durch ein Dickicht an „unnötigen" Funktionen wühlen, nur um einen winzigen Bruchteil davon dann auch wirklich zu verwenden. Vielmehr sollten diese Programme so schnell wie möglich starten und wieder enden.

Die Lösung

Eine mögliche Lösung besteht darin, die Funktionen hinter dem reservierten Schlüsselwort `__DATA__` zu hinterlegen und es dem `SelfLoader`-Standardmodul überlassen, benötigte Funktionen zur Laufzeit von dort einzulesen und zu parsen.

```
package MyModule;

require Exporter;
require SelfLoader;        # Dieser wird nun benoetigt.
                           # Bei normalen Programmen,
                           # die keine Module sind:
                           # use SelfLoader;

@ISA = qw(Exporter);       # Kein AutoLoader mehr
                           # Von SelfLoader braucht nicht
                           # geerbt zu werden

@EXPORT    = qw ( ... );   # Unbedingter Export
@EXPORT_OK = qw ( ... );   # Bedingter Export

# Hier Funktionen, die immer geparst werden muessen
sub always_needed1 { ... }
sub always_needed2 { ... }

# Ende der "normalen" Datei
1;
```

```
__DATA__
# Hier Funktionen, die nur manchmal benoetigt werden
sub sometimes_needed1 { ... }
sub sometimes_needed2 { ... }
...
```

Bei der Verwendung dieses Moduls mit use MyModule; werden nur die Funktionen geparst, die vor dem __DATA__-Symbol standen. Alle anderen Funktionen werden erst zur Laufzeit bei Bedarf geparst und geladen.

> **Achtung!** *Da die Funktionen hinter dem __DATA__ zur Kompilierzeit nicht geladen werden, sondern erst zur Laufzeit, können Fehler nicht sofort beim Start des Programms erkannt werden, sondern möglicherweise viel später während der Ausführung. Dies kann ein Sicherheitsrisiko darstellen. Es ist daher besser, während der Entwicklung das Schlüsselwort __DATA__ zunächst einmal wegzulassen, damit alle Funktionen grundsätzlich geparst werden. Erst später kann __DATA__ wieder eingefügt werden, wenn sichergestellt wurde, daß das Programm ohne Probleme gestartet ist und daher auch von Syntaxfehlern in allen Funktionen frei ist.*

Übrigens verwendet der SelfLoader die package-eigene AUTOLOAD()-Funktion, die wir in Abschnitt 11.5.6 ab Seite 340 kennengelernt haben. Eine zur Laufzeit nicht gefundene Funktion wird durch AUTOLOAD() aus dem Bereich nach dem __DATA__ gelesen und mit eval() ausgewertet, also geparst.

Mehr Informationen über den SelfLoader finden Sie auf der Manual-Seite *man SelfLoader*.

14.7.3 Mit AutoLoader weniger laden

Das Standardmodul AutoLoader hat einen ähnlichen Zweck wie SelfLoader (siehe Abschnitt 14.7.2). Allerdings werden hier die erst zur Laufzeit zu ladenden Funktionen aus individuellen Dateien gelesen. Das bedeutet, daß die Ladezeit Ihres Programms unter Umständen beschleunigt wird, da deutlich weniger Inhalt zu lesen ist als im Falle des SelfLoaders. Allerdings triggert jeder *erste* Zugriff auf eine noch unbekannte Funktion einen Lesezugriff auf die Datei, in der diese Funktion nun untergebracht ist. Das kann bei vielen zu ladenden Dateien langsamer sein als beim SelfLoader. Sie müssen also von Fall zu Fall entscheiden (z.B. mit einer konkreten Zeitmessung oder einem Benchmark-Test mit dem Benchmark-Standardmodul), welche der beiden Methoden für Ihre spezielle Anwendung nun schneller ist. Vergessen Sie auch nicht, die Zeit ohne SelfLoader und AutoLoader zu messen!

Wie wird nun AutoLoader benutzt?

- Sie hinterlegen alle Funktionsdefinitionen, die zur Laufzeit bei Bedarf geladen werden sollen, unter dem reservierten Schlüsselwort __END__.

- Sie können Ihr Modul entweder von der AutoLoader-Klasse ableiten oder aber einfach nur mit use einlesen.

- Abhängig davon, ob Sie das Verfahren aus Abschnitt 14.6.2, Seite 586, zur Erzeugung einer Modulschablone benutzt haben oder nicht, müssen Sie:
  - manuell das Modul `AutoSplit` benutzen, um die Funktionen, die nach dem `__END__` standen, in eigenen Dateien zu hinterlegen und eine spezielle Indexdatei zu erzeugen, oder
  - nichts weiter tun, wenn Sie die Schablone mit *h2xs* und *ohne* -A-Flag erstellt haben. In diesem Fall wird ein *make* bei der Erzeugung des Moduls automatisch die externen Dateien mit dem `AutoSplit` erzeugen (dank des im Hintergrund eines *make*-Aufrufs agierenden Standardmoduls, das für die Erzeugung des `Makefile` aus `Makefile.PL` verantwortlich ist unter dem Namen `ExtUtils::MakeMaker` bekannt ist). Wir werden im folgenden kurz diese Methode vorführen.

Schauen wir uns also ein Beispiel mit dem `AutoLoader`-Modul an:

```
farid@sun-1:~/p> h2xs -X -n ST::WarpEngine
Writing ST/WarpEngine/WarpEngine.pm
Writing ST/WarpEngine/Makefile.PL
Writing ST/WarpEngine/test.pl
Writing ST/WarpEngine/Changes
Writing ST/WarpEngine/MANIFEST
farid@sun-1:~/p> cd ST/WarpEngine
farid@sun-1:~/p/ST/WarpEngine> emacs WarpEngine.pm
```

Das neue Modul sieht wie folgt aus:

```
ST/WarpEngine/WarpEngine.pm
package ST::WarpEngine;

use strict;
use vars qw($VERSION @ISA @EXPORT @EXPORT_OK);

require Exporter;
require AutoLoader;

@ISA       = qw(Exporter AutoLoader);
@EXPORT    = qw( engage disengage energize );
@EXPORT_OK = qw( refuel set_speed );
$VERSION = '0.01';

$ST::WarpEngine::_core_expelled = 0;   # Lokale Modulvariable.
                                       # VORSICHT! NICHT my,
                                       # da der lexikalische
                                       # Sichtbarkeitsbereich
                                       # bei __END__ endet!

1;
__END__

=head1 NAME
```

```
    ST::WarpEngine - Perl access to Starfleet Warp Engines

=head1 SYNOPSIS

  use ST::WarpEngine;
  use ST::WarpEngine qw( refuel set_speed );

  engage();              # Start engine, waits for energize()
  disengage();           # Stop engine
  energize();            # Ignite started warp core

  refuel();              # Fill the antimatter tanks
  set_speed($wfactor);   # Set warp factor,
                         # only while disengage()d

  ST::WarpEngine::self_destruct($password);   # DESTRUCT SHIPS
  ST::WarpEngine::expell_core($password);     # Eject warp core

=head1 DESCRIPTION

This module provides direct access to the warp engine of
Starfleet vessels by talking to their SNMP port using
the Starfleet SNMP MIB II as specified in RFC 32053.

For more Information ask for technical help under
techies@<your vessel here>.

=head1 AUTHOR

Farid Hajji <farid.hajji@ob.kamp.net>

=head1 SEE ALSO

perl(1), ST::Beam(3), RFC 32053 Starfleet SNMP MIB II

=cut

# Hier kommen unsere Funktionen, die erst zur Laufzeit geladen
# werden sollten:
sub engage    { return if $_core_expelled;
                print "engaging warp engine...\n"; }
sub disengage { return if $_core_expelled;
                print "disengaged!\n"; }
sub energize  { return if $_core_expelled;
                print "applying big amounts of energy\n"; }
sub refuel    { return if $_core_expelled;
                print "your antimatter tanks are refueled\n"; }
sub set_speed { return if $_core_expelled;
                print "setting warp factor ", shift(), "\n"; }
sub self_destruct {
    if ($_core_expelled) { print "with what?\n"; return; }
```

```
        my $password = shift;
        return if $password ne 'boom'; # Was fuer ein sicheres Passwort!
        print "self destruction will occurBOOM!!!!\n";
    }
    sub expell_core {
        return if $_core_expelled;
        my $pass = shift;
        return if $password ne 'getitoutquickquick';
        print "expelling core module NOW!\n";
        $_core_expelled = 1;
    }
```
_____ ST/WarpEngine/WarpEngine.pm

In diesem Fall haben wir alle Funktionen hinter dem __END__ definiert, damit sie nicht während des use-Aufrufs unnötig geparst werden.

> **Achtung!** *Lexikalische, d.h. mit my() deklarierte Variablen des Moduls sind für Funktionen hinter dem __END__ leider unsichtbar. Das liegt daran, daß der lexikalische Gültigkeitsbereich nur bis zum Ende des geparsten Codes reicht; mit anderen Worten nur bis zum __END__-Symbol.*
>
> *Dadurch ist es nicht möglich, diese Variablen für das Modul wirklich privat zu machen. Der hier eingeschlagene Ausweg ist die Konvention des vorangestellten Unterstrichs.*
>
> *Es ist auch wichtig, die globalen Variablen mit dem vollen Modulnamen zu qualifizieren, sonst werden sie nicht richtig erkannt.*

Versuchen wir nun, dieses Modul zu erzeugen:

```
farid@sun-1:~/p/ST/WarpEngine> emacs test.pl
farid@sun-1:~/p/ST/WarpEngine> perl Makefile.PL
Checking if your kit is complete...
Looks good
Writing Makefile for ST::WarpEngine
farid@sun-1:~/p/ST/WarpEngine> make
mkdir blib
mkdir blib/lib
mkdir blib/lib/ST
mkdir blib/arch
mkdir blib/arch/auto
mkdir blib/arch/auto/ST
mkdir blib/arch/auto/ST/WarpEngine
mkdir blib/lib/auto
mkdir blib/lib/auto/ST
mkdir blib/lib/auto/ST/WarpEngine
mkdir blib/man3
cp WarpEngine.pm blib/lib/ST/WarpEngine.pm
AutoSplitting blib/lib/ST/WarpEngine.pm
(blib/lib/auto/ST/WarpEngine)
Manifying blib/man3/ST::WarpEngine.3
farid@sun-1:~/p/ST/WarpEngine> make test
PERL_DL_NONLAZY=1 /usr/local/bin/perl -Iblib/arch -Iblib/lib \
```

14.7 Tips und Tricks

```
        -I/usr/local/lib/perl5/5.00553/i86pc-solaris \
        -I/usr/local/lib/perl5/5.00553 test.pl
    1..1
    ok 1
    sorry, no custom tests provided as of version 0.01
    farid@sun-1:~/p/ST/WarpEngine> make tardist
```

Bisher war wenig Interessantes zu sehen. Der einzige Hinweis ist hier, daß das *Auto-Splitting* d.h. das Modul `AutoSplit` auf die `.pm`-Datei angewendet wurde. Das Ziel-Verzeichnis *auto* wird später bei der Installation an die richtige Stelle der Perl-Distribution kopiert.

Nun ist es an der Zeit, das Modul auch wirklich zu installieren. Werden, wie erwartet, mehrere Dateien, also eine pro Funktion installiert? Ja:

```
    root@sun-1:~/p/ST/WarpEngine> make install
    Installing /usr/local/lib/perl5/site_perl/5.00553/ST/WarpEngine.pm
    Installing /usr/local/lib/perl5/site_perl/5.00553/\
                    auto/ST/WarpEngine/engage.al
    Installing /usr/local/lib/perl5/site_perl/5.00553/\
                    auto/ST/WarpEngine/disengage.al
    Installing /usr/local/lib/perl5/site_perl/5.00553/\
                    auto/ST/WarpEngine/energize.al
    Installing /usr/local/lib/perl5/site_perl/5.00553/\
                    auto/ST/WarpEngine/refuel.al
    Installing /usr/local/lib/perl5/site_perl/5.00553/\
                    auto/ST/WarpEngine/set_speed.al
    Installing /usr/local/lib/perl5/site_perl/5.00553/\
                    auto/ST/WarpEngine/self_destruct.al
    Installing /usr/local/lib/perl5/site_perl/5.00553/\
                    auto/ST/WarpEngine/expell_core.al
    Installing /usr/local/lib/perl5/site_perl/5.00553/\
                    auto/ST/WarpEngine/autosplit.ix
    Installing /usr/local/lib/perl5/5.00553/man/man3/ST::WarpEngine.3
    Writing    /usr/local/lib/perl5/site_perl/5.00553/\
                    i86pc-solaris/auto/ST/WarpEngine/.packlist
    Appending installation info to /usr/local/lib/perl5/5.00553/\
                    i86pc-solaris/perllocal.pod
```

Sehr interessant! Schauen wir uns noch einmal kurz einige der installierten Dateien an:

```
    .../auto/ST/WarpEngine/autosplit.ix
    # Index created by AutoSplit for blib/lib/ST/WarpEngine.pm
    #       (file acts as timestamp)
    package ST::WarpEngine;
    sub engage ;
    sub disengage ;
    sub energize ;
    sub refuel ;
    sub set_speed ;
    sub self_destruct ;
```

```
    sub expell_core ;
    1;
```
_____   .../auto/ST/WarpEngine/autosplit.ix

Das ist die Indexdatei, die vor allem beim Prototyping benötigt wird.

.../auto/ST/WarpEngine/engage.al _____
```
# NOTE: Derived from blib/lib/ST/WarpEngine.pm.
# Changes made here will be lost when autosplit again.
# See AutoSplit.pm.
package ST::WarpEngine;

#line 63 "blib/lib/ST/WarpEngine.pm
#          (autosplit into blib/lib/auto/ST/WarpEngine/engage.al)"
# Hier kommen unsere Funktionen, die erst zur Laufzeit geladen
# werden sollten:
sub engage    { return if $_core_expelled;
                print "engaging warp engine...\n"; }
# end of ST::WarpEngine::engage
1;
```
_____   .../auto/ST/WarpEngine/engage.al

engage() ist eine typische extrahierte Funktion. Wir sehen, daß die Datei denselben Namen wie die Funktion hat, die sie enthält. Außerdem gibt es in diesen .al-Dateien immer nur genau eine Funktion.

Mehr Informationen zum `AutoLoader` finden Sie auf der Manual-Seite _man AutoLoader_.

14.7.4 Laden nur bei echtem Bedarf: `autouse`

Sie wissen ja, daß Module, die mit use geladen werden, bereits zur Kompilierzeit geparst werden[4]. Bei größeren Modulen ist die Ladezeit nicht gerade vernachlässigbar. Oft werden jedoch auch Programme geschrieben, die ganze Module nur „vorsichtshalber" mit use laden, aber gelegentlich überhaupt keine Funktion daraus benötigen. In diesem Fall wäre das Laden und Parsen dieser nie benötigten Module ein unnötiger Aufwand gewesen.

Mit Hilfe des Pragmas `use autouse;` läßt sich das Laden eines kompletten Moduls auf später verschieben, so daß es erst bei der erstmaligen Benutzung einer der als Argument angegebenen Funktionen angefordert wird:

```
    use autouse 'MyModule' => qw(func1 func2);
```

Hier wird bei der erstmaligen Benutzung von `func1()` oder `func2()` das gesamte Modul MyModule geladen und geparst.

_____
[4] Mit Ausnahme der durch die Module `SelfLoader` und `AutoLoader` dynamisch geladenen Funktionen, um nur einige zu nennen.

Wie funktioniert `autouse`? Einfach indem es die angegebenen Funktionen durch stubs ersetzt, die dann das entsprechende Modul laden und sich somit selbst durch ihre richtige Implementierungen überschreiben! Übrigens funktioniert `autouse` nur bei expliziter Angabe von Funktionsnamen.

> **Achtung!** *Viele Module enthalten Code, der unbedingt bereits zur Kompilierzeit geparst werden sollte (beispielsweise Initialisierungscode). Dies wird mit `autouse` auf die Laufzeit verschoben, was zu einigen seltsamen Fehlern führen kann. Andererseits kann `autouse` in einigen Situationen eine gute Zeitersparnis bedeuten. Sie müssen von Fall zu Fall entscheiden, wie Sie vorgehen wollen.*

Weitere Informationen zu `autouse` finden Sie in *man autouse*.

14.8 Standardmodule

Im Gegensatz zu den benutzerdefinierten Modulen, die wir in den vorigen Abschnitten betrachtet haben, müssen Sie ein Standardmodul nicht definieren. Es handelt sich dabei um Module, die in jeder Perl-Distribution enthalten sind und direkt verwendet werden können. In den folgenden Abschnitten werden wir die Standardmodule kennenlernen und grob in Kategorien zusammenfassen.

14.8.1 Was sind Standardmodule?

Standardmodule sind Module, die mit der aktuellsten Perl-Distribution zusammen ausgeliefert werden. Sie können davon ausgehen, daß sämtliche Standardmodule für eine bestimmte Version zur Verfügung stehen. Das ist bei Zusatzmodulen, beispielsweise aus dem CPAN, nicht immer so.

Standardmodule sind auch Module, die ihre Nützlichkeit und Stabilität über einen längeren Zeitraum bei vielen Perl-Anwendern (die zur *Perl Community* gehören) unter Beweis gestellt haben. Viele dieser Module waren früher CPAN-Module. Wenige von ihnen schaffen es, den Status des Standardmoduls zu erlangen. Die in diesem Abschnitt kurz vorgestellten Module haben es geschafft[5]. Es ist damit zu rechnen, daß in Zukunft weitere nützliche Module aus dem CPAN Bestandteil der Perl-Distribution werden und somit ebenfalls zu Standardmodulen avancieren werden.

14.8.2 Alte `.pl`-Libraries

Im Verzeichnis der Standardmodule werden Ihnen noch folgende Dateien mit der Endung `.pl` begegnen:

```
abbrev.pl  assert.pl  bigfloat.pl  bigint.pl  bigrat.pl  cacheout.pl  chat2.pl
complete.pl  ctime.pl  exceptions.pl  fastcwd.pl  find.pl  finddepth.pl
flush.pl  ftp.pl  getcwd.pl  getopt.pl  getopts.pl  hostname.pl  importenv.pl
look.pl  newgetopt.pl  open2.pl  open3.pl  pwd.pl  shellwords.pl  stat.pl
syslog.pl  tainted.pl  termcap.pl  timelocal.pl  utf8_heavy.pl  validate.pl
```

---

[5] Stand: Perl 5.005_53

Es handelt sich dabei um alte Library-Dateien, die hauptsächlich von Perl4-Programmen benutzt wurden, als es noch keine richtigen Module gab. Die meisten dieser Dateien wurden mittlerweile durch neuere Module mit der Endung .pm ersetzt. Die .pl-Dateien sind nur noch aus Gründen der Rückwärtskompatibilität mit alten Skripten hier enthalten.

14.8.3 Kategorien von Standardmodulen

Im folgenden werden wir die Standardmodule nach Kategorien geordnet in Tabellen zusammenfassen und ein klein wenig darüber sagen. Eine sehr gute Übersicht mit Beispielen kann in [97] gefunden werden. Natürlich sind auch alle Standardmodule gut dokumentiert. Rufen Sie einfach die entsprechende Manual-Seite auf, um mehr Details über ein spezielles Modul zu erfahren.

Grobklassifizierung der Standardmodule

Die Tabelle 14.1 faßt die Standardmodule in grobe Kategorien zusammen. Wir werden noch die einzelnen Module auf den nachfolgenden Seiten extra erwähnen.

Kategorie	Module
Pragmas	attrs, autouse, base, blib, constant, diagnostics, fields filetest, integer, less, lib, locale, ops, overload, re sigtrap, strict, subs, utf8, vars, warning
Diverses	Benchmark, CPAN, CPAN::Nox, CPAN::FirstTime, Carp Config, English, Env, Fatal, Getopt::Std, Getopt::Long I18N::Collate, Shell, Symbol, Sys::Syslog
Zeit	Time::gmtime, Time::Local, Time::localtime, Time::tm
Dateien	Cwd, DirHandle, FileCache, FileHandle, FindBin SelectSaver, File::Basename, File::CheckTree File::Compare, File::Copy, File::DosGlob, File::Find File::Path, File::stat, File::Spec, File::Spec::Mac File::Spec::OS2, File::Spec::UNIX, File::Spec::VMS File::Spec::Win32
IO	IO, IO::File, IO::Handle, IO::Pipe IO::Seekable, IO::Select, IO::Socket
Texte	Pod::Html, Pod::Text, Pod::Functions, Search::Dict Term::Cap, Term::Complete, Term::ReadLine Text::Abbrev, Text::ParseWords, Text::Soundex Text::Tabs, Text::Wrap, Data::Dumper

Forsetzung auf der nächsten Seite

Fortsetzung

Kategorie	Module
DBM	AnyDBM_File, DB_File, GDBM_File, NDBM_File, ODBM_File, SDBM_File
Math	Math::BigFloat, Math::BigInt, Math::Complex, Math::Trig
IPC	IPC::Msg, IPC::Open2, IPC::Open3, IPC::Semaphore, IPC::SysV
Netze	Net::Ping, Net::hostent, Net::netent, Net::protoent, Net::servent, Socket, Sys::Hostname, User::grent, User::pwent
CGI	CGI, CGI::Apache, CGI::Carp, CGI::Cookie, CGI::Fast, CGI::Push, CGI::Switch
Module, OOP	Exporter, Class::Struct, UNIVERSAL
Bindung	Tie::Array, Tie:StdArray, Tie::Handle, Tie::Hash, Tie::StdHash, Tie::RefHash, Tie::SubstrHash, Tie::Scalar, Tie::StdScalar
Lader	AutoLoader, AutoSplit, Devel::SelfStubber, DynaLoader, SelfLoader
Erweiterungsmodule	ExtUtils::Install, ExtUtils::Liblist, ExtUtils::MakeMaker, ExtUtils::Command, ExtUtils::Embed, ExtUtils::Installed, ExtUtils::Manifest, ExtUtils::Miniperl, ExtUtils::Mkbootstrap, ExtUtils::MM_OS2, ExtUtils::MM_Unix, ExtUtils::MM_VMS, ExtUtils::MM_Win32, ExtUtils::Mksymlists, ExtUtils::Packlist, ExtUtils::testlib
System	Errno, Fcntl, Opcode, POSIX, Safe, Test, Test::Harness
Compiler	B, B::Asmdata, B::Assembler, B::Bblock, B::Bytecode, B::C, B::CC, B::Debug, B::Deparse, B::Disassembler, B::Lint, B::Showlex, B::Terse, B::Xref, O

Tabelle 14.1: Klassifikation der Standardmodule von Perl

Pragmas

Tabelle 14.2 zeigt die Pragmas der Perl-Interpreters. Diese sind wie andere Module auch mit use zu aktivieren und mit no zu deaktivieren (wo das möglich ist).

Informationen zu Pragmas finden Sie in *man perlmod* und *man perlmodlib* sowie in der eigenen Manual-Seite des entsprechenden Pragmas.

Pragma	Bedeutung
attrs	Setzt und holt Attribute einer Subroutine.
autouse	Verschiebt das Parsen, bis die Funktion benötigt wird.
base	Stellt eine *IS-A*-Beziehung zu Basisklassen zur Kompilierzeit her.
blib	Durchsucht uninstallierte Module.
constant	Deklariert unveränderliche Konstanten.
diagnostics	Erkärt ausführlich die Perl-Fehlermeldungen.
fields	Deklariert Klassenfelder zur Kompilierzeit.
filetest	Beeinflußt Dateitestoperatoren.
integer	Integer-Arithmetik statt der Default-Double-Arithmetik.
less	Verlangt weniger vom Interpreter (*nicht implementiert*).
lib	Erweitert Suchpfad @INC zur Kompilierzeit.
locale	Schaltet lokale Einstellungen ein/aus (Umlaute!).
ops	Schränkt unsichere Operationen zur Kompilierzeit ein.
overload	Überlädt Operatoren mit eigenen Funktionen.
re	Verändert das Verhalten der regulären Ausdrücke.
sigtrap	Installiert Signalhandler zum Abfangen von Signalen.
strict	Verhindert unsaubere Programmiermethoden.
subs	Vorwärtsdeklaration von Subroutinen
utf8	Schaltet UTF-8- und Unicode-Unterstützung ein bzw. aus.
vars	Prädeklariert globale Variablen, wg. use strict; und -w
warning	Schaltet einige oder alle Warnungen ein bzw. aus.

Tabelle 14.2: Die Pragmas des Perl-Interpreters

Diverse Module

Tabelle 14.3 enthält eine Zusammenfassung der Module, die in keiner anderen Kategorie untergebracht werden konnten.

Modul	Bedeutung
Benchmark	Führt Benchmarks auf Code-Chunks aus.
CPAN	Lädt und installiert Module aus dem CPAN automatisch.
CPAN::Nox	Benutzt CPAN ohne jegliche XS-Erweiterung.
CPAN::FirstTime	Utility für CPAN::Config
Carp	Gibt Fehlermeldungen aus.
Config	Zugriff auf die Konfigurationsdaten von Perl
English	Lange Namen für reservierte Variablen
Env	Importiert Umgebungsvariablen statt %ENV.
Fatal	Funktionen sollen durch die()-Fehler melden.
Getopt::Long	Kommandozeilenoptionen (Flags) mit mehreren Zeichen
Getopt::Std	Kommandozeilenoptionen (Flags) mit einem Zeichen
I18N::Collate	cmp()-Einstellungen nach locale
Shell	Führt Shellkommandos innerhalb von Perl transparent aus.
Symbol	Anonyme Symbole und Qualifizierungen
Sys::Syslog	Zugriff auf die syslog(3)-Aufrufe

Tabelle 14.3: Standardmodule: Diverses

Zeitfunktionen

Funktionen zur Manipulation von Datum und Zeit sind in Tabelle 14.4 zusammengefaßt.

Modul	Bedeutung
Time::gmtime	Einfache Schnittstelle zur Funktion gmtime()
Time::Local	Berechnet time() aus *YYYY/MM/TT/HH/MM/SS*.
Time::localtime	Einfache Schnittstelle zur Funktion localtime()
Time::tm	*Nicht benutzen!* Internes Objekt

Tabelle 14.4: Standardmodule: Datums- und Zeitfunktionen

Module zur Bearbeitung von Dateien

Tabelle 14.5 enthält die Module zur Bearbeitung von Dateien und für die Ein- und Ausgabe.

Modul	Bedeutung
Cwd	Liefert das aktuelle Verzeichnis.
DirHandle	OO-Zugriff auf Directoryhandles
FileHandle	OO-Zugriff auf Filehandles
FileCache	Öffnet mehr Dateien, als erlaubt.
FindBin	Findet Verzeichnis des Perl-Skripts.
SelectSaver	Speichern und Laden selektierter Filehandles
File::Basename	Datei- und Pfadnamen parsen und zerlegen
File::CheckTree	Dateitests auf einem Verzeichnisbaum
File::Compare	Vergleicht Dateien oder Filehandles.
File::Copy	Kopiert Dateien oder Filehandles.
File::DosGlob	DOS-artiges Globbing etc.
File::Find	Traversiert einen Verzeichnisbaum nach DFS.
File::Path	Erzeugt oder löscht eine Liste von Verzeichnissen.
File::stat	Einfache Schnittstelle zur Funktion stat()
File::Spec	Plattformunabhängige Datei- und Pfadnamen: File::Spec::Mac, File::Spec::OS2, File::Spec::Unix File::Spec::VMS, File::Spec::Win32.

Tabelle 14.5: Standardmodule zur Dateimanipulation

Die neuen IO-Module

Tabelle 14.6 zeigt die neuen Standardmodule, die diversen Handles eine objektorientierte Schnittstelle verleihen.

Daten- und Textverarbeitung

Tabelle 14.7 faßt die Module zur Bearbeitung von Texten und beliebigen Datenstrukturen zusammen.

Zugriff auf DBM-Dateien

Tabelle 14.8 faßt die tie()-Module zum transparenten Zugriff auf diverse DBM-Dateien zusammen.

Modul	Bedeutung
IO	Lädt verschiedene andere IO-Module.
IO::Handle	Basisklasse für Ein-/Ausgabe-Handles
IO::Seekable	Basisklasse für seek()able Handles
IO::Select	OO-Methoden zum select()-Systemaufruf auf IO::Handle-abgeleitete Objekte
IO::Pipe	OO-Methoden für Pipes
IO::File	OO-Methoden für Filehandles. Erbt von IO::Handle und IO::Seekable.
IO::Socket	OO-Methoden für Sockets. Erbt von IO::Handle und benutzt Socket.

Tabelle 14.6: Standardmodule: Die IO::*-Hierarchie

Modul	Bedeutung
Pod::Html	Konvertiert POD-Dateien nach HTML.
Pod::Text	Konvertiert POD-Dateien nach ASCII.
Pod::Functions	Listet alle aktuellen Perl-Funktionen auf.
Search::Dict	Schlüsselsuche in einem Dictionary
Term::Cap	Zugriff auf die *termcap*
Term::Complete	Automatische Ergänzung von Wörtern
Term::ReadLine	Zugriff auf *readline(3)*-Libraries
Text::Abbrev	Erzeugt Abkürzungsliste aus Wortliste.
Text::ParseWords	Parst Text in eine Liste von Tokens.
Text::Soundex	Liefert den Soundex-Code zu einem Wort.
Text::Tabs	Expandiert und unexpandiert Tabulatoren.
Text::Wrap	Zeilenumbruch langer Zeilen im Absätze
Data::Dumper	Stringifiziert komplexe Datenstrukturen.

Tabelle 14.7: Standardmodule: Textmanipulation

Modul	Bedeutung
AnyDBM_File	Allgemeiner Rahmen für diverse DBM-Dateiformate
DB_File	Zugriff auf Dateien im Berkeley DB-Format
GDBM_File	Zugriff auf GDBM-Dateien
NDBM_File	Zugriff auf NDBM-Dateien
ODBM_File	Zugriff auf ODBM-Dateien
SDBM_File	Zugriff auf SDBM-Dateien (immer vorhanden)

Tabelle 14.8: Standardmodule: DBM-Schnittstellen

Mathematische Module

Tabelle 14.9 faßt die Standardmodule mit mathematischer Funktionalität zusammen.

Modul	Bedeutung
Math::BigFloat	Floating-Point-Zahlen beliebiger Genauigkeit
Math::BigInt	Integer mit beliebiger Stellenzahl
Math::Complex	Komplexe Zahlen
Math::Trig	Trigonometrische Funktionen
POSIX	Enthält viele mathematischen Funktionen.

Tabelle 14.9: Standardmodule: Mathematik

Interprozeßkommunikationsmodule

Tabelle 14.10 zeigt die Standardmodule zur Interprozeßkommunikation an.

Modul	Bedeutung
IPC::Msg	Unix System V Message-Queues
IPC::Semaphore	Unix System V Semaphoren
IPC::SysV	Unix System V IPC-Konstanten für ftok()
IPC::Open2	Prozeß zum Lesen und Schreiben
IPC::Open3	Prozeß zum Lesen und Schreiben mit STDERR

Tabelle 14.10: Standardmodule zur Interprozeßkommunikation

Netze und DNS/NIS/YP-Zugriffe

Tabelle 14.11 faßt die Standardmodule zusammen, die auf sowohl auf das Netz als auch auf die Unix-Text-, DNS- und NIS-Datenbanken zugreifen.

Modul	Bedeutung
`Net::Ping`	Prüft die Erreichbarkeit fremder Hosts.
`Net::hostent`	Einfache Schnittstelle zu den `gethost*()`-Funktionen
`Net::protoent`	Einfache Schnittstelle zu den `getproto*()`-Funktionen
`Net::servent`	Einfache Scnittstelle zu den `getserv*()`-Funktionen
`Socket`	Die <*socket.h*>-Funktionen und -Manipulatoren von Perl
`Sys::Hostname`	Versucht alles, um den Hostnamen zu ermitteln.
`User::grent`	Einfache Schnittstelle zu den `getgr*()`-Funktionen
`User::pwent`	Einfache Schnittstelle zu den `getpw*()`-Funktionen

Tabelle 14.11: Standardmodule zu Netzen, DNS und NIS/YP

CGI-Standardmodule

Tabelle 14.12 faßt die Standardmodule zur CGI-Programmierung zusammen.

Modul	Bedeutung
`CGI`	Das berühmte `CGI.pm`-Modul
`CGI::Apache`	Ersatz für `CGI.pm` bei Apache `mod_perl`
`CGI::Carp`	Sendet Fehlermeldungen nach Fehlerlog oder Browser.
`CGI::Cookie`	Persistenz mit Netscape-Cookies
`CGI::Fast`	Schnittstelle zu *FastCGI*
`CGI::Push`	Schnittstelle zum Server-Push
`CGI::Switch`	Versucht, verschiedene CGI-Module zu laden.

Tabelle 14.12: Standardmodule zur CGI-Programmierung

Modulerzeugung und objektorientierte Programmierung

Tabelle 14.13 zeigt die Standardmodule, die zur Erstellung von Modulen oder bei der objektorientierten Programmierung benutzt werden können.

Modul	Bedeutung
`Exporter`	Basisklasse zur Namensraumverwaltung mit `@EXPORT` und `@EXPORT_OK`
`Class::Struct`	Erzeugt C-artige Strukturen in Perl mit automatisch erzeugten Akzessormethoden
`UNIVERSAL`	Basisklasse für alle Klassen

Tabelle 14.13: Standardmodule zur Modulerstellung und OOP

Standardmodule zur Variablenbindung

Tabelle 14.14 zeigt die Standardmodule zur Variablenbindung. Einige dieser Module können als Basisklasse zur Erleichterung der Bindung verwendet werden.

Modul	Bedeutung
`Tie::Array`	Basisklasse für `tie()`ed Arrays
`Tie::StdArray`	Wie `Tie::Array` mit noch mehr Methoden
`Tie::Handle`	Basisklasse für `tie()`ed Handles
`Tie::Hash`	Basisklasse für `tie()`ed Hashes
`Tie::StdHash`	Hat noch mehr Methoden als `Tie::Hash`.
`Tie::RefHash`	Erlaubt Referenzen als Hashschlüssel.
`Tie::Scalar`	Basisklasse für `tie()`ed Skalare
`Tie::StdScalar`	Wie `Tie::Scalar` mit noch mehr Methoden
`Tie::SubstrHash`	Hashing von Tabellen fester (Key-)Länge

Tabelle 14.14: Standardmodule zur Variablenbindung

Funktionenlader

Tabelle 14.15 zeigt die Module, die Funktionen erst zur Laufzeit laden, parsen oder binden.

Erweiterungsmodule

Tabelle 14.16 zeigt die Erweiterungsmodule, die gern von Entwicklern eingesetzt werden.

Der Perl-Compiler

Der experimentelle Perl-Compiler *perlcc* fügte eine Menge neuer Module der Standarddistribution hinzu. Als dieses Buch geschrieben wurde, stand noch nicht fest, welche

14.8 Standardmodule

Modul	Bedeutung
AutoLoader	Lädt Subroutinen bei Bedarf aus externen Dateien.
AutoSplit	Bereitet ein Modul für AutoLoader vor.
Devel::SelfStubber	Stub-Generator für SelfLoading-Module
DynaLoader	Lädt dynamisch C-Routinen in Perl.
SelfLoader	Lädt Subroutinen bei Bedarf aus derselben Datei.

Tabelle 14.15: Standardmodule: Funktionenlader

Modul	Bedeutung
ExtUtils::Command	Ersetzt bekannte Unix-Kommandos in Makefiles.
ExtUtils::Embed	Funktionen zur Einbettung von Perl in C/C++
ExtUtils::Install	Installiert Dateien.
ExtUtils::Installed	Verwaltung bereits installierter Module
ExtUtils::Packlist	Verwaltet .packlist-Dateien.
ExtUtils::Liblist	Liste zu verwendender Bibliotheken
ExtUtils::MakeMaker	Erzeugt ein Makefile.PL.
ExtUtils::Manifest	Erzeugt oder überprüft MANIFEST-Dateien.
ExtUtils::Miniperl	Schreibt C-Code für perlmain.c.
ExtUtils::Mkbootstrap	Erzeugt Bootstrap für DynaLoader.
ExtUtils::Mksymlists	Erzeugt Linkeroptionen für DynaLoader.
ExtUtils::MM_*	Werden von ExtUtils::MakeMaker benötigt.
ExtUtils::testlib	Fügt blib/*-Verzeichnisse zu @INC hinzu.

Tabelle 14.16: Standardmodule: Erweiterungen und Entwicklung

Module nun Teil des Compilers bleiben würden, welche noch hinzukommen sollten und welche später wieder verschwinden würden. Dennoch folgt in Tabelle 14.17 ein Snapshot der Perl-Version 5.005_53.

Systemmodule

Tabelle 14.18 zeigt die Standardmodule, die viele systemabhängige und sonstige Funktionen bereitstellen.

Modul	Bedeutung
B	Der Perl-Compiler
B::Asmdata	Autogenerierte Perl-Datenstrukturen für Bytecode
B::Assembler	Assembliert Perl-Bytecode.
B::Bblock	Durchläuft Grundblöcke.
B::Bytecode	Bytecode-Backend des Perl-Compilers
B::C	C-Backend des Perl-Compilers
B::CC	Optimiertes C-Backend des Perl-Compilers
B::Debug	Parst Perl-Code und zeigt Debuginformationen an.
B::Deparse	Perl-Backend des Perl-Compilers
B::Disassembler	Disassembliert Perl-Bytecode.
B::Lint	Ein Perl-*lint*, ähnlich wie erweitertes -w
B::Showlex	Zeigt lexikalische Variablen an.
B::Terse	Parst Perl-Code und zeigt nur wenig Informationen an.
B::Xref	Erzeugt Kreuzreferenzen für Perl-Programme.
O	Generische Schnittstelle zu den Compilerbackends.

Tabelle 14.17: Standardmodule des experimentellen Perl-Compilers

Modul	Bedeutung
Errno	Importiert die E* aus <*errno.h*>.
Fcntl	Lädt Symbole und Funktionen aus <*fcntl.h*>.
Opcode	Schaltet benannte Opcodes aus (siehe Safe).
POSIX	Zugriff auf viele POSIX-Funktionen
Safe	Übersetzt und führt Code in geschützten Bereichen aus.
Test	Rahmen für Testskripten
Test::Harness	Führt Standardtests durch und zeigt Statistiken an.

Tabelle 14.18: Standardmodule: Systemnahe Module

14.9 Module aus dem CPAN

Neben den Standardmodulen der Perl-Distribution stehen Ihnen Tausende weiterer Module im CPAN zur Verfügung. Sie müssen nur wissen, daß es ein Modul oder mehrere Module für Ihre Aufgaben gibt und können diese dann aus dem Netz herunterladen und wie jedes gewöhnliche andere Modul installieren.

In diesem Abschnitt finden Sie eine Übersicht über das CPAN und erhalten einen kleinen Vorgeschmack auf das reichhaltige kostenlose Angebot der Perl-Community. Anschließend werden Sie sehen, wie Module aus dem CPAN heruntergeladen, ausgepackt, übersetzt und schließlich installiert werden. Auch wenn es seltener vorkommt, werden Sie auch sehen, wie ein selbsterstelltes Modul dem CPAN übergeben werden kann, damit auch andere von Ihrer Arbeit profitieren können.

14.9.1 Was ist das CPAN?

CPAN ist zunächst einmal eine Abkürzung :-) Sie steht für *Comprehensive Perl Archive Network* in Anlehnung an das früher schon aufgebaute CTAN, das *Comprehensive TEX Archive Network*. CPAN ist *die* Fundgrube und der Sammelpunkt der gesamten weltweiten Perl-Community. Jedes nur erdenkliche frei verfügbare Perl-Skript oder Modul werden Sie dort finden. Natürlich befinden sich im CPAN auch stets die neueste Version des Perl-Interpreters sowie diverse vorkompilierte Binaries für Ihre Plattform, sollten Sie einmal keinen C-Compiler dafür besitzen.

Wäre das CPAN nur ein einziger Server im Internet, so wäre er hoffnungslos überlastet. Glücklicherweise werden die Inhalte des CPAN weltweit auf vielen FTP-Servern gespiegelt. Jede Änderung an einem der Server wird in kürzester Zeit an die anderen Servern übermittelt, so daß Sie davon ausgehen können, auf jedem CPAN-Server stets denselben Inhalt zu finden.

Die Organisation des CPAN eignet sich sehr gut, um schnell die benötigten Module, Quellcodes, Binaries und Dokumentationen zu finden. Diese Gliederung wird weiter unten auf Seite 620 vorgestellt.

14.9.2 Wo ist das CPAN?

Wo befinden sich nun diese legendären CPAN-Server? Sie haben zwei Möglichkeiten, dies herauszufinden:

- Sie besorgen sich die Liste aller offiziellen CPAN-Server aus der folgenden URL: http://www.perl.com/CPAN/SITES

    Anschließend können Sie mit einem Browser oder FTP-Tool Ihrer Wahl einen der Server auswählen, wobei Sie aus Geschwindigkeits- und Netzlastgründen bemüht sein sollten, den für Sie netzmäßig am nächsten gelegenen Server auszuwählen. In Deutschland würden beispielsweise Universitätsangehörige idealerweise einen Unirechner im DFN-Netz auswählen. Die Verbindung zu einem nahen Server ist stets besser und schneller, was nicht nur die Netzlast verringert, sondern auch die Zeit reduziert, die zur Übertragung großer Dateien benötigt würde, und somit auch die nach wie vor viel zu hohen Telekommunikationsgebühren von Modemnutzern senken hilft.

- Sie verwenden den *CPAN-Multiplexer*, um automatisch zum hoffentlich nächstgelegenen CPAN-Server zu gelangen:

  http://www.perl.com/CPAN/

  Beachten Sie den abschließenden Schrägstrich! Der Multiplexer wählt dann automatisch anhand Ihrer Netzadresse den für Sie am nächsten gelegenen CPAN-Server aus und leitet Sie gleich dahin.

  Wenn Sie den CPAN-Multiplexer in Aktion sehen wollen, können Sie den abschließenden Schrägstrich weglassen:

  http://www.perl.com/CPAN

  In diesem Fall bekommen Sie eine Auswahlmaske mit einer Liste von CPAN-Servern, aus denen Sie einen auswählen können. Abbildung 14.2 zeigt eine solche Auswahlmaske.

  Wenn Ihr FTP-Client bzw. Browser automatische Umlenkungen unterstützt[6], brauchen Sie sich nur noch eine einzige Adresse merken. Wenn Sie beispielsweise die Datei *<CPAN>/doc/FAQs/cgi/perl-cgi-faq.html* benötigen, reicht es aus, folgende URL anzugeben:

  http://www.perl.com/CPAN/doc/FAQs/cgi/perl-cgi-faq.html

14.9.3 CPAN-Übersicht

Nachdem wir nun über das CPAN gesprochen haben, wollen wir mal praktisch sehen, was im CPAN steckt und wie es organisiert ist.

Die oberste Ebene

Auf der obersten Ebene finden Sie einige nützliche Dateien, die allgemein mit der Verwaltung des CPAN zu tun haben, grundlegende Informationen und eine kleine Menge von weiteren Verzeichnissen, die wir gleich betrachten werden. Wenn Sie einen Webbrowser einsetzen, können Sie gleich die .html-Dateien öffnen und mit Hilfe der dortigen Navigationsverweise direkt zu der Stelle springen, die Sie interessiert.

Liste des gesamten Inhalts: ls-lR.gz

Wenn Sie per Modem das CPAN zu erstenmal besuchen, sollten Sie sich die Datei ls-lR.gz herunterladen. Diese Datei ist das komplette Inhaltsverzeichnis des CPAN. Dieses können Sie dann offline erst einmal in Ruhe studieren. Seien Sie jedoch vorgewarnt: Sie brauchen *gzip*, um diese etwa 300 Kbyte große Datei zu entkomprimieren. Dazu rufen Sie unter Unix einfach

```
farid@sun-1:~/> gzip -cd ls-lR.gz | more
```

---

[6] Das ist natürlich der Fall bei allen populären Webbrowsern.

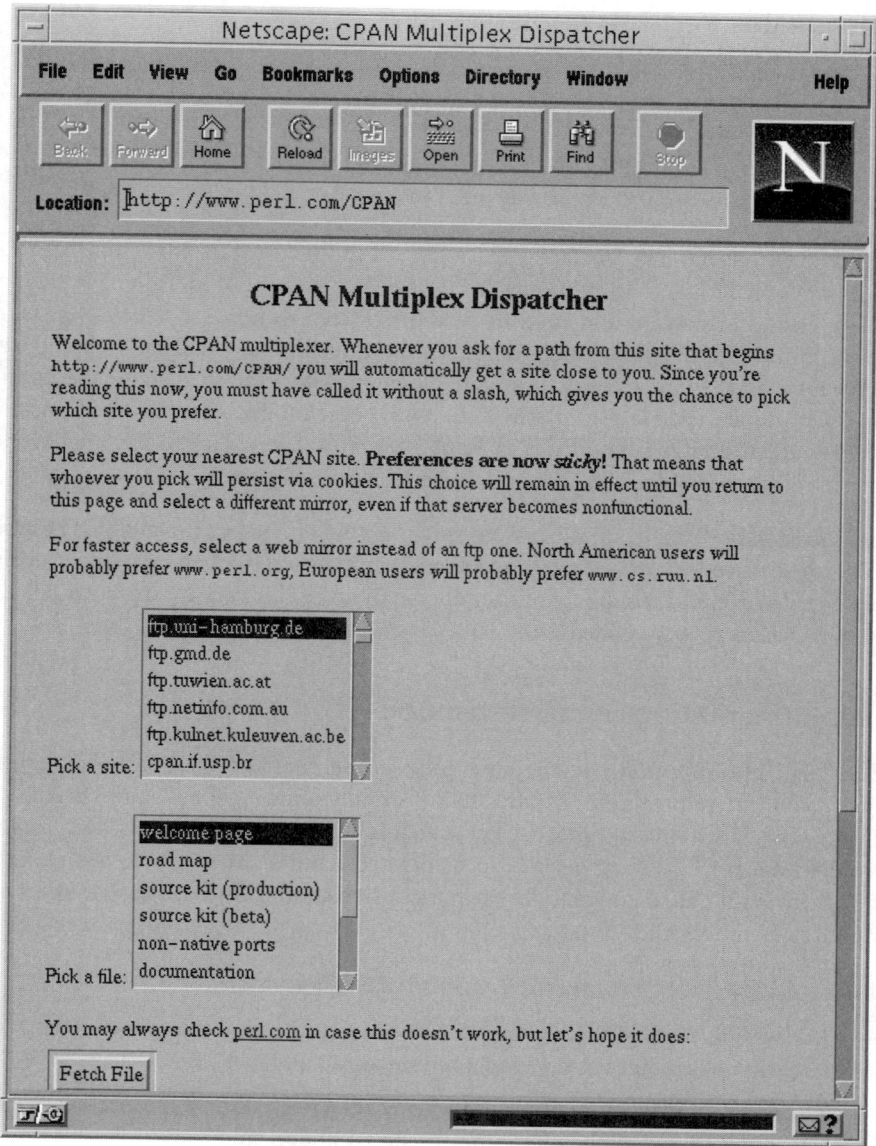

Abbildung 14.2: Eingangsbild des CPAN-Multiplexers

auf. Wenn Sie nicht unter Unix arbeiten, müssen Sie entweder ein *gzip*-Äquivalent downloaden[7] oder Sie laden gleich die unkomprimierte Datei *ls-lR* herunter. Diese war jedoch über 2 Mbyte groß, als dieses Buch geschrieben wurde, und benötigt schon einige Zeit über eine langsame Modemleitung. Natürlich brauchen Sie sich dieser Mühe nicht zu unterziehen, wenn Sie glücklicher Besitzer oder Mitnutzer einer Festverbindung sind.

---

7 Für DOS-Systeme z.B. unter *src/misc/GZIP.EXE* direkt beim CPAN.

Quellcode des Perl-Interpreters: `src/`

In diesem Unterverzeichnis finden Sie insbesondere den Quellcode des aktuellen stabilen Perl-Interpreters und der letzten Entwicklungsversion:

```
http://www.perl.com/CPAN/src/latest.tar.gz
http://www.perl.com/CPAN/src/devel.tar.gz
```

Es handelt sich hierbei um Symlinks, die stets auf die letzte stabile Version bzw. Entwicklungsversion des Perl-Interpreters verweisen. In den meisten Fällen werden Sie *src/latest.tar.gz* downloaden und anschließend übersetzen wollen. *src/devel.tar.gz* ist auf dem jeweils neuesten Entwicklungsstand und könnte mit neuen Bugs behaftet sein. Natürlich sind neue Features dort zu finden, die in *src/latest.tar.gz* noch nicht integriert wurden. Sie müssen aber selbst entscheiden, ob Sie eine möglicherweise noch unstabile Version benutzen und zufällige Bugs in Kauf nehmen wollen. Zu Produktionszwecken sollten Sie selbstverständlich auf die stabile Version zurückgreifen.

Weitere interessante Dateien in diesem Verzeichnis sind einige `.zip`-Dateien. Diese sind modifizierte Quellcodes für *Microsoft*-Systeme. Wenn Sie auf solchen Systemen arbeiten müssen, werden Sie es vorziehen, vorkompilierte Binaries des Perl-Interpreters aus dem *ports/*-Verzeichnis zu verwenden.

Das Dokumentationsverzeichnis: `doc`

Die Perl-Distribution enthält schon eine ganz große Menge von Onlinedokumentation. Jedes von Ihnen installierte Modul stellt ebenfalls seine eigene Dokumentation zur Verfügung. Daher scheint es zunächst keine richtige Berechtigung für ein Dokumentationsverzeichnis auf CPAN zu geben. Doch nicht so schnell! Im *doc/*-Verzeichis finden Sie auch Informationen, die nicht oder noch nicht Bestandteil der Perl-Distribution oder der Module geworden sind.

- In *doc/FAQs/* finden Sie diverse *frequently asked questions*:
  - In *doc/FAQs/FAQ/* finden Sie das, was auch mit *man perlfaq* der Standarddistribution angezeigt wird. Dies ist redundant.
  - In *doc/FAQs/Meta/* befindet sich die Meta-FAQ. Diese verweist auf weitere FAQs, z.B. was sie behandeln und wo sie zu finden sind.
  - In *doc/FAQs/cgi/* können Sie vieles zu CGI und WWW lernen. Besondere Leckerbissen sind hier die *perl-cgi-faq.html* und *www-security-faq.html*.
  - In *doc/FAQs/nt/* sind Informationen zur *Microsoft Windows NT*-Version von Perl enthalten: *perlwin32faq.html*.
  - In *doc/FAQs/tk/* finden Sie die Tk-, genauer die Perl/Tk- bzw. pTk- (Portable Tk-) FAQ *ptkFAQ.html*.
  - In *doc/FAQs/www/* sind diverse Details zur WWW-Programmierung enthalten.

14.9 Module aus dem CPAN

- *doc/FMTEYEWTK/* ist eine besonders nützliche Sammlung von Unterlagen, die Tom Christiansen und andere zusammengestellt haben. Dieses Kürzel steht für *Far More Than Everything You Ever Wanted To Know*. Es gibt eine gewisse Überschneidung zwischen dieser Serie und den *man perl**-Manual-Seiten der Perl-Distribution. Vieles, was jetzt in den Manualpages ist, kam ursprünglich aus dieser Serie.

- *doc/manual/* ist nochmals das Online-Manual zum schnellen Nachschlagen für alle, die die Manual-Seiten nicht auf ihrem Rechner finden können. Sie können das Manual in diversen Formaten anfordern:

    ```
    http://www.perl.com/CPAN/doc/manual/html
    http://www.perl.com/CPAN/doc/manual/pod
    http://www.perl.com/CPAN/doc/manual/postscript
    http://www.perl.com/CPAN/doc/manual/texinfo
    http://www.perl.com/CPAN/doc/manual/text
    ```

    HTML-Seiten einzelnen *Builtins* finden Sie unter:

    ```
    http://www.perl.com/CPAN/doc/manual/html/pod/perlfunc/chomp.html
    ```

    Anstelle von *chomp.html* tragen Sie einfach den Namen Ihrer Funktion ein.

- *doc/misc/* enthält verschiedenste sonstige Informationen:

    - *doc/misc/ancient/* sind alte Informationen aus der Ära vor Perl5. Diese dürften kaum noch von Interesse sein.
    - *doc/misc/books/* enthält den Quellcode der Beispiele aus einigen Perl-Büchern.
    - *doc/misc/license/* enthält *Copying* und *Artistic*, die beiden Lizenzen von Perl. Bequem, wenn Sie per URL darauf verweisen möchen!
    - *doc/misc/tips/* enthält genau das: Tips und Tricks, allerdings vorwiegend alte Informationen.

- *doc/rtfm-mirror/* enthält wieder einige FAQs.

- *doc/wwwman/* enthält die Dokumentation der wichtigsten CGI- und WWW-relevanten Module im HTML-Format. Insbesondere sind dies:

    - *doc/wwwman/CGI-pm/* für das `CGI.pm`-Modul,
    - *doc/wwwman/libnet/* für die diversen `Net::*`-Module,
    - *doc/wwwman/libwww/* für die `LWP::*`-, `HTTP::*`-, `WWW::*`- und ähnliche Module sowie
    - *doc/wwwman/mod_perl/* für das Apache-Perl-Modul.

Vorkompilierte Binaries: `ports`

Im *ports/*-Verzeichnis befinden sich vorkompilierte Binaries des Perl-Interpreters, aber auch einiger Module. Eine Diskussion des Inhalts dieses Verzeichnisses finden Sie in Abschnitt 1.2.1 auf Seite 2. Schauen Sie einfach herein, falls Sie nicht unter Unix arbeiten dürfen!

Alte Skripten: scripts

Im Verzeichnis *scripts/* sind viele Skripten aus Versionen vor Perl5 zusammengestellt. Wenn Sie einmal Lust und Zeit haben, können Sie gerne einen Blick dort riskieren. Beachten Sie jedoch, daß heutzutage nicht mehr so programmiert wird. Zum einen unterstützt Perl5 ja deutlich mehr Features als Perl4. Zum anderen werden echte Skripten heutzutage fertige Module benutzen und geschickt miteinander kombinieren.

Die Autorenverzeichnisse: authors

Jeder, der sich beim CPAN als Modulautor registriert hat, hat Zugriff auf ein persönliches Verzeichnis unterhalb von *authors/*. Dort können dann CPAN-kompatible Module und sonstige Dateien hinterlegt werden. Die CPAN-Administratoren stellen sicher, daß von anderer Stelle per Symlinks auf diese Dateien verwiesen wird. Sie werden sich als Benutzer selten direkt in die Autorenverzeichnisse verirren. Vielmehr werden Sie gelegentlich von woandersher dorthin geführt.

Die Modulfundgrube: modules

Das vielleicht wichtigste Verzeichnis neben *src/* ist *modules/*. Von dort gelangen Sie an die Tausende Module, die das Wissen der gesamten Perl-Community repräsentieren. Da es sich um ein sehr wichtiges Verzeichnis handelt, werden wir es in einem eigenen Abschnitt ab Seite 626 genauer betrachten.

14.9.4 Module vom CPAN holen und installieren

Nun haben Sie das für Sie so wichtige Modul gefunden und wollen es aus dem CPAN holen und installieren. Wie gehen Sie dabei vor?

Modul manuell herunterladen

Zur Installation eines Moduls müssen Sie erst die entsprechende .tar.gz-Datei im CPAN lokalisieren. Wie dies gemacht wird, können Sie in Abschnitt 14.10.1 ab Seite 626 nachlesen. Anschließend benutzen Sie einen FTP-Client oder einen Browser Ihrer Wahl, um das Modul über das Netz herunterzuladen.

Module auspacken

Die .tar.gz-Datei, die Sie im vorigen Schritt heruntergeladen haben, müssen Sie nun auspacken. Dazu geben Sie wie gewohnt folgendes ein:

```
farid@sun-1:~/> tar -zxvf ST-Beam-0.01.tar.gz
```

Funktioniert dies auf Ihrer Unix-Version nicht, haben Sie wahrscheinlich kein GNU *tar*. Dann müssen Sie dann statt dessen folgendes eingeben:

```
farid@rm600:~/> gzip -cd ST-Beam-0.01.tar.gz | tar -xvf -
```

Es entsteht in beiden Fällen ein Unterverzeichnis gleichen Namens wie das Modul. Wir wechseln anschließend dorthin:

```
farid@sun-1:~/> cd ST-Beam-0.01
farid@sun-1:~/ST-Beam-0.01>
```

Module übersetzen und installieren

Vor der Übersetzung des Moduls sollten Sie eine eventuell vorhandene Datei namens README, INSTALL oder auch beide anschauen. Dort sind oft Informationen enthalten, die für die Installation und Benutzung des Moduls relevant sind. Möglicherweise hängt ja dieses Modul von einem anderen Modul ab. Wenn das der Fall sein sollte, würde es normalerweise dort erwähnt. Ist es nötig zu erwähnen, daß in diesem Fall erst die fehlenden Module installiert werden müssen?

Die Vorgehensweise beim Bau und der Installation von Modulen ist immer dieselbe:

```
farid@sun-1:~/ST-Beam-0.01> perl Makefile.PL
farid@sun-1:~/ST-Beam-0.01> make
farid@sun-1:~/ST-Beam-0.01> make test
root@sun-1:~/ST-Beam-0.01> make install
```

Der letzte Schritt sollte von einer ausreichend privilegierten Person durchgeführt werden, damit das übersetzte Modul in die Perl-Distribution kopiert wird. Wenn Sie keine entsprechenden Rechte dafür haben und Ihren Systemadministrator nicht erreichen, können Sie die Vorgehensweise von Seite 597 benutzen.

Abweichungen von dieser Prozedur sind sehr ungern gesehen. Wenn sie jedoch erforderlich sein sollten, werden sie in den README oder INSTALL Dateien stehen. Das ist nur in den seltensten Fällen nötig. Gelegentlich wird von Ihnen erwartet, daß Sie Makefile.PL editieren und erst dann die oben gezeigte Prozedur durchführen.

Alles zusammen mit dem CPAN-Modul

Wenn Ihnen die oben erwähnte Prozedur zu mühsam ist, können Sie auch die hervorragende CPAN-Shell CPAN benutzen. Der Aufruf dieser Shell unterscheidet zwischen einem erste Aufruf und nachfolgenden Aufrufen:

```
farid@sun-1:~> perl -MCPAN -e shell
```

Sie können mit „h" Hilfe anfordern. Das CPAN-Standardmodul holt automatisch die benötigten Module aus dem nächstgelegenen CPAN-Server und kopiert sie in ein dediziertes Verzeichnis. Es ist auch möglich, von der CPAN-Shell aus das Modul direkt zu übersetzen und zu installieren.

Lesen Sie mehr über die CPAN-Shell in *man CPAN*.

14.9.5 Module dem CPAN übermitteln

Nun haben Sie ein schönes Modul geschrieben, haben es mittels *make tardist* in eine CPAN-kompatible `.tar.gz`-Datei gepackt und wollen es nun dem CPAN übermitteln, damit auch die ganze Welt Ihre Arbeit bestaunen kann. Wie gehen Sie dabei vor?

Sie sollten zu allererst folgende URL besuchen und das dort abgelegte Dokument äußerst sorgfältig durchlesen:

```
http://www.perl.com/CPAN/modules/04pause.html
```

Dieses Dokument beschreibt die aktuelle Prozedur zum *Upload* von Modulen beim CPAN. Das Wort *PAUSE* ist ein Akronym für *Perl Authors Upload SErver*. Die Vorgehensweise ändert sich gelegentlich. Aus diesem Grunde verzichten wir hier auf die Wiedergabe einer Zusammenfassung.

14.10 Die CPAN-Modulhierarchie

Ohne eine gute Ordnung wäre das CPAN eine absolut chaotische Sammlung, in der das Finden von Modulen zum Abenteuer werden könnte. Glücklicherweise haben sich die CPAN-Administratoren große Mühe gemacht, die Module sehr übersichtlich in Kategorien zusammenzufassen. Wer jedoch ein Modul sucht, von dem der Name bekannt ist, muß nicht durch die Kategorien wandern, sondern kann direkt zum entsprechenden Modul springen.

14.10.1 Die Struktur des `modules/`-Verzeichnisses

Das Unterverzeichnis *modules/* des CPAN enthält mehrere Verzeichnisse:

- *modules/by-authors/* ist der Einstiegspunkt für Modulautoren. Darunter sind alle Autorenverzeichnisse untergebracht, die letztendlich die einzelnen Module enthalten. Von überall sonst her wird dann auf diese Module verwiesen. Als Autor können Sie Ihr Autorenverzeichnis als eine Art Homeverzeichnis ansehen. Der gemeine Modulbenutzer wird aber eher einen anderen Weg zum gesuchten Modul einschlagen.

- *modules/by-category/* enthält eine Sammlung von anwendungsorientierten Kategorien, die diverse Module enthalten. Diesen Weg schlagen Sie am besten ein, wenn Sie ein Modul für Ihre Anwendung brauchen, aber noch nicht wissen, wie das Modul heißt bzw. welches dafür in Frage kommt.

- *modules/by-module/* enthält pro Modul ein eigenes Verzeichnis, das den gleichen Namen hat wie das Modul selbst. Diese alphabetische Zusammenfassung ist dann am besten geeignet, wenn Sie wissen, wie das Modul heißt, das Sie benötigen.

- *dbperl/*, *misc/* und *perl4/* enthalten alte Skripten, die meist durch modernere Module ersetzt wurden. Wir werden nicht weiter auf diese Verzeichnisse eingehen.

Haben Sie erst ein Modulverzeichnis gefunden, werden Sie feststellen, daß oft mehrere Versionen desselben Moduls existieren. Sie sollten natürlich stets bemüht sein, die neueste Version zu installieren. Informationen finden auch in den .readme-Dateien, die Sie möglichst vor dem Download des Moduls selbst durchlesen sollten. Dort steht auch oft, ob ein Modul von anderen Modulen abhängt. Somit könnten Sie auch gleich die anderen benötigten Modulen downloaden, wenn Sie schon im CPAN sind.

14.10.2 Die Kategorien des CPAN

Das Verzeichnis *modules/by-category/* teilt die Module in verschiedene Kategorien ein. Wir werden in diesem Abschnitt diese Kategorien kurz vorstellen und einiges über ihren jeweiligen Inhalt sagen. Sie sollten natürlich selbst in einem freien Moment durch das CPAN browsen und sich über die existierenden Modulen informieren. Kommen Sie am besten häufiger vorbei, denn neue Module oder neue Versionen existierender Module werden täglich oder zumindest sehr häufig im CPAN abgelegt.

Einige Module dienen mehreren Zwecken. In diesem Fall können und werden sie in mehreren Kategorien auftauchen.

Eine Abfrage des *modules/by-category/*-Verzeichnisses ergab:

```
02_Perl_Core_Modules
03_Development_Support
04_Operating_System_Interfaces
05_Networking_Devices_IPC
06_Data_Type_Utilities
07_Database_Interfaces
08_User_Interfaces
09_Language_Interfaces
10_File_Names_Systems_Locking
11_String_Lang_Text_Proc
12_Opt_Arg_Param_Proc
13_Internationalization_Locale
14_Security_and_Encryption
15_World_Wide_Web_HTML_HTTP_CGI
16_Server_and_Daemon_Utilities
17_Archiving_and_Compression
18_Images_Pixmaps_Bitmaps
19_Mail_and_Usenet_News
20_Control_Flow_Utilities
21_File_Handle_Input_Output
22_Microsoft_Windows_Modules
23_Miscellaneous_Modules
24_Commercial_Software_Interfaces
99_Not_In_Modulelist
```

Die folgende Übersicht ist Anfang Mai 1999 erstellt worden. Sie ist und kann nicht vollständig sein. Darüber hinaus ist die Auswahl der herausgestellten Module eine rein subjektive. Nicht genannte Module sind deswegen noch lange nicht nützlich oder wichtig. Bitte verstehen Sie diese Übersicht als einen kurzen Besuch einiger — aus der Sicht des Autors — Highlights der CPAN-Modul-Sammlung.

Perl Core Modules

Dieses Verzeichnis enthält Module, die zum Kern der Sprache gezählt werden. Einige dieser Module haben es geschafft, zu Standardmodulen aufzusteigen und sind nun Teil der Perl-Distribution. Dennoch stehen sie nicht ganz unberechtigt hier, denn Sie könnten von hier eine aktuellere Version eines Standardmoduls beziehen. Andere Module sind hingegen noch keine Standardmodule.

Einige interessante Module dieses Verzeichnisses sind:

- `Alias` erleichtert mit `attr()` den Zugriff auf Typeglobs und ermöglicht den direkten Zugriff auf Attribute von Objekten, ohne die Namenshashes dereferenzieren zu müssen.

- `B::*` und `O::*` sind die aktuellsten Module des experimentellen Perl-Compilers.

- `Filter` ermöglicht die Filterung von Quellcode, bevor dieser ausgeführt wird. Dies kann benutzt werden, um Perl-Code *on the fly* mit *pgp* zu verifizieren bzw. zu entschlüsseln. Weitere Anwendungen von Quellcode-Filtern sind ebenfalls denkbar.

- `Module::Reload` überwacht Moduldateien auf der Platte und lädt diese neu, wenn sie modifiziert wurden. Dies steht im Gegensatz zum einmaligen Laden mit `require()` oder `use` und anschließendem Cachen in `%INC`.

- `enum` hilft, symbolische Konstanten wie den C-Typ `enum` zu definieren.

Development Support

In dieser Kategorie sind Module zu finden, die mit der Entwicklung von Perl-Skripten aber auch von Modulen zu tun haben. Einige davon sind wichtig, andere wiederum eher als *convenience module* konzipiert, wohingegen wieder andere Bestandteil der Perl-Distribution sind.

Zu den interessanten Modulen in dieser Kategorie, die [noch] keine Standardmodule sind, gehören:

- `Devel::*`-Module beschäftigen sich mit der Entwicklung und dem Profiling Perl-naher Module und Programme. Nennenswert sind hier folgende Module:
    - `Devel::Symdump` zur Anzeige der Symboltabellen und Klasenhierarchien eines laufenden Programms.
    - `Devel::SmallProf` zum Profiling eines Programms, basierend auf dem Zeitbedarf und der Aufrufhäufigkeit *pro Zeile*.

14.10 Die CPAN-Modulhierarchie

- `Devel::PreProcessor` ähnelt dem C-Präprozessor *cpp*, insofern, als mit `require()` oder `use` eingebundene Dateien nun physisch eingebunden werden, POD-Dokumentation nach Wunsch entfernt werden kann und Teile von Code abhängig von einer Bedingung eingebunden werden. Es handelt sich hierbei um einen Filter.

- `Devel::Peek` ist ein systemnahes Modul, das Informationen über die Interna des Perl-Interpreters zu einem beliebigen Programm ausgeben kann. Wollen Sie beispielsweise immer wissen, wie der Wert des Referenzzählers einer bestimmten Variablen ist? Oder die interne Darstellung eines Arrays kennen? Nun können Sie es mit diesem, eher für Fortgeschrittene entwickelten Modul. Sie sollten Kenntnisse aus *man perlguts* und *man perlxs* besitzen, um die Ausgaben dieses Moduls zu verstehen.

- `Devel::Memo` erzeugt Funktionen, die Ihre Argumente und Ergebnisse speichern (*Memoizing*), um schneller ausgeführt werden zu können. Dies wurde auch in diesem Buch schon gezeigt.

- `Devel::Leak` überwacht den Speicher und meldet Speicherlecks von Codebereichen, die damit überwacht werden. Nützlich beim Debugging, wenn Sie irgendwo ein Speicherleck vermuten oder suchen.

- `Devel::Coverage` wird unter dem Perl-Debugger (-d-Flag) ausgeführt und findet unter anderem heraus, welche Teile des Perl-Programms nie erreicht wurden. Dies ist beim Debugging sehr nützlich, wenn es darum geht, Testfälle für alle Ausführungspfade durch das Testprogramm zu konstruieren.

- `Devel::DProf` ist ein sehr mächtiger Profiler, der Ausführungszeiten und die Anzahl der Aufrufe einzelner Funktionen usw. sammelt, die mit einem ebenfalls dort enthaltenen Hilfsprogramm tabellarisch ausgegeben werden können.

- `Devel::TraceFuncs` ist eine *Light*-Version des Profilers, die anzeigt, welche Funktionen aufgerufen wurden.

- `ExtUtils::*`: Neben den Standardmodulen sind hier auch interessant:
  - `ExtUtils::DynaGlue` liefert Methoden zur leichteren Erzeugung von Erweiterungsmodulen.
  - `ExtUtils::TBone` erzeugt Gerüstedateien (*skeleton files*) für Testdateien *t/*.t*.
  - `ExtUtils::PerlPP` ist ein Perl-Präprozessor.

- `Include` ist ein *cpp*-ähnliches Tool für Perl.

- `Make` ist ein Ersatz für *make*. Es ist allerdings etwas langsamer als das original Unix-Programm. Sie brauchen dafür mindestens Perl 5.005.

- `Rcs` ist ein Frontend zum Revisionskontrollsystem *RCS*.

- `VCS::*` ist eine generische Schnittstelle zu Versionskontrollsystemen. Interessant ist hier natürlich `VCS::CVS` für das *concurrent versioning system CVS*.

Operating System Interfaces

Die Schnittstellen zum Betriebssystem bestehen nicht nur aus den systemnahen *Builtin*-Funktionen, sondern oft auch aus Systemaufrufen, die durch die C-Library aufgerufen werden. Module aus dieser Kategorie stellen einen Perl-Zugang zu diesen Systemaufrufen und weiteren systemnahen Funktionen dar.

Folgende Module scheinen hier interessant zu sein:

- `Async::Group` ermöglicht den Aufruf paralleler Routinen, wobei jede dieser Routinen einen Callback haben kann. Dies wird zum Programmieren paralleler Anwendungen benötigt. Dieses Modul benutzt keine `fork()` oder Threads. Dies können Sie selbst tun.

- `BSD::*`-Module sind speziell für Berkeley-Unix entwickelt worden. Einige interessante Module sind:
  - `BSD::Resource` für die Systemaufrufe `getrusage()`, `getrlimit()` aber natürlich auch `setrlimit()` sowie ein genaueres `time()`.
  - `BSD::Ipfwgen` für IP-Firewalls, auf *ipfw* basierend.

- `Errno` exportiert die Fehlerkonstanten aus *<errno.h>*. Das ist nützlich, denn sie unterscheiden sich von System zu System.

- `Ioctl` ist ein XS-basierter Zugang zu den Datenstrukturen des `ioctl()`-Systemaufrufs.

- `MSDOS`, `MVS`, `Mac`, `OS2`, `SGI`, `Solaris`, `VMS` enthalten Spezifika für diverse Betriebssysteme.

- `Proc::*`-Module dienen der Kontrolle von Prozessen und allem, was damit zusammenhängt:
  - `Proc::Generic` dient zum Ausführen von Hintergrundprozessen.
  - `Proc::ProcessTable` ist ein Versuch, eine konsistente Schnittstelle für Prozeßtabellen diverser Betriebssysteme anzubieten.
  - `Proc::Daemon` richtet Ihr Perl-Programm so ein, daß es im Hintergrund als *Dämon* laufen kann, unbeeindruckt vom Ausloggen usw.
  - `Proc::Simple` steuert Hintergrundprozesse durch „Prozeßobjekte".

- `Quota` bietet den Zugang zu den *Quotas* des Systems wie Plattenplatz, Speicher usw.

- `Schedule::At` ist der Zugang zum Unix-Kommando *at*, und zwar unabhängig von der speziellen Unix-Version.

- `Sys::*`-Module enthalten diverse Schnittstellen zum System.

Networking Devices IPC

Wer mit Netzprogrammierung etwas erledigen möchte, sollte unbedingt in dieser Kategorie nachschauen.

- CORBA-Module ermöglichen die Nutzung der *Common Object Request Broker Architecture*.

- DCE::* sind Module, die einen Zugang zu den *Distributed-Computing-Environment*-Sicherheitsfunktionen wie *access lists*, *login* usw. ermöglichen. Auch DFS-Perl-Module können dort gefunden werden.

- IPC::*-Module dienen zur Interprozeßkommunikation von Prozessen auf demselben Computer:

    - IPC::ChildSafe kommuniziert *deadlock-frei* mit einem Kindprozeß. Dies ist in C programmiert und entspricht einem sicheren IPC::Open2 bzw. IPC::Open3. Siehe auch das Expect-Modul.

    - IPC::ShareLite ist ein einfacher Zugang zur *shared memory* von System V. Das ist eine ideale Ergänzung zu den IPC::SysV-, IPC::Msg- und IPC::Semaphore-Standardmodulen.

    - IPC::Shareable ist eine tie()-Schnittstelle für *shared memory*. Damit lassen sich zur Zeit skalare Variablen und Hashes an eine *Shared-memory*-Region binden, so daß ihre Inhalte mit anderen Prozessen ausgetauscht werden können.

- Net::*-Module dienen zur Interprozeßkommunikation zwischen Prozessen über das Netz, die somit natürlich auf verschiedenen Rechnern ausgeführt werden können. Diese Module sind sehr nützlich zum Programmieren von Netzanwendungen. Viele dieser Module sind im libnet-Bundle enthalten und können auf einen Schlag installiert werden. Interessante Netzmodule sind unter anderem:

    - Net::Bind und Net::DNS — Das erste Modul ist ein Zugang zu Konfigurationsdateien des DNS-Servers *bind*, das zweite ist der Perl-DNS-Resolver.

    - Net::Daemon ist eine Sammlung von Modulen zum portablen Programmieren von Netzwerkdaemons, also Servern.

    - Net::IRC dient zur Kommunikation mit einem *Internet-Relay-Chat*-Server. Details zu IRC finden Sie unter anderem in http://www.irchelp.org/.

    - Net::Ident identifiziert User am anderen Ende einer TCP/IP-Verbindung durch Aufrufe der *ident*-Library, wie in RFC-1413 angegeben wird. Beachten Sie, daß *ident* auf vielen Rechnern aus Sicherheitsgründen ausgeschaltet ist!

    - Net::LDAP ist der Zugang zur C-API der LDAP-Datenbank. Wird u.a. zur Authentifikation von Benutzern benötigt.

    - Net::Netblock versteht IPv4-CIDR-Blöcke (Netzmasken).

    - Net::Pcap, Net::PcapUtils und Net::RawIP dienen zum „Sniffen" von Ethernet und sonstigen Frames und zur Manipulation nackter IP-Pakete.

    - Net::SNMP dient zum Ansprechen von Agents über das *Simple Network Management Protocol*.

- `Net::TFTP` ist die Schnittstelle zum TFTP-Protokoll (*trivial FTP*).
- `Net::Telnet` realisiert das TELNET-Protokoll.
- `Net::Traceroute` simuliert das *traceroute*-Tool zum Bestimmen des Weges von IP-Paketen durch das Internet mittels graduell steigender TTL.
- `Net::Whois` und `Net::XWhois` sprichen WHOIS-Server an. Diese Server enthalten Informationen über Netze und Verantwortliche dieser Netze. Sie können mehr über Registries unter der URL: http://www.ripe.net/ erfahren.
- `Net::ext` enthält die Module `Net::Gen`, `Net::Inet`, `Net::TCP`, `Net::UDP` und `Net::UNIX`.
- `Net::SSLeay` ist der Zugang von Perl zur *Secure Socket Layer* SSL-Library.
- `SOCKS` kommuniziert mit den SOCKS-Servern Version 4 und 5.
- `libnet` enthält Module für häufig benötigte Protokolle: `Net::FTP` sowie `Net::SMTP`, `Net::Time`, `Net::NNTP`, `Net::POP3` und `Net::SNPP`. Sie werden wahrscheinlich auch hiervon mindestens die Mail-, Pop3- und FTP-Module brauchen.

- `Parallel::Pvm` dient zur Steuerung der *Parallel Virtual Machine* PVM.
- `RADIUS` dient zur Steuerung eines RADIUS Accounting-Servers.
- `RPC` enthält Beispiele und Module, wie Prozeduren auf entfernten Rechnern ausgeführt werden können (*remote procedure calls*). Sehr nützlich für Entwickler verteilter Anwendungen!
- `SNMP::*` enthält Module, die das SNMP-Protokoll benutzen. Insbesonder gibt es hier Module zur *cmu-snmplib*, einen SNMP-MIB-Compiler, einen SNMP-Monitor und diverse weitere Utilities.
- `TFTP`, das *Trivial File Transfer Protocol*.

Data Type Utilities

Die Module dieser Kategorie manipulieren Datenstrukturen und spezielle Datentypen.

- `Algorithm::*` und `Algorithms::*` enthalten diverse Algorithmen, beispielsweise:
  - `Algorithm::Diff` implementiert den Algorithmus, der hinter dem Unix-Tool *diff* steckt.
  - `Algorithms::Numerical::Sample` zieht zufällige Elemente aus einer Sammlung von Daten, wobei auf Verteilung und weitere Details geachtet wird.
  - `Algorithms::Numerical::Shuffle` implementiert den Algorithmus zum zufälligen Mischen einer beliebigen Liste von Werten. Dieser Algorithmus benutzt eine faire Gleichverteilung, so daß keine Werte vor anderen bevorzugt werden.

- `Algorithms::Graphs::TransitiveClosure` berechnet den transitiven Abschluß eines gerichteten Graphen nach dem *Floyd-Warshall*-Algorithmus.

■ `Array::*`-Module dienen zur Manipulation von Arrays:

- `Array::Lookup` durchsucht Arrays nach Strings, wobei auch Abkürzungen des Suchkriteriums zugelassen sind.

- `Array::PrintCols` zeigt die Elemente eines Arrays in vertikalen, alphabetisch sortierten Spalten an.

■ `Bit::*`-Module sind sehr nützlich zur Manipulation von Bitzeichenketten. Diese lassen sich oft effizient speichern, allerdings nur mit Mühe. Mit Hilfe der folgenden Module ist das kein Problem mehr:

- `Bit::ShiftReg` führt die üblichen Schiebe- und Rotationsbefehle auf die Bits des nativen Integer durch. Dies bezieht sich nur auf Integer, also z.Z. 32 oder 64 Bits!

- `Bit::Vector` ist ein äußerst nützliches Modul, wenn Sie große Bitvektoren behandeln wollen. Dieses Modul ist in C geschrieben (tatsächlich enthält es sogar eine C-Library, die direkt aufgerufen werden könnte) und implementiert Bitstrings beliebiger Länge. Es behandelt die Bitstrings sehr effizient. Mit ihm lassen sich bequem Algorithmen realisieren wie das *Sieb des Eratosthenes*, Graphenalgorithmen, Integer beliebiger Länge (effizient!), bitweise Verarbeitung und Konvertierung diverser Dateiformate, um nur einige zu nennen.

■ `Calendar::CSA` ist der Zugang zur API des *Common Desktop Environment* CDE-Kalenders.

■ `Class::*` sind Module, die bei der objektorientieren Programmierung als nützliche Basisklassen oder Hilfsklassen benutzt werden können:

- `Class::Eroot` und `Class::Template` realisieren eine einfache Persistenz für Klassen, die aus `Class::Eroot` abgeleitet wurden. `Class::Template` erzeugt auch gleich Akzessorfunktionen für ausgewählte Datenelemente (siehe auch [75]).

- `Class::MethodMaker` erzeugt automatisch Akzessorfunktionen für Datenelemente. Siehe auch `Class::Multimethods`.

- `Class::Singleton` ist eine Basisklasse für eine Klasse, die zu jedem beliebigen Zeitpunkt nur ein einziges Objekt instanziieren darf. Das ist nützlich für Ressourcenverwalterobjekte, die nur einmal in einem System vorhanden sein dürfen, wie etwa ein Spooler.

- `Class::Tom` ist ein Container von „transportablen Objekten". Tom-Objekte können in einen Tom-Container gepackt und von Computer zu Computer transportiert werden, wobei sie auf dem Zielrechner wieder ausgepackt und wieder ins Leben gerufen werden.

- `Class::Tree` zeigt hierarchische Informationen wie Verzeichnisbäume oder C++-Klassenhierarchien an.

- `Class::Visitor` enthält Iteratoren für `Class::Template`-Klassen.
- `Data::*`-Module dienen zur allgemeinen Anzeige von Daten:
    - `Data::Flow` unterstützt die programmgesteuerte Erzeugung von Objekten (*recipe controlled*).
    - `Data::Locations` hilft Ihnen, Daten, die erst später zur Verfügung stehen, an der „richtigen" Stelle im Datenstrom zu plazieren. Dabei können viele Positionen nachträglich durch fehlende Daten gefüllt werden.
    - `Data::ShowTable` konvertiert Arrays in diverse tabellarische Darstellungen: Einfache Tabelle, Tabelle mit Rahmen, Listenstil und sogar HTML.
    - `Data::Xtab` erzeugt eine Kreuztabelle aus einer normalen Datentabelle.
- `Date::*` Module sind mit der Datumsberechnung nach diversen Kalendern und Formaten beauftragt:
    - `Date::Calc` konvertiert Datumsangaben in diversen Formaten, so unter anderem auch nach dem Gregorianischen und dem Julianischen Kalender.
    - `Date::Manip` ist nicht nur ein Datumskonverter, sondern auch eine Sammlung von Berechnungsalgorithmen, die mit Datumsangaben zu tun haben, insbesondere mit der Berechnung der Zeitdifferenz (besserer Algorithmus: `Interval`).
- `Decision::Markov` implementiert Markov-Modelle für die Entscheidungsanalyse.
- `FreezeThaw` ist ein Modul zum Stringifizieren und Entstringifizieren von komplexen Datenstrukturen. Das ist nützlich, um Strukturen mit vielen Zeigern persistent abzulegen oder in RPC-Aufrufen über das Netz zu einem anderen Rechner zu schicken.
- `Graph::*` sind Graphenalgorithmen:
    - `Graph` und `Graph::*` implementieren Graphen und Graphenalgorithmen. Folgende Module werden zur Verfügung gestellt: `Graph`, `Graph::Directed`, `Graph::Undirected`, `Graph::Vertex`, `Graph::Edge`, `Graph::Element` und schließlich `Graph::DFS`.
    - `Graph::Kruskal` implementiert Kruskals Algorithmus zur Bestimmung des *Minimum Spanning Tree* eines Graphen.
    - `graph-modules` sind eine alternative Implementierung von Graphen, die folgende Module zur Verfügung stellen: `Graph::Edge`, `Graph::Node` und `Graph::Element` sowie Beispiele.
- `Heap::*`-Module verwalten einen Heap. Folgende Module werden zur Verfügung gestellt: `Heap::Fibonacci`, `Heap::Binomial` und `Heap::Binary`.
- `List::Combination` bietet einen Iterator über Kombinationen (beliebiger Größe) aus einem Array.
- `Math::*`-Module, die nicht Standardmodule geworden sind:
    - `Math::Fraction` manipulierte exakte Fraktionen, d.h. symbolisch.

14.10 Die CPAN-Modulhierarchie

- Math::Amoeba ist eine Implementation der *Downhill-Simplex-Methode* für mehrdimensionale Funktionen, wie sie in [62] beschrieben sind.
- Math::Approx approximiert sukzessive eine Funktion.
- Math::Brent implementiert Brents Methode zur eindimensionalen Minimierung einer Funktion, *ohne* deren Ableitung zu berechnen. Siehe [62].
- Math::Derivative berechnet numerisch die erste und zweite Ableitung eines Datenvektors.
- Math::Expr parst einen mathematischen Ausdruck zu einem Syntaxbaum.
- Math::Integral::Romberg berechnet numerisch das Integral einer Funktion über ein Intervall nach der Romberg-Methode.
- Math::Interpolate implementiert diverse Interpolationsalgorithmen.
- Math::MagicSquare berechnet magische Quadrate, wie sie in Martin Gardners Kolumne in der Zeitschrift Scientific American veröffentlicht wurden.
- Math::Matrix multipliziert und invertiert Matrizen.
- Math::MatrixBool ist eine sehr effiziente Implementierung (in C) von Matrizen, die nur aus Booleschen Werten bestehen. Dieses Modul baut auf Bit::Vector auf.
- Math::MatrixReal ist ein effizientes Modul, das neben den Grundoperationen mit Matrizen (inklusive Determinantenberechnung und LR-Zerlegung) auch Anwendungen großer Matrizen implementiert, wie etwa Kleenes Algorithmus zur Berechnung der kleinsten Kosten eines Graphen.
- Math::Pari ist eine Schnittstelle zur PARI-Library.
- Math::Polynomial und Math::Interpolate beschäftigen sich mit der Berechnung von Polynomen.
- Math::Spline berechnet natürlich Splines.
- Math::TrulyRandom haben wir in diesem Buch schon gesehen. Es liefert Zufallszahlen, die auf die Entropie Ihres laufenden Systems basieren. Das Modul Math::Random liefert hingegen diverse Zufallszahlengeneratoren für verschiedene weitverbreitete Verteilungen.

- ObjStore::*-Module werden zur Realisierung der Persistenz von Objekten eingesetzt.
- Object::Info liefert diverse Informationen über ein Objekt.
- PDL (*Perl Description Language*) ist eine sehr mächtige Sammlung von Modulen zur effizienten Manipulation von numerischen Daten, insbesondere von großen n-dimensionalen Matrizen.
- Set::*-Module behandeln den Datentyp „Menge" (*Set*). Enthalten sind die Module:
  - Set::Bag implementiert Mengen, die ein Element auch mehrfach enthalten dürfen (*Multiset*).

- `Set::IntRange` dient zur einfachen Manipulation von beliebigen Interger-Intervallen (Intervallarithmetik). Siehe auch `Set::IntSpan`.
- `Set::NestedGroups` implementiert verschachtelte Gruppen, wie z.B. Zugriffslisten (*ACLs*).
- `Set::Object` implementiert eine Menge eindeutiger Objekte, die nur einmal in der Menge vorkommen dürfen. Dies entspricht der Smalltalk-Klasse `IdentitySet`.
- `Set::Scalar` implementiert Mengenoperationen für Mengen von Perl-Skalaren.

- `Sort::*`-Module implementieren diverse Sortieroperationen.

- `Statistics::*` sind diverse Statistikmodule, beispielsweise:
  - `Statistics::ChiSquare` implementiert den χ^2-Test.
  - `Statistics::Descriptive` enthält Funktionen zur deskriptiven Statistik: Mittelwert, Standardabweichung etc.
  - `Statistics::LTU` berechnet *Linear Threshold Units*.
  - `Statistics::MaxEntropy` modelliert maximale Entropie: GIS-, IIF- und FI-Algorithmen.
  - `Statistics::OLS` implementiert die lineare Regression (*Ordinary Least Squares*, auch *linear curve fitting*).
  - `Statistics::ROC` realisiert *Receiver-Operator-Characteristic*-Kurven mit nichtparametrischen *confidence*-Grenzen[8].

- `Storable` ist ein sehr nützliches Modul zur persistenten Speicherung komplexer Datenstrukturen, die auch aus Zeigern bestehen und sogar zirkuläre Referenzen enthalten können. Dieses Modul ist in C realisiert und ist daher besonders effizient. Es enthält auch eine Funktion `dclone()` zur tiefen rekursiven Kopie (Klonen) von komplexen Datenstrukturen.

- `Tie::*`-Module nutzen den `tie()`-Mechanismus aus, um verschiedene clevere Bindungen zu realisieren. Einige interessante Bindungen sind:
  - `Tie::AppendHash` ist ein feines, kleines Modul, das Zuweisungen an Hashes so modifiziert, daß Werte nicht mehr überschrieben, sondern in einer Liste angefügt werden. Somit können bequem Multihashes realisiert werden.
  - `Tie::ClockTimer` bindet eine skalare Variable an einen Timer. Immer wenn die Variable abgefragt wird, zeigt sie die Zeitdifferenz zur früheren Abfrage.
  - `Tie::Folded` realisiert einen *case-insensitive* Hash, indem es intern Schlüssel stets in Kleinbuchstaben (siehe `lc()`) speichert. Das Modul `Tie::CPHash` hingegen ist zwar *case-insensitive* (für Schlüssel) beim Lookup, behält aber die Groß- bzw. Kleinschreibung der zuletzt benutzten Schlüssel bei.

---

8 Wie übersetzt man bloß so etwas richtig?!

- `Tie::RefHash`-gebundene Hashes speichern ihre Werte sowohl als Schlüssel/Werte- als auch als Werte/Schlüssel-Paare. Es wird also ein Hash erzeugt, der sowohl nach Schlüsseln als auch nach Werten indiziert ist. Das ist nur bei bijektiven Abbildungen zwischen der Schlüssel- und der Wertemenge sinnvoll. Siehe auch `Tie::RevRefHash`.

- `Tie::Cache` implementiert einen Cache mit einer maximalen Anzahl Einträge. Die zuerst hinzugefügten Einträge werden dann als erste wieder entfernt. Der so gebundene Hash erinnert daher nur an die *n* zuletzt hinzugefügten Einträge. Benutzt wird der LRU-Algorithmus (*least recently used*), zusammen mit Zeitstempeln, die pro Eintrag gespeichert werden.

- `Tie::DBI` bindet einen Hash an eine Tabelle eines Datenbankservers, der über die `DBI`-Schnittstelle angesprochen werden kann. Jede Änderung des Hashs wird direkt als SQL-Statement zum Datenbanksystem gesendet, ebenso jeder lesende Zugriff. Das *Leightweight*-Modul `Tie::RDBM` ermöglicht nur den Zugriff auf eine einzige Spalte der Datenbanktabelle.

- `Tie::DB_Lock` ist ein Wrapper um das Standardmodul `DB_File`, das beim lesenden Binden mit `tie()` eine Lesesperre (*shared lock*) auf die Berkeley DB-Datei setzt und beim schreibenden Binden eine exklusive Sperre setzt. Beachten Sie, daß es sich hier um globale Sperren handelt, die erst bei `untie()` wieder aufgehoben werden. Das sind keine *Per-Zugriff*-Sperren.

- `Tie::IxHash` erhält die Einfügereihenfolge der Schlüssel/Wert-Paare des damit gebundenen Hashs.

- `Tie::LLHash` implementiert sortierte Hashes, genauer gesagt Hashes, deren Schlüssel stets in sortierter Reihenfolge zurückgeliefert werden. Dies ist eine nützliche Basisklasse für spezialisiertere benutzerdefinierte Klassen.

- `Tie::STDERR` leitet alle Ausgaben an `STDERR` an ein Programm um, insbesondere als Mail zu einem Benutzer. Das kann beim CGI-Debugging sinnvoll sein. Siehe auch das allgemeinere Standardmodul `Tie::Handle`.

- `Tie::TextDir` bindet ein Hash an ein Verzeichnis von (Text-)Dateien. Der lesende Zugriff eines Schlüssels liefert den Inhalt der Datei zurück, die wie der Schlüssel heißt. Schreibende Zugriffe verändern die Dateien, Zugriffsrechte vorausgesetzt. Beispielsweise liefert ein an */etc* gebundener Hash `%etc` bei `$etc{'passwd'}` den Inhalt der Paßwortdatei */etc/passwd* zurück.

- `Tie::TransactHash` kombiniert normal gebundene Hashes mit Bindungen an das Modul `Tie::IxHash`, um die Einfügereihenfolge z.B. persistenter Hashes zu erhalten.

- `Tie::TwoLevelHash` bindet einen Hash an eine zweistufige Datei. Siehe die Dokumentation dieses Moduls für konkrete Beispiele.

- `Tie::Watch` bindet eine beliebige Variable an einen *Watchpoint*. Das ist eine Funktion, die bei jeden Zugriff auf die gebundene Variable automatisch aufgerufen wird (ein *Callback*). Das ist besonders beim Debugging sehr sinnvoll.

- `Time::*`-Module beschäftigen sich mit der Anzeige und Berechnung von Zeitangaben:
    - `Time::HiRes` liefert mikrosekundengenaue `time()` und andere Funktionen, wenn das Betriebssystem eine entsprechende Schnittstelle anbietet (bei den meisten Unix-Versionen ist das der Fall).
    - `Time-modules*` ist eine Sammlung von Modulen, die diverse Zeitberechnungen durchführen. Enthalten sind unter anderem `Time::CTime`, aber natürlich auch `Time::JulianDay`, `Time::ParseDate`, `Time::Timezone` sowie `Time::DaysInMonth`.

- `Tree::*`-Module realisieren diverse Bäume:
    - `Tree::DAG_Node` repräsentiert Knoten in einem gerichteten, azyklischen Graphen (Baum). Siehe die Dokumentation für eine genauere (und längere) Definition.
    - `Tree::Fat` realisiert B- und AVL-Bäume.
    - `Tree::MultiNode` implementiert Multiknotenbäume, wobei Schlüssel (Knoten) eindeutig sein müssen und die Reihenfolge von Kindknoten nicht erhalten bleiben muß.
    - `Tree::RedBlack` realisiert Rot-Schwarz-Bäume, wie sie z.B. in [73] beschrieben sind.
    - `Tree::Trie` ist eine Implementation von *Tries*, siehe z.B. [3].

Database Interfaces

In dieser Kategorie befinden sich viele Schnittstellenmodule zu populären Datenbanksystemen und persistenzsichernde Dateiformaten. Insbesondere wenn es um den Zugriff auf Datenbanksysteme (SQL-Server) geht, wird oft über die `DBI`-Schnittstelle ein spezialisierter Datenbanktreiber angesprochen. Dies wird noch ausführlich in Abschnitt 18.7.1 ab Seite 987 erläutert.

- `ASCII::Tag` speichert einen Hash in einer flachen lesbaren und editierbaren ASCII-Textdatei. Dies ist eine `tie()`-Klasse. Kann benutzt werden, wenn Sie keinen Datenbankserver oder DBM-Dateien einsetzen und sich die Option offen halten wollen, die Textdatei manuell editieren zu können.

- `DBD::*`-Module sind die eingangs erwähnten Treiber spezieller Datenbanksystemen für die datenbankunabhängige Schnittstelle `DBI`. Sie werden immer das `DBI` und mindestens eines dieser `DBD::*`-Module zum Zugriff auf Ihren Datenbankserver benötigen:
    - `DBD::Adabas` nutzt die API des Datenbanksystems Adabas aus, um deren Server anzusprechen. Adabas wurde vor einiger Zeit auch relativ günstig für Linux vertrieben, ist jedoch leider nach wie vor kommerzielle Software. Darüber hinaus werden nur wenige Plattformen von Adabas unterstützt. Hoffentlich hat sich dies geändert, wenn Sie dieses Kapitel lesen.

14.10 Die CPAN-Modulhierarchie

- DBD::Altera spricht die Altera-API an.

- DBD::CSV spricht CSV-Dateien über die DBI-Schnittstelle wie eine echte Datenbank an. CSV-Dateien sind flache Textdateien, die einen Datensatz pro Zeile darstellen, wobei die einzelnen Felder durch einen Separator getrennt werden und die Felder bei Bedarf in Anführungszeichen stehen. Einige Spreadsheets wie *Microsoft Excel* bieten eine Export-Funktion in dieses Format an.

- DBD::DB2 ermöglicht den Zugriff auf den DB2-Datenbankserver von IBM. Sie können ein *Service Agreement* für dieses Modul direkt bei IBM kaufen.

- DBD::Fulcrum greift auf den *Fulcrum Search Server* zu.

- DBD::Illustra ist ein experimentelles Modul zum Zugriff auf das *Illustra*-Datenbanksystem.

- DBD::Informix ist die Perl-Schnittstelle zu *Informix*-Datenbanksystemen (experimentell).

- DBD::Ingres ist die Schnittstelle zu *Ingres*-Datenbanken.

- DBD::NET greift auf *Informix*Net*-Systeme zu.

- DBD::ODBC ist ein Treiber auf ODBC-Datenbanken.

- DBD::Oracle greift auf *Oracle-7* und *Oracle-8* Datenbanksysteme zu. Oracle soll auch eine Linux-Version seines Datenbankservers anbieten.

- DBD::Pg ist die *PostgreSQL*-Schnittstelle zu Perl — eine gute freie Implementierung eines SQL-Datenbankservers. Siehe auch unter */Postgres*.

- DBD::QBase unterstützt *QuickBase*-Datenbanken.

- DBD::Solid ist eine Schnittstelle zum *SOLID*-Datenbankserver.

- DBD::Sybase ermöglicht es Ihnen, auf Ihr *Sybase*-Datenbanksystem zuzugreifen.

- DBD::XBase und XBase greifen auf *dBase*, *Foxbase* und ähnliche PC-basierte Datenbankdateien zu. Unterstützte Formate sind unter anderem *.dbf*, *.dbt*, *.fpt*, *.ndx* und *.ntx*. Unterstützt wird eine SQL-basierte Abfrage über das DBI-Modul.

■ DBI ist das wichtigste Modul dieser Sammlung. Sie werden es auf jeden Fall brauchen, wenn Sie auf Datenbanksysteme zugreifen wollen. Es bietet eine datenbankunabhängige Schnittstelle zu den verschiedenen datenbankabhängigen Treibern.

■ Msql-Mysql-modules, genauer die Module DBD::mysql und DBD::mSQL zum Zugriff auf die *MySQL*- und *mSQL*-Datenbanksysteme. *MySQL* ist eine freie und kostenlose Implementierung eines mächtigen SQL-Servers, die sehr weit verbreitet ist. Wir werden darauf in Abschnitt 18.6.3 ab Seite 960 ausführlich eingehen.

■ DBIx::* ermöglicht diverse Konvertierungen. Wir werden nicht näher darauf eingehen.

■ DBZ_File unterstützt Dateien dieses Formats, z.B. die *news*-History-Dateien. Es ist eine tie()-Klasse.

- MLDBM ist eine `tie()`-Klasse, die multidimensionale Hashes (also mit komplexen Strukturen) persistent ablegen kann. Siehe Abschnitt 18.4.6 auf Seite 943.

- `Metadata::*` sind Klassen, die Metadatenformate verstehen, die von Suchsystemen wie z.B. *Harvest* benutzt werden.

- `Sprite` realisiert eine SQL-Schicht über normalen flachen ASCII-Dateien. Dieses Modul wurde in [33] erstmals vorgestellt. Es ist aber heutzutage stets besser, einen echten SQL-Server wie z.B. *MySQL* zusammen mit den Modulen DBI und DBD::mysql einzusetzen. Trotzdem eine clevere Implementierung!

User Interfaces

In diesem Abschnitt finden Sie diverse Module zur Manipulation der Benutzerschnittstellen, seien sie GUIs oder terminalbasiert.

- `Cdk` und `Curses` sind Schnittstellen zum *Curses*-System. Es ist ein standardisiertes System zur portablen Steuerung vieler verschiedener Terminals. *Curses* ist vor allem auf Unix-Systemen stark verbreitet.

- `Emacs::Lisp` ist ein Perl-Modul, das den Zugriff auf Variablen und Funktionen in *Lisp* des GNU Editors *emacs* ermöglicht. Sie bekommen hiermit ein Programm, das sowohl die Funktionalität von *emacs* (nicht nur die Keybindings etwa) und von Perl vereint.

- `Gimp` bietet eine Schnittstelle zum GNU *gimp*-Programm. Siehe auch bei `Gtk-Perl`, dem Gimp-Toolkit.

- `PV`, oder `PerlVision`, ist eine Sammlung von Klassen, die das programmiertechnische *Look and Feel* der alten Borland *Turbo Vision*-Klassenbibliothek nachbildet.

- `PerlQt` ist *die* Schnittstelle zur graphischen Umgebung *Qt* unter *X11* (Unix).

- `Sx` ist eine minimale Schnittstelle zum nackten *X11*-System (*Small X?*).

- `Term::*` Module dienen zur direkten Ansteuerung von textorientierten Terminals, auch *xterm*. Wollen Sie auf der Eingabezeile Editierfunktionen und eine History haben? Sind Sie daran interessiert, daß das System auf einzelne Tastendrücke sofort reagiert (ohne auf ein Enter zu warten)? Diese und ähnliche Aufgaben werden durch solche Module gelöst:

    - `Term::ANSIColor` erzeugt Texte mit Farbe und/oder Darstellungsattributen wie fett, blinkend, unterstrichen oder *reverse video* mit Hilfe von ANSI-Steuerungssequenzen.

    - `Screen` kann Text auf dem Bildschirm (bzw. im *xterm*) an beliebigen Koordinaten positionieren und auf einzelne Tastendrücke reagieren. *Curses* werden nicht benötigt, da das Terminal direkt mit `ioctl()`-Aufrufen und der Termcap angesprochen wird.

    - `Term::Gnuplot` kann Plots mit Hilfe der *gnuplot*-Library auf textorientierten Terminals anzeigen.

- `Term::Query` kann zur einfachen Abfrage des Benutzers über ein textorientiertes Terminal eingesetzt werden. Eine Hilfsfunktion ist über „?" abrufbar etc.
- `Term::ReadLine::Gnu` ist die Perl-Schittstelle zur GNU *readline*-Library. Diese freie Library ermöglicht unter anderem das Editieren der aktuellen Eingabezeile mit Hilfe von gewohnten *vi*- oder *emacs*-Tastenbelegungen. *Hinweis*: Das Standardmodul `Term::ReadLine` reicht nicht aus, um eine *readline*-Funktionalität anzubieten. Es benötigt ein Backend zu einer der *readline*-Libraries, wie beispielsweise `Term::ReadLine::Gnu`.
- `Term::ReadLine::Perl` ist ein weiteres Backend für das Standardmodul `Term::ReadLine`, das ausschließlich in Perl implementiert ist. Besser ist aber noch, die GNU-*readline*-Library einzusetzen.
- `Term::Size` liefert auf portable Art die Größe des Terminals oder Fensters (z.B. des *xterm*) zur Laufzeit.
- `Term::Slang` ist der Zugang zur *Slang*-Library.
- `Term::ReadKey` wartet auf einzelne Tastendrücke und kann auch nicht-blockierend vom Terminal lesen.

- Tk und damit verbundene `Tk::*`-Module sind eine portable, bequeme und einfache Methode, GUIs sowohl für X11 (unter Unix) als auch *Microsoft Windows*-Plattformen zu erstellen. Es ist eine Implementierung des Tookits *Tk* von John K. Ousterhout, das ursprünglich als eine Erweiterung von Tcl unter dem Namen *tcl/tk* bekannt war. Dieses Toolkit wurde dann von allen Tcl-Abhängigkeiten befreit und als *pTk, portable Tk*, bereitgestellt. Das Tk-Modul ist eine Schnittstelle zu *pTk*. Eine gute Einführung zu Tk finden Sie unter anderem in [75] und einige Beispiele in [16]. Viele Beispiele sind bereits im Tk-Bundle enthalten. Eine grundlegende Einführung in das Tk-Toolkit können Sie im Klassiker [60] finden. Tk gibt es sowohl für *Tk-4* als auch für *Tk-8*. Neben den Standard-`Tk::*`-Modulen finden Sie in diesem Verzeichnis viele Erweiterungen von Drittanbietern, die Sie unbedingt auch einmal ausprobieren sollten!

- X11 enthält einige Schnittstellenmodule zum *X-Window*-System X11. Insbesondere finden Sie dort `X11::Fvwm`, `X11::Motif`, `X11::Protocol` `X1::Wcl` und Module für *Xform*.

Language Interfaces

Perl kann mehr oder weniger bequem mit anderen Sprachen interagieren. In dieser Kategorie befinden sich einige nützliche Module, die eine solche Integration erleichtern helfen. Die Integration von Perl und C wird auch in diesem Buch in Kapitel 16 ab Seite 721 behandelt.

- `C::*`-Module zur Anbindung von C-Anwendungen und C-Libraries:
  - `C::DynaLib` ermöglicht den direkten Aufruf von C-Funtionen aus einer dynamischen Library. Besser und stabiler ist allerdings die XS-Erweiterung!

- `C::Scan` scannt C-Quellcode nach bekannten und leicht zu erkennenden Konstrukten. Es kann zur automatischen Generierung von Dokumentation etc. nützlich sein.
- `Language::Prolog::*` ist ein Versuch, die Logiksprache Prolog in Perl zu implementieren.
- `Tcl` ist eine Erweiterung zur *libtcl*-Library.

File Names Systems Locking

Alles über Dateisysteme, Dateien und Dateisperren finden Sie hier. Beachten Sie, daß es auch mittlerweile einige gute Standardmodule gibt, die eine ähnliche Funktionalität haben. Sie müssen von Fall zu Fall entscheiden.

- `File::*`-Module bieten Funktionalitäten an, die nicht von den `File::*`-Standardmodulen unterstützt werden. Einige dieser Module sind:
  - `File::Backup` implementiert ein einfaches Backup-Muster, beispielsweise nach *tar*, *cpio* etc.
  - `File::CounterFile` realisiert einen einfachen Zähler, indem dieser Zähler in eine Datei gespeichert wird. Diese Datei wird immer vor jedem Zugriff erst gesperrt, so daß mehrere konkurrierende Prozesse den Zähler inkrementieren, zurücksetzen oder abfragen können.
  - `File::Descriptions` liest und erkennt das Format von Package Beschreibungsdateien, wie sie bei *Debian*, *SimTel* etc. zu finden sind.
  - `File::LinkTree` erzeugt ein Verzeichnis voller Symlinks zu einem anderen Verzeichnis. Dies ist auch als *Shadow Directory* bekannt. Dieses Modul stellt auch das in Perl geschriebene Tool *linktree* zur Verfügung, das einfacher zu bedienen ist.
  - `File::Lockf` ist ein Wrapper um den `lockf()`-Systemaufruf, der nicht mit der Funktion `flock()` verwechselt werden darf.
  - `File::Slurp` ist eine alternative Schnittstelle zum schnellen Laden (Schlürfen) einer Datei in den Hauptspeicher.
  - `File::Sync` ist eine Schnittstelle zu den Systemaufrufen `fsync()` und `sync()`.
  - `File::Tail` hängt sich ans Ende einer Datei und ermittelt anhand von Heuristiken, wann und wie oft es versuchen soll, weitere Daten dieser Datei zu lesen. Das ist nützlich zur Überwachung wachsender Logfiles, ohne dabei durch *busy waiting* CPU-Zyklen zu verschwenden. Dieses Modul verhält sich wie das Unix-Tool *tail* mit dem `-f`-Flag.
- `FileSys::*` Module fragen diverse Informationen über Dateisysteme ab, beispielsweise das Modul `Filesys::DiskFree`, das den noch freien Plattenplatz eines Dateisystems ähnlich dem Unix-Kommando *df* ermittelt.

String Lang Text Proc

Module zur Manipulation von Strings sind in dieser Kategorie zusammengefaßt.

- `Chatbot::Eliza` ist die Implementierung der berühmten Freudschen Psychoanalytikerin *Eliza*. *Eliza* ist ein Programm, das die Antworten des Benutzers teilweise zwischenspeichert und in den Antworten und Fragen teilweise reflektiert, wodurch für Benutzer der Eindruck entsteht, sie würden mit einem echten Menschen reden.

- `ERG`, der *Extensible Report Generator*, ist eine Sammlung von Klassen zur flexiblen Generierung von Berichten aller Art.

- `Font::AFM`, `Font::TFM` und `Font::TTF` befassen sich mit Fonts und Fontmetriken.

- `Lingua::*` Module versuchen, die Semantik natürlicher Sprachen einzufangen; beispielsweise:

    - `Lingua::EN::Gender`, das englische Pronomen je nach Geschlecht beeinflussen kann.

    - `Lingua::EN::Infinitive` bestimmt den Infinitiv eines konjugierten englischen Wortes.

    - `Lingua::EN::Inflect` versucht, die Pluralform englischer Wörter zu bestimmen.

    - `Lingua::EN::Squeeze` verkürzt englische Wörter durch das Entfernen so vieler Vokale und das Zusammenfassen von Teilwörtern, daß dabei gerade noch verständlicher Text entsteht.

    - `Lingua::PT::Conjugate` konjugiert portugiesische Verben.

    - `Lingua::EN::Nums2Words` konvertiert Zahlen in englische Wortfolgen. Ist ganz lustig!

- `Number::Format` konvertiert Zahlen zu Strings in diversen Formaten.

- `Parse::*`-Module implementieren diverse Parser zum Erkennen von zumeist künstlichen Sprachen relativ zu einer Grammatik.

    - `Parse::RecDescent` erzeugt Parser, die durch rekursiven Abstieg die Syntax analysieren können. Diese Methode ist unter anderem im Drachenbuch [1] erwähnt. Siehe auch [39].

    - `Parse::Yapp` ist Perls Äquivalent zu *yacc*. Es ist ein sehr flexibler Parser-Generator (*Yet Another Perl Parser compiler*), der ganz ähnlich wie *yacc* bzw. *byacc* oder *bison* arbeitet.

    - `Parse::Lex` und die zugehörigen Module `Parse::Token`, `Parse::Template` und `Parse::YYLex` realisieren einen Lexer wie *lex* bzw. *flex* in Perl. Dies haben wir schon in Abschnitt 5.7.2 ab Seite 114 vorgeführt.

    - ePerl parst ASCII-Text mit eingebettetem Perl-Code und führt diesen Code ähnlich wie *m4* aus. Dies ist unter anderem nützlich bei HTML-Skripting mit eingebetteten Perl-Includes.

- `RTF::Parser` ist ein z.Z. experimentelles Modul, das RTF-Text parst. Ein RTF-zu-HTML-Translator ist ebenfalls dort zu finden. RTF (*Rich Text Format*) ist ein textorientiertes, portables Textformat, das von vielen Textverarbeitungsprogrammen erkannt und auch bei Bedarf erzeugt wird. Wenn Sie das nächste Mal ein nicht portables `.doc`-Dokument bekommen, sollten Sie allein schon prinzipiell eine portable `.rtf`-Datei verlangen!

- `SGML::*`-Module erkennen und parsen SGML-Dokumente. Das ist die Markupsprache, die als Grundlage für HTML und weitere Sprachen dient. SGML-markierte Texte kennzeichnen den logischen Inhalt eines Dokuments und überlassen es anderen Programmen, eine Formatierung durchzuführen. Das kann z.B. HTML, XML, LaTeX 2_ε, aber auch *Texinfo*, *nroff* (Manpages) und viele andere Formate sein. Interessante Module sind `SGML::Grove` und weitere Module, die James Clarks SGML-Parser *SP* benutzen. Ein weiteres Modul ist `SGMLS`.

- `SQL::Statement` ist eine Basisklasse, die einen SQL-Parser implementiert. Dieses Modul wird beispielsweise in `DBD::CSV` benutzt.

- `String::*`-Module dienen zur Manipulation von Strings.

    - `String::Approx` implementiert eine approximative Suche in Strings. Es kann spezifiziert werden, um wie viele Zeichen der gesuchte String vom Suchmuster differieren kann, so daß das Matchen gerade noch möglich ist.

    - `String::BitCount` ermittelt die Anzahl der Bits in einem String. Nützlich bei CRC und ähnlichen Prüfungen.

    - `String::CRC` berechnet den CRC eines bitweise aufgefaßten String. Berechnet werden CRCs (*Cyclical Redundancy Checks*) bis hin zu CRC-64. Sie sind *sehr* nützlich bei der Überprüfung von Netzpaketen vieler Protokolle und zur Prüfsummenvalidation von speziellen Dateiformaten. Siehe auch `String::CRC32`.

    - `String::Edit` ist eine kleine Sammlung nützlicher Funktionen, die Tabulatoren entfernen oder einfügen, führende oder abschließende Whitespaces entfernen, Tausenderpunkte in Dezimalzahlenstrings setzen usw.

    - `String::Escape` führt diverse Konvertierungen an Strings durch, wobei Escapezeichen wie `\n` und andere richtig konvertiert werden.

    - `String::Parity` prüft die Parität eines als Bitfolge angesehenen Strings. Geprüft werden gerade, ungerade, mark- und space-Parität.

    - `String::Scanf` emuliert die `scanf()`-Funktion der *stdio*-Library.

    - `String::ShellQuote` transformiert Strings durch Quoting so, daß sie von den Shells nicht mehr angetastet werden.

- `TeX::*` Module können mit diversen Teilen des Textsatzsystems TeX interagieren:

    - `TeX::DVI` und `TeX::DVI::Parse` erkennen das *DeVice Independent*-Format, das durch TeX erzeugt wird.

14.10 Die CPAN-Modulhierarchie

- `TeX::Hyphen` trennt Wörter nach TEX-Mustern.

■ `Text::*`-Module behandeln nicht nur Strings, sondern ganze Texte. Hier wird mehr auf die „semantische" Bedeutung des Textes gezielt:

- `Text::Balanced` behandelt Texte mit vielen geschachtelten Klammern; die auch unterschiedlicher Art sein können.

- `Text::BasicTemplate` ersetzt Templates in Texten durch irgend etwas anderes. Als Templates kommen sowohl Makros als auch Perl-Direktiven in Frage.

- `Text::BibTeX`-Module lesen, parsen und interpretieren Bibliographiedatenbanken im BibTeX-Format [31].

- `Text::Bind` bindet semantische Aktionen an bestimmte Textstellen.

- `Text::CSV` parst Texte im CSV-Format.

- `Text::EP3` ist ein erweiterbarer Perl-Präprozessor (*Extensible Perl preprocessor*).

- `Text::FixedLength` ist ein dünner Wrapper um die Manipulation von Sätzen fester Länge.

- `Text::Format` formatiert Text in einem Paragraphen. Dabei kann zwischen Links-, Rechts-, Block- und Zentraljustierung gewählt werden. Dies ist weitaus flexibler und sicherer als das Standmodul `Text::Wrap`.

- `Text::GenderFromName` versucht das Geschlecht von (englischen) Vornamen zu erraten.

- `Text::German` versucht eine Reduktion auf die Grundform eines deutschen Wortes.

- `Text::Graphics` erzeugt Text in einem Puffer, wie man es bei Curses gewohnt ist. Nur sind hier Curses nicht notwendig, da das Ergebnis direkt wieder in Strings gespeichert wird.

- `Text::LineEditor` ist ein primitiver Zeileneditor wie der vom Berkeley *mail*-Tool (der mit den Tildekommandos!).

- `Text::MetaText` ist wieder eine Art Makro- oder Präprozessor zum Parsen von *MetaText*-Texten. Mehr Details finden Sie in der Dokumentation.

- `Text::Metaphone` versucht, die englische Aussprache von Wörtern zu konstruieren. Dies kann genutzt werden, um Schreibfehler sinnvoll korrigieren zu können.

- `Text::Template` kann Eingaben verarbeiten, die aus normalem Text mit eingestreuten Perl-Direktiven bestehen. Ähnlich einem fortgeschrittenen Makroprozessor werden die Direktiven an Ort und Stelle ausgeführt.

- `Text::Trie` kann mit Tries verwendet werden.

- `Text::Vpp` ist ein *Versatile PreProcessor*, also noch ein Präprozessor.

■ `XML::*`-Module dienen zum Parsen von XML-Dateien. Enthalten sind die Module `XML::CGI`, `XML::DOM`, `XML::Dumper`, `XML::Edifact`, `XML::Encoding`,

`XML::Generator`, `XML::Grove`, `XML::Parser`, `XML::QL`, `XML::Registry`, `XML::Writer` und `XML::XQL`.

Opt Art Param Proc

Die Module dieser Kategorie befassen sich vor allem mit Konfigurationsdateien.

- `App::Config` legt globale Variablen in einem eigenen Namensraum an.
- `ConfigReader` liest diverse Konfigurationsdateien.
- `Getopt::*`-Module lesen Optionen z.B. aus der Kommandozeile. Neben den Standardmodulen `Getopt::Std` und `Getopt::Long` finden Sie hier:
  - `Getopt::Declare` ist ein flexibler Parser für Kommandozeilenoptionen.
  - `Getopt::EvaP` evaluiert die Optionen, basierend auf einer Beschreibungstabelle.
  - `Getopt::ExPar` ist eine Erweiterung von `Getopt::EvaP`.
  - `Getopt::Mixed` kombiniert kurze und lange Optionen.
  - `Getopt::Regex` dient zur Beschreibung von Optionen mit regulären Ausdrücken.
  - `Getopt::Simple` ist ein einfacher Wrapper um `Getopt::Long`, das Standardmodul zur Behandlung langer Optionen.
  - `Getopt::Tabular` ist ein Modul, das Kommandozeilenoptionen tabellengesteuert auswertet.
- `IniConf` liest `.ini`-Konfigurationsdateien.
- `Resources` wertet X-Window-ähnliche Konfigurationsdateien aus.

Internationalization Locale

Module dieser Kategorie realisieren verschiedenste internationale Einstellungen:

- `Cz::*`-Module behandeln tschechische Texte.
- `I18N::*` sind die internationalen Module:
  - `I18N::Charset` ordnet Zeichensatznamen zu den IANA-offiziellen Namen.
  - `I18N::LangTags` behandelt RFC1766-Sprach-Tags.
- `Locale::*`-Module behandeln lokale Besonderheiten:
  - `Locale::Language` und `Locale::Country` identifizieren Locales anhand des zweibuchstabigen Ländercodes.
  - `Locale::iconv` ist ein Zugang zur `iconv()`-Funktion.
  - `Msgcat` ist ein Modul zu den XPG4-Katalogfunktionen.

- Norge sind Module zur Behandlung norwegischer Texte.
- Unicode::*-Module behandeln Unicode. Enthalten sind dort unter anderem Unicode::Map8 und Unicode::String.

Security and Encryption

Module zur Verschlüsselung, Authentifikation und Autorisierung sind in dieser Kategorie enthalten. Eine gute Behandlung dieser Themen ist in dem hervorragenden Buch [69] enthalten.

- Authcard::SDI ermöglicht die Authentifikation mit *SecurID/ACE*-Karten. Benötigt die Support-Libraries und Clientlizenzen.
- Authen::* sind diverse Authentifikationsmodule:
    - Authen::ACE für *SecureID/ACE*-Karten.
    - Authen::Challange::Basic ist ein einfaches MD5-basiertes *Challenge-Response-Protokoll*, mit dem die Übertragung eines Paßwortes im Klartext vermieden wird.
    - Authen::PAM ist der Perl-Zugang zur *PAM*-Library.
    - Authen::Prot greift auf die geschützten Paßwortdateien von *SecureWare* mit Hilfe der getpr*()-Funktionen zu.
    - Authen::Smb für die *SAMBA*-Authentifikation an einem *Microsoft Windows NT*-Server.
- Crypt::*-Module beschäftigen sich mit Kryptographie. Vergessen Sie nicht, daß sich einige Staaten vor ihren Bürgern fürchten und Kryptographie nicht oder nur eingeschränkt zulassen. Andere Staaten hingegen betrachten starke Kryptographie als strategische Waffe und verbieten deren Export in Quellcodeform[9]. Darum sollten Sie Kryptosoftware nicht von Servern in den USA herunterladen, wenn Sie woanders leben, und in Frankreich, Irak und einigen anderen Ländern auf den Einsatz von Kryptographie zu Ihrer eigenen Sicherheit ganz verzichten.
    - Crypt::CBC ist eine reine Perl-Implementation des *cryptographic cypher block chaining mode* (CBC). Es kann in Kombination mit Crypt::DES oder Crypt::IDEA zur Verschlüsselung beliebig langer Nachrichten eingesetzt werden.
    - Crypt::Cracklib ist der Zugang zur Library des *Crack*-Paßwortknackers.
    - Crypt::DES implementiert den *Data Encryption Standard* DES. Dieser Algorithmus basiert auf einem 56-Bit-Schlüssel und gilt nicht mehr als sicher. Verwenden Sie lieber Crypt::IDEA soweit möglich.
    - Crypt::HCE::MD5 und Crypt::HCE::SHA implementieren die MD5- und SHA-CBC-Algorithmen. Beide können zur digitalen Signatur eingesetzt werden. MD5 ist 128 Bit groß, während SHA sogar 160-Bit-sicher ist.

---

[9] ... nicht jedoch in Buchform! Offensichtlich können potentielle Feinde nicht lesen :-)

- `Crypt::IDEA` implementiert den *International Data Encryption Algorithm* (IDEA) in C und liefert eine Perl-Schnittstelle dazu. IDEA ist der zur Zeit sicherste symmetrische Verschlüsselungsalgorithmus. Er wird in *pgp* und *ssh* eingesetzt, um nur einige zu nennen.

- `Crypt::Passwd` ist der Zugang zur *ultra fast crypt*-Implementierung (UFC) der `crypt()`- und `crypt16()`-Funktionen. Sie benötigen zunächst die *libufc*.

- `Crypt::PasswdMD5` kann MD5-verschlüsselte Paßwörter, wie sie bei `FreeBSD` und anderen Systemen eingesetzt werden, generieren. Sie benötigen hierfür auch das MD5-Modul.

- `Crypt::RIPEMD160` ist die Implementation des MD160 Message-Digest-Algorithmus von RIPE.

■ MD5 und `Digest::MD5` implementieren den MD5 Message-Digest-Algorithmus der Firma RSA, mit dem digitale Signaturen erzeugt werden können. Das SHA-Modul hingegen realisiert den noch besseren SHA-Message-Digest-Algorithmus.

■ `PGP::Pipe` und `PGP::Sign` sprechen diverse Aspekte des *pgp*-Programms an.

■ Es gibt folgende Identifikationsmodule an *RADIUS* und *TACACS+*:

- `RADIUS` und `RADIUS::UserFile` sprechen einen *RADIUS*-Server an.
- `RadiusPerl` identifiziert Usernamen gegenüber einem *RADIUS*-Server.
- `TacacsPlus` verwendet das *TACACS+*-Identifikationsprotokoll.
- `perl-ldap` ist ein Zugang zur *LDAP*-Datenbank.

World Wide Web HTML HTTP CGI

Die Module dieser Kategorie werden sehr häufig von CPAN-Servern heruntergeladen. Sie beschäftigen sich mit diversen Aspekten des WWW. Beachten Sie, daß Sie diese Module in der Regel nicht alle einzeln herunterladen müssen. Besser ist es, mit den `libwww-perl`- und `libnet`-Bundles zu starten und weitere Module dann bei Bedarf hinzuzufügen.

■ `Apache::*`-Module sind in den meisten Fällen Erweiterungen für das *mod_perl*-Modul des frei verfügbaren und leistungsfähigen Apache-Webservers. Dieses Modul ist ein integrierter Perl-Interpreter innerhalb der *httpd*-Prozesse. Daher ist er viel schneller als das Starten externer CGI-Programme. Sie sollten daher unbedingt erst ein Apache-Binary mit integriertem *mod_perl*-Modul bauen, bevor Sie die meisten der folgenden Perl-Module einsetzen können. Diese Kategorie wächst schnell, so daß die folgende Übersicht nur einen ersten Eindruck vermitteln kann. Eine hervorragende Einführung in *mod_perl* ist [78].

- `Apache::ASP` simuliert Microsoft *Active Server Pages* für die Unix- und Microsoft *Windows*-Versionen des Apache-Webservers[10].

---

[10] Wer's unbedingt braucht ...

- `Apache::Album` wird von vielen Betreibern von Bildarchiven eingesetzt. Es erzeugt aus einem Verzeichnis von Bilddateien Thumbnails, die als Links auf die realen Bilder zeigen.
- `Apache::AuthCookie` dient zur Identifikation und Autorisation von Usern mit Hilfe von Cookies.
- `Apache::AuthLDAP` und `Apache::AuthPerLDAP` dienen zur Authentifikation von Users mit der *LDAP*-Datenbank.
- `Apache::AuthenCache` kann in Verbindung mit einem richtigen Authentikationsmodul wie etwa `Apache::AuthenDBI` eingesetzt werden, um Authentifikationsdaten zu cachen.
- `Apache::AuthenNIS` authentifiziert User aufgrund der Unix-*NIS*-Datenbank (früher als *YP* bekannt). `Apache::AuthenNISPlus` tut dasselbe mit dem *NIS+*-System.
- `Apache::AuthenPasswd` identifiziert User anhand der Unix-Paßwortdatei.
- `Apache::AuthenRadius` identifiziert einen Benutzer durch einen *RADIUS*-Server.
- `Apache::AuthenSmb` tut dasselbe mit einem *NT*-Server.
- `Apache::AuthenURL` authentifiziert Benutzer aus externen URLs.
- `Apache::AuthzNIS` autorisiert Benutzer aus der NIS-Datenbank heraus.
- `Apache::AuthzPasswd` tut dasselbe aus der Unix-Paßwortdatei heraus.
- `Apache::DBILogin` authentifiziert User aus einer `DBI::DBD`-Datenbank (z.B. *MySQL*) heraus.
- `Apache::DBILogger` verfolgt, was in eine DBI-Datenbank gespeichert wird.
- `Apache::DProf` ruft den `Devel::DProf`-Profiler in jedem Kindprozeß auf.
- `Apache::EmbperlChain` verarbeitet in HTML eingebettetes Perl in der Ausgabekette.
- `Apache::Filter` ist ein Filter, der `Apache::OutputChain` ähnelt, aber eine bessere Schnittstelle besitzt.
- `Apache::Gateway` läßt den Server wie ein „Proxy" Anfragen weiterleiten. Ein Gateway ist aber kein Proxy im klassischen Sinne, denn er agiert, als ob er das Ziel der Anfrage sei. Clients wissen, daß sie mit einem Proxy kommunizieren, nicht jedoch, daß sie von einem Gateway bedient werden.
- `Apache::GzipChain` komprimiert HTML und andere Dateiformate in der Ausgabekette mit dem *gzip*-Algorithmus, der in RFC1952 beschrieben wird.
- `Apache::Htpasswd` ist ein Wrapper für *.htpasswd*-Dateien.
- `Apache::Layer` ist wie `Apache::Stage` ohne Redirects. Konkret werden mehrere Inhaltshandler übereinander gesetzt, so daß sie sich an der Generierung eines einheitlichen Aussehens einer oder mehrerer Websites beteiligen.
- `Apache::LogFile` ist der Zugang zu den Loggingroutinen von Apache.

- `Apache::Mmap` ist der Zugang zum `mmap()`-Systemaufruf, mit dem Speicherbereiche an Dateien gebunden werden können.
- `Apache::Module` ist der Zugang zu den C-*module*-Strukturen der Apache C-API.
- `Apache::OutputChain` ist ein Ausgabefilter für andere *mod_perl*-Module. Somit lassen sich HTML und alle anderen Ausgaben nachträglich noch modifizieren (z.B. das Hinzufügen einer Fußzeile (*Footer*) etc.).
- `Apache::PHLogin` ist eine PH-basierte Authentifikation für Apache. Das Modul `Net::PH` wird benötigt.
- `Apache::ParseLog` ist kein *mod_perl*-Modul. Es kann Apache-Logfiles nach diversen Kriterien parsen. Wollten Sie schon immer Statistiken aus ihren Logfiles gewinnen? Kein Problem mit diesem Modul!
- `Apache::Peek` funktioniert wie `Devel::Peek` mit dem Unterschied, daß die Ausgaben zum Browser statt auf die Standardausgabe geschickt werden.
- `Apache::PrettyText` modifiziert Textdateien *on the fly*, damit sie beim Browser schöner aussehen.
- `Apache::Proxy` ist der Perl-Zugang zu *mod_proxy*.
- `Apache::ProxyPass` implementiert ProxyPass in Perl.
- `Apache::RandomLocation` leitet den Browser zu einer zufälligen anderen URL um. Dies ist beispielsweise nützlich bei der Anzeige zufälliger Bilder. Die in Frage kommenden zufälligen URLs sind in einer Konfigurationsdatei aufgelistet.
- `Apache::RedirectDBI` leitet den Browser zu anderen URLs, abhängig vom Inhalt der DBI-Tabellen und vom anfragenden User. Das ist gut, um Benutzer je nach Gruppe zu einer eigenen Menge von URLs zu leiten. Wer wohin umgeleitet wird, kann bequem in der DBI-Tabelle eingetragen und gepflegt werden.
- `Apache::SSI` realisiert die Funktionalität von *mod_include* in Perl für *Server-Side-Includes*. SSI-Dokumente enthalten spezielle Anweisungen in HTML-Code, die dann, ähnlich wie Makros, vom Server ausgewertet und expandiert werden, bevor sie weitergesendet werden.
- `Apache::Sandwich`: Viele HTML-Dokumente bestehen aus einem Header, einem variablen Inhalt und einem Footer. Ein Header (nicht zu verwechseln mit einem HTML-Header!) enthält häufig Firmenlogos und Navigationsleisten, während Footer Copyright und sonstige Daten enthalten, möglicherweise auch wieder Navigationsleisten. Der Inhalt hingegen ist applikationsspezifisch. Oft ist es sinnvoll, Header und Footer von eigenen Handlern erzeugen zu lassen und den Inhalt aus HTML-Dateien oder gar *on the fly* zu generieren. Dies wird „Sandwich-Struktur" genannt und durch dieses Modul realisiert.
- `Apache::Session` erhält den Status zwischen verschiedenen Interaktionen mit dem Browser. Zur Statuserhaltung werden als Methoden unter anderem angeboten: DBI-Datenbanken, Unix- und Win32-Shared Memory und gewöhnliche flache Dateien.

14.10 Die CPAN-Modulhierarchie

- `Apache::Stage` realisiert verschiedene Layouts je nach Ziel durch aufeinandergestapelte Inhaltshandler.
- `Apache::Throttle` kann je nach Geschwindigkeit des Endbenutzers Inhalte diverser Größe senden, beispielsweise kleinere Bilddateien an Modemnutzer. Andere Anwendungen sind denkbar.
- `Apache::TimedRedirect` leitet Browser zu anderen URLs, abhängig von der aktuellen Zeit und den gewünschten URLs. Dies ist nützlich, um Benutzer von Verzeichnissen und Bereichen wegzuleiten, die gerade gepflegt werden, beispielsweise um von Datenbanken, die gerade gesichert oder gepflegt werden müssen.
- `Apache::Traffic` verfolgt die Anzahl der Bytes und Hits des Apache-Webservers, auch abhängig vom User, so daß *on the fly* Statistiken erzeugt werden können, ohne auf die Logfiles zurückgreifen zu müssen.
- `Apache::UploadSvr` und zugehörige Module sind ein Publishing-System für den Apache-Webserver.
- `Apache::Usertrack` emuliert das *mod_usertrack*-Modul von Apache zur Verfolgung von User-Sessions.
- `HTML::Embperl` ist ein sehr flexibler Filter für HTML-Dokumente mit eingebettetem Perl-Code.
- `HTML::Mason` ist eine sehr flexible Sammlung von Modulen. Details dazu finden Sie in der Onlinedokumentation.
- Taco ist ein template-generiertes Modul zur Erzeugung dynamischer Webseiten.
- `mod_perl` ist die Basis für alle `Apache::*`-Module.

- CGI-Module zum *Common Gateway Interface*. Einige dieser Module werden auch kollektiv als `CGI::*`-Module bezeichnet.
  - `CGI::BuildPage` ist ein Objekt zur Erzeugung von HTML-Seiten. Es ähnelt dem klassischen `CGI.pm`-Standardmodul.
  - `CGI::Cache` cacht CGI-Anforderungen, so daß nachfolgende Anfragen schneller ablaufen können.
  - `CGI::FastTemplate` ist eine Art Makroprozessor für HTML mit eingebetteten Variablen (*Templates*). Dieses Modul kann mit `CGI.pm` und `mod_perl` gleichermaßen eingesetzt werden.
  - `CGI::Log` ist ein Modul zum zentralisierten Logging von Nachrichten aus CGI-Skripten.
  - `CGI::Out` puffert die an STDOUT gerichteten Ausgaben von CGI-Skripten und sendet im Fehlerfalle eine HTML-Fehlerseite zum Browser.
  - `CGI::Response` ist ein Teil der `CGI::*`- und `HTML::*`-Module. Es repräsentiert ein CGI-Antwortobjekt.

- `CGI::Screen` ist eine Erweiterung zur Erzeugung von CGI-Skripten, die mehrere Seiten erzeugen (*multi screen*).
- `CGI::Validate` kombiniert `Getopt::Long`- und `CGI.pm`-Features.
- `CGI-modules` sind die klassischen `CGI::*`-Module.
- `CGI.pm` ist das vielleicht meistbenutzte Modul zur Programmierung von CGI-Skripten. Es ist mittlerweile Teil der Perl-Distribution, also ein Standardmodul.
- `CGI::Imagemap` dient der Behandlung von Imagemaps, besser bekannt als *clickable maps*.
- `CGI_Lite` ist eine abgespeckte Version des `CGI.pm`-Standardmoduls.
- `MozSniff` versucht herauszufinden, ob ein Browser auch wirklich ein Netscape-Browser (auch *Mozilla* genannt) ist, obwohl andere Browser dies manchmal simulieren.

- `FCGI` ist ein `FastCGI`-Modul in Perl.
- `HTML::*`-Module behandeln HTML-Texte nach diversen Kriterien.
  - `FormatNroff` konvertiert HTML in *nroff*-Dateien, wobei *tbl* zur Formatierung von Tabellen benutzt wird.
  - `HTML`, auch `HTML::Base` genannt, parst und erzeugt HTML-Dateien. Es ist eine sehr flexible Modulsammlung, die Sie unbedingt brauchen, wenn Sie HTML-Texte untersuchen wollen oder müssen.
  - `HTML::EP` ist HTML mit eingebettetem Perl-Code. Dies ist einfacher als `ePerl` oder `HTML::EmbPerl`.
  - `HTML::EmbPerl` ist flexibler als `HTML::EP` und ist wieder ein System von HTML mit eingebettetem Perl-Code.
  - `HTML::Mason` gehört zum *Mason*-System.
  - `HTML::Parser` ist das interessanteste Modul zum Parsen von HTML-Dateien. Wollen Sie beispielsweise eine Anwendung schreiben, die Werbebanner aus einer HTML-Seite *on the fly* entfernt? Möglicherweise möchten Sie alle Links automatisch überprüfen? All dies und mehr können Sie mit Hilfe dieses Moduls realisieren.
  - `HTML::QuickCheck` überprüft auf die Schnelle ein HTML-Dokument auf Konsistenz und syntaktische Korrektheit.
  - `HTML::SimpleParse` ist eine Light-Version von `HTML::Parser` mit wenigen Features, dafür aber etwas schneller, wodurch es sich gut als Filter eignet.
  - `HTML::Stream` ist so etwas ähnliches wie das Standardmodul `CGI.pm` zum Erzeugen von HTML-Texten.
  - `HTML::Table` und `HTML::TableLayout` dienen zum bequemen Erzeugen von HTML-Tabellen.
  - `HTML::Tree` ist in Wirklichkeit eine ganze Sammlung von Modulen zum Erzeugen, Parsen und Auswerten eines HTML-Syntaxbaums. Enthalten sind

14.10 Die CPAN-Modulhierarchie

HTML::Element, HTML::TreeBuilder, HTML::AsSubs, HTML::Formatter und HTML::FormatText sowie HTML::FormatPS.

- libwww-perl ist eines der Bundles mit vielen Modulen, die Sie unbedingt brauchen.
- webchat ist ein Modul, das die Programme *webchatpp* und die Supportmodule WWW::Chat und HTML::Form enthält. Es transformiert Chat-Skripten in Perl-Programme, die über die LWP-Library mit Servern kommunizieren.

■ LWP::*-Module werden benötigt, wenn Perl-Programme als Clients mit anderen Webservern kommunizieren wollen. Die meisten LWP-Module sind in der *libwww-perl*-Library enthalten.

- ParallelUserAgent, auch LWP::Parallel::*-Module sind ein User Agent, ähnlich dem LWP::UserAgent, mit der Fähigkeit, Seiten parallel anzufordern.
- WebFS::FileCopy behandelt URLs wie normale Pfade im Dateiverzeichnis und kann Dateien von URL zu URL kopieren. Unterstützt werden HTTP, FTP zum Lesen und Schreiben und viele andere Protokolle zum Lesen.
- libwww-perl ist ein Bundle von LWP::*-Modulen, die immer benötigt werden.
- *sitemapper* ist ein Programm, das eine beliebige Website durchläuft und einen Index davon anlegt. Das ist ideal, um sich einen Überblick über verwirrende und chaotische Sites zu verschaffen.

■ MIME::*-Module können eine MIME-Kodierung und weitere MIME-relevante Aufgabe ausführen:

- MIME::Base64 werden Sie bestimmt benötigen! Es kann Texte von und nach Base64 kodieren.
- MIME::Lite ist die Light-Version eines MIME-Generators.
- MIME::*, im Bundle *MIME-tools*, ist eine Sammlung von Modulen zum Erzeugen und Parsen von MIME-Entities. Enthalten sind hier die Module:
  * MIME::Body: Abstrakte Nachrichtencontainer
  * MIME::Decoder: OO-Schnittstelle zum Dekodieren von MIME-Nachrichten
  * MIME::Entity: Eine extrahierte und dekodierte MIME-Entity
  * MIME::Field::*: Subklassen zum Parsen von Feldern
  * MIME::Head: Geparster MIME-Header
  * MIME::Parser: Parst MIME-Streams um MIME-Entities zu erzeugen.
  * MIME::ParserBase: Basisklasse zum Erzeugen eigener MIME-Parser
  * MIME::ToolUtils: Utilities für das MIME-Kit
  * MIME::Tools: Zum Konfigurieren der MIME-Tools-Library
  * MIME::Words: Dekodiert MIME-kodierte Wörter in MIME-Headern.

  Ferner sind hier auch noch folgende Hilfsprogramme enthalten:
  * *mimeabuse* versucht, MIME-Parsing zum Scheitern zu bringen.

- *mimedump* zeigt die Inhalte einer geparsten MIME-Nachricht an.
- *mimeencode* kodiert eine Datei.
- *mimeexplode* extrahiert eine oder mehrere MIME-Nachrichten.
- *mimeprint* parst einen MIME-Stream und zeigt die geparste Entität an.
- *mimesend* sendet Dateien mit MIME-Mail von der Kommandozeile.
- *mimetour* probiert diverse Kodierungen.

- `Netscape::*`-Module interagieren mit Netscape-spezifischen Daten:
  - `Netscape::Cache` kann den Plattencache des Netscape-Browsers analysieren.
  - `Netscape::History` ist imstande, die History-Datenbank *.netscape/history.db* des Netscape-Browsers zu analysieren.
  - `nsapi_perl` bietet Mechanismen zur Integration eines Perl-Interpreters in den Netscape-Webserver. Dies ähnelt dem `mod_perl`-Modul des Apache-Webservers, nur ist noch nicht so stabil.

- `URI` zerlegt eine URL und setzt sie wieder zusammen. Dieses Modul wird gebraucht, wenn Sie die LWP-Library oder das *libwww-perl*-Bundle installieren.

- `WWW::*`-Module betrachten das Web von einer etwas semantischeren Ebene. In dieser Subkategorie finden Sie unter anderem folgende Module:
  - `WWW::Robot` ist ein einfacher Webrobot, der das Netz durchläuft.
  - `WWW::Search` Module können mit einigen beliebten Suchmaschinen interagieren und bestimmte Seiten im WWW zu finden. Unterstützte Suchmaschinen sind unter anderem *AltaVista, Crawler, Dejanews, Excite, FolioViews, Infoseek, NorthernLight, Null, Search97, SFgate, WebCrawler* und *Yahoo*. Zusätzlich zu den Modulen befindet sich hier auch ein Client *AutoSearch*, der die Ergebnisse der Suchengines sammelt und auf einer HTML-Seite präsentiert.

Server and Daemon Utilities

In dieser Kategorie sind diverse Module enthalten, die das Programmieren von Servern erleichtern.

- `Event::*` Module können bei ereignisgesteuerten Servern eingesetzt werden. Das Modul `Event` ist eine einfache generische ereignisverarbeitende Schleife (*event processing loop*) für eine große Klasse von Applikationen.

- `EventServer` ist ein sehr flexibler Server, der auf alle möglichen Arten von Clients gleichzeitig eingehen kann. Wenn Sie Server programmieren, sollten Sie unbedingt auf den `EventServer` einen Blick werfen! Es lohnt sich.

- `NetServer::*` sind diverse Server, die über das Netz angesprochen werden.
  - `NetServer::Generic` ist ein allgemeiner Rahmen für Internet Server. Enthalten sind auch die Beispiele *elizad*, ein Eliza-Server, und *shttpd*, ein simpelster HTTP-Server. Wer Server schreiben möchte, kann dieses Modul als Beispiel ansehen.

- `NetServer::ProcessTop` ist ein per *telnet* ansprechbarer Server, der eine Ausgabe produziert, die der von *top* ähnelt.
- `NetServer::SMTP` ist ein minimalistischer SMTP-Server gemäß RFC821.

Archiving and Compression

In dieser Kategorie sind Module enthalten, die verschiedene Dateiformate verstehen, insbesondere verschiedene Kompressionsverfahren und Archivierungsmuster.

- `AppleII::Disk` und `AppleII::ProDOS` können AppleII-Disketten lesen. Das ist auch nützlich, wenn Sie AppleII-Emulatoren benutzen.
- `Archive::Tar` kann *tar*-Archive lesen und erzeugen. Nützlich für all die Plattformen, die kein *tar* haben.
- `Compress::*`-Module implementieren diverse populäre Kompressionsalgorithmen.
    - `Compress::Bzip2` implementiert den Kompressionsalgorithmus des *bzip* Tools. *bzip* komprimiert weit besser als das schon hervorragende *gzip*, allerdings auf Kosten einer viel längeren Ausführungszeit.
    - `Compress::LZO` implementiert den LZO-Kompressionsalgorithmus. Das ist ein Algorithmus, der relativ schnell komprimieren und sehr schnell ohne viel Speicher dekomprimieren kann.
    - `Compress::Zlib` ist die Perl-Schnittstelle zur populären *zlib*-Library. *gzip* basiert auf der *zlib*, daher sind die Ergebnisse dieses Moduls *gzip*-kompatibel.
- `Convert::*`-Module realisieren diverse Konvertierungen.
    - `Convert::BER` konvertiert in die *Basic Encoding Rules* (BER) gemäß ISO. BER-kodierte Daten werden unter anderem bei SNMP und daher insbesondere von ASN.1 benötigt. Siehe [76] für mehr Informationen.
    - `Convert::BinHex` liest MacIntosh BinHex-Dateien.
    - `Convert::EBCDIC` konvertiert ASCII nach EBCDIC und umgekehrt. EBCDIC ist ein Kodierungsschema, das außer in IBM-Mainframes nirgendwo benutzt wird.
    - `Convert::Recode` ist ein Frontend zum *recode*-Programm von GNU.
    - `Convert::SciEng` konvertiert Zahlen mit „Ingenieurspräfixen" in Exponentialdarstellung und umgekehrt. Beispielsweise wird 25K nach 2.5e4 und 2.5e-6 nach 2.5u konvertiert.
    - `Convert::Translit` bietet die Funktion `transliterate()` an, die 8-Bit-Zeichen gemäß RFC1345 beschreibt.
    - `Convert::UU` kann *uuencode*te Dateien *uudecode*en und umgekehrt. Ist allerdings langsamer als die Binaries bei Unix.

Images Pixmaps Bitmaps

Module dieser Kategorie befassen sich mit Bildern in diversen Formaten.

- `Chart::*`-Module stellen Charts dar:
  - `Chart` erzeugt Charts folgender Art: Linien, Balken, Punkte, Punkt und Linie, gestapelte Balken und zusammengesetzte Charts. Dieses Modul verwendet das GD zur Erzeugung von GIFs.
  - `Chart::GnuPlot` verwendet *gnuplot* zum Erzeugen von Graphen (GIFs).
  - `Chart::Plot` ähnelt `Chart` mit dem Unterschied, daß unter anderem auch negative Werte richtig erkannt werden.
- `GD` ist Lincoln Steins Library zum Erzeugen von GIFs. Dieses Modul enthält bereits die *gd*-C-Library. GD wird besonders gern in CGI-Programmen eingesetzt, wenn es darum geht, Bilder *on the fly* zu erzeugen. Typisches Beispiel dafür sind Zähler und Buttons mit variabler Graphik.
- `GIFgraph` ist ein weiteres Modul zum Erzeugen von GIF-Charts. Es verwendet ebenfalls das GD-Modul.
- `Gimp` kann mit dem Graphikprogramm *gimp* interagieren. Siehe auch `Gtk-Perl`
- `Image::*`-Module können Graphikdateien lesen und interpretieren.
  - `Image::Grab` ist ein Modul, das Bilder aus dem Netz herunterlädt. Sie können hier auch Wildcards in den URLs angeben, z.B. `*\.gif`.
  - `Image::Size` liefert die Größe (Breite × Höhe) eines Bildes. Folgende Formate werden verstanden: XPM, XBM, GIF, JPEG, PNG, TIFF sowie die PPM-Formate PPM, PGM und PBM. Dieses Modul ist nützlich, wenn Sie beispielsweise lästige Werbebanner *on the fly* ausblenden wollen, dabei jedoch die Größe des ausblendenden Bildes erhalten wollen, damit das Layout der Webseite nicht durcheinandergerät [78].
  - `PerlMagick` ist der Zugang zu *ImageMagick*, einer Library nützlicher Filter und mehr, die verschiedene Formate versteht. Sie brauchen dieses Modul, wenn Sie Bilder *on the fly* filtern wollen, um beispielsweise Thumbnails zu erzeugen, Bilder zu drehen, usw.
- `MPEG::MP3Info` und `MPEG::MP3Tag` können zur Verarbeitung von MPEG-Dateien eingesetzt werden.
- `OpenGL` ist der Perl-Zugang zur portablen *OpenGL*-Library. Es handelt sich hierbei um eine sehr mächtige Rendering-Pipeline für dreidimensionale Graphiken. Unterstützt werden Texturen, Projektionen und eine ganze Menge anderer Operationen. Eine freiverfügbare Implementation von OpenGL ist *MesaGL*. Informationen zu OpenGL finden Sie unter anderem in [103, 43, 45]. Einen grundlegenden theoretischen Kurs über die OpenGL und anderen Graphik-Engines angewandten Prinzipien finden Sie in der Computergraphikbibel [24].
- `PGPLOT` verwendet die gleichnamige Library zur Erzeugung von Bildern.

- RenderMan spricht die kommerzielle Software *RenderMan* an.
- VRML::*-Module werden beim *virtual reality markup language* verwendet.
  - VRML::Browser ist der primitive experimentelle VRML-Browser *freewrl*.
  - VRML ist ein weiteres Modul, das sich mit VRML befaßt.

Mail and Usenet News

In dieser Kategorie befinden sich einige Module zur Behandlung von Mail und News. Beachten Sie, daß im libnet-Bundle bereits die Module Net::POP3, Net::SMTP und Net::NNTP enthalten sind!

- IMAP-Module zum Auslesen von IMAP-Mailboxen.
- Mail::*-Module können zum Lesen und Senden von Mails verwendet werden:
  - Mail::Cclient kann Mailboxen diverser Formate lesen, indem es die *c-client*-API verwendet. Diese API wird auch vom Unix-Mailreader *pine* und vom *imapd*-Daemon verwendet.
  - Mail::IspMailGate ist ein experimenteller Mailfilter, der als Teil von *sendmail* integriert werden kann. Mögliche Filter sind unter anderem Kompression und Dekompression, Ver- und Entschlüsselung und Zertifizierung mit *PGP* sowie Virusscan.
  - Mail::Sendmail soll portabler sein als die Verwendung von *sendmail* zum Versenden von Mail, da es direkt mit einem SMTP-Server kommuniziert.
  - Mail::Folder ist eine abstrakte Softwareschicht zum Zugriff auf diverse Mailboxen in verschiedenen Formaten.
  - MailTools ist eine Sammlung von Perl-Modulen, die mit Mail zu tun haben. Sie werden diese Sammlung brauchen, wenn Sie ernsthaft mit Mail umgehen wollen. Folgende Module sind hier enthalten:
    * Mail::Address parst Mailadressen.
    * Mail::Filter filtert Mail durch mehrere Subroutinen.
    * Mail::Util sind verschiedene Hilfsfunktionen.
    * Mail::Alias behandelt Mail-Alias-Dateien diverser Formate.
    * Mail::Send sendet Mails über einen SMTP-Server.
    * Mail::Header manipuliert RFC822-Mailheader.
    * Mail::Internet manipuliert RFC822-Mailnachrichten.
    * Mail::Field ist eine Basisklasse zur Manipulation von Mailheadern. Eine Subklasse hiervon ist Mail::Field::Address.
    * Mail::Mailer ermöglicht den Zugriff auf diverse Mailer, wie z.B. das Unix-Kommando *mail*, *sendmail*, *smtp* und schließlich auch *test* zum Debugging.
    * Mail::Cap parst RFC1524-*mailcap*-Dateien.

- `Mail::POP3Client` kann Mail von einem POP3-Server holen. Dies ist ähnlich wie *fetchmail*.

- `NNML::Server` ist ein minimaler NNTP-Newsserver. Das ist nützlich zum Testen von Newsclients. Wenn Sie einen richtigen Newsserver benötigen, sollten Sie natürlich lieber *innd* einsetzen!

- `News::*` enthalten Newsclients und diverse Module zum Parsen von Artikeln, der `.newsrc`-Datei usw.
    - `News::Gateway` kann Mail nach News und umgekehrt weiterleiten, Newsgroups moderieren und eine ganze Menge anderer Aufgaben übernehmen.
    - `News::NNTPClient` ist ein NNTP Client (nach RFC 977). Schauen Sie sich auch den `Net::NNTP`-Client im `libnet`-Bundle an!
    - `News::Article` sowie `News::AutoReply`, `News::FormArticle`, aber auch `News::FormReply` erzeugen Newsartikel.
    - `News::Newsrc` verwaltet `.newsrc`-Dateien, die von populären Newsreadern wie *tin* verwendet werden. Diese Dateien speichern die Newsgruppen und Nummern der Artikel, die schon gelesen wurden, damit Newsreader nur neue oder noch nicht gelesene Artikel anzeigen.
    - `News::Scan` sammelt eine Reihe von Artikeln aus diversen Newsgroups und erzeugt dann daraus diverse Statistiken.

Control Flow Utilities

Die Module dieser Kategorie befassen sich mit Themen, die im Zusammenhang mit dem Kontrollfluß stehen:

- `AtExit` implementiert eine `atexit()`-Funktion. In C können Funktionen mit `atexit()` registriert werden, die dann beim Ende des Programms automatisch aufgerufen werden sollen. Eine ähnliche Funktionalität wird durch dieses Modul realisiert.

- `Callback` übergibt Callbacks (Funktionszeiger) an ein Objekt. Dieses Modul ist nicht mehr so nützlich, seitdem es anonyme Subroutinen gibt.

- `Hook::PrePostCall` ist ein Modul, mit dem Prä- und Postaktionen an eine Subroutine angehängt werden können.

- Die `11g`-Module `Lex` und `LLg` können als Parser genutzt werden anstelle eines manuellen Parsers mit rekursivem Abstieg. `Lex` ist ein Lexer, wie wir ihn schon kennengelernt haben, und `LLg` ist ein Parser für kontextfreie Grammatiken.

- `Memoize` beschleunigt Funktionen durch die Speicherung von Argumenten und Ergebnissen. Memoizing haben wir in Abschnitt 11.5.3 auf Seite 336 schon kennengelernt. Ein weiteres Modul, `Memoize::Storable`, kann die Ergebnisse mit dem `Storable`-Modul auch persistent in einer Datei speichern.

- `Religion` überschreibt `carp()`, `croak()`, `die()` usw.

File Handle Input Output

In dieser Kategorie befinden sich Module, die Sie zur Ein- und Ausgabe über Filehandles benutzen können. Viele dieser Module sind mitterweile Teil der Perl-Distribution. Andere CPAN-Module sind:

- `Expect` ist die Perl-Implementierung des *expect*-Tools. Mit Hilfe dieses Tools können interaktive Programme gesteuert werden. Viele dieser Programme erwarten Eingaben von einem echten Terminal und nicht von der Standardeingabe. Das Unix-Programm *passwd* ist ein typischer Vertreter dieser Kategorie. Wer jedes Semester Tausende neuer Accounts anlegen möchte und dabei das *passwd*-Programm benutzen *muß*, kann dies mit Hilfe des *expect*-Tools automatisieren. Andere Anwendungen sind Chatskripten zu diversen Systemen. Beispielsweise lassen sich Router und sonstiges Networkequipment über eine TELNET-Schnittstelle steuern. Dies kann ebenfalls mit *expect* automatisiert werden. Eine hervorragende Einführung in *expect* finden Sie in [53]. Das Modul `Expect` realisiert eine *expect*-Funktionalität in Perl statt in Tcl.

- `FileHandle::Multi` schreibt zu mehreren Filehandles gleichzeitig.

- `IO::*`-Module sind ja schon Standardmodule. Zusätzliche Module sind unter anderem:

  - `IO::File::Multi` ist ein Modul zum Schreiben auf mehreren IO-Filehandles.
  - `IO::String` ist ein IO-kompatibles Modul, mit dem in Strings statt in Dateien geschrieben oder gelesen werden kann. Dies entspricht in etwa den *istrstream*- und *ostrstream*-Klassen der C++-Ein- und Ausgabe-Library. Es ist einfacher als `IO::stringy`.
  - `IO::Stty` ist ein Modul zum Setzen von Terminalparametern. Es entspricht etwa dem Unix-Tool *stty* und wird von `Expect` benötigt.
  - `IO::Tee` sendet die Ausgaben zu verschiedenen Ausgabehandles, so wie es das Unix-Tool *tee* auch tut.
  - `IO::Zlib` ist ein Modul, das `Compress::Zlib` benutzt, um IO-kompatible Handles anzubieten, die Daten *gzip*pen und wieder dekomprimieren.
  - `IO::stringy` ist eine Sammlung von Modulen, die ein IO-kompatibles Stringbackend realisieren. Es ist komplexer und flexibler als `IO::String`. Enthalten sind die Module:
    * `IO::AtomicFile` realisiert eine atomare (unteilbare) Schreiboperation auf Dateien.
    * `IO::Lines` kann ein Array von Zeilen mit IO-Methoden beschreiben oder auslesen.
    * `IO::Scalar` entspricht in etwa `IO::String`.
    * `IO::ScalarArray` liest aus bzw. schreibt in einem Array von Skalaren.
    * `IO::Wrap` packt klassische Filehandles in die Standard-IO-objektorientierte Schnittstelle.

* `IO::WrapTie` ist eine `tie()`-Klasse, mit der klassische Handles die IO-kompatible Schnittstelle bekommen können.

- `Log::*`-Module befassen sich mit Logfiles und allgemeinen Aspekten des Loggings.
  - `Log::Common` trägt Nachrichten in die *httpd access*- und *error*-Logdateien ein.
  - `Log::Logger` ist eine einfache Schnittstelle zu benutzerdefinierten Logfiles.
  - `Log::Topics` steuert den Fluß von Loggingnachrichten zu diversen Senken. Typischerweise wird dieses Modul eingesetzt, um Loggingnachrichten diverser Themen auch in verschiedene Logfiles zu schreiben.

Microsoft Windows Modules

Die Module dieser Kategorie werden benötigt, wenn Sie die *Microsoft Windows*-Version des Perl-Interpreters einsetzen[11] wollen oder müssen. Diese Module bieten zusätzliche Funktionalität, die nur auf *Win32*-Systemen existiert oder dort anders angesprochen wird als unter einem klassischen Unix.

Miscellaneous Modules

In dieser Kategorie werden alle Module gesammelt, die nur schwer oder auch gar nicht einer anderen Kategorie zugeordnet werden können. Einige interessante Module werden im folgenden aufgelistet. Diese Liste ist weitaus weniger ausführlich als die der anderen Kategorien. Sie sollten auf jeden Fall selbst beim CPAN vorbeischauen und diese Kategorie durchstöbern.

- `Agent::*`-Module realisieren das Konzept eines Softwareagenten für Perl. Ein Softwareagent ist ein Stück Software, das einem Server gleich, bestimmte Aufgaben auf Anforderung tut oder selbst bestimmte Aktionen anstoßen kann. Darüber hinaus können Softwareagenten sich selbständig zu anderen Computern transportieren. Dieses Konzept stammt aus der Welt verteilter Anwendungen. Die `Agent::*`-Module können zur Implementierung von Softwareagenten eingesetzt werden.

- `Archie` ist ein Modul, das *Archie*-Server befragen kann. Konkret wird das UDP-basierte *Prospero*-Abfrageprotokoll benutzt. Ein Archie-Server ist grob gesagt das Äquivalent einer Suchmaschine für FTP-Server. Nützliche URLs von Archie-Servern sind http://archie.emnet.co.uk/, eine Liste von Archie-Servern, und http://archie.switch.ch/.

- `Audio::*`-Tools können Audioströme und -dateien bearbeiten. Einige Audiomodule sind: `Audio`, `Audio::CoolEdit`, `Audio::Mix`, `Audio::Tools` und natürlich `Audio::Wav`.

---

[11] Davon kann ich nur abraten. Setzen Sie nach Möglichkeit lieber ein echtes Betriebssystem wie Unix (z.B. Linux, FreeBSD) ein! Das erspart Ihnen nicht nur viele Abstürze (blauer Bildschirm), sondern auch eine ganze Menge Geld, nicht nur für das Betriebssystem, sondern auch für Zusatzsoftware.

- BnP, auch *Build 'n Play* genannt, ist ein Batch-Tool das in der Systemadministration eingesetzt werden kann, um Software auf verschiedenen Rechnern zu installieren.

- Business::*-Module werden für *e-commerce* eingesetzt. Enthalten sind dort beispielsweise Business::CreditCard, Business::ISBN, Business::UPC, aber auch die Module Business::UPS und Business::US_Amort.

- Cisco::Conf kann zur Konfiguration von Cisco-Routern eingesetzt werden. Die Dokumentation zum IOS von Cisco finden Sie in http://www.cisco.com/.

- Games::* sind kleine Spiele, beispielsweise:
  - Games::Chess repräsentiert eine Schachpartie. Das Brett kann mit Hilfe des GD-Moduls als GIF-Bild gezeichnet werden.
  - Games::Dissociate ist ein *Dissociated-press*-Algorithmus und Filter. Es handelt sich dabei um ein Programm, das Satzfetzen aus einem beliebigen Text in zufälliger Reihenfolge zusammensetzt. Dieses „Spiel" ist durch den dissociated-press-Modus des *emacs* bekannt geworden.
  - Games::WordFind implementiert ein Spiel, bei dem Wörter geraten werden müssen.

- Logfile::*-Module befassen sich mit Logfiles. Enthalten sind hier Logfile, Logfile::Radius und Logfile::Rotate.

- MIDI::* ist eine Sammlung von Modulen, mit denen MIDI-Dateien gelesen, zusammengesetzt, verändert und geschrieben werden können.

- Penguin und Penguin::Easy ermöglicht die digitale Signierung und auch Verschlüsselung von Perl-Programmen, z.B. mit *pgp*.

- SyslogScan::*-Module können Systemlogs nach diversen Kriterien scannen.

- Wais ist ein Modul, das mit dem *freeWAIS*-System zusammenarbeitet. Es wird vom WWW-Interface *freeWAIS-SF* benötigt.

- Watchdog::Process, Watchdog::HTTP und Watchdog::Mysql prüfen regelmäßig nach, ob ein Prozeß, der HTTP-Server oder der Datenbankserver *MySQL* noch läuft. Das ist eine nützliche Sammlung von Modulen, wenn Sie für hohe Verfügbarkeit der o.g. Dienste sorgen müssen. Ein *Watchdog* ist ein Programm, das regelmäßig aufwacht und prüft, ob alles in Ordnung ist. Ist eines der überwachten Programme abgestürzt bzw. reagiert es nicht mehr auf Anfragen des Watchdogs, wird es vom Watchdog automatisch wieder neu gestartet. Daher ist kein menschlicher Operator mehr notwendig, um abgestürzte Programme wieder zu starten[12].

Commercial Software Interfaces

In dieser Kategorie sollen Module zusammengefaßt werden, die mit der Software kommerzieller Anbieter interagieren können. Zur Zeit sind das noch sehr wenige:

---

12 Vorausgesetzt natürlich, das Programm läßt sich problemlos wieder anwerfen!

- `AltaVista::SearchSDK` ist eine Sammlung von Funktionen, mit denen die API der berühmten *AltaVista*-Suchmaschine http://altavista.digital.com/ angesprochen wird.

- `Real::Encode` ist ein *Win32*-Modul zur Kommunikation mit dem *RealEncoder* von *Progressive Networks*.

Not in Modulelist

Die Modulliste ist eine manuell editierte HTML-Datei am Anfang des CPAN, die Module zusammenfaßt. Dort nicht erwähnte Module sind in dieser Kategorie enthalten.

14.11 Aufgaben

1. Was bewirkt die Anweisung `require()`? Können Sie `require()`-Anweisungen schachteln?

2. Was würde eigentlich passieren, wenn Datei A eine Datei B per `require()` einbinden würde, Datei B jedoch auch Datei A per `require()` einbinden würde? Würde eine Endlosschleife entstehen? Wenn nicht, wieso nicht? Wenn doch, wie können solche (dummen) Fehler vermieden werden? Etwa durch einen Präprozessor?

3. Was geht hier schief?

   - Einzufügende Datei (`req_file.pl`)
     ```
     # $dummy auf null setzen
     $dummy = 0;
     ```
   - Einfügende Datei:
     ```
     require 'req_file.pl';
     $dummy = 17;
     print $dummy;
     ```
   Erkennen Sie den Fehler, ohne Hilfe eines Perl-Interpreters? Was lernen wir daraus?

4. Was versteht man unter Namensraumverunreinigung (in der Dokumentation auch *namespace pollution* genannt)? Wann entsteht sie? Womit kann sie vermieden werden? Geben Sie ein Beispiel aus Ihrer eigenen Erfahrung (auch aus anderen Programmiersprachen), wo die Namensraumverunreinigung Ihnen größere Probleme bereitet hat.

5. Was sind Packages? Wozu dienen sie? Wie werden Packages definiert? Wie können Sie auf Variablen eines anderen Package zugreifen?

6. Neben der `::`-Notation für die volle Qualifizierung eines Variablen-Namens von Variablen anderer Packages gibt es eine ältere sogenannte *deprecated*-Notation. Finden Sie anhand der Manual-Seiten oder älterer Perl-Skripten (*Tip*: Schauen Sie sich in */usr/local/lib/perl5/*.pl* um) heraus, wie sie lautet. Einige ältere Skripten (auch aus der *script/*-Sektion des CPAN) verwenden noch diese Notation zur Trennung von Namensräumen. Daher existiert sie noch (zumindest bis `perl-5.005_53`).

7. Was unterscheidet Module von durch `require()` eingebundenen Dateien? Etwa von Packages? Oder von Namensräumen?

8. Was leistet die `import()`-Funktion? Wozu dienen die @EXPORT- und @EXPORT_OK-Arrays?

9. Schauen Sie sich einmal kurz die Liste der Module aus der Perl-Distribution an. Probieren Sie ruhig einige Module in Ihren eigenen Skripten aus. Als Anregung können Sie mit dem Modul `Text::Soundex` beginnen. Mit Hilfe des *Soundex*-Algorithmus können ähnlich klingende Namen auf den gleichen Soundex-Code abgebildet werden. Somit wird eine Suche in umfangreiche Namensdatenbanken erleichtert, da auch dann Namen gefunden werden, die nicht gleich geschrieben werden (z.B. *Schmid*, *Schmitt* und *Schmidt*).

10. Verwenden Sie das `Text::Soundex`-Modul, um herauszufinden, welche Wörter in einem beliebigen Text den gleichen Soundex-Code besitzen. Orientieren Sie sich bei der Lösung dieser Aufgabe am Wort-Frequenz-Beispiel. *Hinweis*: Sie können die Aufgabe so angehen, daß Sie in einem ersten Schritt einen Hash füllen, wobei als Schlüssel die einzelnen Wörter und als Werte der passende Soundex-Code verwendet wird. In einem zweiten Schritt brauchen Sie einen umgekehrten Index. Dazu bauen Sie einen zweiten Hash auf, der als Schlüssel die einzelnen Soundex-Codes aus dem ersten Hash enthält und als Werte einen immer länger werdenden String mit durch einen Doppelpunkt (:) getrennten Wörtern, die den passenden Soundex-Code haben. Wie oft kommt es vor, daß unähnliche Wörter trotzdem den gleichen Soundex-Code haben? Können Sie Soundex so modifizieren, daß er besser auf deutsche Namen paßt als auf englische[13] Namen?

11. Werfen Sie einen Blick in den CPAN-Abschnitt dieses Kapitels. Schauen Sie sich einer CPAN-Site etwas um. Können Sie fertige Module für Ihre Zwecke einsetzen?

12. Wenn Sie ein Modul geschrieben haben und der Meinung sind, daß dieses Modul es verdient, von der restlichen Welt benutzt zu werden, können Sie es auf einem CPAN-Server uploaden. Siehe hierzu die entsprechende Prozedurbeschreibung im CPAN zum Uploaden von Modulen.

---

13 Soundex wurde im Hinblick auf englische Namen entwickelt.

15 Objektorientierte Programmierung

15.1 Synopsis

```perl
# Verwendung von Objekten:
use SomeClass;
$obj = SomeClass->new($additional, @parameters);
$obj->setName($newname);
print $obj->getPhone();

#### Deklaration einer Klasse:
package SomeClass;

# Klassenvariablen und Funktionen
sub ClassFunction1 { ... }
$counter = 0;                    # Globale Variable
my $priv = 12343;                # Von ausserhalb unsichtbar

# Der kanonische Konstruktor
sub new {
    my $classname = shift;
    my $self = {};               # Anonymer Namenshash
    bless($self, $classname);
    $self->_init(@_);            # Initialisierungsroutine
    return $self;
}

sub _init {
    my $self = shift;
    $self->{'NAME'}  = shift;
    $self->{'PHONE'} = shift;
    # usw...
}

# Eine beliebige Methode (Akzessorfunktion):
sub name {
    my $self = shift;
    $self->{'name'} = shift if (@_);
    return $self->{'name'};
}

# Vererbung von Methoden aus Basisklassen mit @ISA
@ISA = qw(Baseclass);
```

```perl
# Vererbung von Datenelementen: Aufruf des Basiskonstruktors
sub new {
    my $classname = shift;
    $self = $classname->SUPER::new->( shift );
    $self->{'onemoreelement'} = shift;
    return $self;         # Nicht noch einmal bless() aufrufen!
}

##### Variablenbindung
# Benutzung:
tie %h, 'SomeClass', $additional, @parameters;
$h{$key} = "newvalue";    # Triggert SomeClass::STORE()
print $h{$key};           # Triggert SomeClass::FETCH()
untie %h;

# Implementation von tie()-kompatiblen Klassen
package SomeClass;
use Tie::StdHash;
use vars qw(@ISA);
@ISA = qw(Tie::StdHash);        # Oder eine andere Basisklasse

sub FETCH {
    my $self = shift;
    my $key = shift;
    return uc($self->{$key});    # zum Beispiel
}

sub STORE {
    my ($self, $key, $newvalue) = @_;
    $self->{uc($key)} = $newvalue;    # beispielsweise
}

1;
```

15.2 Grundlagen der OOP

Perl verfügt über Features der objektorientierten Programmierung. In diesem Kapitel werden Sie eine kurze Einführung in die Grundbegriffe der OOP finden. Anschließend werden wir uns mit den perlspezifischen Features befassen.

15.2.1 Ein einführendes Beispiel

Von der Analyse eines Problems bis zu seiner programmtechnischen Umsetzung ist es manchmal ein langer Weg. Nicht jedes Problem kann mit einem Programm gelöst werden, das auf einer einzigen Bildschirmseite oder sogar in einem Einzeiler Platz findet. Die „reale Welt" ist komplexer, als wir es manchmal glauben oder wünschen.

Komplexe Probleme müssen erst *modelliert* und *analysiert* werden. Eine mögliche Lösung kann nach mehreren Methoden entworfen werden. Eine dieser Methoden, die in den letzten zehn Jahren enorm an Popularität gewonnen hatte, ist die objektorientierte Programmierung, im folgenden einfach mit „OOP" abgekürzt.

Bei der OOP geht es zunächst darum, das Problem nach einem Objektmodell zu modellieren. Dieses Modell wird anschließend weiter verfeinert, bis daraus schließlich ein Programm entsteht. Diese Phase heißt *objektorientiertes Design*. Die Analyse wird gelegentlich auch *objektorientierte Analyse* genannt. Klassische Werke, die sich mit der ausführlichen Beschreibung dieser Phase beschäftigen, sind [11, 66].

Bei einem Objektmodell werden Teile der realen Welt als „Objekte" modelliert. Diese Objekte sind als eigenständige Entitäten zu betrachten. Sie kommunizieren miteinander, indem sie einander „Nachrichten" schicken. Fordern Sie von einem Objekt ein bestimmtes Verhalten, senden Sie ihm eine „Nachricht". Objekte haben auch ein Eigenleben, genauer gesagt, eine „Identität". Das bedeutet, daß jedes Objekt sich von einem anderen Objekt unterscheidet.

Objekte können aber auch viele Gemeinsamkeiten haben. Es sieht dann oft so aus, als würden sie aus einer „Schablone" heraus erzeugt. Darüber hinaus unterscheiden sich einige Objekte nur relativ wenig von anderen. Sie haben gewisse Gemeinsamkeiten, aber unterscheiden sich wiederum in wichtigen Aspekten. In diesem Fall scheinen sie alle Nachfahren einer früher gemeinsamen Schablone zu sein.

Das war jetzt alles ganz schön abstrakt. Schauen wir uns einmal ein Beispiel an! Graphische Benutzeroberflächen (GUIs) sind seit vielen Jahren nicht mehr wegzudenken. Das geht so weit, daß viele Computeranwender nie etwas anderes gesehen haben als Fenster. Einige glauben sogar, daß ein Computer ohne Maus nie existiert hat und nicht funktionieren könnte! Programmtechnisch ist ein GUI mit fast hundertprozentiger Sicherheit auf den Prinzipien der OOP aufgebaut.

Betrachten wir einmal ein Fenster. Sie werden bestimmt viele gleichzeitig geöffnete Fenster auf Ihrem Bildschirm haben. Diese Fenster haben alle ein ähnliches Verhalten: Sie haben eine bestimmte Größe, können Daten anzeigen und reagieren auf Maus- und Tastaturereignisse. In diesem Sinne ähneln sie sich also. In der OOP-Terminologie sagt man dann, daß ein Fenster ein Objekt ist, und viele Fenster gehören der Klasse „Window" an. Es gibt aber auch spezialisierte Fenster, wie etwa Dialogboxen. Solche Objekte sind Fenster einer bestimmten Art. Viele ihrer Eigenschaften stammen von der Klasse „Window", aber einige wurden durch eine abgeleitete Klasse „Dialog" hinzugefügt oder sogar überschrieben. OO-Programmierer sagen dazu, daß Objekte der Klasse „Dialog" Eigenschaften der Superklasse „Window" erben.

Wenn Sie versuchen, ein Fenster mit der Maus zu vergrößern, geschieht folgendes: Der *Window-Manager*, fängt dieses Mausereignis auf und interpretiert es als Vergrößerungswunsch. Dann sendet er dem betroffenen Fenster eine Nachricht: *Fenster, Du hast jetzt eine neue Größe!* Das Fenster reagiert darauf und zeichnet sich mit der gewünschten Größe neu. Anschließend meldet es dem *Window-Manager*, daß es fertig ist, indem es ihm eine Nachricht zurücksendet: *WM, ich konnte mich der neuen Größe anpassen!* Der *Window-Manager* kann dann die Fensterdekoration, also den Rahmen, neu zeichnen. Es handelt sich in diesem Fall um zwei Objekte: um ein *Window-Manager* und um ein Fenster, die untereinander Nachrichten austauschen. Wichtig dabei ist auch, daß der *Window-Manager* nicht etwa irgendwelche Größenvariablen beim Zielfenster selbst geändert hat, sondern daß er dem Fenster höflich, aber bestimmt einen Befehl übermittelt hat. Das Fenster war dann für die Größenanpassung selbst verantwortlich.

Warum kann der *Window-Manager* die Fenstergröße nicht selbst anpassen? Weil es so viele verschiedene Arten von Fenstern gibt. Ein *Window-Manager* müßte dann die interne Darstellung jedes einzelnen Fensters kennen und wissen, welche Variablen dafür zu ändern sind und wie das Fenster zum Neuzeichnen seines Inhalts veranlaßt werden kann. Das ist alles viel zu kompliziert. In Wirklichkeit werden die Daten des Fensters dort abgelegt, wo sie hingehören: beim jeweiligen Fenster selbst. Die Manipulation dieser Daten wird ausschließlich durch dieses Fenster bewerkstelligt. Der *Window-Manager* sieht nichts davon, sondern begnügt sich damit, eine Nachricht an das Fenster zu senden. Wir haben hier einen Fall von „Kapselung" vor uns.

15.2.2 Klassen und Objekte

Ein Objekt hat zwei wesentliche Merkmale:

- eine öffentliche Methodenschnittstelle
- einen Satz privater Attribute

Durch die privaten Attribute hat jedes Objekt eine Identität. Diese Attribute dürfen nach den Prinzipien der OOP von außen nicht angetastet werden, weder lesend noch schreibend. Dem einzelnen Objekt werden Nachrichten durch den Aufruf von Methoden seiner öffentlichen Schnittstelle übermittelt.

Objekte werden aus einer gemeinsamen Schablone, einer Klasse, erzeugt. Der Ausdruck hierfür ist *Instanziieren*. Abbildung 15.1 zeigt eine Klasse, aus der mehrere Objekte instanziiert wurden.

Die Instanziierung eines Objekts aus einer Klasse geschieht durch den Aufruf einer speziellen Klassenfunktion, *Konstruktor* genannt. Ein Konstruktor erzeugt ein Objekt aus

15.2 Grundlagen der OOP

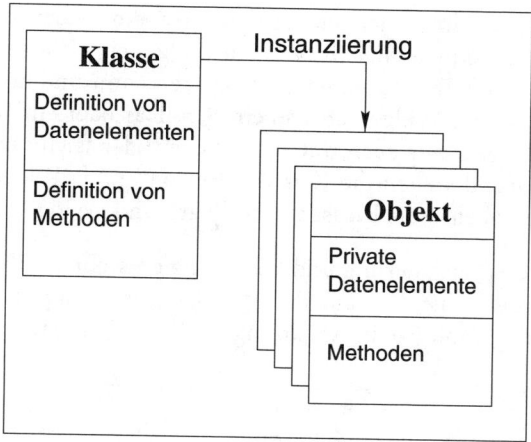

Abbildung 15.1: Instanziierung von Objekten

einer Klasse, indem er Speicherplatz dafür reserviert und eventuell auch die privaten Datenelemente geeignet initialisiert. Anschließend liefert der Konstruktor das neue Objekt zurück.

Wird ein Objekt nicht mehr benötigt, wird es zerstört. Dazu ruft das Laufzeitsystem eine spezielle Funktion, den *Destruktor*, auf. Ein Destruktor muß nicht immer existieren. Fehlt er, wird einfach der Speicherplatz des Objekts freigegeben. Sinn macht ein Destruktor in Situationen, in denen Objekte noch bestimmte Ressourcen freigeben und einige Aufräumarbeiten zu erledigen haben.

Methoden beziehen sich immer auf eine bestimmte Instanz einer Klasse, also auf ein Objekt. Der Aufruf einer Methode richtet sich immer an ein bestimmtes Objekt. Das unterscheidet eine Methode von weiteren Klassenfunktionen, die unabhängig von einem bestimmten Objekt sind.

15.2.3 Klassenbeziehungen

Klassen können untereinander in einer oder mehreren Beziehungen stehen. Diese Beziehungen sind *statisch*, d.h. sie liegen schon zum Zeitpunkt des Entwurfs fest und gelten für alle Objekte dieser Klassen.

Die IS-A-Beziehung

Die vermutlich wichtigste Klassenbeziehung ist die der *Vererbung*. Oft kann viel Code eingespart werden, wenn die Gemeinsamkeiten zwischen den Klassen erkannt werden. Viele Klassen können durch *Spezialisierung* ein zusätzliches oder gar abweichendes Verhalten der von ihnen instanziierten Objekte bewirken.

Die Codeersparnis resultiert aus der einfachen Tatsache, daß bei der Vererbung nur abweichende oder neue Verhaltensformen ausformuliert und programmiert werden müssen. Die Gemeinsamkeiten bleiben in den ursprünglichen Klassen erhalten.

Die geänderte Klasse bezeichnet man als *abgeleitet* von einer oder mehreren *Basisklassen*. Beispielsweise ist bei einem GUI-System ein Widget eine Klasse, die auf bestimmte Ereignisse wie Maus- oder Tastatureingaben reagieren kann und auch sichtbar ist. Ein Button *ist ein* spezialisiertes Widget, ebenso ein Scrollbar oder ein Texteingabefeld. All diese Klassen *sind* Widgets, nur eben mit zusätzlicher oder leicht angepaßter Funktionalität. Aus diesem Grund stehen die Klassen „Button" und „Widget" in einer IS-A-Beziehung zueinander; ebenso die Klassen „Scrollbar" und „Widget".

Durch die fortgesetzte Spezialisierung und Vererbung entsteht ein *Vererbungsbaum* wie in Abbildung 15.2 zu sehen ist. Im Falle der Mehrfachvererbung (*multiple inheritance*) entsteht ein Vererbungsgraph wie in Abbildung 15.3 zu sehen ist.

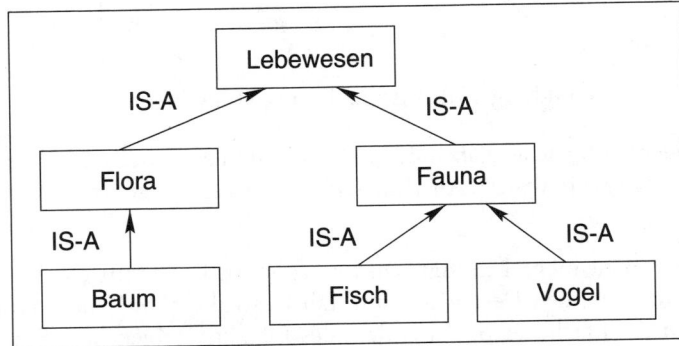

Abbildung 15.2: Vererbungsbaum

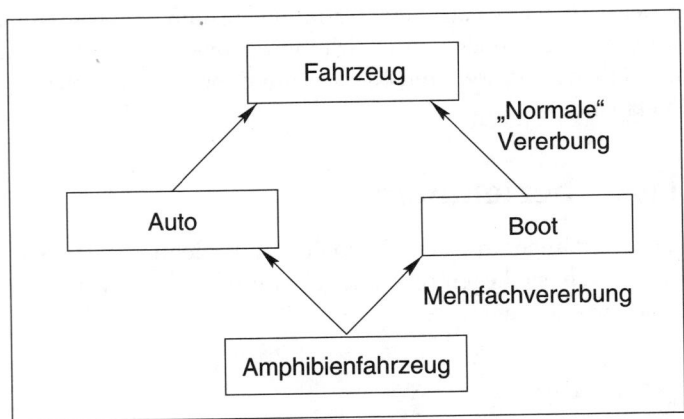

Abbildung 15.3: Mehrfachvererbung

Ein solcher Baum oder Graph ist immer von „unten" nach „oben" hin zu lesen. Ein Objekt hat alle Funktionen und Attribute seiner Klasse und aller darüberliegenden Klassen bis hin zur Wurzel. Gelegentlich wird jedoch eine Methode durch eine erbende Klasse überschrieben. In diesem Fall hat die letzte Änderung in Richtung der spezialisierteren Klassen natürlich Vorrang.

15.2 Grundlagen der OOP

Bei der Mehrfachvererbung entsteht manchmal eine Mehrdeutigkeit, falls eine Methode oder ein Datenelement in zwei verschiedenen Basisklassen gleichzeitig vorkommt. Welcher dieser Methoden oder welchem Attribut soll nun der Vorrang eingeräumt werden? Dies wird manchmal so aufgelöst, daß die Basisklassen von links nach rechts in absteigender Priorität aufgelistet werden.

Die HAS-A-Beziehung

Manchmal kann eine Klasse eine oder viele andere Klassen enthalten. Beispielsweise enthält ein Auto mehrere Komponenten: Reifen, Motor, Antriebswelle, Karosserie etc. Natürlich handelt es sich bei dieser Beziehung nicht um Vererbung: Ein Auto *ist kein* Motor, sondern enthält nur einen. Umgekehrt macht eine Karosserie noch lange kein Auto aus. Es handelt sich also um eine neue Art von Beziehung. Sie wird als HAS-A-Beziehung bezeichnet.

Wichtig bei der HAS-A-Beziehung ist, daß der Container die Kontrolle über die enthaltenen Klassen übernimmt. Wird eine Instanz des Containers zerstört, werden auch alle Instanzen der enthaltenen Klassen, die zur Containerinstanz gehörten, ebenfalls zerstört: Bei einem Totalschaden wird nicht nur das Auto zerstört, sondern auch dessen Komponenten!

Die ASSOCIATION-Beziehung

Während bei der HAS-A-Beziehung das Schicksal der enthaltenen Objekte untrennbar mit ihrem Container verbunden ist, ist bei der ASSOCIATION-Beziehung die Verbindung viel lockerer. Betrachten wir die Beziehung zwischen der Klasse „Person" und „Firma". Eine Firma „besitzt" keine Personen, auch wenn sie einige beschäftigt. Geht die Firma pleite, sterben ihre Beschäftigten deswegen noch lange nicht, auch wenn es einige dumme Individuen gibt, die deswegen aus dem Fenster im zwanzigsten Stockwerk springen!

Bei einer ASSOCIATION-Beziehung behalten die Objekte der einzelnen Klassen die Kontrolle über ihre Existenz. Ein Container hat bei dieser Beziehungsart keinen Einfluß auf die eigentliche Existenz der enthaltenen, genauer gesagt verbundenen Objekte.

Die USES-Beziehung

Eine noch lockerere Beziehung zwischen zwei Klassen ist die USES-Beziehung. In diesem Fall gehen Instanzen der beiden involvierten Klassen keine feste Bindung ein, wie das bei der ASSOCIATION-Beziehung der Fall ist. Vielmehr benutzt ein Objekt die Dienstleistungen eines anderen Objekts.

Abbildung 15.4 zeigt die Verwendung der Error-Klasse durch eine andere Klasse. Beide Klassen haben sonst nichts miteinander gemeinsam.

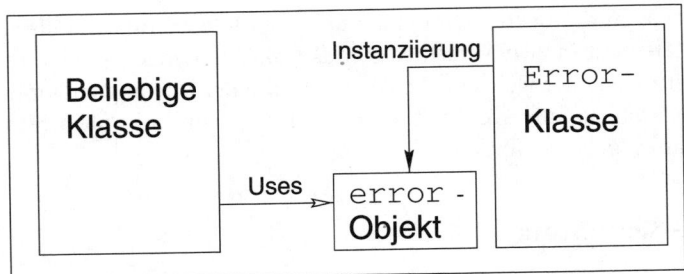

Abbildung 15.4: Die USES-Beziehung

15.2.4 Objektbeziehungen

Objekte können zur Laufzeit ebenfalls einige Beziehungen eingehen. So kann beispielsweise ein Objekt andere Objekte enthalten. Beim GUI-Beispiel würde ein Fensterobjekt eine Menge Widgetobjekte enthalten, ein anderes Fensterobjekt wiederum andere Widgetobjekte. Dies wird in Abbildung 15.5 angedeutet.

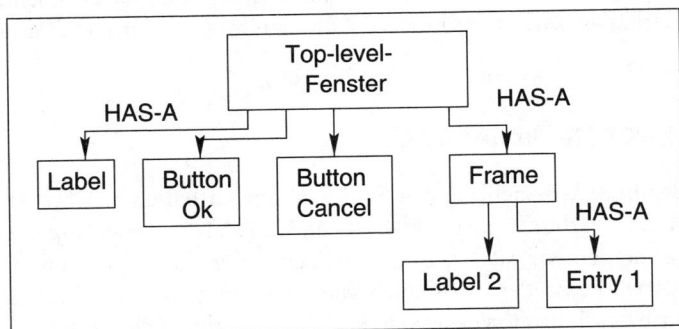

Abbildung 15.5: HAS-A-Baum

Zwischen Objekten sind, neben der gerade gezeigten HAS-A-Beziehung auch die ASSOCIATION- und USES-Beziehungen möglich.

Es ist wichtig, sich den Unterschied zwischen Klassen- und Objektbeziehungen klarzumachen. Im ersten Fall handelt es sich um eine statische Zuordnung, die bereits zur Designzeit feststeht, während im zweiten Fall die Objekte erst zur Laufzeit bestimmte Beziehungen untereinander eingehen.

15.2.5 Mehr Flexibilität durch Polymorphismus

Viele Klassen weisen semantisch eine ähnliche Funktionalität auf. So können beim GUI-Beispiel alle Widgets eine Methode aufweisen, die das jeweilige Widget zeichnet. Würden nun die Methoden der einzelnen Widgets verschiedene Namen haben, müßte der Aufrufer je nach Widgetklasse jeweils eine andere Methode aufrufen:

15.3 Objektorientierte Programmierung in Perl

```
void display_all {
    foreach my $widget (@widgets_in_window) {
        $widget->display_window() if ref($widget) eq 'Window';
        $widget->display_button() if ref($widget) eq 'Button';
        $widget->display_canvas() if ref($widget) eq 'Canvas';
        # Und so weiter...
    }
}
```

Das sieht nicht nur schlecht aus, es ist auch sehr fehleranfällig: Wenn später ein weiterer Widgettyp hinzugefügt wird, muß diese Funktion angepaßt werden.

Besser ist es, von *Polymorphismus* Gebrauch zu machen. In diesem Fall würden alle Widgetsubklassen denselben Funktionsnamen, sagen wir `display()`, zur Anzeige verwenden. Der Aufruf würde sich dann vereinfachen zu:

```
void display_all {
    foreach my $widget (@widgets_in_window) {
        $widget->display();    # Je nach Typ anderes display()
    }
}


# Oder noch einfacher:
@display_results = map { $_->display() } @widgets_in_window;
```

Abbildung 15.6 zeigt das Prinzip des Polymorphismus anhand des gerade gezeigten Beispiels mit der Funktion `display()`.

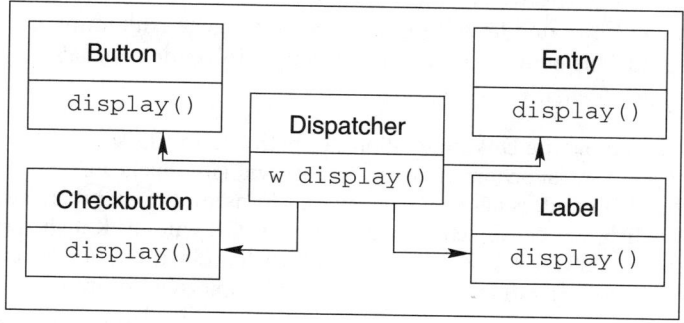

Abbildung 15.6: Polymorphismus

15.3 Objektorientierte Programmierung in Perl

Perl führte objektorientierte Features mit der Version 5 ein. Davor war es nicht möglich, Klassen zu definieren oder Objekte zu instanziieren, von Methodenaufrufen, Datenelementen und Vererbung ganz zu schweigen! Glücklicherweise sind diese schlimmen Zeiten längst vorbei. Sie können nun nach Lust und Laune Klassen definieren und fleißig Objekte daraus instanziieren. Auch wenn Sie mit objektorientierter Programmierung nichts am Hut haben, werden Sie manchmal nicht umhinkommen, Objekte fertiger Klassen einzusetzen. Dank ihrer Flexibilität weisen immer mehr Module aus dem CPAN eine objektorientierte Schnittstelle auf. Wir werden in Abschnitt 15.3.1 sehen, wie solche Klassen und Objekte verwendet werden. Mehr müssen Sie nicht wissen, wenn Sie lediglich diese Module benutzen möchten. Interessieren Sie sich für die Programmierung von Klassen, werden Sie in den folgenden Abschnitten genügend Material finden, um auch die kompliziertesten Konstruktionen zu implementieren.

Ernsthafte, an OOP interessierte Anwender sollten sich unbedingt in Ruhe die hervorragende Perl-Dokumentation zu diesem Thema zu Gemüte führen. Sie finden sie in *man perltoot, man perlobj* und *man perlbot*.

15.3.1 Verwendung von Klassen und Objekten

Wie wird eine fertige Klasse mit ihren Objekten eingesetzt? Das hängt natürlich stark von ihrer Definition ab. Nehmen wir einmal an, daß die Spezifizierung der Schnittstelle wie gewohnt geschehen ist. In diesem Fall wird eine Klasse innerhalb eines Moduls enthalten sein. Um diese Klasse zu benutzen, müssen Sie erst das Modul mit use wie gewohnt laden:

```
use ST::SomeClass;     # Lade eine Klasse aus einem Modul
```

Anschließend müssen Sie einen oder mehrere Objekte aus dieser Klasse instanziieren. Dies erreichen Sie durch den Aufruf eines Konstruktors. Anders als bei C++ und Java müssen Konstruktoren in Perl nicht immer den gleichen Namen wie die Klasse haben, zu der sie gehören. Üblicherweise wird ein Konstruktor in Perl new() genannt, um den Gewohnheiten von C++- und Java-Programmierern entgegenzukommen. Das muß aber nicht immer so sein. Wie dem auch sei, wir nehmen im folgenden an, daß der Konstruktor auch tatsächlich new() heißt.

> Natürlich sollten Sie die Dokumentation der betroffenen Klasse d.h. des Moduls lesen. Dort steht meist schon in der Synopsis, wie ein Objekt instanziiert wird. Klassen, die einen anders als new() benannten Konstruktor vorgeben, sind nicht so ungewöhnlich, wie es zunächst erscheinen mag. Oft wird als Konstruktorname der Klassenname gewählt. Das ist oft ganz natürlich und wird beispielsweise beim GUI-Modul Tk so gehandhabt. Ein Button wird beispielsweise einfach mit
>
> ```
> $btn = Tk::Button(-text => 'Click Me', -action => \&callme);
> ```
>
> erzeugt.

Es geht also darum, den Klassenkonstruktor aufzurufen. Dieser Konstruktor liefert dann eine Referenz auf das Objekt zurück. Diese Referenz sollte dann wie üblich in einer skalaren Variablen gespeichert werden:

```
$obj = ST::SomeClass->new();     # Ein Objekt instanziieren
```

Gelegentlich werden auch Argumente an den Konstruktor übergeben:

```
$obj = ST::SomeClass->new( '555-2377', 'hacker' );
```

Diese Argumente können auch in folgender Form erwartet werden:

```
$obj = ST::SomeClass->new( phone => '555-2377', name => 'hacker' );
```

Achtung! *Einige Klassen ermöglichen auch folgende Instanziierungen:*

```
# Vorsicht! Andere Konstruktoren erforderlich!!!
$obj = new ST::SomeClass;
$obj = ST::SomeClass::new($arg1, $arg2, ...);
```

In diesem Fall unterscheidet sich die Implementierung des Konstruktors von der Instanziierung mittels Pfeilnotation. Wir gehen hier davon aus, daß die Pfeilnotation bei der Instanziierung immer benutzt wird. In man perlobj *finden Sie mehr Informationen darüber.*

Es ist natürlich möglich, mehr als nur ein Objekt zu instanziieren:

```
$obj1 = ST::SomeClass->new('555-2377', 'hacker');
$obj2 = ST::SomeClass->new($phone, $name);
```

Beide Objekte unterscheiden sich nun und können unabhängig voneinander verwendet werden.

Was tun mit einem Objekt? Es ist möglich, Nachrichten an das Objekt zu senden, indem Methoden aufgerufen werden:

```
$obj->turn_blue();
$color = $obj->getColor();
$obj->setColor('orange');
```

Natürlich legt die Klasse des Objekts fest, welche Methoden zur Verfügung stehen und wie diese aufzurufen sind.

Wir unterscheiden zwischen dem Inhalt des Objekts, also seinen privaten Datenelementen und den Methoden, die darauf zugreifen können, den *Akzessorfunktionen*. Im obigen Beispiel war getColor() eine Akzessorfunktion für das Attribut „Farbe", während setColor() dieses Attribut ändern durfte. Beachten Sie, daß Sie die Attribute des Objekts nicht direkt verändern sollten, sondern ausschließlich über bereitgestellte Akzessorfunktionen.

Dies hat einen großen Vorteil: Sollten sich die Entwickler dieser Klasse entscheiden, die interne Darstellung und Implementierung zu ändern, bräuchten sie nur dafür Sorge tragen, daß die öffentliche Methodenschnittstelle abwärtskompatibel bleibt. Programme, die diese Klassen benutzen, müssen nicht angepaßt werden. Dies wäre anders, wenn direkt auf Datenelemente zugegriffen worden wäre.

Da Objekte nichts anderes sind als spezielle Referenzen, können Sie wie Skalare in Arrays oder Hashes gespeichert werden:

```
use ST::CrewMember;

while (<>) {
    chomp;
```

```
    my $crewperson = ST::CrewMember->new(split(/:/));
    push(@crewlist, $crewperson);
    $crew_byname{$crewperson->name()} = $crewperson;
}

$captain = $crew_byname{'Kirk'};
print $captain->email();            # jtkirk@ncc1701.federation.mil
print $crew_byname{'Kirk'}->email();    # Dasselbe
```

Wenn Objekte nicht mehr benötigt werden, wird automatisch ein Destruktor aufgerufen, vorausgesetzt, es wurde einer definiert.

Das war auch schon alles, was es zur Verwendung von Objekten zu sagen gibt. In den folgenden Abschnitten werden wir sehen, wie wir selbst Klassen und Objekte definieren können.

15.3.2 Klassen sind Packages

Eine Klasse ist einfach ein Package mit einer Menge von Funktionen. Einige dieser Funktionen sind Klassenfunktionen, andere sind Methoden. Auch Klassenelemente, die nicht mit den Datenelementen eines einzelnen Objekts verwechselt werden dürfen, können im Package definiert werden. Denken Sie auch daran, mindestens einen Konstruktor zu definieren, der Objekte instanziiert.

```
    package SomeClass;

    $classvar1 = 4711;              # Eine Klassenvariable
    my $cv2    = "private";         # Eine private Klassenvariable
    my @xyz;                        # Ein privates Klassenarray

    sub new { ... }                 # Ein Konstruktor

    sub meth1 { ... }               # Eine Methode
    sub meth2 { ... }               # Noch eine Methode
    sub meth3 { ... }               # Und wieder eine Methode

    sub classfunc1 { ... }          # Eine Klassenfunktion
    sub classfunc2 { ... }          # Noch eine Klassenfunktion

    sub _privfunc { ... }           # Eine Hilfsfunktion
    sub _init    { ... }            # Noch eine Hilfsfunktion

    sub DESTROY { ... }             # Der Destruktor [optional]

    1;
```

Hm, das sieht ja ganz nach einem normalen Modul aus — und genauso ist es auch! Diese Klasse, die in der Datei SomeClass.pm irgendwo im Suchpfad @INC steht, kann dann wie folgt benutzt werden:

```perl
use SomeClass;

$obj1 = SomeClass->new($arg1, $arg2);      # Instanziierungen
$obj2 = SomeClass->new(@arglist);

$obj1->meth1();                            # Methodenaufrufe
$obj1->meth2($marge, $sarge, $large);
@resultlist = $obj2->meth($xarge);

$nobjs = SomeClass::classfunc1();          # Klassenfunktion
$res   = SomeClass::classfunc1($obj1, $obj2);

print $SomeClass::cv2;                     # FALSCH! Private Variable
$SomeClass::classvar1 = "Shared";          # Okay
```

Interessant ist hier, daß Klassenvariablen nur einmal existieren, während die zu einem Objekt gehörenden Instanzvariablen pro Objekt unterschiedlich sind. Die Klassenvariablen werden von allen Objekten der Klasse gemeinsam benutzt. Eine typische Anwendung einer solchen Variable sind Objektzähler und Pools.

Gelegentlich sind auch Klassenvariablen, die durch my() lexikalisch lokal gemacht wurden, von außerhalb erreichbar. Dies ist der Fall, wenn diese Variablen von Methoden oder Klassenfunktionen aus derselben Datei verwendet werden.

Ein Beispiel für einen Objektzähler ist:

```perl
package SomePackage;
use vars qw($counter);
BEGIN { $counter = 0; }
sub new {
    # Objektkonstruktor: Erzeuge Objekt $obj, dann
    ++$counter;
    return $obj;
}

# Der Destruktor verkleinert den Objektzaehler
sub DESTROY { --$counter; }

# Eine Klassenfunktion zur Anzeige des Zaehlers
sub CountObjects { return $counter; }

1;
```

15.3.3 Objekte sind mit `bless()` markierte Referenzen

Wie sieht nun ein Konstruktor aus? Das hängt natürlich vom jeweiligen Objekt ab. Der einfachste Konstruktor lautet:

```perl
sub new { bless({}, shift()); }
```

Was war das?! Wir müssen an dieser Stelle doch noch einiges lernen, um das erst einmal zu verkraften! Also ganz langsam der Reihe nach.

Was macht eigentlich ein Objekt aus? Ganz richtig: einige Datenelemente und Methoden, die darauf zugreifen können.

Ein Objekt ist nichts anderes als eine Referenz, die „weiß", daß sie zu einer Klasse gehört. Dank dieses „Wissens" ist es ihr möglich, Methoden dieser Klasse zu finden und aufzurufen. Woher sollte nämlich ein dummer Zeiger sonst wissen, daß bei

```
$ptr->meth1();
```

gerade die Subroutine SomeClass::meth1(), aber nicht etwa OtherClass::meth1() oder sogar meth1() der aktuellen Datei aufgerufen werden soll? Dieses „Wissen" ist ja nicht Teil einer Referenz. Eine solche Verbindung wird mit Hilfe der eingebauten Funktion bless() realisiert.

Die Funktion bless() erwartet zwei Argumente: einen Zeiger, der zu einem Objekt gemacht werden soll, und den Namen der Klasse, d.h. des Packages, zu dem die Verbindung hergestellt werden soll. bless() teilt dem Zeiger mit, daß es nun ein Objekt der angegebenen Klasse ist. Außerdem liefert bless() diesen nun „klugen" Zeiger zurück, der jetzt weiß, daß er ein Objekt einer bestimmten Klasse bezeichnet.

Was sich hinter dem Objektzeiger verbirgt, werden wir in Abschnitt 15.3.6 auf Seite 681 noch sehen. Angenommen, dieser Zeiger befindet sich in der Variable $ptr (wie einfallsreich!). Ein Objekt kann dann wie folgt instanziiert werden:

```
package SomeClass;

# $ptr soll schon ein Zeiger sein

bless($ptr, 'AClass');    # $ptr wird ein AClass-Objekt
bless($ptr);              # $ptr wird ein SomeClass-Objekt

sub new {
    # $ptr wird mit einem Zeiger initialisiert, dann...
    return bless($ptr, 'AClass');
}
```

Wir sehen also, daß bless() gar nicht schwierig zu benutzen ist. Fehlt der Name der Klasse, wird einfach der Name des aktuellen Packages angenommen. Der Rückgabewert ist mit dem Zeiger identisch, da bless() den Zeiger selbst „modifiziert".

15.3.4 Aufruf und Definition von Konstruktoren

Ein Konstruktor, sagen wir new(), kann auf verschiedene Arten aufgerufen werden:

```
$obj0 = SomeClass->new();
$obj1 = SomeClass->new($arg1, $arg2);
$obj2 = SomeClass->new($arg1, $arg2, @otherargs);
$copy = $obj1->new(@newarglist);
```

Bei den Objekten $obj0, $obj1 und $obj2 reicht ein einfacher Konstruktor. Für $copy brauchen wir einen Copy-Konstruktor, der etwas komplizierter ist, da er auch als Methode und nicht nur als Klassenfunktion aufgerufen werden kann. Wir beginnen erst mit der einfachen Form von Konstruktoren.

Ein Konstruktor new() erwartet als erstes Argument den Namen der Klasse, mit dem er aufgerufen wurde. Für die obengenannten ersten drei Objekte reicht folgender Konstruktor aus:

```
package SomeClass;

sub new {
    my $classname   = shift;
    my (@otherelem) = @_;

    my $ptr = ...;        # Zeiger geeignet initialisieren
                          # und Argumente von @otherelem
                          # darin integrieren

    return bless($ptr, $classname);
}
```

Beim Aufruf wird als erstes Argument immer der Name der Klasse übergeben. Die nachfolgenden Argumente folgten dann. Der Konstruktor erzeugt dann einen passenden Zeiger, der auf bestimmte Datenelemente zeigt und macht diesen dann mit bless() zu einem $classname-Objekt. Anschließend liefert der Konstruktor dieses Objekt zurück.

Beim $copy-Objekt ist es schwieriger. Hier wird als erstes Element des Konstruktors nicht nur einfach der Package- oder Klassennamen übergeben, sondern ein eigenes Objekt, hier $obj1. Da jedoch bless() unbedingt den Namen einer Klasse erwartet, muß dieser Name irgendwie aus dem übergebenen Objekt $obj1 extrahiert werden. Glücklicherweise eignet sich dafür die altbekannte Funktion ref(). Sie erinnern sich? ref() liefert bei „normalen" Zeigern den Typ zurück, also SCALAR, ARRAY, HASH usw. Bei Objekten, also Zeigern, die mit bless() zu einem Objekt gemacht wurden, liefert ref() hingegen den Namen der Klasse dieses Objekts zurück.

In unserem Beispiel könnte ein Konstruktor wie folgt aussehen:

```
sub new {
    my $self    = shift;
    my $class   = ref($self) || $self;
    my (@others) = @_;

    my $ptr = ....;       # Zeiger initialisieren mit @others
                          # moeglicherweise auch kopieren...

    return bless($ptr, $class);
}
```

Dieser Konstruktor sieht auf den ersten Blick etwas seltsam aus, weil er wie eine Klassenfunktion, aber auch wie eine Methode aufgerufen werden kann. Beim $copy-Beispiel wurde er wie eine Methode des Objekts $obj1 aufgerufen! Die Implementierung von Methoden werden wir im Abschnitt 15.3.5 kennenlernen.

Wir wollen hier gleich noch die „offizielle", d.h. meistgenutzte Version eines flexiblen Konstruktors zeigen. In diesem Fall wird der Konstruktor die Datenelemente des neuen Objekts nicht selbst initialisieren, sondern benutzt dafür eine Hilfsfunktion _init():

```
package SomeClass;

sub new {
    my $self   = shift;
    my $class  = ref($self) || $self;
    my @others = @_;

    my $ptr = ....;    # Irgendwie $ptr als Zeiger initialisieren
    bless $ptr, $class;
    $ptr->_init(@others);

    return $ptr;
}

sub _init {
    my $self = shift;      # Der Objektzeiger
    my @args = @_;         # Die restlichen Argumente

    # Tue etwas mit $self und den Daten @args
}
```

Wir müssen jetzt nur noch zeigen, wie

- ein Zeiger erzeugt wird,
- Datenelemente pro Objekt darin gespeichert werden und
- Methoden definiert werden.

Lesen Sie einfach weiter.

15.3.5 Definition von Methoden

Methoden sind einfach Subroutinen, die in einer Klassendefinitionsdatei, also der .pm-Datei definiert sind, in der das Package steht. Diese Subroutinen erwarten aber stets als ersten Parameter den Zeiger auf das Objekt, das sie aufgerufen hat. Dies muß bei der Definition der Methode berücksichtigt werden:

```
$obj->meth($arg1, $arg2);    # Wie: meth($obj, $arg1, $arg2);
$ptr->meth(@params);         # Wie: meth($ptr, @params);
```

Aus diesem Grund weiß die Methode stets, auf welcher Objektinstanz sie operieren soll. Daher lautet die Definition einer Methode:

15.3 Objektorientierte Programmierung in Perl

```perl
sub meth {
    my $self   = shift;      # Objekt, auf dem operiert wird
    my @others = shift;      # Andere Parameter der Methode

    # Tue etwas mit dem Objekt $self und den Daten @others
}
```

Wir haben hier für den Objektzeiger den traditionellen Namen *self* gewählt. C++-Programmierer werden statt dessen den Namen *this* vorziehen. Es kommt selbstverständlich nicht auf die Wahl eines speziellen Namens an.

15.3.6 Definition von Datenelementen

Es gibt mehr als nur ein Objekt

Datenelemente, auch Attribute genannt, gehören zu Objekten, nicht zu einer ganzen Klasse. Zwei Objekte der Klasse „Person" haben verschiedene „Namen", „Telefonnummern" usw. Daher können Attribute *nicht* in der Klassendatei gespeichert werden:

```perl
package SomeClass;

$name  = 'Your name here';   # FALSCH!
$phone = 'xxx-yyy-zzzz';     # FALSCH!

sub new { ... }

sub _init {
    my $self = shift;
    my ($n, $ph) = @_;

    $name  = $n;             # FALSCH! Keine Per-Objekt-Daten
    $phone = $ph;            # FALSCH! Keine Per-Objekt-Daten
}

1;
```

Was würde geschehen, wenn zwei oder mehr Objekte aus dieser Klasse instanziiert würden und für all diese Objekte die _init()-Methode aufgerufen würde? Alle Objekte hätten natürlich als „Attributwerte" die Werte des zuletzt initialisierten Objekts! Das Problem hierbei ist, daß Attribute für jede eigene Instanz einer Klasse eine eigene Identität haben müssen. Das ist nicht der Fall bei Klassenvariablen, die allen Objekten gemeinsam sind.

Attribute als Klassenarrays: Yuck!

Etwas umständlich, aber dennoch möglich wäre folgender Hack:

```
ABadlyHackedUpClass.pm
# ABadlyHackedUpClass.pm -- Datenelemente als Klassenarrays
#                          VORSICHT: Speicherlecks bei der
#                          Zerstoerung von Objekten.

package ABadlyHackedUpClass;

# Klassenprivate Parallelarrays zur Speicherung von Objektattributen:
my @names   = ();  # Namen der Objekte
my @phones  = ();  # Telefonnummern der Objekte
my $maxpos  = 0;   # Naechste freie Position in @names und @phones.
my %obj2pos = ();  # Objektzeiger(string) -> Position in @names, @phones

sub new {
    my $classname = shift;
    my $ptr       = {};              # Irgendeinen anonymen Zeiger
    bless($ptr, $classname);         # zu einem Objekt machen,
    $ptr->_initObject(@_);           # mit Name und Phone initialisieren.
    return $ptr;                     # Das war's!
}

sub _initObject {
    my $obj = shift;                 # Objektzeiger
    my ($name, $phone) = @_;         # Initialisierungswerte
    push(@names, $name);             # ab in die Attributarrays!
    push(@phones, $phone);           # Genauso!
    $obj2pos{$obj} = $maxpos++;      # Neue freie Position aktualisieren.
}

sub getName {
    my $obj = shift;                 # Von welchem Objekt?
    return $names[$obj2pos{$obj}];   # Aha, das wollten wir wissen!
}

sub setPhone {
    my $obj = shift;                 # Von welchem Objekt?
    my $newphone = shift;            # Welche neue Nummer?

    $phones[$obj2pos{$obj}] = $newphone;  # Alles klar!
}

# Und so weiter...

1;
```
ABadlyHackedUpClass.pm

Dennoch scheint es zu funktionieren:

```
test-that-bad-class.pl
#!/usr/local/bin/perl -w
# test-that-bad-class.pl -- Testet unseren ueblen Hack aus.

use ABadlyHackedUpClass;

my $mary = ABadlyHackedUpClass->new('mary', '555-1234');
my $john = ABadlyHackedUpClass->new('john', '555-9999');

$mary->setPhone('555-5555');
print $mary->getName(), " has a new phone number!\n";
print $john->getName(), " doesn't!\n";
```
test-that-bad-class.pl

Die Ausführung ergibt:

```
farid@sun-1:~/p> ./test-that-bad-class.pl
mary has a new phone number!
john doesn't!
```

In diesem Beispiel wurden die Attribute der erzeugten Objekte in privaten Klassenvariablen gespeichert. Damit wir mehrere Objekte dort unterbringen können, mußten wir uns mit parallelen Arrays behelfen. Pro Attribut wurde ein Array reserviert, das dann die Attributwerte der einzelnen Objekte aufnahm. Eine *high water mark* `$maxpos` bezeichnete dann immer die nächste freie Position in den parallelen Arrays. Damit Attribute eines bestimmten Objekts leicht gefunden werden können, haben wir uns mit einem privaten Hash `%obj2pos` begnügt, der als Schlüssel die Objektreferenz und als Wert die Position der zugehörigen Attribute in den parallelen Arrays speicherte.

> Ist Ihnen nicht mulmig bei dieser Konstruktion? Wir haben einen Hash mit Referenzen als Schlüssel. In Abschnitt 13.7.7 auf Seite 552 haben wir aber gesehen, daß es nicht gut ist, Referenzen als Schlüssel zu benutzen. Das ist aber für uns hier kein Problem, da wir ja diese Referenzen garantiert nie dereferenzieren werden, sondern sie nur als Lookup-Strings benutzen werden.

Diese „Lösung" könnte funktionieren, wenn es nicht ein zunächst unscheinbares Problem gäbe: Was geschieht mit den Attributen von nicht mehr benötigten Objekten, die folglich zerstört wurden? Diese Attribute würden in den Attributarrays verbleiben und weiterhin Speicherplatz in Anspruch nehmen. Na und, fragen Sie, ist das wirklich so schlimm? Moderne Rechner haben heutzutage soviel Speicher, daß einige Kilobyte mehr oder weniger keine Rolle spielen! Nicht so schnell, bitte! Was geschieht, wenn das Programm über einen längeren Zeitraum laufen müßte und Objekte, vielleicht in einer Schleife, nur so kommen und gehen?. Ganz richtig! Im Laufe der Zeit würde immer mehr Speicher verbraucht, zwar jedesmal nur wenig, aber langsam und stetig wird der gesamte virtuelle Speicher restlos aufgebraucht. Ein klassisches Speicherleck!

Wie kann dem beggenet werden? Natürlich *könnten* die entsprechenden Elemente mittels `splice()` aus den parallelen Arrays entfernt werden. Das ist nicht nur ineffizient, sondern erfordert auch eine Anpassung aller Einträge aus dem Positionshash, die hinter den gelöschten Elementen liegen. Das ist sehr unbefriedigend.

Attribute als Klassenhashes: Schon besser!

Eine leicht verbesserte Version, die das Löschen von Objekten erleichtert, sieht statt Attributarrays Attribut*hashes* vor:

```
AKludgedClass.pm
# AKludgedClass.pm -- Objektattribute als Klassenhashes

package AKludgedClass;

# Wir definieren hier klassenprivate Attributhashes,
# die als Schluessel die Objektzeigerstrings
# und als Werte die zugehoerigen Attribute speichern.
# Wir brauchen einen Hash pro Attribut.
my %names  = ();
my %phones = ();

sub new {
    my $classname = shift;           # Name unserer Klasse.
    my $ptr       = {};              # Irgendeinen Zeiger erzeugen
    bless($ptr, $classname);         # und zu einem Objekt machen.
    $ptr->_init(@_);                 # Mit Name und Telefonnummer
                                     # initialisieren.
    return $ptr;                     # Das war's.
}

sub _init {
    my $obj        = shift;          # Das zu initialisierende Objekt
    my ($na, $ph)  = @_;             # Name und Telefonnummer

    $names{$obj}  = $na;
    $phones{$obj} = $ph;
}

sub getPhone {
    my $obj = shift;                 # Von welchem Objekt?
    return $phones{$obj};            # Ist ja offensichtlich, oder?
}

sub setName {
    my $obj     = shift;             # Von welchem Objekt?
    my $newname = shift;             # Wie ist der neue Name?

    $names{$obj} = $newname;         # Auch offensichtlich, nicht wahr?
}

# Der Destruktur sorgt dafuer, dass die Attribute des
```

15.3 Objektorientierte Programmierung in Perl

```perl
    # zerstoerten Objekts ebenfalls geloescht werden.
    sub DESTROY {
        my $obj = shift;          # Das zu loeschende Element

        delete $names{$obj};      # Raus damit!
        delete $phones{$obj};     # Weg damit!
    }

    1;
```
———————————————————————————————— AKludgedClass.pm

Ein kleines Testprogramm gefällig?

test-that-kludged-class.pl ————————————————————————
```perl
#!/usr/local/bin/perl -w
# test-that-kludged-class.pl -- Testet unsere verbesserte Klasse.

use AKludgedClass;

my $mary = AKludgedClass->new('mary', '555-1234');
my $john = AKludgedClass->new('john', '555-9999');

$mary->setName('irma');        # Name aendern.
print "Phone number of john: ", $john->getPhone(), "\n";
print "Phone number of irma: ", $mary->getPhone(), "\n";
```
———————————————————————————— test-that-kludged-class.pl

Die Ausführung:

```
farid@sun-1:~/p> ./test-that-kludged-class.pl
Phone number of john: 555-9999
Phone number of irma: 555-1234
```

Na also, es geht ja doch! Wir haben auch gleich eine nützliche Anwendung des Destruktors DESTROY() kennengelernt. Speicherlecks gehören nun der Vergangenheit an, und wir haben auch gleich eine einigermaßen effiziente Implementierung einer Klasse mit Attributen erzeugt.

Attribute in anonyme Arrays: Fast richtig!

Gemäß dem Perl-Motto TIMTOWTDI (*There Is More Than One Way To Do It*) wollen wir nun einen anderen Ansatz zur Darstellung von Attributen versuchen. Da ein Objekt eine Referenz sein muß, kann diese gleich auf ein anonymes Array von Attributen zeigen:

ANearlyPerfectClass.pm ——————————————————————————
```perl
# ANearlyPerfectClass.pm -- Objektattribute in anonymen Arrays

package ANearlyPerfectClass;
```

```perl
sub new {
    my $classname = shift;
    my $ptr       = [];         # Anonymes Array fuer Attribute
    bless($ptr, $classname);
    $ptr->_init(@_);            # Anonymes Array fuellen.
    return $ptr;
}

sub _init {
    my $objptr = shift;         # Welches Objekt initialisieren?
    push(@{ $objptr }, @_);     # Wow! Das ging aber schnell!
}

sub getAttribNr {
    my $objptr = shift;         # Von welchem Objekt?
    my $attrnr = shift;         # Das wievielte Attribut?

    return $objptr->[$attrnr];  # Okay, das ist es.
}

sub setAttribNr {
    my $objptr = shift;         # Von welchem Objekt?
    my $attrnr = shift;         # Das wievielte Attribut?
    my $newval = shift;         # Der neue Wert

    $objptr->[$attrnr] = $newval;   # Genau, den Wert aendern!
}

1;
```
── ANearlyPerfectClass.pm

Die Anwendung ist naheliegend:

```perl
test-np-object.pl ────────────────────────────────────────────
#!/usr/local/bin/perl -w
# test-np-object.pl -- Testet die fast perfekte Klasse

use ANearlyPerfectClass;

$mary = ANearlyPerfectClass->new('mary', '555-1234', '41');
$john = ANearlyPerfectClass->new('john', '555-9999', '99');

print join(' ', "Name:", $mary->getAttribNr(0),
                "Tel.:", $mary->getAttribNr(1),
                "Room:", $mary->getAttribNr(2) ), "\n";

print "Attributes of john: ",
      join(' ', map { $john->getAttribNr($_) } 0 .. 2), "\n";

$mary->setAttribNr(2, 'new room');
print "New room for mary: ", $mary->getAttribNr(2), "\n";
```
── test-np-object.pl

Ausführung:

```
farid@sun-1:~/p> ./test-np-object.pl
Name: mary Tel.: 555-1234 Room: 41
Attributes of john: john 555-9999 99
New room for mary: new room
```

Das Problem bei dieser Implementierung ist, daß wir uns stets die Position der jeweiligen Attribute innerhalb des anonymen Per-Objekt-Attributarrays merken müssen. Das ist zwar vereinzelt möglich, aber aus Gründen der Wartbarkeit nicht besonders praktisch. Angenommen, die Anwendung hat sich im Laufe der Zeit so verändert, daß bestimmte Attribute nicht mehr nötig sind und daher entfernt werden können. Dies kann mit dem anonymen Array nicht so leicht realisiert werden, denn nun muß *jede* Funktion, die auf dieses Array zugreift, angepaßt werden: Die Indizes der darauf folgenden Attribute haben sich ja verändert! Wenn Sie jetzt glauben, es sei ja eh nur eine Datei, nämlich die Klassendefinitionsdatei betroffen, haben Sie etwas ganz wichtiges vergessen. Es ist möglich, aus Ihrer Klasse weitere Klassen abzuleiten. Das müssen noch nicht einmal Sie selbst gemacht haben, sondern irgendwelche Leute, die Ihre Klasse benutzen. Wenn Sie jetzt aber plötzlich die Reihenfolge bzw. Indexnummern von Attributen verändern, verändern Sie auch die Schnittstelle des Objekts! Viele Programme wären von Ihrer Änderung betroffen, sogar welche, von denen Sie nie etwas gehört haben.

Problematisch ist hier, daß die Indexnummer eines Attributs ein Implementierungsdetail ist, das sich ja später jederzeit ändern könnte. Dieses nach außen hin sichtbar zu machen, verletzt eines der wichtigsten Grundprinzipien der Objektorientierung: die Kapselung (*Encapsulation*). Also müssen wir eine andere Lösung finden.

Attribute in anonymen Hashes: Die Lösung!

Die folgende Lösung ist die weitverbreitetste Implementierung der Datenelemente eines Objekts. Anstatt wie im vorigen Beispiel ein anonymes Array von Attributen zu nehmen, wählt man naheliegenderweise einen anonymen Hash für Attribute. Dieser Hash hat als Schlüssel die Namen der Attribute und als zugehörige Werte die Attributwerte des einzelnen Objekts. Das sieht dann so aus:

```
ClassWithAnonHash.pm
# ClassWithAnonHash.pm -- Objektattribute in einem anonymen Hash.
#                         Generisches Beispiel.

package ClassWithAnonHash;

sub new {
    my $classname = shift;
    my $ptr       = {};            # Anonymer Attributhash
    bless($ptr, $classname);
    $ptr->_init(@_);               # Attribute speichern
    return $ptr;
}
```

```perl
    sub _init {
        my $obj   = shift;       # Das zu initialisierende Objekt
        my %param = @_;          # AttrX => ValX, AttrY => ValY, ...

        %{ $obj } = %param;      # 1:1-Zuweisung von Hashes
    }

    sub getAttributeNames {
        my $obj   = shift;       # Das betroffene Objekt
        return keys %{ $obj };   # Die Namen seiner Attribute
    }

    sub getAttribute {
        my $obj   = shift;       # Aus welchem Objekt?
        my $attr  = shift;       # Welches Attribut?

        return $obj->{$attr};    # Okay, das stimmt.
    }

    sub setAttribute {
        my $obj    = shift;      # Welches Objekt?
        my $attr   = shift;      # Welches Attribut?
        my $newval = shift;      # Neuer Wert.

        $obj->{$attr} = $newval; # Jawohl, neuer Wert.
    }

    1;
```
── ClassWithAnonHash.pm

Beispielanwendung:

```perl
    test-hash-object.pl
    #!/usr/local/bin/perl -w
    # test-hash-object.pl -- Testet die perfekte namenshashbasierte Klasse.

    use ClassWithAnonHash;

    $mary = ClassWithAnonHash->new(name => 'mary', phone => '555-1234');
    $john = ClassWithAnonHash->new(name => 'john', phone => '555-9999',
                                   room => '42',   fax   => '555-7777');

    print join(' ', map { "$_: " . $john->getAttribute($_) }
                    sort $john->getAttributeNames() ),
          "\n";

    $mary->setAttribute('room', '41');
    print "Room of Mary: ", $mary->getAttribute('room'), "\n";
```
── test-hash-object.pl

Ausführung:

```
farid@sun-1:~/p> ./test-hash-object.pl
fax: 555-7777 name: john phone: 555-9999 room: 42
Room of Mary: 41
```

Abbildung 15.7 zeigt einen typischen Namenshash.

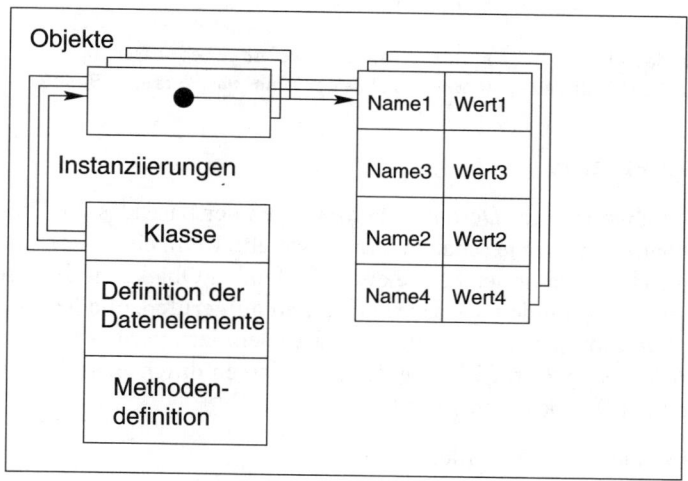

Abbildung 15.7: Namenshash von Objektinstanzen

Bei unserer Beispielklasse `ClassWithAnonHash` hätten wir auf die Attribute eines Objekts auch direkt zugreifen können:

```
$obj = ClassWithAnonHash->new(name => 'mary');

# Direkter Zugriff auf die Datenelemente.
# Tun Sie dies nicht ausserhalb der Klassendefinition!
print $obj->{'name'};          # mary
$obj->{'phone'} = '555-1234';  # Nummer hinzufuegen/aendern

# Indirekter Zugriff auf die Datenelemente
# Mit Hilfe von Akzessorfunktionen:
print $obj->getName();
$obj->setPhone('555-1234');
```

Der direkte Zugriff auf die Datenelemente eines Objekts ist nur innerhalb der Klassendefinitionsdatei angemessen. Von außerhalb könnten Sie zwar theoretisch ebenfalls so auf die Datenelemente zugreifen[1], aber so etwas zeugt von schlechtem Programmierstil. Sie würden dadurch die Objektintegrität, genauer deren Kapselung verletzen.

---

[1] Perl kennt keine Zugriffsschutzmechanismen für Attribute, wie dies bei C++ oder Java der Fall ist. Alle Attribute sind somit `public`. In der Perl-Dokumentation *man perlmodlib* heißt es dazu wörtlich: *Perl does not enforce private and public parts of its modules as you may have been used to in other languages like C++, Ada, or Modula-17. Perl doesn't have an infatuation with enforced privacy. It would prefer that you stayed out of its living room because you weren't invited, not because it has a shotgun.*

15.3.7 Vererbung mit @ISA

In Perl ist es ganz leicht, Klassen aus einer oder sogar mehreren Basisklassen abzuleiten. Dazu müssen die Basisklassen lediglich in das @ISA-Array der abzuleitenden Klasse eingetragen werden:

```
package Derived;
use vars qw(@ISA);        # Wg. -w-Flag

@ISA = qw(Base);          # Aus Klasse Base abgeleitet
@ISA = qw(Base1 Base2);   # Mehrfachvererbung von Base1, Base2
```

Methodenvererbung

Sobald dies geschehen ist, erbt *Derived* alle Methoden der Basisklassen. Dies kann auch über mehrere Ebenen hinweg geschehen. Was geschieht, wenn eine Methode nun aufgerufen wird? Zunächst wird in der Klasse des aufrufenden Objekts nach dieser Methode gesucht. Wird sie dort gefunden, wird sie auch direkt aufgerufen, und jede weitere Suche entfällt. Ist die Funktion jedoch nicht in der Klasse definiert, wird der Vererbungsbaum mit einer *depth first search* in Richtung der Basisklassen durchsucht, bis eine passende Methode in eine der Basisklassen gefunden wird.

Ein einfaches Beispiel soll dies verdeutlichen:

```
package Base;
sub meth1 { ... }
sub meth2 { ... }

package Base1;
use vars qw(@ISA);
@ISA = qw(Base);
sub meth11 { ... }
sub meth12 { ... }

package Base2;
use vars qw(@ISA);
@ISA = qw(Base);
sub meth21 { ... }
sub meth22 { ... }

package Derived;
use vars qw(@ISA);
@ISA = qw(Base1 Base2);
sub meth31 { ... }
sub meth32 { ... }

package main;
use Derived;

$derived = Derived->new();
$derived->meth21();
```

In diesem Beispiel läuft die Suche wie folgt ab: Zunächst wird in *Derived* nach meth21() gesucht. Da es nicht gefunden wurde, wird in der ersten Basisklasse *Base1* danach gesucht. Da es auch dort nicht vorkommt, wird in der Basisklasse von *Base1*, also in *Base*, nach meth21() gesucht. Anschließend wird in *UNIVERSAL* nach der Methode gesucht. Da sie auch dort nicht definiert ist, geht der *Depth-first-search*-Algorithmus zurück und sucht nun in der Basisklasse *Base2* nach meth21(), wo er auch fündig wird.

Ein zweiter Versuch wird gestartet, wenn die gesuchte Methode in keiner der Basisklassen, inklusive *UNIVERSAL*, gefunden wird. In diesem Fall wird, wieder nach dem *Depth-first-search*-Algorithmus in jeder durchsuchten Klasse nach einer AUTOLOAD() Funktion gesucht, die einspringen würde und die Methode übernehmen kann. Erst wenn dieser zweite Versuch mißlingt, wird die Suche erfolglos sein.

Ein konkretes Beispiel:

inheritance.pl
```perl
#!/usr/local/bin/perl -w
# inheritance.pl -- Verwendung von @ISA, Vererbung und AUTOLOAD()
use strict;

# ---- Die oberste Klasse -------------------------------------
package Root;
use vars qw ( $AUTOLOAD );

sub new {
    my $self = {}; $self->{'RArg'} = 'TheRoot';
    return bless($self, shift());
}

sub method   { print "Root::method() called\n"; }
sub AUTOLOAD { print "Root::AUTOLOAD() called for $AUTOLOAD\n"; }

# ---- Erste abgeleitete Klasse von Root ----------------------
package Base1;
use vars qw ( @ISA );
@ISA = qw ( Root );

sub new {
    my $self = {}; $self->{'B1Arg'} = "First Baseclass";
    return bless($self, shift());
}

sub method { print "Base1::method() called\n"; }
sub methb1 { print "Base1::methb1() called\n"; }

# ---- Zweite abgeleitete Klasse von Root ---------------------
package Base2;
use vars qw ( @ISA );
@ISA = qw ( Root );

sub new {
```

```perl
        my $self = {}; $self->{'B2Arg'} = "Second Baseclass";
        return bless($self, shift());
}

sub method { print "Base2::method() called\n"; }

# ---- Abgeleitete Klasse von Base1 und Base2 -------------------
package Derived;
use vars qw ( @ISA );
@ISA = qw ( Base1 Base2 );

sub new {
        my $self = {}; $self->{'DArg'} = "The Derived Class";
        return bless($self, shift());
}

sub method { print "Derived::method() called\n"; }

# ---- Unser Hauptprogramm, von dem alles ausgeht ---------------
package main;

my $obd1 = Derived->new();      # Erzeuge ein Derived-Objekt
my $obbas= Base2->new();        # Erzeuge ein Base2-Objekt

$obd1->method();                # Derived::method()
$obbas->method();               # Base2::method()

$obd1->methb1();                # Suche von Derived bis Base2
$obd1->unknown();               # Welches AUTOLOAD() behandelt mich?
```
inheritance.pl

Ausführung:

```
farid@bsd-1:~/p> ./inheritance.pl
Derived::method() called
Base2::method() called
Base1::methb1() called
Root::AUTOLOAD() called for Derived::unknown
Root::AUTOLOAD() called for Derived::DESTROY
Root::AUTOLOAD() called for Base2::DESTROY
```

Was ist hier genau geschehen?

- Base1 und Base2 werden von einer gemeinsamen Klasse Root abgeleitet. Es handelt sich dabei um einfache Vererbung. Dies wird durch das Setzen des jeweiligen @ISA-Arrays auf Root erreicht.

- Derived wird durch Mehrfachvererbung sowohl von Base1 als auch von Base2 abgeleitet. Möglich wird dies durch das Setzen des jeweiligen @ISA-Arrays auf die Liste ('Base1', 'Base2').

15.3 Objektorientierte Programmierung in Perl

- Alle Klassen weisen eine Methode `method()` auf. Der Aufruf dieser Methode von `$obd1`, einer Instanz der abgeleiteten Klasse `Derived`, führt dazu, daß die Funktion `Derived::method()` ausgeführt wird. Somit hat die Methode `method()` der Klasse `Derived` die Methoden `method()` der übergeordneten Basisklassen überschrieben. Dagegen führt der Aufruf von `method()` aus einer Instanz der Klasse `Base2` heraus zur Ausführung der Methode `Base2::method()`.

- Wir rufen eine Methode `methb1()` aus einer Instanz von `Derived` auf. Leider ist `methb1()` nicht in der Klassendeklaration von `Derived` enthalten. Hier setzt der Vererbungsmechanismus über das `@ISA`-Array ein. Durch `@ISA` wissen wir, daß die Klasse `Base1` eine Basisklasse von `Derived` ist. Daher wird `methb1()` dort gesucht — und auch gefunden. Also wird `Base1::methb1()` aufgerufen.

- Was passiert, wenn wir von einer abgeleiteten Klasse `Derived` eine Methode aufrufen (`unknown()`), die weder in `Derived` noch in einer Basisklasse (`Base1`, `Base2`, `Root`) definiert wurde? Hier wird der zweite Versuch gestartet, auf der Suche nach einer `AUTOLOAD()`-Funktion. Hier wird wieder der Vererbungsmechanismus durchlaufen, wobei jetzt aber ausschließlich nach einer `AUTOLOAD()` gesucht wird. Fündig werden wir in der Klasse `Root`, und schon kann auch die Methode `unknown()` behandelt werden.

- Zum Schluß noch eine Überraschung: Kurz bevor die beiden Objekte `$obd1` und `$obbas` vernichtet werden, versucht Perl, deren Destruktor `DESTROY()` aufzurufen. Da dieser weder in `Derived` noch in `Base2` definiert wurde und auch sonst nicht in der Klassenhierarchie gefunden werden konnten, wurde wieder der zweite Versuch gestartet, d.h. `AUTOLOAD()` von `Root` mußte wieder einmal in Anspruch genommen werden.

Abbildung 15.8 zeigt noch einmal graphisch das Prinzip der Mehrfachvererbung.

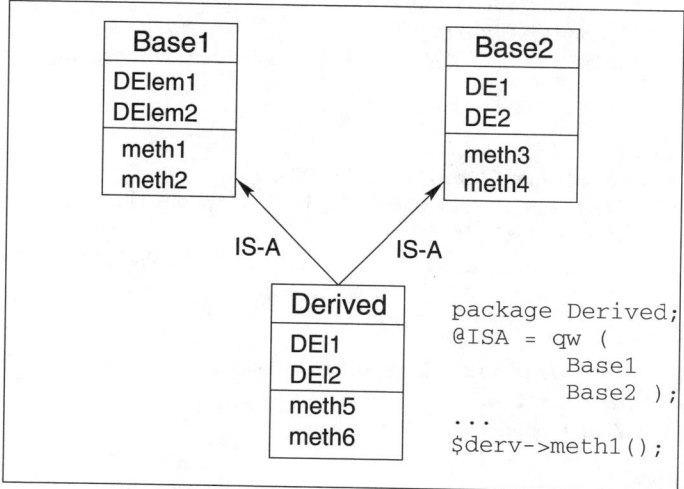

Abbildung 15.8: Methodensuche im Vererbungsbaum

Vererbung von Datenelementen

Perl kennt nur die Methodenvererbung über das @ISA-Array. Ein abgeleitetes Objekt erbt aber nicht die Datenelemente, d.h. die Attribute der Basisklasse. Dies müssen Sie selbst programmieren. Es ist aber leichter, als es sich zunächst anhört. Sie müssen nur dafür sorgen, daß der Konstruktor der abgeleiteten Klasse die Konstruktoren der Basisklassen aufruft. Dies kann beispielsweise wie folgt realisiert werden:

```perl
inheriting-attributes.pl
#!/usr/local/bin/perl -w
# inheriting-attributes.pl -- Vererbung von Datenelementen.

package Base;
sub new {
    my ($cn, $self) = (shift, {});
    $self->{'name'} = shift;
    return bless($self, $cn);
}

sub stringify {
    my $self = shift;
    return join(' ', ref($self),
                     map { "$_/$self->{$_}" } sort keys %{ $self });
}

package Derived;
use vars qw( @ISA );
@ISA = qw( Base );

sub new {
    my $cn = shift;
    my $self = $cn->SUPER::new( shift );
    $self->{'phone'} = shift;
    return $self;                    # bless() wurde schon aufgerufen.
}

package main;
my $obj = Derived->new('mary', '555-1234');
print $obj->{'name'}, " has phone ", $obj->{'phone'}, "\n";
print $obj->stringify(), "\n";
```
inheriting-attributes.pl

Ausführung:

```
farid@bsd-1:~/p> ./inheriting-attributes.pl
mary has phone 555-1234
Derived name/mary phone/555-1234
```

Was geschieht hier?

- Die Basisklasse Base definiert einen konventionellen Konstruktor, der Platz für Datenelemente vorsieht und auch schon ein Attribut *name* vorbelegt. Anschließend ruft dieser Konstruktor bless() auf, um diesen Zeiger in einem Objekt zu konvertieren.

- Die Basisklasse definiert auch eine schön praktische Methode stringify(), die ein Objekt als String anzeigt. Insbesondere wird der Typ des Objekts mit ref() ermittelt und alle Attribut/Wert-Paare mittels map() und join() zu einem String an den Typ angehängt.

- Die abgeleitete Klasse Derived erbt alle Methoden der Basisklasse, da die Basisklasse im @ISA-Array definiert wurde. Aus diesen Grunde werden wir später noch die Methode stringify() der Basisklasse für ein Derived-Objekt aufrufen können.

- Der Konstruktor von Derived hat denselben Namen wie derjenige der Basisklasse. Wir wollen aber von einem bereits teilweise konstruierten Basisobjekt profitieren und diesem nur noch neue Attribute hinzufügen. Darum müssen wir den Konstruktor der Basisklasse aufrufen. Wir können aber leider nicht einfach nur sagen:

    my $self = $cn->new(...);

    denn $cn ist ja mit Derived vorbelegt. Wir würden uns somit nur unnötig rekursiv aufrufen. Ein Aufruf von

    my $self = Base->new(...);

    wäre hier angemessener gewesen. Allerdings hätten wir somit die erste unmittelbare Basisklasse im Konstruktor hartcodiert. Das ist nicht so schön, insbesondere wenn wir später das @ISA-Array ändern wollten.

- Anstatt den Namen der Basisklasse im Konstruktor der abgeleiteten Klasse festverdrahtet anzugeben, verwenden wir eine spezielle Klasse namens SUPER. Diese Klasse bezeichnet immer die erste Basisklasse[2]. Daher rufen wir explizit den Konstruktor der speziellen SUPER-Klasse auf:

    my $self = $cn->SUPER::new(...);

- Nach der Konstruktion des Objekts können wir weitere Attribute hinzufügen, hier z.B. das Attribut *phone*.

- Im Konstruktor der abgeleiteten Klasse haben wir bless() nicht aufgerufen. Das war auch nicht nötig, aber aus einem etwas subtileren Grund, als es zunächst erscheint:

    - bless() wurde ja bereits vom Konstruktor (einer) der Basisklasse(n) aufgerufen. Ein Objekt noch einmal mit bless() zu markieren hätte wenig Sinn gehabt.

    - Wurde das Objekt aber nicht durch den Basiskonstruktor als Base-Objekt mit bless() markiert? Wäre das der Fall, würden wir im Hauptprogramm den falschen Typ angezeigt bekommen. Daß dies nicht der Fall ist, zeigt uns, daß etwas mehr im Spiel ist.

---

[2] Somit funktioniert dies nicht so gut bei Mehrfachvererbung. In diesem Fall müssen Sie durch das @ISA-Array iterieren und jeden einzelnen Konstruktor in einer Schleife explizit aufrufen. Die übergeordneten Konstruktoren sollten dann ebenfalls rekursiv weitere Konstruktoren aufrufen usw.

- Tatsächlich haben wir bless() im Basiskonstruktor weder mit __PACKAGE__ noch mit gar nichts als zweitem Argument aufgerufen, was sicherlich falsch gewesen wäre, sondern mit dem Namen der Klasse $cn. Dieser Name kam aus dem new()-Aufruf der abgeleiteten Klasse:

```
my $obj = Derived->new('mary', '555-1234');
```

und wurde durch den abgeleiteten Konstruktor an den Basiskonstruktor weitergereicht:

```
sub new {
    my $cn = shift;
    my $self = $cn->SUPER::new( shift );
```

Nur deswegen hat der Basiskonstruktor den Wert von $cn, also Derived als Klassennamen bekommen.

Der Basiskonstruktor hat also bereits ein Derived-Objekt mit bless() erzeugt, und somit schon für den richtigen Typ gesorgt!

15.3.8 Zugriff über Akzessorfunktionen

Aus Gründen der Kapselung ist es besser, wenn Benutzer einer Klasse die Attribute nicht direkt, sondern nur über *Akzessorfunktionen* ansprechen. Dies kann beispielsweise so realisiert werden:

```
package myclass;

# Pro erreichbarem Attribut ein get*()/set*()-Paar
sub getName {
    my $self = shift;
    return $self->{'name'}};
}

sub setName {
    my $self = shift;
    my $newval = shift;
    $self->{'name'} = $newval;
}
```

Es ist auch möglich, beide Akzessorfunktionen zu einer einzigen zusammenzufassen, die, wenn kein Argument übergeben wird, das Attribut zurückgibt und es ansonsten mit dem Wert des übergebenen Arguments überschreibt:

```
package myclass;

# Kombinierte Akzessorfunktion
sub name {
    my $self = shift;
    $self->{'name'} = shift if (@_);
    return $self->{'name'}};
}
```

15.3 Objektorientierte Programmierung in Perl

Es ist sogar möglich, eine kombinierte Akzessorfunktion so zu schreiben, daß sie beim Überschreiben eines Attributwerts den früheren Wert zurückgibt:

```
package myclass;

# Kombinierte Akzessorfunktion; liefert alten Attributwert
sub name {
    my $self   = shift;
    my $before = $self->{'name'};
    $self->{'name'} = shift if (@_);
    return $before;
}
```

Sie sollten Akzessorfunktionen nur für die Attribute bereitstellen, die von außen auch manipuliert werden können.

15.3.9 C-Strukturen als Klassen: `Class::Struct`

Wer an C-Strukturen gewöhnt ist und diese gern in einer objektorientierten Art und Weise deklarieren und verwenden möchte, kann sich des Standardmoduls `Class::Struct` wie folgt bedienen:

```
class-struct.pl
#!/usr/local/bin/perl -w
# class-struct.pl -- C-Strukturen als Klassen mit Class::Struct

use Class::Struct;                      # Standardmodul

# Wir deklarieren erst einige Klassen
# mit Hilfe der struct()-Funktion:

struct Address => {                     # Address-Klasse
        street  => '$',                 # Ein skalarer Wert
        house   => '$',                 # Noch ein skalares Attribut
        zipcode => '$' };               # Und wieder so eines.

struct Person => {                      # Person-Klasse
        name     => '$',                # Skalarer Name
        phone    => '$',                # Skalare Telefonnummer
        location => 'Address' };        # Benutzerdefiniertes Attribut

struct Class => {                       # Class-Klasse
        instructor => 'Person',         # Benutzerdefiniertes Attribut
        students   => '@',              # Referenz auf Array
        location   => 'Address' };      # Benutzerdefiniertes Attribut

# Die drei Klassen haben schon Konstruktoren new()
# und Akzessormethoden mit denselben Namen wie die Attribute.

my $profaddr = Address->new();
```

```
    $profaddr->street("pine road");
    $profaddr->house("42bis");
    $profaddr->zipcode("90210");

    my $prof = Person->new();
    $prof->name("perl d. interpreter");
    $prof->phone("555-5555");
    $prof->location($profaddr);

    my $class = Class->new();
    $class->instructor($prof);
    $class->location($profaddr);
    $class->students([]);           # Noch keine Studenten

    # Zeigen wir einmal unsere Klasse $class an:
    use Data::Dumper;
    print Dumper($class);
```
—— class-struct.pl

Ausführung:

```
farid@bsd-1:~/p> ./class-struct.pl
$VAR1 = bless( {
                 'location' => bless( {
                                        'zipcode' => 90210,
                                        'street' => 'pine road',
                                        'house' => '42bis'
                                      }, 'Address' ),
                 'students' => [],
                 'instructor' => bless( {
                                          'location' => $VAR1->{'location'},
                                          'phone' => '555-5555',
                                          'name' => 'perl d. interpreter'
                                        }, 'Person' )
               }, 'Class' );
```

Die struct()-Funktion des Standardmoduls Class::Struct hat eigene Klassen deklariert. Diese Klassen bekamen auch gleich einen Konstruktor new() und entsprechende Akzessorfunktionen mit auf dem Weg. Somit ist es nicht mehr notwendig, diese per Hand mühsam für jedes eigene Attribut zu kodieren. Dennoch verlieren Sie nichts an Flexibilität: Die Methoden können im richtigen Package durch eigene Versionen überschrieben werden, die etwas mehr tun, als nur Daten hin- und herzuschaufeln:

```
    use Class::Struct;
    struct 'Class' => { instructor => 'Person',
                        students   => '@',
                        location   => 'Address' };
    sub Class::students { ... }
```

Mehr Informationen zum Standardmodul Class::Struct finden Sie in der Manual-Seite *man Class::Struct*.

15.3.10 Die kosmische Klasse UNIVERSAL

Alle Perl-Klassen stammen letztendlich von der kosmischen Klasse UNIVERSAL ab. Diese Klasse brauchen Sie nicht zu deklarieren. Außerdem brauchen Sie Ihre Klassen von dieser Klasse nicht explizit per @ISA abzuleiten. Die UNIVERSAL-Klasse befindet sich ganz oben an der Spitze (oder Wurzel, je nach Ihrer Perspektive) des Vererbungsbaums.

UNIVERSAL definiert drei Methoden, die auf jedes Objekt angewandt werden können:

- isa() liefert wahr, wenn das aufrufende Objekt zur entsprechenden Klasse oder zu einer ihrer abgeleiteten Klassen gehört:

  ```
  print "this is a Base\n" if $obj->isa('Base');
  ```

  Gehört hier $obj zur Klasse Base oder zu einer Klasse, die direkt oder indirekt von Base abgeleitet wurde, liefert hier isa() wahr zurück. Das ist nützlich, um die Klassenzugehörigkeit eines Objekts zu ermitteln. Achten Sie jedoch darauf, daß ein Objekt vom Typ Derived auch ein Base-Objekt *ist*, wenn Derived aus Base abgeleitet wurde.

- can():

  Manchmal ist nicht klar, ob eine (zur Laufzeit?) vorgegebene Methode für ein Objekt definiert ist und folglich auch aufgerufen werden kann. Dies kann durch die Methode can() ermittelt werden:

  ```
  $fptr = $obj->can("printOn");
  $fptr->() if (defined $fptr);   # wie $obj->fptr() ohne Fehler
  ```

- VERSION():

  Wird VERSION() ohne Attribute aufgerufen, liefert sie den Wert der Variablen $VERSION des Packages, zu dem das Objekt mit bless() gehört. Das kann auch *undef* sein, wenn $VERSION nicht definiert ist.

  Mit einem Argument aufgerufen, wird VERSION() eine Ausnahme mit die() auslösen, falls die aktuelle $VERSION kleiner als das angeforderte Argument ist.

15.4 Variablenbindung

Eine besonders interessante und nützliche Anwendung der objektorientierten Programmierung in Perl ist die in den folgenden Abschnitten vorgestellte *Variablenbindung*.

15.4.1 Magische Variablen

Variablen können in Perl an besondere Funktionen gebunden werden. Sobald dies geschehen ist, würde jede Benutzung dieser Variablen eine dieser Funktionen automatisch auslösen (*triggern*). Dieser Mechanismus ist bei der Erzeugung von Funktionen nützlich, die ein scheinbar „magisches" Verhalten an den Tag legen.

> *Any sufficiently advanced technology is indistinguishable from magic.*
> — The Third Law of Prophecy, Arthur C. Clarke, Profiles of the Future.

Wenn Sie immer gern mehr über die Geheimnisse von Zauberern wissen wollten, können Sie im folgenden einiges über die Hintergründe magischer Skalare, Arrays, Hashes, Handles und benutzerdefinierter Variablen erfahren.

All diese Mechanismen sind in *man perltie* sowie beim `tie()`-Eintrag in *man perlfunc* erklärt. Es ist also nichts Geheimnisvolles daran.

15.4.2 Skalarbindung

Wollten Sie nicht immer schon eine Variable, die ihren Wert je nach Tageszeit, Mondphase oder nach noch anderen, abstruseren Kriterien wechselt? Stellen Sie sich die Überraschung von unerfahrenen Programmierern vor, wenn folgendes

```
print "$greetings, $user\n";
```

je nach Tageszeit als

```
Good morning, Sammy
Good afternoon, Sammy
Good evening, Sammy
Wow, you're up late, Sammy
```

ausgeben würde? Überraschend? Eigentlich nicht, wenn Sie im Programm dafür sorgen, $greetings mit dem richtigen Wert zu belegen. Aber was ist, wenn Sie diese Vorbelegung nirgendwo finden? Das gesamte Programm sieht etwa so aus:

```
varbind-scalar-greetings.pl
#!/usr/local/bin/perl -w
# varbind-scalar-greetings.pl -- Tageszeitabhaengiger Gruss mit tie()

use TimeGreeting;

tie $greetings, 'TimeGreeting'
    or die "can't tie(): $!\n";

print "Hello, what's your name? "; chomp($user = <STDIN>);
print "$greetings, $user\n";
                                            varbind-scalar-greetings.pl
```

Die Ausführung ergibt je nach Tageszeit beispielsweise:

```
farid@bsd-1:~/p> ./varbind-scalar-greetings.pl
Hello, what's your name? Sammy
Good evening, Sammy
```

Wie ist das möglich? Schauen wir uns das eingebundene Modul `TimeGreeting` einmal genauer an:

15.4 Variablenbindung

```
                TimeGreeting.pm
                # TimeGreeting.pm -- TIESCALAR-Klasse zum zeitabhaengigen Gruss

                package TimeGreeting;
                use Tie::Scalar;
                use vars qw(@ISA);

                @ISA = qw(Tie::StdScalar);

                sub FETCH {
                    my $hh = (localtime(time()))[2];
                    return "Wow, you're up late" if $hh < 6 or $hh > 23;
                    return "Good morning"       if $hh < 12;
                    return "Good afternoon"     if $hh < 18;
                    return "Good evening";
                }

                1;
                                                                         TimeGreeting.pm
```

Dieses Modul scheint ja auch ziemlich klein zu sein! Fangen wir daher mit einer langsameren Erklärung an!

- Mit Hilfe der Funktion `tie()` läßt sich eine skalare Variable an eine Klasse binden. In unserem Beispiel haben wir die selbstgeschriebene Klasse `TimeGreeting` gewählt.

- `tie()` erwartet mehrere Parameter. Der erste ist die zu bindende Variable, die später eine magische Wirkung entfalten soll. Dies ist hier `$greetings`. Der zweite Parameter ist der Name der Klasse, aus der die magische Wirkung kommen soll. An dieser Stelle können Sie jeden beliebigen Namen verwenden, den Sie auch in `use` verwenden könnten. Vergessen Sie jedoch nicht, die entsprechende Klasse mit `use` oder `require()` vorher einzulesen. Weitere Parameter könnten noch folgen. In unserem ersten Beispiel haben wir darauf verzichtet.

- Der Rückgabecode von `tie()` hängt von dem ab, was unsere spezielle Klasse angegeben hat. Wir werden noch sehen, daß dieser Rückgabecode direkt aus der Funktion `TIESCALAR()` kommt und auch unbedingt beachtet werden soll.

- Die meisten `TIESCALAR()`-Konstruktoren liefern im Fehlerfalle *undef* zurück. Aus diesem Grund prüfen wir den Rückgabecode von `tie()`, um sicherzugehen, daß die Bindung erfolgreich war.

- Direkt nach dem erfolgreichen `tie()` verhält sich die gebundene Variable auf eine eigentümliche Art und Weise: Jedesmal, wenn versucht wird, ihren Wert auszulesen, ruft sie, für Anwender unsichtbar, die Methode `FETCH()` der gebundenen Klasse auf. Diese Methode wird durch den Lesezugriff ausgelöst und sollte dann einen sinnvollen Wert zurückgeben, der anschließend das Ergebnis des lesenden Zugriffs wird.

- Nun verstehen wir auch, wieso wir einen zeitabhängigen Gruß bei jedem Lesen von $greetings bekommen haben.

- Die Bindung einer Variablen an eine Klasse kann mit der Funktion tied() erfragt und mit untie() wieder aufgelöst werden. Enthielt eine Variable einen Wert vor dem tie()-Aufruf, so bekommt sie diesen Wert nach dem Aufruf von untie() zurück, unabhängig davon, was mit dieser Variablen inzwischen geschehen ist.

Wie muß eine Klasse aussehen, damit sie mit tie() zusammenarbeiten kann? Im Falle einer skalaren Variablen *muß* diese Klasse folgende Funktionen zur Verfügung stellen:

- TIESCALAR() ist wie ein Konstruktor zu programmieren. Dieser sollte Speicherplatz für die zu bindende Variable schaffen, möglicherweise einen anonymen skalaren Wert. Anschließend sollte er diesen Speicherplatz geeignet initialisieren, möglicherweise auch anhand der zusätzlichen Argumente, die aus dem tie()-Aufruf kommen und schließlich eine mit bless() zu einem Objekt erhobene Referenz zurückgeben. In unserem Beispiel wäre dies:

```perl
sub TIESCALAR {
    my $classname = shift;
    my $varvalue;

    # Initialisiere $varvalue, z.B. zu shift(), dann:
    return bless \$varvalue, $classname;
}
```

Natürlich kann der Konstruktor weitaus kompliziertere Aufgaben übernehmen. Beispielsweise könnte eine *TIESCALAR*-Klasse Fortune die *fortune*-Datei einlesen und in einem anonymen Array speichern. Jeder späterer Zugriff über FETCH könnte ja einen zufälligen Eintrag aus diesem anonymen Array zurückliefern. Als zusätzlichen Parameter könnte man sich etwa den Pfadnamen der *fortune*-Datei vorstellen:

```perl
sub TIESCALAR {
    my $classname = shift;
    my $filename  = shift() || "/usr/share/games/fortune";
    my $arrayref  = [];

    open(FORTUNE, $filename) or return;
    { local $/ = "%\n";
        while (<FORTUNE>) { push(@{ $arrayref }, $_); }
    }
    close(FORTUNE);

    return bless $arrayref, $classname;
}
```

- FETCH() ist die Methode, die aufgerufen wird, wenn versucht wird, aus der Variablen zu lesen. Der einzige Parameter dieser Funktion ist ein Zeiger auf das jeweilige Objekt, das von TIESCALAR() ja erzeugt wurde (es ist also eine gewöhnliche Methode). Diese Funktion sollte einen Rückgabewert zurückliefern, der dann als Wert

15.4 Variablenbindung

der Variable während dieses Leseaufrufs interpretiert wird. In unserem Beispiel haben wir eine solche Funktion kennengelernt. Ein weiteres Beispiel mit der *fortune*-Datei wäre:

```
sub FETCH {
    my $self = shift;
    return $self->[rand @{ $self }];
}
```

Hier sehen wir auch gut, wie FETCH() Bezug auf die internen Daten dieser Variablen nimmt.

- STORE() wird immer dann ausgelöst, wenn versucht wird, der gebundenen skalaren Variable einen Wert zuzuweisen. Das erste Argument ist wieder einmal $self, während das zweite Argument der zuzuweisende Wert ist. STORE() könnte den neuen Wert ignorieren und nur als Trigger agieren oder dennoch auf diesen Wert geeignet reagieren:

```
sub STORE {
    my $self     = shift;
    my $newvalue = shift;

    # Eine Moeglichkeit: Werteueberpruefung.
    # Hier war $self als anonyme skalare Referenz angelegt.
    ${ $self } = $newvalue if okValue($newvalue);

    # Andere Moeglichkeit: Einfach neuen Wert ignorieren:
    die "Assignments to this variable are illegal";

    return $newvalue;
}
```

Eine interessante Anwendung wäre auch, den alten Wert der Variable als Rückgabewert zurückzuliefern:

```
sub STORE {
    my $self = shift;
    my $old  = ${ $self };
    ${ $self } = shift;          # Neuen Wert speichern

    return $old;                 # Ergebnis der Zuweisung
}
```

In diesem Fall kann eine solche Variable wie folgt benutzt werden:

```
$tievar = "old value";
$old = $tievar = "new value";    # Rechtsassoziativ!
# $old: old value, $tievar: new value
```

Seltsam, aber dennoch denkbar.

- DESTROY() wird immer dann aufgerufen, wenn die Variable zerstört werden soll. Meistens werden Sie keine DESTROY()-Funktion benötigen, da der von der Variable und dem Backing-Objekt benutzte Speicher automatisch zerstört wird. Es gibt aber dennoch Situationen, in denen Sie gern noch aufräumen wollen: Filehandles schließen, eine Nachricht in ein Logfile schreiben etc.

Eine solche Klasse wird oft als *TIESCALAR*-Klasse bezeichnet.

Jede `TIESCALAR`-Klasse muß *alle* geforderten Methoden implementieren. Oft benötigt man aber nur einige Methoden. In unserem Fall war dies die Methode `FETCH()`. Um nicht mühsam Stubs für jede andere Methode schreiben zu müssen, greifen wir auf die Vererbung zurück. Das Standardmodul `Tie::Scalar` stellt bereits zwei Basisklassen zur Verfügung, aus denen wir per `@ISA` unsere eigene *TIESCALAR*-Klasse ableiten können:

- Die Klasse `Tie::Scalar` stellt die meisten Methoden bereit, bis auf den Konstruktor `TIESCALAR()` und die Methode `FETCH()`, die überschrieben werden müssen.

- Die Klasse `Tie::StdScalar` stellt sogar *alle* Methoden und Klassenfunktionen zur Verfügung, die ein klassisches Verhalten skalarer Variablen garantieren. Wir müssen nur noch genau die Funktionen überschreiben, die ein anderes Verhalten aufweisen sollen. Diesen Weg haben wir im obigen Beispiel beschritten.

Wir wollen hier unsere Grußklasse noch etwas modifizieren, damit sie auch den Namen des zu Begrüßenden merkt:

```
varbind-scalar-greetings2.pl
#!/usr/local/bin/perl -w
# varbind-scalar-greetings2.pl -- Tageszeitabhaengiger Gruss mit tie()
#                                 und Speicherung des Benutzernamens.

use TimeGreeting2;

tie $greetings, 'TimeGreeting2' or die "can't tie(): $!\n";

while(<>) {
    chomp;
    $greetings = $_;
    print $greetings;
}
                                                        varbind-scalar-greetings2.pl
```

Das zugehörige Modul:

```
TimeGreeting2.pm
# TimeGreeting2.pm -- TIESCALAR-Klasse zum zeitabhaengigen Gruss
#                    mit Speicherung des zu gruessenden Namens.

package TimeGreeting2;
use Tie::Scalar;
use vars qw(@ISA);

@ISA = qw(Tie::StdScalar);

sub FETCH {
```

15.4 Variablenbindung

```perl
    my $self = shift;
    my $hh   = (localtime(time()))[2];
    my $val  = ", ${ $self }\n";

    if ($hh < 6 or $hh > 23) {
        $val = "Wow, you're up late" . $val;
    } elsif ($hh < 12) {
        $val = "Good morning" . $val;
    } elsif ($hh < 18) {
        $val = "Good afternoon" . $val;
    } else {
        $val = "Good evening" . $val;
    }

    return $val;
}

sub STORE {
    my $self = shift;
    my $user = shift;

    ${ $self } = $user;
}

1;
```
TimeGreeting2.pm

Interessante Anwendungen der *TIESCALAR*-Bindung sind:

- Die Überwachung einer skalaren Variablen mit *Watchpoints*. Ein Watchpoint ist eine Callback-Funktion, die bei jedem lesenden oder schreibenden Zugriff automatisch aufgerufen wird. Das wird durch das CPAN-Modul `Tie::Watch` realisiert, übrigens nicht nur für Skalare!

- Durch *Watchpoints* können auch sogenannte *Checkpoints* realisiert werden, damit das Programm bei jedem neuen Start an der Stelle weiterrechnen kann, an der früher aufgehört wurde. Dazu muß die Variable nur an eine Datei gebunden werden, so daß jede Änderung direkt in die Datei gespeichert wird.

- Eine gebundene skalare Variable kann auch als Timer verwendet werden. Jeder lesende Zugriff erhöht den intern gespeicherten Zeitstempel und liefert die Zeitdifferenz zum früheren Abfragen zurück. Dies wird durch das CPAN-Modul `Tie::ClockTimer` implementiert.

15.4.3 Arraybindung

Auch Arrays können eine magische Wirkung entfalten, wenn sie mittels `tie()` an eine *TIEARRAY*-kompatible Klasse gebunden werden. Während Perl früher gebundene Arrays bestenfalls partiell unterstützte, ist die Unterstützung seit Perl 5.005 nun endlich vollständig. Wir werden in diesem Abschnitt die Bindung von Arrays mit allen unterstützten Methoden betrachten. Dabei werden wir uns aber mit einer Auflistung der erforderlichen Methoden und zwei bequemen Basisklassen begnügen. Die Grundlagen dazu wurden ja bereits in vorigen Abschnitt eingeführt.

Ein Array wird wie gewohnt durch den `tie()`-Operator an eine *TIEARRAY*-Klasse gebunden:

```
tie @myarray, 'SomeClass', $additional, @arguments
    or die "can't tie() array: $!\n";
```

Der Rückgabewert von `tie()` kann unter Umständen auch als Objekthandle verwendet werden. Darauf werden wir im folgenden aber nicht eingehen.

Tabelle 15.1 zeigt die Methoden einer *TIEARRAY*-Klasse, ihre Argumente und was sie auslöst.

Methode	Argumente	Ausgelöst durch
TIEARRAY()	*class*, ...	`tie()`
DESTROY()	*$self*	Zerstörung durch Perl
FETCH()	*$self, $index*	`$array[$index]`
FETCHSIZE()	*$self*	`$nelem = @array`
STORE()	*$self, $index, $newval*	`$array[$index] = $newval`
STORESIZE()	*$self, $newsize*	`$#array = $newsize`
EXTEND()	*$self, $newsize*	Vorabinformation von Perl
CLEAR()	*$self*	`@array = ()`
PUSH()	*$self, @list*	`push(@array, @list)`
POP()	*$self*	`$last = pop(@array)`
UNSHIFT()	*$self, @list*	`unshift(@array, @list)`
SHIFT()	*$self*	`$first = shift(@array)`
SPLICE()	*$self, $offset, $len, @list*	`@res = splice(@array, $offset, $len, @list)`

Tabelle 15.1: Methoden von *TIEARRAY*-Klassen

Wenn Sie nicht so viele Methoden für Ihre eigene *TIEARRAY*-Klassen implementieren wollen, reicht es, Ihre Klasse von der Basisklasse `Tie::Array` abzuleiten, die als Standardmodul die meisten dieser Methoden aus wenigen Methoden heraus implementiert. Die Methoden, die Sie unbedingt angeben müssen, sind: `TIEARRAY()`, `FETCH()` und `FETCHSIZE()`. Falls das Array schreibbar sein soll, müssen Sie auch `STORE()` angeben — und `STORESIZE()`, wenn Elemente hinzugefügt oder gelöscht werden sollen.

15.4 Variablenbindung

Bei `Tie::Array` müssen Sie sich selbst über die interne Darstellung des Arrays kümmern. Die Standardklasse `Tie::StdHash` hingegen kümmert sich auch um diese Details, indem sie ein Array intern naheliegend als anonymes Array speichert. Wenn Sie damit einverstanden sind, können Sie einfach Ihre *TIEARRAY*-Klasse von `Tie::StdHash` ableiten und brauchen nur noch die Methoden zu überschreiben, die Sie interessieren.

Als Beispiel wollen wir ein Array implementieren, das seine Grenzen überwacht. Genauer gesagt soll ein Array realisiert werden, dem zur `tie()`-Zeit eine maximale Größe zugewiesen wird. Jeder Zugriff wird mit dieser Größe verglichen und nötigenfalls abgefangen. Erinnert Sie das nicht an die *Boundary-checking*-Funktion des Turbo Pascal-Compilers?

Hier folgt ein Programm, das dieses Array verwendet:

varbind-array-bound.pl
```perl
#!/usr/local/bin/perl -w
# varbind-array-bound.pl -- Array mit Ueberpruefung der Arraygrenzen.

use ArrayBound;

$maxbound = 10;
tie @array, 'ArrayBound', $maxbound or die "can't tie Array: $!\n";

while (<DATA>) {
    ($index, $value) = split(/\s+/);
    print "Old value: ($index)", $array[$index] || "undef", "\t";
    print "New value: $value\n"; $array[$index] = $value;
}

__DATA__
5   1234
3   7723
5   9999
9   1212
17  7343
2   1121
```
varbind-array-bound.pl

Die Ausführung sollte folgendes ergeben:

```
farid@bsd-1:~/p> ./varbind-array-bound.pl
Old value: (5)undef      New value: 1234
Old value: (3)undef      New value: 7723
Old value: (5)1234       New value: 9999
Old value: (9)undef      New value: 1212
FETCH(): Index out of bounds: 17
```

Wir sehen, daß der erste Zugriff mit Index 17, also außerhalb der maximalen Grenze, zu einer Ausnahme geführt hat. Wir hätten auch die Ausnahme in einem `eval()`-Block abfangen können und könnten dann weiterrechnen, als ob die Zuweisung außerhalb der Grenzen nie stattgefunden hätte.

Unsere *TIEARRAY*-Klasse ist eine Subklasse von `Tie::Array`, nicht jedoch von der bequemer zu handhabenden Klasse `Tie::StdArray`, da wir einen anderen *Backing-Store* haben wollen, als uns das einfachere Modul geliefert hätte. Wir müssen nämlich zusätzlich zu den Daten des Arrays auch noch die Höchstgrenze der Schlüssel, d.h. der Indizes, dort speichern.

ArrayBound.pm
```
# ArrayBound.pm -- Ueberprueft Indexgrenzen zur Laufzeit.

use Tie::Array;
package ArrayBound;
use vars qw (@ISA);

@ISA = qw(Tie::Array);

sub TIEARRAY {
    my $classname = shift;
    my $maxindex  = shift;

    return bless { MAX => $maxindex, VALS => [] }, $classname;
}

sub FETCH {
    my $self = shift;
    my $indx = shift;

    die "FETCH(): Index out of bounds: $indx\n"
        unless $indx < $self->{MAX};

    return $self->{VALS}->[$indx];
}

sub STORE {
    my $self = shift;
    my $indx = shift;
    my $nval = shift;

    die "STORE(): Index out of bounds: $indx\n"
        unless $indx < $self->{MAX};

    $self->{VALS}->[$indx] = $nval;
}

sub FETCHSIZE { my $self = shift; return scalar @{$self->{VALS}}; }
sub STORESIZE {
    my $self  = shift;
    my $nsize = abs(shift());
```

```
        die "STORESIZE(): Index out of bounds: $nsize\n"
            unless $nsize < $self->{MAX};

        # Wir koennten hier die Groesse des anonymen Arrays VALS
        # mittels splice() reduzieren, aber wir verzichten darauf.
    }

    1;
```
ArrayBound.pm

Diese Klasse kann sehr nützlich sein, wenn Sie versuchen, Sortier- oder weitere Algorithmen zu debuggen, die, wenn sie fehlerhaft sind, oft unbemerkt Zugriffe außerhalb der spezifizierten Grenzen durchführen.

Die bekannteste Anwendung einer *TIEARRAY*-Klasse ist die $DB_RECNO-Bindung des Standardmoduls DB_File bzw. des CPAN-Moduls BerkeleyDB. Durch diese Bindung kann ein Array an eine flache Textdatei fester oder variabler Satzlänge gekoppelt werden.

Informationen zu den *TIEARRAY*-Klassen finden Sie in *man perltie* und *man Tie::Array*.

15.4.4 Hashbindung

Die vielleicht nützlichste Bindung ist die an Hashes. Wir haben bereits in Abschnitt 8.8 auf Seite 192 gesehen, wie Hashes durch Bindung an die Klasse SDBM_File bzw. DB_File persistent gemacht werden können. Ferner haben wir in Abschnitt 8.7.4 auf Seite 191 gesehen, wie die Einfügereihenfolge von Hashes erhalten bleiben kann. Das CPAN stellt auch einige nützliche Klassen zur Verfügung, an die Hashes gebunden werden können (siehe Abschnitt 14.10.2 auf Seite 636 sowie beim CPAN selbst für eine aktuellere Übersicht).

Wie bekommen nun Hashes ihre magische Wirkung? Natürlich durch das Binden an eine *TIEHASH*-kompatible Klasse mittels `tie()`.

Tabelle 15.2 zeigt die Methoden einer *TIEHASH*-Klasse, ihre Argumente und was sie auslösen.

Das sind wieder eine ganze Menge Methoden! Sie können sich die Mühe sparen, all diese Funktionen zu implementieren, wenn Sie Ihre eigene *TIEHASH*-Klasse aus der Basisklasse Tie::Hash bzw. sogar aus Tie::StdHash ableiten und nur noch die Funktionen und Methoden überschreiben, an denen Sie interessiert sind.

Wir wäre es mit einer interessanten Anwendung? In Abschnitt 9.10 auf Seite 252 hatten wir ein hypothetisches Modul vorgestellt, dessen Lesezugriffe einen Download von URLs ausgelöst hatten. Dies wollen wir nun implementieren, wobei wir darüber hinaus noch durch eine zusätzliche Option von `tie()` festlegen wollen, ob die Zugriffe gecacht werden sollen oder nicht. Zum Download der URLs über das Netz verwenden wir die LWP-Library, die in Abschnitt 19.5 ab Seite 1082 ausführlicher erläutert wird.

Methode	Argumente	Ausgelöst durch
TIEHASH()	class, ...	tie()
DESTROY()	$self	Zerstörung durch Perl
FETCH()	$self, $key	$hash{$key}
STORE()	$self, $key, $newval	$hash{$key} = $newval
EXISTS()	$self, $key	exits $hash{$key}
DELETE()	$self, $key	delete $hash{$key}
CLEAR()	$self	%hash = ()
FIRSTKEY()	$self	($k,$v) = each(%hash) beim ersten Mal bzw. erster Wert von keys %hash
NEXTKEY()	$self, $lastkey	Nächste Aufrufe von each(), keys() ...

Tabelle 15.2: Methoden von *TIEHASH*-Klassen

Schauen wir uns zunächst ein Programm an, das dieses Modul verwendet:

fetch-url.pl
```perl
#!/usr/local/bin/perl -w
# fetch-url.pl -- Besorgt eine URL ueber das Netz mit Tie::URL

use Tie::URL;

tie %url, 'Tie::URL',
    UserMail => 'user@somewhere.org',
    # CacheOff => 1,
    ProxyOff => 1,
    Timeout  => 10
    or die "can't tie to Tie::URL!\n";

print "URL? ";
while (<>) {
    chomp;
    print $url{$_};
    print "URL? ";
}

print "Queried and cached URLs:\n";
print join("\n", sort keys %url), "\n";
```
fetch-url.pl

Der Aufruf sieht in etwa so aus:

```
farid@sun-1:~/p> ./fetch-url.pl
URL? http://www.perl.com/
  Inhalt dieser URL hier
URL? http://setiathome.ssl.berkeley.edu/
  Inhalt dieser URL
URL? http://www.perl.com/
  Gecachter Inhalt dieser URL hier
URL? http://localhost/~farid/index.html
  Wieder eine eigene URL
URL? http://nonexistant.host.net/
  HTML-Fehlerseite
URL? ^DQueried and cached URLs:
_cache
_ua
http://localhost/~farid/index.html
http://nonexistant.host.net/
http://setiathome.ssl.berkeley.edu/
http://www.perl.com/
```

Das Modul, das diese interessante Funktionalität implementiert, ist in der Datei *Tie/URL.pm* enthalten:

Tie/URL.pm
```perl
# Tie/URL.pm -- TIEHASH-Klasse zum Holen von URLs via LWP-Library.

package Tie::URL;
$VERSION = "0.01";

use LWP::UserAgent;
use Tie::Hash;

use vars qw(@ISA);
@ISA = qw(Tie::StdHash);

use constant USERAGENT  => 'TIE-URL/0.1';
use constant RTIMEOUT   => 60; # Sekunden: Timeout bei Misserfolg

sub TIEHASH {
    my $class = shift;
    my %params = (
        UserAgentName => USERAGENT,
        Timeout       => RTIMEOUT,
        @_);

    # Sicherheitshalber brauchen wir diesen Parameter!
    die "Tie::URL: Must specify UserMail Parameter!\n"
        unless exists $params{'UserMail'};

    my $ho = bless({}, $class);

    $ho->{'_ua'} = LWP::UserAgent->new();
```

```perl
        $ho->{'_ua'}->agent($params{'UserAgentName'});
        $ho->{'_ua'}->from($params{'UserMail'});

        # Die zwei speziellen Konstanten ProxyOff und CacheOff
        # schalten den Proxy und den Cache aus.
        unless (exists $params{'ProxyOff'}) {
            $ho->{'_ua'}->proxy('http', $params{'ProxyURL'})
                if defined $params{'ProxyURL'};
            $ho->{'_ua'}->no_proxy($params{'ProxyNO'})
                if defined $params{'ProxyNO'};
        }
        unless (exists $params{'CacheOff'}) {
            $ho->{'_cache'} = 1;
        }

        # Wenn ein Timeout angegeben wird, sollte es honoriert werden
        if (exists $params{'Timeout'}) {
            $ho->{'_ua'}->timeout($params{'Timeout'});
        }

        return $ho;
}

sub FETCH {
    my $self = shift;
    my $url  = shift;

    # Erst im Cache nachpruefen, ob die URL schon da ist...
    return $self->{$url} if exists $self->{$url};

    # Nun die URL holen
    my $resp = $self->{'_ua'}->request(new HTTP::Request('GET', $url));
    my $cont = $resp->is_success() ? $resp->content() :
                                     $resp->error_as_HTML();

    # Im Cache speichern, falls Cache eingeschaltet ist.
    $self->{$url} = $cont if exists $self->{'_cache'};

    # Den Wert zurueckgeben
    return $cont;
}

sub STORE {
    warn "Sorry, HTTP PUT/POST Methods not yet implemented!\n";
}

1;
__END__

=head1 NAME
```

15.4 Variablenbindung

```
Tie::URL - Tie Hashes to URLs

=head1 SYNOPSIS

    use Tie::URL;

    tie %url, 'Tie::URL', UserMail => 'user@somewhere.org';

    tie %url, 'Tie::URL', UserMail => 'user@somewhere.org',
                          Timeout  => $time_to_wait,
                          CacheOff => 1,
                          ProxyOff => 1;

    tie %url, 'Tie::URL', UserMail => 'user@somewhere.org',
                          ProxyURL => 'http://proxy.isp.org:8080/',
                          ProxyNO  => 'isp.org';

=head1 DESCRIPTION

This module provides a TIEHASH class to tie a hash to URLs using
the LWP::UserAgent module as a backend to fetch URLs.
Once a hash has been tied to this class, accessing a URL is simple:
Just read out the value of the hash, specifying as key the wanted
URL. The value of a hash is the content returned by the server
at the specified URL, or the error code.

Requests are normally cached in the hash memory, so that subsequent
reads are not propagated to the server. The cache can be turned
off by adding the CacheOff parameter to the tie() call.

tie() accepts the following parameters:

=over

=item UserMail

The mail address of the user running this program.
This is the only mandatory parameter.

=item Timeout

The time to wait for the server to reply in seconds. Defaults
to RTIMEOUT. You may wish to set this to a higher value in heavily
loaded networks or servers.

=item CacheOff

If this parameter is specified, repeated requests to a specific URL
are also repeatedly sent to the server. No cache is maintained in
memory.
```

The enabled cache currently saves all requests in memory, regardless
of their Expires: HTTP Header. This could change in the future.

=item ProxyOff

Using a proxy server is normally enabled, once you set the
ProxyURL parameter, eventually also the ProxyNO parameter. Adding
ProxyOff turns the use of proxy servers off.

=item ProxyURL

The URL of the proxy server to use. This is sometimes necessary to
pass through firewalls or to profit from the caching proxy of your
ISP, thus reducing waiting time and conserving network bandwidth.

=item ProxyNO

Don't ask proxy server for the domain specified by this parameter.

=back

keys() and related hash functions return the contents of the
cache, which could be empty if the cache has been disabled with
CacheOff. Note that keys() won't return all the URLs worldwide :-)

=head1 KNOWN BUGS

Caching should be smarter and use the HTTP Expires: Headers provided
by the responding server.

Support for Cookies is currently disabled, but could be added in
the TIEHASH constructor, as LWP::UserAgent supports cookie jars.

Writing a value to a tied hash results only in warning being issued.
A HTTP POST or even HTTP PUT request is NOT issued to the server.
This could be implemented in the future.

keys(), each() and values() also return the special keys
_ua, _cache which are not URLs but internal objects resp. markers.

=head1 AUTHOR

Farid Hajji <farid.hajji@ob.kamp.net>

This module is copylefted under the same terms as Perl. See the
GNU copyleft version 2 or the artistic license.

=cut

_____ Tie/URL.pm

Beachten Sie, wie wir hier zunächst eine Subklasse von `Tie::StdHash` mit dem `@ISA`-Array aus dem Standardmodul `Tie::Hash` abgeleitet haben. Den Konstruktor `TIEHASH()` haben wir natürlich überschrieben. Dort wird ein `LWP::UserAgent`-Objekt mit den Parametern initialisiert, die an `tie()` zusätzlich übergeben wurden. Dieses Objekt wird uns später beim Holen der Dokumente dienen. Es wird für die spätere Verwendung als `_ua`-Datenelement in unserem *Tie::URL*-Objekt gespeichert. Ein Marker `_cache` wird ebenfalls dort hinterlegt, falls das Caching *nicht* ausgeschaltet werden sollte.

Überschrieben haben wir auch die `FETCH()`-Methode. Diese wird durch einen Lesezugriff ausgelöst und bekommt die gewünschte URL als Parameter übergeben. An dieser Stelle prüfen wir in unserem Cache nach, ob ein entsprechendes Dokument nicht schon früher besorgt wurde. Ist das der Fall, liefern wir das Dokument direkt aus dem Cache zurück und vermeiden eine weitere Anfrage beim Zielserver. Wenn die URL und das ihr zugeordnete Dokument nicht im Cache sind, fordern wir das `_ua`-Objekt auf, die URL für uns zu besorgen. Was da genau geschieht, wird in 19.5 ab Seite 1082 erläutert. Anschließend wird das neue Dokument im Cache gespeichert, falls dieser nicht ausgeschaltet wurde. Die Antwort wird auf jeden Fall durch `FETCH()` zurückgegeben.

Auch die Funktion `STORE()` haben wir überschrieben. Allerdings ist diese Methode ziemlich dumm, denn sie gibt nur eine Warnung aus, daß sie noch nicht implementiert ist. In einer späteren Version des Moduls könnte man an dieser Stelle die zugewiesenen Daten über die POST-Methode zum Webserver übermitteln. Alternativ dazu könnte man mit Hilfe der PUT-Methode die zugewiesenen Daten als Dokument zum Webserver senden. Allerdings wird die PUT-Methode aus Sicherheitsgründen bei fast allen Webservern ausgeschaltet.

Zusätzliche Informationen hängen am Ende des Moduls im Form einer POD-Dokumentation, die durch *perldoc* angezeigt und in verschiedene Formate konvertiert werden kann.

Mehr Informationen zur *TIEHASH*-Klasse finden Sie sowohl in *man perlfunc* bei der Funktion `tie()` als auch in *man Tie::Hash*. Das im obigen Beispiel verwendete Modul `LWP::UserAgent` ist Teil der LWP-Library des CPAN.

15.4.5 Handlebindung

Sogar Handles können mit `tie()` an eine *TIEHANDLE*-Klasse gebunden werden. Lese- und Schreibzugriffe können so abgefangen und eventuell modifiziert oder an andere Funktionen geleitet werden[3].

Die *TIEHANDLE*-Klasse sollte die Methoden zur Verfügung stellen, die in Tabelle 15.3 zusammengefaßt sind.

Wie bei den anderen Bindungsklassen auch können Sie sich die Implementierung vieler dieser Methoden durch Ableitung aus der Basisklasse `Tie::Handle` sparen.

---

3 Die Bindung von Handles ist bei Perl Version 5.005_53 noch nicht vollständig implementiert. Details könnten daher in Zukunft noch leicht von der hiesigen Darstellung abweichen.

Methode	Argumente	Ausgelöst durch
TIEHANDLE()	class ...	tie(*FH, ...)
CLOSE()	$self	close(FH)
DESTROY()	$self	Zerstörung durch Perl
WRITE()	$self, $buf, $len, $off	syswrite(FH, $buf, $len, $off)
READ()	$self, $buf, $len, $off	read(FH, $buf, $len, $off)
		sysread(FH, $buf, $len, $off)
PRINT()	$self, @list	print FH @list
PRINTF()	$self, @list	printf FH @list
READLINE()	$self	<FH>
GETC()	$self	getc(IN)

Tabelle 15.3: Methoden von *TIEHANDLE*-Klassen

Wozu soll das Binden eines Handles an eine Klasse gut sein? Einige Programme gehen davon aus, daß sie Daten von STDIN lesen und nach STDOUT schreiben. Es ist nun möglich, nachträglich Handler einzufügen, die einem Filter gleich, die Lese- und Schreibzugriffe des fremden Programms abfangen. Dieses Abfangen geschieht am bequemsten durch das Binden von STDIN, STDOUT oder was auch immer an eine *TIEHANDLE*-Klasse mit eigenen Methoden. Diese Technik wird beispielsweise in mod_perl eingesetzt, einem im Apache-Webserver integrierten Perl-Interpreter. Dort werden mehrere Handler nacheinander aufgerufen, um diverse Aspekte einer Anforderung zu bedienen. Diese Handler können STDOUT durch diesen Bindungsmechanismus zu sich selbst lenken [78].

15.4.6 Bindung benutzerdefinierter Objekte

Benutzerdefinierte Objekte sind nichts anderes als Referenzen und somit auch Skalare. Nichts hindert Sie daran, *TIESCALAR*-Methoden Ihrer Klasse hinzuzufügen und anschließend das erzeugte Objekt mittels tie() daran zu binden. Wir gehen hier jedoch nicht darauf ein. Probieren Sie es einfach!

15.4.7 Bindung wieder aufheben: untie()

Wird eine Bindung nicht mehr benötigt, kann sie mit untie() aufgehoben werden:

    untie %h;

War ein Wert vor dem Aufruf von tie() in der Variablen enthalten, wird dieser wieder hergestellt.

Ein kleines Problem kann entstehen, wenn Sie den Wert von tie() in einer Variablen gespeichert haben:

```
my $obj = tie %h, 'SomeClass', $more, @args;

untie %h;                  # FALSCH! Erst $obj undefinieren

undef $obj; untie %h;      # Okay, jetzt funktioniert es
```

Der Grund ist, daß `untie()` versucht, Speicherplatz freizugeben. Das geht aber nicht, weil durch das gesicherte Objekt der Referenzzähler nicht auf 0 fallen kann. Darum kann `untie()` nicht erfolgreich sein. Durch das explizite Undefinieren des `tie()`-Zeigers kann problemlos `untie()` aufgerufen werden.

Wozu wird der Rückgabewert von `tie()` benötigt, außer um auf *undef* zu testen? Dieser Wert kennzeichnet schließlich das durch die `TIE*()`-Konstruktoren erzeugte Objekt. Dieses könnte ja auch neben den `FETCH()`, `STORE()` etc. Methoden auch noch andere Methoden aufweisen. Diese könnten ja vom Anwendungsprogramm direkt aufgerufen werden. Beispielsweise definiert das Standardmodul `DB_File` die Methoden `get()`, `sync()` und `seq()` um nur einige zu nennen. Siehe auch *man DB_File*.

15.5 Überladen von Operatoren

Mit Hilfe des Pragmas `overload` ist es möglich, die Bedeutung von Operatoren für eine bestimmte Klasse zu verändern. In *man overload* finden Sie mehr Informationen darüber.

Das Überladen von Operatoren ist nur in seltenen Fällen sinnvoll. Beispielsweise kann der *Stringifizierungsoperator* einer Klasse so modifiziert werden, daß Objekte direkt mit `print()` und andere Funktionen ausgegeben werden können. Die Bedeutung von `+` könnte verändert werden, ebenso die von `cmp()`, damit ein Array von Objekten nach bestimmten Kriterien ohne die explizite Angabe einer Sortierfunktion mit `sort()` sortiert werden kann.

Das `overload`-Pragma wird wie folgt verwendet:

```
use overload
        '+'   => sub { ... },
        '-'   => sub { ... },
        '*'   => \&multiply,
        '""'  => 'printIt',           # Stringifizierung
        'cmp' => \&comparator;
```

Eine vollständige Übersicht über die überschreibbaren Operatoren und die Aufrufparameter der Callbacks finden Sie in *man overload* oder in [97].

15.6 Aufgaben

1. Was ist der Unterschied zwischen Klassenfunktionen und Methoden? Wozu werden sie jeweils gebraucht? Geben Sie ein konkretes Beispiel an.

2. Wieso ist es schwierig, mit einer Klassenfunktion auf die Datenelemente eines Objekts zuzugreifen? Was müssen Sie dieser Funktion als Parameter übergeben?

3. Muß einer Methode als Parameter das Objekt, auf dem sie operieren soll, explizit übergeben werden? Wenn ja, wie? Wenn nein, wie erkennt die Methode, welches Objekt sie aufgerufen hat?

4. Was ist der in diesem Kapitel häufig als `$self` bezeichnete Zeiger? Wozu dient er? Kann er auch anders benannt werden?

5. Wann wird einer Klassenfunktion der Name der Klasse übergeben? Wozu benötigt man so etwas? Nennen Sie ein Beispiel.

6. Sie können einen Konstruktor mit zwei verschiedenen Syntaxen aufrufen:

   - `$o1 = A::new();`
   - `$o2 = A->new();`

   Schreiben Sie diesen Konstuktor so, daß

   - keine weiteren Parameter benötigt werden
   - weitere Parameter übergeben werden können

7. Wozu dient die kosmische Klasse `UNIVERSAL`?

8. Erläutern Sie den Begriff des Namenshashs.

9. Was bedeutet Variablenbindung? Wozu wird sie gebraucht?

10. Erläutern Sie im Detail, wie die Variablenbindung bewerkstelligt wird.

11. Sehen Sie sich die Liste der in Perl reservierten Variablen an. Stellen Sie nun Vermutungen auf, wie solche reservierten Variablen an bestimmte Klassen gebunden sein könnten, um ihre Aufgabe zu erfüllen.

12. Entwerfen Sie eine Klasse, die ein Array speichern kann. Sobald ein Array an diese Klasse gebunden wurde, sollte jede Änderung dieses Arrays sich auf eine Datei auswirken und somit persistent sein. Verwenden Sie weder `DB_File` noch `BerkeleyDB`!

13. Die obige Aufgabe ist nicht sehr effizient, wenn es um die Behandlung von großen Arrays geht. Wenn Sie auf das zweimillionste Element des Arrays zugreifen wollen, würden Sie die Datei sequentiell durchsuchen, um den zweimillionsten Satz herauszufinden. Mögliche Verbesserungen wären:

    - Verwendung einer festen Satzstruktur: Somit können Sie mittels einfacher Arithmetik (mittels `seek()`) an die richtige Stelle in der Datei gelangen und dort Werte verändern oder auslesen.
    - Bilden Sie das Array auf einen (persistenten) Hash ab! Die Schlüssel des Hashs wären die Indizes des Arrays. Somit können Sie sehr effizient auf die richtige Position innerhalb eines Arrays zugreifen. Außerdem brauchen Sie sich keine Sorgen mehr um die Details einer Datei zu machen: Das ist die Aufgabe eines DBM-Packages, an das Sie den Hash binden können.

14. Ergänzen Sie das `Tie::URL`-Modul von Seite 709 dahingehend, daß

    - der Cache persistent ist (*Hinweis: DB_File*),

15.6 Aufgaben

- der Cache intelligenter ist und auf Expires: und andere HTTP-Header reagiert und
- die POST-Methode in STORE() angewendet wird.

Wie könnte das Modul noch nützlicher gemacht werden? Wie wäre es mit der Aktivierung von Cookies oder sogar der automatischen Benutzeridentifikation?

15. Schauen Sie sich im CPAN nach nützlichen Klassen um, an die mittels tie() Variablen gebunden werden können.

16 Perl und C

16.1 Synopsis

```
########## Perl-Datentypen in C: man perlguts
PL_sv_undef; PL_sv_yes; PL_sv_no      /* undef, 1, 0 in C  */
SvOK(SV*); SvTRUE(SV*)                /* SV definiert, wahr */
IV SvIV(SV*); NV SvNV(SV*); PV SvPV(SV*, PL_na); /* Konvert */
SV* perl_get_sv("package:varname", FALSE);

SV* newSViv(IV); SV* newSVnv(NV);
SV* newSVpv(char *,int); SV* newSVsv(SV*);
sv_setnv(SV*,NV); sv_setpvn(SV*,char *,int); ...
/* Aehnliche Funktionen fuer RV, AV und HV.*/

int sv_REFCNT(SV*); SV* sv_REFCNT_inc(SV*); void sv_REFCNT_dec(SV*);
SV* sv_2mortal(SV*); SV* sv_mortalcpy(SV*); SV* sv_newmortal();

########## Perl in C
# prog.c mit libperl.[a,so] zusammen uebersetzen:
gcc -o prog prog.c `perl -MExtUtils::Embed -e ccopts -e ldopts`

# Einbettung von Perl in C
#include <EXTERN.h>                    /* Perl-Distribution */
#include <perl.h>                      /* Perl-Distribution */
static PerlInterpreter *myinterp;      /* Interpreter-Objekt */
int main(int argc, char *argv[], char *env[]) {
  myinterp = perl_alloc(); perl_construct(myinterp);
  perl_parse(myinterp, NULL, argc, argv, (char **)NULL);
  /* >>>>> Hier eigene API-Aufrufe <<<<<< */
  perl_run(myinterp);
  perl_destruct(myinterp); perl_free(myinterp); return 0;
}

# Direkter Aufruf einer Perl-Funktion mit Stackmanipulation:
dSP;
ENTER;
  SAVETEMPS;
    PUSHMARK(SP);
      /* Hier Aufrufparameter auf den Stack pushen */
      XPUSHs(sv_2mortal(newSVpv(c_inputstring, 0)));
    PUTBACK;
    nvals = perl_call_pv("perl_func_name", G_ARRAY);
    SPAGAIN;
      /* Rueckgabewerte in umgekehrter Reihenfolge poppen */
      for (i=0; i<nvals; i++) {
        resultSV = POPs; c_string = SvPV(resultSV, PL_na);
      }
```

```
    PUTBACK;
  FREETMPS;
LEAVE;

# Aufruf von dynamischem Perl-Code von C heraus (eval())
perl_eval_pv("$a = scalar localtime(time)", TRUE);
printf("Date: %s\n", SvPV(perl_get_sv("a", FALSE), PL_na));

########## C in Perl
# Erzeugen eines Modulskeletts
# Externe Libraries in Makefile.PL, Wrapper in ModulName.pm
# XS-Code in ModulName.xs; dann Modul normal bauen.
h2xs -A -n ModulName

double
funcname(p1,p2)
    c_typ1    p1;
    c_typ2    p2;
    PREINIT:
    int       priv;
    CODE:
    /* C-Code mit p1,p2,priv, Aufruf externer Funktionen OK */
    /* Rueckgabewert in RETVAL */
    OUTPUT:
    RETVAL

sometype
myfunc(p1, ...)
    PPCODE:
    /* Eingabewerte: SVs von ST(0) bis ST(items-1) */
    nvalue = (double)(SvNV(ST(i)));

    /* Rueckgabewerte auf dem Stack mit XPUSHs() stellen */
    for (i=0; i<nretvals; i++)
        XPUSHs(sv_2mortal(newSVpv(c_variable[i])));
    XSRETURN(nretvals); /* Anzahl der Rueckgabewerte angeben! */

# Typkonvertierungen C <-> Perl in Typemaps. Standardtypemap:
"/usr/local/lib/perl5/$]/ExtUtils/typemap" # $] = 5.00553 z.B.

# Aufruf von Funktionen aus dynamisch ladbaren Libraries:
use C::DynaLib;                  # CPAN-Modul
$libc    = new C::DynaLib("-lc");
$func    = $libc->DeclareSub("pathconf", $returntype, @inputtypes);
$retval  = $func->(@inputparameters);

# Perl-Callbacks fuer C-Funktionen mit C::DynaLib::Callback
$callback = new C::DynaLib::Callback(\&perlfunc,
                                     $rettype, @inptypes);
$cbptr    = $callback->Ptr();
$val      = $func->($param, $cbptr);
```

16.2 Kommunikation mit anderen Sprachen

Sie sind nicht gezwungen, ausschließlich in Perl zu programmieren. In anderen Sprachen geschriebene Programme und Libraries können aus Perl heraus aufgerufen werden. Umgekehrt kann der Perl-Interpreter in Programmen verwendet werden, die in einer anderen Sprache geschrieben wurden.

16.2.1 Einführende Bemerkungen

Eine Programmiersprache existiert nicht im luftleeren Raum. Das gilt im Besonderen für Perl, das gern als *Glue Language* bezeichnet wird. Perl verfügt über Möglichkeiten, um mit in anderen Sprachen geschriebenen Programmen und Libraries geeignet zu kommunizieren.

In diesem Kapitel werden wir uns mit folgenden Fragen befassen:

- Wie sehen die internen Datentypen und Funktionen von Perl aus?
- Wie kann Perl aus C heraus aufgerufen werden?
- Wie können Funktionen von in C geschriebenen Libraries aus Perl heraus aufgerufen werden?

Dieses Kapitel kann nur von erfahrenen C-Programmierern verstanden werden. Es ist eine kompakte Einführung in die wichtigsten Aspekte der Perl-API. Es kann und soll nicht die hervorragende Onlinedokumentation ersetzen, die in *man perlcall, man perlguts, man perlxstut, man perlxs* und *man perlembed* enthalten ist. Vielmehr versucht dieses Kapitel, die wesentlichen Details darzustellen und in konkrete Beispiele umzuwandeln. Wer sich ernsthaft mit dieser Thematik befassen muß, kann zunächst dieses Kapitel als Einführung benutzen, um sich später in die detaillierte Dokumentation einzuarbeiten.

Anfänger mögen vorgewarnt sein: Dies ist schwieriger Stoff, der nur nach längerem Probieren und erst mit viel Übung assimiliert werden kann. Daher richtet sich dieses Kapitel speziell an erfahrene Programmierer, die ein Erweiterungsmodul schreiben müssen bzw. wollen oder umgekehrt den Perl-Interpreter in ihre C-Anwendungen integrieren wollen.

16.2.2 Motivation

Nun haben Sie Perl kennen- und schätzengelernt. Sie wissen, wie schnell Skripten in Perl geschrieben werden, und wollen nicht mehr gern zurück zu C. Obwohl die meisten Anwendungen durchaus in Perl geschrieben werden können und möglicherweise auch sollten, gibt es immer wieder Grenzsituationen, in denen Sie sich doch noch mit Software herumschlagen müssen, die in anderen Sprachen geschrieben wurde:

- Sie haben ein kommerzielles Produkt erworben und möchten dessen API benutzen. Dies ist häufig der Fall bei Datenbanken, Steuersoftware und graphischen Oberflächen. Doch nicht nur kommerzielle Software bietet eine API! Die meisten frei verfügbaren Programme wie die graphische Oberfläche *X11*, das Datenbanksystem *MySQL* und viele andere nützliche Libraries könnten aus Perl heraus genutzt werden, wenn die API nur nicht dummerweise in C geschrieben wäre.

- Auch wenn Sie herausgefunden haben, wie Sie Funktionen Ihrer beliebten externen Library aus Perl heraus ansprechen können, sind Sie nicht immer am Ziel. Einige Libraries bieten die Möglichkeit von *Callbacks* oder erwarten gar von Ihnen, daß Sie Callbacks registrieren. Diese würden dann automatisch aufgerufen, wenn gewisse Bedingungen eintreten. Zu dumm, daß die Libraries in C geschriebene Callbacks erwarten! Wir würden gern auch in Perl geschriebene Subroutinen als Callbacks installieren. Wie geht das?

- Einige in C oder einer anderen Sprache geschriebene Programme könnten ganz entscheidend von der Stärke von Perl profitieren, wenn sie den Perl-Interpreter „assimilieren" würden. Ein prominentes Beispiel ist der Apache-Webserver mit seiner `mod_perl`-Erweiterung [78]. Durch die Integration von Webserver und Perl-Interpreter kann dieser Zwitter ganz effizient in Perl geschriebene CGI- und sonstige Module ausführen, ohne dafür einen externen Prozeß mit dem Perl-Interpreter *perl* starten zu müssen. Möglicherweise wollen Sie aber auch nur von den hervorragenden Textmanipulationsfähigkeiten von Perl wie dem *Pattern Matching* mit regulären Ausdrücken, in Ihrem Programm profitieren.

- Ein Erweiterungsmodul des CPAN, das früher mit der API eines Ihrer Produkte erfolgreich interagierte, funktioniert bei der nächsten API-Version plötzlich nicht mehr. Wie können Sie dieses Modul nun anpassen?

- Bei zunehmender Last ist Ihr rechenintensives Perl-Programm nicht schnell genug. Obwohl Perl intern sehr effiziente, in C implementierte Primitive nutzt, ist aufgrund der interpretierten Natur von Perl eine gewisse Grenze gesetzt. In diesem Fall würden Sie die CPU-intensivsten Teile Ihrer Anwendung in C umschreiben und diese dann aus Perl heraus aufrufen wollen. Natürlich brauchen Sie nicht die ganze Anwendung in C umzuschreiben! Nur die entsprechenden Flaschenhälse, wie sie beispielsweise durch den exzellenten Profiler `Devel::DProf` angezeigt werden, kämen für eine Umformulierung in C in Frage.

Benötigt wird also konkretes Wissen über die Art und Weise, wie der Perl-Interpreter in ein C-Programm geladen werden kann, wie Perl-Funktionen aus C heraus direkt aufgerufen werden können (mit allen Details wie Parameterüber- und -rückgabe) und wie umgekehrt aus Perl heraus bestimmte Funktionen einer C-API aufgerufen werden können (wieder mit allen Details zur Konvertierung von Perl-Datentypen in den Datentyp der entsprechenden API).

Ein solches Wissen zu vermitteln ist nicht ganz einfach. Es ist nämlich zunächst notwendig, sich mit den Interna des Perl-Interpreters zu befassen. Sie brauchen aber nicht gleich hochzuspringen und das Buch zuzuklappen! Wir werden nicht zu sehr in die Details gehen, sondern uns nur so weit vorwagen, daß folgende grundlegende Dinge erklärt werden:

- Konvertierung von Skalaren, Arrays und Hashes in C-Typen und umgekehrt
- Aufruf von Perl-Funktionen aus C heraus, wobei die Parameterüber- und -rückgabe von Einzelwerten oder Listen an C im Vordergrund stehen muß
- Automatische Speicherverwaltung, insbesondere wer wann für das Anlegen und Zerstören von Variablen zuständig ist
- Aufruf von C-Funktionen aus Perl heraus

Diese Informationen werden wir später benötigen, um den *Glue-Code* zwischen Perl und C zu basteln bzw. zu verstehen.

In diesem Kapitel beginnen wir mit der Vorstellung dieser Interna. Mit einem soliden Grundwissen ausgestattet, können wir dann lernen, wie aus C heraus Perl-Funktionen aufgerufen werden können. Der umgekehrte Weg, also wie aus Perl heraus die Funktionen Ihrer C-API aufgerufen werden, wird anschließend gezeigt.

Am besten lehnen Sie sich nun entspannt zurück und genießen die Reise hinter die Kulissen von Perl. Los geht's!

16.3 Interna der Perl-API

Bevor wir uns in die Interna stürzen, wollen wir schon jetzt sehen, wie ein C-Programm mit der Perl-Library gelinkt wird. Damit können Sie schon einige Versuche anstellen, wenn Sie Lust dazu haben.

16.3.1 Wie wird ein C-Programm kompiliert?

Als Perl auf Ihrem Rechner übersetzt wurde, sind mindestens zwei Binaries erzeugt worden:

- die Perl-Library *libperl.a* bzw. die dynamisch ladbare *libperl.so* und
- ein kleines Programm, *perl*, das unter anderem auch diese Library entweder statisch oder dynamisch gelinkt hat.

Der größte Teil der Funktionalität des Perl-Interpreters ist also nicht in *perl*, sondern vielmehr in der Perl-Library enthalten. Alle C-Programme, die mit Perl interagieren wollen, müssen diese Perl-Library zur Kompilierzeit mit einbinden. Sie wissen natürlich, daß dafür sowohl Includedateien zu finden als auch Libraries zu linken sind.

Wie wird nun ein C-Programm, sagen wir *prog.c*, mit der Perl-Library gelinkt? Zunächst muß diese auf Ihrem System lokalisiert werden. Darüber hinaus muß der Pfad der zugehörigen Includedateien angegeben werden. Ferner muß auch der Compiler benutzt werden, der zum Bauen von Perl eingesetzt wurde, am besten mit einer ähnlichen Kombination von Flags.

All dies ist in hohem Maße systemabhängig und schwierig zu merken. Glücklicherweise gibt es bei neueren Perl-Versionen das Standardmodul ExtUtils::Embed. Dies wollen wir auch gleich an dem folgenden, einfachen C-Programm ausprobieren:

prog.c
```c
/* prog.c -- Ein einfaches C-Programm mit der Perl-Library */

/*
 * Dieses Programm uebersetzen Sie am besten wie folgt:
 * gcc -o prog prog.c `perl -MExtUtils::Embed -e ccopts -e ldopts`
 *
 */

#include <EXTERN.h>
#include <perl.h>

static PerlInterpreter *my_perl;    /* Eine Instanz des Interpreters */
int main(int argc, char *argv[], char *env[]) {
  my_perl = perl_alloc();           /* Platz fuer Interpreter         */
  perl_construct(my_perl);          /* Interpreter initialisieren     */

  /* Das auf der Kommandozeile oder von der Standardeingabe      */
  /* angegebene Perl-Programm parsen und in das interne Format   */
  /* kompilieren. Wenn kein Programm benoetigt wird, kann auch   */
  /* "./prog -e 0" auf der Kommandozeile angegeben werden.       */
  perl_parse(my_perl, NULL, argc, argv, (char **)NULL);

  /* Hier kommen eigene API-Aufrufe */

  /* Nun kann das geparste Programm gestartet werden. */
  /* Alternativ koennen hier auch Subroutinen direkt  */
  /* aufgerufen werden usw.                           */
  perl_run(my_perl);

  /* Wir sind fertig! */
  perl_destruct(my_perl);    /* Rufe alle Destruktoren auf, GC... */
  perl_free(my_perl);        /* Platz fuer Interpreter freigeben  */

  printf("hi! call ldd(1) on me!\n");
  return 0;
}
```
prog.c

Die Übersetzung verläuft völlig schmerzlos:

```
farid@sun-1:~/p> gcc -o prog prog.c \
                 `perl -MExtUtils::Embed -e ccopts -e ldopts`
farid@sun-1:~/p> ./prog -e 0
hi! call ldd(1) on me!
farid@sun-1:~/p> ldd prog
        libperl.so =>    /usr/local/lib/libperl.so
```

```
libsocket.so.1 =>       /usr/lib/libsocket.so.1
libnsl.so.1 =>     /usr/lib/libnsl.so.1
libdb.so =>        /usr/local/lib/libdb.so
libdl.so.1 =>      /usr/lib/libdl.so.1
libm.so.1 =>       /usr/lib/libm.so.1
libc.so.1 =>       /usr/lib/libc.so.1
libmp.so.2 =>      /usr/lib/libmp.so.2
```

Sie sehen also, daß eine ganze Menge Libraries erfolgreich in das Programm gelinkt wurden. Auch die Perl-spezifischen Includedateien <*perl.h*> und <*EXTERN.h*> wurden offensichtlich gefunden.

16.3.2 Skalare Werte

Ein skalarer Wert wird in den Sources des Perl-Interpreters und in der API als *SV* bezeichnet. Ein SV ist weit mehr als nur ein primitiver Datentyp. Vielmehr kann ein SV Integerzahlen, `double`-Zahlen, Perl-Strings oder gar Referenzen enthalten. Ein SV ist auch mit einem Referenzzähler versehen, der von der Speicherverwaltung von Perl genutzt wird, um nicht mehr benötigten Speicher wieder freizugeben.

Die Perl-API verfügt über viele Funktionen, die einen SV, genauer gesagt einen `SV*`, als Parameter erwarten oder zurückgeben. Glücklicherweise müssen Sie sich keine Gedanken über die interne Darstellung eines SV machen. Dazu gibt es ja schließlich Makros und Funktionen!

Spezielle SVs

Einige SV werden immer wieder benötigt und haben in der Perl-API spezielle Namen:

- `PL_sv_undef` kennzeichnet den Wert *undef*.
- `PL_sv_yes` kennzeichnet den wahren Booleschen Wert.
- `PL_sv_no` bezeichnet hingegen einen falschen Booleschen Wert.

All diese Namen sind SVs. Sie können überall dort eingesetzt werden, wo die Perl-API ein SV erwartet.

> Als dieses Kapitel geschrieben wurde, konnten einige Module nicht mehr problemlos übersetzt werden. Der Grund dafür war, daß seit Perl 5.005 diese Konstanten mit dem Präfix PL_ eingeleitet werden, während sie vorher einfach als `sv_undef`, `sv_yes` und `sv_no` bezeichnet wurden. Um diese Module, insbesondere die .xs-Dateien übersetzen zu können, war eine manuelle Ergänzung dieser Namen erforderlich. Wenn Sie dies lesen, dürfte das Problem hoffentlich der Vergangenheit angehören, da immer mehr Anwender von Perl 5.004 nach Perl 5.005 oder zu höheren Versionen gewechselt sein werden.

Typen eines SV

Bei der gesamten Perl-API sind einige nützliche Abkürzungen eingeführt worden: Ein SV kann ein IV, IV16, IV32, UV, NV, PV oder wiederum einen SV enthalten. Das bedeutet, wie Sie sicherlich schon geahnt haben: Integerwert, Integerwert mit 16 Bit bzw. 32 Bit, `unsigned integer`, `double` (Number) und `char *` (String: pointer value).

Der Typ eines SV kann mit Hilfe der Makros SvIOK(), SvNOK() und SvPOK() bestimmt werden:

```
SvIOK(SV*)              /* Wahr, wenn SV einen IV enthaelt */
SvNOK(SV*)              /* Wahr, wenn SV einen NV enthaelt */
SvPOK(SV*)              /* Wahr, wenn SV einen PV enthaelt */
```

Wert eines SV

Zunächst ist es möglich herauszufinden, ob ein SV *undef* enthält oder nicht. Außerdem kann der Boolesche Wert des SV leicht bestimmt werden:

```
SvOK(SV*)               /* Ist der SV ueberhaupt definiert? */
SvTRUE(SV*)             /* Ist der Wert in SV wahr? */
```

SvOK() ist wahr, wenn der SV nicht *undef*iniert ist. SvTRUE() ist hingegen dann wahr, wenn der SV im Booleschen Kontext einen wahren Wert besitzt.

Wie kann nun der in einem SV enthaltene Wert in einen C-Typ konvertiert werden? Sehr einfach, mit Hilfe der Makros SvIV(), SvNV() und SvPV():

```
IV_value = SvIV(SV*);              /* Konvertiert den Wert in einen IV */
NV_value = SvNV(SV*);              /* Konvertiert den Wert in einen NV */
PV_value = SvPV(SV*, STRLEN len);  /* Konvertiert den Wert in einen PV */
```

Diese Makros konvertieren den in einem SV enthaltenen Wert in einen IV, NV oder PV. Dies entspricht der Konvertierung von Strings in Zahlen und umgekehrt, die in Perl-Skripten durchgeführt wird.

Beachten Sie bitte, daß Strings in Perl nicht unbedingt NULL-terminiert sind! Daher wird die Länge des Strings von SvPV() in die Variable `len` eingetragen:

```
int len;
char *str = SvPV(some_sv_ptr, len);   /* NICHT &len */
```

Da SvPV() ein Makro und keine Funktion ist, sollten Sie *nicht* &len, sondern nur len eintragen. Sind Sie an der Länge nicht interessiert, können Sie statt len einfach nur PL_na verwenden.

Sie können sich daher nicht darauf verlassen, daß strlen() funktionieren würde:

```
len = strlen(SvPV(some_sv_ptr, blah));  /* FALSCH! */
```

16.3 Interna der Perl-API

Achtung! *Seien Sie vorsichtig beim Einsatz des durch SvPV() gelieferten Zeigers! Perl kann Strings bei Bedarf vergrößern und daher auch an eine beliebige andere Stelle im virtuellen Adreßraum verschieben. Daher ist nur ein SV* konstant, nicht hingegen der PV. Daher ist es beispielsweise leider nicht möglich, einen SV fest an ein Shared-Memory-Segment zu koppeln.*

Weitere nützliche Stringmakros sind SvCUR(), SvCUR_set(), SvGROW() und SvEND():

```
SvCUR(SV*)                      # Laenge des Strings abfragen
SvCUR_set(SV*, I32 val)         # Veraendert die Laenge des Strings
SvGROW(SV*, STRLEN newlen)      # String vergroessern lassen
SvEND(SV*)                      # Zeiger auf das Ende des Strings
```

SV bei bekanntem Variablennamen ermitteln

Häufig kennen Sie den Namen einer Variablen in Perl und möchten aus C heraus auf dessen SV zugreifen. Das ist wieder einfach:

```
/* Liefert zu £package::varname den SV* */
/* 2. Parameter nur dann TRUE, wenn neuer SV erzeugt werden soll */
SV*  perl_get_sv("package::varname", FALSE);
```

Die Funktion `perl_get_sv()` liefert NULL zurück, wenn die Variable noch nicht existiert. Ist der zweite Parameter TRUE, wird die Variable bei Bedarf erzeugt.

Erzeugen eines SV

Ein SV kann erzeugt und mit einem Wert in einem Schritt geladen werden. Dazu dienen die folgenden Funktionen:

```
SV*  newSViv(IV);                    /* Skalar mit Integerwert */
SV*  newSVnv(double);                /* Skalar mit einer Zahl  */
SV*  newSVpv(char*, int);            /* String dieser Groesse  */
SV*  newSVpvn(char*, int);           /* String dieser Groesse  */
SV*  newSVpvf(const char*, ...);     /* String aus sprintf()   */
SV*  newSVsv(SV*);                   /* Anderen SV erzeugen    */
```

Verändern des SV-Wertes

Ein bereits existierender SV kann wie folgt mit einem neuen Wert versehen werden:

```
void  sv_setiv(SV*, IV);                        /* Neuer IV-Wert */
void  sv_setuv(SV*, UV);                        /* Neuer UV-Wert */
void  sv_setnv(SV*, double);                    /* Neuer NV-Wert */
void  sv_setpv(SV*, char*);                     /* Neuer String  */
void  sv_setpvn(SV*, char*, int);               /* String mit Laenge */
void  sv_setpvf(SV*, const char*, ...);         /* sprintf()-String */
void  sv_setpvfn(SV*, const char*, STRLEN,      /* sprintf Str-len */
                 va_list *, SV **, I32, bool);
void  sv_setsv(SV*, SV*);                       /* SVs kopieren */
```

Bei Strings können auch noch die `sv_catp*()`-Funktionen zum Konkatenieren benutzt werden.

16.3.3 Arrays

Ein Array heißt in der Perl-API *AV*. Alles, was über SVs gesagt wurde, gilt, soweit anwendbar, natürlich auch für AVs.

Erzeugen eines AV

Mit Hilfe der folgenden Funktionen können neue AVs erzeugt werden:

```
AV* newAV();
AV* av_make(I32 num, SV **ptr);
```

Die Funktion `newAV()` erzeugt einen neuen, zunächst leeren AV. Dagegen erzeugt die Funktion `av_make()` einen AV und kopiert *num* Elemente des folgenden SV*-Arrays *ptr* dort hinein. Anschließend können die SV* von *ptr* zerstört werden, wenn sie nicht mehr benötigt werden.

Operationen auf einem AV

Auf einem erzeugten AV können die von der Skriptseite gewohnten Operationen mit folgender Perl-API realisiert werden:

```
void  av_push(AV*, SV*);
SV*   av_pop(AV*);
SV*   av_shift(AV*);
void  av_unshift(AV*, I32 num);
```

Bis auf `av_unshift()` dürften alle Operationen intuitiv klar sein. Bei der Funktion `av_unshift()` werden *num* leere Slots am Anfang des AV erzeugt. Diese müssen dann mit `av_store()` gefüllt werden.

Weitere nützliche AV-Funktionen:

```
I32   av_len(AV*);
SV**  av_fetch(AV*, I32 key, I32 lval);
SV**  av_store(AV*, I32 key, SV* val);
```

Die Funktion `av_len()` entspricht $\#array. Sie liefert den höchsten Index im AV, oder −1, falls AV leer ist.

`av_fetch()` liefert den Wert an der Stelle *key* zurück. Ist jedoch *lval* nicht null, wird dieses *key*te Element anschließend *unde*finiert. Beachten Sie, daß Sie den Rückgabewert von `av_fetch()` dereferenzieren müssen, um einen SV* zu bekommen!

Die Funktion `av_store()` speichert an der Stelle *key* des AV das SV* *val*. Dabei wird jedoch der Referenzzähler von *val* nicht verändert: Der SV ist nicht Eigentum des AV!

Der Aufrufer ist daher dafür verantwortlich. Liefert av_store() NULL zurück, *müssen* Sie den Referenzzähler von *val* selbst dekrementierenm, um ein *Speicherleck* zu vermeiden. Beachten Sie ferner, daß *av_store()* und *av_fetch()* jeweils ein SV**, nicht ein SV* zurückliefern!

Ein AV kann auch geleert, undefiniert oder im voraus erweitert werden:

```
void    av_clear(AV*);            /* Wie @array = ()   */
void    av_undef(AV*);            /* Wie undef @array  */
void    av_extend(AV*, I32 key);  /* Wie $#array = key */
```

Beachten Sie, daß av_extend() bei negativem *key* den AV nicht wieder schrumpfen läßt!

AV bei bekanntem Variablennamen ermitteln

Häufig kennen Sie den Namen einer Variablen in Perl und möchten aus C heraus auf deren AV zugreifen. Das ist wieder einfach:

```
/* Liefert zu @package::varname den AV* */
/* 2. Parameter nur dann TRUE, wenn neuer AV erzeugt werden soll */
AV*   perl_get_av("package::varname", FALSE);
```

Die Funktion perl_get_av() liefert NULL zurück, wenn die Variable noch nicht existiert. Ist der zweite Parameter TRUE, wird die Variable bei Bedarf erzeugt.

16.3.4 Hashes

Eine Hashvariable wird von der Perl-API *HV* genannt. Alles was über SVs gesagt wurde, gilt natürlich auch bei HVs, soweit anwendbar.

Erzeugen eines HV

Die Perl-API-Funktion newHV() erzeugt einen leeren Hash:

```
HV*   newHV();
```

Zugriff auf einzelne Schlüssel/Wert-Paare

Mit Hilfe der folgenden Funktionen können Sie auf die Werte eines angegebenen Schlüssels zugreifen:

```
SV**   hv_fetch(HV*, char* key, U32 klen, I32 lval);
SV**   hv_store(HV*, char* key, U32 klen, SV* val, U32 hash);
```

Hierbei ist *key* ein Zeiger auf den Schlüsselstring und *klen* die Länge dieses Strings. Beachten Sie, daß Strings in Perl auch NULL-Zeichen enthalten können. Daher ist die Angabe von *klen* zwingend erforderlich. Sie können hier nicht 0 angeben und hoffen, daß Perl schon selbst die Länge ermitteln wird. Interessant ist auch, daß Schlüssel von Hashes *keine* SV* sind, sondern tatsächlich gewöhnliche Stringzeiger. Das war der Grund, warum Referenzen keine Schlüssel sein konnten und Schlüssel immutabel (unveränderlich) waren[1].

Die Funktion hv_store() erhöht nicht den Referenzzähler des SV, das in dem Hash gespeichert wird. Das HV ist nicht der Besitzer seiner Elemente! Sie müssen selbst entsprechend reagieren.

Bei hv_fetch() ist *lval* normalerweise Null. Existiert nun ein Wert zum Schlüssel *key*, wird er ein SV* zurückgegeben. Existiert kein Wert, wird NULL zurückgegeben. Beachten Sie, daß hv_fetch() einen SV**, nicht einen SV* zurückgibt. Sie müssen daher einen Rückgabewert ungleich NULL dereferenzieren, um den benötigten SV* zu bekommen. Ist *lval* nicht null, wird angenommen, daß diese Funktion als Teil einer hv_store()-Operation aufgerufen wurde (tun Sie es am besten nicht selbst; verwenden Sie besser immer NULL für *lval*). In diesem Fall wird ein neues Schlüssel/Wert-Paar mit dem Schlüssel *key* und dem Wert *undef* erzeugt, und hv_fetch() würde dieses Paar zurückliefern.

Die Funktion hv_store() speichert im AV unter dem Schlüssel *key* mit der Länge *klen* als Wert den SV *val*. *hash* ist ein vorberechneter Hashwert; er ist 0, falls Perl diesen selbst berechnen soll (das wird dringend empfohlen!). Der neue Wert wird als SV** zurückgeliefert.

Weitere globale HV-Operationen

Folgende API-Aufrufe können bei HV weiterhin angewandt werden:

```
bool    hv_exists(HV*, char* key, U32 klen);
SV*     hv_delete(HV*, char* key, U32 klen, I32 flags);
```

hv_exists() entspricht dem exists()-Operator von Perl. Diese Funktion liefert TRUE, falls im HV ein Eintrag zum Schlüssel *key* mit Schlüssellänge *klen* existiert, sonst FALSE.

Die Funktion hv_delete() löscht einen existierenden Eintrag zum Schlüssel *key* mit der Schlüssellänge *klen* aus dem HV. Enthält *flags* kein G_DISCARD-Flag, wird ein temporärer SV (*mortal SV*) des gelöschten Wertes zurückgegeben.

Ein Hash kann durch folgende Funktionen geleert oder ganz undefiniert werden:

```
void    hv_clear(HV*);      /* Wie %hash = () */
void    hv_undef(HV*);      /* Wie undef %hash */
```

Wie bei den av_clear() und av_undef() löscht hv_clear() alle Hasheinträge des HV, ohne dabei den HV selbst zu löschen. Die Funktion hv_undef() löscht hingegen sowohl alle Einträge des Hashs als auch den HV selbst.

---

1 Es ist sogar bei Hashes üblich, sich gemeinsame Schlüssel zu teilen.

Durch ein HV iterieren

Die einzelnen Schlüssel/Wert-Paare werden intern als HEs gespeichert. Ein HE ist ein *Hash-Element*. HEs werden zur Zeit als verkettete Liste zusammengehalten. Natürlich sollten wegen der Portabilität Makros bzw. Funktionen zum Traversieren des HV verwendet werden.

Zuallererst muß der Iterator initialisiert werden:

```
I32     hv_iterinit(HV*);    /* Initialisiere Iterator fuer HV */
```

Die Perl-Funktion each() liefert bei jedem Aufruf ein Schlüssel/Wert-Paar. Das Äquivalent in C ist:

```
HE*     hv_iternext(HV*);    /* Naechsten HE* liefern */
```

Diese Funktion liefert NULL am Ende der HE-Liste.

Den Schlüssel bzw. Wert eines HE erhalten Sie mit folgenden Funktionen:

```
char*   hv_iterkey(HE* entry, I32* retlen);
SV*     hv_iterval(HV*, HE* entry);
```

Die Schlüsselfunktion hv_iterkey() liefert sowohl den Schlüsselstring als Rückgabewert als auch dessen Länge in dem Integer *retlen, auf den retlen verweist. Die Länge des Schlüsselstrings kann ja bekanntlich nicht mit der C-Funktion strlen() gemessen werden, da Schlüssel, wie alle anderen Strings in Perl, auch NULL-Zeichen enthalten können, welche die strlen()-Funktion durcheinanderbringen.

Die Wertfunktion hv_iterval() ist einfacher, da sie ja direkt den Wert als SV* zurückliefert.

Beide Funktionen können auch in einer einzigen kombiniert werden, um gleich den Schlüssel und den Wert eines HE zu erhalten:

```
SV*     hv_iternextsv(HV*, char** key, I32* retlen);
```

Erweiterung der Hash-API ab Perl 5.004

Seit Perl Version 5.004 können HEs mit folgenden Funktionen bequemer manipuliert werden:

```
HE*     hv_fetch_ent   (HV* tb, SV* key, I32 lval, U32 hash);
HE*     hv_store_ent   (HV* tb, SV* key, SV* val, U32 hash);

bool    hv_exists_ent  (HV* tb, SV* key, U32 hash);
SV*     hv_delete_ent  (HV* tb, SV* key, I32 flags, U32 hash);

SV*     hv_iterkeysv   (HE* entry);
```

Interessant bei diesen Funktionen ist, daß sie nun SV*-Schlüssel statt char*-Zeigern annehmen. Dadurch kann auf das Stringifizieren eines SV verzichtet werden. Außerdem können diese Funktionen leichter bei *tied hashes* eingesetzt werden. Darüber hinaus werden hier HE*s zurückgeliefert, was die Operationen unter Umständen effizienter gestaltet, wenn Ihr Programm viel mit HE*s arbeitet.

Die Funktion `hv_store_ent()` erhöht nicht den Referenzzähler der Variablen, die in ein HE gespeichert werden: Der HV ist nicht der Besitzer der darin gespeicherten Werte! Es liegt in Ihrer Verantwortung, entsprechend zu reagieren. Liefert diese Funktion NULL, sollten Sie wahrscheinlich den Referenzzähler der beteiligten Variablen manuell dekrementieren, um ein Speicherleck zu vermeiden.

Der Inhalt von *HE*s kann mit Hilfe der folgenden portablen Makros angesprochen werden:

```
char* HePV(HE* he, STRLEN len)     /* Schluessel (len) des HE       */
SV*   HeVAL(HE* he)                /* Wert im HE als SV*            */
U32   HeHASH(HE* he)               /* Berechneter Hashwert dieses HE */
SV*   HeSVKEY(HE* he)              /* Schluessel des HE als SV*     */
SV*   HeSVKEY_force(HE* he)        /* Wie HeSVKEY(), nur mortal SV* */
                                   /* wenn kein SV* dort steht.     */
SV*   HeSVKEY_set(HE* he, SV* sv)  /* Modifiziert Schluessel zu sv  */

/* Nur wenn Schluessel keine SV*s sind: */
char* HeKEY(HE* he)                /* char*-Schluessel zu HE, wenn  */
                                   /* HeKLEN() >= 0,                */
                                   /* sonst ist der Rueckwert ein SV*. */
                                   /* ACHTUNG: Besser HeSVKEY(),HePV() */
                                   /*          verwenden!           */
HeKLEN(HE* he)                     /* Laenge des HeKEY()-Schluessls, */
                                   /* wenn <0: HEf_SVKEY. Dann ist der */
                                   /* Rueckgabewert von HeKEY ein SV*. */
```

HV bei bekanntem Variablennamen ermitteln

Häufig kennen Sie den Namen einer Variablen in Perl und möchten aus C heraus auf deren HV zugreifen. Das ist wieder einfach:

```
/* Liefert zu %package::varname den HV* */
/* 2. Parameter nur dann TRUE, wenn neuer HV erzeugt werden soll */
HV*   perl_get_hv("package::varname", FALSE);
```

Die Funktion `perl_get_hv()` liefert NULL zurück, wenn die Variable noch nicht existiert. Ist der zweite Parameter TRUE, wird die Variable bei Bedarf erzeugt.

16.3.5 Referenzen

Referenzen sind eine spezielle Art von SVs. Wenn Sie je in die Verlegenheit kommen, aus C heraus Referenzen anzusprechen, können Sie die folgende API verwenden. Beachten Sie hierbei, daß Sie mit der Speicherverwaltung von Perl interagieren müssen, also insbesondere den Referenzzähler der Objekte im Auge behalten müssen, auf die Ihre Referenzen zeigen (siehe Abschnitt 16.3.7).

Erzeugen einer Referenz

Eine Referenz auf einen SV*, AV* oder HV*, im folgenden nur kurz als *thing* bezeichnet, kann mit Hilfe der folgenden Funktionen erzeugt werden:

```
SV* newRV_inc((SV*) thing);   /* SV* ist Zeiger auf thing, wobei */
                              /* der Referenzzaehler von thing   */
                              /* inkrementiert wird.             */
SV* newRV((SV*) thing);       /* Wie: newRV_inc()                */

SV* newRV_noinc((SV*) thing); /* Wie newRV_inc(), nur dass der   */
                              /* Referenzzaehler von thing nicht */
                              /* inkrementiert wird!             */
                              /* VORSICHT hierbei!               */
```

Operationen mit Referenzen

Um herauszufinden, ob eine Referenz in einem SV* enthalten ist, können Sie folgendes Makro verwenden:

```
SvROK(SV*)         /* Wahr, wenn SV* eine Referenz enthaelt. */
```

Den Typ des referenzierten Objekts (wie bei ref()) erhalten Sie mit:

```
SvTYPE(SvRV(SV*))  /* Typ der Referenz im SV* */

/* Moegliche Rueckgabewerte: */
/* SVt_IV     Scalar                                      */
/* SVt_NV     Scalar                                      */
/* SVt_PV     Scalar                                      */
/* SVt_RV     Scalar                                      */
/* SVt_PVAV   Array                                       */
/* SVt_PVHV   Hash                                        */
/* SVt_PVCV   Code                                        */
/* SVt_PVGV   Glob (z.B. Filehandle)                      */
/* SVt_PVMG   Blessed or Magical Scalar: Ein Objekt       */
```

Eine Referenz kann wie folgt dereferenziert werden:

```
SV* SvRV(SV*);                        /* Die Funktion       */

sv_value = (SV*) SvRV(ref_value);     /* Bei SVt_[INPR]V */
av_value = (AV*) SvRV(ref_value);     /* Bei SVt_PVAV    */
hv_value = (HV*) SvRV(ref_value);     /* Bei SVt_PVHV    */
```

Das Äquivalent der bless()-Funktion lautet:

```
/* Das ist schon offiziell */
SV* sv_bless(SV* sv, HV* stash);

/* Das ist teilweise schon implementiert. */
/* Siehe: man perlguts */
SV* newSVrv(SV* rv, char* classname);
SV* sv_setref_iv(SV* rv, char* classname, IV iv);
SV* sv_setref_nv(SV* rv, char* classname, NV iv);
SV* sv_setref_pv(SV* rv, char* classname, PV iv);
```

16.3.6 Erzeugen neuer Perl-Variablen

Anstatt manuell SVs, AVs und HVs zu erzeugen, können Sie auch direkt neue Perl-Variablen aus C heraus deklarieren. Der Vorteil dieser Methode ist, daß diese Variablen auch gleich in die Symboltabelle des angegebenen Packages eingetragen werden. Das war bei den bisher erzeugen Variablen nicht der Fall gewesen (anonyme Variablen!).

Neue Variablen bei bekanntem Perl-Namen erzeugen Sie wie folgt:

```
SV*  perl_get_sv("package::varname", TRUE);
AV*  perl_get_av("package::varname", TRUE);
HV*  perl_get_hv("package::varname", TRUE);
```

An diese Funktionen werden Sie sich wahrscheinlich erinnern: Wurde als zweiter Parameter FALSE übergeben, lieferten sie zu bereits bekannten Variablennamen den passenden SV*, AV* oder HV*. Nicht existierende Variablen wurden in diesem Fall nicht erzeugt, sondern es kam nur NULL dabei heraus.

Ist hingegen der zweite Parameter TRUE, wird die Variable auch tatsächlich erzeugt, wenn sie nicht schon vorher existiert hat. Darüber hinaus wird sie in die Symboltabelle des jeweiligen Packages eingetragen. Existierte die Variable bereits, wird wie im FALSE-Fall ihr SV*, AV* bzw. HV* zurückgegeben.

Fehlte der Packagename, wird die Variable im aktuellen Package erzeugt bzw. abgefragt.

16.3.7 Mortalität und Speicherverwaltung

Sie erinnern sich bestimmt, wie die automatische Speicherverwaltung von Perl dafür sorgt, daß nicht mehr benötigte Variablen zerstört werden. Sobald die Variable selbst und alle auf sie zeigenden Referenzen verschwunden sind, wird der Speicherplatz automatisch wieder freigegeben. Dies wird durch einen *Referenzzähler* erreicht. Dieser wird beim Erzeugen einer Variable automatisch auf 1 gesetzt. Bei jedem zusätzlichen Zeiger wird er inkrementiert und jedesmal, wenn eine Referenz auf diese Variable verschwindet, wird er wieder dekrementiert. Fällt der Referenzzähler auf 0, wird der Speicherplatz wieder eingezogen.

All dies geschieht im Perl-Raum automatisch. Im C-Raum hingegen müssen Sie selbst dafür Sorge tragen, nicht mehr benötigte SV*s, AV*s und HV*s freizugeben; es sei denn, Sie wollen ein Speicherleck riskieren.

Explizite REFCNT-Manipulation

Folgende Makros können Sie zur expliziten Manipulation des Referenzzählers verwenden:

```
int  SvREFCNT(SV* sv);       /* Referenzzaehler abfragen */
SV*  SvREFCNT_inc(SV* sv);   /* Referenzzaehler inkrementieren */
void SvREFCNT_dec(SV* sv);   /* Referenzzaehler dekrementieren */
```

Sollen die Referenzzähler eines AV* oder HV* manipuliert werden, müssen diese erst zu einem SV* gecastet werden; beispielsweise:

```
av_refcount = SvREFCNT((SV*)av);
hv_refcount = SvREFCNT((SV*)hv);
```

Eine weitere Funktion manipuliert den Referenzzähler:

```
SV* newRV_inc((SV*) thing);  /* bzw. das aeltere newRV() */
```

Das ist ja auch natürlich, denn dadurch wird der Referenzzähler des Referenten erhöht, wie wir es auch von Perl gewohnt sind.

> **Achtung!** Es ist sehr leicht möglich, wie folgt ein Speicherleck (memory leak) zu bekommen: In einer XSUB-C-Routine wollen Sie beispielsweise eine Referenz auf einen SV an den Perl-Aufrufer zurückliefern. Die folgende, scheinbar naheliegende Vorgehensweise ist falsch:
>
> ```
> /* Wir sind hier innerhalb einer XSUB-C-Funktion. */
> /* Erzeuge einen SV* und fuelle ihn mit einem Wert: */
> SV *mysv  = newSViv((IV)compute_result());
>
> /* Erzeuge darauf eine Referenz und liefere diese zurueck: */
> SV *myref = newRV_inc(mysv);
> return myref;   /* FALSCH! mysv hat immer noch REFCNT von 2 */
> ```
>
> Wenn nämlich etwas später im Perl-Skript diese Referenz zerstört wird:
>
> ```
> # Im Perl-Programm, das die XSUB-Funktion aufgerufen hat:
> {
>     my $refobj = call_my_xsub_function();
>     # Tue etwas mit $refobj
> }
> # Der Zeiger $refobj ist zwar weg, aber 'mysv' aus der XSUB
> # hat immer noch einen Referenzzaehlerstand von 2-1=1.
> # => Speicherleck!
> ```
>
> wird der Zeiger zwar zerstört, da dessen Referenzzähler ja immer nur 1 war und nun auf 0 fiel; aber der Referenzzähler des Referenten, also des SV* mysv, ist nur um 1 dekrementiert worden, wodurch mysv nun für ewig Speicherplatz belegt und trotzdem nicht mehr erreichbar ist, da er keinen Eintrag in der Symboltabelle bekommen hatte! Es ist ein Speicherleck entstanden. In diesem Fall hätten Sie statt newRV_inc() lieber newRV_noinc() benutzen sollen.
>
> Das Problem ist natürlich nicht nur auf SVs beschränkt, sondern gilt auch für AVs und HVs.

Automatische Verwaltung mit Mortalität

Die direkte Manipulation des Referenzzählers mit den oben gezeigten Makros ist fehleranfällig: Er könnte zu früh dekrementiert oder unberechtigterweise inkrementiert werden, nicht dekrementiert werden, weil eine Variable übersehen wurde usw.

Die Fehler führen in den meisten Fällen zu Speicherlecks, die sich entweder in langen Schleifen oder in Programmen bemerkbar machen, die lange laufen müssen, wie etwa Server oder z.B. das mod_perl-Modul des Apache-Webservers. Um diese Lecks zu vermeiden, wurde das Konzept der *Mortalität einer Variablen* eingeführt.

Eine SV-, AV- oder HV-Variable ist „sterblich" (*mortal*), wenn sie „bald" von Perl zerstört werden darf und auch wird. Sterbliche Variablen sind also den normalen Variablen von Perl sehr ähnlich, und ihre Verwendung ist intuitiv naheliegend. Typischerweise werden sterbliche Variablen in XSUB-C-Funktionen deklariert. Werden sie nicht mehr benötigt, wird der *Garbage Collector* von Perl sie bei der nächsten Gelegenheit aufsammeln und für Sie zerstören.

Wenn Sie eine SV-, AV- oder HV-Variable „mortalisieren", wird ihr Referenzzähler zum Dekrementieren *markiert*. Die tatsächliche Dekrementierung erfolgt jedoch erst „eine Weile später". Dieser Ausdruck bedeutet soviel wie: „beim nächsten Perl-Ausdruck", also sobald der Perl-Interpreter wieder die Kontrolle erhält. Eine „mortalisierte" Variable ist im Prinzip nur eine Variable mit verschobener (*pending*) Dekrementierung ihres Referenzzählers.

> **Achtung!** *Sie sollten eine Variable nur einmal „mortalisieren". Wenn Sie diese nämlich n-mal mortalisieren, wird bei der nächsten Gelegenheit ihr Referenzzähler ebenfalls n-mal dekrementiert (auf einen Schlag). Das wird in den meisten Fällen zur frühzeitigen Zerstörung der Variablen führen und ist fast immer ein Fehler.*
>
> Eigentlich habe ich hier ein wenig flapsig vereinfacht. Der Referenzzähler einer als sterblich markierten (d.h. sterblichen) Variable wird abhängig von den Makros SAVETMPS und FREETMPS dekrementiert. Dies wird noch in Abschnitt 16.4, beim Aufruf von Perl-Funktionen aus C heraus, erläutert.

Wie können nun SVs, AVs oder HVs sterblich („mortalisiert") werden? Indem eine der folgenden Funktionen aufgerufen wird:

```
SV*   sv_newmortal()        /* Erzeugt einen neuen sterblichen SV */
SV*   sv_2mortal(SV*)       /* Mortalisiert einen SV */
SV*   sv_mortalcopy(SV*)    /* Kopiert einen SV in einen neuen */
                            /* mortalisierten SV */
```

Der Aufruf von sv_2mortal() markiert also einen existierenden SV als „mortalisiert". Dies ist dasselbe wie ein verschobener (*pending*) SvREFCNT_dec() darauf.

Natürlich können auch AVs und HVs durch geeignetes Casting mortalisiert bzw. kann daraus eine mortalisierte Kopie erzeugt werden:

```
/* Die folgenden Aufrufe mortalisieren av_normal und hv_normal */
av_mortal = (AV*)sv_2mortal((SV*)av_normal);
hv_mortal = (HV*)sv_2mortal((SV*)hv_normal);

/* Die folgenden Aufrufe erzeugen mortale Kopien von av_src, hv_src */
av_dest_mortal = (AV*)sv_mortalcopy((SV*)av_src);
hv_dest_mortal = (AV*)sv_mortalcopy((SV*)hv_src);
```

16.3.8 Globs, Codereferenzen und weitere Datentypen

Sie werden kaum diese Perl-Datentypen in C konvertieren wollen. Wenn Sie dies jedoch wirklich tun müssen, sollten Sie die Dokumentation in *man perlguts* unter *stashes and globs, double typed SVs* und *magic variables* aufmerksam studieren.

Nun haben wir es geschafft! Sie haben genügend über die Grunddatentypen von Perl gelernt und können nun die folgenden Abschnitte besser verstehen.

16.4 Perl in C

Wie kann der Perl-Interpreter in C-Programme integriert werden? Diese Frage wird in den folgenden Abschnitten ausführlich beantwortet.

16.4.1 Motivation und Beispiele

In diesem Abschnitt werden wir sehen, wie aus C heraus, Perl-Programme und Funktionen aufgerufen werden können. Dazu muß natürlich zunächst der Perl-Interpreter im C-Programm integriert werden. Dies wird durch das Linken mit der Perl-Library *libperl.so* bzw. *libperl.a* erreicht.

Sobald Sie mehr wollen, als nur den Perl-Interpreter aufrufen, müssen Sie in der Lage sein, C-Datentypen in Perl-Datentypen zu konvertieren und umgekehrt. Meistens ist diese Konvertierung naheliegend, wenn Sie `int`, `double` oder `char *` nach Perl konvertieren: Ein `int` wird in einen SV, genauer in einen IV konvertiert, ein `double` in einen NV und ein `char *` in einen PV. Die dazu notwendigen Makros wurden bereits auf Seite 729 aufgelistet. Auch umgekehrt kann ein SV in einen der C-Datentypen konvertiert werden.

Die Übergabe von AVs und HVs an C ist zwar etwas schwieriger, funktioniert aber im Prinzip nicht viel anders als im Falle der SVs.

Interessant ist jedoch nicht nur die 1:1-Konvertierung einfacher Typen, sondern vor allem auch, wie komplizierte Datentypen, z.B. `structs`, an Perl-Funktionen übergeben werden können. In diesem Fall müssen Sie ein Stück *Glue Code* schreiben, um aus diesen komplexen Datentypen SVs zu erzeugen, die Sie dann an Perl übergeben können. All dies wird noch genauer im folgenden betrachtet.

Ein weiterer Aspekt ist die Art und Weise, wie Parameter an Perl-Funktionen übergeben werden können und wie Rückgabewerte aus diesen Funktionen entnommen werden. Sie haben es sicherlich erraten: Die zu übergebenden Parameter werden auf einen Stack gepusht und von der Perl-Funktion dort entnommen. Umgekehrt werden Rückgabewerte ebenfalls auf einen Stack gepusht und von der aufrufenden C-Routine wieder entnommen.

All dies ist einfach und naheliegend, wäre da nicht ein kleines Problem: Perl-Funktionen, seien sie Teil der API oder benutzerdefiniert, können eine *beliebige* Anzahl an Argumenten erwarten und wiederum eine beliebige Anzahl an Rückgabewerten auf den Stacks ablegen. Woher soll nun die Perl-Funktion bzw. die C-Funktion „wissen", wie viele Argumente vom Stack genommen werden können?

Aus diesem Grunde reicht ein einfacher Stack nicht aus. Vielmehr werden logisch zwei Stacks verwendet:

- Der Argumentenstack nimmt die Argumente bzw. Rückgabewerte auf.
- Der Markierungsstack nimmt „Markierungen" auf. Diese Markierungen kennzeichnen die Anzahl der bei einem Aufruf übergebenen Argumente des Argumentenstacks.

Beide Stacks werden durch einen Satz spezialisierter Makros verwaltet, wie wir im folgenden noch sehen werden.

Wann wird eigentlich Perl in existierenden C-Code eingebettet? Immer dann, wenn die Macht des Perl-Interpreters ausgenutzt werden soll. Typische Beispiele hierfür sind:

- Die Textmanipulationsfähigkeiten von Perl sind legendär. Dagegen sind sie in C nur mit deutlich höherem Aufwand realisierbar. Versuchen Sie doch z.B., eine auf regulären Ausdrücken basierende Suchfunktion in C zu implementieren! Dazu müssen Sie entweder eine *regexp*-Engine mit Hilfe eines DFA oder NFA selbst implementieren (siehe [26]) oder aber auf die *regexp*-Library zurückgreifen. In beiden Fällen sind Sie auf einen einfachen Satz regulärer Ausdrücke beschränkt und müssen sich mit einer eigenen API befassen. Wie viel einfacher wäre es, dem eingebetteten Perl-Interpreter die Aufgabe des *Pattern Matching* komplett zu überlassen!

- Einige Programme könnten von der Rapid-Prototyping-Fähigkeit von Perl entscheidend profitieren. Warum viel Zeit verschwenden, etwas in C zu programmieren, wenn einige äquivalente Zeilen in Perl in wenigen Minuten aufgeschrieben werden können? Die Konfiguration eines Programms könnte beispielsweise viel effizienter und vor allem flexibler gestaltet werden, wenn die Konfigurationssprache einfaches Perl wäre, statt eine eigene Sprache, die dann noch mühsam geparst werden müßte.

- Programme mit eingebettetem Perl-Interpreter können zur Laufzeit Perl-Programme viel effizienter ausführen, als durch den Aufruf des externen Perl-Interpreters *perl*. Durch die Vermeidung des Overheads, der mit den Funktionen `fork()` und `exec()` verbunden ist, lassen sich Perl-Programme viel schneller

und mit deutlich weniger Latenz ausführen. Dies wird exemplarisch durch das
mod_perl-Modul des Apache-Webservers hervorragend vorgeführt. Anstatt bei
jedem Aufruf eines in Perl geschriebenen CGI-Programms mühsam den Perl-
Interpreter *perl* zu laden und auszuführen, wird das CGI-Programm direkt durch
den Apache-*httpd*-Prozeß ausgeführt, genauer gesagt durch den in ihm eingebetteten Perl-Interpreter. Der Geschwindigkeitsvorteil gegenüber der klassischen CGI-
Lösung ist bis zu mehreren Größenordnungen sichtbar.

- Bereits existierende CPAN-Module können von einem C-Programm nutzbringend
  eingesetzt werden. Möglicherweise sind Sie gar nicht daran interessiert, gegen die
  C-API einer speziellen Library zu kodieren, sondern möchten einfach diese API wie
  gewohnt durch ein Perl-Modul ansprechen. Andererseits gibt es auch viele Module,
  die in reinem Perl geschrieben sind. Auch diese könnten durch das Einbetten eines
  Perl-Interpreters im C-Programm eingesetzt werden.

In den folgenden Abschnitten werden wir sehen, wie Funktionen der Perl-API aus C
heraus aufgerufen werden können und wie diesen Funktionen Parameter auf dem Stack
übergeben werden bzw. vom Antwortstack wieder entnommen werden. Wie C-Datentypen in SVs, AVs und HVs bzw. umgekehrt konvertiert werden, wurde bereits in Abschnitt
16.3 ab Seite 725 gezeigt.

16.4.2 Pseudoblöcke

In Perl kann der Wert einer Variablen zwischengespeichert und am Ende eines Blocks automatisch wiederhergestellt werden. Dies wird durch den local()-Operator realisiert:

```
# Hier gilt der alte Wert von $var
{
    local $var;
    # Hier wird mit $var gearbeitet
}
# Hier gilt wieder der alte Wert von $var
```

Durch diese Konstruktion lassen sich Veränderungen an $var auf einen lokalen Block
beschränken. So etwas ist auch in C möglich. In C heißt diese Konstruktion *Pseudoblock*.
Ein solcher Pseudoblock wird durch die Makros ENTER und LEAVE geklammert:

```
ENTER;
    /* Hier ist der Pseudoblock */
LEAVE;
```

Innerhalb eines Pseudoblocks können, local() ähnlich, C-Variablen durch folgende Makros gesichert werden:

```
/* Die folgenden Makros sichern einen ganzzahligen Wert *
SAVEINT(int i)
SAVEIV(IV i)
SAVEI32(I32 i)
SAVELONG(long i)
```

Auch Zeiger lassen sich mit folgenden Makros zwischenspeichern: zwischenspeichern:

```
SAVESPTR(s)    /* s muss nach SV* und zurueck konvertiert werden   */
SAVEPPTR(p)    /* p muss nach char* und zurueck konvertiert werden */
```

Andere Makros können in *man perlguts* nachgelesen werden.

Einige Funktionen der Perl-API können ebenfalls innerhalb eines Pseudoblocks eingesetzt werden:

```
SV*  save_scalar(GV *gv);           /* Wie: local $gv */
AV*  save_ary(GV *gv);              /* Wie: local @gv */
HV*  save_hash(GV *gv);             /* Wie: local %gv */

void save_item(SV *item);           /* Kopiert SV; am Ende (LEAVE) wird    */
                                    /* der alte SV-Wert wiederhergestellt */
void save_list(SV **sarg, I32 maxsarg);  /* Wie mehrfaches */
                                         /* save_item()    */
SV*  save_svref(SV **sptr);         /* Wie save_scalar(), stellt aber */
                                    /* einen SV* wieder her.          */
void save_aptr(AV **aptr);          /* Wie save_svref() fuer AV* */
void save_hptr(HV **hptr);          /* Wie save_svref() fuer HV* */
```

Sie können und sollten auch einen Blick in das `Alias`-Modul werfen.

16.4.3 Aufruf von Funktionen verschiedener Signaturen

Auf Seite 726 haben wir bereits ein Skelett für die Einbettung des Perl-Interpreters in ein C-Programm gezeigt. Nach dem Parsen des übergebenen Perl-Programms durch `perl_parse()` kann entweder der Interpreter dieses Programm durch den Aufruf von `perl_run()` starten oder aber dazu veranlaßt werden, eine spezielle Subroutine dieses Programms durch eine der folgenden Funktionen aufzurufen:

```
I32  perl_call_sv(SV* sv, I32 flags);
I32  perl_call_pv(char* subname, I32 flags);
I32  perl_call_method(char* methname, I32 flags);
I32  perl_call_argv(char* subname, I32 flags, register char** argv);
```

Die eigentliche Funktion ist hier `perl_call_sv()`. Alle anderen Funktionen sind nur dünne Wrapper um diese grundlegende API-Funktion. Bis auf `perl_call_argv()` erwarten alle anderen Funktionen Parameter auf dem Stack und geben Rückgabewerte auf dem Stack zurück. Der Argumenten- und Markierungsstack wird durch eine Reihe von Makros verwaltet, die weiter unten gezeigt werden.

Die Funktion `perl_call_sv()` ist flexibler als die anderen Funktionen, da sie im `SV*` nicht nur den Namen der aufzurufenden Subroutine erwartet, sondern auch statt dessen eine `CODE`-Referenz dort richtig auswertet. Daher ist es möglich, beispielsweise eine anonyme Subroutine direkt aufzurufen oder Subroutinen, die über Referenzen an uns (die C-Routine) übergeben wurden.

Der I32-Parameter enthält eine Kombination von Flags, die unter anderem auch den Ausführungskontext (Skalar, Liste oder Void) an die ausgeführte Perl-Funktion übergeben. Ferner bestimmen diese Flags auch, ob die aufgerufene Funktion Ergebnisse auf dem Stack ablegen soll, und auch, ob sie in einem eval()-Block aufgerufen werden sollte, um Ausnahmen abzufangen.

Die Flags des Ausführungskontextes

Die Flags der Funktion `perl_call_sv()` und der anderen Wrapper können bitweise geodert im *I32 flags*-Argument übergeben werden. Sie haben folgende Bedeutung:

- G_VOID: Die Perl-Funktion wird im Void-Kontext aufgerufen. `wantarray()` würde innerhalb dieser Funktion *undef* zurückliefern, und es wird nichts auf dem Rückgabestack abgelegt, egal was die Perl-Funktion z.B. mittels `return()` zurückgeben würde. Dieses Flag benutzen Sie, wenn Sie an dem Rückgabewert der aufgerufenen Funktion nicht interessiert sind und auch den Rückgabestack nicht aufräumen werden. Der Rückgabewert der `perl_call_*()`-Funktionen, der die Anzahl der Rückgabewerte auf dem Rückgabestack angibt, ist daher natürlich 0.

- G_SCALAR: Die Perl-Funktion wird im skalaren Kontext aufgerufen. `wantarray()` wird einen falschen, aber definierten Wert zurückliefern. Es ist hier sichergestellt, daß höchstens ein Wert auf dem Rückgabestack zurückgeliefert wird. Die Anzahl der Rückgabewerte ist das Ergebnis des `perl_call_*()`-Aufrufs. Dieses Ergebnis kann 0 oder 1 sein. Ignoriert die aufgerufene Funktion den Ausführungskontext und liefert eine Liste, wird nur das *letzte* Element der Liste auf dem Rückgabestack abgelegt und 1 zurückgeliefert. 0 wird dann aufgerufen, wenn Sie G_DISCARD zusätzlich angegeben haben.

- G_ARRAY: Die Perl-Funktion wird im Listenkontext aufgerufen. `wantarray()` würde einen wahren Wert zurückliefern. Alle durch die Perl-Funktion zurückgelieferten Werte können von Rückgabestack genommen werden. Die Anzahl der übergebenen Rückgabewerte ist das Ergebnis der `perl_call_*()`-Funktion. Dieses kann 0 (bei G_DISCARD) oder jeder andere Wert sein.

- G_DISCARD: Durch dieses Flag wird sichergestellt, daß keine Ergebnisse auf dem Rückgabestack gespeichert werden. Dies ist nicht dasselbe wie G_VOID, denn hier kann der Ausführungskontext durch G_VOID, G_SCALAR oder G_ARRAY zusätzlich angegeben werden. Die Ergebnisse sind jedoch anschließend verschwunden.

    Achtung! *Wenn Sie G_DISCARD nicht verwenden, müssen Sie selbst dafür Sorge tragen, daß die an die Perl-Funktion übergebenen temporären Werte und die von der Perl-Funktion zurückgegebenen Werte wieder freigegeben werden, wenn Sie ein Speicherleck vermeiden wollen.*

- G_NOARGS: Wenn Sie keine Parameter an die Perl-Funktion übergeben wollen, können Sie dieses Flag angeben. Es hat die Wirkung, daß kein @_-Array erzeugt wird. Seien Sie jedoch vorsichtig dabei: Oft wird @_ implizit an weitere Funktionen übergeben, die von unserer Perl-Funktion aufgerufen werden. Normalerweise wollen Sie `G_NOARGS` nicht verwenden, auch wenn Sie keine Argumente übergeben möchten.

- `G_EVAL`: Die aufgerufene Perl-Funktion wird in einem `eval()`-Kontext aufgerufen. Das hat zur Folge, daß Ausnahmen, z.B. die durch `die()` ausgelöste, nicht zum Abbruch des Programms führen. In diesem Fall müssen Sie den Wert der Perl-Variablen `$@` anschließend überprüfen. Mehr Informationen über dieses Flag finden Sie in *man perlcall*.

- `G_KEEPERR`: Wenn `G_EVAL` ebenfalls aktiviert ist, wird dafür gesorgt, daß der eventuelle Fehlercode in `$@` erhalten bleibt. Dies wird ebenfalls in *man perlcall* ausführlich erklärt.

Wenn unsere C-Routine von einer Perl-Funktion aufgerufen wird (siehe Abschnitt 16.5), können wir aus C heraus ebenfalls den Ausführungskontext bestimmen. Anders als in Perl, wo eine `wantarray()`-Funktion dies bestimmt, müssen wir in C das Makro `GIMME_V` aufrufen. Es liefert je nach Ausführungskontext unserer C-Routine die Werte `G_ARRAY`, `G_SCALAR` oder `G_VOID` zurück.

Eine kleine Testumgebung

Wir werden im folgenden einige Perl-Funktionen aufrufen. Damit wir hier nicht immer wieder ein langes Programm abdrucken müssen, wollen wir uns eine kleine Testumgebung basteln. Dazu gehen wir wie folgt vor: Das Programm von Seite 726 wird so modifiziert, daß es eine externe Funktion *doit()* aufruft. Diese Funktion wird in einer anderen Datei enthalten sein. Wenn wir anschließend das Programm übersetzen, werden wir die Testumgebung *embedmain.c* mit der jeweiligen *funcN.c*-Datei zusammenkompilieren. Somit sind wir in unserer Vorgehensweise sehr flexibel.

Benötigt wird auch ein Perl-Programm, das die aufgerufene Perl-Funktion enthält. Dieses Programm werden wir beim Start des Interpreters parsen lassen.

Nun aber zur Testumgebung:

```
embedmain.c
/* embedmain.c -- Eine kleine Testumgebung fuer das Embedding */

/*
 * Dieses Programm uebersetzen Sie am besten wie folgt:
 * gcc -o embedmain embedmain.c testN.c \
 *     `perl -MExtUtils::Embed -e ccopts -e ldopts`
 * wobei testN.c die Datei mit der Funktion doit() ist.
 *
 */

#include <EXTERN.h>
#include <perl.h>

void doit(void);                    /* Unsere externe Funktion */
```

16.4 Perl in C

```
                                    /* in testN.c definiert */
static PerlInterpreter *my_perl;    /* Eine Instanz des Interpreters */
int main(int argc, char *argv[], char *env[]) {
    my_perl = perl_alloc();         /* Platz reservieren */
    perl_construct(my_perl);        /* Interpreter initialisieren */
    /* Perl-Skript mit Funktionen parsen und kompilieren */
    perl_parse(my_perl, NULL, argc, argv, (char **)NULL);

    doit();                         /* Unsere Aufrufe */

    perl_run(my_perl);              /* Falls das Programm ein */
                                    /* Hauptprogramm hat. */

    perl_destruct(my_perl);         /* Das war's */
    perl_free(my_perl);             /* Platz wieder freigeben */

    return 0;
}
```
── embedmain.c

Zu diesem Programm sind einige Anmerkungen notwendig:

- Das Programm startet wie üblich beim Einbinden der beiden Includedateien <EXTERN.h> und <perl.h>, die Teil der Perl-Distribution sind. Diese Dateien definieren diverse Konstanten und die Funktionen der Perl-API. Sie werden durch folgende Direktive beim Übersetzen gefunden:

    ```
    farid@sun-1:~/p> perl -MExtUtils::Embed -e ccopts
    -I/usr/local/include \
    -I/usr/local/lib/perl5/5.00553/i86pc-solaris/CORE
    ```

- Das Programm wird nicht allein übersetzt, sondern zusammen mit einer der Dateien testN.c, die unsere Testfunktion *doit()* enthält. Natürlich werden auch die Perl-Library und alle anderen Libraries, die mit Perl zusammengelinkt wurden, benötigt. Die Compileroptionen zum Einbinden dieser Libraries werden wieder durch das ExtUtils::Embed erzeugt. Auf meinem Rechner wird folgendes dabei erzeugt:

    ```
    farid@sun-1:~p> perl -MExtUtils::Embed -e ldopts
    -R /usr/local/lib/perl5/5.00553/i86pc-solaris/CORE \
    -L/usr/local/lib \
    /usr/local/lib/perl5/5.00553/i86pc-solaris/\
              auto/DynaLoader/DynaLoader.a \
    -L/usr/local/lib/perl5/5.00553/i86pc-solaris/CORE \
    -lperl -lsocket -lnsl -ldb -ldl -lm -lc -lcrypt
    ```

    Eine ganze Menge!

    Die oben gezeigte Vorgehensweise funktioniert ganz gut, solange Sie keine externen Module hinzuziehen. Wenn Sie beispielsweise CGI, DBI oder sonstige Module benötigen, können Sie die Kompilier- und Linkflags wie folgt bekommen:

    ```
    farid@sun-1:~/p> perl -MExtUtils::Embed -e xsinit \
                   -- -o xsinit.c Socket
    ```

- In diesem Fall wird eine XS-Datei *xsinit.c* erzeugt, die auch noch das Socket-Modul mit einbindet. Dies werden wir in Abschnitt 16.5 ab Seite 761 besprechen.

- Damit also beide C-Dateien zusammengelinkt werden, müssen sie wie folgt übersetzt werden:
  ```
  farid@sun-1:~/p> gcc -o embedmain embedmain.c test1.c \
               'perl -MExtUtils::Embed -e ccopts -e ldopts'
  ```
  Alternativ dazu kann *embedmain.c* in eine *embedmain.o*-Datei übersetzt und anschließend mit einer *testN.o*-Datei gelinkt werden. Dazu eignet sich am besten ein Makefile.
  ```
  farid@sun-1:~/p> gcc -c embedmain.c 'perl -MExtUtils::Embed -e ccopts'
  farid@sun-1:~/p> gcc -c test1.c     'perl -MExtUtils::Embed -e ccopts'
  farid@sun-1:~/p> gcc -o embedmain embedmain.o test1.o \
               'perl -MExtUtils::Embed -e ldopts'
  ```

- Jedes C-Programm, das Perl-Funktionen aufrufen möchte, muß einen Perl-Interpreter initialisieren. In unserem Testprogramm heißt der Perl-Interpreter *my_perl*. Für ihn wird Speicherplatz durch die Perl-API-Funktion `perl_alloc()` reserviert. Initialisiert wird er durch `perl_construct()`.

- Der Perl-Parser muß nun ein Perl-Skript „verdauen", d.h. parsen und kompilieren. Dies wird durch die API-Funktion `perl_parse()` erreicht. Welches Perl-Programm soll aber nun kompiliert werden?

  – Das Perl-Skript kann auf der Kommandozeile angegeben werden, direkt hinter dem `-e`-Flag.
  ```
  farid@sun-1:~/p> ./embedmain -e 'sub func1 { print "hi!" }'
  ```

  – Wird kein `-e`-Flag auf der Kommandozeile angegeben, dafür aber ein Argument, wird von `perl_parse()` dieses als Dateiname eines Perl-Skriptes interpretiert:
  ```
  farid@sun-1:~/p> ./embedmain prog.pl
  ```

  – Fehlt auch der Skriptname, wird von der Standardeingabe ein Programm eingelesen und anschließend geparst:
  ```
  farid@sun-1:~/p> ./embedmain
  sub func1 { print "hi!" }
  ^D
  ```

  Sie haben es gemerkt: Unser eigenes Programm verhält sich genauso wie das Programm *perl*.

- Wenn Sie kein Perl-Skript haben und direkt in einem „leeren" Perl-Programm Funktionen der Perl-API aufrufen wollen, stehen Ihnen einige Möglichkeiten offen:

  – Sie lassen den Aufruf von `perl_parse()` unverändert und übergeben auf der Kommandozeile das denkbar einfachste Programm mit dem `-e`-Flag an:
  ```
  farid@sun-1:~/p> ./embedmain -e 0
  ```

16.4 Perl in C

Tatsächlich wird das nur aus der 0 bestehende Programm erfolgreich geparst.

- Sie übergeben `perl_parse()` ein eigenes `argv` wie folgt:
  ```
  char *embedding[] =   "", "-e", "0" ;
  /* etwas spaeter: */
  perl_parse(my_perl, NULL, 3, embedding, NULL);
  ```

- Nachdem `perl_parse()` das Perl-Programm geparst und in ein internes Format konvertiert hat, sind wir bereit, Funktionen daraus aufzurufen. Dies wird durch den Aufruf der diversen *doit()*-Funktionen bewirkt, die in den verschiedenen *testN.c*-Dateien definiert werden. Ruft *doit()* eine Funktion auf, die im obengenannten Perl-Skript definiert wurde, wird diese auch tatsächlich durch den Interpreter ausgeführt. Das ist ein sehr mächtiger Mechanismus. Existiert die Funktion hingegen nicht, wird dies ebenfalls wie gewohnt angezeigt.

- *doit()* wird in den folgenden Unterabschnitten in den verschiedensten Varianten präsentiert. Es ist dort nicht nur möglich, Funktionen des übergebenen Perl-Skripts aufzurufen. Sie können an dieser Stelle Variablen (SV, HV, AV) in das Skript *injizieren* oder daraus extrahieren. Ferner können Sie alle Funktionen der Perl-API aufrufen, die im *man perlguts*-API-Listing zusammengefaßt sind.

- Der Aufruf von `perl_run()` ist optional. Er bewirkt, daß ein im Perlskript eventuell vorhandenes Hauptprogramm auch tatsächlich ausgeführt wird. Bei Skripten, die nur aus Subroutinendefinitionen bestehen, ist dieser Aufruf natürlich überflüssig, schadet jedoch nicht. Er wird aber in Skripten benötigt, die zusätzlichen Code enthalten, der auch ausgeführt werden soll.

- Die Aufräumarbeiten werden durch die beiden Funktionen `perl_destruct()` und `perl_free()` erledigt. Die erste Funktion ruft die Destruktoren aller Objekte auf, damit diese eine Chance für eigene Aufräumarbeiten erhalten. Anschließend wird der gesamte dynamisch allokierte Speicherplatz wieder eingezogen, auch derjenige, der durch zirkuläre Referenzen bisher nicht zurückgegeben werden konnte. Die zweite Funktion hingegen gibt den Speicherplatz des Interpreters selbst wieder zurück, damit kein Speicherleck entsteht.

  In diesem Modell kann nur ein Perl-Interpreter in ein C-Programm eingebunden werden. Dies ist in den meisten Fällen sinnvoll. Wenn Sie unbedingt mehrere Perl-Interpreter benötigen, die vollkommen unabhängig voneinander sind, müssen Sie bei der Übersetzung von Perl, genauer der *libperl.a*- bzw. *libperl.so*-Library das Flag *-DMULTIPLICITY* angegeben und die Multiplizität in *Configure* auch eingeschaltet haben. Ist dies geschehen, sehen die Aufrufe ein klein wenig anders aus.

Nun sind wir bereit, diverse *testN.c*-Dateien mit verschiedensten Testfällen zu erzeugen und mit *embedmain.o* zu linken.

Keine Argumente, keine Rückgabewerte

Nun zum ersten Beispiel: Wir rufen eine Perl-Funktion auf, wobei wir jedoch keine Argumente übergeben und auch keine Rückgabewerte erwarten wollen:

```
test1.c
/* test1.c -- Funktion ohne Argumente, ohne Rueckgabewerte */
/*             Mit embedmain.c zusammenlinken.              */

#include <EXTERN.h>
#include <perl.h>

void doit(void) {
  dSP;
  PUSHMARK(SP);
  perl_call_pv("func1", G_DISCARD | G_NOARGS);
}
                                                                test1.c
```

Die Übersetzung und anschließende Ausführung ergeben:

```
farid@sun-1:~/p> gcc -c test1.c `perl -MExtUtils::Embed -e ccopts`
farid@sun-1:~/p> gcc -o embedmain embedmain.o test1.o \
                   `perl -MExtUtils::Embed -e ldopts`
farid@sun-1:~/p> ./embedmain -e 'sub func1 { print "hi\n" }'
hi
```

Was ist hier genau geschehen?

- Anstelle der flexiblen `perl_call_sv()` haben wir uns mit dem einfacheren Wrapper `perl_call_pv()` begnügt, der, wie Sie sich erinnern, folgende Signatur hat:

  ```
  I32 perl_call_pv(char *subname, I32 flags);
  ```

- Als *subname*-Parameter haben wir hier den Namen der aufzurufenden Funktion hartkodiert: *func1*. Wäre func1() in einem anderen Package enthalten, z.B. in mypackage, hätten wir diese Funktion wie folgt aufrufen können:

  ```
  perl_call_pv("mypackage::func1", G_DISCARD | G_NOARGS);
  ```

- Die aufgerufene Funktion func1() haben wir bereits im Perl-Skript auf der Kommandozeile definiert. Wäre die Funktion hingegen nicht vorhanden gewesen, so hätten wir folgende Fehlermeldung bekommen:

  ```
  farid@sun-1:~/p> ./embedmain -e 0
  Undefined subroutine &main::func1 called.
  ```

- Da wir keine Argumente an die Funktion func1() übergeben wollten, haben wir das Flag G_NOARGS verwendet. Dies ist ein optionaler Schritt, der jedoch hier möglich war. Dadurch ist kein @_-Array in func1() erzeugt worden.

- Da wir auch an den möglichen Ergebnissen der Funktion func1() interessiert waren, haben wir das Flag G_DISCARD zusätzlich angegeben. Dadurch brauchten wir

16.4 Perl in C

das Ergebnis der `perl_call_pv()`-Funktion nicht zu überprüfen, da wir ja sicher waren, daß stets 0 zurückgegeben würde.

- Die Makros `dSP` und `PUSHMARK(SP)` funktionieren wie folgt:
  - `dSP` definiert den speziellen Stackpointer `SP`. Dieser ist eine Kopie des Stackpointers auf dem Argumentenstack und kann von uns hier manipuliert werden. Im allereinfachsten Beispiel werden wir jedoch damit nichts anstellen.
  - `PUSHMARK(SP)` schreibt unseren Stackpointer `SP` auf den Markierungsstack. Sie erinnern sich? Dieser Stack ist logisch vom Argumentenstack getrennt und kennzeichnet die Länge der Argumentlisten bzw. Rückgabelisten. In diesem Fall haben wir `PUSHMARK` nur verwendet, um einen sauber markierten, leeren Argumentenstack für `func1()` zu bekommen, genauer gesagt für das Laufzeitsystem, das `func1()` aufrufen wird.

So einfach kann das Aufrufen einer Funktion sein, wenn keine Argumente übergeben werden und uns keine Rückgabewerte interessieren.

Was geschieht eigentlich, wenn die aufgerufene Funktion `func1()` von all dem nichts weiß und trotzdem einen oder gar mehrere Rückgabewerte zurückgibt? Was ist mit dem Ausführungskontext dieser Funktion? Wie ist es, wenn die Funktion auch versucht, Werte von ihrer Argumentliste `@_` zu entnehmen? Probieren wir es einfach aus:

```
                                                         c-test1.pl
# c-test1.pl -- Eine Funktion func1() fuer embedmain.c/test1.c
sub func1 {
    print '@_ not defined', "\n" unless defined @_;
    print "my argument stack: (", join(':', @_), ")\n";
    my $context = wantarray();
    print "void context\n"   unless defined $context;
    print "scalar context\n" if defined $context and not $context;
    print "list context\n"   if defined $context and $context;

    return ("hello", "world");
}
                                                         c-test1.pl
```

Ausführung:

```
farid@sun-1:~/p> ./embedmain c-test1.pl
@_ not defined
my argument stack: ()
scalar context
```

Es ist also genau so wie wir erwartet haben: Der Argumentenstack, also die `@_`-Variable ist noch nicht einmal definiert gewesen, und die Funktion wurde im Default-, d.h. im skalaren Kontext aufgerufen.

Ein Argument, keine Rückgabewerte

Versuchen wir nun, ein Argument an eine Perl-Subroutine `func1()` zu übergeben. Unsere Testsubroutine wird einfach den Wert dieses Arguments mittels `print()` ausgeben. An einem Rückgabewert sind wir nach wie vor nicht interessiert. Darum können wir wieder G_DISCARD als Flag übergeben. Da jedoch diesmal ein Argument auf dem Argumentenstack abgelegt wird, müssen wir auf G_NOARGS verzichten. In diesem Beispiel werden wir auch zunächt keinen Ausführungskontext vorgeben.

```
test2.c
/* test2.c -- Funktion mit einem Argument, ohne Rueckgabewerte */
/*            Mit embedmain.c zusammenlinken.                   */

#include <string.h>

#include <EXTERN.h>
#include <perl.h>

void doit(void) {
  dSP;

  char buf[80];
  strncpy(buf, "hello brave new world!", sizeof(buf)-1);

  ENTER;
    SAVETMPS;
      PUSHMARK(SP);
        XPUSHs(sv_2mortal(newSVpv(buf, 0)));
      PUTBACK;
      perl_call_pv("func1", G_DISCARD);
    FREETMPS;
  LEAVE;
}
                                                          test2.c
```

Übersetzt und anschließend mit unserer früheren Funktion ausgeführt, ergibt das:

```
farid@sun-1:~/p> ./embedmain c-test1.pl
my argument stack: (hello brave new world!)
scalar context
```

Hier ist folgendes geschehen:

- Wir haben eine neue *doit()*-Funktion in *test2.c* angegeben und am Schluß übersetzt und mit *embedmain.o* zusammengelinkt.

- Da wir an Rückgabewerten nicht interessiert sind, haben wir G_DISCARD angegeben. Den Rückgabewert von `perl_call_pv()` brauchten wir daher wieder nicht abzufragen, da er ja garantiert 0 ist.

- Da andererseits nun Argumente übergeben werden sollen, wird ein @_-Array benötigt. Darum durfte das G_NOARGS-Flag nicht angegeben werden.

- Den Ausführungskontext haben wir wieder nicht angegeben, was zum Defaultkontext geführt hat.

- Nach der Defininition der lokalen Kopie unseres Argumentenstackpointers SP mit Hilfe des Makros dSP können wir mit der Manipulation des Argumenten- und des Markierungsstacks beginnen.

  - Überlegen wir uns erst einmal, was für Argumente eine Perl-Funktion wie func1() wohl erwarten mag. Richtig! Es werden SV*s benötigt.

  - Um einen C-String zu übergeben, müssen wir daraus zunächst einen SV erzeugen. Dies geschieht mit Hilfe der bereits bekannten newSVpv()-Funktion. Deren erstes Argument ist unser C-Zeiger, während das zweite Argument die Länge des Strings angeben muß. In diesem Fall hätten wir uns mit strlen() begnügen können, aber im allgemeinen Fall kann ein Perl-String durchaus auch NULL-Zeichen (\0) enthalten. In diesem Fall hätte strlen() nicht funktioniert. Da wir jedoch einen normalen NULL-terminierten C-String übergeben wollen, können wir newSVpv() dazu bringen, die Länge dieses C-Strings selbst auszurechnen, indem wir als zweites Argument eine 0 übergeben.

  - Die auf dem Argumentenstack übergebenen Werte sind ja inhärent temporär. Oft wird ein mit newSV*() erzeugter SV vergessen, obwohl er eigentlich zerstört werden sollte. Darum mortalisieren wir diesen gerade erzeugten SV mit sv_2mortal().

  - Dummerweise würde eine mortalisierte Variable beim nächsten Eintritt in den Perl-Interpreter zerstört, wenn keine weiteren Zeiger darauf verweisen (was hier der Fall ist). Um dies zu verhindern, wird unsere mortalisierte Variable so lange am Leben erhalten, wie sie sich zwischen SAVETMPS und FREETMPS befindet. Diese Klammer verschiebt das sofortige Zerstören der mortalisierten temporären Variable auf später, d.h. nach FREETMPS. Innerhalb dieser Klammer wird auch unsere Perl-Funktion func1() mit der bereits bekannten Perl-API-Funktion perl_call_pv() aufgerufen.

  - Der Argumentenstack muß vor dem Aufruf von func1() durch die API-Funktion perl_call_pv() mit den zu übergebenden, mortalisierten SV*s gefüllt werden. Dies geschieht mit Hilfe des Makros XPUSHs().

  - Die zu übergebenden Argumente, hier nur eines, werden mittels mehrerer XPUSHs() nacheinander auf dem Argumentenstack geschoben. Dieses Makro sorgt im Gegensatz zu PUSHs() für eine automatische Vergrößerung des Argumentenstacks durch EXTEND. Neben XPUSHs(), das einen SV auf dem Stack deponiert, können auch die spezialisierteren Makros XPUSHi(), XPUSHn() und XPUSHp() verwendet werden. Wir werden uns jedoch an XPUSHs() halten, da wir somit bequem mortalisierte SVs übergeben können, die einem sehr allgemeinen Variablentyp angehören.

  - Leider verändert XPUSHs() den Wert des Stackzeigers SP. Daher wird vor dem ersten XPUSHs() der SP auf dem Markierungsstack mit Hilfe des Makros PUSHMARK(SP) gespeichert. Daher weiß auch func1(), wo die Argumentenliste auf dem Argumentenstack anfängt.

- Vor dem Aufruf von func1() wird der Stackpointer SP mittels PUTBACK wieder an den Anfang der Argumentenliste zurückgesetzt, damit das Laufzeitsystem func1() mit den richtigen Parametern aufrufen kann.
- Die temporär erzeugten SV*-Variablen hatten hier keine Namen in der Symboltabelle. Hätten wir sie jedoch mittels perl_get_sv(..., TRUE) erzeugt, so hätten sie durchaus einen Namen bekommen. Zu dumm, daß dadurch bereits existierende globale Variablen möglicherweise überschrieben worden wären. Um dies zu verhindern, lokalisieren wir alles um den Funktionsaufruf mit Hilfe eines Pseudoblocks, der durch die Klammer ENTER und LEAVE gebildet wird. Somit sind wir vor Überraschungen sicher, auch was @_ und anderen Variablen betrifft.

Anstatt eines Strings hätten wir auch einen NV, einen IV oder gar eine Referenz übergeben können. Dies sei Ihnen als Übungsaufgabe überlassen.

Mehrere Argumente, kein Rückgabewert

Versuchen wir nun, mehrere Argumente zu übergeben. Wir wollen unserer Testfunktion func1() beispielsweise eine kleine Zahlenkolonne übergeben.

```
test3.c
/* test3.c -- Funktion mit mehreren Argumenten, */
/*             aber keinem Rueckgabewert         */
/*             Mit embedmain.c zusammenlinken.   */

#include <EXTERN.h>
#include <perl.h>

void doit(void) {
  dSP;

  int i;

  ENTER;
    SAVETMPS;
      PUSHMARK(SP);
        for (i=10; i>5; i--)
          XPUSHs(sv_2mortal(newSViv((IV)i)));
        XPUSHs(sv_2mortal(newSVpv("some text", 0)));
        XPUSHs(sv_2mortal(newSVpv("fin", 0)));
      PUTBACK;
      perl_call_pv("func1", G_DISCARD);
    FREETMPS;
  LEAVE;
}
```
test3.c

Nach der neuen Übersetzung und dem Zusammenlinken ergibt dies:

```
farid@sun-1:~/p> ./embedmain c-test1.pl
my argument stack: (10:9:8:7:6:some text:fin)
scalar context
```

Es geht also! Die Argumente werden offensichtlich durch mehrmals wiederholte XPUSHs() in der Reihenfolge auf den Argumentenstack gepusht, in der sie auch in @_ erscheinen.

Ein Rückgabewert

Wenn wir an einem Rückgabewert interessiert sind, müssen wir vier Dinge tun:

- Das G_DISCARD-Flag muß entfallen, da wir ja nun an Rückgabewerten interessiert sind.

- Da wir nur an einem Rückgabewert interessiert sind, übergeben wir das Flag G_SCALAR an perl_call_*(). Natürlich könnte die Zielfunktion wantarray() ignorieren und mehr als nur ein Argument zurückgeben. In diesem Fall wird im Argumentenstack nur der *zuletzt* zurückgegebene Wert abgelegt, und nur dieser Wert kann später dort abgeholt werden.

- Der Rückgabecode von perl_call_*() ist nun relevant, da er uns anzeigt, wie viele Rückgabewerte auf dem Argumentenstack abgelegt wurden. Im hiesigen Fall kann er nicht größer als 1 sein.

- Alle übergebenen Rückgabewerte müssen mittels POP*-Makros in umgekehrter Reihenfolge vom Stack genommen werden. Mögliche POP*-Makros sind:

    | POPs | SV |
    | POPp | pointer |
    | POPn | double |
    | POPi | integer |
    | POPl | long |

Lassen Sie uns das an einem Beispiel betrachten. Wir rufen im folgenden eine *builtin*-Funktion im skalaren Kontext auf und lesen den Rückgabewert aus dem Argumentenstack. Als konkretes Beispiel wollen wir einen beliebigen Text *uuencode*n, aber mit Hilfe der Funktion pack() und dem Template „u". Wir simulieren also folgenden Perl-Code in C:

```
# Das sollte in C geschehen
chomp($inputstring = <STDIN>);
$uuencoded = myconvert("u", $inputstring);
print "$uuencoded\n";

# Diese Funktion bleibt in Perl
sub myconvert {
    my ($template, $inputstring) = @_;
```

```
        return scalar pack($template, $inputstring);
}
```

Die Testfunktion sieht wie folgt aus:

```
c-test4.pl
# c-test4.pl -- myconvert() fuer test4.c/embedmain.c uuencoding.

sub myconvert {
    my ($template, $inputstring) = @_;

    return scalar pack($template, $inputstring);
}
                                                                c-test4.pl
```

Das eigentliche Programm hingegen lautet:

```
test4.c
/* test4.c -- Funktion mit mehreren Argumenten */
/*            und einem Rueckgabewert          */
/*            Mit embedmain.c zusammenlinken.  */
/*            Mit c-test4.pl aufrufen.         */

#include <EXTERN.h>
#include <perl.h>

#include <stdio.h>
#include <string.h>

void doit(void) {
  dSP;

  char inputstring[80];
  char *uuencoded;
  SV   *result;
  int  nvals;

  printf("Inputstring: ");
  fgets(inputstring, sizeof(inputstring)-1, stdin);
  inputstring[sizeof(inputstring)-1] = '\0';

  ENTER;
    SAVETMPS;
      PUSHMARK(SP);
        XPUSHs(sv_2mortal(newSVpv("u", 1)));
        XPUSHs(sv_2mortal(newSVpv(inputstring, 0)));
      PUTBACK;

      nvals = perl_call_pv("myconvert", G_SCALAR);
      SPAGAIN;
```

16.4 Perl in C

```
        if (nvals != 1)
          croak("This should not happen!\n");

        result = POPs;                    /* Das Ergebnis ist hier */
        uuencoded = SvPV(result, PL_na);  /* PL_na oder int uulen  */

        printf("uuencoded:>%s<\n", uuencoded);

        PUTBACK;
      FREETMPS;
    LEAVE;
  }
```
—— test4.c

Eine Übersetzung mit anschließender Ausführung ergibt:

```
farid@sun-1:~/p> ./embedmain c-test4.pl
Inputstring: a test
uuencoded:>'82!T97-T"@''
<
```

Was ist hierbei interessant?

- Es war nicht möglich, die *builtin*-Funktion `pack()` mit `perl_call_*()` direkt aufzurufen. Hätten wir die in Abschnitt 16.4.4 ab Seite 759 vorgestellten `perl_eval_*()` Funktionen benutzt, wäre es durchaus möglich gewesen. Auch die Angabe `main::pack` oder sogar `CORE::pack` haben nichts gebracht. Daher mußten wir uns mit einem dünnen Wrapper `myconvert()` begnügen.

- Der Wrapper ist in einer eigenen Datei *c-test4.pl* enthalten. Diese Datei wird zur Ausführungszeit geparst.

- Mit der Funktion `perl_call_pv()` rufen wir unseren Wrapper wie gewohnt auf. Diesmal fehlt jedoch das G_DISCARD-Flag, da wir an Rückgabewerten interessiert sind. Außerdem haben wir genau einen Rückgabewert mit G_SCALAR gefragt. Dadurch ist auch ein skalarer Kontext etabliert worden.

- Die Übergabe der beiden Parameter „u" und des dynamisch eingelesenen Eingabestrings, genauer gesagt des Eingabe-SV, geschieht wie gewohnt mit Hilfe der `XPUSHs()`-Makros.

- Interessant ist nun, daß nach dem Aufruf unserer Funktion `myconvert()` der lokale Stackpointer durch die Rückgabewerte auf dem Argumentenstack verschoben wurde. Damit wir auf diese Werte zugreifen können, mußten wir daher SP erst einmal mittels SPAGAIN reinitialisieren.

- Wir testen, wie viele Rückgabeparameter auf dem Stack vorliegen. Diese Anzahl ist der Rückgabewert von `perl_call_*()`, in unserem Fall nvals. Da wir ja den skalaren Kontext mit G_SCALAR erzwungen haben, erwarten wir eine 1. Dies testen wir aber vorsichtshalber doch lieber und brechen mit einem Fehler ab (`croak()`), falls etwas anderes (wie z.B. 0) dabei herauskommt.

- Nun wissen wir, daß wir genau einen Rückgabewert auf dem Argumentenstack haben. Diesen extrahieren wir mit dem Makro POPs in einer SV*-Variable result.

- Damit wir das Ergebnis unserer Berechnung auch normal ausdrucken können, konvertieren wir die SV*-Variable result mit Hilfe des schon bekannten Makros SvPV() in einen C-String (*Stringifizierung*). Dieses Makro liefert einen Zeiger auf den stringifizierten SV zurück. Dieser Zeiger gehört uns nicht! An der Länge des stringifizierten Ergebnisses waren wir ausnahmsweise nicht interessiert, darum haben wir PL_na statt einer Integer-Variablen übergeben. Damit signalisieren wir SvPV(), daß eine Länge nicht benötigt wird.

  - Früher hieß PL_na einfach nur na. Seit der Perl-Version 5.005 ist das Präfix PL_ erforderlich. Als dieses Kapitel geschrieben wurde, existieren noch viele Module im CPAN, die unter 5.004 funktionierten, aber unter 5.005 plötzlich nicht mehr übersetzt werden konnten. In diesem Fall muß in den .xs-Dateien jedes Vorkommen von na durch PL_na ersetzt werden.

  - Normalerweise sind Sie an der Länge des Ergebnisses durchaus interessiert und wollen nicht unbedingt PL_na benutzen. Das liegt daran, daß Perl Strings beliebigen Inhalts zurückliefern kann; also insbesondere auch Strings mit eingebetteten \0-Zeichen, die in C fälschlicherweise als Stringende interpretiert werden würden.

- Nachdem wir die Ergebnisse mittels POP*-Makros vom Argumentenstack entfernt haben, hat sich der Stackpointer automatisch verschoben. Diesen setzen wir wieder mit dem gewohnten Makro PUTBACK zurück.

- Der Rest bleibt unverändert. Dank der schließenden FREETMPS- und LEAVE-Klammern werden nicht nur alle Argumente, sondern auch die temporären Rückgabewerte zerstört, so daß Speicherlecks vermieden werden.

Mehrere Rückgabewerte

Es ist leicht möglich, eine Subroutine aufzurufen, die mehrere Rückgabewerte auf dem Argumentenstack ablegt. Dazu muß nur G_ARRAY als Flag den perl_call_*()-Funktionen übergeben werden, wodurch der Listenkontext ebenfalls erzwungen wird. Die Anzahl der übergebenen Rückgabewerte ist das Ergebnis des Aufrufs der Perl-API-Funktionen perl_call_*().

Beachten Sie jedoch, daß die Argumente von den POP*-Makros in *umgekehrter Reihenfolge* vom Stack entfernt werden!

Im folgenden Beispiel transformieren wir die eingelesene Liste von Argumenten dahingehend, daß alle übergebenen Strings byteweise umgedreht wieder ausgegeben werden. Dies erreichen wir mit Hilfe folgender Funktion:

```
c-test5.pl
# c-test5.pl -- Dreht alle uebergebenen Strings byteweise um.
#               Mit embedmain.c/test5.c ausprobieren.
```

16.4 Perl in C

```perl
sub func1 {
    return map { chomp; scalar reverse $_ } @_;
}
```
── c-test5.pl

Nun rufen wir diese Funktion wie folgt auf:

```c
test5.c
/* test5.c -- Funktion mit mehreren Argumenten und Rueckgabewerten */
/*            Mit embedmain.c zusammenlinken.                      */
/*            Mit c-test5.pl aufrufen.                             */

#include <EXTERN.h>
#include <perl.h>

#include <stdio.h>
#include <string.h>

#define NRSTRINGS 5
#define MYBUFSIZE 80

void doit(void) {
  dSP;

  char inputstring[MYBUFSIZE];
  char *reversed, *collected[NRSTRINGS];
  SV   *result;
  int  nvals, i;

  ENTER;
    SAVETMPS;
      PUSHMARK(SP);
        for(i=0; i<NRSTRINGS; i++) {
          printf("Inputstring (%d): ", i);
          fgets(inputstring, sizeof(inputstring)-1, stdin);
          inputstring[sizeof(inputstring)-1] = '\0';

          /* Ab auf den Argumentenstack! */
          XPUSHs(sv_2mortal(newSVpv(inputstring, 0)));
        }
      PUTBACK;

  nvals = perl_call_pv("func1", G_ARRAY);
  SPAGAIN;

  /* Es sollten genauso viele Ergebnisse bereitstehen */
  if (nvals != NRSTRINGS)
    croak("This should not happen!\n");

  /* Die Ergebnisse in umgekehrter Reihenfolge vom Stack nehmen */
  /* Wir speichern Ergebnisstrings in einem C-Stack collected[] */
```

```
            for (i=NRSTRINGS-1; i>=0; i--) {
              result   = POPs;                      /* Das Ergebnis ist hier    */
              reversed = SvPV(result, PL_na);       /* PL_na oder int uulen     */
              collected[i] = reversed;              /* Und zwischenspeichern    */
            }

            /* Nun koennen wir die Ergebnisse in der richtigen Reihenfolge */
            /* wieder vom C-Stack collected[] nehmen. */
            for (i=0; i<NRSTRINGS; i++)
              printf("%s(%d) ", collected[i], i);
            printf("\n");

            PUTBACK;
          FREETMPS;
        LEAVE;
      }
```
test5.c

Die Ausführung ergibt:

```
farid@sun-1:~/p> ./embedmain c-test5.pl
Inputstring (0): this
Inputstring (1): is
Inputstring (2): a
Inputstring (3): funny
Inputstring (4): test
siht(0) si(1) a(2) ynnuf(3) tset(4)
```

Was ist hier geschehen?

- Bis auf das G_ARRAY-Flag sind alle anderen Stackmanipulationsmakros identisch mit dem *test4.c*-Beispiel. Durch G_ARRAY wird sowohl der Listenkontext erzwungen, als auch erreicht, daß die zurückgegebene Ergebnisliste auch vom Argumentenstack später abgeholt werden kann.

- Die Anzahl der zurückgegebenen Werte ist das Ergebnis der perl_call_*()-Funktionen. Wir checken hier vorsichtshalber nach, ob auch die erwartete Anzahl zurückgekommen ist. Bei anderen Anwendungen kann hingegen nvals direkt benutzt werden.

- Die Ergebnisse werden, wie im *test4.c*-Beispiel auch, mit Hilfe der POPs-Makros in Form von SV* abgeholt. Wichtig ist dabei, daß die Reihenfolge der Ergebnisse umgedreht ist: Der zuletzt übergebene Wert ist der zuerst mit POP* aus dem Stack entfernte. Bei einer festen Anzahl von Rückgabewerten kann dies fest im Programm kodiert werden. Bei einer variablen Anzahl, wie dies in unserem Beispiel potentiell möglich ist, verwenden wir einen C-Stack zur Ablage der stringifizierten Ergebnisse. Dadurch sind wir anschließend in der Lage, die Ergebnisliste in der richtigen Reihenfolge weiterzuverarbeiten.

16.4.4 Die `perl_eval_*()`-Funktionen

Anstatt eine bereits in Perl definierte Subroutine aufzurufen, kann man auch aus C heraus dynamisch erzeugten Perl-Code wie mit `eval()` ausführen lassen. Dies wird mit Hilfe der `perl_eval_*()`-Funktionen erreicht. Folgende Funktionen können verwendet werden:

```
I32     perl_eval_sv (SV* sv, I32 flags);
SV*     perl_eval_pv (char* p, I32 croak_on_error);
```

Die Funktion `perl_eval_pv()` erwartet im ersten Parameter einen Zeiger auf einen C-String beliebigen Perl-Codes. Dieser Code kann aus einzelnen Befehlen, aber auch aus vielen langen Befehlen zusammengesetzt sein. Eigentlich ist `perl_eval_pv()` das C-Äquivalent von Perls `eval()`-Funktion! Dadurch sind Sie in der Lage, dynamisch zur Laufzeit aus C heraus Perl-Code zu erstellen und anschließend ausführen zu lassen.

Eine typische Verwendung von *perl_eval_pv()* ist im folgendem Beispiel enthalten:

test6.c
```c
/* test6.c -- perl_eval_pv() und dynamischer Code */
/*             Mit embedmain.c zusammenlinken.     */

#include <EXTERN.h>
#include <perl.h>

#include <stdio.h>
#include <string.h>

#define MAXCODESIZE 1024
#define MYSTERY "!XINU rednu snur etisbeW tfosorciM ehT nevE"

void doit(void) {
  char code[MAXCODESIZE];

  /* Erstellen wir nun den Code. */
  snprintf(code, sizeof(code)-1,
           "$result = reverse('%s');", MYSTERY);
  code[sizeof(code)-1] = '\0';

  /* Fuehren wir den Code aus: */
  perl_eval_pv(code, TRUE);

  /* Extrahieren wir den Wert der Variable $result als String */
  printf("Result: >%s<\n", SvPV(perl_get_sv("result", FALSE), PL_na));
}
```
test6.c

Die Ausführung ergibt wie erwartet:

```
farid@sun-1:~/p> ./embedmain -e 0
Result: >Even The Microsoft Website runs under UNIX!<
```

Nachdem nun das Prinzip feststeht, kann eine sinnvolle Anwendung dazu geschrieben werden. Wir werden im folgenden die Macht der regulären Ausdrücke von Perl zum Scannen in einem Text verwenden. Dazu fragen wir zunächst nach dem Dateinamen der Datei, in der gesucht wird, und anschließend nach dem regulären Ausdruck. Es geht also um eine Art *grep*, das die regulären Ausdrücke von Perl versteht.

test7.c
```
/* test7.c -- perl_eval_pv() und dynamischer Code           */
/*             Ein grep(1) mit den regulaeren Ausdruecken von Perl. */
/*             Mit embedmain.c zusammenlinken.              */

#include <EXTERN.h>
#include <perl.h>

#include <stdio.h>
#include <string.h>

#define MAXCODESIZE 2048
#define MAXFILENAME 256
#define MAXREGEXP   256

void doit(void) {
  char code[MAXCODESIZE];
  char fname[MAXFILENAME];
  char regex[MAXREGEXP];

  printf("Filename to scan? ");
  fgets(fname, sizeof(fname)-1, stdin); fname[sizeof(fname)-1]='\0';
  printf("Perl Regexp? ");
  fgets(regex, sizeof(regex)-1, stdin); fname[sizeof(regex)-1]='\0';

  /* Erstellen wir nun den Code. */
  snprintf(code, sizeof(code)-1,
           "my $fname = '%s'; chomp $fname;\n"
           "my $regex = '%s'; chomp $regex;\n"
           "open(IFILE, $fname) or die $!;\n"
           "print join('', grep(/$regex/o, <IFILE>));\n"
           "close(IFILE);\n",
           fname, regex);

  code[sizeof(code)-1] = '\0';

  /* Fuehren wir den Code aus: */
  perl_eval_pv(code, TRUE);
}
```
test7.c

Ausführung:

```
farid@sun-1:~/p> ./embedmain -e 0
Filename to scan? /etc/passwd
```

```
Perl Regexp? Admin
adm:x:4:4:Admin:/var/adm:
lp:x:71:8:Line Printer Admin:/usr/spool/lp:
uucp:x:5:5:uucp Admin:/usr/lib/uucp:
nuucp:x:9:9:uucp Admin:/var/spool/uucppublic:/usr/lib/uucp/uucico
listen:x:37:4:Network Admin:/usr/net/nls:
```

Der dynamisch erzeugte Code kann beliebig kompliziert sein. Es ist sogar möglich, von dort externe Module mit use hinzuzuziehen, ohne etwas besonderes beim Linken zu berücksichtigen. Sie haben durch diese Funktionen den vollen Zugang zum Perl-Interpreter, genauer gesagt zu dessen *eval()*-Funktion. Genauso wie bei eval() werden die Perl-Anweisungen im aktuellen Kontext ausgeführt. Das bedeutet, daß Sie mehrere aufeinanderfolgende perl_eval_*()-Aufrufe durchführen können, ohne die Kontinuität zu verlieren.

Beispiele zu perl_eval_sv() finden Sie in *man perlembed*.

16.5 C in Perl

Wie können aus Perl heraus Funktionen einer in C geschriebenen Library aufgerufen werden? Diese und ähnliche Fragen werden in den folgenden Abschnitten untersucht.

16.5.1 Motivation

Noch häufiger als der Aufruf von Perl-Funktionen aus C heraus, wird der Aufruf von C-Funktionen bzw. Funktionen einer Library mit einer C-Aufrufschnittstelle aus Perl heraus benötigt. Die meisten Module des CPAN bieten *Glue-Code* zwischen Perl und populären, in C geschriebenen Libraries bzw. APIs.

Wenn Sie aus Perl heraus Funktionen einer Library mit C-kompatiblen Schnittstelle aufrufen wollen, stehen Sie vor dem Problem, daß Sie die Datentypen von Perl und von C irgendwie zusammenbringen müssen. Während die Aufgabe bei double, char * und int einfach und weitgehend automatisierbar ist, müssen bei struct und exotischeren Datentypen einige Konvertierungen durchgeführt werden. Sowohl im einfachen Fall als auch im Falle komplexer Datentypen muß ein Stück *Glue-Code* geschrieben werden, das die Daten von Perl entgegennimmt und konvertiert, dann die C-Funktion aufruft und ihre Rückgabewerte zurück nach Perl konvertiert. Dieser *Glue-Code* wird in der Perl-Terminologie ein XSUB[2] genannt.

Innerhalb eines XSUB kann mehr getan werden als nur einfache Datenkonvertierungen. Beispielsweise können Bereichsüberprüfungen vor dem Aufruf einer C-Funktion durchgeführt werden. Natürlich können auch mehrere C-Funktionen nacheinander innerhalb derselben XSUB aufgerufen werden. Kurzum: Die Einsatzgebiete von XSUB sind vielfältig.

---

[2] Dieser Name stammt vermutlich aus *eXternal SUBroutine*.

16.5.2 Eine erste Erweiterung

In diesem Abschnitt werden wir eine erste Erweiterung in C schreiben und sehen, wie diese aus Perl heraus aufgerufen werden kann. Dabei wird der in C geschriebene Code integraler Bestandteil der Erweiterung sein.

Die allgemeine Architektur

Der Aufruf von in C geschriebenen Routinen aus Perl heraus gestaltet sich nicht ganz einfach. Der unwesentliche Grund ist, daß Perl-Datentypen wie etwa SV* in äquivalente C-Datentypen wie int, double oder char * konvertiert werden müssen und umgekehrt. Schwieriger gestaltet sich schon die Konvertierung aus oder in nicht übliche C-Datentypen wie struct, Zeiger auf diverse Objekte, typedef und vieles mehr.

XSUBs stellen den notwendigen Anpassungscode zwischen den C-Datentypen und den Datentypen von Perl dar.

XSUBs können mit Hilfe einiger Makros mehr oder weniger bequem erstellt werden. Nichts hindert uns daran, eine C-Quellcodedatei mit XSUBs zu erstellen und diese dann „irgendwie" an Perl anzukoppeln. Dieser Mechanismus ist jedoch nicht nur mühsam, er ist auch in hohem Maße systemabhängig: Wie muß etwa diese C-Datei in eine dynamisch ladbare Library umgewandelt werden? Wie kann diese aus Perl heraus zur Laufzeit geladen und ausgeführt werden?

Die Lösung dieser Fragen erfordert häufig das Schreiben immer wiederkehrenden Codes, der darüber hinaus systemabhängig ist. Glücklicherweise gibt es hier Abhilfe. Ähnlich wie der *rpcgen*-Codegenerator für RPC-Aufrufe kann hier ein Präprozessor alle notwendigen Details für uns erledigen, vorausgesetzt, wir teilen ihm mit, was wir genau wünschen.

Für Perl-XSUBs gibt es nicht nur einen Präprozessor, sondern gleich mindestens zwei:

- *xsubpp*, der mit jeder Perl-Distribution mitgelieferte Präprozessor, kann Erweiterungen in der sogenannten *XS-Sprache* in passenden C-Code konvertieren, wobei nebenbei auch noch alle möglichen Systemabhängigkeiten berücksichtigt werden.

- *SWIG*, ein Präprozessor, der im CPAN gefunden werden kann, kann ähnlich wie *xsubpp* diverse C- und C++-Signaturen in passende XSUBs konvertieren.

Natürlich stellt sich gleich die Frage, welcher Präprozessor nun genutzt werden soll:

- *xsubpp* ist weit verbreitet, nicht zuletzt deshalb, weil er integraler Bestandteil jeder Perl-Distribution ist. Alle mir bekannten Erweiterungen aus dem CPAN sind mit dem *xsubpp* zu übersetzen. Darüber hinaus unterstützt *xsubpp* sogenannte *typemaps*, das sind Tabellen, die komplexe Datentypen mittels Codestubs in Perl-Typen konvertieren und umgekehrt. Diese Tabellen sind darüber hinaus noch erweiterbar, was sie sehr flexibel macht.

  Als Nachteil ist zu erwähnen, daß *xsubpp* im wesentlichen nur die C-Schnittstelle gut unterstützt. Müssen Sie Ihr Perl-Programm mit in C++, Java, Python, Tcl oder

16.5 C in Perl

anderen Sprachen geschriebenen Programmen und Libraries koppeln, müssen Sie dies per Hand tun, indem Sie richtige XS-Anweisungen verwenden. Das ist natürlich nicht unmöglich, ja nicht einmal so schwer. Leider ist es nur etwas umständlich. In diesem Fall sollten Sie *SWIG* in Betracht ziehen.

- *SWIG* kann sehr gut mit einigen anderen Sprachen interagieren. So werden unter anderem Perl, C, C++, Java, Python und Tcl direkt unterstützt. Es ist oft sogar etwas intuitiver, mit *SWIG* eine Erweiterung an einer Library zu erstellen, als das etwas flexiblere *xsubpp* zu nutzen. Da *SWIG* von Anfang an nicht nur für Perl geschrieben wurde, können Ihre in *SWIG* geschriebenen Anwendungen auch für andere Sprachen genutzt werden.

- Die Nachteile von *SWIG* sind die Vorteile von *xsubpp*. Daß *SWIG* nicht Bestandteil der Perl-Distribution ist, sondern erst vom CPAN geholt werden muß, ist dabei noch das geringste Problem. Schwerer wiegt, daß für spezielle Problemkreise *xsubpp* doch etwas flexibler zu handhaben ist, da beliebiger Code an fast jeder möglichen Stelle injiziert werden kann. Obwohl in den meisten Fällen *typemaps* von *SWIG* nicht benötigt werden[3], sind diese leider bei *SWIG* unbekannt und werden nur von *xsubpp* unterstützt[4].

Wir werden im folgenden ausschließlich in XS geschriebene Erweiterungen vorstellen und uns somit speziell auf den *xsubpp* konzentrieren. Wenn Sie später doch einen Blick auf *SWIG* werfen wollen, können Sie ihn im CPAN finden. Außerdem befindet sich dort auch eine gute Einführung zu diesem Präprozessor. In [75] wird *SWIG* ebenfalls kurz vorgestellt.

Nun wissen wir, daß es darum geht, aus Perl heraus Funktionen aufzurufen, die in bisher mysteriösen XS-Erweiterungen zum größten Teil in C definiert werden. Daher stellen sich gleich einige wesentliche Fragen:

- Was muß im Perl-Skript angegeben werden, damit diese XSUBs auch wirklich gefunden werden?

- Wie werden diese XSUBs in den Perl-Interpreter geladen und ausgeführt?

- Wie sehen die XSUBs aus, und wo werden sie definiert?

- In was werden XSUBs übersetzt, damit sie von Perl ausgeführt werden können?

- Wer übersetzt die XSUBs, und wie lautet der genaue Aufruf des entsprechenden Compilers?

- Werden eigentlich auch Systeme unterstützt, die dynamisches Laden aus *Shared Libraries* weder können noch kennen?

Die Beantwortung dieser Fragen folgt aus der allgemeinen XSUB-Architektur von Perl. Eine XSUB wird in XS geschrieben. Das ist eine Mischung aus einigen speziellen XS-

---

[3] SWIG kennt viele richtige Zuordnungen.

[4] ... als dieses Kapitel geschrieben wurde!

Makros und ganz gewöhnlichem C-Code. Dieser XS-Code wird in einer Datei mit der Endung .xs abgelegt. Durch den Aufruf des *xsubpp*-Präprozessors, wird dieser XS-Code in gewöhnlichen C-Code umgewandelt. Dies geschieht im wesentlichen durch die Ersetzung der speziellen XS-Makros durch in <XSUB.h> definierte XSUB-Makros, die von einem C-Compiler wie z.B. *gcc* ganz normal erkannt werden. Es entsteht also insgesamt eine .c-Datei.

Anschließend muß diese .c-Datei mit einer schlauen Kombination der Flags eines C-Compilers in eine dynamisch ladbare Library übersetzt werden. Es entsteht dann eine .so-, .sl- oder .dll-Datei, oder wie auch immer die Endung für dynamisch ladbare Libraries auf Ihrem System heißt. Auf Wunsch kann auch eine statisch linkbare Library (z.B. mit der Endung .a, .lib oder was auch immer) erstellt werden, sollte Ihr System keinen dynamischen Linklader (etwa *ld.so* bei Linux, im Kernel bei vielen anderen Systemen) unterstützen.

Wie kann aber aus von Perl heraus eine dieser XSUBs aufgerufen und ausgeführt werden? Von der Anwendungsseite müssen Sie nur das entsprechende Perl-Modul mit use laden und die in Perl geschriebene Schnittstellenfunktion des .pm-Moduls aufrufen. Sie können auch den Namen der XSUB direkt aufrufen, wenn keine Schnittstelle in Perl definiert wurde.

Unsichtbar für Sie, tritt nun der DynaLoader in Aktion. Das ist ein Standardmodul, das dynamisch den übersetzten Code der gewünschten XSUB aus der dynamisch ladbaren Library holt und mit dem Perl-Interpreter verbindet. Nun kann der Perl-Interpreter den Code der XSUB so ausführen, als wäre dieser schon immer Bestandteil des originalen Interpreters gewesen. Beachten Sie dabei auch, daß dieser Code nun mit der bewährten C-Geschwindigkeit[5] abläuft!

Sollte dynamisches Laden auf Ihrem System nicht unterstützt werden, ist noch nicht alle Hoffnung verloren. Während der Übersetzung der XS-Erweiterung kann eine statische Library (.a) erzeugt werden. Zusätzlich dazu kann ein neues privates *perl*-Binary erstellt werden, und zwar durch das Linken von *perlmain.c*, *libperl.a* bzw. *libperl.so* und der Erweiterungslibrary, z.B. *libextension.a*, zu einem neuen Perl-Interpreter. Dieser neue Perl-Interpreter hat alle Eigenschaften des alten Originalinterpreters plus die eingebundenen XSUBs. Natürlich kann nur dieser neue, erweiterte Interpreter die Skripte ausführen, die diese XSUBs benötigen!

All dies hört sich komplizierter an, als es in Wirklichkeit ist. Wir werden in den kommenden Unterabschnitten eine solche Erweiterung Schritt für Schritt aufbauen und dabei den ganzen Prozeß erklären. Ähnlich wie in Abschnitt 14.6.2 auf Seite 586 werden wir auch hier Gebrauch vom *h2xs*-Tool machen, um ein Skelett aufzubauen, das wir dann nur noch ausfüllen müssen.

---

5 Leider nicht mit *c*, der Lichtgeschwindigkeit :-)

Ein kleines Testprogramm

Das folgende kleine Testprogramm ruft nun einige der noch zu schreibenden XSUBs auf.

```
                                myxsub.pl
#!/usr/local/bin/perl -w
# myxsub.pl -- Ruft XSUBs aus dem ST::Xten-Erweiterungsmodul auf.

use ST::Xten qw(v_norm1 v_norm2 v_norminf v_normalize);

while (<DATA>) {
    chomp;
    my @vector = split(/,/);
    my $vvalue = join(":", @vector);

    print "v_norm1($vvalue)      = ", v_norm1(@vector),    "\n";
    print "v_norm2($vvalue)      = ", v_norm2(@vector),    "\n";
    print "v_norminf($vvalue)    = ", v_norminf(@vector),  "\n";

    my @normalized = v_normalize(@vector);
    my $nvalue     = join(":", map { sprintf("%.2g", $_) } @normalized);
    print "v_normalize($vvalue) = \n\t$nvalue", "\n";

    print "\n";
}

__DATA__
13,17,-0.3,19,-6,7,9
0,2,1,6,3,6,7.2,11,7,6
-0.1,7,-6,-11,3.1415,99,0.1e-3
```
myxsub.pl

Die Ausführung sollte folgendes ergeben:

```
farid@sun-1:~/p> ./myxsub.pl
Initializing the ST::Xten Library (faking...)
v_norm1(13:17:-0.3:19:-6:7:9)       = 71.3
v_norm2(13:17:-0.3:19:-6:7:9)       = 31.3861434394224
v_norminf(13:17:-0.3:19:-6:7:9)     = 19
v_normalize(13:17:-0.3:19:-6:7:9)   =
        0.41:0.54:-0.0096:0.61:-0.19:0.22:0.29

v_norm1(0:2:1:6:3:6:7.2:11:7:6)     = 49.2
v_norm2(0:2:1:6:3:6:7.2:11:7:6)     = 18.5429231783988
v_norminf(0:2:1:6:3:6:7.2:11:7:6)   = 11
v_normalize(0:2:1:6:3:6:7.2:11:7:6) =
        0:0.11:0.054:0.32:0.16:0.32:0.39:0.59:0.38:0.32

v_norm1(-0.1:7:-6:-11:3.1415:99:0.1e-3)     = 126.2416
v_norm2(-0.1:7:-6:-11:3.1415:99:0.1e-3)     = 100.08435952865
v_norminf(-0.1:7:-6:-11:3.1415:99:0.1e-3)   = 99
v_normalize(-0.1:7:-6:-11:3.1415:99:0.1e-3) =
        -0.001:0.07:-0.06:-0.11:0.031:0.99:1e-06
```

Sie sehen, wie einfach der Aufruf ist. Nach der use-Anweisung, die unser Modul ST::Xten mit den XSUBs lädt, konnten wir diese XSUBs wie gewohnt mit der üblichen Perl-Semantik aufrufen. Genau das tun wir auch, wenn wir viele der Standard- oder CPAN-Module verwenden. Auch diese sind tatsächlich Erweiterungsmodule, die genauso wie unser Beispiel funktionieren.

Wie wird nun ein solches Erweiterungsmodul erzeugt? Lesen Sie einfach weiter!

Erzeugen des Modulskeletts

Als erstes müssen wir unser Erweiterungsmodul erzeugen. Dies tun wir, wie in Abschnitt 14.6.2 auf Seite 586 gezeigt, mit Hilfe des Tools *h2xs*:

```
farid@sun-1:~/p> h2xs -A -n ST::Xten
Writing ST/Xten/Xten.pm
Writing ST/Xten/Xten.xs
Writing ST/Xten/Makefile.PL
Writing ST/Xten/test.pl
Writing ST/Xten/Changes
Writing ST/Xten/MANIFEST
```

Beachten Sie hierbei, daß wir diesmal das Flag -X weggelassen haben, da wir ja sehr wohl eine .xs-Erweiterung schreiben wollen!

Einstellungen des `Makefile.PL`

Das Makefile-Template `Makefile.PL` ist nur dann zu editieren, wenn wir zusätzliche Libraries laden wollen. Hier müssen dann alle Libraries angegeben werden, die von unseren XSUBs bzw. den von ihnen aufgerufenen Funktionen benötigt werden. Außerdem können hier auch noch Kompiler-Flags und dergleichen angegeben werden.

Der Inhalt unserer editierten `Makefile.PL`-Datei lautet:

```
ST/Xten/Makefile.PL ─────────────────────────────
use ExtUtils::MakeMaker;
# See lib/ExtUtils/MakeMaker.pm for details of how to influence
# the contents of the Makefile that is written.
WriteMakefile(
    'NAME'         => 'ST::Xten',
    'VERSION_FROM' => 'Xten.pm', # finds $VERSION
    'LIBS'         => ['-lm'],   # e.g., '-lm'
    'DEFINE'       => '',        # e.g., '-DHAVE_SOMETHING'
    'INC'          => '',        # e.g., '-I/usr/include/other'
);
─────────────────────────────────── ST/Xten/Makefile.PL
```

Wir wollen im folgenden C-Erweiterungen schreiben, die Funktionen aus der mathematischen Library *libm.a* nutzen, wie etwa `sqrt()` und `fabs()`. Darum haben wir im Makefile.PL das Linkflag -lm hinzugefügt.

Die .xs-Erweiterung

Der interessanteste Teil ist hier natürlich unsere *Xten.xs*-Erweiterungsdatei mit den in XS geschriebenen XSUB-Templates.

```
ST/Xten/Xten.xs
#include "EXTERN.h"
#include "perl.h"
#include "XSUB.h"

#include <math.h>
#define max(x,y) (((x)>(y)) ? (x) : (y))

MODULE = ST::Xten              PACKAGE = ST::Xten

# Dieser Code wird zur Initialisierungszeit ausgefuehrt.
# Das ist nuetzlich, um einige Libraries zu initialisieren.
# Wir geben nur eine einfache Meldung aus.
BOOT:
printf("Initializing the ST::Xten Library (faking...)\n");

# t_norm1() liefert die Summennorm eines dreidimensionalen
# Vektors, der durch drei Koordinaten angegeben wird.
double
t_norm1(x,y,z)
        double  x;
        double  y;
        double  z;
        CODE:
        RETVAL = fabs(x) + fabs(y) + fabs(z);
        OUTPUT:
        RETVAL


# t_norm2() liefert die euklidische Norm eines
# dreidimensionalen Vektors, der durch
# drei Koordinaten angegeben wird.
double
t_norm2(x,y,z)
        double  x;
        double  y;
        double  z;
        CODE:
        RETVAL = sqrt(x*x + y*y + z*z);
        OUTPUT:
        RETVAL


# t_norminf() liefert die Maximumnorm eines
# dreidimensionalen Vektors, der
# durch drei Koordinaten angegeben wird.
double
t_norminf(x,y,z)
        double  x;
        double  y;
```

```
                double     z;
                CODE:
                RETVAL = max(max(fabs(x),fabs(y)),fabs(z));
                OUTPUT:
                RETVAL

# v_norm1() liefert die Summennorm eines n-dimensionalen Vektors,
# der durch eine Koordinatenliste angegeben wird.
double
v_norm1(x1, ...)
                double          x1;
                PREINIT:
                unsigned int    i;
                double          result;
                CODE:
                result = fabs(x1);
                for (i=1; i<items; i++) {
                   result += fabs((double)SvNV(ST(i)));
                }
                RETVAL = result;
                OUTPUT:
                RETVAL

# v_norm2() liefert die euklidische Norm eines n-dimensionalen
# Vektors, der durch eine Koordinatenliste angegeben wird.
double
v_norm2(x1, ...)
                double          x1;
                PREINIT:
                unsigned int    i;
                double          result;
                CODE:
                result = x1*x1;
                for (i=1; i<items; i++) {
                   /* VORSICHT! Das kann sehr gross werden! */
                   result += (double)(SvNV(ST(i))) * (double)(SvNV(ST(i)));
                }
                result = sqrt(result);
                RETVAL = result;
                OUTPUT:
                RETVAL

# v_norminf() liefert die Maximumnorm eines n-dimensionalen Vektors,
# der durch eine Koordinatenliste angegeben wird.
double
v_norminf(x1, ...)
                double          x1;
                PREINIT:
                unsigned int    i;
                double          result;
                CODE:
```

16.5 C in Perl

```
            result = x1;
            for (i=1; i<items; i++) {
              result = max(result, fabs((double)SvNV(ST(i))));
            }
            RETVAL = result;
        OUTPUT:
            RETVAL

# v_normalize() normalisiert einen n-dimensionalen Vektor
# bezueglich der euklidischen Norm.
# Der Vektor ist durch eine Koordinatenliste
# spezifiziert, und es wird eine Rueckgabeliste
# zurueckgegeben.
double*
v_normalize(x1, ...)
            double          x1;
        PREINIT:
            unsigned int    i;
            double *        normvect;
            double          norm2;
        PPCODE:

            /* Erst die euklidische Norm ausrechnen.     */
            /* Wir koennen leider nicht v_norm2() aufrufen! */
            norm2 = x1*x1;
            for (i=1; i<items; i++) {
              /* VORSICHT! Das kann sehr gross werden! */
              norm2 += (double)(SvNV(ST(i))) * (double)(SvNV(ST(i)));
            }
            norm2 = sqrt(norm2);
            if (!norm2) croak("can't normalize with 0 norm!\n");

            /* Nun koennen wir normalisieren. */
            /* Hinweis: New() ist das malloc() von Perl */
            New(0, normvect, items, double);
            normvect[0] = x1/norm2;
            for (i=1; i<items; i++) {
              normvect[i] = (double)(SvNV(ST(i)))/norm2;
            }

            /* Wir pushen die Ergebniswerte auf den Stack */
            for (i=0; i<items; i++) {
              XPUSHs(sv_2mortal(newSVnv(normvect[i])));
            }

            /* Und wir raeumen unseren Zwischenvektor wieder auf */
            /* Hinweis: Safefree() ist das free() von Perl */
            Safefree(normvect);
            XSRETURN(items);
```

ST/Xten/Xten.xs

Schauen wir uns diese Datei Stück für Stück an!

- Die drei ersten Includeanweisungen

  ```
  #include "EXTERN.h"
  #include "perl.h"
  #include "XSUB.h"
  ```

  wurden automatisch durch *h2xs* beim Erzeugen der .xs-Schablone erstellt. Die beiden ersten kennen wir schon aus Abschnitt 16.3.1 auf Seite 725. Der *XSUB.h*-Header definiert notwendige XS-Makros, die später von *xsubpp* fleißig eingesetzt werden.

- Anweisungen für den C-Präprozessor *cpp* wie `#include` und `#define` werden durch *xsubpp* unverändert an die zu erzeugende .c-Datei weitergereicht. Darum konnten wir gleich am Anfang den <*math.h*>-Header laden und das Makro `max` mit `#define` definieren:

  ```
  #include <math.h>
  #define max(x,y) (((x)<(y)) ? (x) : (y))
  ```

- Die Zeile

  ```
  MODULE = ST::Xten          PACKAGE = ST::Xten
  ```

  wurde ebenfalls automatisch von *h2xs* eingefügt. In wesentlicher Zweck ist es, den XSUBs eindeutige Namen zu geben. Dies geschieht dadurch, daß der von Ihnen gewählte Name der XSUB unter anderem durch den Packagenamen erweitert wird. Darauf kommen wir noch später zurück.

- Viele Libraries müssen vor ihrer ersten Benutzung initialisiert werden. Dies geschieht typischerweise durch den Aufruf einer Initialisierungsroutine durch den Anwendercode. Eine solche Routine initialisiert typischerweise libraryglobale Variablen, reserviert bestimmte Ressourcen usw. Typisch ist, daß diese Initialisierung nur ein einziges Mal ausgeführt werden darf, dafür aber garantiert vor jedem nachfolgenden Aufruf. XS bietet für solche Zwecke das Makro `BOOT:` an. Dort kann die gewünschte Library initialisiert werden.

  ```
  BOOT:
  printf("Initializing the ST::Xten Library (faking...)\n");
  ```

  Der hier stehende C-Code kann beliebig sein und wird üblicherweise eine Bootstrap-Routine aufrufen. Wird eine Initialisierung nicht benötigt, kann das `BOOT:`-Makro samt dem dazugehörigen Code weggelassen werden.

- Kommentare außerhalb der `CODE:`-Abschnitte sind im Perl-Stil gehalten.

- Kommen wir nun zu unserer ersten XSUB, der Funktion `t_norm1()`.

  ```
  # t_norm1() liefert die Summennorm eines dreidimensionalen
  # Vektors, der durch drei Koordinaten angegeben wird.
  double
  t_norm1(x,y,z)
      double x;
      double y;
  ```

16.5 C in Perl

```
        double z;
CODE:
        RETVAL = fabs(x) + fabs(y) + fabs(z);
        OUTPUT:
RETVAL
```

Das sieht ja ganz interessant aus! Es ist in der Tat eine Mischung aus Perl und C. Hierbei sind folgende Punkte zu beachten:

- Der Rückgabetyp der Funktion ist auf einer getrennten Zeile *vor* dem XS-Namen einzutragen. Daher ist folgendes leider falsch:

    ```
    double t_norm1(x,y,z)        # FALSCH!
    ```

- In diesem Beispiel soll eine Funktion namens `t_norm1()` definiert werden. Sie soll genau drei Argumente entgegennehmen: x, y und z. Diese Argumente sollen innerhalb dieser Funktion wie Gleitkommazahlen vom Typ `double` behandelt werden.

- Beachten Sie, daß dies kein C ist, sondern XS. Daher ist die folgende ANSI-C-Definition leider falsch:

    ```
    double
    t_norm1(double x, double y, double z)     # FALSCH!
    ```

- Anstelle von `double` hätten wir auch hier beliebige C-Datentypen angeben können. Beachten Sie jedoch, daß nicht alle Typen richtig erkannt werden. Diejenigen, die auf jeden Fall sicher benutzt werden können, sind `double`, `int` und `char *`. Sie erkennen hier die Grundtypen, die mittels `SvNV()`, `SvIV()` und `SvPV()` in SV*s konvertiert werden können. Einige weitere Typen können ebenfalls direkt angegeben werden. Diese sind in der Standard-*typemap*

    `/usr/local/lib/perl5/5.00553/ExtUtils/typemap`

    angegeben.

- Am Anschluß an die C-artige Deklaration der erwarteten Parameter folgt eine C-Codesektion, eingeleitet durch das Makro `CODE:`.

- Die Berechnungsvorschrift für unser Ergebnis ist ja einfach:

    ```
    RETVAL = fabs(x) + fabs(y) + fabs(z);
    ```

    Beachten Sie hierbei, daß x, y und z wie normale `double`-Variablen verwendet werden können. Daß sich in Wirklichkeit dahinter ein NV verbirgt, wird später durch *xsubpp* berücksichtigt.

- Die spezielle Variable `RETVAL` wird ebenfalls automatisch durch *xsubpp* erkannt. Diese Variable ist vom selben Typ wie der Rückgabewert der XSUB. In unserem Fall ist wegen

    ```
    double
    t_norm1(x,y,z)
    ```

    `RETVAL` vom Typ `double`. Diese Variable kann für die Rückgabe von Werten benutzt werden.

- Nach der `CODE:`-Sektion folgt die `OUTPUT:`-Sektion. In dieser Sektion geben Sie die Variablen an, die an den Aufrufer unserer XSUB zurückgegeben werden sollen. Neben RETVAL, die den Rückgabecode der Funktion darstellt, hätten wir hier auch noch weitere Variablen angeben können. Dies wäre der Fall, wenn wir die Parameter dieser XSUB hätten verändern wollen. In diesem Fall hätten wir die Namen der veränderten Parameter mit in dieser OUTPUT:-Sektion aufgelistet.

>   Der Grund für die OUTPUT:-Sektion ist, daß *xsubpp* Code erzeugen muß, der die C-Datentypen zurück in SV* usw. konvertiert und sogar auf den Stack zurückstellt. Welche Regeln genau benutzt werden, wird in Standard- oder benutzerdefinierten *typemap*s angegeben.

- Die Funktionen t_norm2() und t_norm3() werden genauso wie t_norm1() definiert. Das ist ja kein Wunder, haben sie doch dieselbe Signatur!

- Komplizierter wird es bei Funktionen, die eine variable Anzahl von Argumenten erwarten. Solche Funktionen sind in Perl an der Tagesordnung. Bei C ist es hingegen etwas schwieriger, da die Argumente nicht alle benannt werden können. In C wird dafür üblicherweise die Ellipsis (...) benutzt, in Zusammenhang mit den etwas obskuren <stdarg.h>-Makros. Glücklicherweise müssen wir uns damit nicht herumschlagen, da uns einige nützliche XS-Makros zur Verfügung stehen.

Schauen wir uns den XS-Code der v_norminf() an:

```
# v_norminf() liefert die Maximumnorm eines n-dimensionalen Vektors,
# der durch eine Koordinatenliste angegeben wird.
double
v_norminf(x1, ...)
double x1;
PREINIT:
unsigned int i;
double result;
CODE:
result = x1;
for (i=1; i<items; i++) {
   result = max(result, fabs((double)SvNV(ST(i))));
        }
RETVAL = result;
OUTPUT:
RETVAL
```

Was erkennen wir hierbei?

- Nach dem ersten als double definierten Parameter x1 folgt eine Ellipsis (...). Natürlich stehen uns keine weiteren Parameternamen mehr zur Verfügung. Diese müssen wir dann manuell vom Argumentenstack auslesen. Mehr dazu später.

- Temporäre Variablen werden in der PREINIT:-Sektion hinterlegt. Diese Sektion wird von *xsubpp* direkt an der richtigen Stelle in der .c-Datei hinterlegt, nämlich direkt vor dem Aufruf des Codes.

- In der CODE:-Sektion folgt wie gewohnt der C-Code zur Berechnung der Maximumnorm der übergebenen Koordinaten. Diese Norm wird nach und nach in result, einer gewöhnlichen double-Hilfsvariablen, akkumuliert.

16.5 C in Perl

- Der einzige double-Rückgabewert RETVAL wird am Schluß mit result vorbelegt und in der OUTPUT:-Sektion spezifiziert.

- Jetzt wird es interessant! Während der erste Parameter in x1 gelandet ist und auch gleich automatisch in einen double konvertiert wurde (wir hatten ihn ja als double definiert und *xsubpp* wußte nun aufgrund der Standardtypemap, wie ein SV* in einen double konvertiert werden kann), müssen wir die restlichen Parameter selbst vom Stack lesen.

- Die gesamte Anzahl von Argumenten des aktuellen Aufrufs wird durch *xsubpp* in der speziellen Variable items gespeichert. Daher wissen wir, daß diesmal genau items Koordinaten (einschließlich der allerersten, die in x1 gespeichert wurde), zu verarbeiten sind.

- Die von Perl übergebenen Parameter landen auf dem Argumentenstack. Nun kann mittels des Makros ST(i) auf das i-te Element des Stacks zugegriffen werden. Dabei ist ST(0) das erste Argument, ST(1) das zweite und ST(items-1) das letzte.

- Alle Argumente auf dem Stack sind SV*s. Daher müssen wir manuell diese in double-Koordinaten konvertieren. Dies geschieht mit Hilfe der bekannten Konvertierungsfunktion SvNV():

  ```
  double_coordinate = (double)SvNV(ST(i));
  ```

  Diesen Wert können wir gleich weiterbenutzen, wie in:

  ```
  result = max(result, fabs((double)SvNV(ST(i))));
  ```

- Nachdem wir nun gesehen haben, wie eine variable Anzahl von Argumenten in einer XSUB verarbeitet werden kann, sind wir jetzt soweit, auch eine variable Anzahl von Werten zurückzugeben. Wir wollen also eine XSUB realisieren, die aus Perl heraus wie eine gewöhnliche Funktion aufgerufen werden kann und eine Ergebnisliste zurückliefert.

Schauen wir uns deswegen die v_normalize()-Funktion genauer an:

```
# v_normalize() normalisiert einen n-dimensionalen Vektor
# bezueglich der euklidischen Norm.
# Der Vektor ist durch eine Koordinatenliste
# spezifiziert, und es wird eine Rueckgabeliste
# zurueckgegeben.
double*
v_normalize(x1, ...)
double x1;
PREINIT:
unsigned int i;
double * normvect;
double norm2;
PPCODE:

/* Erst die euklidische Norm ausrechnen.      */
/* Wir koennen leider nicht v_norm2() aufrufen! */
norm2 = x1*x1;
for (i=1; i<items; i++) {
```

```
        /* VORSICHT! Das kann sehr gross werden! */
        norm2 += (double)(SvNV(ST(i))) * (double)(SvNV(ST(i)));
    }
    norm2 = sqrt(norm2);
    if (!norm2) croak("can't normalize with 0 norm!\n");

    /* Nun koennen wir normalisieren. */
    /* Hinweis: New() ist das malloc() von Perl */
    New(0, normvect, items, double);
    normvect[0] = x1/norm2;
    for (i=1; i<items; i++) {
        normvect[i] = (double)(SvNV(ST(i)))/norm2;
            }

    /* Wir pushen die Ergebniswerte auf den Stack */
    for (i=0; i<items; i++) {
        XPUSHs(sv_2mortal(newSVnv(normvect[i])));
            }

    /* Und wir raeumen unseren Zwischenvektor wieder auf */
    /* Hinweis: Safefree() ist das free() von Perl */
    Safefree(normvect);
    XSRETURN(items);
```

Eine ganz schön lange Funktion. Neu hierbei ist nun folgendes:

- Anstelle einer CODE:-Sektion haben wir nun eine PPCODE:-Sektion benutzt.

- In einer PPCODE:-Sektion hat RETVAL keine Bedeutung und OUTPUT: eigentlich keine „richtige" Existenzberechtigung.

- Vielmehr müssen wir in einer PPCODE:-Sektion den Rückgabestack selbst verwalten. Dies tun wir wie gewohnt, indem wir mit XPUSHs() die double-Ergebnisse auf den Rückgabestack pushen.

- Da wir mit Perl kommunizieren, können wir auf dem Stack keine double-Werte eintragen. Vielmehr müssen dort mortalisierte SV*-Werte mittels XPUSHs() wie folgt abgelegt werden:

```
    /* Wir pushen die Ergebniswerte auf den Stack */
    for (i=0; i<items; i++) {
      XPUSHs(sv_2mortal(newSVnv(normvect[i])));
    }
```

- Nachdem wir die Ergebniswerte mit XPUSHs() auf den Rückgabestack gepusht haben, ist es von entscheidender Bedeutung, die Anzahl der Rückgabewerte, d.h. die Länge der Rückgabeliste, mittels XSRETURN anzugeben. Nur so ist Perl in der Lage, die richtige Anzahl der Rückgabewerte zu ermitteln und dann geeignet mit POPs vom Stack zu holen. Da wir nun items Koordinaten auf dem Stack abgelegt haben, melden wir diese Anzahl auch gleich zurück:

```
        XSRETURN(items);
```

Das .pm-Modul

Die durch *h2xs* erzeugte Moduldefinitionsdatei enthält eine standardisierte Modulschablone, wie sie in Abschnitt 14.6.2 ab Seite 586 bereits vorgestellt wurde. Diese Datei editieren wir wie folgt:

```
ST/Xten/Xten.pm
package ST::Xten;

use strict;
use vars qw($VERSION @ISA @EXPORT @EXPORT_OK);

require Exporter;
require DynaLoader;
require AutoLoader;

@ISA       = qw(Exporter DynaLoader);
@EXPORT    = qw();
@EXPORT_OK = qw(t_norm1 t_norm2 t_norminf
                v_norm1 v_norm2 v_norminf
                v_normalize);
$VERSION = '0.01';

bootstrap ST::Xten $VERSION;

# Wir haben keine Anpassungsfunktionen hier.
# Preloaded methods go here.
# Autoload methods go after =cut, and are processed by the
# autosplit program.

1;
__END__

=head1 NAME

ST::Xten - Perl extension for calculating various norms.

=head1 SYNOPSIS

   use ST::Xten qw(t_norm1 t_norm2 t_norm3
                   v_norm1 v_norm2 v_norm3
                   v_normalize);

   $norm1 = t_norm1($x0, $x1, $x2);    # |x0| + |x1| + |x2|
   $norm2 = t_norm2($x0, $x2, $x2);    # sqrt(x0^2 + x1^2 + x2^2)
   $normi = t_norminf($x0, $x1, $x2);  # max(|x0|,|x1|,|x2|)

   $vn1   = v_norm1($x0, $x1, $x2, ...);   # t_norm1 with n coords
   $vn2   = v_norm2(@coodlist);            # t_norm2 with n coords
   $vn3   = v_norminf(@list_of_coords);    # t_norminf with n coords
```

```
    @normalized = v_normalize(@coordlist);  # normalizes with eukl. norm

=head1 DESCRIPTION

Calculating the norm of a vector can be done more efficiently in
C, if the number of coodinates is big. This extension just shows
how to calculate the various norms of a vector.

The first three t_*() functions calculate the norms of a
threedimensional vector. Please note that the number of
coordinates are fixed here.

The v_norm*() functions calculate the norms of a vector having
an arbitrary number of coordinates ranging from 1 to the number
of passed parameters.

The v_normalize() function returns a vector, normalized with
respect to the euclidian norm.

The 1-norm is just the sum of the absolute values of all coordinates
of a vector. The 2-norm is the familiar distance norm.
The infinity-norm, also termed maximum norm is the maximum
of the absolute values of the coordinates of a vector.

=head1 AUTHOR

Farid Hajji, farid.hajji@ob.kamp.net

=head1 SEE ALSO

perl(1), perlxs(1), perlxstut(1) and perlguts(1).

=cut
```
———————————————————————————————— ST/Xten/Xten.pm

Was ist hierbei zu beachten?

- Durch das Weglassen des -X-Flags von *h2xs* wurde zusätzlich der `DynaLoader` mittels `require()` angefordert und als Basisklasse unseres Moduls in `@ISA` eingetragen:

  ```
  require DynaLoader;
  @ISA     = qw(Exporter DynaLoader);
  ```

  Dies ist automatisch von *h2xs* erledigt worden.

- Da wir kein objektorientiertes Modul schreiben wollten, mußten wir uns um die Namensraumangelegenheiten kümmern. Konkret haben wir alle unsere XSUBs bedingt in den Namensraum des Aufrufers exportiert, indem wir ihre Namen im `@EXPORT_OK`-Array des Exporters eingetragen haben. Dafür haben wir `@EXPORT` leer gelassen. Dies wurde bereits in Abschnitt 14.6.1 auf Seite 584 ausführlich erklärt.

- Die durch *h2xs* automatisch eingefügte Zeile

    ```
    bootstrap ST::Xten $VERSION;
    ```

    sorgt dafür, daß der Bootstrap-Code aus der `BOOT:`-Sektion zur Initialisierung der Library aufgerufen wird.

- Neben der POD-Dokumentation haben wir keine weiteren Funktionen in diesem Modul definiert: Alle XSUBs sind nun direkt aus Perl heraus erreichbar, wie wir in Kürze sehen werden.

- Nichts hindert uns daran, weitere Perl-Funktionen in der `.pm`-Datei zu definieren. Tatsächlich handelt es sich hierbei um ein ganz gewöhnliches Modul!

- In einigen Situationen ist die Aufrufschnittstelle der XSUBs viel zu flexibel und daher unübersichtlich. In einem solchen Fall können in Perl geschriebene Wrapper in der `.pm`-Datei hinterlegt werden. Diese Wrapper sollten dann einfachere Schnittstellen aufweisen.

Einige Tests in `test.pl`

Nun ist es an der Zeit, einige Tests in die durch *h2xs* erzeugte Testschablone `test.pl` einzutragen. Diese Tests sind sehr wichtig und sollten unbedingt auch erstellt werden. Nun dadurch sind Sie und weitere Benutzer Ihrer Erweiterung sicher, daß diese zumindest für einige wohlbekannte Testfälle richtig funktioniert.

Üblicherweise wird in `test.pl` jede XSUB direkt aufgerufen, wobei wohlbekannte Parameter dazu verwendet werden. Der implizite Test besteht natürlich darin, daß die XSUB überhaupt gefunden und geladen wird, aber auch darin, daß die Signatur richtig ist.

Bei bekannten Testfällen sollte man sich die Gelegenheit nicht entgehen lassen, die Rückgabewerte der XSUBs mit im voraus, am besten manuell oder mit Hilfe eines anderen Programms berechneten richtigen Ergebnissen zu vergleichen. Nur wenn die Rückgabewerte bzw. Ergebnisse der XSUB mit den vorberechneten Werten übereinstimmen, ist der Test als erfolgreich anzusehen.

Pro Test sollte anschließend „`ok n`" oder „`not ok n`" ausgegeben werden. Dabei steht hier n für die Testnummer.

Wie sieht nun unser Test für unsere XSUBs aus?

```
ST/Xten/test.pl
# Before 'make install' is performed this script should be runnable with
# 'make test'. After 'make install' it should work as 'perl test.pl'

#################### We start with some black magic to print on failure.

# Change 1..1 below to 1..last_test_to_print .
# (It may become useful if the test is moved to ./t subdirectory.)

BEGIN { $| = 1; print "1..8\n"; }
```

```perl
END {print "not ok 1\n" unless $loaded;}

use ST::Xten qw(t_norm1 t_norm2 t_norminf
                v_norm1 v_norm2 v_norminf
                v_normalize);

$loaded = 1;
print "ok 1\n";

################### End of black magic.

# Insert your test code below (better if it prints "ok 13"
# (correspondingly "not ok 13") depending on the success of chunk 13
# of the test code):
my $epsilon = 1e-5;

my $tnorm1 = t_norm1(5,-6.2,7);
print abs($tnorm1 - 18.2) < $epsilon ? "ok 2\n" : "not ok 2\n";

my $tnorm2 = t_norm2(5,-6.2,7);
print abs($tnorm2 - 10.6037729) < $epsilon ? "ok 3\n" : "not ok 3\n";

my $tnormi = t_norminf(-3,2,1);
print abs($tnormi - 3) < $epsilon ? "ok 4\n" : "not ok 4\n";

my $vnorm1 = v_norm1(0.1,-0.2,0.3,-0.4,0.5);
print abs($vnorm1 - 1.5) < $epsilon ? "ok 5\n" : "not ok 5\n";

my $vnorm2 = v_norm2(0.1,-0.2,0.3,-0.4,0.5);
print abs($vnorm2 - .7416198) < $epsilon ? "ok 6\n" : "not ok 6\n";

my $vnormi = v_norminf(0.1,-0.2,0.3,-0.4,-0.5);
print abs($vnormi - 0.5) < $epsilon ? "ok 7\n" : "not ok 7\n";

@result = v_normalize(0.1,-0.2,0.3,-0.4,0.5);
if ($result[0] -   .1348399725   < $epsilon and
    $result[1] - (-.2696799450) < $epsilon and
    $result[2] -   .4045199175   < $epsilon and
    $result[3] - (-.5393598900) < $epsilon and
    $result[4] -   .6741998625   < $epsilon) {
    print "ok 8\n";
} else {
    print "not ok 8\n";
}
```
_____ ST/Xten/test.pl

In dieser Datei haben wir folgendes getan:

- Nach einer kleinen kosmetischen Operation in

    BEGIN { $| = 1; print "1..8\n"; }

in der wir die Anzahl der Tests mit 8 anzeigen, haben wir zunächst die use-Zeile angepaßt, damit auch wirklich alle XSUBs in unseren Namensraum importiert werden:

```
use ST::Xten qw(t_norm1 t_norm2 t_norminf
                v_norm1 v_norm2 v_norminf
                v_normalize);
```

- An der durch die Kommentare bezeichneten Stelle haben wir nun unsere Regressionstests durchgeführt. Bei jedem Test rufen wir eine der XSUBs mit bekannten Werten auf und vergleichen die Rückgabewerte mit vorberechneten Ergebnissen. Sind die Werte wie erwartet, geben wir ok aus, sonst not ok.

- Da wir mit Gleitkommazahlen arbeiten, können wir nicht einfach auf Gleichheit testen. Statt dessen prüfen wir, ob der jeweilige Rückgabewert innerhalb einer gewissen kleinen Schranke ε ($epsilon) um das Ergebnis liegt. Nur wenn das der Fall ist, gilt auch der Test als bestanden.

- Die Testkoordinaten habe ich zufällig gewählt. Dabei war es aber natürlich wichtig, auch negative Werte zu nehmen, um die Betragsfunktion fabs() zu testen. Die numerischen Ergebnisse habe ich gleich mit einem anderen Programm (sowohl dem Taschenrechner *xcalc* als auch dem Programm *maple*) ausgerechnet und hier eingesetzt, wobei ich darauf geachtet habe, mehr Dezimalstellen anzugeben, als durch $epsilon vorgegeben.

- Der letzte Test war nur minimal aufwendiger. Hier wurden gleich *alle* Rückgabewerte mit den Ergebnissen verglichen. Daß alle und nicht nur einige Rückgabewerte getestet wurden, lag daran, daß auch Grenzfälle wie das erste oder letzte Element geprüft werden mußten.

Das Modul bauen, installieren und testen

Nun ist die Stunde der Wahrheit gekommen. Ob unsere Erweiterung auch funktioniert? Versuchen wir es einfach!

Als erstes müssen wir ein Makefile erzeugen:

```
farid@sun-1:~/p/ST/Xten> perl Makefile.PL
Checking if your kit is complete...
Looks good
Writing Makefile for ST::Xten
```

Jetzt wird es richtig spannend. Ob unsere Erweiterung richtig übersetzt wird?

```
farid@sun-1:~/p/ST/Xten> make
mkdir blib
mkdir blib/lib
mkdir blib/lib/ST
mkdir blib/arch
mkdir blib/arch/auto
mkdir blib/arch/auto/ST
```

```
mkdir blib/arch/auto/ST/Xten
mkdir blib/lib/auto
mkdir blib/lib/auto/ST
mkdir blib/lib/auto/ST/Xten
mkdir blib/man3
cp Xten.pm blib/lib/ST/Xten.pm
AutoSplitting blib/lib/ST/Xten.pm (blib/lib/auto/ST/Xten)
/usr/local/bin/perl \
  -I/usr/local/lib/perl5/5.00553/i86pc-solaris \
  -I/usr/local/lib/perl5/5.00553 \
  /usr/local/lib/perl5/5.00553/ExtUtils/xsubpp \
    -typemap /usr/local/lib/perl5/5.00553/ExtUtils/typemap \
    Xten.xs >xstmp.c && mv xstmp.c Xten.c
Please specify prototyping behavior for Xten.xs (see perlxs manual)
gcc -B/usr/ccs/bin/ -c -I/usr/local/include -O6 \
    -DVERSION=\"0.01\" -DXS_VERSION=\"0.01\" -fPIC \
      -I/usr/local/lib/perl5/5.00553/i86pc-solaris/CORE   Xten.c
Running Mkbootstrap for ST::Xten ()
chmod 644 Xten.bs
LD_RUN_PATH="/lib" gcc -B/usr/ccs/bin/ \
  -o blib/arch/auto/ST/Xten/Xten.so \
  -R/lib -G -L/usr/local/lib Xten.o     -lm
chmod 755 blib/arch/auto/ST/Xten/Xten.so
cp Xten.bs blib/arch/auto/ST/Xten/Xten.bs
chmod 644 blib/arch/auto/ST/Xten/Xten.bs
Manifying blib/man3/ST::Xten.3
/usr/local/bin/pod2man: Xten.pm is missing required \
    section: DESCRIPTION
```

Es scheint ja geklappt zu haben: *xsubpp* hat die .xs-Datei in eine .c-Datei konvertiert. Anschließend hat der *gcc*-Compiler eine verschiebbare .o-Objektdatei daraus gemacht, wobei viele Header benötigt wurden. Ein stark systemabhängiger Aufruf von *gcc* hat aus der verschiebbaren .o-Datei eine *Shared Library* .so erzeugt. Es scheint also alles bisher richtig zu funktionieren.

Nun testen wir unsere Erweiterung!

```
farid@sun-1:~/p/ST/Xten> make test
PERL_DL_NONLAZY=1 /usr/local/bin/perl -Iblib/arch -Iblib/lib \
  -I/usr/local/lib/perl5/5.00553/i86pc-solaris \
  -I/usr/local/lib/perl5/5.00553 test.pl
1..8
Initializing the ST::Xten Library (faking...)
ok 1
ok 2
ok 3
ok 4
ok 5
ok 6
ok 7
ok 8
```

Das ist ja wirklich prima! Alle Funktionen wurden offensichtlich gefunden. Außerdem haben die Tests das ergeben, was wir von ihnen erwartet haben.

Nun muß das Modul nur noch installiert werden. Dazu geben wir als Systemverwalter root folgendes ein:

```
root@sun-1:/export/home/farid/p/ST/Xten> make install
Installing /usr/local/lib/perl5/site_perl/5.00553/i86pc-solaris/\
                                               auto/ST/Xten/Xten.so
Installing /usr/local/lib/perl5/site_perl/5.00553/i86pc-solaris/\
                                               auto/ST/Xten/Xten.bs
Files found in blib/arch --> Installing files in blib/lib into \
                        architecture dependend library tree!
Installing /usr/local/lib/perl5/site_perl/5.00553/i86pc-solaris/\
                                               ST/Xten.pm
Installing /usr/local/lib/perl5/site_perl/5.00553/i86pc-solaris/\
                                               auto/ST/Xten/autosplit.ix
Installing /usr/local/lib/perl5/5.00553/man/man3/ST::Xten.3
Writing /usr/local/lib/perl5/site_perl/5.00553/i86pc-solaris/\
                                               auto/ST/Xten/.packlist
Appending installation info to /usr/local/lib/perl5/5.00553/\
                                               i86pc-solaris/perllocal.pod
root@sun-1:/export/home/farid/p/ST/Xten> exit
```

So weit, so gut.

Schließlich packen wir noch das Erweiterungsmodul in eine bequeme mit *gzip* komprimierte *tar*-Datei:

```
farid@sun-1:~/p/ST/Xten> make tardist
rm -rf ST-Xten-0.01
/usr/local/bin/perl -I/usr/local/lib/perl5/5.00553/i86pc-solaris \
  -I/usr/local/lib/perl5/5.00553 \
  -MExtUtils::Manifest=manicopy,maniread \
  -e "manicopy(maniread(),'ST-Xten-0.01', 'best');"
mkdir ST-Xten-0.01
tar cvf ST-Xten-0.01.tar ST-Xten-0.01
ST-Xten-0.01/
ST-Xten-0.01/Makefile.PL
ST-Xten-0.01/Changes
ST-Xten-0.01/Xten.xs
ST-Xten-0.01/MANIFEST
ST-Xten-0.01/Xten.pm
ST-Xten-0.01/test.pl
rm -rf ST-Xten-0.01
gzip --best ST-Xten-0.01.tar
```

Diese Datei *ST-Xten-0.01.tar.gz* können wir dann in Ruhe irgendwo archivieren.

Nun können wir schließlich alle temporären Dateien löschen:

```
farid@sun-1:~/p/ST/Xten> make clean
rm -rf Xten.c ./blib Makefile.aperl \
    blib/arch/auto/ST/Xten/extralibs.all perlmain.c mon.out \
    core so_locations pm_to_blib *~ */*~ */*/*~ *.o *.a perl.exe \
    Xten.bs Xten.bso Xten.def Xten.exp
mv Makefile Makefile.old > /dev/null 2>&1

farid@sun-1:~/p/ST/Xten> rm Makefile.old
```

16.5.3 Exkurs: XSUB-Makros

Wie sieht nun die aus der .xs-Datei erzeugten .c-Datei aus? Schauen wir einfach einmal in eine gekürzte Version der im vorigen Abschnitt erzeugten *Xten.c*-Datei hinein:

```
ST/Xten/Xten.c.tiny
/*
 * This file was generated automatically by xsubpp version 1.9507
 * from the contents of Xten.xs.
 * Do not edit this file, edit Xten.xs instead.
 *
 *      ANY CHANGES MADE HERE WILL BE LOST!
 *
 */

#line 1 "Xten.xs"
#include "EXTERN.h"
#include "perl.h"
#include "XSUB.h"

#include <math.h>
#define max(x,y) (((x)>(y)) ? (x) : (y))

#line 18 "Xten.c"
XS(XS_ST__Xten_t_norm1)
{
    dXSARGS;
    if (items != 3)
        croak("Usage: ST::Xten::t_norm1(x,y,z)");
    {
        double  x = (double)SvNV(ST(0));
        double  y = (double)SvNV(ST(1));
        double  z = (double)SvNV(ST(2));
        double  RETVAL;
#line 24 "Xten.xs"
        RETVAL = fabs(x) + fabs(y) + fabs(z);
#line 31 "Xten.c"
        ST(0) = sv_newmortal();
        sv_setnv(ST(0), (double)RETVAL);
    }
```

16.5 C in Perl

```
        XSRETURN(1);
}

XS(XS_ST__Xten_v_norminf)
{
    dXSARGS;
    if (items < 1)
        croak("Usage: ST::Xten::v_norminf(x1, ...)");
    {
        double  x1 = (double)SvNV(ST(0));
#line 96 "Xten.xs"
        unsigned int    i;
        double          result;
#line 138 "Xten.c"
        double  RETVAL;
#line 99 "Xten.xs"
        result = x1;
        for (i=1; i<items; i++) {
          result = max(result, fabs((double)SvNV(ST(i))));
        }
        RETVAL = result;
#line 146 "Xten.c"
        ST(0) = sv_newmortal();
        sv_setnv(ST(0), (double)RETVAL);
    }
    XSRETURN(1);
}

XS(XS_ST__Xten_v_normalize)
{
    dXSARGS;
    if (items < 1)
        croak("Usage: ST::Xten::v_normalize(x1, ...)");
    SP -= items;
    {
        double  x1 = (double)SvNV(ST(0));
#line 116 "Xten.xs"
        unsigned int    i;
        double *        normvect;
        double          norm2;
#line 165 "Xten.c"
        double *        RETVAL;
#line 121 "Xten.xs"
        /* Erst die euklidische Norm ausrechnen.      */
        /* Wir koennen leider nicht v_norm2() aufrufen! */
        norm2 = x1*x1;
        for (i=1; i<items; i++) {
          /* VORSICHT! Das kann sehr gross werden! */
          norm2 += (double)(SvNV(ST(i))) * (double)(SvNV(ST(i)));
        }
        norm2 = sqrt(norm2);
```

```
            if (!norm2) croak("can't normalize with 0 norm!\n");

            /* Nun koennen wir normalisieren. */
            /* Hinweis: New() ist das malloc() von Perl */
            New(0, normvect, items, double);
            normvect[0] = x1/norm2;
            for (i=1; i<items; i++) {
              normvect[i] = (double)(SvNV(ST(i)))/norm2;
            }

            /* Wir pushen die Ergebniswerte auf den Stack */
            for (i=0; i<items; i++) {
              XPUSHs(sv_2mortal(newSVnv(normvect[i])));
            }

            /* Und wir raeumen unseren Zwischenvektor wieder auf */
            /* Hinweis: Safefree() ist das free() von Perl */
            Safefree(normvect);
            XSRETURN(items);
#line 195 "Xten.c"
            PUTBACK;
            return;
        }
}


#ifdef __cplusplus
extern "C"
#endif
XS(boot_ST__Xten)
{
    dXSARGS;
    char* file = __FILE__;

    XS_VERSION_BOOTCHECK ;

        newXS("ST::Xten::t_norm1", XS_ST__Xten_t_norm1, file);
        newXS("ST::Xten::t_norm2", XS_ST__Xten_t_norm2, file);
        newXS("ST::Xten::t_norminf", XS_ST__Xten_t_norminf, file);
        newXS("ST::Xten::v_norm1", XS_ST__Xten_v_norm1, file);
        newXS("ST::Xten::v_norm2", XS_ST__Xten_v_norm2, file);
        newXS("ST::Xten::v_norminf", XS_ST__Xten_v_norminf, file);
        newXS("ST::Xten::v_normalize", XS_ST__Xten_v_normalize, file);

    /* Initialisation Section */

#line 14 "Xten.xs"
printf("Initializing the ST::Xten Library (faking...)\n");

#line 224 "Xten.c"

    /* End of Initialisation Section */
```

16.5 C in Perl

```
    XSRETURN_YES;
}
```
─── ST/Xten/Xten.c.tiny

Was wir hier sehen, ist sehr interessant. Gehen wir den Code wieder Stück für Stück durch:

- Wie oben erwähnt, haben die #include- und #define-Präprozessordirektiven die Manipulationen von *xsubpp* unverändert überlebt.

- XSUBs werden durch das Makro XS() eingeleitet. Dieses in <*XSUB.h*> definierte Makro erzeugt eine Signatur, die von Perl, genauer vom DynaLoader bzw. im statischen Fall vom Interpreter selbst, direkt aufgerufen werden kann. Das Argument zu XS() ist der leicht veränderte Name der XSUB:

  ```
  XS(XS_ST__Xten_t_norm1) { ... }
  ```

- Der endgültige Name der XSUB entsteht aus einer Zusammenfassung von XS, dem Namen des Packages und dem ursprünglichen in .xs definierten XSUB-Namen. Damit ist sichergestellt, daß gleichbenannte XSUBs in zwei verschiedene Erweiterungsmodulen trotzdem zusammengelinkt werden können, indem sie durch diese Namenserweiterung eindeutig werden.

Fangen wir nun mit der ersten Funktion an:

```
XS(XS_ST__Xten_t_norm1)
{
    dXSARGS;
    if (items != 3)
        croak("Usage: ST::Xten::t_norm1(x,y,z)");
    {
        double   x = (double)SvNV(ST(0));
        double   y = (double)SvNV(ST(1));
        double   z = (double)SvNV(ST(2));
        double   RETVAL;
#line 24 "Xten.xs"
        RETVAL = fabs(x) + fabs(y) + fabs(z);
#line 31 "Xten.c"
        ST(0) = sv_newmortal();
        sv_setnv(ST(0), (double)RETVAL);
    }
    XSRETURN(1);
}
```

- Das am Anfang jeder XSUB angegebene Makro dXSARGS definiert weitere für die Funktion wichtige Makros und Variablen. Die wichtigste Variable hier ist items. Diese wird mit der Anzahl der auf dem Stack übergebenen Argumenten vorbelegt. Daher „weiß" die XSUB, wie viele Argumente aus Perl heraus übergeben wurden, und kann darauf zugreifen.

- Die Überprüfung der Anzahl der Argumente wird bei allen XSUBs vorgenommen, die eine genaue Anzahl von Parametern definiert haben:

  ```
  if (items != 3)
      croak("Usage: ST::Xten::t_norm1(x,y,z)");
  { ... }
  ```

  Stimmt die Anzahl der übergebenen Argumente nicht mit der Anzahl der XSUB-Parameter, wird ein Fehler durch die Funktion croak() ausgelöst. Dies wird automatisch durch *xsubpp* erzeugt.

- Nun ist es soweit: Die Argumente des Funktionsaufrufs müssen vom Stack ausgelesen und in passende C-Datentypen konvertiert werden:

  ```
  double  x = (double)SvNV(ST(0));
  double  y = (double)SvNV(ST(1));
  double  z = (double)SvNV(ST(2));
  double  RETVAL;
  ```

  Da die drei Parameter in der XS-Definition als double angegeben waren, werden die drei ersten SV*s des Argumentenstacks mittels der bereits bekannten Funktion SvNV() in double konvertiert. Damit keine Compilerwarnungen entstehen, wird gleich der NV-Typ in den äquivalenten double-Typ gecastet.

- Das Makro ST(n) mit i von 0 bis items-1 bezeichnet das i-te Element auf dem Argumentenstack. Dabei entspricht ST(0) dem ersten übergebenen Argument, ST(1) dem zweiten und schließlich ST(items-1) dem letzten Argument.

- Die reservierte Variable RETVAL wird hier ebenfalls durch *xsubpp* als double, also als Rückgabetyp der XSUB definiert.

- Woher kommen die Konvertierungsregeln von SV* in double? Wir hätten ja auch einen beliebigen anderen C-Datentyp anstelle von double verwenden können! Die Antwort ist in den *Typemaps* verborgen. Da wir keine eigene Typemap definiert haben, wird hierfür die Standardtypemap

  ```
  /usr/local/lib/perl5/5.00553/ExtUtils/typemap
  ```

  hinzugezogen[6]. Dort steht für den Datentyp double folgendes:

  ```
  double              T_DOUBLE

  INPUT
  T_DOUBLE
          $var = (double)SvNV($arg)

  OUTPUT
  T_DOUBLE
          sv_setnv($arg, (double)$var);
  ```

---

[6] Natürlich müssen Sie 5.00553 durch die Version Ihres Perl-Interpreters ersetzen!

16.5 C in Perl

Das bedeutet im einzelnen:

- Der C-Datentyp `double` wird mit einem internen Namen `T_DOUBLE` markiert. Dieser Name ist an und für sich ohne Bedeutung, bis auf die Tatsache, daß er weiter unten benötigt wird.

- In der `INPUT`-Sektion wird angegeben, wie ein Perl-Argument in einen C-Datentyp konvertiert werden soll. Im Falle von `T_DOUBLE` kann man leicht die von *xsubpp* angewandte Regel erkennen.

- In der `OUTPUT`-Sektion wird ebenfalls angegeben, wie `OUTPUT`-Parameter vom C-Datentyp in Perl-Datentypen zurückkonvertiert werden.

Die Standardtypemap enthält eine ganze Menge Typdefinitionen zusammen mit Regeln zu ihrer Konvertierung. Nichts hindert Sie daran, Konvertierungsregeln für andere C-Datentypen, und seien sie auch zusammengesetzt, in einer eigenen *typemap*-Datei einzutragen.

- Die `CODE:`-Sektion wurde unverändert am Anschluß daran eingefügt.

- Die `OUTPUT`-Sektion ist für die Konvertierung von C-Datentypen zurück in SV und weitere Perl-Typen zuständig. Darüber hinaus werden einzelne Rückgabewerte auf dem Stack in `ST(0)` abgelegt:

```
        ST(0) = sv_newmortal();
        sv_setnv(ST(0), (double)RETVAL);
    }
    XSRETURN(1);
```

An dieser Stelle wurde ein moralisierter temporärer SV auf dem Rückgabestack an der Position `ST(0)` abgelegt und schließlich mit einem NV belegt. Daß dafür die bekannte Perl-API-Funktion `sv_setnv()` benutzt werden soll, stand in der `OUTPUT`-Sektion für den `T_DOUBLE`-Datentyp der Standardtypemap.

- Die Anzahl der Rückgabewerte auf dem Rückgabestack muß mit Hilfe des Makros `XSRETURN(n)` angegeben werden, wobei n die Anzahl der zurückgegebenen Werte kennzeichnet:

```
    XSRETURN(1);
```

Für einige Sonderfälle hätten auch folgende Makros benutzt werden können:

```
XSRETURN_NO       # XSRETURN(1) mit einem SV von 1 auf dem Stack
XSRETURN_YES      # XSRETURN(1) mit einem SV von 0 auf dem Stack
XSRETURN_UNDEF    # XSRETURN(1) mit einem SV von undef auf dem Stack
XSRETURN_EMPTY    # XSRETURN(0)

XSRETURN_IV(int)     # Mortalisierter IV auf den Stack!
XSRETURN_NV(double)  # Mortalisierter NV auf den Stack!
XSRETURN_PV(char *)  # Mortalisierter PV auf den Stack!
```

Diese Makros können anstelle anderer Makros benutzt werden. Sie hinterlassen allesamt (bis auf `XSRETURN_EMPTY`) genau einen SV auf dem Rückgabestack, markieren die Zahl der Elemente auf diesem Stack (meist mit 1) und kehren dann von der XSUB zurück.

Wir sehen also, daß einfache Funktionen ganz leicht mit Hilfe der Standardtypemap an C bzw. an Perl gekoppelt werden können.

Eine Funktion mit einer variablen Anzahl an Parametern ist da schon ein klein wenig komplizierter:

```
XS(XS_ST__Xten_v_norminf)
{
    dXSARGS;
    if (items < 1)
        croak("Usage: ST::Xten::v_norminf(x1, ...)");
    {
        double  x1 = (double)SvNV(ST(0));
#line 96 "Xten.xs"
        unsigned int    i;
        double          result;
#line 138 "Xten.c"
        double  RETVAL;
#line 99 "Xten.xs"
        result = x1;
        for (i=1; i<items; i++) {
            result = max(result, fabs((double)SvNV(ST(i))));
        }
        RETVAL = result;
#line 146 "Xten.c"
        ST(0) = sv_newmortal();
        sv_setnv(ST(0), (double)RETVAL);
    }
    XSRETURN(1);
}
```

Neu ist hierbei nicht viel:

- Die Überprüfung der Anzahl der Argumente ist dieselbe wie bei der zuletzt gezeigten Funktion.

- x1 wurde durch die automatische *typemap*-Konvertierung erfolgreich vom Stack an Position 0 (ST(0)) in einen double konvertiert. Auch RETVAL wurde richtig deklariert. Die restlichen Werte hatten wir ohnehin selbst manuell im unveränderten CODE:-Block konvertiert.

- Da nur ein Wert zurückgegeben wird, ist die Prozedur dieselbe wie bei der vorher gezeigten Funktion.

Schauen wir uns nun den kompliziertesten Fall dieses Beispiels an:

```
XS(XS_ST__Xten_v_normalize)
{
    dXSARGS;
    if (items < 1)
        croak("Usage: ST::Xten::v_normalize(x1, ...)");
    SP -= items;
```

16.5 C in Perl

```
        {
            double   x1 = (double)SvNV(ST(0));
#line 116 "Xten.xs"
            unsigned int    i;
            double *        normvect;
            double          norm2;
#line 165 "Xten.c"
            double *        RETVAL;
#line 121 "Xten.xs"
            /* Hier die unveraenderte PPCODE:-Sektion */
            /* Aus Platzmangel nicht wiedergegeben. */

            Safefree(normvect);   /* Letzte Zeile der PPCODE:-Sektion */
            XSRETURN(items);
#line 195 "Xten.c"
            PUTBACK;
            return;
        }
}
```

Interessant und wichtig sind hier folgende Neuerungen gegenüber den Versionen, die nur einen Wert zurückliefern:

- Da nun anstelle einer CODE:- eine PPCODE:-Sektion verwendet wurde, liegt die Verwaltung des Argumentenstacks, genauer gesagt des Rückgabestacks, in der Verantwortung der C-Funktion, also der XSUB.

- Aus diesem Grunde wird gleich am Anfang, direkt nach der üblichen Parameterüberprüfung, folgendes getan:

    ```
    SP -= items;
    ```

    Der lokale Stackpointer wird also um die Zahl der zurückgegebenen Argumente so verschoben, daß diese nun auf den Rückgabestack mit XPUSHs() gepusht werden können. Diese Anzahl stammt aus der in der XS-Definition angegebenen XSRETURN(items).

- Nach den XSRETURN(items)-mal erfolgten XPUSHs() wird der lokale Stackpointer SP mittels PUTBACK zurückgesetzt.

- Die Operationen SP -= items; und PUTBACK wurden durch *xsubpp* automatisch aufgrund der PPCODE:-Sektion und der durch XSRETURN() angezeigten Anzahl der Rückgabewerte durchgeführt. Es lohnt sich also doch, die mühsame manuelle Kodierung einer XSUB mit Hilfe der XS-Makros soweit es geht dem *xsubpp* zu überlassen!

Jetzt weiß leider Perl noch lange nicht, daß Namen wie t_norm1() oder natürlich auch v_normalize() zu den speziellen „eindeutig gemachten" Namen passen. Es geht also nun darum, Perl klarzumachen, daß ein Perl-Funktionsname sich in Wirklichkeit auf einen C-Funktionsnamen bezieht. Dies wird mit Hilfe der Perl-API-Funktion newXS() bewerkstelligt. Sobald newXS() mit einem Paar Argumenten aufgerufen wurde, kann die so zugeordnete Funktion aus Perl heraus direkt aufgerufen werden.

Wo können nun diese Zuordnungen hergestellt werden? In der *bootstrap*-Sektion, die in Xten.pm wie folgt aufgerufen wird:

```
# Das steht in der Xten.pm-Datei:
bootstrap ST::Xten $VERSION;
```

In der Xten.xs-Datei ist diese bootstrap()-Funktion durch *xsubpp* automatisch wie folgt definiert worden:

```
#ifdef __cplusplus
extern "C"
#endif
XS(boot_ST__Xten)
{
    dXSARGS;
    char* file = __FILE__;

    XS_VERSION_BOOTCHECK ;

        newXS("ST::Xten::t_norm1", XS_ST__Xten_t_norm1, file);
        newXS("ST::Xten::t_norm2", XS_ST__Xten_t_norm2, file);
        newXS("ST::Xten::t_norminf", XS_ST__Xten_t_norminf, file);
        newXS("ST::Xten::v_norm1", XS_ST__Xten_v_norm1, file);
        newXS("ST::Xten::v_norm2", XS_ST__Xten_v_norm2, file);
        newXS("ST::Xten::v_norminf", XS_ST__Xten_v_norminf, file);
        newXS("ST::Xten::v_normalize", XS_ST__Xten_v_normalize, file);

    /* Initialisation Section */

#line 14 "Xten.xs"
printf("Initializing the ST::Xten Library (faking...)\n");

#line 224 "Xten.c"

    /* End of Initialisation Section */

    XSRETURN_YES;
}
```

Wir erkennen hierbei folgendes:

- Die bootstrap()-Funktion ist eine gewöhnliche XSUB, die ebenfalls mittels XS() die richtige Signatur bekommt und ebenfalls einen package-eindeutigen Namen bekommt.

- Innerhalb dieser Funktion werden einige Aufrufe der Funktion newXS() durchgeführt. Wir erkennen hierbei sehr leicht, wie die Perl-Namen den eindeutig gemachten C-Namen zugeordnet werden.

- Am Anschluß an die newXS()-Aufrufe wird die optionale BOOT:-Sektion eingefügt, die, wie bereits bekannt, für die Initialisierung einer Library sorgen kann.

- Es wird ein wahrer Wert mit dem Makro `XSRETURN_YES` zurückgeliefert, damit auch `bootstrap()` erfolgreich ist.

- Das Makro `XS_VERSION_BOOTCHECK` prüft nach, ob die übergebene Version des .pm-Moduls mit der Version der .xs-Datei übereinstimmt. Sie erinnern sich, daß in der .pm-Datei der Aufruf lautete:

  ```
  bootstrap ST::Xten $VERSION;
  ```

- Jetzt aber eine Quizfrage! Woher weiß Perl, daß die Perl-Funktion `bootstrap()` in Wirklichkeit die C-XSUB namens `boot_ST__Xten()` auslösen soll? Anders gefragt: wer hat

  ```
  newXS("ST::Xten::bootstrap", boot_ST__Xten, file);
  ```

  aufgerufen? Die Antwort finden Sie in *man DynaLoader*! Tatsächlich wird die Perl-Funktion `bootstrap()` vom `DynaLoader` geerbt. Diese Funktion ruft, nach der Lokalisierung der entsprechenden .so-Library, grundsätzlich die XSUB `boot_*()` auf, wobei „*" für den „eindeutig gemachten" Modulnamen steht!

16.5.4 Einbinden fremder Libraries

In den vorigen Abschnitten haben wir die C-Funktionen vollständig innerhalb der XSUBs in deren `CODE:`- oder `PPCODE:`-Sektionen definiert. Im wirklichen Leben würde man an dieser Stelle Funktionen aus externen Libraries aufrufen:

```
double
myfunc(a)
    double    a;
    PREINIT:
    double    result;
    CODE:
    result = 0.0;
    if (a >= 0.0) {
        result = some_external_function((spec_t)a, phase_of_moon);
        if (result > 1e7) result = 1e7;
    }
    RETVAL = result;
    OUTPUT:
    RETVAL
```

Die meisten C-Datentypen werden in der Standardtypemap richtig definiert. Gelegentlich werden Sie jedoch nicht umhinkommen, neue Typen zu definieren, um sie den Bedürfnissen der Funktionen der externen Library anzupassen. In diesem Fall können Sie entweder diese neuen Typen in einer eigenen *typemap*-Datei, zusammen mit den Konvertierungsregeln definieren, oder aber Sie sind in der glücklichen Lage, die einfachen C-Datentypen innerhalb der XSUB an die externe Funktion anpassen zu können, ohne die Hilfe von *typemap*-Dateien in Anspruch nehmen zu müssen. Dies wurde im obigen Beispiel vorgeführt, sowohl bei der semantischen Prüfung der Werte als auch beim Casten zu einem von der externen Funktion erwarteten `spec_t`-Typ.

Es gibt zwei Möglichkeiten, mit Hilfe von XSUBs eine externe Library aufzurufen:

- Die externe Library ist schon definiert und irgendwo im System installiert. In diesem Fall geben Sie im `Makefile.PL` die Linkanweisungen, um diese Library beim Übersetzen mit hineinzulinken (z.B. `-lm -lcrypt`), und fügen in der `.xs`-Datei die notwendigen `#include`-Anweisungen hinzu.

- Die Library wird als Bestandteil der Erweiterung ausgeliefert. In diesem Fall wird diese Library in den meisten Fällen in einem Unterverzeichnis untergebracht sein, möglicherweise mit einem eigenen Makefile. Durch geeignete Anweisungen in `Makefile.PL` wird ein neues Hauptmakefile erzeugt, das auch das Submakefile der Library aufruft. Somit werden Library und Erweiterung nacheinander übersetzt und anschließend zusammengelinkt.

Beide Methoden werden in *man perlxstut* und *man perlxs* ausführlich erläutert.

16.5.5 Dynamischer Funktionsaufruf mit `C::DynaLib`

Im vorigen Abschnitt wurde die „klassische" Methode vorgestellt, wie Funktionen von dynamischen Libraries mittels XSUBs an Perl gekoppelt werden können. Diese Methode erfordert von Ihnen das Schreiben von Anpassungscode in XSUBs und die anschließende Übersetzung dieser XSUBs in eine eigene dynamisch ladbare Library.

Obwohl dieses Verfahren sehr portabel, stabil und zuverlässig ist, ist es dennoch etwas mühsam. Außerdem muß auf dem Zielsystem ein Compiler installiert sein, damit die XSUB erstmalig in eine eigene dynamisch ladbare Library übersetzt werden kann.

Wie wäre es mit etwas ganz anderem? Wäre es nicht schön, in der Lage zu sein, *zur Laufzeit* eine beliebige Funktion irgendeiner dynamisch ladbaren Library zu „öffnen" und aufzurufen? Ideal wäre, wenn das Schreiben einer XSUB überflüssig und der Aufruf des C-Compilers nicht notwendig wäre!

Es gibt tatsächlich ein Modul im CPAN, das genau dies versucht. Dazu müssen Sie aber erst die Module `Data::Flow` und `C::Scan` installieren. Anschließend können Sie das geniale Modul `C::DynaLib` übersetzen und installieren.

Mit `C::DynaLib` können Funktionen von dynamisch ladbaren Libraries zur Laufzeit aufgerufen werden, *ohne* dabei XSUBs schreiben und übersetzen zu müssen. Allerdings ist dieses Verfahren nicht ganz so portabel und sicher wie die handkodierten XSUBs. Das Problem dabei ist, daß die *Aufrufkonventionen* von Funktionen von Plattform zu Plattform variieren können, da sie nicht standardisiert sind. Ein Compiler kennt natürlich die jeweilige Aufrufkonvention, aber das gilt nicht immer für `C::DynaLoader`. Dieses Modul muß die Aufrufkonvention bekannter Plattformen emulieren. Dies funktioniert zwar in den meisten Fällen, ist aber trotzdem nicht so portabel, wie es bei XSUBs wäre. Sogar John Tobey, der Autor des `C::DynaLib`-Moduls, warnt ausdrücklich vor dieser Gefahr und empfiehlt, nach Möglichkeit doch lieber XSUBs zu kodieren.

16.5 C in Perl

Zum schnellen Prototyping halte ich C::DynaLib dennoch für sehr interessant. Wo sonst könnte man eine Funktion so einfach aufrufen:

```perl
dynalib.pl
#!/usr/local/bin/perl -w
# dynalib.pl -- Dynamischer Aufruf von Libraryfunktionen: C::DynaLib

use C::DynaLib;                          # CPAN-Modul
use sigtrap;                             # Wichtig!

# Schliessen wir uns an einige dynamisch ladbare Libraries an:
$libc = new C::DynaLib("-lc");     # Die C-Library
$libm = new C::DynaLib("-lm");     # Die Math-Library

# Deklarieren wir die Parameter der benoetigten Funktionen:
#   $coderef = $libX->DeclareSub("funcname", $returntype, @paramtypes);
# Wobei:
#   $coderef eine ausfuehrbare Codereferenz ist,
#   "funcname" der Name der aufzurufenden C-Funktion ist,
#   $returntype der Typ des Rueckgabewerts ist und
#   @paramtypes die Typen der Parameter sind.
# # Die Typen werden mit pack()-Templates angegeben:
#   "i": Integer, "p": Pointer, "": void, usw...

# /* Auf Solaris 2.6: */
# #incude <unistd.h>
# long pathconf(const char *path, int name);
require 'sys/unistd.ph';
$pathconf = $libc->DeclareSub("pathconf", "l", "p", "i");

# #include <math.h>
# double jn(int n, double x);
$bessel   = $libm->DeclareSub("jn", "d", "i", "d");

# Rufen wir nun diese Funktionen auf:
# Hier BesselJ(0,2): ist etwa .2238907791
$retval = $bessel->(0,2); print $retval, "\n";

# Siehe "man pathconf":
@PATHCONFSYMVALUES = qw(_PC_FILESIZEBITS _PC_LINK_MAX
    _PC_MAX_INPUT _PC_NAME_MAX _PC_PATH_MAX _PC_PIPE_BUF
    _PC_CHOWN_RESTRICTED _PC_NO_TRUNC _PC_VDISABLE
    _PC_ASYNC_IO _PC_PRIO_IO _PC_SYNC_IO);

print "Path: "; chomp($path = <STDIN>);
foreach $modename (@PATHCONFSYMVALUES) {
    $modeval = eval $modename;
    print $modename, "\t", $pathconf->($path, $modeval), "\n";
}
```
dynalib.pl

Ausführung:

```
farid@sun-1:~/p> ./dynalib.pl
0.223890779141236
Path: /usr/local
    _PC_FILESIZEBITS        41
    _PC_LINK_MAX         32767
    _PC_MAX_INPUT          512
    _PC_NAME_MAX           255
    _PC_PATH_MAX          1024
    _PC_PIPE_BUF          5120
    _PC_CHOWN_RESTRICTED     1
    _PC_NO_TRUNC             1
    _PC_VDISABLE             0
    _PC_ASYNC_IO            -1
    _PC_PRIO_IO             -1
    _PC_SYNC_IO              1
```

Im obigen Beispiel haben wir zwei Funktionen aufgerufen, die nicht Bestandteil der Perl-Distribution sind, d.h. die keine *Builtins* sind:

- Die Bessel-Funktion erster Ordnung `jn()` aus der mathematischen Library.
- Die Konfigurationsfunktion `pathconf()` aus der Standard-C-Library.

Umgekehrt ist es auch möglich, *Callbacks* zu installieren: Viele C-Funktionen ermöglichen die Installation einer Callback-Funktion, die unter bestimmten Bedingungen aufgerufen wird. Natürlich muß die installierte Callback-Funktion eine C-Funktion sein!

Schön wäre es natürlich, statt einer C-Funktion auch eine Perl-Funktion als Callback einer C-Funktion installieren zu können! Das ist genau die Aufgabe der von `C::DynaLib` mitgelieferten `C::DynaLib::Callback`-Klasse:

```
# Bereite eine Perl-Routine als Callback vor:
$cb = new C::DynaLib::Callback(\&my_perl_callback,
                               $return_type, @arg_types);
$c_ptr = $cb->Ptr();

# An einer Dynalib anschliessen und C-Funktion deklarieren:
$lib = new C::DynaLib("-lmycrypt");
$fun = $lib->DeclareSub("idea_cbc", "p", "p", "p");

# Aufruf der C-Funktion mit der Callback-Referenz:
$result = $fun->($input, $c_ptr);
```

Mehr Informationen zu `C::DynaLib` finden Sie in der mitgelieferten Dokumentation in *man C::DynaLib*.

16.6 Aufgaben

1. Suchen Sie eine Ihrer C-Anwendungen aus, und finden Sie heraus, ob der Perl-Interpreter nicht sinnvollerweise dort eingebettet werden könnte. Hätte eine solche Einbettung die Programmierzeit verkürzt?

2. Nennen Sie Anwendungsbeispiele für die Einbettung von Perl in C. Beschränken Sie sich dabei nicht auf die Beispiele dieses Kapitels. Versuchen Sie, kreativ zu sein!

3. Lesen Sie die Dokumentation *man perlguts*, *man perlxstut*, *man perlxs*, *man perlcall* und *man perlembed*.

4. Wenn Sie etwas Zeit haben, können Sie sich das API-Listing in *man perlguts* genauer anschauen. Haben Sie dort interessante Funktionen entdeckt?

5. Was ist ein SV, ein AV, ein HV? Schreiben Sie ein kleines C-Programm, das die Grundtypen von Perl mit den Sv*()-Makros und Funktionen manipuliert. Somit gewinnen Sie mehr Erfahrung mit den grundlegenden Datentypen.

6. Integrieren Sie den Perl-Interpreter in eine C-Anwendung, und rufen Sie diverse Funktionen der Perl-API bzw. eines noch zu parsenden Perl-Programms aus C heraus auf!

7. Schauen Sie sich einige Erweiterungsmodule an! Sie können und sollten sowohl Standardmodule als auch Module aus dem CPAN unter die Lupe nehmen. Wie sehen deren .xs-Dateien aus? Verstehen Sie nach dem Durcharbeiten dieses Kapitels die vorher noch mysteriösen XS-Erweiterungen?

8. Versuchen Sie, ein Erweiterungsmodul für eine Ihrer Libraries mit Hilfe von XS zu erstellen. Schreiben Sie XSUBs nur für die wesentlichen Funktionen Ihrer Library.

9. Nennen Sie mögliche Anwendungsgebiete, in denen ein Erweiterungsmodul durchaus willkommen wäre! Existiert ein solches oder ähnliches Modul schon im CPAN? Wenn nicht, versuchen Sie sich doch daran! Wenn Sie das Modul anschließend getestet haben, können Sie es ja der Perl-Community zur Verfügung stellen.

10. Machen Sie sich Gedanken über die Mortalität (von Variablen!) und Speicherlecks. Wie würden Sie vorgehen, um eine langlaufende Erweiterung bzw. Einbettung zu schreiben, ohne sich dabei der Gefahr von Speicherlecks auszusetzen? Existieren eigentlich Libraries oder Module, die Speicherlecks aufspüren?

11. Verwenden Sie das Modul Devel::Peek, um soviel wie möglich über die interne Darstellung einer Variablen herauszufinden. Eine typische Ausgabe sieht wie folgt aus:

```
farid@sun-1:~> perl -MDevel::Peek -e '$a=44; $b=\$a; Dump($b)'
SV = RV(0x805c410) at 0x8059c7c
  REFCNT = 1
  FLAGS = (ROK)
  RV = 0x8059c70
    SV = IV(0x805a014) at 0x8059c70
      REFCNT = 2
```

```
        FLAGS = (IOK,pIOK)
        IV = 44
```

12. Übersetzen Sie sich eine Debugging-Version von Perl, und rufen Sie sie mit diversen Debugging-Optionen auf. Was können Sie daraus schließen?

13. Instrumentarisieren Sie Ihr Perl-Programm, um Flaschenhälse zu entdecken. Sie können den Profiler `Devel::DProf` dafür verwenden.

14. Warum ist `C::DynaLib` nicht so portabel und stabil wie handkodierte XSUBs? Wo liegt dabei genau das Problem? Stellt dieses Problem für Sie ein Hindernis dar?

15. Der Perl-Interpreter selbst ist sehr stabil. Dennoch kann es passieren, daß nach der Installation eines Moduls bei dessen Verwendung gelegentlich oder immer *Coredumps*, *Bus-Fehler* (*bus error*) oder ähnliche unerfreuliche Fehler ausgelöst werden, die zum Abbruch des Perl-Prozesses führen. Woran liegt das? Ein Perl-Skript kann so etwas nicht leicht bewirken.

16. Ihre neu übersetzte Erweiterung ist fehlerhaft und hat zu einem *Coredump* des Perl-Interpreters geführt. Nun steht Ihnen die *core*-Datei zur Verfügung. Wie würden Sie vorgehen, um den Fehler im C-Code einzukreisen? *Hinweis:* Übersetzen Sie das Erweiterungsmodul mit Debuginformationen (beim *gcc* ist es das -g-Flag), und rufen Sie anschließend nach dem Absturz den GNU-Debugger *gdb* wie folgt auf:

    ```
    farid@sun-1:~/Devel/perl> gdb `which perl` core
    ```

    Anschließend können Sie z.B. `bt` (*back trace*) als Kommando angeben und den Aufrufstack betrachten. Sehr oft wird der Fehler irgendwo bei `malloc()` liegen. Natürlich können Sie auch die Ausführung des fehlerhaften Programms unter *gdb*-Beobachtung im Einzelschrittmodus verfolgen!

17 Kommunikation und Netze

17.1 Synopsis

```perl
# Sperrdatei anlegen, z.B. fuer Singleton-Eigenschaft:
sysopen(LOCKFILE, $fname, O_CREAT | O_EXCL, $mode) or die "...: $!\n";

# Signalhandler koennen ueber dem %SIG-Hash installiert werden
@SIG{qw(INT HUP TERM)} = (sub { my $sig = shift; ... }) x 3;
$SIG{'CHLD'} = sub { wait(); };   # Zombie-Killer

# Pipes und FIFOs
pipe READFH, WRITEFH         or die "...";
use POSIX qw(mkfifo);
mkfifo("/tmp/afifo", 0666) or die "...";

# Semaphoren, Message-Queues und Shared Memory
use IPC::SysV;
use IPC::Semaphore;
use IPC::Msg;
$sem = new IPC::Semaphore(IPC_PRIVATE, $nsems, S_IRWXU | IPC_CREAT);
$sem->setall(@initvalues);
$sem->op($semnum, +1, $flags);    # +1: V(), -1: P()
$sem->remove();

$msg = new IPC::Msg(ftok(RENDEZVOUS, RVID), S_IRWXU | IPC_CREAT);
$msg->snd($prio, $text, $flags); # $flags opt., z.B. IPC_NOWAIT
$gotprio = $msg->rcv($buf,$BUFLEN,$prio,$flags);
$msg->remove();

use IPC::Shareable;     # %h in Shared Memory
tie %h, IPC::Shareable, 'glue', { create => 1, mode => 0666 };
(tied %h)->shlock();
   $temp = $h{'cmplxstruct'};
   push(@{ $temp }, "newvalue");
   $h{'cmplxstruct'} = $temp;
(tied %h)->shunlock();

# Unix-Domain: Client und Server
$clnt = new IO::Socket::UNIX( Peer  => "ux.s", Type => SOCK_STREAM );
print $clnt "hello, this is a client\n"; chomp($srvr_reply = <$clnt>);

$srvr = new IO::Socket::UNIX( Local => "ux.s", Type => SOCK_STREAM,
                              Listen => 5 );
$conn = $srvr->accept();    # $conn ist die Verbindung zum Client

# Unix-Domain: Datagrammkommunikation
$dgram = new IO::Socket::UNIX( Local => "dg.s", Type => SOCK_DGRAM );
```

```perl
    $dgram->send($output, length($output));
    $length = $MAXLEN; $dgram->recv($input, $length);

    # UDP: verbindungslose Kommunikation
    use IO::Socket; use Socket;
    $udp_cli = new IO::Socket::INET( Proto => 'udp' );
    $udp_srv = new IO::Socket::INET( LocalPort => $port, Proto => 'udp' );

    $to_addr = sockaddr_in(getservbyname('time', 'udp'),
                           gethostbyname($hostname));
    $udp_cli->send($buffer, $nbytes, $to_addr);
    $from_addr = $udp_cli->recv($buffer, $maxlen, $flags);
    $from_hostname = gethostbyaddr((sockaddr_in($from_addr))[1], AF_INET);

    # TCP: verbindungsorientierte Kommunikation
    $clnt = new IO::Socket::INET(PeerAddr => "www.perl.com", PeerPort => 80,
                                 Proto    => 'tcp',          Timeout  => 30)
        or die "can't connect: $@\n";    # Beachte: $@, nicht $!

    $srvr = new IO::Socket::INET(LocalPort => $portnum,
                                 Reuse => 1, Listen => 5) or die "...";
    while ($client = $srvr->accept()) {
        # Verbindung ueber $client fuehren, evtl. in Kindprozess
        $log="Connection from ",$client->peerhost(),":",$client->peerport();

        print $client "hello, this is server!"; chomp($input = <$client>);
        $client->close();
    }


    # Mail senden mit Net::SMTP
    $smtp = Net::SMTP->new($mailhost, Hello => $mydomain, Timeout => $to);
    $smtp->mail($from); $smtp->to(@receivers);   # SMTP-Envelope
    $smtp->data();
       $stmp->datasend($header); $stmp->datasend("\n"); $smtp->datasend($body);
    $smtp->dataend(); $smtp->quit();

    # Mail empfangen mit Net::POP3
    $pop3 = Net::POP3->new($pophost, Timeout => $to);
    $pop3->login($user, $pass);
    $phash = $pop3->list();
    foreach my $msgnr (keys %{ $phash }) {
        $msg = $pop3->get($msgnr) if $phash->{$msgnr} < $maxbytes;
        $pop3->delete($msgnr);       # Nachricht zum loeschen markieren
    }
    $pop3->quit(); # markierte Nachrichten loeschen, und tschuess!

    # FTP: Dateien besorgen
    $ftp = Net::FTP->new($ftphost); $ftp->login("anonymous", $myemailpass);
    $ftp->cwd("/pub"); $ftp->binary(); $ftp->get($file, $to); $ftp->quit();

    # RPC mit RPC::pClient und RPC::pServer
```

17.2 Lokale Interprozeßkommunikation

Wenn zwei oder mehr Prozesse desselben Computers kommunizieren sollen, können sehr effiziente Mechanismen der Interprozeßkommunikation (IPC) eingesetzt werden. Diese IPC-Mechanismen sind alle Dienste des Betriebssystems und von einer speziellen Sprache unabhängig. Wir werden in diesem Abschnitt die von Unix angebotenen IPC-Mechanismen betrachten und werden lernen, wie diese aus Perl heraus aufgerufen werden.

Beachten Sie bitte, daß anstelle der hier vorgestellten Mechanismen die lokale IPC mit Hilfe von Sockets möglich ist. Als Alternativen stehen Ihnen sowohl *Unix-Domain-Sockets*, als auch das *Loopback-Interface* zur Verfügung. Zur Verwendung des *Loopback-Interfaces* muß nur statt eines fremden Hostnamens der spezielle Name *localhost* bzw. die IP-Adresse 127.0.0.1 eingesetzt werden. Diese Art der Kommunikation ist portabler als die Unix-spezifischen IPC-Methoden, da sie zum einen auf jedem Betriebssytem mit einem TCP/IP-Stack läuft und die Anwendung zum anderen durch eine einfache Änderung des Hostnamens von *localhost* in einen anderen Namen auf mehrere Rechner portiert werden kann.

Lokale IPC-Mechanismen haben dennoch ihre Berechtigung. Ein wesentlicher Grund hierfür ist die Effizienz der Kommunikation: Es ist stets schneller, über *Shared Memory*, Pipes oder Unix-Domain-Sockets Daten auszutauschen, als den Umweg über das Loopback-Interface zu nehmen. Beispielsweise ist es bei einem stark frequentierten SQL-Server immer besser, den Unix-Domain-Socket statt der vollen TCP-Verbindung zu nutzen — zumindest wenn Sie den Durchsatz maximieren wollen oder müssen!

Die Unix-IPC-Mechanismen wurden sehr gut in vielen Büchern dokumentiert. Besonders interessant sind in diesem Zusammenhang [32, 65, 13]. Die Verwendung vieler Systemaufrufe bei Unix ist in [79] besonders gut dargestellt. Eine sehr detaillierte und hervorragende Darstellung der in diesem Abschnitt erwähnten IPC-Mechanismen finden Sie in [82]. Fortgeschrittene Leser mögen auch in [67] Details zur IPC in SMP-Architekturen finden und in [89] eine sehr interessante Behandlung verteilter Algorithmen. Schließlich sind die Manual-Seiten Ihres Unix nicht zu vergessen. Sie sind die endgültige Referenz in diesem Bereich. Die Perl-Distribution verfügt selbstverständlich ebenfalls über Manual-Informationen zur IPC in *man perlipc*.

17.2.1 Das Synchronisationsproblem

Chaos beim gleichzeitigen Zugriff

Wenn zwei oder mehr Prozesse gleichzeitig gemeinsame Daten auswerten, kann es schnell chaotisch werden:

- Wenn alle Prozesse ausschließlich lesend auf die gemeinsamen Daten zugreifen, ist alles in Ordnung. Sobald aber mindestens einer der Prozesse diese Daten verändern will, könnte er mit den anderen Prozessen in Konflikt geraten.

- Wie verändert ein Prozeß Daten? Zuerst werden diese in den Speicher geladen, dann überprüft und geändert und schließlich zurückgeschrieben. Hierbei entstehen mehrere Konkurrenzsituationen (*race conditions*):
  - Während der schreibende Prozeß die zu modifizierenden Daten in seinem Speicher hat, können andere Prozesse noch die alten, unveränderten gemeinsamen Daten lesen und von bald falschen Voraussetzungen ausgehen.
  - Auch wenn andere Prozesse nicht während der Zeit auf die gemeinsamen Daten zugreifen, in der diese vom schreibenden Prozeß modifiziert werden, können die Prozesse dennoch ihre eigenen veränderten Daten zurückschreiben. Kurze Zeit darauf schreibt unser Prozeß seine eigenen Veränderungen zurück, wobei er die Änderungen der anderen Prozesse überschreibt.
  - Auch ohne *fetch*- und *store*-Operationen können Konflikte entstehen. Wenn auf die gemeinsamen Daten unmittelbar zugegriffen wird, wie das im Falle des *Shared Memory* der Fall ist, ist dennoch die Operation *teste und setze* nicht atomar: Wenn unmittelbar nach dem Test das Quantum des Prozesses beendet ist und ein anderer Prozeß dazwischenkommt, könnte dieser andere Prozeß die getesteten Daten in der Zwischenzeit verändern. Gewinnt der erste Prozeß anschließend die Kontrolle zurück, geht er von einem falschen Stand aus und setzt einen falschen Wert zurück. Sogar eine einfache Operation wie `i++` ist nicht atomar, wie Abbildung 17.1 eindrucksvoll zeigt.

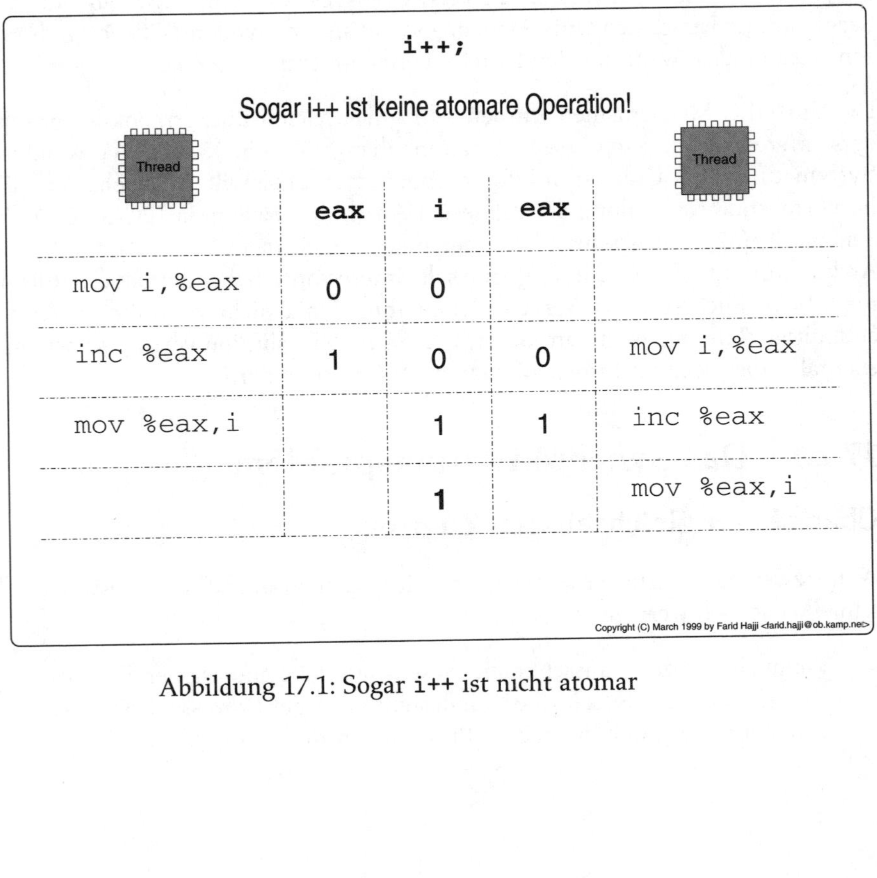

i++;

Sogar i++ ist keine atomare Operation!

Thread	eax	i	eax	Thread
mov i,%eax	0	0		
inc %eax	1	0	0	mov i,%eax
mov %eax,i		1	1	inc %eax
		1		mov %eax,i

Copyright (C) March 1999 by Farid Hajji <farid.hajji@ob.kamp.net>

Abbildung 17.1: Sogar `i++` ist nicht atomar

Das Chaos beim zeitgleichen oder quasi zeitgleichen Zugriff auf gemeinsame Ressourcen kann mit Hilfe der *Prozeßsynchronisation* behoben werden.

Zugriffsdisziplinen

Oft muß eine *Zugriffsdisziplin* auf gemeinsame Daten eingehalten werden. Eine solche Disziplin ist das Prinzip *one writer, many readers*. Dabei wird zugelassen, daß höchstens ein Prozeß die Daten verändern kann, wobei jedoch mehrere Prozesse diese Daten gleichzeitig lesen dürfen. Zusätzlich wird gefordert, daß neben einem schreibenden Prozeß keine anderen schreibenden oder lesenden Prozesse auf die zu verändernden Daten zugreifen. Bei lesenden Prozessen ist die Forderung einfacher: Es dürfen andere Prozesse gleichzeitig die Daten lesen; nur schreiben darf keiner, während noch mindestens ein Prozeß liest.

Ein wichtiger Aspekt der *One-writer, many-readers*-Disziplin ist auch die Berücksichtigung der Lese- und Schreibwünsche. Zu einer bestimmten Zeit werden mehrere Prozesse auf die gemeinsamen Daten zugreifen wollen. Diese Prozesse müssen sich also in einem gewissen Sinne um die Ressourcen bewerben und sich zur Not in eine Warteschlange einreihen. Aus bestimmten Gründen sollten zwei Schlangen eingerichtet werden: Eine für Prozesse, die lesend auf die Ressourcen zugreifen wollen, und eine für die Prozesse, die schreibend auf die gemeinsamen Daten einwirken müssen. Beide Schlangen sind jedoch nicht gleichberechtigt! Vielmehr wird den schreibenden Prozessen der Vorrang gegeben, um ein „Verhungern" von Schreibern (*starvation*) zu vermeiden. Was heißt das?

Verhungern von Prozessen

Ein Prozeß kann verhungern, wenn er ewig auf die Freigabe einer Ressource durch andere Prozesse warten muß, jedoch nie zum Zuge kommt. Sogar wenn einzelne Prozesse eine Ressource nur eine endliche Zeit in Anspruch nehmen, können dennoch bestimmte Prozesse verhungern. Ein schreibender Prozeß könnte verhungern, wenn sich immer wieder neue Prozesse beim Lesen von Daten abwechseln würden. Auch wenn jeder lesende Prozeß nur kurze Zeit eine gemeinsame Lesesperre innehätte, würde diese Sperre sehr lange weiterbestehen, wenn zugelassen würde, daß immer wieder neue lesende Prozesse hinzukommen dürfen. Der schreibende Prozeß käme dann eventuell nie an die Reihe: Er würde verhungern.

Das Verhungern von Schreibprozessen wird bei der *One-writer, many-readers*-Disziplin durch eine Warteschlange höherer Priorität für schreibwillige Prozesse vermieden. Sobald also ein Prozeß seine Schreibwilligkeit signalisiert, wird so lange gewartet, bis alle Leseprozesse mit dem lesenden Zugriff auf die Ressource fertig sind. Während dieser Zeit wird kein neuer lesender Prozeß mehr hereingelassen. Nachdem alle aktuell lesenden Prozesse fertig sind, wird der schreibwillige Prozeß zugelassen.

Synchronisation mit Sperren

Prozesse signalisieren ihren Wunsch, auf bestimmte gemeinsame Daten zuzugreifen, meist durch die Anforderung einer *Sperre*. Es gibt im wesentlichen zwei Sorten von

Sperren: Lesesperren für lesende Prozesse und Schreibsperren für schreibende Prozesse. Es scheint ja oft leichter zu sein, eine Lesesperre zu bekommen, als eine Schreibsperre, da ja mehrere Prozesse gleichzeitig lesen dürfen. Eine Lesesperre ist also eine Art gemeinsam genutzte Sperre. Eine Schreibsperre hingegen ist bei der *One-writer, many-readers*-Disziplin äquivalent zu einer *exklusiven Sperre*. Das bedeutet, daß Besitzer einer Schreibsperre Daten sowohl lesen als auch verändern können, wobei sichergestellt ist, daß niemand sonst dazwischenkommt.

Synchronisation und Flußkontrolle

Ein weiteres Synchronisationsproblem entsteht beim Zugriff auf einen gemeinsamen Kommunikationskanal. Während einer Kommunikationsphase sendet der *Produzent* Daten, die von einem *Konsumenten* empfangen werden. Da Prozesse unabhängig voneinander sind, müssen die relativen Geschwindigkeiten des Produzenten und des Konsumenten nicht immer aufeinander abgestimmt sein. Ganz schlecht wird es, wenn der Produzent Daten schneller sendet, als der Konsument empfangen und verarbeiten kann. Der Kommunikationskanal kann zwar einige Daten des Senders *puffern*, aber aufgrund der beschränkten Kapazität eines jeden Puffers, wird früher oder später ein Problem entstehen. Produzenten und Konsumenten werden üblicherweise über eine Flußkontrolldisziplin (*flow control discipline*) miteinander synchronisiert. Dabei steuert der Konsument in den meisten Fällen das Geschehen, indem er explizit oder implizit neue Daten anfordert, wenn er dazu bereit ist. Der Produzent hingegen sendet nur eine beschränkte Menge Daten und wartet anschließend auf Bestätigungen.

Die Flußkontrolldisziplin wird von verbindungsorientierten Protokollen wie TCP automatisch, d.h. für die beteiligten Anwenderprozesse transparent, eingehalten. Bei der Kommunikation über Pipes hingegen erfolgt die Synchronisation über den Kernel. Da Pipes nur eine beschränkte Kapazität haben, wird ein Sender vom Betriebssystem blockiert, wenn die Pipe voll ist. Erst wenn der Empfänger einige Daten aus der Pipe ausgelesen hat, wird der Kernel den Sender wieder aktivieren und ihm gestatten, weitere Daten in die Pipe zu schreiben.

Wir werden bei den im folgenden vorgestellten IPC-Mechanismen stets auch die Synchronisation der beteiligten Prozesse im Auge behalten müssen.

Client/Server vs. Peer-to-Peer

Bei der Kommunikation von Prozessen muß oft auch entschieden werden, wer gerade an der Reihe ist. In *Client/Server*-Protokollen wird jede Kommunikation ausschließlich von den Clients initiiert. Die Server hingegen warten passiv auf Clientanforderungen und stellen nie selbständig eine Verbindung her. In *Peer-to-Peer*-Protokollen sind hingegen alle beteiligten Prozesse gleichberechtigt: Jeder Peer kann senden und empfangen, wann immer er will. Peer-to-Peer-Protokolle sind schwieriger zu implementieren, da viel mehr dabei schiefgehen kann. Beachten Sie bitte auch, daß die Unterscheidung in Client/Server- oder Peer-to-Peer-Protokolle nichts mit der Zugriffsdisziplin auf den Kommunikationskanal zu tun hat. Daher ist diese Unterscheidung auch bei lokaler IPC relevant.

Synchronisationsprobleme bei Client/Server-Protokollen sind weitaus weniger akut als bei Peer-to-Peer-Protokollen. Schlimmstenfalls würde ein Server Anforderungen von Clients nicht mehr schnell genug bedienen. Durch Flußkontrolle kann dem leicht begegnet werden. Logisch gesehen, ist die Client/Server-Architektur sogar ein hervorragender Synchronisationsmechanismus: Wenn nämlich nur ein Server die exklusive Kontrolle über eine „gemeinsame" Ressource hat, kann er die verschiedenen asynchronen Anforderungen seiner Clients auf diese Ressource *serialisieren*, d.h. nacheinander ausführen. Dies behebt zugleich das Problem des gemeinsamen Zugriffs.

Bei Peer-to-Peer-Protokollen hingegen ist die Sychronisation deutlich schwieriger. Hier müssen sich mehrere prinzipiell gleichberechtigte Prozesse vor dem Zugriff auf eine gemeinsame Ressource einigen. Diese Einigung kann durchaus schwierig sein. Dafür stehen viele gute verteilte oder zentralisierte Algorithmen zur Verfügung [89]. Wir werden darauf hier nicht näher eingehen.

Deadlocks und Livelocks

Klassische Synchronisationsprobleme sind *Deadlocks* und *Livelocks*. Ein Deadlock ist eine Situation, in der sich mehrere Prozesse gegenseitig eine Ressource streitig machen und dabei nicht weiterkommen, da eine zyklische Abhängigkeit entstanden ist. Angenommen, Prozeß P_a hält eine Ressource R_a, während Prozeß P_b eine Ressource R_b hält. Prozeß P_a kann aber nur dann weiterrechnen, wenn er auch die Ressource R_b bekommt. Umgekehrt kann Prozeß P_b nur dann weiterrechnen, wenn er Ressource R_a bekommt. Beide Prozesse sind nun bis in alle Ewigkeit blockiert, da keiner von beiden auf seine Forderung verzichten will und seine eigenen Ressourcen nicht freigeben will. Während ein solcher Deadlock sehr einfach ist, können auch kompliziertere Deadlocks entstehen. Dabei kann z.B. P_a auf P_b warten, der auf P_c wartet, der wiederrum auf P_a angewiesen ist. Doch solche Schleifen können auch sowohl länger als auch verwickelter sein. Die Vermeidung von *Deadlocks* ist unter bestimmten Umständen möglich. Eine gute Strategie besteht darin, Ressourcen durchzunumerieren und nur in aufsteigender Reihenfolge anzufordern. Sobald eine Anforderung nicht erfolgreich ist, sollten alle bisher angeforderten Ressourcen wieder freigegeben werden. Wenn sich alle Prozesse an diese Disziplin halten, können Deadlocks erst gar nicht entstehen.

Livelocks sind Deadlocks ähnlich, mit dem Unterschied, daß die beteiligten Prozesse in einer ständigen Aktivität gefangen sind und nur durch die Ruhe des einen ebenfalls zur Ruhe kommen können. Livelocks sind viel seltener als Deadlocks, aber sie stellen ebenfalls ein großes Problem dar. Ein Beispiel für ein Livelock ist eine Situation, in der sich zwei Prozesse Ergebnisse immer wieder hin- und hersenden und etwas anpassen, ohne daß das System dabei zur Ruhe kommt. Ein Livelock ist eine Art Endlosschleife zwischen mehreren Prozessen.

17.2.2 Umgebungsvariablen

Die einfachste Form der „Kommunikation" zwischen *verwandten* Prozessen ist die Übergabe von Informationen in Umgebungsvariablen. Diese Form ist jedoch sehr eingeschränkt:

- Die Kommunikation über Umgebungsvariablen ist einseitig. Der Empfänger kann selbst keine Informationen über diesen Wege zurücksenden.

- Nur verwandte Prozesse können über Umgebungsvariablen kommunizieren. Die Verwandtschaft unter Unix wird durch das Erzeugen von Kindprozessen mittels fork() begründet. Ein beliebiger Prozeß ist dabei nur mit seinem Elternprozeß und dem Elternprozeß des Elternprozesses usw. verwandt. Verwandtschaft mit „Brüdern" gibt es bei Unix nicht; ebensowenig mit irgendwelchen anderen Prozessen.

- Die Information kann nur während der Erzeugung des Kindprozesses, der die Daten auslesen soll, übergeben werden. Ein Elternprozeß kann nach dem Erzeugen des Kindprozesses mit fork() keine weiteren Informationen über die Umgebungsvariablen senden.

So eingeschränkt diese Art der Informationsübergabe auch sein mag, sie wird dennoch fleißig eingesetzt. Ein sehr gutes Beispiel, das wir noch in Abschnitt 19.3 ab Seite 1030 sehen werden, ist die CGI-Schnittstelle. Dort übergibt ein Webserver diverse Informationen in Umgebungsvariablen an die aufgerufenen CGI-Prozesse. Diese Daten können aus einfachen Informationen über den verwendeten Server, die Schnittstelle oder authentifizierte User bestehen oder sogar Antworten von Webbrowsern auf Eingabeformulare enthalten!

Ein Prozeß kann in Perl seine Umgebungsvariablen durch den reservierten Hash %ENV lesen und verändern. Ein einfaches Programm, das alle Umgebungsvariablen seines ihn ausführenden Prozesses ausgibt, ist schnell geschrieben:

```
env-printall.pl
#!/usr/local/bin/perl -w
# env-printall.pl -- Zeigt alle Umgebungsvariablen an.

# Der Hash %ENV enthaelt alle Umgebungsvariablen.
foreach $key (sort keys %ENV) {
    print "$key=$ENV{$key}\n";
}
                                                    env-printall.pl
```

Die Ausführung auf meinem FreeBSD-Rechner ergab (etwas gekürzt):

```
farid@bsd-1:~/p> ./env-printall.pl
DISPLAY=bsd-1.meta.net:10.0
EDITOR=/bin/vi
HOME=/users/farid
HOSTNAME=bsd-1.meta.net
```

```
LOGNAME=farid
MACHTYPE=i386-pc-freebsd3.1
MAIL=/var/mail/farid
MANPATH=/usr/local/man:/usr/X11R6/man:/usr/share/man:/usr/man:\
        /usr/local/share/man:/usr/share/perl/man:
OSTYPE=freebsd3.1
PAGER=more
PATH=/users/farid/bin:/usr/local/bin:/sbin:/bin:/usr/sbin:/usr/bin:\
        /usr/games:/usr/X11R6/bin
PS1=\u@\h:\w>
PWD=/users/farid/p
SHELL=/usr/local/bin/bash
SHLVL=1
SSH_AUTH_SOCK=/tmp/ssh-farid/agent-socket-208
SSH_CLIENT=134.95.254.20 32889 22
SSH_TTY=/dev/ttyp0
TERM=xterm
TMPDIR=/tmp
USER=farid
_=./env-printall.pl
```

Natürlich können Sie an %ENV auch Werte zuweisen. Somit ändern Sie die Umgebung des aktuellen Prozesses. Wird anschließend mit `fork()` ein Kindprozeß erzeugt, so erbt dieser die Umgebung des Elternprozesses:

```
env-child.pl
#!/usr/local/bin/perl -w
# env-child.pl -- Informationsuebergabe von Eltern- zu Kindprozess
#                 ueber Umgebungsvariablen zum fork()-Zeitpunkt.

print "$$: Information? "; chomp($ENV{'MYINFO'} = <STDIN>);
if (fork()) {
    # Elternprozess wartet auf Kindprozess
    wait;
} else {
    # Kindprozess gibt die geerbte Information wieder aus
    print "$$: Info was $ENV{'MYINFO'}\n";
}
                                                                    env-child.pl
```

Ausführung:

```
farid@sun-1:~/p> ./env-child.pl
1565: Information? hello world
1566: Info was hello world
```

17.2.3 Signale

Signale sind eine sehr primitive Art der Kommunikation zwischen zwei Prozessen. Ein Prozeß kann einem anderen Prozeß ein Signal mittels `kill()` senden. Der emfangende Prozeß kann daraufhin unterschiedlich reagieren.

Es gibt bei Unix nur wenige Signale, beispielsweise:

```
farid@sun-1:~> kill -l
 1) SIGHUP       2) SIGINT      3) SIGQUIT     4) SIGILL
 5) SIGTRAP     6) SIGABRT      7) SIGEMT      8) SIGFPE
 9) SIGKILL    10) SIGBUS      11) SIGSEGV    12) SIGSYS
13) SIGPIPE    14) SIGALRM     15) SIGTERM    16) SIGUSR1
17) SIGUSR2    18) SIGCHLD     19) SIGPWR     20) SIGWINCH
21) SIGURG     22) SIGIO       23) SIGSTOP    24) SIGTSTP
25) SIGCONT    26) SIGTTIN     27) SIGTTOU    28) SIGVTALRM
29) SIGPROF    30) SIGXCPU     31) SIGXFSZ    32) SIGWAITING
33) SIGLWP     34) SIGFREEZE   35) SIGTHAW    36) SIGCANCEL
37) SIGLOST
```

Neben ihrer Nummer tragen Signale keine weiteren Zusatzinformationen mit sich. Darum werden Signale oft nur dazu benutzt, dem Empfänger mitzuteilen, daß im gemeinsam genutzten Bereich Daten zur Abholung bereitstehen. Umgekehrt kann der Empfänger der Daten dem Sender ein Bestätigungssignal senden, wenn er die Daten gelesen hat.

Signale treffen immer *asynchron* beim Empfänger ein. Das bedeutet in der Praxis, daß diese immer zur ungünstigsten Zeit eintreffen, während der Empfänger gerade etwas anderes tut.

Einige Signale bewirken den Abbruch des Zielprozesses, andere können vom Empfänger vollständig ignoriert werden, während das Signal SIGKILL weder maskiert noch abgefangen werden kann. Einige Signale können auch beim Empfänger den Aufruf eines *Signalhandlers* auslösen. Sie sehen also, daß Signale durchaus „haarig" sein können.

Da die Defaultreaktion auf die meisten Signale der Abbruch des Prozesses ist, werden Sie bei interessanten Signalen einen Signalhandler installieren. In Perl kann ein Signalhandler im reservierten Hash %SIG installiert werden:

```perl
# Signalhandler installieren
$SIG{'INT'}    = \&my_handler;
$SIG{'TERM'}   = \&my_handler;
$SIG{'ARLM'}   = 'DEFAULT';
$SIG{'HUP'}    = 'IGNORE';
$SIG{__DIE__}  = \&die_handler;
$SIG{__WARN__} = \&warn_handler;

sub my_handler {
    my $signal = shift;
    # Signal SIG$signal empfangen. Irgend etwas tun.
}

# Im Hauptprogramm irgend etwas tun, z.B. ein Nickerchen halten
$| = 1; while (1) { print 'z'; sleep(1); }
```

Für die Signale SIGINT und SIGTERM wurde der Handler my_term() installiert. Dieser wird bei jedem Eintreffen eines dieser Signale aufgerufen, egal was das Programm sonst gerade tat. Für das Signal `SIGALRM` wurde der Defaulthandler wieder installiert, während `SIGHUP` einfach ignoriert werden soll. Die speziellen „Signale" `__DIE__` und `__WARN__` sind keine echten Signale. Vielmehr wird ihr Handler durch den Aufruf von `die()` bzw. `warn()` ausgelöst.

Der Signalhandler bekommt als ersten Parameter den Namen des auslösenden Signals mitgeteilt. Darüber hinausgehende Informationen stehen nicht zur Verfügung.

In einem Signalhandler sollte aus Gründen der *Reentranz* so wenig wie möglich getan werden. Idealerweise vermeiden Sie Systemaufrufe und konkurrierende Aufrufe nicht reentranter Libraries oder Module. Eine typische Aufgabe eines Signalhandlers von Programmen, die Signale zur Kommunikation nutzen, besteht darin, die Information aus einem gemeinsamen Puffer an anderer Stelle abzuspeichern und ein Flag zu setzen:

```perl
sub handler {
    my $signal = shift;
    return unless $signal eq 'USR1';
    ++$got_packets;
    push(@info, get_next_packet());
    $received_packet = 1;
}
```

Im Hauptprogramm würde beispielsweise regelmäßig in einer Schleife das Flag `$received_packet` abgefragt und im positiven Fall das nächste Paket aus `@info` ausgelesen:

```perl
while (1) {
    sleep($time_to_sleep);
    if ($received_packet) {
        proceed(shift(@info));
        $received_packet = 0;
    }
}
```

Statt nur in einer Schleife zu pollen, könnte im Hauptprogramm in der Zwischenzeit etwas ganz anderes erledigt werden. Zwischen dem Hauptprogramm und dem Signalhandler muß eine Art Flußkontrolle greifen, damit der gemeinsame Puffer `@info` nicht über- oder unterläuft. Dies liegt in Ihrer Verantwortung. Leider kann ein Signalhandler nicht beliebig lange auf das Hauptprogramm warten. Vielmehr wird das Hauptprogramm angehalten, während der Signalhandler aktiv ist[1]. Ein Signalhandler *sollte* so schnell wie möglich seine Aufgabe erledigen und sich beenden, damit weitere Signale empfangen und behandelt werden können!

Achtung! *Seien Sie besonders auf der Hut, wenn Sie Signale einsetzen! Wenn mehrere Signale in kurzen Zeitabständen eintreffen, während der Signalhandler noch aktiv ist, können einige davon verlorengehen. Das liegt daran, daß Signale während der Ausführung des Signalhandlers blockiert sein können. Es wird also keine „Warteschlange" mehrerer*

---

[1] Außer bei *Multithreaded*-Anwendungen, wo ein einzelner Thread als Signalhandler fungieren kann. Dies werden wir jedoch hier nicht weiter behandeln.

Signale gleichen Typs angelegt, während der Signalhandler aktiv ist. Es gibt noch eine ganze Reihe anderer Probleme mit Signalen, die diese Kommunikationsform sehr unzuverlässig gestalten. Es gibt fast immer eine bessere Alternative zu Signalen. Daher sollten Sie diese nur als allerletzten Ausweg einsetzen.

17.2.4 Gemeinsame Dateien

Schwarze Bretter

Die einfachste Form der Interprozeßkommunikation besteht in der Verwendung einer gemeinsamen Datei. Die an der Kommunikation beteiligten Prozesse öffnen alle dieselbe Datei. Diese wird dann als „Schwarzes Brett" von den Prozessen verwendet. Schreibende Prozesse tragen dort Mitteilungen ein, die von lesenden Prozessen gelesen werden. Natürlich können Prozesse ihre lesende oder schreibende Rolle im Laufe der Kommunikation verändern. Wesentlich ist jedoch nur, daß diese Rolle für jeden einzelnen Prozeß zu einer bestimmten Zeit genau feststeht.

Ein besonders beliebter Fehler ist, die Pufferung der Ausgabe zu vergessen! Daten, die mittels `print()` zu einer Datei gesendet wurden, müssen noch lange nicht vom *stdio*-Puffer geflusht worden sein. Daher sollte die Pufferung bei dieser Art der Kommunikation stets ausgeschaltet sein (siehe Abschnitt 12.3.4 auf Seite 381).

Prozesse müssen sich untereinander synchronisieren, wenn sie auf eine gemeinsame Datei zugreifen:

- Eine elegante Lösung ist, daß jeder schreibende Prozeß seinen eigenen reservierten Bereich auf der Datei hat. Beispielsweise könnte Prozeß P_5 einen 10 Kbyte-Bereich ab Offset 50 Kbyte beschreiben, während dem Prozeß P_9 einen 10 Kbyte-Bereich ab Offset 90 Kbyte zugewiesen wird.

  In diesem Falle können sich zwei schreibende Prozesse nicht in die Quere kommen, da jeder Schreiber nur in seinem eigenen Bereich schreibt. Prinzipiell könnten somit mehrere Prozesse „gleichzeitig" an diversen Stellen einer Datei schreiben. Dazu sollten am besten *Low-Level*-Funktionen wie etwa `syswrite()` und `sysseek()` eingesetzt werden, um jegliche Einmischung der *stdio*- oder *sfio*-Puffer zu vermeiden. Wichtig ist jedoch hier, daß diese parallel schreibenden Prozesse auch nur ihre eigenen Bereiche *lesen* und nicht in die Bereiche anderer, gerade schreibender Prozesse hineinblicken!

- Allerdings sind damit noch nicht alle Synchronisationsprobleme gelöst. Was ist mit lesenden Prozessen? Würde jeder Prozeß nur seinen eigenen Bereich lesen, bräuchten wir keine IPC! Natürlich wäre es möglich, jedem Prozeß einen eigenen Bereich zuzuweisen. Somit könnten Schreiber mit diversen Lesern kommunizieren, indem sie Informationen in den „Leserbriefkästen" ablegen.

  Das Problem ist also wieder die Zugriffsdisziplin: Nur ein Schreiber darf eine bestimmte Region zu einer bestimmten Zeit ändern. In dieser Zeit dürfen weder weitere Schreiber noch Leser diesen Bereich betreten. Im Gegenteil dazu können mehrere Prozesse einen Bereich gleichzeitig lesen, vorausgesetzt, kein Schreiber ändert dort etwas. Es ist also wieder das klassische *One-writer, many-readers*-Prinzip, bezogen auf eine Region der Datei.

Zur Einhaltung des *One-writer, many-readers*-Prinzips können Prozesse *Lese-* und *Schreibsperren* anfordern. Dies kann entweder für die gesamte Datei geschehen oder auch nur für bestimmte Bereiche dieser Datei. Wenn eine gesamte Datei gesperrt wird, verringert dies die mögliche Parallelität der Anwendung. Warum? Prozesse, die auf Bereiche zugreifen könnten, die auf jeden Fall nicht verändert werden würden, müssen bei einer dateiglobalen Sperre trotzdem warten, was bei Teilsperren nicht unbedingt der Fall wäre.

Beachten Sie, daß Dateisperren unter Unix nur einen empfehlenden Charakter haben (*advisory locks*). Im Gegensatz zu Pflichtsperren (*mandatory locks*) setzen *advisory locks* die freiwillige Mitwirkung von Prozessen voraus. Nur wenn sich alle Prozesse an die Sperrdisziplin halten, haben diese freiwilligen Sperren eine effektive Wirkung. Nichts hindert einen völlig fremden Prozeß daran, auf „freiwillig gesperrte" Dateien zuzugreifen. Dazu muß dieser nur auf den Aufruf der `flock()`-Funktionen verzichten und schon hat er, genügend Zugriffsrechte vorausgesetzt, Zugang zur angeblich gesperrten Datei.

Allerdings ist das Problem der Freiwilligkeit von Sperren nicht so groß, wie es zunächst erscheinen mag. Spezifische Dateien werden in der Regel nur von wenigen, daran interessierten Prozessen verwendet. Diese werden sich dann schon an die Sperrdisziplin halten, wenn sie richtig implementiert sind.

Wir haben bereits gesehen, wie in Perl Sperren auf ganze Dateien (Abschnitt 12.7.9 auf Seite 479) oder auf Bereiche von Dateien (Abschnitt 12.7.9 auf Seite 482) angefordert und auch wieder zurückgegeben werden. Darum brauchen wir dies hier nicht zu wiederholen.

Sperrdateien

Kennen Sie *lock files*? Sie haben richtig gelesen: Das sind nicht *Logdateien*, sondern *Sperrdateien*. Eine Sperrdatei ist zunächst einmal eine ganz gewöhnliche Datei. Ihr Inhalt ist jedoch in den meisten Fällen völlig unerheblich. Ihr einziger Zweck ist es, durch ihre Präsenz anderen Prozessen eine bestimmte Situation anzuzeigen. Typische Verwendungen für Sperrdateien sind:

- Die Realisierung von *Singleton*-Prozessen. Ein Singleton-Prozeß ist ein Prozeß, der zu einer bestimmten Zeit nur einmal im System existieren darf. Der Versuch, das durch einen Singleton-Prozeß ausgeführte Programm parallel noch einmal zu starten, muß erkannt werden und zu einem sofortigen Ende des neuen Prozesses führen.

- Einige Prozesse dürfen zwar mehrfach im System existieren, aber sie dürfen beispielsweise nur höchstens einmal aus einem bestimmten Verzeichnis heraus gestartet werden (möglicherweise weil sie dort einige Dateien zur exklusiven Benutzung verwenden möchten). Es handelt sich hierbei um *Per-Verzeichnis-Singletons*.

- Bestimmte Ressourcen können nur von einem Prozeß gleichzeitig ohne Probleme genutzt werden. Auch wenn diese Prozesse keine Singletons sind und parallel im

System nebeneinander existieren können, müssen sie ihren Zugriff auf die Ressource durch eine *Singleton-Disziplin* realisieren.

Singleton-Prozesse jeglicher Art legen zu diesem Zweck oft eine Sperrdatei an einer wohlbekannten Stelle im Dateisystem an. Beim Start prüfen sie dann die Existenz dieser Sperrdatei. Ist sie schon vorhanden, beenden sich die neuen Prozesse bzw. wissen, daß sie nicht allein auf die Ressource zugreifen könnten. Existiert die Sperrdatei jedoch nicht, kann diese angelegt werden und der Prozeß seine Arbeit aufnehmen. Wenn der Singleton-Prozeß seine Arbeit beendet hat, *muß* er für die Löschung der Sperrdatei sorgen. Ansonsten könnten keine weiteren Prozesse je wieder richtig durchstarten.

Systemweite Singleton-Prozesse benötigen nur eine einzige Sperrdatei, während *Per-Verzeichnis-Singletons* ihre Sperrdateien in den Verzeichnissen ablegen, die sie beanspruchen.

Eine Sperrdatei wird so *nicht* richtig erzeugt:

```
$lockfile = "/tmp/a.lock";
die "another singleton already running!\n" if (-e $lockfile);
# >>>>> Konkurrenzschlitz (Race Condition) <<<<<
open(LOCKFILE, "> $lockfile") or die "can't open: $!\n";
close(LOCKFILE);
# Tue irgend etwas, was nur ein Singleton darf ...
# >>>>> Abbruchschlitz <<<<<
unlink(LOCKFILE);
```

Dieses Programm weist zumindest zwei erhebliche Schwächen auf:

- Zwischen die Überprüfung der Existenz der Datei mit -e und das Erzeugen derselben mit open() könnte sich ein anderer Prozeß drängen. Folgendes Szenario ist nämlich sehr wahrscheinlich:
  - Unser Prozeß hat gerade die -e-Prüfung abgeschlossen und möchte nun open() aufrufen, um die Sperrdatei anzulegen.
  - Dummerweise ist das Quantum unseres Prozesses gerade abgelaufen, so daß der Kernel die Kontrolle an einen anderen Prozeß übergibt und uns schlafen legt.
  - Der andere Prozeß führt dieselbe Prüfung mit -e durch. Da die Sperrdatei noch nicht existierte, kann er nun diese Datei mittels open() auch tatsächlich anlegen und als Singleton-Prozeß starten.
  - In der Zwischenzeit wurden wir wieder durch den Kernel für das nächste Quantum geweckt. Wir fahren mit der Ausführung des open()-Aufrufs fort, da wir an dieser Stelle vorher durch den Kernel unterbrochen worden waren.
  - Nun wird durch open() die *bereits existierende* Sperrdatei ohne Fragen überschrieben, und unser Prozeß startet ebenfalls durch, im falschen Glauben, die Singleton-Eigenschaft zu besitzen.

Das Problem hier ist, daß die Operation „*Teste die Existenz der Sperrdatei und erzeuge eine solche, falls noch keine existiert*" nicht *atomar* verläuft. Dies wird als *Konkurrenzschlitz* bezeichnet und ist ein großes Problem.

- Was geschieht eigentlich, wenn unser Singleton-Prozeß durch einen Fehler die Ausführung abbricht und gar nicht mehr dazu kommt, die Sperrdatei mittels unlink() zu löschen? In diesem Fall würde die Sperrdatei natürlich weiterbestehen und das Starten neuer Singleton-Prozesse irrtümlicherweise, aber dafür zuverlässig verhindern. Dies wird auch gelegentlich *Abbruchschlitz* genannt.

Mit Perl läßt sich der Konkurrenzschlitz wie folgt vermeiden:

```
sysopen(LOCKFILE, $lockfile, O_CREAT | O_EXCL, $mode)
    or die "can't create or not singleton: $!\n";
close(LOCKFILE);
```

Wichtig hierbei ist das O_EXCL-Flag! Dieser Aufruf versucht, eine Datei zu erzeugen (O_CREAT), aber nur dann, wenn diese noch nicht vorher existiert hat.

Das Betriebssystem garantiert, daß diese Operation *atomar* verläuft. Wenn das Erzeugen der Datei überhaupt geklappt hat, dann hat der Prozeß auch wirklich diesbezüglich die Singleton-Eigenschaft.

Schwieriger wird es beim Abbruchschlitz. Prozesse können aus diversen Gründen abbrechen. Einiges läßt sich abfangen, aber wiederum nicht alles. Als Vorsichtsmaßnahme könnte man das Löschen der Datei in einen END-Block verlagern, nur um sicherzugehen:

```
END { unlink($lockfile); }
```

Sie können sogar zweimal die Datei ohne Probleme zu löschen versuchen:

```
# Ich habe keine Lust mehr auf Einsamkeit:
unlink($lockfile);

# Falls ich vorher sterben sollte:
END { unlink($lockfile); }
```

Der END-Block wird nach der letzten Anweisung des Programms ausgeführt. Er wird auch dann ausgeführt, wenn das Programm durch die() oder exit() sterben sollte.

Allerdings funktioniert dies nicht immer:

- Nicht abgefangene Signale führen zu einem Abbruch des Prozesses, ohne daß der END-Block ausgeführt wird. Natürlich könnten einige Signale abgefangen werden. Diese könnten beispielsweise ignoriert werden:

    ```
    $SIG{'TERM'} = 'IGNORE';
    ```

    Störende Signale könnten auch durch einen Signalhandler abgefangen werden, der selbst die Sperrdatei entfernt, bevor der Prozeß mit exit() nun endgültig abgebrochen wird.

    ```
    $SIG{'INT'} = \&my_handler;
    sub my_handler {
        unlink($lockfile);
        exit 1;
    }
    ```

- Nicht jedes Signal läßt sich abfangen! Beispielsweise ist das Signal `SIGKILL` nicht maskierbar und somit Gegenmaßnahmen gegenüber absolut immun. Erhält ein Prozeß `SIGKILL`, wird er sofort ohne weitere Fragen vom Betriebssystem beendet. Folgende Redewendung wird oft in dieser Situation gebraucht: *to nuke a process*. Ein Prozeß, der ein solches Signal erhält, hat keine Chance mehr, die Sperrdatei wieder zu löschen. Sie bleibt dann hängen.

  Ein Ausweg aus dieser Situation könnte mit Hilfe von *Watchdogs* gefunden werden. Ein Watchdog ist ein Programm, das ein anderes Programm überwacht. Beispielsweise könnte ein Watchdog den Tod des Singleton-Prozesses irgendwie merken (z.B. durch fehlende Antworten auf Heartbeat-Signalen, regelmäßiges Pollen der Prozeßtabelle etc.) und in diesem Fall die Sperrdatei selbständig entfernen. Dummerweise haben wir das Problem somit nur auf den Watchdog selbst verschoben. Wer achtet auf den Watchdog selbst, frei nach dem Motto: *Qui custodiet custodiam?*

- Was geschieht eigentlich bei einem regulären *Shutdown*? Das ist die Situation, in der ein Rechner heruntergefahren wird, z.B. um Hardware auszutauschen oder einfach nur, weil sein Besitzer schlafen geht? Bei Unix ist es üblich, daß das *shutdown*-Skript allen noch laufenden Prozessen das bevorstehende Ende der Welt durch Zusendung eines oder sogar zweier Signale mitteilt. Diese Signale können von den Prozessen abgefangen werden. Unser Singleton-Prozeß könnte in diesem Fall noch schnell die Sperrdatei entfernen.

- Anders ist es bei Systemabstürzen! Nicht nur *Microsoft Windows*-Systeme stürzen ab. Ganz, ganz selten kann auch ein Unix-Kernel nicht mehr weiter, z.B. wenn der Hauptspeicher physisch defekt ist, der Strom ausfällt oder im extrem seltenen Fall, daß ein entscheidender Fehler im Kernel selbst oder in einem seiner Kerneltreiber vorliegt. Wenn ein solcher Fehler auftritt, „könnte" der Kernel unter Umständen höchstens noch eine `panic()`-Meldung absetzen, aber mehr auch nicht. Wenn nun keine Dateisysteme zerstört sind, würde beim nächsten Anlaufen des Kernels die Sperrdatei erhalten bleiben. Somit dürften keine Singleton-Prozesse, die eine solche nicht gelöschte Sperrdatei überprüfen, mehr starten können.

Der klassische Ausweg in diesem Fall ist natürlich, beim Start des Betriebssystems sämtliche Sperrdateien zu löschen. Dies sollte direkt Teil der Startskripten sein. Dies ist aber natürlich nur im Falle von *Singleton*s sinnvoll. Sperrdateien mit anderer Funktion sollen unter Umständen das Ende des Systems überstehen. Diese sollten selbstverständlich dann nicht gelöscht werden.

Eine gute Stelle für (*Singleton*-) Sperrdateien ist das */tmp*-Verzeichnis. Dieses Verzeichnis wird üblicherweise beim Systemstart leergeräumt, so daß auch die übriggebliebenen Sperrdateien beim Neustart verschwunden sind. Einige Unix-Versionen, wie z.B. `Solaris`, legen */tmp* sogar im virtuellen Speicher an, so daß sich */tmp* und die Swap-Partition einen Bereich teilen. Dies ist sehr sinnvoll für Programme, die viele Zwischendateien in */tmp* erzeugen (z.B. Compilerläufe). Auch für uns ist es sinnvoll, denn das *tmpfs* von `Solaris` ist bei jedem Systemstart garantiert wieder leer!

17.2.5 Pipes und FIFOs

Pipes zwischen verwandten Prozessen

Eine *Pipe* ist ein kernelgeschützter, meist unidirektionaler Kommunikationskanal zwischen zwei verwandten Prozessen. Pipes kennen Sie ja schon zu Genüge:

```
farid@bsd-1:~> ls -l | more
```

In diesem Beispiel hat die Shell zwei Prozesse gestartet. Einer dieser Prozesse führt das Kommando *ls* aus und schreibt seine Ausgabe auf die Standardausgabe. Der andere Prozeß führt das Kommando *more* aus, wobei es aus seiner Standardeingabe liest. Beide Prozesse sind durch eine Pipe miteinander verbunden. Diese Pipe wurde von der Shell so eingerichtet, daß die Standardausgabe von *ls* an dem Eingang der Pipe und die Standardeingabe von *more* am Ausgang derselben Pipe sitzt.

Eine Pipe dient nicht nur zur Kommunikation von Prozessen. Sie ist ein hervorragendes Mittel, um die Flußkontrolle (*flow control*) zu gewährleisten: Eine Pipe hat nur eine beschränkte Aufnahmekapazität[2]. Ist eine Pipe voll, wird der schreibende Prozeß angehalten, bis der lesende Prozeß mindestens ein Byte aus der Pipe erneut gelesen hat und dadurch wieder Platz schafft. Somit kontrolliert der Konsument die Datenrate des Produzenten. Ist umgekehrt die Pipe leer, wird ein lesewilliger Prozeß so lange angehalten, bis der Produzent wieder Daten in die Pipe geschrieben hat.

Das Schreiben zu einer Pipe, die auf der anderen Seite geschlossen wurde, löst sowohl einen Fehler als auch das Signal `SIGPIPE` aus. Dies sollten Sie berücksichtigen, wenn Sie IPC mittels Pipes implementieren. Zumindest sollten Sie `SIGPIPE` abfangen, da der Prozeß sonst abgebrochen würde.

Das Lesen aus einer Pipe, die auf der anderen Seite geschlossen wurde, liefert ein EOF zurück. Dies können Sie als Kriterium für die Schließung der anderen Seite werten, solange Sie die Pipe nicht z.B. mittels `fcntl()` in den nichtblockierenden Modus (`O_NDELAY` bzw. `O_NONBLOCK`) versetzt haben.

Eine Pipe kann nur zwischen verwandten Prozessen erzeugt werden. Dazu wird die Funktion `pipe()` verwendet:

```
pipe READFD, WRITEFD or die "can't create a pipe(): $!\n";
```

Dieser Aufruf erzeugt zwei Filehandles. `READFD` ist offen zum Lesen, während das Filehandle `WRITEFD` zum Schreiben da ist. `WRITEFD` ist wie andere *stdio*-Handles gepuffert. Sie sollten vermutlich je nach Anwendung die Pufferung ausschalten, wie dies in Abschnitt 12.3.4 ab Seite 381 gezeigt wurde.

Es macht wenig Sinn, vom selben Prozeß aus sowohl in die Pipe zu schreiben als auch aus dieser zu lesen. Diese Art Selbstgespräche sind darüber hinaus gefährlich: Deadlocks

---

[2] Bei typischen Unix-Systemen beträgt sie etwa 4 Kbyte. Dieser Wert ist systemabhängig und kann natürlich stark variieren. Er läßt sich sogar innerhalb gewisser Grenzen beeinflussen.

können eintreten, wenn versucht wird, aus der leeren Pipe zu lesen oder in die volle Pipe zu schreiben. Das kann bei nur einem Prozeß natürlich sehr schnell geschehen.

Die typische Anwendung einer Pipe ist natürlich die Kommunikation mit einem Kindprozeß, der durch fork() erzeugt wurde. Durch fork() erbt der neu erzeugte Kindprozeß alle offenen Dateideskriptoren von seinem Elternprozeß, so auch die Filehandles READFD und WRITEFD. Nun kann eine einseitige Kommunikation eingerichtet werden, indem der Kindprozeß nur das eine Ende der Pipe und der Elternprozeß das andere Ende benutzt.

Damit jeder der beiden Prozesse auch Sondersituationen erkennen kann, sollten sie den jeweils unbenutzten Pipedeskriptor schließen. Nur so kann z.B. der Elternprozeß erkennen, daß die Pipe vom Kindprozeß am anderen Ende geschlossen wurde; bzw. umgekehrt.

Das Prinzip einer Pipe ist in Abbildung 17.2 dargestellt.

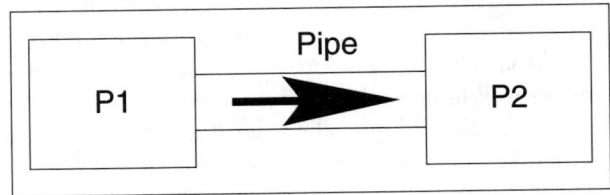

Abbildung 17.2: Prinzip einer Pipe

Die Vorgehensweise bei der einseitigen Kommunikation von einem Elternprozeß zu einem Kindprozeß ist in Abbildung 17.3 dargestellt. Das folgende Programm zeigt eine unidirektionale Kommunikation zwischen dem Elternprozeß und einem neu erzeugten Kindprozeß mit einer Pipe.

```
pipe-uni.pl
#!/usr/local/bin/perl -w
# pipe-uni.pl -- Zeigt unidirektionale Pipes Eltern => Kind

pipe READFD, WRITEFD;                    # Perl-Pipe anlegen

# Pufferung auf Schreib-Filehandles ausschalten!
```

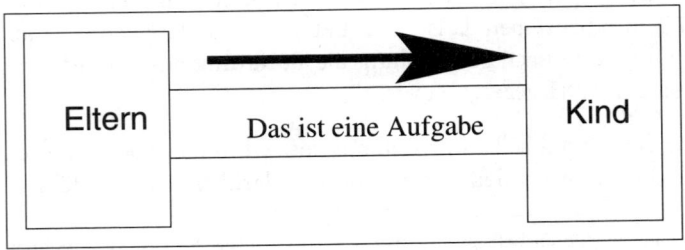

Abbildung 17.3: Unidirektionale Kommunikation mit Pipes

17.2 Lokale Interprozeßkommunikation

```perl
    $oh = select(WRITEFD); $|=1; select($oh);

    if (fork()) {
       # Elternprozess schreibt in die Pipe
       close(READFD);      # Diese Seite brauchen wir nicht
       print WRITEFD "That's your Homework\n";
       wait();             # Auf Beendigung des Kindes warten
    } else {
       # Kindprozess liest aus der Pipe
       close(WRITEFD);     # Diese Seite brauchen wir nicht
       chomp($work = <READFD>);
       print "Child: Got work: >$work<\n";
       exit(0);            # "Ich habe fertig!"
    }

    print "Parent: Leaving...\n";
```
── pipe-uni.pl

Die Ausführung ergibt:

```
farid@sun-1:~/p> ./pipe-uni.pl
Child: Got work: >That's your Homework<
Parent: Leaving...
```

Abbildung 17.4: Bidirektionale Kommunikation mit Pipes

Soll eine Kommunikation in beiden Richtungen stattfinden, sind dafür natürlich zwei Pipes notwendig. Vom Konzept her sind zwei Pipes nicht schwieriger als eine Pipe. Es sind nur mehr Filehandles im Auge zu behalten. Abbildung 17.4 zeigt die verwendeten Handles und das zugrundeliegende Prinzip. Das Programm zur bidirektionalen Kommunikation zwischen Elternprozeß und Kindprozeß lautet:

pipe-bi.pl
```perl
#!/usr/local/bin/perl -w
# pipe-bi.pl -- Bidirektionale Pipes Eltern <=> Kind

# Perl-Pipes anlegen
pipe EKL, EKS;         # (E)ltern->(K)ind (L)esen und (S)chreiben
pipe KEL, KES;         # (K)ind->(E)ltern (L)esen und (S)chreiben
```

```perl
    # Pufferung auf Schreibhandles ausschalten!
    $oh = select(EKS); $|=1; select($oh);
    $oh = select(KES); $|=1; select($oh);

    if (fork()) {
        # Elternprozess schreibt erst und liest dann.
        close(EKL); close(KES);     # Nicht benoetigte Enden schliessen
        print EKS "All Right?\n";   # erst zum Kind schreiben
        $answer = <KEL>;            # dann vom Kind lesen

        print "Parent: Child's reply ($answer)\n";
        wait();                     # Warte auf Tod des Kindes
    } else {
        # Kindprozess liest erst und schreibt dann.
        close(EKS); close(KEL);     # Nicht benoetigte Enden schliessen
        chomp($query = <EKL>);      # erst von Eltern lesen
        print KES "Child: ($query): Sure!";  # dann Antwort schreiben
        exit(0);                    # Kind tot
    }

    print "Parent: Leaving...\n";
```
─── pipe-bi.pl

Die Ausführung ist wieder offensichtlich:

```
farid@sun-1:~/p> ./pipe-bi.pl
Parent: Child's reply (Child: (All Right?): Sure!)
Parent: Leaving...
```

So einfach das auch erscheinen mag, die Gefahr von Deadlocks ist noch lange nicht gebannt:

- Wenn der Elternprozeß seinem Kind sehr viel zu sagen hat und dabei zwischendurch nicht einmal innehält, um auf sein Kind zu hören, kann ein Deadlock wie folgt entstehen: Das Kind antwortet ja auf die Daten des Elternprozesses. Diese Antworten landen in der Rückpipe in Richtung der Eltern. Irgendwann läuft diese Rückpipe voll, da der Elternprozeß sich darum nicht schert und munter drauflosredet. Nun blockiert das Kind und nimmt nichts mehr von der Hinpipe an. Da der Elternprozeß nach wie vor redet, füllt sich diese Pipe ebenfalls bis zur Grenze, und schon blockiert auch der Elternprozeß. Das ist ein klassischer Deadlock: Jeder der Prozesse wartet vergeblich darauf, daß der andere seine Pipe leert, und nichts rührt sich mehr.

- Wenn das Kind ausnahmsweise nichts zu antworten hat, würde der Elternprozeß vergeblich auf eine nie eintreffende Nachricht aus der Rückpipe warten. Auch das Kind wartet auf mehr Informationen vom Elternprozeß. Beide Prozesse sind wieder blockiert und warten vergeblich aufeinander.

Problematisch ist hier auch die Richtung der Kommunikation. Es muß beiden Kommunikationspartnern stets klar sein, wer gerade Daten senden soll und wer gerade empfangen muß. Gerät einer der beiden Prozesse aus dem Takt, wird mit sehr großer Wahrscheinlichkeit ein Deadlock entstehen.

Es muß also ein Richtungsprotokoll eingerichtet werden. Ein solches Protokoll legt fest, wer wann reden soll und wer gefälligst zuzuhören hat. Einfache Richtungsprotokolle sehen eine strikte Abwechslung der Kommunikationsrichtung vor, wie das etwa beim Halbduplex-Verfahren der Fall ist. Andere Protokolle verlangen zwar keine symmetrische Kommunikation, dafür schieben ein *Token* zum jeweils nächsten sprechberechtigten Kommunikationspartner. Diese und andere Protokolle lassen sich mit dem *Sliding-window*-Verfahren kombinieren. Eine Kommunikation deadlockfrei zu organisieren ist nicht immer so einfach, wie es zunächst den Anschein hat!

Pipes sind sehr nützlich, wenn eine feste Kommunikationsrichtung zwischen verwandten Prozessen besteht. Nachteilig bei Pipes ist, daß sie nur zwischen verwandten Prozessen etabliert werden können, daß sie nur Datenströme übertragen können (kein `seek()`!) und daß sie nur eine Punkt-zu-Punkt-Kommunikation zwischen genau zwei Prozessen (darüber hinaus nur in einer Richtung) erlauben. Broadcast- oder Multicast-Kommunikation kann nur mit mehreren Pipes mühsam aufgebaut und simuliert werden.

FIFOs zwischen nicht verwandten Prozessen

Einer der Nachteile von Pipes wurde durch *benannte Pipes*, sogenannte FIFOs, behoben: Eine Kommunikation zwischen nicht verwandten Prozessen ist mit normalen Pipes nicht möglich, dafür aber mit FIFOs.

Eine FIFO ist eine Pipe, die jedoch einen Eintrag im Dateisystem besitzt. Dadurch können sich beliebige Prozesse daran anschließen, als ob sie eine normale Datei öffnen und daraus lesen oder darin schreiben würden. Natürlich sind FIFOs keine gewöhnlichen Dateien. Vielmehr sind FIFOs Einträge eines speziellen Typs im Dateisystem. Ansonsten verhalten sich FIFOs jedoch fast wie anonyme Pipes. Auch hier blockieren Prozesse, die in eine volle FIFO schreiben wollen oder aus einer leeren FIFO lesen möchten. Darum ist Flußkontrolle über FIFOs genauso realisiert wie über Pipes. Der wirklich wichtige Unterschied ist nur, daß die FIFOs aufgrund ihrer offen zugänglichen Namen von beliebigen Prozessen angesteuert werden können.

Wie wird eine FIFO erzeugt? Leider verfügt Perl über keine *builtin*-Funktion zum Erzeugen von FIFOs. Es stehen Ihnen aber mindestens folgende Alternativen zur Verfügung:

- Sie verwenden die `POSIX`-Funktion `mkfifo()`:

    ```
    use POSIX qw(mkfifo);
    mkfifo("/tmp/thefifo", 0666) or die "can't create FIFO: $!\n";
    ```

- Sie rufen eines der Unix-Tools *mknod* oder *mkfifo* wie folgt auf:

    ```
    farid@sun-1:~> mkfifo -m 0666 /tmp/thefifo
    farid@sun-1:~> mknod /tmp/thefifo p
    ```

In beiden Fällen entsteht ein Eintrag im Dateisystem:

```
farid@sun-1:~> ls -l /tmp/thefifo
prw-r--r--   1 farid    users          0 Jul 23 01:39 /tmp/thefifo
```

Beachten Sie das allererste Zeichen vor den Zugriffsrechten: Dort steht statt des üblichen
– ein p. Das ist die Kennzeichnung einer FIFO. Außerdem ist die Länge 0. Beachten Sie,
daß die Zugriffsrechte durch umask() modifiziert wurden.

Nun existiert eine FIFO im Dateisystem. Was kann damit angestellt werden? Prozesse
können die FIFO wie eine gewöhnliche Datei öffnen und daraus lesen bzw. in sie schreiben. Das folgende einfache Beispiel besteht aus einem Server, der die FIFO erzeugt, sie
zum Lesen öffnet und sich auf die Lauer legt. Ein Client kann die FIFO zum Schreiben
öffnen und eine oder mehrere kurze Nachrichten dort ablegen.

Der Server ist recht einfach:

```perl
fifo-server.pl
#!/usr/local/bin/perl -w
# fifo-server.pl -- Erzeugt eine FIFO und wartet auf Auftraege.

use constant FIFOPATH => "/tmp/fifo-demo";
use POSIX qw(mkfifo);
use Fcntl qw(O_RDONLY);

unlink(FIFOPATH);
mkfifo(FIFOPATH, 0666) or die "can't create FIFO: $!\n";

sysopen(FIFOFD, FIFOPATH, O_RDONLY) or die "can't read: $!\n";

while (1) {
    if (sysread(FIFOFD, $fromfifo, 1) == 1) {
        syswrite(STDOUT, $fromfifo, 1);
    }
}
```
fifo-server.pl

Der Client ist noch einfacher, da die FIFO nicht erzeugt werden soll:

```perl
fifo-client.pl
#!/usr/local/bin/perl -w
# fifo-client.pl -- Sendet Auftraege in eine FIFO hinein.

use constant FIFOPATH => "/tmp/fifo-demo";
use Fcntl qw(O_WRONLY);

sysopen(FIFOFD, FIFOPATH, O_WRONLY) or die "can't write: $!\n";

while (<>) {
    my ($tofifo, $towrite) = ($_, length($_));
    do {
        my $written = syswrite(FIFOFD, $tofifo, $towrite);
        $towrite -= $written;
        $tofifo   = substr($tofifo, $towrite);
    } while $towrite;
}
```
fifo-client.pl

Natürlich hätten wir auch ein einfaches, nicht ausgabegepuffertes *cat* als Client benutzen können. Wichtig war nur, daß wir die FIFO über ihren Namen wie eine gewöhnliche Datei öffnen können und hineinschreiben. Ist einmal der Server zu beschäftigt, kann die FIFO vollaufen, was zu einer temporären Blockierung des Clients führt, bis der Server wieder einige Daten aus der FIFO gelesen hat.

Es ist sogar möglich, mehrere Clients an die FIFO anzuschließen. Der Server würde dann die Daten aus allen Clients lesen, und zwar in der Reihenfolge, in der sie in der FIFO abgelegt wurden. Die Daten konkurrierender Clients können wild durcheinander in der FIFO landen. Es wird nur garantiert, daß ein Schreibaufruf mit dem Systemaufruf `write()`, was bei Perl `syswrite()` ist, atomar stattfindet. Natürlich könnte ein `syswrite()` weniger Daten schreiben, als gewünscht war. In diesem Fall ist der Teilschreibvorgang garantiert atomar, mehr jedoch nicht.

Mit Hilfe einer FIFO läßt sich also eine Mehrpunkt-zu-Punkt-Kommunikation einrichten: Mehrere Clients können mehr oder weniger gleichzeitig Daten an einen Server übermitteln. Geht es auch umgekehrt? Lassen sich mehrere Server an eine FIFO anschließen, die dann durch z.B. einen Client gleichzeitig gefüttert werden? Im Prinzip hindert Sie nichts daran, mehrere Server von einer FIFO lesen zu lassen. Zu dumm, daß die Daten nur einmal in der FIFO vorhanden sind. Die Verteilung dieser Daten auf die einzelnen Server ist nicht vorhersagbar, da dort das Prinzip gilt: *first come, first served*. Derjenige Server bekommt also den nächsten Datensatz, der gerade vom Scheduler die CPU bekommt. So kann also eine Punkt-zu-Mehrpunkt-Verbindung *nicht* realisiert werden!

FIFOs existieren bei Unix schon sehr lange. Eine typische Anwendung für FIFOs ist der Printserver *lpd* bzw. das System V-LP-System. Dieser Server wartet traditionell auf Aufträge aus einer FIFO. Genauer setzt der Druckclient *lpr* bzw. *lp* den Druckauftrag in ein Spoolverzeichnis und benachrichtigt den Printdaemon durch eine kurze Mitteilung in die FIFO über die neue Datei.

Dieser Mechanismus ist zwar nach wie vor beliebt, aber er wird zunehmend durch Unix-Domain-Sockets ersetzt (siehe 17.2.9 ab Seite 858).

17.2.6 System V-IPC

Einführung

Unix System V führte drei IPC-Mechanismen ein, die später von POSIX-kompatiblen Unix-Derivaten, so unter anderem `Linux` und `FreeBSD`, übernommen wurden. Es handelt sich hierbei um *Semaphore, Message Queues* und *Shared Memory*. Bis auf *Shared Memory* werden diese Mechanismen relativ selten eingesetzt. In diesem Abschnitt werden wir die einzelnen Mechanismen anhand kleiner Beispielprogramme kennenlernen und untersuchen.

Semaphore

Semaphore dienen zur Synchronisation von Prozessen. Sie werden oft mit den Steuersignalen von Eisenbahnnetzen verglichen. Die Semaphore bei Unix sind überaus flexibel, aber auch schwer zu erlernen und verstehen. Fangen wir deshalb mit der theoretischen Erklärung eines Semaphors an. Anschließend schauen wir uns die Realisierung von Semaphoren unter Unix und speziell bei Perl an. Eine sehr gute allgemeine Erklärung von Semaphoren finden Sie in [88, Seite 51ff].

Im Gegensatz zu den Semaphorvektoren von Unix wollen wir erst mit einem einzelnen Semaphor beginnen. Ein solches Semaphor ist eine kernelgeschützte Entität, die aus zwei Teilen besteht:

- Einem ganzzahligen Wert, meist von 0 startend, und
- zwei atomaren Operationen, P() und V() genannt.

Der Wert einer Semaphore repräsentiert die Anzahl der „Wecksignale" eines Prozesses [88]. Dieser Wert wird durch jeden Aufruf von P() dekrementiert. Erreicht er 0, wird der P() aufrufende Prozeß vom Betriebssystem blockiert, d.h. schlafen gelegt. Durch den Aufruf von V() wird hingegen der Wert des Semaphors inkrementiert. Schliefen vorher einige Prozesse auf diesem Semaphor, etwa weil sie P() nicht zu Ende ausführen konnten, wird vom Betriebssystem daraus ein zufällig gewählter Prozeß geweckt. Dieser Prozeß kann dann seine P()-Operation beenden, wodurch sich der Wert des Semaphors schnell wieder von 1 (nach der V()-Operation des vorigen Prozesses) auf 0 (durch die gerade beendete P()-Operation) zurücksetzt. Der Unterschied ist nun, daß ein Prozeß weniger auf dem Semaphor schläft.

Die Namen der Operationen stammen von E. W. Dijkstra, der Erfinder der Semaphore. Als Niederländer hat er die Ausdrücke *Protect* und *Vrije* gewählt und mit P() und V() abgekürzt. Der wesentliche Grund ist nun, daß mit einem Semaphor eine Ressource geschützt werden kann. Angenommen, eine Ressource darf nur von N Prozessen gleichzeitig genutzt werden. In diesem Fall wird ein Semaphor für diese Ressource erzeugt, mit einem Anfangswert von N (bzw. auf die N-mal V() ausgeführt wurde). Jeder Prozeß, der auf diese Ressource zugreifen will, ruft vorher P() auf. Nach der Benutzung der Ressource ruft er V() auf:

```
P();
    /* Benutze hier die Ressource */
V();
```

Durch P() wird gewissermaßen die Zahl der „Plätze" bei der Ressource dekrementiert. Wenn diese Anzahl von ursprünglich N auf 0 gefallen ist, benutzen genau N Prozesse diese Ressource. Ein weiterer Prozeß, der $N+1$-te, versucht nun ebenfalls, auf die Ressource zuzugreifen. Glücklicherweise würde in diesem Fall P() diesen Prozeß blockieren, wobei der Wert des Semaphors nicht etwa -1 wird, sondern 0 bleibt. Allerdings schläft jetzt ein Prozeß auf diesem Semaphor. Nehmen wir nun an, daß auch der $N+2$-te Prozeß P() aufruft und somit ebenfalls blockiert wird. Dann hat das Semaphor immer noch den Wert 0, aber diesmal zwei schlafende Prozesse.

Irgendwann ist einer der ersten N Prozesse mit der Ressource fertig und ruft V() auf, um seinen Platz aufzugeben. Dies hat dann die Wirkung, daß einer der zufällig gewählten schlafenden Prozesse $N+1$ oder $N+2$ geweckt wird. Angenommen, $N+2$ wird geweckt: Dieser Prozeß kann nun seinen P()-Aufruf beenden und setzt sich auf den gerade freigewordenen Platz (d.h. er kann die Ressource ebenfalls verwenden). Der Wert des Semaphors blieb jedoch unverändert 0, da es sich um eine Folge von V()- und P()-Operationen von 0 heraus gehandelt hat.

Wird auch der Prozeß $N + 1$ geweckt, schlafen keine Prozesse mehr auf dem Semaphor, das nun den Wert 0 hat; natürlich vorausgesetzt, daß keine weiteren P()-willigen Prozesse inzwischen aufgetaucht sind. Wenn nun weitere Prozesse ihre Plätze mit V() freigeben, wird der Wert des Semaphors wieder steigen, bis hin zu N, wenn der letzte Prozeß fertig ist und keine weiteren Prozesse die Ressource brauchen.

Zusammengefaßt sollte man sich folgendes merken:

- Der Initialwert eines Semaphors kennzeichnet die Anzahl der Prozesse, die eine Ressource gleichzeitig nutzen dürfen. Die Analogie von freien Plätzen in einem Kino ist da sicherlich hilfreich.

- Der Prozeß, der die Ressource nutzen will, belegt einen hoffentlich freien Platz, indem er P() aufruft. Dadurch verringert sich die Zahl der freien Plätze.

- Erreicht die Zahl der freien Plätze 0, muß der nächste Prozeß schlafen, bis er wieder geweckt wird.

- Benötigt ein Prozeß die Ressource nicht mehr, verläßt er seinen Platz und gibt ihn mit V() frei. Mußten noch andere Prozesse auf freie Plätze warten, wird einer von ihnen zufällig ausgewählt und aufgeweckt. Dadurch kann dieser den gerade frei gewordenen Platz einnehmen, indem seine P()-Operation beendet wird.

Wesentlich bei Semaphoren ist, daß die P()-Operation aus einer atomaren *Teste-und-setze*-Operation besteht. Dadurch können keine Konkurrenzschlitze (*Race Conditions*) entstehen. Außerdem existieren die Semaphore auch dann weiter, wenn der letzte sie benutzende Prozeß sich beendet hat[3].

Semaphor-Operationen bei Unix sind etwas komplizierter, da sie nicht nur auf einem einzigen Semaphor agieren können, sondern auch auf einem ganzen *Semaphorenvektor*. In diesem Fall können P()- und V()-Operationen, die hier `semop()` heißen, *atomar* auf einem ganzen Vektor bzw. Subvektor von Semaphoren ausgeführt werden! Das gestaltet die Semaphore-API etwas schwierig.

Noch ein Begriff mehr: Ein Semaphor mit einem Initialwert von 1 schützt eine Ressource, die nur von einem Prozeß gleichzeitig genutzt werden kann (eine *Singleton*-Ressource?). Dieses Semaphor heißt *Mutex*, ein Akronym für *MUTual EXclusive*. Dieser Begriff aus Threadlibraries ist also nur ein Spezialfall von Semaphoren.

Wie wäre es mit einem konkreten Beispiel? Das klassische Lehrbuchbeispiel ist die Synchronisation des Erzeuger/Verbraucher-Problems. Das Erzeuger/Verbraucher-Problem

---

[3] ... und das Semaphor weder zum „Löschen-beim-Ende-des-letzten-es-benutzenden-Prozesses" markiert war noch durch den letzen Prozeß explizit gelöscht wurde.

geht von zwei Prozessen aus, die auf einen gemeinsamen Puffer zugreifen können. Dieser Puffer hat genau B_n Slots und darf nur von höchstens einem der Prozesse gleichzeitig gelesen oder beschrieben werden. Nun geht es darum, daß der Erzeuger nur so viele Elemente in den Puffer ablegen darf, wie gerade Plätze frei sind. Der Verbraucher darf hingegen nur so viele Elemente vom Puffer nehmen, wie dort enthalten sind. Ist der Puffer hingegen voll, muß der Erzeuger schlafen, bis wieder Slots frei werden. Ist hingegen der Puffer leer, muß der Verbraucher schlafen, bis wieder Elemente im Puffer enthalten sind.

Wie kann dieses Problem mit Hilfe von Semaphoren modelliert werden? Wir brauchen in Wirklichkeit drei Semaphore:

- Als erstes benötigen wir ein *Mutex*, nennen wir es $mutex, um sicherzustellen, daß immer nur ein Prozeß den Puffer lesen oder beschreiben darf:

    ```
    /* Erzeuger */                      /* Verbraucher */
    P($mutex);                          P($mutex);
       unshift(@buffer, $newelem);         $getelem = pop(@buffer);
    V($mutex);                          V($mutex);
    ```

    Als Mutex muß $mutex den Initialwert 1 besitzen.

- Als zweites benötigen wir ein Semaphor, das die Anzahl der freien Slots des Puffers repräsentiert. Dieses Semaphor wollen wir $empty nennen. Da es die Anzahl der freien Slots repräsentiert und der Puffer am Anfang leer ist, müssen wir es mit einem Initialwert von B_n initialisieren.

    Jedesmal wenn der Erzeuger einen freien Slot des Puffers füllen möchte, muß er $empty dekrementieren, wobei er blockiert werden muß, wenn die Zahl der freien Slots auf 0 fällt. Das ist klassisches P($empty).

    Sobald der Verbraucher ein Element aus dem Puffer entnommen hat, ist wieder ein Platz frei. Daher muß der Verbraucher V($empty) aufrufen. Es läuft also auf folgende Situation hinaus:

    ```
    /* Erzeuger */                      /* Verbraucher */
    P($empty);
       P($mutex);                       P($mutex);
          unshift(@buffer, $newelem);      $getelem = pop(@buffer);
       V($mutex);                       V($mutex);
                                        V($empty);
    ```

    Dadurch kann der Puffer nicht mehr überlaufen, und der Erzeuger würde bei P($empty) blockieren, sollte der Puffer irgendwann einmal voll sein. Wieder zum Leben erweckt wird der Erzeuger, wenn der Verbraucher die Ressource mit einem netten V($empty) wieder freigibt.

- Leider schützt uns noch nichts vor einem Unterlauf des Puffers. Ist der Puffer leer, soll nun der Verbraucher blockieren. Das kann wiederum durch ein weiteres Semaphor, nennen wir es $full, erreicht werden. Dieses Semaphor ist gewissermaßen das Gegenstück zu $empty. Es repräsentiert die Anzahl der Elemente, die im Puffer enthalten sind. Jede Entnahme durch den Verbraucher muß vorher durch ein

17.2 Lokale Interprozeßkommunikation

P($full) genehmigt werden. Dieser Aufruf kann natürlich blockieren, wenn der Puffer gerade leer ist. Die Anzahl der belegten Slots, also der Pufferelemente wird hingegen *nach* dem Ablegen eines Elementes in den Puffer durch den Erzeuger mit V($full) erhöht. Dies ist auch gleich ein eventuelles Wecksignal an den Verbraucher, daß wieder Daten bereitliegen.

```
/* Erzeuger */                          /* Verbraucher */
P($empty);                              P($full);
  P($mutex);                              P($mutex);
    unshift(@buffer, $newelem);             $getelem = pop(@buffer);
  V($mutex);                              V($mutex);
V($full);                               V($empty);
```

Da $full die Anzahl der belegten Slots repräsentiert und der Puffer am Anfang leer ist, muß sie mit 0 initialisiert werden.

Das Programm sieht also im Pseudocode in etwa folgendermaßen aus:

```
sema-pseudocode.txt
# hey, emacs, this is -*- perl -*- code! (well just pseudocode)
# Pseudocode des Erzeuger/Verbraucher-Problems mit Semaphoren.

use constant NSLOTS => 10;        # Anzahl der freien Pufferslots

my ($mutex, $empty, $full, $buffer) = initialize();
if (fork()) { producer($mutex,$empty,$full,$buffer); }
      else { consumer($mutex,$empty,$full,$buffer); }

sub initialize {
  # Hier werden die Semaphore erzeugt und initialisiert.
  my $mutex  = initialize_semaphore(1);
  my $empty  = initialize_semaphore(NSLOTS);
  my $full   = initialize_semaphore(0);
  my $buffer = initialize_buffer(NSLOTS);

  return ($mutex, $empty, $full, $buffer);
}

sub producer {
  # Das ist der Erzeuger. Er laeuft in einem eigenen Prozess.
  my ($mutex, $empty, $full, $buffer) = @_;
  my $newelem;

  while (1) {
    $newelem = generate_new_element();

    P($empty);         # Bald ein Slot weniger frei.
      P($mutex);
        store_element($newelem, $buffer);
      V($mutex);
    V($full);          # Jetzt ein Slot mehr belegt.
  }
```

```perl
}

sub consumer {
  # Das ist der Verbraucher. Er laeuft in einem eigenen Prozess.
  my ($mutex, $empty, $full, $buffer) = @_;
  my $newelem;

  while (1) {
    P($full);           # Bald ein Slot weniger belegt.
      P($mutex);
        $newelem = fetch_element($newelem, $buffer);
      V($mutex);
    V($empty);          # Jetzt ein Slot mehr frei.

    consume_new_element($newelem);
  }
}
```
sema-pseudocode.txt

Nun müssen wir nur noch die Semaphore-API von Unix, speziell unter Perl, kennenlernen und das Erzeuger/Verbraucher-Problem in Perl implementieren.

Wie werden Semaphore aus Perl heraus erzeugt? Sie haben die Wahl zwischen:

- der direkten Verwendung der *builtin* `sem*()`-Funktionenfamilie oder
- der Verwendung des Standardmoduls `IPC::Semaphore`.

Im folgenden werden wir uns der etwas intuitiveren Schnittstelle des Standardmoduls bedienen.

Schauen Sie sich schon einmal das fertige Programm an. Wir werden anschließend die wesentlichen Aspekte davon erklären.

```perl
# sema-demo.pl
#!/usr/local/bin/perl -w
# sema-demo.pl -- Loest das Erzeuger/Verbraucher-Problem
#                 mit Semaphoren und einem Tie::Shareable-Puffer.

use IPC::SysV qw(IPC_PRIVATE IPC_CREAT S_IRWXU);
use IPC::Semaphore;
use IPC::Shareable;                     # CPAN-Modul

use constant NSLOTS => 5;               # Anzahl der freien Pufferslots
use constant MAXSLEEP_PRODUCER => 5;    # Maximale Schlafzeit Erzeuger
use constant MAXSLEEP_CONSUMER => 5;    # Maximale Schlafzeit Verbraucher

use vars qw($g_elemnr $g_slotnr $g_buffer);   # Globale Variablen
use strict;

# -------- Hauptprogramm ----------------------------------------
my ($mutex, $empty, $full) = initialize();
if (fork()) { producer($mutex,$empty,$full); }
```

17.2 Lokale Interprozeßkommunikation

```perl
        else { consumer($mutex,$empty,$full); }
  sub initialize {
    # Hier werden die Semaphore erzeugt und initialisiert.
    my $mutex = initialize_semaphore(1);
    my $empty = initialize_semaphore(NSLOTS);
    my $full  = initialize_semaphore(0);

    return ($mutex, $empty, $full);
  }

  # -------- Semaphorlogik -----------------------------------
  sub initialize_semaphore {
     my $initvalue = shift;
     my $sem = new IPC::Semaphore(IPC_PRIVATE, 1, S_IRWXU | IPC_CREAT);
     $sem->setall(($initvalue) x 1);
     return $sem;
  }

  sub P {
     my $sem = shift;
     $sem->op(0, -1, 0);    # 0-tes Semaphor um -1 dekrementieren,
                            # wobei ohne IPC_NOWAIT blockiert wird!
  }

  sub V {
     my $sem = shift;
     $sem->op(0, +1, 0);    # 0-tes Semaphor um +1 inkrementieren,
                            # wobei ohne IPC_NOWAIT blockiert wird!
  }

  # -------- Shared-Memory-Logik -----------------------------
  sub initialize_buffer {
     my $nelems = shift;      # Anzahl der Slots im Puffer  $g_buffer

     tie $g_buffer, 'IPC::Shareable', 'TEsT',
         { create => 1, mode => 0666 }
         or die "can't tie buffer to shared memory: $!\n";

     $g_buffer = join(':', map { "Slot#$_" } 0 .. $nelems);
     $g_slotnr = $nelems - 1;
  }

  # -------- Erzeugerlogik -----------------------------------
  sub producer {
    # Das ist der Erzeuger. Er laeuft in einem eigenen Prozess.
    my ($mutex, $empty, $full) = @_;
    P($mutex); initialize_buffer(NSLOTS); V($mutex);  # ... $g_buffer
    my $newelem;

    while (1) {
```

```perl
      sleep(rand(MAXSLEEP_PRODUCER));

      $newelem = generate_new_element();

      P($empty);         # Bald ein Slot weniger frei.
        P($mutex);
          store_element($newelem);    # ...in $g_buffer
        V($mutex);
      V($full);          # Jetzt ein Slot mehr belegt.
    }
  }

  sub generate_new_element {
      print "Producer: Generated(", ++$g_elemnr, ")\n";
      return $g_elemnr;              # Sollte global sein
  }

  sub store_element {
      my $newelem   = shift;

      my @bufelems = split(/:/, $g_buffer);

      # Suche einen freien Slot von rechts aus, und fuelle ihn.
      # Es ist immer mindestens einer frei, wenn store_element()
      # vom producer() aufgerufen wird!!!
      for (my $i=$#bufelems; $i>=0; $i--) {
          if ($bufelems[$i] =~ /Slot#(\d+)/) {
              # Ein leerer Slot ganz rechts gefunden.
              $bufelems[$i] = $newelem;
              last;
          }
      }
      $g_buffer = join(':', @bufelems);

      print "Producer: New buffer=($g_buffer)\n";
  }


  # -------- Verbraucherlogik -------------------------------------
  sub consumer {
    # Das ist der Verbraucher. Er laeuft in einem eigenen Prozess.
    my ($mutex, $empty, $full) = @_;
    P($mutex); initialize_buffer(NSLOTS); V($mutex);  # ... $g_buffer
    my $newelem;

    while (1) {
      sleep(rand(MAXSLEEP_CONSUMER));

      P($full);          # Bald ein Slot weniger belegt.
        P($mutex);
          $newelem = fetch_element();   # ... aus $g_buffer
        V($mutex);
```

17.2 Lokale Interprozeßkommunikation

```perl
        V($empty);           # Jetzt ein Slot mehr frei.

        consume_new_element($newelem);
    }
}

sub consume_new_element {
    my $elem = shift;
    print "Consumer:   Fetched($elem)\n";
}

sub fetch_element {
    my @bufelems = split(/:/, $g_buffer);

    # Suche einen gefuellten Slot und leere ihn.
    # Es ist mindestens ein nicht leerer Slot da, wenn der consumer()
    # uns hier aufruft!!! Leere Slots sind links, volle Slots rechts!
    my $elem = pop(@bufelems);              # Raus damit
    unshift(@bufelems, 'Slot#' . ++$g_slotnr); # Neuer leerer Slot
    $g_buffer = join(':', @bufelems);

    print "Consumer: New buffer=($g_buffer)\n";
    return $elem;
}
```
——————————————————————————————————— sema-demo.pl

Die Ausführung dieses Programms ergibt beispielsweise:

```
farid@sun-1:~/p> ./sema-demo.pl
Producer: Generated(1)
Producer: New buffer=(Slot#0:Slot#1:Slot#2:Slot#3:Slot#4:1)
Consumer: New buffer=(Slot#5:Slot#0:Slot#1:Slot#2:Slot#3:Slot#4)
Consumer:   Fetched(1)
Producer: Generated(2)
Producer: New buffer=(Slot#5:Slot#0:Slot#1:Slot#2:Slot#3:2)
Consumer: New buffer=(Slot#6:Slot#5:Slot#0:Slot#1:Slot#2:Slot#3)
Consumer:   Fetched(2)
Producer: Generated(3)
Producer: New buffer=(Slot#6:Slot#5:Slot#0:Slot#1:Slot#2:3)
Producer: Generated(4)
Producer: New buffer=(Slot#6:Slot#5:Slot#0:Slot#1:4:3)
Consumer: New buffer=(Slot#7:Slot#6:Slot#5:Slot#0:Slot#1:4)
Consumer:   Fetched(3)
Consumer: New buffer=(Slot#8:Slot#7:Slot#6:Slot#5:Slot#0:Slot#1)
Consumer:   Fetched(4)
Producer: Generated(5)
Producer: New buffer=(Slot#8:Slot#7:Slot#6:Slot#5:Slot#0:5)
Consumer: New buffer=(Slot#9:Slot#8:Slot#7:Slot#6:Slot#5:Slot#0)
Consumer:   Fetched(5)
^C
farid@sun-1:~/p> ipcs
IPC status from <running system> as of Fri Jul 23 06:40:19 1999
```

```
Message Queue facility not in system.
T         ID       KEY           MODE        OWNER      GROUP
Shared Memory:
m          0       0x500002f8    --rw-r--r--  root       root
m       1301       0x54734554    --rw-rw-rw-  farid      users
Semaphores:
s     851968      00000000       --ra-------  farid      users
s     393217      00000000       --ra-------  farid      users
s     393218      00000000       --ra-------  farid      users
s     393219      0x54734554     --ra-ra-ra-  farid      users
farid@sun-1:~/p> ipcrm -s 851968
farid@sun-1:~/p> ipcrm -s 393217
farid@sun-1:~/p> ipcrm -s 393218
farid@sun-1:~/p> ipcrm -s 393219
farid@sun-1:~/p> ipcrm -m 1301
farid@sun-1:~/p> ipcs
IPC status from <running system> as of Fri Jul 23 06:41:47 1999
Message Queue facility not in system.
T         ID       KEY           MODE        OWNER      GROUP
Shared Memory:
m          0       0x500002f8    --rw-r--r--  root       root
Semaphores:
```

Was können wir aus diesem Beispiel lernen?

- Wir benötigen das Standardmodul IPC::Semaphore sowie ein weiteres Standardmodul, genannt IPC::SysV. Das erste stellt uns eine bequeme Schnittstelle zum Erzeugen und zur Manipulation von Semaphoren zur Verfügung. Das zweite Hilfsmodul definiert lediglich einige erforderliche Konstanten:

  ```
  use IPC::SysV qw(IPC_PRIVATE IPC_CREAT S_IRWXU);
  use IPC::Semaphore;
  ```

- Im Hauptprogramm erzeugen wir die drei bereits oben erwähnten Semaphore $mutex, $empty und $full und erzeugen mit fork() einen weiteren Prozeß. Wir haben nun zwei Prozesse: ein Produzent und ein Konsument.

  ```
  my ($mutex, $empty, $full) = initialize();
  if (fork()) { producer($mutex,$empty,$full); }
         else { consumer($mutex,$empty,$full); }
  ```

  Ab dieser Stelle existieren zwei voneinander unabhängige Prozesse, die sich durch die gerade erzeugen Semaphore untereinander synchronisieren werden.

- Semaphore werden mit Hilfe von IPC::Semaphore wie folgt definiert und mit einem Initialwert versehen:

  ```
  sub initialize_semaphore {
      my $initvalue = shift;
      my $sem = new IPC::Semaphore(IPC_PRIVATE, 1, S_IRWXU | IPC_CREAT);
      $sem->setall(($initvalue) x 1);
      return $sem;
  }
  ```

Hierbei sind noch einige Aspekte zu berücksichtigen:

- Wir haben die Wahl, uns entweder an ein bereits existierendes Semaphor anzuschließen oder eins mit zufälligen Namen zu erzeugen. Unverwandte Prozesse würden die erste Möglichkeit wählen, während wir hier einfach ein privates Semaphor (IPC_PRIVATE) mit den Zugriffsrechten rwx (S_IRWXU) erzeugen (IPC_CREAT) möchten.

- Da Unix Semaphorenvektoren unterstützt, wird mit dem Konstruktor des IPC::Semaphore-Moduls nicht nur ein isoliertes Semaphor, sondern ein ganzer Vektor davon erzeugt. Die Anzahl der Semaphore dieses Vektors wird als zweiter Parameter des Konstruktors übergeben. Da wir nur jeweils einelementige Semaphorenvektoren brauchen, steht dort natürlich eine 1.

- Beachten Sie bitte, daß es für uns keinen Sinn macht, alle drei Semaphore in einem einzigen Vektor unterzubringen, da diese unabhängig voneinander sind. Wir benötigen keine atomaren Operationen auf zwei oder drei Semaphore gleichzeitig!

- Der IPC::Semaphore-Konstruktor liefert ein Semaphorenvektor-Objekt $sem zurück.

- Die Initialisierung der Semaphore kennzeichnet nach unserem Modell die Zahl der freien Plätze der geschützten Ressource. Durch die Methode setall(@initwerte) lassen sich gleich alle Semaphore im Semaphorenvektor mit einem Initialwert belegen. Da wir nur einelementige Semaphorenvektoren haben, ist die Initialisierung naheliegend.

- Interessant sind natürlich die Operationen P() und V(). Diese werden durch geschützte blockierungsbehaftete Dekrementierung bzw. Inkrementierung mit Hilfe der Methode op() des Semaphorenvektor-Objekts durchgeführt:

    ```
    $sem->op(0, -1, 0);     # P()
    $sem->op(0, +1, 0);     # V()
    ```

    Dabei kennzeichnet der erste Parameter die Position der betroffenen Semaphore im Semaphorenvektor. Da wir nur einelementige Vektoren haben, ist unser Semaphor natürlich stets an der nullten Position.

    Der zweite Parameter ist der Wert, der zum alten Semaphorenwert addiert werden soll. Bei −1 wird daher natürlich dekrementiert, was genau die P()-Semantik hat, während +1 natürlich der V()-Semantik entspricht.

    Der dritte Parameter kann eine Kombination von Flags enthalten, die das Verhalten der semop()-Operation beeinflussen. Beispielsweise würde beim Flag IPC_NOWAIT die P()-Operation nicht blockieren, sondern mit einem bestimmten Rückgabewert zurückkehren. Da wir eine Blockierung wünschen, haben wir dieses Flag natürlich nicht angegeben.

- Die op()-Operation ist garantiert atomar. Hätten wir mehrere Semaphore im Semaphorenvektor gehabt, so wären z.B. eine Inkrementierung der ersten und eine

Dekrementierung des zweiten Semaphors zusammen eine einzige atomare Operation:

```
$sem->op(0, +1, 0,      # V() des ersten Semaphors
         1, -1, 0);     # P() des zweiten Semaphors
```

Von dieser Möglichkeit haben wir aber natürlich nicht Gebrauch gemacht.

- Mit den gerade definierten P()- und V()-Funktionen läßt sich der Pseudocode des Erzeugers und Verbrauchers nahezu unverändert übernehmen. Schauen wir uns einmal zur Veranschaulichung den Code des Erzeugers an:

```
sub producer {
  # Das ist der Erzeuger. Er laeuft in einem eigenen Prozess.
  my ($mutex, $empty, $full) = @_;
  P($mutex); initialize_buffer(NSLOTS); V($mutex); # ...$g_buffer
  my $newelem;

  while (1) {
    sleep(rand(MAXSLEEP_PRODUCER));

    $newelem = generate_new_element();

    P($empty);        # Bald ein Slot weniger frei.
      P($mutex);
        store_element($newelem);    # ...in $g_buffer
      V($mutex);
    V($full);         # Jetzt ein Slot mehr belegt.
  }
}
```

Der Kernbereich am Ende der Funktion besteht aus der offensichtlichen Klammerung durch P()- und V()-Aufrufe. In einer Endlosschleife wird ein Element erzeugt und dann geschützt im gemeinsamen Puffer abgelegt. Um bessere Simulationsergebnisse zu bekommen, wird bei jedem Schleifendurchlauf eine zufällige Zeit gewartet. Somit können Erzeuger und Verbraucher leichter aus dem Takt kommen. Das ist aber für den Puffer nicht schlimm, denn dieser ist durch das Semahor $empty vor Überfüllung durch den Erzeuger und durch das Semaphor $full vor Unterlauf durch den Verbraucher geschützt! Sollte der Puffer jemals zu voll werden, wird der Erzeuger an P($empty) schlafen. Umgekehrt wird bei leerem Puffer der Verbraucher an P($full) blockiert.

- Der gemeinsame Puffer wird mit Hilfe des CPAN-Moduls IPC::Shareable als skalare Variable, die im *Shared Memory* liegt, realisiert. Dieses Modul wird noch genauer in Abschnitt 17.2.7 ab Seite 848 vorgestellt.

- Jeder Prozeß bindet seine eigene globale Variable $g_buffer mit Hilfe von IPC::Shareable an das *Shared-Memory*-Segment:

```
sub initialize_buffer {
    my $nelems = shift;     # Anzahl der Slots im Puffer $g_buffer

    tie $g_buffer, 'IPC::Shareable', 'TEsT',
```

17.2 Lokale Interprozeßkommunikation

```
            { create => 1, mode => 0666 }
            or die "can't tie buffer to shared memory: $!\n";

        $g_buffer = join(':', map { "Slot#$_" } 0 .. $nelems);
        $g_slotnr = $nelems - 1;
    }
```

Der Puffer wird als eine skalare Variable realisiert. Jede Änderung von einem der Prozesse an dieser Variable ist sofort vom anderen Prozeß aus sichtbar. Da somit Inkonsistenzen entstehen könnten, haben wir den Zugriff auf diese Variable mit Hilfe des Mutex $mutex ja geschützt!

- Die restliche Programmlogik beschäftigt sich mit der Verwaltung des Puffers und ist für uns nicht weiter relevant.

- Interessant hingegen ist zu beobachten, was *nach* der Ausführung des Programms entstand:

```
farid@sun-1:~/p> ipcs
IPC status from <running system> as of Fri Jul 23 06:40:19 1999
Message Queue facility not in system.
T         ID       KEY        MODE        OWNER    GROUP
Shared Memory:
m          0       0x500002f8 --rw-r--r--  root     root
m       1301       0x54734554 --rw-rw-rw-  farid    users
Semaphores:
s     851968       00000000   --ra-------  farid    users
s     393217       00000000   --ra-------  farid    users
s     393218       00000000   --ra-------  farid    users
s     393219       0x54734554 --ra-ra-ra-  farid    users
```

Mit Hilfe des Unix-Kommandos *ipcs* können wir uns die System V-Message-Queues, -Shared-Memory und -Semaphore anschauen. Da es sich hierbei um kernelgeschützte Entitäten handelt, die auch das Ende der sie benutzenden Prozesse überdauern[4], sehen wir, daß unser Programm einige Spuren hinterlassen hat: Ein Shared-Memory-Segment sowie vier Semaphore. Drei davon, wahrscheinlich die mit den aufeinanderfolgenden IDs, sind unsere Semaphore $mutex, $empty und $full. Das vierte Semaphor wird intern vom IPC::Shareable-Modul erzeugt, da dieses Modul ebenfalls in der Lage ist, Zugriffe auf das *Shared Memory* zu serialisieren. Wir haben diese Fähigkeit jedoch nicht gebraucht, da wir dies selbst mit $mutex erledigt haben.

- Die so erzeugten Ressourcen existieren weiterhin bis zum Shutdown des Systems. Aufgrund IPC_PRIVATE werden beim nächsten Aufruf des Programms wieder drei neue Semaphore erzeugt usw. Somit würde die systemweite IPC-Tabelle nach und nach immer voller werden. Da das System nur eine begrenzte Zahl dieser Res-

---

[4] ... nicht jedoch einen *Shutdown*.

sourcen unterstützt, müssen wir irgendwann einmal aufräumen. Dazu gibt es zwei Möglichkeiten:

- Mit Hilfe des Unix-Tools *ipcrm* können Semaphore, Shared-Memory-Segmente und Message-Queues explizit gelöscht werden:

```
farid@sun-1:~/p> ipcrm -s 851968
farid@sun-1:~/p> ipcrm -s 393217
farid@sun-1:~/p> ipcrm -s 393218
farid@sun-1:~/p> ipcrm -s 393219
farid@sun-1:~/p> ipcrm -m 1301
farid@sun-1:~/p> ipcs
IPC status from <running system> as of Fri Jul 23 06:41:47 1999
Message Queue facility not in system.
T         ID     KEY        MODE       OWNER    GROUP
Shared Memory:
m         0      0x500002f8 --rw-r--r--   root     root
Semaphores:
```

- Ein Semaphor kann auch zum Löschen markiert werden. Das bedeutet, daß es entfernt wird, sobald kein Prozeß es mehr benötigt. Alternativ dazu kann ein Semaphor auch explizit gelöscht werden. Dazu verwenden Sie die Funktion `semctl()` mit dem Flag `IPC_RMID`. Wenn Sie hingegen das Standardmodul `IPC::Semaphore` verwenden, können Sie einen Semaphorenvektor mit der Methode `remove()` komplett löschen:

```
END { $sem->remove(); }
```

Message-Queues

Message-Queues können Sie sich als eine Art Kernel-Mailbox vorstellen. Prozesse können in einer Message-Queue Daten hinterlegen, die dann von anderen Prozessen abgeholt werden können. Die Daten werden „Nachrichten" (*Messages*) genannt. Die Nachrichten bleiben auch nach dem Ende des Erzeugers in der Message-Queue. Insofern ähneln Message-Queues Shared-Memory-Segmenten und Semaphorenvektoren. Allerdings haben Message-Queues eine Struktur, die weiter unten erläutert wird.

Nachrichten können mit einer *Priorität* versehen werden. Alle Nachrichten werden zusammen mit ihrer Priorität in eine *Warteschlange* eingereiht. Ein Verbraucherprozeß kann dabei Nachrichten aus dieser speziellen Warteschlange entfernen und zwar:

- *Die erste Nachricht in der Warteschlange:*

  Es gilt die normale Warteschlangendisziplin: Die zuerst eingefügte Nachricht ist auch die zuerst entfernte, also gilt der Grundsatz *first in, first out*. Dabei spielt die Priorität der Nachrichten keine Rolle.

- *Die erste Nachricht mit einer Priorität N:*

  Der Verbraucher kann ein spezielles Interesse an Nachrichten der Priorität N bekunden. In diesem Fall wird die globale *First-in, first-out*-Disziplin durchbrochen und durch eine *First-in, first-out*-Disziplin für Nachrichten der gewünschten Priorität ersetzt. Die zuerst eingefügte Nachricht mit der Priorität N wird dann zuerst ausgegeben und aus der Warteschlange entfernt[5].

- *Die erste Nachricht* ab *einer Priorität N:*

Nun kann der Verbraucher nicht nur an Nachrichten einer Priorität N interessiert sein, sondern auch an allen Nachrichten mit einer gleichen oder höheren Priorität als N. Dabei gelten Nachrichten mit niedrigerem numerischen N als höher priorisiert. Auch hier wird die globale *First-in, first-out*-Disziplin durchbrochen und eine *First-in, first-out*-Disziplin über alle Nachrichten mit gleicher oder höherer Priorität (d.h. numerisch kleiner) als N etabliert.

Das alles hört sich ziemlich kompliziert an, ist jedoch einfacher, als es den Anschein hat. Abbildung 17.5 zeigt ein Beispiel.

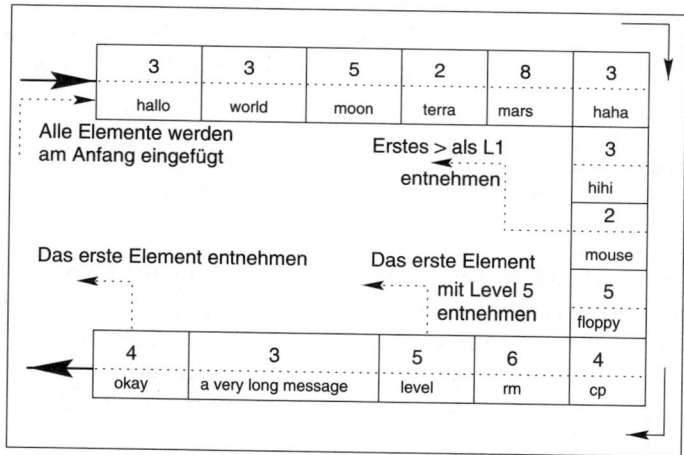

Abbildung 17.5: Das Prinzip einer Message-Queue

In Abbildung 17.5 wurden die Nachrichten in folgender Reihenfolge eingefügt:

```
(4, "okay"), (3, "a very long message"), (5, "level"),
(6, "rm"),   (4, "cp"),   (5, "floppy"), (2, "mouse"),
(3, "hihi"), (3, "haha"), (8, "mars"),   (2, "terra"),
(5, "moon"), (3, "world"), (3, "hallo").
```

Dabei hat jede Nachricht die Form (`prio`, `'value'`). Sollte der Anwender dann an irgendeiner Nachricht interessiert sein, ohne dabei auf die Priorität Wert zu legen, würde zuerst die Nachricht (4, 'okay') aus der Schlange entfernt und dem Verbraucher zugestellt.

---

5 Auch wenn sie nicht am Ende der (globalen) Schlange war.

Möchte dieser jedoch die erste Nachricht mit der Priorität 5 haben, so würde er die Nachricht (5, 'level') bekommen (und nicht etwa (5, 'floppy')). Diese Nachricht wird dann ebenfalls aus der Warteschlange entfernt, so daß auf (3, 'a very long message') direkt die Nachricht (6, 'rm') folgen würde.

Schließlich kann sich der Verbraucher auch für die Variante entscheiden, in der er die erste Nachricht mit einer höheren Priorität als 1 ($\geq$ 1) haben möchte. In diesem Fall wird er die Nachricht (2, 'mouse') erhalten, die dann ebenfalls aus der Warteschlange entfernt wird (so daß auf (5, 'floppy') die Nachricht (3, 'hihi') folgen würde). Die am besten erreichbare Priorität unter 1 war eben leider nur 2. Wäre eine Nachricht (0, 'wichtig') vorhanden gewesen, so hätte sie eine höhere Priorität als 1 gehabt und wäre folgerichtig nicht gewählt worden.

Wir wollen uns nun das Beispiel aus Abbildung 17.5 in Perl anschauen. Zur Abwechselung schreiben wir nicht ein Programm, das mehrere Prozesse erzeugt. Vielmehr werden wir vier Programme schreiben, die nacheinander aufgerufen werden. Damit wird auch gleich demonstriert, daß die Message-Queue zwischen den Programmen weiterhin im System existiert und die Nachrichten zwischenspeichert. Folgende Programme werden wir schreiben:

- ipcmsg1.pl — erzeugt die Message-Queue, schreibt jedoch nichts hinein. Damit wollen wir zeigen, daß das Message-Queue-Objekt auch nach dem Ende von ipcmsg1.pl weiter existiert.

- ipcmsg2.pl — schließt sich an die gerade erzeugte Message-Queue an und füllt sie mit den Nachrichten aus dem Beispiel von Abbildung 17.5. *Hinweis:* Nichts hindert Sie daran, das Füllen und Leeren von Message-Queues abwechselnd zu betreiben. Das haben wir hier einfach der Bequemlichkeit halber nicht getan. Interessant an diesem Beispiel ist, wie der Name der von ipcmsg1.pl erzeugten Message-Queue wiedergefunden wird.

- ipcmsg3.pl — entnimmt nun die Nachrichten, wie dies in der Abbildung dargestellt war, aus der Message-Queue und zeigt sie an.

- ipcmsg4.pl — liest die restlichen Nachrichten der Message-Queue der Reihe nach aus und gibt diese aus. Schließlich wird die Message-Queue auch tatsächlich vernichtet.

Machen wir uns also an die Arbeit.

Als erstes erzeugen wir eine Message-Queue. Dazu benutzen wir eine ID, die in allen vier Programmen gleich sein wird: 4712. Diese ID ist das Äquivalent einer Adresse und dient dazu, die Message-Queue im System eindeutig zu identifizieren.

```
ipcmsg1.pl
#!/usr/local/bin/perl -w
# ipcmsg1.pl -- Erzeugt eine Message-Queue

use IPC::SysV qw(IPC_CREAT S_IRWXU ftok);
```

17.2 Lokale Interprozeßkommunikation

```perl
use IPC::Msg;

# Die folgenden Konstanten kennzeichnen die Message-Queue im System.
# RENDEZVOUS muss der Name einer _existierenden_ Datei sein!
# Nur die unteren 8 Bits von RVID sind wichtig und muessen !=0 sein!
# ftok(RENDEZVOUS, RVID) erzeugt einen immer identischen Schluessel,
# so lange die Datei RENDEZVOUS nicht neu angelegt wurde.
use constant RENDEZVOUS => "/etc/group";
use constant RVID       => 121;


# Erzeugt eine Message-Queue mit dem Namen RENDEZVOUS,
# wenn sie noch nicht vorher existiert hat.
use vars qw($msg);
$msg = new IPC::Msg(ftok(RENDEZVOUS, RVID), S_IRWXU | IPC_CREAT);
```
———————————————————————————————————— ipcmsg1.pl

Die Ausführung ergibt:

```
farid@sun-1:~/p> ipcs
IPC status from <running system> as of Fri Jul 23 19:14:37 1999
T         ID     KEY        MODE       OWNER    GROUP
Message Queues:
Shared Memory:
m          0     0x500002f8 --rw-r--r--   root     root
Semaphores:
farid@sun-1:~/p> ./ipcmsg1.pl
farid@sun-1:~/p> ipcs
IPC status from <running system> as of Fri Jul 23 19:15:04 1999
T         ID     KEY        MODE       OWNER    GROUP
Message Queues:
q        150     0x790004df --rw-------   farid    users
Shared Memory:
m          0     0x500002f8 --rw-r--r--   root     root
Semaphores:
```

Wir können sogar noch mehr Informationen über die gerade erzeugte Message-Queue erhalten:

```
farid@sun-1:~/p> ipcs -qa
IPC status from <running system> as of Fri Jul 23 19:15:24 1999
T      ID     KEY         MODE       OWNER    GROUP    CREATOR
CGROUP CBYTES QNUM QBYTES LSPID LRPID STIME    RTIME    CTIME
Message Queues:
q     150     0x790004df --rw-------   farid    users    farid
users     0    0   4096     0     0 no-entry no-entry 19:15:02
```

Wichtig sind hier folgende Einträge:

- ID ist die eindeutige ID der Message-Queue. Mit Hilfe dieser ID könnten wir die Message-Queue mittels *ipcrm* löschen.

- KEY ist der durch ftok() erzeugte eindeutige Schlüssel. Dieser Wert wird auch von den folgenden Programmen benutzt, so daß diese anderen Programme sich genau an diese Message-Queue anschließen. Anstatt sich nun solche komplizierten Nummern zu merken, verwenden wie weiterhin die mnemonische Funktion ftok() aus dem Standardmodul IPC::SysV, die den Pfadnamen einer existierenden Datei und eine 8-Bit-Kennung, die nicht Null sein darf, zu einem KEY verschmilzt. ftok() wird bei dem gleichen Pfadnamen/8-Bit-Kennung-Paar auch stets denselben KEY erzeugen, womit die Verbindung zwischen den einzelnen Programmen hergestellt ist. Beachten Sie, daß das Löschen der durch den Pfadnamen bezeichneten Datei und das anschließende Wiederanlegen unter demselben Namen dennoch für ftok() einen anderen KEY bedeuten würde. Das liegt vermutlich daran, daß ftok() die Inode-Nummer der Datei mit der 8-Bit-Kennung kombiniert, nicht mit dem Dateinamen selbst.

- Die Anzahl der in der Message-Queue enthaltenen Nachrichten ist in QNUM zu finden. Da wir noch keine Nachrichten dort hinterlegt haben, ist diese Anzahl erst einmal 0.

- Die Gesamtzahl der Bytes in der Message-Queue ist in QBYTES enthalten. Außer dem Overhead 4096 (eine VM-Seite) ist bisher dort nichts enthalten.

- Weitere Verwaltungsinformationen, wie Zugriffsrechte, Besitzer, Erzeugungszeit, können ebenfalls dort gefunden werden. Beachten Sie auch, daß die Zugriffsrechte, die durch S_IRWXU beim Erzeugen angegeben wurden, durch die Funktion umask() *nicht* verändert werden! *umask* gilt nur für Dateien, nicht jedoch für System V-IPC-Objekte.

Das Programm zum Erzeugen der Message-Queue ist sehr einfach.

- Wir verwenden wieder ein Standardmodul IPC::Msg zum Erzeugen eines Message-Queue-Objekts:

    $msg = new IPC::Msg(ftok(RENDEZVOUS, RVID), S_IRWXU | IPC_CREAT);

- Die Funktion ftok() ist im Standardmodul IPC::SysV definiert. Sie kombiniert, wie oben gesagt, einen Pfadnamen mit einer 8-Bit-Kennung zu einem eindeutigen KEY.

- Durch das Flag IPC_CREAT wird eine noch nicht existierende Message-Queue des entsprechenden KEYs erzeugt. Existiert diese Message-Queue bereits, wird nur die Verbindung zu ihr hergestellt. Existierende Daten werden nicht überschrieben.

- Die Zugriffsrechte auf die Message-Queue können beim Erzeugen durch die Flags S_IRWXU (User), S_IRWXG (Group) und S_IRWXO (Other) festgelegt werden. Wie bereits erwähnt, werden diese nicht durch *umask* beeinflußt.

- Nach dem Ende des Programms besteht die Message-Queue fort.

Wir füllen nun die Message-Queue mit Nachrichten diverser Prioritäten. Dabei halten wir uns an die Reihenfolge der Nachrichten aus Abbildung 17.5.

17.2 Lokale Interprozeßkommunikation

```perl
                                ipcmsg2.pl
#!/usr/local/bin/perl -w
# ipcmsg2.pl -- Fuellt eine Message-Queue mit Werten

use IPC::SysV qw(ftok);
use IPC::Msg;
use constant RENDEZVOUS => "/etc/group";
use constant RVID       => 121;

@MESSAGES =
    (4 => "okay",     3 => "a very long message",
     5 => "level",    6 => "rm",      4 => "cp",
     5 => "floppy",   2 => "mouse",   3 => "hihi",
     3 => "haha",     8 => "mars",    2 => "terra",
     5 => "moon",     3 => "world",   3 => "hallo");

# Stelle erst eine Verbindung zur Message-Queue her.
# Hinweis: Wir erzeugen Sie *nicht*; dies wurde bereits
# von ipcmsg1.pl erledigt.
$msg = new IPC::Msg(ftok(RENDEZVOUS, RVID), 0);

# Fuelle die Message-Queue mit @MESSAGES
# Wir verwenden dazu die Methode snd().
# Typ jeder Nachricht: long, gefolgt von einem String.
for ($i=0; $i < $#MESSAGES; $i+=2) {
    my ($prio, $text) = @MESSAGES[$i,$i+1];
    $msg->snd($prio, $text, 0);
}
                                                                ipcmsg2.pl
```

Die Ausführung ergibt hier:

```
farid@sun-1:~/p> ./ipcmsg2.pl
farid@sun-1:~/p> ipcs -qa
IPC status from <running system> as of Fri Jul 23 19:16:45 1999
T         ID      KEY        MODE        OWNER    GROUP    CREATOR
CGROUP CBYTES  QNUM QBYTES LSPID LRPID    STIME     RTIME    CTIME
Message Queues:
q        150    0x790004df --rw-------   farid    users    farid
users    74     14   4096   954    0  19:16:30 no-entry 19:15:02
```

- Wir erkennen hier, daß die Message-Queue nach wie vor existiert und daß sie nun QNUM, d.h. 14 Einträge hat. Das stimmt mit unserem Programm ja überein.

- Die Message-Queue existiert auch nach dem Ende des zweiten Prozesses weiter.

- Wir haben uns an dieselbe Message-Queue mit der ID 150 angeschlossen. Dabei haben wir jedoch als Flag eine 0 benutzt und die Queue nicht erneut angelegt (statt $IPC_CREAT).

- Nachrichten werden mit der Methode snd() in die Message-Queue gesetzt.

- Die Nachrichten müssen intern so dargestellt sein, daß sie mit einem long im binären Format beginnen müssen. Diese Zahl gibt die Priorität an. Anschließend folgt der eigentliche Text der Nachricht. Die Methode snd() erwartet als ersten Parameter die Priorität, als zweiten den Text der Nachricht und als dritten Wert Flags, z.B. IPC_NOWAIT. snd() konvertiert dann für uns die Priorität in einem binären Format und fügt daran den Text der Nachricht an. Wir müssen nicht selbst die Nachricht zusammenstellen, wie das bei Nutzung der *Low-Level*-Funktion msgsnd() der Fall wäre. Anschließend überträgt snd() die neu erzeugte Nachricht in die Message-Queue.

- Falls die Message-Queue an dieser Stelle voll wäre, würde unser Prozeß vom Kernel so lange angehalten, bis ein anderer Prozeß durch das Auslesen einer oder mehrerer Nachrichten wieder Platz geschaffen hätte. Bei IPC_NOWAIT würde der Aufruf von snd() nicht blockieren, sondern mit einem Fehler zurückkehren.

- @MESSAGES ist ein Array von Priorität/Text-Paaren. Bitte beachten Sie hierbei, daß wir keinen Hash benutzt haben, obwohl die Schreibweise ähnlich aussieht[6]. Der Grund dafür ist klar: Obwohl es sich bei den Priorität/Text-Kombinationen um Paare handelt und dafür ein Hash eigentlich geeignet wäre, wollen wir doch die Reihenfolge der Nachrichten in der Message-Queue erhalten. Ein Hash hätte die Paare wild durcheinandergebracht. Daher wurde ein Array statt eines Hashes verwendet.

Zum Programm selbst gibt es nicht viel zu sagen:

- Wir haben wieder dasselbe Wertepaar für ftok() benutzt, um uns an dieselbe mit KEY bezeichnete Message-Queue anzuschließen:

    ```
    use constant RENDEZVOUS => "/etc/group";
    use constant RVID       => 121;
    ```

    Es ist diese Zuordnung, die allen vier Beispielprogrammen gemeinsam ist.

- Das Erzeugen des Message-Queue-Objekts $msg mit Hilfe des Konstruktors aus dem Standardmodul IPC::Msg ist wieder sehr einfach:

    ```
    $msg = new IPC::Msg(ftok(RENDEZVOUS, RVID), 0);
    ```

    Beachten Sie hier lediglich, daß wir die Message-Queue nicht erzeugen wollten und daher IPC_CREAT *nicht* angegeben haben. Es wird eine Verbindung zu einer bereits existierenden Message-Queue hergestellt.

- Ab hier können wir Nachrichten mit der oben erwähnten Methode snd() in die Message-Queue deponieren:

    ```
    $msg->snd($prio, $text, 0);
    ```

- Die Message-Queue hat das Ende unseres Programms überlebt. Sie enthält nun QNUM, d.h. 14 Nachrichten — genau, was wir erwartet haben.

---

[6] Erinnern Sie sich? => ist vollkommen äquivalent zum Komma.

17.2 Lokale Interprozeßkommunikation

Nun schreiben wir ein Programm, das drei Nachrichten aus der Message-Queue auslesen wird:

- Zunächst lesen wir das erste Element aus der Message-Queue aus, egal welche Priorität es besitzt;
- danach lesen wir ein Element mit der Priorität 5 aus;
- schließlich lesen wir ein Element, das eine gleiche oder höhere Priorität als 2 hat, aus.
- Die restlichen Elemente sollen in der Message-Queue verbleiben.

Das Programm ist wieder einfach:

ipcmsg3.pl
```perl
#!/usr/local/bin/perl -w
# ipcmsg3.pl -- Liest einige Eintraege der Message-Queue

use IPC::SysV qw(ftok);
use IPC::Msg;
use constant RENDEZVOUS => "/etc/group";
use constant RVID       => 121;
use constant BUFLEN     => 256;      # Max. Groesse des Puffers

# Stelle Verbindung zur Message-Queue her.
$msg = new IPC::Msg(ftok(RENDEZVOUS, RVID), 0);

# Besorge das erste Element. The-Borg: "Prioritaet ist irrelevant!"
$prio = 0;
$prio = $msg->rcv($buf,BUFLEN,$prio,0)
            or warn "msgrcv(): first element: $!\n";
proceed($buf,$prio);

# Besorge das erste Element mit Prioritaet 5
$prio = 5;
$prio = $msg->rcv($buf,BUFLEN,$prio,0)
            or warn "msgrcv(): elem w. prio 5: $!\n";
proceed($buf,$prio);

# Besorge das erste Element mit Prioritaet >= 2
$prio = -2;
$prio = $msg->rcv($buf,BUFLEN,$prio,0)
            or warn "msgrcv(): elem w. less eq. prio 2: $!\n";
proceed($buf,$prio);

# Nachricht zusammen mit Prioritaet anzeigen.
sub proceed {
    my ($buf,$prio) = @_;
    print "Found: ($buf, $prio)\n";
}
```
ipcmsg3.pl

Die Ausführung ergibt:

```
farid@sun-1:~/p> ./ipcmsg3.pl
Found: (okay, 4)
Found: (level, 5)
Found: (mouse, 2)

farid@sun-1:~/p> ipcs -qa
IPC status from <running system> as of Fri Jul 23 19:46:21 1999
T          ID    KEY        MODE       OWNER    GROUP    CREATOR
CGROUP CBYTES QNUM QBYTES LSPID LRPID   STIME    RTIME    CTIME
Message Queues:
q         150 0x790004df --rw-------   farid    users    farid
users      60   11   4096   954  1018 19:16:30 19:46:15 19:15:02
```

- Wir haben uns am Anfang, wie mittlerweile gewohnt, an die Message-Queue angeschlossen:

  ```
  use constant RENDEZVOUS => "/etc/group";
  use constant RVID       => 121;
  $msg = new IPC::Msg(ftok(RENDEZVOUS, RVID), 0);
  ```

- Bitte beachten Sie, daß nach der Programmausführung die Anzahl der Nachrichten von 14 auf QNUM, d.h. 11 gefallen ist. Das stimmt mit unserem Programm überein: Wir haben tatsächlich drei Nachrichten aus der Queue ausgelesen.

- Die Queue existiert auch nach dem Ende dieses Programms weiter.

- Die Nachrichten werden mit der Methode rcv() herausgelesen:

  ```
  $prio = $msg->rcv($buf,BUFLEN,$prio,0)
                   or warn "msgrcv(): first element: $!\n";
  ```

  rcv() hat folgende Parameter:

  - Der erste Parameter bezeichnet einen Puffer, der die ausgelesene Nachricht aufnehmen soll. Diese Nachricht wird nur aus dem Nachrichtentext bestehen. Die Priorität der ausgelesenen Nachricht wird als Rückgabewert von rcv() zurückgegeben.

  - Die Größe des Puffers ist der zweite Parameter. Die Nachricht wird dann höchstens so viele Zeichen enthalten.

  - Der dritte Parameter ist ein numerischer Code, der die gewünschte Priorität der ausgelesenen Nachricht angibt:

    * Ist der Wert 0, so sind wir nicht an der Priorität der Nachricht interessiert, sondern lediglich daran, die erste Nachricht aus der Queue auszulesen. Dies wurde im ersten Beispiel gezeigt.

    * Ist der Wert > 0, so handelt es sich um eine Prioritätsangabe: Es soll die erste Nachricht zurückgegeben werden, die *genau* diese Priorität aufweist. Das wurde im zweiten Beispiel gezeigt, wo wir die erste Nachricht der Priorität 5 gesucht haben.

17.2 Lokale Interprozeßkommunikation

- * Ist der Wert < 0, so handelt es sich um den Wunsch, die erste Nachricht auszugeben, deren Priorität die höchste (d.h. numerisch kleinste), relativ zum absoluten Betrag dieses Wertes, ist. Im dritten Beispiel haben wir durch −2 die erste Nachricht spezifiziert, die eine Priorität ≥ 2 hat.
- Der vierte Parameter kann verschiedene Flags enthalten. Beispielsweise könnte hier wieder einmal nichtblockierendes Auslesen mittels IPC_NOWAIT erreicht werden.

- Sollte keine passende Nachricht gefunden werden, blockiert der Aufruf der Methode rcv()[7]. Die Blockierung würde erst dann aufgehoben werden, wenn ein anderer Prozeß eine entsprechende Nachricht in die Message-Queue sendet. In unserem Programm ist eine solche Situation nicht aufgetreten.

Zuletzt lesen wir alle restlichen Elemente der Message-Queue aus. Danach löschen wir die Message-Queue aus dem Sytem, so daß Systemressourcen geschont werden.

ipcmsg4.pl
```perl
#!/usr/local/bin/perl -w
# ipcmsg4.pl -- Extrahiere die restlichen Elemente der Message-Queue,
#               und zerstoere die Message-Queue anschliessend.

use IPC::SysV qw(ftok);
use IPC::Msg;
use constant RENDEZVOUS => "/etc/group";
use constant RVID       => 121;
use constant BUFLEN     => 256;      # Max. Groesse des Puffers

# Wir installieren zunaechst einen Signalhandler, der durch CTRL-C
# aktiviert wird. Dieser Handler loescht die Message-Queue und
# beendet das Programm.
@SIG{'INT','QUIT','TERM','HUP'} = (&handler) x 4;
print "Please enter CTRL-C to quit this program!\n";

# Stelle Verbindung zur Message-Queue her.
$msg = new IPC::Msg(ftok(RENDEZVOUS, RVID), 0);

# Hole jede uebriggebliebene Nachricht aus der Message-Queue.
# ACHTUNG: Dies wird beim letzten Aufruf blockieren, da keine
# Nachrichten mehr vorhanden sind.
# Benutzer sollten das Programm mit CTRL-C beenden!
while (1) {
    $prio = $msg->rcv($buf, BUFLEN, 0, 0);
    print "Found: ($buf, $prio)\n";
}

# Hander wird durch CTRL-C aufgerufen.
# Er unterbricht den letzten haengenden Systemaufruf msgrcv()/rcv()
# und zerstoert anschliessend die Message-Queue.
```

---

[7] Es sei denn, es wurde als zusätzliches Flag IPC_NOWAIT spezifiziert.

```perl
    sub handler {
        $msg->remove()
            or warn "can't remove message queue: $!\n";

        exit 0;
    }
```
── ipcmsg4.pl

Die Ausführung ergibt:

```
farid@sun-1:~/p> ./ipcmsg4.pl
Please enter CTRL-C to quit this program!
Found: (a very long message, 3)
Found: (rm, 6)
Found: (cp, 4)
Found: (floppy, 5)
Found: (hihi, 3)
Found: (haha, 3)
Found: (mars, 8)
Found: (terra, 2)
Found: (moon, 5)
Found: (world, 3)
Found: (hallo, 3)
^C
farid@sun-1:~/p> ipcs -qa
IPC status from <running system> as of Fri Jul 23 20:12:35 1999
T        ID      KEY        MODE       OWNER     GROUP    CREATOR
CGROUP  CBYTES  QNUM QBYTES LSPID LRPID    STIME     RTIME      CTIME
Message Queues:
```

Dieses Beispiel gibt Anlaß zu folgenden Bemerkungen:

- Wir lesen wie im vorigen Beispiel alle Nachrichten aus, indem wir `rcv()` mit einer Priorität von 0 aufrufen. Damit zeigen wir, daß wir nicht an der Priorität interessiert sind, sondern nur an der richtigen Reihenfolge.

- Wenn Sie die Reihenfolge betrachten, werden Sie feststellen, daß sie mit der Reihenfolge in Abbildung 17.5 auf Seite 833 übereinstimmt, wenn Sie berücksichtigen, daß wir drei Elemente entfernt haben.

- Sobald alle Elemente ausgelesen wurden, hängt sich das Programm auf. In Wirklichkeit blockiert nun `rcv()`, bis neue Nachrichten (von anderen Prozessen) in der Message-Queue deponiert werden. Da dies nicht geschehen wird, wollen wir diese Blockierung mittels `CTRL-C` aufheben.

- Ein Signalhandler fängt unser `CTRL-C` ab. Dort löschen wir die Message-Queue mit der Methode `remove()`:

    `$msg->remove();`

- Ein letzter Aufruf von *ipcs* zeigt, daß die Message-Queue nun nicht mehr vorhanden ist.

Shared Memory

Unter *Shared Memory* wird ein Speicherbereich verstanden, der von mehreren Prozessen gleichzeitig gelesen und beschrieben werden kann. Dieser Speicherbereich wird durch den Kernel verwaltet. Prozesse können entweder ein Shared-Memory-Segment anlegen lassen oder können sich an ein existierendes Segment binden. Ein Shared-Memory-Segment existiert auch nach dem Tod seines Erzeugers und dem Trennen von allen anderen Prozessen weiter[8].

Tabelle 17.1 beschreibt kurz die Perl-API für Shared Memory, die shm*()-Funktionen. Abbildung 17.6 zeigt symbolisch ein Shared-Memory-Segment.

Funktion	Bedeutung
shmget()	Erzeugt ein Shared-Memory-Segment, Anschluß an ein Shared-Memory-Segment.
shmctl()	Löscht ein Shared-Memory-Segment bzw. führt spezielle Operationen darauf aus.
shmread()	Liest einen Bereich des Shared-Memory-Segments in einen User-Puffer ein.
shmwrite()	Schreibt einen User-Puffer in einen Bereich des Shared-Memory-Segments hinein.

Tabelle 17.1: Die shm*()-Funktionen

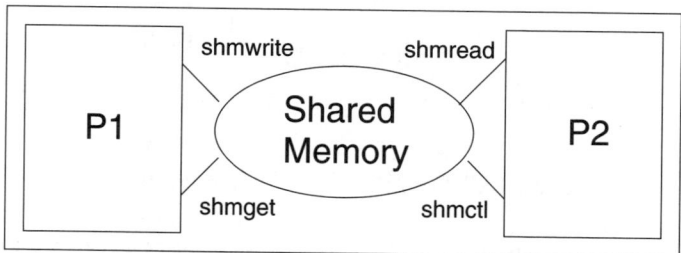

Abbildung 17.6: Prinzip des Shared Memory

Das folgende Beispiel besteht aus drei Programmen:

1. ipcp1.pl — erzeugt ein Shared-Memory-Segment und schreibt zwei Strings dort hinein.

---

8 Es sei denn, IPC_RMID wurde bei der Erzeugung angegeben.

2. `ipcp2.pl` — schließt sich an das Shared-Memory-Segment an, liest die beiden Strings aus und fügt sie zu einem String zusammen. Schließlich wird der zusammengesetzte String an eine neue Position innerhalb des Shared-Memory-Segments zurückgeschrieben.

3. `ipcp3.pl` — schließt sich wieder an das Shared-Memory-Segment an, liest alle drei Strings und gibt sie aus. Anschließend wird das Shared-Memory-Segment zerstört, um Ressourcen zu konservieren.

Abbildung 17.7 zeigt das Zusammenspiel der drei Programme mit dem Shared-Memory-Segment.

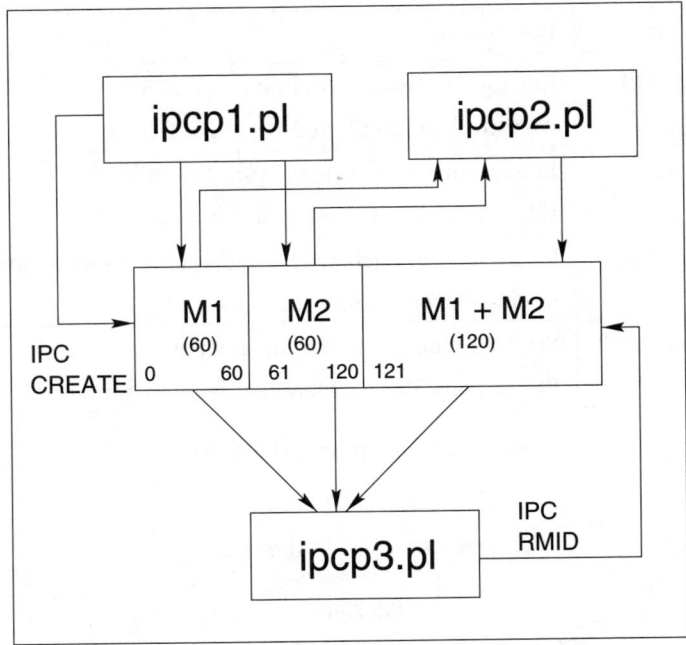

Abbildung 17.7: Das IPC-Shared-Memory-Beispiel

Diesmal werden wir uns auf die *Builtins* `shmget()`, `shmread()`, `shmwrite()` und `shmctl()` verlassen, da, als dieses Kapitel geschrieben wurde, noch kein Standardmodul für das Shared Memory zur Verfügung stand.

Kommen wir nun zum ersten Programm:

```
ipcp1.pl
#!/usr/local/bin/perl -w
# ipcp1.pl -- Erzeugt ein Shared-Memory-Segment

use IPC::SysV qw(ftok IPC_CREAT S_IRWXU);
use constant RENDEZVOUS => "/etc/passwd";
use constant RVID       => 121;
```

17.2 Lokale Interprozeßkommunikation

```perl
    use constant SIZE       => 2000;

    # Erzeuge ein Shared-Memory-Segment.
    $id = shmget(ftok(RENDEZVOUS, RVID), SIZE, S_IRWXU | IPC_CREAT)
        or die "can't create shared memory segment: $!\n";

    # Nachrichten, die im Shared-Memory-Segment landen sollen:
    $message1 = "Wizard's Password: ";
    $message2 = "xyzzy";

    # Schreibe beide Nachrichten in das Shared-Memory-Segment.
    shmwrite($id, $message1,  0, 60) || die "$!\n";
    shmwrite($id, $message2, 61, 60) || die "$!\n";

    printf "Shared Memory 120 Bytes on key: %x\n", ftok(RENDEZVOUS, RVID);
```
—— ipcp1.pl

Die Ausführung liefert:

```
farid@sun-1:~/p> ./ipcp1.pl
Shared Memory 120 Bytes on key: 7900080f

farid@sun-1:~/p> ipcs -am
IPC status from <running system> as of Fri Jul 23 20:49:02 1999
T        ID      KEY        MODE        OWNER    GROUP    CREATOR
CGROUP   NATTCH    SEGSZ  CPID  LPID   ATIME    DTIME    CTIME
Shared Memory:
m        1       0x7900080f --rw-------  farid    users    farid
users    0         2000   1139  1139  20:48:56 20:48:56 20:48:56
```

Was lernen wir aus diesem Programm?

- Ein Shared-Memory-Segment hat einen eindeutigen KEY-Wert. Um darauf zuzugreifen, benötigen wir wieder eine eindeutige Kennung, die von allen drei Programmen geteilt wird. Da wir ja wieder die Funktion ftok() aus dem Standardmodul IPC::SysV nutzen wollen, definieren wir uns wieder einmal einige Konstanten:

  ```perl
      use IPC::SysV qw(ftok IPC_CREAT S_IRWXU);
      use constant RENDEZVOUS => "/etc/passwd";
      use constant RVID       => 121;
      use constant SIZE       => 2000;
  ```

- Das Shared-Memory-Segment wird mit shmget() erzeugt, wenn das im Standardmodul IPC::SysV definierte Flag IPC_CREAT zusammen mit Zugriffsrechten, z.B. S_IRWXU, angegeben wird. Dabei muß die Größe des Segments angegeben werden:

  ```perl
      $id = shmget(ftok(RENDEZVOUS, RVID), SIZE, S_IRWXU | IPC_CREAT)
          or die "can't create shared memory segment: $!\n";
  ```

- Der Rückgabewert von shmget() ist einem Filehandle nicht ganz unähnlich. Er wird nämlich von den Funktionen shmwrite(), shmread() und shmctl() anschließend benötigt. Diese ID identifiziert das Segment.

- Werte können mit Hilfe der *Builtin*-Funktion shmwrite() in das Shared-Memory-Segment geschrieben werden. Dabei müssen sowohl der Offset innerhalb des Segments als auch die Anzahl der zu schreibenden Bytes angegeben werden:

    ```
    shmwrite($id, $message1,  0, 60) || die "$!\n";
    shmwrite($id, $message2, 61, 60) || die "$!\n";
    ```

- Nach dem Ende des Programms existiert das Shared-Memory-Segment weiter. Dies erkennen wir an der Ausgabe von *ipcs*. Interessant an dieser Ausgabe ist z.B. SEGSZ, hier 2000, die Größe des Segments.

Kommen wir nun zu ipcp2.pl:

```
ipcp2.pl ─────────────────────────────────────────────────
#!/usr/local/bin/perl -w
# ipcp2.pl -- liest und schreibt in einem SHM-Segment

use IPC::SysV qw(ftok);
use constant RENDEZVOUS => "/etc/passwd";
use constant RVID       => 121;
use constant SIZE       => 2000;

# Stelle Verbindung (attach) zum von ipcp1.pl erzeugten
# Shared-Memory-Segment her.
# Hinweis: Wir erzeugen das Segment NICHT neu!
$id = shmget(ftok(RENDEZVOUS, RVID), SIZE, 0) or
    die "can't attach to shared memory segment: $!\n";

# Lese SHM-Inhalte in lokale Variablen ein
$message1 = $message2 = '';
shmread($id, $message1,  0, 60) || die "$!\n";
shmread($id, $message2, 61, 60) || die "$!\n";

$result = $message1 . $message2;       # Zusammenfuegen

# Ergebnis ab Offset 121 im SHM-Segment ablegen
shmwrite($id, $result, 121, 120) || die "$!\n";

printf "Shared Memory 120 Bytes on key: %x\n", ftok(RENDEZVOUS, RVID);
────────────────────────────────────────────────── ipcp2.pl
```

Die Ausführung ergibt:

```
farid@sun-1:~/p> ./ipcp2.pl
Shared Memory 120 Bytes on key: 7900080f

farid@sun-1:~/p> ipcs -am
IPC status from <running system> as of Fri Jul 23 21:07:03 1999
T        ID      KEY         MODE       OWNER    GROUP    CREATOR
CGROUP   NATTCH     SEGSZ  CPID  LPID   ATIME    DTIME    CTIME
Shared Memory:
m         1    0x7900080f  --rw-------  farid    users    farid
users     0       2000    1139  1171    21:06:56 21:06:56 20:48:56
```

17.2 Lokale Interprozeßkommunikation

Dieses Programm ist ja nicht schwerer als das erste. Die Unterschiede sind:

- Statt das Segment neu zu erzeugen, haben wir uns lediglich daran angeschlossen. Dies geschah wieder durch shmget(), wobei jetzt auf das Flag IPC_CREAT verzichtet wurde, ebenso auf die Zugriffsrechte. Wir erhalten wieder eine ID, die anschließend von den anderen shm*()-Funktionen benutzt werden kann.

- Das Lesen vom Shared-Memory-Segment geschieht mit Hilfe der *Builtin*-Funktion shmread(). Als Argumente erwartet shmread():
    - die eindeutige ID des Segments, wie sie von shmget() zurückgeliefert wurde
    - den Puffer, in den die Daten geschrieben werden sollen
    - das Offset im Segment, ab dem die Daten gelesen werden sollen
    - die Anzahl der zu lesenden Bytes

    Darum lautet der Aufruf:

    ```
    shmread($id, $message1,  0, 60) || die "$!\n";
    shmread($id, $message2, 61, 60) || die "$!\n";
    ```

- Beachten Sie, daß sich die Nutzer eines Shared-Memory-Segments über das Layout der Daten einigen müssen! Es liegt in ihrer Verantwortung, das Segment mit Werten zu belegen. Sie müssen schließlich wissen, wo welche Daten dort liegen und wie lang sie jeweils sind.

- Nach dem Zurückschreiben der zusammengesetzten Strings mittels shmwrite() an einen anderen Offset, beenden wir das Programm.

- Das Shared-Memory-Segment hat das Ende des Programms nach wie vor überlebt.

Kommen wir nun zu ipcp3.pl:

ipcp3.pl
```
#!/usr/local/bin/perl -w
# ipcp3.pl -- Liest das SHM-Segment aus und gibt es dann frei.

use IPC::SysV qw(ftok IPC_RMID);
use constant RENDEZVOUS => "/etc/passwd";
use constant RVID       => 121;
use constant SIZE       => 2000;

# Stelle Verbindung zum existierenden SHM-Segment her.
$id = shmget(ftok(RENDEZVOUS, RVID), SIZE, 0) or
    die "can't attach to shared memory segment: $!\n";

# SHM-Segment in lokale Variablen auslesen...
$message1 = $message2 = $message3 = '';
shmread($id, $message1,   0,  60) || die "$!\n";
shmread($id, $message2,  61,  60) || die "$!\n";
shmread($id, $message3, 121, 120) || die "$!\n";

# ... und ausgeben.
```

```perl
    print "M1:$message1\n";
    print "M2:$message2\n";
    print "M3:$message3\n";

    # SHM-Segment freigeben (d.h. zerstoeren).
    shmctl($id, IPC_RMID, 0) || die "$!\n";

    printf "Killed Shared Memory on key: %x\n", ftok(RENDEZVOUS, RVID);
```
_____ ipcp3.pl

Die Ausführung ergibt:

```
farid@sun-1:~/p> ./ipcp3.pl
M1:Wizard's Password:
M2:xyzzy
M3:Wizard's Password: xyzzy
Killed Shared Memory on key: 7900080f

farid@sun-1:~/p> ipcs -am
IPC status from <running system> as of Fri Jul 23 21:18:54 1999
T         ID     KEY        MODE        OWNER    GROUP    CREATOR
CGROUP NATTCH    SEGSZ  CPID LPID   ATIME    DTIME    CTIME
Shared Memory:
```

Wichtig dabei ist, daß bei der Ausgabe am Ende von M1, M2 und M3 noch NULL-Zeichen stehen. Bei M3 müssen auch zwischen dem ersten und dem zweiten Text NULL-Zeichen stehen.

Der Zugriff auf _Shared Memory_ erfordert also folgendes:

- Komplizierte Semantik
- Lesen mit `shmread()`
- Schreiben mit `shmwrite()`
- Jeder Prozeß muß das Layout des SHM-Bereichs kennen.
- Das Löschen des SHM-Bereichs muß explizit vorgenommen werden.

Darüber hinaus wurde hier keine Synchronisation durchgeführt. Es wäre sinnvoll gewesen, Semaphore in den Programmen `ipcp1.pl`, `ipcp2.pl` und `ipcp3.pl` einzubauen, damit sich diese Prozesse gegeneinander synchronisieren können.

All diese Probleme werden durch das Modul `IPC::Shareable` elegant behoben.

17.2.7 Gemeinsamer Speicher mit `IPC::Shareable`

Wäre es nicht schön, eine Variable direkt auf einem Shared-Memory-Segment abzulegen, so daß ihr Inhalt für andere Prozesse sichtbar ist? Darüber hinaus wäre jede Änderung an dieser Variablen sofort von anderen Prozessen aus sichtbar! Idealerweise sollte auch noch der Zugriff über spezielle Schutzmechanismen atomar ausgeführt werden können.

Genau das erledigt das frei verfügbare CPAN-Modul IPC::Shareable. Dieses Modul bietet sowohl eine *TIESCALAR*- als auch eine *TIEHASH*-Schnittstelle zum *Shared Memory* von System V. Das bedeutet, daß Sie mittels tie() eine skalare Variable oder einen Hash an ein Shared-Memory-Segment binden können. Jeder lesende Zugriff löst im Hintergrund ein shmread() aus, während jeder schreibende Zugriff ein shmwrite() auf das Segment auslöst.

Besonders schön an IPC::Shareable ist, daß Sie sich wegen folgender Punkte keine Sorgen machen müssen:

- IPC::Shareable erzeugt automatisch ein Shared-Memory-Segment für jede an tie() übergebene Variable. Existiert das Segment bereits, wird die Variable wieder daran angeschlossen.

- Das Layout innerhalb des Segments wird durch IPC::Shareable bestimmt. Dabei können Sie auch komplexe Datenstrukturen dort ablegen, die auch aus Zeigern und weiteren schwerverdaulichen Konstrukten bestehen dürfen. Im Hintergrund stringifiziert das Storable-Modul diese Konstrukte vor der Übertragung ins *Shared Memory* in ein binäres Format und entstringifiziert dieses Format beim Lesen zurück in die komplexen Datenstrukturen.

- IPC::Shareable erzeugt zusätzlich zu einem Shared-Memory-Segment auch ein Semaphor. Dieses kann dazu benutzt werden, den Zugriff auf das gemeinsame Segment zu serialisieren. Die Verwendung dieses Semaphors ist einfach: Sie brauchen nur eine Methode des IPC::Shareable-Objekts aufrufen, um eine Sperre anzufordern, und eine andere Methode, um diese wieder freizugeben. Einen eigenen Mutex brauchen Sie dafür nicht.

Eine Anwendung von IPC::Shareable wurde schon beim Erzeuger/Verbraucher-Problem aus Abschnitt 17.2.6 auf Seite 830 gezeigt. Dort wurde eine skalare Variable $g_buffer an ein Shared-Memory-Segment angeschlossen, und zwar von jedem der beteiligten Prozesse. Darum konnten sowohl Erzeuger als auch Verbraucher auf den Inhalt dieses gemeinsamen Puffers zugreifen, als würden sie sich die Variable teilen.

Wie wird nun IPC::Shareable verwendet? Schauen wir uns mal ein Beispiel an!

```
ipc-shareable1.pl
#!/usr/local/bin/perl -w
# ipc-shareable1.pl -- Zeigt die Verwendung des IPC::Shareable-Moduls.

use IPC::Shareable;                    # CPAN-Modul
use constant MYGLUE => 'Guel';         # Erkennungszeichen.

tie($s, IPC::Shareable, MYGLUE, { create => 1, mode => 0666 })
    or die "can't tie to shared memory: $!\n";

# Eine komplexe Datenstruktur...
```

```perl
$ptr = {
   Name => 'Smythe', Phone => '555-1234',
   Zip  => '90297',  Peers => [ 'Jim', 'Sandy', 'Alice' ] };

# ...in den gemeinsamen Speicher stellen.
$s = $ptr;
```
ipc-shareable1.pl

Was geschieht hier?

- Dieses Programm erzeugt ein Shared-Memory-Segment mit der angegebenen 4-Byte-Kennung MYGLUE. Diese Kennung ist das gemeinsame Erkennungszeichen, das auch von anderen Programmen genutzt wird, die auf dasselbe Shared-Memory-Segment zugreifen wollen. Das Shared-Memory-Segment wird erzeugt, falls es noch nicht existiert. Falls es schon da ist, wird nur eine Verbindung zu ihm hergestellt. Das Erzeugen des Segments wird durch die Option create angefordert, und die Zugriffsrechte werden durch die Option mode angegeben.

- Durch das Binden der skalaren Variable $s an ein Shared-Memory-Segment bekommt diese eine besondere Wirkung. Natürlich können nun an dieser Stelle beliebige skalare Werte an $s zugewiesen werden. Diese Zuweisung bewirkt, daß diese Werte in das Shared-Memory-Segment kopiert werden. Umgekehrt bewirkt das Lesen von $s, daß der Inhalt des Segments wieder ausgelesen wird und als Wert von $s fungiert.

- Auch komplexe Datenstrukturen mit Zeigern lassen sich bequem in einer solchen skalaren Variable unterbringen. Dies wurde im obigen Programm anhand einer einfachen Datenstruktur vorgeführt.

- Natürlich wird nicht der Wert des Zeigers selbst in dem Segment gespeichert. Dieser hätte nämlich für einen anderen Prozeß überhaupt keine Bedeutung. Vielmehr wird das, worauf ein Zeiger verweist, hinter den Kulissen durch das Modul Storable *stringifiziert* und erst in dieser Form in das Shared-Memory-Segment kopiert. Somit ist sichergestellt, daß auch alle Werte der Datenstruktur im gemeinsamen Speicher liegen und von anderen Programmen gelesen werden können. Umgekehrt bewirkt das Lesen von $s, daß die Werte aus dem Segment wieder durch Storable *entstringifiziert* und als vollwertige Zeigerdatenstruktur wieder aufgebaut werden.

Schauen wir uns nun kurz an, ob unsere Datenstruktur von einem anderen Prozeß ausgelesen werden kann:

ipc-shareable2.pl
```perl
#!/usr/local/bin/perl -w
# ipc-shareable2.pl -- Zeigt die Verwendung des IPC::Shareable-Moduls.
#                     Liest das Shared-Memory-Segment wieder aus.

use Data::Dumper;
use IPC::Shareable;              # CPAN-Modul
use constant MYGLUE => 'Guel';   # Erkennungszeichen.
```

17.2 Lokale Interprozeßkommunikation

```
tie($s, IPC::Shareable, MYGLUE)
    or die "can't tie to shared memory: $!\n";

$ptr = $s;
print Dumper($ptr);
```
― ipc-shareable2.pl

Die Ausführung dieses Programms ergibt:

```
farid@sun-1:~/p> ./ipc-shareable2.pl
$VAR1 = {
          'Zip' => 90297,
          'Peers' => [
                       'Jim',
                       'Sandy',
                       'Alice'
                     ],
          'Phone' => '555-1234',
          'Name' => 'Smythe'
        };
```

Das scheint ja richtig zu funktionieren!

- Wir haben wieder denselben Erkennungscode `MYGLUE` verwendet, um uns an dasselbe Shared-Memory-Segment anzuschließen.

- Das Auslesen der skalaren Variablen hat im Hintergrund die *Entstringifizierung* durch das `Storable`-Modul der vorhin dort abgelegten Daten bewirkt. Es ist hier eine neue vollwertige komplexe Datenstruktur mit (neuen) Zeigern aufgebaut worden.

- Die Ausgabe durch `Data::Dumper` bestätigt unsere Vermutung: Auch komplexe Datenstrukturen werden durch `IPC::Shareable` richtig gespeichert und auch richtig wieder dekodiert.

- Es ist interessant, hier anzumerken, daß uns dieses Modul die Mühe erspart, uns über das Layout des Segmentinhalts Gedanken zu machen. Dieses Layout wird durch die Stringifizierung und Entstringifizierung durch das `Storable`-Modul realisiert und ist für uns Anwender vollkommen transparent.

Achtung! *Wir müssen jedoch vorsichtig sein und uns stets vor Augen führen, was wirklich in der gebundenen Variablen gespeichert ist. So ist das Ändern eines der Werte einer komplexen Datenstruktur auf die folgende Weise* nicht korrekt:

```
$s->{'Peers'}->[1] = 'Brandy';          # FALSCH!
```

Das liegt daran, daß Substrukturen ja im Binärformat gespeichert werden und nicht direkt verändert werden können. Vielmehr sollte in diesem Fall die ganze Struktur in unseren normalen Speicher eingelesen, dort modifiziert und anschließend wieder stringifiziert werden:

```
$copy = $s;                             # Ganze Struktur einlesen
$copy->{'Peers'}->[1] = 'Brandy';       # Lokal aendern
$s = $copy;                             # und wieder zurueck!
```

Es ist auch wichtig, sich Gedanken über den atomaren Charakter der einzelnen Lese- und Schreiboperationen zu machen. Im obigen Beispiel ist die Operation: „Lies in den lokalen Speicher, modifiziere etwas, schreibe die Kopie zurück" keineswegs atomar. Andere Prozesse könnten in der Zwischenzeit ebenfalls Änderungen an den gemeinsamen Daten vornehmen. Beim Zurückschreiben unsererseits würden die Änderungen der anderen Prozesse überschrieben werden und wären somit verloren.

Nun wissen Sie, wie mehrere Prozesse mittels Semaphoren synchronisiert werden können. Das Modul IPC::Shareable bietet ebenfalls einen semaphorbasierten Synchronisationsmechanismus an. Dieser ist sehr einfach zu verwenden:

```
(tied $s)->shlock();      # Sperre anfordern
  $cpy = $s;
  push(@{$cpy->{'Peers'}}, 'Mandy');
  $s = $cpy;
(tied $s)->shunlock();    # Sperre wieder freigeben
```

- Die Methoden shlock() und shunlock() gehören der IPC::Shareable-Klasse an und müssen für eine Instanz dieser Klasse aufgerufen werden. Um nun das Objekt hinter einer mit tie() gebundenen Variablen zu bekommen, muß man die Funktion tied() aufrufen — daher die etwas seltsame Syntax.

- Die Methode shlock() blockiert den Prozeß so lange, bis alle anderen Prozesse ihre shlock()-Sperren mit shunlock() wieder freigegeben haben. Somit verhält sich diese Sperre wie ein *advisory lock*: Nur wenn sich alle Prozesse an diese Disziplin halten, kann der Zugriff auf wirklich exklusiv sein.

- Wir haben oben gesehen, daß die Änderungsoperation nicht atomar war. Durch die shlock()- und shunlock()-Klammer wird die Operation schließlich doch atomar, so daß wir nicht mehr befürchten müssen, ein anderer Prozeß könnte dazwischenfunken.

- Beachten Sie, daß reine Lese- oder Schreiboperationen nicht unbedingt mit einer Sperre geschützt werden müssen. Folgen von Lese- und Schreiboperationen müssen allerdings geschützt werden, sogar im Falle einer gebundenen Variable $counter:

```
(tied $counter)->shlock(); ++$counter; (tied $counter)->shunlock();
```

Gehen Sie auch sparsam mit der Anzahl der so gebundenen Variablen um, genauer mit der Anzahl der dafür erforderlichen Shared-Memory-Segmente. Solche Segmente sind eine in der Regel knappe Ressource und sollten nicht zu freigiebig genutzt werden. Es ist wie im obigen Beispiel besser, komplexe Strukturen in einem einzigen Segment unterzubringen, als mehrere kleine Segmente anzufordern. Außerdem ist es auch wegen der Sperrdisziplin besser, da das Anfordern von mehreren Sperren auf mehrere Segmente leicht zu Deadlocks führen kann (wissen Sie noch, wieso?).

Nicht nur skalare Variablen lassen sich in Shared-Memory-Segmenten unterbringen. Auch Hashes können an ein solches Segment gebunden werden. Die Vorgehensweise ist dabei dieselbe wie bei skalaren Variablen:

17.2 Lokale Interprozeßkommunikation

```
tie(%h, IPC::Shareable, MYGLXX, { create => 1, mode => 0666 })
    or die "can't tie: $!\n";

$h{'Name'}       = 'Smythe';
$h{'Zip'}        = '90297';
$h{'Phone'}      = '555-1234';
$h{'Peers'}      = [ 'Jim', 'Sandy', 'Alice', 'Mandy' ];
$h{'Numerals'}   = { 'I' => 1, 'II' => 2, 'III' => 3 };
$h{'foo'}{'bar'} = 'foobar';
$h{'foo'}{'baz'} = 'foobaz';
```

Wir sehen also, daß Hashes genauso wie skalare Variablen beliebige Werte enthalten können, inklusive komplexer Datenstrukturen.

Die Warnung, nicht Teile von komplexen Strukturen bei gebundenen Skalaren zu ändern, gilt natürlich auch hier:

```
$h{'Peers'}->[2] = 'Malice';        # FALSCH!
$h{'Numerals'}->{'IV'} = 4;         # FALSCH!

$peers = $h{'Peers'};               # Kopie holen
    $peers->[2] = 'Malice';         # Kopie aendern
$h{'Peers'} = $peers;               # Okay, bis auf shlock()
```

Eine einzige Ausnahme gilt bei *automatischen Hashes*:

```
$h{'foo'}{'bar'} = 'new foobar value';   # OKAY!!
```

Das liegt daran, daß der Schlüssel foo noch gar nicht existiert hat. Bei der Zuweisung hat IPC::Shareable erkannt, daß sich hinter diesem Schlüssel ein anonymer Hash verbergen wird. Hinter den Kulissen bindet nun IPC::Shareable den (anonymen) Hash %{ $h{'foo'} } (nicht nur %h) ebenfalls an ein eigenes Shared-Memory-Segment. Ein solcher Hash wird *automatischer Hash* genannt, da er hinter den Kulissen erzeugt und ohne Ihr Zutun an ein neues Shared-Memory-Segment gebunden wurde. Daher sind die folgenden beiden Zuweisungen ja erlaubt:

```
$h{'foo'}{'bar'} = 'foobar';
$h{'foo'}{'baz'} = 'foobaz';
```

Dies ist zwar alles schön praktisch, aber verschleiert die Gefahr einer Explosion der Zahl von benötigten Shared-Memory-Segmenten.

Mehr Informationen zu diesem Modul finden Sie wie gewohnt auf der Manual-Seite *man IPC::Shareable*.

17.2.8 Der mmap()-Systemaufruf

Wenn Sie das Glück haben, mit einem Betriebssystem zu arbeiten, das den Systemaufruf mmap() unterstützt, steht Ihnen gleich noch ein weiterer lokaler IPC-Mechanismus zur Verfügung. mmap() wird von den meisten Unix-Derivaten unterstützt. Auf jeden Fall finden Sie `mmap()` bei allen BSD-Varianten wie `FreeBSD`, `NetBSD` und `OpenBSD`. Auch `Linux` unterstützt diesen Systemaufruf, und viele kommerzielle Unix-Derivate tun es auch, so insbesondere auch `Solaris`. Darum sind die Chancen groß, daß auch Sie `mmap()` auf Ihrem Unix-System finden werden.

Was macht nun `mmap()`? Kurz gesagt kann damit der Inhalt einer Datei in eine beliebige oder vorgegebene Stelle im virtuellen Adreßraum des `mmap()`-Aufrufers eingeblendet werden. Jede Änderung an der Datei wirkt sich unmittelbar auf den Hauptspeicher des Prozesses aus. Umgekehrt wirkt sich jeder Schreibzugriff, der auf den mit `mmap()` beanspruchten Bereich des Hauptspeichers erfolgt, direkt auf die Datei selbst aus.

Der Systemaufruf `mmap()` wird besonders gern in Datenbankservern eingesetzt. Diese Server verwalten Tabellen, die sie in Dateien speichern. Was liegt da näher, als die Tabellen direkt im Hauptspeicher zu manipulieren und dabei sicher zu sein, daß diese Änderungen direkt auf die mit `mmap()` ausgewählte Datei wirken! Der Zugriff auf eine Datei mittels `mmap()` ist oft effizienter als Werte in den Hauptspeicher zu lesen, sie dort zu manipulieren und sie anschließend in die Datei zurückzuschreiben.

Mittels `mmap()` kann also eine Datei wie ein Stück Hauptspeicher verwaltet werden. Natürlich kann eine Datei auch von mehreren Prozessen gleichzeitig mit `mmap()` selektiert und bearbeitet werden. Jede Änderung des einen Prozesses wirkt sich nicht nur auf die Datei, sondern auch auf den mit `mmap()` beanspruchten Hauptspeicherbereich der anderen Prozesse, die diesen Bereich ebenfalls mit `mmap()` beansprucht haben, aus. Somit kommen wir wieder zu unserem Thema zurück. Durch `mmap()` läßt sich eine Art von *Shared Memory* realisieren.

Leider kann nicht einfach eine Datei auf eine, sagen wir, skalare Variable mit `mmap()` abgebildet werden. Das liegt daran, daß Perl SVs und andere Entitäten nach Belieben dynamisch woanders verschieben kann. Beispielsweise würde die Vergrößerung des Stringinhalts einer skalaren Variablen zur Folge haben, daß *perl* intern den Speicherbereich mit der C-Funktion `realloc()` vergrößert. Das geht oft nur mit einer Verschiebung in einen anderen Adreßbereich.

Da die Adressen von skalaren und sonstigen Perl-Variablen nicht stabil bleiben, können diese nicht mit `mmap()` auf eine Datei abgebildet werden. Also scheint der `mmap()`-Mechanismus für Perl nicht von großem Nutzen zu sein. Aber weit gefehlt! Mit Hilfe von Zeigern läßt sich die `mmap()`-Region indirekt ansprechen. Diese Zeiger werden ihre *Werte*, also die Adressen, auf die sie zeigen, zur Laufzeit nicht verändern (anders als ihre Position). Eine andere Methode könnte auch in der *TIESCALAR*-Schnittstelle liegen. Der Zugriff auf eine mit `tie()` gebundene skalare Variable kann mit den Methoden `FETCH()` und `STORE()` so abgefangen werden, daß er jeweils zur mit `mmap()` ausgewählten Speicherregion umgeleitet wird.

Würde es dazu nicht schon ein Modul im CPAN geben, müßten wir es hier und jetzt implementieren. Wir werden aber statt dessen einfach eine Anwendung des Moduls `Apache::Mmap` zeigen, bei der zwei Prozesse über die mit `mmap()` ausgewählte Region miteinander kommunizieren.

17.2 Lokale Interprozeßkommunikation

Das folgende Programm schreibt regelmäßig Zeitstempel in dieselbe Region einer Datei, indem es den Wert einer skalaren Variable verändert, die mittels tie() an diese Datei gebunden wurde:

apache-mmap-demo.pl
```perl
#!/usr/local/bin/perl -w
# apache-mmap-demo.pl -- Zeigt lokale IPC mit Apache::Mmap.
#                        Schreibt in eine Datei, die mit mmap()
#                        auf eine Speicherregion abgebildet ist.

use Apache::Mmap qw(PROT_READ PROT_WRITE MAP_SHARED);  # CPAN-Modul
use Fcntl;

# Wir verwenden hier nur die TIESCALAR-Schnittstelle.
# Siehe 'man Apache::Mmap' fuer mmap() und munmap().

use constant MMAPFILE  => "/tmp/mmapped-file";
use constant MAXLENGTH => 60;
use constant OFFSET    => 0;

use constant UPDATETIME => 5;     # So viele Sekunden schlafen
@SIG{qw(INT HUP TERM QUIT)} = ( sub { untie($mymmap); exit 0; } ) x 4;

# Erst erzeugen wir eine Datei einer bestimmten Groesse
unlink(MMAPFILE);
sysopen(FILE, MMAPFILE, O_RDWR | O_CREAT, 0666)
    or die "can't open MMAPFILE: $!\n";
syswrite(FILE, "0123456789" x 7 . "\n");

tie $mymmap, 'Apache::Mmap', *FILE, MAXLENGTH,
    PROT_READ | PROT_WRITE, MAP_SHARED, OFFSET
    or die "can't mmap to MMAPFILE: $!\n";

print "Old: $mymmap\n";
while (1) {
    $ttt = sprintf("Current time: (%d sec. updates) [%s]",
                   UPDATETIME, scalar(localtime(time)));
    $mymmap = $ttt;         # Hier wird geschrieben!
    print "New: $ttt\n";
    sleep(UPDATETIME);
}
```
apache-mmap-demo.pl

Die Ausführung ergibt:
```
farid@sun-1:~/p> ./apache-mmap-demo.pl
Old: 01234567890123456789012345678901234567890123456789012345678901
New: Current time: (5 sec. updates) [Sat Jul 24 05:39:53 1999]
New: Current time: (5 sec. updates) [Sat Jul 24 05:39:58 1999]
New: Current time: (5 sec. updates) [Sat Jul 24 05:40:03 1999]
New: Current time: (5 sec. updates) [Sat Jul 24 05:40:08 1999]
New: Current time: (5 sec. updates) [Sat Jul 24 05:40:13 1999]
New: Current time: (5 sec. updates) [Sat Jul 24 05:40:18 1999]
```

Zu diesem Programm sind einige Anmerkungen erforderlich:

- Sie sollten sich erst eingehend mit dem `mmap()`-Systemaufruf vertraut machen. Lesen Sie dazu am besten die Manual-Seite *man mmap*.

- Wir verwenden das CPAN-Modul `Apache::Mmap`, das die gewünschte *TIESCALAR*-Schnittstelle bereitstellt. Dabei importieren wir gleich Konstanten für den `tie()`-Konstruktor.

- Zunächst müssen wir eine Datei erzeugen, die mit `mmap()` auf einen Speicherbereich abgebildet werden soll. Dies tun wir auf eine konventionelle Art und Weise, indem wir die Datei mit `sysopen()` erzeugen.

- Es ist sehr wichtig, daß die Datei schon auf die richtige Größe gebracht wird, *bevor* `mmap()` in Aktion treten kann. `mmap()` kann nämlich immer nur höchstens so viele Bytes einblenden, wie auch in der Datei vorhanden sind. Ist die Datei zu kurz, wird nur ein Teil eingeblendet. Aus diesem Grunde schreiben wir mit `syswrite()` einige Bytes in die gerade geöffnete Datei.

- Die skalare Variable $mymmap bekommt eine magische Wirkung, indem sie mit der Klasse `Apache::Mmap` mittels `tie()` gebunden wird. Anschließend repräsentiert $mymmap den Inhalt der eingeblendeten Region der Datei. Eine Änderung, d.h. Zuweisung an $mymmap, wird sich direkt auf die darunterliegende Datei auswirken.

- Die Parameter des `tie()`-Konstruktors werden an den `mmap()`-Systemaufruf weitergereicht:

    - *FILE ist das Filehandle unserer geöffneten Datei.

    - MAXLENGTH ist die Größe der eingeblendeten Region innerhalb der Datei. Die Datei sollte mindestens so viele Bytes schon enthalten. Beachten Sie, daß eine Vergrößerung von $mymmap über MAXLENGTH Bytes hinaus sich nicht mehr auf die Datei auswirken wird. Genauer gesagt wird nur der Bereich der Variablen von 0 bis MAXLENGTH Bytes in die Datei eingeblendet. Auch umgekehrt könnte die Datei mehr Bytes enthalten, als durch MAXLENGTH angegeben. In diesem Fall wird nur ein Fenster innerhalb der Datei manipuliert. Der Rest der Datei bleibt unversehrt.

    - Die Zugriffsrechte der eingeblendeten Region können ebenfalls gesetzt werden.

    - Das Flag MAP_SHARED wird an `mmap()` weitergereicht und hat zur Folge, daß auch andere Prozesse sich an dieselbe Region anschließen können und alle Änderungen mitbekommen werden, die einer der beteiligten Prozesse dort durchführt. Wir brauchen dieses Flag, da wir IPC-Mechanismen implementieren wollen. Ein Datenbankserver würde hingegen dieses Flag nicht benötigen, wenn nur er allein die Region mit `mmap()` nutzt und daher `mmap()` nur als bequeme bzw. effiziente Methode zur Veränderung einer Datei im Speicher nutzen will.

17.2 Lokale Interprozeßkommunikation

- Der letzte Parameter, OFFSET, kennzeichnet den Beginn der einzublendenden Dateiregion. Da wir das mmap()-Fenster direkt am Anfang der Datei einblenden wollen, ist dieser Parameter natürlich 0.

   Achtung! *Viele Betriebssysteme schränken die Wahl des Offsets ein. Insbesondere fordern die meisten Systeme, daß das Offset auf einer Seitengrenze liegt* (page boundary). *Eine Seite ist hierbei die atomare Einheit des VM-Subsystems und hat eine Größe zwischen 2 Kbyte und 8 Kbyte (z.B. bei den Intel-basierten Unix-Derivaten meist 4 Kbyte).*

- Jeder Lesezugriff auf $mymmap ist auch ein Lesezugriff auf den Inhalt der Datei, genauer gesagt des mmap()-Fensters auf die Datei.

- Jeder Schreibzugriff auf $mymmap wirkt sich auch direkt auf die eingeblendete Dateiregion aus. In diesem Beispiel weisen wir in einer Endlosschleife $mymmap stets einen neuen Wert zu. Läßt man sich parallel dazu (z.B. in einem anderen Fenster) den Inhalt der mit mmap() in den Speicher abgebildeten Datei anzeigen, etwa mit *cat* oder einem Editor, wird man feststellen, daß sich der Inhalt der Datei tatsächlich regelmäßig ändert.

Das folgende Programm schließt sich an eine mit mmap() in den Speicher abgebildete Datei an und gibt regelmäßig den Wert der gebundenen skalaren Variablen aus. Es findet also eine Kommunikation zwischen diesem und dem vorherigen Programm statt.

```perl
apache-mmap-reader.pl
#!/usr/local/bin/perl -w
# apache-mmap-reader.pl -- Zeigt lokale IPC mit Apache::Mmap.
#                          Liest aus einer mit mmap() in den
#                          Speicher abgebildeten Datei.

use Apache::Mmap qw(PROT_READ MAP_SHARED);  # CPAN-Modul
use Fcntl;

# Wir verwenden hier nur die TIESCALAR-Schnittstelle.
# Siehe 'man Apache::Mmap' fuer mmap() und munmap().

use constant MMAPFILE  => "/tmp/mmapped-file";
use constant MAXLENGTH => 70;
use constant OFFSET    => 0;

use constant UPDATETIME => 4;    # So viele Sekunden schlafen
@SIG{qw(INT HUP TERM QUIT)} = ( sub { untie($mymmap); exit 0; } ) x 4;

# Zuerst oeffnen wir die Datei zum Lesen.
sysopen(FILE, MMAPFILE, O_RDONLY)
    or die "can't open MMAPFILE: $!\n";

tie $mymmap, 'Apache::Mmap', *FILE, MAXLENGTH,
    PROT_READ, MAP_SHARED, OFFSET
    or die "can't mmap to MMAPFILE: $!\n";

while (1) {
```

```
        $ttt = $mymmap;      # Datei lesen!
        printf("[%d upd.]: >%s<\n", UPDATETIME, $ttt);
        sleep(UPDATETIME);
}
```
── apache-mmap-reader.pl

Wird dieses Programm in einem anderen Fenster zur gleichen Zeit wie der Erzeuger ausgeführt, erhalten wir:

```
farid@sun-1:~/p> ./apache-mmap-reader.pl
[4 upd.]: >Current time: (5 sec. updates) [Sat Jul 24 05:39:53 1999]0123456789<
[4 upd.]: >Current time: (5 sec. updates) [Sat Jul 24 05:39:58 1999]0123456789<
[4 upd.]: >Current time: (5 sec. updates) [Sat Jul 24 05:40:03 1999]0123456789<
[4 upd.]: >Current time: (5 sec. updates) [Sat Jul 24 05:40:03 1999]0123456789<
[4 upd.]: >Current time: (5 sec. updates) [Sat Jul 24 05:40:08 1999]0123456789<
[4 upd.]: >Current time: (5 sec. updates) [Sat Jul 24 05:40:13 1999]0123456789<
```

Die Probleme bei der Kommunikation über mmap() sind dieselben wie bei *Shared Memory*, gemeinsamen Dateien und den meisten anderen IPC-Mechanismen: Alle beteiligten Prozesse müssen sich untereinander synchronisieren, damit kein Chaos beim konkurrierenden Zugriff auf die gemeinsame Ressource entsteht.

17.2.9 Unix-Domain-Sockets

Das Standardmodul IO::Socket, genauer dessen Unterklasse IO::Socket::UNIX, kann zum Erzeugen von *Unix-Domain-Sockets* bzw. zu ihrer Verwendung eingesetzt werden. Mit Hilfe dieser Sockets können zwei Prozesse auf demselben Computer sehr effizient miteinander kommunizieren. Ein gutes Beispiel ist der *mysqld*-Datenbankserver. Dieser kann von Clients über das Netz angesprochen werden. Befinden sich die Clients jedoch auf demselben Rechner wie dieser Server, können sie statt der *localhost*-Adresse einen Unix-Domain-Socket dieses Datenbankservers nutzen. Da Protokolle wie TCP und IP auf demselben Rechner nicht benötigt werden (was soll da schon bei der Übertragung schiefgehen?), ist die Verwendung eines Unix-Domain-Sockets deutlich effizienter als der Umweg über das Loopback-Interface *localhost*. Darum ist der Zugriff der *mysql*-Clients auf den Server viel effizienter, wenn ein Unix-Domain-Socket eingesetzt wird.

Sie können sich ein Unix-Domain-Socket so ähnlich vorstellen wie eine FIFO. Das mag zwar eine grobe Vereinfachung und sogar nicht ganz zutreffend sein, aber die Analogie hilft oft. Ein Unix-Domain-Socket hat nämlich ebenfalls einen Namen im Dateisystem. Dieser Name ist die Adresse, oder auch der *Rendezvous-Port* beteiligter Prozesse. Ein Unix-Domain-Server wird normalerweise einen solchen Socket erzeugen. Clients können dann eine „Verbindung" zu diesem speziellen Socket aufbauen, indem sie einfach den Namen im Dateisystem angeben.

In diesem Abschnitt werden wir kurz einen Unix-Domain-Socket-Client anschauen. Dieser ist, wie Sie gleich sehen werden, sehr einfach. Der dazugehörige Server wird am Anschluß daran gezeigt.

Unix-Domain-Socket-Client

Bevor wir einen Client schreiben, müssen wir uns für eine Art der Verbindung entscheiden:

- SOCK_DGRAM ist ein datagrammorientierter Dienst, der zwar keine explizite Verbindung erfordert, bei dem jedoch im lokalen Fall jede Nachricht explizit an die Zieladresse gesendet werden muß. Dies entspricht UDP und wird in Abschnitt 17.3.2 auf Seite 875 genauer erklärt.

- SOCK_STREAM ist ein verbindungsorientierter Dienst, der keine Grenze zwischen den Datensätzen kennt und somit ganz bequem anstelle einer Pipe oder eines Filehandles eingesetzt werden kann. Dies entspricht TCP und wird unter anderem in Abschnitt 17.3.3 ab Seite 884 genauer erklärt.

Wir entscheiden uns in diesem Beispiel für die verbindungsorientierte Variante, weil sie einfacher zu handhaben ist.

ux-client.pl
```perl
#!/usr/local/bin/perl -w
# ux-client.pl -- Ein einfacher UNIX-Domain-Socket-Client.
#                 Mit ux-server.pl verwenden...

use IO::Socket;
use constant UXSOCKADDR => "/tmp/ux-sock";

$sock = IO::Socket::UNIX->new( Peer    => UXSOCKADDR,
                               Type    => SOCK_STREAM,
                               Timeout => 15 )
    or die "can't connect to Unix Socket: $!\n";

chomp($greetings = <$sock>);
print "Server said: >$greetings<\n";

print "Input: ";
while(<>) {
    print $sock $_;
    chomp($reply = <$sock>);
    print "Reply: >$reply<\n";
    print "Input: ";
}
```
ux-client.pl

Dieses Programm ist sehr interessant:

- Ein Client-Socket wird als IO::Socket::UNIX-Instanz erzeugt. IO::Socket ist ein Standardmodul und braucht daher nicht vom CPAN heruntergeladen zu werden. Die Subklasse IO::Socket::UNIX ist in IO::Socket enthalten.

- Die Parameter des Konstruktors bestimmen, ob es sich bei unserem Socket um einen Client oder um einen Server handelt. Da wir hier Peer angegeben haben, weiß der

Konstruktor sofort, daß wir ein Client sind und eine Verbindung mit dem Unix-Domain-Socket aufnehmen wollen, dessen Name von `Peer` angegeben wird. Da wir uns für eine verbindungsorientierte Kommunikation entschieden haben, sollten wir auch den `Type` des Sockets als `SOCK_STREAM` angeben. Schließlich wurde ein `Timeout` von 15 Sekunden angegeben, für den Fall, daß der Server sehr beschäftigt ist und unseren Verbindungswunsch nicht rechtzeitig beantworten kann.

- Da `ux-client.pl` ein Client ist, hat er auch selbst eine Verbindung über den angegebenen Unix-Domain-Socket zum Server aufgebaut. Hierbei kann aber eine ganze Menge schiefgehen. Beispielsweise:

    - Unter der angegebenen Socket-Adresse befindet sich überhaupt kein Unix-Domain-Socket.
    - Es ist zwar ein Socket da, aber kein Server wartet darauf.
    - Der Socket ist zwar da und mit einem Server verbunden, aber dieser ist anderweitig beschäftigt und kann oder will nicht auf unseren Verbindungswunsch eingehen.

    Tritt eine dieser Situationen auf, kehrt der Konstruktor mit einem falschen Wert zurück.

- War der Konstruktor erfolgreich, steht uns ein `IO`-Objekt zur Verfügung, das wie weitere `IO::Handle`-Objekt eingesetzt werden kann. So ist es z.B. möglich, dieses Objekt in Ausgabe- oder Eingabeoperationen zu verwenden:

    ```
    chomp($input = <$sock>);
    print $sock "Hello, world!\n";
    ```

    Dieses Handle kann auch in Variablen gespeichert oder an Funktionen übergeben werden:

    ```
    push(@connections, $sock);
    do_robot($sock);
    sub do_robot { my $conn = shift; ... }
    ```

    Kurz gesagt, betrachten Sie das `$sock`-Objekt wie ein ganz gewöhnliches Filehandle, bei dem jedoch kein `seek()` oder `tell()` angewandt werden kann.

- Nun implementieren wir das Richtungsprotokoll des Servers, indem wir zum richtigen Zeitpunkt lesen oder schreiben.

Sie sehen also, wie einfach ein solcher Client programmiert werden kann. Versuchen wir einfach einmal, diesen Client mit dem im nachfolgenden Abschnitt vorgestellten Server auszuführen. Dabei sind folgende Situationen möglich:

- Der Unix-Domain-Socket existiert im Dateisystem gar nicht:

    ```
    farid@sun-1:~/p> ./ux-client.pl
    can't connect to Unix Socket: No such file or directory
    ```

- Der Unix-Domain-Socket existiert zwar, da der `ux-server.pl` schon einmal ausgeführt wurde. Aber der `ux-server.pl` selbst existiert nicht mehr, so daß der Socket an keinen Server gebunden ist:

    ```
    farid@sun-1:~/p> ./ux-client.pl
    can't connect to Unix Socket: Connection reset by peer
    ```

- Sowohl der Unix-Domain-Socket als auch `ux-server.pl` existieren, aber der *Single-Threaded-Server* ist z.Z. mit einem anderen Client beschäftigt und reagiert nicht auf den Verbindungswunsch des Clients. Hier gibt es zwei Möglichkeiten:

    - Wenn die Anzahl der wartenden Clients kleiner ist als die `Listen`-Grenze des Clients (siehe weiter unten), dann werden die Verbindungswünsche einfach in die Warteschlange des Single-threaded-Servers eingereiht. Wir müssen in diesem Fall beliebig lange warten, bis wir dran sind.

    - Ist hingegen die `Listen`-Warteschlange des Servers voll oder ist sie nicht eingerichtet, wird die Verbindung vom Server abgewiesen:

        ```
        farid@sun-1:~/p> ./ux-client.pl
        can't connect to Unix Socket: Connection refused
        ```

    - Beendet sich der aktive Client, kommt der nächste Prozeß dran, der in der `Listen`-Warteschlange auf den Verbindungsaufbau gewartet hat.

    Die `Listen`-Warteschlange des Servers wird weiter unten genauer erklärt.

- Kommt die Verbindung zustande, sieht die Konversation wie folgt aus:

    ```
    farid@sun-1:~/p> ./ux-client.pl
    Server said: >This is ux-server, a reversing ohce!<
    Input: a man a plan a canal panama
    Reply: >amanap lanac a nalp a nam a<
    Input: a toyota
    Reply: >atoyot a<
    Input: ^D
    ```

Genau diesen Server werden wir nun implementieren.

Unix-Domain-Socket-Server

Wie wird nun ein verbindungsorientierter Single-threaded-Unix-Domain-Server implementiert, der nacheinander Verbindungen entgegennimmt und für jede dieser Verbindungen alle Eingaben des Clients byteweise umgedreht zurückliefert? Ganz einfach, mein lieber Watson[9]!

```
ux-server.pl
#!/usr/local/bin/perl -w
# ux-server.pl -- Ein einfacher UNIX-Domain-Socket-Server.

use IO::Socket;
use constant UXSOCKADDR => "/tmp/ux-sock";
```

---

[9] This ain't even a one pipe(1) problem :-) Apologies to Sir Conan Doyle.

```perl
    use constant GREETINGS  => "This is ux-server, a reversing ohce!\n";

unlink(UXSOCKADDR);
$sock = IO::Socket::UNIX->new( Local  => UXSOCKADDR,
                               Type   => SOCK_STREAM,
                               Listen => 5)
    or die "can't bind to Unix Socket: $!\n";

print "Ready to accept connections!\n";
while ($conn = $sock->accept()) {
    print "Got new connection!\n";
    print $conn GREETINGS;
    while (defined ($from_client = <$conn>)) {
        chomp($from_client);
        print $conn scalar reverse($from_client), "\n";
    }
}
```
_____ ux-server.pl

Ein Serverprogramm ist ein klein wenig komplizierter als ein Client:

- Da wir als Server selbst einen Unix-Domain-Socket erzeugen wollen, löschen wir vorsichtshalber einen eventuell schon vorhandenen Eintrag gleichen Namens aus dem Dateisystem:

  ```perl
  use constant UXSOCKADDR => "/tmp/ux-sock";
  unlink(UXSOCKADDR);
  ```

  Es steht uns nun frei, einen neuen Unix-Domain-Socket dort anzulegen.

- Wie im Falle des Clients bestimmen die Parameter des Konstruktors, daß es sich in diesem Fall um einen Server-Socket handelt:

  ```perl
  $sock = IO::Socket::UNIX->new( Local  => UXSOCKADDR,
                                 Type   => SOCK_STREAM,
                                 Listen => 5)
      or die "can't bind to Unix Socket: $!\n";
  ```

  Die Parameter haben folgende Bedeutung:

  - Local bezeichnet den Namen des Unix-Domain-Sockets, den wir erzeugen wollen. Dieser Name muß einen gültigen Eintrag im Dateisystem bezeichnen.

  - Type zeigt an, daß wir die verbindungsorientierte Variante der Kommunikation wählen. Dadurch müssen wir später auf Verbindungen mit der Funktion bzw. Methode accept() warten und diese dann wie einen Datenstrom behandeln.

  - Listen kennzeichnet den Socket als passiven Server-Socket. Das bedeutet, daß an diesem Socket ein Server auf Verbindungswünsche (bei einem Type von SOCK_STREAM) oder auf Datagramme (bei SOCK_DGRAM) warten soll.

  - Der Wert von Listen bezeichnet die Länge der Warteschlange eingehender, aber noch nicht mit accept() akzeptierter Verbindungswünsche von Clients.

- Im Fehlerfall liefert der Konstruktor wieder einen falschen Wert. Hat aber alles geklappt, steht uns unter $sock ein Rendezvous-Socket zur Verfügung.

- Unsere nächste Aufgabe als Server ist nun, auf Verbindungswünsche von Clients zu warten. Dies wird durch den Aufruf der accept()-Methode bewerkstelligt:

    ```
    $conn = $sock->accept();
    ```

    Dieser Aufruf blockiert den Server so lange, bis sich ein Client irgendwann einmal an den Socket anschließt. Während der Server blockiert ist, verbraucht er natürlich keine CPU-Zyklen; aber das gilt ja für jeden blockierten Prozeß.

- Sobald ein Client eine Verbindung über den passiven Server-Socket aufbaut, kehrt accept() zurück. Der Server bekommt als Rückgabewert ein weiteres IO::Socket-Objekt $conn. Dieses Objekt kennzeichnet die Verbindung zum Client und muß für jegliche Kommunikation mit dem Client eingesetzt werden.

- In unserem Beispiel senden wir einen kleinen Gruß in Form eines Serveridentifizierungsstrings über $conn zum Client. Anschließend lesen wir die Eingaben des Clients, kehren sie byteweise um und senden sie zum Client zurück:

    ```
    print $conn GREETINGS;
    while (defined ($from_client = <$conn>)) {
        chomp($from_client);
        print $conn scalar reverse($from_client), "\n";
    }
    ```

    Dies tun wir so lange, bis der Client die Verbindung schließt.

- Das Akzeptieren einer Verbindung mit accept() und die Unterhaltung mit dem jeweiligen Client führen wir nun in einer Endlosschleife immer wieder durch:

    ```
    while ($conn = $sock->accept()) {
        # Hier Unterhaltung mit dem Client
    }
    ```

    Somit ist der Server in der Lage, *nacheinander* anfragende Clients zu bedienen.

- Der Nachteil dieser Implementierung ist, daß der Server nur einen Client zur selben Zeit bedienen kann. Weitere Clients müssen entweder in der Listen-Warteschlange des Servers warten oder werden bei voller Warteschlange sogar abgewiesen.

    Ein unfreundlicher oder einfach nur schlecht erzogener (d.h. schlecht programmierter) Client kann somit den Server sehr leicht lange Zeit beschäftigen und von anderen Clients fernhalten. Das ist eine klassische *Denial-of-service*-Attacke. Das Problem ist natürlich, daß der hier gezeigte Server single-threaded ist. Wir könnten auch hier einen Multithreaded-Server oder ein Server, der mittels IO::Select feststellt, was gerade zu tun ist, schreiben. Ein solcher Server ruft jeweils direkt nach der Annahme einer Verbindung mit accept() in einem seiner logischen Threads wieder accept() auf und behandelt in einem anderen logischen Thread die Verbindung zum neu hinzugekommenen Client. Das werden wir aber auf den Fall eines TCP-Servers in den Abschnitten 17.3.5 und 17.3.6 verschieben.

Datagrammorientierte Unix-Domain-Kommunikation

Sie haben im letzten Unterabschnitt gesehen, wie leicht eine verbindungsorientierte Kommunikation zwischen einem Client und einem Server möglich ist. Eine solche Kommunikation läuft immer nach dem folgenden Schema ab:

- Für den Client:
    - Verbindung zu einem Server herstellen
    - Uni- oder bidirektionalen Dialog mit dem Server führen
    - Verbindung zum Server abbauen bzw. zur Kenntnis nehmen, daß die Verbindung vom Server abgebaut wurde

- Für den Server:
    - Einen passiven Socket vorbereiten
    - In einer Endlosschleife:
        * Auf Verbindungswünsche warten
        * Bei Verbindung einen Dialog mit dem Client führen
        * Eventuell die Verbindung schließen bzw. zur Kenntnis nehmen, daß der Client die Verbindung aufgegeben hat

Diese Vorgehensweise ist sinnvoll, wenn die Kommunikation zwischen Client und Server über längere Zeit bzw. größere Datenmengen hinweg aufrechterhalten werden muß. Sinnvoll ist dieses Vorgehen natürlich auch dann, wenn das Übertragungsmedium nicht ganz zuverlässig ist, was eine Fehlerkorrektur erforderlich macht.

Anders ist es aber, wenn die ganze Kommunikation nur aus einem einfachen Austausch von Fragen und Antworten besteht. Gerade im Bereich der lokalen Kommunikation, wo die Fehlerrate in Switched-LANs oder ATM sehr niedrig und bei Unix-Domain-Sockets sogar null ist, stellt sich daher oft die Frage, ob eine datagrammorientierte Kommunikation nicht besser wäre.

Eine solche Kommunikation können Sie sich am besten vorstellen, wenn Sie sich das System „Briefpost" anschauen. Sie schreiben einen Brief, adressieren ihn und werfen ihn in den Briefkasten. Wenn alles gutgeht, wird der Brief bis zu seinem Empfänger transportiert. Eine Verbindung braucht mit dem Empfänger nicht aufgebaut zu werden, bevor Informationen fließen. Anders ist es beim System „Telefon". Dort müssen Sie erst eine Verbindung zum Empfänger aufbauen und können erst dann, wenn der Empfänger die Verbindung entgegengenommen hat, mit der eigentlichen Kommunikation beginnen. Diese schöne Analogie aus [90] zeigt den Unterschied zwischen datagrammorientierter (Briefpost) und verbindungsorientierter (Telefon) Kommunikation.

Wir wollen nun mit einem datagrammorientierten Unix-Domain-Socket Server kommunizieren, der alle Eingabesätze mittels `reverse()` byteweise umdreht und zum Client zurücksendet.

```
                                    ux-dgram-server.pl
   #!/usr/local/bin/perl -w
   # ux-dgram-server.pl -- Ein einfacher UNIX-Domain-Socket-Server.
   #                      Datagrammversion.

   use IO::Socket;
   use constant UXSOCKADDR => "/tmp/ux-dsock";
   use constant MAXLENGTH  => 256;

   unlink(UXSOCKADDR);
   $sock = IO::Socket::UNIX->new( Local => UXSOCKADDR,
                                  Type  => SOCK_DGRAM )
       or die "can't bind to Unix Socket: $!\n";

   $nreplies = 0;
   print "Ready for Datagrams...\n";
   while (1) {
       $len = MAXLENGTH;
       $sock->recv($input, $len);
       $output = reverse $input;
       $sock->send($output, length($output));
       print "sending: $output\n";
       print "Reversed ", ++$nreplies, " datagrams sofar...\n";
   }
                                                         ux-dgram-server.pl
```

Programmieren Sie nun einen passenden Client dazu!

17.3 Kommunikation in TCP/IP-Netzen

Im Gegensatz zu den lokalen Kommunikationstechniken der vorigen Abschnitte, befassen wir uns im folgenden mit der rechnerübergreifenden Kommunikation.

17.3.1 Einführung in TCP/IP-Netze

Eine kleine Geschichte des Internet

Das heute allgemein bekannte und im riesigen Wachstum begriffene Internet begann als eine militärische Entwicklung. In den 60er Jahren, mitten im Kalten Krieg, erkannte das Verteidigungsministerium *(Department of Defense; DoD)* der USA die besondere Bedeutung von Computern und die militärische Bedeutung eines stabilen Kommunikationsnetzes zwischen ihnen. Ein besonderer Wunsch war, ein Netz zu entwickeln, das sogar Atombombenangriffe auf Hauptknoten verkraften könnte. Ein solches Netz sollte die Kommunikation automatisch, ohne menschliche Intervention um eine oder mehrere zerstörte Regionen herumleiten, so daß zwei Militärrechner in noch nicht zerstörten Regionen nach wie vor miteinander kommunizieren konnten.

Um dieses Ziel zu erreichen, übertrug das DoD die Verantwortung für die Förderung eines solchen Netzes der *Advanced Research Projects Agency* (ARPA). Die ARPA kann als eine Organisation des DoD angesehen werden. Die ARPA selbst beschäftigte jedoch keine Wissenschaftler oder Forscher in diesem Projekt. Als Verwaltungsinstanz fing ARPA an, Forschungszuschüsse (*Grants*) zu vergeben. Diverse Universitäten wurden von der ARPA mit der Entwicklung eines bomben- und sabotagesicheren Netzes beauftragt. In der Anfangsphase entstand das ARPAnet, ein Netz, das nur mit vier(!) Rechnern begann und im Laufe einiger Jahre weitere Knoten hinzugewann. In diesen frühen Pionier-Zeiten sammelten Forscher hervorragende Erfahrungen mit den Eigenarten der Kommunikation. Das dort erfundene und benutzte Protokoll NCP wurde jedoch nicht weiterentwickelt, als dessen Grenzen sichtbar wurden.

Nun war es an der Zeit, die gesammelten Erfahrungen in die Entwicklung der nächsten Stufe des ARPAnet zu stecken. Das Rennen um Zuschüsse machte diesmal die Universität von Kalifornien in Berkeley. Forscher und Studenten der dortigen Informatik- und Elektrotechnik-Fakultäten entwickelten die noch heute benutzten Protokolle IP, UDP und TCP. Damit war der Grundstein für eine stürmische Entwicklung gelegt.

Zu dieser Zeit waren allerdings die Rechner noch astronomisch teuer, und die Entwickler konnten den heutigen Boom nicht vorhersehen. Daß am ARPAnet kaum jemals mehr als nur einige hundert Rechner angeschlossen sein würden, war zur damaligen Zeit eine vernünftige Annahme. Diese Fehleinschätzung blieb nicht ohne Folgen. Heute ist der Adreßraum von IPv4-Adressen nahezu erschöpft und wird nur durch gewisse Tricks, wie CIDR, private Netze hinter Firewalls, NAT und weitere, für eine gewisse Zeit noch ausreichen. Eine Erweiterung des Adreßraums ist mit IPv6 in Arbeit. Allerdings wird es noch lange dauern, bis der Großteil der Anwender von IPv4 auf IPv6 umsteigt.

Doch zurück zur damaligen Entwicklung: ARPAnet wurde nach wenigen Jahren wieder „eingestampft". Statt dessen wurde zwischen den wichtigsten Universitäten in den USA ein IP-Backbone aufgebaut. Finanziert wurde dieses Netz durch Mitteln der *National Science Foundation* (NSF). Daher wurde dieses Netz auch als NSFnet bezeichnet. Universitätsmitglieder durften sich als erste mit den Vorzügen eines TCP/IP-Netzes befassen. Dies ist bis heute noch zu erkennen: Die wichtigsten Entwicklungen im Internet stammen aus dem akademischen Umfeld. Sogar das WWW, das heutzutage eine übermäßige Aufmerksamkeit genießt, entstand aus der Weiterentwicklung bereits bekannter Prinzipien wie FTP und Gopher und wurde natürlich ebenfalls von Wissenschaftlern, diesmal beim CERN, entwickelt.

Das Netz wuchs und wuchs und zählt heute mehrere Millionen ständig angeschlossener Rechner. Eine weitere große Zahl von Benutzern mit Einwählverbindungen (*Dial-in User*) kommt noch hinzu.

Was hat eigentlich zur Verbreitung von TCP/IP beigetragen? Schließlich gab es ja auch konkurrierende Protokolle, einige davon mit einer sehr starken Lobby. Des Rätsels Lösung ist überaus einfach: Die Universität Berkeley hat die TCP/IP-Protokollfamilie als Teil ihrer damaligen Implementierung von Unix entwickelt. Durch die Weitergabe ihres Unix an andere Universitäten in From von *Berkeley Software Distribution*-Tapes (daher der Name BSD!) im Quellcode war die gesamte TCP/IP-Implementierung für weitere Forscher offen zugänglich. Das hat zur rasanten Verbreitung der TCP/IP-Protokolle beigetragen.

Ein weiterer Grund für die hohe Akzeptanz von TCP/IP war der offene, ja liberale Entwicklungsprozeß. Alle Ergebnisse und auch Vorschläge wurden in Form von *Request for Comments* (RFCs) veröffentlicht. Diese leicht lesbaren Dokumente wurden durch jeden analysiert, der Interesse an der Materie hat. Nun konnten Forscher und Interessierte weltweit zur Verbesserung und Weiterentwicklung von TCP/IP beitragen. Neue Internet-Protokolle werden nach wie vor mit diesem hervorragenden „demokratischen" RFC-Verfahren diskutiert und verabschiedet.

Dieser offenen Entwicklungskultur standen staatliche Kommissionen und private Firmen gegenüber:

- Im Versuch, sich von der Abhängigkeit von den „US-DoD-Protokollen" zu „befreien", schlossen sich alle Mitglieder der UNO zusammen und gründeten eine Arbeitsgruppe, die Standards für die zukünftige Kommunikation zwischen Rechnern entwickelte. Diese wurden als die ISO-OSI-Protokollfamilie bekannt.

  OSI zeichnete sich durch eine extreme Schwerfälligkeit beim Standardisierungsprozeß und schwer verständliche Spezifikationen aus, die darüber hinaus so voller (politischer) Kompromisse steckten, daß sich niemand die Mühe machte, diese vollständig zu implementieren. Obwohl OSI von der Fachwelt durchgehend abgelehnt wurde, stand die mächtige Staaten- und Politikerlobby dahinter. Sogar die USA beschlossen, TCP/IP-Rechner nach und nach durch OSI-kompatible Systeme zu ersetzen. Trotz dieser massiven Interventionen konnte OSI nie richtig Fuß fassen und wurde schließlich zugunsten von TCP/IP fallengelassen. Aus den frühen 1990er Jahren stammt der Schlachtruf: *OSI is dead!*

- Kommerzielle Firmen verfolgten andere Interessen als Politiker. Einige Firmen hatten schon eigene proprietäre Protokolle entwickelt und wollten diese natürlich behalten und der restlichen Welt aufzwingen; gegen (viel) Bares, versteht sich! Ein typischer Vertreter dieser Firmen war IBM mit seiner SNA-Architektur. Andere Firmen versuchten ebenfalls ihre eigenen Protokolle zu etablieren. Vor einigen Jahren versuchte es Novell mit IPX und gewann einen nicht unerheblichen Marktanteil. Dies änderte sich jedoch, als die technischen und politischen Vorteile von IP auch dem letzten Konsumenten klarwurden.

Das Internet hat sich zu einem einzigartigen Kommunikationsmedium entwickelt. Dabei halte ich diese ganze Kommerzialisierung nicht für entscheidend. Wichtiger ist das Entstehen neuer Kommunikationsformen, die dazu beitragen, die Welt enger zusammenzuschließen. Die potentiellen Möglichkeiten des Internet sind riesig. Man denke nur an weltweites Studieren, Online-Bibliotheken mit riesigen Mengen an Wissen, freie, grenzenüberwindende Diskussionsforen und vieles mehr.

Leider ist das Internet neuen Gefahren ausgesetzt. Viele Politiker treiben mit der Angst der Wähler skrupellosen Stimmenfang und versuchen, im Internet eine Zensur oder, noch schlimmer, eine Überwachung einzurichten. Unter dem Deckmäntelchen der Verbrechensbekämpfung werden unsere Verfassungsrechte kontinuierlich beschnitten. Einige traurige Episoden aus den letzten Jahren:

- In undemokratischen Ländern ist der Bezug von Informationen aus dem Internet eine lebensgefährliche Angelegenheit. Viele dieser Länder stellen, wenn überhaupt, staatliche Backbones auf. Dadurch sind sie in der Lage, relativ stark Einfluß auf die Informationen zu nehmen, die ihre unmündigen Bürger empfangen oder senden dürfen.

- Die USA und Frankreich haben höchst seltsame Gesetze zur Kryptographie. In den USA ist Kryptographie für den Inlandsgebrauch erlaubt, vorausgesetzt, es werden Gebühren (*Royalties*) an Patentinhaber gezahlt. Hier profitiert die Firma *RSA Data Security Inc.* sehr stark von ihrer durch die NSA begründeten Monopolstellung. Schlimmer ist jedoch, daß der Kongreß ein Gesetz verabschiedete, das den Export von kryptographischer Software dem Export von Atombombentechnologie gleichsetzt. Dieses Gesetz gilt aber erstaunlicherweise nicht für Bücher, die den Quellcode der jeweiligen Algorithmen enthalten, genausowenig für wissenschaftliche Veröffentlichungen in (gedruckten) Fachzeitschriften: Printmedien sind wiederum durch das Recht auf freie Meinungsäußerung geschützt. Offensichtlich können die Feinde der Demokratie (Bücher und Fachzeitschriften) nicht lesen! Frankreich verbietet zwar den Einsatz von Kryptographie nicht, man braucht dort aber eine staatliche Genehmigung. Zu dumm nur, daß der Staat keine Genehmigungen ausstellt!

- In Deutschland ist die Meinungsfreiheit in bestimmten, historisch bedingten Bereichen stärker eingeschränkt als in anderen Ländern. Dies führte vor einigen Jahren zu mindestens zwei spektakulären Zensurversuchen:
    - Der Generalbundesanwalt zwang den Betreiber des Hochschulbackbones DFN dazu, den niederländischen Webserver *xs4all* zu sperren, mit der Begründung, daß dort unter anderem eine extremistische Zeitung mit nach deutschem Recht strafbarem Inhalt veröffentlicht wurde. Die Sperrung war technisch nicht durchsetzbar, da zum einen immer wieder Ersatzwege zum fraglichen Server gefunden wurden und zum anderen viele Sites aus Solidarität *xs4all* spiegelten. Der DFN erkannte sehr schnell die Situation und stellte die Zensur mit der Begründung wieder ein, sie sei technisch einfach nicht durchzuhalten.
    Mehr Informationen zu diesem Vorfall finden Sie auf der Website des DFN unter der URL:
    http://www.dfn.de/
    - Compuserve, ein großer Onlinedienst, mußte ebenfalls auf Betreiben der deutschen Behörden seinen Kunden in Deutschland den Zugang zu einigen Newsgruppen vorenthalten. Dies führte unter anderem zu einer massiven Abwanderung der Kundschaft zu freien Providern. Darüber hinaus wurden Wege gefunden, den Inhalt der verbotenen Gruppen dennoch auch für Compuserve-User über andere Wege zugänglich zu machen.

Zur Zeit werden in Deutschland wieder Versuche unternommen, die Meinungsfreiheit im Internet einzuschränken, z.B. durch schärfere Anti-Kryptographie-Gesetze und die Pflicht für Internet-Service-Provider (ISP), den Inhalt *aller* durch sie bezogenen Informationen zu filtern (!) — all dies natürlich wieder unter dem Deckmäntelchen der Kriminalitätsbekämpfung. Dieser Vorwand hat uns schon den „Großen Lauschangriff" eingebracht und das Recht auf Unverletzlichkeit der Wohnung gekostet. Haben auch Sie schon die schleichende Erosion der Verfassung bemerkt?[10]

Architektur des Internet

Das heutige Internet ist schwer zu überblicken. Es handelt sich dabei um den Zusammenschluß vieler Tausender Netze, die alle unter einer anderen Autorität stehen. Jeder größere Netzbetreiber verwaltet ein oder sogar mehrere sogenannte *Autonome Systeme* (AS). Ein solches System besteht im wesentlichen aus drei Arten von Hardwarekomponenten:

- *Kommunikationswege:* Diese können von einem einfachen Kabel bis hin zu hochentwickelten ATM-Strecken oder sogar Satellitenkanälen reichen. Die meisten AS besitzen diese Kommunikationswege nicht. Vielmehr mieten sie diese Wege von Telekommunikationsunternehmen und leiten nur ihren Verkehr darüber.

- *Router:* Das sind spezialisierte Rechner, die an mehrere Kommunikationskanäle angeschlossen sind. Über diese Kanäle treffen dann ständig IP-Pakete ein. Router suchen dann anhand diverser Kriterien nach dem besten Weg zum Ziel und senden die IP-Pakete über weitere Kanäle wieder zum nächsten Ziel.

- *Angeschlossene Endknoten:* Jedes AS hat auch eine große Menge angeschlossener Endknoten. Das sind gewöhnliche Rechner, die das Ziel oder die Quelle der Kommunikation sind. Diese Rechner sind in der Regel Superrechner, Unix-Workstations oder PCs mit einem Unix-Derivat. Darüber hinaus zählen zu den Endgeräten auch spezialisierte *Dial-in*-Server für Leute, die sich über Modem kurzfristig einloggen. Natürlich „hängen" hinter den Einwählknoten viele Rechner, die meist *Microsoft Windows* betreiben. Es ist aber beruhigend zu wissen, daß das Internet durch stabilere, echte Betriebssysteme wie Cisco IOS, Unix und weitere Kommunikationssoftware zusammengehalten wird[11]!

Ein isoliertes AS wäre ohne großen Nutzen. Daher schließen AS-Betreiber Abkommen untereinander und ihre Netze aneinander an. Durch besonders ausgeklügelte Routingalgorithmen wie z.B. das Inter-AS BGPv4 und das Intra-AS OSPF wissen alle Router im Internet stets, über welchen Weg IP-Pakete zu senden sind, damit sie ihr Ziel auch erreichen — und das am besten möglichst schnell [35, 40].

---

[10] Die neue deutsche Bundesregierung scheint den Einsatz von starker Kryptographie nicht nur zu tolerieren, sondern sogar fördern zu wollen. Das Bundesministerium für Wirtschaft und Technologie (BMWi) fördert die Entwicklung und Kommerzialisierung des GNU Privacy Guards (GnuPG) über die GUUG mit einem Beitrag von 300 000 DM. Details sind in der Presseerklärung http://www.gnupg.de/presse.html zu finden.

[11] Ein beliebter Witz in den Newsgruppen lautet: „General Protection Fault! The Internet will Shutdown Now!" Trotz aller Gerüchte hat nicht Bill Gates das Internet erfunden... Übrigens wird das Internet auch nicht einfach „angeklickt" :-)

IP, UDP und TCP

Das grundlegende Protokoll im Internet ist das *Internet Protokoll* IP. Es definiert unter anderem die Form der Pakete, die von Routern über Kommunikationswege geleitet werden. Es definiert aber auch mit Hilfe eines Zusatzprotokolls, ICMP genannt, was Router tun sollen, wenn Fehler auftreten und IP-Pakete nicht zugestellt werden können.

Ein IP-Paket ist wie ein Brief. Er enthält eine Absender- und Empfängeradresse. Weitere Daten können im Brief enthalten sein. Nun versuchen Router, dieses Paket anhand seiner Zieladresse möglichst zuverlässig zum Empfänger zu befördern. Dabei kann aber eine ganze Menge schiefgehen: Möglicherweise ist eine Kommunikationsstrecke ausgefallen. Vieleicht ist ein Router defekt. Möglich wäre auch, daß irgendein Router überlastet ist und anfängt, Pakete wegzuwerfen. All dies trägt dazu bei, daß die Kommunikation nicht gesichert ist.

IP selbst sorgt nur insoweit für die Sicherung der Daten, als es den Header der IP-Pakete (also den Umschlag des Briefes) mit einer einfachen Prüfsumme absichert. Sobald diese nicht mehr stimmt ist der ganze Header kaputt, und das Paket wird weggeworfen. Gegen eine Veränderung (*corruption*) des Paketinhalts, man sagt dazu auch seine *Payload*, trifft IP keine Vorkehrungen.

IP-Pakete enthalten IP-Adressen. Diese Adressen kennzeichnen Rechner im Internet wie Telefonnummern Telefone im weltweiten Telefonnetz eindeutig identifizieren. Eigentlich ist das nicht ganz richtig. Korrekterweise müßte es heißen: IP-Adressen kennzeichnen ein *Interface* in einem Rechner weltweit eindeutig. Ein Rechner im Internet kann auch mehrere Interfaces haben. Das sind in der Regel Netzwerkkarten, Schnittstellen usw. Router sind das beste Beispiel für Rechner mit mehreren Interfaces. Jedes dieser Interfaces hat eine eigene IP-Adresse.

IP-Adressen sind bei der jetzt schon sehr lange aktuellen IP-Version IPv4 32 Bit breit. Sie werden in der berühmten *Dotted-Quad-Notation* für uns Menschen aufgeschrieben: 192.168.10.3. Jede dieser Zahlen identifiziert ein Byte der IP-Adresse. IP-Adressen werden von einer zentralen Autorität vergeben (IANA). Aufgrund der riesigen Anzahl an IP-Adressen vergibt diese Autorität Bereiche von IP-Adressen an überregionale Autoritäten, die wiederum Teile dieser IP-Bereiche an nationale Autoritäten usw. bis hinunter zu Ihrem Provider. Wer sich über Modem bei einem Provider mittels PPP einwählt, bekommt ebenfalls *für die Dauer der Verbindung* eine IP-Adresse zugewiesen. Es ist dennoch stets garantiert, daß alle IP-Adressen weltweit eindeutig sind.

Leider ist der Adreßraum für IPv4-Adressen fast erschöpft. Daher werden neue Adressen nicht mehr vergeben und wenn doch, dann nicht mehr an private Personen oder Firmen. Ein Ausweg für Firmen ist dann oft, sogenannte *nicht routbare* IP-Adressen für Ihre Netze zu wählen. Adressen dieser Bereiche (10.0.0.0/8, 172.16.0.0/12 und 192.168.0.0/16) werden im öffentlichen Internet und zwischen autonomen Systemen nicht geroutet [7]. Daher können sie innerhalb eines Firmennetzes eingesetzt werden. Allerdings müssen dann Rechner mit diesen Adressen zur Kommunikation mit externen Rechnern den Umweg über eine Firewall bzw. Proxyserver gehen.

IP-Adressen sind für Menschen, sogar in *Dotted-Quad-Notation*, schwer zu merken und zu behalten. Aus diesem Grunde wurde eine verteilte Datenbank erfunden, die Namen in IP-Adressen konvertiert und auch umgekehrt IP-Adressen in Namen auflöst. Diese Datenbank wird *Domain Name Service* (DNS) genannt. Namen wie `www.perl.com` werden durch die DNS-Datenbank in IP-Adressen konvertiert, die für die eigentliche Kommunikation erforderlich sind. Eine gute Einführung in DNS finden Sie in [4].

Glücklicherweise kann in einem Rechner mehr als nur ein Prozeß gleichzeitig aktiv sein. Da die Kommunikation sich meist an diese Prozesse, genauer an die Dienste, die diese bereitstellen, richtet, nicht an die reinen Rechner, reicht als Zieladresse eine IP-Adresse nicht aus. Woher soll z.B. ein Rechner wissen, ob das gerade angekommene Paket zum *telnetd*, *ftpd*, *httpd* oder *ircd* gesandt werden soll? Die Lösung ist natürlich klar. Jeder dieser Prozesse wird durch einen *Port* angesprochen. Ein Port ist etwas Ähnliches wie die Durchwahl bei einer firmeneigenen Telefonvermittlungsanlage (auch PABX genannt).

Ein Programm in Internet ist weltweit durch eine IP-Adresse zusammen mit einer Portadresse erreichbar. IP kennt aber keine Portadressen, da es nur für die Rechner-zu-Rechner-Kommunikation zuständig ist. Weitere Protokolle können nun an dieser Stelle aufsetzen und eine Programm-zu-Programm-Kommunikation implementieren. Im Internet sind zwei solcher Protokolle stark verbreitet:

- Das *User Datagram Protocol* (UDP) ist ein verbindungsloser Dienst, der ähnlich wie die Briefpost funktioniert. Ein UDP-Paket, auch *Datagramm* genannt, ist dabei lediglich ein IP-Paket mit zusätzlichen Portadressen für Sender und Empfänger und einer Checksumme für die Payload. Genau wie bei IP ist die Zustellung eines UDP-Pakets nicht garantiert. Wenn aber das Datagramm angekommen ist, kann davon ausgegangen werden, daß der Inhalt bezüglich der Prüfsumme korrekt ist.

  Datagramme können also im Internet verschluckt werden. Sie können sich gegenseitig auf verschiedenen Wegen überholen und in einer abweichenden Reihenfolge ankommen. Ja sogar Duplikate eines Datagramms können beim überraschten Empfänger ankommen.

  Während UDP in WANs aufgrund seiner Unzuverlässigkeit vermieden wird, ist es in LANs sehr verbreitet. Aufgrund seines geringen Overheads und der geringen Fehlerraten von LANs ist UDP oft eine akzeptable Alternative zum schwerfälligeren TCP. Ein prominenter Vertreter von UDP ist das *Network File System* (NFS).

- Das *Transmission Control Protocol* (TCP) behebt die Fehler von UDP. Es ist ein verbindungsorientiertes Protokoll, das Fehlerkorrektur, automatische Anforderung fehlender Pakete und vieles mehr erledigt. Programme, die TCP nutzen wollen, müssen zunächst eine Verbindung zum Partner aufbauen. Anschließend können sie wie über eine normale bidirektionale Pipe mit der anderen Seite kommunizieren. Dabei sorgt TCP hinter den Kulissen für einen reibungslosen Betrieb. Am Ende der Kommunikation wird die Verbindung wieder abgebaut.

  TCP ist in WANs *das* Kommunikationsprotokoll überhaupt. Es ist zuverlässig und gleicht Probleme wie verlorene Pakete und dergleichen spielend aus. Auch bei relativ kurzen Transaktionen, wie sie zur Zeit besonders durch HTTP genutzt werden, wird TCP eingesetzt.

Software-Architekturen

Wozu werden solche Protokolle wie IP, TCP und UDP eingesetzt? Diese Protokolle sind ja letztendlich nur technische Hilfsmittel, mit denen zwei der mehr Programme miteinander kommunizieren. Wie diese Kommunikation organisiert wird, bleibt die Angelegenheit dieser Programme (genauer ihrer Entwickler) selbst.

Es sind mehrere Formen der Kommunikation zwischen Programmen entstanden. Diese sind bis zu einem gewissen Grade von der zugrundeliegenden Technologie unabhängig. Beliebte Architekturen sind:

- *Client/Server-Architekturen*: Client und Server sind *Rollen*, die Programe je nach Situation spielen. Ein Server ist dabei ein Programm[12], das passiv auf Anforderungen von Clients wartet. Trifft eine solche Anforderung ein, wird sie vom Server entgegengenommen und beantwortet. Server bauen selbst nie Verbindungen auf. Vielmehr sind die Clients dafür zuständig.

  Ein Programm kann sowohl Server als auch Client sein. Ein WWW-Server kann sehr wohl auch Client eines Datenbankservers sein, wenn er die Anfrage eines Benutzers weiterleitet. Ein Proxy ist ein Server für das Programm, das ihn benutzt, und ein Client des Programms, an das er die Anfragen weiterleitet.

  Server werden oft in *stateless* (zustandslos) und *stateful* (zustandbehaftet) unterteilt. Ein *stateless* Server hat, wie der Name schon sagt, keinen Speicher für vorangegangene Transaktionen. Clients müssen bei jeder Verbindung zum Server wieder alle Informationen zur Verfügung stellen. Dagegen sind *stateful* Server etwas nachtragender. Sie vergessen nicht so schnell, was ihnen gesagt wurde. Ein Client eines *stateful* Servers kann sich darauf verlassen, daß der Server sich schon daran erinnert, „was bisher geschehen ist". WWW- und NFS- Server sind klassische Beispiele von *stateless* Servern. Dagegen ist ein Datenbankserver schon *per definitionem stateful*. *stateless* Server sind vom Standpunkt der Implementierung, aber auch des Betriebs besser als *stateful* Server. Das liegt daran, daß diese keine Ressourcen benötigen, um den bisherigen Zustand zu speichern. In Internet gibt es weitaus mehr Clients als Server. Daher ist es besser, Statusinformationen bei den Clients zu hinterlassen, da stark besuchte Server alleine schon durch die schiere Anzahl von Clients riesige Mengen an permanenten Informationen speichern müßten. Darauf werden wir im WWW-Kapitel noch zurückkommen.

  Die meisten heutigen Architekturen im Internet sind client/server-basiert. Das reicht von WWW, E-Mail, FTP, IRC bis hin zu exotischeren Anwendungen. Der Vorteil gegenüber allen anderen Architekturformen ist eine klare Rollenverteilung in der Kommunikation. Diese ist einfacher zu verwalten und zu programmieren.

---

12 Gelegentlich wird flapsig der Rechner, auf dem das Serverprogramm läuft, als „Server" bezeichnet. Dies ist nicht ganz korrekt, aber manchmal berechtigt, wenn dieser Rechner das Serverprogramm als Hauptanwendung ausführt. Wir werden hier grundsätzlich unter Server das Programm, genauer gesagt sogar die Rolle, die das Programm spielt, verstehen, nicht den Rechner selbst.

- *Peer-to-Peer-Architekturen*: In einigen Fällen sind Programme gleichberechtigt. Jedes dieser Programme kann und darf von selbst Verbindung zu anderen Programmen aufbauen. Es gibt keine wesentliche Bevorzugung von Rollen, wie dies bei Client/Server-Systemen der Fall ist.

  Peer-to-Peer-Architekturen sind etwas chaotischer als das strenge Client/Server-System. Da jedes Programm gleichberechtigt ist, muß der Koordinationsaufwand höher sein. Alle Programme müssen auch in der Lage sein, auf externe Anforderungen einzugehen und umgekehrt selbst mit einer Vielzahl weiterer Partner zu kommunizieren.

  Eine bekannte Peer-to-Peer-Anwendung ist die Vernetzung von *Microsoft Windows*-Systemen über das NetBEUI-Protokoll[13]. Derart vernetzte Rechner können sich gegenseitig ansprechen. Es gibt normalerweise keinen besonderen Server mit vielen Clients. Vielmehr kann jeder Anwender exportierte Verzeichnisse von anderen Anwendern als „Netzlaufwerk" „einhängen". Durch ein spezielles Protokoll meldet sich jeder Rechner regelmäßig durch „Hallo-Nachrichten", damit alle anderen Rechner eine Liste der vorhandenen Peers aufbauen können. Dies ist vom technologischen Standpunkt eine interessante Alternative zu Client/Server-Systemen. Nachteilig ist aber der hohe Kommunikationsoverhead, der auch bei kleinen LAN-Segmenten sehr schnell das Netz mit Kontrollmeldungen überschwemmen kann (ich spreche hier aus eigener Erfahrung!). Das NetBEUI-Modell skaliert auch nicht sehr gut. Je mehr Teilnehmer, um so größer ist auch der Kommunikationsaufwand. Dieser steigt sogar schneller als nur proportional zur Zahl der beteiligten Peers an. Das scheint aber ein grundsätzliches Problem von Peer-to-Peer-Architekturen zu sein.

- *Verteilte Architekturen* sind ein weiterer Schritt weg von der Client/Server- und der Peer-to-Peer-Kommunikation. Ein *verteiltes System* ist ein virtueller Rechner, der aus mehreren durch ein Netz verbundenen physischen Rechnern besteht. Die einfachste bekannte Anwendung ist ja das NFS, das die Plattenkapazität mehrerer Rechner anderen Rechnern zur Verfügung stellt.

  Es gibt mehrere Arten verteilter Systeme. In diesem Absatz konzentrieren wir uns auf *lose gekoppelte Multiprozessoren*. Das sind einfach durch ein normales Kommunikationsprotokoll wie TCP/IP miteinander kommunizierender Workstations oder Rechner mit eigenem Betriebssystem, eigenem Speicher und eigenen Ressourcen. Diese scheinbar lose Sammlung von Rechnern kann aber dazu gebracht werden, an einem gemeinsamen Programm zu arbeiten. Läßt sich die Aufgabe geeignet modularisieren, können einzelne Arbeitsabläufe einzelnen Rechnern zugewiesen werden. Nachdem einer der Rechner mit der Aufgabe fertig ist, bekommt er die nächste Aufgabe.

  Eine sehr eindrucksvolle Demonstration der Kapazität verteilter Systeme ist das `seti@home`-Projekt. SETI ist ein Akronym für *Search for ExtraTerrestrial Intelligence*. Es handelt sich dabei um ein ernstes, streng wissenschaftliches Experiment,

---

[13] NetBEUI wird unter Unix vom Samba-Programm verstanden.

das in den von Radioteleskopen empfangenen Radiowellen nach bestimmten Merkmalen extraterrestrischer Intelligenz sucht. Die Wissenschaftler hoffen in dem riesigen Wellensalat Emissionen zu entdecken, die sich vom allgemeinen Rauschen unterscheiden. Leider ist die Analyse der riesigen Datenmengen (ca. 35 GByte pro Tag!) nur mit einer extrem rechenzeitintensiven Fouriertransformation durchzuführen. Dazu würden auch viele Superrechner wie Crays bei weitem nicht reichen. Da für ein solches Experiment die finanziellen Mittel fehlen, kam den SETI-Forschern eine geniale Idee: Es gibt ja weltweit viele Millionen PCs, die 99,999% ihrer Zeit einfach nichts tun. Könnte man nur einen Bruchteil der Besitzer dieser Rechner dazu bringen, einen Teil der freien, sonst vergeudeten CPU-Zyklen dem SETI-Projekt zu schenken, würde dem SETI-Team ein weltweit verteilter, dafür aber sehr mächtiger Rechner zur Verfügung stehen. Das Ergebnis der Überlegungen war ein Programm, das sich Hunderttausende von Anwendern über das Internet herunterladen können. Dieses Programm zieht regelmäßig *work units* vom SETI-Server und rechnet dann offline einige Stunden an den Fouriertransformationen. Unter Unix läuft so ein Programm ganz friedlich im Hintergrund. Bei Rechnern mit *Microsoft Windows*-Pseudobetriebssystemen, läuft dieses Programm als Bildschirmschoner oder im Hintergrund und belastet den Rechner überhaupt nicht. Tatsächlich rechnet auf meiner Unix-Kiste gerade das *setiathome*-Clientprogramm, und es bekommt fast die gesamte Rechenzeit, denn mein fleißiges Tippen wirkt sich auf die Last des Rechners überhaupt nicht aus. Auch die anderen gerade eingeloggten User stört dieses zusätzliche Programm überhaupt nicht, da ich ihm eine geringe Priorität zugewiesen habe. Somit werden CPU-Zyklen hier wenigstens nicht verschwendet!

Die URL des seti@home-Projekts lautet:

http://setiathome.ssl.berkeley.edu/

Literatur zu Netzen

Diese kleine theoretische Übersicht wäre ohne Literaturangaben unvollständig. Zu Netzen gibt es eine sehr große Anzahl von Büchern, Onlinedokumentationen und weitere Quellen. Eine hervorragende Einführung in die gesamte Thematik der Netze ist der Klassiker [90], der in seiner mittlerweile dritten Auflage zu den besten Einführungen in Netze gehört. Dort finden Sie Verweise auf weiterführende Literatur.

Wenn Sie sich für den Aufbau von Netzen interessieren, können Sie eine Reihe interessanter Werke konsultieren. Sehr unterhaltsam fand ich [44]. Eine lehrbuchmäßige Einführung in die Prinzipien von Kommunikationsnetzen finden Sie in [49, 94, 74]. Fortgeschrittene Telekommunikationstexte sind unter anderem [72, 77].

Zu TCP/IP gibt es viele interessante Bücher. Sehr zu empfehlen ist Stevens Trilogie *TCP/IP Illustrated*. Teil 1 [80] enthält alles, was Sie über IP, UDP und TCP je wissen wollten. Dort wird gezeigt, wie die Protokolle wirklich funktionieren. Teil 2 [84] hingegen zeigt die Referenzimplementierung der TCP/IP-Protokolle im BSD4.4-Kernel; eine hervorragende Dokumentation für jeden interessierten Hacker! Teil 3 [81] befaßt sich mit weiteren Themen.

Wer Netzanwendungen programmieren möchte oder muß, hat keine Alternative, als die Berkeley Socket-API zu erlernen. Die ideale Referenz dazu ist [83]. Das etwas ältere [17] ist immer noch sehr lehrreich, wenn es darum geht, typische Server zu programmieren.

Schließlich darf die RFC-Sammlung nicht vergessen werden! Die *Request-for-Comments*-Dokumente sind freiverfügbare Dateien, die sich mit den verschiedensten Internet-Themen befassen. Viele RFCs spezifizieren auch ganz offiziell Protokolle des Internet. Jedes zur Zeit aktive Protokoll hat ein eigenes RFC. Die RFC-Sammlung finden Sie im Internet, unter anderen unter der URL:

`http://www.rfc-editor.org/`

17.3.2 UDP-Clients und -Server

Das *User Datagram Protocol* ist ein verbindungsloses Übertragungsprotokoll, das kleine Nachrichten, *Datagramme* genannt, von einem Host zum anderen überträgt. Dabei ist UDP nur eine dünne Schicht über IP, in der zusätzlich zu einer IP-Adresse auch eine Portadresse in einem Datagramm untergebracht wird.

UDP ist ein *Best-effort*-Dienst. Das bedeutet, daß die Zustellung eines Datagramms nicht garantiert werden kann. Bei der Briefpost sind Sie nie sicher, daß ein Brief auch tatsächlich sein Ziel erreichen wird[14]. Das ist bei UDP nicht viel anders. Es ist ferner möglich, daß ein Datagramm mehrfach bei einem Rechner ankommt. Ganz gruselig wird es erst, wenn ein später gesendetes Datagramm vor anderen früher abgesandten am Ziel ankommt!

Wann verschwindet eigentlich ein Datagramm? In Ethernet- oder ATM-LANs geschieht dies selten, da das Übertragungsmedium eine sehr geringe Fehlerrate aufweist bzw. aufweisen sollte. Anders ist es bei größeren WAN-Netzen. Dort kann es schon häufiger vorkommen, daß ein Zwischenrouter überlastet ist und IP-Pakete wegwirft. ATM-Switches können ebenfalls bei Überlastung Zellen wegwerfen, und die einzelnen Strecken selbst sind nicht einhundertprozentig fehlerfrei. Es ist nicht ungewöhnlich, quer durch das öffentliche Internet eine Paketverlustrate von 10% und mehr zu haben. Gerade hier sollte man auf UDP lieber verzichten und auf ein fehlerkorrigierendes Protokoll wie TCP zurückgreifen.

Wie kann ein später abgesandtes Datagramm vor Datagrammen ankommen, die früher abgeschickt wurden? Eine solche Situation entsteht häufig im Internet, da es mehr als nur einen Weg von einer Quelle zu einer Senke gibt. Alle im Internet übertragenen Pakete, so auch Datagramme, werden von Routern auf den jeweils „besten" Wegen übertragen. Die Entscheidung, welcher Weg der „beste" ist, trifft jeder Router an jedem Zwischenstopp *für jedes einzelne IP-Paket* und je nach Netzlast zeitlich unterschiedlich. Es ist daher kein Wunder, daß einige Datagramme somit andere auf schnelleren Wegen überholen können,

---

14 Böse Zungen behaupten, daß Briefe mit interessantem Inhalt, wie Schecks und Bargeld, von dieser Eigenschaft, einfach im Postsystem zu verschwinden, besonders stark betroffen sind. Ob das nur ein Gerücht ist?

während die früher abgeschickten Datagramme, genauer gesagt IP-Pakete, irgendwo im Stau stecken.

UDP ist dennoch nicht ganz unberechtigt, trotz aller Nachteile. Der wesentliche Vorteil von UDP ist der fehlende Overhead, der bei anderen Protokollen mit dem Aufbau, der Sicherung und dem anschließenden Abbau der Verbindung einhergeht. Ein fehlerkorrigierendes verbindungsorientiertes Protokoll wie TCP benötigt diesen Overhead, um überhaupt funktionieren zu können. Zugegeben, dieser Overhead ist nicht so schlimm (3 *way handshake*) wenn mehrere Daten zu übertragen sind. Problematisch wird es jedoch, wenn nur ganz kurze Nachrichten versandt werden müssen und es dabei nicht auf die sichere Übertragung ankommt.

Eine typische Anwendung verbindungsloser Protokolle, zu denen auch UDP gehört, ist die Übertragung von Video- oder Audiodaten durch ein Netz. Aufgrund der hohen Redundanz der Informationen in diesen Daten ist es für uns Menschen nicht schlimm, wenn der eine oder andere Frame verstümmelt oder gar nicht ankommt. Bei dieser Art der Übertragung ist eine gewisse Verlustrate akzeptabel. Wenn Sie dies schockiert, sollten Sie bedenken, daß beispielsweise JPEG-Dateien ebenfalls mit einem verlustbehafteten Kompressionsalgorithmus erzeugt werden, der für das Auge dennoch kaum sichtbar ist. Die Übertragung in mobilen Telefonnetzen, wie z.B. dem GSM-Netz, ist ebenfalls nicht verlustfrei [30], wobei verschluckte oder verstümmelte Rahmen kaum zur Verschlechterung der Sprachqualität beitragen, ja sogar bewußt in Kauf genommen werden, um bestimmte Situationen zu überbrücken.

Anders ist es natürlich bei echter Datenübertragung. Dort ist eine auch nur minimale Fehlerrate nicht akzeptabel und muß korrigiert werden. In einer solchen Situation werden Sie einem sicheren Protokoll wie TCP den Vorzug geben.

Im folgenden Beispiel wollen wir uns einen einfachen UDP-Client und UDP-Server basteln, die eine einzige Aufgabe haben: Die API vorzuführen. Diese Server und Clients können Sie dann Ihren Bedürfnissen entsprechend anpassen.

UDP-Client

Im folgenden schreiben wir einen UDP-Client, der Anfragedatagramme an die *time/udp*-Server anderer Hosts sendet. Dies ist in Abbildung 17.8 illustriert.

Der Client scheint nur auf dem ersten Blick etwas kompliziert zu sein:

```perl
udp-client.pl
#!/usr/local/bin/perl -w
# udp-client.pl -- UDP-Client fragt Zeit diverser Hosts ab.

use Socket;
use IO::Socket;                   # Standardmodul

# Wir erzeugen einen "unconnected" UDP-Socket:
$sock = new IO::Socket::INET(Proto => 'udp')
    or die "can't create UDP Socket: $!\n";
```

17.3 Kommunikation in TCP/IP-Netzen

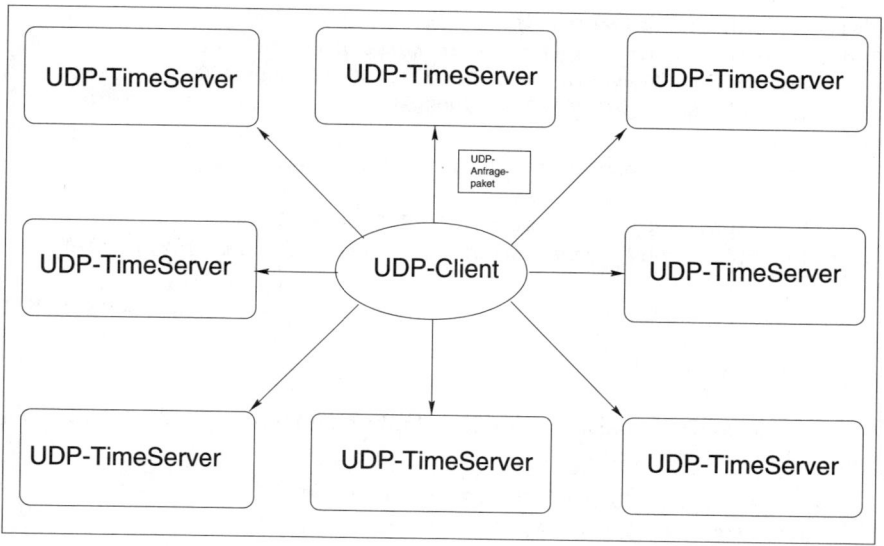

Abbildung 17.8: Anfrage an einen UDP-Timeserver

```perl
# Wir wollen allen Hosts auf @ARGV ein Anfragedatagramm senden.
# Dazu merken wir uns die Zieladresse im Binaerformat in %remote.
foreach my $hostname (@ARGV) {
    my $port    = getservbyname('time', 'udp');
    my $ipaddr  = gethostbyname($hostname);
    my $remaddr = sockaddr_in($port, $ipaddr);

    $remote{$hostname} = $remaddr;
}


# Nun senden wir jedem dieser Hosts ein (leeres) Datagramm.
# Das loest bei dem time/udp-Server eine Antwort aus.
foreach my $hostname (sort keys %remote) {
    die "can't send to $hostname\n"
        unless defined $sock->send("", 0, $remote{$hostname});
}


# Nun lesen wir genau so viele Datagramme ein, wie wir gesendet haben.
# Hinweis: Wenn einige Hosts nicht antworten oder ihre Antworten
# verlorengehen, dann bleiben wir an nicht beantworteten
# recv()s haengen. In diesem Fall mit CTRL-C abbrechen!
foreach my $nreply ( 1 .. scalar(keys(%remote)) ) {
    my ($src, $answer);
    $src = $sock->recv($answer, 4, 0) || die "can't recv(): $!\n";

    my $remotehost = gethostbyaddr((sockaddr_in($src))[1], AF_INET);
    proceed_result($nreply, $remotehost, $answer);
}
```

```perl
# Hier werten wir das Antwortpaket aus.
# Die Antwort ist ein 4 Byte-Wert in Network-Byte-Order,
# der die Zeit in Sekunden seit dem 1.1.1900 (nicht 1970!) angibt.
use constant SECS_OF_70_YEARS => 2208988800;
sub proceed_result {
    my ($replynr, $remotename, $remotetime) = @_;

    $rt = unpack("N", $remotetime) - SECS_OF_70_YEARS;
    print "($replynr) $remotename: ", scalar(localtime($rt)), "\n";
}
```
─── udp-client.pl

Was lernen wir hieraus?

- Wir verwenden das Standardmodul IO::Socket, um einen UDP-Socket zu erzeugen:

  ```perl
  $sock = new IO::Socket::INET(Proto => 'udp')
        or die "can't create UDP Socket: $!\n";
  ```

  Dem Subklassenkonstruktor von IO::Socket::INET übergeben wir als Parameter lediglich das Protokoll, hier udp. Lokale und entfernte Adressen brauchen wir nicht anzugeben, da es sich sich bei UDP um ein verbindungsloses Protokoll handelt. In Wirklichkeit werden wir die Empfänger der einzelnen Anfragedatagramme beim Senden spezifizieren.

- Gelegentlich werden Sie sehen, daß einem UDP-Socket eine Adresse zugewiesen wird. Das hat aber mit Verbindungen nichts zu tun. Es dient nur dazu, später beim Senden von Datagrammen die Zieladresse einzusparen. Wir werden von dieser Möglichkeit jedoch nicht Gebrauch machen.

- Auf der Kommandozeile werden wir die Namen der Hosts angeben, zu denen Anfragedatagramme gesendet werden sollen. Diese Namen müssen aber erst in eine geeignete binäre Form gebracht werden, um von der Sockets-API erkannt zu werden. Für jeden Hostnamen in Klartext erzeugen wir die Adresse in Binärform und speichern die Zuordnung in einem Hash %remote:

  ```perl
  foreach my $hostname (@ARGV) {
      my $port    = getservbyname('time', 'udp');
      my $ipaddr  = gethostbyname($hostname);
      my $remaddr = sockaddr_in($port, $ipaddr);

      $remote{$hostname} = $remaddr;
  }
  ```

  Das ist vielleicht der schwierigste Teil des gesamten Programms. Darum wollen wir die einzelnen Operationen kurz erläutern:

  - Eine Adresse besteht aus einer Zusammenfassung von Port- und IP-Adresse. Diese Zusammenfassung wird mit Hilfe der Socket-Funktion sockaddr_in() hergestellt.

17.3 Kommunikation in TCP/IP-Netzen

- Die numerische Portadresse muß aus der */etc/services*-Datei oder aus NIS-Datenbanken aus dem Eintrag *time/udp* entnommen werden. Folgender Eintrag steht in */etc/services*:

    ```
    time            37/udp          timserver
    ```
    Die 37 im richtigen Binärformat erhalten wir mit Hilfe der *Builtin*-Funktion `getservbyname()`, die wir hier im skalaren Kontext aufrufen müssen.

- Die zu einem Hostnamen gehörige IP-Adresse kann aus mehreren Quellen kommen: */etc/hosts*, NIS oder DNS. Eine portable Funktion, die eine Hostnamen in IP-Adressen konvertiert, ist `gethostbyname()`. Dabei liefert diese Funktion die IP-Adresse im numerischen Format, nicht in *Dotted-Quad-Notation*. Wenn Sie diese Notation brauchen, müssen Sie `inet_ntoa()` aus Socket benutzen. Da jedoch `sockaddr_in()` numerische Werte benötigt, verwenden wir natürlich `gethostbyname()`.

- Die Konvertierung mittels `sockaddr_in()` liefert eine kombinierte IP/Port-Adresse, die ein Programm eindeutig im Internet kennzeichnet. Diese kombinierte Adresse kann nun von weiteren Socket-API-Funktionen verwendet werden, so z.B. weiter unten von `send()`.

- Wir speichern die binäre kombinierte Zieladresse zum jeweiligen Host im Hash `%remote` ab.

■ Nun ist es an der Zeit, zu jeder der gespeicherten Zieladressen ein leeres UDP-Anfragepaket zu senden. Beachten Sie, daß unser UDP-Socket `$sock` mit keiner entfernten Adresse verbunden ist. Das bedeutet, daß wir beim Senden mit `send()` auch zwingend die kombinierte Zieladresse im Binärformat benötigen. Diese haben wir aber schon im vorigen Schritt berechnet.

■ Das Senden sieht sehr einfach aus:

```
foreach my $hostname (sort keys %remote) {
    die "can't sent to $hostname\n"
        unless defined $sock->send("", 0, $remote$hostname);
}
```

Zu jeder bekannten Zieladresse wird mit Hilfe der Methode `send()` ein Datagramm gesendet. Dabei erwartet `send()` folgende Parameter:

- Der erste Parameter ist der zu sendende Puffer. Dieser ist in unserem Fall leer. Andere Protokolle spezifizieren hier irgendwelche Anfragedaten, aber das ist für unser Beispiel hier vollkommen irrelevant.

- Der zweite Parameter ist die Länge des zu sendenden Puffers. Da wir einen leeren Puffer senden, wird hier 0 angegeben.

    > Bereitet Ihnen den Begriff „leeren Puffer senden" keine Bauchschmerzen? Was wird denn gesendet, wenn der zu sendende Puffer aus keinem einzigen Zeichen besteht? Ganz einfach: Ein UDP-Paket mit zugehörigem Header, aber leerer Payload. In diesem vom Sender automatisch generierten Header steht unter anderem die Absenderadresse, die vom Empfänger benutzt werden kann, z.B. um eine Antwort zurückzusenden. Tatsächlich be-

deutet im Falle des UDP-Timeservers schon allein die Tatsache, daß ein Datagramm angekommen ist, einen Anforderungswunsch.

- Der dritte Parameter ist hier entscheidend. Er bezeichnet die Zieladresse, zu der das Datagramm gesendet werden soll. Wie bereits erwähnt, muß diese Zieladresse aus der kombinierten IP/Port-Adresse im Binärformat bestehen, die wir bereits oben berechnet haben.

- Der Rückgabewert von `send()` ist die Anzahl der gesendeten Payload-Bytes, oder *undef*, falls ein Fehler auftrat. Was erwarten wir in unserem konkreten Fall für einen Rückgabewert? Richtig: 0, da wir einen leeren Puffer gesendet haben. Darum ist folgende Abfrage des Rückgabecodes *nicht* richtig:

```
$sock->send("", 0, $remoteaddr) || die "can't send!\n";   # FALSCH!
```

Warum ist das falsch? Nun, wenn 0 in diesem Zusammenhang ein gültiger Rückgabewert ist, können wir ja schlecht || benutzen. Richtiger wäre folgender Aufruf:

```
defined($sock->send("", 0, $remoteaddr)) || die "...";
```

Wie leicht sich doch Fehler einschleichen können!

- Wir senden einfach Anforderungsdatagramme an alle angegebenen Hosts. Dabei warten wir zunächst nicht auf sofortige Antworten. Das kommt noch später. Jetzt senden wir einfach die Pakete ab und denken zunächst nicht mehr darüber nach (*fire and forget*).

- Nachdem alle Datagrammanforderungen ausgesandt wurden, ist es an der Zeit, die möglichen Antworten wieder einzusammeln. Dabei verfolgen wir folgende einfache Strategie: Wir lesen so viele Antworten ein, wie wir Anforderungspakete ausgesandt haben. Das funktioniert nur so lange gut, wie sichergestellt ist, daß auch alle angefragten Server antworten. Dies muß aber nicht immer so sein. Einige Server könnten den *time/udp*-Dienst in */etc/inetd.conf* ausgeschaltet haben, andere mögen geantwortet haben, aber ihre Antwort ist irgendwo im Netz verschwunden, andere wiederum mögen unser Anforderungspaket nie erhalten haben. Es ist sogar möglich, daß wir mehr Antworten erhalten, als wir ausgesandt haben: UDP-Datagramme können ja unterwegs dupliziert worden sein, und nun treffen Mehrfachantworten ein.

- Das größte Problem beim Einsammeln der Antworten wird wahrscheinlich sein, daß zu wenige Antworten eintreffen. In diesem Fall würde unser einfaches Programm beim nächsten `recv()` ewig auf nie eintreffende Antworten warten, d.h. bis wir das Programm gewaltsam abbrechen.

- Um das häßliche manuelle Abbrechen im Falle nie eintreffender Antworten zu vermeiden, kann auch ein zeitbeschränktes Lesen (*Timed out read*) angefordert werden. Dies ist mit `IO::Select` möglich, wird jedoch erst in Abschnitt 17.3.6 ab Seite 893 erklärt und vorgeführt.

- Das Einlesen eines einzelnen Datagramms ist mit Hilfe der `recv()`-Methode des Sockets sehr einfach:

```
$src = $sock->recv($answer, 4, 0) || die "can't recv(): $!\n";
```

In diesem Fall erwartet `recv()` als ersten Parameter einen Puffer für die Antwort, als zweiten die erwartete Länge dieser Antwort und als dritten Parameter irgendwelche Flags. Der Rückgabewert von `recv()` ist der dekodierte Antwortheader, der den Sender der Antwort eindeutig identifiziert:

```
my $remotehost = gethostbyaddr((sockaddr_in($src))[1], AF_INET);
```

Hier wurde mittels `sockaddr_in()` dieser Header wieder in ein numerisches Port/IP-Paar zurückverwandelt. Die numerische IP-Adresse haben wir mit `gethostbyaddr()` in einen lesbaren Namen zurückkonvertiert. Somit wissen wir genau, wer uns dieses Datagramm gesendet hat.

- Der Rest ist nur noch applikationsspezifisch. Wir erwarten vom UDP-Timeserver eine binäre 4-Byte-Integerzahl in *Network-Byte-Order*. Diese Zahl ist die Zahl der Sekunden seit dem 1.1.1900. Um diese Zahl in eine lesbare Form zu konvertieren, müssen wir sie erst relativ zur Epoche 1.1.1970 darstellen und dann wie gewohnt dekodieren:

```
$rt = unpack("N", $remotetime) - SECS_OF_70_YEARS;
print "($replynr) $remotename: ", scalar(localtime($rt)), "\n";
```

Die Strategie, jedem Server ein Anforderungsdatagramm zu senden, ist nicht immer die beste. Bei vielen Servern ist das eine Menge Arbeit, aber auch eine größere Belastung des Netzes. Eine Alternative wäre die Verwendung einer *Multicast-Adresse*, auf die mehrere Server reagieren können. Dies ist aber beim UDP-Timeserver nicht der Fall.

Die Ausführung des obigen Programms ergibt übrigens[15]:

```
farid@sun-1:~/p> ./udp-client.pl bsd-1 sun-1 localhost
(1) localhost: Sat Jul 24 22:56:51 1999
(2) bsd-1.meta.net: Sat Jul 24 22:58:29 1999
(3) sun-1.meta.net: Sat Jul 24 22:56:51 1999
```

Wie man sieht, sind die Uhren dieser Rechner nicht mit NTP oder anderen Mechanismen miteinander synchronisiert worden!

UDP-Server

Ein UDP-Server ist nicht viel schwieriger als ein UDP-Client zu schreiben. Hier wird lediglich die Reihenfolge `send()`, `recv()` in `recv()`, `send()` umgedreht.

Ein UDP-Server ist in der Regel sehr schnell mit der Antwort auf Anfragen fertig. Darum reicht eine Single-threaded-Implementierung vollkommen aus.

Im folgenden Beispiel werden wir einen Tagline-UDP-Server programmieren. Sobald ein leeres Anfragedatagramm kommt, senden wir dem Absender eine zufällige Zeile aus einer Tagline-Datei in einem UDP-Antwortdatagramm zurück.

---

[15] Die Hostnamen in diesem und anderen Beispielen sind keine regulären DNS-Namen. Sie werden diese Namen im Internet möglicherweise nicht finden, oder sie gehören anderen Organisationen an. Diese Namen haben für mich hier lediglich eine lokale Bedeutung.

```
                                                                    udp-server.pl
#!/usr/local/bin/perl -w
# udp-server.pl -- Ein einfacher Tagline-Server, UDP-basiert.

use Socket;
use IO::Socket;                    # Standardmodul

# Zunaechst lesen wir eine Tagline-Datei ein
open TAGLINE, "< /tmp/mytags" or die "can't open taglines: $!\n";
  @tags = <TAGLINE>;
close(TAGLINE);

# Wir erzeugen einen "unconnected" UDP-Socket auf einem Port:
use constant MYPORT => 5555;
$sock = new IO::Socket::INET(LocalPort => MYPORT, Proto => 'udp')
    or die "can't create UDP Socket: $!\n";

# Wir warten einfach auf Anforderungsdatagramme und reagieren darauf:
use vars qw($input);
use constant MAXLEN => 1024;
$maxlines = 0;
while (1) {
    if (defined ($src = $sock->recv($input, MAXLEN, 0))) {
        $tagline = "(" . ++$maxlines . ")" . $tags[rand @tags];
        send_answer($tagline, $src);
    } else {
        warn "Error in recv()! [", scalar(localtime(time)), "]\n";
    }
}

sub send_answer {
    my $tagline = shift;
    my $dest    = shift;
    my $tosend  = length($tagline);

    while ($tosend) {
        my $nsent = $sock->send($tagline, $tosend, $dest);
        unless (defined $nsent) { next; }
        $tosend -= $nsent;
        $tagline = substr($tagline, -$tosend);
    }
}
```
—— udp-server.pl

Der Server ist wirklich äußerst einfach:

- Ein wesentlicher Unterschied zu einem Client ist, daß auch ein UDP-Socket eine lokale Portadresse benötigt. Diese Adresse muß von potentiellen Clients wohlbekannt sein, da der Server nur durch ein vollständiges IP/Port-Paar erreicht werden kann. Wenn Sie einen Brief an jemanden schreiben, müssen Sie natürlich auch die

Zieladresse kennen, und zwar vollständig, nicht nur die Stadt. Der Socket wird wie folgt angelegt:

```perl
use constant MYPORT => 5555;
$sock = new IO::Socket::INET(LocalPort => MYPORT, Proto => 'udp')
    or die "can't create UDP Socket: $!\n";
```

- Der Server wartet nun in einer Endlosschleife mittels `recv()` auf Anforderungsdatagramme und sendet eine Antwort an den Absender der Anfrage zurück:

```perl
while (1) {
    if (defined ($src = $sock->recv($input, MAXLEN, 0))) {
        $tagline = "(" . ++$maxlines . ")" . $tags[rand @tags];
        $sock->send($tagline, length($tagline), $src);
    } else {
        warn "Error in recv()! [", scalar(localtime(time)), "]\n";
    }
}
```

- Beim Aufruf von `recv()` haben wir eine maximale Länge der erwarteten Antwort angegeben: `MAXLEN`. Kommen Datagramme mit weniger als `MAXLEN` Bytes an, wird der Puffer einfach weniger gefüllt. Kommen mehr als `MAXLEN` Bytes im Datagramm an, werden die zusätzlichen Bytes einfach weggeworfen, so daß der Puffer nie mehr als diese Anzahl Bytes bekommt.

- Sehr wichtig ist, daß `MAXLEN` > 0 sein muß! Auch wenn wir keine Daten in den Anforderungsdatagrammen erwarten, muß hier eine positive Zahl angegeben werden. Sonst kehrt `recv()` sofort zurück, was für uns Warnungen und *busy waiting* bedeuten würde.

- Der Rückgabewert von `recv()` ist die kombinierte Port/IP-Adresse des Absenders im binären Format. Diese Adresse kann entweder dekodiert werden (z.B. mit `sockaddr_in($src)` und anschließendem `gethostbyname()` etc.) wenn wir sie als String anzeigen wollen (z.B. in Logfiles), oder aber wie im hiesigen Beispiel direkt beim Senden der Antwort als dritter Parameter zu `send()` eingesetzt werden:

```perl
$sock->send($tagline, length($tagline), $src); # $src ist Ziel
```

- Mehr gibt es eigentlich zu diesem einfachen Server nicht zu sagen.

Ein zugehöriger Client ist ebenfalls schnell gebastelt:

```perl
udp-tagclient.pl
#!/usr/local/bin/perl -w
# udp-tagclient.pl -- UDP-Client fragt nach einer Tagline.
#                     Mit udp-server.pl verwenden oder jedem
#                     UDP-Server, der auf leere Anforderungsdatagramme
#                     reagiert, und ein Antwortdatagramm senden.

use Socket;
use IO::Socket;                    # Standardmodul

# Wir erzeugen einen "unconnected" UDP-Socket:
$sock = new IO::Socket::INET(Proto => 'udp')
```

```perl
            or die "can't create UDP Socket: $!\n";

   use constant MYTAGPORT => 5555;      # Muss wie im Server sein!
   my $hostname = $ARGV[0];
   my $port     = MYTAGPORT;
   my $ipaddr   = gethostbyname($hostname);
   my $remaddr  = sockaddr_in($port, $ipaddr);

   # Wir senden dem Tagline-Server ein leeres Datagramm:
   die "can't send to $hostname\n"
        unless defined $sock->send("", 0, $remaddr);

   # Wir lesen ein Antwortdatagramm und geben dessen Inhalt aus.
   use constant MAXLEN => 1024;
   $sock->recv($answer, MAXLEN, 0) || die "can't recv(): $!\n";
   print $answer;
```
── udp-tagclient.pl

Ausführung:

```
farid@sun-1:~/p> ./udp-tagclient.pl bsd-1
(7)Headline: Fight Erupts at World Peace Conference
farid@sun-1:~/p> ./udp-tagclient.pl bsd-1
(8)Error reading device: /dev/tagline
farid@sun-1:~/p> ./udp-tagclient.pl bsd-1
(22)Committee to decrease the Schwarzschild Radius.
```

17.3.3 TCP-Client

TCP-Clients haben Sie sicher schon verwendet: *telnet*, *ftp*, *netscape* und viele weitere. Die meisten netzfähigen Programme sind in der Tat TCP-Clients. Einige sind sehr einfach aufgebaut, andere wiederum sehr raffiniert.

Wir werden in diesem Abschnitt mit einem sehr einfachen TCP-Client beginnen, der lediglich die IO::Socket-API vorführt. Anschließend werden wir einen Client schreiben, mit dem parallel Daten zu einem Server gesendet und empfangen werden können.

Ein einfacher TCP-Client

Kommen wir ohne Umschweife zu einem Beispiel:

tcp-client.pl
```perl
#!/usr/local/bin/perl -w
# tcp-client.pl -- Ein einfacher TCP-Client.
# Verwendung: $0 remote_host remote_port [theystart]

use IO::Socket;

use constant TIMEOUT => 5;
$sock = new IO::Socket::INET(PeerAddr => $ARGV[0],
```

17.3 Kommunikation in TCP/IP-Netzen

```perl
                        PeerPort => $ARGV[1],
                        Proto    => 'tcp', Timeout => TIMEOUT)
    or die "can't connect to $ARGV[0]:$ARGV[1]: $@\n";

# Wer faengt zuerst an? Ist ein drittes Argument da, fangen wir an,
# sonst faengt der Server an.
if (defined $ARGV[2]) {
    print "Server:> $reply" if defined($reply = <$sock>);
}

# Das ist die normale Lese/Schreib-Schleife.
while (<STDIN>) {
    print $sock $_;
    last unless defined($reply = <$sock>);
    print "Server:> $reply";
}

$sock->close() if defined $sock;        # Das war's.
```
——————————————————————————— tcp-client.pl

Was geschieht hier?

- Ein TCP-Client braucht einen TCP-Socket. Dieser Socket sollte als aktiver Socket deklariert werden. Das bedeutet, daß der Socket intern mit connect() eine Verbindung zum Server aufbauen soll. Ein solcher Socket wird mit Hilfe von IO::Socket, genauer der Subklasse IO::Socket::INET wie folgt angelegt:

    ```perl
    $sock = new IO::Socket::INET(PeerAddr => $ARGV[0],
                                 PeerPort => $ARGV[1],
                                 Proto    => 'tcp', Timeout => TIMEOUT)
        or die "can't connect to $ARGV[0]:$ARGV[1]: $@\n";
    ```

- Der Konstruktor erwartet folgende Parameter:
    - Der Name oder die Adresse des entfernten Hosts wird als PeerAddr übergeben. Mögliche Eingaben sind:

        ```
        server.domain.org
        www.perl.com:http
        nexus.nowhere.net:8888
        192.168.2.5
        192.168.2.5:55121
        192.168.2.5:ftp
        ```

    - Fehlt der Portname bzw. die Portadresse in PeerAddr, kann dies mit der Option PeerPort nachgeholt werden.
    - Mehrere weitere Parameter können angegeben werden. Diese sind auf der Manual-Seite *man IO::Socket* dokumentiert.

- Der Rückgabewert des Konstruktors ist falsch, wenn es irgendeinen Fehler gab. Eine Beschreibung des Fehlers ist in der Variable $@ enthalten.

- Sobald der Konstruktor erfolgreich zurückgekehrt ist, haben wir über das $sock-Objekt eine Verbindung zum gewünschten Server aufgebaut. Dieses Objekt kann wie ein gewöhnliches IO::Handle-Objekt benutzt werden.

- Eine schwer zu beantwortende Frage ist oft, wer mit der Diskussion beginnt. Da wir in diesem Beispiel nur von einem einzigen Handle lesen, müssen wir uns daher entscheiden. Das geschieht durch die Angabe eines dritten Parameters auf der Komandozeile.

- Eingaben werden zum Sender übermittelt indem einfach auf dem $sock-Objekt mittels print() geschrieben wird. Umgekehrt lesen wir wie gewohnt aus dem Handle.

- Sind wir oder der Server fertig, schließen wir auch unsere Seite der Verbindung.

Ein interaktiver TCP-Client

Das vorige Beispiel hat gezeigt, daß das abwechselnde Lesen vom und Schreiben zum Server keine besonders gute Idee ist. Das Problem hierbei ist, daß wir als Client oft nicht im voraus wissen, wie viele Daten der Server senden wird. Dasselbe gilt für die Benutzerseite. Benötigt wird also ein TCP-Client, der sowohl kontinuierlich Daten vom Server empfängt und anzeigt als auch kontinuierlich Daten von uns entgegennimmt und zum Server sendet.

Ein solcher Client kann mit Hilfe zweier Prozesse realisiert werden. Zunächst wird, wie schon gezeigt, eine Verbindung zu einem Server aufgebaut. Dann muß nur ein Kindprozeß mit fork() erzeugt werden. Einer der beiden Prozesse betreut die Richtung Mensch → Server, der andere die Richtung Server → Mensch.

```
tcp-mtclient.pl
#!/usr/local/bin/perl -w
# tcp-mtclient.pl -- Ein multithreaded interaktiver TCP-Client.
#                    Verwendung:  $0 remote_host remote_port

use IO::Socket;

use constant TIMEOUT => 5;
$sock = new IO::Socket::INET(PeerAddr => $ARGV[0],
                             PeerPort => $ARGV[1],
                             Proto    => 'tcp', Timeout => TIMEOUT)
    or die "can't connect to $ARGV[0]:$ARGV[1]: $@\n";

# An dieser Stelle teilen wir uns mit fork() in zwei Prozesse auf:
if (fork()) {
    # Der Kindprozess: Server -> Mensch
    while (<$sock>) { print $_; }
    $sock->close() if defined $sock;
    die "server closed connection.\n";
    exit 0;
} else {
```

```
    # Der Elternprozess: Mensch -> Server
    while (<STDIN>) { print $sock $_; }
    $sock->close();     # Sind wir fertig, haengen wir einfach auf!
    wait();
}
```
── tcp-mtclient.pl

Ein single-threaded interaktiver TCP-Client

Das vorige Beispiel hat schon ganz gut geklappt. Allerdings waren dafür zwei Prozesse notwendig. Das ist nicht nur eine Verschwendung von Ressourcen, sondern auch unter Umständen nicht ganz portabel. Wir können fork() vermeiden, indem wir mittels IO::Select herausfinden, welcher von den Handles $sock und *STDIN wartende Daten hat. Diese können wir dann problemlos nacheinander bedienen:

tcp-selectclient.pl ──
```
#!/usr/local/bin/perl -w
# tcp-selectclient.pl -- Ein single-threaded interaktiver TCP-Client.
#                        Benutzt nur einen Prozess, aber IO::Select.
#                        Verwendung:  $0 remote_host remote_port

use IO::Socket;
use IO::Select;

use constant TIMEOUT => 5;
$sock = new IO::Socket::INET(PeerAddr => $ARGV[0],
                             PeerPort => $ARGV[1],
                             Proto    => 'tcp', Timeout => TIMEOUT)
    or die "can't connect to $ARGV[0]:$ARGV[1]: $@\n";

$select = IO::Select->new();
$select->add($sock);
$select->add(\*STDIN);

while (@ready = $select->can_read()) {
    foreach my $fh (@ready) {
        last unless defined($reply = <$fh>);
        if ($fh == $sock) { print $reply; } else { print $sock $reply; }
    }
}
```
── tcp-selectclient.pl

Wir überprüfen also, aus welchen Handles gelesen werden kann, und lesen anschließend aus den bereiten Handles. Beachten Sie bitte, daß wir in diesem Beispiel nicht überprüfen, ob die benötigten Handles auch zum Schreiben bereit sind. Wir könnten also hier immer noch beim Schreibversuch blockieren.

Achtung! *Das obige Beispiel ist noch nicht ganz korrekt. Das* can_read() *aus dem Modul* IO::Select *sagt uns nur, daß von einem Handle etwas gelesen werden kann. Nichts* sagt uns jedoch, wieviel dort abgeholt werden kann. Der verwendete readline()-Operator <$socket> versucht seinerseits, so viel zu lesen, bis ein Datensatztrenner $/ gefunden wird. Es ist aber nicht garantiert, daß wir auch einen kompletten Satz im Lesepuffer haben, wodurch der Leseversuch trotzdem blockieren wird. Benötigt werden also nichtblockierende Sockets sowie Lesefunktionen, die nicht so gierig wie readline() sind. Dies wird unter anderem in Abschnitt 17.3.6 ab Seite 893 nochmals genauer untersucht.

17.3.4 Single-Threaded-TCP-Server

Ein TCP-Server fängt gewöhnlich damit an, daß er einen passiven Socket erzeugt und an eine lokale Portadresse bindet. Anschließend legt er sich auf die Lauer und wartet auf Verbindungswünsche von Clients. Dies tut er durch den Aufruf von accept(). Diese Funktion kehrt mit einem IO::Socket-Objekt zurück, das die Verbindung zum Client symbolisiert.

Wir werden im folgenden einen einfachen sätze-invertierenden TCP-Server betrachten:

```perl
                                    tcp-server-st.pl
#!/usr/local/bin/perl -w
# tcp-server-st.pl -- Ein Single-threaded-TCP-Server

use IO::Socket;

use constant MYPORT => 7123;
$sock = new IO::Socket::INET(LocalPort => MYPORT,
                             Reuse     => 1,
                             Listen    => 5)
    or die "can't create local socket: $@\n";

print "Accepting connections on Port ", MYPORT, "...\n";
while ($client = $sock->accept()) {
    # Eine Verbindung ist eingetroffen.
    # Finden wir erst heraus, mit wem wir es zu tun haben.
    print "Accepted connection from ",
          $client->peerhost(), ":", $client->peerport(), "\n";

    # Wir reagieren wie ein ohce, das alles umdreht:
    while (<$client>) {
        chomp;
        print $client scalar(reverse($_)), "\n";
    }
}
                                                                tcp-server-st.pl
```

Die Ausführung im Serverfenster sieht z.B. so aus:

```
farid@sun-1:~/p> ./tcp-server-st.pl
Accepting connections on Port 7123...
Accepted connection from 134.95.254.20:32936
Accepted connection from 134.95.254.20:32937
Accepted connection from 134.95.254.20:32938
```

17.3 Kommunikation in TCP/IP-Netzen

Nun ist die Gelegenheit gekommen, in einem anderen Fenster unseren einfachen Client auszuprobieren:

```
farid@sun-1:~/p> ./tcp-client.pl sun-1.meta.net 7123
a man a plan a canal panama
Server:> amanap lanac a nalp a nam a
a toyota
Server:> atoyot a
^D
```

Dieser Server wird *single-threaded* genannt, weil er zu einer bestimmten Zeit immer nur einen Client bedienen kann. Andere verbindungswillige Clients müssen entweder in der Listen-Warteschlange des Servers warten, bis sie an der Reihe sind, oder sie werden glatt abgewiesen, wenn diese relativ kleine Warteschlange voll ist.

17.3.5 Multithreaded-TCP-Server

Der Nachteil des obigen Single-threaded-TCP-Server kann dahingehend behoben werden, daß die mit accept() aufgebaute $client-Verbindung an einen extra dafür mit fork() erzeugten Kindprozeß delegiert wird. Somit kann der Elternprozeß sofort zu accept() zurückkehren und auf weitere Verbindungen warten.

Versuchen wir es doch:

```
tcp-server-mt-zombies.pl
#!/usr/local/bin/perl -w
# tcp-server-mt-zombies.pl -- Ein Multithreaded-TCP-Server.
#                             ACHTUNG: Gefahr durch Zombies!

use IO::Socket;

use constant MYPORT => 7123;
$sock = new IO::Socket::INET(LocalPort => MYPORT,
                             Reuse     => 1,
                             Listen    => 5)
    or die "can't create local socket: $@\n";

print "Accepting connections on Port ", MYPORT, "...\n";
while ($client = $sock->accept()) {
    # Eine Verbindung ist eingetroffen.
    # Finden wir erst heraus, mit wem wir es zu tun haben.
    print "Accepted connection from ",
          $client->peerhost(), ":", $client->peerport(), "\n";

    # Wir erzeugen nun einen Kindprozess und uebergeben ihm $client.
    if (fork() == 0) {
        # Das ist der Kindprozess.
        # Wir reagieren wie ein ohce, das alles umdreht:
        while (<$client>) {
            chomp;
```

```
                print $client scalar(reverse($_)), "\n";
            }
            exit 0;
        }
    }
}
```
─── tcp-server-mt-zombies.pl

Das Programm scheint ja ganz logisch zu sein:

- Nachdem ein passiver Socket erzeugt wurde, wird in einer Schleife auf Verbindungen mittels `accept()` gewartet.

- Sobald eine Verbindung eintrifft, wird kurz geprüft, woher sie stammt, und eine kurze Meldung wird ausgegeben. Diese Logik ist genau dieselbe wie beim *Single-threaded*-TCP-Server.

- Jetzt wird es aber interessant. Mit `fork()` wird ein Kindprozeß für die neue `$client`-Verbindung erzeugt. Dieser Kindprozeß ist nun für die Konversation mit dem `$client` verantwortlich.

- Kommen mehrere Clients mehr oder weniger gleichzeitig an, werden einfach mehrere Kindprozesse erzeugt, wobei sich jeder Kindprozeß auschließlich um seinen eigenen Client kümmert.

- Sobald ein Client seine Verbindung zum Server geschlossen hat, beendet sich der dafür zuständige Kindprozeß mittels `exit()`.

Das Program schein also stabil zu laufen. Ein Test ergibt auch, daß mehrere Clients parallel gut bedient werden. Nun beenden wir alle Clients, die mit diesem Server kommuniziert haben, und prüfen anschließend in der Prozeßtabelle nach (also mit *ps*), ob der Server noch da ist (gekürzte Ausgabe):

```
farid@sun-1:~/p> ps -ef
    UID   PID  PPID  C    STIME TTY      TIME CMD
   root  2175  1673  1 04:01:50 pts/3    0:00 ps -ef
  farid  2141  2086  0                   0:00 <defunct>
  farid  2164  2086  0                   0:00 <defunct>
  farid  2139  2086  0                   0:00 <defunct>
  farid  2143  2086  0                   0:00 <defunct>
  farid  2147  2086  0                   0:00 <defunct>
  farid  2086  1686  0 03:52:32 pts/5    0:01 /usr/local/bin/perl -w \
                                              ./tcp-server-mt-zombies.pl
```

Was ist das denn? Wir erhalten lauter `<defunct>`-Einträge, die scheinbar alle die gemeinsame *Parent ProcessID* (PPID) 2086 haben. Das bedeutet, daß der Prozeß mit der PID 2086 *Zombies* erzeugt und diese bisher nicht eingesammelt hat. Und wer ist 2086? Welch eine Überraschung! Natürlich ist es unser scheinbar so solider TCP-Server!

Was sind eigentlich `<defunct>`-Prozesse bzw. *Zombies*? Das sind ehemalige Kindprozesse, die sich mittels `exit()` beendet haben. Allerdings sind sie nicht ganz tot, denn sie „möchten" ganz gern ihren `exit()`-Rückgabecode an ihren Elternprozeß zurückgeben, bevor sie ewige Ruhe finden. Dummerweise ist der Elternprozeß anderweitig beschäftigt und kümmert sich nicht um seine fast toten Kinder. Diese Kinder verbleiben nun als *Zombies* im System und erschrecken arme Systemverwalter, die sich mit einer immer längeren Prozeßliste konfrontiert sehen und sich, sollte das Problem nicht bald gelöst werden, in der langen, grauen Nacht der wandelnden Leichen wiederfinden.

Zombies entstehen in unserem Beispiel bei jeder beendeten Verbindung zu einem Client. Je öfter Clients unseren Server benutzen, um so mehr Zombies sind uns auch sicher. Um ein massenhaftes Auftreten von Zombies zu verhindern, ist es bei dieser Art von Server absolut unerläßlich, diese bei der nächstbesten Gelegenheit zu beseitigen.

Nun stellen sich zwei Fragen:

- Wann ist die nächstbeste Gelegenheit?
- Wie werden Zombies eigentlich von ihren Qualen erlöst?

Die Beantwortung der ersten Frage ist eigentlich naheliegend: Sobald ein Kindprozeß sich mit `exit()` beenden möchte. Woher wissen wir das? Durch ein vom Betriebssystem zugeteiltes Signal `SIGCHLD`. Also müßten wir „nur" dieses Signal in einem Signalhandler abfangen und dort den jeweiligen Zombie beenden.

Wie wird ein Zombie gelöscht? Indem der Elternprozeß die Funktion `wait()` aufruft! Diese Funktion holt den Rückgabecode *genau eines* Zombies ab. Es ist überflüssig zu erwähnen, daß ein `wait()` zuviel dummerweise den Elternprozeß blockiert, bis einer seiner Kindprozesse sich beendet. In unserem Beispiel hätte dies zur Folge, daß keine weiteren Verbindungen mit `accept()` mehr akzeptiert werden können. Daher muß auf ein genaues Timing geachtet werden. Wenn die Zustellung der Signale, insbesondere von `SIGCHLD` zuverlässig ist, können wir alles dem Signalhandler überlassen:

```
tcp-server-mt.pl
#!/usr/local/bin/perl -w
# tcp-server-mt.pl -- Ein Multithreaded-TCP-Server

use IO::Socket;
use constant MYPORT => 7123;
$sock = new IO::Socket::INET(LocalPort => MYPORT,
                             Reuse     => 1,
                             Listen    => 5)
    or die "can't create local socket: $@\n";

$SIG{'CHLD'} = sub { wait(); };    # Buffy, die Zombie-Jaegerin.

print "Accepting connections on Port ", MYPORT, "...\n";
while ($client = $sock->accept()) {
    # Eine Verbindung ist eingetroffen.
    # Finden wir erst heraus, mit wem wir es zu tun haben.
    print "Accepted connection from ",
          $client->peerhost(), ":", $client->peerport(), "\n";
```

```perl
    # Wir erzeugen nun einen Kindprozess und uebergeben ihm $client.
    if (fork() == 0) {
        # Das ist der Kindprozess.
        # Wir reagieren wie ein ohce, das alles umdreht:
        while (<$client>) {
            chomp;
            print $client scalar(reverse($_)), "\n";
        }
        exit 0;
    }
}
```
tcp-server-mt.pl

Das ist genau derselbe Code wie im vorigen Beispiel, mit einer winzig scheinenden, aber dennoch wichtigen kleinen Änderung:

```perl
$SIG{'CHLD'} = sub { wait(); };    # Buffy, die Zombie-Jaegerin.
```

Hier wurde ein sehr einfacher Signalhandler für SIGCHLD installiert, der einfach nur wait() aufruft, um einen Zombie aus dem Weg zu räumen.

Dieser Signalhandler ist etwas zu einfach, um auch alle möglichen Fälle abzudecken. Möglich ist nämlich, daß mehrere Kindprozesse sehr schnell nacheinander exit() aufrufen. In diesem Falle könnte für mehrere Prozesse nur ein SIGCHLD-Signal ausgelöst werden. Auch wenn alle Signale ausgelöst würden, wären sie innerhalb des Signalhandlers kurzfristig blockiert.

Ein komplizierterer, dafür aber effizienterer Signalhandler bestünde darin, innerhalb des Handlers *nichtblockierend* mit wait() so lange auf Prozesse zu warten, bis keine mehr da sind. Statt wait() verwenden wir dafür die etwas flexiblere waitpid()-Variante:

```perl
use POSIX qw(:sys_wait_h);    # Wg. WNOHANG
$SIG{'CHLD'} = sub { 1 until (-1 == waitpid(-1, WNOHANG)); };
```

Dies ist eine kleine Minischleife, die so lange nichtblockierend auf Zombies wartet, bis keine Zombies mehr vorhanden sind. Im Anschluß daran beendet sich der Signalhandler. Er kann durch ein nachfolgendes SIGCHLD bei Bedarf wieder aktiviert werden.

Unser Server ist schon ganz gut und kann mit einer mittleren Last ganz gut umgehen. Zombies können nicht mehr in großer Zahl unsere Prozeßtabelle überfüllen. Bei steigender Last entstehen jedoch zwei neue Probleme:

- Je populärer unser Server wird, um so mehr Kindprozesse werden zur gleichzeitigen Bedienung von Clients benötigt. Dies können locker mehrere hundert oder gar Tausende von Kindprozessen werden. Das ist jedoch nicht gut, denn somit erhalten immer mehr Prozesse immer kürzere Quanten. Es dauert daher immer länger, bis ein Prozeß vom Kernel aktiviert wird. Das ganze System wird immer langsamer. Kindprozesse benötigen ebenfalls Speicherplatz und weitere Systemressourcen, die nicht in unbegrenzter Zahl zur Verfügung stehen können.

Damit unser Server den Rechner nicht übermäßig überlastet, muß er die Zahl seiner Kindprozesse freiwillig beschränken. Dies kann z.B. durch ein explizites Zählen von Kindprozessen vor ihrer Erzeugung durch fork() erreicht werden. Der Zähler kann vor dem fork()-Aufruf im Elternprozeß inkrementiert und im Zombiehandler wieder geeignet dekrementiert werden. Übersteigt die Zahl der Kindprozesse eine bestimmte Grenze, wird einfach so lange kein accept() oder fork() aufgerufen, bis sich die Situation gebessert hat.

- Ein weiteres Problem entsteht bei Servern, die nur kurze Transaktionen ausführen. Der größte Overhead bei diesen Servern ist nicht die Transaktion selbst, sondern das Erzeugen des Kindprozesses. fork() ist eine etwas kostspielige Operation, die nach Möglichkeit vermieden werden sollte. Ein Lösung zu diesem Problem ist das Erzeugen eines Prozeßpools mittels mehrfachem fork() und die Zuweisung von eingehenden Verbindungen an wartende, freie Prozesse dieses Pools. Diese Prozesse sollten sich nach dem Ende der Transaktion nicht beenden, sondern statt dessen wieder im Pool auf neue Aufgaben warten.

Ein solches Verfahren wird auch von Servern im Produktionsbetrieb eingesetzt. Ein prominentes Beispiel ist der Apache-Webserver. Dieser unterhält eine „Prozeß-Gang", an deren Mitglieder die eingehenden Verbindungen vom Prozeßführer delegiert werden.

Die Implementierung eines Prozeßpools ist eine einfache Programmieraufgabe. Dies sei Ihnen als Übungsaufgabe überlassen. Sie finden eine Lösung zu dieser Aufgabe beispielsweise in [16, Recipe 17.12 *Pre-Forking Servers*].

17.3.6   TCP-Server mit IO::Select

Das Schreiben eines Single-threaded-TCP-Servers, der auf mehrere Sockets gleichzeitig achten soll und dabei trotzdem nicht blockiert, ist keineswegs einfach. Dies wollen wir aber dennoch mit dem folgenden Programm wagen:

```perl
tcp-server-ioselect.pl
#!/usr/local/bin/perl -w
# tcp-server-ioselect.pl -- Ein Single-threaded-TCP-Server mit select().

use IO::Socket;
use IO::Select;
use POSIX qw(EWOULDBLOCK);

use constant MYSIZE => 1024;    # Maximale Groesse des Empfangs.
use constant MYPORT => 7123;    # Rendezvous-Port fuer Clients.
use constant POLLME => 1;       # Sekunden pro Lese/Schreibe-Check.
$sock = new IO::Socket::INET(LocalPort => MYPORT,
                             Reuse     => 1,
                             Listen    => 5)
    or die "can't create local socket: $@\n";

# Wir wollen im Aufgabenhash %todo Zeiger als Schluessel zulassen.
use Tie::RefHash;
tie %todo, 'Tie::RefHash' or die "can't tie refhash: $!\n";

# Zunaechst warten wir nur auf unseren Rendezvous-Socket:
```

```perl
    deblock($sock);
    $sel    = new IO::Select; $sel->add($sock);
    print "Ready to accept connections on ", MYPORT, "...\n";

    # In einer Endlosschleife:
    # 1.) Alle lesebereiten Sockets nach %in auslesen,
    # 1'.) Fertige Auftraege in %in nach %todo transferieren,
    # 2.) Alle Auftraege aus %todo erledigen, nach %out schreiben.
    # 3.) %out-Puffer zu allen schreibbereiten Sockets senden.
    while (1) {
        # 1.) Alle lesebereiten Sockets in die %in-Puffer auslesen.
        foreach my $cl ($sel->can_read(POLLME)) {
            if ($cl == $sock) {
                $cl = $sock->accept(); deblock($cl); $sel->add($cl);
                print "Accepted connection from ",
                $cl->peerhost(), ":", $cl->peerport(), "\n";
            } else {
                $nval = $cl->recv($buffer, MYSIZE, 0);
                if (!defined($nval) || !length($buffer)) {
                    delete $in{$cl}; delete $out{$cl}; delete $todo{$cl};
                    $sel->remove($cl); $cl->close(); next;
                }
                $in{$cl} .= $buffer;
                # 1'.) Fertige Anforderungen (Saetze) in den Arbeitspuffer!
                while ($in{$cl} =~ s/(.*\n)//) { $todo{$cl} .= $1; }
            }
        }

        # 2.) Die Clientanforderungen befriedigen. %out fuellen!
        foreach my $cl (keys %todo) {
            foreach my $line (split(/\n/, $todo{$cl})) {
                $out{$cl} .= scalar(reverse($line)) . "\n";
            }
            delete $todo{$cl};       # Auftrag erledigt!
        }

        # 3.) Die einzelnen Ausgabepuffer zu den bereiten Clients zurueck.
        foreach my $cl ($sel->can_write(POLLME)) {
            next if not exists $out{$cl};   # Kein Ausgabe fuer diesen.
            $nval = $cl->send($out{$cl}, 0);
            if (!defined $nval) { warn "should not happen!\n"; next; }
            if ($nval == length($out{$cl})) {
                # Das Schreiben war erfolgreich, %out loeschen.
                delete $out{$cl};
            } elsif ($nval != 0 and $! == EWOULDBLOCK) {
                # Das Schreiben war nur teilweise erfolgreich.
                # %out verkleinern.
                $out{$cl} = substr($out{$cl}, $nval);
            } else {
                # Irgend etwas anderesist passiert: Client abtrennen.
                delete $in{$cl}; delete $out{$cl}; delete $todo{$cl};
```

17.3 Kommunikation in TCP/IP-Netzen

```
                    $sel->remove($cl); $cl->close(); next;
                }
           }
      }

      # Versetzt ein Handle in den nichtblockierenden Modus:
      use Fcntl qw(F_GETFL F_SETFL O_NONBLOCK);
      sub deblock {
          my $handle = shift;
          my $flags;

          $flags  = fcntl($handle, F_GETFL, 0)
              or die "can't get fcntl() flags: $!\n";
          $flags |= O_NONBLOCK;   # Diesen zusaetzlich einschalten!
          fcntl($handle, F_SETFL, $flags)
              or die "can't set fcntl() flags: $!\n";
      }
```
——————————————————————————————————— tcp-server-ioselect.pl

Dieses Programm erfordert eine ganzen Menge an Erklärungen:

- Der passive Socket wird wie gewohnt angelegt:
  ```
  $sock = new IO::Socket::INET(LocalPort => MYPORT,
                               Reuse     => 1,
                               Listen    => 5)
      or die "can't create local socket: $@\n";
  ```

- Wir brauchen grundsätzlich *nichtblockierende* Handles. Ein bereits existierendes Handle kann mit Hilfe der Funktion fcntl() durch Hinzufügen des O_NONBLOCK-Flags in den nichtblockierenden Modus versetzt werden:
  ```
  $flags  = fcntl($handle, F_GETFL, 0)
      or die "can't get fcntl() flags: $!\n";
  $flags |= O_NONBLOCK;   # Diesen zusaetzlich einschalten!
  fcntl($handle, F_SETFL, $flags)
      or die "can't set fcntl() flags: $!\n";
  ```
  Hier werden erst die Handleflags mittels F_GETFL geholt. Anschließend wird ihnen O_NONBLOCK durch bitweise Veroderung hinzugefügt. Zum Schluß werden die so modifizierten Flags mittels F_SETFL wieder zurückgeschrieben. Ist alles gutgegangen, ist das Handle nun nicht mehr blockierend.

  Da wir jeden neuen Socket nichtblockierend machen wollen, haben wir diesen Code zu einer Funktion deblock() zusammengefaßt.

- Vergessen wir nicht, den eigentlichen Rendezvous-Socket selbst zu deblockieren:
  ```
  deblock($sock);
  ```

- Wir benutzen das Standardmodul IO::Select, das bereits in Abschnitt 12.4.4 auf Seite 412 vorgestellt wurde, um eine Menge von Handles gleichzeitig zu überwachen. Jedes zu überwachende Handle muß mittels add() einem IO::Select-Objekt hinzugefügt oder mittels `remove()` wieder entfernt werden. Dazu benötigen wir natürlich erst ein solches `IO::Select`-Objekt!

```
$sel    = new IO::Select;
```

- Der erste zu überwachende Socket ist unser Rendezvous-Socket:

```
$sel->add($sock);
```

Diesen wollen wir auf ankommende Verbindungen überprüfen. Andere Sockets werden auf eingehende Nachrichten überprüft oder auf freie Ausgabekapazität hin getestet. Mehr dazu später.

- Wir benötigen drei Puffer für jeden Client `$cl`:
  - Einen Eingangspuffer `$in{$cl}` für alle ankommenden Bytes und Nachrichtenfragmente aus dem Client `$cl`.
  - Einen Ausgabepuffer `$out{$cl}`, der alle Daten aufnehmen soll, die wir dem Client `$cl` noch senden müssen.
  - Einen Arbeitspuffer `$todo{$cl}`, der fertige Anforderungen des Clients `$cl` enthält, die nun abgearbeitet werden können.

  Diese drei Puffer sind notwendig, denn wir lesen ja nichtblockierend meist nur Anforderungsfragmente und schreiben nur soviel, wie wir gerade können, ohne zu blockieren. Die „natürlichen" Datensatzlängen der Anforderung oder der Antwort stimmen dabei natürlich fast nie mit den gerade verfügbaren bzw. freien Kapazitäten der Eingabe- bzw. Ausgabesockets überein. Darum muß für ausreichende Pufferung auf beiden Seiten bei der Eingabe und der Ausgabe gesorgt werden.

- Da wir mehrere Clients haben, stellen wie deren Ein- und Ausgabepuffer zweckmäßigerweise direkt in die Hashes `%in` und `%out`, die als Schlüssel das Handle enthalten und als Wert den Inhalt des jeweiligen Puffers repräsentieren.

- Nun betritt unser Server eine Endlosschleife, die aus der kontinuierlichen Wiederholung der folgenden drei Phasen besteht:
  - Am Anfang werden alle lesebereiten Handles einzeln abgefragt:

```
foreach my $cl ($sel->can_read(POLLME)) { ... }
```

  Handelt es sich dabei um eine neue Verbindung über den Rendezvous-Socket, wird diese mit `accept()` akzeptiert, mit `deblock()` in den nichtblockierenden Modus versetzt und ihr Socket mit in die `IO::Select`-Überwachung aufgenommen:

```
if ($cl == $sock) {
    $cl = $sock->accept(); deblock($cl); $sel->add($cl);
    print "Accepted connection from ",
    $cl->peerhost(), ":", $cl->peerport(), "\n";
}
```

  Ansonsten handelt es sich um einen lesebereiten Socket von einem unserer Clients. Wir lesen nun soviel wir können, ohne dabei zu blockieren. Wir sind ja sicher, daß zumindest der erste Leseversuch uns nicht blockieren wird:

```
$nval = $cl->recv($buffer, MYSIZE, 0);
```

17.3 Kommunikation in TCP/IP-Netzen

```
if (!defined($nval) || !length($buffer)) {
    delete $in{$cl}; delete $out{$cl}; delete $todo{$cl};
    $sel->remove($cl); $cl->close(); next;
}
```

Wir benutzen `recv()` statt `readline()`, da wir nur so blockierungsfrei all das lesen können, was uns bei diesem Durchgang zusteht. Anschließend prüfen wir nach, ob sinnvolle Werte gelesen wurden. Gab es ein Problem, wird der Client getrennt und aus der Überwachung genommen und seine Puffer werden gelöscht.

Hat hingegen alles gut geklappt, wird das eingelesene Anforderungsfragment in den Eingabepuffer des jeweiligen Clients zur späteren Verarbeitung angehängt:

```
$in{$cl} .= $buffer;
```

Durch eine geschickte Schleife

```
while ($in{$cl} =~ s/(.*\n)//) { $todo{$cl} .= $1; }
```

werden aus dem Eingabepuffer alle fertigen Sätze entfernt und in den Arbeitspuffer der vollständigen Anforderungen, %todo, eingefügt.

- Nachdem alle lesebereiten Sockets von ihrer Last befreit wurden, fängt für uns die Phase 2 an. Wenn wir hier ankommen, enthalten die Arbeitspuffer der Clients, %todo, vollständige Anforderungen. In den Eingangspuffern %in befinden sich nur noch unvollständige Anforderungsfragmente, die noch nicht komplett angekommen sind. Nun folgt der Code:

```
foreach my $cl (keys %todo) {
    foreach my $line (split(/\n/, $todo{$cl})) {
        $out{$cl} .= scalar(reverse($line)) . "\n";
    }
    delete $todo{$cl};     # Auftrag erledigt!
}
```

In dieser Phase werden die fertigen Anforderungen der Reihe nach abgearbeitet, wobei die Antworten des Servers den jeweiligen Ausgabepuffern angehängt werden. Die Art der Anforderungsbearbeitung ist natürlich applikationsspezifisch. In unserem Beispiel drehen wir einfach die Anforderungssätze byteweise um und senden die Antwort in die Ausgabepuffer. Nachdem alle Aufträge abgearbeitet sind, können sie aus dem Auftragspuffer %todo wieder entfernt werden.

Achtung! *Haben Sie gemerkt, daß wir aus den Schlüsseln von %todo die Client-Socketobjekte $cl wieder extrahiert haben? Diese $cl sind vollwertige Referenzen und werden überall in diesem Code benötigt. Aber wir hatten in Abschnitt 13.7.7 auf Seite 552 gezeigt, daß Referenzen nur dann als Schlüssel von Hashes zugelassen sind, wenn der jeweilige Hash an `Tie::RefHash` gebunden wurde. Dies ist tatsächlich am Anfang geschehen:*

```
use Tie::RefHash;
tie %todo, 'Tie::RefHash' or die "can't tie refhash: $!\n";
```

Die Hashes %in und %out brauchten hingegen nicht gebunden werden, da ihre Schlüssel nie extrahiert *und woanders weiterverwendet wurden*[16].

- Die dritte Phase beginnt, nachdem alle vollständigen Anforderungen erfolgreich abgearbeitet wurden und möglicherweise irgendwelche Ausgaben in den Ausgabepuffern hinterlegt haben.

Jetzt geht es darum, die Ausgabepuffer zu den empfangsbereiten Clients zu transferieren. Diesmal wollen wir nur zu den schreibbereiten Sockets Daten senden:

```
foreach my $cl ($sel->can_write(POLLME)) { ... }
```

Es kann zunächst einmal vorkommen, daß der Ausgabepuffer eines ansonsten empfangsbereiten Clients leer ist. In diesem Fall haben wir als Server einfach nichts zu melden und machen mit dem nächsten schreibbereiten Socket weiter:

```
next if not exists $out{$cl};   # Kein Ausgabe fuer diesen.
```

Ansonsten müssen wir versuchen, so viel vom jeweiligen Ausgabepuffer zum Client zu senden, wie es gerade noch ohne Blockierung geht. Wir wissen mit Sicherheit, daß mindestens ein Schreibversuch nicht blockieren wird. (Warum?) Da wir nichtblockierende Sockets haben, können wir nicht einfach `print()` verwenden. Diese Funktion könnte einfach zuviel senden wollen (bis zum `\n`) und uns somit komplett blockieren. Statt dessen verwenden wir die Funktion `send()`, um möglichst viel blockierungsfrei zu senden:

```
$nval = $cl->send($out{$cl}, 0);
```

Nun kann eine von drei Situationen eintreten:

* Alle Daten des Ausgabepuffers konnten in einem Schritt blockierungsfrei gesendet werden. In diesem Fall kann der gesamte Ausgabepuffer für diesen Client für diesen Durchgang gelöscht werden:

```
if ($nval == length($out{$cl})) {
    # Das Schreiben war erfolgreich, %out loeschen.
    delete $out{$cl};
```

* Nur ein Teil der Daten des Ausgabepuffers konnte blockierungsfrei gesendet werden. In diesem Fall wird der Ausgabepuffer um die Zahl der bereits abgeschickten Bytes verkleinert:

```
} elsif ($nval != 0 and $! == EWOULDBLOCK) {
    # Das Schreiben war nur teilweise erfolgreich.
    # %out verkleinern.
    $out{$cl} = substr($out{$cl}, $nval);
```

In diesem Fall ist es sehr wichtig, den Fehlercode zu prüfen! Nur wenn dieser `EWOULDBLOCK` beträgt (eine Konstante aus `POSIX`), sind wir sicher, daß es sich um ein normales nichtblockierendes Teillesen handelt.

* Es ist irgendein anderer Fehler aufgetreten. Möglicherweise hat der Client seine Verbindung aufgegeben, oder es ist irgend etwas anderes während des

---

16 Überlegen Sie, wieso dies überhaupt funktioniert!

Schreibens geschehen. In diesem Fall geben wir wieder den Client auf, entfernen ihn aus der Überwachung und löschen all seine Puffer:

```
    } else {
        # Irgend etwas anderes ist passiert: Client abtrennen.
        delete $in{$cl}; delete $out{$cl}; delete $todo{$cl};
        $sel->remove($cl); $cl->close(); next;
```

- Die Schleife wird nichtblockierend immer wieder durchlaufen. Damit wir nicht hängen bleiben, wenn nicht gelesen wird bzw. wenn nicht geschrieben wird, benutzen wir einen vernünftigen Timeout-Wert, bei dem wir immer wieder zwischen den möglicherweise jetzt lesebereiten und schreibbereiten Sockets hin- und herspringen. Das ist überaus wichtig! Ist die Timeout-Zeit zu hoch bzw. implizit auf ∞ gesetzt, könnten wir z.B. bei `can_write()` hängen, obwohl inzwischen wieder Daten hereinkommen könnten, was durch `can_read()` angezeigt worden wäre. Wir dürfen also nicht zu lange auf der einen oder anderen Seite verbringen. Ist hingegen die Timeout-Zeit zu kurz, verschwenden wir durch allzuheftiges *busy waiting* zu viele CPU-Zyklen.

Wir sehen also, daß es nicht ganz einfach ist, einen Single-threaded-Server zu schreiben, der gleichzeitg auf allen Hochzeiten tanzt und trotzdem nirgendwo hängenbleibt.

17.3.7 Portable Server mit `Net::Daemon`

Die meisten Server werden nach einem ähnlichen Schema aufgebaut. Meist wird dabei ein `fork()`-basierter Multithreaded-Server implementiert. Eine Alternative zu `fork()` ist die Verwendung von *Threads* auf Computern, die diese unterstützen.

Die Aufgabe, einen Multithreaded-Server zu programmieren, kommt immer wieder vor. Im CPAN gibt es ein Modul, das als Basisklasse für einen portablen Standardserver dienen kann. Das Modul `Net::Daemon` realisiert tatsächlich einen Server, der je nach Plattform Threads oder `fork()` verwendet oder sogar nur single-threaded ist oder sein kann.

Sie müssen aus der Basisklasse `Net::Daemon` eine weitere Klasse ableiten und mindestens eine Methode überschreiben. Wie das geht, wurde bereits in Kapitel 15 gezeigt (zur Erinnerung: das `@ISA`-Array).

Schauen wir uns ein einfaches, ausbaufähiges Beispiel mit `Net::Daemon` an:

```
net-daemon-demo.pl
#!/usr/local/bin/perl -w
# net-daemon-demo.pl -- Unser Umdrehserver mit Net::Daemon

# Wir deklarieren erst eine Subklasse von Net::Daemon
# mit einer eigenen Run()-Methode:
require Net::Daemon;
package MyOhce;
@MyOhce::ISA = qw(Net::Daemon);

sub Run ($) {
```

```perl
    # Diese Funktion wird fuer jeden neuen Client aufgerufen.
    my $self   = shift;
    my $client = $self->{'socket'};
    my ($request, $rc);

    while (1) {
        unless (defined($request = <$client>)) {
            if ($client->error()) {
                $self->Error("Client (read) connection error %s",
                             $client->error());
            }
            $client->close();
            return;
        } else {
            chomp $request;
            $rc = print $client scalar(reverse($request)), "\n";
            unless ($rc) {
                $self->Error("Client (write) connection error %s",
                             $client->error());
                $client->close();
            }
        }
    }
}

# Das ist unser Hauptprogramm: Wir starten einfach den Server.
package main;
use constant MYPORT => 7123;
$server = MyOhce->new({'pidfile'   => "/tmp/mypid",
                       'localport' => MYPORT,
                       'mode'      => "fork"}, \@ARGV)
    or die "can't create MyOhce server: $!\n";
$server->Bind();        # Startet Server, kehrt nicht zurueck.
```
net-daemon-demo.pl

Das Programm ist leicht zu verstehen. Net::Daemon kann aber deutlich mehr leisten und ist weitaus flexibler konfigurierbar, als hier gezeigt werden kann. Schauen Sie einfach einmal in die Manual-Seite *man Net::Daemon* nach.

17.3.8 Hacker's Tool: Ein Portumlenker

Stellen Sie sich vor, Sie sind hinter der Firewall Ihrer Firma oder Ihres Providers gefangen und möchten gern mit einem Server auf der freien Seite kommunizieren. Nach langen fruchtlosen Verhandlungen mit Ihrem Netzverwalter (der prinzipiell nichts dagegen hätte) und dem Management (das grundsätzlich das Internet als Teufelsbrut ansieht) sind Sie keinen Schritt weitergekommen. Die Firewall läßt nach wie vor ausgehende Kommunikation nur zum üblichen HTTP-Port 80 durch[17] und damit basta!

---

[17] Anstelle dieses Ports ist jeder andere ausgehende freie Port der Firewall denkbar.

Basta? Hm, irgendwie erinnern Sie sich daran, daß Sie selbst noch einen Account auf einem Rechner im freien Internet haben. Nach kurzer Überprüfung stellen Sie erfreut fest, daß Sie dort sogar *sudo*-berechtigt sind, also Administratorrechte haben. Das Beste kommt aber noch: Dort läuft kein Webserver auf Port 80. Interessant! Die Idee kommt dann ganz plötzlich wie von selbst: Es wäre doch möglich, auf dem freien Rechner einen Portumlenker zu installieren, der auf Port 80 wie ein Webserver auf Anforderungen wartet. Allerdings würde dieser Umlenker alle eingehenden Pakete direkt zu ihrem richtigen endgültigen Ziel weiterreichen! Auf Ihrer Seite hinter der Firewall würde eine weitere Kopie dieses Portumlenkers laufen, die auf dem gesperrten Port auf Pakete wartet und diese durch den freien Port 80 der Firewall zum freien Rechner schleust.

Durch zwei solcher Portumlenker läßt sich die Kommunikation durch jeden freien Port der Firewall schleusen. Das setzt aber voraus, daß mindestens ein Port frei gelassen wird. Das ist aber nicht immer so. Strenge Firewalls erwarten von Ihnen, daß Sie Proxies benutzen, die auf dem Firewall-Rechner ausgeführt werden. Typische Proxies sind dabei ein Webproxy und ein Mailhost. Schlupflöcher durch die Firewall sind sonst nicht vorhanden.

Was tun? Kein Problem: Die Idee besteht einfach darin, Ihre eigene Kommunikation durch die Proxyprozesse zu „tunneln". Bei einem Webproxy ist das einfach: Sie packen Ihre ausgehenden Daten mit einem Perl-Skript in einen HTTP-POST-Request und senden diesen einfach zum Firewall-Proxy. Dieser sendet nun nichtsahnend diese Daten wie die Angaben gewöhnlicher Browser weiter an den angeblichen entfernten Webserver. Dieser ist aber in Wirklichkeit unser Portumlenker mit besonderer Intelligenz. Er entpackt die Daten aus dem POST-Request und sendet sie zum endgültigen Ziel weiter.

Liegen umgekehrt Daten von der Zielanwendung bereit, können sie in eine gewöhnliche Webantwort eingepackt und von Ihrem Portumlenker hinter der Firewall wie eine gewönliche Webseite „gepollt" werden. Die durch die Firewall durchgelassenen „Web"-Seiten enthalten in Wirklichkeit die Antworten der fremden Anwendung. Aber wer soll das schon automatisch erkennen?

Sogar Mailhosts lassen sich für solche Zwecke mißbrauchen. Ein Portumlenker hinter der Firewall könnte ausgehende Daten zum verbotenen Port abfangen und in (am besten mit *pgp* verschlüsselten und mit einer laufend inkrementierten Sequenznummer versehenen) Mailnachrichten über den Firewall-Mailhost an eine Adresse im freien Internet senden. Auf der freien Seite liest dann der andere Portumlenker die Mails, dekodiert sie, packt die Daten aus und sendet diese weiter an die Zielanwendung. Die Antworten der Zielanwendung werden umgekehrt wieder verpackt, verschlüsselt und an Ihre Mailadresse hinter der Firewall gesendet. Wieder hinter der Firewall liest Ihr Portumlenker diese Mails wieder aus, entpackt die Daten etc.

Bis auf eine Verkehrsanalyse (*traffic analysis*), die die Häufigkeit der Kommunikation mit fremden Hosts aufzeigen kann, kann Ihnen niemand *technisch* diese Notkommunikation nachweisen. Sie verwenden ja ganz legale Hilfsmittel der Firewall, die gerade für (nun ja, fast) solche Zwecke dort installiert wurden. Sie sind außerdem beim Einsatz verschlüsselter E-Mail-Nachrichten technisch durch die Verschlüsselung und legal durch das Briefgeheimnis geschützt. Nicht schlecht für ein einfaches Programm.

Einen einfachen Portumlenker können Sie sich leicht basteln. Dazu nehmen Sie beispielsweise `tcp-server-ioselect.pl` als Vorbild (gut wegen der Puffer!). Dieses Programm müssen Sie nur noch so ergänzen, daß Sie auf zwei Ports auf Eingaben warten und zu zwei weiteren Ports die empfangenen Daten — sozusagen „über Kreuz" — weiterleiten können. In diesem Buch wird auf die Wiedergabe eines solchen Portumlenkers verzichtet. Sie wissen ja: *Only guys wearing white hats are allowed to do this!* Wenn Sie wirklich so etwas benötigen, wissen Sie sich auch zu helfen :-)

Ein Portumlenker wird übrigens auch in [16, Recipe 17.18 *fwdport*] abgedruckt. In C geschriebene Portumlenker können auch im Internet gefunden werden. Nun brauchen Sie nur noch die Tunnelungssoftware, die Sie sich wieder selbst basteln können…

Viel Spaß beim Hacken!

17.3.9 Punkt-zu-Multipunkt-Kommunikation

Oft stellt sich die Aufgabe, Daten zu mehreren Clients gleichzeitig zu senden. Benötigt wird oft ein Server, an den sich Clients anschließen können. Sendet nun einer der Clients eine Nachricht an den Server, wird der Server diese Nachricht an alle anderen angeschlossenen Clients weitersenden. Es handelt sich also von der Serverseite aus gesehen um eine *Punkt-zu-Multipunkt*-Kommunikation.

Denkbare Anwendungen eines solchen Servers:

- Ein Chatserver, der jede Mitteilung eines Users sofort an alle anderen sendet.

- Ein Spieleserver, der ein Multiuser-Spiel realisiert. Die Spielclients könnten stets über den globalen Spielzustand informiert werden, sobald einer der Clients etwas unternimmt.

- Abfangen von Kommunikation zwecks Analyse oder, nun ja, Spionage. Ein solcher Server könnte wie ein *tee* eingesetzt werden, der eine Kopie des Datenstroms woandershin weitersendet.

Bei der Implementierung eines solchen *Multi-Echo-Servers* sollten Sie unbedingt die Ein- und Ausgabesockets puffern; so ähnlich wie es in `tcp-server-ioselect.pl` getan wurde. Dabei sollten Sie aber statt gewöhnlicher Puffer lieber *Ringpuffer* einsetzen. Somit wird verhindert, daß ein zu langsamer Client einen zu großen Ausgabepuffer beim Server induziert und somit irgendwann einmal den Server zu einem Abbruch zwingt.

17.4 Internet-Netzdienste

Selbstgeschriebene Client/Server-Anwendungen müssen oft ein eigenes Protokoll zur Kommunikation einsetzen. Es gibt im Internet natürlich auch viele fertige und weitverbreitete Protokolle, wie FTP, HTTP, SMTP, um nur einige zu nennen. In den folgenden Abschnitten werden Sie erfahren, wie mit Hilfe fertiger Perl-Module die Verwendung dieser Protokolle zu einem Kinderspiel wird.

17.4.1 Einführung in die `libnet`

Nachdem wir in den vorangegangenen Abschnitten die grundlegenden Mechanismen der Kommunikation zwischen zwei Prozessen über das Netz kennengelernt haben, möchten wir nun mit bekannten Servern kommunizieren. Diese Kommunikation muß jedoch nach strengen Regeln ablaufen. Diese Regeln werden pro Dienst in einem *Request for Comments*, kurz RFC genannt, spezifiziert. Solche Regeln, auch *Protokolle* genannt, legen fest, wer wann mit wem und wie kommunizieren kann. Wir behandeln in diesem Abschnitt die Protokolle der Schicht 7 des OSI-Referenzmodells. Die *Low-Level*-Protokolle wie IP (Schicht 3) und TCP bzw. UDP (Schicht 4) werden vom Betriebssystem selbst verwaltet und über die Socket-Schnittstelle, die in Abschnitt 17.3 vorgestellt wurde, angesprochen.

In diesem Abschnitt werden wir Fragen der folgenden Art beantworten:

- Wie können Sie mit einem Perl-Skript Mail an eine bestimme Mailadresse senden?
- Ist es auch möglich, Mails aus einer Mailbox zu lesen und automatisch zu verarbeiten?
- Wie ist es mit News? Es gibt ja da die eine oder andere Newsgruppe, die mich sehr interessiert. Kann nicht ein Perl-Skript die Artikel dieser Gruppe bei mir automatisch archivieren?
- Wie kann ich einen Abzug (*Snapshot*) von einem FTP-Server machen bzw. nur von einem kleinen Bereich davon?
- Ist es möglich, mit einem IRC-Server automatisch zu kommunizieren?
- Wie ist es mit Webservern? Können Inhalte nicht automatisch über das Netz heruntergeladen und weiterverarbeitet werden?

Die Protokolle von Mail-, News-, FTP- oder Webservern, um nur einige wenige zu nennen, sind alle in RFCs definiert. Das Schöne daran ist, daß sie alle *textorientiert* sind. Das bedeutet, daß Sie nichts daran hindert, z.B. mit `IO::Socket::INET` eine Verbindung zu einem dieser Server aufzubauen und selbst dieses Protokoll zu benutzen.

Es ist jedoch mühsam, sich die Syntax und den Aufbau eines jeden Protokolls zu merken. Glücklicherweise gibt es Module im CPAN, die solche Protokolle gut beherrschen und ihre Funktionalität über einfache Methodenaufrufe zur Verfügung stellen.

Die interessantesten Module dieser Art finden Sie im `libnet`-Bundle. Das ist ein Bundle nützlicher Module, das in einem Durchgang vom CPAN heruntergeladen und auch installiert werden kann.

17.4.2 Mail senden mit `Net::SMTP`

E-Mail wird im Internet mit dem *Simple Mail Transport Protocol* (SMTP) übertragen. Ein solches E-Mail-System unterteilt sich in TAs (*Transport Agents*) und UAs (*User Agents*). Die UAs werden durch Programme wie *mail, mailx, elm, pine, mh/xmh* oder eben auch *netscape* realisiert. Sie bilden die Schnittstelle des Anwenders zu den TAs. TAs sind die Programme, die im Hintergrund die Mail von dem einen zum anderen Rechner übertragen. TAs sind deutlich komplizierter als UAs, da sie auch viel mehr zu tun haben. So müssen diese z.B. E-Mail-Adressen umschreiben, Header hinzufügen, Zwischenstopps angeben und Mailschleifen vermeiden. Der bekannteste E-Mail-TA ist der unter Unix laufende *sendmail*-Daemon [19]. Weitere TAs sind unter anderem *postfix* und *smail*.

> Es ist schon erstaunlich, wie zuverlässig Unix-basierte TAs wie *sendmail* auch mit riesigen Mengen Mails spielend fertigwerden. Auch ISPs mit riesigen Userzahlen verwenden fast ausnahmslos *sendmail* auf Unix. Dabei ist *sendmail* kostenlos und im Sourcecode zu erhalten. Es soll aber immer noch Systemadministratoren geben, die sich mit einem teuren kommerziellen, nicht skalierbaren, fehlerbehafteten und völlig ungeeigneten System herumschlagen müssen, das nur auf einem noch ungeeigneteren Pseudobetriebssystem mit Mühe und Not vor sich hinkriecht. Kaum zu glauben!

UAs und TAs sowie TAs untereinander kommunizieren über das SMTP-Protokoll. Es handelt sich dabei um ein einfaches, textorientiertes Protokoll, das auch Sie benutzen könnten. Wir werden nun einen UA simulieren, indem wir SMTP-Nachrichten an einen TA senden. Dazu werden wir nicht SMTP direkt benutzen, sondern das Modul Net::SMTP verwenden, das im `libnet`-Bundle im CPAN zu finden ist:

```
smtp.pl
#!/usr/local/bin/perl -w
# smtp.pl -- Sendet Mails mit Net::SMTP. Ein kleiner Wrapper.

use Net::SMTP;          # CPAN-Modul aus der libnet.

# >>>>>> Die folgenden Konstanten muessen Sie anpassen! <<<<<<
use constant XMAILER   => 'Net::SMTP / PerlOS';        # UA-String.
use constant TIMEOUT   => 30;                          # Timeout.
use constant MAILHOST  => 'mail.kamp.net:smtp';        # SMTP-Server.
use constant MAILDOMAIN => 'kamp.net';                 # Domain.
use constant MAILFROM  => 'farid.hajji@ob.kamp.net';   # From:
use constant MAILBACK  => 'farid.hajji@ob.kamp.net';   # ReplyTo:
# >>>>>> Die obigen Konstanten muessen angepasst werden! <<<<<<

# Eine typische Mailstruktur mit der zu verwendenden Mail.
$mailp = {
    Mailhost    => MAILHOST,        # Ueber welchen Mailserver?
    Maildomain  => MAILDOMAIN,      # HELO/EHLO Maildomain
    Timeout     => TIMEOUT,         # Wartezeit, bis Server da ist.
    Mailer      => XMAILER,         # Name des UAs
    From        => MAILFROM,        # Wer sendet die Mail?
    ReplyTo     => MAILBACK,        # Wohin soll die Antwort?
    To          => [ shift(@ARGV) ], # Liste der Empfaenger: Hier nur 1.
    Subject     => join(' ', @ARGV), # Subject auf der Kdo-Zeile.
    Sigfile     => $ENV{'HOME'} . "/.signature",  # Anschrift, Telnr, ...
    Data        => [ contents() ],  # Einzelne Zeilen ohne \n.
```

17.4 Internet-Netzdienste

```perl
    };

    send_mail($mailp);                       # Ab geht's!

sub send_mail {
    my $mailp = shift;

    # Sanity-Checks: Sind alle Werte plausibel?
    return unless $mailp->{'From'};          # Keine anonymen Sender!
    return unless $mailp->{'To'}->[0];       # Mindestens ein Empfaenger!
    $mailp->{'Maildomain'} ||= MAILDOMAIN;   # Auch die brauchen wir.
    $mailp->{'Timeout'}    ||= TIMEOUT;      # Und das noch.
    $mailp->{'Subject'} = "(no subject)" unless $mailp->{'Subject'};

    # Bereiten wir schon einmal einiges vor.
    my $rcpt     = join(',', @{ $mailp->{'To'} });
    my $replyto  = $mailp->{'ReplyTo'} || $mailp->{'From'};
    my $xmailer  = $mailp->{'Mailer'}  || XMAILER;
    my $signature = get_signature_from_file($mailp->{'Sigfile'});

    # Nun koennen wir Mail senden.
    my $smtp = Net::SMTP->new($mailp->{'Mailhost'},
                              Hello   => $mailp->{'Maildomain'},
                              Timeout => $mailp->{'Timeout'})
        or return;

    # SMTP-Envelope (Das ist NICHT der Header!)
    $smtp->mail($mailp->{'From'}) or return;
    $smtp->to(@{ $mailp->{'To'} }) or return;

    $smtp->data() or return;                 # Anfang der E-Mail.
    $smtp->datasend(<<"EOHEADER") or return; # E-Mail-Header.
From: $mailp->{'From'}
To: $rcpt
Reply-to: $replyto
X-Mailer: $xmailer
Subject: $mailp->{'Subject'}
EOHEADER
    $smtp->datasend("\n") or return; # Ende des E-Mail-Headers,
                                     # Anfang des E-Mail-Body.
    $smtp->datasend(join("\n", @{ $mailp->{'Data'} })) or return;
    $smtp->datasend("\n\n" . "-- \n") or return;
    $smtp->datasend($signature) or return;
    $smtp->dataend() or return;
    $smtp->quit() or return;

    print "mail sent.\n";
}

sub contents {
    my @body;
```

```
        print "Please enter mail body:\n";
        while (<STDIN>) {
            chomp;
            return @body if /^$/;
            push(@body, $_);
        }
        return @body;
    }

    sub get_signature_from_file {
        my $fname = shift;      # Dateiname der Signatur.
        local $/ = '';          # Schluerfmodus
        open (SIGFILE, $fname) or die "can't open sigfile $fname: $!\n";
        my $sig = <SIGFILE>;    # Alles auf einmal laden.
        close (SIGFILE);
        return $sig;
    }
```
─── smtp.pl

Das Programm sieht länger aus, als es in Wirklichkeit ist:

- Wir verwenden das Net::SMTP-Modul aus dem libnet-Bundle, um direkt mit einem SMTP-Server zu kommunizieren. Aus diesem Grunde kann dieses Programm auch auf Rechnern ausgeführt werden, auf denen kein *sendmail* läuft. Das muß noch nicht mal ein Unix-System sein.

- Sie *müssen* unbedingt die am Anfang des Programms aufgelisteten Konstanten anpassen. Dort tragen Sie unter anderem den Namen Ihres Mailservers, Ihre Maildomain und natürlich Ihre eigene Mailadresse ein.

- Um für etwas Abwechslung zu sorgen, haben wir eine Funktion benutzt, die vorbereitete Mails verschickt. Diese Funktion erwartet als Argument eine Mailstruktur. Diese Mailstruktur füllen Sie im Programm wie folgt mit den zu sendenden Daten:
    - Verwaltungsinformationen, wie Mailhost, Domain, Absenderadresse
    - Eine Liste von Empfängern für diese Mail
    - Eine Liste von zu sendenden Zeilen, als Mailbody

- Die Sendefunktion tut folgendes:
    - Zunächst wird ein Net::SMTP-Objekt erzeugt:
        ```
        my $smtp = Net::SMTP->new($mailp->{'Mailhost'},
                                 Hello   => $mailp->{'Maildomain'},
                                 Timeout => $mailp->{'Timeout'})
            or return;
        ```
        Dabei ist die Angabe des Mailhosts und der Maildomain unerläßlich.

17.4 Internet-Netzdienste

- Der SMTP-Envelope, der vom Mailheader zu unterscheiden ist, sagt dem Mailer, wer Mail senden will und wohin diese geschickt werden soll [19]. Dieser wird durch die Methoden `mail()` und `to()` des `Net::SMTP`-Objekts erzeugt:

    ```
    # SMTP-Envelope (Das ist NICHT der Header!)
    $smtp->mail($mailp->{'From'}) or return;
    $smtp->to(@{ $mailp->{'To'} }) or return;
    ```

- Der Anfang der eigentlichen Mail wird mit der Methode `data()` eingeleitet. Am Ende der Mail muß dann `dataend()` aufgerufen werden:

    ```
    $smtp->data() or return;
    # Hier der Mailheader und die Mailnachricht...
    $smtp->dataend() or return;
    ```

- Die Verbindung zum SMTP-Server wird durch die Methode `quit()` beendet.

    ```
    $smtp->quit() or return;
    ```

Die Mail selbst wird durch wiederholte Aufrufe der Methode `datasend()` zum Mailserver gesendet. Eine Mail besteht aus zwei durch eine Leerzeile voneinander getrennten Teilen:

- einem Mailheader, der aus den Headern `From:`, `To:`, `Subject:` usw. besteht:

    ```
    $smtp->datasend(<<"EOHEADER") or return;   # E-Mail-Header
    From: $mailp->{'From'}
    To: $rcpt
    Reply-to: $replyto
    X-Mailer: $xmailer
    Subject: $mailp->{'Subject'}
    EOHEADER
    $smtp->datasend("\n") or return; # Ende des E-Mail-Headers,
                                     # Anfang des E-Mail Body.
    ```

- einem Mailbody, der aus der eigentlichen Mailnachricht besteht. An diese hängen wir auch eine *Signature* an:

    ```
    $smtp->datasend(join("\n", @{ $mailp->{'Data'} })) or return;
    $smtp->datasend("\n\n" . "-- \n") or return;
    $smtp->datasend($signature) or return;
    ```

Wenn Sie mehr über das Senden von Mail mit diesem Modul erfahren wollen, sollten Sie unbedingt die Manual-Seite *man Net::Mail* lesen.

17.4.3 Mail empfangen mit `Net::POP3`

Mails werden oft von Rechnern gesammelt, die eine dauerhafte Verbindung zum Internet haben. (Nicht nur) *Dial-in*-User haben dann die Möglichkeit, ihre Mailbox über ein oder mehrere spezielle Protokolle abzufragen. Ein weitverbreitetes Protokoll ist das *Post Office Protocol* Version 3 (POP3). Ein POP3-Server ist ein Programm, das Clients kontaktieren können, um ihre Mails abzuholen.

POP3-Clients sind in viele populäre Programme integriert. So verfügt beispielsweise *netscape* ebenso über einen POP3-Client wie das nützliche Tool *fetchmail*, das Mails automatisch von einem entfernten POP3-Server herunterlädt. Aus Perl heraus können wir ebenfalls einen POP3-Server abfragen und unsere Mail abholen.

Einige der möglichen Operationen von POP3 sind:

- Einloggen mit Username und Paßwort: Diese Operation ist Voraussetzung für alle folgenden Aktionen.
- Anzeige der Liste aller in der Mailbox abgelegten Nachrichten.
- Abholen einer Nachricht. Dabei wird die abgeholte Nachricht noch lange nicht gelöscht.
- Löschen einer Nachricht. Dieses sollten Sie in regelmäßigen Abständen tun, um wieder Platz beim POP3-Server zu schaffen.

Aus Perl heraus ist die Abfrage einer POP3-Mailbox überhaupt kein Problem. Wer keine Lust hat, das POP3-Protokoll selbst zu erlernen oder mit dem Server zu sprechen, kann das libnet-Modul Net::POP3 verwenden:

```perl
pop3.pl
#!/usr/local/bin/perl -w
# pop3.pl -- Hole E-Mails mit dem POP3-Protokoll und Net::POP3

use Net::POP3;            # Aus der libnet-CPAN-Library

# ----- CONFIG BEGIN -------------------------------------------
use constant MAILHOST => "mail.kamp.net";  # Der POP3-Server
use constant MAILUSER => $ENV{'USER'};     # POP3-Account
use constant MAILPASS => "pass_xyzzy";     # oder User fragen...
use constant TIMEOUT  => 60;               # in Sekunden
# ----- CONFIG END ---------------------------------------------

# Erzeuge ein POP3-Objekt
$pop3 = Net::POP3->new(MAILHOST,
                       'Timeout' => TIMEOUT)
    or die "can't create a new pop3 object: $!\n";

# Beim POP3-Server einloggen
$pop3->login(MAILUSER, MAILPASS)
    or die "can't login to the pop3 server: $!\n";

# Hole Liste aller noch nicht geloeschter Mails.
# Schluessel: Nummer der nicht geloeschten Nachrichten,
# Werte: Laenge der Nachricht in Bytes.
$phash = $pop3->list();

# Lies alle nicht geloeschten Mails
foreach my $elem (sort keys %{ $phash }) {
    # Hole die $elem-nte Mail
    my $ptext = $pop3->get($elem);
```

17.4 Internet-Netzdienste

```
    # Nachricht ausgeben
    foreach my $line (@{ $ptext }) { print $line; }

    # OPTIONAL: Mail beim POP3-Server als geloescht markieren
    $pop3->delete($elem);
}

# Explizit Verbindung mit quit() beenden,
# damit der POP3-Server die zum Loeschen markierten Mails
# auch wirklich loescht.
$pop3->quit();
```
── pop3.pl

Das Programm ist sehr einfach:

- Nach der Definition einiger Konstanten, die Sie unbedingt anpassen müssen, wird ein Net::POP3-Objekt erzeugt:

  ```
  $pop3 = Net::POP3->new(MAILHOST,
                         'Timeout' => TIMEOUT)
      or die "can't create a new pop3 object: $!\n";
  ```

- Der nächste Schritt ist das Einloggen beim POP3-Server:

  ```
  # Beim POP3-Server einloggen
  $pop3->login(MAILUSER, MAILPASS)
      or die "can't login to the pop3 server: $!\n";
  ```

  An dieser Stelle hätten Sie auch auf die explizite Angabe des Paßworts, ja sogar des Users verzichten können. In diesem Falle hätte das Modul Net::Netrc aus Ihrer *.netrc*-Datei die fehlenden Informationen geholt und hier eingesetzt. Somit ließe sich ein generischer Client erzeugen. Mehr Informationen zu diesem Modul finden Sie natürlich unter *man Net::Netrc*.

- Ist das Login erfolgreich gewesen, können wir nun Kommandos an den POP3-Server senden. Wir beginnen damit, daß wir eine Liste von noch nicht gelöschten Mails anfordern:

  ```
  $phash = $pop3->list();
  ```

  Die Methode list() liefert eine Referenz auf einen Hash zurück. Dieser Hash enthält pro nicht gelöschter Nachricht als Schlüssel die Nummer der Mail und als Wert die Länge der Mail in Bytes. Die Nummer wird später bei get() benötigt, um die Mail vom Server herunterzuladen. Die Länge in Bytes ist auch eine nützliche Information. Beispielsweise könnten *Dial-in*-User je nach Uhrzeit reagieren und das Herunterladen längerer Mails auf die billigen Abend- oder Nachtstunden verlagern, etwa so:

  ```
  use constant BIGTHRESHOLD => 100000;
  $hour = (localtime(time()))[2];
  foreach my $mailnum ( keys %{ $phash } ) {
      # Laengere Mails nur zwischen 21 Uhr und 4 Uhr laden.
      if ($phash->{$mailnum} > BIGTHRESHOLD) {
  ```

```
              # Sonderbehandlung fuer lange Mails.
              # Hier z.B. erste Zeilen auf SPAM scannen, ...
              next unless $hour >= 22 or $hour <= 4;
         }
         # Hier kann nun die Mail geladen werden
    }
```

Möglich ist auch eine SPAM-Filterung. Lästiges SPAM brauchen Sie erst gar nicht von Ihrem POP3-Server herunterzuladen. Dazu können Sie die ersten Zeilen einer jeden Nachricht mit der Methode `top()` herunterladen und auf typische SPAM-Merkmale untersuchen. Sieht die Mail nach SPAM aus, können Sie sie direkt mit `delete()` zum Löschen markieren. So sparen Sie sich Downloadzeit. Der SPAM-Filter kann auch um *Killfiles* ergänzt werden, die Mails lästiger User löschen und diverse andere Kriterien anwenden.

```
    use constant TOPLINES => 5;     # Anzahl zu checkender Zeilen
    foreach my $mailnum ( keys %{ $phash } ) {
         $lines = $pop3->top($mailnum, TOPLINES);
         # In @$lines sind der Mailheader und TOPLINES Bodyzeilen
         if (grep /MONEY/, @{ $lines }) {
              # Wird wohl ein Spammer sein...
              # Header nach From: parsen und in eine permanente
              # Blacklist eintragen (zum Abfragen, Abmahnen usw.)
              # Dann: Nachricht loeschen, ohne sie komplett zu lesen
              $pop3->delete($mailnum);
              next;
         }
         # Das ist eine ordentliche Nachricht
         # z.B. mit get() holen.
    }
```

- Die Mail wird mit der Methode `get()` in ein Array eingelesen:

  ```
      # Hole die $elem-nte Mail
      my $ptext = $pop3->get($elem);
  ```

- Sie können gelesene Mails beim POP3-Server als gelöscht markieren. Dazu verwenden Sie die Methode `delete()`:

  ```
      # OPTIONAL: Mail beim POP3-Server als geloescht markieren
      $pop3->delete($elem);
  ```

  Sie müssen nicht alle Mails sofort löschen. Etwas mehr Sicherheit gewinnen Sie, wenn Sie Nachrichten zeitversetzt löschen. Aber löschen sollten Sie sie auf jeden Fall, da Ihre Mailbox sonst leicht überlaufen könnte!

- Mit `delete()` markierte Mails werden nur dann wirklich gelöscht, wenn Sie anschließend die `quit()`-Methode aufrufen. Sonst wird im Hintergrund die Methode `reset()` aufgerufen, die Löschmarkierungen wieder entfernt.

  ```
      $pop3->quit();
  ```

Mehr Informationen zum `Net::POP3`-Modul finden Sie wie gewohnt in dessen Onlinedokumentation *man Net::POP3*.

17.4.4 Dateiübertragung mit `Net::FTP`

Wollten Sie schon immer Dateien aus einem FTP-Server automatisch herunterladen? Das ist mit dem `libnet`-Modul `Net::FTP` überhaupt kein Problem:

```perl
ftp-client.pl
#!/usr/local/bin/perl -w
# ftp-client.pl -- Hole eine Liste FTP-URLs von FTP-Servern
# Verwendung: ftp-client.pl FTP-URL-LISTE [FTP-URL-LISTE ...]

use Net::FTP;              # FTP-Protokoll aus dem CPAN
use File::Basename;        # basename() eines Pfades

# ----- CONFIGURE -----------------------------------------------
use constant USER => 'anonymous';           # i.d.R. okay.
use constant PASS => 'farid.hajji@ob.kamp.net';   # Anpassen!
# ----- END OF CONFIGURE ----------------------------------------

while (<>) {
    chomp;   # Abschliessendes Newline entfernen

    # Nur FTP-URLs der Form: ftp://hostname/path akzeptieren
    next unless m|(.+?)://(.+?)/(.+)|;
    ($proto, $host, $path) = ($1, $2, $3);
    next unless $proto eq 'ftp';

    # Erzeuge neues Net::FTP-Objekt mit dem Ziel $host
    my $ftp = Net::FTP->new($host);
    unless (defined $ftp) {
        warn "Can't create Net::FTP Object to $host: $@\n"; next;
    }

    # Beim FTP-Server einloggen
    unless (defined ($ftp->login(USER, PASS))) {
        warn "can't login to $host\n"; next;
    }

    # Binary-Modus, damit Dateien unveraendert bleiben
    $ftp->binary();

    # Hole Datei /$path
    # und speichere sie lokal unter dem gleichen Basename.
    unless (defined ($ftp->get("/$path", basename($path)))) {
        warn "can't get file /$path\n"; next;
    }

    # Aus dem FTP-Server explizit ausloggen.
    # Das ist hier ueberfluessig, da das Objekt $ftp am Ende
    # dieses Blocks automatisch zerstoert und somit die
    # Verbindung im Net::FTP-Destruktor aufgeloest wird.
    $ftp->quit();
```

}
_____ ftp-client.pl

Die Verwendung des `Net::FTP`-Moduls ähnelt in etwa der des `Net::POP3`-Moduls:

- Nach der Definition einiger Konstanten, die Sie anpassen müssen, wird eine Liste von FTP-URLs eingelesen. Eine solche Liste kann folgende Form haben:

    ```
    ftp://ftp.somewhere.org/pub/stuff/bigfile.tar.gz
    ftp://ftp.nowhere.com/perl/hacker-tools/scrambler-0.23.tar.gz
    ftp://ftp.everywhere.net/1243ofewij/secret-files.3412.43.zip
    ```

- Jede dieser URLs wird zunächst auf Gültigkeit überprüft.

- Nun wird für jede dieser URLs ein `Net::FTP`-Objekt instanziiert.

    ```
    my $ftp = Net::FTP->new($host);
    unless (defined $ftp) {
        warn "Can't create Net::FTP Object to $host: $@\n"; next;
    }
    ```

    Dabei wird eine Verbindung zum FTP-Server `$host` aufgebaut.

- Als nächstes müssen wir uns beim FTP-Server einloggen. Dazu übergeben wir Username und Paßwort an die `login()`-Methode:

    ```
    unless (defined ($ftp->login(USER, PASS))) {
        warn "can't login to $host\n"; next;
    }
    ```

    Bei *anonymous FTP* geben Sie als User *anonymous* und als Paßwort *Ihre eigene E-Mail-Adresse* an!

- Haben wir uns erfolgreich eingeloggt, schalten wir zunächst in den *Binary-Modus* um:

    ```
    # Binary-Modus, damit Dateien unveraendert bleiben
    $ftp->binary();
    ```

    Das ist erforderlich, damit komprimierte Binärdateien, Bilder etc. nicht bei der Übertragung verändert werden.

- Nun ist alles für die Übertragung der Datei bereit. Wir verwenden die `get()`-Methode:

    ```
    unless (defined ($ftp->get("/$path", basename($path)))) {
        warn "can't get file /$path\n"; next;
    }
    ```

    Der erste Parameter von `get()` bezeichnet den Namen der Datei auf dem FTP-Server. Der zweite Parameter kennzeichnet den lokalen Namen, unter dem die transferierte Datei gespeichert werden soll.

- Anschließend wird die Verbindung zum FTP-Server durch den Aufruf der `quit()`-Methode wieder aufgelöst.

Das `Net::FTP`-Modul ist weitaus flexibler, als hier gezeigt werden konnte. Werfen Sie am besten einen Blick auf die Manual-Seite *man Net::FTP*.

17.4.5 Ein IRC-Robot mit Net::IRC

Kennen Sie das *Internet Relay Chat* (IRC)? Es handelt sich um einen weltweiten Verbund von Chatservern, die Chatnachrichten hin- und hersenden. User können sich mit einem IRC-Client bei einem Chatserver unter einem Spitznamen (*nickname*) anmelden. Anschließend können sie sich einer Diskussionsgruppe, *Channel* genannt, anschließen. Sobald das geschehen ist, erscheinen die eingetippten Zeilen der anderen Gruppenteilnehmer auf dem Bildschirm. Tippt einer der User eine Zeile ein, wird sie automatisch von allen anderen Gruppenteilnehmern gesehen.

Sie können auch selbst einen IRC-Client installieren. Unter Unix ist der *irc*- bzw. der *ircII*-Client sehr beliebt. Er kann auch als Backend für weitere Programme, wie z.B. *tkirc*, das eine graphische Oberfläche hat, dienen. Möglich ist auch, *irc* als Backend für CGI- oder WWW-Skripten zu nutzen, um ein Webinterface zum IRC zu bauen.

IRC-Server sind ebenfalls für Unix frei verfügbar. Es ist ein leichtes, den C-Sourcecode zu übersetzen und das Serverbinary *ircd* zu installieren. Die schwierigste Aufgabe bei der Installation eines IRC-Servers besteht darin, dessen Konfigurationsdatei zu verstehen. Diese ist jedoch sehr gut dokumentiert, so daß Sie sich da ohne Schwierigkeiten durcharbeiten können.

Das IRC-Protokoll kann natürlich ebenfalls aus Perl heraus implementiert werden. Dummerweise ist dieses Protokoll ein klein wenig komplizierter als FTP, SMTP oder POP3. Das Problem bei diesem Protokoll ist, daß IRC-Server regelmäßig (z.B. alle 30 oder 60 Sekunden) durch PING-Nachrichten überprüfen, ob ihre Clients noch am Leben sind. Clients müssen auf eine PING-Nachricht so schnell es geht mit einer PONG-Antwort reagieren. Also muß ein Client sowohl auf Eingaben des Benutzers, des Servers, als auch auf die Einhaltung des PING/PONG-Protokolls achten.

Im CPAN finden Sie das Modul Net::IRC, mit dem IRC-Clients in Perl realisiert werden können. Da dieses Modul noch im experimentellen Stadium war, als dieses Kapitel geschrieben wurde, werden wir hier kein konkretes Beispiel vorstellen. Die Dokumentation von Net::IRC, *man Net::IRC*, enthält nützliche Informationen.

Mehr über IRC erfahren Sie unter der URL:

http://www.irchelp.org/

17.4.6 Zugang zu Webservern mit LWP::*

Es ist möglich, aus Perl heraus Seiten von einem Webserver automatisch anzufordern. Einen Webclient programmieren Sie am besten mit Hilfe der LWP::*-Module. Dies ist Gegenstand von Abschnitt 19.5 und wird ab Seite 1082 erklärt.

17.5 RPC und verteilte Anwendungen

17.5.1 Was ist RPC?

Oft läßt sich eine Anwendung auf mehrere Rechner verteilen. Das hat mehrere Vorteile:

- Nicht alle Ressourcen sind auf allen Rechnern verfügbar. Spezielle teure Hardware könnte nur an einen bestimmten Rechner angeschlossen sein. Dieser Rechner ist aber in einem geschützten Rechenzentrum untergebracht.

- Rechenzeitintensive Teile der Anwendung können auf schnelle Superrechnern ausgelagert werden, während die graphische Darstellung auf der Workstation stattfinden soll.

- Spezielle Software, etwa Libraries, ist nur für eine bestimmte Plattform zu haben. Diese soll aber auch Benutzern anderer Betriebssysteme zugute kommen.

Die klassische Methode, verteilte Anwendungen zu implementieren bestand darin, einen Server auf dem Zielrechner zu installieren. Dieser wurde dann von Clients kontaktiert und mit Wünschen an die Software des Zielrechners konfrontiert. Der Server nahm diese Wünsche an, dekodierte sie und rief dann selbst die Zielsoftware auf. Anschließend packte er die Ergebnisse wieder zusammen und sandte sie an die Clients zurück.

Diese Art der Kommunikation war nicht sehr naheliegend. Programmierer mußten sich mit Fragen der Netzkommunikation befassen, Nachrichten generieren und absenden, Antworten empfangen und dekodieren...

Beim *Remote-Procedure-Call*-Mechanismus wird ein anderer Ansatz verfolgt. Dort können Anwendungsprogrammierer Funktionen in ihren Programmen wie gewohnt aufrufen. Sie merken dabei nicht, daß ihre Funktionsimplementierung durch *Stubs* ersetzt wurde. Für das Anwendungsprogramm unsichtbar, nehmen die Stubs die Argumente an, packen sie in eine Nachricht ein und senden diese Nachricht an einen RPC-Server auf einem anderen Rechner. Dieser RPC-Server packt die Nachrichten wieder aus und ruft die richtige Zielfunktion mit den passenden Parametern auf. Kehrt die Zielfunktion mit Werten zurück, packt der RPC-Server die Ergebnisse in eine neue Nachricht ein und sendet diese an den RPC-Client zurück. Der RPC-Client, der nichts anderes ist als der Funktionenstub, dekodiert die Antwortnachricht und kehrt dann mit den gewünschten Ergebnissen in das nichtsahnende Anwendungsprogramm zurück.

Das mögliche Format einer solchen Nachricht wird in Abbildung 17.9 gezeigt. Die allgemeine Vorgehensweise wird in Abbildung 17.10 noch einmal zusammengefaßt. Zur Erzeugung von *Stubs* kann man sich unter C eines Stubgenerators, *rpcgen* genannt, bedienen [10]. Dieser Generator, genauer ein Compiler, liest Spezifikationsdateien mit der Endung .x und erzeugt daraus dann kompilierbaren C-Code.

Schwierig bei der Implementation von RPC war und ist, daß komplexe Datenstrukturen mit Zeigern nicht ohne weiteres übertragen werden können. Ein Zeiger auf dem einen Rechner hat auf dem anderen Computer (bzw. einem anderen Prozeß auf demselben Computer) überhaupt keine Bedeutung mehr: Zeiger lassen sich in RPC-Nachrichten nicht sinnvoll übertragen. Was tun?

17.5 RPC und verteilte Anwendungen

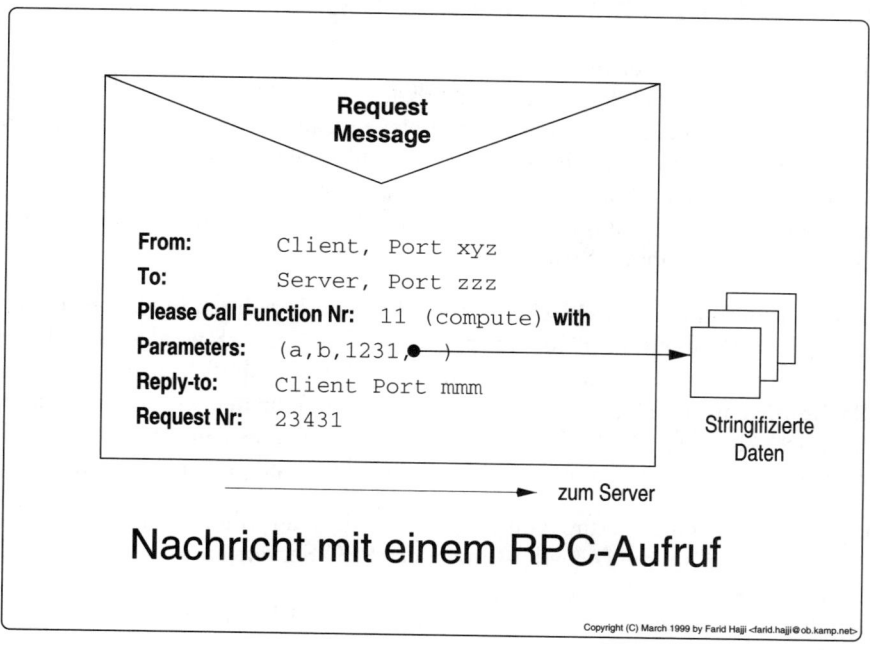

Abbildung 17.9: Format einer RPC-Nachricht

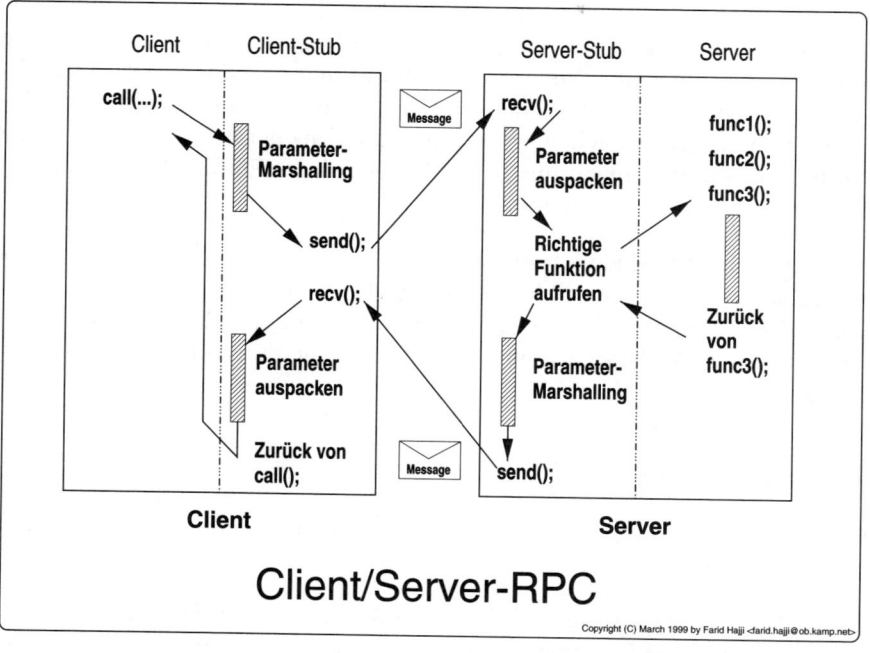

Abbildung 17.10: Was geschieht beim RPC-Aufruf?

17.5.2 RPC durch Stringifizierung

Die Lösung des Zeigerproblems bei RPCs ist natürlich die *Stringifizierung*. Das ist dasselbe Verfahren, daß wir in den Abschnitten 18.4.4, Seite 939 und 18.4.5, Seite 941 kennenlernen werden. Indem alle Daten der komplexen Datenstruktur übertragen werden, können entfernte Programmstubs diese Daten lokal in eigene Datenstrukturen wieder rekonstruieren und darauf wie gewohnt arbeiten. Beim Zurücksenden der Ergebnisse werden die komplexen Strukturen wieder für die Übertragung stringifiziert und beim Empfang wieder in komplexe Strukturen destringifiziert.

In Perl läßt sich nun ein RPC-Mechanismus sehr einfach dadurch implementieren, daß die Stringifizierungsmethoden des `Storable`-Moduls genutzt werden. Die Übertragung der Nachrichten über das Netz kann mit Hilfe gewöhnlicher Sockets aus dem `IO::Socket`-Modul erledigt werden. Der Name der aufzurufenden Funktion kann als Teil der Nachricht übermittelt werden. Der RPC-Server muß dann nur noch die Parameter wieder destringifizieren und mittels `eval()` die jeweilige Funktion aufrufen [75].

Wichtig bei der Implementierung von RPC-Mechanismen ist die Sicherheit! Nicht jeder Client sollte Zugriff auf die Dienstleistungen des RPC-Servers erhalten. Vielmehr sollte ein Client sich bei jedem Aufruf geeignet identifizieren, z.B. durch Name und Paßwort oder durch ein Token, das er vom RPC-Server ursprünglich bekommen hat.

17.5.3 Die pRPC-Module

Die Implementierung eines RPC-Servers und dazu passender Client-Funktionen ist eine sehr spannende Programmieraufgabe. Vielleicht möchten Sie dies selbst probieren. Schließlich können Sie so Ihr Wissen um `Storable` und `IO::Socket` erweitern. Wenn Sie sich auch noch Gedanken über die Authentifizierung machen und schließlich alles in Perl kodieren, werden Sie sehen, wie einfach RPC dank der dynamischen Fähigkeiten von Perl implementiert werden kann. In [75] finden Sie eine Einführung in die Thematik und eine Beispielimplementierung.

Wenn Sie lieber fertige Module benutzen wollen, können Sie sich die `RPC::*`-Module aus dem CPAN anschauen. Diese Module, auch pRPC genannt, stellen mit `RPC::pClient` und `RPC::pServer` eine flexible Implementierung des gesamten RPC-Mechanismus, inklusive Anmeldung, Authentifikation und optionale Verschlüsselung des Verkehrs zur Verfügung.

Ein einfaches Beispiel

Wir wollen in diesem Unterabschnitt einen RPC-Server schreiben, der einige einfache Funktionen bereitstellt:

- Die erste Funktion, `rtime()`, liefert einfach die Zeit auf dem Serverrechner als String zurück. Diese Funktion nimmt keine Parameter an und liefert lediglich einen primitiven Datentyp zurück.

17.5 RPC und verteilte Anwendungen

- Die nächste Funktion, `dumpme()`, erwartet als Parameter eine komplexe Datenstruktur mit vielen Zeigern. Sie liefert als Ergebnis die Stringdarstellung durch die `Dumper()`-Funktion des `Data::Dumper`-Moduls zurück.

- Die dritte Funktion, `empmud()`, tut das Gegenteil von `dumpme()`. Sie erwartet eine mit `Dumper()` stringifizierte Struktur und liefert eine komplexe Struktur mit Zeigern zurück.

- Die letzte Funktion erwartet einen anonymen Hash von Listen und modifiziert aus einer der Listen ein Element. Schließlich liefert sie diese ganze Struktur wieder zurück. Diese Funktion wollen wir `modify()` nennen.

Dadurch zeigen wir, wie einfache und komplexe Datentypen sowohl angenommen als auch zurückgegeben werden. Außerdem zeigen wir, wie Teile einer solchen Struktur modifiziert werden können. Als Bonus werden wir noch eine simple User/Paßwort-Authentifikation durchführen und nur zugelassenen Benutzern die Verwendung dieser Funktionen erlauben.

Der RPC::pServer

Schauen wir uns zuerst den Quellcode des RPC-Servers an:

```
p-Server.pl
#!/usr/local/bin/perl -w
# p-Server.pl -- Ein einfacher RPC-Server mit RPC::pServer.

use RPC::pServer;                         # CPAN-pRPC-Modul.

# Wir sind ein Server, also erzeugen wir einen passiven Socket!
use constant RPCPORT => 9987;
$serv = IO::Socket::INET->new(LocalPort => RPCPORT,
                              Proto     => 'tcp',
                              Listen    => 5,
                              Reuse     => 1)
    or die "can't create tcp socket: $@\n";

# Wir warten nun nacheinander auf Verbindungswuensche:
use constant RPCAPP     => "my-app";
use constant RPCVERSION => "0.01";
$SIG{'CHLD'} = sub { wait(); };       # Buffy, die Zombie-Killerin.
$dispatcher = {
    'rtime'  => { code => &rtime  },
    'dumpme' => { code => &dumpme },
    'empmud' => { code => &empmud },
    'modify' => { code => &modify }
};

while (1) {
    # Warten auf einen potentiellen Client.
    $conn = new RPC::pServer(sock       => $serv,
```

```perl
                        funcTable => $dispatcher);

    # Steht die Verbindung?
    unless (ref($conn)) {
        warn "can't create pRPC server: $conn\n";
        next;
    }

    # Sind wir es auch wirklich?
    $conn->Deny("This is a " . RPCAPP . " server. Go away!")
        unless $conn->{'application'} eq RPCAPP;
    $conn->Deny("Your client must be at least " . RPCVERSION. "!")
        unless $conn->{'version'} >= RPCVERSION;
    $conn->Deny("Access denied")
        unless IsAuthorizedUser($conn->{'user'}, $conn->{'password'});

    # Nun erzeugen wir einen Kindprozess fuer die Verbindung.
    if (fork() == 0) {
        # Kindprozess: Eventloop anstossen.
        $conn->Accept("Welcome on board");
        while (1) {
            $conn->Loop();
            exit 0 if $conn->error();
        }
    }
}

# Dies kann eine beliebig komplizierte Funktion sein, die z.B.
# Userdaten aus einer DBI-Datenbank holt, je nach Mondphase
# Zugang gewaehrt oder nicht und weitere lustige Checks durchfuehrt.
use constant RPCUSER => 'gandalf';
use constant RPCPASS => 'ctulhu';
sub IsAuthorizedUser {
    my ($user, $pass) = @_;
    return 1 if $user eq RPCUSER and $pass = RPCPASS;
    return 0;
}

# Hier sind unsere normalen Funktionen.
#   $conn ist das spezielle Verbindungsobjekt,
#   $xdata koennte als 'data'-Element in der 'funcTable' stehen.
#   Alle anderen Parameter gehoeren zur Funktion selbst.
#   Rueckgabeliste: ( $rc, @returnlist), wobei
#   $rc == 1 falls alles okay war,
#   $rc == 0 und  $returnlist[0] Fehlermeldung bei Fehler.

sub rtime {
    my ($conn, $xdata) = @_;
    return (1, scalar(localtime(time)));
}
```

17.5 RPC und verteilte Anwendungen

```perl
use Data::Dumper;
sub dumpme {
    my ($conn, $xdata, $todump) = @_;
    my $dumpedstring = Dumper( $todump );
    return (1, $dumpedstring);
}

sub empmud {
    my ($conn, $xdata, $dumpedstring, @varnames) = @_;
    eval $dumpedstring;
    return $@ ? (0, "Error: $@") :
                (1, map { eval $_ } @varnames);
}

sub modify {
    my ($conn, $xdata, $ptr, $fieldname, $pos, $newvalue) = @_;

    $ptr->{$fieldname}->[$pos] = $newvalue;
    return (1, $ptr);
}
```
————————————————————————————————— p-Server.pl

Wesentlich und neu sind hierbei folgende Punkte:

- Als Server erzeugen wie wie gewohnt einen passiven TCP-Socket:

  ```perl
  use constant RPCPORT => 9987;
  $serv = IO::Socket::INET->new(LocalPort => RPCPORT,
                                Proto    => 'tcp',
                                Listen   => 5,
                                Reuse    => 1)
      or die "can't create tcp socket: $@\n";
  ```

  Diesem brauchen wir später als Argument für den RPC::pServer-Konstruktor. Zusätzlich installieren wir eine Zombie-Killerin:

  ```perl
  $SIG{'CHLD'} = sub { wait(); };     # Buffy, die Zombie-Killerin.
  ```

- Der Konstruktor des RPC::pServers benötigt eine sogenannte Funktionstabelle. Diese ordnet externe Funktionsnamen, die von Clients aufgerufen werden, den Funktionen zu, die auf der Serverseite letztendlich aufgerufen werden. Unsere Zuordnung ist einfach:

  ```perl
  $dispatcher = {
      'rtime'   => { code => &rtime },
      'dumpme'  => { code => &dumpme },
      'empmud'  => { code => &empmud },
      'modify'  => { code => &modify }
  };
  ```

  Als Schlüssel werden die Namen der Funktionen verwendet, die von den Clients aufgerufen werden sollen. Als Werte benutzen wir einen anonymem Hash, der zwei oder mehr Einträge enthält. Wesentlicher Eintrag ist der code-Eintrag. Dort muß

- eine Codereferenz auf die Perl-Funktion enthalten sein, die durch den Server als Reaktion auf die Clientanforderung aufgerufen werden soll. Ein weiteres Schlüsselwort ist hier `data`. Dieses kann mit beliebigen Werten assoziiert werden, die zum Zeitpunkt der Erzeugung des `RPC::pClient`-Objekts galten. Diese Werte können ganz beliebig sein und werden an die aufgerufenen Funktionen übergeben. Wir haben von dieser Möglichkeit in diesem Beispiel keinen Gebrauch gemacht.

- Da wir ja ein Server sind, warten wir nun in einer Endlosschleife auf Verbindungswünsche von Clients. Normalerweise würde ein gewöhnlicher TCP-Server hier `accept()` aufrufen. Statt dessen erzeugen wir ein `RPC::pServer()`-Objekt:

```
# Warten auf einen potentiellen Client.
$conn = new RPC::pServer(sock      => $serv,
                         funcTable => $dispatcher);

# Steht die Verbindung?
unless (ref($conn)) {
    warn "can't create pRPC server: $conn\n";
    next;
}
```

Beachten Sie bitte, daß dem Konstruktor der Rendezvous-Socket übermittelt wurde. Intern ruft dieser Konstruktor die `accept()`-Methode dieses Sockets auf und blockiert daher so lange, bis ein Client eine Verbindung hergestellt hat.

- Das Ergebnis des Konstruktors ist ein *Verbindungsobjekt* `$conn`. Dieses muß auf eine etwas abweichende Art und Weise auf Fehler geprüft werden. Ist die Verbindung in Ordnung, handelt es sich um ein Zeiger, der mit `bless()` zu einem Objekt gemacht wurde, was durch `ref()` erkannt wird. Ansonsten enthält `$conn` einen Fehlerstring.

- Das `$conn`-Objekt enthält nun eine Reihe von Attributen, die vom Client herkommen. Wir werden gleich noch den Code des zugehörigen Clients sehen und erkennen, woher die folgenden Parameter kamen:

  - Der Client übergibt zur Sicherheit den Namen der Applikation dem Server. Daher kann der Server dies überprüfen. Auch die Version wird übermittelt.
  - Der Client loggt sich beim Server ein, indem er Username und Paßwort angibt. Diese müssen wir dann auch überprüfen.

```
$conn->Deny("This is a " . RPCAPP . " server. Go away!")
    unless $conn->{'application'} eq RPCAPP;
$conn->Deny("Your client must be at least " . RPCVERSION . "!")
    unless $conn->{'version'} >= RPCVERSION;
$conn->Deny("Access denied")
    unless IsAuthorizedUser($conn->{'user'}, $conn->{'password'});
```

Die Methode `Deny()` gehört zu `RPC::pServer`. Sie ist immer dann aufzurufen, wenn die Verbindung nicht zugelassen werden soll.

- Sind die Tests erfolgreich gewesen, kann die Verbindung akzeptiert werden. Da wir einen Multithreaded-`fork()`ing-Server haben wollen, erzeugen wir gleich einen

Kindprozeß und übergeben ihm die Verantwortung. Der Elternprozeß kehrt einfach wieder zur `accept()`-Schleife zurück.

```
if (fork() == 0) {
    # Kindprozess: Eventloop anstossen.
    $conn->Accept("Welcome on board");
    while (1) {
        $conn->Loop();
        exit 0 if $conn->error();
    }
}
```

- Sie sehen aus diesem Beispiel, daß die Verbindung vom Kindprozeß durch den Aufruf der `Accept()`-Methode zugelassen wird. Anschließend *muß* der Prozeß Anforderung des Clients mit Hilfe der Methode `Loop()` verarbeiten. Dies müssen wir sogar in einer Schleife tun, da `Loop()` nach jeder bearbeiteten Anforderung zurückkehrt. Enthält `$conn` einen Fehler, beenden wir den Kindprozeß. Das ist nicht so ungewöhnlich. Sobald ein Client die Verbindung löst, wird auf diesem Wege einer der Kindprozesse wieder freigegeben. Die Leiche des Kindes wird durch den `SIGCHLD`-Signalhandler wieder eingesammelt.

- Jede in der `funcTable` registrierte Funktion wird auf Anforderung des Clients mit folgenden Parametern aufgerufen:

  - `$conn` — das Verbindungsobjekt. Dieses kann von der Funktion ignoriert oder sehr wohl zur Identifizierung des jeweiligen Clients verwendet werden. Es wird aber grundsätzlich übergeben.

  - `$xdata` — zusätzliche Informationen. Dieser Parameter enthält den `data`-Wert der `funcTable` des `RPC::pServer`-Objekts. Auch hier kann die Funktion entscheiden, ob sie davon Gebrauch machen will oder nicht.

  - Alle anderen Parameter kommen direkt vom Client.

- Jede aufgerufene Funktion muß eine Liste aus mindestens zwei Elementen zurückgeben:

  - Das erste Element ist ein Flag, das anzeigt, ob die Funktion erfolgreich war (1) oder einen Fehler zurückgeben will (0). Im letzten Fall ist ein Fehlerstring als zweites Rückgabewert anzugeben.

  - Die restlichen Werte sind Rückgabewerte der Funktion. Das können mehrere Werte sein oder nur ein einziger Wert.

  Diese aufgerufenen Funktionen können dank der hervorrangede Stringifizierungsfähigkeiten des `Storable`-Moduls auch Zeiger und komplexe Datenstrukturen als Argumente erhalten.

- Die auszuführende Arbeit kann entweder direkt in diesen aufgerufenen Funktionen erledigt werden oder aber durch den Aufruf der tatsächlichen Funktion von dort weitergeleitet werden. Wir entscheiden uns in diesem Beispiel dafür, die Arbeit direkt in den aufgerufenen Funktionen zu erledigen.

■ Schauen Sie sich auch die angekündigten Funktionen rtime(), dumpme(), empmud() und modify() an.

Der RPC::pClient

Nun ist es an der Zeit, den Clientcode anzuschauen:

```perl
p-Client.pl
#!/usr/local/bin/perl -w
# p-Client.pl -- Ein einfacher RPC-Client mit RPC::pClient.
#               Mit p-Server.pl benutzen!

use RPC::pClient;                   # CPAN-pRPC-Modul.

# Wir erzeugen erst einen aktiven Socket.
use constant RPCHOST => "localhost";
use constant RPCPORT => 9987;
$sock = IO::Socket::INET->new(PeerAddr => RPCHOST,
                              PeerPort => RPCPORT,
                              Proto    => 'tcp')
    or die "can't create socket: $@\n";

# Wir loggen uns beim RPC-Server ein:
use constant RPCAPP     => "my-app";
use constant RPCVERSION => "0.01";
use constant RPCUSER    => 'gandalf';
use constant RPCPASS    => 'ctulhu';
$rpc = new RPC::pClient(sock        => $sock,
                        application => RPCAPP,
                        version     => RPCVERSION,
                        user        => RPCUSER,
                        password    => RPCPASS);
die "can't login to pRPC server: $rpc\n" unless ref($rpc);

# Der Aufruf von entfernten Funktionen hat die Form:
# @return = $rpc->Call("funcname", @paramlist);

# $str = rtime(); liefert entfernte Zeit als String.
($remtime) = $rpc->Call("rtime");
unless ($rpc->error()) { print "Remote time: $remtime\n"; };

# $str = dumpme( $cmpx_ptr); liefert Data::Dumper::Dumper( $cmplx_str).
($dumped) = $rpc->Call("dumpme",
                    [ { I => 1, II => 2, III => 3 },
                      { perl => 'good!', java => 'bad?' },
                      "a rose is a rose is a rose..." ]);
unless ($rpc->error()) {
    print "Dumped string:\n", $dumped, "\n";
}
```

```perl
#  $cmplx = empmud( $dumpedstr): Das Umgekehrte von dumpme().
use Data::Dumper;
($cmplx) = $rpc->Call("empmud", $dumped, '$VAR1');
unless ($rpc->error()) {
    print( Dumper($cmplx) );
}

#  $nptr = modify( $optr, $fname, $pos, $newvalue)
$ptr = { Unix    => [ 'fun', 'excellent', 'hackish', 'stable' ],
         Windoze => [ 'boring', 'poor', 'lusers', 'unstable' ]
       };
($ptr) = $rpc->Call("modify", $ptr, 'Windoze', 1, 'mediocre');
($ptr) = $rpc->Call("modify", $ptr, 'Windoze', 3, 'crashy');
($ptr) = $rpc->Call("modify", $ptr, 'Unix',    3, 'ultra stable');
($ptr) = $rpc->Call("modify", $ptr, 'The Hurd', 0, 'hackish');
print ( Dumper($ptr) );

print "I'm still living\n";
```
─── p-Client.pl

Die Ausführung des folgenden Codes ergibt (vergessen Sie nicht, den Server vorher zu starten):

```
farid@sun-1:~/p> ./p-Client.pl
Remote time: Mon Jul 26 04:53:55 1999
Dumped string:
$VAR1 = [
          {
            'I' => 1,
            'III' => 3,
            'II' => 2
          },
          {
            'perl' => 'good!',
            'java' => 'bad?'
          },
          'a rose is a rose is a rose...'
        ];

$VAR1 = [
          {
            'I' => 1,
            'III' => 3,
            'II' => 2
          },
          {
            'perl' => 'good!',
            'java' => 'bad?'
          },
          'a rose is a rose is a rose...'
        ];
```

```
$VAR1 = {
          'Windoze' => [
                        'boring',
                        'mediocre',
                        'lusers',
                        'crashy'
                      ],
          'The Hurd' => [
                        'hackish'
                      ],
          'Unix' => [
                      'fun',
                      'excellent',
                      'hackish',
                      'ultra stable'
                    ]
        };
I'm still living
```

Es hat tatsächlich geklappt! Schauen wir uns noch kurz die wesentlichen Aspekte des Clients an:

- Da wir ein gewöhnlicher Client sind, erzeugen wir erst einmal einen aktiven TCP-Socket:

  ```
  use constant RPCPORT => 9987;
  $sock = IO::Socket::INET->new(PeerAddr => RPCHOST,
                                PeerPort => RPCPORT,
                                Proto    => 'tcp')
       or die "can't create socket: $@\n";
  ```

- Bei erfolgreicher Verbindung loggen wir uns beim Server ein, indem wir ein RPC::pClient-Objekt instanziieren. Beachten Sie hierbei, wie sowohl der Socket $sock als auch diverse Parameter an den Server übergeben werden.

  ```
  $rpc = new RPC::pClient(sock        => $sock,
                          application => RPCAPP,
                          version     => RPCVERSION,
                          user        => RPCUSER,
                          password    => RPCPASS);
       die "can't login to pRPC server: $rpc\n" unless ref($rpc);
  ```

- Hat alles gut geklappt, können wir nun entfernte Funktionen durch die Call()-Methode des RPC::pClient-Objekts aufrufen. Call() erwartet dabei folgende Argumente:

  - Den Namen der aufzurufenden Funktion als String. Dieser Name sollte in der funcTable des Servers als Schlüssel mit zugehöriger code-Referenz registriert sein.

  - Alle anderen Parameter werden an die Zielfunktion weitergeleitet. Dabei können diese Parameter durchaus auch Zeiger auf komplexe Datenstrukturen sein. In diesem Fall werden sie intern durch das Storable-Modul geeignet stringifiziert, zum Server gesendet und dort in eigenen Zeigerstrukturen wieder destringifiziert.

- Die Funktion `Call()` liefert grundsätzlich eine Liste zurück. Diese Liste besteht aus den von der entfernten Funktion zurückgegebenen Werten (ohne das Flag (1) oder (0)). Auch wenn nur ein einziger Wert zurückgegeben wird, müssen Sie von `Call()` eine (einelementige) Liste erwarten. Dies wurde bei den verschiedenen Aufrufen vorgeführt.

Weitere Informationen über diese beiden Module finden Sie in deren Manual-Seiten *man RPC::pClient* und *man RPC::pServer*.

17.6 Aufgaben

1. Erklären Sie das Problem mit den Konkurrenzschlitzen (*Race Conditions*)! Was bedeutet der Begriff „atomare Operation"? Geben Sie einige konkrete Beispiele nicht atomarer Operationen an! Wie können diese Operationen durch Unterstützung des Betriebssystems dennoch atomar ausgeführt werden?

2. Wieso hat die Änderung der Umgebungsvariablen eines Kindprozesses keine Auswirkung auf die Umgebung des Elternprozesses? Wie ist es umgekehrt? Kann ein Elternprozeß die Umgebungsvariablen seines bereits laufenden Kindprozesses verändern? Kann er sie abfragen?

3. Zeigen Sie anhand eines konkreten Programms, wieso Sperren auf gemeinsam genutzte Bereiche benötigt werden! Das Programm soll aus mehreren Prozessen bestehen, die um eine Ressource konkurrieren. Das Problem muß klar erkennbar sein! Anschließend fügen Sie Synchronisationsmechanismen ein. Ist das Problem nun gelöst?

4. Erklären Sie den Begriff des Semaphors mit eigenen Worten. Haben Sie wirklich verstanden, was der Wert des Semaphors bedeutet? Was ist mit dem Initialwert? Wozu ist er gut?

5. Lösen Sie das Philosophenproblem (*dining philosophers problem*) mit Hilfe von Semaphoren. Wenn Sie nicht wissen, was das ist, sollten Sie eines der zahlreichen Werke über Konkurrenz und parallele Ausführung konsultieren, z.B. [88, Seite 69ff].

6. Warum kann eine skalare Variable nicht einfach in einem Shared-Memory-Segment abgelegt werden. Wozu ist der `tie()`-Mechanismus in diesem Zusammenhang *notwendig*?

7. Wozu ist `mmap()` gut? Finden Sie gute Anwendungsbeispiele für `mmap()` — sowohl für einzelne Prozesse als auch für kommunizierende Prozesse. Gewinnen Sie etwas Übung, indem Sie kurze C-Programme schreiben, die `mmap()` aufrufen. Konvertieren Sie anschließend diese Programme nach Perl.

8. Was sind Zombies? Wie entstehen sie? Wie werden sie vermieden? Welche Programme sind besonders anfällig für das Entstehen von Zombies? Was geschieht

eigentlich, wenn ein Elternprozeß vor seinem Kind stirbt? Wer holt den Rückgabecode des Kindes ab, das sich später mit `exit()` beendet? Wieso bleibt das Kind nicht im Zombiestadium? *Hinweis:* Der *init*-Prozeß adoptiert Kinder, die ihre Eltern verloren haben.

9. Was sind RFCs? Was steht in ihnen? Haben Sie schon einige RFCs gelesen? Haben Sie im Vergleich dazu OSI- und ISO-Standards gelesen? Wie finden Sie den Unterschied?

10. Implementieren Sie den in Abschnitt 17.3.8 auf Seite 900 vorgestellten Portumlenker!

11. Das Modul `Net::NNTP` kann dazu genutzt werden, einen Newsreader in Perl zu implementieren. Schreiben Sie daher ein Programm, das eine Newsgroup Ihrer Wahl überwacht und daraus „interessante" Beiträge entnimmt. „Interessante" Beiträge wären zum Beispiel MPEG3-Sounddateien, Bilder usw. Machen Sie sich mit der Dokumentation von `Net::NNTP` vertraut, und tasten Sie sich an die Lösung in kleinen, inkrementellen Schritten heran.

12. Der `EventServer` aus dem CPAN ist ein sehr nützliches Modul. An einem Eventserver können Callbacks registriert werden, die dann abhängig von bestimmten Situationen vom `EventServer` aufgerufen werden. Typische Callbacks sind hier Funktionen, die nach einer festgelegten Zeit genau einmal aufgerufen werden (*delayed one shot functions*), Intervallfunktionen, die nach einer Startzeit in regelmäßigen Abständen aufgerufen werden, und Callbacks mit eigener Aufrufstrategie. Installieren Sie den `EventServer` auf Ihrem Rechner und machen Sie sich mit dessen Dokumentation vertraut. Suchen Sie nach einer typischen Anwendung, und implementieren Sie diese mit Hilfe des `EventServers`!

18 Persistenz und Datenbanken

18.1 Synopsis

```
# Persistenz von Hashes und Arrays in DB- und DBM-Dateien:
use DB_File;
tie %h, 'DB_File', $filename, O_CREAT | O_RDWR, 0666 or die "...";
tie @a, 'DB_File', $filename, O_CREAT | O_RDWR, 0666, $DB_RECNO
    or die "can't tie: $!\n";

# Stringifizierung komplexer Datenstrukturen:
use FreezeThaw;    $str = freeze($complex); $cmplx = thaw($str);
use Data::Dumper;  $str = Data::Dumper->Dump($complex, [@varnames]);
                   eval $str;    # Zum Destringifizieren
use Storable;      $str      = freeze \%table;
                   %tblclone = thaw %{ $str };
                   nstore_fd( $cmplx, \*FH );
                   $newcmplx = retrieve_fd( \*FH );

# Persistente Speicherung mit Stringifizierung:
use MLDBM qw(DB_File Storable);
tie %h, 'MLDBM', $filename, O_CREAT | O_RDWR, 0666 or die "...";
$h{$key} = { I => 1, II => 2, [ 'one', 'more', 'test' ] };

# SQL-Crashkurs:
SELECT field1, field2 FROM table WHERE field3 = 'somevalue';
INSERT table ( field1, field2 ) VALUES ('val1', 'val2');
UPDATE table SET field1='newval1', field2='newval2' WHERE f3='xyz';
DELETE FROM table WHERE fieldX RLIKE '^test';
DROP TABLE tablename;
CREATE TABLE (
        field1 INTEGER AUTO_INCREMENT PRIMARY KEY,
        field2 CHAR(20) NOT NULL, field3 VARCHAR(127),
        UNIQUE (field2, field3) );

# MySQL-Download, Installation und Administration:
# URL von MySQL: http://www.tcx.se/
./configure --prefix=/usr/local/mysql \
            --sharedstatedir=/var/local/mysql/com \
            --localstatedir=/var/local/mysql/data \
            --info-dir=/usr/local/info \
            --with-unix-socket-path=/var/local/mysql/mysql.sock \
            --without-debug --with-charset=latin1
/etc/init.d/mysql.server [start | stop]
mysqladmin --user=root --password='somepass' processlist
mysqldump -u root -p --opt tobackupdb > backup-file.sql
mysqldump -u root -p --opt srcdb | mysql --host=remotehost -C destdb
```

```perl
# Zugangskontrolle fuer MySQL in der Systemdatenbank mysql
# user: user/pass, db: user/db, host: user+host/db
# tables_priv: user/tables, fields_priv: user/fields
# Siehe auch SQL-Befehle GRANT und REVOKE.

mysqlshow [datenbank [tabelle]]    # Anzeige von Strukturen
mysql --user=dbuser --password='apassword' dbname # SQL-Monitor

# Zugriff auf Datenbanken aus Perl heraus mit DBI:
# DBI + DBD::*, z.B. DBD::mysql, DBD::oracle, DBD::sybase, ...
use DBI;
$dsn = "dbi:mysql:database=$dbasename";
$dbh = DBI->connect($dsn, $user, $password);
die "Error: $DBI::errstr\n" if $DBI::err; # Fehlerbehandlung!

$rows_affected = $dbh->do($sql);   # Einfaches SQL ohne SELECT
$sth = $dbh->prepare($sql);  # Kompliziertes SQL, z.B. SELECT
                             # Placeholder: SELECT ? FROM $tbl
$sth->execute($opt_param_for_placeholders);
while ($rowptr = $sth->fetchrow_arrayref()) {
    @fields_of_a_row = @{ $rowptr };
}
$sth->finish();
$dbh->disconnect();

# Metainformationen anfordern:
@localdrivers = DBI->available_drivers();
@localdbases  = DBI->data_sources("mysql");
@remotedb = DBI->install_driver("mysql")->func($host, $port, "_ListDBs");
@tables = $dbh->func("_ListTables");

$sth = $dbh->prepare("LISTFIELDS $tbl"); $sth->execute();
@fieldnames = @{ $sth->{'NAME'} };  $sth->finish();

# Tabelle sperren und wieder freigeben
UPDATE table SET field = field + 1 WHERE condition;  # Atomar
LOCK   TABLES tbl1 READ, tbl2 READ, tbl3 WRITE;
# >>> Hier kritischer Bereich <<<
UNLOCK TABLES

# Die Module Tie::DBI und Tie::RDBM
use Tie::DBI;
tie %h, 'Tie::DBI', { db => $dsn,       user => $u,      password => $pw,
                     table => $tname, key => $fname, CLOBBER => 2  };
$h{$key}->{'fieldX'} = $newvalue;
$h{$key} = { field1 => $val1, field2 => $val2, field3 => $val3 };
tield(%h)->commit();

use Tie::RDBM;
tie %h, 'Tie::RDBM', { db => $dsn, table => $tbl, create => 1, ... };
$h{$key} = { I => 1, II => 2, [ 'a', 'complex', 'struct' ] };
```

18.2 Was ist Persistenz?

Es gibt in der Literatur sehr viele Definitionen oder Charakterisierungen der Persistenz von Daten. Für unsere Zwecke reicht die folgende einfache, operationelle Charakterisierung völlig aus:

> *Persistente Daten sind Informationen, die das Ende eines sie erzeugenden oder manipulierenden Prozesses unverändert überleben.*

Damit sind nach heutiger Technologie alle auf Festplatte oder auf sonstigen permanenten, von der Stromversorgung unabhängigen Medien gespeicherten Daten gemeint.

Wir haben uns natürlich schon immer mit Persistenzfragen beschäftigt. Die einfachste Form persistenter Daten ist die Datei. Eine Datei kann jedoch mannigfaltige Formen annehmen: Es kann sich um rein sequentielle Datenströme handeln, um Dateien wahlfreien Zugriffs mit Daten fester oder variabler Satzlänge, um indexsequentielle Dateien und weitere, noch kompliziertere Formen.

Persistenz wird, außer durch Dateien, auch häufig durch Datenbanksysteme realisiert. Diese Systeme basieren selbstverständlich ebenfalls auf Dateien, aber sie stellen eine höhere Abstraktionsebene bzw. eine spezielle Softwareschicht dar. Auch Datenbanksysteme gibt es in mehreren Formen: relationale, objektorientierte usw.

Eine Diskussion von Persistenz kann aus mindestens zwei verschiedenen Perspektiven angegangen werden:

- Die technische Sicht befaßt sich mit konkreten Implementierungsfragen: Wie werden Dateien angesprochen oder gesperrt? Wie wird nach einem konkreten Datum gesucht? Wie wird ein SQL-Datenbankserver angesprochen? Wie lautet die API für Transaktionen?

- Die logische Sicht interessiert sich nicht für solche technischen Aspekte. Vielmehr tauchen hier Fragen grundlegenderer Natur auf: Was muß tatsächlich gespeichert werden? Wie werden die Daten organisiert? Wie wird Redundanz oder Inkonsistenz vermieden? Welche Abfragen und Operationen sollen auf die Daten möglich sein? Was ist mit konkurrierendem Zugriff? Was ist mit Transkationen?

In diesem Kapitel wird nur die technische Sicht der Persistenz beschrieben. Die sehr interessanten logischen Betrachtungen entnehmen Sie bitte aus der spezialisierten Literatur.

18.3 Persistenz in Dateien

Nach unserer Definition wird jede Form von Persistenz letztendlich mit Hilfe von Dateien realisiert. Sogar ein komplexes verteiltes relationales Datenbanksystem beruht letztendlich auf einzelnen Dateien. In diesem Abschnitt werden wir uns aber mehr auf die direkte Manipulation solcher Dateien beschränken und Aspekte wie Datenbankserver auf später verschieben.

Perl-Programmierer verwenden zur Zeit folgende Arten von Dateien zur Implementierung von Persistenz: Textdateien mit zeilenorientierter Satzstruktur, Dateien mit Sätzen variabler oder fester Länge, DBM-Dateien, im wesentlichen durch die *TIEHASH*-Schnittstelle, und schließlich Dateien in speziellen Formaten. All diese Aspekte wollen wir im folgenden kurz diskutieren.

18.3.1 Daten mit variabler Satzlänge

Das scheinbar einfachste Format ist die Speicherung von Daten in gewöhnliche Textdateien. Dabei wird meist ein Datensatz pro Zeile gespeichert. Manchmal werden auch Datensätze auf mehrere Zeilen gespeichert und durch geeignete Trenner voneinander abgegrenzt (wie z.B. leere Zeilen).

Eine wesentliche Eigenschaft ist hier die variable Satzlänge. Diese ist dafür verantwortlich, daß die Datei logisch sequentiell ist. Es ist bei dieser Organisationsform nicht möglich, direkt zum Datensatz Nummer N zu springen, ohne dabei alle vorigen $N-1$ Datensätze nicht zumindest durchlaufen zu haben. Dazu wird meist eine Art Filterfunktion wie grep() oder eine Schleife verwendet, um die Daten zu durchlaufen.

Diese Organisationsform ist zwar bequem zu implementieren, aber nicht ganz so einfach zu verwenden. Wie würden Sie in einer solchermaßen organisierten Datei den Datensatz N löschen, einen neuen Datensatz zwischen Satz k und Satz $k+1$ einfügen oder den Datensatz m vergrößern? Offensichtlich sind all diese Operationen nur durch Umkopieren aller Daten in eine neue Datei möglich. Dies mag für kleine Datenbestände, die relativ selten aktualisiert werden müssen, gerade noch angehen, wird aber bei größeren Datenmengen oder einer höheren Änderungsrate sehr bald nicht mehr funktionieren.

Nur die Suchoperation kann ein klein wenig verbessert werden. Dazu muß bei einer statischen Datei mit Sätzen variabler Länge in einem externen Lauf der Anfang eines jeden Satzes in einer weiteren Datei bzw. einem Header fester Länge am Anfang der Datei gespeichert werden. Es wird also eine Tabelle von Offsets der Datensatzanfänge angelegt. Diese Indizierung kann den späteren Zugriff auf den Datensatz N beschleunigen helfen.

Diese Indizierung wird auch tatsächlich in der Praxis eingesetzt. Denken Sie beispielsweise an Suchsysteme wie *Wais*, *Glimpse* oder *Harvest*. Solche Systeme durchsuchen alle statischen Dateien nach Schlüsselwörtern und merken sich deren Offset und Dateinamen in einer weiteren Datei. Wird nun später ein Begriff benötigt, holt sich die Suchmaschine die benötigten Dateinamen und Offsets aus den vorher generierten Metainformationen.

Eine entscheidende Frage ist hierbei jedoch, *wann* eine Indizierung der Datensatzanfangsoffsets durchgeführt werden soll. Wird sie zu selten durchgeführt, ist sie möglicherweise nicht mehr mit den inzwischen veränderten Daten synchronisiert. Nichts ist so schlimm wie ein alter Index, der nun auf falsche Offsets zeigt! Eine Indizierung kann auch grundsätzlich beim Öffnen der Datei durchgeführt werden. In diesem Fall ist der Index garantiert stimmig[1], aber möglicherweise umsonst angelegt worden: Wir benötigen nicht immer einen kompletten Index!

18.3.2 Daten mit fester Satzlänge

Oft lassen sich Daten in ein festes Schema zwingen. Das Ziel ist dabei natürlich, die Länge des gesamten Datensatzes festzulegen. Dadurch kann bequem der Datensatz N in einer Datei gefunden werden. Sind nämlich alle Datensätze genau k Bytes groß, dann befindet sich der Datensatz N genau an der Offsetposition Nk, wenn wir dem ersten Datensatz die Nummer 0 zuweisen. Es ist bei normalen Dateien mit wahlfreiem Zugriff viel schneller, zu einem bestimmten Offset, z.B. mittels seek(), zu springen, als alle vorhergehenden Sätze zählend zu durchlaufen.

Der Zugriff auf einen Datensatz wird also bei festen Satzlängen mit einem Aufwand von $O(1)$ durchgeführt. Das ist eine deutliche Verbesserung gegenüber dem $O(n)$-Aufwand mit variablen Satzlängen. Der Nachteil ist jedoch, daß damit Sätze nicht mehr wachsen dürfen. Schrumpfen könnten sie, vorausgesetzt, die freigewordenen Stellen bleiben unberührt (*Padding*).

Die Aktualisierung eines Datensatzes ist ebenfalls mit einem Aufwand von $O(1)$ möglich. Da nun genau feststeht, wo der Datensatz ist und wie lang er ist, braucht man nur mittels seek() dorthin zu springen und die Daten *vor Ort* zu ändern. Ein Umkopieren der gesamten Datei ist dabei nicht notwendig.

Einfügen können Sie Datensätze hingegen nur am Ende der Datei, wenn Umkopierungen und Verschiebungen der Datensatznummern vermieden werden sollen. Dasselbe gilt für das Löschen nicht mehr benötigter Sätze. Das Löschen eines Datensatzes, der nicht gerade am Ende der Datei steht, kann auch durch eine *Löschmarkierung* durchgeführt werden. Ein Markierungsfeld fester Länge kann vor jedem Datensatz angebracht werden. Eines der Bits dieses Feldes könnte den Zustand „gelöscht" oder „nicht gelöscht" anzeigen. Irgendwann einmal wird die Datei immer mehr „Löcher" aufweisen; sie muß dann durch Umkopieren „reorganisiert" werden.

18.3.3 DBM-Dateien

Die gerade betrachteten flachen Dateien können bequem mit einem beliebigen Editor aktualisiert werden. Sie lassen sich auch durch Anzeigetools wie *cat*, *less* oder *more* problemlos ausgeben. Wir haben aber soeben die Nachteile kennengelernt: Das Löschen und Einfügen von Datensätzen mitten in der Datei ist in der Regel nur durch Umkopieren möglich. Aus diesem Grunde wurden andere Dateiformate erfunden, die gerade diesen Nachteil vermeiden helfen.

Ein bereits sehr früh eingesetztes Format war eine *indexsequentielle* Speicherung in ISAM-Dateien. Diese Dateien führten ihren eigenen Index mit sich und wurden nicht

---

1 Vorausgesetzt, kein anderer Prozeß greift inzwischen verändernd auf dieselbe Datei zu!

direkt, sondern nur indirekt durch eine ISAM-Library angesprochen. Diese war dafür zuständig, den Index stets auf dem aktuellsten Stand zu halten. Weitere Formate kamen dann hinzu: B^*-Bäume, Hashingverfahren usw.

Zwei wesentliche konkrete Implementierungen wurden sehr populär: Zum einen die C-ISAM-Library, die vorwiegend von Datenbanksystemen eingesetzt wurde, und zum anderen die DBM-Library, die unter Unix besondere Verbreitung genoß. Heutzutage sind DBM-Dateien mit Hilfe von ausgeklügelten Algorithmen realisiert, die mit der ursprünglichen DBM- oder ISAM-Form nicht mehr viel gemein haben.

DBM-Dateien haben Sie bereits in Abschnitt 8.8 auf Seite 192 kennengelernt. Dort wurde mit Hilfe des SDBM_File-Moduls ein Hash persistent gemacht. Dies geschah durch die *TIEHASH*-Bindung an die Aufrufe einer *DBM-Library*. Es gibt eine ganze Reihe interessanter Implementierungen von DBM-Dateien. Tabelle 18.1 aus *man AnyDBM_File* stellt einige Versionen einander gegenüber:

Feature	odbm	ndbm	sdbm	gdbm	bsd-db
Linkage comes w/ perl	yes	yes	yes	yes	yes
Src comes w/ perl	no	no	yes	no	no
Comes w/ many unix os	yes	yes[0]	no	no	no
Builds ok on !unix	?	?	yes	yes	?
Code Size	?	?	small	big	big
Database Size	?	?	small	big?	ok[1]
Speed	?	?	slow	ok	fast
FTPable	no	no	yes	yes	yes
Easy to build	N/A	N/A	yes	yes	ok[2]
Size limits	1k	4k	1k[3]	none	none
Byte-order independent	no	no	no	no	yes
Licensing restrictions	?	?	no	yes	no

[0] on mixed universe machines, may be in the bsd compat library, which is often shunned.

[1] Can be trimmed if you compile for one access method.

[2] See the DB_File manpage. Requires symbolic links.

[3] By default, but can be redefined.

Tabelle 18.1: Populäre DBM-Formate aus *man AnyDBM_File*

Das `SDBM_File`-Modul

Das `SDBM_File`-Standardmodul finden Sie in jeder Perl-Distribution. Es ist daher garantiert vorhanden und sollte dann eingesetzt werden, wenn eine maximale Kompatibilität gewünscht ist. SDBM-Dateien bestehen aus zwei physischen Dateien. Diese haben die Endung .pag für die Daten und .dir für den Index. Die Größe der Dateien ist kleiner als bei den anderen Implementierungen. Dafür ist der Zugriff spürbar langsamer. Einzelne Datensätze dürfen auch eine bestimmte Größe nicht überschreiten.

Sie müssen daher entscheiden, ob eine maximale Portabilität oder Effizienz und Flexibilität für Sie wichtig sind. Portabel ist das `SDBM_File`-Modul, effizient ist hingegen idealerweise die `DB_File`-Bindung.

Es ist nicht schwer, existierende Programme so zu ändern, daß sie das `DB_File`-Modul nutzen. Sie müssen dafür nur `DB_File` anstelle von `SDBM_File` als Parameter zu `tie()` eintragen. Achten Sie jedoch auf zusätzliche abweichende Parameter!

Das `DB_File`-Modul

Das Modul `DB_File` ist das flexibelste und effizienteste Persistenzmodul für Hashes. Es verwendet die frei verfügbare Berkeley DB-Library, die auf BSD-Unix-Derivaten wie `FreeBSD`, `NetBSD` und `OpenBSD`, aber auch auf `Linux` standardmäßig vorhanden ist. Der Quellcode dieser Library ist für diverse andere Plattformen ebenfalls kostenlos verfügbar.

Die URL der DB-Library ist zur Zeit `http://www.sleepycat.com/`. Dort finden Sie die aktuellste Version der Library und die Dokumentation ihrer C-API.

`DB_File` verwendet die Version 1.85 der Berkeley DB-Library. Wenn Sie die Version 2 dieser Library installiert haben, sollte die Übersetzung von `DB_File` gelingen, wenn Sie die 1.85-Kompatibilität bei der Übersetzung der DB-Library eingeschaltet haben.

Das Modul `DB_File` kann auf konventionelle Art und Weise verwendet werden:

```
use DB_File;
tie %h, 'DB_File', $filename, O_CREAT | O_RDWR, 0666
    or die "can't tie to $filename: $!\n";
```

Es wird ein Default-Hashalgorithmus verwendet, der in den meisten Fällen ausreichend ist. Sie können aber auch einen abweichenden Algorithmus schreiben und von `DB_File` verwenden lassen.

Nützlich ist auch die `$DB_BTREE`-Bindung:

```
use DB_File;
tie %h, 'DB_File', $filename, O_CREAT | O_RDWR, 0666, $DB_BTREE
    or die "can't tie to $filename: $!\n";
```

In diesem Fall werden Schlüssel/Wert-Paare intern in einem sortierten ausgeglichenen Binärbaum gespeichert. Dadurch sind die Paare immer in der sortierten Reihenfolge ihrer Schlüssel erreichbar. Normalerweise werden die Schlüssel in lexikalischer Reihenfolge gespeichert. Es ist aber möglich, eine abweichende Vergleichsfunktion zu definieren und von DB_File einsetzen zu lassen.

Schließlich ist die $DB_RECNO-Bindung an flache Textdateien eine interessante Art und Weise, *Arrays* persistent zu machen:

```
use DB_File;
tie @a, 'DB_File', $filename, O_CREAT | O_RDWR, 0666, $DB_RECNO
    or die "can't tie to $filename: $!\n";
```

Mehr Informationen über die drei Bindungsarten finden Sie auf der Manual-Seite *man DB_File*.

Ein grundsätzliches Problem, nicht nur bei DB_File-Dateien, ist der Schutz vor konkurrierendem Zugriff. Wenn zwei oder mehr Prozesse gleichzeitig auf eine DBM-Datei zugreifen, kann diese Datei beschädigt werden. Darum sollten in einem solchen Fall Synchronisationsmechanismen eingesetzt werden. Ein nützliches Modul, das eine solche Synchronisation im Falle von DB_File-gebundenen Hashes realisiert, ist Tie::DB_Lock, das im CPAN gefunden werden kann. Dieses Modul sperrt eine zum Lesen gebundene DBM-Datei mit einer Lesesperre und eine zum Schreiben gebundene Datei mit einer Schreibsperre. Beachten Sie dabei die Sperrgranularität: Diese besteht bei diesem Modul aus der gesamten DBM-Datei! Eine Sperre wird erst bei untie() wieder aufgehoben.

Das BerkeleyDB-Modul

Die Berkeley DB-Library in der Version 2 verfügt über deutlich mehr Fähigkeiten als die 1.x-Versionen. Insbesondere verfügt sie über Transaktionsmechanismen und Checkpoints. Wenn Sie diese Eigenschaften einsetzen wollen, müssen Sie statt DB_File das Modul BerkeleyDB einsetzen, das Sie im CPAN finden.

Mehr Informationen zu diesem Modul finden Sie in *man BerkeleyDB*. Sie sollten mit dem Umgebungs-, Checkpoint- und Transaktionsmodell der Berkeley DB-Library, Version 2.x, vertraut sein. Informationen darüber finden Sie in der Dokumentation der C-API dieser Library. Die Version 2 der Berkeley DB-Library finden Sie wieder auf BSD-Unix-Derivate, auf Linux und im Quellcode inklusive C-API-Dokumentation bei http://www.sleepycat.com/.

Der konkurrierende Zugriff auf BerkeleyDB-Dateien ist genauso problematisch wie im Falle von DB_File-Dateien. Allerdings verfügt BerkeleyDB durch die Berkeley DB-Library-Version 2.x über Sperr- und Transaktionsmechanismen, die in diesem Fall den Zugriff mehrerer Prozesse auf die physische Datei serialisieren. Mehr Informationen darüber sind ebenfalls in *man BerkeleyDB* und in der Dokumentation der C-API der Berkeley DB-Library zu finden.

Sortiert oder nicht?

Die Entscheidung, ob man Schlüssel/Wert-Paare besser sortiert oder unsortiert abspeichert, ist nicht immer ganz einfach. Wenn Sie Daten fast nur in sortierter Form benötigen, sollten Sie vielleicht den Overhead des sortierten Speicherns und des Löschens mit entsprechender Wiederherstellung der Heap- bzw. AVL-Eigenschaft des Baumes in Kauf nehmen. Dieser Overhead entsteht aber transparent für Sie bei jedem Einfüge- oder Löschzugriff einer solchen sortierten persistenten Struktur. Daher müssen Sie selbst entscheiden, ob Sie dieses Feature auch wirklich benötigen.

Persistente Speicherung in sortierter Reihenfolge wird unter anderem mit Hilfe der $DB_BTREE-Bindungsart der Module DB_File und BerkeleyDB erreicht. Sie können auch einen Blick auf die Basisklasse Tie::LLHash werfen, die eine sortierte Speicherung von Hashes ermöglicht. Dieses Modul finden Sie natürlich im CPAN.

Wenn Sie selbst Binär-, AVL-, B^*-, Rot-Schwarz-Bäume oder Tries zur Speicherung in sortierter Reihenfolge implementieren wollen, können Sie sich die Mühe der Neukodierung dieser klassischen Algorithmen ersparen, da es im CPAN unter anderem folgende Module gibt, die diese Algorithmen bereits implementieren: Tree::Fat, Tree::MultiNode, Tree::RedBlack und Tree::Trie. Mehr Informationen über die zugrundeliegenden Algorithmen finden Sie in Werken, die *Algorithmen und Datenstrukturen* zum Inhalt haben, beispielsweise in [3, 73, 47].

18.4 Persistenz komplexer Datenstrukturen

18.4.1 Das Problem

Ein großes Problem bei der persistenten Speicherung entsteht, wenn Sie versuchen, Datenstrukturen mit Zeigern zu speichern und später wieder einzulesen. Diese Zeiger haben nämlich nur für den gerade laufenden Prozeß eine spezielle Bedeutung. Startet der Prozeß mit demselben Programm neu oder gar mit einem anderen Programm, werden die Zeiger nun alle „ins Leere" oder auf falsche Stellen verweisen. Daher ist die direkte Speicherung von Zeigern absolut sinnlos.

18.4.2 Stringifizierung

Eine mögliche Lösung besteht darin, alle komplexen Datenstrukturen in Stringform zu speichern. Dieses als *Stringifizierung* bekannte Verfahren ist nicht so einfach, wie es zunächst den Anschein hat. Sind die Strukturen *zyklenfrei*, läßt sich ein Algorithmus in Stringform angeben, der, wenn er ausgeführt wird, die Datenstruktur wieder neu aufbaut. Schauen wir uns einfach ein Beispiel an:

```
stringify-destringify.pl
#!/usr/local/bin/perl -w
# stringify-destringify.pl -- Persistenz von Datenstrukturen durch
#                             manuelle Stringifizierung.
```

```perl
# Wir wollen die folgende Struktur stringifizieren:
$f = [ { I => 1, II => 2, III => 3},
       qw(this is a test),
       { one => 1, two => 2, three => 3},
       [ qw(hello brave new world) ]
     ];

$str = stringify($f);
print $str, "\n";

destringify($str, "output");           # Erzeugt $output
use Data::Dumper;
use vars qw($output);
print Dumper( $output );

sub stringify {
    my $f = shift;

    if (!ref($f)) { return "$f"; }     # Keine Zeiger: Einfach!
    if (ref($f) eq 'ARRAY') {
        return "[" . join(',', map { stringify($_) } @{ $f }) . "]\n";
    }
    if (ref($f) eq 'HASH') {
        return "{" . join(',', map {
                        "@{[stringify($_)]} => @{[stringify($f->{$_})]}"
                        }
                        keys %{ $f }) . "}\n";
    }
    # Nicht beruecksichtigt: REF, SCALAR, CODE, GLOB, LVALUE
    # mit bless() erzeugte Objekten,
    # Quotes in Werten.
    return $f;
}

sub destringify {
    my $str     = shift;
    my $outname = shift;
    eval "$$outname = $str";
}
```
────────────────────────────────────── stringify-destringify.pl

Die Ausführung ergibt:

```
[{'I' => '1','III' => '3','II' => '2'}
,'this','is','a','test',{'one' => '1','three' => '3','two' => '2'}
,['hello','brave','new','world']
]

$VAR1 = [
          {
            'I' => 1,
            'III' => 3,
```

```
          'II' => 2
        },
        'this',
        'is',
        'a',
        'test',
        {
          'one' => 1,
          'three' => 3,
          'two' => 2
        },
        [
          'hello',
          'brave',
          'new',
          'world'
        ]
      ];
```

Das Interessanteste hier ist die Stringifizierungsfunktion. Sie ist naturgemäß rekursiv aufgebaut und stellt nacheinander *Perl-Code* zusammen, der neue Datenstrukturen ähnlicher Form erzeugt, wenn er in der Destringifizierungsfunktion mit `eval()` ausgewertet wird.

Der hier erzeugte Perl-Code ist bei weitem nicht perfekt. Viele Sonderfälle sind gar nicht erst berücksichtigt worden. Das können Sie als Übungsaufgabe selbst ausprobieren. Sie können aber auch direkt eines der nachfolgend vorgestellten Module verwenden.

Sobald nun ihre Datenstrukturen stringifiziert worden sind, können sie wie gewöhnliche Strings in einer Datei gespeichert werden. Umgekehrt kann eine stringifizierte Datenstruktur wieder wie gewohnt von einer Datei geladen und durch Destringifizierung wieder zu einer komplexen Datenstruktur aufgebaut werden.

Sie erkennen sicherlich, daß stringifizierte Datenstrukturen auch problemlos als Werte in Hashes eingesetzt werden können, die an DBM-Dateien gebunden sind — vorausgesetzt, die Stringifizierungs- und Destringifizierungsfunktionen sind flexibel genug, um alle wichtigen Fälle, insbesondere zyklische Strukturen, zu berücksichtigen.

18.4.3 Das `FreezeThaw`-Modul

Das `FreezeThaw`-Modul ist eine reine Perl-Implementierung von Stringifizierungs- und Destringifizierungsfunktionen. Mit Hilfe der Funktion `freeze()` können komplexe — *auch zirkuläre* — Datenstrukturen in Strings „eingefroren", d.h. stringifiziert werden. Die umgekehrte Funktion `thaw()` „taut" diese Strings durch Destringifizierung in äquivalente komplexe Strukturen wieder „auf".

Beachten Sie bitte, daß `CODE`- und `GLOB`-Referenzen *nicht* richtig berücksichtigt werden! Wenn Sie jedoch sicher sind, daß der String im selben Prozeß wieder destringifiziert werden soll, können Sie statt `freeze()` die Funktion `safeFreeze()` verwenden. In diesem

Fall werden CODE- und GLOB-Referenzen wieder richtig erzeugt, vorausgesetzt, thaw() wurde im selben Prozeß wieder aufgerufen. Ein Beispiel:

```perl
freeze-thaw-freeze.pl
#!/usr/local/bin/perl -w
# freeze-thaw-freeze.pl -- Stringifiziert mittels freeze()

use FreezeThaw qw(freeze);              # CPAN-Modul

# Eine komplexe, zirkulaere Datenstruktur.
$f = { Cite    => [ qw(a circular list) ],
       Roman   => { I => 1, II => 2, III => 3 },
       Element => 'a rose is' };
$f->{'Next'} = \$f;     # a rose is a rose is a rose is a ...

$str = freeze($f);
print $str, "\n";
                                                       freeze-thaw-freeze.pl
```

Die Ausführung ergibt:

```
farid@sun-1:~/p> ./freeze-thaw-freeze.pl
FrT;!0|%0|%8|$4|Cite$7|Element$4|Next$5|Roman@3|$1|a$8|circular$4|\
list$9|a rose is\<0|%6|$1|I$2|II$3|III$1|1$1|2$1|3@1|<0|
```

Die Dekodierung verläuft analog:

```perl
freeze-thaw-thaw.pl
#!/usr/local/bin/perl -w
# freeze-thaw-thaw.pl -- Destringifiziert mittels thaw()

use FreezeThaw qw(thaw);                # CPAN-Modul

chomp($str = <STDIN>);
($f) = thaw($str);         # Wichtig! Listenkontext von thaw()

use Data::Dumper;
print Dumper($f);
                                                       freeze-thaw-thaw.pl
```

Die Ausführung mit der vorigen Ausgabe ergibt:

```
farid@sun-1:~/p> ./freeze-thaw-freeze.pl | ./freeze-thaw-thaw.pl
$VAR1 = {
          'Cite' => [
                      'a',
                      'circular',
                      'list'
                    ],
          'Roman' => {
                       'I' => 1,
                       'III' => 3,
```

```
                     'II' => 2
                 },
          'Element' => 'a rose is',
          'Next' => \$VAR1
        };
```

Beachten Sie hierbei, wie die zirkuläre Referenz `Next` richtig wiederhergestellt wurde!

Das Modul `FreezeThaw` kann auch Objekte geeignet stringifizieren. Dazu ruft es die Methoden `Freeze()` und `Thaw()` der jeweiligen Objekte auf und fordert die Objektinstanzen auf, sich selbst einzufrieren oder aufzutauen. Haben Sie keine `Freeze()`- und `Thaw()`-Methoden hinzugefügt, versucht `FreezeThaw` selbständig, die Objektinstanzen zu stringifizieren und zu destringifizieren. Hierbei werden dann die *Inhalte* der Objektinstanzen innerhalb des Packages wieder hergestellt. Wenn Sie Objekte mit `FreezeThaw` stringifizieren oder destringifizieren wollen, sollten Sie unbedingt die entsprechenden Hinweise in *man FreezeThaw* nachlesen.

18.4.4 Das `Data::Dumper`-Modul

Sie haben im vorigen Abschnitt gesehen, wie `FreezeThaw` komplexe Datenstrukturen in kompakte Stringdarstellungen überführt. Eine Dekodierung mußte jedoch mit `thaw()` durchgeführt werden. Eine solche kompakte Darstellung ist speicherplatzeffizient, was ja für eine permanente Speicherung durchaus sinnvoll ist. Leider ist diese Darstellung für Menschen nicht leicht lesbar.

Im Gegensatz zu `FreezeThaw` erzeugt das Standardmodul `Data::Dumper` gut formatierten Perl-Code, der die ursprüngliche komplexe Datenstruktur wiederherstellt, wenn er mit `eval()` ausgewertet wird.

`Data::Dumper` kann daher nicht nur als *pretty printer* eingesetzt werden, sondern auch gleich zur Stringifizierung und Destringifizierung komplexer Datenstrukturen dienen.

Die einfachste Verwendung von `Data::Dumper` haben wir bereits kennengelernt:

```
use Data::Dumper;
($hello, $world) = ([ 'hi' ], [ 'all' ]);
print Dumper ( $hello, $world );
```

Die Ausführung ergibt:

```
$VAR1 = [
          'hi'
        ];
$VAR2 = [
          'all'
        ];
```

Das Ergebnis wurde jedoch an automatisch erzeugte Variablennamen `$VAR1`, `$VAR2` usw. zugewiesen. Wenn Sie statt dessen selbst Namen vergeben wollen, können Sie die `Dump()`-Methode anwenden:

```perl
use Data::Dumper;
($hello, $world) = ([ 'hi' ], [ 'all' ]);
print Data::Dumper->Dump([$hello, $world], [qw(he wo)]);
```

Dies ergibt nun:

```
$he = [
      'hi'
    ];
$wo = [
      'all'
    ];
```

Bei zirkulären Referenzen müssen Sie zusätzlich eine Kontrollvariable Purity auf 1 setzen, damit die eingebauten Selbstreferenzen auch wirklich richtig initialisiert werden:

data-dumper-purity.pl
```perl
#!/usr/local/bin/perl -w
# data-dumper-purity.pl -- Zirkulaere Referenzen mit Data::Dumper
#                  Aufruf ohne Argumente: Keine Purity => falsch!
#                  Aufruf mit Argumenten: Mit Purity   => richtig!

use Data::Dumper;                                    # Standardmodul

# Eine komplexe, zirkulaere Datenstruktur
$f = { Cite    => [ qw(a circular list) ],
       Element => 'a rose is' };
$f->{'Next'} = \$f;         # a rose is a rose is a rose is a ...

{
    # Stringifizieren, mit oder ohne Purity:
    local $Data::Dumper::Purity = 1 if defined $ARGV[0];
    $str = Data::Dumper->Dump([$f], [qw($new_f)]);
    print "String:\n", "$str\n";
}
```
data-dumper-purity.pl

Die Ausführung ohne Purity ergibt:

```
farid@sun-1:~/p> ./data-dumper-purity.pl
String:
$new_f = {
          'Cite' => [
                     'a',
                     'circular',
                     'list'
                   ],
          'Element' => 'a rose is',
          'Next' => \$new_f
        };
```

Das Problem hierbei ist, daß Next mit einem Wert zugewiesen wird, der noch nicht richtig initialisiert wurde. Mit Purity wird hingegen Code hinzugefügt, der diesen Wert auch garantiert richtig initialisiert:

```
farid@sun-1:~/p> ./data-dumper-purity.pl 1
String:
$new_f = {
            'Cite' => [
                        'a',
                        'circular',
                        'list'
                      ],
            'Element' => 'a rose is',
            'Next' => \{}
         };
${$new_f->{'Next'}} = $new_f;
```

Beachten Sie hierbei die letzten Zeilen mit Next.

Dieser String ist natürlich direkt durch den Aufruf von eval() destringifizierbar:

```
eval $str;
print ${ $new_f->{'Next'} }->{'Cite'}->[1];    # zirkulaer
```

Das Modul Data::Dumper hat auch eine objektorientierte Schnittstelle. Mehr Informationen finden Sie natürlich auf der Manual-Seite *man Data::Dumper*.

18.4.5 Das Storable-Modul

Das Storable-Modul ist vielleicht das zur Zeit wichtigste Modul zur Stringifizierung und Destringifizierung von komplexen Datenstrukturen. Dieses Modul wird nicht nur isoliert benutzt, sondern auch von anderen Modulen. Ein typisches Beispiel ist der Einsatz von Storable zur Implementierung der RPC in den RPC::*-Modulen.

Der größte Teil von Storable ist in C geschrieben. Dadurch ist es viel schneller als z.B. das in reinem Perl implementierte FreezeThaw-Modul. Die Verwendung ist jedoch ähnlich.

Die gespeicherten Datenstrukturen können durchaus komplex sein. Insbesondere dürfen sie auch zirkuläre Referenzen enthalten. Genau wie bei FreezeThaw werden CODE- und GLOB-Referenzen *nicht* unterstützt.

Storable kann komplexe Datenstrukturen mit Hilfe der Funktion store() direkt in eine Datei speichern und mit retrieve() wieder zurückholen:

```
use Storable qw(store retrieve);    # CPAN-Modul
store \%table, 'filename';
$hashref = retrieve('filename');
```

Wenn Sie diese Dateien auch auf anderen Plattformen einsetzen, sollten Sie statt store() die Funktion nstore() benutzen. Diese Funktion speichert die stringifizierte

Struktur in *Network-Byte-Order*, wodurch diese sowohl von *Little-Endian*-Prozessoren wie Intel als auch von *Big-Endian*-Prozessoren wie Mips, Motorola, SPARC etc. richtig interpretiert wird:

```
use Storable qw(nstore retrieve);
nstore \%table, 'filename';   # Network-Byte-Order
$hashref = retrieve('filename');
```

Da Storable innerhalb der erzeugten Strings ein Flag setzt, das anzeigt, ob die Daten in *Network-Byte-Order* gespeichert sind, kann retrieve() den Typ richtig erkennen; es gibt keine nretrieve()-Funktion!

Die Datei können Sie auch statt durch ihren Namen über ihr zum Lesen oder Schreiben geöffnetes Filehandle angeben:

```
use Storable qw(store_fd nstore_fd retrieve_fd);
nstore_fd(\%table, \*FH) || die "can't store!\n";
$hashref = retrieve_fd(\*STDIN);
```

Das Filehandle kann auch ein IO::Handle-Objekt sein, also insbesondere auch ein IO::File- oder sogar ein IO::Socket-Objekt! Wenn Sie Sockets benutzen, können Sie stringifizierte Strukturen direkt zu einem anderen Rechner übertragen. Hier empfiehlt es sich wirklich, nstore_fd() statt store_fd() einzusetzen, damit Sie zwischen verschiedenen Plattformen (z.B. zwischen Intel-PCs und Sun-SPARC-Worstations) Daten austauschen können:

```
nstore_fd( \%mystruct, $socket ) || die "can't send!\n";
```

Wenn Sie mehrere Strukturen in einer einzigen Datei speichern wollen, sollten Sie, anstatt mehrere aufeinanderfolgende nstore()- oder retrieve()-Operationen auszuführen, lieber alle diese Strukturen in einem anonymen Hash zusammenfassen und diese dann speichern:

```
$allstructs = [ \%struct1, \%struct2, \%struct3 ];
store $allstructs, 'outfile';
$allcopy = retrieve('outfile');
```

Der Vorteil dieser Methode ist auch, daß dadurch Referenzen zwischen den einzelnen Strukturen ebenfalls erhalten bleiben. Ein konkretes Beispiel:

```
storable-many.pl
#!/usr/local/bin/perl -w
# storable-many.pl -- Mehrere Datenstrukturen mit Storable speichern.

use Storable qw(nstore retrieve);

# Wir deklarieren Datenstrukturen mit Abhaengigkeiten zwischen ihnen.
%address = ( Street => 'Elm street',  Zip => 90210 );
%freddy  = ( Name   => 'Krueger', Address => \%address );

nstore [ \%address, \%freddy ], '/tmp/nightmare' or die "Bang!\n";
```

```
    $copycat = retrieve('/tmp/nightmare')      or die "Bing!\n";
    print $copycat->[1]->{'Address'}->{'Street'}, "\n";   # Elm street
```
                                                                    storable-many.pl

Die Ausführung ergibt erwartungsgemäß:

```
farid@sun-1:~/p> ./storable-many.pl
Elm street
```

Hätten wir beide Strukturen durch getrennte Aufrufe von `nstore_fd()` in einer Datei gespeichert und später durch getrennte Aufrufe von `retrieve_fd()` wieder eingespielt, wäre die Verbindung zwischen ihnen (`Address`) verlorengegangen:

```
# FALSCH! Das rekonstruiert die Struktur nicht richtig!
nstore_fd \%address, \*FH;
nstore_fd \%freddy, \*FH;

# FALSCH! Das stellt die Verbindung zwischen den beiden
# Strukturen nicht wieder her!
$ptr_address = retrieve_fd \*IFH;
$ptr_freddy  = retrieve_fd \*IFH;
```

Oft möchten Sie auch komplexe Strukturen stringifizieren, aber nicht sofort speichern. In diesem Fall rufen Sie die Funktionen `freeze()` und `thaw()` von `Storable` auf. Diese entsprechen den Funktionen gleichen Namens von `FreezeThaw`, mit dem Unterschied, daß sie nur ein Argument akzeptieren:

```
$serialized = freeze \%table;
%table_clone = %{ thaw($serialized) };
```

Interessant an diesen Funktionen ist, daß `freeze()` mit anschließendem `thaw()` eine tiefe rekursive Kopie der entsprechenden Datenstruktur anlegt. Die ursprüngliche Struktur und die neu erzeugte Struktur haben dann keine Zeiger mehr, die auf gemeinsame Bereiche verweisen könnten. Es ist also eine *deep copy* erfolgt, im Gegensatz zu einer oberflächlichen *shallow copy* einer normalen Zuweisung. In Abschnitt 13.7.8 auf Seite 553 haben wir dies schon betrachtet.

Tatsächlich stellt `Storable` die Funktion `dclone()` bereit, die genau dies erreicht, ohne dabei den Umweg über eine skalare Variable zu gehen:

```
$cloneref = dclone($ref);
```

18.4.6 Multilayer-Hashes mit MLDBM

Zur persistenten Speicherung von Hashes kennen Sie bisher zwei unterschiedliche Methoden:

- Sie binden den Hash mit `tie()` an `DB_File` oder eine andere persistente *TIEHASH*-Klasse. In diesem Fall ist jede Änderung an dem Hash sofort auch persistent gespeichert. Ein Nachteil hierbei ist, daß Sie komplexe Datenstrukturen als Werte des Hashes nicht direkt wieder rekonstruieren können.

- Sollen Hashes als Werte komplexe Datenstrukturen aufnehmen, können Sie diese Hashes im Hauptspeicher manipulieren. Wenn Sie mit den Änderungen fertig sind, speichern Sie diese mittels `FreezeThaw`, `Data::Dumper` oder `Storable` in eine Datei. Umgekehrt lesen Sie den Hash aus der Datei in den Hauptspeicher, indem Sie die entsprechenden Destringifizierungsfunktionen der obengenannten Serialisierungsmodule aufrufen.

Der Nachteil der ersten Methode ist das Fehlen einer Serialisierung bei der sofortigen Speicherung nach jedem Zugriff. Bei der zweiten Methode ist hingegen die getrennte Serialisierung vor und nach der Verwendung des Hashs ebenfalls nicht besonders schön.

Das Modul `MLDBM` kombiniert die Vorteile des *TIEHASH*-Mechanismus mit denen des Stringifizierungsmechanismus in einer einzigen erweiterten *TIEHASH*-Klasse. Hashes, die mittels `tie()` an dieser MLDBM-Klasse gebunden sind, haben die Eigenart, daß zu normalen Schlüsseln gehörige Werte durchaus komplexe, auch zirkuläre Datenstrukturen sein können.

Die Kombination von `SDBM_File`, `DB_File` oder `BerkeleyDB` mit `Data::Dumper`, `Storable` oder `FreezeThaw` würde somit leicht persistente MLDBM-Hashes ergeben, die auch problemlos komplexe Datenstrukturen enthalten können.

Das CPAN-Modul MLDBM wird z.B. wie folgt eingesetzt:

```
# Waehlen Sie eine bestimmte Kombination aus:
use MLDBM;                              # SDBM_File, Data::Dumper
use MLDBM qw(SDBM_File FreezeThaw);     # SDBM_File, FreezeThaw
use MLDBM qw(SDBM_File Storable);       # SDBM_File, Storable

use MLDBM qw(DB_File Data::Dumper);     # DB_File, Data::Dumper
use MLDBM qw(DB_File FreezeThaw);       # DB_File, FreezeThaw
use MLDBM qw(DB_File Storable);         # DB_File, Storable: Gut!!

use MLDBM qw(BerkeleyDB Storable);      # BerkeleyDB und Storable

# Das Binden geschieht wie gewohnt, z.B:
tie %h, 'MLDBM', 'x-file', O_CREAT | O_RDRW, 0666
    or die "can't tie to DB_File x-file: $!\n";

# Und schon koennen wir komplexe Strukturen anlegen:
$h{'Address'} = { Street => 'Elm street', Zip => 90210 };
$h{'Freddy'}  = { Name => 'Krueger', Address => $h{'Address'} };
```

Da MLDBM jede beliebige *TIEHASH*-Klasse akzeptiert, kann z.B. auch `Tie::DBI` für die persistente Speicherung komplexer Strukturen in Datenbanktabellen (siehe Abschnitt 18.8.2 auf Seite 1006) eingesetzt werden!

18.5 Relationale Datenbanksysteme

18.5.1 Was ist eine relationale Datenbank?

Bevor wir den Begriff *relationale* Datenbank definieren, sollten wir erst mit dem allgemeineren Begriff *Datenbank* anfangen. Eine mögliche Definition lautet:

> Eine Datenbank ist eine integrierte Ansammlung von Daten, die allen Benutzern eines Anwendungsbereiches als gemeinsame Basis aktueller Information dient [68].

Die wichtigsten Wesensmerkmale einer Datenbank sind in dieser Definition enthalten. *Integriert* ist die Ansammlung der Daten, weil sie Aspekte der realen Welt in einem größeren Kontext modelliert und einfängt, als dies durch vereinzelte, voneinander isolierte Datenbestände der Fall gewesen wäre. Dadurch ist es möglich, Beziehungen zwischen allen möglichen Bereichen der modellierten Welt herzustellen oder zu ermitteln. Ein eindrucksvolles Beispiel für die Mächtigkeit dieses Konzepts ist das SAP R/3-System. Es handelt sich dabei um eine integrierte Sammlung von Verwaltungsdaten eines Unternehmens, die so diverse Aspekte wie Finanzbuchhaltung, Materialwirtschaft oder Personalmanagement, um nur einige zu nennen, unter einem Dach zusammenfügt.

Eine Datenbank ist ferner eine *gemeinsame Basis*, weil sie von allen Benutzern gleichzeitig, oft auch parallel, verwendet wird. Die Änderungen des einen Benutzers werden sofort für alle anderen Benutzer sichtbar. Dies steht im Gegensatz zu Systemen, bei denen Daten lokal gepflegt und nur gelegentlich in den Hauptdatenbestand wieder eingemischt werden. Die Vorteile der gemeinsamen Basis sind natürlich nicht zu übersehen.

Eine *relationale* Datenbank ist eine Sammlung von Tabellen. Jede dieser Tabellen kann eine Vielzahl von Zeilen enthalten, die man *Datensätze* nennt. Diese Datensätze wiederum können aus einer bestimmten Menge von Spalten bestehen, die auch *Felder* heißen. Diese Felder haben eine anwendungsspezifische Bedeutung.

Jedes Feld einer Tabelle hat einen bestimmten Datentyp. Einfache Datentypen sind Strings, das Datum oder Zahlen. Dazu kommen oft auch untypisierte Felder wie beispielsweise BLOBs für sehr große Binärdaten. Einige Felder können auch eine spezielle Bedeutung haben. Prominentestes Beispiel sind hier natürlich *Schlüssel*. Ein Datensatz läßt sich allein durch den Wert seines oder seiner Schlüsselfelder eindeutig aus der Menge aller Datensätze einer Tabelle herausfischen. Indem man einen *Index* über die Schlüssel anlegt, läßt sich der schlüsselbasierte Zugriff auf Datensätze erheblich beschleunigen. Ein Index ist eine interne persistente Datenstruktur, die immer auf die richtigen Daten verweist und von der indizierten Entität abhängig ist. Nichts hindert Sie daran, mehr Indizes für eine Tabelle anzulegen und automatisch pflegen zu lassen. Wichtig ist hierbei nur, daß die zu indizierenden Felder die *UNIQUE*-Eigenschaft haben. Andere Felder können *DEFAULT*-Werte für das Einfügen haben, andere wiederum dürfen nicht leer (*NOT NULL*) sein usw.

Ein konkretes Beispiel ist eine Datenbank zur Verwaltung von Personaldaten einer Firma. Eine solche Datenbank besteht in der Regel aus mehreren Tabellen. Eine der Tabellen besteht beispielsweise aus Personalstammdaten, eine andere enthält die Zuordnung von Mitarbeitern zu einzelnen Abteilungen oder Projekten usw. Die Tabelle mit den Stammdaten definiert dann pro Datensatz bestimmte Felder: Name, Vorname, Anschrift, Telefonnummer, Personalnummer etc. Jeder Datensatz repräsentiert dann einen Mitarbeiter oder eine Mitarbeiterin eindeutig.

Die Definition der einzelnen Tabellen und die Beziehungen dieser Tabellen untereinander wird *Datenbankschema* genannt. Ein solches Schema zu entwerfen erfordert eine gewisse Erfahrung und auch formale Methoden, sobald die Struktur der Daten unübersichtlich wird. Ein solches formales Vorgehen, *Normalisierung* genannt, soll helfen, einige beliebte Designfehler, darunter die ärgerlichen *Anomalien*, zu vermeiden. Stellen Sie sich beispielsweise eine Datenbank mit einer Tabelle `Liefer` vor, die Informationen über Lieferanten und die von ihnen lieferbaren Artikel enthält:

```
Liefer(*Lieferant, *Artikel, Adresse, Preis)
```

Hierbei sei (`Lieferant`, `Artikel`) ein *primärer Schlüssel* dieser Tabelle. Das bedeutet, daß keine zwei oder mehr Datensätze in dieser Tabelle enthalten sein dürfen, die ein identisches Paar (`lieferant`, `Artikel`) enthalten:

```
Liefer('Atelco', 'i586-III', 'Duesseldorf', '600.00')
Liefer('Atelco', 'i586-III', 'Koeln', '620.00')   # FALSCH!
```

Wenn unsere Datenbank nur diese Tabelle enthält, können wir dort folgende Anomalien erkennen:

- *Einfügeanomalie:* Es ist unmöglich, einen neuen Lieferanten einzutragen, der z.Z. noch keine lieferbaren Artikel hat.
- *Löschanomalie:* Wenn ein Lieferant z.Z. keine Artikel liefert, können nicht einfach alle Datensätze aus der Tabelle gelöscht werden, denn dann würden wir auch die Adresse des Lieferanten und seinen Namen verlieren.
- *Änderungsanomalie:* Zieht ein Lieferant um, müssen sämtliche Datensätze angepaßt werden, die zu diesem Lieferanten passen.

Diese Anomalien können auch leicht zu Inkonsistenzen bei der Datenhaltung führen. Aus diesem Grunde bemüht man sich beim Design eines relationalen Datenbankschemas, eine möglichst korrekte Form einzuhalten. Damit ein Datenbankschema anomalienfrei wird, sollte es nacheinander in die folgenden aufeinander aufbauenden sogannten *Normalformen* (NF) transformiert werden:

- *Erste Normalform:* Jedes einzelne Feld besteht aus einem untrennbaren Wert. Beispielsweise müßte ein Adreßfeld in Straße, Postleitzahl und weitere Felder zerlegt werden, wenn jemals auf diese Teile der Adresse getrennt zugegriffen werden soll. Zerlegen wir also unsere `Adresse` in ihre atomaren Bestandteile:

```
Liefer(*Lieferant, *Artikel, AdStrasse, AdPLZ, AdTel, Preis)
```

- *Zweite Normalform:* Jedes Nicht-Schlüsselattribut ist voll funktional von jedem Schlüssel abhängig. Das bedeutet, daß eine Relation nicht in der 2NF ist, wenn eines der Attribute, die keine Schlüsselattribute sind, von einigen Schlüsseln nicht funktional, d.h. semantisch abhängig ist. In unserem Beispiel oben wäre die Adresse nur vom Schlüsselteil *Lieferant, nicht jedoch vom zusammengesetzten *Schlüssel* (*Lieferant, *Artikel) voll funktional abhängig. *Löschanomalien* entstehen gerade durch die Nichteinhaltung der zweiten Normalform. Unser Beispieldatenbankschema müßten wir daher wie folgt *zerlegen*:

```
Liefer(*Lieferant, AdStrasse, AdPLZ, AdTel)
Liefer-Art(*Lieferant, *Artikel, Preis)
```

Diese Zerlegung ist nun in der 2NF, da bei der Relation Liefer die Nicht-Schlüssellattribute AdStrasse, AdPLZ und AdTel voll funktional abhängig von dem einzig vorhandenen Schlüssel *Lieferant sind. In der Relation Liefer-Art hingegen ist das einzige Nicht-Schlüsselattribut Preis voll funktional abhängig von allen Teilen des Schlüssels zusammen, also sowohl von *Lieferant als auch von *Artikel.

- *Dritte Normalform:* Die 3NF ist verletzt, wenn es eine funktionale Abhängigkeit eines Nicht-Schlüssels von einem weiteren Nicht-Schlüsselattribut gibt. Die Nichteinhaltung der 3NF führt zu einer *Änderungsanomalie*. Ein Beispiel:

```
Liefer(*Lieferant, AdStrasse, AdPLZ, AdOrt, AdTel)
```

In diesem Fall ist die 3NF verletzt, weil AdOrt, ein Nicht-Schlüssel, funktional abhängig von AdPLZ ist, das ebenfalls ein Nicht-Schlüsselattribut ist. Sollte jemals eine neue Postleitzahlenreform auch nur einem einzigen Ort eine neue Postleitzahl zuweisen, müßte in Liefer jeder Eintrag mit diesem Ort angepaßt werden. Es liegt also eine Änderungsanomalie vor. Diese kann wieder einmal durch die Zerlegung in zwei Relationen behoben werden:

```
Liefer(*Lieferant, Strasse, Ort, Tel)
Ort-Plz(*Ort, *Plz)    # Beide Schluessel wg. grosser Orte
```

Nun hängt kein Nicht-Schlüssel von einem anderen Nicht-Schlüsselattribut mehr ab[2], und somit ist das neue Schema in der 3NF.

- *Boyce-Codd-Normalform:* Auch die dritte Normalform garantiert noch nicht, daß alle Anomalien verschwunden sind. Um auch diese restlichen Anomalien zu verhindern, sollte jede Relation zusätzlich in die *Boyce-Codd-Normalform* gebracht werden. Eine Relation ist in dieser Form, wenn für jede funktionale Abhängigkeit das abhängige Feld einen der Schlüssel der Relation enthält.

Wir brechen hier die Diskussion des Datenbankdesigns ab. Interessierte Leser mögen die entsprechende Fachliteratur konsultieren.

18.5.2 Relationale Datenbankserver

Ein relationaler Datenbankserver ist ein Programm, das mehrere relationale Datenbanken verwaltet. Ein solcher Server kann dabei von mehreren Personen gleichzeitig benutzt werden. Ob diese Personen auf demselben Rechner wie der Server arbeiten oder nicht, ist unerheblich.

---

[2] Wenn wir davon ausgehen, daß Strasse und Ort in Liefer semantisch unabhängig voneinander sind. Wir nehmen an, daß wir ein Straßenverzeichnis pro Ort haben, das zur Überprüfung einer Adresse eingesetzt werden kann.

Datenbankserver realisieren Datenbanktabellen mit Hilfe von Dateien. Aus Effizienzgründen werden hierfür häufig ISAM-Dateien eingesetzt. Im Gegensatz zu nackten DBM-Dateien können Datenbankserver auch Tabellen mit mehrere Spalten verwalten, wobei mehrere Spalten als Schlüsselfelder dienen können.

Clients kommunizieren mit Datenbankservern in einer genormten Sprache, der *Structured Query Language* (SQL). Diese Sprache ermöglicht es, Tabellen anzulegen, zu füllen, Datensätze zu aktualisieren, aber auch zu löschen und komplexe Abfragen zu stellen. Wir werden in Abschnitt 18.5.3 die wichtigsten Elemente von SQL zusammenfassen.

Datenbankserver haben den großen Vorteil, daß sie die Zugriffe einer Vielzahl von Anwendern auf gemeinsame Datenbestände serialisieren können. Das bedeutet, daß die Clients sich nicht mehr mühsam gegenseitig durch Semaphore und dergleichen synchronisieren müssen. Der Datenbankserver ist letztendlich allein für die Pflege der Dateien verantwortlich. Mehrere parallele Anforderungen werden im Server selbst so durchgeführt, daß zumindest Schreib- oder Änderungsoperationen als solche atomar ablaufen.

Jeder Datenbankserver implementiert auch eine Zugangskontrolle. User müssen sich beim Server mit ihrem Name und Paßwort identifizieren. Aufgrund ihrer Identität dürfen sie dann auf bestimmte Felder einiger Tabellen einer bestimmten Menge von Datenbanken lesend, schreibend, ändernd etc. zugreifen. Diese Zugangskontrolle wird von Datenbankservern anhand einer Zugriffsrechtetabelle oder -datenbank implementiert.

Einige Datenbankserver implementieren auch Transaktionen. Diese werden in Abschnitt 18.5.4 ab Seite 954 vorgestellt. Dazu werden Operationen wie *Rollback* mit Hilfe von Transaktionslogs implementiert.

18.5.3 Ein SQL-Crashkurs

Die vier Grundoperationen

Die wichtigsten Operationen im täglichen Betrieb einer Datenbank sind SELECT, INSERT, UPDATE und DELETE. Wir werden die jeweils einfachste Form dieser Befehle im folgenden kurz vorstellen. Die vollständige Form ist in der SQL-Spezifikation angegeben. Diese finden Sie unter anderem in der Onlinedokumentation Ihres Datenbankservers.

- Abfrage mit SELECT:

    - Spaltenauswahl

        Wir wollen zunächst eine einzelne Tabelle abfragen. Bei einer solchen Abfrage müssen Sie stets entscheiden, welche Spalten ausgegeben werden sollen. Nicht immer werden alle Spalten benötigt, besonders dann nicht, wenn Tabellen viele Spalten aufweisen. Nachdem Sie sich über die gewünschten Spalten im klaren sind, sollten Sie die Zeilen, also die einzelnen Datensätze anhand einer Filterfunktion selektieren. Beispiele:

        ```
        SELECT name, vorname, telnr
            FROM personal
            WHERE name = 'mueller'
        ```

18.5 Relationale Datenbanksysteme

Hier werden aus der Tabelle `personal` die Spalten `name`, `vorname` und `telnr` ausgewählt. Als Zeilen werden die Datensätze ausgewählt, die im Feld `name` den Wert `mueller` enthalten.

Sie können auch alle Spalten abhängig von einer Bedingung wählen:

```
SELECT * FROM personal WHERE name = 'mueller'
```

- Tabellen mit Joins verknüpfen:

Interessant bei Abfragen ist die Fähigkeit, mehrere Tabellen zu verknüpfen:

```
SELECT p.name, o.ort
    FROM personal p, orte o
    WHERE p.plz = o.plz
        AND
        p.vorname = 'michael'
```

Hier wird angenommen, daß die Tabellen mindestens folgende Struktur haben:

```
personal(name, vorname, plz)
orte(plz, ort)
```

Es wird also eine Verbindung zwischen den Tabellen `personal` und `orte` über das Feld `plz` hergestellt. Eine solche Verbindung wird *Join* genannt. Haben Sie bemerkt, daß wir hier von mehreren Tabellen Spalten hinzugezogen haben? Einige Feldnamen können dabei in den beteiligten Tabellen mehrfach vorkommen. In diesem Fall müssen sie durch Voranstellen des Tabellennamens oder einer Abkürzung eindeutig gemacht werden.

- Datensätze sortieren:

Eine Ausgabemenge kann nach bestimmten Feldern sortiert werden:

```
SELECT ort, plz
    FROM orte
    WHERE plz >= 50000 AND plz < 60000
    ORDER BY ort DESC, plz
```

Dieses Beispiel sortiert die Ausgabe nach Orten, aber absteigend. Bei gleichen Ortnamen wird aufsteigend nach der Postleitzahl sortiert.

- Gruppierung und Funktionen:

Einige Funktionen können ohne Gruppierung verwendet werden:

```
SELECT COUNT(*) FROM mytable WHERE myfield = '42';
```

Hier wird die Zahl der Datensätze aus `mytable` ermittelt, die im Feld `myfield` den Wert 42 haben.

Die Gruppierung faßt mehrere Datensätze nach gewissen Kriterien zusammen und wendet darauf eine bestimmte Funktion an. Mit folgendem SQL-Befehl können wir die Summe aller eingenommenen Landessteuern pro Ort berechnen:

```
SELECT ort, SUM(steuer)
    FROM landessteuer
    GROUP by ort
    ORDER by plz
```

Eine Zusammenfassung gültiger Funktionen finden Sie in der SQL-Dokumentation Ihres SQL-Datenbankservers.

- Einfügen neuer Datensätze mit INSERT:

Neue Datensätze werden mit Hilfe des INSERT-Befehls wie folgt in eine Tabelle eingefügt:

```
INSERT customer
       (name, vorname, telnr)
       VALUES
       ('mueller', 'nadia', '0111-213142')
```

In diesem Fall wird in der Tabelle customer ein neuer Datensatz eingefügt. Eine solche Einfügeoperation kann aber auch scheitern, wenn z.B. eine UNIQUE-Eigenschaft, wie sie etwa durch *primary keys* gegeben ist, verletzt ist. Nicht alle Felder einer Tabelle müssen angegeben werden. Im vorliegenden Beispiel wurden nur drei explizit benannte Felder angegeben. Sind noch mehr Felder in der Tabelle enthalten, bekommen Sie Defaultwerte, die bei der Erzeugung der Tabelle spezifiziert wurden.

Wenn Sie alle Felder explizit angeben, können Sie auf die Auflistung der Feldnamen verzichten:

```
INSERT customer
       VALUES ('mueller', 'nadia', '0111-213142', '2321')
```

Eine interessante Variante des INSERT-Befehls ist der REPLACE-Befehl. Dieser wird genauso wie INSERT aufgerufen. Datensätze mit bisher unbekannten Kombinationen von Schlüsseln werden wie bei INSERT eingefügt. Existiert bereits die Schlüsselkombination, wird, anders als bei INSERT, der Datensatz neu angepaßt.

- Änderung von Datensätzen mit UPDATE:

Mit dem UPDATE-Befehl können Datensätze geändert werden:

```
UPDATE customer
       SET telnr  = '0111-111222',
           konto  = '9999'
       WHERE name = 'mueller' AND vorname = 'nadia'
```

In diesem Beispiel wurden in der Tabelle customer alle Datensätze geändert, die der WHERE-Bedingung entsprachen. Geändert wurde dort der Inhalt der Felder telnr und konto mit den entsprechenden neuen Werten.

Achtung! *Seien Sie bei der UPDATE-Operation besonders sorgfältig! Wenn Sie die WHERE-Bedingung vergessen, werden* alle *Datensätze der Tabelle aktualisiert. Das ist vielleicht nicht das, was Sie vorhatten.*

Die UPDATE-Operation fügt keine neuen Datensätze in eine Tabelle ein. Der oder die zu ändernden Datensätze müssen schon in der Tabelle vorhanden sein. Wenn Sie eine Kombination aus INSERT und UPDATE brauchen, könnten Sie REPLACE einsetzen!

- Löschen von Datensätzen mit DELETE:

18.5 Relationale Datenbanksysteme

Existierende Datensätze können mit Hilfe von DELETE aus einer Tabelle gelöscht werden. Die Syntax dazu ist sehr einfach:

```
DELETE FROM customer
     WHERE konto > '2000'
```

In diesem Beispiel wurden aus der customer Tabelle alle Einträge gelöscht, die im Feld konto einen Wert größer 2000 haben.

> **Achtung!** *Seien Sie auch hier besonders sorgfältig bei der Angabe der WHERE-Bedingung! Fehlt diese, werden alle Datensätze der Tabelle gelöscht. Das ist vielleicht nicht das, was Sie vorhatten.*

Tabellen anlegen und löschen

Eine Tabelle zu löschen bedeutet nicht nur, alle ihre Datensätze zu entfernen, sondern auch, gleich deren Struktur aus einer Datenbank zu entfernen. Dies wird mit Hilfe des SQL-Befehls DROP TABLE erreicht:

```
DROP TABLE customer, accounts
```

Hier werden die Tabellen customer und accounts samt Inhalt und Strukturdefinitionen gelöscht.

> **Achtung!** *Der Befehl DROP TABLE kann genausowenig wie DELETE rückgängig gemacht werden. Sie müssen hundertprozentig sicher sein, daß Sie eine Tabelle komplett löschen wollen, bevor Sie diesen Befehl ausführen!*

Vergessen Sie nicht, daß möglicherweise Verweise in anderen Tabellen auf die zu löschende Tabelle existieren. In so einem Fall zeigen diese Verweise natürlich nach dem Löschen ins Leere.

Wie wird eine Tabelle angelegt? Natürlich mit Hilfe eines SQL-Befehls. Dieser lautet CREATE TABLE. Hier werden die Feldnamen samt Datentyp spezifiziert. Außerdem werden auch die Indizes, primäre Schlüssel, Defaultwerte, die nicht-NULL Eigenschaft und weitere Informationen zur Tabelle angegeben. Daher ist der CREATE TABLE-Befehl relativ kompliziert. In einer einfachen Form kann er jedoch beispielsweise wie folgt aufgerufen werden:

```
CREATE TABLE mytable (
       lfd    INTEGER AUTO_INCREMENT PRIMARY KEY,
       name   CHAR(20) NOT NULL,
       cname  CHAR(20) NOT NULL,
       konto  INTEGER  NOT NULL,
       addr   VARCHAR(80),
       UNIQUE ( name, cname ) )
```

In diesem Beispiel wurde eine Tabelle namens mytable mit fünf Feldern erzeugt:

- lfd enthält ganze Zahlen, d.h. vom Typ INTEGER. Dieses Feld soll eine laufende Nummer darstellen, daher wird es als AUTO_INCREMENT deklariert. Das bedeutet, daß diese Nummer vom Datenbankserver automatisch bei jedem neuen Einfügen inkrementiert wird, falls für dieses Feld die 0 oder gar kein Wert angegeben wird. Außerdem ist dieses Feld ein Primärschlüssel, da wir PRIMARY KEY angegeben haben. Das bedeutet unter anderem, daß keine zwei Datensätze mit identischem lfd-Wert in dieser Tabelle existieren dürfen. Dadurch ist sichergestellt, daß unsere laufende Nummer stets eindeutig ist.

- Die Felder name und cname, beide mit einer Breite von 20 Zeichen (CHAR(20)), dürfen nicht leer, d.h. NOT NULL, sein. Diese Felder sollen den Vor- und Nachnamen darstellen.

- Das Feld konto enthält ganze Zahlen (INTEGER). Auch dieses Feld darf nicht leer sein (NOT NULL).

- Das Feld addr ist ein Adreßfeld. Es kann auch mehr als nur die 80 angegebenen Zeichen enthalten.

- In diesem Beispiel wollen wir auch festlegen, daß eine Kombination von Name und Vorname, d.h. der Felder name und cname, stets nur einmal in der gesamten Tabelle vorkommen darf. Daher deklarieren wir einen UNIQUE-Index, der zwei Wirkungen hat:
  - Ein INSERT würde scheitern, wenn eine Kombination von name- und cname-Werten bereits existiert. In der Praxis ist aber gerade diese Einschränkung nicht ganz sinnvoll: Es gibt durchaus mehrere Personen mit denselben Nachnamen und Vornamen. Hier sollte vielleicht eher das konto-Feld eindeutig gemacht werden. Das müssen Sie aber natürlich selbst entscheiden.
  - Der Zugriff bei bekanntem name und cname ist viel schneller als gewohnt. Das liegt daran, daß in diesem Fall keine sequentielle Suche durchgefürt werden muß, sondern mit Hilfe der Indextabelle direkt an die passenden Stellen in der Tabelle gesprungen werden kann. Dies kann bei Tabellen mit einer sehr großen Anzahl von Datensätzen zu spürbaren Zeiteinsparungen führen.

Eine bereits existierende Tabellendefinition kann auch mit Hilfe des SQL-Befehls ALTER TABLE geändert werden. Mit diesem Befehl ist es möglich, Spalten hinzuzufügen, zu löschen, zu vergrößern oder zu verkleinern, aber auch Index-Tabellen hinzuzufügen etc.

Sie sollten unbedingt einen Blick in die Onlinedokumentation Ihres Datenbanksystems werfen und die genaue Syntax der oben gezeigten Befehle studieren.

Zur Illustration wollen wir hier die Kurzfassung des CREATE TABLE-Befehls des *My-SQL*-Datenbanksystems wiedergeben:

```
CREATE TABLE [IF NOT EXISTS] tbl_name (create_definition,...)
             [table_options] [select_statement]

create_definition:
  col_name type [NOT NULL | NULL] [DEFAULT default_value]
                [AUTO_INCREMENT]
                [PRIMARY KEY] [reference_definition]
```

18.5 Relationale Datenbanksysteme

```
        or      PRIMARY KEY (index_col_name,...)
        or      KEY [index_name] KEY(index_col_name,...)
        or      INDEX [index_name] (index_col_name,...)
        or      UNIQUE [INDEX] [index_name] (index_col_name,...)
        or      [CONSTRAINT symbol] FOREIGN KEY index_name
                (index_col_name,...) [reference_definition]
        or      CHECK (expr)

    type:
                TINYINT[(length)] [UNSIGNED] [ZEROFILL]
        or      SMALLINT[(length)] [UNSIGNED] [ZEROFILL]
        or      MEDIUMINT[(length)] [UNSIGNED] [ZEROFILL]
        or      INT[(length)] [UNSIGNED] [ZEROFILL]
        or      INTEGER[(length)] [UNSIGNED] [ZEROFILL]
        or      BIGINT[(length)] [UNSIGNED] [ZEROFILL]
        or      REAL[(length,decimals)] [UNSIGNED] [ZEROFILL]
        or      DOUBLE[(length,decimals)] [UNSIGNED] [ZEROFILL]
        or      FLOAT[(length,decimals)] [UNSIGNED] [ZEROFILL]
        or      DECIMAL(length,decimals) [UNSIGNED] [ZEROFILL]
        or      NUMERIC(length,decimals) [UNSIGNED] [ZEROFILL]
        or      CHAR(length) [BINARY]
        or      VARCHAR(length) [BINARY]
        or      DATE
        or      TIME
        or      TIMESTAMP
        or      DATETIME
        or      TINYBLOB
        or      BLOB
        or      MEDIUMBLOB
        or      LONGBLOB
        or      TINYTEXT
        or      TEXT
        or      MEDIUMTEXT
        or      LONGTEXT
        or      ENUM(value1,value2,value3,...)
        or      SET(value1,value2,value3,...)

    index_col_name:
            col_name [(length)]

    reference_definition:
            REFERENCES tbl_name [(index_col_name,...)]
                    [MATCH FULL | MATCH PARTIAL]
                    [ON DELETE reference_option]
                    [ON UPDATE reference_option]

    reference_option:
            RESTRICT | CASCADE | SET NULL | NO ACTION | SET DEFAULT

    table_options:
     type = [ISAM | MYISAM | HEAP]
```

```
           or auto_increment = #
           or avg_row_length = #
           or checksum = [0 | 1]
           or comment = "string"
           or max_rows = #
           or min_rows = #
           or pack_keys = [0 | 1]
           or password= "string"

        select_statement:
           [ | IGNORE | REPLACE] SELECT ...  (Some legal select statement)
```

Daran schließt sich in der Dokumentation eine längere Erklärung der Bedeutung der einzelnen Schlüsselwörter samt zugehöriger Semantik an.

18.5.4 Exkurs: Transaktionen

Viele Datenbanksysteme implementieren *Transaktionen*. Das sind *atomare Operationen* auf Datenbankbasis. Eine Transaktion muß dabei mindestens folgende Eigenschaften aufweisen:

- *Atomizität:* Alle in einer Transaktion aufgeführten Operationen werden als atomare Operationen ausgeführt. Entweder werden sie komplett ausgeführt oder gar nicht. Ein Beispiel ist die Auszahlung an einem Bankautomaten. Dort werden die Geldausgabe und die Abbuchung von Ihrem Konto nur als ganze Operation durchgeführt. Gelang die Abbuchung, gab es aber Probleme mit der Geldausgabe (z.B. weil keine Geldscheine mehr vorhanden waren), wird die Abbuchung vom Konto wieder rückgängig gemacht, da die Transaktion sonst nicht atomar wäre.

- *Konsistenz:* Eine Transaktion muß das System in einem konsistenten Zustand hinterlassen. Stürzt das System während einer Transaktion ab, würde beim Wiederanlaufen ein inkonsistenter Zustand existieren. Dieser wird aber durch das *Zurückrollen* der Transaktion an den Anfang wieder behoben. Dank Transaktionen ist sichergestellt, daß entweder alle Tabellen aktualisiert sind oder daß alle partiellen Änderungen einer abgebrochenen Transaktion wieder zurückgenommen werden. Insgesamt wird daher ein konsistentes System sichergestellt.

- *Isolation:* Sobald eine Transaktionsklammer geöffnet wird, läuft sie völlig isoliert vom anderen Prozessen. Stellen Sie sich vor, daß unser Prozeß eine Transaktion beginnt und anfängt, einige Daten aus einer Tabelle auszulesen. Parallel dazu verändert ein anderer Prozeß Daten derselben Tabelle. Wenn jetzt unser Transaktionsprozeß immer noch innerhalb seiner Transktion weitere Daten dieser Tabelle liest, ist durch die Transaktion sichergestellt, daß er immer noch den alten Zustand zu Beginn der Transaktionsklammer bekommen wird. Die Änderungen des neuen Prozesses sind für den Transaktionsprozeß so lange unsichtbar, wie die Transaktionsklammer offen ist.

- *Dauerhaftigkeit:* Sobald eine Transaktion abgeschlossen ist, muß sichergestellt sein, daß alle Änderungen auch wirklich auf die Festplatte gespeichert worden sind. Ein

Systemabbruch nach dem Abschluß einer Transaktion darf nicht dazu führen, daß nur bestimmte Teiländerungen dauerhaft gesichert sind, während andere noch in irgendwelchen Puffern waren und nun verschwunden sind.

Es ist die Applikation, die festlegt, wann eine Transaktion beginnt und wann sie endet. Dazu werden die Operationen, die innerhalb einer Transaktion ausgeführt werden sollen, in einer *Transaktionsklammer* eingeschlossen, die mit `COMMIT` bzw. `ROLLBACK` abgeschlossen wird.

Intern werden Transaktionen meist mit Hilfe von „Transaktionslogs" realisiert. Das sind Dateien, in denen *jede* datenverändernde SQL-Operation einzeln aufgeführt wird. Dabei wird sowohl der Wert vorher als auch der Wert nachher mit gespeichert. Dadurch ist es im Falle eines Abbruchs möglich, die Teiloperationen nicht abgeschlossener Transaktionen wieder rückgängig zu machen. Diese Aktion wird sowohl beim Start des Datenbankservers durchgeführt (*Rollback*) als auch bei jedem Aufruf von `ROLLBACK`. Transaktionslogs können je nach der Änderungsrate der Datenbank sehr schnell wachsen. Sie müssen genauso sorgfältig gesichert werden wie die Datenbanktabellen selbst. Allerdings stellen sie auch einen erheblichen Overhead dar.

18.6 Das MySQL-Datenbanksystem

In den vorigen Abschnitten haben wir theoretische Begriffe von Datenbanksystemen kennengelernt. Um diese Begriffe auch in der Praxis zu sehen, brauchen wir ein konkretes Datenbanksystem.

18.6.1 Welchen SQL-Server benutzen?

Es gibt mehrere kommerzielle und frei verfügbare SQL-Server. Wir werden uns jedoch aus Gründen der Stabilität und Zuverlässigkeit ausschließlich auf Unix-basierte Systeme verlassen. Das schließt alle auf Windows-NT basierenden Implementierungen, auch die seriöser Datenbankanbieter, von vornherein aus. Daher reduziert sich die Frage gleich auf: Welchen SQL-Server, der unter Unix läuft, sollten wir einsetzen?

Die erste Frage lautet, ob Sie genügend Geld für ein teures kommerzielles relationales Datenbankmanagementsystem (RDBMS) investieren können oder auch wollen. Prominenteste Vertreter dieser Klasse von RDBMS sind zur Zeit *Oracle*, gefolgt von *Informix* und *Sybase*. Andere kommerzielle Systeme bieten ebenfalls eine ähnliche Funktionalität und Flexibilität an.

Der Vorteil kommerzieller RDBMS ist die ausgereifte Unterstützung von Transaktionen. Viele diese Systeme werden im wesentlichen aus diesem Grunde ausgewählt. Ein anderer Grund ist, daß bestimmte unternehmenskritische Anwendungen bestimmte RDBMS zwingend vorschreiben. Ein Beispiel ist das SAP R/3-System.

Nachteile dieser zumeist überteuerten und überdimensionierten Systeme sind:

- *Ein viel zu hoher Preis:* Dieser ist oft eine unüberwindbare Schranke für kleinere Unternehmen, geschweige denn für private Anwender, Studenten und Hobbyisten.

Leider bieten nur die wenigsten Hersteller abgespeckte Versionen ihrer RDBMS zu dezenten Preisen an, so daß damit auch ein größeres Publikum Erfahrungen sammeln kann. Ein gutes Gegenbeispiel war bis vor kurzem das Datenbankmanagementsystem `ADABAS-D` für `Linux`, das sehr günstig bezogen werden konnte.

- *Fehlende Unterstützung für bestimmte Plattformen:* Kommerzielle RDBMS sind nur im Binärformat zu bekommen. Daher sind Sie auf Gedeih und Verderb dem Hersteller ausgeliefert und müssen hoffen, daß dieser auch Ihre Plattform und Ihr Betriebssystem in seiner aktuellen, aber auch in künftigen Versionn unterstützen wird. Dies ist nicht immer der Fall. Die meisten Unix-basierten RDBMS sind für `Solaris`, `HP-UX` und möglicherweise auch für `SCO` erhältlich. Für `Linux` wird es schon viel knapper, aber bei `FreeBSD` werden Sie kaum noch Hersteller finden, die sich die Mühe machen, ihren Quellcode für dieses Betriebssystem zu übersetzen.

- *Viel zu ressourcenaufwendig und langsam:* Durch die Unterstützung von Transaktionen müssen Transaktionslogs geführt werden. Diese werden bei jeder verändernden SQL-Operation fortgeschrieben, was nicht gerade ein kleiner Overhead ist. Darüber hinaus kann der Quellcode dieser Systeme nicht so ausgereift und getunt werden, wie es bei Open-Source-Code wäre. Der Grund ist einfach: Ein kleines Entwicklerteam kann nicht die Ideen und Verbesserungen einbringen, die eine weltweit verteilte Gemeinschaft im Internet zur Verfügung stellen würde. Daher hinken die meisten kommerziellen Systeme, auch bei abgeschalteter Transaktionsfunktion, immer noch hinter den im folgenden vorgestellten freien RDBMS hinterher.

Ein weiterer Grund, kommerzielle Systeme zu meiden, ist meiner Ansicht nach die grundsätzliche Problematik von Software-Patenten und dem Urheberrecht geistiger Ideen. Durch den Einsatz freier Software benutzen Sie nicht nur hervorragende Programme, sondern tragen auch dazu bei, die Qualität von Software deutlich zu verbessern. Sie sind nicht mehr auf das Gutdünken eines Herstellers angewiesen, wenn Sie zusätzliche Funktionalität benötigen. Bei freier Software hindert Sie niemand daran, die Sources selbst zu modifizieren, um die gewünschte Funktionalität zu erreichen. Ganz im Gegenteil! Wir wären alle froh über jeden Verbesserungsvorschlag, aber noch froher über tatsächliche Beiträge in diesem Bereich. Dies ist bei kommerziellen Systemen naturgemäß nicht gegeben. Dort kann die Qualität nur so gut werden, wie es der Hersteller hinbekommt. Daß dies nicht besonders gut sein kann, zeigt nicht nur Bill Gates mit seinen Produkten!

Welche freie Datenbanksoftware für Unix gibt es? Um nur einige zu nennen:

- *Gadfly* ist ein Python-basiertes RDBMS, das neben einer großen Menge von SQL-Befehlen auch die logbasierte Recovery unterstützt.

- *Interbase*, siehe `http://iblinux.rios.co.jp/`

- *Msql*, auch Mini-SQL genannt, ist die Fortentwicklung von *Minerva*, das ein Versuch, einen freien SQL-Server zu programmieren war. *msql* war vor wenigen Jahren *der* Server für freie Anwender. Dies hat sich aber seit einiger Zeit zugunsten von *mysql* deutlich verschoben. Dafür gibt es zwei Gründe: die nicht ganz liberalen Lizenzbedingungen von Hughes, dem Hersteller von *msql*, und die viel schnellere Entwicklung von *MySQL*, das mittlerweile auch robuster und schneller ist.

- *MySQL* ist ein freiverfügbares RDBMS, das zunehmende Popularität genießt. Es ist eine Weiterentwicklung von *Msql*, jedoch sowohl mit viel freieren Lizenzbedingungen als auch mit einem sehr robuten und schnellen Mulithtreaded-Server. Wir werden in diesem Kapitel dieses RDBMS als Beispiel installieren und anschließend aus Perl heraus ansprechen.

- *PostgreSQL* ist ein freies objektorientiertes RDBMS (ORDBMS). Es ist die Fortentwicklung von *postgres* und *postgres95*. Der gesamte Quellcode ist frei verfügbar und wird auch ständig weiterentwickelt. Sie finden mehr Informationen über dieses interessante Datenbankmanagementsystem unter http://www.postgresql.org/

- *Typhoon* ist ein RDBMS, das unter Unix und OS/2 läuft. Für Kenner: Es ist eine Fortentwicklung von db_VISTA.

18.6.2 Warum MySQL?

Die dumme Antwort darauf lautet: Weil es schließlich irgendein RDBMS treffen mußte! Natürlich ist das nicht der wahre Grund. Daß es ein freies System sein mußte, wurde bereits oben begründet. Die freie Verfügbarkeit von Quellcode ist aber nicht das einzige Kriterium für ein Programm, das auch in *mission critical* Applikationen[3] eingesetzt werden soll. Wichtig sind auch Kriterien wie Stabilität, Robustheit, Geschwindigkeit und das Abdecken einer großen Teilmenge von SQL. Darüber hinaus sollte das System auch aus C und Perl heraus ansprechbar sein. Natürlich sollte ein Datenbankserver auch über das TCP/IP-Netz kontaktiert werden können! Auf dem lokalen Rechner sollte hingegen ein effizienterer IPC-Mechanismus eingesetzt werden.

Schweren Herzens mußte ich mich schließlich zwischen *PostgreSQL* und *MySQL* entscheiden. Während *PostgreSQL* viele neue Ideen implementiert, so insbesondere auch ein objektorientiertes Modell, wird bei *MySQL* viel Wert auf Robustheit und Geschwindigkeit gelegt. Schließlich ist auch die Popularität eines RDBMS teilweise ein Maßstab seines Erfolgs. Beide Systeme halte ich für gleichwertig und gleich gut. Den Anstoß in Richtung *MySQL* gab dann aber die Perl-Unterstützung zu dem Zeitpunkt, als dieses Kapitel geschrieben wurde. Wenn Sie dies lesen, wird sich die Lage möglicherweise wieder geändert haben. Wie dem auch sei, wir werden hier *MySQL* kennenlernen und sehen, wie es aus Perl heraus mit Hilfe der DBI- und DBD::mysql-Module angesteuert werden kann. Die Prinzipien sind jedoch für *PostgreSQL*, aber auch für andere RDBMS — auch kommerzielle wie *Oracle* — ähnlich, so daß sich da nicht zu viel ändern wird.

MySQL hat eine ganze Reihe von Vorteilen:

- *Freie Verfügbarkeit:* Der gesamte Quellcode ist kostenlos im Internet verfügbar. Das ist natürlich ein entscheidendes Kriterium.

---

3 Das sind Anwendungen, die für den Erfolg einer Mission oder eines Auftrags nicht ausfallen dürfen.

- *Liberale Lizenzbedinungen:* Die Unix-Version von *MySQL* verfügt über sehr liberale Lizenzbedingungen. Grob zusammengefaßt dürfen Privatpersonen, *Nonprofit*-Organisationen, Schulen oder auch kommerzielle Firmen (!) *MySQL* kostenlos und ohne Lizenz intern *verwenden*. Beachten Sie insbesondere hier, daß auch Unternehmen für die interne Verwendung von *MySQL* keine Lizenzgebühren bezahlen müssen. Das schließt insbesondere auch ISP ein, die Ihre Webdienste mit Hilfe von *MySQL* implementieren und dadurch Geld machen[4]. Eine Lizenz wird dann benötigt, wenn Sie *MySQL* selbst oder als Teil Ihrer Produkte oder Dienstleistungen gegen Entgelt verkaufen. Lesen Sie unbedingt die jeweils aktuellen Lizenzbedingungen Ihrer Version von *MySQL*! Nur so können Sie sich vor rechtlichen Folgen absichern.

  Die *Microsoft*-basierte Version von *MySQL* gibt es, wie es in der *Microsoft*-Welt schon zur Genüge bekannt und üblich ist, nur gegen echtes Geld. Hierfür gelten die liberalen Unix-Bedingungen nicht. Eine 30 tägige, sich selbst abschaltende Probeversion erhalten Sie von der *MySQL*-Site bzw. einem ihrer Mirrors. Ist das nicht wieder ein zusätzlicher Grund, zu einem echten Betriebssystem zu wechseln?

- *Sehr schnelle Zugriffe:* Die Zugriffe auf *MySQL*-Tabellen erfolgen nachweislich viel schneller als die anderer zur Zeit existierender RDBMS. Sogar kommerzielle Systeme wie etwa *Oracle* sind in diesem Bereich *deutlich* langsamer als *MySQL*. Der wesentliche Grund ist natürlich das Fehlen von Transaktionslogs im *MySQL*-System. Ein weiterer Grund ist die gezielte Optimierung der Software für sehr schnelle Zugriffe. Die Herstellerfirma von *MySQL* verwendet nach eigenen Angaben dieses System seit 1996 in *mission critical* Applikationen mit 40 Datenbanken und 10 000 Tabellen, darunter 500 mit jeweils mehr als 7 Millionen Datensätzen, also insgesamt über 100 GBytes kritischer Daten.

- *Robustheit und Stabilität:* Dieses wichtige Kriterium ist eigentlich noch entscheidender als Geschwindigkeit, wenn es um die Sicherheit Ihrer Daten geht. Die Routinen von *MySQL* wurden über eine längere Zeit von einer Vielzahl von Anwendern im Internet getestet. Dadurch erreichten so gut wie alle interne Module den Status „Stabil". Das bedeutet, daß über mehrere Monate keine Änderungen und Bugs mehr aufgetreten sind, wodurch angenommen werden kann, daß die meisten Programmpfade fehlerfrei sind. Dies gilt um so mehr aufgrund der sehr hohen Benutzerzahlen von *MySQL* im Internet. Natürlich kann keine Software ab einer gewissen Komplexität auf völlige Fehlerfreiheit geprüft werden, und erst recht kann niemand Fehlerfreiheit garantieren. Nur ausführliche Tests, die über einen längeren Zeitraum von einer großen Testgemeinschaft durchgeführt werden, können das Vertrauen in die Qualität von Software begründen.

---

4 Wenn Sie als ISP für die Installation und Pflege einer *MySQL*-Datenbank Geld von Ihren Kunden verlangen, sind Sie sehr wohl lizenzpflichtig, da Sie nun eine Dienstleistung gegen Entgelt verkaufen, die *MySQL* als Teil beinhaltet. Sie sind *nicht* lizenzpflichtig, wenn Sie lediglich *MySQL* für den Betrieb der Webserver einsetzen, und auch nicht, wenn Sie einen *MySQL*-Server für Ihre Kunden installieren, solange dies nicht gegen Entgelt geschieht. Lesen Sie dazu unbedingt die Lizenzbedingungen in der Dokumentation!

18.6 Das MySQL-Datenbanksystem

Persönlich würde ich *mission critical*-Daten lieber einem gut ausgetesteten System wie *MySQL* anvertrauen als irgendwelchen kommerziellen Produkten. Verstehen Sie mich nicht falsch: Mir geht es hierbei lediglich um die Testbasis. Seriöse kommerzielle Hersteller mit sehr großer Benutzerbasis sind durchaus in der Lage, im Laufe der Jahre die Fehler aus ihren Produkten weitgehend zu entfernen. Das ist aber nur bei sehr großen Herstellern wie z.B. *Oracle* oder *Informix* der Fall, die über eine riesige Benutzerbasis verfügen. Leider sind ihre Preise, wie bereits oben bedauert, jenseits von Gut und Böse und für die meisten mittelständischen oder kleinen Firmen, geschweige denn für Universitäten, Studenten und erst recht Privatanwender vollkommen indiskutabel

- *Kleiner Ressourcenverbrauch:* Viele kommerzielle Systeme erreichen einen gewissen Grad an Effizienz durch einen sehr hohen Verbrauch an Ressourcen. Trotz fallender RAM-Preise ist es nicht immer gerechtfertigt, über 512 MByte RAM allein für den Betrieb eines Datenbankservers zu verlangen! Noch schlimmer ist, daß solche Server auch besonders CPU-intensiv sein können und nur auf schnellen Serverrechnern einigermaßen vernünftig eingesetzt werden können. Auch hier gilt der Grundsatz: Es muß nicht immer eine *UltraSPARC* sein, auch wenn ein solcher Rechner schon etwas feines ist! Hier schneiden übrigens RISC-Prozessoren fast immer viel besser ab als CISC-Prozessoren, wie etwa die Intel-Prozessoren oder ihre Clones.

  Der Vorteil von *MySQL* ist, daß der Server auch auf einem 486er Rechner mit 33 MHz und 8 Mbyte RAM unter `Linux` oder `FreeBSD` mit noch akzeptabler Performance (d.h. ohne Swappen bzw. Pagen) betrieben werden kann. Das ist ein hervorragendes Beispiel für einen ressourcenschonenden Datenbankserver, der dennoch seine Aufgabe gut erledigt.

- *Große SQL-Teilmenge:* Als dieses Buch geschrieben wurde, war der umfangreiche SQL-92-Standard noch nicht vollständig in *MySQL* implementiert. Dies ist aber für die Praxis nicht schlimm, denn die meistbenutzten Teile sind schon alle vorhanden. Um die Kompatibilität mit dem SQL-Standard zu wahren, werden auch nicht implementierte Befehlsoptionen erkannt, wodurch existierende SQL-Skripten nicht angepaßt werden müssen. Die Onlinedokumentation gibt genau Auskunft darüber, welche SQL-[Teil-]Befehle noch nicht implementiert sind, und gibt auch einige Workarounds an. Da dies sich jedoch noch laufend ändert (*moving target*), wird hier auf die Wiedergabe einiger Beispiele verzichtet.

- *Interessante SQL-Erweiterungen und mächtige Datentypen:* Es gibt Erweiterungen der SQL-Syntax, insbesondere durch zusätzliche Optionen. Diese werden wieder in der Onlinedokumentation spezifiziert.

- *Multiplattform-System:* Die meisten Betriebssysteme werden problemlos unterstützt. Zur Zeit sind dies: `AIX`, `BSDI`, `DEC UNIX`, `FreeBSD`, `HP-UX`, `Linux`, `NetBSD`, `OpenBSD`, `OS/2`, `SGI Irix`, `Solaris` und `SunOS 4.x`, `SCO OpenServer` und `SCO UnixWare` sowie `Tru64 Unix`. Andere Unix-kompatible Systeme könnten ebenfalls funktionieren: Sie verfügen ja über den Quellcode und können ihn auf jedem dezenten Betriebssystem kompilieren. Kostenpflichtige *MySQL*-Versionen gibt es auch für *Microsoft Windows* 95, 98 und NT.

- *Für einige ausgewählte Plattformen können auch vorkompilierte Binaries von der MySQL-Site oder einer ihrer Spiegelsites heruntergeladen werden. Besser ist es aber stets, den Quellcode selbst zu übersetzen.*

- *Anschluß an C, Perl, Python, Java, PHP3 etc.:* MySQL selbst verfügt über eine gut dokumentierte C-API. Clients müssen mit der *libmysqlclient.a* bzw. *libmysqlclient.so* gelinkt werden, damit sie Funktionen des Servers aufrufen können. Das gilt auch für Clients, die über das Netz mit dem MySQL-Server kommunizieren möchten. Diese C-API ist jedoch vollständig dokumentiert und sehr leicht zu verwenden. Freiwillige haben Erweiterungsmodule für Perl und Python geschrieben. Diese können im CPAN bzw. auf einer Python-Site gefunden werden. Auch Java kann mittels JDBC und spezieller Klassen mit einem MySQL-Server kommunizieren. Populäre serverseitige Skriptingumgebungen wie etwa PHP3 sind ebenfalls in der Lage, mit einem MySQL-Server zu kommunizieren.

Nachteilig bei der aktuellen Implementierung von MySQL ist vor allem das Fehlen von Transaktionen. Dies ist bisher eine Designentscheidung der Entwickler, die folgendermaßen begründet wird:

- *Transaktionen verlangsamen das System:* Der Grund für die Entwicklung von MySQL war, schnelle Zugriffe auf eine riesige Datenmenge zu erlauben. Benötigt wurde ein Datenbankmanagementsystem, das um eine Größenordnung schneller sein sollte als das schnellste kommerziell oder frei verfügbare RDBMS. Die Implementierung von Transaktionen, insbesondere mit Transaktionslogs, würde ein solches System sehr stark belasten und deutlich langsamer werden lassen. Dabei ist nicht die Realisierung von Transaktionslogs für normale Transaktionen das Problem (sie steht auf der TODO-Liste). Die Schwierigkeit besteht darin, umfangreiche Änderungen zu speichern, etwa um ein `DROP TABLE` wieder rückgängig zu machen.

- *Atomizität ist auch anders erreichbar:* Wenn Sie lediglich verhindern wollen, daß andere Anwender auf eine Tabelle zugreifen, die gerade geändert werden soll, gibt es neben Transaktionen auch einfachere Mechanismen. Durch `LOCK TABLES` und `UNLOCK TABLES` kann eine Anwendung Sperren auf Tabellen anfordern und dann in Ruhe Änderungen vornehmen, ohne daß andere Threads dazwischenfunken können. Normalerweise brauchen Sie diese Befehle nicht aufzurufen, da einzelne `UPDATE`-Befehle garantiert atomar ausgeführt werden. Nur wenn Sie Konkurrenzschlitze (*Race Conditions*) z.B. zwischen `SELECT` und `UPDATE` vermeiden wollen, müssen Sie Tabellen sperren. Mehr Informationen darüber finden Sie in der Onlinedokumentation.

18.6.3 Download und Installation

Den MySQL-Datenbankserver können Sie als Quellcode von einer der zahlreichen Spiegelsites von http://www.tcx.se/ bzw. http://www.mysql.com/ herunterladen. Anstelle des Quellcodes können Sie auch eines der vorkompilierten Binaries herunterladen oder das vorkompilierte Binary nutzen, das mit Ihrer Unix-Distribution ausgeliefert wird. Abbildung 18.1 zeigt die Eingangsseite der MySQL-Homepage.

18.6 Das MySQL-Datenbanksystem

Abbildung 18.1: Die *MySQL*-Homepage

In diesem Abschnitt werden wir den Quellcode einer stabilen Version herunterladen und von Grund auf konfigurieren, bauen und installieren. Als dieses Kapitel geschrieben wurde, war `mysql-3.22.25` die letzte stabile Version. Darum besorgen wir *mysql-3.22.25.tar.gz* von einem der Mirrors von `http://www.tcx.se/` und packen es aus. Anschließend konfigurieren wir den Quellcode mit folgender *configure*-Zeile:

```
farid@sun-1:~> tar -zxf src/mysql-3.22.25.tar.gz
farid@sun-1:~> cd mysql-3.22.25/
farid@sun-1:~/mysql-3.22.25> ./configure --prefix=/usr/local/mysql \
    --sharedstatedir=/var/local/mysql/com \
    --localstatedir=/var/local/mysql/data \
    --infodir=/usr/local/info \
    --with-unix-socket-path=/var/local/mysql/mysql.sock \
    --without-debug --without-readline --with-charset=latin1
```

Die einzelnen Optionen haben dabei folgende Bedeutung:

- `--prefix` ist der Ort, unter dem alle weiteren Unterverzeichnisse angelegt werden. Insbesondere sind dies `bin`, `include`, `lib`, `libexec`, `man`, `share` und einige Benchmarktests unter `sql-bench`. Somit werden dann sowohl Binaries als auch Include-Dateien und Libraries in einem schön zusammenhängenden Bereich abgelegt und nicht wild durcheinander auf bereits existierende Systemverzeichnisse verteilt.

- `--sharedstatedir` ist ein Verzeichnis veränderlicher Informationen. Dieses habe ich nicht unter */usr/local*, sondern irgendwo unterhalb von */var* abgelegt. Der Hintergrund ist die Dateisystemphilosophie von Unix: Dort *sollte /usr/local auch read only* gemountet werden können. Für veränderliche Daten sollte dann */var* oder ein anderes Dateisystem gewählt werden.

- `--localstatedir` ist das Verzeichnis, unter dem alle Datendateien unserer Datenbanken abgelegt werden. Wiederum aus Gründen der Filesystemphilosophie von Unix wollen wir diese schnell veränderlichen Daten nicht unter dem potentiell unveränderlichen */usr/local*, sondern unter einem veränderlichen Dateisystem, wie z.B. */var*, ablegen.

    Achtung! *Wenn Sie planen, sehr große Datenbestände mit MySQL zu pflegen, sollten Sie an dieser Stelle ein Verzeichnis auf einem eigenen Dateisystem wählen, z.B. /vol. Ein solches Dateisystem könnte beispielsweise auf einem RAID-5-Plattenarray liegen, wodurch Sie auch noch vor Plattenausfällen geschützt wären.*

- `--infodir` ist das Verzeichnis, indem unsere `*.info`-Dateien im *texinfo*-Format liegen. Das ist nicht ganz so wichtig wie die anderen Einstellungen, da lediglich eine Informationsdatei *mysql.info* dort abgelegt wird.

- `--with-unix-socket-path` spezifiziert den absoluten Pfad für den Unix-Domain-Socket, auf dem der *MySQL*-Server hört und an den sich *MySQL*-Clients anschließen können. Normalerweise wird dieser Socket in */tmp* angelegt. Dies haben wir hier geändert, da wir nicht wollen, daß dieser Socket bei jedem Aufräumen von */tmp* gelöscht wird, sollte der Server noch laufen (*cron*-gesteuertes Aufräumen von */tmp*). Darum haben wir hier den Socket in einem geschützten Bereich untergebracht. Beachten Sie, daß wir wieder das veränderliche */var*-Dateisystem gewählt haben, nicht das potentiell unveränderliche */usr/local*-Dateisystem, da der Socket beim Serverstart und -stop erzeugt bzw. gelöscht wird.

- `--without-debug` entfernt alle Debuginformationen aus den Libraries und Binaries. Diese Option ist bei Produktionsservern durchaus sinnvoll, da damit sowohl Plattenplatz als auch Hauptspeicher und einige CPU-Zyklen eingespart werden können.

- `--without-readline` sollte nur eingesetzt werden, wenn eine *readline*-Library bereits auf Ihrem System installiert ist. In diesem Fall wird die Systemlibrary statt der eigens mitgelieferten *readline*-Library eingesetzt. Da auf meinem System die *readline*-Library bereits installiert ist, war diese Option gerechtfertigt. Wenn Sie keine *readline*-Library haben, sollten Sie natürlich diese Option weglassen.

- `--with-charset` stellt den Defaultzeichensatz ein, der in Tabellen gespeichert wird. *latin1*, eine Abkürzung für *ISO-8859-1 (Latin1)*, ist ohnehin der Default. Dies haben wir hier lediglich aus Dokumentationsgründen angegeben. Bei dieser Version gültige Zeichensätze sind: *big5, cp1251, cp1257, czech, danish, dec8, dos, euc_kr, german1, hebrew, hp8, hungarian, koi8_ru, koi8_ukr, latin1, latin2, sjis, swe7, tis620, ujis, usa7, win1251* und *win1251ukr*. Die Wahl des Zeichensatzes einer Tabelle wirkt sich auf die Sortierreihenfolge aus (z.B. bei *ORDER BY*).

- `--enable-thread-safe-client` erzeugt *MySQL*-Clients, die threadsicher sind. Das funktioniert aber *nicht* mit der aktuellen Version des Perl DBD::mysql-Treibers, so daß wir in diesem Fall doch lieber darauf verzichten.

- `--with-named-thread-libs=-lc_r` sollten Sie angeben, wenn Sie *MySQL* auf `FreeBSD 3.x` übersetzen wollen. Dies haben wir hier bei `Solaris` nicht benötigt. Sie sollten die Besonderheiten Ihres Betriebssystems in den jeweiligen *README-INSTALL-* und *INSTALL-SOURCE*-Dateien aufmerksam nachlesen.

Nach einer kurzen Weile kehrt *configure* wieder zurück. Wir können nun den gesamten Quellcode übersetzen:

```
[... nach vielen Zeilen ...]
creating include/mysql_com.h
creating include/m_ctype.h
creating config.h

MySQL has a Web site at http://www.tcx.se/ which carries details on the
latest release, upcoming features, and other information to make your
work or play with MySQL more productive. There you can also find
information about mailing lists for MySQL discussion.

Remember to check the platform specific part in the reference manual for
hints about installing on your platfrom. See the Docs directory.

Thank you for choosing MySQL!

farid@sun-1:~/mysql-3.22.25> make
```

Die Übersetzung verlief mit `gcc-2.8.1`, GNU `make-3.77` und `libstdc++-2.8.1.1` völlig problemlos. Nun ist es an der Zeit, alles zu installieren:

```
farid@sun-1:~/mysql-3.22.25> su -
Password: xxxxxxxx

Sun Microsystems Inc.   SunOS 5.6       Generic August 1997
# exec bash
bash-2.02# PS1='\u@\h:\w> '
root@sun-1:/> export PS1
root@sun-1:/> cd ~farid/mysql-3.22.25
root@sun-1:~farid/mysql-3.22.25> make install
```

Wir müssen dies natürlich mit den Rechten des Systemadministrators *root* erledigen. Während der Installation ist folgende wichtige Meldung erschienen:

```
Libraries have been installed in:
   /usr/local/mysql/lib/mysql

If you ever happen to want to link against installed libraries
in a given directory, LIBDIR, you must either use libtool, and
specify the full pathname of the library, or use '-LLIBDIR'
flag during linking and do at least one of the following:
   - add LIBDIR to the 'LD_LIBRARY_PATH' environment variable
     during execution
   - use the '-RLIBDIR' linker flag

See any operating system documentation about shared libraries for
more information, such as the ld(1) and ld.so(8) manual pages.
```

Das bedeutet in Kürze folgendes: Alle Programme, die dynamisch ladbare Libraries von MySQL benötigen, müssen diese auch finden können. Da sie nicht in einem Standardverzeichnis untergebracht wurden, wie z.B. */lib* oder */usr/lib*, muß dies durch eine Umgebungsvariable angezeigt werden. Betroffen davon sind vor allem Programme in */usr/local/mysql/bin* und später alle Programme, die die Module DBI und DBD::mysql nutzen werden. Daher setzen wir die folgende Umgebungsvariable gleich richtig:

```
farid@sun-1:~> echo $LD_LIBRARY_PATH
/usr/local/lib:/usr/lib:/usr/openwin/lib:/usr/dt/lib:/usr/local/mysql/lib
```

Beachten Sie hierbei den letzten Eintrag! Am besten, Sie setzen diese Umgebungsvariable gleich in die globale Datei */etc/profile* bzw. in der ˜/.*bash_profile*-Datei eines jeden Benutzers.

Wenn wir schon dabei sind, erweitern wir auch gleich den Pfad und den *man*-Pfad entsprechend:

```
LD_LIBRARY_PATH=$LD_LIBRARY_PATH:/usr/local/mysql/lib
PATH=$PATH:/usr/local/mysql/bin
MANPATH=$MANPATH:/usr/local/mysql/man
export LD_LIBRARY_PATH
export PATH
export MANPATH
```

Dies tragen wir in */etc/profile* oder den entsprechenden Startup-Dateien ein.

Nun geht es aber mit der Installation weiter. Nachdem die Installation genauso wie die Übersetzung erfolgreich war, müssen wir erst noch das Verzeichnis für den Unix-Domain-Socket und die variablen Daten */var/local/mysql* erzeugen und mit entsprechenden Rechten versehen:

18.6 Das MySQL-Datenbanksystem

```
root@sun-1:~farid/mysql-3.22.25> mkdir /var/local/mysql
root@sun-1:~farid/mysql-3.22.25> chmod 755 /var/local/mysql
root@sun-1:~farid/mysql-3.22.25> chown root /var/local/mysql
root@sun-1:~farid/mysql-3.22.25> chgrp root /var/local/mysql
```

Jetzt kommt ein entscheidender Schritt: Die Zugriffsrechte auf das Datenbanksystem müssen angelegt werden. Diese Zugriffsrechte werden durch spezielle Systemtabellen der reservierten Datenbank *mysql* vorgegeben. Da ursprünglich noch keine Zugriffsschutztabellen existierten, konnte sich kein User beim Datenbankserver anmelden. Dies wird dadurch gelöst, daß diese speziellen Zugriffschutztabellen direkt unter Umgehung des Datenbankservers installiert werden. Dies geschieht durch den Aufruf eines speziellen Skripts:

```
root@sun-1:~farid/mysql-3.22.25> scripts/mysql_install_db
Creating db table
Creating host table
Creating user table
Creating func table
Creating tables_priv table
Creating columns_priv table

To start mysqld at boot time you have to copy support-files/mysql.server
to the right place for your system

PLEASE REMEMBER TO SET A PASSWORD FOR THE MySQL root USER !
This is done with:
/usr/local/mysql/bin/mysqladmin -u root password 'new-password'
See the manual for more instructions.

Please report any problems with the /usr/local/mysql/bin/mysqlbug script!

The latest information about MySQL is available on the web
                        at http://www.mysql.com
Support MySQL by buying support/licenses
                        at http://www.tcx.se/license.htmy.
```

Da wir als nächstes ein Paßwort für den Datenbankadministrator, hier *root*, wählen wollen, müssen wir zuerst den Datenbankserver *mysqld* starten. Dies geschieht am einfachsten mit Hilfe des Startskripts *mysql.server*. Dieses kopieren wir an die unter System V (hier `Solaris`) gewohnte Stelle in */etc/init.d/*:

```
root@sun-1:~farid/mysql-3.22.25> mv support-files/mysql.server
                                 /etc/init.d
root@sun-1:~farid/mysql-3.22.25> chmod 500 /etc/init.d/mysql.server
```

Wir haben auch gleich die Zugriffsrechte so eingeschränkt, daß nur noch *root* den Server starten oder stoppen kann.

Nun starten wir den Server auch wirklich, damit wir ein Paßwort für den Serveradministrator (DBA), hier *root*, setzen können. Ob der Server auch wirklich startet?

```
root@sun-1:~farid/mysql-3.22.25> /etc/init.d/mysql.server start
Starting mysqld daemon with databases from /var/local/mysql/data
```

Das scheint ja prima zu funktionieren. Nun legen wir das Paßwort[5] fest:

```
root@sun-1:~farid/mysql-3.22.25> mysqladmin -u root
                                 password 'np97xWl'
root@sun-1:~farid/mysql-3.22.25> exit
```

Zugriffsrechte des Systemverwalters brauchen wir vorläufig nicht mehr. Als normaler User prüfen wir auch gleich, was wir mit dem obengenannten Paßwort anfangen können:

```
farid@sun-1:~/mysql-3.22.25> mysqlshow -u root -p
Enter password: np97xWl     <<<<< Wird aber nicht angezeigt

+-----------+
| Databases |
+-----------+
| mysql     |
| test      |
+-----------+

farid@sun-1:~/mysql-3.22.25> mysqlshow -u root
mysqlshow: Access denied for user: 'root@localhost' (Using password: NO)

farid@sun-1:~/mysql-3.22.25> mysqlshow -u root -p
Enter password: blahblah    <<<<< Irgend etwas Falsches
mysqlshow: Access denied for user: 'root@localhost' (Using password: YES)

farid@sun-1:~/mysql-3.22.25> mysqladmin status
Uptime: 497  Threads: 1  Questions: 16  Slow queries: 0
Opens: 7  Flush tables: 1  Open tables: 3
```

So weit, so gut. Wir kommen nun zur Konfiguration und Administration des Servers.

18.6.4 Konfiguration und Administration

In diesem Abschnitt werden wir einige typische Administrationsaufgaben des *MySQL*-Datenbanksystems kennenlernen. Diese Aufgaben sind einfach und erfordern keine besondere Ausbildung zum Datenbankadministrator. Natürlich wären Kenntnisse in diesem Bereich hilfreich, besonders dann, wenn Sie riesige Datenbestände pflegen müssen und möglicherweise auch noch mehrere RDBMS diverser Hersteller einsetzen. Bei *MySQL* können Sie auch direkt mit eigenen Versuchen beginnen und sich so nach und nach immer mehr in die Materie einarbeiten und auch mehr Erfahrung sammeln.

---

[5] Beachten Sie, daß dieses Paßwort nichts mit dem *root*-Paßwort von Unix zu tun hat. Die User der Datenbank müssen auch nicht unbedingt Unix-Logins haben.

Starten und Stoppen

Die einfachste und grundlegendste Aufgabe ist natürlich, den Datenbankserver zu starten und wieder zu stoppen. Dies kann entweder manuell oder auch vollautomatisch beim Systemstart durchgeführt werden. Zunächst zur manuellen Vorgehensweise.

Den *MySQL*-Server starten Sie durch den Aufruf des Startup-Skripts, das Sie bei der Installation an eine geeignete Stelle kopiert haben. In unserem Fall wird der Server wie folgt gestartet:

```
root@sun-1:/> /etc/init.d/mysql.server start
Starting mysqld daemon with databases from /var/local/mysql/data
```

Der mysqld wird nun im Hintergrund gestartet und wartet auf Verbindungswünsche von Clients.

Gestoppt wird der Server durch den Aufruf von *mysqladmin* mit der Option *shutdown*. Das wollen wir gleich probieren:

```
farid@sun-1:~> mysqladmin -u root -p shutdown
Enter password: np97xWl       <<<< Wird aber nicht angezeigt!
mysqld daemon ended
```

Einfach, nicht wahr?

Alternativ dazu kann der Server auch mit mysql.server gestoppt werden, indem statt *start* einfach *stop* als Option übergeben wird:

```
root@sun-1:/> /etc/init.d/mysql.server start
Starting mysqld daemon with databases from /var/local/mysql/data

root@sun-1:/> /etc/init.d/mysql.server stop
Killing mysqld with pid 2013
mysqld daemon ended
```

Dieses Verhalten prädestiniert gerade mysql.server als System V-Start/Stop-Skript. Damit der Datenbankserver automatisch beim Systemstart hochfährt und beim Shutdown wieder gestoppt wird, tragen wir (hier bei Solaris) folgende Symlinks ein:

```
root@sun-1:/etc/rc3.d> ls S*
S15nfs.server    S76snmpdx      S77dmi
root@sun-1:/etc/rc3.d> ln -s /etc/init.d/mysql.server S50mysql
root@sun-1:/etc/rc3.d> cd ../rc2.d
root@sun-1:/etc/rc2.d> ls K*
K20spc           K60nfs.server   K76snmpdx       K77dmi
root@sun-1:/etc/rc2.d> ln -s /etc/init.d/mysql.server K50mysql
```

Bei jedem nachfolgenden Systemstart wird beim Betreten unseres Default-Runlevels 3 (rc3.d) das Skript S50mysql nach S15nfs.server, aber vor S76snmpdx und S77dmi mit der Option *start* aufgerufen. In Wirklichkeit wird hier

```
/etc/init.d/mysql.server start
```

aufgerufen. Beim Shutdown, genauer beim Verlassen des Runlevel 3, wird beim Betreten des nächsttieferen Runlevels, hier Runlevel 2, das Skript K50mysql vor K60nfs.server etc. aufgerufen. In Wirklchkeit wird nun

```
/etc/init.d/mysql.server stop
```

aufgerufen. Beachten Sie hierbei, daß wir *MySQL* erst nach dem Start von NFS aufrufen und vor dessen Ende stoppen.

Diese */etc/rc*.d*-Semantik ist bei System V-Unix-Varianten anzutreffen, wie etwa bei Solaris und HP-UX, um nur einige zu nennen. BSD-Unix-Derivate haben da eine andere Semantik. Daher sollten Sie in Ihrer Onlinedokumentation nachschauen, wie Skripten zur Boot- oder Shutdownzeit aufgerufen werden.

Starten mit Updatelogs

Der *mysqld* kann auch mit folgender Option gestartet werden:

```
--log-update=name_of_logfile
```

In diesem Fall wird die Datei *name_of_logfile.#* angelegt, wobei # eine dreistellige Zahl ist, die automatisch bei jedem *mysqladmin refresh, mysqladmin flush-logs*, dem SQL-Befehl *FLUSH LOGS* oder dem Neustart des Servers inkrementiert wird. Diese Dateien werden im Datenverzeichnis abgelegt und enthalten alle verändernden SQL-Befehle aller Sitzungen.

Anstelle von --log-update kann auch -l bzw. -log benutzt werden. In diesem Fall werden alle verändernden SQL-Befehle in der Datei *hostname.log* gespeichert, und die oben aufgeführten Bedingungen bewirken keine Logfile-Rotation.

Die Updatelogs entsprechen in etwa den oben erwähnten Transaktionslogs. Mit ihrer Hilfe kann im Falle eines Crashs die Datenbank aus der letzten Sicherung wiedereingespielt und anschließend durch Anwendung der nachfolgenden Updatelogs „vorwärts gerollt" werden (*roll forward*), bis alle Daten wieder auf den aktuellsten Stand sind.

Wo werden diese Optionen angegeben? Beim manuellen Aufruf von *mysqld* können sie selbstverständlich auf der Kommandozeile angegeben werden. Beim Aufruf durch */etc/init.d/mysql.server* hingegen könnten die Optionen direkt in diesem Startskript eingetragen werden. Eine bessere Methode besteht jedoch darin, die Konfigurationsdatei */etc/my.conf* anzupassen.

Die Konfigurationsdatei /etc/my.conf

Das Problem bei der direkten Anpassung von */etc/init.d/mysql.server* ist, daß dieses Skript beim nächsten Update wieder überschrieben wird. Dadurch gehen all Ihre Anpassungen wieder verloren und müßten wieder manuell eingetragen werden. Eine viel bessere Möglichkeit ist die Verwendung der *my.conf*-Konfigurationsdateien.

18.6 Das MySQL-Datenbanksystem

Es gibt drei Konfigurationsdateien für den *mysqld*:

- Eine globale Konfigurationsdatei unter */etc/my.conf*: Diese wird dann eingelesen, wenn *root* den Server startet.

- Eine server-globale Konfigurationsdatei *my.conf* im Datenverzeichnis. Da auf einem Rechner mehrere *MySQL*-Server gleichzeitig (mit verschiedenen Datenverzeichnissen) ausgeführt werden können, sind somit Pro-Server-Einstellungen möglich. Dies ist dann besser als eine globale */etc/my.conf*-Datei, die für alle Datenbankserver eines Systems gelten würde[6].

- Benutzerspezifische Konfigurationsdateien unter *~/.my.conf*: Diese werden eingesetzt, wenn der *mysqld* unter einer von *root* abweichenden Kennung ausgeführt werden soll.

Da wir *mysqld* als *root* starten, müssen wir daher wohl */etc/my.conf* editieren. Die Syntax einer solchen Konfigurationsdatei wird in der Onlinedokumentation erläutert.

Wir verwenden folgende globale Konfiguration:

```
/etc/my.conf
# /etc/my.conf -- Global Configuration File for mysql.server

[client]
port   = 3306
socket = /var/local/mysql/mysql.sock

[mysqld]
port   = 3306
socket = /var/local/mysql/mysql.sock
log-update = myupdate
```
/etc/my.conf

In diesem Skript haben wir gleich einen TCP-Port angegeben, an dem sich Clients anschließen können, und das Logging eingeschaltet.

Bei der hier eingesetzten Version 3.22.25 von *MySQL* war das Skript */etc/init.d/mysql.server* leider nicht gut genug, um auch --log-update zu erkennen. Daher muß auch dieses Skript angepaßt werden. Wir werden dies hier nicht weiter verfolgen.

Das Logfile sieht nach drei Teständerungen wie folgt aus:

```
/var/local/mysql/data/myupdate.001
# /usr/local/mysql/libexec/mysqld, Version: 3.22.25-log at 990802 7:31:22
use test;
delete from mytab where name = 'xtest';
update mytab set vorname = 'atest' where name = 'farid';
insert into mytab values ('testname', 'testvorname');
```
/var/local/mysql/data/myupdate.001

---

[6] Wenn Ihr System dies nicht erkennt, sollten Sie *mysql.server* entsprechend anpassen.

Achtung! *Achten Sie darauf, daß das Logfile leicht sehr groß werden kann! Das Logging sollten Sie daher nur zum Debuggen einschalten, oder für den Fall, daß Ihre Daten nach einem Absturz durch Vorwärtsrollen (roll forward) wiederhergestellt werden sollen. Das Logging nimmt dabei nicht nur Platz auf der Platte ein, es stellt auch einen gewissen Overhead dar, der den Datenbankserver langsamer werden läßt.*

Serverzustand überwachen

Den Server können Sie mit Hilfe des Tools *mysqladmin* überwachen. Dazu verwenden Sie die Optionen *status* und *extended-status*. Auf einem gerade neu gestarteten Server sieht die Ausgabe wie folgt aus:

```
farid@sun-1:~> mysqladmin -u root -p status
Enter password: np97xW1       <<<< Wird aber nicht angezeigt!
Uptime: 16  Threads: 1  Questions: 1  Slow queries: 0  Opens: 6
Flush tables: 1  Open tables: 2
farid@sun-1:~> mysqladmin -u root -p extended-status
Enter password: np97xW1       <<<< Wird nicht angezeigt
```

Variable_name	Value
Aborted_clients	0
Aborted_connects	0
Created_tmp_tables	0
Delayed_insert_threads	0
Delayed_writes	0
Delayed_errors	0
Flush_commands	1
Handler_delete	0
Handler_read_first	0
Handler_read_key	1
Handler_read_next	0
Handler_read_rnd	10
Handler_update	0
Handler_write	0
Key_blocks_used	0
Key_read_requests	0
Key_reads	0
Key_write_requests	0
Key_writes	0
Max_used_connections	0
Not_flushed_key_blocks	0
Not_flushed_delayed_rows	0
Open_tables	2
Open_files	4
Open_streams	0
Opened_tables	6
Questions	2
Running_threads	1
Slow_queries	0
Uptime	87

18.6 Das MySQL-Datenbanksystem

Viele dieser Informationen sind sehr nützlich. Somit sehen Sie genau, wo der Server seine meiste Zeit verbringt. Sehr nützlich im laufenden Betrieb ist auch die Option *processlist*:

```
farid@sun-1:~> mysqladmin -u root -p processlist
Enter password: np97xWl    <<<< Wird nicht angezeigt
+----+------+-----------+----+-----------+------+-------+------+
| Id | User | Host      | db | Command   | Time | State | Info |
+----+------+-----------+----+-----------+------+-------+------+
| 3  | root | localhost |    | Processes | 0    |       |      |
+----+------+-----------+----+-----------+------+-------+------+
```

Dieser Server ist zur Zeit ziemlich unbeschäftigt. Normalerweise würde jetzt hier eine Liste von gerade aktiven Threads angezeigt. Dort steht dann z.B., welcher User gerade welchen SQL-Befehl auf welcher Tabelle ausführt. Hierdurch lassen sich beispielsweise Langläufer identifizieren, die Sie möglicherweise mit der *kill*-Option von *mysqladmin* „abschießen" wollen. Dazu benötigen Sie die in der Prozeßliste angegebene Id.

Übrigens können Sie alle Optionen von *mysqladmin* wie folgt anzeigen:

```
farid@sun-1:~> mysqladmin --help
mysqladmin  Ver 7.11 Distrib 3.22.25, for pc-solaris2.6 on i386
TCX Datakonsult AB, by Monty
This software comes with NO WARRANTY: see the file PUBLIC for details.

Administer program for the mysqld demon
Usage: mysqladmin [OPTIONS] command command....

  -#, --debug=...        Output debug log. Often this is 'd:t:o,filename'.
  -f, --force            Don't ask for confirmation on drop table. Continue.
                         even if we get an error.
  -?, --help             Display this help and exit.
  -C, --compress         Use compression in server/client protocol.
  -h, --host=#           Connect to host.
  -p, --password[=...]   Password to use when connecting to server.
                         If password is not given it's asked from the tty.
  -P  --port=...         Port number to use for connection.
  -i, --sleep=sec        Execute commands again and again with a sleep between
  -s, --silent           Silently exit if one can't connect to server.
  -S, --socket=...       Socket file to use for connection.
  -t, --timeout=...      Timeout for connection.
  -u, --user=#           User for login if not current user.
  -V, --version          Output version information and exit.
  -w, --wait[=retries]   Wait and retry if connection is down.

Where command is a one or more of: (Commands may be shortened)
  create databasename    Create a new database.
  drop databasename      Delete a database and all its tables.
  extended-status        Gives an extended status message from the server.
  flush-hosts            Flush all cached hosts.
  flush-logs             Flush all logs.
  flush-status           Clear status variables
```

```
flush-tables        Flush all tables.
flush-privileges    Reload grant tables (same as reload)
kill id,id,...      Kill mysql threads.
password new-password Change old password to new-password
ping                Check if mysqld is alive
processlist         Show list of active threads in server
reload              Reload grant tables
refresh             Flush all tables and close and open logfiles
shutdown            Take server down
status              Gives a short status message from the server
variables           Prints variables available
version             Get version info from server
```

Das `--help`-Flag können Sie auch bei anderen *MySQL*-Kommandos einsetzen, um eine kurze Übersicht zu bekommen.

Backups

Backups können auf zweierlei Arten durchgeführt werden:

- *Sicherung des Dateisystems, auf dem das Datenverzeichnis liegt.* Dazu verwenden Sie am besten ein Backup-Tool, das auch in der Lage ist, Dateien mit Löchern zu sichern. Unter Unix verwenden Sie dazu wahrscheinlich am besten *dump*.

- *Export des gesamten Datenbankinhalts in eine SQL-Datei.* Diese Datei würde dann die Befehle enthalten, die zur Rekonstruktion der Datenbank erforderlich sind. Das hierfür einzusetzende Kommando ist *mysqldump*.

Eine Sicherung mit *mysqldump* ist sehr einfach:

```
farid@sun-1:~> mysqldump -u root -p --opt mydbase > backup-file.sql
Enter password: np97xWl    <<<< Wird nicht angezeigt
```

Für *mydbase* setzen Sie hier den Namen der zu sichernden Datenbank ein. Wollen Sie mehrere Datenbanken sichern, müssen Sie jede einzeln mit einem *mysqldump*-Befehl sichern. Möglich ist auch die Sicherung einzelner Tabellen. Dazu geben Sie ihre Namen nach dem Namen der zu sichernden Datenbank an.

Zur Illustration wollen wir die Systemdatenbank *mysql* sichern:

```
farid@sun-1:~/p> mysqldump -u root -p --opt mysql > mysql-init.sql
Enter password: np97xWl    <<<< Wird nicht angezeigt
```

Die so erzeugte Datei enthält tatsächlich SQL-Befehle:

```
mysql-init.sql
# MySQL dump 6.0
# # Host: localhost    Database: mysql
#---------------------------------------------------------
# Server version        3.22.25
```

```
# # Table structure for table 'columns_priv'
# DROP TABLE IF EXISTS columns_priv;
CREATE TABLE columns_priv (
  Host char(60) DEFAULT '' NOT NULL,
  Db char(60) DEFAULT '' NOT NULL,
  User char(16) DEFAULT '' NOT NULL,
  Table_name char(60) DEFAULT '' NOT NULL,
  Column_name char(60) DEFAULT '' NOT NULL,
  Timestamp timestamp(14),
  Column_priv set('Select','Insert','Update','References')
                                    DEFAULT '' NOT NULL,
  PRIMARY KEY (Host,Db,User,Table_name,Column_name)
);

# # Dumping data for table 'columns_priv'
#
LOCK TABLES columns_priv WRITE;
UNLOCK TABLES;

# # Table structure for table 'db'
# DROP TABLE IF EXISTS db;
CREATE TABLE db (
  Host char(60) DEFAULT '' NOT NULL,
  Db char(32) DEFAULT '' NOT NULL,
  User char(16) DEFAULT '' NOT NULL,
  Select_priv enum('N','Y') DEFAULT 'N' NOT NULL,
  Insert_priv enum('N','Y') DEFAULT 'N' NOT NULL,
  Update_priv enum('N','Y') DEFAULT 'N' NOT NULL,
  Delete_priv enum('N','Y') DEFAULT 'N' NOT NULL,
  Create_priv enum('N','Y') DEFAULT 'N' NOT NULL,
  Drop_priv enum('N','Y') DEFAULT 'N' NOT NULL,
  Grant_priv enum('N','Y') DEFAULT 'N' NOT NULL,
  References_priv enum('N','Y') DEFAULT 'N' NOT NULL,
  Index_priv enum('N','Y') DEFAULT 'N' NOT NULL,
  Alter_priv enum('N','Y') DEFAULT 'N' NOT NULL,
  PRIMARY KEY (Host,Db,User),
  KEY User (User)
);

# # Dumping data for table 'db'
#
LOCK TABLES db WRITE;
INSERT INTO db VALUES
    ('%','test','','Y','Y','Y','Y','Y','Y','Y','Y','Y','Y'),
    ('%','test\\_%','','Y','Y','Y','Y','Y','Y','Y','Y','Y','Y');
UNLOCK TABLES;

# # Table structure for table 'func'
# DROP TABLE IF EXISTS func;
CREATE TABLE func (
  name char(64) DEFAULT '' NOT NULL,
```

```
  ret tinyint(1) DEFAULT '0' NOT NULL,
  dl char(128) DEFAULT '' NOT NULL,
  type enum('function','aggregate') DEFAULT 'function' NOT NULL,
  PRIMARY KEY (name)
);

# # Dumping data for table 'func'
#
LOCK TABLES func WRITE;
UNLOCK TABLES;

# # Table structure for table 'host'
# DROP TABLE IF EXISTS host;
CREATE TABLE host (
  Host char(60) DEFAULT '' NOT NULL,
  Db char(32) DEFAULT '' NOT NULL,
  Select_priv enum('N','Y') DEFAULT 'N' NOT NULL,
  Insert_priv enum('N','Y') DEFAULT 'N' NOT NULL,
  Update_priv enum('N','Y') DEFAULT 'N' NOT NULL,
  Delete_priv enum('N','Y') DEFAULT 'N' NOT NULL,
  Create_priv enum('N','Y') DEFAULT 'N' NOT NULL,
  Drop_priv enum('N','Y') DEFAULT 'N' NOT NULL,
  Grant_priv enum('N','Y') DEFAULT 'N' NOT NULL,
  References_priv enum('N','Y') DEFAULT 'N' NOT NULL,
  Index_priv enum('N','Y') DEFAULT 'N' NOT NULL,
  Alter_priv enum('N','Y') DEFAULT 'N' NOT NULL,
  PRIMARY KEY (Host,Db)
);

# # Dumping data for table 'host'
#
LOCK TABLES host WRITE;
UNLOCK TABLES;

# # Table structure for table 'tables_priv'
# DROP TABLE IF EXISTS tables_priv;
CREATE TABLE tables_priv (
  Host char(60) DEFAULT '' NOT NULL,
  Db char(60) DEFAULT '' NOT NULL,
  User char(16) DEFAULT '' NOT NULL,
  Table_name char(60) DEFAULT '' NOT NULL,
  Grantor char(77) DEFAULT '' NOT NULL,
  Timestamp timestamp(14),
  Table_priv set('Select','Insert','Update','Delete','Create','Drop',
                 'Grant','References','Index','Alter')
                                       DEFAULT '' NOT NULL,
  Column_priv set('Select','Insert','Update','References')
                                       DEFAULT '' NOT NULL,
  PRIMARY KEY (Host,Db,User,Table_name),
  KEY Grantor (Grantor)
);
```

18.6 Das MySQL-Datenbanksystem

```
# # Dumping data for table 'tables_priv'
#
LOCK TABLES tables_priv WRITE;
UNLOCK TABLES;

# # Table structure for table 'user'
# DROP TABLE IF EXISTS user;
CREATE TABLE user (
  Host char(60) DEFAULT '' NOT NULL,
  User char(16) DEFAULT '' NOT NULL,
  Password char(16) DEFAULT '' NOT NULL,
  Select_priv enum('N','Y') DEFAULT 'N' NOT NULL,
  Insert_priv enum('N','Y') DEFAULT 'N' NOT NULL,
  Update_priv enum('N','Y') DEFAULT 'N' NOT NULL,
  Delete_priv enum('N','Y') DEFAULT 'N' NOT NULL,
  Create_priv enum('N','Y') DEFAULT 'N' NOT NULL,
  Drop_priv enum('N','Y') DEFAULT 'N' NOT NULL,
  Reload_priv enum('N','Y') DEFAULT 'N' NOT NULL,
  Shutdown_priv enum('N','Y') DEFAULT 'N' NOT NULL,
  Process_priv enum('N','Y') DEFAULT 'N' NOT NULL,
  File_priv enum('N','Y') DEFAULT 'N' NOT NULL,
  Grant_priv enum('N','Y') DEFAULT 'N' NOT NULL,
  References_priv enum('N','Y') DEFAULT 'N' NOT NULL,
  Index_priv enum('N','Y') DEFAULT 'N' NOT NULL,
  Alter_priv enum('N','Y') DEFAULT 'N' NOT NULL,
  PRIMARY KEY (Host,User)
);

# # Dumping data for table 'user'
#
LOCK TABLES user WRITE;
INSERT INTO user VALUES
        ('localhost','root','57914ac778ddd574','Y','Y','Y','Y','Y',
        'Y','Y','Y','Y','Y','Y','Y','Y','Y'),
        ('sun-1','root','','Y','Y','Y','Y','Y','Y','Y','Y','Y','Y',
        'Y','Y','Y','Y'),
        ('localhost','','','N','N','N','N','N','N','N','N','N','N',
        'N','Y','Y','Y'),
        ('sun-1','','','N','N','N','N','N','N','N','N','N','N',
        'Y','Y','Y');
UNLOCK TABLES;
```
———————————————————————————— mysql-init.sql

Wollen Sie diese Sicherung wieder einspielen, brauchen Sie nur die SQL-Befehle dem *mysql* zu übergeben:

```
farid@sun-1:~> mysql -u root -p mydbase < backup-file.sql
Enter password: np97xW1    <<<< Wird nicht angezeigt
```

Möglicherweise müssen Sie die Datenbank *mydbase* vorher erzeugen. Dazu rufen Sie *mysqladmin* mit der Option *create* auf:

```
farid@sun-1:~> mysqladmin -u root -p create mydbase
Enter password: np97xW1    <<<< Wird nicht angezeigt
```

Eine besonders nützliche Anwendung von *mysqldump* ist das Kopieren einer Datenbank von einem Server zu einem anderen Server:

```
farid@sun-1:~> mysqldump -u root -p --opt mydbase | \
>              mysql --host=remote-host -C copydbase
```

Das *mysqldump*-Programm hat mehr Optionen, als hier gezeigt wurden. Dazu rufen Sie es mit --help auf. Die Optionen werden in der Onlinedokumentation von *MySQL* ausführlich erklärt.

Die Zugangskontrolle

Nicht jeder darf beliebige SQL-Befehle an den *MySQL*-Datenbankserver senden. Dazu müssen erst entsprechende Zugriffsrechte gepflegt werden. *MySQL* verfügt über ein mehrstufiges Zugangsmodell, das ausführlich in der Onlinedokumentation erläutert ist.

Zunächst wird überprüft, ob ein User überhaupt eine Verbindung zum Server aufbauen darf. Dies wird mit Hilfe einer Kombination von Username und Paßwort erreicht. Das haben wir bereits bei den Optionen -u und -p der entsprechenden Clientprogramme kennengelernt. Auch aus Perl heraus werden wir diese Information übergeben müssen, wenn wir eine Verbindung zum Datenbankserver aufbauen wollen.

Usernamen und Paßwörter haben nichts mit den Login-Namen und Paßwörtern von Unix zu tun. Sie können einen eigenen Namenskreis für die *MySQL*-User einrichten.

Die Zugriffskontrolle kann auf mehreren Stufen errichtet werden. Die gröbste Stufe ist das Recht, sich an den Server anzuschließen; die feinste Stufe ist ein Pro-Feld/Pro-Operation-Zugriffsschutz.

Alle Zugriffsrechte werden in *Grant-Tabellen* zusammengefaßt. Diese Tabellen befinden sich in der Systemdatenbank *mysql*:

```
farid@sun-1:~> mysqlshow -u root --password='np97xW1' mysql
Database: mysql
+--------------+
|    Tables    |
+--------------+
| columns_priv |
| db           |
| func         |
| host         |
| tables_priv  |
| user         |
+--------------+
```

18.6 Das MySQL-Datenbanksystem

Wir fangen mit der grundlegendsten Tabelle, *user*, an:

```
farid@sun-1:~> mysqlshow -u root --password='np97xWl' mysql user
Database: mysql  Table: user  Rows: 4
+-----------------+---------------+------+-----+---------+-------+
| Field           | Type          | Null | Key | Default | Extra |
+-----------------+---------------+------+-----+---------+-------+
| Host            | char(60)      |      | PRI |         |       |
| User            | char(16)      |      | PRI |         |       |
| Password        | char(16)      |      |     |         |       |
| Select_priv     | enum('N','Y') |      |     | N       |       |
| Insert_priv     | enum('N','Y') |      |     | N       |       |
| Update_priv     | enum('N','Y') |      |     | N       |       |
| Delete_priv     | enum('N','Y') |      |     | N       |       |
| Create_priv     | enum('N','Y') |      |     | N       |       |
| Drop_priv       | enum('N','Y') |      |     | N       |       |
| Reload_priv     | enum('N','Y') |      |     | N       |       |
| Shutdown_priv   | enum('N','Y') |      |     | N       |       |
| Process_priv    | enum('N','Y') |      |     | N       |       |
| File_priv       | enum('N','Y') |      |     | N       |       |
| Grant_priv      | enum('N','Y') |      |     | N       |       |
| References_priv | enum('N','Y') |      |     | N       |       |
| Index_priv      | enum('N','Y') |      |     | N       |       |
| Alter_priv      | enum('N','Y') |      |     | N       |       |
+-----------------+---------------+------+-----+---------+-------+
```

Diese Tabelle ist sozusagen die Paßwortdatei für den *MySQL*-Server. Hier werden auch neue User eingetragen. Die Rechte hinter dem Feld *Password* sind sogenannte „Superuserrechte". Ist eines dieser Rechte auf 'Y' gesetzt, hat es Vorrang vor anderen, feinkörnigeren Rechten. Auf diese Rechte kommen wir in Kürze zurück.

Beachten Sie, daß der Primärschlüssel hier aus (*Host, *User) besteht. Daher muß für jeden Host, von dem aus ein User eine Verbindung zum Datenbankserver aufbauen darf, ein eigener Eintrag in die *user*-Tabelle aufgenommen werden. Möglich ist hier aber auch eine Wildcard-Notation.

Die nächste Tabelle bestimmt, welche User auf welche Datenbank zugreifen dürfen:

```
farid@sun-1:~> mysqlshow -u root --password='np97xWl' mysql db
Database: mysql  Table: db  Rows: 2
+-------------+---------------+------+-----+---------+-------+
| Field       | Type          | Null | Key | Default | Extra |
+-------------+---------------+------+-----+---------+-------+
| Host        | char(60)      |      | PRI |         |       |
| Db          | char(32)      |      | PRI |         |       |
| User        | char(16)      |      | PRI |         |       |
| Select_priv | enum('N','Y') |      |     | N       |       |
| Insert_priv | enum('N','Y') |      |     | N       |       |
| Update_priv | enum('N','Y') |      |     | N       |       |
| Delete_priv | enum('N','Y') |      |     | N       |       |
| Create_priv | enum('N','Y') |      |     | N       |       |
```

```
| Drop_priv       | enum('N','Y') |   | N |   |
| Grant_priv      | enum('N','Y') |   | N |   |
| References_priv | enum('N','Y') |   | N |   |
| Index_priv      | enum('N','Y') |   | N |   |
| Alter_priv      | enum('N','Y') |   | N |   |
+-----------------+---------------+---+---+---+
```

In dieser Tabelle, *db*, werden die Usernamen aus *user* eingetragen, die sich an eine Datenbank *Db* anschließen dürfen, und es wird festgelegt, was sie damit global anstellen können. Beachten Sie hier, daß der Primärschlüssel die Kombination (*Host, *Db, *User) ist! Sollen User von mehreren Hosts eine Datenbank erreichen, können Sie das *Host*-Feld leer lassen und dafür Einträge in die Tabelle *host* vornehmen:

```
farid@sun-1:~> mysqlshow -u root --password='np97xWl' mysql host
Database: mysql  Table: host  Rows: 0
+-----------------+---------------+------+-----+---------+-------+
| Field           | Type          | Null | Key | Default | Extra |
+-----------------+---------------+------+-----+---------+-------+
| Host            | char(60)      |      | PRI |         |       |
| Db              | char(32)      |      | PRI |         |       |
| Select_priv     | enum('N','Y') |      |     | N       |       |
| Insert_priv     | enum('N','Y') |      |     | N       |       |
| Update_priv     | enum('N','Y') |      |     | N       |       |
| Delete_priv     | enum('N','Y') |      |     | N       |       |
| Create_priv     | enum('N','Y') |      |     | N       |       |
| Drop_priv       | enum('N','Y') |      |     | N       |       |
| Grant_priv      | enum('N','Y') |      |     | N       |       |
| References_priv | enum('N','Y') |      |     | N       |       |
| Index_priv      | enum('N','Y') |      |     | N       |       |
| Alter_priv      | enum('N','Y') |      |     | N       |       |
+-----------------+---------------+------+-----+---------+-------+
```

Zusätzlich zu diesen globalen Tabellen können Sie in *tables_priv* die Granularität der Zugriffsrechte auf Tabellen verfeinern und in *columns_priv* sogar auf einzelne Felder beschränken. Somit dürfte auch den kompliziertesten und differenziertesten Zugriffsschutzstrategien nichts mehr im Wege stehen[7].

Die einzelnen Zugriffsrechte haben folgende Bedeutung:

- *Select_priv* muß im jeweiligen Kontext wahr sein, bevor der Datenbankserver Ergebnisse eines SELECT-Befehls zurückgibt. Dasselbe gilt entsprechend bei *Insert_priv*, *Update_priv* und *Delete_priv*.

- *Create_priv* und *Drop_priv* erlauben die Erzeugung bzw. Zerstörung von Datenbanken und Tabellen.

- *Reload_priv* erlaubt folgende *mysqladmin*-Kommandos: *reload, refresh, flush-privileges, flush-hosts, flush-logs* und *flush-tables*.

---

[7] Ich vermisse noch eine Zeitschloßfunktion. Diese könnte bestimmten Usern den Zugriff auf bestimmte Felder, Tabellen, Datenbanken nur zu bestimmten Uhrzeiten bzw. Tagen erlauben. Somit ließe sich z.B. der Zugriff auf Bürozeiten oder ähnliches beschränken.

- *Shutdown_priv* erlaubt es einem User, mit der *shutdown*-Option von *mysqladmin* den Datenbankserver herunterzufahren.

- *Process_priv* ermöglicht einem User, die Optionen *processlist* und *kill* von *mysqladmin* zu benutzen. Beachten Sie, daß dieses Recht nicht zu liberal vergeben werden sollte, denn durch *processlist* wird der Klartext des gerade ausgeführten SQL-Befehls angezeigt. Dieser könnte beispielsweise auch Paßwörter im Klartext enthalten etc.

- *File_priv* ist ein sehr weitreichendes Privileg. Dadurch läßt sich mit Hilfe von LOAD DATA INFILE und SELECT INTO OUTFILE jede beliebige Datei lesen oder beschreiben, auf die der SQL-Server Zugriff hat.

- *Grant_priv* erlaubt es einem User, (Teile) seine(r) Privilegien einem anderen User zu übertragen.

- *Index_priv* ermöglicht es einem User, eine Index-Tabelle anzulegen. *Alter_priv* ist das Recht, die Struktur einer Tabelle mittels ALTER TABLE jederzeit modifizieren zu können.

Eine genauere Erläuterung der einzelnen Privilegien finden Sie in der Onlinedokumentation.

Eine Alternative zur direkten Manipulation der GRANT-Tabellen ist die Verwendung der SQL-Befehle GRANT und REVOKE, vorausgesetzt, Sie haben genügend Rechte.

Wichtig ist, daß eine Änderung von Rechten in den Tabellen der *mysql*-Systemdatenbank nicht sofort wirksam wird. Vielmehr erkennt der Server eine solche Änderung nur in folgenden Situationen:

- beim Start des Servers

- bei GRANT, REVOKE und SET PASSWORD werden die davon betroffenen Privilegien sofort bemerkt

- nach FLUSH PRIVILEGES werden die manuellen Änderungen mittels INSERT, UPDATE etc. erkannt

- nach dem Aufruf von *mysqladmin* mit der Option *flush-privileges*

Existierende Verbindungen zu Clients werden ebenfalls durch eine Änderung der Privilegien betroffen. Wie genau, entnehmen Sie bitte der Onlinedokumentation.

18.6.5 Ein MySQL-Tutorial

Wir wollen im folgenden eine Datenbank anlegen und einigen Usern den Zugriff auf diese Datenbank ermöglichen. Dabei werden wir zwei Methoden kennenlernen, Privilegien zu vergeben:

- Direktes Editieren der GRANT-Tabellen

- Weitergabe von Zugriffsrechten mit dem SQL-Kommando GRANT

Anschließend werden wir ein klein wenig mit der neu erzeugten Datenbank spielen.

Eine Datenbank anlegen

Eine Datenbank wird mit Hilfe des *mysqladmin*-Tools erzeugt:

```
farid@sun-1:~> mysqladmin --user=root --password='np97xW1' \
>           create mydbase
Database "mydbase" created.
```

Einige Tabellen erzeugen

Nun erzeugen wir als Datenbankadministrator *root* einige Tabellen. Dazu verwenden wir das *mysql*-Tool:

```
farid@sun-1:~> mysql --user=root --password='np97xW1' mydbase
Welcome to the MySQL monitor.  Commands end with ; or \g.
Your MySQL connection id is 31 to server version: 3.22.25

Type 'help' for help.

mysql> create table plzorte (
    ->      plz char(5) not null,
    ->      ort char(15) not null,
    ->      primary key(plz, ort) );
Query OK, 0 rows affected (0.26 sec)

mysql> create table kunden (
    ->      lfd integer not null auto_increment primary key,
    ->      name char(20) not null,
    ->      vorname char(20) not null,
    ->      konto char(11) default 'xxx.yyy.zzz',
    ->      strasse char(20),
    ->      plz char(5),
    ->      unique (name, vorname) );
Query OK, 0 rows affected (0.07 sec)

mysql> create table lieferanten (
    ->      lfd integer not null auto_increment primary key,
    ->      name char(20) not null,
    ->      unique (name) );
Query OK, 0 rows affected (0.02 sec)

mysql> create table artikel (
    ->      artnr integer not null,
    ->      liefnr integer not null,
    ->      preis double(5,2) unsigned,
    ->      beschreibung text,
```

```
            ->         primary key(artnr, liefnr) );
    Query OK, 0 rows affected (0.02 sec)

    mysql> create table bestellungen (
            ->         kundenr integer not null,
            ->         artnr   integer not null,
            ->         menge   smallint unsigned,
            ->         primary key (kundenr, artnr) );
    Query OK, 0 rows affected (0.02 sec)

    mysql> \q
    Bye
```

Sie erkennen hieraus schon die Grundzüge eines Bestellsystems.

Aktuelle Datenbankstruktur anzeigen

Haben Sie vergessen, wie die Struktur der Datenbank aussieht? Kein Problem! Rufen Sie einfach *mysqlshow* auf:

```
farid@sun-1:~> mysqlshow --user=root --password='np97xWl' mydbase
Database: mydbase
+---------------+
|    Tables     |
+---------------+
| artikel       |
| bestellungen  |
| kunden        |
| lieferanten   |
| plzorte       |
+---------------+

farid@sun-1:~> mysqlshow --user=root --password='np97xWl' \
>               mydbase artikel
Database: mydbase  Table: artikel  Rows: 0
+---------------+----------------------+------+-----+---------+-------+
| Field         | Type                 | Null | Key | Default | Extra |
+---------------+----------------------+------+-----+---------+-------+
| artnr         | int(11)              |      | PRI | 0       |       |
| liefnr        | int(11)              |      | PRI | 0       |       |
| preis         | double(5,2) unsigned | YES  |     |         |       |
| beschreibung  | text                 | YES  |     |         |       |
+---------------+----------------------+------+-----+---------+-------+

farid@sun-1:~> mysqlshow --user=root --password='np97xWl' \
>               mydbase bestellungen
Database: mydbase  Table: bestellungen  Rows: 0
+---------+----------------------+------+-----+---------+-------+
| Field   | Type                 | Null | Key | Default | Extra |
+---------+----------------------+------+-----+---------+-------+
| kundenr | int(11)              |      | PRI | 0       |       |
```

```
| artnr    | int(11)              |     | PRI | 0       |                |
| menge    | smallint(5) unsigned | YES |     |         |                |
+----------+----------------------+-----+-----+---------+----------------+
```

```
farid@sun-1:~> mysqlshow --user=root --password='np97xW1' \
>                mydbase kunden
Database: mydbase  Table: kunden  Rows: 0
+---------+----------+------+-----+-------------+----------------+
| Field   | Type     | Null | Key | Default     | Extra          |
+---------+----------+------+-----+-------------+----------------+
| lfd     | int(11)  |      | PRI | 0           | auto_increment |
| name    | char(20) |      | MUL |             |                |
| vorname | char(20) |      |     |             |                |
| konto   | char(11) | YES  |     | xxx.yyy.zzz |                |
| strasse | char(20) | YES  |     |             |                |
| plz     | char(5)  | YES  |     |             |                |
+---------+----------+------+-----+-------------+----------------+
```

```
farid@sun-1:~> mysqlshow --user=root --password='np97xW1' \
>                mydbase lieferanten
Database: mydbase  Table: lieferanten  Rows: 0
+-------+----------+------+-----+---------+----------------+
| Field | Type     | Null | Key | Default | Extra          |
+-------+----------+------+-----+---------+----------------+
| lfd   | int(11)  |      | PRI | 0       | auto_increment |
| name  | char(20) |      | UNI |         |                |
+-------+----------+------+-----+---------+----------------+
```

```
farid@sun-1:~> mysqlshow --user=root --password='np97xW1' \
>                mydbase plzorte
Database: mydbase  Table: plzorte  Rows: 0
+-------+----------+------+-----+---------+-------+
| Field | Type     | Null | Key | Default | Extra |
+-------+----------+------+-----+---------+-------+
| plz   | char(5)  |      | PRI |         |       |
| ort   | char(15) |      | PRI |         |       |
+-------+----------+------+-----+---------+-------+
```

Wir erkennen bei diesen Ausgaben das jeweilige Format der Tabellen, die Defaultbelegungen, Schlüsselfelder und weitere Kriterien.

User einrichten

Wir wollen nicht immer als Datenbankadministrator auf diese Datenbank zugreifen. Daher werden wir einige User einrichten. Da wir eine kleine Firma simulieren wollen, werden wir für unterschiedliche User auch unterschiedliche Tabellenrechte eintragen. Dazu soll folgendes User-Profil angelegt werden:

- Der User `manager` soll einen kompletten Zugang zur *mydbase*-Datenbank haben. Er soll auch Tabellen anlegen und löschen dürfen. Dieser User ist sozusagen der Chef, der alles mit der Datenbank tun darf. Er muß sich mit einem Paßwort identifizieren.

- Der User `liefmgr` ist der Lieferantenmanager. Er darf die Lieferantendaten pflegen, also die Tabellen *lieferanten* und *artikel*. Auf die Tabelle *plzort* darf der User `liefmgr` nur SELECT-Rechte haben.

- Der User `custmgr` ist der Kundenmanager. Er darf die Kundenstammdaten in der Tabelle *kunden* pflegen. Außerdem hat er lesenden SELECT-Zugriff auf alle anderen Tabellen.

- Der User `ordmgr` ist der Bestellmanager. Dieser darf keine neuen User anlegen, dafür aber Bestellungen aufnehmen. Zur Abwechslung werden wir für diesen User kein Paßwort anlegen. Das ist im wirklichen Leben eine Sicherheitslücke, aber wir wollen es einfach nur probieren.

Wie werden diese Zugriffsrechte nun eingestellt? Dazu gibt es zwei Möglichkeiten:

- Sie tragen die User und alle Privilegien manuell in die GRANT-Tabellen der *mysql*-Systemdatenbank ein und rufen anschließend FLUSH PRIVILEGES auf.

- Sie erzeugen die User zusammen mit den zugehörigen Privilegien mit Hilfe des GRANT-Befehls.

Die zweite Methode ist besser, da sie zum einen portabler und zum anderen weniger fehleranfällig ist. Daher werden wir nun als Datenbankadministrator die oben genannten User anlegen:

```
farid@sun-1:~> mysql --user=root --password='np97xWl' mysql
Reading table information for completion of table and column names
You can turn off this feature to get a quicker startup with -A

Welcome to the MySQL monitor.  Commands end with ; or \g.
Your MySQL connection id is 67 to server version: 3.22.25

Type 'help' for help.

mysql> grant all privileges on mydbase.* to manager@localhost
    ->    identified by 'mgrpass' with grant option;
Query OK, 0 rows affected (0.07 sec)

mysql> grant all privileges on mydbase.* to manager@"%"
    ->    identified by 'mgrpass' with grant option;
Query OK, 0 rows affected (0.01 sec)

mysql> \q
Bye
```

Hier wurde der User manager als Datenbankadministrator für die Datenbank *mydbase* eingetragen. Die nachfolgenden User sollen direkt von manager angelegt werden. Daher rufen wir folgende Kommandos unter der Identität von manager auf:

```
farid@sun-1:~> mysql --user='manager' --password='mgrpass' mydbase
Reading table information for completion of table and column names
You can turn off this feature to get a quicker startup with -A

Welcome to the MySQL monitor.  Commands end with ; or \g.
Your MySQL connection id is 68 to server version: 3.22.25

Type 'help' for help.

mysql> grant select on mydbase.plzorte to liefmgr@localhost
    ->                        identified by 'liefpass';
Query OK, 0 rows affected (0.06 sec)

mysql> grant select on mydbase.plzorte to liefmgr@'%'
    ->                        identified by 'liefpass';
Query OK, 0 rows affected (0.01 sec)

mysql> grant select on mydbase.plzorte to custmgr@localhost
    ->                        identified by 'custpass';
Query OK, 0 rows affected (0.04 sec)

mysql> grant select on mydbase.plzorte to custmgr@'%'
    ->                        identified by 'custpass';
Query OK, 0 rows affected (0.02 sec)

mysql> grant select on mydbase.plzorte to ordmgr@localhost;
Query OK, 0 rows affected (0.03 sec)

mysql> grant select on mydbase.plzorte to ordmgr@'%';
Query OK, 0 rows affected (0.02 sec)
```

Soviel zur Tabelle *plzorte*, die alle unsere User lesen, aber nicht verändern können. Nur manager darf diese Tabelle pflegen. Nun geht es mit der Lieferantentabelle *lieferanten* weiter. Diese darf nur von manager und liefmgr erweitert, geändert oder verkleinert werden. Sie darf aber von allen Usern gelesen werden.

```
mysql> grant select, update, insert, delete on mydbase.lieferanten
    ->      to liefmgr@localhost identified by 'liefpass';
Query OK, 0 rows affected (0.01 sec)

mysql> grant select, update, insert, delete on mydbase.lieferanten
    ->      to liefmgr@'%' identified by 'liefpass';
Query OK, 0 rows affected (0.01 sec)
```

Andere User wollen aber auch mindestens mit SELECT auf die *lieferanten*-Tabelle zugreifen, also:

```
mysql> grant select on mydbase.lieferanten
```

```
            ->        to custmgr@localhost identified by 'custpass';
Query OK, 0 rows affected (0.02 sec)

mysql> grant select on mydbase.lieferanten
    ->        to custmgr@'%' identified by 'custpass';
Query OK, 0 rows affected (0.00 sec)

mysql> grant select on mydbase.lieferanten
    ->        to ordmgr@localhost;
Query OK, 0 rows affected (0.02 sec)

mysql> grant select on mydbase.lieferanten
    ->        to ordmgr@'%';
Query OK, 0 rows affected (0.03 sec)
```

Sie bemerken, daß wir stets zwei Einträge aufnehmen müssen: Einmal für User, die sich auf demselben Host befinden wie der Datenbankserver, und einmal für User, die von überall sonst herkommen.

Welche Tabellen haben wir noch? Beispielsweise die *artikel*-Tabelle. Diese darf wie *lieferanten* nur von liefmgr gepflegt werden, soll aber von anderen Usern durchaus gelesen werden können. Daher sind die Einträge hier wieder dieselben wie im obigen Beispiel:

```
GRANT SELECT, UPDATE, INSERT, DELETE ON mydbase.artikel
                           TO liefmgr@localhost
GRANT SELECT, UPDATE, INSERT, DELETE ON mydbase.artikel
                                    TO liefmgr@'%'
GRANT SELECT ON mydbase.artikel TO custmgr@localhost
GRANT SELECT ON mydbase.artikel TO custmgr@'%'
GRANT SELECT ON mydbase.artikel TO ordmgr@localhost
GRANT SELECT ON mydbase.artikel TO ordmgr@'%'
```

Als nächstes richten wir die Zugriffsrechte auf die Kundentabelle *kunden* ein. Diese darf nur von custmgr gepflegt und von ordmgr eingesehen werden:

```
GRANT SELECT, UPDATE, INSERT, DELETE ON mydbase.kunden
                           TO custmgr@localhost
GRANT SELECT, UPDATE, INSERT, DELETE ON mydbase.kunden
                                    TO custmgr@'%'
GRANT SELECT ON mydbase.kunden TO ordmgr@localhost
GRANT SELECT ON mydbase.kunden TO ordmgr@'%'
```

Zum Schluß noch *bestellungen*: Diese dürfen nur vom ordmgr durchgeführt werden. Sie dürfen aber auch vom custmgr und liefmgr für Statistiken und andere Zwecke abgefragt werden; also:

```
GRANT SELECT, UPDATE, INSERT, DELETE ON mydbase.bestellungen
                           TO ordmgr@localhost
GRANT SELECT, UPDATE, INSERT, DELETE ON mydbase.bestellungen
                                    TO ordmgr@'%'
GRANT SELECT ON mydbase.bestellungen TO liefmgr@localhost
GRANT SELECT ON mydbase.bestellungen TO liefmgr@'%'
```

```
        GRANT SELECT ON mydbase.bestellungen TO custmgr@localhost
        GRANT SELECT ON mydbase.bestellungen TO custmgr@'%'
```

Damit haben wir passende Zugriffsrechte für alle Tabellen vergeben.

Einige Datensätze eintragen

Wie können nun Datensätze eingefügt werden? Wir werden beispielsweise die *plzorte*-Tabelle mit Werten füllen, indem wir INSERT-Befehle absetzen:

```
farid@sun-1:~> mysql --user='manager' --password='mgrpass' mydbase
Reading table information for completion of table and column names
You can turn off this feature to get a quicker startup with -A

Welcome to the MySQL monitor.  Commands end with ; or \g.
Your MySQL connection id is 76 to server version: 3.22.25

Type 'help' for help.

mysql> insert into plzorte (plz, ort) values ('50000', 'koeln');
Query OK, 1 row affected (0.00 sec)

mysql> insert into plzorte values ('40000', 'duesseldorf');
Query OK, 1 row affected (0.00 sec)

mysql> insert into plzorte values ('40210', 'duesseldorf');
Query OK, 1 row affected (0.00 sec)

mysql> insert into plzorte values ('50000', 'koeln');
ERROR 1062: Duplicate entry '50000-koeln' for key 1
mysql> \q
Bye
```

Wir erkennen an diesem Beispiel, daß ein Ort für sich nicht eindeutig sein muß, aber daß es keine Ort/PLZ-Paare mehr als einmal geben darf.

Die manuelle Pflege einer solchen Tabelle ist sehr mühsam. Angenommen, wir hätten bereits irgendwo eine Textdatei mit Kundeninformationen. Diese können wir dann mit Hilfe des Tools *mysqlimport* direkt in die jeweilige Tabelle einlesen. Mehr Informationen darüber finden Sie in der Onlinedokumentation und in der Kurzhilfe zu *mysqlimport*.

Einige Abfragen

Abfragen können beliebig kompliziert sein. Versuchen Sie, einige Abfragen mit SELECT innerhalb von *mysql* an die gerade erzeugte Datenbank *mydbase* zu richten!

Die Onlinedokumentation

Die Onlinedokumentation von *MySQL* können Sie entweder im Internet auf einem der Mirrors von http://www.tcx.se/ finden oder aber auch im *Docs*-Unterverzeichnis der

Quellcode-Distribution. Nach der Übersetzung befindet sich dort das Manual in verschiedenen Formaten: HTML, PostScript, Texinfo und Text.

18.7 Perl und Datenbanksysteme

18.7.1 Das DBI-Framework

In den frühen Tagen von Perl gab es noch keine Unterstützung für dynamisches Linken. Dennoch erkannten Perl-Hacker schon früh, wie sie einen Perl-Interpreter mit den Libraries populärer Datenbanksysteme linken konnten, und bekamen somit eine erweiterte Version des Interpreters, die auch Befehle an das jeweilige RDBMS schicken konnte. Typische Vertreter dieser Anpassungen war *oraperl* für die Unterstützung von *Oracle*-Datenbanksystemen.

Seit Perl5 wird auch auf vielen Plattformen dynamisches Linken unterstützt. Daher wurde das alte *oraperl* umgeschrieben, so daß es mit Hilfe eines Moduls nun die *Oracle*-Libraries dynamisch in den Interpreter laden konnte. Neben *Oracle* wurden auch einige andere Datenbankmanagementsysteme auf dieselbe Art und Weise an Perl gebunden.

Leider sind die APIs diverser RDBMS-Hersteller untereinander nicht kompatibel. Daher mußte ein Skript für jedes unterstützte RDBMS völlig umgeschrieben werden. Dieser Mangel an Portabilität führte über kurze Zeit zu einer unübersehbaren Menge an unportablem Code.

Die zur Zeit aktuelle Lösung dieses Problems ist das sogenannte *DBI-Framework*. Dabei wird Anwendungsskripten eine datenbankunabhängige API angeboten. Diese API wird mit Hilfe des Moduls DBI realisiert. Typische Funktionen dieser Schicht sind unter anderem:

- Anmeldung an einen Datenbankserver und später wieder Abmeldung
- Senden einfacher Befehle, die höchstens eine einzige Zeile oder gar keine zurückliefern (do())
- Senden von Abfragebefehlen, die mehrere Datensätze zurückliefern können (mit Hilfe der Funktionen prepare(), execute() und fetch*())
- Spezifikation von Transaktionsklammern

All diese Funktionen sollten bei allen durch die DBI-Schnittstelle unterstützten RDBMS identisch aufgerufen werden können.

Natürlich kann das DBI-Modul allein noch keine Verbindung zu irgendeinem Datenbankserver aufnehmen. Dazu werden *Treibermodule* für die einzelnen RDBMS benötigt. Diese als *datenbankabhängige Module* (DBD::*) bezeichneten Treiber sind es, die Anfragen der DBI-Schicht in API-Aufrufe des jeweiligen Datenbankmanagementsystems konvertieren und die Antworten wieder zurück an die DBI-Schicht zurücksenden.

Es ist möglich, mehrere verschiedene RDBMS aus demselben Skript heraus anzusprechen, solange die entsprechenden DBD::*-Treiber dazu installiert wurden.

18.7.2 Die Module `DBI` und `DBD::mysql`

Wenn wir aus Perl heraus auf unseren gerade installierten *MySQL*-Datenbankserver zugreifen wollen, müssen wir zunächst das DBI-Modul und anschließend das DBD::mysql CPAN-Modul installieren. Dies geschieht völlig problemlos auf die bereits bekannte Art und Weise[8]. Beide Module finden Sie im einem CPAN-Mirror Ihrer Wahl.

Metainformationen anfordern

Jeder Datenbanktreiber unterstützt eine bestimmte Menge an Datenbanken. Das folgende kleine Skript zeigt, wie diese Liste aus DBI extrahiert werden kann.

```
db-listdb.pl
#!/usr/local/bin/perl -w
# db-listdb.pl -- Zeigt alle vorhandenen MySQL-Datenbanken an.

use DBI;

sub list_db_localhost {
    # Liefert eine Liste gerade installierter Datenbanken auf
    # dem lokalen Rechner (localhost) zurueck.
    # Verwendung: @db = list_db_localhost();
    return DBI->data_sources("mysql");
}

sub list_db_remote {
    # Liefert eine Liste von Datenbanken auf einem MySQL-Host
    # mit Namen 'host' und Port 'port' zurueck.
    # Verwendung: @db = list_db_remote();
    # @db = list_db_remote( host => $host );
    # @db = list_db_remote( host => $host, port => $port );
    my %p = ( host => 'localhost',
              port => '3306',
              @_ );
    my $drh = DBI->install_driver("mysql");
    return $drh->func($p{'host'}, $p{'port'}, "_ListDBs");
}

print "databases on localhost:\n";
print map { "\t" . "$_\n" } list_db_localhost();

print "remote:port> "; chomp($rp = <STDIN>);
($host, $port) = split(/:/, $rp);
print "databases on $rp:\n";
print map { "\t" . "$_\n" } list_db_remote(host => $host, port => $port);
```
db-listdb.pl

---

[8] Für die nachfolgenden Programme habe ich DBI-1.13 und Msql-Mysql-modules-1.2202 installiert.

18.7 Perl und Datenbanksysteme

Die Ausführung ergibt:

```
farid@sun-1:~/p> ./db-listdb.pl
databases on localhost:
        DBI:mysql:mydbase
        DBI:mysql:mysql
        DBI:mysql:test
remote:port> bsd-1.meta.net:3306
databases on bsd-1.meta.net:3306:
        mysql
        test
```

Schauen wir uns das Programm etwas näher an: Es gibt zwei Alternativen, um eine Liste von Datenbanken zu bekommen:

- Eine Liste von Datenbanken auf dem lokalen Rechner kann mit Hilfe der folgenden portablen Methode angefordert werden:

  ```
  @dbases = DBI->data_sources("mysql");
  ```

  Diese Methode ist portabel, da sie nicht von speziellen Treiberfunktionen abhängig ist. Sie können mit derselben Funktion auch Datenbanken anderer relationaler Datenbankmanagementsysteme anfordern. Dies gilt in der *Microsoft Windows*-Welt auch für ODBC-Datenbanken.

- Eine Liste von Datenbanken eines entfernten Hosts bekommen Sie hingegen nur durch eine nicht portable Methode. Bei *MySQL* heißt der entsprechende API-Aufruf _ListDBs(). Um diesen auszuführen, ist es nötig, zunächst ein Treiberhandle für den DBD::mysql-Treiber zu besorgen. Mit Hilfe dieses Handles ist es dann möglich, eine beliebige Funktion der zugrundeliegenden API aufzurufen:

  ```
  $drh      = DBI->install_driver("mysql");
  @rdbases  = $drh->func($hostname, $port, "_ListDBs");
  ```

Da wir nun die Namen von Datenbanken kennen, versuchen wir gleich, eine Datenbank zu öffnen und mit Hilfe des dadurch erhaltenen Datenbankhandles eine Liste von Tabellen zu bekommen:

```
db-listtbl.pl
#!/usr/local/bin/perl -w
# db-listtbl.pl -- Zeigt eine Liste von Tabellen
#                  einer MySQL-Datenbank an.

use DBI;
use constant DBHOST => 'localhost';

sub open_dbase {
    # Oeffnet eine Datenbank auf einem angegebenen Host.
    # Liefert ein Datenbankhandle $dbh zurueck.
    # Beispiel: $dbh = open_dbase( dbname => $dbname );
    #   $dbh = open_dbase( dbname => $dbname, pw => $passwd );
    # ACHTUNG: Vergessen Sie nicht, $dbh nach Gebrauch auch explizit
```

```perl
        # mit $dbh->disconnect() freizugeben!
        my %p = (
                  dbname => 'test',
                  user   => $ENV{'LOGNAME'},
                  pw     => '',
                  host   => DBHOST,
                  driver => 'mysql',
                  @_ );

        my $dsn = "DBI:$p{'driver'}:database=$p{'dbname'}";
        my $dbh = DBI->connect($dsn, $p{'user'}, $p{'pw'});
        print STDERR "Error connecting to $p{'dbname'}: $DBI::errstr\n"
            unless $dbh;

        return $dbh;
}

sub list_tables {
    # Liefert eine Liste von Tabellen zurueck,
    # die zu einem geoeffneten Datenbankhandle $dbh gehoeren.
    # Verwendung: @tables = list_tables( $dbh );
    my $dbh     = shift;
    my @tables  = $dbh->func('_ListTables');

    return @tables;
}

$dbh = open_dbase( dbname => 'mydbase',
                   user   => 'manager',
                   pw => 'mgrpass' )
    or die "can't open connection to database: $!\n";

print "Tables:\n";
print map { "\t" . "$_\n" } list_tables($dbh);
$dbh->disconnect();
```
── db-listtbl.pl

Die Ausführung ergibt:

```
farid@sun-1:~/p> ./db-listtbl.pl
Tables:
        artikel
        bestellungen
        kunden
        lieferanten
        plzorte
```

Was ist hier genau geschehen?

- Sobald Daten irgendeiner Datenbank benötigt werden, als auch Metadaten wie eine Liste von Tabellen, muß diese Datenbank zunächst „geöffnet" werden. Das heißt, Sie müssen eine Verbindung zum Datenbankserver aufbauen und sich als berechtiger User für eine bestimmte Datenbank einloggen.

- Das Einloggen wird durch die DBI-Methode connect() erledigt. connect() erwartet folgende Parameter:
    - Der erste Parameter ist die Spezifikation der Datenbank, an die man sich anschließen will. Diese Spezifikation wird in Form einer sogenannten DSN (*Data Source Name*) folgender Form angegeben:

        DBI:Treibername:database=Datenbankname

        Das ergibt in unserem Fall beispielsweise:

        DBI:mysql:database=mydbase

    - Der nächste Parameter ist der Name des Datenbankbenutzers.
    - Der dritte optionale Parameter ist das Paßwort des Datenbankbenutzers.

    Ein zusätzlicher, z.Z. optionaler Parameter ist eine Referenz auf einen Optionenhash. Diese kann z.B. folgendes enthalten[9]:

    { RaiseError => 1, AutoCommit => 0 }

    Der Rückgabewert von connect() ist ein *Datenbankhandle* $dbh. Dieses Handle entspricht im übrigen auch in etwa den Filehandles. Es repräsentiert eine offene Verbindung zu einem Datenbankserver, genauer gesagt zu einer von diesem Datenbankserver verwalteten Datenbank. Im Fehlerfall wird statt eines Datenbankhandles der Wert *undef* zurückgegeben. Die genaue Fehlerursache ist dann in $DBI::errstr zu finden.

    Insgesamt folgt daraus:

    ```
    $dsn = "DBI:mysql:database=$dbname";
    $dbh = DBI->connect($dsn, $user, $password);
    print STDERR "Error connecting to $dbname: $DBI::errstr\n"
        unless $dbh;
    ```

- Mit Hilfe eines Datenbankhandles $dbh läßt sich nun vieles anstellen. So können beliebige Anfragen an die Datenbank gerichtet werden. Es ist auch möglich, wie bereits oben gezeigt, API-Funktionen des darunterliegenden Treibers aufzurufen. Genau das tun wir hier, um auf nicht portable Art und Weise eine Liste von Tabellen zu bekommen:

    @tables = $dbh->func('_ListTables');

    Hier wurde die API-Funktion _ListTables() durch die Methode func() des Datenbankhandles $dbh aufgerufen. Der Rückgabewert ist hierbei entweder *undef* im Fehlerfall oder eine Liste von Tabellennamen der Datenbank. Diese Liste kann natürlich auch leer sein, wenn keine Tabellen definiert sind.

- Sehr wichtig ist, vor dem Ende eines Programms eventuell offene Datenbankhandles zu schließen. Dies wird durch den Aufruf der Methode disconnect() erreicht:

    $dbh->disconnect();

---

[9] Beachten Sie, daß MySQL keine Transaktionen kennt und daher AutoCommit nicht akzeptiert wird.

Das Öffnen und Schließen einer Datenbank wird bei fast jeder Anwendung benötigt. Allerdings ist ein `connect()` eine aufwendige Operation. Darum sollte sie am besten nur einmal im Programm ausgeführt werden, wobei alle nachfolgenden Anfragen über dieses Datenbankhandle durchgeführt werden sollten. Dies ist auch wichtig beim Vergleich von CGI- und `mod_perl`-Programmen, die eine Datenbankverbindung brauchen: Die ersten müssen bei jedem Aufruf eine solche Verbindung aufbauen. Programme, die hingegen unter `mod_perl` direkt oder auch mit dem CGI-Emulator `Apache::Registry` indirekt laufen, können eine persistente Verbindung zur Datenbank unterhalten. Mehr darüber finden Sie in Abschnitt 19.4.7 ab Seite 1066.

Nun versuchen wir, auch noch zur Tabelle *kunden* die Liste der Feldnamen zu extrahieren:

```
db-listfld.pl
#!/usr/local/bin/perl -w
# db-listfld.pl -- Liste von Feldnamen einer bestimmten Tabelle.

use DBI;

sub list_fields {
    # Liefert eine Liste von Feldnamen der Tabelle $table
    # aus der geoeffneten Datenbank mit dem Handle $dbh zurueck.
    # Verwendung: @fields = list_fields( $dbh, $table);
    my $dbh   = shift;
    my $table = shift;
    my @allfields;

    my $sth = $dbh->prepare("LISTFIELDS $table");
    $sth->execute();
    if ($DBI::err) {
        print STDERR "list_fields(): $DBI::err ... $DBI::errstr\n";
        return;
    }
    @allfields = @{$sth->{NAME}};
    $sth->finish();

    return @allfields;
}

# Eine Verbindung zu einer Datenbank oeffnen.
# Wir koennten auch open_dbase() aus db-listtbl.pl verwenden.
$dbh = DBI->connect("DBI:mysql:database=mydbase",
                    "manager", "mgrpass");
print STDERR "Error connecting to mydbase: $DBI::errstr\n"
        unless $dbh;

# Nun geben wir alle Feldnamen der Tabelle 'kunden' aus:
print "Fields of kunden:\n";
print map { "\t" . "$_\n" } list_fields($dbh, 'kunden');
$dbh->disconnect();
```
db-listfld.pl

18.7 Perl und Datenbanksysteme

Die Ausführung ergibt:

```
farid@sun-1:~/p> ./db-listfld.pl
Fields of kunden:
        lfd
        name
        vorname
        konto
        strasse
        plz
```

Die Vorgehensweise entspricht weitgehend der des vorigen Beispielprogramms. Allerdings ändert sich nun die Art der Abfrage. Anstatt eine API-Funktion des DBD::mysql-Treibers aufzurufen, wird die Liste der Felder mit Hilfe eines erweiterten SQL-Befehls ermittelt. Dieser ist in *man DBD::mysql* dokumentiert. Wir werden noch in Kürze sehen, wie SELECT-Befehle aus Perl heraus abgesetzt und ihre Ergebnisse abgeholt werden. Der erweiterte SQL-Befehl LISTFIELDS verhält sich in dieser Hinsicht genauso wie ein SELECT-Befehl:

```
$sth = $dbh->prepare("LISTFIELDS $table");
$sth->execute();
if ($DBI::err) {
    print STDERR "list_fields(): $DBI::err ... $DBI::errstr\n";
    return;
}
@allfields = @{$sth->{NAME}};
$sth->finish();
```

Wie ist das zu verstehen?

- Mit Hilfe der Methode prepare() des Datenbankhandles $dbh wird ein SQL-Befehl an den Datenbankserver gesendet. Der Rückgabewert von prepare() ist ein *Statement-Handle* $sth, das später noch für diese Abfrage benötigt wird.

- Der mit prepare() übergebene SQL-Befehl wird nun zur Ausführung gebracht, indem die Methode execute() des Statement-Handles aufgerufen wird.

- Der Befehl könnte fehlerhaft sein, oder es könnte ein Fehler während der Ausführung entstanden sein. Ist das der Fall, ist nach execute() die spezielle Variable $DBI::err gesetzt, und der genaue Fehler ist in $DBI::errstr zu finden.

- Hat alles gut geklappt, enthält das Statement-Handle-Objekt $sth einige Metainformationen. So befindet sich beispielsweise unter dem Attribut NAME ein Zeiger auf eine Liste von Feldnamen. Genau diese Information extrahieren wir in unserem Programm.

  Weitere Attribute enthalten zusätzliche Informationen zu den Feldern. Beispielsweise enthält NUM_OF_FIELDS die Anzahl der durch diese Anfrage zurückgelieferten Felder, mysql_type_name enthält die Typen der zurückgelieferten Felder etc. Eine komplette Übersicht über die Attribute eines $sth finden Sie in *man DBD::mysql*.

- Sobald ein Statement-Handle `$sth` nicht mehr benötigt wird, sollte es mittels `finish()` geschlossen werden:

  ```
  $sth->finish();
  ```

  Dies teilt dem Datenbankserver mit, daß er die für die Anfrage bereitgestellten Ressourcen (z.B. temporäre Antworttabellen) wieder freigeben kann.

- Natürlich wird wieder am Ende des Programms die Verbindung zur Datenbank gekappt.

  ```
  $dbh->disconnect();
  ```

18.7.3 SQL-Befehle via Perl

Nun ist es an der Zeit, echte SQL-Befehle an die Datenbank zu senden und entsprechende Antworten daraus zu extrahieren. Dabei benutzen wir die portable DBI-API. Aus diesem Grund dürften die folgenden Programme auch auf anderen RDBMS als *MySQL* funktionieren, kleinere Anpassungen bei der DSN vorausgesetzt.

Einfache SQL-Befehle mit `do()`

Einfache SQL-Befehle, die keine Liste von Zeilen als Antwort erwarten, können bequem mit Hilfe der Methode `do()` aufgerufen werden. Dazu ein Beispiel:

```
db-dodemo.pl
#!/usr/local/bin/perl -w
# db-dodemo.pl -- Zeigt einige do()-SQL-Befehle an eine Datenbank.

use Getopt::Std;              # -v auf der Kommandozeile triggert $opt_v
use vars qw($opt_v);          # und schaltet dann DEBUG-Meldungen ein
getopts("v");                 # (siehe unten).

use DBI;

# Einloggen:
$dbh = DBI->connect("DBI:mysql:mydbase", "manager", "mgrpass");
die "Error: $DBI::errstr\n" unless $dbh;

# Einige Kunden in die 'kunden'-Tabelle eintragen:
while (<DATA>) {
    # SQL-Befehl vorbereiten:
    chomp;
    @custs = split(/;/);
    $sql = "INSERT INTO kunden VALUES (" .
        join(',', map { "'$_'" } @custs) .
            ")\n";
    print $sql if $opt_v;     # DEBUGGING

    # SQL-Befehl zum Datenbankserver senden und ausfuehren lassen:
```

```perl
        $dbh->do($sql);

        # Rueckgabecode pruefen!
        warn "Error: $DBI::errstr\n" if $DBI::err;
}

# Eine Tabelle anlegen:
$sql = <<EOSQL;
CREATE TABLE mytable (
    dummy1 char(5) primary key,
    dummy2 char(10),
    dummy3 integer
)
EOSQL
$dbh->do($sql);
warn "Error: $DBI::errstr\n" if $DBI::err;

# Zeigen, dass es sie auch wirklich gibt:
system("mysqlshow --user=manager --password=mgrpass mydbase mytable");

# Und nun loeschen wir die Tabelle wieder:
$dbh->do("DROP TABLE mytable");
warn "Error: $DBI::errstr\n" if $DBI::err;

# Okay, das war's
$dbh->disconnect();

__DATA__
0;gandhi;mahatma;000.111.222;vor dem ganges 112;55555;
0;einstein;albert;111.232.332;relativer weg emc2;29979;
0;minski;marvin;989.127.661;cs blvd. 42;42424;
0;stein;samuel;321.543.876;kleiner bach 32;54321;
0;adams;michaela;000.123.231;musterstrasse 91;50000;
```
─── db-dodemo.pl

Die Ausführung mit eingeschaltetem Debugging ergibt:

```
farid@sun-1:~/p> ./db-dodemo.pl -v
INSERT INTO kunden VALUES ('0','gandhi','mahatma','000.111.222',
                          'vor dem ganges 112','55555')
INSERT INTO kunden VALUES ('0','einstein','albert','111.232.332',
                          'relativer weg emc2','29979')
INSERT INTO kunden VALUES ('0','minski','marvin','989.127.661',
                          'cs blvd. 42','42424')
INSERT INTO kunden VALUES ('0','stein','samuel','321.543.876',
                          'kleiner bach 32','54321')
INSERT INTO kunden VALUES ('0','adams','michaela','000.123.231',
                          'musterstrasse 91','50000')
Database: mydbase  Table: mytable  Rows: 0
+--------+----------+------+-----+---------+-------+
| Field  | Type     | Null | Key | Default | Extra |
+--------+----------+------+-----+---------+-------+
```

```
| dummy1  | char(5)  |     | PRI |     |     |
| dummy2  | char(10) | YES |     |     |     |
| dummy3  | int(11)  | YES |     |     |     |
+---------+----------+-----+-----+-----+-----+
```

Tatsächlich sind die Sätze auch wirklich in die *kunden*-Tabelle eingefügt worden, wie die folgende kurze Abfrage zeigt:

```
farid@sun-1:~/p> mysql --user=manager --password=mgrpass \
>                -e 'select * from kunden' mydbase
+-----+----------+----------+-------------+---------------------+-------+
| lfd | name     | vorname  | konto       | strasse             | plz   |
+-----+----------+----------+-------------+---------------------+-------+
|   1 | hajji    | farid    | 000.001.002 | testweg 42          | 40000 |
|   2 | gandhi   | mahatma  | 000.111.222 | vor dem ganges 112  | 55555 |
|   3 | einstein | albert   | 111.232.332 | relativer weg emc2  | 29979 |
|   4 | minski   | marvin   | 989.127.661 | cs blvd. 42         | 42424 |
|   5 | stein    | samuel   | 321.543.876 | kleiner bach 32     | 54321 |
|   6 | adams    | michaela | 000.123.231 | musterstrasse 91    | 50000 |
+-----+----------+----------+-------------+---------------------+-------+
```

Was zeigt uns dieses Programm?

- Es wird wie üblich ein Datenbankhandle `$dbh` beim Einloggen in die Datenbank erzeugt. Dieses wird am Programmende mit `disconnect()` wieder zerstört.

- Die Methode `do()` des Datenbankhandles erwartet einen gewöhnlichen String. Dieser String enthält den auszuführenden SQL-Befehl. Dabei kann dieser Befehl auch dynamisch zur Laufzeit des Programms erstellt werden!

- Ist der SQL-Befehl fehlerhaft oder konnte der Server den Befehl aus irgendeinem Grund nicht ausführen, ist nach dem Aufruf von `do()` die Fehlervariable `$DBI::err` gesetzt. Der Fehlergrund ist in der Variable `$DBI::errstr` angegeben.

- Die `INSERT`-Befehle werden nacheinander dynamisch generiert und unmittelbar mit `do()` ausgeführt. Beachten Sie hierbei auch die sinnvolle Anwendung von `map()`, um Hochkommata um die Werte herum zu setzen!

- Auch komplizierte SQL-Befehle wie `CREATE TABLE` werden mit `do()` abgeschickt. Das liegt daran, daß diese auch keine Liste von Werten zurückliefern. Nur Befehle wie `SELECT` können nicht mit `do()` ausgeführt werden.

- Es wird kein Statement-Handle benötigt, da die komplette Abfrage innerhalb der `do()`-Funktion enthalten ist.

Komplexe SQL-Befehle mit `prepare()`

Wenn eine SQL-Abfrage eine Liste von Datensätzen zurückliefert, können Sie `do()` nicht verwenden. Sie müssen statt dessen die Abfrage in kleinere Teile ausführen.

- Zunächst wird der SQL-Befehl mit Hilfe der Methode `prepare()` an den Datenbankserver gesendet. Dies erzeugt ein Statement-Handle `$sth`.

18.7 Perl und Datenbanksysteme

- Anschließend wird der Befehl mit Hilfe der `execute()`-Methode des Statement-Handles `$sth` vom Datenbankserver ausgeführt.

- Nun kann in einer Schleife mit Hilfe der `fetch*()`-Methoden jeweils ein Antwortdatensatz geholt und bearbeitet werden.

- Wenn das Statement-Handle nicht mehr benötigt wird, sollte es mit `finish()` geschlossen werden.

Der SELECT-Befehl kann so ausgeführt werden, aber auch Befehle mit *Platzhaltern*.

Das folgende Programm zeigt, wie ein SELECT-Befehl in Perl programmiert wird.

db-prepare.pl
```perl
#!/usr/local/bin/perl -w
# db-prepare.pl -- Zeigt die Verwendung von SELECT in Perl.

use DBI;

# Einloggen:
$dbh = DBI->connect("DBI:mysql:mydbase", "manager", "mgrpass");
die "Error: $DBI::errstr\n" unless $dbh;

# Eine SELECT-Abfrage:
$sql = <<EOSELECT;
SELECT name, vorname, ort
    FROM   kunden, plzorte
    WHERE  kunden.plz >= 40000
       AND kunden.plz = plzorte.plz
    ORDER BY name
EOSELECT

# Abfrage zum Datenbankserver senden:
$sth = $dbh->prepare($sql);
die "Error: $DBI::errstr\n" if $DBI::err;

# Abfrage ausfuehren:
$sth->execute();
die "Error: $DBI::errstr\n" if $DBI::err;

# Ergebnisse abholen:
while (@fields = $sth->fetchrow_array()) {
    # Aktuellen Ergebnisdatensatz bearbeiten.
    print join("\t", @fields), "\n";
}

# Abfrage abschliessen:
$sth->finish();

# Das war's, Leute!
$dbh->disconnect();
```
db-prepare.pl

Die Ausführung ergibt erwartungsgemäß:

```
farid@sun-1:~/p> ./db-prepare.pl
adams     michaela   koeln
hajji     farid      duesseldorf
```

Die Vorgehensweise ist hier einfach:

- Wie gewohnt wird eine Verbindung zur Datenbank hergestellt, wodurch wir ein Datenbankhandle `$dbh` bekommen.

- Der `SELECT`-Befehl, der durchaus auch komplex sein kann, wird durch die `prepare()`-Methode des Datenbankhandles `$dbh` an den Datenbankserver gesendet. Als Ergebnis liefert uns `prepare()` ein Statement-Handle `$sth` zurück. Dieses wird bei der nachfolgenden Bearbeitung der Abfrage benötigt. Beachten Sie bitte, daß `$sth` nur dann gültig ist, wenn kein Fehler entstanden ist.

- Die Ausführung des Befehles wird durch die `execute()`-Methode der Abfrage `$sth` getriggert. Erst dann fängt der Datenbankserver mit der Suche an. Hierbei können wieder eine ganze Menge Fehler entstehen: Syntaxfehler, Behinderung durch den Zugriffsschutz, sonstige Probleme etc. Darum ist es sehr wichtig, den Fehlercode in `$DBI::err` zu prüfen. Die genaue Fehlerursache ist wieder in Stringform in `$DBI::errstr` enthalten.

- Ist alles gutgegangen, kann nun in einer Schleife eine der `fetch*()`-Methoden des Statement-Handles `$sth` aufgerufen werden. Diese Methoden liefern jeweils den nächsten verfügbaren Antwortdatensatz. Die Schleife wird also so oft durchlaufen, wie es Antwortsätze gibt.

- In unserem Beispiel haben wir uns für `fetchrow_array()` entschieden. Diese Funktion liefert eine Liste von Feldinhalten zurück. Dabei entspricht die Reihenfolge der Felder derjenigen des `SELECT`-Befehls. Da wir im Beispiel nach *name*, *vorname* und *ort* (in dieser Reihenfolge) gefragt hatten, bekommen wir die Feldwerte natürlich ebenfalls in dieser Reihenfolge zurück.

- Nachdem der letzte Datensatz mit `fetchrow_array()` geholt wurde, liefert der nächste Aufruf *undef* zurück, wodurch die Schleife verlassen wird.

- Da wir den `$sth` nicht mehr benötigen, schließen wir ihn mit der `finish()`-Methode. Auch die Datenbankverbindung wird nicht mehr benötigt und daher mit `disconnect()` abgebrochen.

Statt `fetchrow_array()` können auch andere Funktionen aufgerufen werden. Diese sind:

- `fetchrow_arrayref()`: Statt einer Liste von Werten wird lediglich eine Referenz auf eine solche Liste zurückgegeben. Dies wird dann wie folgt aufgerufen:

```
while ($resultp = $sth->fetchrow_arrayref()) {
    # Irgend etwas tun...
    print join("\n", @{ $resultp }), "\n";
    $cities_found{$resultp->[2]} = 1;
}
```

18.7 Perl und Datenbanksysteme

- `fetchrow_hashref()`: Diese Funktion liefert eine Referenz auf einen anonymen Hash, der als Schlüssel die Namen der Felder und als Werte die zugehörigen Feldwerte des aktuellen Antwortdatensatzes enthält. Der Aufruf ist sehr einfach:

```perl
while ($resultp = $sth->fetchrow_hashref()) {
    $cities_found{ $resultp->{'ort'} } = 1;
    ($name, $vorname) = ($resultp->{'name'},
                         $resultp->{'vorname'});
    # Tue etwas mit $name, $vorname
}
```

Der Vorteil dieser Methode ist, daß Sie sich dabei die relative Position der einzelnen Felder nicht merken müssen. Sie könnten hier bedenkenlos die Reihenfolge der Abfragefelder im SELECT-Befehl verändern, ohne befürchten zu müssen, daß Ihr Programm andere Ergebnisse bekommt. Ein weiterer Vorteil liegt darin, daß Sie oft bei dynamischen SELECT-Abfragen nicht wissen, welche Felder angefordert wurden. Dies können Sie mit `fetchrow_hashref()` herausfinden.

Beachten Sie jedoch, daß `fetchrow_hashref()` langsamer als die beiden oben verwendeten Funktionen `fetchrow_array()` oder `fetchrow_arrayref()` ist. Daher sollte darauf verzichtet werden, wenn Effizienz und Schnelligkeit sehr wichtig sind.

- `fetchall_arrayref()`: Sind Sie grundsätzlich an allen Datensätzen interessiert und wollen Sie diese alle in den Hauptspeicher laden? Dann können Sie, anstatt in einer Schleife die Antwortdatensätze nacheinander abzuholen, alle Datensätze auf einmal anfordern. Das geht so:

```perl
$all_rows = fetchall_arrayref();  # Alle Datensaetze auf einmal
foreach my $rowptr (@{ $all_rows }) {
    # Tue etwas mit dem Datensatz, z.B.:
    $cities_found{ $rowptr->[2] } = 1;
    ($name, $vorname) = ($rowptr->[0], $rowptr->[1]);
}
```

Bitte beachten Sie den potentiell sehr hohen Speicherbedarf einer solchen Abfrage! Kann Ihre Abfrage viele Millionen von Datensätzen zurückliefern, dann würde Ihr Hauptspeicher all diese Daten nicht auf einmal aufnehmen können. Es ist stets besser, die Ergebnisse in einer Schleife abzuholen und in Ruhe nacheinander zu bearbeiten. Sie müssen sich daher für eine der Methoden entscheiden.

`fetchall_arrayref()` kann auch mit einem Parameter aufgerufen werden. Dieser Parameter ist eine Referenz auf eine Slice-Liste, die bestimmt, welche Felder in jedem Eintrag des Ergebnisarrays gespeichert werden sollen:

```perl
# Nur (name, ort) speichern. Rufe fetchrow_arrayref() auf!
$myrows = fetchall_arrayref( [0, 2] );
foreach my $row (@{ $myrows }) {
    ($name, $ort) = ($row->[0], $row->[1]);  # Ja 1, nicht 2!
}

# Nur (name, ort) speichern. Rufe fetchrow_hashref() auf!
$myhrefs = fetchall_hashref( { name => 1, ort => 1 } );
foreach my $hash ( @{ $myhrefs } ) {
```

```
        # Datensatz ist eine Hashreferenz
        ($name, $ort) = ($hash->{'name'}, $hash->{'ort'});
}
```

Es gibt auch weitere Abkürzungen im DBI-Modul. Eine Abfrage kann mit dem Holen der Ergebnisse in einem einzigen Schritt kombiniert werden. Dazu stehen Ihnen folgende Funktionen zur Verfügung:

- `selectrow_array()`: Diese Methode kombiniert die Aufrufe von `prepare()`, `execute()` und `fetchrow_array()` in einem einzigen Aufruf. Das Ergebnis ist eine Liste von Werten, die dem ersten zurückgelieferten Datensatz entsprechen:

    ```
    @fields = $dbh->selectrow_array($sth);       # kein prepare()
    @fields = $dbh->selectrow_array($sql);       # mit prepare()
    $first_field = $dbh->selectrow_array($sql);  # Nur 1. Feld
    ```

    Diese Funktion liefert nur den *ersten* Datensatz bzw. das erste Feld des ersten Datensatzes zurück. Anstelle eines SQL-Befehls können Sie auch ein bereits mit `prepare()` vorbereitetes $sth-Handle übergeben. In diesem Fall entfällt der `prepare()`-Schritt. Sie sollten natürlich das Auftreten von Fehlern überprüfen. Eine leere Liste bzw. *undef* im skalaren Kontext sind ein Anzeichen für Fehler.

- `selectall_arrayref()`: Diese Methode kombiniert die Aufrufe von `prepare()`, `execute()` und `fetchrow_arrayref()` in einem einzigen Aufruf. Sie liefert eine Referenz auf ein Array zurück, das wiederum die Datensätze als Arrayreferenzen enthält.

    ```
    foreach my $row (@{ $dbh->selectall_arrayref($sql) }) {
        ($name, $vorname) = ($row->[0], $row->[1]);
    }
    ```

    Diese Methode liefert im Fehlerfall *undef* zurück. Auch hier kann anstelle eines SQL-Befehls $sql ein bereits mit `prepare()` vorbereitetes Handle $sth übergeben werden.

- `selectcol_arrayref()`: Diese Methode selektiert aus der Menge der Ergebnisdatensätze die erste *Spalte* und liefert einen Zeiger auf ein Array zurück, das wiederum die einzelnen Werte dieser Spalten enthält:

    ```
    foreach my $name ( @{ $dbh->selectcol_arrayref($sql) } ) {
        # Tue etwas mit $name, dem Wert der ersten Spalte
        # eines jeden Datensatzes.
    }
    ```

Neben diesen Funktionen bietet die DBI-Schnittstelle noch weitere Methoden an. Eine vollständige Übersicht dieser Methoden finden Sie in *man DBI*.

Das folgende Programm zeigt, wie SQL-Befehle mit *Platzhaltern* ausgeführt werden:

```
db-placeholder.pl
#!/usr/local/bin/perl -w
# db-placeholder.pl -- SQL-Befehle mit Platzhaltern in Perl
```

18.7 Perl und Datenbanksysteme

```perl
use DBI;

# Einloggen:
$dbh = DBI->connect("DBI:mysql:mydbase", "manager", "mgrpass");
die "Error: $DBI::errstr\n" unless $dbh;

# Ein SQL-Befehl mit Platzhaltern:
$sql = "INSERT INTO kunden VALUES (?, ?, ?, ?, ?, ?)";

# Senden wir den Befehl schon einmal zum Datenbankserver:
$sth = $dbh->prepare($sql);
die "Error: $DBI::errstr\n" if $DBI::err;

# Nun fuellen wir die Platzhalter und senden die Parameter
# zum Datenbankserver:
while (<DATA>) {
    chomp; @field_values = split(/;/);
    $sth->execute(@field_values);        # Daten senden!
    warn "Warning: $DBI::errstr\n" if $DBI::err;
}

# Das war's, Leute!
$sth->finish();
$dbh->disconnect();

__DATA__
0;dname1;dvname1;123.232.121;dummy weg 111;99999;
0;dname2;dvname2;321.232.121;dummy strasse;99999;
0;dname3;dvname3;444.555.666;dummy allee 1;99999;
```
── db-placeholder.pl

Nach der Ausführung sind wirklich die neuen Datensätze hinzugekommen:

```
farid@sun-1:~/p> ./db-placeholder.pl
farid@sun-1:~/p> mysql --user=manager --password=mgrpass \
>                      -e 'select * from kunden where name rlike "^d"' \
>                      mydbase
+-----+--------+---------+--------------+----------------+-------+
| lfd | name   | vorname | konto        | strasse        | plz   |
+-----+--------+---------+--------------+----------------+-------+
|   7 | dname1 | dvname1 | 123.232.121  | dummy weg 111  | 99999 |
|   8 | dname2 | dvname2 | 321.232.121  | dummy strasse  | 99999 |
|   9 | dname3 | dvname3 | 444.555.666  | dummy allee 1  | 99999 |
+-----+--------+---------+--------------+----------------+-------+
```

Zunächst zur Abfrage: Der noch nicht erklärte RLIKE-Operator vergleicht den Inhalt eines Feldes mit einem regulären Ausdruck. Hier wollten wir alle Datensätze aus der Tabelle *kunden* filtern, deren *name* mit „d" anfängt. Nun aber zum Programm:

- Der SQL-Befehl

    ```perl
    $sql = "INSERT INTO kunden VALUES (?, ?, ?, ?, ?, ?)";
    ```

enthält anstelle von Werten *Platzhalter*. Diese werden durch Fragezeichen angegeben. Diese Platzhalter werden später durch konkrete Werte ersetzt.

- Platzhalter werden nicht von jedem RDBMS unterstützt. Werden sie angeboten, können sie überall im SQL-Befehl untergebracht werden.

- Der SQL-Befehl mit Platzhaltern wird mit `prepare()` zum Server gesendet. Der Server hat natürlich noch keine Daten zu den Platzhaltern und kann daher den Befehl noch nicht ausführen. Das macht aber nichts, denn er kann schon den Befehl in eine interne Datenstruktur parsen.

- In einer Schleife führen wir den Befehl mittels `execute()` aus. Dabei übergeben wir in `execute()` eine Liste von aktuellen Werten, die anstelle der Platzhalter im SQL-Befehl eingesetzt werden sollen.

- Beachten Sie, daß wir den Befehl nur einmal mittels `prepare()` zum Datenbankserver gesendet haben. Anschließend haben wir nur dessen Ausführung mit verschiedenen Argumenten angefordert.

- Da der Befehl nur ein einziges Mal geparst werden mußte, ist die vorliegende Ausführung des Programms bei einer großen Anzahl einzufügender Datensätze deutlich schneller als ein wiederholter Aufruf von `do()`, der in der Vorgängerversion dieses Programms auf Seite 994 gezeigt wurde.

18.7.4 Atomizität der Zugriffe

Oft möchten Sie sicherstellen, daß Ihre Zugriffe auf die Datenbank durch andere Prozesse nicht gestört werden. Sie möchten, daß die Zugriffe *atomar* geschehen. Beispielsweise möchten Sie den Wert eines Zählers erhöhen und wollen nicht, daß zwischen dem Lesen des Werts mit SELECT und dem Zurückschreiben des inkrementierten neuen Werts mit UPDATE ein anderer Prozeß diesen Wert einliest bzw. jetzt oder später aktualisiert. Die *Lese-und-Schreibe*-Operation sollte unteilbar ablaufen.

Die Atomizität der Zugriffe ist bei bestimmten Anwendungen sehr wichtig. Darum wollen wir uns die Möglichkeiten anschauen, wie sie realisiert werden kann.

Atomare SQL-Befehle

Ein einfacher SQL-Befehl läuft bei *MySQL* atomar ab. Das bedeutet, daß z.B. ein INSERT- oder UPDATE-Befehl abgeschlossen ist, bevor ein anderer Thread innerhalb des Datenbankservers die modifizierten Felder sehen kann.

Es ist sogar möglich, eine *Lese-und-Schreibe*-Operation atomar zu gestalten, vorausgesetzt, dies geschieht innerhalb eines atomaren SQL-Befehls. Beispielsweise erhöht folgender UPDATE-Befehl den Wert eines Zählers auf atomare Art und Weise:

```
UPDATE personal
    SET    beschwerden = beschwerden + 1
    WHERE persid = 123456
```

Aus Perl heraus würden Sie einen solchen SQL-Befehl beispielsweise mit do() ausführen.

Tabellen mit LOCK TABLES sperren

Verstreicht zwischen dem Holen von Daten und den Zurückschreiben etwas Zeit, kann die Atomizität mit Hilfe der SQL-Befehle LOCK TABLES und UNLOCK TABLES garantiert werden. Dazu müssen Sie bei LOCK TABLES die Tabellen angeben, die Sie sperren wollen. Damit dies deadlockfrei stattfindet, müssen Sie *alle* zu sperrenden Tabellen auf einmal angeben. Bei der Sperrung der Tabellen geben Sie auch gleich an, ob Sie nur eine Lesesperre oder doch lieber eine Schreibsperre benötigen:

```
LOCK TABLES tabname1 READ, tabname2 READ, tabname3 WRITE
```

Mit UNLOCK TABLES werden *alle* Sperren wieder aufgehoben, damit andere Threads eine eigene Chance bekommen.

Sie sollten die speziellen Semantikaspekte von LOCK TABLES in der Onlinedokumentation von *MySQL* oder Ihres Datenbanksystems nachlesen. Es gibt dabei einige Aspekte, die, wenn sie nicht beachtet werden, leicht zu einer Stolperfalle werden können.

Bei Perl können Sie selbstverständlich diese SQL-Befehle wieder mit do() ausführen.

Atomizität mit Transaktionen

Die klassische Methode, atomare Datenbankoperationen zu bekommen, besteht darin, diese in eine Transaktionsklammer zu setzen. Obwohl *MySQL* Transaktionen zur Zeit noch nicht unterstützt, gibt es beim DBI-Modul eine Schnittstelle dazu. Diese wollen wir hier kurz vorstellen, denn Sie könnten ja auch ein transaktionsfähiges RDBMS mit DBI benutzen.

Beim Öffnen einer Datenbank müssen Sie das Transaktionsverhalten angeben:

```
use DBI;
$dbh = DBI->connect("DBI:oracle:mydbase", $user, $pw,
                    { RaiseError => 1, AutoCommit => 0 });
die "can't open: $DBI::errstr\n" if $DBI::err;
```

Ist AutoCommit hier mit 0 initialisiert, werden Änderungen an der Datenbank ausschließlich in einer Transaktionsklammer durchgeführt. Diese läuft völlig isoliert von anderen Threads, so daß Sie auch hier eine Atomizität der Zugriffe haben. Irgendwann einmal ist Ihre Transaktion auch zu Ende. In diesem Fall können Sie

- die Transaktion mit $dbh->commit() abschließen und alle Änderungen in der Datenbank permanent speichern und auch für andere Threads sichtbar machen oder

- die Transaktion mit $dbh->rollback() abbrechen. In diesem Fall werden alle innerhalb der Transaktionsklammer durchgeführten Änderungen wieder rückgängig gemacht, als hätten sie nie stattgefunden. Aufgrund der Isoliertheit von Transaktionen werden andere Threads nichts von Ihren Änderungen gemerkt haben.

Nach `commit()` oder `rollback()` wird automatisch eine neue Transaktionsklammer geöffnet, so daß Sie auch diese wieder mit `commit()` bestätigen oder mit der Methode `rollback()` rückgängig machen können. Wenn Ihr Programm aus irgendeinem Grunde `commit()` nicht ausführt und sich beendet, werden alle Änderungen der zuletzt geöffneten Transaktionsklammer wieder zurückgerollt, genauso als sei `rollback()` ausgeführt worden. Dadurch ist sichergestellt, daß z.B. Programmabbrüche keine teilweise geänderten Daten in der Datenbank hinterlassen: Die Transaktionen werden eben immer nur ganz oder gar nicht durchgeführt.

18.8 Anwendungen von Datenbanksystemen

Datenbanksysteme sind äußerst nützlich. Wir werden in den folgenden Abschnitten einige typische Anwendungen kennenlernen.

18.8.1 Ein SQL-Monitor in Perl

Wir wollen im folgenden das Verhalten von *mysql* simulieren. Allerdings beschränken wir uns in diesem Fall auf eine kleine Teilmenge der Funktionalität von *mysql*: SQL-Befehle sollen vom Benutzer entgegengenommen und an den Datenbankserver weitergereicht werden. Umgekehrt sollen die Ergebnisse angezeigt werden.

```
db-isql.pl
#!/usr/local/bin/perl -w
# db-isql.pl -- Ein interaktiver SQL-Monitor mit DBI-Unterstuetzung.

# Kommandozeilenoptionen:
my $prog = $0; $prog =~ s,.*/,,;
use Getopt::Std;
use vars qw($opt_u $opt_p $opt_d $opt_h);
getopts("hu:p:d:") or usage();
usage() if defined $opt_h;

$opt_u = 'manager' unless defined $opt_u;
$opt_p = 'mgrpass' unless defined $opt_p;
$opt_d = 'mydbase' unless defined $opt_d;

use DBI;

$dbh = DBI->connect("DBI:mysql:database=$opt_d", $opt_u, $opt_p,
                    { RaiseError => 0});
die "Error: $DBI::errstr\n" if $DBI::err;

$/ = ';'; print "$prog> ";
while (<STDIN>) {
    my $sql = $_; chomp $sql;
    last if $sql !~ /\w/;

    if ($sql =~ /^\s*?select/i) {
```

```perl
            my $allrows = $dbh->selectall_arrayref($sql);
            unless (defined $allrows) {
                print "Error: $DBI::errstr\n";
                next;
            }
            foreach my $row ( @{ $allrows } ) {
                print join(',', @{ $row }), "\n";
            }
        } else {
            my $nrows = $dbh->do($sql);
            if ($DBI::err) {
                print "Error: $DBI::errstr\n";
                next;
            }
            print "Affected rows: $nrows\n";
        }
    } continue {
        print "$prog> ";
    }

    $dbh->disconnect();

    sub usage {
        die <<"EOUSAGE";
    Usage: $prog -h
           $prog [-u user] [-p password] [-d database]

           -h            : Displays this help.
           -u user       : Name of database user.
           -p password   : Password of database user.
           -d database   : Name of database to connect to.

    EOUSAGE
    }
```
── db-isql.pl

Eine Beispielausführung ergibt:

```
farid@sun-1:~/p> ./db-isql.pl -h
Usage: db-isql.pl -h
       db-isql.pl [-u user] [-p password] [-d database]

       -h            : Displays this help.
       -u user       : Name of database user.
       -p password   : Password of database user.
       -d database   : Name of database to connect to.

farid@sun-1:~/p> ./db-isql.pl
db-isql.pl> select * from kunden where
        plz = 99999;
7,dname1,dvname1,123.232.121,dummy weg 111,99999
8,dname2,dvname2,321.232.121,dummy strasse,99999
```

```
9,dname3,dvname3,444.555.666,dummy allee 1,99999
db-isql.pl> update kunden set plz = '88888'
            where plz = 99999;
Affected rows: 3
db-isql.pl> select * from kunden where plz = 88888;
7,dname1,dvname1,123.232.121,dummy weg 111,88888
8,dname2,dvname2,321.232.121,dummy strasse,88888
9,dname3,dvname3,444.555.666,dummy allee 1,88888
db-isql.pl> ^D
```

Zu diesem Programm sind nur wenige Anmerkungen notwendig, da wir ja schon alle Bestandteile kennen:

- Über die Kommandozeile lesen wir mit -u den Namen und mit -p das Paßwort des Users, der sich an die Datenbank anschließen will, die mit -d spezifiziert wird. Dies geschieht wie gewohnt mit Hilfe des Standardmoduls `Getopt::Std`. Alle drei Parameter haben Defaultwerte.

- Nach dem Anschließen an die Datenbank wird in einer Schleife nach SQL-Befehlen gefragt. Diese müssen mit einem Semikolon abgeschlossen werden, können aber über mehrere Zeilen reichen. Daher wird vorher der Satzterminator $/ auf „;" gesetzt. Wir zeigen durch einen Prompt an, daß wir auf Eingaben des Benutzers warten.

- Mit `chomp()` wird der Satzterminator, hier „;", entfernt. Somit stört er nicht beim anschließenden Parsen des SQL-Befehls.

- Nun wird der Befehl analysiert. Fängt er mit SELECT an, wobei Groß- und Kleinschreibung irrelevant sein sollen und führende Blanks erlaubt sind, wird die Abfrage mit der DBI-Funktion `selectall_arrayrow()` durchgeführt. Ansonsten wird der SQL-Befehl an die Funktion `do()` übergeben. In diesem Fall wird gleich die Anzahl der betroffenen Zeilen zurückgegeben und angezeigt.

- Sind wir mit unseren Eingaben fertig, wird die Verbindung zur Datenbank aufgehoben.

18.8.2 Das `Tie::DBI`-Modul

Sie wissen ja schon, wie Hashes persistent gemacht werden können. Eine Möglichkeit war, sie mittels `tie()` an eine DBM-Datei zu binden. Dazu standen unter anderem die Standardmodule `SDBM_File` und `DB_File` zur Verfügung. Nichts hindert uns aber, einen Hash an eine SQL-Tabelle zu binden, genauso wie das bei den DBM-Dateien der Fall war.

Die Idee dabei ist, Tabellen mit einem speziell ausgezeichneten Feld zu verwenden. Dieses Feld wird dann als Schlüssel des Hashs interpretiert. Idealerweise wird es sich dabei um einen Primärschlüssel, zumindest aber um ein UNIQUE-Feld mit Index zwecks schnellerem Zugriff handeln. Ein Zugriff auf einen bestimmten Schlüsselwert K_x würde im Hintergrund durch einen SELECT-Befehl *die* zugehörige Tabellenzeile aus der Datenbank extrahieren. Diese Zeile kann natürlich aus mehreren Feldern bestehen. Diese könnten dann in einem anonymen Hash untergebracht werden, dessen Referenz der zugehörige Wert zum Schlüssel K_x wäre:

```
# $lfd sei eine beliebige laufende Nummer.
# %kunden sei mit der Tabelle mydbase.kunden verbunden.
print    $kunden{$lfd}->{'name'};
$konto = $kunden{$lfd}->{'konto'};
```

Auch umgekehrt würde eine Zuweisung an den Hash entweder eine neue Tabellenzeile hinzufügen oder bei existierendem Schlüssel bestimmte Werte anpassen. Beispielsweise:

```
# Neuen Kunden aufnehmen, da LFD=0 und AUTO INCREMENT:
$kunden{'0'} = { name     => $newname, vorname => $newchname,
                 konto    => $newaccn,
                 strasse  => $newstr,   plz => $newzipcode };
```

```
# Werte eines Kunden aendern:
$kunden{$lfd}->{'konto'} = $newaccount;
```

Falls die Tabelle noch nicht existiert, sollte sie am besten direkt beim Aufruf von `tie()` automatisch erzeugt werden.

Genau diese Funktionalität bietet uns das Modul `Tie::DBI`, das aus dem CPAN bezogen werden kann[10].

Wie wird nun `Tie::DBI` verwendet? Ganz einfach:

```
db-tiedbi.pl
#!/usr/local/bin/perl -w
# db-tiedbi.pl -- Persistente Hashes mit Datenbank-Backend: Tie::DBI

use Tie::DBI;
use constant DATABASE => 'test';
use constant TABLE    => 'unixpwd';
use constant AUSER    => '';      # Irgend ein User.
use constant APASS    => '';      # Irgend ein Passwort.

# Die Tabelle, an die wir uns anschliessen, muss schon existieren:
create_table_if_not_exists(DATABASE, TABLE);

# Wir schliessen uns an die Datenbanktabelle an:
tie %uxpw, 'Tie::DBI', { db       => "dbi:mysql:database=" . DATABASE,
                         table    => TABLE,
                         key      => 'login',
                         user     => AUSER, password => APASS,
                         CLOBBER  => 2 }
    or die "Error: Can't tie to database: $!\n";

# Wir lesen alle Eintraege ein und fuehren eventuell auch Updates
# alter Eintraege durch.
```

---

[10] Wir besprechen hier die Version 0.85 des `Tie::DBI`-Moduls.

```perl
$ix = 0; %FN = map { $ix++ => $_ } qw(login pw uid gid gcos home shell);

open(PASSWD, "< /etc/passwd") or die "can't open file: $!\n";
while (<PASSWD>) {
    chomp; my @f = split(/:/);
    foreach my $f (@f) { undef $f if defined $f and $f eq '' };

    delete $uxpw{$f[0]} if exists $uxpw{$f[0]};
    $uxpw{$f[0]} = { map { $FN{$_} => $f[$_] } 2 .. 6 };

    $found{$f[0]} = 1;      # Fuer das spaetere loeschen.
}
close(PASSWD);

# Wir loeschen alle Eintraege, die nicht mehr vorhanden sind:
while (($key, undef) = each(%uxpw)) {
    delete $uxpw{$key} unless exists $found{$key};
}

# MySQL kennt keine Transaktionen, sonst haetten wir sagen koennen:
# tied(%uxpw)->commit();      # Wenn alles okay ist.
# tied(%uxpw)->rollback();    # Nein, wir wollen es doch nicht.

# Einige Abfragen:
@adminkeys = tied(%uxpw)->select_where('gcos rlike "[Aa]dmin"');
@homeless  = tied(%uxpw)->select_where('home is null');
@shellless = tied(%uxpw)->select_where('shell is null');
@nameless  = tied(%uxpw)->select_where('gcos is null');
@roots     = tied(%uxpw)->select_where('uid = 0');
print "Admins   : ", join(',', @adminkeys), "\n";
print "Homeless : ", join(',', @homeless),  "\n";
print "Shellless: ", join(',', @shellless), "\n";
print "Nameless : ", join(',', @nameless),  "\n";
print "Superuser: ", join(',', @roots),     "\n";


use DBI;
sub create_table_if_not_exists {
    my ($dbase, $table) = @_;
    my $dbh = DBI->connect("DBI:mysql:database=$dbase");
    die "Error: $DBI::errstr\n" if $DBI::err;

    # Statt grep() und func('_ListTables') kann ab MySQL 3.23.x
    # auch CREAT TABLE IF NOT EXISTS $table ... benutzt werden
    if (not grep(/^$table$/, $dbh->func('_ListTables'))) {
        $dbh->do(qq{ CREATE TABLE $table
                    ( login  CHAR(8)   NOT NULL PRIMARY KEY,
                      uid    SMALLINT NOT NULL,
                      gid    SMALLINT NOT NULL,
                      gcos   CHAR(32),
                      home   CHAR(20),
```

```
                           shell    CHAR(25)   )
                 });
         die "Error: $DBI::errstr\n" if $DBI::err;
    }

    $dbh->disconnect();
}
```
─── db-tiedbi.pl

Die Ausführung auf meinem Rechner ergibt:

```
farid@sun-1:~/p> mysql -e 'drop table if exists unixpwd' test
farid@sun-1:~/p> ./db-tiedbi.pl
Admins   : adm,lp,uucp,nuucp,listen
Homeless :
Shellless: daemon,bin,sys,adm,lp,smtp,uucp,listen,nobody,noaccess,nobody4
Nameless : daemon,bin,sys
Superuser: root,smtp
```

Was geht da genau vor?

- Mit Tie::DBI kann man sich nur an eine bereits existierende Tabelle ankoppeln. Im obigen Beispielprogramm erzeugen wir eine solche Tabelle manuell, falls sie nicht schon vorher existiert. Dies tun wir auf die konventionelle Art und Weise.

- Beim Anschluß an eine Datenbanktabelle rufen wir die Funktion tie() mit einer bestimmten Menge an Optionen auf:

```
         tie %uxpw, 'Tie::DBI', { db     => "dbi:mysql:database=" . DATABASE,
                                  table  => TABLE,
                                  key    => 'login',
                                  user   => AUSER, password => APASS,
                                  CLOBBER => 2 }
             or die "Error: Can't tie to database: $!\n";
```

Hierdurch wird der Hash %uxpw an die Tabelle TABLE in der Datenbank namens DATABASE angeschlossen. Die einzelnen Optionen haben folgende Bedeutung:

– db enthält die DSN der anzuschließenden Datenbank. Diese wird in unserem Fall im *MySQL*-kompatiblen Format angegeben, wie es in der Onlinedokumentation unter *man DBD::mysql* spezifiziert ist.

– table ist der Name der Tabelle, an die der Hash gebunden werden soll.

– key ist der Name eines der Felder der gerade spezifizierten Tabelle. Dieses Feld wird an die Schlüssel des Hashs gebunden. Wichtig ist, daß dieses Feld eindeutig, nicht leer und am besten schnell ansprechbar ist. Das bedeutet, daß das Feld sowohl NOT NULL als auch UNIQUE sein soll. Das ist bei PRIMARY KEY-Feldern immer der Fall. Daß das Feld eindeutig sein soll, ist für das richtige Funktionieren von Tie::DBI unerläßlich. Daß es hingegen ein Schlüssel sein soll bzw. durch einen INDEX oder UNIQUE [INDEX] ansprechbar sein soll, wird „nur" aus Gründen der Geschwindigkeit gefordert, um bei der Datenbank sequentielles Lesen zu vermeiden.

- Optional können die Parameter `user` und `password` zum Einloggen angegeben werden. Sind `user` und `password` leer, wird ohne Paßwort- und Userangabe eingeloggt.

- Das Feld `CLOBBER` spezifiziert, welche Art von Zugriffen auf die Tabelle möglich sind. Ein Wert von 0 ermöglicht alle Leseoperationen. Wird der Wert von `CLOBBER` hingegen auf 1 gesetzt, sind zusätzlich `UPDATE` und `INSERT`-Operationen möglich. Ein Wert von 2 erlaubt auch das Löschen einzelner Datensätze mit `delete $hash{$key}`, aber nicht das Löschen ganzer Tabellen mit `%h = ()` oder gar mit `undef %h`. Dies wird durch einen `CLOBBER`-Wert von 3 erlaubt.

  Beachten Sie bitte, daß der `CLOBBER`-Schutz *zusätzlich* zu den Zugriffsberechtigungen des *MySQL*-Servers gilt. Sie können durch einen höheren Wert von `CLOBBER` keine Rechte erwerben, die in den `GRANT`-Tabellen fehlen.

- Weitere Optionen sind beispielsweise `AUTOCOMMIT`, `DEBUG` und `WARN`. Diese werden in der Dokumentation des Moduls in *man Tie::DBI* erklärt[11].

■ Anstelle dieser ganzen Spezifikation der Datenbank hätten wir auch einen geöffneten `$dbh` übergeben können. Dies wäre sogar im vorliegenden Programm sinnvoll, da wir ja die Tabelle grundsätzlich überprüfen und eventuell anlegen wollen. Dazu war auf jeden Fall ein `$dbh` notwendig. Diesen hätten wir nun (nicht `disconnect()`!) `tie()` übergeben können.

■ Durch die folgenden Aufrufe werden neue Datensätze aus der Paßwortdatei in die Datenbanktabelle eingefügt:

```
delete $uxpw{$f[0]} if exists $uxpw{$f[0]};
$uxpw{$f[0]} = { map { $FN{$_} => $f[$_] } 2 .. 6 };
```

Das ist zugegebenermaßen etwas kompakt! Der wesentliche Punkt hierbei ist, daß bereits existierende Datensätze zunächst mit `delete()` aus der Tabelle gelöscht werden. Damit verhindern wir beim Einfügen eines neuen Datensatzes eine Kollision mit alten Werten, die ja nicht doppelt vorkommen dürfen. Hätten wir nur ein einziges Feld aktualisiert, wäre ein Löschen nicht erforderlich gewesen, da `Tie::DBI` erkannt hätte, daß es sich um ein `UPDATE` gehandelt hätte.

■ Wir wollen in diesem Beispiel auch alle Einträge aus der Paßworttabelle entfernen, die nicht mehr aktuell sind. Dies wird in einem zweiten Durchgang durchgeführt. Wir haben uns vorher die `login`-Namen in `%found` gemerkt und können nun aufräumen:

```
while (($key, undef) = each(%uxpw)) {
    delete $uxpw{$key} unless exists $found{$key};
}
```

---

11 Bei der eingesetzten Version 0.85 von `Tie::DBI` mußte ich einen Fehler beheben: In der Datei `DBI.pm`, speziell im Konstruktor `TIEHASH()`, wurde `$self` ganz am Schluß mit `bless()` zu einem Objekt gemacht. Das war falsch, da vorher schon `$self->errstr` aufgerufen wurde. Daher habe ich `$self` direkt nach seiner Deklaration mit `my()` durch einen Aufruf von `bless $self, $class` zu einem Objekt gemacht und am Schluß der Funktion nur noch mit `return $self` zurückgegeben. Dieser Fehler wird bestimmt in Kürze behoben sein.

18.8 Anwendungen von Datenbanksystemen

Natürlich brauchten wir hier wieder für das Löschen einen CLOBBER-Wert ≥ 2.

- Einfache Abfragen lassen sich mit `select_where()` stellen. Wir suchen testweise nach einigen ungünstigen oder interessanten Einträgen:

```
@homeless  = tied(%uxpw)->select_where('home is null');
@shellless = tied(%uxpw)->select_where('shell is null');
@nameless  = tied(%uxpw)->select_where('gcos is null');
@roots     = tied(%uxpw)->select_where('uid = 0');
```

Als Parameter erwartet `select_where()` eine WHERE-Klausel eines SELECT-Befehls. Diese kann auch ORDER BY und Unterabfragen enthalten, soweit dies vom Datenbankserver erkannt wird.

Mehr Flexibilität bei der Abfrage gewinnen Sie dadurch, daß Sie direkt den `$dbh` der Hashbindung nutzen:

```
$dbh = (tied %uxpw)->dbh;
```

und damit wie gewohnt Ihre Abfragen z.B. mit `prepare()`, `execute()` und `fetch*()` stellen.

Beachten Sie bitte, daß `Tie::DBI` nicht nur *MySQL*-Datenbanken unterstützt, sondern prinzipiell jeden DBI-kompatiblen DBD::*-Treiber!

Wir fassen die Verwendung von `Tie::DBI` noch einmal kurz zusammen, indem wir diesmal ganz frech die Synopsis aus *man Tie::DBI* wiedergeben[12]. Detaillierte Informationen entnehmen Sie der Manual-Seite.

```
tie-dbi.synopsis
# Synopsis von Tie::DBI (Version 0.85) aus perldoc 'Tie::DBI'.
# Copyright (C) 1998, Lincoln D. Stein.
# Wiedergabe erlaubt unter denselben Bedingungen wie Perl.

use Tie::DBI;
tie %h,Tie::DBI,'mysql:test','test','id',{CLOBBER=>1};

tie %h,Tie::DBI,{db       => 'mysql:test',
                 table    => 'test',
                 key      => 'id',
                 user     => 'nobody',
                 password => 'ghost',
                 CLOBBER  => 1};

# fetching keys and values
@keys = keys %h;
@fields = keys %{$h{$keys[0]}};
print $h{'id1'}->{'field1'};
while (($key,$value) = each %h) {
    print "Key = $key:\n";
```

---

[12] Der Autor von `Tie::DBI`, Lincoln D. Stein, verteilt dieses Modul und seine Dokumentation unter denselben Bedingungen wie Perl selbst.

```perl
    foreach (sort keys %$value) {
        print "\t$_ => $value->{$_}\n";
    }
}

# changing data
$h{'id1'}->{'field1'} = 'new value';
$h{'id1'} = { field1 => 'newer value',
              field2 => 'even newer value',
              field3 => "so new it's squeaky clean" };

# other functions
tied(%h)->commit;
tied(%h)->rollback;
tied(%h)->select_where('price > 1.20');
@fieldnames = tied(%h)->fields;
$dbh = tied(%h)->dbh;
```
tie-dbi.synopsis

18.8.3 Persistente Hashes mit `Tie::RDBM`

Zusammen mit dem Modul `Tie::DBI` wird das Modul `Tie::RDBM` zur Verfügung gestellt. Es entspricht grob gesagt `Tie::DBI` mit dem Unterschied, daß nur ein Wert pro Schlüssel erlaubt ist. Daher benötigt die Datenbanktabelle nur zwei Spalten: eine für die Schlüsselwerte und eine andere für die zugehörigen Werte.

`Tie::RDBM` scheint einfacher und weniger mächtig zu sein als `Tie::DBI`. Dieser Eindruck täuscht jedoch!

- Wenn Sie das Modul `Storable` ebenfalls installiert haben, sind Sie in der Lage, auch komplexe Datenstrukturen als Werte im Hash zu hinterlegen. Dies macht folgende Konstrukte möglich:

    ```perl
    # Speichern einer komplexen Datenstruktur:
    $h{'root'} = { uid  => $uid, gid => $gid,
                   gcos => [ split(',', $gcos) ],
                   home => $home, shell => $shell };

    # Aendern einer komplexen Datenstruktur mit Transaktionen:
    $tmp = $h{'root'}; $tmp->{'home'} = $newhome; $h{'root'} = $tmp;
    (tied %h)->commit();

    # Aendern einer komplexen Datenstruktur mit MySQL:
    $dbh = (tied %h)->{'dbh'};
    $dbh->do("LOCK TABLES mydbtable WRITE"); # ...und Fehlerpruefung!
    $tmp = $h{'root'}; $tmp->{'home'} = $newhome; $h{'root'} = $tmp;
    $dbh->do("UNLOCK TABLES"); # ...und Fehlerpruefung!
    ```

- `Tie::RDBM` verfügt über die Möglichkeit, eine Tabelle *on the fly* während des Aufrufs von `tie()` zu erzeugen. Eine bereits existierende Tabelle kann selbstverständlich ebenfalls genutzt werden.

18.8 Anwendungen von Datenbanksystemen

Wir werden unser Beispiel mit der Unix-Paßwortdatei nun wiederholen. Hierbei werden wir jedoch jetzt Tie::RDBM verwenden und sehen, wie einfach das Beispiel wird.

db-tierdbm.pl
```perl
#!/usr/local/bin/perl -w
# db-tierdbm.pl -- Persistente Hashes auf Datenbanktabellen: Tie::RDBM

use Tie::RDBM;

tie %uxpw, 'Tie::RDBM', 'mysql:test', { table => 'uxpass', create => 1 }
    or die "can't tie: $!\n";

open(PASSWD, "< /etc/passwd") or die "can't open: $!\n";
while (<PASSWD>) {
    chomp; my @f = split(/:/);
    foreach my $f (@f) { undef $f if defined $f and $f eq '' };

    # Wir speichern unsere komplexe Datenstruktur ab:
    $uxpw{$f[0]} = { uid => $f[2], gid => $f[3],
                     gcos => defined $f[4] ? [ split /,/, $f[4] ] : [],
                     home => $f[5], shell => $f[6] };

    # Fuer normale Abfragen durch andere Tools, wie z.B. mysql,
    # fuegen wir stringifizierte Eintraege hinzu [optional]:
    $uxpw{$f[0] . "_str"} = join(':', @f[0,2,3]);

    $found{$f[0]} = 1;
}
close(PASSWD);

# Wir loeschen alle Eintraege, die nicht mehr vorhanden sind:
while (($key, undef) = each(%uxpw)) {
    next if $key =~ /_str$/;
    unless (exists $found{$key}) {
        delete $uxpw{$key};
        delete $uxpw{$key . "_str"};
    }
}

# MySQL kennt keine Transaktionen, sonst haetten wir sagen sollen:
# tied(%uxpw)->commit();    # Wenn alles okay ist.
# tied(%uxpw)->rollback();  # Nein, wir wollen es doch nicht.

# Wir aendern unter MySQL eine komplexe Datenstruktur:
tied(%uxpw)->{'dbh'}->do("LOCK TABLES uxpass WRITE");
die "Error: $DBI::errstr\n" if $DBI::err;

$tmpgcos = $uxpw{$ENV{'USER'}};
push(@{$tmpgcos->{'gcos'}}, "Test added " . localtime(time));
$uxpw{$ENV{'USER'}} = $tmpgcos;
```

```
tied(%uxpw)->{'dbh'}->do("UNLOCK TABLES");
die "Error: $DBI::errstr\n" if $DBI::err;

# Nun geben wir noch unseren Eintrag aus:
use Data::Dumper;
print Dumper($uxpw{$ENV{'USER'}});

# Das war's, Leute!
untie %uxpw;
```
——————————————————————————————— db-tierdbm.pl

Die Ausführung des obigen Beispiels ergibt:

```
farid@sun-1:~/p> mysql -e 'drop table if exists uxpass' test
farid@sun-1:~/p> ./db-tierdbm.pl
$VAR1 = {
          'home'  => '/export/home/farid',
          'shell' => '/usr/local/bin/bash',
          'gcos'  => [
                       'Farid Hajji',
                       'Test added Wed Aug  4 06:03:50 1999'
                     ],
          'gid'   => 101,
          'uid'   => 1001
        };
```

Schauen wir uns auch die Struktur der frisch erzeugten Tabelle an:

```
farid@sun-1:~/p> mysqlshow test uxpass
Database: test  Table: uxpass  Rows: 32
+---------+--------------+------+-----+---------+-------+
| Field   | Type         | Null | Key | Default | Extra |
+---------+--------------+------+-----+---------+-------+
| pkey    | varchar(127) |      | PRI |         |       |
| pvalue  | longblob     | YES  |     |         |       |
| pfrozen | tinyint(4)   |      |     | 0       |       |
+---------+--------------+------+-----+---------+-------+
```

Die Felder dieser Tabelle haben folgende Bedeutung:

- pkey enthält die Schlüsselwerte.

- pvalue enthält die zugehörigen Werte. Beachten Sie bitte, daß dies ein LONGBLOB ist, d.h. ein Feld, das auch beliebig lange *Binärdaten* enthalten kann.

- pfrozen enthält eine 1, falls der Wert in pvalue mit der freeze()-Methode des Storable-Moduls in einem Binärformat stringifiziert wurde. In diesem Fall befindet sich in pvalue die kodierte komplexe Struktur. Enthält pfrozen hingegen eine 0, dann wurde ein Wert direkt ohne Stringifizierung dort abgelegt. Dieser ist dann auch direkt lesbar.

Werfen wir einen Blick in diese Tabelle. Dazu werden wir nur lesbare Zeilen anzeigen, die nicht stringifiziert wurden[13]:

```
farid@sun-1:~/p> mysql -e 'select pkey, pvalue from uxpass \
>                         where pfrozen = 0 \
>                         order by pkey' test
+--------------+----------------------+
| pkey         | pvalue               |
+--------------+----------------------+
| adm_str      | adm:4:4              |
| bin_str      | bin:2:2              |
| daemon_str   | daemon:1:1           |
| farid_str    | farid:1001:101       |
| listen_str   | listen:37:4          |
| lp_str       | lp:71:8              |
| noaccess_str | noaccess:60002:60002 |
| nobody4_str  | nobody4:65534:65534  |
| nobody_str   | nobody:60001:60001   |
| nuucp_str    | nuucp:9:9            |
| root_str     | root:0:1             |
| smtp_str     | smtp:0:0             |
| sys_str      | sys:3:3              |
| uucp_str     | uucp:5:5             |
| www_str      | www:1003:102         |
+--------------+----------------------+
```

Was tut das Programm?

- Die Bindung eines Hashs %uxpw an eine Tabelle *uxpass* der Datenbank test ist sehr einfach:

    ```
    tie %uxpw, 'Tie::RDBM', 'mysql:test',
        { table => 'uxpass', create => 1 }
        or die "can't tie: $!\n";
    ```

    Die Parameter von tie() sind vielfältiger, als hier gezeigt wurde. Sie haben folgende Bedeutung:

    – Nach dem zu bindenden Hash und der Klasse Tie::RDBM folgt die DSN der Datenbank mit der Tabelle, an die wir uns anschließen wollen. Anstelle eines Strings kann wahlweise auch ein geöffneter $dbh hier übergeben werden.

    – Die folgenden Optionen werden in einem Hash gesammelt und als Hashreferenz an tie() übergeben. Einige nützliche Optionen sind:

      * user und password enthalten den Namen des Datenbankbenutzers und dessen Paßwort zum Einloggen in die Datenbank. Sind diese Werte leer, wie es defaultmäßig der Fall ist, wird keine Authentifizierung durchgeführt, und es wird versucht, sich ohne Username/Paßwort-Angaben einzuloggen.

---

13 Die Ausgabe ist gekürzt.

* db kann die DSN der Datenbank enthalten. Dies ist eine Alternative zur Angabe einer DSN direkt vor dem Optionenhash:
    tie %uxpw, 'Tie::RDBM' { db => "dbi:mysql:test", table => ... };
* table enthält den Namen der Tabelle, die die Schlüssel/Wert-Paare unseres Hashs enthalten wird. Fehlt dieser Parameter, wird defaultmäßig „pdata" angenommen. Sie sollten jedoch besser einen anderen Namen wählen, nur um sicherzugehen.
* key enthält den Namen der Spalte, die Schlüsselwerte aufnehmen wird. Der Defaultname hierfür lautet „pkey". Wird die Tabelle automatisch angelegt, ist schon für den richtigen Datentyp gesorgt. Wenn Sie statt dessen eine eigene, nicht durch Tie::RDBM erzeugte Tabelle einsetzen, sollte diese Spalte ein Schlüssel der Tabelle sein. Der genaue Datentyp dieser Spalte hängt vom eingesetzten Datenbanktreiber ab. Dieser ist in den meisten Fällen VARCHAR(255), kann aber auch geändert werden. Details hierzu finden Sie in *man Tie::RDBM*.
* value ist der Name der Spalte, die zu den Schlüsseln gehörige Werte aufnehmen wird. Der Defaultname ist „pvalue". Der Datentyp dieser Spalte ist wiederum abhängig vom eingesetzten Datenbanktreiber. Grundsätzlich sollte dieser Datentyp Binärdaten aufnehmen können, damit Storable auch komplexe Datenstrukturen mit freeze() stringifizieren kann. Sie können den Datentyp für Ihren eigenen Datenbanktreiber anpassen. Details dazu finden Sie in *man Tie::RDBM*.
* frozen enthält den Namen einer weiteren Spalte. Dort steht ein binärer Wert, der angibt, ob die in der value-Spalte gespeicherten Daten für diesen Datensatz mit der freeze()-Methode des Storable-Moduls stringifiziert oder unverändert dort abgelegt wurde. Der Defaultwert für frozen lautet „pfrozen" (p für Prädikat). Wenn für einen Datensatz in diesem Feld eine 0 steht, wurden die Daten nicht stringifiziert. Sie könnten auch direkt gelesen werden. Ist dagegen hier eine 1 gespeichert, dann sind die Werte im value-Feld im Binärformat vorhanden. Fehlt diese Spalte bei existierenden Tabellen oder kann sie nicht gefunden werden, ist die Storable-Funktionalität abgeschaltet. In diesem Fall können Sie keine komplexen Datenstrukturen mehr speichern.
* create gibt an, ob eine neue Tabelle angelegt werden soll oder nicht. Ist create 1, dann wird eine *nicht existierende* Tabelle angelegt. Existiert eine Tabelle gleichen Namens, wird diese natürlich nicht neu angelegt. Auch ihre Struktur wird nicht mit ALTER TABLE angepaßt. Das Erzeugen einer Tabelle ist nur möglich, wenn der entsprechende user genügend Zugriffsrechte hat. Ist dagegen create 0, dann wird keine neue Tabelle angelegt. Fehlt eine Tabelle dieses Namens, kehrt tie() mit *undef* zurück. Ansonsten wird die Verbindung zur jeweiligen Tabelle hergestellt.
* autocommit kann bei transaktionsbasierten RDBMS eingesetzt werden. Ist autocommit auf 1 gesetzt, wird jede Änderung des Hashs die aktuelle Transaktion implizit durch einen
    (tied %uxpw)->commit();

18.8 Anwendungen von Datenbanksystemen

Aufruf beenden und eine neue Transaktion starten. Dieser Wert ist defaultmäßig auf 1 gesetzt. Bei 0 müssen Sie selbst `commit()` nach einer passenden Anzahl von Operationen aufrufen, um die Transaktionsklammer zu schließen.

- Nachdem die Verbindung des Hashs mit der Tabelle gelungen ist, füllen wir diesen Hash und damit die Tabelle wie folgt:

  ```
  # Wir speichern unsere komplexe Datenstruktur ab:
  $uxpw{$f[0]} = { uid => $f[2], gid => $f[3],
                   gcos => defined $f[4] ? [ split /,/, $f[4] ] : [],
                   home => $f[5], shell => $f[6] };
  ```

  Beachten Sie hierbei, daß der Schlüssel in unserem Kontext der eindeutige login-Name ist. Dieser wird in der key-Spalte gespeichert. Dank `Storable` speichern wir als zugehörigen Wert eine komplexe Datenstruktur ab. Diese besteht aus den diversen Komponenten eines Eintrags der Paßwortdatei. Beachten Sie auch, wie das Feld gcos weiterhin durch Kommata unterteilt sein kann und somit noch etwas zu einer komplexeren Struktur beiträgt.

- Um auch die Speicherung einfacher Daten in einem Hash zu illustrieren, fügen wir noch einen weiteren Eintrag in die Tabelle hinzu:

  ```
  # Fuer normale Abfragen durch andere Tools, wie z.B. mysql,
  # fuegen wir stringifizierte Eintraege hinzu [optional]:
  $uxpw{$f[0] . "_str"} = join(':', @f[0,2,3]);
  ```

  In diesem Fall wurde zu jedem login-Namen, sagen wir xyzzy, ein zusätzlicher Eintrag mit dem Pseudonamen xyzzy_str dem Hash und somit der Tabelle hinzugefügt. Der zugehörige Wert ist jetzt aber keine komplexe Datenstruktur mehr, sondern ein einfacher String.

- Wollen wir den Eintrag einer komplexen Datenstruktur ändern, müssen wir vorsichtig sein: Folgendes ist nämlich falsch:

  ```
  push(@{ $uxpw{$user}->{gcos} }, $additional_value); # FALSCH!
  ```

  Vielmehr muß die komplexe Struktur erst entstringifiziert, dann angepaßt und schließlich wieder stringifiziert werden:

  ```
  $tmpgcos = $uxpw{$ENV{'USER'}};
  push(@{$tmpgcos->{'gcos'}}, "Test added " . localtime(time));
  $uxpw{$ENV{'USER'}} = $tmpgcos;
  ```

  Somit bekommen die Funktionen `freeze()` und `thaw()` von `Storable` eine Chance, die Datenstrukturen im Speicher anzulegen und später wieder zu stringifizieren.

- Die obigen drei Operationen laufen in einer Transaktionsklammer atomar ab. Bei RDBMS, die Transaktionen unterstützen, wäre danach ein `commit()` fällig. Da *MySQL* keine Transaktionen kennt, müssen wir die Tabelle durch LOCK TABLES sperren und am Schluß mit UNLOCK TABLES wieder freigeben. Dies geschieht durch zwei einfache SQL-Aufrufe mittels `do()`:

```
tied(%uxpw)->{'dbh'}->do("LOCK TABLES uxpass WRITE");
die "Error: $DBI::errstr\n" if $DBI::err;

# >>>> Hier die atomaren Operationen <<<<<

tied(%uxpw)->{'dbh'}->do("UNLOCK TABLES");
die "Error: $DBI::errstr\n" if $DBI::err;
```

Sie können übrigens selbst die Wirkung von Sperren beobachten: Rufen Sie dazu das Programm unter dem Perl-Debugger auf (siehe Abschnitt 4.9.3 auf Seite 53), und Sie setzen einen Breakpoint auf dem ersten atomaren Befehl hinter LOCK TABLES. Anschließend starten Sie das Programm mit „r". Parallel dazu rufen Sie in einem weiteren Fenster *mysql* auf und loggen sich direkt in die *test*-Datenbank ein. Setzen Sie dann einen SQL-Befehl ab, der auf die Tabelle *uxpass* zugreifen würde. Dies kann sowohl ein Lesebefehl wie SELECT als auch ein Schreibbefehl wie INSERT sein. Sie werden merken, daß der Befehl „hängt" und Sie keinen *mysql*-Prompt zurückbekommen. Wenn Sie in einem dritten Fenster die Prozeßliste des Datenbankservers anzeigen lassen, werden Sie die Sperre erkennen[14]:

```
farid@sun-1:~/p> mysqladmin --user=root --password=np97xW1 processlist
+------+-------+------+------------+------+--------+----------------------+
| Id   | User  | db   | Command    | Time | State  | Info                 |
+------+-------+------+------------+------+--------+----------------------+
| 267  | farid | test | Sleep      | 53   |        |                      |
| 268  | farid | test | Query      | 28   | Locked | select * from uxpass |
| 270  | root  |      | Processes  | 0    |        |                      |
+------+-------+------+------------+------+--------+----------------------+
```

Hier erkennen Sie, daß Thread 268, unsere manuelle *mysql*-Abfrage, Locked ist. Dagegen schläft Thread 267, der Bedienthread unseres zur Zeit unter dem Debugger angehaltenen Programms. Sobald nun unter dem Debugger das Programm fortgesetzt wird (mit einem erneuten „r") und UNLOCK TABLES ausführt, wird die manuelle Abfrage im *mysql*-Fenster fortgesetzt und kann sich normal beenden. Sie sehen also, daß sich kein fremder Thread einschleichen kann. Hätte umgekehrt ein Thread gerade versucht, die Tabelle zu lesen oder auch zu beschreiben, während unser Programm LOCK TABLES aufruft, würde unser Programmthread so lange vom Datenbankserver angehalten, bis er eine exklusive Sperre bekommen kann, d.h. bis daß keine fremden Threads mehr auf die Tabelle zugreifen. Beachten Sie hierbei auch, daß die Sperren des Datenbankservers *mandatory locks* sind: Im Gegensatz zu den *advisory locks* von Unix werden hier auch die Threads angehalten, die keine Sperre anfordern, wie dies bei unserer manuellen *mysql*-Abfrage der Fall war.

---

14 Die Ausgabe wurde um unwichtige Spalten gekürzt.

18.8.4 Weitere mögliche Anwendungen

Ein Datenbankserver kann sehr vielseitig eingesetzt werden. Mögliche Anwendungsklassen sind unter anderem:

- *Netzweite IPC-Kommunikation:* Da ein Datenbankserver auch über das Netz angesprochen werden kann, eignet er sich hervorragend als eine Art von netzweitem *Shared Memory*. Mit Hilfe des Moduls `Tie::RDBM` lassen sich Hashes auch mit komplexen Datenstrukturen auf einer Tabelle eines gemeinsamen Datenbankservers ablegen. Dadurch können netzweite Prozesse über den Datenbankserver miteinander kommunizieren. Da sich *MySQL*-Tabellen auch zum Lesen oder Schreiben sperren lassen, können sich die Prozesse somit untereinander synchronisieren.

- *Komplizierte Auswertungen:* Im Gegensatz zu „normalen" persistenten Hashes können bei Daten, die in Datenbanken abgelegt wurden, komplexere Abfragen und Operationen durchgeführt werden. Bei Hashes lassen sich ja nur Operationen, die sich auf Schlüssel beziehen, in natürlicher Art und Weise durchführen. Bei Datenbanken hingegen können auch komplexe Auswertungen mit ausgeklügelten SQL-Befehlen durchgeführt werden; eine Aufgabe, die bei normalen Hashes nur unter erheblicher Mühe teilweise gelöst wird. Ein weiterer Vorteil von Datenbanken gegenüber normalen persistenten Hashes ist, daß mehrere Personen gleichzeitig Zugriff auf gemeinsame Daten haben. Dabei kann dieser Zugriff nach bestimmten Kriterien unterschiedlich für jeden User geregelt werden. Schön ist, daß die Daten nicht nur über das sie erstellende Programm manipuliert, sondern auch „mal schnell" durch einen SQL-Befehl vom SQL-Monitor (z.B. *isql* oder *mysql*) angepaßt werden können.

Einige Beispiele dieser Anwendungsklassen sind:

- *Ein Spiele-Server:* Stellen Sie sich ein Multiuser-Spiel vor. Dieses Spiel könnte von weltweit verteilten Spielern oder auch nur von zwei Spielern auf demselben Host gespielt werden. Der gemeinsame Datenbankserver speichert dabei den globalen Spielstand und beliefert die Spielsoftware, d.h. die Datenbankclients, mit den für jeden Spieler relevanten Daten. Konkrete Spiele-Server wären etwa:
  - *Brett-Server* wie Schach-Server, Damen-Server, Go-Server etc. Diese Server haben alle gemein, daß sie pro Spielerpaar den Zustand eines Bretts, aber auch die bisher gespielten Züge speichern.
  - *Multiplayer-Server* heben die Zweispieler-Einschränkung auf. Ein gutes Beispiel hierfür wäre ein „Schiffe versenken"-Server für mehrere Spieler[15], der durch ein CGI-Programm oder Java-Applet über das Web angesprochen werden könnte. Diese Server speichern ebenfalls den globalen Zustand des Spiels und sind eigentlich Brett-Server für mehrere Spieler.
  - *Adventure-Server* sind etwas komplizierter als einfache Multiplayer-Server, da dort als globaler Spielstand sowohl die zu durchlaufenden Labyrinthe als auch die gesamten Charakteristika aller Spieler gespeichert werden müssen.

---

15 Nach einer Frage von Bianca Zschintzsch. Vielen Dank für die Idee!

Spiele-Server gehören sowohl der Klasse der netzweiten IPC-Kommunikation als auch der Klasse der komplizierten Anwendungen an.

- *Ein Backend für Webzähler:* Trefferzähler auf Webseiten sind ein besonders beliebtes Feature, gerade und vor allem bei Homepages. Diese Zähler werden durch die Aktivierung eines CGI-Programms oder eines Handlers des Webservers aktiviert, wenn ein Webbrowser eine Anfrage schickt. Jeder Treffer wird dabei durch das Zählerprogramm registriert. Anschließend wird in den meisten Fällen ein GIF-Bildchen mit dem aktuellen Stand zurückgeliefert. Raffiniertere Zähler registrieren auch, von wo sie aufgerufen werden und bieten auf das Anklicken des Zahlenbildes hin eine Statistik nach Domain, Ländern, Uhrzeiten, Browsertypen (nützlich für Webdesigner) und anderen Kriterien an.

  Webzähler müssen irgendwie die Treffer persistent ablegen. Dies kann mit Hilfe von Datenbanken sehr flexibel geschehen. Sogar der anspruchsvollste Zähler kann alle verfügbaren Informationen eines Treffers in Datenbanktabellen ablegen und schnell den gesamten Stand anzeigen. Wird statt dessen eine Statistik angefordert, ruft der Zähler dann durch mehr oder weniger komplizierte SQL-Abfragen die aggregierten Daten ab und kann sie dann entsprechend anzeigen.

  Webzähler gehören also der Kategorie der komplizierten Auswertungen an.

- *Automatische Informationssammler:* Viele Programme können über einen längeren Zeitraum Daten aus verschiedenen Quellen sammeln und für eine spätere Auswertung archivieren. Häufige Quellen solcher Daten sind Meßgeräte. Das Web ist eine andere Quelle nützlicher Informationen. Als Informationssammler kommen in diesem Falle Suchmaschinen (*web spider*, auch *robots* genannt) in Frage. Die meisten Suchmaschinen speichern tatsächlich ihre Suchergebnisse in einer relationalen Datenbank. Spezialisierte Informationssammler sind auch Programme, die Börsen-, Wetter-, Nachrichtenagentur- und andere Daten aus einschlägigen Websites extrahieren und ebenfalls in einer Datenbank speichern. Anschließend können diese Daten weiter analysiert werden, auch durch komplexe SQL-Abfragen. Raten Sie nun, welcher Klasse diese Programme angehören!

- *Checkpointing mit Datenbanken:* Besonders rechenintensive Programme speichern in regelmäßigen Abständen ihren aktuellen Zustand persistent ab und rechnen anschließend weiter. Dies tun sie, um im Falle eines Absturzes und Abbruchs bei einem Neustart an einer definierten Stelle die Berechnungen weiterzuführen. Dieses Verfahren wird *Checkpointing* genannt. Transaktionsbasierte Datenbanken eignen sich besonders gut zum automatischen Checkpointing lange laufender Programme. Ein solches Programm würde in einer Transaktionsklammer seinen Status stets bei der Datenbank aktualisieren. Bei jedem Checkpoint muß lediglich commit() aufgerufen werden, wodurch die Transaktionsklammer geschlossen wird. Sollte das Programm zwischen zwei Checkpoints abbrechen, würde das RDBMS durch einen *Rollback* dafür sorgen, daß das Programm beim Neustart an dem zuletzt gesetzten Checkpoint wieder weiterarbeiten kann.

  Nicht nur rechenintensive und lange laufende Programme können von Checkpoints profitieren. Programme im Finanzbereich nutzen millionenfach Transaktionen, um geschäftliche Vorgänge gegen Abbrüche, Abstürze und weitere unvorhersehbare Ereignisse abzusichern. Dies wird natürlich wieder durch Transaktionen realisiert.

- *Verteilte Systeme:* Eine besonders große Klasse von Anwendungen sind verteilte Buchungssysteme. Reisebüros nutzen beispielsweise ein zentrales Reservierungssystem. Tausende von Terminals sind selbstverständlich an ein oder gar mehrere Datenbanksysteme angeschlossen. Diese Systeme gehören zur Klasse netzbasierter IPC-Kommunikation.

Einige Aufgaben sind so gewaltig, daß sie auch von Superrechnern nicht allein bewältigt werden können. In diesem Fall läßt sich die Aufgabe oft in kleinere *Work-Units* zerteilen, die dann getrennt auf verschiedenen Rechnern bearbeitet werden können. Zur Verwaltung der aus- und eingehenden *Work-Units* wird oft eine Datenbank verwendet. Diese gestattet es auch, *Work-Units* herauszufinden, die schon länger ausgegeben wurden und nicht zurückgekehrt sind. Diese könnten dann einem anderen Rechner zugewiesen werden. Ein hervorragendes Beispiel für dieses System ist das SETI@home-Projekt, das bereits auf Seite 873 erwähnt wurde.

Die Verteilung von *Work-Units* für Menschen wird hingegen oft durch das Management oder von *Workflow-Management*-Programmen durchgeführt. Beide verlassen sich dabei ebenfalls auf eine Datenbank.

18.9 Aufgaben

1. Probieren Sie die $DB_BTREE-Bindung des DB_File-Moduls aus! Lesen Sie dazu vorher die Manual-Seite *man DB_File* aufmerksam durch! Wozu ist eine solche Bindung gut?

2. Wiederholen Sie die vorige Übung mit der $DB_RECNO-Bindung des DB_File-Moduls. Versuchen Sie, soweit es geht, die Kommandos des *ed* auf dem gebundenen Array nachzubilden.

3. Was sind Checkpoints? Wozu werden sie gebraucht? Nennen Sie ein sinnvolles Beispiel für den Einsatz von Checkpoints. Die Berkeley DB-Library in der Version 2.x unterstützt Checkpoints. Schreiben Sie dazu ein kleines Perl-Skript, das dies mit Hilfe des Moduls BerkeleyDB realisiert.

4. Machen Sie sich mit dem Transaktionsmodell der Berkeley DB-Library Version 2.x vertraut. Lesen Sie dazu zunächst die C-API-Dokumentation dieser Library, danach *man BerkeleyDB*. Implementieren Sie ein kleines Perl-Skript, das das Lesen und Ändern einer kleinen Menge von Schlüssel/Wert-Paaren in eine Transaktionsklammer setzt. Dabei sollte je nach Benutzerwahl die Transaktion abgeschickt (commit) oder abgebrochen werden. Zeigen Sie, daß dabei Transaktionen nur als Ganzes oder gar nicht ausgeführt werden. Machen Sie sich auch mit dem Notfallmanagement vertraut, falls die DB-Dateien gestört sein sollten, wenn ein Prozeß, der sie verwendete unerwartet abgebrochen wurde.

5. Versuchen Sie das Beispiel aus Abschnitt 18.4.2 auf Seite 935 so zu ergänzen, daß auch Referenzen auf Skalare, auf Referenzen, auf Typeglobs und (schwierig) auf Code stringifiziert werden.

6. Versuchen Sie, als Ergänzung zur vorigen Aufgabe, auch zirkläre Datenstrukturen zu stringifizieren. Überlegen Sie sich erst eine Strategie, und implementieren Sie diese in der Stringifizierungsfunktion.

7. Auf Seite 1010 wurde nicht erklärt, was denn nun genau geschieht. Versuchen Sie, die Logik des Programms an dieser Stelle nachzuvollziehen. Warum wird `map()` eingesetzt? Warum werden die Indizes 2 .. 6 benutzt? Was ist mit der Position 1? Wird sie nicht benötigt? Teilen Sie den Aufruf in einzelne Aufrufe auf, ohne dabei `map()` zu verwenden. Lesen Sie in *man Tie::DBI* nach, wie neue Tabellenzeilen angelegt werden. Ist alles nun klarer?

8. Installieren Sie *MySQL* oder *PostgreSQL* auf Ihrem Rechner! Machen Sie sich damit vertraut, indem Sie spielerisch immer mehr Features ausprobieren. Wenn alles richtig funktioniert, installieren Sie dann die `DBI`- und `DBD::*`-Module, und versuchen Sie, den Datenbankserver aus Perl heraus anzusprechen.

9. Nennen Sie die Vorteile von `Tie::RDBM`!

10. Versuchen Sie, einen Spiele-Server mit Hilfe eines RDBMS-Backends zu implementieren.

19 CGI und WWW

19.1 Synopsis

```
# Apache-Webserver      http://www.apache.org/dist/
# mod_perl              http://perl.apache.org/dist/
# OpenSSL               http://www.openssl.org/
# mod_perl Konfigurieren:
~/mod_perl-x.yz> perl Makefile.PL EVERYTHING=1

# Die Uebersetzung und Installation von Apache und mod_perl
# werden im Kapitel selbst erklaert.

# Das CGI.pm-Modul:
use CGI qw(:standard);                  # Und weitere Optionen
use CGI::Carp qw(fatalsToBrowser);      # die "..." zum Browser
if (param()) {
    # Brower hat uns Formulardaten geschickt.
    $name = param('myname'); $phone = param('myphone');
    # Daten auswerten, dann irgendeine Antwort senden.
} else {
    # Erstmaliger Aufruf, sende HTML-Formular
    print header,
        start_html($title),
          h1($this_is_an_h1_header), "blah blah", p,
          start_form,
            textfield({ -name => 'myfield', -size => '30' }), ...
            submit({ -value => 'Register!' }), reset,
          end_form,
        end_html;
}

# Tabellen mit CGI.pm:
$htmltable = table( Tr( td( [ @alist ] ) ),
                    Tr( td( [ @alist ] ) ) ... );

# Zustand erhalten mit:
# PATH_INFO, QUERY_STRING, Hidden-Feldern, Cookies,
# Sitzungsnummern. Zustand digital signieren und verschluesseln.
# Einloggen mit Apache::AuthenDBI fuer roaming User.
# Persistente Hashes mit Datenbank als Backingstore.
# Das Apache::Session-Modul.

# Cookies:
use CGI::Cookie;
$cookie = new CGI::Cookie(-name => COOKIENAME, -expires => '+5d',
                          -value => $refhash_or_scalar);
print header(-cookie => $cookie);    # Zum Browser senden
```

```perl
$cookievalue = cookie( -name => COOKIENAME );

# Webclients mit der LWP::* libwww-perl-Library
use LWP::UserAgent;
use HTTP::Request;
  $ua = new LWP::UserAgent;
  $ua->agent($browserstring);
  $ua->timeout($time_to_wait_in_seconds);
  $ua->proxy('http' => "http://proxy.isp.net:8080/");

  $req = new HTTP::Request 'GET' => $remoteurl;
  $req->authorization_basic($user => $pass);

  $res = $ua->request($req);
  $result = $res->is_success() ?
              $res->content() :
              "Err: " . $res->code() . " " . $res->message();

# Authentifikation ueber MySQL mit Apache::AuthenDBI
ScriptAlias /cgi-bin-secure/ /usr/local/apache/cgi-bin-secure/
<Location /cgi-bin-secure/>
    AuthName     'Secure Testarea'
    AuthType     Basic
    PerlAuthenHandler Apache::AuthenDBI
    PerlSetVar Auth_DBI_data_source dbi:mysql:database=www
    PerlSetVar Auth_DBI_username    nobody
    PerlSetVar Auth_DBI_password    wwwpass
    PerlSetVar Auth_DBI_pwd_table   wwwusers
    PerlSetVar Auth_DBI_uid_field   username
    PerlSetVar Auth_DBI_pwd_field   password
    require valid-user
</Location>

# Einstellung einer Apache::Registry-Umgebung:
# In conf/startup.pl werden Module vorgeladen.
PerlRequire            conf/startup.pl
PerlFreshRestart       On
Alias /perl/ /usr/local/apache/cgi-perl/
<Location /perl>
    SetHandler   perl-script
    PerlHandler  Apache::Registry
    Options      ExecCGI
</Location>

# Einige Eintraege in conf/startup.pl:
#!/usr/local/bin/perl
BEGIN { use Apache (); use lib Apache->server_root_relative('lib/perl'); }
use Apache::Registry (); use Apache::Constants (); use CGI qw(-compile :all);
1;
```

19.2 Installation des Apache-Webservers

19.2.1 Einführung

Um einige Versuche mit den Perl-Modulen `CGI.pm` und `mod_perl`, aber auch mit der LWP-Library `LWP::*` anstellen zu können, benötigen wir den frei verfügbaren Apache-Webserver. In diesem Abschnitt werden wir dessen Installation und Administration kurz kennenlernen.

Der Apache-Webserver ist ein frei verfügbarer Webserver, der von einem sehr großen Teil der Websites im Internet eingesetzt wird. Neben dem frei verfügbaren Quellcode bietet der Apache noch weit mehr. Es handelt sich hierbei um ein Webserver-Toolkit [78]. Es ist unmöglich, in diesem Kapitel auf alle Einzelheiten des Apache einzugehen. Wir werden uns daher nur auf das Wesentliche konzentrieren und verweisen interessierte Leser auf die Onlinedokumentation des Apache und der zugehörigen Module.

Wir werden im folgenden den Apache-Webserver zusammen mit `mod_perl` übersetzen und installieren. Es handelt sich dabei um eine Erweiterung des Apache durch den Perl-Interpreter. Dadurch lassen sich nicht nur in Perl geschriebene CGI-Programme deutlich beschleunigen. Darauf kommen wir in Abschnitt 19.6 ab Seite 1090 zurück.

19.2.2 Download und Übersetzung

Der Apache-Webserver ist zur Zeit unter folgender URL zu finden:

`http://www.apache.org/dist/`

Dort befinden sich sowohl die Quellcodedistribution als auch diverse vorkompilierte Binaries und andere Dateien. Wir benötigen natürlich den Quellcode. Dieser ist in der Datei *apache_x.xx.tar.gz* enthalten. Als dieses Kapitel geschrieben wurde, war *apache_1.3.6.tar.gz* die aktuellste Version. Diese können Sie auf gewohnte Art und Weise auf Ihren Rechner herunterladen.

Zusätzlich benötigen wir den Quellcode von Ergänzungsmodulen des Apache. Häufig benötigte Zusatzsoftware ist `mod_ssl` oder die *SSLeay*- bzw. *openssl*-Kryptolibrary. Darauf gehen wir aber hier nicht näher ein.

Wir benötigen aber sehr wohl den Quellcode des `mod_perl`-Moduls. Die letzte Version dieses Moduls finden Sie unter folgender URL:

`http://perl.apache.org/dist/`

Als dieses Kapitel geschrieben wurde, war *mod_perl-1.21.tar.gz* die aktuellste Version.

Da wir nun beide Dateien haben, können wir mit der Übersetzung anfangen. Dazu packen wir beide Dateien im selben Verzeichnis aus:

```
farid@sun-1:~> tar -zxf apache_1.3.6.tar.gz
farid@sun-1:~> tar -zxf mod_perl-1.21.tar.gz
```

Anschließend wechseln wir ins `mod_perl`-Verzeichnis und konfigurieren das Modul wie folgt:

```
farid@sun-1:~> cd mod_perl-1.21/
farid@sun-1:~/mod_perl-1.21> perl Makefile.PL EVERYTHING=1
Configure mod_perl with ../apache_1.3.6/src ? [y]
Shall I build httpd in ../apache_1.3.6/src for you? [y]
```

Wichtig hierbei ist, `EVERYTHING=1` anzugeben, damit auch alle folgenden Hooks aktiviert werden:

```
PerlDispatchHandler.........enabled  PerlChildInitHandler........enabled
PerlChildExitHandler........enabled  PerlPostReadRequestHandler..enabled
PerlTransHandler............enabled  PerlHeaderParserHandler.....enabled
PerlAccessHandler...........enabled  PerlAuthenHandler...........enabled
PerlAuthzHandler............enabled  PerlTypeHandler.............enabled
PerlFixupHandler............enabled  PerlHandler.................enabled
PerlLogHandler..............enabled  PerlInitHandler.............enabled
PerlCleanupHandler..........enabled  PerlStackedHandlers.........enabled
PerlMethodHandlers..........enabled  PerlDirectiveHandlers.......enabled
PerlTableApi................enabled  PerlLogApi..................enabled
PerlUriApi..................enabled  PerlUtilApi.................enabled
PerlFileApi.................enabled  PerlConnectionApi...........enabled
PerlServerApi...............enabled  PerlSections................enabled
PerlSSI.....................enabled
```

Anschließend rufen wir `make` wie gewohnt auf:

```
farid@sun-1:~/mod_perl-1.21> make
```

An dieser Stelle wird sowohl der Apache-Webserver zusammen mit dem Perl-Interpreter übersetzt als auch alle Teile des `mod_perl`-Moduls. Sie brauchen den Webserver *nicht* extra zu übersetzen.

Wenn alles gutging, können Sie die Tests auf gewohnte Art und Weise ausführen:

```
farid@sun-1:~/mod_perl-1.21> make test
```

Hierzu wird der gerade erzeugte Webserver auf einem privaten Port gestartet. Anschließend werden die Modultests durchgeführt. Auch hier sollte es keine Schwierigkeiten geben.

Die Installation des `mod_perl`-Moduls zusammen mit allen Hilfsmodulen ins Perl-Systemverzeichnis wird wie üblich mit den Rechten des Systemverwalters durchgeführt:

```
root@sun-1:~farid/mod_perl-1.21> make install
```

19.2.3 Installation des Apache-Webservers

Jetzt ist aber der gerade gebaute *httpd* ebenfalls noch zu installieren. Dazu gehen Sie wie folgt vor:

```
root@sun-1:/> mkdir /usr/local/apache
root@sun-1:/> mkdir /usr/local/apache/bin
root@sun-1:/> mv ~farid/apache_1.3.6/src/httpd /usr/local/apache/bin
root@sun-1:/> mv ~farid/apache_1.3.6/conf /usr/local/apache
root@sun-1:/> mv ~farid/apache_1.3.6/cgi-bin /usr/local/apache
root@sun-1:/> mv ~farid/apache_1.3.6/icons /usr/local/apache
root@sun-1:/> mv ~farid/apache_1.3.6/htdocs /usr/local/apache
root@sun-1:/> mkdir -p /var/local/apache/logs
```

Nun benötigen Sie nur noch einige Supportfiles:

```
farid@sun-1:~/apache_1.3.6/> cd src/support
farid@sun-1:~/apache_1.3.6/src/support> make
```

Diese Dateien installieren wir noch:

```
root@sun-1:/> mv ~farid/apache_1.3.6/src/support/* /usr/local/apache/bin
root@sun-1:/> rm /usr/local/apache/bin/*.o
root@sun-1:/> mkdir /usr/local/apache/man
root@sun-1:/> mkdir /usr/local/apache/man/man1
root@sun-1:/> mkdir /usr/local/apache/man/man8
root@sun-1:/> cd /usr/local/apache
root@sun-1:/usr/local/apache> mv bin/*.8 man/man8/
root@sun-1:/usr/local/apache> mv bin/*.1 man/man1/
```

Jetzt müssen wir noch das *apachectl*-Skript richtig konfigurieren. Dieses finden Sie in */usr/local/apache/bin/apachectl*. Das passen wir nun wie folgt an:

```
PIDFILE=/var/local/apache/logs/httpd.pid
HTTPD='/usr/local/apache/bin/httpd'
LYNX="lynx -dump"
STATUSURL="http://localhost/server-status"
```

All diese Einträge nehmen wir in der Konfigurationssektion am Anfang des Skriptes vor. Anschließend kopieren wir es an seine endgültige Position:

```
root@sun-1:/usr/local/apache> cp bin/apachectl /etc/init.d/apachectl
```

19.2.4 Konfiguration des Apache-Webservers

Nun ist es an der Zeit, den Webserver so zu konfigurieren, daß wir ihn auch starten können. Wir werden dabei sowohl die normale Konfiguration als auch die Umgebung des *mod_perl* einstellen.

Als erstes müssen wir die *httpd.conf*-Konfigurationsdatei unseren lokalen Gegebenheiten anpassen:

```
root@sun-1:/usr/local/apache> cd conf
root@sun-1:/usr/local/apache/conf> cp httpd.conf-dist httpd.conf
```

Nun editieren wir *httpd.conf*. Wir fangen mit der einfachsten Version an:

/usr/local/apache/conf/httpd.conf
```
## httpd.conf -- Apache HTTP server configuration file

ServerType      standalone
Port            80
User            nobody
Group           nobody
ServerAdmin     farid@sun-1.meta.net
ServerName      sun-1.meta.net

ServerRoot       /usr/local/apache
LockFile         /var/local/apache/logs/httpd.lock
PidFile          /var/local/apache/logs/httpd.pid
ErrorLog         /var/local/apache/logs/error_log
TransferLog      /var/local/apache/logs/access_log
ScoreBoardFile   /var/local/apache/logs/httpd.scoreboard
ResourceConfig   /dev/null
AccessConfig     /dev/null

DocumentRoot /usr/local/apache/htdocs
<Directory /usr/local/apache/htdocs>
    Options Indexes FollowSymLinks
    AllowOverride None
</Directory>
```
/usr/local/apache/conf/httpd.conf

Anschließend starten wir den Webserver:

```
root@sun-1:/> /etc/init.d/apachectl start
/etc/init.d/apachectl start: httpd started
```

Wir testen gleich, daß alles auch wirklich funktioniert. Dazu richten wir unseren Webbrowser auf uns selbst. Abbildung 19.1 zeigt die Eingangsseite unseres Servers.

Dieser Webserver ist bereits vollkommen funktionsfähig. Sie können ihn auch von anderen Rechnern aus ansprechen. Das Verzeichnis

/usr/local/apache/htdocs

enthält auch das Manual des Apache Webservers. Sie sollten einen Blick dort hineinwerfen. Folgen Sie dazu entweder dem ersten Link der Testseite, oder benutzen Sie die URL http://localhost/manual/.

Jetzt müssen Sie nur noch die *index.html*-Testseite durch eine eigene Eingangsseite ersetzen und */usr/local/apache/htdocs* mit eigenen Dateien füllen!

Der gerade installierte Webserver ist zwar gut genug, um statische HTML- und sonstige Dateien zu versenden, aber wir wollen ja mehr Flexibilität erreichen. Dazu ist es

19.2 Installation des Apache-Webservers

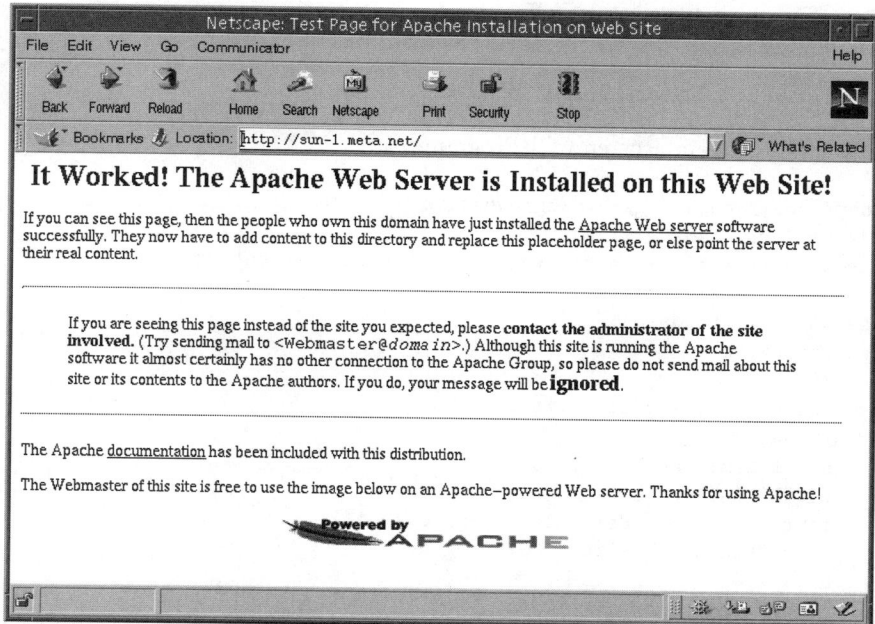

Abbildung 19.1: Apache-Testseite

erforderlich, daß der Webserver auf Anforderung ein spezielles Programm aufruft und diesem Programm die Generierung von dynamischen Seiten überläßt.

Damit dies funktioniert, fügen Sie folgende Zeilen zur Konfigurationsdatei *httpd.conf* hinzu:

```
ScriptAlias /cgi-bin/ /usr/local/apache/cgi-bin/
<Directory /usr/local/apache/cgi-bin>
    AllowOverride None
    Options None
</Directory>
```

Anschließend starten Sie den Server neu:

```
root@sun-1:/> /etc/init.d/apachectl restart
/etc/init.d/apachectl restart: httpd restarted
```

Die hinzugefügte `ScriptAlias`-Direktive bewirkt, daß eine URL

```
http://localhost/cgi-bin/mytest
```

nicht zu */usr/local/apache/htdocs/cgi-bin/mytest* konvertiert wird, sondern daß vielmehr das CGI-Programm */usr/local/apache/cgi-bin/mytest* aufgerufen wird. Dieses Programm ist dann für die Generierung einer Antwort verantwortlich.

Wir werden alle folgenden Programme im *cgi-bin*-Verzeichnis anlegen. Wichtig ist dabei, daß diese Programme durch den User ausgeführt werden können, unter dessen Kennung der Webserver läuft, in unserem Fall ist das *nobody*.

19.3 Das `CGI.pm`-Modul

19.3.1 Dynamische Ausgabe

Fangen wir mit dem einfachsten CGI-Programm an.

```
/usr/local/apache/cgi-bin/cgi-welcome.pl
#!/usr/local/bin/perl -w
# cgi-welcome.pl -- Zeigt eine kurze CGI-Begruessung an.

use CGI qw(:standard);
use strict;

my $now = localtime(time());
print header,
    start_html("Hello CGI World"),
    h1("Hi CGI-World!"),
    font({-face => 'Helvetica', -size => 14},
        "Hello, this is a CGI program."),
    hr,
    "Generated: $now",
    end_html();
                                    /usr/local/apache/cgi-bin/cgi-welcome.pl
```

Abbildung 19.2 zeigt die Ausgabe dieses Programms.

Abbildung 19.2: Ausgabe von `cgi-welcome.pl`

Hierbei kann es mehrere Probleme geben. Wenn der Server eine Fehlermeldung an den Browser schickt, gab es ein Problem mit dem CGI-Skript. Da die Fehlermeldung nichtssagend ist, sollten Sie den wahren Grund im Fehlerlog suchen. Bei unserer Konfiguration geben Sie dann folgendes ein, idealerweise in einem eigenen Fenster:

```
farid@sun-1:~> tail -f /var/local/apache/logs/error_log
[Sat Aug  7 14:35:51 1999] [error] [client 134.95.254.20] \
                script not found or unable to stat: \
                /usr/local/apache/cgi-bin/cgi-welcome.pl
```

19.3 Das CGI.pm-Modul

Mit *tail* wird das Ende einer Datei angezeigt. Da das Logfile ständig wächst, benutzen wir das -f-Flag. Dieses bewirkt, daß *tail* sich nicht beendet, sondern wartet, bis die Datei wächst, und dann die Änderungen sozusagen in Echtzeit anzeigt.

Eine beliebte Fehlerursache sind neben Syntaxfehlern und Abbrüchen durch die() auch fehlende Ausführungsrechte für den User, unter dem der Webserver läuft. In unserem Fall ist dies der User *nobody*. Darum sollte ein Webskript für alle User ausführbar sein:

```
root@sun-1:~>  chmod a+x /usr/local/apache/cgi-bin/cgi-welcome.pl
```

Sie können die meisten Fehler vor der Ausführung als Webskript herausfinden. Dazu rufen Sie einmal den Syntaxchecker mit Warnungen auf:

```
farid@sun-1:~>  perl -cw /usr/local/apache/cgi-bin/cgi-welcome.pl
/usr/local/apache/cgi-bin/cgi-welcome.pl syntax OK
```

Weitere Fehlerursachen sind ebenfalls möglich. Darauf gehen wir aber hier nicht näher ein.

Nun aber zum Programm selbst:

- Das CGI-Skript ist ein externes Programm, das vom Webserver aufgerufen wird. Dabei werden vor der Ausführung des Programms durch den Webserver bereits einige Einstellungen vorgenommen. So ist beispielsweise die Standardausgabe des Programms direkt auf den Server gerichtet. Sollte das CGI-Programm nun etwas wie gewohnt auf die Standardausgabe drucken, z.B. mit print(), wird dies automatisch zurück zum Server geschickt. Dieser leitet dann die Antworten an den anfordernden Browser weiter.

- Die Ausgabe können wir entweder manuell erledigen oder aber mit Hilfe des populären CGI.pm-Moduls bequem erstellen. In unserem Fall hätten wir auch die Ausgabe wie folgt ohne CGI.pm erzeugen können:

```
$now = localtime(time());
print "Content-type: text/html\n", "\n";
print <<EOHTML;
<HTML>
  <HEAD>
    <TITLE> Hello CGI World </TITLE>
  </HEAD>
  <BODY>
    <FONT SIZE="14" FACE="Helvetica">
      Hello, this is a CGI program.
    </FONT>
    <HR>
    Generated: $now
  </BODY>
</HTML>
EOHTML
```

- Sie sehen also, daß die Ausgabe ganz gewöhnliches HTML ist. Dieses wird jedoch vorher durch die Zeile

    ```
    Content-type: text/html
    ```

    gefolgt von einer leeren Zeile, eingeleitet. Was hat das zu bedeuten?
    - Normalerweise sollte das CGI-Programm einen HTTP-Header, gefolgt vom Antwortdokument, zurücksenden. Beide werden durch eine leere Zeile voneinander getrennt. Daher ist die *Content-length*-Zeile ein Teil des HTTP-Headers.
    - Der HTTP-Header beinhaltet mehr Zeilen, als hier gezeigt wurde. Diese werden vom Webserver an die Antwort des CGI-Programms angefügt und anschließend an den Browser gesendet.
    - Ein minimaler Header ist aber notwendig. Dieser beschreibt den MIME-Typ des Dokuments, das wir zurückschicken wollen. In unserem Fall senden wir HTML zurück, also ist der Typ: *text/html*. Wir werden weiter unten sehen, wie mit Hilfe des Graphikmoduls GD eine GIF-Datei *on the fly* erzeugt und zurückgeschickt wird. In diesem Fall wäre der Typ *image/gif*. Wollen wir nur gewöhnlichen Text zurückschicken, reicht *text/plain* als Typ.

- Das CGI-Programm beendet sich wie gewohnt, sobald es alle erforderlichen Daten gesendet hat.

- Wir haben jedoch das `CGI.pm`-Modul zur Erzeugung der Ausgabe verwendet. In einem großen `print()`-Aufruf wird die gesamte Ausgabe generiert:
    - Die *Content-type:*-HTTP-Headerzeile wird mit Hilfe der Funktion `header()` als String erzeugt. Sollen weitere Headerzeilen wie Cookies usw. erzeugt werden, können Sie diese als Argumente an `header()` übergeben.
    - Der Anfang des HTML-Dokuments, inklusive der `<HTML>`-, `<TITLE>`- und `<BODY>`-Tags wird durch die Funktion `start_html()` erledigt. Das Argument wird als Titel genommen.
    - Nun folgt das Dokument. Eine `<H1>`-Überschrift wird durch die Funktion `h1()` erzeugt. Dabei wird der als Argument übergebene String automatisch in einem `<H1>/</H1>`-Paar eingeschlossen. Sie brauchen sich grundsätzlich bei klammernden Tags keine Sorgen um die schließenden Tags zu machen. Diese werden durch die Funktionen automatisch erzeugt.
    - Sollen in einem Tag auch Parameter enthalten sein, können diese in einer Hashreferenz der erzeugenden Funktion übergeben werden:

        ```
        font({-face => 'Helvetica', -size => 14},
            "Hello, this is a CGI program.")
        ```

        wird zu:

        ```
        <FONT SIZE="14" FACE="Helvetica">
            Hello, this is a CGI program.
        </FONT>
        ```

    - Auch normaler Text kann mitten in der `print()`-Liste enthalten sein.

- Durch end_html() wird das HTML-Dokument geschlossen. Dies sind die Tags </BODY>, gefolgt von </HTML>.

Mehr Informationen zum CGI.pm-Modul finden Sie in *man CGI* bzw. *perldoc CGI*.

19.3.2 Graphikausgabe

Eine besonders beliebte Anwendung sind Webzähler. Diese erzeugen ihre Antwort in Form einer GIF-Datei, die dann wie folgt in die HTML-Seiten eingebaut wird:

```
<IMG SRC="http://www.your.domain/cgi-bin/mycounter?mypageid>
```

Wie wird nun eine GIF-Datei erzeugt? Das GD-Modul aus dem CPAN macht es möglich:

```perl
/usr/local/apache/cgi-bin/cgi-welcome-gd.pl
#!/usr/local/bin/perl -w
# cgi-welcome-gd.pl -- Eine dynamische GIF-Datei mit GD.pm

use CGI qw(:standard);
use GD;
use strict;

use constant HEIGHT => 25;
use constant WIDTH  => 250;
use constant COLOR  => (255, 0, 0);

# Wir erzeugen irgendeinen beliebigen Text.
use constant MAXHITS => 1_000_000;
my $info = "Your magic cookie: " . int(rand(MAXHITS));

# Nun zeichnen wir das Objekt:
drawme($info);

sub drawme {
    my $info = shift;

    # Wir erzeugen ein 100x30 Pixel breites Bild:
    my $im    = new GD::Image(WIDTH, HEIGHT);

    # Die folgenden Farben benoetigen wir:
    my $white = $im->colorAllocate(255,255,255);
    my $black = $im->colorAllocate(  0,  0,  0);
    my $color = $im->colorAllocate( COLOR );

    # Einige Einstellungen zum Bild:
    $im->transparent($white);
    $im->interlaced('true');

    # Nun zeichnen wir:
    $im->filledRectangle(0, 0, WIDTH-1, HEIGHT-1, $black);
    $im->string(gdGiantFont, 5, 5, $info, $color);
```

```
    # Wir erzeugen nun ein GIF-Bild daraus:
    my $gif = $im->gif();

    # Das geben wir nun aus:
    print header({-type => 'image/gif', -expires => '+1s',
                  -length => length($gif)}),
          $gif;
}
```
_____ /usr/local/apache/cgi-bin/cgi-welcome-gd.pl

Jeder Aufruf dieses Skripts erzeugt ein neues GIF-Bild, das eine zufällige Zahl enthält. Natürlich würde hier eine echte Anwendung beispielsweise den Wert eines Webzählers oder irgend etwas anderes ausgeben.

Abbildung 19.3 zeigt die Ausgabe dieses Programms.

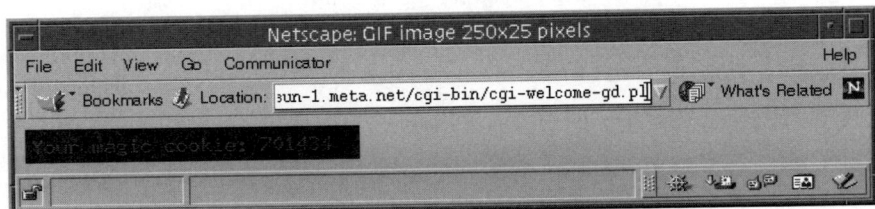

Abbildung 19.3: Graphische Ausgabe mit dem GD-Modul

Schauen wir uns das Programm einmal im Detail an:

- Ein GD-Bild wird durch den Aufruf des Konstruktors erzeugt. Dabei müssen Breite und Höhe übergeben werden:

    ```
    my $im = new GD::Image(WIDTH, HEIGHT);
    ```

    Dieses neu erzeugte Bild kann als Zeichenfläche benutzt werden.

- Wir brauchen auch Farben. Diese werden aus einer Methode des Bildobjekts erzeugt. Die Parameter sind Anteile von Rot, Grün und Blau, jeweils von 0 bis 255:

    ```
    my $white = $im->colorAllocate(255,255,255);
    ```

- Weitere Einstellungen, wie Transparenz und Interlaced, können ebenfalls angegeben werden:

    ```
    $im->transparent($white);
    $im->interlaced('true');
    ```

    Mehr Informationen darüber finden Sie in *man GD*.

- Nun wird es interessant. Wir zeichnen innerhalb des Bilds mit Hilfe sogenannter Zeichenprimitive. Dies sind Methoden unseres Bildobjekts. Sie sind alle in *man GD* bzw. *perldoc GD* dokumentiert. In unserem Beispiel zeichnen wir ein schwarzes Rechteck

    ```
    $im->filledRectangle(0, 0, WIDTH-1, HEIGHT-1, $black);
    ```

das die gesamte Fläche unseres Bildes einnimmt, und darauf eine Zeichenkette:

```
$im->string(gdGiantFont, 5, 5, $info, $color);
```

Hier ist *gdGiantFont* eine Konstante von GD, das einen bestimmten Font angibt. Die nächsten zwei Parameter sind der x- und der y-Offset der Schrift. Danach kommt in `$info` der String, der zu zeichnen ist, gefolgt von der Zeichenfarbe in `$color`.

- Wir könnten nun noch deutlich mehr Zeichenprimitive verwenden und auch recht komplizierte und raffinierte Bilder erzeugen. Dies wird aber hier nicht weiter verfolgt. Interessierte Leser sollten sich auf jeden Fall die Onlinedokumentation anschauen.

- Wenn wir mit dem Zeichnen in dem Bildobjekt fertig sind, sollten wir dieses in ein GIF-Bild konvertieren:

  ```
  my $gif = $im->gif();
  ```

  Natürlich hätten wir das Objekt auch speichern oder geeignet weiterverarbeiten können. In diesem Beispiel begnügen wir uns mit dem GIF-Bild in `$gif`.

- Nun müssen wir dem Browser im HTTP-Header drei Informationen zukommen lassen:

  – Die Antwort besteht aus einem GIF-Bild.

  – Die Länge der Antwort in Bytes.

  – Wie lange der Browser das Bild in seinem Cache aufbewahren darf.

  Mit dem Programm *nc*, auch *netcat* genannt, können wir uns die Antwort des Webservers anschauen, als wären wir ein Browser:

  ```
  farid@sun-1:~> nc sun-1.meta.net 80
    HEAD /cgi-bin/cgi-welcome-gd.pl HTTP/1.0
    Hier noch einmal Enter druecken
  HTTP/1.1 200 OK
  Date: Sat, 07 Aug 1999 14:39:52 GMT
  Server: Apache/1.3.6 (Unix) mod_perl/1.21
  Expires: Sat, 07 Aug 1999 14:39:56 GMT
  Length: 393
  Connection: close
  Content-Type: image/gif
  ```

  Achten Sie dabei auf die Felder *Length*, *Content-Type* und *Expires*.

- Die gewünschten HTTP-Informationen werden mit Hilfe der Funktion `header()` des `CGI.pm`-Moduls erzeugt. Am Anschluß daran senden wir das `$gif`-Bildchen:

  ```
  print header({-type => 'image/gif', -expires => '+1s',
                -length => length($gif)}),
        $gif;
  ```

Eine Onlinedokumentation zu GD finden Sie auch unter der URL:

```
http://www.boutell.com/gd/gd.html
```

19.3.3 Umgebungsvariablen

Beim Aufruf eines CGI-Programms setzt der Webserver eine Menge von Umgebungsvariablen, die bei Perl wie gewohnt unter %ENV zu finden sind. Das folgende Programm zeigt die Umgebungsvariablen an.

/usr/local/apache/cgi-bin/cgi-printenv.pl

```perl
#!/usr/local/bin/perl -w
# cgi-printenv.pl -- Zeigt die CGI-Umgebungsvariablen an.

use CGI qw(:standard);

print header,
    start_html('Environment Variables of a CGI Program'),
    h1('The Environment'),
    table(
        map { Tr( td( [ $_, $ENV{$_} ] ) ) }
            sort keys %ENV
    ),
    end_html;
```

/usr/local/apache/cgi-bin/cgi-printenv.pl

Abbildung 19.4 zeigt die Ausgabe dieses Programms.

Zum Vergleich zeigt Abbildung 19.5 die Ausgabe desselben Programms, jetzt aber durch den textorientierten Browser *lynx* von einem anderen Rechner aus abgefragt.

Das Programm selbst ist sehr einfach und wieder ein sehr schönes Beispiel für die Anwendung der map()-Funktion.

Schauen wir uns einige interessante Umgebungsvariablen an:

- DOCUMENT_ROOT: Das ist der physische Pfad, unter dem alle logischen Pfade anfangen. Bei *http://www.your.domain/a/path/file.html* wäre der logische Pfad */a/path/file.html*. Dank der DOCUMENT_ROOT wissen wir aber, wo er wirklich beginnt, nämlich im Dateisystem unter */usr/local/apache/htdocs/a/path/file.html*. Diese Information können wir ausnutzen, um beispielsweise eine statische HTML-Seite irgendwo auf dem Dateisystem anzulegen und später per logischem Pfad darauf zu verweisen.

- GATEWAY_INTERFACE spezifiziert die Version des CGI-Protokolls. Läuft das Programm als reines CGI-Skript, ist der Wert *CGI/1.1*. Läuft das Programm hingegen unter Apache::Registry, lautet der Wert *CGI-Perl/1.1*.

- HTTP_ACCEPT und HTTP_ACCEPT_* sind Informationen, die uns der Browser geschickt hat. Diese Einstellungen sollten wir respektieren, soweit es geht.

- HTTP_USER_AGENT wird durch den Browser gesetzt. In unserem Beispiel haben der Netscape-Browser *netscape* und der textorientierte Lynx-Browser *lynx* folgende Identifikationen angegeben:

    ```
    Mozilla/4.5 [en] (X11; I; SunOS 5.6 i86pc)
    Lynx/2.8.1rel.1 libwww-FM/2.14
    ```

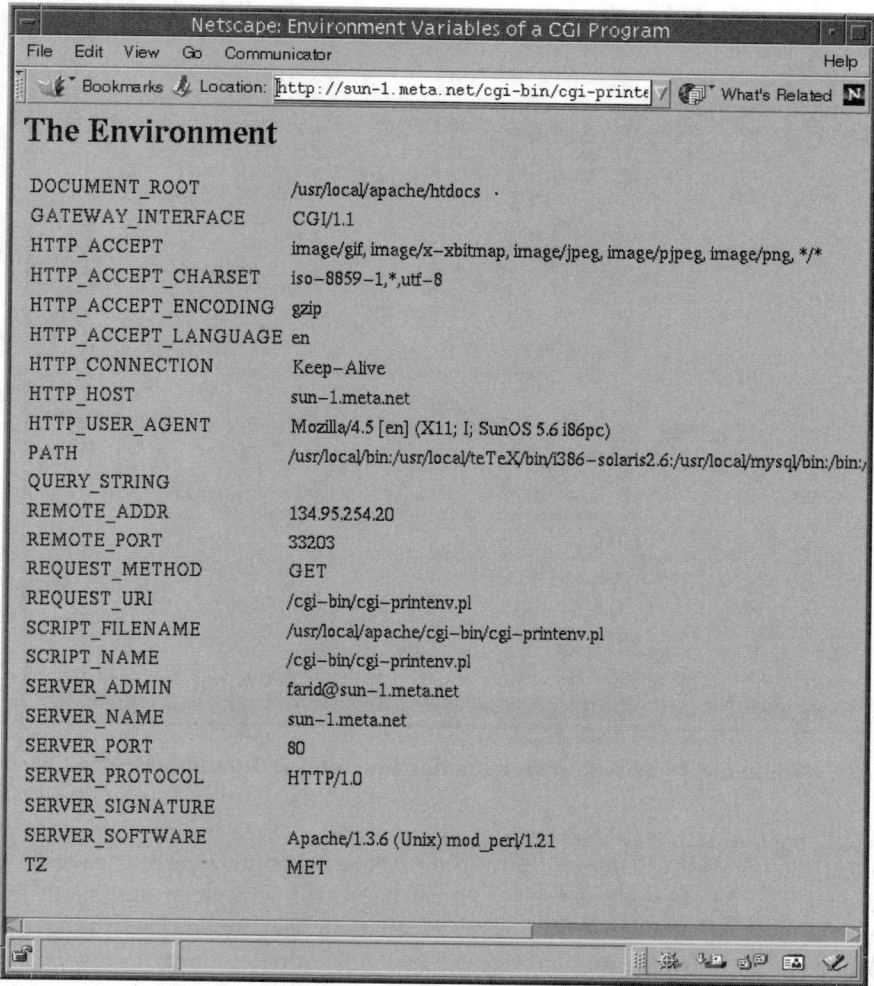

Abbildung 19.4: Umgebungsvariablen der CGI-Umgebung

Dieser Browserstring ist eine nützliche Information, wenn Sie die Eigenschaften der jeweiligen Browser ausnutzen wollen. So könnten Sie beispielsweise bei *lynx* Seiten ohne Frames senden, während Sie bei Netscape oder anderen Browsern spezialisierte Features, wie sie z.B. in [29] zusammengefaßt sind, einsetzen. Nichts hindert aber Browser daran, hier eine falsche Information anzugeben und sich für einen anderen Browser auszugeben.

- QUERY_STRING enthält die Information, die hinter dem Fragezeichen bei einer GET-Abfrage der Form

    http://www.your.domain/cgi-bin/getme?name=xyz&session=2343431

  steht. Darauf gehen wir aber in diesem Kapitel nicht näher ein.

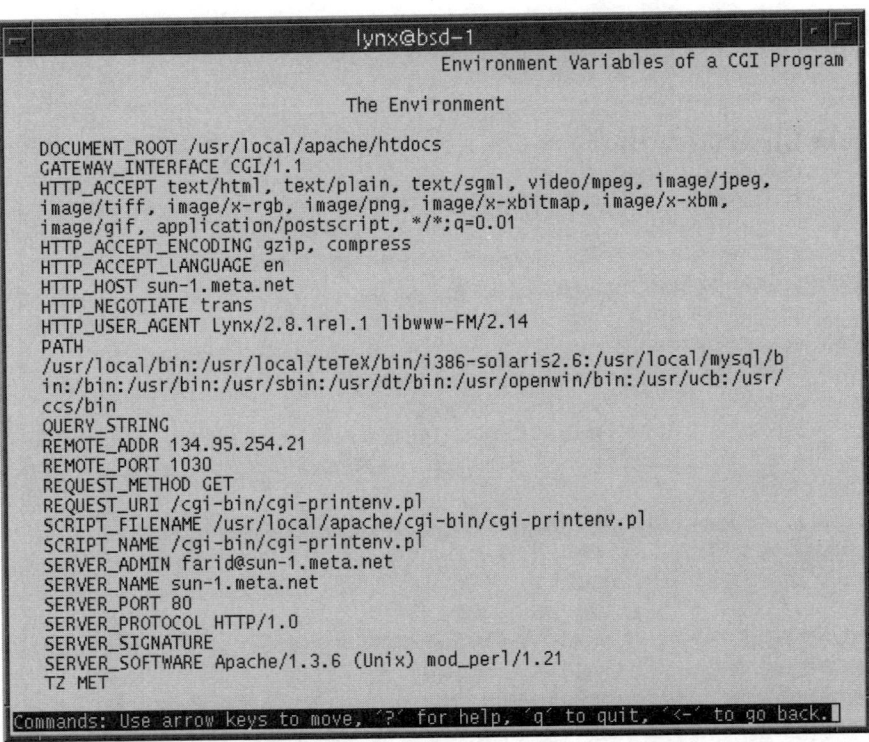

Abbildung 19.5: CGI-Umgebung durch den *lynx*-Browser gesehen

- REMOTE_ADDR ist die IP-Adresse des Browserhosts. Diese Information kann aber nicht zur eindeutigen Identifizierung eines Users benutzt werden, da sich viele Surfer über Modemleitungen via PPP bei ihrem ISP einwählen und somit jedesmal eine unterschiedliche IP-Adresse zugewiesen bekommen. Diese Information können Sie höchstens nutzen, wenn Sie die IP-Adresse einem *autonomen System* (AS) zuordnen und bei Problemen dessen Verantwortlichen benachrichtigen können. REMOTE_PORT ist die Portnummer des Browsers, der die Anfrage gerade gestellt hat. Diese wechselt bei jeder Anforderung, da es sich um einen temporären (*ephemerären*) Port handelt.

- REQUEST_METHOD ist meistens GET oder POST. Das ist die gewünschte HTTP-Aktion. Darauf gehen wir hier nicht näher ein.

- Beachten Sie den Unterschied zwischen SCRIPT_FILENAME und SCRIPT_NAME. Es handelt sich wieder um den Unterschied zwischen dem physischen und dem logischen Pfad.

- Informationen über den Webserver erhalten wir mit den SERVER_*-Umgebungsvariablen. Diese Information ist für ein CGI-Skript nicht so wichtig wie für einen Webclient.

Weitere Umgebungsvariablen sind gesetzt, wenn sich der User mit Login und Paßwort identifiziert hat, wenn Cookies vom Browser übermittelt wurden oder wenn weitere Situationen eingetreten sind. Auch hierauf gehen wir nicht näher ein.

19.3.4 Formulareingabe

Wie werden Daten von einem Formular entgegengenommen?

```
/usr/local/apache/cgi-bin/cgi-input.pl
#!/usr/local/bin/perl -w
# cgi-input.pl -- Liest Daten von einem Eingabeformular.

use CGI qw(:standard);
use strict;

unless (param()) {
    # Es liegen noch keine Daten vor; Formular generieren.
    print header,
    start_html('Register yourself!'),
    h1('Please fill in the following data'),
    start_form,
    table(
       Tr( td([ "Your name",
                textfield({-name => 'myname', -size => 30}) ])),
       Tr( td([ "Your e-mail address",
                textfield({-name => 'mymail', -size => 30}) ])),
    ),
    submit({value => 'Register!'}),
    end_form,
    end_html;
} else {
    # Es liegen Daten zur Abholung bereit. Auswerten und antworten.
    my ($name, $email) = (param('myname'), param('mymail'));

    print header,
    start_html('Your Data'),
    h1('Thank you!'),
    "You have been registered. Your data:", p,
    em($name), br, strong($email),
    end_html;
}
```
/usr/local/apache/cgi-bin/cgi-input.pl

Abbildung 19.6 zeigt die Eingabemaske des Programms. Die Ausgabe ist in Abbildung 19.7 zu sehen.

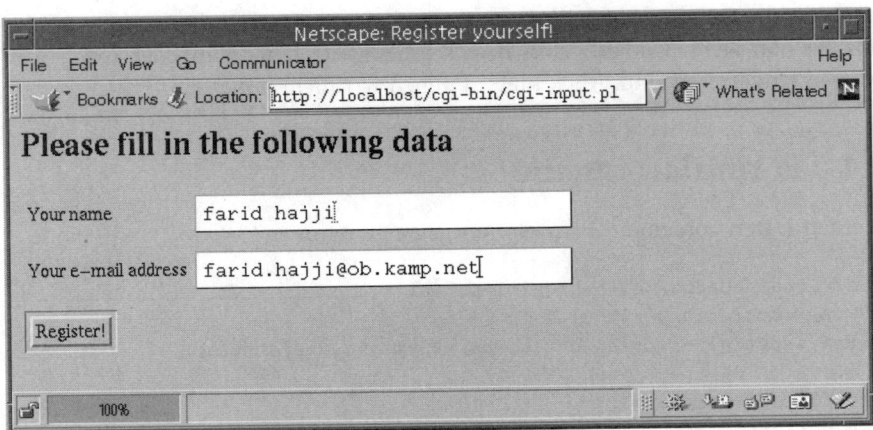

Abbildung 19.6: Eingabemaske von `cgi-input.pl`

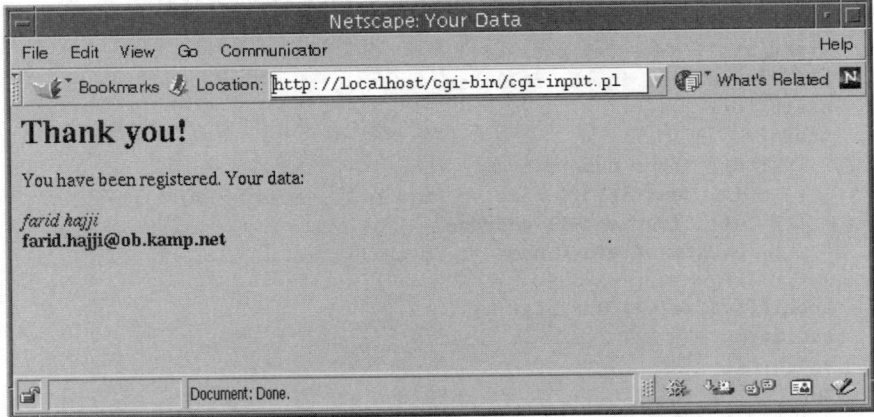

Abbildung 19.7: Eingabebestätigung von `cgi-input.pl`

Was geht hier vor?

- Das Programm hat zwei Aufgaben:
  - Beim ersten Aufruf verhält es sich wie die Programme, die wir gerade schon kennengelernt haben. Es erzeugt zur Laufzeit ein Formular und sendet es dem Browser.
  - Hat der Benutzer das Formular ausgefüllt und abgeschickt, liest das Programm die Daten des Anwenders, wertet sie aus und sendet eine kurze Bestätigungsseite zum Browser zurück.

- Beachten Sie, daß das Programm mindestens *zweimal* aufgerufen wird. Beim ersten Mal erzeugt es ein Formular und beendet sich. Beim zweiten Mal nimmt es die Daten des Benutzers entgegen, sendet eine Antwort und beendet sich ebenfalls. Wichtig dabei ist, daß — anders als bei klassischen Programmen — ein CGI-Programm nicht auf die Antwort des Browsers wartet, sondern sich so schnell wie möglich beendet. Drauf kommen wir noch in Abschnitt 19.4 ab Seite 1043 zurück.

- Das Programm muß beim Start herausfinden, ob es zum erstenmal aufgerufen wurde und folglich ein Formular generieren soll oder ob es aufgerufen wurde, um die Daten eines ausgefüllten Formulars entgegenzunehmen. Dies tut jedes CGI-Programm dadurch, daß es auf Benutzerdaten achtet. Sind welche da, dann handelt es sich um den „zweiten" Aufruf. Fehlen Benutzerdaten, wurde das Programm beim „ersten" Mal aufgerufen.

  > Die Begriffe „erster" und „zweiter" Aufruf sind etwas irreführend. Es geht hier nur darum, ob das Programm ohne oder mit Formulardaten aufgerufen wurde. Daher die Anführungszeichen, auf die wir in Zukunft verzichten werden, da nun keine Mißverständnisse mehr zu befürchten sind.

- Die Übergabe von Benutzerdaten, also der Daten des ausgefüllten Formulars, an das CGI-Programm geschieht über Umgebungsvariablen, aber auch über dessen Standardeingabe. Das Format der Daten ist in der CGI-Spezifikation festgelegt. Wir werden hier nicht darauf eingehen, da uns das CGI.pm-Modul die ganze Arbeit der Abholung und Dekodierung abnimmt. Wozu mühsam das CGI-Protokoll selbst implementieren, wenn es bereits Funktionen gibt, die das tun und darüber hinaus gut getestet sind?

- Die Funktion param() des CGI.pm-Moduls ist der Schlüssel zu den Benutzerdaten. Im Booleschen Kontext ohne Argumente aufgerufen, sagt uns param(), ob Daten zur Abholung bereitliegen oder nicht. Darum lautet das Skelett für unser Programm:

  ```
  if (param()) {
      # Es liegen Daten zur Abholung bereit.
      # Abholen, auswerten, Bestaetigung senden.
  } else {
      # Wir wurden ohne Daten aufgerufen.
      # Generiere und sende Formular zum Browser.
  }
  ```

- Da wir nun entscheiden können, in welchem Kontext wir aufgerufen wurden, können wir jetzt differenziert reagieren.

- *Generierung des Formulars:* Ein solches Formular ist natürlich wieder reines HTML. Das sollte in unserem Beispiel wie folgt aussehen:

  ```
  <FORM METHOD="POST" ENCTYPE="application/x-www-form-urlencoded">
    <TABLE>
      <TR>
        <TD> Your name </TD>
        <TD> <INPUT TYPE="text" NAME="myname" SIZE="30"> </TD>
      </TR>
      <TR>
        <TD> Your e-mail address </TD>
        <TD> <INPUT TYPE="text" NAME="mymail" SIZE="30"> </TD>
      </TR>
  ```

```
    </TABLE>
    <INPUT TYPE="submit" VALUE="Register!">
</FORM>
```

Zu diesem Formular gibt es noch einiges zu sagen:

- Im <FORM>-Tag wird die Übergabemethode vom Browser an den Webserver — und damit auch an uns — dem CGI-Skript angegeben. Es kommen zwei Methoden in Frage: GET und POST. Die letztere Methode ist stabiler und besser und sollte stets vor GET eingesetzt werden. Auf eine genaue Diskussion beider Methoden wollen wir an dieser Stelle verzichten.

- Ein weiterer wichtiger Parameter des <FORM>-Tags ist ACTION. Darunter steht die aufzurufende URL, wenn Benutzer das Formular abschicken. Somit kann die Antwort, d.h. die Formulardaten des Benutzers, zu einem abweichenden Programm gesendet werden, das die Daten weiterverarbeitet. Fehlt dieser Parameter, wie in unserem Beispiel, bedeutet das nur, daß wir selbst wieder aufgerufen werden wollen.

- Die Eingabefelder <INPUT TYPE=text ...> haben alle einen Namen zugewiesen bekommen: *myname* und *mymail*. Diese Namen werden zusammen mit den Inhalten der Eingabefelder vom Browser an den Webserver und damit auch an das CGI-Programm weitergeleitet. Damit sind wir in der Lage, bei der Abholung der Daten in einem zweiten Aufruf die einzelnen Felder voneinander zu unterscheiden.

- Zur besseren Ausrichtung der Erklärungstexte und Eingabefelder haben wir diese in eine <TABLE> gepackt. Das dient nur der besseren Lesbarkeit.

- Das Feld <INPUT TYPE=submit ...> ist der *Submit-Button*. Sobald ein Benutzer diese Taste betätigt, werden die Formulardaten zum Webserver, d.h. zu dem CGI-Programm, abgeschickt.

Mit CGI.pm wird das Formular mit Hilfe einiger Funktionen erzeugt:

```
# .... innerhalb des print()-Aufrufs:
    start_form,
    table(
      Tr( td([ "Your name",
               textfield({-name => 'myname', -size => 30}) ])),
      Tr( td([ "Your e-mail address",
               textfield({-name => 'mymail', -size => 30}) ])),
    ),
    submit({value => 'Register!'}),
    end_form,
# .... weiter mit den print()-Parametern...
```

- Die Funktion start_form() erzeugt das <FORM>-Tag. Sie sehen, daß auch ohne Parameter bereits die Methode auf POST und ENCTYPE richtig gesetzt war. Mit Parametern ließe sich z.B. ein anderes Programm angeben, das hier aufzurufen wäre:

```
    start_form({ -action => $mynexturl })
```

Das brauchen wir aber in diesem Fall nicht, da wir uns selbst aufrufen und darüber hinaus keine zusätzlichen neuen Informationen in der URL übergeben wollen.

- Das Formular wird durch `end_form()` abgeschlossen. Das heißt konkret, daß ein `</FORM>`-Tag erzeugt wird.
- Vor dem Schließen des Formulars sollte ein `submit()`-Button eingerichtet worden sein.
- Die Syntax zur Erzeugung einer `<TABLE>` ist etwas gewöhnungsbedürftig. Sie werden aber die Erfahrung machen, daß dies sehr flexibel und praktisch ist.
- Ein `<INPUT TYPE=text ...>` wird durch die Funktion `textfield()` erzeugt. Beachten Sie hierbei, wie der Name des jeweiligen Eingabefelds mit angegeben wurde.

Nach dem Senden des Formulars beendet sich das Programm, ohne auf eine Antwort des Benutzers zu warten.

■ *Annahme der Daten:* Der Browser verschlüsselt die Feldnamen und Feldinhalte gemäß der `ENCTYPE`-Methode und sendet den so kodierten String an den Webserver. Der Server übergibt nun diesen kodierten String an das CGI-Programm. Abhängig von der Aufrufmethode (`REQUEST_METHOD`) `GET` oder `POST`, muß nun das CGI-Programm diesen String entweder aus der Umgebungsvariable `QUERY_STRING` entnehmen oder aber aus der Standardeingabe lesen, wobei die Zahl der zu lesenden Bytes in der Umgebungsvariable `CONTENT_LENGTH` stand. Die Dekodierung der Daten selbst muß natürlich ebenfalls durch das CGI-Programm durchgeführt werden.

Glücklicherweise nimmt uns die `param()`-Funktion des `CGI.pm`-Moduls diese Aufgabe ab. Mit der folgenden Anweisung ermitteln wir den Inhalt eines benannten Feldes.

```
my ($name, $email) = (param('myname'), param('mymail'));
```

Haben Sie gemerkt, daß wir hier dieselben Namen für Felder verwendet haben, die beim Senden des leeren Formulars benutzt wurden?

Nun können wir in aller Ruhe die Antworten der User auswerten. Allerdings sollten wir danach eine kurze Bestätigung in Form einer neuen HTML-Seite senden:

```
print header,
  start_html('Your Data'),
  h1('Thank you!'),
  "You have been registered. Your data:", p,
  em($name), br, strong($email),
  end_html;
```

19.4 Den Zustand erhalten

Ein grundsätzliches Problem bei CGI-Programmen ist die zustandslose Natur des HTTP-Protokolls. Das bedeutet folgendes: Ein CGI-Programm wird bei jeder Interaktion mit einem Browser *aufgerufen*. Ohne besondere Gegenmaßnahmen ist nur eine Anfrage des

Browsers, gefolgt von einer Antwort des CGI-Programms, möglich. Somit lassen sich aber viele Anwendungen nicht realisieren. Stellen Sie sich ein Bestellsystem vor (*shopping cart*). Dieses erlaubt Ihnen, Waren in einen virtuellen Warenkorb zu stellen. Dieser Vorgang kann sich über mehrere Aufrufe des CGI-Programms erstrecken und wird entweder mit einem Abbruch der Aktion oder mit dem „Bezahlen" an der „Kasse" abgeschlossen. Ein solches System ist jedoch durch einfache Frage/Antwort-Mechanismen nicht ganz so einfach zu realisieren.

In diesem Abschnitt werden wir einige Methoden kennenlernen, mit denen der *Zustand* zwischen mehreren Aufrufen des CGI-Programms erhalten bleibt. Wir wollen also ein zustandsloses (*stateless*) Protokoll nutzen um ein zustandsbehaftetes (*stateful*) Protokoll darüber zu implementieren.

Was heißt hier „Zustand"? Beim Bestellsystem wäre der Zustand der aktuelle Inhalt des Warenkorbs. Beim Ausfüllen eines mehrseitigen Umfrageformulars wäre der Zustand die aktuelle Seitennummer. Allgemein kennzeichnet der Zustand eines Programms den Stand, in dem sich die Ausführung befindet. Ein CGI-Programm selbst hat keinen Zustand an sich. Wir wollen aber die mehrfache Ausführung eines CGI-Programms als ein virtuelles Programm auffassen, das bei jedem CGI-Aufruf in einen neuen Zustand übergeht.

Es gibt mehr Zustände als mögliche Anwendungen. Aus diesem Grunde werden wir hier von der großen Vielfalt möglicher Zustände und Zustandsbeschreibungen *abstrahieren* und folgende scheinbar einfache Aufgabe lösen:

> *Bei jedem Aufruf des CGI-Programms soll eine Zahl angezeigt werden. Diese Zahl ist jedoch bei jedem neuen Aufruf zu inkrementieren. Jeder Browser bzw. Benutzer soll eine eigene Zahl haben, so daß es also nicht reicht, einen globalen Zähler server-seitig zu erhöhen.*

Der zu erhöhende Zähler repräsentiert unseren Zustand. Diesen müssen wir jeweils zwischen zwei aufeinanderfolgenden Aufrufen des CGI-Programms erhalten. Da der Zustand pro Browser bzw. User gilt, sollte dieser ja auch mehrfach gespeichert werden.

Die erste Frage, die sich stellt, heißt: wohin mit dem Zustand? Grundsätzlich gibt es zwei Möglichkeiten:

- Der komplette Zustand wird *client-seitig* gespeichert. Hierbei kann er in einer Browsersitzung versteckt sein oder aber auch in Form von Cookies auf der Festplatte des Browsers liegen.

- Der Zustand aller Clients wird *server-seitig* gespeichert. Es ist aber notwendig, eine kleine Zustandsinformation noch bei den Clients zu hinterlegen. Diese Informationsmenge wird auch *Sitzungsschlüssel* genannt.

Die client-seitige Speicherung des gesamten Zustandes hat den Vorteil, daß die Informationen vieler Clientsitzungen auch bei den Clients gespeichert sind und somit für den Server keinen Speicherbedarf bedeuten. Das ist bei stark frequentierten Servern mit einer Vielzahl von Clients durchaus sinnvoll! Ein Nachteil ist, daß die Information auf der Clientseite eingesehen oder sogar verändert werden kann. Ein weiterer Nachteil besteht bei großen Zuständen. Da der Zustand bei jeder Interaktion mit dem Server hin- und herübertragen werden muß, kann dies bei vielen gleichzeitig aktiven Clients eine größere Belastung des Netzes darstellen. Ein dritter Nachteil ist, daß Serveradministratoren somit keine Statistiken über die einzelnen Zustände herstellen können, da diese ja bei den Clients gespeichert sind.

Ein Vorteil der server-seitigen Speicherung ist, daß die gesamte Information über alle Clients sicher beim Server, möglicherweise in einem RDBMS, aufgehoben ist und somit auch analysiert werden kann. Positiv ist auch, daß die Zustandsinformation nicht mehr komplett beim User gespeichert wird; somit können vertrauliche Informationen nicht mehr gelesen bzw. verändert werden. Nachteilig ist natürlich die Menge an Zustandsinformationen bei einer großen Menge von Clients.

19.4.1 Zustand über `PATH_INFO`

Eine Möglichkeit, den Zustand zu erhalten, benutzt die URL. Am Anschluß an den Namen des CGI-Skriptes kann ja die URL fortgeführt werden. In unserem Beispiel wäre dies:

```
http://www.your.domain/cgi-bin/mystate.pl/1
http://www.your.domain/cgi-bin/mystate.pl/2
http://www.your.domain/cgi-bin/mystate.pl/3
```

Hier sind /1, /2 und /3 zusätzliche Pfadinformationen, die den Zustand repräsentieren. Innerhalb derselben Browsersitzung kann jeweils durch Anklicken der nächsten dynamisch erzeugten URL zum nächsten Zustand gewechselt werden.

Wie kommt ein Programm an diese zusätzliche Pfadinformation heran? Einfach durch das Auslesen der Umgebungsvariablen `PATH_INFO`. Das wird im folgenden Programm vorgeführt.

```
/usr/local/apache/cgi-bin/cgi-s-pathinfo.pl
#!/usr/local/bin/perl -w
# cgi-s-pathinfo.pl -- Zustandserhaltung mit PATH_INFO.

use strict;
use CGI qw(:standard);

my $state      = retrieve_state();
my $nextstate  = compute_next_state($state);
my $saveaction = save_state($nextstate, "Click me for next state");

# Tue etwas abhaengig von $state:
print header,
    start_html('State with PATH_INFO'),
    "Current state: ", $state, p,
    $saveaction,
    end_html;
```

```perl
use constant INITSTATE => 1;
sub retrieve_state {
    my $state = $ENV{'PATH_INFO'} || INITSTATE;
    $state =~ s,^/,,;
    return $state;
}

sub compute_next_state {
    my $current_state = shift;
    return $current_state + 1;
}

sub save_state {
    my $newstate = shift;
    my $info     = shift;
    my $send_me_back = a({-href => url() . "/$newstate"}, $info);
    return $send_me_back;
}
```
/usr/local/apache/cgi-bin/cgi-s-pathinfo.pl

Schauen wir uns die entscheidenden Stellen etwas näher an:

- Aus Abstraktionsgründen haben wir das Abholen des aktuellen Zustandes, das Wechseln zum nächsten Zustand und die Speicherung des neuen Zustandes in drei verschiedenen Funktionen untergebracht. Diese Struktur werden wir auch bei den folgenden Beispielen beibehalten.

- In retrieve_state() wird der aktuelle Zustand geholt. Da die Zustandsinformation hier in der zusätzlichen Pfadinformation enthalten ist, lesen wir die Umgebungsvariable PATH_INFO aus. Den führenden Schrägstrich entfernen wir, so daß aus /17 schließlich 17 wird. Beachten Sie hier, wie das *Leaning-Toothpick-syndrome* (LTS) vermieden wurde!

- In compute_next_state() wird der Zustand einfach inkrementiert. Das ist auch die Anforderung unserer Aufgabe. In komplizierteren Anwendungen würde hier abhängig vom aktuellen Zustand in einen neuen Zustand gewechselt, möglicherweise anhand eines *Zustandsübergangsgraphen*. Dieser Graph ist natürlich von der jeweiligen Anwendung abhängig, so unter anderem von den eingegebenen und vorhandenen Benutzerdaten.

- Die Funktion save_state() sorgt dafür, daß der neue Zustand beim Browser wieder abgelegt und durch den nächsten Aufruf aktiviert wird. Dies wird dadurch erreicht, daß eine Seite erzeugt wird, die einen Link auf die neue URL hat. Diese neue URL enthält als Pfadinformation einfach den nächsten Zustand. Unsere Funktion erzeugt hier nur ein Stückchen HTML-String, das diesen Link repräsentiert. Diesen müssen wir später im Hauptprogramm in die Antwort einbauen. Der Link wird wie folgt mit CGI.pm erzeugt:

```perl
my $send_me_back = a({-href => url() . "/$newstate"}, $info);
```

19.4 Den Zustand erhalten

Dies würde bei einem Aufruf via

```
http://www.your.domain/cgi-bin/cgi-s-pathinfo.pl/41
```

folgenden Link erzeugen:

```
<A HREF="http://www.your.domain/cgi-bin/cgi-s-pathinfo.pl/42">
    Click me for next state
</A>
```

- Die neue Seite wird wie gewohnt an den User zurückgeschickt.

Diese Lösung hat zwei Nachteile: Wenn der Browser beendet wird, egal ob durch den Benutzer oder durch einen Absturz, ist die gesamte Zustandsinformation verloren. Durch den erneuten Aufruf des Browsers würden Sie wieder von vorn anfangen.

Der andere Nachteil ist, daß Sie nichts daran hindert, die Pfadinformation beim Browser selbst zu verändern. Tragen Sie beispielsweise einfach folgende URL bei Ihrem Browser ein:

```
http://www.your.domain/cgi-bin/cgi-s-pathinfo.pl/4343
```

und schon sind Sie im Zustand 4343.

Sie können somit jeden beliebigen Zustand einnehmen, den *Sie* wollen. Das ist nicht das, was einige Anwendungen wollen!

19.4.2 Zustand über die GET-Methode

Anstatt die PATH_INFO Information zu nutzen, können wir auch die GET-Methode einsetzen. Bei dieser Methode werden Informationen vom Browser zum Server durch die URL übergeben. Dabei wird aber nicht wie bei PATH_INFO ein Pfad angehängt, sondern ein Fragezeichen, gefolgt von *name=wert*-Paaren, die alle durch ein kaufmännisches Und voneinander getrennt sind. Unser Problem läßt sich dann auf die Erzeugung der folgenden URL-Folge reduzieren:

```
http://www.your.domain/cgi-bin/cgi-s-query.pl
http://www.your.domain/cgi-bin/cgi-s-query.pl?state=2
http://www.your.domain/cgi-bin/cgi-s-query.pl?state=3
http://www.your.domain/cgi-bin/cgi-s-query.pl?state=4
```

Dieses Programm ist dem vorigen sehr ähnlich:

```
/usr/local/apache/cgi-bin/cgi-s-query.pl
#!/usr/local/bin/perl -w
# cgi-s-query.pl -- Zustandserhaltung mit QUERY_STRING.

use strict;
use CGI qw(:standard);

my $state     = retrieve_state();
my $nextstate = compute_next_state($state);
```

```perl
    my $saveaction = save_state($nextstate, "Click me for next state");

    # Tue etwas abhaengig von $state:
    print header,
        start_html('State with QUERY_STRING'),
        "Current state: ", $state, p,
        $saveaction,
        end_html;
use constant INITSTATE => 1;
sub retrieve_state {
    my $state = param('state') || INITSTATE;
    $state =~ s,^/,,;
    return $state;
}

sub compute_next_state {
    my $current_state = shift;
    return $current_state + 1;
}

sub save_state {
    my $newstate = shift;
    my $info     = shift;
    my $send_me_back = a({-href => url() . "?state=$newstate"}, $info);
    return $send_me_back;
}
```
────────────────────────────────── /usr/local/apache/cgi-bin/cgi-s-query.pl

Dank der modularen Struktur mußten nur zwei kleine Änderungen vorgenommen werden:

- In `retrieve_state()` wird der Status nicht mehr über die Umgebungsvariable `PATH_INFO` geholt. Vielmehr wird wieder die `param()`-Funktion des `CGI.pm`-Moduls benutzt. Diese extrahiert aus dem `QUERY_STRING` den zu `state` gehörigen Wert, also unseren Zustand.

    `my $state = param('state') || INITSTATE;`

- In `save_state()` werden nun die neuen URLs durch das Anhängen eines Fragezeichens, gefolgt von `state=` und dem neuen Zustandswert, erzeugt.

    `a({-href => url() . "?state=$newstate"}, $info)`

Der Nachteil dieser Methode ist wieder offensichtlich. Sie können ganz einfach im URL-Fenster Ihres Browsers die zusätzliche Information einsehen und auch verändern.

Tatsächlich wird die hier gezeigte Technik von vielen CGI-Programmen eingesetzt! Immer, wenn eine Liste von Links angezeigt werden soll, die auf dasselbe Programm zeigen, aber eine unterschiedliche Reaktion bewirken sollen, wird diese Vorgehensweise bevorzugt; beispielsweise:

19.4 Den Zustand erhalten

```
http://www.your.domain/cgi-bin/myprog.pl?id=33&art=77
http://www.your.domain/cgi-bin/myprog.pl?id=33&art=2342
http://www.your.domain/cgi-bin/myprog.pl?id=33&art=272
```

Möglich ist auch, eine komplett andere Aktion durch das Programm ausführen zu lassen:

```
http://www.your.domain/cgi-bin/myprog.pl?action=order&art=32&id=17
http://www.your.domain/cgi-bin/myprog.pl?action=show&art=32
http://www.your.domain/cgi-bin/myprog.pl?action=list&cat=lowprice
```

Hier kann das Programm durch den Parameter `action` wissen, wohin intern verzweigt wird:

```perl
$valid_actions = { order => \&order_it,
                   show  => \&show_it,
                   list  => \&show_all };

sub dispatcher {
    my $action = param('action');
    if (not defined $action) {
        default_action();
    } elsif (not exists $valid_actions->{$action}) {
        tsktsk_action();
    } else {
        &{ $valid_actions->{$action} }();
    }
}
```

Durch die geschickte Wahl der Funktionsnamen läßt sich sogar ein Dispatcher-Hash vermeiden:

```perl
@allowed = qw( order show list );
%allowe  = map { $_ => 1 } @allowed;

sub dispatcher {
    my $action = param('action');

    no strict 'refs';         # Symbolische Referenzen okay!
    if    (not defined $action)          { default_action() }
    elsif (not exists $allowed{$action}) { tsktsk_action() }
    else  &{$action}();       # Aufruf ueber symbolilsche Referenzen
}
```

Wir haben somit ein Programm mit Parametern erhalten. Dies ähnelt den Kommandozeilenargumenten von Programmen, hier speziell von Shells!

Zusammen mit `PATH_INFO` weist auch `QUERY_STRING` einen weiteren Nachteil auf: Die Zustandsinformation muß in einem speziellen Format kodiert sein, damit sie zusammen mit der restlichen URL eine gültige Gesamt-URL ergibt. Diese Kodierung stellt sicher, daß keine Blanks vorhanden sind, Slashes und weitere Zeichen in ihrer Hexadezimaldarstellung gespeichert werden etc. In unserem Beispiel war das kein Problem, weil wir ja höchstens eine Zahl bzw. `state=`, gefolgt von einer Zahl, benutzt haben. Diese werden durch die URL-Kodierung unverändert gelassen.

19.4.3 Zustand über Hidden Felder

Eine dritte Möglichkeit, um den Zustand zu erhalten, besteht in der Verwendung von *Hidden-Feldern*. Es handelt sich dabei um Formularfelder, die jedoch durch die meisten Browser nicht angezeigt werden. Sie werden vom Server generiert und an den Browser geschickt. Sendet der Benutzer nun das ausgefüllte Formular zurück, werden automatisch auch die unsichtbaren Felder mit zum Server geschickt. Damit kann ein CGI-Programm seinen neuen Zustand in *Hidden-Feldern* verstecken und beim nächsten Aufruf dort auslesen. Unser Beispiel wird mit *Hidden-Feldern* wie folgt implementiert:

```perl
/usr/local/apache/cgi-bin/cgi-s-hidden.pl
#!/usr/local/bin/perl -w
# cgi-s-hidden.pl -- Zustandserhaltung mit Hidden-Feldern.

use strict;
use CGI qw(:standard);

my $state      = retrieve_state();
my $nextstate  = compute_next_state($state);
my $saveaction = save_state($nextstate, "Click me for next state");

# Tue etwas abhaengig von $state:
print header,
    start_html('State with Hidden Fields'),
    "Current state: ", $state, p,
    start_form(),
      $saveaction,
      submit({-value => "Click me for next state"}),
    end_form(),
    end_html;

use constant INITSTATE => 1;
use constant STATENAME => 'mystate';
sub retrieve_state {
    my $state = param(STATENAME) || INITSTATE;
    return $state;
}

sub compute_next_state {
    my $current_state = shift;
    return $current_state + 1;
}

sub save_state {
    my $newstate = shift;
    my $send_me_back = hidden({-name     => STATENAME,
                               -value    => $newstate,
                               -override => 1});
    return $send_me_back;
}
```
/usr/local/apache/cgi-bin/cgi-s-hidden.pl

19.4 Den Zustand erhalten

Was erkennen wir an diesem Programm?

- In `save_state()` wird ein Stückchen HTML-Code erzeugt, das den neuen Zustand als *Hidden-Feld* darstellt:

    ```
    $send_me_back = hidden({-name     => STATENAME,
                           -value    => $newstate,
                           -override => 1});
    ```

    Dieser Code erzeugt folgenden HTML-Ausdruck:

    ```
    <INPUT TYPE="hidden" NAME="mystate" VALUE="$newstate">
    ```

    wobei für $newstate natürlich die Nummer der nächsten Seite, d.h. der neue Zustand, steht.

- Der Zustand wird in einem Formular zum Browser geschickt:

    ```
    print header,
        start_html('State with Hidden Fields'),
        "Current state: ", $state, p,
        start_form(),
          $saveaction,
          submit({-value => "Click me for next state"}),
        end_form(),
        end_html;
    ```

    Beachten Sie hierbei, daß wir, bis auf den *Submit*-Button und das versteckte Zustandsfeld ein fast leeres Formular zurückgeschickt haben.

- In `retrieve_state()` wird der aktuelle Zustand ausgelesen. Das geschieht, welche Überraschung, wieder mit `param()` aus `CGI.pm`:

    ```
    use constant INITSTATE => 1;
    use constant STATENAME => 'mystate';
    sub retrieve_state {
        my $state = param(STATENAME) || INITSTATE;
        return $state;
    }
    ```

    Somit sind wir sicher, den aktuellen Zustand zu erhalten. Beim „ersten" Mal sind wir aber direkt aufgerufen worden, so daß wir wieder mit einem Initialzustand beginnen müssen.

Ein wesentlicher Nachteil dieses Programms ist, daß die Übergabe des Zustands *nur* zusammen mit einem Formular durchgeführt werden kann. Es ist somit nicht möglich, durch <A>-Links einen Zustand in *Hidden-Feldern* zu übergeben. Das ist aber nicht so schlimm, denn durch geschickte Tarnung der *Submit*-Buttons mit Bildchen läßt sich ein Formular mit HTML-Tricks leicht verbergen.

Nachteilig hierbei ist wieder, daß der User Zugriff auf den Zustand hat. Nichts hindert Sie daran, die Seite mit dem Formular in Ihrem Browser im Sourcecode zu sehen. Damit können Sie eventuell vertrauliche Informationen lesen. Sie können auch das Formular auf der Festplatte speichern, editieren, wieder in den Browser einlesen und schließlich zurückschicken. Somit können Sie auch den Zustand manipulieren. Zugegeben, das ist ein klein wenig umständlicher als bei `PATH_INFO` oder `QUERY_STRING`, aber auch nur ganz wenig. Ein Nachteil ist schließlich auch, daß beim Beenden des Browsers, sei es auf normale Weise oder durch Absturz, die Zustandsinformation verloren ist. Sie ist nirgendwo gespeichert worden.

Ein Vorteil von *Hidden-Feldern* gegenüber den bisher gezeigten Methoden ist, daß damit deutlich mehr Informationen im Zustand gespeichert werden können. Ein weiterer Vorteil gegenüber den im folgenden gezeigten Cookies ist, daß diese Methode auch dann funktioniert, wenn der User das Akzeptieren von Cookies bei seinem Browser deaktiviert hat.

19.4.4 Zustand über Cookies

Noch eine weitere Methode der Zustandssicherung kann bei Browsern eingesetzt werden, die Cookies akzeptieren und zurücksenden.

Ein Cookie ist ein Stückchen Information, das ein Server generiert und als Teil des HTTP-Protokolls mit einer `Set-Cookie:`-Direktive an einen Browser schickt. Wenn der Browser dafür konfiguriert ist, speichert er diesem Cookie und sendet ihn bei jeder nachfolgenden Anforderung automatisch an den Server zurück.

Cookies bestehen aus reiner Information, aber auch aus diversen Verwaltungsdaten, wie dem Pfad, für den sie gelten, und ihre Gültigkeitsdauer.

Wir werden im folgenden unseren Zustand als Cookie zum Browser senden. Bei jeder nachfolgenden Anforderung sendet uns der Browser dann diesen Cookie zurück. Diesen lesen wir aus und erhöhen seinen Wert. Anschließend senden wir es wieder zwecks Aktualisierung zum Browser zurück.

```
/usr/local/apache/cgi-bin/cgi-s-cookie.pl
#!/usr/local/bin/perl -w
# cgi-s-cookie.pl -- Zustandserhaltung mit Cookies.

use strict;
use CGI qw(:standard);
use CGI::Cookie;

my $state      = retrieve_state();
my $nextstate  = compute_next_state($state);
my $saveaction = save_state($nextstate);

# Tue etwas abhaengig von $state:
print header(-cookie => $saveaction),
    start_html('State with Cookies'),
    "Current state: ", $state, p,
    "If you call me again, I'll increment it for you",
    end_html;

use constant INITSTATE => 1;
```

19.4 Den Zustand erhalten

```
    use constant STATENAME => 'mystate';
    sub retrieve_state {
        my $state = cookie(-name => STATENAME) || INITSTATE;
        return $state;
    }

    sub compute_next_state {
        my $current_state = shift;
        return $current_state + 1;
    }

    sub save_state {
        my $newstate = shift;
        my $cookie   = new CGI::Cookie(-name    => STATENAME,
                                       -value   => $newstate,
                                       -expires => '+5m');
        return $cookie;
    }
```
──────────────────────────── /usr/local/apache/cgi-bin/cgi-s-cookie.pl

Abbildung 19.8 zeigt die Abfrage des Netscape-Browsers nach einigen Iterationen. Beachten Sie hierbei, daß Ihr Browser Cookies auch akzeptieren muß. Damit Sie die Warnung sehen, müssen Sie auch die Warnungen einschalten. Ist das der Fall, erscheint bei *jedem* Aufruf des Programms innerhalb der Gültigkeitsdauer des Cookies diese Warnung. Das können Sie verhindern, indem nur eine Session-ID als Zustandsinformation einmal vom Browser gespeichert wird und der Rest in einer server-seitigen Datenbank gepflegt wird.

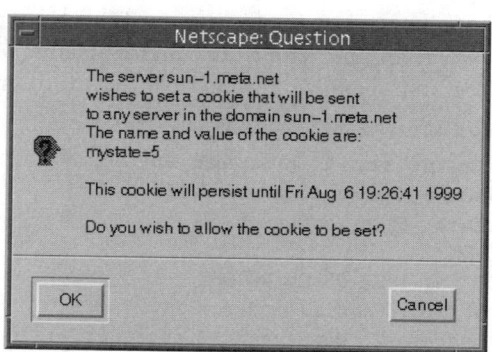

Abbildung 19.8: Die Cookie-Warnung von `cgi-s-cookie.pl` in Netscape

Schauen wir uns das Programm genauer an:

- Zur Generierung und zum Auslesen von Cookies verwenden wir das Modul CGI::Cookie, das Teil des Standardmoduls CGI ist.

- Den aktuellen Zustand speichern wir in einem Cookie. Diesen Cookie erzeugen wir daher in der Funktion `save_state()` wie folgt:

```
    my $cookie    = new CGI::Cookie(-name    => STATENAME,
                                    -value   => $newstate,
                                    -expires => '+5m');
```

Das so erzeugte Cookie-Objekt muß dann noch bei einer Antwort an den Browser gesendet werden. Es besteht aus einem Namen, *mystate*, und einem Wert, unserem aktuellen Zustand. Darüber hinaus verfällt dieser Cookie in fünf Minuten. Hätten wir -expires weggelassen, würde der Cookie bis zum Ende der aktuellen Browser-sitzung gültig sein. Durch die Zeitangabe wird der Browser veranlaßt, den Cookie auch auf der Festplatte des Clients zu speichern. Dadurch würde der Cookie auch dann weiterverwendet, wenn der Browser beendet und später innerhalb der Gültig-keitsdauer des Cookies wieder gestartet wird.

- Das neu erzeugte Cookie-Objekt muß bei einer Antwort dem Browser gesendet werden. Dies muß ja innerhalb des HTTP-Headers geschehen, also noch vor dem Senden der eigentlichen HTML-Seite. Der dafür geeignete Platz ist die header()-Funktion des CGI.pm-Moduls:

```
print header(-cookie => $saveaction),
    start_html('State with Cookies'),
    "Current state: ", $state, p,
    "If you call me again, I'll increment it for you",
    end_html;
```

Achten Sie hierbei auf die erste Zeile. $saveaction ist dabei das gerade erzeugte Cookie-Objekt. Sobald das geschieht, bekommt der Browser über den HTTP-Header die Anweisung, den Cookie zu setzen.

- Schauen wir uns kurz an, wie der Cookie nun tatsächlich beim Browser ankommt. Dazu verwenden wir wieder unseren *nc-*, bzw. *netcat-*Helfer. Sie können auch alternativ das *telnet-*Programm benutzen, wenn *nc* nicht auf Ihrem Rechner installiert ist:

```
farid@sun-1:~> nc sun-1.meta.net 80
 GET /cgi-bin/cgi-s-cookie.pl HTTP/1.0
 Hier noch einmal Enter druecken
HTTP/1.1 200 OK
Date: Sun, 08 Aug 1999 03:20:09 GMT
Server: Apache/1.3.6 (Unix) mod_perl/1.21
Set-Cookie: mystate=2; domain=sun-1.meta.net; \
            path=/cgi-bin/cgi-s-cookie.pl; \
            expires=Sun, 08-Aug-1999 03:25:12 GMT
Connection: close
Content-Type: text/html
X-Pad: avoid browser bug

<!DOCTYPE HTML PUBLIC "-//IETF//DTD HTML//EN">
<HTML>
  <HEAD>
    <TITLE>State with Cookies</TITLE>
  </HEAD>
  <BODY>
```

```
    Current state: 1
    <P>
    If you call me again, I'll increment it for you
    </BODY>
</HTML>
```

Achten Sie hierbei auf die Set-Cookie-Zeile[1].

- Im Cookie erkennen wir dessen Namen *mystate*, dessen Wert 2, die Domain, für die er gilt, hier *sun-1.meta.net*, und auch den Pfad innerhalb dieser Domain. Dieser Pfad ist rekursiv zu verstehen. Alle Anforderungen mit URLs, die unterhalb dieses Pfades liegen, werden vom Browser honoriert und mit dem Senden des Cookies „belohnt". Hier galt der Pfad nur für unser Skript, aber er hätte im Konstruktor von `CGI::Cookie` auch anders gesetzt werden können. Die Gültigkeitsdauer schließlich wird in Form eines absoluten Datums gespeichert. Somit kann auch ein neu gestarteter Browser erkennen, bis wann der Cookie gültig ist.

- Wenn wir einen Cookie gleichen Namens mehrfach senden, ersetzt der neuere Cookie stets den älteren. Sie können auch das Löschen eines Cookies beim Browser veranlassen, wenn Sie eine negative Gültigkeitsdauer spezifizieren (z.B. `-expires => '-1m'`).

- Ein Cookie ohne Gültigkeitsdauer wird im Speicher des Browsers registriert und ist somit bis zum Ende des Browserprogramms gültig. Cookies mit Gültigkeitsdauer werden von Browsern in einer Cookiedatei permanent abgelegt. Beim Netscape-Browser *netscape* können Sie in der Datei *~/.netscape/cookies* eine Textrepräsentation der gespeicherten Cookies erkennen. Schauen wir uns einen Teil dieser Datei an:

  ```
  farid@sun-1:~> head -5 ~/.netscape/cookies
  # Netscape HTTP Cookie File
  # http://www.netscape.com/newsref/std/cookie_spec.html
  # This is a generated file! Do not edit.

  sun-1.meta.net   TRUE    /cgi-bin/cgi-s-cookie.pl         FALSE \
               934083536       mystate 2
  ```

  Sie erkennen hierbei den Namen des Cookies und dessen Wert. Auch die Verwaltungsinformationen sind klar zu erkennen. Die Zahl ist dabei das kodierte Datum:

  ```
  farid@sun-1:~> perl -e 'print scalar localtime(934083536), "\n"'
  Sun Aug  8 05:38:56 1999
  ```

- Solange das Cookie noch gültig ist, sendet uns der Browser dieses mit Hilfe der `Cookie:`-HTTP-Direktive zu. Das sieht dann so aus:

---

[1] Es handelt sich dabei um eine einzige Zeile. Diese wurde hier nur der besseren Lesbarkeit halber umgebrochen. Dasselbe gilt für das Dokument. Dessen Indentierung (Formatierung mit Einrückungen) habe ich hier manuell hinzugefügt, da `CGI.pm` dies nicht tut. Wenn Sie eine schöne Indentierung wollen, können Sie auch anstelle von `CGI` das Modul `CGI::Pretty` benutzen, das Teil des Standardmoduls `CGI` ist.

```
GET /cgi-bin/cgi-s-cookie.pl HTTP/1.0
Connection: Keep-Alive
User-Agent: Mozilla/4.5 [en] (X11; I; SunOS 5.6 i86pc)
Host: sun-1.meta.net:8822
Accept: image/gif, image/x-xbitmap, image/jpeg, image/pjpeg, \
        image/png, */*
Accept-Encoding: gzip
Accept-Language: en
Accept-Charset: iso-8859-1,*,utf-8
Cookie: mystate=2
  Hier folgt eine leere Zeile
```

Achten Sie hierbei auf die letzte Zeile! Dort steht der Cookie, den wir jetzt vom CGI-Programm aus entgegennehmen müssen.

■ Der aktuelle Zustand wird anhand des Cookies ermittelt. Das geschieht in unserer Funktion `retrieve_state()` wie folgt:

```
use constant INITSTATE => 1;
use constant STATENAME => 'mystate';
sub retrieve_state {
    my $state = cookie(-name => STATENAME) || INITSTATE;
    return $state;
}
```

Die Funktion `cookie()` von `CGI.pm` kann den Wert von Cookies ermitteln, wenn welche vorhanden sind. Hier lesen wir gezielt einen Cookie aus, dessen Namen wir kennen. Existiert der Cookie, wird *sein Wert* zurückgeliefert, ansonsten *undef*. Beachten Sie, daß wir beim ersten Aufruf des Skripts noch keinen Cookie haben, aber auch dann keinen haben, wenn der Cookie abgelaufen ist. In diesem Fall muß für einen Initialzustand gesorgt werden.

Cookies haben wieder Vor- und Nachteile. Ein Vorteil bei Cookies ist deren Persistenz über Browsersitzungen hinweg. Stürzt ein Browser ab oder wird er beendet, kann bei seinem Neustart trotzdem der Zustand weitergeführt werden. Dieser ist halbwegs sicher auf der Festplatte des Clients untergebracht. Ein weiterer Vorteil ist die Transparenz. Sie müssen kein Formular erzeugen wie bei *Hidden-Feldern* oder den Zustand an `PATH_INFO` oder `QUERY_STRING` anhängen. Es ist auch etwas schwieriger, den Wert eines Cookies zu modifizieren, zumindest für User normaler Browser.

Nachteilig ist vor allem, daß viele Anwender aus Sicherheitsgründen das Akzeptieren von Cookies bei ihren Browsern ausschalten. Wo nichts gespeichert wird, kann natürlich auch kein Zustand mit Cookies erhalten bleiben. Einige exotische Browser[2] kennen gar keine Cookies und ignorieren daher einfach die `Set-Cookie:`-HTTP-Anforderung.

Beim Einsatz von Cookies sollten Sie bedenken, daß der zur Verfügung stehende Speicherplatz und die Anzahl möglicher Cookies nur sehr begrenzt sind. Ein Cookie kann nicht mehr als einige hundert Zeichen lang werden. Das sollten Sie besonders beachten, wenn Sie größere Zustände in Cookies sichern wollen, wie das z.B. bei einem vollen

---

2 Nein, *nicht der lynx!*

Warenkorb der Fall wäre. Sie können auch nicht den Browser mit vielen kleinen Cookies überfallen[3], da Browser oft eine Obergrenze für die Zahl möglicher Cookies haben. Diese kann so niedrig wie etwa 32 Cookies *insgesamt* für alle Server sein. Wollen Sie daher mehr Informationen speichern, sollten Sie dazu übergehen, diese server-seitig, z.B. in einer Datenbank, abzulegen und nur noch eine Kennung, etwa den Wert eines Schlüsselfeldes, in Cookies, *Hidden-Feldern* oder sonstwo beim Client zu hinterlegen.

Schließlich sei noch erwähnt, daß selbstverständlich der Wert des Cookies nach wie vor für den Client sichtbar ist. Daher sollten keine vertraulichen Informationen dort im Klartext enthalten sein. Der Wert eines Cookies kann auch vom Client verändert werden. Das ist zwar bei populären Browsern meist nicht so ohne weiteres möglich, aber mit Hilfe eines eigens programmierten Webclients, der die `Cookie:`-HTTP-Anweisung zum Server sendet, durchaus möglich. Daher sollten Sie nicht davon ausgehen, daß der Zustandswert in Cookies sicher aufgehoben ist. Er ist sicherer aufgehoben als bei den vorher gezeigten Methoden, aber entschiedenen Angriffen hilflos ausgeliefert.

19.4.5 Zustand fälschungssicher machen

Die Zustandsinformation kann teilweise server-seitig gespeichert werden. Eine kleine Menge muß jedoch beim Browser abgelegt werden. Die kleinste Menge ist eine *Session-ID*, die z.B. als Schlüssel in einer server-seitigen Datenbank dienen könnte.

Egal ob der gesamte Zustand (z.B. der Warenkorb) oder nur die Sitzungskennung browserseitig gespeichert wird, Hacker können diese Information auslesen, ja sogar verändern. Dies würde das richtige und sichere Funktionieren vieler Webprogramme gefährden. Wie dem begegnet wird, zeigen wir in diesem Abschnitt.

Beachten Sie, daß die im folgenden gezeigten Verfahren der digitalen Signatur und der Verschlüsselung zwar für Cookies vorgestellt werden, aber genauso auch für Zustandsinformationen, die in *Hidden-Feldern*, `PATH_INFO` oder `QUERY_STRING` untergebracht werden, anwendbar sind.

Um sicherzugehen, daß der Wert des Zustands nicht verändert wird, hängen wir eine digitale Signatur an den Inhalt des Cookies an. Damit verschlüsseln wir noch nichts, aber eine Änderung des Inhalts bzw. der Signatur dürfte nicht unerkannt bleiben. Im folgenden Beispiel verwenden wir das `Digest::MD5`-Modul zur Berechnung einer Signatur nach dem *Message Digest Nr. 5*-Algorithmus (MD5) [69]. Diesen können Sie natürlich auch durch ein anderes Verfahren Ihrer Wahl ersetzen, z.B. SHA.

```
/usr/local/apache/cgi-bin/cgi-s-cookie-md5.pl
#!/usr/local/bin/perl -w
# cgi-s-cookie-md5.pl -- Zustandserhaltung mit Cookies, MD5-Signatur.

use strict;
use CGI qw(:standard);
```

---

[3] Leider gibt es im Internet zu viele Programme, die gerade das tun. Das ist ein Grund mehr, das automatische stillschweigende Akzeptieren von Cookies beim Browser auszuschalten.

```perl
use CGI::Carp qw(fatalsToBrowser);
use CGI::Cookie;
use Digest::MD5 qw(md5_hex);

my $state = retrieve_state();
compute_next_state($state);
my $newcookie = save_state($state);

# Tue etwas abhaengig von $state:
print header(-cookie => $newcookie),
    start_html('State with Cookies'),
    "Current state: ", $state->{'INFO'}, p,
    "If you call me again, I'll increment it for you",
    end_html;

use constant INITSTATE => 1;
use constant STATENAME => 'mystatemd5';
use constant STATETTL  => '+5m';
use constant SECRET    => 'wefoij238ghooic2';
sub generate_MAC {
    my $content = shift;
    return md5_hex(SECRET . md5_hex(SECRET . $content));
}

sub check_MAC {
    my $state = shift;

    die "State content has been tempered with!"
        unless generate_MAC($state->{'INFO'}) eq $state->{'MAC'};
}

sub retrieve_state {
    my %state = cookie(-name => STATENAME);
    %state   = ( INFO => INITSTATE,
                 MAC  => generate_MAC(INITSTATE) )
        unless exists $state{'INFO'} and exists $state{'MAC'};

    check_MAC(\%state);

    return \%state;
}

sub compute_next_state {
    my $state = shift;
    $state->{'INFO'} = $state->{'INFO'} + 1;
    $state->{'MAC'}  = generate_MAC($state->{'INFO'});
}

sub save_state {
    my $state  = shift;
    my $cookie = new CGI::Cookie(-name    => STATENAME,
```

19.4 Den Zustand erhalten

```
                              -value    => $state,
                              -expires  => STATETTL);
         return $cookie;
}
```
──────────────────── /usr/local/apache/cgi-bin/cgi-s-cookie-md5.pl

In Abbildung 19.9 sehen Sie den Wert des Cookies und dessen digitale Signatur.

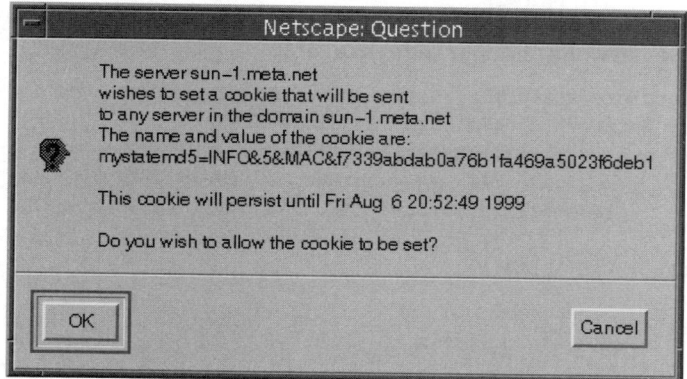

Abbildung 19.9: Ein Cookie mit MD5-Signatur: `cgi-s-cookie-md5.pl`

Obwohl der Wert noch von Usern eingesehen werden kann, ist es nicht mehr ohne weiteres möglich, diesen zu fälschen. Wollte man das tun, würde die digitale Signatur nicht mehr stimmen. Dies würden wir dann erkennen, wenn wir die Signatur des neuen Wertes berechnen und mit der alten Signatur vergleichen.

Natürlich könnte ein Hacker nicht nur einen neuen Zustandswert erzeugen, sondern auch gleich dessen digitale Signatur. Beide könnte er dann als Cookie auf die Reise schicken. Wenn wir keine Gegenmaßnahmen ergriffen hätten, würden wir selbst die Signatur des Cookies berechnen und mit der Signatur des Hackers vergleichen und somit fälschlicherweise glauben, daß alles in Ordnung sei! Das zeigt wieder, wie vorsichtig vorgegangen werden muß, wenn es um Sicherheit, Kryptographie und verwandte Themen geht.

Wie können wir erkennen, daß die digitale Signatur selbst nicht verändert wurde? Einfach, indem wir diese selbst signieren! Nun ja, so ganz einfach ist es nicht, denn auch ein Hacker könnte dahinterkommen und seine eigene Signatur signieren, womit wir wieder am Ausgangspunkt wären. Ein möglicher Ausweg ist daher, nicht die Signatur selbst zu signieren, sondern diese mit einem geheimen Schlüssel zu versehen, der den Server nicht verläßt. Diese zusammengesetzte Signatur kann dann wieder wie gerade vorher vorgeschlagen signiert werden.

Ein Hacker könnte eine solche Signatur unmöglich selbst imitieren, denn er kennt ja den geheimen Schlüssel nicht. Der Schlüssel selbst ist ebenfalls sicher, denn die Signaturfunktion ist eine Einwegfunktion. Das bedeutet, daß ein Hacker die zweite Signatur nicht knacken und dadurch auf die kombinierte Schlüsselsignatur und daher den Schlüssel kommen kann.

Was tut das Programm also genau?

- Zunächst müssen wir erkennen, daß unser Cookie nun aus zwei Werten besteht. Daher wird der Cookie als Hashreferenz realisiert. Das Hash selbst besteht aus zwei Schlüssel/Wert-Paaren. Der Zustandswert ist in unserem Beispiel unter dem Schlüssel INFO zu finden. Die digitale Signatur dieses Wertes wird dafür unter dem Schlüssel MAC abgelegt.

- Zunächst holen wir uns den aktuellen Zustand aus dem Wert des Cookies. Dies geschieht wie gewohnt in retrieve_state():

    ```
    sub retrieve_state {
        my %state = cookie(-name => STATENAME);
        %state   = ( INFO => INITSTATE,
                     MAC  => generate_MAC(INITSTATE) )
            unless exists $state{'INFO'} and exists $state{'MAC'};

        check_MAC(\%state);

        return \%state;
    }
    ```

  – Die Funktion cookie() des CGI.pm-Moduls liest das Cookie aus und liefert bei mehrwertigen Cookies eine hashkompatible Schlüssel/Wert-Liste zurück. Diese kann einem eigenen Hash %state zugewiesen werden.

  – Ist der Cookie abgelaufen ist natürlich noch kein Zustand vorhanden. Dasselbe gilt für den ersten Aufruf. Daher wird der Cookie auf der Basis eines Initialzustands und dessen Signatur erzeugt. Die Signatur selbst wird in der Funktion generate_MAC() erzeugt, die wir weiter unten besprechen werden.

  – Egal ob wir nun eine Signatur selbst erzeugt oder diejenige aus dem Cookie bekommen haben, müssen wir uns nun vor der Verwendung der unsicheren Zustandsinformation vergewissern, daß sowohl der Zustandswert als auch die Signatur nicht client-seitig gefälscht wurden. Dies geschieht in der Funktion check_MAC(), die wir weiter unten erklären werden. Diese Funktion bricht auch das Programm ab, sollten irgendwelche Unstimmigkeiten erkannt werden.

  – Waren die Signatur und der Wert unverändert, können wir die Zustandsinformation bedenkenlos verwenden.

- Bei der Berechnung des folgenden Zustands dürfen wir natürlich nicht vergessen, ebenfalls eine neue Signatur zu generieren. Dies wird elegant in compute_next_state() untergebracht:

    ```
    sub compute_next_state {
        my $state = shift;
        $state->{'INFO'} = $state->{'INFO'} + 1;
        $state->{'MAC'}  = generate_MAC($state->{'INFO'});
    }
    ```

19.4 Den Zustand erhalten

■ Das Zurücksenden des neuen Zustands samt Signatur unterscheidet sich nicht vom letzten Programm. Zunächst wird ein Cookieobjekt in `save_state()` generiert:

```
my $cookie = new CGI::Cookie(-name    => STATENAME,
                             -value   => $state,
                             -expires => STATETTL);
```

Anschließend wird es als Teil des HTTP-Headers im Hauptprogramm zum Browser geschickt:

```
print header(-cookie => $newcookie),
    start_html('State with Cookies'),
    "Current state: ", $state->{'INFO'}, p,
    "If you call me again, I'll increment it for you",
    end_html;
```

Interessant ist hier lediglich, daß der `CGI::Cookie`-Konstruktor als `-value` auch eine Hashreferenz als Cookiewert akzeptiert. Der Inhalt des Hashs wird dann automatisch in die cookiekompatible Form gebracht und zum Browser geschickt. Schauen Sie sich dazu noch einmal Abbildung 19.9 an.

■ Die Signatur selbst wird in `generate_MAC()` erzeugt:

```
use constant SECRET     => 'wefoij238ghooic2';
sub generate_MAC {
    my $content = shift;
    return md5_hex(SECRET . md5_hex(SECRET . $content));
}
```

Die Funktion `md5_hex()` des frei verfügbaren `Digest::MD5`-CPAN-Moduls erzeugt eine digitale Signatur nach dem *Message Digest Nr. 5*-Algorithmus und kodiert diese gleich in einen String Hexadezimalzahlen. Dabei haben wir, wie oben erwähnt, nicht einfach die Signatur selbst signiert, sondern den geheimen Schlüssel mit der Signatur kombiniert und diese noch einmal signiert. Natürlich wurde auch der Wert des Zustands selbst mit dem Schlüssel kombiniert, bevor die erste Signatur durchgeführt wurde.

■ Wie wird eine Signatur überprüft? Da es sich dabei um eine Einwegfunktion handelt, können wir selbstverständlich nicht eine existierende Signatur entschlüsseln. Was uns zur Verfügung steht, sind ein zu prüfender Wert und eine Möchtegernsignatur, die ebenfalls geprüft werden soll. Wir berechnen daher ganz einfach die neue Signatur des angeblichen Werts, wobei wir wieder unsere `generate_MAC()`-Methode mit dem Geheimschlüssel verwenden. Diese neue Signatur prüfen wir dann ganz einfach auf Gleichheit mit der angeblichen Signatur. Sind beide gleich, können wir davon ausgehen, daß der Zustandswert und dessen Signatur echt sind; natürlich vorausgesetzt, das Geheimnis ist sicher aufbewahrt. Der Code lautet also:

```
sub check_MAC {
    my $state = shift;

    die "State content has been tempered with!"
        unless generate_MAC($state->{'INFO'}) eq $state->{'MAC'};
}
```

- Noch eine Kleinigkeit: In `check_MAC()` wird das CGI-Programm mit `die()` abgebrochen, falls der Zustandswert oder dessen Signatur verändert wurden. Dies würde im Normalfall vom Webserver als fehlerhaftes CGI-Programm erkannt. Daher würde der Server die nichtssagende Fehlermeldung `500 Server Error` zum Browser zurückschicken und im Fehlerlog die wahre Ursache, also hier die Information des `die()`, eintragen.

Wir wollen aber sehr wohl, daß solche Fehler *auch* an den Browser geschickt werden. Dies wird dadurch erreicht, daß

```
use CGI::Carp qw(fatalsToBrowser);
```

am Anfang des Programms angegeben wird. Dadurch wird die Funktion `die()` durch eine eigene Version des Standardmoduls `CGI::Carp` überschrieben, die bei `fatalsToBrowser die()` Fehlermeldungen — als schöne HTML-Seite formatiert — zum Browser sendet und erst dann das Programm beendet, wobei die Fehlermeldung natürlich auch in den Fehlerlogs des Servers protokolliert wird. Dies ist auch nützlich beim Debuggen eigener Anwendungen.

19.4.6 Zustand verschlüsseln

Im vorigen Abschnitt haben wir mit Hilfe einer digitalen Signatur sichergestellt, daß Anwender client-seitig den Zustandswert nicht unbemerkt verändern können. Ein solcher Schutz ist auch für die meisten Anwendungen ausreichend. Es gibt jedoch auch Situationen, in denen Anwender bestimmte Teile des Zustands gar nicht erst zu Gesicht bekommen dürfen. Es handelt sich in diesem Fall um *vertrauliche Informationen*.

Wie können vertrauliche Informationen vor den Augen neugieriger Anwender verborgen bleiben? Dazu gibt es grundsätzlich zwei Möglichkeiten:

- *Server-seitige Speicherung der vertraulichen Informationen:* Wenn der Browser die geheimen Informationen nicht bekommt, kann ein Anwender natürlich nicht an diese Informationen herankommen. Die Idee hierbei ist, den größten Teil der Zustandsinformationen beim Server zu speichern und auch nur dort zu verwenden. Der Browser bekommt zur Speicherung des Zustands höchstens einen Sitzungsschlüssel zugesandt, der keine vertraulichen Informationen enthält (sehr wohl aber darauf verweist).

- *Verschlüsselung der client-seitigen vertraulichen Informationen:* Soll der Zustand nicht server-seitig gespeichert werden, ist es immer noch möglich, diesen vor dem Versenden zum Browser zu verschlüsseln und beim Empfang vom Browser zu entschlüsseln. Diese Methode ist nicht ganz so sicher wie das ausschließliche server-seitige Speichern geheimer Informationen, da die verschlüsselten Daten nun einer möglichen kryptoanalytischen Attacke auf der Clientseite ausgesetzt sind. Aus diesem Grunde sollte eine entsprechend starke Kryptographie eingesezt werden. Beachten Sie jedoch beim Einsatz von Kryptographie die legalen Einschränkungen in diversen Ländern dieser Welt.

19.4 Den Zustand erhalten

Wir werden im folgenden Beispiel den Zustandswert zunächst verschüsseln und anschließend mit der bereits im vorigen Abschnitt gezeigten Methode digital signieren. Dabei setzen wir einen starken kryptographischen Algorithmus ein.

```perl
/usr/local/apache/cgi-bin/cgi-s-cookie-md5-crypt.pl
#!/usr/local/bin/perl -w
# cgi-s-cookie-md5-crypt.pl -- Zustandserhaltung mit Cookies,
#                              MD5-Signatur und Verschluesselung.

use strict;
use CGI qw(:standard);
use CGI::Carp qw(fatalsToBrowser);
use CGI::Cookie;
use Digest::MD5 qw(md5_hex);
use Crypt::CBC;

use constant INITSTATE   => 1;
use constant STATENAME   => 'mystatemd5crypt';
use constant STATETTL    => '+5m';
use constant SIGSECRET   => 'wefoij238ghooic2';
use constant CRYPTSECRET => 'sdl230ivhf0 hv23 w';

my $enigma = Crypt::CBC->new(CRYPTSECRET, 'IDEA');
my $state  = retrieve_state($enigma);
compute_next_state($state);
my $newcookie  = save_state($state, $enigma);

# Tue etwas abhaengig von $state:
print header(-cookie => $newcookie),
    start_html('State with Cookies'),
    "Current state: ", $state->{'INFO'}, p,
    "If you call me again, I'll increment it for you",
    end_html;

sub generate_MAC {
    my $content = shift;
    return md5_hex(SIGSECRET . md5_hex(SIGSECRET . $content));
}

sub check_MAC {
    my $state = shift;

    die "State content has been tempered with!"
        unless generate_MAC($state->{'INFO'}) eq $state->{'MAC'};
}

sub retrieve_state {
    my $enigma    = shift;
    my $enimga    = shift;
    my $encrypted = cookie(-name => STATENAME);
    my $state;
```

```perl
        if (defined $encrypted) {
            %{ $state } = split(/:/, $enigma->decrypt_hex($encrypted));
        } else {
            $state = { INFO => INITSTATE,
                       MAC  => generate_MAC(INITSTATE) };
        }

        check_MAC($state);

        return $state;
    }

    sub compute_next_state {
        my $state = shift;
        $state->{'INFO'} = $state->{'INFO'} + 1;
        $state->{'MAC'}  = generate_MAC($state->{'INFO'});
    }

    sub save_state {
        my $state     = shift;
        my $encrypted = $enigma->encrypt_hex(join(':', %{ $state }));
        my $cookie = new CGI::Cookie(-name    => STATENAME,
                                     -value   => $encrypted,
                                     -expires => STATETTL);
        return $cookie;
    }
```
_____ /usr/local/apache/cgi-bin/cgi-s-cookie-md5-crypt.pl

Abbildung 19.10 zeigt, daß der Cookie nun verschlüsselt ist und sein Wert nicht mehr so ohne weiteres gelesen werden kann.

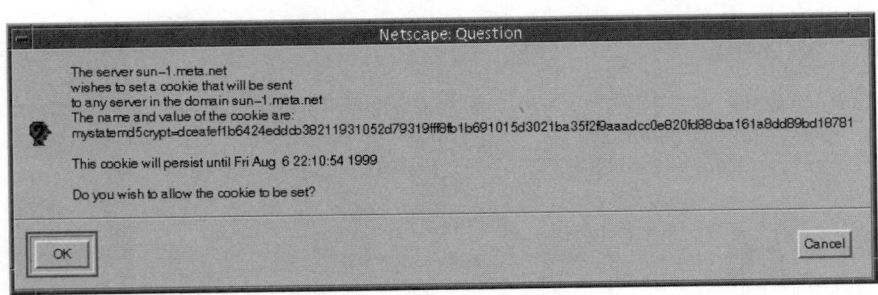

Abbildung 19.10: Ein verschlüsselter Cookie: `cgi-s-cookie-md5-crypt.pl`

Was ist bei diesem Programm zu beachten?

- Die Struktur dieses Programms entspricht weitgehend der des vorigen Abschnitts. Es werden lediglich zusätzlich die Verschlüsselung und Entschlüsselung des Zustandswertes an entscheidenden Stellen hinzugefügt.

19.4 Den Zustand erhalten

- Bevor Sie dieses Programm ausprobieren können, müssen Sie sich aus dem CPAN die Module `Crypt::IDEA` und `Crypt::CBC` besorgen und installieren:

  - Bitte beachten Sie die US-Exportbeschränkungen bezüglich kryptographischer Software, indem Sie die obigen Module von einem außerhalb der USA liegenden FTP-Server herunterladen. Damit ersparen Sie den Verantwortlichen eines in den USA gelegenen Servers möglicherweise eine Gefängnisstrafe[4]. Benutzen Sie daher bitte nicht den CPAN-Multiplexer, sondern suchen Sie sich am besten manuell einen FTP-Server außerhalb der USA, indem Sie z.B. deren Liste unter folgender URL oder von einer der Spiegelsites des CPAN anfordern: http://www.perl.com/CPAN/SITES

  - Zunächst müssen Sie `Crypt::IDEA` übersetzen und installieren. Das ist das Modul, das den IDEA-Verschlüsselungsalgorithmus implementiert [69].

    Bei der von mir eingesetzten Version 1.0 mußte ich in der Headerdatei *idea.h* die Includedatei *machine/types.h* in *sys/types.h* ändern und ein Typedef hinzufügen:

    ```
    typedef unsigned short u_int16_t;
    ```

    Außerdem mußte in *idea.c* die Includedatei *endian.h* in *sys/byteorder.h* geändert werden. Bei Ihrem Betriebssystem müssen Sie eventuell ebenfalls etwas anpassen, wenn das Modul noch nicht aktualisiert ist. Übrigens mußte ich auch in *IDEA.xs* den Variablenname *sv_undef* in *PL_sv_undef* ändern.

  - `Crypt::IDEA`, aber auch `Crypt::DES` können nur Texte in Blöcken fester Länge verschlüsseln (sogenannte *Chunks*). Damit auch beliebige Texte variabler Länge verschlüsselt werden, kann die *Cipher Block Chaining*-Methode angewandt werden [69]. Diese wird durch das Modul `Crypt::CBC` implementiert. Daher ist auch dieses Modul zu installieren.

- Die Ver- und Entschlüsselung geschieht mit Hilfe eines Verschlüsselungsobjekts. Es handelt sich dabei um ein Objekt des Typs `Crypt::CBC`, das den geheimen Schlüssel enthält und weitere interne Zustandsinformationen speichert (beispielsweise an welcher Stelle des Schlüssels der folgende Text ver- oder entschlüsselt werden soll). Wir erzeugen also ein solches Objekt im Hauptprogramm:

  ```
  use constant CRYPTSECRET => 'sdl230ivhf0 hv23 w';
  my $enigma = Crypt::CBC->new(CRYPTSECRET, 'IDEA');
  ```

  Beachten Sie hierbei, wie neben dem Schlüssel auch der symmetrische Verschlüsselungsalgorithmus angegeben wurde, in unserem Fall IDEA. Hier könnten Sie auch das deutlich schwächere DES einsetzen oder jeden weiteren Algorithmus, für den es ein `Crypt::*`-kompatibles Modul gibt.

  Die Ver- und Entschlüsselungsmaschine haben wir ironischerweise `$enigma` genannt, nach der *Enigma* des Zweiten Weltkriegs, die von den Deutschen eingesetzt und von den Engländern, allen voran Alan Turing, geknackt wurde. Natürlich ist der *IDEA*-Algorithmus deutlich robuster als derjenige der alten

---

[4] Ist das nicht wieder ein wunderbares Beispiel eines vollkommen weltfremden Gesetzes? Daß viele Politiker keinen Sachverstand haben, ist ja nicht tragisch. Schlimm wird es nur, wenn dies Gesetzesform annimmt!

Enigma! Dennoch soll uns der Name eine Mahnung sein, sich nicht zu sehr auf irgendeinen Algorithmus zu verlassen.

- Der neue Zustandshash wird in `save_state()` verschlüsselt. Ein beliebiger Text kann dabei wie folgt mit der `$enigma` verschlüsselt werden, wobei der Schlüsseltext auch noch in cookiekompatible Hexadezimalziffern umgewandelt wird:

    ```
    $encrypted = $enigma->encrypt_hex($plaintext);
    ```

    Wir wollen aber hier den gesamten Zustandshash, der aus Zustandswert und Signatur besteht, verschlüsseln. Dazu müssen wir diesen erst stringifizieren. Wir benutzen hier nicht `Storable` oder weitere komplizierte Module, sondern begnügen uns mit der einfachen Stringifizierung für arme Leute: Wir fügen einfach alle Schlüssel/Wert-Paare in einer Liste zusammen und trennen die Felder durch einen Doppelpunkt:

    ```
    my $encrypted = $enigma->encrypt_hex(join(':', %{ $state }));
    ```

    Bedenken Sie, daß dies nur funktioniert, wenn der Inhalt der Signatur und des Feldes keinen Doppelpunkt enthält! Das ist bei der Signatur klar, denn diese haben wir im Hexadezimalformat. Beim Zustandswert müssen Sie selbst dafür sorgen.

    Wollen Sie komplexe Datenstrukturen in einem Zustand speichern, sollten Sie die `freeze()`- und `thaw()`-Funktionen des `Storable`-Moduls in Betracht ziehen! Mehr Informationen darüber finden Sie in Abschnitt 18.4.5 ab Seite 941.

- Wenn wir den Zustand in `retrieve_state()` aus dem Cookie extrahieren, müssen wir dessen Wert erst entschlüsseln. Dies geht mit unserer Enigma (sorry, mit `$enigma`) ganz leicht:

    ```
    $decrypted = $enigma->decrypt_hex($encrypted)
    ```

    Was war aber verschlüsselt? Der gesamte Zustandshash, bestehend aus Zustandswert und Signatur. Dieser Hash wurde ja vorher in `save_state()` „stringifiziert" und anschließend verschlüsselt. Daher drehen wir hier die Operation wieder um:

    ```
    %{ $state } = split(/:/, $enigma->decrypt_hex($encrypted));
    ```

    Hier wird mit `split()` destringifiziert und eine Schlüssel/Wert-Liste erzeugt. Diese könnte nun direkt einem Zustandshash zugewiesen werden, dessen Referenz dann als Zustandsvariable weiterverwendet werden kann. In diesem Beispiel haben wir jedoch von der *Autovivikation* Gebrauch gemacht, indem wir direkt eine Hashreferenz angegeben haben. Mehr Informationen zur Autovivikation finden Sie in Abschnitt 13.4.3 ab Seite 513.

19.4.7 Zustand server-seitig sichern

In den vorigen Abschnitten haben wir den Zustand stets *client-seitig* gespeichert. Das ist in vielen Fällen vollkommen in Ordnung. Es gibt jedoch noch mehr Situationen, in denen ein Teil des Zustands besser beim Server aufgehoben wäre:

- Die Zustandsdaten der Clients müssen nach dem Ende der Verbindung zum Client aufbewahrt und ausgewertet werden. Bestellsysteme, Gästebücher (*Guestbooks*) und Zähler sind typische Vertreter dieser Kategorie.

19.4 Den Zustand erhalten

- Der Zustand enthält vertrauliche Daten, die besser nicht beim Client aufbewahrt werden sollten. Das gilt für Paßwörter und weitere wichtige Daten.

- Der Zustand enthält wertvolle Daten, die besser auf einem Serverhost aufgehoben sind, von dem regelmäßige Backups gemacht werden. Probleme mit Clientrechnern würden somit nicht zu einem Totalverlust der Zustandsinformation führen.

- Es gibt auch bewegliche User. Das sind in unserem Fall Benutzer, die mehr als nur einen Rechner bzw. Browser benutzen, um unseren Server zu kontaktieren. In diesem Fall sollte die gemeinsame Zustandsinformation besser server-seitig gespeichert sein. Dieser Spezialfall wird aber erst in Abschnitt 19.4.8 ab Seite 1075 behandelt.

Wie geht man dabei vor? In diesem Abschnitt gehen wir davon aus, daß noch eine minimale Zustandsinformation client-seitig gespeichert werden muß. Diese Einschränkung werden wir in Abschnitt 19.4.8 aufheben. Diese minimale Informationsmenge ist eine Sitzungsnummer. Diese dient unserem server-seitigen Programm dazu, die vollständige Zustandsinformation aus einer persistenten Quelle, etwa einem Datenbankserver, zu extrahieren.

Die Vorgehensweise ist stets dieselbe:

- Beim Aufruf des Programms wird geprüft, ob der Browser uns eine Sitzungsnummer in Form eines Cookies, eines *Hidden-Feldes* oder über andere Wege übermittelt. Ist das der Fall, wird diese Sitzungsnummer benutzt, um aus einer Datenbank die restlichen Zustandsdaten zu extrahieren. In diesem Fall können wir dann den Zustand in der Datenbank aktualisieren. Einen neuen Cookie brauchen wir im Gegensatz zu den vorigen Abschnitten nicht mehr zum Browser zu senden, denn die Sitzungsnummer selbst hat sich ja nicht verändert. Das hat einen großen Vorteil: Wir müssen den Anwender nicht mehr mit Cookiewarnungen belästigen. Einen Cookie senden wir nur zum Browser, wenn wir den alten, bald abgelaufenen Cookie wieder auffrischen wollen.

- Hat uns der Browser keine Sitzungsnummer übermittelt, kann dies mehrere Ursachen haben. Vielleicht ist ein Cookie abgelaufen. Das Programm könnte zu ersten Mal durch diesen Browser bzw. User aufgerufen worden sein etc. In diesem Fall generieren wir einen Initialzustand und speichern diesen server-seitig in einer neuen Sitzung. Die Nummer dieser neuen Sitzung senden wir dann in Form eines Cookies zum Browser zurück.

- Ein Client könnte uns aber auch absichtlich eine falsche Sitzungsnummer senden. Wir prüfen daher server-seitig nach, ob diese Nummer in der Datenbank existiert. Meistens wird im Falle falscher Sitzungsnummern dort nichts gefunden. Das können wir in Form einer Fehlermeldung quittieren und dem Fälscher die Netzpolizei ins Haus schicken, damit er mit einer Strafe von mindestens zwei Jahren Zwangsinstallationsarbeit und Zwangsverwendung von *Microsoft Windows* (natürlich *ohne* Spiele) gestraft wird :-)

- Natürlich könnte der Angreifer auch eine gültige Sitzungsnummer erwischen. In diesem Fall hat nicht er, sondern wir Pech gehabt. Darum sorgen wir durch einen großen Nummernraum und eine gute zufällige Wahl von neuen Sitzungsnummern dafür, das Erraten solcher Nummern so schwer wie möglich zu machen.

Wo sollten die Daten server-seitig gespeichert werden? Dazu können alle Möglichkeiten aus Kapitel 18 eingesetzt werden. Wichtig dabei ist nur, vor konkurrierenden Zugriffen auf der Hut zu sein. Nicht nur der Apache-Webserver verwendet mehrere parallele Prozesse. All diese Prozesse könnten gleichzeitig oder quasi gleichzeitig auf gemeinsame Ressourcen zugreifen. Dies sollte natürlich synchronisiert geschehen, damit kein Chaos bei den Daten entsteht.

In diesem Abschnitt wollen wir einen Datenbankserver einsetzen. Das mag für unsere einfache Anwendung mit dem Hochzählen der Seitennummern übertrieben sein (*Overkill*), wird aber in der Praxis sehr häufig verwendet. Nur ein richtiges Datenbankmanagementsystem gestattet es, auch komplizierte Auswertungen durchzuführen. Der wichtige Vorteil unsererseits ist auch, daß dadurch Zugriffe auf unseren server-seitigen Datenbestand serialisiert werden.

Damit Sie das nachfolgende Programm einsetzen können, müssen Sie das *MySQL*-Datenbanksystem samt Perl-Module installiert, konfiguriert und gestartet haben. Dies wurde in Abschnitt 18.6 ab Seite 955 ausführlich erklärt und vorgeführt. Ich gehe davon aus, daß Sie dieses Kapitel auch gelesen haben. Schauen wir uns zunächst das Programm an:

```
/usr/local/apache/cgi-bin/cgi-s-server.pl
#!/usr/local/bin/perl -w
# cgi-s-server.pl -- Zustandserhaltung mit serverseitiger Speicherung
#                    und Sitzungscookies.

use strict;
use CGI qw(:standard);
use CGI::Carp qw(fatalsToBrowser);
use CGI::Cookie;
use Tie::RDBM;
use Math::TrulyRandom;

use constant INITSTATE => 1;
use constant STATETTL  => '+5m';
use constant STATENAME => 'mystate';

use constant STATEDSN  => 'dbi:mysql:database=www';
use constant STATEUSER => 'nobody';
use constant STATEPASS => 'wwwpass';
use constant STATETBL  => 'statesessions';

my %sql;
tie %sql, 'Tie::RDBM', STATEDSN,
        { user => STATEUSER, password => STATEPASS,
          table => STATETBL, create => 1 }
    or die "can't tie: $!\n";
```

19.4 Den Zustand erhalten

```perl
my ($state, $cookie_needed) = retrieve_state();
my $nextstate               = compute_next_state($state);
my $saveaction              = save_state($nextstate, $cookie_needed);

# Tue etwas abhaengig von $state:
print $cookie_needed ? header(-cookie => $saveaction) : header(),
    start_html('State with Cookies'),
    "Current state: ", $state->{'STATE'}, p,
    "If you call me again, I'll increment it for you",
    end_html;

sub retrieve_state {
    my $SID = cookie(-name => STATENAME);
    my ($SVL, $cookie_needed) = (INITSTATE, 1);

    if (defined $SID) {
        # Cookie gibt eine Session-ID vor:
        $SVL = $sql{$SID} || die "Sorry, unknown session: $SID!\n";
        $cookie_needed = 0;
    } else {
        # Das ist eine neue Sitzung!
        tied(%sql)->{'dbh'}->do("LOCK TABLES " . STATETBL . " WRITE");
        die "$DBI::errstr" if $DBI::err;

        # Um Race Conditions zu vermeiden, laeuft das in einer
        # Transaktion bzw. bei gesperrten Tabellen (MySQL) ab.
        do { $SID = truly_random_value() } while exists $sql{$SID};
        $sql{$SID} = $SVL;
        die "Error: $DBI::errstr\n" if $DBI::err;

        tied(%sql)->{'dbh'}->do("UNLOCK TABLES ");
        die "$DBI::errstr" if $DBI::err;
    }

    # Den Zustand mit der zugehoerien Sitzungs-ID zurueckgeben.
    return ({ SESSION => $SID, STATE => $SVL }, $cookie_needed);
}

sub compute_next_state {
    my $current_state = shift;
    $current_state->{'STATE'} = $current_state->{'STATE'} + 1;
    return $current_state;
}

sub save_state {
    my $newstate      = shift;
    my $cookie_needed = shift;

    my $cookie   = new CGI::Cookie(-name    => STATENAME,
                                   -value   => $newstate->{'SESSION'},
                                   -expires => STATETTL)
```

```
              if $cookie_needed;

   # Den Zustand serverseitig speichern:
   $sql{$newstate->{'SESSION'}} = $newstate->{'STATE'};

   return $cookie_needed ? $cookie : undef;
}
```
─────────────────────────── /usr/local/apache/cgi-bin/cgi-s-server.pl

Wenn wir das Programm von einem Netscape-Browser aus aufrufen, wird nur beim ersten Mal eine Cookiewarnung ausgegeben. Anschließend wird bei jedem nachfolgenden Aufruf die Seitenzahl automatisch erhöht. Ist der Cookie nach einer kurzen Zeit abgelaufen, wird ein neuer Cookie samt neuer Sitzung generiert, und wir sehen eine neue Cookiewarnung, wie sie in Abbildung 19.11 steht.

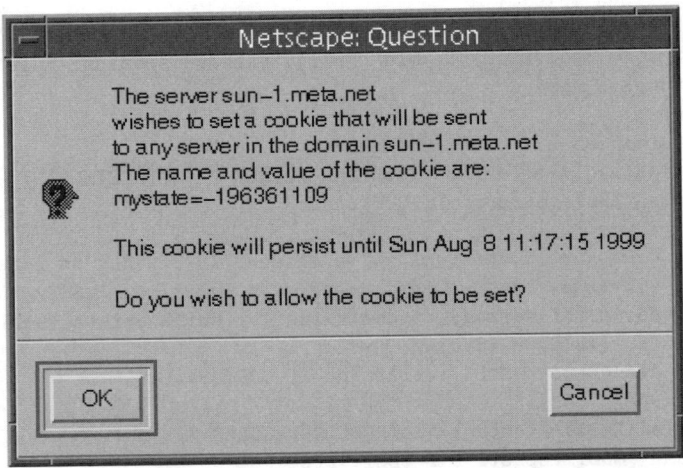

Abbildung 19.11: Ein Sitzungscookie: `cgi-s-server.pl`

Was hat das Programm zu bieten?

- Zunächst muß der Datenbankserver gestartet worden sein. Anschließend brauchen wir dort eine Datenbank *www*, die vom User, der den Webserver und somit auch das CGI-Programm ausführt, administriert werden kann. In unserem Fall ist dies der User *nobody*. Wir vergeben auch sicherheitshalber ein Paßwort. Das Einrichten der Datenbank *www* und des *nobody*-Users ist einfach:

  ```
  farid@sun-1:~> mysqladmin --user=root --password='np97xWl' create www
  Database "www" created.
  farid@sun-1:~> mysql --user=root --password='np97xWl' www
  Welcome to the MySQL monitor.  Commands end with ; or \g.
  Your MySQL connection id is 6 to server version: 3.22.25

  Type 'help' for help.

  mysql> GRANT ALL PRIVILEGES ON www.* TO nobody IDENTIFIED BY 'wwwpass';
  ```

19.4 Den Zustand erhalten

```
        Query OK, 0 rows affected (0.37 sec)

        mysql> INSERT INTO user (Host, User, Password) VALUES
            > ('localhost', 'nobody', password('wwwpass'));
        Query OK, 1 row affected (0.13 sec)

        mysql> FLUSH PRIVILEGES;
        Query OK, 0 rows affected (0.45 sec)

        mysql> \q
        Bye
```

In Wirklichkeit würden wir hier lieber eine viel restriktivere Politik einhalten, aber das ist ja jetzt nur ein Bispiel zum Lernen. Das komische Paßwort np97xW1 ist das Paßwort des Serveradministrators. Erinnern Sie sich? Es wurde in Abschnitt 18.6.3 auf Seite 965 gesetzt. Durch das GRANT-Kommando wird ein User *nobody* eingerichtet, der alle Zugriffsrechte auf die Datenbank *www* hat. Darüber hinaus wurde dem User auch gleich das Paßwort *wwwpass* zugeteilt. Die zwei folgenden Befehle manipulieren die GRANT-Tabellen manuell, damit *nobody* sich auch von *localhost* aus einloggen kann. Der GRANT-Befehl hatte nur Netzzugänge erlaubt. Durch FLUSH PRIVILEGES wurde der *MySQL*-Server veranlaßt, die Zugriffstabellen wieder einzulesen und somit die neuen Zugriffsrechte zu lernen.

- Die gerade eingetragene Datenbank und den Namen des Users samt Paßwort definieren wir in unserem CGI-Skript als Konstanten:

    ```
    use constant STATEDSN  => 'dbi:mysql:database=www';
    use constant STATEUSER => 'nobody';
    use constant STATEPASS => 'wwwpass';
    use constant STATETBL  => 'statesessions';
    ```

    Sie sehen, daß auch gleich der Name der Tabelle definiert wurde, die unsere Sitzungen enthalten wird.

- Wir könnten nun die Datenbank durch echte SQL-Kommandos über die DBI-Schnittstelle ansprechen. Diese Mühe ersparen wir uns aber, indem wir das Modul *Tie::RDBM* einsetzen. Dieses wurde bereits in Abschnitt 18.8.3 ab Seite 1012 vorgestellt.

- Durch tie() wird der Hash %sql an die Tabelle *statesessions* der Datenbank *www* gebunden:

    ```
    tie %sql, 'Tie::RDBM', STATEDSN,
            { user  => STATEUSER, password => STATEPASS,
              table => STATETBL,  create => 1 }
        or die "can't tie: $!\n";
    ```

Falls die Tabelle nicht schon vorher existierte, wird sie jetzt angelegt. Das Einloggen in die Datenbank wird mit der angegebenen User/Paßwort-Kombination versucht. Wenn alles gutging, haben wir einen persistenten Hash mit einer Datenbanktabelle im Hintergrund. Jeder Lesezugriff auf %sql löst intern einen SELECT-Befehl aus und

- jede Änderung wird sich ebenfalls auf die Datenbanktabelle auswirken. Die Verbindung unseres CGI-Programms zur Datenbank wird bei dessen Ende automatisch wieder aufgelöst.

- Im Hauptprogramm führen wir eine neue Variable, $cookie_needed mit. Diese zeigt uns, ob wir einen Cookie zum Browser senden sollen oder dies bei gültigem Cookie nicht zu tun brauchen:

    ```
    my ($state, $cookie_needed) = retrieve_state();
    my $nextstate              = compute_next_state($state);
    my $saveaction             = save_state($nextstate, $cookie_needed);
    ```

- Interessant wird es in retrieve_state(). In dieser Funktion schauen wir erst nach, ob uns der Browser einen Cookie gesendet hat oder nicht:

    ```
    my $SID = cookie(-name => STATENAME);
    ```

    Dieser Cookie, sollten wir einen bekommen haben, enthält nur eine angebliche Sitzungsnummer. Wenn also ein Cookie überhaupt gesendet wurde, besorgen wir den zur Sitzung gehörigen restlichen Zustand direkt aus der Datenbank:

    ```
    if (defined $SID) {
        # Cookie gibt eine Session-ID vor:
        $SVL = $sql{$SID} || die "Sorry, unknown session: $SID!\n";
        $cookie_needed = 0;
    ```

    Durch $sql{$SID} wird direkt in der Datenbank nachgeschaut, ob die Sitzungsnummer $SID existiert. Nur wenn dies der Fall ist, ist die aktuelle Sitzung gültig und der restliche Zustand in $SVL geladen worden. Sie sehen auch, wieso die Sitzungsnummern sorgfältig gewählt werden müssen: Ein Hacker könnte versuchen, diese Nummern zu erraten, indem er der Reihe nach Cookies an uns sendet. Nur bei wirklich zufälligen großen Sitzungsnummern müßte er sehr viele Versuche durchführen, bevor er im Durchschnitt Glück hat. Dies würden wir aber rechtzeitig in den Transferlogs des Webservers bemerken.

    Achtung! *Wir gehen in diesem Fall davon aus, daß der Wert* undef *bzw. der SQL-Wert* NULL *für den server-seitigen Zustand nicht erlaubt ist. Wäre das der Fall, müßten wir die Existenz der Sitzung mit*

    ```
    if (exists $sql{$SID}) { ... }
    ```

    prüfen und nur im Erfolgsfall den Wert mit

    ```
    if (exists $sql{$SID}) { $SVL = $sql{$SID}; }
    ```

    abholen. Leider entsteht dabei eine Race Condition *zwischen den beiden Abfragen. Diese müßten dann im Falle von* MySQL *bei einer zum Lesen gesperrte Tabelle durchgeführt werden. Das haben wir hier der Einfachheit halber nicht getan.*

- Ist kein Cookie gesandt worden, müssen wir eine neue Sitzung generieren. Wir können aber nicht einfach eine zufällige Zahl ziehen und diese verwenden: Die Sitzung mit dieser Zahl könnte bereits in der Datenbank vorhanden sein. Darum probieren wir es in einer Schleife so lange, bis wir eine freie Sitzungsnummer erwischt haben:

    ```
    do { $SID = truly_random_value() } while exists $sql{$SID};
    ```

19.4 Den Zustand erhalten

Sobald wir sie gefunden haben, reservieren wir diese Sitzungsnummer, indem wir darunter den Initialzustand speichern:

```
$sql{$SID} = $SVL;
```

- Zwischen dem Ermitteln einer neuen Sitzungsnummer und dem Reservieren dieser Sitzung entsteht eine *Race Condition*: Ein anderer Prozeß könnte sich vordrängeln und uns die Sitzungsnummer wegschnappen. In diesem Fall würden wir dessen Sitzung stören. Dies verhindern wir dadurch, daß wir die Tabelle zunächst zum Schreiben sperren und dann erst nach der freien Sitzungsnummer fahnden und diese auch reservieren. Erst danach geben wir die Sperre wieder frei.

```
tied(%sql)->{'dbh'}->do("LOCK TABLES " . STATETBL . " WRITE");
die "$DBI::errstr" if $DBI::err;

    # Um Race Conditions zu vermeiden, laeuft das in einer
    # Transaktion bzw. bei gesperrten Tabellen (MySQL) ab.
    do { $SID = truly_random_value() } while exists $sql{$SID};
    $sql{$SID} = $SVL;
    die "Error: $DBI::errstr\n" if $DBI::err;

tied(%sql)->{'dbh'}->do("UNLOCK TABLES ");
die "$DBI::errstr" if $DBI::err;
```

Dabei haben wir auch gleich mit `die()` eventuelle Fehler abgefangen. Dieses Verfahren wurde in Abschnitt 18.8.3 erklärt.

- Der Zustand wird anschließend zurückgegeben:

```
# Den Zustand mit der zugehoerien Sitzungs-ID zurueckgeben.
return ({ SESSION => $SID, STATE => $SVL }, $cookie_needed);
```

Merken Sie, was hier vorgeht? Wir geben als Zustand nicht nur die reinen serverseitigen Daten (in unserem Fall die aktuelle Seitennummer) zurück, sondern auch gleich die Sitzungsnummer mit. Diese wird ja später bei der Aktualisierung des Zustands benötigt. Außerdem vermerken wir, ob ein Cookie fehlt und bei der Antwort zum Browser gesendet werden sollte.

- Bei der Speicherung des Zustands in `save_state()` senden wir die neue Seitennummer als den neuen Zustand zur Datenbank:

```
# Den Zustand server-seitig speichern:
$sql{$newstate->{'SESSION'}} = $newstate->{'STATE'};
```

Diese UPDATE-Operation wird atomar ausgeführt, so daß wir in diesem Fall keine Schreibsperren benötigen. Wir speichern den neuen Zustand einfach unter der aktuellen Sitzungsnummer server-seitig ab.

- Dann, und nur dann, wenn wir einen Cookie zum Browser mit der gerade erzeugten Sitzungsnummer senden wollen, erzeugen wir das Cookieobjekt:

```
my $cookie = new CGI::Cookie(-name    => STATENAME,
                             -value   => $newstate->{'SESSION'},
                             -expires => STATETTL)
    if $cookie_needed;
```

Beachten Sie, daß wir hier nicht den gesamten Zustand im Cookie speichern, sondern ausschließlich die Nummer der neuen Sitzung. Der restliche Zustand ist server-seitig gespeichert.

- Im Hauptprogramm senden wir nur bei Bedarf einen Cookie zum Browser. Das ist beim ersten Aufruf der Fall und auch dann, wenn der alte Cookie abgelaufen ist und daher eine neue Sitzung erzeugt werden mußte:

```
print $cookie_needed ? header(-cookie => $saveaction) : header(),
# ... uns so weiter mit der HTML-Antwort.
```

Dadurch vermeiden wir wiederholte Cookiewarnungen und reduzieren ein klein wenig die Netzlast.

Werfen wir doch einen Blick auf die Sitzungstabelle. Zunächst die Struktur:

```
farid@sun-1:~> mysqlshow --user=nobody --password=wwwpass \
>                       www statesessions
Database: www  Table: statesessions  Rows: 4
+---------+--------------+------+-----+---------+-------+
| Field   | Type         | Null | Key | Default | Extra |
+---------+--------------+------+-----+---------+-------+
| pkey    | varchar(127) |      | PRI |         |       |
| pvalue  | longblob     | YES  |     |         |       |
| pfrozen | tinyint(4)   |      |     | 0       |       |
+---------+--------------+------+-----+---------+-------+
```

Und nun zum Inhalt:

```
farid@sun-1:~> mysql --user=nobody --password=wwwpass \
>                    -e 'select * from statesessions' www
+-------------+--------+---------+
| pkey        | pvalue | pfrozen |
+-------------+--------+---------+
| -569748068  | 5      |    0    |
| -1403842227 | 104    |    0    |
| -196361109  | 7      |    0    |
| -830644991  | 3      |    0    |
+-------------+--------+---------+
```

Wir erkennen hier die Sitzungsnummern und die zugehörigen Zustandsinformationen. Diese bestehen in unserem Beispiel nur aus der aktuellen anzuzeigenden Seitennummer. Erkennen Sie auch die Sitzung, die zu dem Cookie von Abbildung 19.11 auf Seite 1070 gehört? In diesem Beispiel habe ich auch testweise mit einem UPDATE-Befehl die Seitenzahl einer Sitzung auf 100 gesetzt und dann vom Browser aus weitergeklickt. Die Seitenanzeige wurde anstandslos weiter erhöht und auch angezeigt.

Wir haben in diesem Beispiel nur einen sehr einfachen Zustand gespeichert. Das muß aber nicht unbedingt so sein. Tatsächlich können wir auch komplexe Datenstrukturen mit Zeigern in dem Tie::RDBM-Hash speichern. Im Hintergrund würde das Storable-Modul für die passende Stringifizierung und Entstringifizierung sorgen. Somit lassen sich auch komplexe Zustände locker speichern.

Ein Problem haben wir aber hier vernachlässigt: Wenn ein Cookie abgelaufen ist, heißt das noch lange nicht, daß server-seitig die Sitzung verschwindet. Ganz und gar nicht! In unserem Beispiel können wir noch nicht einmal die abgelaufenen Sitzungen erkennen! Dadurch wächst diese Sitzungstabelle im Laufe der Zeit immer mehr an, ohne daß wir etwas dagegen unternehmen können.

Ein Ausweg aus diesem Dilemma wäre, in dem Zustand auch einen Zeitstempel zu hinterlassen. Dieser könnte dann von einem anderen Programm genutzt werden, das alte abgelaufene Sitzungen per DELETE-Befehl entfernt. In Grundzügen sähe dies bei Tie::RDBM-persistenten Hashes so aus:

```
# Im normalen CGI-Programm:
$SVL = $sql{$SID}->{'VALUE'};      # Abholen des Wertes

$exptime    = time() + NR_OF_VALID_SECONDS;
$sql{$SID} = { VALUE => $newval, EXPIRES => $exptime };

# In einem Aufraeumprogramm:
while (($key, $val) = each(%sql)) {
    delete $sql{$key} if time() > $val->{'EXPIRES'};
}
```

Wir sehen also, wie uns die Fähigkeit von Tie:RDBM, komplexe Datenstrukturen transparent zu speichern, hier zugute kommt.

19.4.8 Zustand beweglicher Anwender

Einige User setzen mehrere Browser ein, möglicherweise von ganz unterschiedlichen Rechnern in noch unterschiedlicheren Domains. Ein typischer Fall ist dabei ein User, der sowohl vom Arbeitsplatz aus als auch von zu Hause aus über seinen ISP Zugang zu einem Server begehrt. In diesem Fall handelt es sich um einen beweglichen Anwender (*roaming user*).

Bewegliche Anwender stellen ein Problem dar, wenn der Zustand erhalten bleiben soll. Cookies und die anderen bisher gezeigten Mechanismen reichen da offensichtlich nicht aus, da sie ja an einen festen Browser gebunden sind. Benötigt wird ein *userbezogener* Zustand, der auf allen möglichen Browsern und Domains gleich aussieht.

Die naheliegende Möglichkeit, dies zu erreichen, nutzt die Userauthentifikation. Dies haben Sie bestimmt schon im Netz gesehen: Ein Server lehnt zunächst den Zugang zu seinen Seiten ab und der Browser zeigt ein Fenster an, in das Sie einen Login-Namen und ein Paßwort eingeben sollen. Wenn dann die Daten stimmen, ist eine weitere Authentifikation bei nachfolgenden Zugriffen nicht nötig: Der Browser sendet dann automatisch die übergebenen Daten (*credentials*) bei jedem nachfolgenden Zugriff auf diese geschützten Seiten.

Ein Programm, das vom Webserver aufgerufen wird, kann den Namen eines authentifizierten Benutzers abholen und als Sitzungsschlüssel verwenden. Mit Hilfe dieses Namens kann dann der userbezogene Zustand von einer Datenbank abgeholt werden, wie das im vorigen Abschnitt gezeigt wurde.

Wir werden dies nun anhand eines Beispiels nachvollziehen.

Der Apache-Webserver bietet mehrere Authentifikationsmodule an. Diese können den Benutzer anhand von flachen Dateien, DBM-Dateien oder auch Datenbankverbindungen authentifizieren. Wir entscheiden uns aber im folgenden für das Perl-Modul `Apache::AuthenDBI`, das Teil der `ApacheDBI`-Modulsammlung ist. Diese können Sie selbstverständlich wieder im CPAN finden.

`ApacheDBI` funktioniert nur bei einem Perl-erweiterten Apache-Webserver. Das bedeutet, daß der Server `mod_perl` bereits enthalten soll. Der in Abschnitt 19.2.2 konfigurierte und installierte Server enthält bereits dieses Modul und kann direkt verwendet werden.

Installieren Sie zunächst die `ApacheDBI`-Modulsammlung samt `Apache::AuthenDBI` in Ihrer Perl-Distribution. Ändern Sie anschließend die Konfigurationsdateien des Apache-Webservers wie folgt:

- Zur einfachen Angabe von Pfadnamen gehen wir davon aus, daß ein Unix-User namens *www* mit dem Homeverzeichnis */usr/local/apache* eingerichtet ist. Dieser wird nur wegen der einfachen Pfadangabe durch ˜*www* benötigt.

- Fügen Sie der Datei ˜*www/conf/httpd.conf* folgende Zeilen hinzu:

    ```
    <IfModule mod_perl.c>
        Include conf/perl.conf
    </IfModule>
    ```

    Diese Anweisung bewirkt, daß beim Serverstart die spezielle Konfigurationsdatei ˜*www/conf/perl.conf* an dieser Stelle geladen wird, sollte das `mod_perl`-Modul im Server enthalten sein. Dadurch können wir alle `mod_perl`-relevanten Einstellungen getrennt von ˜*www/conf/httpd.conf* speichern und haben sie somit schön zusammen.

    Warten Sie mit dem Neustart des Servers, bis wir mit der Konfiguration fertig sind!

- Editieren Sie nun ˜*www/conf/perl.conf*, indem Sie dort folgende Zeilen eintragen:

    ```
    PerlModule Apache::AuthenDBI
    ScriptAlias /cgi-bin-secure/ /usr/local/apache/cgi-bin-secure/
    <Location /cgi-bin-secure/>
        AuthName     'Secure Testarea'
        AuthType     Basic
        PerlAuthenHandler Apache::AuthenDBI
        PerlSetVar Auth_DBI_data_source dbi:mysql:database=www
        PerlSetVar Auth_DBI_username    nobody
        PerlSetVar Auth_DBI_password    wwwpass
        PerlSetVar Auth_DBI_pwd_table   wwwusers
        PerlSetVar Auth_DBI_uid_field   username
        PerlSetVar Auth_DBI_pwd_field   password
        require valid-user
    </Location>
    ```

19.4 Den Zustand erhalten

Diese Anweisung hat folgende Wirkung:

- Das Modul `Apache::AuthenDBI` wird in den Perl-Interpreter des erweiterten Apache-Webservers geladen.

- Das Verzeichnis ~*www/cgi-bin-secure* enthält genauso wie ~*www/cgi-bin* CGI-Programme. Dieses Verzeichnis wird auf den logischen Pfad */cgi-bin-secure/* abgebildet.

- Die Programme in */cgi-bin-secure/* werden nur dann gestartet, wenn vorher der anfordernde User sich richtig authentifiziert hat. Das fordert die Anweisung `valid-user`.

- Die restlichen Parameter sind eigentlich selbsterklärend. Sie haben folgende Bedeutung:
    * Der *Realm* steht in `AuthName`.
    * Die Identifikationsmethode `AuthType` ist hier `Basic`. Andere Methoden werden zur Zeit durch `Apache::AuthenDBI` noch nicht unterstützt.
    * `PerlAuthenHandler` installiert das `Apache::AuthenDBI`-Modul als Authentifikationshandler.
    * Die `PerlSetVar`-Anweisungen sind Parameter für den Handler. Sie bezeichnen eine Datenbanktabelle, aus der die Usernamen und Paßwörter zwecks Überprüfung entnommen werden.

Starten Sie auch jetzt den Server noch nicht neu! Wir sind noch nicht ganz fertig.

■ Nun muß noch die oben angegebene Tabelle angelegt werden. Die Datenbank *www* haben wir ja schon, und der User *nobody* mit dem Paßwort *wwwpass* ist schon Administrator dieser Datenbank. Also dürfte eigentlich nichts schiefgehen. Die Usertabelle legen wir wie folgt an:

```
farid@sun-1:~> mysql --user=nobody --password=wwwpass www
Reading table information for completion of table and column names
You can turn off this feature to get a quicker startup with -A

Welcome to the MySQL monitor.  Commands end with ; or \g.
Your MySQL connection id is 42 to server version: 3.22.25

Type 'help' for help.

mysql> CREATE TABLE wwwusers (
    ->     username CHAR(16) NOT NULL PRIMARY KEY,
    ->     password CHAR(16) );
Query OK, 0 rows affected (0.21 sec)

mysql> INSERT INTO wwwusers
    ->         VALUES ('testuser1', 'testuser1');
Query OK, 1 row affected (0.27 sec)

mysql> \q
Bye
```

- Jetzt müssen wir nur noch das Verzeichnis für die sicheren Testskripten anlegen. Wir kopieren auch gleich ein kleines, bereits bekanntes Testskript dorthin:

  ```
  root@sun-1:/> mkdir ~www/cgi-bin-secure
  root@sun-1:/> cp ~www/cgi-bin/cgi-printenv.pl ~www/cgi-bin-secure/
  ```

- Nun können wir endlich den Apache-Webserver neu starten:

  ```
  root@sun-1:/> /etc/init.d/apachectl restart
  /etc/init.d/apachectl restart: httpd restarted
  ```

Wenn Sie alles richtig gemacht haben, sollte der Webserver wieder ohne Fehlermeldungen oder Warnungen neu starten. Dies erkennen Sie an dem Fehlerlog, das bei unserer Konfiguration unter */var/local/apache/logs/error_log* untergebracht ist.

Sie können übrigens nicht nur ein Skriptverzeichnis mit dem Authentifikationsmodul `Apache::AuthenDBI` schützen, sondern auch beliebige Verzeichnishierarchien, inklusive Verzeichnisse mit statischen Webseiten. Somit lassen Sie nur registrierte Benutzer auf private Bereiche Ihres Webservers zugreifen.

Testen wir, ob wir auch wirklich zur Eingabe eines Paßworts aufgefordert werden, wenn wir versuchen, das Testprogramm dort auszuführen.

Abbildung 19.12 zeigt das Abfragefenster beim Versuch, das Programm auszuführen. Die Abbildungen 19.13 und 19.14 zeigen Teile der Antwort des Programms. Achten Sie hierbei auf die neuen Umgebungsvariablen `AUTH_TYPE` und `REMOTE_USER`.

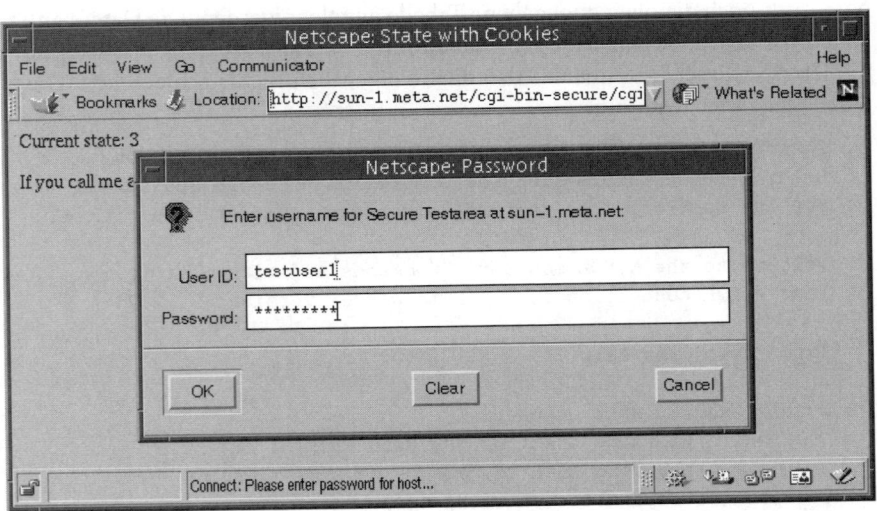

Abbildung 19.12: Paßwortabfrage bei `Apache::AuthenDBI`

Nun sind wir gerüstet für unser letztes zustandserhaltendes Programm, diesmal für bewegliche Anwender (*roaming users*).

19.4 Den Zustand erhalten

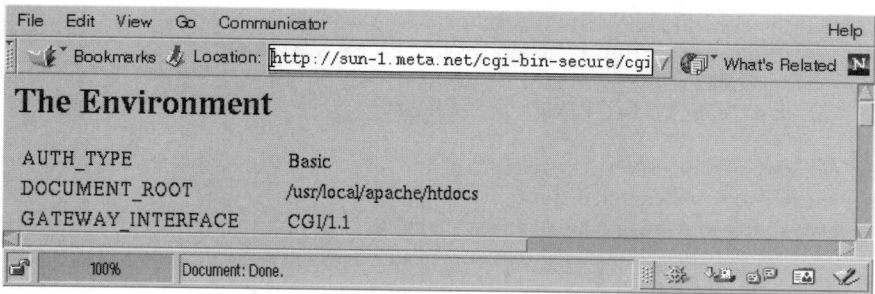

Abbildung 19.13: Authentifikationstyp in `AUTH_TYPE`

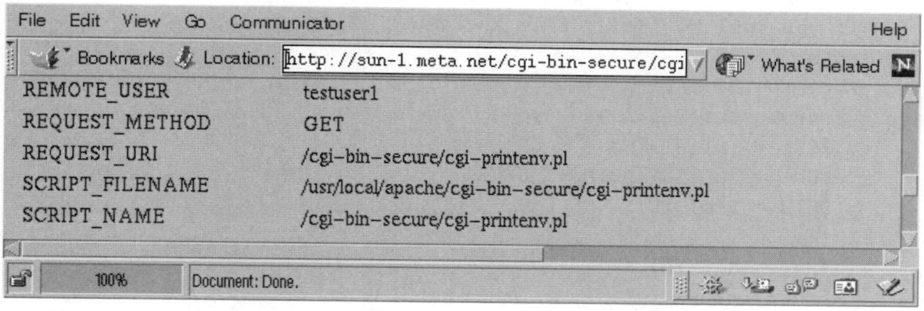

Abbildung 19.14: Name des authentifizierten Users in `REMOTE_USER`

```
/usr/local/apache/cgi-bin-secure/cgi-s-roaming.pl
#!/usr/local/bin/perl -w
# cgi-s-roaming.pl -- Zustandserhaltung mit serverseitiger Speicherung
#                     und Benutzerauthentifikation. Roaming-User.

use strict;
use CGI qw(:standard);
use CGI::Carp qw(fatalsToBrowser);
use Tie::RDBM;
use Math::TrulyRandom;

use constant INITSTATE => 1;

use constant STATEDSN  => 'dbi:mysql:database=www';
use constant STATEUSER => 'nobody';
use constant STATEPASS => 'wwwpass';
use constant STATETBL  => 'statesessions';

# Wir brechen ab, wenn wir ohne Authentifikation aufgerufen wurden.
# Das sollte nur passieren, wenn wir dieses Skript ausserhalb des
# durch z.B. Apache::AuthenDBI geschuetzten valid-user-Bereichs haetten.
die "The Webserver didn't authenticate a user!"
    unless defined $ENV{'REMOTE_USER'};

my %sql;
```

```perl
    tie %sql, 'Tie::RDBM', STATEDSN,
            { user  => STATEUSER, password => STATEPASS,
              table => STATETBL,  create   => 1 }
        or die "can't tie: $!\n";

    my $state     = retrieve_state();
    my $nextstate = compute_next_state($state);
    my $thestate  = save_state($nextstate);

    # Tue etwas abhaengig von $state:
    print header(),
        start_html('State for roaming users'),
        "Current state: ", $thestate->{'STATE'}, p,
        "If you call me again, I'll increment it for you",
        end_html;

    sub retrieve_state {
        my $SVL = INITSTATE;
        my $U   = "u_$ENV{'REMOTE_USER'}";
        my $SID = $sql{$U};

        if (defined $SID) {
            # Datenbank gibt eine Session-ID vor:
            $SVL = $sql{$SID} || die "Sorry, should not happen: $SID!\n";
        } else {
            # Das ist eine neue Sitzung!
            tied(%sql)->{'dbh'}->do("LOCK TABLES " . STATETBL . " WRITE");
            die "$DBI::errstr" if $DBI::err;

            # Um Race Conditions zu vermeiden, laeuft das folgende in
            # einer Transaktion bzw. bei gesperrten Tabellen (MySQL) ab.
            do { $SID = truly_random_value() } while exists $sql{$SID};
            $sql{$U}   = $SID;
            $sql{$SID} = $SVL;
            die "Error: $DBI::errstr\n" if $DBI::err;

            tied(%sql)->{'dbh'}->do("UNLOCK TABLES ");
            die "$DBI::errstr" if $DBI::err;
        }

        # Den Zustand mit der zugehoerigen Sitzungs-ID zurueckgeben.
        return { SESSION => $SID, STATE => $SVL };
    }

    sub compute_next_state {
        my $current_state = shift;
        $current_state->{'STATE'} = $current_state->{'STATE'} + 1;
        return $current_state;
    }

    sub save_state {
```

```perl
    my $newstate    = shift;

    # Den Zustand serverseitig speichern:
    $sql{$newstate->{'SESSION'}} = $newstate->{'STATE'};

    return $newstate;
}
```
_____ /usr/local/apache/cgi-bin-secure/cgi-s-roaming.pl

Das Programm ist einfacher als vorige Versionen, da diesmal nicht mit Cookies und dergleichen gespielt wird. Schauen wir uns die Schritte einmal in Ruhe an:

- Wir testen gleich am Anfang, ob wir auch wirklich von einem authentifizierten User aktiviert wurden:

  ```
  die "The Webserver didn't authenticate a user!"
      unless defined $ENV{'REMOTE_USER'};
  ```

  Dies ist normalerweise nicht zwingend notwendig, aber eine kleine Sicherheitsbarriere für den Fall, daß wir dieses Programm irrtümlicherweise in einem ungeschützten Bereich wie etwa *cgi-bin* statt *cgi-bin-secure* ablegen.

- Der schwierigste Punkt ist hier zu verstehen, daß wir pro User zwei Einträge in der Datenbank haben. Ein Eintrag ordnet einem User eine Sitzungsnummer zu, der andere ordnet wie gewohnt der Sitzungsnummer den Zustandswert zu. Bei einem einzigen User würde die Sitzungstabelle folgende Einträge aufweisen:

  ```
  farid@sun-1:~> mysql --user=nobody --password=wwwpass \
  >               -e 'select * from statesessions' www
  +-------------+------------+---------+
  | pkey        | pvalue     | pfrozen |
  +-------------+------------+---------+
  | u_testuser1 | 1225280446 |       0 |
  | 1225280446  | 13         |       0 |
  +-------------+------------+---------+
  ```

- Die Usernamen haben wir dabei mit einem _u ergänzt, um sicherzugehen, daß auch User mit reinen numerischen Login-Namen nicht in den Namensraum der Sitzungsnummern eindringen. Das ist zwar nicht unbedingt notwendig, aber ganz nett. Möglich wäre auch gewesen, zwei Hashes an zwei verschiedene Tabellen zu binden. Die erste Tabelle wäre die gewohnte Sitzungszustandstabelle, die zweite Tabelle würde hingegen die Zuordnungen der Usernamen zu den Sitzungsnummern enthalten. Das ist, vom Standpunkt des Datenbankdesigns betrachtet, vielleicht sauberer, würde aber eine weitere Verbindung zur Datenbank, inklusive Einloggen, erfordern und somit viel Zeit kosten. Der hier eingesetzte Trick reicht auch aus.

- Wenn Sie bei der Entwicklung derartiger Programme Probleme haben sollten, können Sie den Datenbankserver mit eingeschaltetem Logging starten, wie dies auf Seite 969 gezeigt wurde, und dann die durch `Tie::RDBM` oder durch Sie selbst generierten SQL-Befehle unter die Lupe nehmen.

19.4.9 Das `Apache::Session`-Modul

Da Sie nun über einige zustandserhaltende Mechanismen Bescheid wissen, sollte natürlich das `Apache::Session`-Modul nicht fehlen. Diese im CPAN frei erhältliche Modulsammlung ist überaus nützlich, da sie deutlich mehr Fähigkeiten implementiert, als oben gezeigt wurden.

Mehr Informationen zum `Apache::Session`-Modul finden Sie online auf der Service-Seite zu diesem Kapitel sowie natürlich auf der Manual-Seite *perldoc Apache::Session*.

19.5 Webclients mit der LWP-Library

19.5.1 Motivation

Bisher haben wir lediglich Programme geschrieben, die Daten zu Browsern gesendet haben. Das ist zweifellos eine große Familie von Programmen, da sie dazu beiträgt, dynamisch Webseiten zu generieren. Das heutige Web wäre ohne diese Helfer kaum noch vorstellbar.

Es gibt jedoch auch den umgekehrten Weg. Was halten Sie von einem Programm, das Daten von einem Webserver anfordert und anschließend auswertet? Typische Anwendungen für derartige Programme sind:

- *Suchmaschinen:* Diese sind natürlich jedem bekannt. Es handelt sich dabei um Programme, die das Netz auf der Suche nach Links und noch mehr Links durchlaufen. Jede angeforderte Seite wird analysiert, und alle noch nicht besuchten Links werden ebenfalls der Reihe nach durchlaufen. Die Ergebnisse der Suche werden in einer Datenbank gesammelt.

- *Automatische Informationssammler:* Sind Sie nur an bestimmten Informationen im Netz interessiert, können Sie sich selbst eine spezialisierte Suchmaschine basteln, die nur nach bestimmten Begriffen sucht und dabei einen deutlich kleineren Suchraum als generische Suchmaschinen hat. Dieses spezialisierte Programm würde auch mehr finden, wenn es die angeforderten Seiten aufmerksamer durchkämmt. So könnte es beispielsweise nicht nur nach Links, sondern auch nach Stichwörtern, Bibliographiehinweisen etc. suchen.

- *Link-Checker:* Das sind Programme, die eine Website durchlaufen und alle *toten Links* aufspüren: ein unverzichtbares Tool eines jeden verantwortungsbewußten Webadministrators.

- *Proxies:* Gelegentlich kann ein CGI-Programm oder Apache-Modul selbst zu einem Webclient werden, wenn es Informationen von anderen Webservern anfordert und diese aufbereitet an den ursprünglichen Browser zurücksendet. Nützliche Proxies sind dabei zum Beispiel *anonymisierende Proxies*, Programme, die lästige Werbebanner aus den Seiten entfernen, indem sie deren Links komplett löschen, damit sie erst gar nicht getroffen werden, Proxies auf einer Firewall etc. Diese Programme müssen ja ebenfalls die Rolle eines Webclients annehmen.

19.5.2 Die `LWP::*`-Library

Von Perl aus wird ein Webclient am besten und einfachsten mit Hilfe der LWP-Library implementiert. Es handelt sich dabei um eine Menge von Modulen, die das HTTP-Protokoll gut beherrschen und Ihnen die Mühe des Parsens der Ein- und Ausgaben abnehmen können. Natürlich hindert Sie nichts daran, selbst HTTP mit dem Zielserver zu sprechen, wenn Sie die Techniken aus Kapitel 17 einsetzen, aber wozu das Rad neu erfinden?

Die LWP-Library befindet sich im CPAN in einer Datei *libwww-perl-x.yy.tar.gz*. Damit diese installiert werden kann, müssen Sie auch weitere Module und Bundles installieren. Als dieses Kapitel geschrieben wurde, wollte ich die 5.41er Version der `libwww-perl` installieren. Dazu mußte ich folgende Module besorgen und installieren:

```
libnet-1.0605
MIME-Base64-2.09
HTML-Parser-2.21
Digest-MD5-2.00
URI-1.00
libwww-perl-5.41
```

Sie sehen also, daß das „Bundle" doch nicht sehr gelungen ist. Allerdings könnte sich, wenn Sie dies lesen, die Lage wieder verändert haben.

19.5.3 Einfachste Anfragen mit `LWP::Simple`

Ein einfaches Programm, das eine entfernte Webseite anfordert, lautet:

```
lwp-simple.pl
#!/usr/local/bin/perl -w
# lwp-simple.pl -- Holt eine Webseite von einem Webserver auf die
#                  einfachste Art und Weise.

use LWP::Simple;

$url = $ARGV[0] || "http://www.perl.com/";
$doc = get($url);   # Hole die URL.

print "$doc\n" if defined $doc;
                                                              lwp-simple.pl
```

Dieses Programm kann sogar als Einzeiler geschrieben werden:

```
farid@sun-1:~> perl -MLWP::Simple -e \
>                  'print get("http://www.perl.com/CPAN/SITES")'
```

Sie können auch Informationen aus dem HTTP-Header der Antwort bekommen:

```
farid@sun-1:~> perl -MLWP::Simple -e \
> '$s=(head("http://sun-1.meta.net/"))[-1]; print "$s\n"'
Apache/1.3.6 (Unix) mod_perl/1.21
```

Nun brauchen Sie somit nur noch die Liste Ihrer Liebliengswebsites durchsuchen und eine Statistik über die eingesetzten Webserver erstellen. Wir wäre es mit einem Proxy-Modul für Apache, das im Hintergrund den Servertyp aller von Ihnen angefragten URLs *on the fly* in einer Datenbank sichert? Somit würden Sie auch über einen längeren Zeitraum eine gute Statistik ansammeln.

19.5.4 Flexiblere Anfragen mit `LWP::UserAgent`

Einfachste Verwendung

Wenn die `LWP::Simple`-Schnittstelle Ihren Bedürfnissen nicht mehr gerecht wird, sollen Sie das vollwertige `LWP::UserAgent` zum Holen von Dokumenten benutzen:

```perl
lwp-uasimple.pl
#!/usr/local/bin/perl -w
# lwp-uasimple.pl -- Informationen anfordern mit dem UserAgent

use LWP::UserAgent;

# Die gewuenschte URL:
$url = $ARGV[0] || "http://www.perl.com/CPAN/SITES";

# Ein UserAgent-Objekt, das die Anfrage anstossen wird.
$ua  = new LWP::UserAgent;

# Ein Anfrageobjekt, das genau das enthaelt, was wir wollen.
$req = new HTTP::Request 'GET' => "$url";

# Die Anfrage wird hiermit angestossen.
# Ergebnis ist ein Antwortobjekt.
$res = $ua->request($req);

# Was ist? Hat die Anfrage geklappt?
$result = $res->is_success() ?
    # Ja, wir wollen die Seite sehen.
    $res->content() :
    # Nein, HTTP-Fehlercode und Fehlerursache ausgeben.
    "Error: " . $res->code() . " " . $res->message();

print "$result\n";
```
lwp-uasimple.pl

Den Browsertyp fälschen

Viele Webadministratoren verwehren Robots oder wem sie dafür halten den Zugang zur Website. Robots erkennen Sie meist am `USER_AGENT`-Browserstring. Diesen können Sie mit Hilfe der `agent()`-Methode von `LWP::UserAgent` setzen.

19.5 Webclients mit der LWP-Library

```
lwp-uaagent.pl
#!/usr/local/bin/perl -w
# lwp-uaagent.pl -- Browserstring explizit setzen mit LWP::UserAgent

use LWP::UserAgent;

$url = $ARGV[0] || "http://www.perl.com/";

$ua  = new LWP::UserAgent;

$ua->agent("NSA-Spider NSA-lib3a23");   # Webmaster verwirren!

$req = new HTTP::Request 'GET' => "$url";
$res = $ua->request($req);
$result = $res->is_success() ?
    $res->content() :
    "Error: " . $res->code() . " " . $res->message();

print "$result\n";
                                                        lwp-uaagent.pl
```

Dies können wir gleich explizit testen. Wir starten in einem Fenster *nc* als Server und rufen von einem anderen Fenster unser Programm auf. Dadurch erkennen wir, was für HTTP-Anfragen zum Server gesendet werden:

```
# Ausgabe des nc-Kommandos:
farid@sun-1:~> nc -l -p 8812
GET /a/test HTTP/1.0
Host: localhost:8812
User-Agent: NSA-Spider NSA-lib3a23

# Das war der Aufruf unseres Programms:
farid@sun-1:~> lwp-uaagent.pl http://localhost:8812/a/test
```

Man beachte die User-Agent:-Zeile. Ohne diese Einstellung würde der Server folgende Zeile bekommen:

```
User-Agent: libwww-perl/5.41
```

Warten wir nicht ewig auf Antworten!

Was ist, wenn ein Server nicht rechtzeitig antwortet? Anstatt ewig zu warten, setzen wir vorher einen Timeout:

```
lwp-uatimeout.pl
#!/usr/local/bin/perl -w
# lwp-uatimeout.pl -- Seite mit Timeout anfordern

use LWP::UserAgent;
use constant TTW => 3;    # Wartezeit in Sekunden
```

```perl
    $url = $ARGV[0] || "http://busyserver.somewhere.com/";
    $tts = $ARGV[1] || TTW;   # Wartezeit von Kommandozeile lesen

    $ua  = new LWP::UserAgent;

    # Wir stellen hiermit die Wartezeit in Sekunden ein.
    $ua->timeout($tts);

    $req = new HTTP::Request 'GET' => "$url";
    $res = $ua->request($req);

    $result = $res->is_success() ?
        $res->content() :
        "Error: " . $res->code() . " " . $res->message();

    print "$result\n";
```
── lwp-uatimeout.pl

Das Programm können wir wieder testen:

```
farid@sun-1:~/p> ./lwp-uatimeout.pl http://localhost:8812/a/test
Error: 500 Can't connect to localhost:8812 (Connection refused)
farid@sun-1:~/p> ./lwp-uatimeout.pl http://localhost:8812/a/test
Error: 500 read timeout
```

Beim ersten Aufruf lief einfach kein *nc* auf Port 8812, beim zweiten Aufruf haben wir einfach nichts zurückgeschickt, wodurch der Timeout abgelaufen ist.

Anfrage durch einen Proxyserver

Wollen oder müssen Sie durch einen Proxyserver Ihre Anfrage stellen, können Sie folgendes Programm einsetzen:

lwp-uaproxy.pl ──
```perl
#!/usr/local/bin/perl -w
# lwp-uaproxy.pl -- Anfordern einer Seite durch einen Proxyserver

use LWP::UserAgent;

$url   = $ARGV[0] || "http://free.server.com/wanna/get/here";
$proxy = $ARGV[1] || "http://dumb.isp.net:8000/";

$ua    = new LWP::UserAgent;

$ua->proxy('http' => "$proxy");
#  $ua->noproxy('mydomain.net');

$req = new HTTP::Request 'GET' => "$url";
$res = $ua->request($req);

$result = $res->is_success() ?
```

```
            $res->content() :
            "Error: " . $res->code() . " " . $res->message();

    print "$result\n";
```
─── lwp-uaproxy.pl

Mehr Informationen dazu finden Sie in *man LWP::UserAgent*.

Ein guter Netzbewohner sein

Webadministratoren sehen Robots sehr ungern, besonders solche, die hemmungslos schnell nacheinander Seiten über Seiten anfordern. Diese Robots verbrauchen auch einen nicht zu vernachlässigenden Anteil der Netzbandbreite. Um Robots auszuschließen, tragen Webadministratoren in *robots.txt*-Dateien Anweisungen ein, die regeln, welche Bereiche des Webservers für Roboter erlaubt sind und welche nicht. Das funktioniert aber nur bei Robots, die sich daran halten.

Mit LWP::RobotUA, einer Subklasse von LWP::UserAgent, können Sie sich als guter Netzbewohner betätigen und ganz automatisch die *robots.txt*-Konvention einhalten:

```
lwp-uaRobotUA.pl
#!/usr/local/bin/perl -w
# lwp-uaRobotUA.pl -- Seite anfordern unter Beruecksichtigung
#                     des Robots-Exclusion-Standards

use LWP::RobotUA;
use HTTP::Request;
use HTTP::Response;

use constant ROBOTNAME  => 'Mega-Searcher';
use constant ROBOTADMIN => 'me@somewhere.far.away';

$url = $ARGV[0] || "http://cnn.com/";

$ua  = new LWP::RobotUA(ROBOTNAME,
                        ROBOTADMIN);

$req = new HTTP::Request 'GET' => "$url";
$res = $ua->request($req);

$result = $res->is_success() ?
          $res->content() :
          "Error: " . $res->code() . " " . $res->message();

print "$result\n";
```
─── lwp-uaRobotUA.pl

Als Subklasse von LWP::UserAgent kann LWP::RobotUA wie gewohnt verwendet werden.

19.5.5 Ein Formular ausfüllen

Erwartet ein Webserver Daten über ein Formular, können Sie diese mit Hilfe einer POST-Anforderung übergeben.

Versuchen wir dies gleich mit unserem *cgi-input.pl*-Skript:

```
lwp-uapost.pl
#!/usr/local/bin/perl -w
# lwp-uapost.pl -- Fuelle ein Formular automatisch aus,
#                  und lies die Antwort des Servers.

use LWP::UserAgent;

$url = $ARGV[0] || "http://localhost/cgi-bin/cgi-input.pl";

$ua  = new LWP::UserAgent;
$req = new HTTP::Request 'POST' => "$url";

$req->content_type('application/x-www-form-urlencoded');
$req->content(join('&', join('=', ('myname', 'farid+hajji')),
                        join('=', ('mymail',
                             'farid%2Ehajji%40ob%2Ekamp%2Enet'))));

$res = $ua->request($req);
print $res->as_string;
                                                              lwp-uapost.pl
```

Die Ausführung ergibt dabei:

```
farid@sun-1:~/p> ./lwp-uapost.pl
HTTP/1.1 200 OK
Connection: close
Date: Sun, 08 Aug 1999 16:10:07 GMT
Server: Apache/1.3.6 (Unix) mod_perl/1.21
Content-Type: text/html
Client-Date: Sun, 08 Aug 1999 16:10:09 GMT
Client-Peer: 127.0.0.1:80
Title: Your Data

<!DOCTYPE HTML PUBLIC "-//IETF//DTD HTML//EN">
<HTML><HEAD><TITLE>Your Data</TITLE></HEAD>
<BODY><H1>Thank you!</H1>You have been registered. Your data:<P>
<EM>farid hajji</EM><BR>
<STRONG>farid.hajji@ob.kamp.net</STRONG>
</BODY></HTML>
```

Das ist alles sehr nützlich, wenn Sie die Dienste fremder Webserver in Anspruch nehmen wollen. Sie müssen dabei jedoch etwas Anpassungsarbeit leisten. Dazu holen Sie sich die entsprechende Formularseite und schauen genau nach, wie die Felder heißen. Dann können Sie diese explizit füllen. Gelegentlich ändern einige Webadministratoren das Layout, d.h. die Namen der auszufüllenden Felder. In diesem Fall müssen Sie Ihr Programm leider anpassen, denn es gibt keine Möglichkeit, vollautomatisch zu raten, welchem Feld nun welche Bedeutung zukommt! Glücklicherweise ändern nur die wenigsten Administratoren ihre Formulare und somit ihre CGI-Skripten.

19.5.6 Einloggen mit Paßwort

Wenn der Server eine Authentifizierung verlangt, genügt ein simples Anfordern der Seite nicht:

```
farid@sun-1:~/p> ./lwp-uaagent.pl \
>                 http://localhost/cgi-bin-secure/cgi-printenv.pl
Error: 401 Authorization Required
```

Dem können wir begegnen, indem wir die geforderten Daten vorher dem Anforderungsobjekt übergeben.

```
lwp-uacredentials.pl
#!/usr/local/bin/perl -w
# lwp-uacredentials.pl -- Basic Authentication mit LWP::UserAgent

use LWP::UserAgent;

# Die folgende Default-URL erfordert eine Authentifikation.
$url = $ARGV[0] || "http://localhost/cgi-bin-secure/cgi-printenv.pl";

$ua  = new LWP::UserAgent;
$req = new HTTP::Request 'GET' => "$url";

# Auf alle Faelle geben wir unsere Daten an.
# Diese werden nur benutzt, wenn der Server dies wuenscht.
$req->authorization_basic('testuser1' => 'testpass1');

# Die Anforderung wird wie gewoehnlich gestellt.
# Bei Bedarf wird auf das Challenge durch das Senden
# von User- und Passwortdaten geantwortet.
$res = $ua->request($req);

$result = $res->is_success() ?
    $res->content() :
    "Error: " . $res->code() . " " . $res->message();

print "$result\n";
```
lwp-uacredentials.pl

Wenn Sie dieses Programm in unserer Umgebung ausprobieren, wird es funktionieren, obwohl der Server eine Authentifikation benötigt.

An dieser Stelle wollen wir die Diskussion zu den Webclients beenden. Interessierte Leser können Informationen in [102] und in der Onlinedokumentation der LWP::* Module finden. Sie können mit *man LWP* beginnen, um sich einen ersten Eindruck zu verschaffen.

Wir haben insbesondere die Thematik des Parsens von HTML-Seiten aus Platzgründen hier nicht behandelt. Dazu erfahren Sie mehr in der Manual-Seite *man HTML::Parse* des `HTML::Parse`-Moduls.

19.6 Das `mod_perl`-Modul

19.6.1 Was ist das?

Der Apache-Webserver wurde um den Perl-Interpreter erweitert. Dadurch steht plötzlich eine ganze Reihe neuer Möglichkeiten zur Verfügung. Die Vorteile eines integrierten Interpreters sind offensichtlich; z.B.:

- Das Starten externer, in Perl geschriebener CGI-Programme kann entfallen, da der Webserver nun selbst diese Programme einmalig laden und anschließend immer wieder durch seinen integrierten Perl-Interpreter ausführen kann. Der Overhead, der mit dem Starten eines neuen Prozesses, dem Laden des Perl-Interpreters und des Skripts entsteht, entfällt somit völlig. Dies kann zu einer erheblichen Beschleunigung von CGI-Programmen führen!

- CGI-Programme, die eine Verbindung zu einer Datenbank benötigen, müssen sich bei jedem Start erst mühsam in den Datenbankserver einloggen. Das ist einn kostspielige Operation. Werden dieselben Programme unter `mod_perl` ausgeführt, bleiben sie auch nach ihrer Beendigung im Speicher der Webserverprozesse, damit sie beim nächsten Aufruf schnell mit `eval()` ausgewertet werden können. Das Schöne an diesen persistenten CGI-Programmen ist, daß sie auch existierende Datenbankverbindungen weiternutzen können, ohne wieder das zeitaufwendige Einloggen in Kauf nehmen zu müssen. Programmen, die häufig aufgerufen werden, werden dadurch erheblich beschleunigt.

- Mit `mod_perl` können Sie nicht nur CGI- oder CGI-ähnliche Programme schreiben, die viel schneller laufen. Sie können tatsächlich an jeder Stelle des Apache-Anforderungszyklus gezielt mit einem in Perl geschriebenen Handler eingreifen. Dies wurde schon kurz beim Einsatz des `Apache::AuthenDBI`-Moduls während der Authentifikationsphase für */cgi-bin-secure/* gezeigt. Mit Perl-Modulen sind Sie in Ihrem Gestaltungsspielraum völlig frei und können erstaunliche Effekte erzielen.

19.6.2 Schnelleres CGI mit `Apache::Registry`

Sie können ohne große Mühe die Geschwindigkeit Ihrer in Perl geschriebenen CGI-Programme durch den Einsatz des `Apache::Registry`-Moduls beschleunigen. Dazu müssen erst einige Vorbereitungen getroffen werden:

- Erzeugen Sie ein Verzeichnis, das Ihre Perlskripten aufnehmen wird. Dies ähnelt dem Schritt mit dem *cgi-bin*-Verzeichnis. Darüber hinaus erzeugen wir ein Ver-

19.6 Das mod_perl-Modul

zeichnis, in das wir später Module und Library-Dateien installieren können, die von den Programmen benötigt werden.

```
root@sun-1:/> mkdir ~www/cgi-perl
root@sun-1:/> mkdir -p ~www/lib/perl
```

- Nun bereiten Sie eine Startup-Datei vor, die gewöhnlichen Perl-Code enthält. Diese Datei sollte beim Start eines jeden Apache-Webserverprozesses als erstes vom integrierten Perl-Interpreter ausgeführt werden. Dort stehen dann einige nützliche Initialisierungen. Schauen wir uns diese Datei kurz an:

/usr/local/apache/conf/startup.pl
```perl
#!/usr/local/bin/perl
# startup.pl -- mod_perl Apache-Startup-Datei.

# Wir teilen mod_perl mit, wo es benutzerdefinierte Module
# finden kann.
# Dies muessen wir in einem BEGIN-Block tun!
# Beachten Sie, dass die Module in ~www/lib/perl sein werden.
BEGIN {
    use Apache ();
    use lib Apache->server_root_relative('lib/perl');
}

# Diese Module werden haeufig benoetigt.
# Sie sollten standardmaessig bei mod_perl benutzt werden.
use Apache::Registry ();
use Apache::Constants ();

# Nun ja, wer das CGI.pm-Modul wirklich haben will.
use CGI qw(-compile :all);
use CGI::Carp ();

# Hier noch weitere nuetzliche Module.
use Apache::DBI ();
use LWP ();
use DB_File ();

# Kommentierung entfernen zwecks Debugging.
# print STDERR "startup.pl initialized successfully\n";

1;
```
/usr/local/apache/conf/startup.pl

Was geschieht hier?

- Der @INC-Pfad wird erweitert, damit er auch unser eigenes ~www/lib/perl-Verzeichnis erkennen kann. Dies mußte ja bereits in einem BEGIN-Block geschehen.

- Viele Module könnten erst durch die sie benötigenden Programme geladen werden. Es ist aber ökonomischer, wenn diese beim Start des Servers einmal in den Hauptspeicher geladen werden und somit ein für allemal schon zur Verfügung stehen.

- Das Modul `Apache::DBI` müssen Sie aus dem CPAN holen, wenn Sie es hier aktivieren. Es ist Teil der bereits oben erwähnten `ApacheDBI`-Modulsammlung, zu der auch `Apache::AuthenDBI` gehört. Dieses Modul kann anstelle des DBI-Moduls eingesetzt werden. Es überschreibt die `connect()`-Methode durch eine eigene Version, die Datenbankverbindungen cacht. Somit werden nicht nur CGI-ähnliche Programme noch schneller mit dem Datenbankserver verbunden. Die `disconnect()`-Methode wird ebenfalls überschrieben, so daß die Verbindung tatsächlich nicht abgebrochen wird. Ein weiterer Vorteil von `Apache::DBI` ist, daß es RDBMS gibt, die nach einer gewissen Inaktivitätsspanne von sich aus die Verbindung zu einem Client lösen. `Apache::DBI` „pingt" regelmäßig den Datenbankserver „an" und baut eine gecachte Verbindung selbständig wieder auf, wenn diese vom Datenbankserver geschlossen worden sein sollte.

- Damit diese Startup-Datei auch tatsächlich beim Start des Webservers ausgeführt wird, sollten folgende Einträge in der bereits oben erwähnten Konfigurationsdatei ~*www/conf/perl.conf* vorgenommen werden:

    ```
    PerlRequire         conf/startup.pl
    PerlFreshRestart    On
    ```

- Nun richten wir die Umgebung des `Apache::Registry`-Moduls ein. Dazu tragen Sie in ~*www/conf/perl.conf* direkt nach den beiden obigen Anweisungen folgendes ein:

    ```
    Alias /perl/ /usr/local/apache/cgi-perl/
    <Location /perl>
        SetHandler  perl-script
        PerlHandler Apache::Registry
        Options     ExecCGI
    </Location>
    ```

    Was hat das wieder zu bedeuten?

    - Die `Alias`-Anweisung entspricht in etwa der `ScriptAlias`-Anweisung für */cgi-bin/*.
    - Alles, was mit der URL */perl/...* angesprochen werden soll, wird in Wirklichkeit vom Perl-Interpreter des Webservers ausgeführt. Dies sagt uns die Anweisung:

        ```
        SetHandler perl-script
        ```

        Doch welches Programm soll durch den Perl-Interpreter in Wirklichkeit ausgeführt werden? Das sagt uns die Anweisung:

        ```
        PerlHandler Apache::Registry
        ```

        Sie sorgt dafür, daß eine Funktion `handler()` innerhalb des Moduls `Apache::Registry` durch den Perl-Interpreter aufgerufen wird. Dieser Handler sollte dann die weitere Kontrolle übernehmen.

    - Der `handler()` der `Apache::Registry` lädt das auszuführende CGI-Programm in den Speicher und kompiliert es in den internen Code von Perl (die C-API-Funktion `perl_parse()`, erinnern Sie sich?). Dies geschieht aber nur, wenn das geparste Programm nicht bereits gecacht war. Beim Aufruf des

Programms wird dieses mit `eval()` ausgewertet. Das ist der Grund, warum solche Programme persistent sind!

- Eine CGI-ähnliche Umgebung wird aus Kompatibilitätsgründen von alten CGI-Skripten eingerichtet. Dies wird durch die Anweisung

    Options ExecCGI

    bewirkt. Dadurch erkennt der `handler()` von `Apache::Registry`, daß er den alten Kompatibilitätsmodus aufrecht erhalten soll.

- Anschließend müssen Sie nur noch ihre alten CGI-Programmen nach einer kurzen Überprüfung ins *˜www/cgi-perl*-Verzeichnis zu stellen und über */perl/...*-URLs aufzurufen.

Alte CGI-Programme funktionieren nicht immer unverändert unter den Modulen `Apache::Registry` und `mod_perl`. Einige Gründe dafür sind vor allem schlechte Programmiergewohnheiten:

- Das Programm ist nun persistent. Daher sollten Sie sich nicht mehr darauf verlassen, daß globale Variablen beim Start des Programms undefiniert sind.

- Der Umgang mit globalen Variablen und `my()`-Variablen kann „haarig" werden, da das Programm nun in einer `eval()`-Umgebung ausgeführt wird. Hier sind einige Fallstricke zu erwarten.

Viele Probleme lassen sich durch die grundsätzliche Verwendung des -w-Flags zusammen mit `use strict;` frühzeitig erkennen. Das sollten Sie wirklich beherzigen. Weitere Informationen dazu finden Sie in *man mod_perl_traps*.

Wir werden diese sehr interessante Thematik aus Platzgründen hier nicht weiter verfolgen. Interessierte Leser seien auf folgende Informationsquellen verwiesen:

- Die primäre Informationsquelle ist [78], ein hervorragendes Buch, das sich auf alle Aspekte der `mod_perl`-Module spezialisiert hat. Eine Buch-Homepage gibt es für [78] auch: http://www.modperl.com/

- Die Onlinedokumentation von `mod_perl` ist eine sehr gute Informationsquelle für alle ernsthaft interssierten Anwender. Ab besten fangen Sie wahrscheinlich mit *man mod_perl* an und wühlen sich dann durch die weiteren Manual-Seiten.

- Es sind schon sehr viele `Apache::*`-Module im CPAN hinterlegt worden. Diese können und sollten Sie sich anschauen. Sie sind fast alle gut dokumentiert. Insbesondere steht in jeder Dokumentation auch, wie die Einträge in den Konfigurationsdateien des Webservers heißen sollen.

Wir haben in diesem Kapitel auch nicht gezeigt, wie native Apache-Perl-Handler aussehen sollen und an welchen Stellen des Anforderungszyklus sie eingesetzt werden können. Interessierte Leser können in [78] viele Beispiele zu diesem Thema finden.

19.7 Aufgaben

1. Installieren Sie den Apache-Webserver mit Perl-Unterstützung, wie es in diesem Kapitel gezeigt wurde.

2. Machen Sie sich mit der Verwendung des `CGI.pm`-Moduls vertraut. Probieren Sie einfach so viele mögliche Features aus, wie Sie wollen. Die Manual-Seite *perldoc CGI* enthält dazu alle notwendigen Informationen.

3. Wieso ist die zustandslose Natur des HTTP-Protokolls so störend bei der Webprogrammierung? Wie wird ihr begegnet?

4. Haben Sie darüber nachgedacht, *wieso* eigentlich HTTP als zustandsloses Protokoll entworfen wurde? Suchen Sie sinnvolle Gründe dafür. *Hinweis:* Stark frequentierte Server müssen riesige Zustandsinformationen im Hauptspeicher pflegen.

5. Machen Sie sich mit den Techniken aus Abschnitt 19.4 vertraut. Stellen Sie auch einige Versuche mit dem nicht erklärten `Apache::Session`-Modul an. Lesen Sie vorher dessen Dokumentation mit *man Apache::Session*. Es lohnt sich!

6. Was ist der Unterschied zwischen den beiden Modulen `Apache::AuthenDBI` und `Apache::AuthzDBI`? Können Sie die Definition von Authentifikation und Autorisation genau angeben?

7. Versuchen Sie, ein Einkaufssystem (*Shopping Cart*) mit Hilfe der in Abschnitt 19.4 gezeigten Techniken zu implementieren! Verwenden Sie am besten eine Datenbank zur server-seitigen Speicherung von Zustandsdaten, d.h. des Warenkorbinhalts. Berücksichtigen Sie auch bewegliche Anwender (*roaming users*).

Tabellenverzeichnis

4.1	Einige Kommandos des Perl-Debuggers (Teil 1)	56
4.2	Einige Kommandos des Perl-Debuggers (Teil 2)	57
5.1	Darstellung der C-Sonderzeichen in Perl	69
5.2	Stringvergleichsoperatoren	69
5.3	Flags des *Pattern-Matching*-Operators m//	84
5.4	Optionale Flags der tr///- und y///-Operatoren	94
5.5	Optionale Flags des Substitutionsoperators s///	97
5.6	Metazeichen von regulären Ausdrücken	98
5.7	Perl-Erweiterungen der regulären Ausdrücke	101
5.8	Die *Zero-Width-Assertions* von Perl	101
5.9	Quantifier für die regulären Ausdrücke von Perl	105
5.10	Anker (*anchors*) bei regulären Ausdrücken	109
5.11	Bedeutung der (? ...)-Klammern bei regulären Ausdrücken	111
6.1	Numerische Vergleichsoperatoren	130
6.2	Arithmetische Operatoren	132
6.3	Zuweisende Operatoren	132
6.4	Eingebaute numerische Funktionen	132
6.5	Numerische Funktionen des POSIX-Moduls	133
6.6	Bitoperatoren	134
6.7	Formatargumente von sprintf()	139
6.8	Flags bei Formatangaben der sprintf()-Funktion	139
9.1	Reservierte Variablen des *Pattern Matching*	231
9.2	Reservierte Variablen zur Ein-/Ausgabe-Steuerung	232

9.3	Reservierte Variablen des Report-Generators	235
9.4	Reservierte Variablen, Fehlercodes des Betriebssystems	236
9.5	Reservierte Variablen zu Prozeß- und User-IDs	237
9.6	Reservierte Variablen für allgemeine Informationen	241
10.1	Logische Verknüpfungsoperatoren	260
10.2	Präzedenztabelle der Perl-Operatoren	287
11.1	Skalare und Strings	309
11.2	Funktionen: Reguläre Ausdrücke und Mustersuche	310
11.3	Funktionen: Numerische Funktionen und Zeitberechnung	311
11.4	Funktionen: Arrayfunktionen	312
11.5	Funktionen: Listenfunktionen	313
11.6	Funktionen: Hashfunktionen	313
11.7	Funktionen: Ein- und Ausgabe, Dateien und Dateisystem	317
11.8	Funktionen: Kontrollfluß	319
11.9	Funktionen: Scoping	319
11.10	Funktionen: Prozeßverwaltung	321
11.11	Funktionen: Module und Klassen	322
11.12	Funktionen: Sockets-API und Interprozeßkommunikation	323
11.13	System V Interprozeßkommunikation	323
11.14	Funktionen: User- und Gruppeninformationen	325
11.15	Funktionen: Informationen zu den Netzdiensten	326
11.16	Funktionen: Sonstige Funktionen	326
12.1	Wirkung von *umask* auf resultierende Zugriffsrechte	401
12.2	Einige Zugriffskonstanten für `sysopen()` aus `Fcntl`	402
12.3	Perl-Formate für reservierte Zeichen	423
12.4	Dateitestoperatoren	443

12.5	Rückgabewerte der Funktion `stat()`	445
14.1	Klassifikation der Standardmodule von Perl	609
14.2	Die Pragmas des Perl-Interpreters	610
14.3	Standardmodule: Diverses	611
14.4	Standardmodule: Datums- und Zeitfunktionen	611
14.5	Standardmodule zur Dateimanipulation	612
14.6	Standardmodule: Die `IO::*`-Hierarchie	613
14.7	Standardmodule: Textmanipulation	613
14.8	Standardmodule: DBM-Schnittstellen	614
14.9	Standardmodule: Mathematik	614
14.10	Standardmodule zur Interprozeßkommunikation	614
14.11	Standardmodule zu Netzen, DNS und NIS/YP	615
14.12	Standardmodule zur CGI-Programmierung	615
14.13	Standardmodule zur Modulerstellung und OOP	616
14.14	Standardmodule zur Variablenbindung	616
14.15	Standardmodule: Funktionenlader	617
14.16	Standardmodule: Erweiterungen und Entwicklung	617
14.17	Standardmodule des experimentellen Perl-Compilers	618
14.18	Standardmodule: Systemnahe Module	618
15.1	Methoden von *TIEARRAY*-Klassen	706
15.2	Methoden von *TIEHASH*-Klassen	710
15.3	Methoden von *TIEHANDLE*-Klassen	716
17.1	Die `shm*()`-Funktionen	843
18.1	Populäre DBM-Formate aus *man AnyDBM_File*	932

Abbildungsverzeichnis

4.1	Das automatisch erzeugte Formular	48
4.2	Die Antwort auf die Benutzereingabe	48
4.3	Ausgabe des Programms `Tk-example.pl`	51
7.1	Array mit Löchern	165
7.2	`shift()`/`unshift()` vs. `push()`/`pop()`	175
12.1	Standard-Ein-/Ausgabe-Kanäle	355
12.2	Dateisystem-Links	438
13.1	Harte Referenzen	499
13.2	Referenzen auf anonyme Strukturen	519
13.3	Liste von Listen	526
13.4	Liste von Hashes	526
13.5	Hash von Listen	528
13.6	Symbolische Referenzen	556
14.1	Das `ST::Beam`-Modul	598
14.2	Eingangsbild des CPAN-Multiplexers	621
15.1	Instanziierung von Objekten	669
15.2	Vererbungsbaum	670
15.3	Mehrfachvererbung	670
15.4	Die USES-Beziehung	672
15.5	HAS-A-Baum	672
15.6	Polymorphismus	673
15.7	Namenshash von Objektinstanzen	689

15.8	Methodensuche im Vererbungsbaum	693
17.1	Sogar `i++` ist nicht atomar	800
17.2	Prinzip einer Pipe	814
17.3	Unidirektionale Kommunikation mit Pipes	814
17.4	Bidirektionale Kommunikation mit Pipes	815
17.5	Das Prinzip einer Message-Queue	833
17.6	Prinzip des Shared Memory	843
17.7	Das IPC-Shared-Memory-Beispiel	844
17.8	Anfrage an einen UDP-Timeserver	877
17.9	Format einer RCP-Nachricht	915
17.10	Was geschieht beim RPC-Aufruf?	915
18.1	Die *MySQL*-Homepage	961
19.1	Apache-Testseite	1029
19.2	Ausgabe von `cgi-welcome.pl`	1030
19.3	Graphische Ausgabe mit dem `GD`-Modul	1034
19.4	Umgebungsvariablen der CGI-Umgebung	1037
19.5	CGI-Umgebung durch den *lynx*-Browser gesehen	1038
19.6	Eingabemaske von `cgi-input.pl`	1040
19.7	Eingabebestätigung von `cgi-input.pl`	1040
19.8	Die Cookie-Warnung von `cgi-s-cookie.pl` in Netscape	1053
19.9	Ein Cookie mit MD5-Signatur: `cgi-s-cookie-md5.pl`	1059
19.10	Ein verschlüsselter Cookie: `cgi-s-cookie-md5-crypt.pl`	1064
19.11	Ein Sitzungscookie: `cgi-s-server.pl`	1070
19.12	Paßwortabfrage bei `Apache::AuthenDBI`	1078
19.13	Authentifikationstyp in `AUTH_TYPE`	1079
19.14	Name des authentifizierten Users in `REMOTE_USER`	1079

Literaturverzeichnis

[1] Alfred Aho, Ravi Sethi und Jeffrey D. Ullman. *Compilerbau*, Band 1. Addison-Wesley, 1988.

[2] Alfred Aho, Ravi Sethi und Jeffrey D. Ullman. *Compilerbau*, Band 2. Addison-Wesley, 1988.

[3] Alfred V. Aho, John E. Hopcroft und Jeffrey D. Ullman. *Data Structures and Algorithms*. Addison-Wesley, 1985.

[4] Paul Albitz und Cricket Liu. *DNS and BIND*. O'Reilly & Associates, 2. Aufl., 1997.

[5] Helmut Bähring. *Mikrorechnersysteme — Mikroprozessoren, Speicher, Peripherie*. Springer Lehrbuch, 2. Aufl., 1994.

[6] Ludwig Balke und Karl Heinz Böhling. *Einführung in die Automatentheorie und Theorie formaler Sprachen*. B. I. Wissenschaftsverlag, 1993.

[7] Scott M. Ballew. *Managing IP Networks with Cisco Routers*. O'Reilly & Associates, 1997.

[8] Jon Bentley. *Programming Pearls*. Addison-Wesley, 1989.

[9] Albrecht Beutelspacher. *Lineare Algebra — Eine Einführung in die Wissenschaft der Vektoren, Abbildungen und Matrizen*. Vieweg Lehrbuch Mathematik, 1995.

[10] John Bloomer. *Power Programming with RPC*. O'Reilly & Associates, 1993.

[11] Grady Booch. *Objektorientierte Analyse und Design — Mit praktischen Anwendungsbeispielen*. Addison-Wesley, 2. Aufl., 1994.

[12] Charles Henry Brase und Corrinne Pellilo Brase. *Understanding Statistics — Concepts and Methods*. D. C. Heath and Company, Lexington, Massachusetts; Toronto, 5. Aufl., 1995.

[13] Chris Brown. *Programmieren verteilter UNIX-Anwendungen*. Prentice-Hall, 1994.

[14] Timothy Budd. *Data Structures in C++ using the Standard Template Library*. Addison-Wesley, 1998.

[15] B. Callaghan, B. Pawlowski, P. Staubach und Sun Microsystems Inc. RFC-1813 — NFS Version 3 Protocol Specification. Technical report, RFC Editor, 6 1995.

[16] Tom Christiansen und Nathan Torkington. *Perl Cookbook*. O'Reilly & Associates, 1998; dt. Ausgabe: *Perl Kochbuch*. O'Reilly & Associates, 1999.

[17] Douglas E. Comer und David L. Stevens. *Internetworking with TCP/IP — Client-Server Programming and Applications — BSD Socket Version*, Band 3. Prentice-Hall, 1993.

[18] Gary Cornell und Cay S. Horstmann. *JAVA bis ins Detail — Das Buch für Experten*. Heise, 1996.

[19] Bryan Costales und Eric Allman. *sendmail*. O'Reilly & Associates, 2. Aufl., 1997.

[20] David H. Crocker. RFC-822 — Standard for the Format of ARPA Internet Text Messages. Technical report, RFC Editor, 8 1982.

[21] Alan Dolan und Joan Aldous. *Networks and Algorithms — An Introductory Approach*. John Wiley & Sons, 1993.

[22] Paul DuBois. *Software Portability with imake*. O'Reilly & Associates, 1993.

[23] Gerd Fischer. *Lineare Algebra*. Vieweg Studium, 10. Aufl., 1995.

[24] James D. Foley, Andries van Dam, Steven K. Feiner und John F. Hughes. *Computer Graphics — Principles and Practice — Second Edition in C*. Addison-Wesley, 2. Aufl., 1996.

[25] Otto Forster. *Analysis 1 — Differential- und Integralrechnung einer Veränderlichen*. Vieweg Studium, 4. Aufl., 1985.

[26] Jeffrey E. F. Friedl. *Mastering Regular Expressions — Powerful Techniques for Perl and Other Tools*. O'Reilly & Associates, 1997; dt. Ausgabe: *Reguläre Ausdrücke*. O'Reilly & Associates, 1998.

[27] Simon Garfinkel. *PGP — Pretty Good Privacy*. O'Reilly & Associates, 1995.

[28] Roosevelt Giles. *The Cisco CCIE Study Guide*. McGraw Hill, 1998.

[29] Danny Goodman. *Dynamic HTML — The Definitive Reference*. O'Reilly & Associates, 1998.

[30] David J. Goodman. *Wireless Personal Communications Systems*. Addison-Wesley, 1997.

[31] Michel Goossens, Frank Mittelbach und Alexander Samarin. *Der LaTeX Begleiter*. Addison-Wesley, 1998.

[32] John Shapley Gray. *Interprocess Communications in UNIX — The Nooks & Crannies*. Prentice-Hall, 1997.

[33] Shishir Gundavaram. *CGI Programming on the World Wide Web*. O'Reilly & Associates, 1996.

[34] Ralf Hartmut Güting. *Übersetzerbau — FernUni Kurs 1810*. Fern Universität Hagen, 10 1997.

[35] Bassam Halabi. *Internet Routing Architectures*. Cisco Press, 1997.

[36] Joseph N. Hall und Randal L. Schwartz. *Effective Perl Programming — Writing Better Programs with Perl*. Addison-Wesley, 1998.

[37] Dietmar Herrmann. *Algorithmen Arbeitsbuch*. Addison-Wesley, 1992.

[38] Douglas R. Hofstadter. *Gödel, Escher, Bach — ein Endloses Geflochtenes Band*. Klett-Cotta, 1995.

[39] John E. Hopcroft und Jeffrey D. Ullman. *Introduction to Automata Theory, Languages and Computations*. Addison-Wesley, 1979.

[40] Christian Huitema. *Routing im Internet*. Prentice-Hall, 1996.

[41] Cisco Systems Inc., (Hrsg.) *Cisco CCIE Fundamentals — Network Design and Case Studies*. Cisco Press and MacMillan Technical Publishing, 1998.

[42] Sun Microsystems Inc. RFC-1094 — NFS: Network File System Protocol Specification. Technical report, RFC Editor, 3 1989.

[43] Renate Kempf und Chris Frazier, (Hrsg.) *OpenGL Reference Manual — the official reference document to OpenGL, Versio 1.1*. Addison-Wesley, 2. Aufl., 1996.

[44] Srinivasan Keshav. *An Engineering Approach to Computer Networking: ATM Networks, the Internet, and the Telephone Network*. Addison-Wesley, 1997.

[45] Mark J. Kilgard. *OpenGL Programming for the X Window System*. Addison-Wesley, 1996.

[46] Donald E. Knuth. *The Art of Computer Programming — Fundamental Algorithms*, Band 1. Addison-Wesley, 2. Aufl., 1973.

[47] Donald E. Knuth. *The Art of Computer Programming — Searching and Sorting*, Band 3. Addison-Wesley, 1973.

[48] Donald E. Knuth. *The Art of Computer Programming — Seminumerical Algorithms*, Band 2. Addison-Wesley, 2. Aufl., 1981.

[49] Wolfgang Peter Kowalk und Manfred Burke. *Rechnernetze — Konzepte und Techniken der Datenübertragung in Rechnernetzen*. B. G. Teubner Stuttgart, 1994.

[50] Erwin Kreyszig. *Advanced Engineering Mathematics*. John Wiley & Sons, 7. Aufl., 1993.

[51] John R. Levine, Tony Mason und Doug Brown. *lex & yacc*. O'Reilly & Associates, 2. Aufl., 1992.

[52] Chris Lewis. *Cisco TCP/IP Routing Professional Reference*. McGraw Hill Series on Computer Communications, 1997.

[53] Don Libes. *Exploring Expect — A Tcl-based Toolkit for Automating Interactive Programs*. O'Reilly & Associates, 1995.

[54] George F. Luger und William A. Stubblefield. *Artificial Intelligence — Structures and Strategies for Complex Problem Solving*. Addison-Wesley, 3. Aufl., 1998.

[55] Mark Lutz. *Programming Python*. O'Reilly & Associates, 1996.

[56] man perl.

[57] M. B. Monagan, K. O. Geddes, K. M. Heal, G. Labahn und S. M. Vorkoetter. *Maple V Release 5 — Programming Guide*. Springer, 1998.

[58] Alexander Newman, (Hrsg.) *Special Edition Java — Referenz & Anwendungen*. QUE, 1997.

[59] Thomas Ottmann und Peter Widmayer. *Algorithmen und Datenstrukturen*. B. I. Wissenschaftsverlag, 1993.

[60] John K. Ousterhout. *Tcl und Tk — Entwicklung grafischer Benutzerschnittstellen für das X Window System*. Addison-Wesley, 1995.

[61] Bernd-Uwe Pagel und Hans-Werner Six. *Software Engineering I — FernUni Kurs 1793*. Fern Universität Hagen, 04 1996.

[62] William H. Press, Saul A. Teukolsky, William T. Vetterling und Brian P. Flannery. *Numerical Recipes in C — The Art of Scientific Computing*. Cambridge University Press, 2. Aufl., 1992.

[63] D. Pumplün und D. Brümmer. *Lineare Algebra II — FernUni Kurs 1103*. Fern Universität Hagen, 04 1995.

[64] Eric Raymond, (Hrsg.) *Jargon File 4.0.0, 24 July 1996*. USENET News, esr@snark.thyrsus.com, 1996. Verfügbar unter *http://www.jargon.org/*.

[65] Kay A. Robbins und Steven Robbins. *Practical UNIX Programming — A Guide to Concurrency, Communication and Multithreading*. Prentice-Hall, 1996.

[66] James Rumbaugh, Michael Blaha, William Premerlani, Frederick Eddy und Willian Lorensen. *Object-Oriented Modeling and Design*. Prentice-Hall, 1994.

[67] Curt Schimmel. *UNIX Systems for Modern Architectures — Symmetric Multiprocessing and Caching for Kernel Programmers*. Addison-Wesley, 1994.

[68] Gunter Schlageter. *Datenbanksysteme — FernUni Kurs 1665*. Fern Universität Hagen, 10 1996.

[69] Bruce Schneier. *Angewandte Kryptographie — Protokolle, Algorithmen und Sourcecode in C*. Addison-Wesley, 1996.

[70] Uwe Schöning. *Theoretische Informatik kurz gefaßt*. B. I. Wissenschaftsverlag, 1992.

[71] Randal L. Schwartz. *Learning Perl*. O'Reilly & Associates, 1993.

[72] Thomas Schwederski und Michael Jurczyk. *Verbindungsnetze — Strukturen und Eigenschaften*. B. G. Teubner Stuttgart, 1996.

[73] Robert Sedgewick. *Algorithmen in C++*. Addison-Wesley, 1994.

[74] Gerd Siegmund. *Technik der Netze*. R. v. Decker, 3. Aufl., 1996.

[75] Sriram Srinivasan. *Advanced Perl Programming*. O'Reilly & Associates, 1997; dt. Ausgabe: *Fortgeschrittene Perl Programmierung*. O'Reilly & Associates, 1998.

[76] William Stallings. *SNMP, SNMPv2 and RMON — Practical Network Management*. Addison-Wesley, 2. Aufl., 1996.

[77] William Stallings. *High-speed networks — TCP/IP and ATM design principles*. Prentice-Hall, 1998.

[78] Lincoln Stein und Doug MacEachern. *Writing Apache Modules with Perl and C*. O'Reilly & Associates, 03 1999. Buch-Homepage: *http://www.modperl.com/*.

[79] Richard W. Stevens. *Advanced Programming in the UNIX Environment*. Addison-Wesley, 1994.

[80] Richard W. Stevens. *TCP/IP Illustrated — The Protocols*, Band 1. Addison-Wesley, 1994.

[81] Richard W. Stevens. *TCP/IP Illustrated — TCP for Transactions, HTTP, NTTP and the UNIX Domain Protocols*, Band 3. Addison-Wesley, 1996.

[82] Richard W. Stevens. *UNIX Network Programming — Interprocess Communications*, Band 2. Prentice-Hall, 2. Aufl, 1998.

[83] Richard W. Stevens. *UNIX Network Programming — Networking APIs: Sockets and XTI*, Band 1. Prentice-Hall, 2. Aufl., 1998.

[84] Richard W. Stevens und Gary R. Write. *TCP/IP Illustrated — The Implementation*, Band 2. Addison-Wesley, 1994.

[85] Josef Stoer. *Numerische Mathematik 1*. Springer Lehrbuch, 5. Aufl., 1989.

[86] Herbert Stoyan und Günter Görz. *Lisp — Eine Einführung in die Programmierung*. Springer, 1984.

[87] Bjarne Stroustrup. *Die C++ Programmiersprache*. Addison-Wesley, 3. Aufl., 1998.

[88] Andrew S. Tanenbaum. *Moderne Betriebssysteme*. Prentice-Hall & Hanser, 1994.

[89] Andrew S. Tanenbaum. *Verteilte Betriebssysteme*. Prentice-Hall, 1995.

[90] Andrew S. Tanenbaum. *Computernetzwerke*. Prentice-Hall, 3. Aufl., 1997.

[91] John Ronald Reuel Tolkien. *The Lord of the Rings*. HarperCollins Publishers, 1991.

[92] Simon Travaglia. *The Bastard Operator From Hell*. USENET News, 1994. Verfügbar unter *http://www.iinet.net.au/˜bofh/*.

[93] Volker Turau. *Algorithmische Graphentheorie*. Addison-Wesley, 1996.

[94] Jan van Duuren, Peter Kastelein und Frits C. Schoute. *Fixed and Mobile Telecommunications — Networks, Systems and Services*. Addison-Wesley, 2. Aufl., 1996.

[95] R. Verbeek. *Einführung in die Theoretische Informatik B — FernUni Kurs 1654*. Fern Universität Hagen, 04 1998.

[96] R. Verbeek und K. Weihrauch. *Einführung in die Theoretische Informatik B — FernUni Kurs 1654*. Fern Universität Hagen, 04 1996.

[97] Larry Wall, Tom Christiansen und Randal L. Schwartz. *Programming Perl*. O'Reilly & Associates, 2. Aufl., 1996; dt. Ausgabe: *Programmieren mit Perl*. O'Reilly & Associates, 1997.

[98] Larry Wall und Randal L. Schwartz. *Programming Perl*. O'Reilly & Associates, 1. Aufl., 1991.

[99] Ingo Wegener. *Theoretische Informatik — Eine algorithmische Einführung*. B. G. Teubner Stuttgart, 1993.

[100] Paul R. Wilson. Uniprocessor Garbage Collection Techniques. In *International Workshop on Memory Management — St. Malo, Frankreich, September 1992*, `wilson@cs.utexas.edu`, 1992. Springer-Verlag: Lecture Notes in Computer Science. Ebenfalls verfügbar unter der URL *ftp://ftp.cs.utexas.edu/pub/garbage/gcsurvey.ps*.

[101] Patrick Henry Winston und Berthold Klaus Paul Horn. *Lisp — An Introduction to the Language and its Applications*. Addison-Wesley, 3. Aufl., 1997.

[102] Clinton Wong. *Web Client Programming with Perl*. O'Reilly & Associates, 1997.

[103] Mason Woo, Jackie Neider und Tom Davis. *OpenGL Programming Guide — the official guide to learning OpenGL, Version 1.1*. Addison-Wesley, 2. Aufl., 1996.

Stichwortverzeichnis

!, 260
$!, Res. Var., 235, 236, 285, 315, 316, 318, 362, 372, 397, 404, 406, 408, 414, 418, 429, 436, 480
$", Res. Var., 232
$$, Res. Var., 229, 237
$&, Res. Var., 231
$', Res. Var., 231
$(, Res. Var., 237
$), Res. Var., 237
$*, Res. Var., 231
$+, Res. Var., 231
$,, Res. Var., 232, 255
$-, Res. Var., 235, 422–424
$., Res. Var., 232, 234, 378, 379, 394
$/, Res. Var., 80, 232, 279, 307, 374–379, 395, 464, 888, 1006
$0, Res. Var., 238–240
$1, Res. Var., 91, 109, 110
$2, Res. Var., 91, 110
$:, Res. Var., 235
$;, Res. Var., 232
$<, Res. Var., 237
$<digits>, Res. Var., 231
$=, Res. Var., 235, 422–424
$>, Res. Var., 237
$?, Res. Var., 236, 318, 320, 321, 366, 466
$@, Res. Var., 236, 283, 286, 318
$ACCUMULATOR, Res. Var., 235
$ARG, Res. Var., 230
$ARGV, Res. Var., 234, 241, 394
$ARGV[0], Res. Var., 240
$AUTOLOAD, Res. Var., 342
$BASETIME, Res. Var., 241
$CHILD_ERROR, Res. Var., 236
$DBI::err, Res. Var., 993, 996, 998
$DBI::errstr, Res. Var., 991, 993, 996, 998
$DB_BTREE, Res. Var., 933, 935, 1021
$DB_RECNO, Res. Var., 490, 934, 1021
$DEBUGGING, Res. Var., 241
$EFFECTIVE_GROUP_ID, Res. Var., 237
$EFFECTIVE_USER_ID, Res. Var., 237
$EGID, Res. Var., 237
$ERRNO, Res. Var., 236
$EUID, Res. Var., 237
$EVAL_ERROR, Res. Var., 236
$EXECUTABLE_NAME, Res. Var., 241
$EXTENDED_OS_ERROR, Res. Var., 236
$FORMAT_FORMFEED, Res. Var., 235
$FORMAT_LINES_LEFT, Res. Var., 235
$FORMAT_LINES_PER_PAGE, Res. Var., 235
$FORMAT_LINE_BREAK_CHARACTERS, Res. Var., 235
$FORMAT_NAME, Res. Var., 235
$FORMAT_PAGE_NUMBER, Res. Var., 235
$FORMAT_TOP_NAME, Res. Var., 235
$GID, Res. Var., 237
$INPLACE_EDIT, Res. Var., 241
$INPUT_LINE_NR, Res. Var., 232
$INPUT_RECORD_SEPARATOR, Res. Var., 232
$LAST_PAREN_MATCH, Res. Var., 231
$LIST_SEPARATOR, Res. Var., 232
$MATCH, Res. Var., 231
$MULTILINE_MATCHING, Res. Var., 231
$NR, Res. Var., 232
$OFMT, Res. Var., 235
$OFS, Res. Var., 232
$ORS, Res. Var., 232
$OSNAME, Res. Var., 241
$OS_ERROR, Res. Var., 236
$OUTPUT_AUTOFLUSH, Res. Var., 232, 235
$OUTPUT_FIELD_SEPARATOR, Res. Var., 232
$OUTPUT_RECORD_SEPARATOR, Res. Var., 232
$PERLDB, Res. Var., 241
$PERL_VERSION, Res. Var., 241
$PID, Res. Var., 237
$POSTMATCH, Res. Var., 231

$PREMATCH, Res. Var., 231
$PROCESS_ID, Res. Var., 237
$PROGRAM_NAME, Res. Var., 238
$REAL_GROUP_ID, Res. Var., 237
$REAL_USER_ID, Res. Var., 237
$RS, Res. Var., 209, 210, 232
$SUBSCRIPT_SEPARATOR, Res. Var., 232
$SUBSEP, Res. Var., 232
$SYSTEM_FD_MAX, Res. Var., 241
$UID, Res. Var., 237
$WARNING, Res. Var., 241
$[, Res. Var., 70, 162, 164, 167, 241
$%, Res. Var., 423
$#, Res. Var., 235
$%, Res. Var., 235
$~, Res. Var., 235, 423
$], Res. Var., 241, 577
$^, Res. Var., 235, 423
$^A, Res. Var., 235, 315, 423
$^D, Res. Var., 241
$^E, Res. Var., 236
$^F, Res. Var., 241
$^H, Res. Var., 241
$^I, Res. Var., 241
$^L, Res. Var., 235
$^M, Res. Var., 241
$^O, Res. Var., 241
$^P, Res. Var., 241
$^R, Res. Var., 241
$^S, Res. Var., 241
$^T, Res. Var., 241
$^W, Res. Var., 241, 303
$^X, Res. Var., 241
$_, Res. Var., 84, 85, 91, 93–96, 169–171, 230, 231, 270, 277, 307–310, 313–322, 374, 442, 445, 462, 546
$', Res. Var., 231
$a, Res. Var., 168, 201, 202
$b, Res. Var., 168, 201, 202
$dbh, Res. Var., 991, 993, 996, 998, 1010, 1011, 1015
$ptr, 507
$sql, Res. Var., 1000
$sth, Res. Var., 993, 994, 996–998, 1000
$\, Res. Var., 232

$|, Res. Var., 232, 235, 382, 383, 413
%, 131
%%, 138
%::, 250
%=, 131
%E, 138
%ENV, 243
%G, 138
%INC, 246
%SIG, 244
%X, 138
%c, 138
%d, 138
%e, 138
%f, 138
%g, 138
%main::, 250, 251
%o, 138
%s, 138
%u, 138
%x, 138
&, 134
&&, 260, 262, 269
&&=, 131
&=, 131
(...), 161
*, 131
**, 131
**=, 131
*=, 131
+, 131, 265
++, 72, 265
+=, 131
,, 248, 264
-, 131
--, 73
--help, Flag, 972, 976
-=, 131
->, 512
-A, Dateitestoperator, 443
-A, Flag, 602
-B, Dateitestoperator, 443
-C, Dateitestoperator, 443
-D, Flag, 241
-DMULTIPLICITY, 747
-M, Dateitestoperator, 443

Stichwortverzeichnis

-M, Flag, 140
-O, Dateitestoperator, 442
-0, Flag, 27
-02, Flag, 27
-P, Flag, 119
-R, Dateitestoperator, 442
-S, Dateitestoperator, 442
-T, Dateitestoperator, 443
-V, Flag, 32
-W, Dateitestoperator, 442
-X, Dateitestoperator, 442
-X, Flag, 766, 776
-a, Flag, 414
-b, Dateitestoperator, 442, 449
-c, Dateitestoperator, 442, 449
-cd, Flag, 23
-d, Dateitestoperator, 442, 449
-d, Flag, 53, 119, 536
-e, Dateitestoperator, 442
-e, Flag, 137, 462, 746, 810
-f, Dateitestoperator, 442, 449
-f, Flag, 582, 642, 1031
-g, Dateitestoperator, 443
-g, Flag, 27, 796
-i, Flag, 241, 492
-k, Dateitestoperator, 443
-l, Dateitestoperator, 442
-l, Flag, 379
-lm, 766
-o, Dateitestoperator, 442
-p, Dateitestoperator, 442, 449
-p, Flag, 492, 976
-q, Flag, 582
-r, Dateitestoperator, 442
-r, Flag, 437
-s, 170
-s, Dateitestoperator, 442
-t, Dateitestoperator, 442
-u, Dateitestoperator, 442
-u, Flag, 976
-v, Flag, 32
-w, Dateitestoperator, 442
-w, Flag, 51, 137, 241, 242, 247, 248, 303, 498, 610, 618, 1093
-w temporär ausschalten, 242
-x, Dateitestoperator, 442

-z, Dateitestoperator, 442
-z, Flag, 23
-|, 368
., 71, 75
.., 173
.=, 75, 131
.netrc Datei, 909
/, 131
//, 84
/=, 131
/c, 91
/dev/null, 366
/dev/random, 145
/dev/tty, 355
/dev/urandom, 145
/e, 96
/etc/group, 323
/etc/hosts, 325
/etc/networks, 325
/etc/nsswitch.conf, 325
/etc/passwd, 323
/etc/protocols, 325
/etc/services, 325
/g, 86, 88
/i, 88
/m, 90
/o, 86
/s, 89
/tmp, 812
/x, 92
::, 249
;, 38, 40, 66
<, 69, 129
<<, 134
<<=, 131
<=, 129
<=>, 129, 168
<>, 234, 392
<>-Operator, 231
<DATA>, 485
<FHANDLE>-Operator, 231
<STDIN>, 38, 279, 280
=, 38, 260, 262
==, 38, 69, 129
=>, 180, 181
>, 129

\>=, 129
\>>, 134, 135
\>>=, 131
?:, 265
@ARGV, Res. Var., 242, 307, 312
@EXPORT, Res. Var., 246, 584
@EXPORT_OK, Res. Var., 246, 584
@INC, Res. Var., 245
@ISA, Res. Var., 246
@_, Res. Var., 246, 299–301, 307, 312, 328, 338
[...], 162
\0, 62
\E, 81
\L, 81
\U, 81
\\, 68
\a, 68
\b, 68
\cX, 68
\e, 68
\f, 68
\l, 81
\n, 38, 68
\nnn, 68
\r, 68
\G, 92
\t, 68
\u, 81
\xHH, 68
\`, 134
\`, 260
\`=, 131
_, Res. Var., 444, 445
__DATA__, 600
__DIE__, 807
__END__, 601
__PACKAGE__, 566
__WARN__, 807
_ListDBs(), 989
_ListTables(), 991
|, 134
|-, 368
|=, 131
||, 260
||=, 131

~, 134
0x-Präfix, 129
1;, 345, 574
3 way handshake, 876
7-Bit-Welt, 80
8-Bit-clean, 62

a2ps, 83
ABadlyHackedUpClass.pm, 682
Abbruchschlitz, 811
abgeleitete Klasse, 670
abs(), 132, 310
Absatz-Modus, 234, 375
accept(), 322, 862, 863, 888–891, 893, 896, 920, 921
acos(), 133
ADABAS-D, 956
adb, 53
add(), 345
add.inc, 345
addcumul.pl, 305
Addition, Reihenfolge, 265
adduser, 238
Adjazenz-Listen von Graphen, 529
Adressen, virtuell, 228
Adreßkollision in Hashtabellen, 213
advisory lock, 481, 809, 852, 1018
Ändern, Prozeß-Eintrag, 240
AFS
    Verzeichnis, 34
agent(), 1084
Agent::*, 660
AKludgedClass.pm, 684
aktuelle Zeilennummer, 378, 394
aktueller Dateiname, 234
Akzessorfunktion, 675, 696
    kombiniert, 696
alarm(), 320
Algorithm::*, 632
Algorithm::Diff, 632
Algorithms::*, 632
Algorithms::Graphs::TransitiveClosure, 633
Algorithms::Numerical::Sample, 632

Algorithms::Numerical::Shuffle, 632
Algorithmus von Prim, 214
Alias, 271
    Filehandle, 390
Alias, 628, 742
Aliasing, 572
AltaVista::SearchSDK, 661
ALTER TABLE, 952, 1016
Alternative, 41, 258, 265
American Standard Code for Information Interchange (ASCII), 121
and, 259, 260, 262, 269
ANearlyPerfectClass.pm, 685
Anfangsgröße von Hashes, 213
Anfügen an eine Datei, 363
Anhängendes Öffnen, 363
Anker, 103
    Regexp, 98, 108
Anomalie, 946
anonyme Arrays, 519
anonyme Filehandles, 505
anonyme Hashes, 522
anonyme Listen, 185, 519
anonyme Skalare, 518
anonyme Strukturen, 218, 515
anonyme Subroutinen, 329, 523, 742
anonyme Typeglobs, 505
anonymous FTP, 912
Anzeige einer Referenz, 500
Apache, 724, 741
apache-logs.pl, 202
apache-mmap-demo.pl, 855
apache-mmap-reader.pl, 857
Apache-Webserver, 1025
Apache::, 1092
Apache::*, 648, 651, 1093
Apache::Album, 649
Apache::ASP, 648
Apache::AuthCookie, 649
Apache::AuthenCache, 649
Apache::AuthenDBI, 649, 1076–1078, 1090, 1092, 1094
Apache::AuthenNIS, 649
Apache::AuthenNISPlus, 649
Apache::AuthenPasswd, 649

Apache::AuthenRadius, 649
Apache::AuthenSmb, 649
Apache::AuthenURL, 649
Apache::AuthLDAP, 649
Apache::AuthPerLDAP, 649
Apache::AuthzDBI, 1094
Apache::AuthzNIS, 649
Apache::AuthzPasswd, 649
Apache::DBI, 1092
Apache::DBILogger, 649
Apache::DBILogin, 649
Apache::DProf, 649
Apache::EmbperlChain, 649
Apache::Filter, 649
Apache::Gateway, 649
Apache::GzipChain, 649
Apache::Htpasswd, 649
Apache::Layer, 649
Apache::LogFile, 649
Apache::Mmap, 650, 854, 856
Apache::Module, 650
Apache::OutputChain, 649, 650
Apache::ParseLog, 202, 203, 650
Apache::Peek, 650
Apache::PHLogin, 650
Apache::PrettyText, 650
Apache::Proxy, 650
Apache::ProxyPass, 650
Apache::RandomLocation, 650
Apache::RedirectDBI, 650
Apache::Registry, 992, 1036, 1090, 1092, 1093
Apache::Sandwich, 650
Apache::Session, 650, 1082, 1094
Apache::SSI, 650
Apache::Stage, 649, 651
Apache::Throttle, 651
Apache::TimedRedirect, 651
Apache::Traffic, 651
Apache::UploadSvr, 651
Apache::Usertrack, 651
apachectl, 1027
ApacheDBI, 1076, 1092
apack.pl, 569
API-Listing, 747
App::Config, 646

AppleII::Disk, 655
AppleII::ProDOS, 655
Arbeitsverzeichnis, 361
Archie, 660
Archive::Tar, 655
Argumente verändern, 298
Argumentenstack, 740, 742, 749, 751
    vergrößern, 751
Argumentliste, 294
argv[0], Res. Var., 240
argv[1], Res. Var., 240
arith-err.pl, 135
arithmetische Operatoren, 131
arithmetischer Rechtsshift, 135
ARPA, 865
ARPAnet, 866
Array, 220
    Bindung, 705
    im skalaren Kontext, 279
    Löcher, 164
    Persistenz, 934
    präallokieren, 167
    schrittweise Vergrößerung, 228
    Tcl-Datentyp, 180
    Verkleinerung, 229
Array-Slices, 165, 510
Array::*, 633
Array::Lookup, 633
Array::PrintCols, 633
ArrayBound.pm, 708
Artistic License, 18
ASCII, 78, 121
    Code, 78
    Darstellung, 78
    Ordnung, 70
    Reihenfolge, 129
    Zeichen, 68, 70
ascii2string.pl, 79
ASCII::Tag, 638
asin(), 133
ASSOCIATION-Beziehung, 671
Association-Lists, Lisp, 180
assoziative Arrays, 180
Assoziativitätstabelle, 265
Async::Group, 630
asynchron, Signale, 806

at, 630
atan(), 133
atan2(), 132, 310
atest.pl, 570
AtExit, 658
atexit(), 359, 471, 573, 658
atime, 451
atof(), 137
atol(), 137
Atom, Regexp, 97, 98
atomare Operation, 800, 810, 811, 819,
    821, 829, 849, 852, 948, 954,
    960, 1002, 1017, 1073
attr(), 628
Attribut, 681
    Objekt, 668
    Vererbung, 694
attrs, 608, 610
Audio, 660
Audio::*, 660
Audio::CoolEdit, 660
Audio::Mix, 660
Audio::Tools, 660
Audio::Wav, 660
Aufruf von Funktionen, 293
    Parameterliste, 246
Aufruf von Subroutinen, 264
Aufrufparameter, 246
Aufrufstack, 264
Aufrufzähler, 226, 304, 329
    mit local(), 225
Ausführungskontext, 278, 297, 743
Ausgabe, gepuffert, 235
Ausgabefeldtrenner, 234
Ausgabefilter, 370
Ausgabeoperationen, 353
Ausgabepuffer, 235
Ausgabesatztrenner, 234
Auslöschungsfehler, 156
Ausnahme, 743
Ausnahmebehandlung, 285
Ausnahmesituation, IEEE-754, 144
Auswahl, 269
Authcard::SDI, 647
Authen::*, 647
Authen::ACE, 647

Authen::Challange::Basic, 647
Authen::PAM, 647
Authen::Prot, 647
Authen::Smb, 647
Authentifikation, 916
auto-Variable, C, 507
auto: AutoSplit, 605
AUTO_INCREMENT, 951
AutoCommit, 1003
autoconf, 24, 33
autoflush(), 383
Autoflushing, 235
AUTOLOAD(), 341–343, 345, 346, 601, 691, 693
autoload1.pl, 341
autoload2.pl, 342
autoload3.pl, 343
autoload4.pl, 344
AutoLoader, 601, 602, 606, 609, 617
automatische Speicherverwaltung, 219, 253
automatischer Hash, 853
AutoSearch, 654
AutoSplit, 602, 605, 609, 617
autouse, 607, 608, 610
Autovivikation, 513, 514, 520, 521, 523, 531, 1066
AV, 730
av_clear(), 731, 732
av_extend(), 731
av_fetch(), 730
av_len(), 730
av_make(), 730
av_pop(), 730
av_push(), 730
av_shift(), 730
av_store(), 730, 731
av_undef(), 731, 732
av_unshift(), 730
AVL-Eigenschaft, 935
awk, xi, 9, 13–15, 19, 83, 395, 419

B, 609, 618
B-News, 15
B::*, 628
B::Asmdata, 609, 618
B::Assembler, 609, 618
B::Bblock, 609, 618
B::Bytecode, 609, 618
B::C, 609, 618
B::CC, 609, 618
B::Debug, 609, 618
B::Deparse, 609, 618
B::Disassembler, 609, 618
B::Lint, 609, 618
B::Showlex, 609, 618
B::Terse, 609, 618
B::Xref, 609, 618
Backquotes, 64
Backticks, 64, 364
Backtracking, 108
Backus-Naur-Form, 116
bareword, 575
base, 608, 610
Basisklasse, 246, 670
Baum
    beliebig, 540
    binär, 539
bdiv(), 43
bedingter Ausdruck, 268
bedingter Block, 268
Bedingung, 265
    Schleife, 272
BEGIN-Block, 304, 573, 576
Behälter, 218
Beliebiger Baum, 540
benannte Parameter, 203, 327
benannte Pipe, 817
benannter Speicherplatz, 218
Benchmark, 601, 608, 611
benutzerdefinierte Funktionen, 293
BenutzerID, 237
Bereichsoperator, 271
Berkeley DB-Library, 933
BerkeleyDB, 709, 718, 934, 935, 944, 1021
Besitzer, Datei, 450
Bessel-Funktion, 794
Best-effort-Dienst, 875
Betriebssystem, 235
Bezeichner, 218
    Variablen, 249

Bezeichnerregel, 249
BFS, Traversierung, 541
bgcd(), 43
bias, IEEE-754, 143
biased exponent, IEEE-754, 143
Big Endian, 77, 142, 942
bigfloat.pl, 153
bigfloatscale.pl, 154
bigint.pl, 151
bigintcmp.pl, 152
Binärdarstellung, 142
Binärer Baum, 539
    Traversierung, 539
Binaries, Perl-Interpreter, 623
Binary-Modus, FTP, 912
bind, 631
bind(), 322
Bindung
    Arrays, 705
    Handles, 715
    Hashes, 709
    Skalare, 700
binmode(), 314
Binomialverteilung, 149
bintree-traverse.pl, 539
bison, 17, 83, 117, 121, 643
Bit
    löschen, 134
    maskieren, 134
    setzen, 134
    testen, 134
    toggeln, 134
    Vorzeichen, 135
bit-stuffing, 204
Bit::*, 633
Bit::ShiftReg, 633
Bit::Vector, 201, 633, 635
Bitoperatoren, 134
Bitvektor, 410
bless(), 321, 322, 526, 678, 679, 695, 696, 699, 702, 735, 920, 1010
blib, 608, 610
BLOB, 945
Block, 40, 221, 263
Blockierung, 416

Blocknotation, zum Dereferenzieren, 509
BNF, 116
BnP, 661
Boolean, Datentyp, 258
Boolesch, falsch, 258
Boolesch, wahr, 259
Boolesche Verknüpfungsoperatoren, 259
Boolesche Wahrheit, 258
Boolescher Ausdruck, 41, 258
    Wert, 259
Boolescher Kontext, 187, 247, 248, 258–260, 266, 268, 279
BOOT:, 770, 777, 790
bootstrap Sektion, 790
bootstrap(), 790, 791
Bootstrap-Routine, 770
Bootstrapping a C compiler, 33
Borgsches Prinzip, 2, 4, 27
boundary checking, 707
Boyce-Codd-Normalform, 947
Boyer-Moore-Algorithmus, 108
breadth first search, 541
BSD, 372, 866
BSD::*, 630
BSD::Ipfwgen, 630
BSD::Resource, 630
Buchungssystem, 1021
Bucket, 280
    Belegung von Hashes, 213
    in Hashtabellen, 213
builtin function, 292
Builtins, 293, 306
bus error, 796
Business::*, 661
Business::CreditCard, 661
Business::ISBN, 661
Business::UPC, 661
Business::UPS, 661
Business::US_Amort, 661
busy waiting, 409, 899
Button, 670
byacc, 117–119, 121, 643
    Aufruf, 119
bzip, 655

C, 4, 62, 68, 72, 78, 128, 129, 131, 180,
    227, 246, 247, 261, 263–265,
    269, 272, 292, 507, 516
C++, 37, 38, 166, 180, 285, 516, 674,
    681, 762
C-Compiler, 26
C-Kommentare entfernen, 97
C-Sonderzeichen, 68
C-Strings, 62
c-test1.pl, 749
c-test4.pl, 754
c-test5.pl, 756
C-Welt, 14
c2ph, 482
C::*, 641
C::DynaLib, 641, 792–794, 796
C::DynaLib::Callback, 794
C::DynaLoader, 792
C::Scan, 642, 792
Cache, 252
cacheout(), 385
Caching, 207
calc-with-eval.pl, 120
calc.pl, 119
calc.y, 118
Calendar::CSA, 633
call by reference, 246, 298
call by value, 301
Callback, 658
Callbacks, 332, 724, 794
caller(), 318, 567
Camel Book, 15, 16
can(), 699
Carp, 608, 611
carp(), 658
case, Pascal, 269
case-insensitiver Vergleich, 81
Casting, 738
cat, 393, 394, 465, 470, 819, 857, 931
CBC, 1065
cc, 26
CD-ROM, 22
Cdk, 640
ceil(), 133, 138
CERT, 19
    Hinweise, 19, 227

CGI
    Programm, 9, 46, 1031
    Umgebungsvariablen, 1036
CGI, 328, 609, 615, 651, 745, 992, 1053,
    1055
cgi-input.pl, 1039
CGI-modules, 652
cgi-printenv.pl, 1036
cgi-s-cookie-md5-crypt.pl, 1063
cgi-s-cookie-md5.pl, 1057
cgi-s-cookie.pl, 1052
cgi-s-hidden.pl, 1050
cgi-s-pathinfo.pl, 1045
cgi-s-query.pl, 1047
cgi-s-roaming.pl, 1079
cgi-s-server.pl, 1068
cgi-welcome-gd.pl, 1033
cgi-welcome.pl, 1030
CGI.pm, 46, 203, 615, 623, 651, 652,
    1025, 1031–1033, 1035, 1041–
    1043, 1046, 1048, 1051, 1054–
    1056, 1060, 1094
CGI::*, 651, 652
CGI::Apache, 609, 615
CGI::BuildPage, 651
CGI::Cache, 651
CGI::Carp, 609, 615, 1062
CGI::Cookie, 609, 615, 1053, 1055,
    1061
CGI::Fast, 609, 615
CGI::FastTemplate, 651
CGI::Imagemap, 652
CGI::Log, 651
CGI::Out, 651
CGI::Pretty, 1055
CGI::Push, 609, 615
CGI::Response, 651
CGI::Screen, 651
CGI::Switch, 609, 615
CGI::Validate, 652
CGI00.pl, 46
CGI_Lite, 652
Channel, IRC, 913
Charakteristik, IEEE-754, 143
Chart, 656
Chart::*, 656

Chart::GnuPlot, 656
Chart::Plot, 656
Chat, IRC, 913
Chatbot::Eliza, 643
Chatserver, 913
chdir(), 314, 360, 361, 385, 426, 429, 431, 436
Checkpoint, 705, 934, 1020
Checkpointing, 338
Chi-Square-Verteilung, 149
chisquare-rand.pl, 148
chmod, 36, 434
chmod(), 314
chomp(), 38, 79, 80, 307, 356, 373, 374, 492, 1006
chop(), 80, 307
chown(), 314
chr(), 78, 79, 308, 309
chroot(), 314
Chunks, 76, 124, 253
    verwaist, 254
CIDR, 548, 866
Cisco IOS, 468
cisco-static-routes.pl, 467
Cisco::Conf, 661
class-struct.pl, 697
Class::*, 633
Class::Eroot, 633
Class::MethodMaker, 633
Class::Multimethods, 633
Class::Singleton, 633
Class::Struct, 609, 616, 697, 698
Class::Template, 284, 633, 634
Class::Tom, 633
Class::Tree, 633
Class::Visitor, 634
Classless Internet Domain Routing, 548
ClassWithAnonHash.pm, 687
CLEAR(), 706, 710
Client, 872
    Web, 45, 1082
Client/Server, 802, 872
cloaked.pl, 426
CLOSE(), 716
close(), 314, 366, 383, 385, 386, 398, 431, 480, 481

closedir(), 314, 428, 429, 432, 433
Closure, 226, 328, 329, 524, 544
Closure-basiertes Objekt, 544
closure1.pl, 328
closure2.pl, 329
closure3.pl, 330
closure4.pl, 332
closure5.pl, 333
cmp, 69, 168
cmp, 366, 465, 466
cmp(), 611, 717
cmplx-print0.pl, 532
cmplx-print1.pl, 533
cmplx-print2.pl, 535
Code injizieren, 763
CODE:, 770–772, 774, 787–789, 791
Codestub, 762
Command not found, 36
COMMIT, 955
commit(), 1004, 1017, 1020
compare(), 466
Compiler, 117
    von Perl, 616
complex.pl, 155
Compress::*, 655
Compress::Bzip2, 655
Compress::LZO, 655
Compress::Zlib, 655, 659
Config, 608, 611
ConfigReader, 646
Configure, 24–27, 29–31, 33, 145, 307, 747
configure, 961
connect(), 322, 885, 991, 992, 1092
constant, 608, 610
Container, 218
Content-length, 1032
continue, 276
continue(), 318
Control-Darstellung, 68
Convert::*, 655
Convert::BER, 655
Convert::BinHex, 655
Convert::EBCDIC, 655
Convert::Recode, 655
Convert::SciEng, 655

Convert::Translit, 655
Convert::UU, 655
Cookie, 1052
cookie(), 1056, 1060
copy
    deep, 554
    delayed, 29
    shallow, 553
copy on write, 29, 228
copy(), 465
copy-deep.pl, 554
copy-shallow.pl, 553
Copyleft, 17
CORBA, 631
CORE, 573
CORE::, 347
Coredump, 7, 227, 252, 253, 497, 508, 796
cos(), 132, 310
cosh(), 133
Counter, 1020
cp, 448, 456, 464
CPAN, 22, 46, 47, 537, 564, 619
    Multiplexer, 620
CPAN, 608, 611, 625
CPAN::Config, 611
CPAN::FirstTime, 608, 611
CPAN::Nox, 608, 611
cpio, 365, 434, 451, 642
cpp, 574, 576, 629, 770
Crack, 647
CREATE TABLE, 951, 952, 996
credentials, 1075
croak(), 755, 786
croak(), 658
cron, 962
crypt(), 308, 648
crypt16(), 648
Crypt::*, 647, 1065
Crypt::CBC, 647, 1065
Crypt::Cracklib, 647
Crypt::DES, 647, 1065
Crypt::HCE::MD5, 647
Crypt::HCE::SHA, 647
Crypt::IDEA, 647, 648, 1065
Crypt::Passwd, 648

Crypt::PasswdMD5, 648
Crypt::RIPEMD160, 648
cryptit, 434
CTAN, 619
ctime, 451
ctime(), 297, 311
current working directory, 361
Curses, 640
Curses, 640
CVS, 591, 629
Cwd, 608, 612
Cypher Block Chaining, 1065
Cz::*, 646

dangling else, 268
dangling pointer, 497, 508, 515
DATA, 485
data-dumper-purity.pl, 940
Data::*, 634
Data::Dumper, 526, 529, 534, 536, 573, 608, 613, 851, 917, 939, 941, 944
Data::Flow, 634, 792
Data::Locations, 634
Data::ShowTable, 634
Data::Xtab, 634
Datagramm, 871, 875
datagrammorientiert, 859
date, 311
Date::*, 634
Date::Calc, 634
Date::Manip, 634
Datei, 354
Datei mit Loch, 447
Datei Zeitstempel, 450
Dateibesitzer, 450
Dateideskriptor, 490
Dateien
    konkatenieren, 464
    kopieren, 464
    löschen, 451
    temporär, 468
    vergleichen, 465
Dateiende erkennen, 378
Dateiname, aktuelle Datei, 234
Dateisperren, 477

Dateisystem
    durchlaufen, 432
    Layout, 25
Dateitestoperatoren, 441
Dateiverzeichnis, 354
Dateizeiger, 471
Datenbank, 945
Datenbankhandle, 991
Datenbankschema, 946
Datenelement, 675, 676
Datensatz, 945
Datenstruktur, 258
Datentyp, 218
    skalar, 219
DB-Dateien, 194
db-dodemo.pl, 994
db-isql.pl, 1004
DB-Library, 27
    Berkeley, 933
db-listdb.pl, 988
db-listfld.pl, 992
db-listtbl.pl, 989
db-placeholder.pl, 1000
db-prepare.pl, 997
db-tiedbi.pl, 1007
db-tierdbm.pl, 1013
DB_RECNO, 476
DBD::*, 638, 987, 1011, 1022
DBD::Adabas, 638
DBD::Altera, 639
DBD::CSV, 639, 644
DBD::DB2, 639
DBD::Fulcrum, 639
DBD::Illustra, 639
DBD::Informix, 639
DBD::Ingres, 639
DBD::mSQL, 639
DBD::mysql, 639, 640, 957, 963, 964,
    988, 989, 993
DBD::NET, 639
DBD::ODBC, 639
DBD::Oracle, 639
DBD::Pg, 639
DBD::QBase, 639
DBD::Solid, 639
DBD::Sybase, 639

DBD::XBase, 639
dbfile-lines.pl, 473
DBI, 637–640, 745, 957, 964, 987, 988,
    991, 994, 1000, 1003, 1011,
    1022, 1071, 1092
DBI-Framework, 987
DBI::DBD, 649
DBIx::*, 639
DBM-Dateien, 192
dbmclose(), 192, 326
dbmopen(), 192, 326
DBZ_File, 639
DB_File, 193, 473, 476, 490, 492, 637,
    709, 717, 718, 933–935, 943,
    944, 1006, 1021
DCE::*, 631
dclone(), 554, 636, 943
Deadlock, 358, 372, 382, 484, 803, 813,
    816, 852, 1003
Debian, 642
Debug-Information, 27
Debugger, 27, 53
    Aktionen, 58
    Perl, 536
Decision::Markov, 634
deep copy, 554, 943
DEFAULT, 945
Defaulthandle, 380
Defaulthandler, 807
Defaultnamensraum, 565
Defaultvariable, 230, 307
Defaultwerte, 327
    undefinierter Variablen, 218
defined(), 136, 184, 247, 248, 319
Definiertheit eines Wertes, 183
Definition, 292
    von Subroutinen, 299
defunct-Prozesse, 890
Deklaration, 292
    erzwingen, 218
    von Variablen, 218
Dekrementierungsoperator, 73
delayed copy, 29
DELETE, 950
DELETE(), 710

delete(), 183, 184, 194, 199, 214, 313, 314, 452, 1010
demand paging, 29, 346
Denial-of-service, 863
Denormalisierte Zahlen, IEEE-754, 144
deprecated, 70
depth first search, 541
Dereferenzierung, 501, 509
    von Zeigern, 252
Derive, 150
DESTROY(), 685, 693, 703, 706, 710, 716
Destruktor, 669
Determinante einer Matrix, 560
deterministischer Automat, 144
Devel::*, 628
Devel::Coverage, 629
Devel::DProf, 629, 649, 724, 796
Devel::Leak, 629
Devel::Memo, 629
Devel::Peek, 629, 650, 795
Devel::PreProcessor, 629
Devel::SelfStubber, 609, 617
Devel::SmallProf, 628
Devel::Symdump, 628
Devel::TraceFuncs, 629
df, 642
DFS, Traversierung, 541
diagnostics, 608, 610
Dial-in-User, 907
Diamond-Operator, 234, 392
Dictionary, Python-Datentyp, 180
die(), 262, 283, 286, 318, 345, 358, 359, 368, 387, 398, 471, 521, 573, 574, 611, 658, 699, 744, 807, 811, 1031, 1062, 1073
diff, 467, 468, 493, 494, 632
Differenz von Mengen, 200
Digest::MD5, 648, 1057, 1061
Digitale Signatur, 1057
Dijkstra, E. W., 820
Directoryhandle, 429
DirHandle, 608, 612
disconnect(), 991, 996, 998, 1010, 1092
Diskless Workstations, 34
Dispatcher, 270, 503

Distribution
    Perl, 607
Disziplin
    FIFO, 832
    Flußkontrolle, 802
    Richtung, 817
    Singleton, 810
    Sperre, 479, 809, 852
    Warteschlange, 832
    Zugriff, 801, 808
djgpp, 3
DNS, 325, 871
do, 326
do-Block, 268, 269
Do What I Mean, 514
do(), 246, 268, 318, 319, 321, 987, 994, 996, 1002, 1003, 1006, 1017
DoD, 865
Dokumentation
    Manual-Seiten, 14
    Module, 579
    POD, 581
    zu Zeigern, 498
Domain Name Service, 871
dos2unix, 375
Dotted-Quad-Notation, 547, 870
double
    Typ, 128, 143
    Zahlen,IEEE-754, 143
double extended
    Zahlen, IEEE-754, 143
DROP TABLE, 951
druckbare Zeichen, 68
DSN, 991, 1016
dSP, 749, 751
dump, 972
Dump(), 939
dump(), 318
Dumper(), 534, 917
dumpvar.pl, 573
dup(), 392, 490
dup2(), 490
Durchschnitt von Mengen, 199
DWIM, 514
dXSARGS, 785
dynalib.pl, 793

DynaLoader, 609, 617, 764, 776, 785, 791
dynamisch ladbare Library, 764, 792
dynamisch lokale Variable, 223
dynamische Webseiten, 46
dynamischer Linklader, 764
dynamisches Hashing, 183, 213
dynamisches Linken, 28, 29

E-Mail, 23, 208, 903
each(), 186–190, 192, 313, 314, 710, 733
echo, 462
echte Referenzen, 497, 499
eckige Klammern, 162
ed, 83, 467, 476, 494, 1021
egrep, 83
Ein- und Ausgabesteuerung, 232
Eindeutigkeit, 199
einfach gequotet, 62
Eingabefilter, 369
Eingabeoperationen, 353
Eingabereihenfolge, Hashes, 191
Eingabesatztrenner, 234
Einlesegranularität, 356, 375
Einloggen, 996
Einzeiler
 webget, 46
Eliza, 643
elizad, 654
Ellipsis, 293, 772
elm, 903
else, 41, 267
elsif, 267
emacs, ix, 30, 83, 640, 641, 661
Emacs::Lisp, 640
embedmain.c, 744
END-Block, 573, 811
endgrent(), 324
endhostent(), 324, 325
Endianness, 142
Endlosschleife, 273
endnetent(), 324, 325
endprotoent(), 325
endpwent(), 324
endservent(), 325

end_form(), 1043
end_html(), 1033
English, 608, 611
Enigma, 1065
ENTER, 741, 752
Entfernen mehrerer Elemente, 186
Entstringifizierung, 851
entwerten, 63
enum, 628
Env, 608, 611
env-child.pl, 805
env-printall.pl, 804
eof, 378, 395
eof(), 234, 277, 314, 378, 395
eof(ARGV), 395
eof(FH), 378
ePerl, 643, 652
Epoche, 311
eq, 38, 69
erase(), 452
ereignisverarbeitende Schleife, 332
ERG, 643
Errno, 609, 618, 630
errno, Res. Var., 285, 372
errno.pl, 235
Erweiterungsmodul, 766
Erzeuger, 822
Erzeuger/Verbraucher-Problem, 821
eval(), 4, 11, 43, 44, 93, 97, 113, 136, 222, 281–286, 318, 319, 344, 345, 348, 359, 463, 534, 537, 561, 574, 601, 707, 743, 744, 759, 761, 916, 937, 939, 941, 1090, 1093
Event, 654
event processing loop, 332
Event::*, 654
EventServer, 654, 926
EWOULDBLOCK, 898
Exception, 284
exec(), 35, 320, 740
execute(), 987, 993, 997, 998, 1000, 1002, 1011
Existenz
 eines Paares, 183
 von Schlüsseln, 184

EXISTS(), 710
exists(), 184, 198, 205, 215, 313, 314, 531, 732
exit(), 283, 318, 471, 573, 811, 890–892, 926
exklusive Sperre, 802
exp(), 132, 310
Expect, 631, 659
expect, 659
Exponent, IEEE-754, 143
Exponentialdarstellung, 128
Exporter, 578, 583, 584, 609, 616, 776
Exportieren
    in Namensraum, 246
    von Namen, 578
Exportmechanismus, 584
EXTEND, 751
EXTEND(), 706
externe Libraries, 791
externer Kontext, 329
ExtUtils::*, 629
ExtUtils::Command, 609, 617
ExtUtils::DynaGlue, 629
ExtUtils::Embed, 609, 617, 726, 745
ExtUtils::Install, 609, 617
ExtUtils::Installed, 609, 617
ExtUtils::Liblist, 609, 617
ExtUtils::MakeMaker, 602, 609, 617
ExtUtils::Manifest, 609, 617
ExtUtils::Miniperl, 609, 617
ExtUtils::Mkbootstrap, 609, 617
ExtUtils::Mksymlists, 609, 617
ExtUtils::MM_*, 617
ExtUtils::MM_OS2, 609
ExtUtils::MM_Unix, 609
ExtUtils::MM_VMS, 609
ExtUtils::MM_Win32, 609
ExtUtils::Packlist, 609, 617
ExtUtils::PerlPP, 629
ExtUtils::TBone, 629
ExtUtils::testlib, 609, 617

F_GETFL, 895
F_SETFL, 895
fabs(), 766, 779
Fakultät einer Zahl, 273

falsch, Boolesch, 258
FAQ
    Definition, 17
    Meta, 34
    Perl, 17, 34
Fatal, 608, 611
fatalsToBrowser, 1062
FCGI, 652
Fcntl, 315, 397, 398, 402, 609, 618
fcntl(), 314, 417, 481, 482, 484, 490, 813, 895
fdopen(), 366, 490
Fehler beim Öffnen, 371
Fehlerhafte Tests, 31
Fehlerkanal, 355
Feld, 945
Feldtrenner, 234
Fenster, GUI, 667
feste Satzlänge, 931
feste Satzstruktur, 354
Festpunktdarstellung, 128
FETCH, 702
FETCH(), 701–704, 706, 710, 715, 717, 854
fetch*(), 987
fetch-url.pl, 710
fetchall_arrayref(), 999
fetchmail, 658, 907
fetchrow_array(), 998–1000
fetchrow_arrayref(), 998–1000
fetchrow_hashref(), 999
FETCHSIZE(), 706
fgrep, 83
fib(), 226
fib-memoize.pl, 336
Fibonacci-Funktion, 336
fields, 608, 610
FIFO, 817
    Disziplin, 832
fifo-client.pl, 818
fifo-server.pl, 818
file-kglob.pl, 428
File-Scope, 222
File::*, 642
File::Backup, 642
File::Basename, 608, 612

File::CheckTree, 608, 612
File::Compare, 466, 608, 612
File::Copy, 460, 463, 465, 608, 612
File::CounterFile, 642
File::Descriptions, 642
File::DosGlob, 608, 612
File::Find, 435–437, 608, 612
File::KGlob, 428
File::LinkTree, 642
File::Lockf, 642
File::Path, 437, 608, 612
File::Slurp, 642
File::Spec, 608, 612
File::Spec::Mac, 608, 612
File::Spec::OS2, 608, 612
File::Spec::UNIX, 608
File::Spec::Unix, 612
File::Spec::VMS, 608, 612
File::Spec::Win32, 608, 612
File::stat, 448, 449, 608, 612
File::Sync, 599, 642
File::Tail, 642
FileCache, 384, 385, 608, 612
FileCache-example.pl, 384
fileglob-Operator, 425
FileHandle, 488, 608, 612
Filehandle, 339, 487
    Alias, 390
FileHandle::Multi, 659
fileno(), 314, 411, 412, 490
FileSys::*, 642
Filesys::DiskFree, 642
filetest, 608, 610
Filter, 628
Filterung
    Sourcecode, 371
    von SPAM, 910
find, 433–435
find(), 437
FindBin, 608, 612
finddepth(), 437
finish(), 994, 997, 998
Firewall, 900
FIRSTKEY(), 710
flache Listen, 160, 508
flat-list.pl, 524

flex, 83, 112, 121, 643
float, Typ, 143
flock(), 315, 479–482, 642, 809
floor(), 133, 138
Flowcontrol, 258, 802
FLUSH PRIVILEGES, 983
flushing, 382
    automatisch, 235
Flußkontrolldisziplin, 802
Flußkontrolle, 817
fmod(), 133
Font::AFM, 643
Font::TFM, 643
Font::TTF, 643
for, 271, 272
    -Schleife, 42
for(), 407
foreach, 271
    -Schleife, 42, 231
fork(), 29, 307, 320, 366, 368, 370, 372,
    409, 410, 630, 740, 804, 805,
    814, 828, 886, 887, 889, 890,
    893, 899, 920
form-demo.pl, 420
Format
    Top-of-Page, 419
format, 421, 422
format(), 315
formatierte Ausgabe, 380
Formatierungsflags, 138
FormatNroff, 652
Formatstring, 138
    %%, 138
    %E, 138
    %G, 138
    %X, 138
    %c, 138
    %d, 138
    %e, 138
    %f, 138
    %g, 138
    %o, 138
    %s, 138
    %u, 138
    %x, 138
formline(), 315, 423

Formular, 46
Fortune, 702
fortune-Datei, 377
fortune, 378, 702, 703
fortune.pl, 377
forward-Deklarationen, Pascal, 292
Fouriertransformation, 874
Fragmentierung des Speichers, 228
fread(), 407
Free Software Foundation, 17
free(), 228, 229, 252, 253
FreeBSD, 22, 26, 27, 145, 229, 238, 244
freelist threshold, 254
FREETMPS, 738, 751, 756
freeWAIS, 661
freeWAIS-SF, 661
freewrl, 657
freeze(), 937, 943, 1014, 1016, 1017, 1066
freeze-thaw-freeze.pl, 938
freeze-thaw-thaw.pl, 938
FreezeThaw, 634, 937, 939, 941, 943, 944
Freigabe von Speicher, 62, 228
Freiliste, 253, 254
Freispeicher, 497
frexp(), 133
From:, 907
Frühes Matching, 106
Frühzeitiger Abbruch, Schleife, 248
fsync(), 402, 405, 413, 642
ftok(), 614, 835, 836
FTP, 23
ftp, 23, 884
ftp-client.pl, 911
FTP-Server, 911
ftpd, 358, 871
FTPMail, 23
func(), 991
func1(), 752
function fault, 346
Funktionen, 292
Funktionsaufruf, Parameterliste, 246
fuser, 457, 458

G_ARRAY, 743, 744, 756, 758

G_DISCARD, 732, 743, 748, 750, 753, 755
G_EVAL, 744
G_KEEPERR, 744
G_NOARGS, 743, 744, 748, 750
G_SCALAR, 743, 744, 753, 755
G_VOID, 743, 744
Gadfly, 956
Games::*, 661
Games::Chess, 661
Games::Dissociate, 661
Games::WordFind, 661
Garbage Collection, 62, 163, 219, 227, 252, 253, 534
Garbage Collector, 738
gcc, ix, 26–28, 33, 594, 764, 780, 796
gconvert(), 138
GD, 656, 661, 1032–1035
gd, 656
gdb, 27, 53, 60, 796
gdGiantFont, 1035
ge, 69
general protection fault, 497
General Public License, 17
gensym(), 340, 488, 505
gepufferte Ausgabe, 235
gepufferte Standardausgabe, 357
gerichtete Kanten, 529
geschweifte Klammern, 181, 263
GET-Abfrage, 1037
GET-Aufruf, 1047
GETC(), 716
getc(), 315
getgr*(), 615
getgrent(), 324
getgrgid(), 324
getgrnam(), 324
gethost*(), 615
gethostbyaddr(), 325, 881
gethostbyname(), 325, 879, 883
gethostent(), 325
getlogin(), 324
getnetbyaddr(), 325
getnetbyname(), 325
getnetent(), 325
Getopt::*, 646

Getopt::Declare, 646
Getopt::EvaP, 646
Getopt::ExPar, 646
Getopt::Long, 608, 611, 646, 652
Getopt::Mixed, 646
Getopt::Regex, 646
Getopt::Simple, 646
Getopt::Std, 560, 608, 611, 646, 1006
Getopt::Tabular, 646
getpeername(), 322
getpgrp(), 320
getppid(), 320
getpr*(), 647
getpriority(), 320
getproto*(), 615
getprotobyname(), 326
getprotobynumber(), 326
getprotoent(), 326
getpw*(), 615
getpwent(), 324
getpwnam(), 324
getpwuid(), 324
getrlimit(), 384, 630
getrusage(), 630
getserv*(), 615
getservbyname(), 326, 879
getservbyport(), 326
getservent(), 326
getsockname(), 322
getsockopt(), 322
Gewicht einer Kante, 529
gieriger Quantifier, Regexp, 98
gieriges Matching, 107
GIF-Datei, erzeugen, 1032
GIFgraph, 656
GIMME_V, 744
Gimp, 640, 656
gimp, 656
Gleichheitsoperatoren, 38
Glimpse, 930
glob(), 315, 427, 428, 492
globale Variablen, 168, 221, 225, 263
Globbing, 64
Globoperator, 271
Glue
    Code, 739, 761

    Language, 723
gmp, 151
gmp-Library, 151
gmtime(), 311, 312, 611
GNU
    C-Compiler, 26
    Copyleft, 17
    tar, 23
gnuplot, 640, 656
Go-Brett, 124
goto, 318
GPL, 17
Grammatik, 116
GRANT, 979
Graph, 529, 541
    Adjazenz-Liste, 529
    Traversierung, 541
Graph, 634
graph-modules, 634
graph-traverse.pl, 541
Graph::*, 634
Graph::DFS, 634
Graph::Directed, 634
Graph::Edge, 634
Graph::Element, 634
Graph::Kruskal, 634
Graph::Node, 634
Graph::Undirected, 634
Graph::Vertex, 634
Graphikmodul, 1032
Grenze, sbrk(), 228
grep, 83, 365, 394, 760
grep(), 169–171, 231, 278, 313, 531, 548, 930
Großschreibung, 80
gt, 69
Gtk-Perl, 640, 656
Gültigkeitsbereich, 507
GUI, 47, 667
gzip, 23, 356, 357, 365–367, 434, 590, 595, 620, 621, 649, 655, 659, 781

h1(), 1032
h2xs, 586, 591, 602, 764, 766, 770, 775–777

Häufigkeit, 45, 124
    von Wörtern, 195
Halbduplex, 817
Handlebindung, 715
Handler, 333
`handler()`, 1092, 1093
hanshake, 3 way, 876
Hardlink, Dateisystem, 437
harte Referenzen, 181, 497
Harvest, 930
HAS-A-Beziehung, 671
Hash-Element, HE, 733
`hashbind1.pl`, 193
Hashbindung, 709
Hashes, 180, 220
    Anfangsgröße, 182, 213
    Bucketbelegung, 213
    Definiertheit eines Wertes, 183
    Eingabereihenfolge, 191
    Einzelnes Paar, 181
    Entfernen mehrerer Elemente, 186
    Existenz eines Paares, 183
    Existenz von Schlüsseln, 184
    Hashfunktion, 188
    im skalaren Kontext, 280
    invertieren, 185
    Kombination, 184
    Konkurrierender Zugriff, 193
    Löschen von Paaren, 183
    merging, 184
    Multihash, 203, 527
    persistent, 188, 189, 192, 252
    skalarer Kontext, 213
    Slice, 532
    Slices, 185
    sortieren, 188
    sortiert, 190
    Traversierung, 186
    von Hashes, 529
    zufällige Reihenfolge, 189
    Zuweisung, 184
Hashfunktion, 188, 212
    ideal, 212
Hashing, 212
    dynamisch, 213
    statisch, 213

Hashliterale, 180
Hashtabelle, 183, 212
    Größe, 213
Hashtable, Java-Klasse, 180
Hashvariablen, 181
Hauptspeicher, 253
HE, 733
head, 492
`header()`, 1032, 1035, 1054
Header, E-Mail, 209
Header, HTTP, 1032
Heap, 253
Heap, Speicher, 516
Heap-Eigenschaft, 935
`Heap::*`, 634
`Heap::Binary`, 634
`Heap::Binomial`, 634
`Heap::Fibonacci`, 634
Heartbeat-Signale, 812
HeHASH(), 734
HeKEY(), 734
HeKLEN(), 734
Hello World, 37
`hello.pl`, 37
Henne-und-Ei-Problem, 33
HePV(), 734
HERE-Dokument, 65
HERE-Token, 65, 66
`herequotes.pl`, 67
HeSVKey(), 734
HeSVKEY_force(), 734
HeSVKEY_set(), 734
heterogene Hashes, 180, 531
heterogene Liste, 160
heterogene Variablen, 508
Heuristik, 24, 25
HeVAL(), 734
`hex()`, 129, 141, 308, 309
Hex-Code, 68
Hexadezimaldarstellung, 68, 129
Hexadezimalziffern, 129
Hidden-Felder, 1050
Hierarchie von Klassen, 246
Hints, 25
`hoh.pl`, 529
`hol.pl`, 527

homogene Liste, 160
Hook::PrePostCall, 658
HTML, 117
HTML, 652
HTML::*, 651, 652
HTML::AsSubs, 653
HTML::Base, 652
HTML::Element, 653
HTML::EmbPerl, 652
HTML::Embperl, 651
HTML::EP, 652
HTML::Form, 653
HTML::FormatPS, 653
HTML::Formatter, 653
HTML::FormatText, 653
HTML::Mason, 651, 652
HTML::Parse, 1090
HTML::Parser, 652
HTML::QuickCheck, 652
HTML::SimpleParse, 652
HTML::Stream, 652
HTML::Table, 652
HTML::TableLayout, 652
HTML::Tree, 652
HTML::TreeBuilder, 653
HTTP
 Antwort, 46
 Protokoll, 46
 Server, 46
HTTP-Header, 1032
HTTP::*, 623
httpd, 358, 660, 741, 871
httpd.conf1, 1028
HV, 731
hv_clear(), 732
hv_delete(), 732
hv_delete_ent(), 733
hv_exists(), 732
hv_exists_ent(), 733
hv_fetch(), 731, 732
hv_fetch_ent(), 733
hv_iterinit(), 733
hv_iterkey(), 733
hv_iterkeysv(), 733
hv_iternext(), 733
hv_iternextsv(), 733

hv_iterval(), 733
hv_store(), 731, 732
hv_store_ent(), 733, 734
hv_undef(), 732
Hypothetical::HTTP::Fetch, 252

I18N::*, 646
I18N::Charset, 646
I18N::Collate, 608, 611
I18N::LangTags, 646
IANA, 870
ICMP, 870
iconv(), 646
ID
 Gruppe, 237
 Prozeß, 237
 User, 237
IDEA, 1065
idea, 366, 367, 370, 371, 434
ideale Hashfunktion, 212
Identifier, 249
Identität von Objekten, 667
IEEE, 143
IEEE-754
 Ausnahmesituation, 144
 bias, 143
 biased exponent, 143
 Charakteristik, 143
 Denormalisierte Zahlen, 144
 Double-extended-Zahlen, 143
 Double-Zahlen, 143
 Exponent, 143
 Mantisse, 143
 NaN, 144
 normalisierte Form, 143
 Rechengenauigkeit, 143
 Single-Zahlen, 143
 Standard, 143
 Trap, 144
 Vorzeichenbit, 143
if, 41, 266
ignorieren, Signale, 807
image/gif, 1032
Image::*, 656
Image::Grab, 656
Image::Size, 656

imake, 33
IMAP, 657
imapd, 657
imperative Programmiersprache, 35
impliziter Iterator, 231
import(), 319, 321, 578, 663
Include, 629
Includedateien, 725, 745
Index, 945
index(), 124, 308
indexsequentiell, 931
Indizierung, 930
    über Strings, 180
Informationen, vertraulich, 1062
Informix, 955, 959
inheritance.pl, 691
inheriting-attributes.pl, 694
IniConf, 646
init, 926
Initialisierungsteil, Schleife, 272
Initialwert, 822
injektive Abbildung, 213
Injizieren
    von Code, 763
    von Variablen, 747
Inklusion von Mengen, 201
Inkrementationsoperator, 72
Inkrementausdruck, Schleife, 272
Inline-Dateien
    DATA, 485
innd, 658
Inorder-Traversierung, 539
INSERT, 950
instanziieren, 668
Instanzvariable, 677
int(), 138, 145, 310
INTEGER, 951
integer, 608, 610
Interbase, 956
Interface, 870
International Organization for Standards, 121
Internationale Zahlenformate, 140
Internet, 865
    Protokoll, 870
Internet-Relay-Chat, 631, 913

Interpolation
    in Strings, 37
    von Ausdrücken, 538
Interpreter, 117, 253
Interval, 634
Invertierte Hashes, 185
IO, 608, 613, 659, 660, 860
IO::*, 659
IO::AtomicFile, 659
IO::File, 469, 488, 489, 608, 613, 942
IO::File::Multi, 659
IO::Handle, 383, 390, 488–490, 608, 613, 860, 886, 942
IO::Lines, 659
IO::Pipe, 608, 613
IO::Scalar, 659
IO::ScalarArray, 659
IO::Seekable, 488, 489, 608, 613
IO::Select, 412, 416, 608, 613, 863, 880, 887, 895, 896
IO::Socket, 608, 613, 858, 859, 863, 878, 884, 885, 888, 916, 942
IO::Socket::INET, 903
IO::Socket::UNIX, 858
IO::String, 659
IO::stringy, 659
IO::Stty, 659
IO::Tee, 659
IO::Wrap, 659
IO::WrapTie, 660
IO::Zlib, 659
IOCCC, 10
Ioctl, 630
ioctl(), 315, 490, 630, 640
ioresvar.pl, 232
IOS, Cisco, 468
IP, 870
    Adressen, 870
    Adressen sortieren, 547
    Klasse B-Adressen, 548
    Paket, 870
    private Adressen, 870
ipc-shareable1.pl, 849
ipc-shareable2.pl, 850
IPC::*, 631
IPC::ChildSafe, 631

IPC::Msg, 609, 614, 631, 836, 838
IPC::Open2, 609, 614, 631
IPC::Open3, 609, 614, 631
IPC::Semaphore, 609, 614, 631, 824, 828, 829, 832
IPC::Shareable, 631, 830, 831, 848, 849, 851–853
IPC::ShareLite, 631
IPC::SysV, 609, 614, 631, 828, 836, 845
IPC_CREAT, 836
IPC_NOWAIT, 838
ipcmsg1.pl, 834
ipcmsg2.pl, 837
ipcmsg3.pl, 839
ipcmsg4.pl, 841
ipcp1.pl, 844
ipcp2.pl, 846
ipcp3.pl, 847
ipcrm, 832, 835
ipcs, 831, 842, 846
IRC, 631, 913
irc, 913
ircd, 871, 913
ircII, 913
IS-A-Beziehung, 670
isa(), 699
ISAM-Datei, 354, 931
ISO, 121
ISO-8859-1, 121
ISO-OSI, 867
isql, 1019
items, Res. Var., 773, 774, 785
Iteratoren, 186, 190, 330
    implizite, 231
    Standard-, 231
IV, 728
IV16, 728
IV32, 728
ixhash.pl, 191

Java, 4, 5, 37, 38, 62, 166, 180, 227, 258, 516, 674, 762
jn(), 794
Join, 949
join(), 172, 313, 314, 547, 695

Kante eines Graphen, 529

Kapselung, 689
Kartesisches Produkt, 331
Kerberos, 323
Kernel, 35, 37, 235
    -Mailbox, 832
keys(), 184, 187–190, 195, 313, 314, 710
keyword(), 347
kglob(), 428
kill(), 320, 805
Killfiles, 910
Klammern
    eckige, 162
    geschweifte, 181, 263
    runde, 161, 280
Klasse B von IP-Adressen, 548
Klassen, 252, 676
Klassendefinitionsdatei, 680
Klassenelement, 676
Klassenfunktion, 676
Klassenhierarchie, 246
Kleinschreibung, 80
Knoten eines Graphen, 529
Körper, Schleife, 272
Kombination von Hashes, 184
Kommandozeile, Argumente, 242
Kommaoperator, 248, 264, 269, 272, 549
Kommentare, 37
    im C-Stil, 37
Kommentarstil, 37
Kommentarzeichen, 13, 37
Kommunikationskanal, 802
Kompilierzeit, 725
komplexe Datenstruktur, 524, 943
komplexe Zahlen, 154
Konkatenation, 71
    Dateien, 464
Konkatenationsoperator, 71, 75
Konkurrenzschlitz, 810, 811, 821
Konkurrierender Zugriff auf Hashes, 193
Konstruktor, 668
Konsument, 802
Kontext
    Boolesch, 187, 247, 248, 258–260, 266, 268, 279

Listen, 247, 264, 280
   numerisch, 137, 247, 259, 279
   skalar, 170, 264, 278
   String, 138, 247, 279
kontextfreie Sprachen, 83
kontextsensitiv, 297
   Sprachen, 83
Kontrollstrukturen, 40, 257, 258
   Alternative, 41
   Schleife, 42
   Sequenz, 40
Konvertierungsregeln, 786
Kopie
   oberflächlich, 553
   tief, 554
Kopieren von Dateien, 464
Kostendatei, 530
Kostenfunktion, 531
Kryptographie, 147
Kurznamen von Variablen, 230

Labels, Schleife, 276
Laden, mehrfach, 246
Lambda-Funktion, 524
Langnamen von Variablen, 230
Language::Prolog::*, 642
Larry Wall, 2, 15
last, 42, 269, 275, 318
lastone.pl, 303
lc(), 81, 88, 171, 196, 308, 309, 347, 636
lcfirst(), 81, 308, 309
ld.so, 764
ldexp(), 133
le, 69
leak, memory, 253
Leaning Toothpick Syndrome, 63, 84
least significant bit, 143
LEAVE, 741, 752, 756
leere Liste, 184
length(), 73, 77, 166, 171, 178, 308, 309
Lese-und-Schreibe, 1002
Lesen, 373
Lesesperre, 802, 809
Lesezugriff, 252

less, 83, 358, 382, 581, 931
less, 608, 610
letzte Anweisung, Wert, 263
Lex, 658
lex, 83, 91, 111, 112, 116, 117, 121, 643
Lexer, 112
lexikalisch lokale Variablen, 221
lexikalische Variablen, 568
lib, 576, 608, 610
libm, 132
libm.a, 766
libnet, 631, 632, 648, 657, 658, 903, 904, 906, 908, 911
libperl.a, 29, 725, 739, 747, 764
libperl.so, 29, 725, 739, 747, 764
libtcl, 642
libwww-perl, 648, 653, 1083
line noise, 6
Lingua::*, 643
Lingua::EN::Gender, 643
Lingua::EN::Infinitive, 643
Lingua::EN::Inflect, 643
Lingua::EN::Nums2Words, 643
Lingua::EN::Squeeze, 643
Lingua::PT::Conjugate, 643
link(), 315, 438, 450, 457
Link-Checker, 1082
Linkbaum, 440
Linken
   dynamisch, 28
   statisch, 28
Linklader, dynamisch, 764
linksassoziativ, 265
linktree, 642
lint, 618
Linux, 22, 26, 27, 145, 372, 764
Lisp, 4, 161, 180, 227, 253, 258, 261, 328, 336, 524, 546
Lisp-Machines, 254
List::Combination, 634
Liste
   der Prozesse, 240
   im skalaren Kontext, 279
   Separator, 264
   von Hashes, 526
   von Listen, 524

von Signalen, 244
listen(), 322
Listenkontext, 247, 264, 280
    erzwingen, 280
Listenliteral, 161
LISTFIELDS, 993
Little Endian, 142, 942
Livelock, 803
Lizenz, 17
Llama Book, 16
LLg, 658
llg, 658
ln, 450, 456, 457
local(), 221, 223–227, 234, 263, 319,
    320, 340, 375, 376, 387–389,
    558, 566, 571, 741
local.pl, 223
locale, 608, 610, 611
Locale::*, 646
Locale::Country, 646
Locale::iconv, 646
Locale::Language, 646
localtime(), 166, 279, 297, 311, 312,
    451, 611
localuse.pl, 225
Loch in Datei, 447
lock files, 809
LOCK TABLES, 960, 1003, 1017
lockd, 481
lockf(), 642
Löcher, 164
Löschen
    physisch, 453
    von Bits, 134
    von Dateien, 451
    von Paaren, 183
log(), 132, 310
log10(), 133
Log::*, 660
Log::Common, 660
Log::Logger, 660
Log::Topics, 660
Logfile, 661
Logfile::*, 661
Logfile::Radius, 661
Logfile::Rotate, 661

login(), 912
logische Größe, Datei, 447
logische Verknüpfungsoperatoren, 260
logischer Rechtsshift, 135
loh.pl, 526
lokal dynamische Variable, 223
lokal, dynamisch, 223
lokal, lexikalisch, 221
lokale Variable, 221
lokalisieren, 70
lol.pl, 525
look(), 208
Loopback-Interface, 799, 858
lose gekoppelt, 873
lp, 819
lpd, 819
lpr, 819
ls, 311, 456, 813
ls.pl, 443
lstat(), 315, 444, 445, 451
lt, 69
LTS, 63, 84
lvalue, 70, 89, 93, 161, 163, 165, 167,
    223, 266, 278, 297, 499, 505,
    511
LWP-Library, 709, 1083
lwp-simple.pl, 1083
lwp-uaagent.pl, 1085
lwp-uacredentials.pl, 1089
lwp-uapost.pl, 1088
lwp-uaproxy.pl, 1086
lwp-uaRobotUA.pl, 1087
lwp-uasimple.pl, 1084
lwp-uatimeout.pl, 1085
LWP::*, 46, 623, 653, 913, 1025, 1089
LWP::Parallel::*, 653
LWP::RobotUA, 1087
LWP::Simple, 46, 1084
LWP::UserAgent, 653, 715, 1084, 1087
lynx, 1036, 1037, 1056

m//, 84, 169, 231, 310
m4, 643
Mac, 630
magisches Verhalten, 72, 699
Mail, 903

Body, 907
Box, 907
Header, 209, 907
Host, 901
senden, 907
mail, 367, 645, 657, 903
`Mail::*`, 657
`Mail::Address`, 657
`Mail::Alias`, 657
`Mail::Cap`, 657
`Mail::Cclient`, 657
`Mail::Field`, 657
`Mail::Field::Address`, 657
`Mail::Filter`, 657
`Mail::Folder`, 657
`Mail::Header`, 657
`Mail::Internet`, 657
`Mail::IspMailGate`, 657
`Mail::Mailer`, 657
`Mail::POP3Client`, 658
`Mail::Send`, 657
`Mail::Sendmail`, 657
`Mail::Util`, 657
`mailthreads.pl`, 45
`MailTools`, 657
mailx, 903
`main` Defaultnamensraum, 565
Make, 629
make, 30, 441, 463, 593, 602, 629
Makefile, 779
Makefile.PL, 766
`makehole.pl`, 447
`malloc()`, 31, 164, 228, 229, 252, 516, 518, 796
man, 26, 579, 581, 582, 964
mandatory lock, 809, 1018
`MANPATH`, 579
Mantisse, IEEE-754, 143
Manual-Seiten, 14, 26, 31, 60
`map()`, 170, 171, 178, 188, 231, 278, 313, 485, 532, 546, 561, 695, 996, 1022, 1036
map, C++-Datentyp, 180
Maple, 4, 336
Maple, 151
maple, 779

Markieren, unref. Chunks, 254
Markierungsstack, 740, 742, 749
Maschinengenauigkeit, 156
Maskieren von Bits, 134
`Math::*`, 634
`Math::Amoeba`, 635
`Math::Approx`, 635
`Math::BigFloat`, 153, 154, 156, 609, 614
`Math::BigInt`, 43, 151–153, 156, 609, 614
`Math::Brent`, 635
`Math::Complex`, 154, 155, 157, 609, 614
`Math::Derivative`, 635
`Math::Expr`, 635
`Math::Fraction`, 634
`Math::Integral::Romberg`, 635
`Math::Interpolate`, 635
`Math::MagicSquare`, 635
`Math::Matrix`, 635
`Math::MatrixBool`, 635
`Math::MatrixReal`, 635
`Math::Pari`, 635
`Math::Polynomial`, 635
`Math::Random`, 149, 150, 156, 635
`Math::Spline`, 635
`Math::Trig`, 133, 609, 614
`Math::TrulyRandom`, 147, 635
Mathematica, 151
mathematische Funktionen, 132
mathematische Library, 766
Matrix, 512, 520, 525
    Adjazenz-, bewertet, 529
    Determinante, 560
    dünn besetzt, 529
`matrix-dyn.pl`, 520
`matrix.c`, 516
`matrix.cc`, 517
Matrizen mit Hashes, Perl 4, 525
Max. Anz. offener Dateien, 384
MD5, 1057
MD5, 648
mehrdimensionale Slices, 549
mehrfaches Laden, Datei, 246
Mehrfachvererbung, 670

Memoize, 658
Memoize::Storable, 658
Memoizing, 336
memory leak, 253
Mengen
    als Hashes, 198
        Differenz, 200
        Durchschnitt, 199
        Inklusion, 201
        Symmetrische Differenz, 200
        Vereinigung, 200
merging von Hashes, 184
MesaGL, 656
Message, 832
Message-Queue, 832
Meta-FAQ, 34
Metadata::*, 640
Metafunktion, 328
Metainformation, 993
Metazeichen, Regexp, 98
Methoden, 43, 675, 676
    -vererbung, 690
        Implementierung, 680
        von Klassen, 252
MH-Trick, 208
mh/xmh, 903
Micro$oft Windoze, 47
MIDI::*, 661
MIME
    Attachment, 23
    Typ, 1032
MIME::*, 653
MIME::Base64, 653
MIME::Body, 653
MIME::Decoder, 653
MIME::Entity, 653
MIME::Field::*, 653
MIME::Head, 653
MIME::Lite, 653
MIME::Parser, 653
MIME::ParserBase, 653
MIME::Tools, 653
MIME::ToolUtils, 653
MIME::Words, 653
mimeabuse, 653
mimedump, 654

mimeencode, 654
mimeexplode, 654
mimeprint, 654
mimesend, 654
mimetour, 654
Minerva, 956
mini-lexer.pl, 113
miniloop.pl, 277
minimal aufspannender Baum, 214
miniperl, 34
Minischleifen, 277
mission critical application, 253
mkdir(), 315, 385, 402, 436, 450
mkfifo, 817
mkfifo(), 817
mknod, 817
MLDBM, 537, 640, 944
mmap(), 650, 853, 854, 856–858, 925
modf(), 133
Moduldefinitionsdatei, 775
Module, 28, 246
Module::Reload, 628
Modulooperator, 131
Modulschablone, 585
Modulversion, 590
mod_perl, 1027
mod_perl, xi, 651, 654, 716, 724, 738,
    741, 992, 1025, 1026, 1076,
    1090, 1093
mod_ssl, 1025
Monitor, SQL, 1004
more, 83, 358, 382, 581, 813, 931
mortal SV, 732
mortalisieren, 751
Mortalität, 738
move(), 460, 463
MozSniff, 652
MPEG::MP3Info, 656
MPEG::MP3Tag, 656
MSDOS, 252, 307
MSDOS, 630
Msgcat, 646
msgctl(), 323
msgget(), 323
msgrcv(), 323
msgsnd(), 323, 838

Msql, 956, 957
msql, 956, 957
`Msql-Mysql-modules`, 639
mtime, 451
mtools, 463
Multi-Echo-Server, 902
Multicast-Adresse, 881
Multihash, 185, 203, 527, 550
`multihash-flatfile.pl`, 551
multimap, C++-Datentyp, 180
multiple inheritance, 670
Multiplexer, CPAN, 620
Multiplizität, 747
Multithreaded-Server, 891
Mutex, 821
mv, 451, 459, 460
MVS, 630
my(), 52, 218, 221, 223–227, 263, 301, 304, 319, 340, 376, 387, 389, 507, 515, 522, 558, 568–570, 572, 578, 588, 604, 677, 1010, 1093
`my.conf`, 969
`mylocal.pl`, 224
MySQL, 957–960, 966–969, 972, 976, 988, 994, 1002, 1003, 1010, 1011, 1017, 1019, 1022, 1068, 1071, 1072
mysql, 858, 957, 975, 980, 986, 1004, 1018, 1019
`mysql-init.sql`, 972
mysqladmin, 967, 970, 971, 976, 978–980
mysqld, 858, 968, 969
mysqldump, 972, 976
mysqlimport, 986
mysqlshow, 981
`myupdate.001`, 969
`mywc.pl`, 115
`myxsub.pl`, 765

n-stufiges Sortieren, 263
na, Res. Var., 756
Nachricht, 832
Name der aktuellen Datei, 234
Name des Programms, 238

Namenshash, 689
Namenskollision, 564
Namensraum, 181, 220, 246, 300, 565, 583, 776
    Exportieren, 246
    Kollision, 564
NaN, IEEE-754, 144
nc, 366, 1035, 1054, 1085, 1086
NCP, 866
ne, 69
negative Offsets, 70
`net-daemon-demo.pl`, 899
`Net::*`, 623, 631
`Net::Bind`, 631
`Net::Daemon`, 631, 899, 900
`Net::DNS`, 631
`Net::ext`, 632
`Net::FTP`, 632, 911, 912
`Net::Gen`, 632
`Net::hostent`, 609, 615
`Net::Ident`, 631
`Net::Inet`, 632
`Net::IRC`, 631, 913
`Net::LDAP`, 631
`Net::Netblock`, 631
`Net::netent`, 609
`Net::Netrc`, 909
`Net::NNTP`, 632, 657, 658, 926
`Net::Pcap`, 631
`Net::PcapUtils`, 631
`Net::PH`, 650
`Net::Ping`, 609, 615
`Net::POP3`, 632, 657, 908–910, 912
`Net::protoent`, 609, 615
`Net::RawIP`, 631
`Net::servent`, 609, 615
`Net::SMTP`, 367, 632, 657, 904, 906, 907
`Net::SNMP`, 631
`Net::SNPP`, 632
`Net::SSLeay`, 632
`Net::TCP`, 632
`Net::Telnet`, 632
`Net::TFTP`, 632
`Net::Time`, 632
`Net::Traceroute`, 632
`Net::UDP`, 632

Net::UNIX, 632
Net::Whois, 632
Net::XWhois, 632
NetBEUI-Protokoll, 873
NetBSD, 22, 27
netcat, 366, 1035, 1054
netscape, 884, 904, 907, 1036, 1055
Netscape::*, 654
Netscape::Cache, 654
Netscape::History, 654
NetServer::*, 654
NetServer::Generic, 654
NetServer::ProcessTop, 655
NetServer::SMTP, 655
Network File System, 871
Network-Byte-Order, 77, 142, 942
Netzkommunikation, 235
new(), 674
newAV(), 730
newHV(), 731
newRV(), 735, 737
newRV_inc(), 735, 737
newRV_noinc(), 735, 737
News::*, 658
News::Article, 658
News::AutoReply, 658
News::FormArticle, 658
News::FormReply, 658
News::Gateway, 658
News::Newsrc, 658
News::NNTPClient, 658
News::Scan, 658
newSV()*, 751
newSViv(), 729
newSVnv(), 729
newSVpv(), 729, 751
newSVpvf(), 729
newSVpvn(), 729
newSVrv(), 735
newSVsv(), 729
newXS(), 789, 790
next, 42, 275
next, 318
NEXTKEY(), 710
NFS, 871
        Server, 372

Verzeichnis, 34
nichtblockierende Sockets, 888
nichtdruckbare Zeichen, 68
Nickname, IRC, 913
NIS, 323
NNML::Server, 658
no, 321, 610
no integer;, 134, 135
no lib, 576
no locale;, 122, 124
no strict 'refs';, 498, 557
no strict;, 498
NOFILE, 384
Norge, 647
Normalform, 946
normalisierte Form, IEEE-754, 143
Normalisierung, 946
Normalverteilung, 149
not, 259, 260
NOT NULL, 945, 952
nroff, 652
nsapi_perl, 654
NSF, 866
NSFnet, 866
nstore(), 941, 942
nstore_fd(), 942, 943
Nullbyte, 62
Number::Format, 643
numerische Funktionen, 132
numerische Reihenfolge, 130
numerische Vergleichsoperatoren, 129
numerischer Kontext, 137, 247, 259, 279
Nummer einer Zeile, 234
NV, 728

0, 609, 618
O'Reilly, 22
O::*, 628
O_APPEND, 402
O_CREAT, 402, 811
O_EXCL, 402, 811
O_NDELAY, 402
O_NONBLOCK, 402, 895
O_RDONLY, 402
O_RDWR, 402
O_SYNC, 402

O_TRUNC, 402
O_WRONLY, 402
oberflächliche Kopie, 553
obfuscated perl code contest, 559
`obj-closures.pl`, 544
`Object::Info`, 635
Objekte, 667
    closure-basiert, 544
Objektmodell, 667
Objektorientierung, 17
`ObjStore::*`, 635
`oct()`, 129, 140, 308, 309
od, 456
ODBC, 989
öffentliche Schnittstelle, 583
Öffnen einer Datei, 359
Öffnen von einer Pipe, 364
Offset, 70
    negativ, 70
Oktaldarstellung, 68, 129
one writer, many readers, 479, 801
OO
    Analyse, 667
    Container, 671
    Datenelement, 675
    Design, 667
    Kapselung, 668
    Methoden, 675
    Nachrichten, 667
    Schablone, 667
    Zugriffsschutz, 689
OOP, 667
`op()`, 829
Opcode, 609, 618
`open()`, 235, 261, 262, 315, 316, 340, 360–365, 367, 368, 370, 372, 373, 386, 387, 392, 394, 397, 403, 404, 406, 408, 484, 487, 492, 504, 576, 810
OpenBSD, 22
`opendir()`, 315, 428–432, 492
`opener.pl`, 504
OpenGL, 656
openssl, 1025
Operator
    `!`, 260

`%`, 131
`%=`, 131
`&`, 134
`&&`, 260, 262, 269
`&&=`, 131
`&`, 131
`*`, 131
`**`, 131
`**=`, 131
`*=`, 131
`+`, 131, 265
`++`, 72, 265
`+=`, 131
`,`, 248, 264
`-`, 131
`--`, 73
`-=`, 131
`-s`, 170
`.`, 71, 75
`..`, 173
`.=`, 75, 131
`/`, 131
`//`, 84
`/=`, 131
`::`, 249
`<`, 69, 129
`<<`, 134
`<<=`, 131
`<=`, 129
`<=>`, 129, 168
`<>`, 231, 234
`<FHANDLE>`, 231
`<STDIN>`, 38, 279, 280
`=`, 38, 260, 262
`==`, 38, 69, 129
`=>`, 180, 181
`>`, 129
`>=`, 129
`>>`, 134, 135
`>>=`, 131
`?:`, 265
`^`, 134
`^`, 260
`^=`, 131
`|`, 134
`|=`, 131

||, 260
||=, 131
~, 134
and, 259, 260, 262, 269
arithmetisch, 131
Bereich, 271
Bereichsoperator, 173
cmp, 69, 168
Diamond, 234
eq, 38, 69
foreach, 271
ge, 69
Glob, 271
gt, 69
Komma, 248, 264, 269, 272
last, 269, 275
le, 69
lt, 69
m//, 84, 169, 231
modulo, 131
ne, 69
new, C++, Java, 516
next, 275
not, 259, 260
or, 259–262
Pattern-Matching, 169
Postinkrement, 265
q//, 63
qw(), 161
redo, 276
s///, 93, 96, 231
ternär, 265
tr///, 80, 93, 231
typeof, 509
x, 72, 75, 162
xor, 260
y///, 93
Operatoren
    logische Verknüpfungsoperatoren, 260
    überladen, 717
Operatorenpräzedenz, 260
ops, 608, 610
Optimierung, 27
optionale Parameter, 327
Optionen Ihres Programms, 36

or, 259–262
Oracle, 28, 955, 959
Oracle, 957, 958
oraperl, 28, 987
ord(), 78, 308, 309
OS2, 630
OSI, 867
    Referenzmodell, 903
OUTPUT:, 771–774
overload, 608, 610, 717

P(), 323, 820, 821, 829, 830
p-Client.pl, 922
p-Server.pl, 917
pack(), 77–79, 124, 142, 144, 156, 172, 178, 308, 309, 424, 481–483, 753, 755
package, 219, 221, 249, 565
package(), 319, 321
package-names.pl, 571
package-scope.pl, 567
page boundary, 857
page fault, 346
PAGER, 581
Pager, 358, 581
Palindrom, 73
PAM, 647
panic(), 812
parallel-file.pl, 478
Parallel::Pvm, 632
Parallelität, 809
ParallelUserAgent, 653
param(), 1041, 1043, 1048, 1051
Parameterliste, 246
parse-mail.pl, 209
Parse::*, 643
Parse::Lex, 114, 115, 119, 643
Parse::RecDescent, 643
Parse::Template, 643
Parse::Token, 643
Parse::Yapp, 643
Parse::YYLex, 119, 643
Parser, 83
    Perl, 746
Parser-Generator, 117

Pascal, 38, 117, 180, 227, 258, 261, 269, 274, 292
    Standard, 261
passiver Socket, 888
passwd, 659
PATH_INFO, 1045
pathconf(), 794
Pattern-Matching, 37, 84, 231
    Operator, 169, 231
PAUSE, 626
Payload, 871
PDL, 635
Peer, 802
Peer-to-Peer, 802, 872
Penguin, 661
Penguin::Easy, 661
Perl, xi
    Aufruf, 35
    Binary, 28
    Compiler, 616
    Debugger, 27, 536
        starten, 536
        x-Kommando, 536
    Distribution, 564, 607
    Dokumentation, 32
    Entstehung, 13
    FAQ, 17, 34
    Glue-Language, 8
    Guru, 16
    Idiom, 188, 190
    Interpreter, 35, 724, 739
    Kontrollstrukturen, 40
    Library, 725, 739, 745
    Lizenz, 17
    MacPerl, 3
    Nachteile, 5
    Name, 1
    Optionen, 36
    Parser, 746
    Perl4, 161
    Skript, 15
    Speicherverwaltung, 62
    stabile Version, 22
    Tests, 31
    Version, 32
    Version 4, 15, 21
    Version 5, 16, 21
    Vorteile, 2
perl, 28, 29, 31, 35, 36, 128, 724, 725, 740, 741, 746, 764, 854
perl-eval-shell.pl, 281
perl-ldap, 648
perl_alloc(), 746
perl_call_*(), 743, 753, 755, 756, 758
perl_call_argv(), 742
perl_call_method(), 742
perl_call_pv(), 742, 748–751, 755
perl_call_sv(), 742, 743, 748
perl_construct(), 746
perl_destruct(), 747
perl_eval_*(), 755, 759, 761
perl_eval_pv(), 759
perl_eval_sv(), 759, 761
perl_free(), 747
perl_get_av(), 731, 736
perl_get_hv(), 734, 736
perl_get_sv(), 729, 736
perl_parse(), 742, 746, 747, 1092
perl_run(), 742, 747
perlcc, 616
perldoc, 581, 582, 599, 715
PerlMagick, 656
perlmain.c, 764
PerlQt, 640
PerlVision, 640
persistente Arrays, 934
persistente Hashes, 188, 189, 192, 252
Persistenz, 929
    komplexer Strukturen, 537
Pfadnamen entfernen, 239
Pfeilnotation, 511, 675
    zum Dereferenzieren, 512
Pfeiloperator, 512
PGP, 6, 145, 657
pgp, 7, 366, 367, 371, 628, 648, 661, 901
PGP::Pipe, 648
PGP::Sign, 648
PGPLOT, 656
physische Größe, Datei, 447
pine, 657, 903
PING, IRC, 913
PING/PONG-Protokoll, IRC, 913

Pipe, 13, 813
    Shell-Ebene, 36
    Unix-Beispiel, 13
pipe(), 320, 813
pipe-bi.pl, 815
pipe-uni.pl, 814
PL_na, Res. Var., 728, 756
PL_sv_no, Res. Var., 727
PL_sv_undef, Res. Var., 727
PL_sv_yes, Res. Var., 727
Platzhalter, SQL, 997, 1000, 1002
POD, 581
    Dokumentation, 581
    Format, 593
Pod::Functions, 608, 613
Pod::Html, 608, 613
Pod::Text, 608, 613
Poisson-Verteilung, 149
Pollen, 807, 812
polymorphe Liste, 160
Polymorphismus, 672
PONG, IRC, 913
POP(), 706
pop(), 174, 175, 312, 313
POP*, 753, 756
POP3, 907
POP3-Client, 907
POP3-Server, 907
pop3.pl, 908
popen(), 365
POPs, 756, 758, 774
Port, 871
port redirector, 901
Portumlenker, 901
pos(), 89, 309
pos($var), 89
POSIX
    reguläre Ausdrücke, 83
POSIX, 132, 133, 138, 311, 316, 418, 469,
        609, 614, 618, 817, 898
Post Office Protocol, 907
postfix, 904
postgres, 957
postgres95, 957
PostgreSQL, 957, 1022
Postinkrementoperator, 72, 265

Postorder-Traversierung, 539
pow(), 133
PPCODE:, 774, 789, 791
Präallokation von Speicherplatz, 219
Präfix, 249
Präfixnotation, 568
Präinkrementoperator, 72
Präprozessor, 762
Präzedenz, 262
    von Operatoren, 260
Präzedenztabelle, 260, 265
Pragma, 610
preallocating memory, 219
precomputed values, 547
PREINIT:, 772
Preorder-Traversierung, 539, 541
prepare(), 987, 993, 996, 998, 1000,
        1002, 1011
Presizing
    von Arrays, 228
    von Hashes, 182, 213
pretty printer, 939
Pretty Printing, 83
PRIMARY KEY, 952
primary key, 950
Prims Algorithmus, 214
PRINT(), 716
print(), 37, 166, 232, 234, 235, 280,
        303, 315, 317, 340, 357–359,
        362, 364, 379–381, 385, 386,
        390, 398, 412, 414, 424, 471,
        487, 488, 717, 750, 808, 886,
        898, 1031, 1032
Printdaemon, 819
PRINTF(), 716
printf(), 140, 293, 315, 357–359, 364,
        379–381, 412, 414, 419, 421,
        423, 424, 487
Printserver, 819
Priorität von Nachrichten, 832
private IP-Adressen, 870
private Packagevariablen, 569
private Variablen, 304
Proc::*, 630
Proc::Daemon, 630
Proc::Generic, 630

Proc::ProcessTable, 630
Proc::Simple, 630
process id, 229
process-id.pl, 237
Produzent, 802
Profiler, 724
prog.c, 726
Programm
    ABadlyHackedUpClass.pm, 682
    add.inc, 345
    addcumul.pl, 305
    AKludgedClass.pm, 684
    ANearlyPerfectClass.pm, 685
    apache-logs.pl, 202
    apache-mmap-demo.pl, 855
    apache-mmap-reader.pl, 857
    apack.pl, 569
    arith-err.pl, 135
    ArrayBound.pm, 708
    ascii2string.pl, 79
    atest.pl, 570
    autoload1.pl, 341
    autoload2.pl, 342
    autoload3.pl, 343
    autoload4.pl, 344
    bigfloat.pl, 153
    bigfloatscale.pl, 154
    bigint.pl, 151
    bigintcmp.pl, 152
    bintree-traverse.pl, 539
    c-test1.pl, 749
    c-test4.pl, 754
    c-test5.pl, 756
    calc-with-eval.pl, 120
    calc.pl, 119
    calc.y, 118
    cgi-input.pl, 1039
    cgi-printenv.pl, 1036
    cgi-s-cookie-md5-crypt.pl, 1063
    cgi-s-cookie-md5.pl, 1057
    cgi-s-cookie.pl, 1052
    cgi-s-hidden.pl, 1050
    cgi-s-pathinfo.pl, 1045
    cgi-s-query.pl, 1047
    cgi-s-roaming.pl, 1079
    cgi-s-server.pl, 1068
    cgi-welcome-gd.pl, 1033
    cgi-welcome.pl, 1030
    CGI00.pl, 46
    chisquare-rand.pl, 148
    cisco-static-routes.pl, 467
    class-struct.pl, 697
    ClassWithAnonHash.pm, 687
    cloaked.pl, 426
    closure1.pl, 328
    closure2.pl, 329
    closure3.pl, 330
    closure4.pl, 332
    closure5.pl, 333
    cmplx-print0.pl, 532
    cmplx-print1.pl, 533
    cmplx-print2.pl, 535
    complex.pl, 155
    copy-deep.pl, 554
    copy-shallow.pl, 553
    data-dumper-purity.pl, 940
    db-dodemo.pl, 994
    db-isql.pl, 1004
    db-listdb.pl, 988
    db-listfld.pl, 992
    db-listtbl.pl, 989
    db-placeholder.pl, 1000
    db-prepare.pl, 997
    db-tiedbi.pl, 1007
    db-tierdbm.pl, 1013
    dbfile-lines.pl, 473
    dumpvar.pl, 573
    dynalib.pl, 793
    embedmain.c, 744
    env-child.pl, 805
    env-printall.pl, 804
    errno.pl, 235
    fetch-url.pl, 710
    fib-memoize.pl, 336
    fifo-client.pl, 818
    fifo-server.pl, 818
    file-kglob.pl, 428
    FileCache-example.pl, 384
    flat-list.pl, 524
    form-demo.pl, 420
    fortune.pl, 377

freeze-thaw-freeze.pl, 938
freeze-thaw-thaw.pl, 938
ftp-client.pl, 911
graph-traverse.pl, 541
hashbind1.pl, 193
hello.pl, 37
herequotes.pl, 67
hoh.pl, 529
hol.pl, 527
httpd.conf1, 1028
inheritance.pl, 691
inheriting-attributes.pl, 694
ioresvar.pl, 232
ipc-shareable1.pl, 849
ipc-shareable2.pl, 850
ipcmsg1.pl, 834
ipcmsg2.pl, 837
ipcmsg3.pl, 839
ipcmsg4.pl, 841
ipcp1.pl, 844
ipcp2.pl, 846
ipcp3.pl, 847
ixhash.pl, 191
lastone.pl, 303
local.pl, 223
localuse.pl, 225
loh.pl, 526
lol.pl, 525
ls.pl, 443
lwp-simple.pl, 1083
lwp-uaagent.pl, 1085
lwp-uacredentials.pl, 1089
lwp-uapost.pl, 1088
lwp-uaproxy.pl, 1086
lwp-uaRobotUA.pl, 1087
lwp-uasimple.pl, 1084
lwp-uatimeout.pl, 1085
mailthreads.pl, 45
makehole.pl, 447
matrix-dyn.pl, 520
matrix.c, 516
matrix.cc, 517
mini-lexer.pl, 113
miniloop.pl, 277
multihash-flatfile.pl, 551

my.conf, 969
mylocal.pl, 224
mysql-init.sql, 972
myupdate.001, 969
mywc.pl, 115
myxsub.pl, 765
net-daemon-demo.pl, 899
obj-closures.pl, 544
opener.pl, 504
p-Client.pl, 922
p-Server.pl, 917
package-names.pl, 571
package-scope.pl, 567
parallel-file.pl, 478
parse-mail.pl, 209
perl-eval-shell.pl, 281
pipe-bi.pl, 815
pipe-uni.pl, 814
pop3.pl, 908
process-id.pl, 237
prog.c, 726
prompter.pl, 503
psentry.pl, 240
quickdata.pl, 38
quickifcmd.pl, 41
quickifelse.pl, 41
quickloops.pl, 42
quickloopsquit.pl, 42
quickoomath.pl, 43
quicksect.pl, 40
quickshortcut.pl, 41
quicksum.pl, 44
random-normal.pl, 149
random-rand.pl, 146
random-srand.pl, 147
random-trulyrandom.pl, 148
random-uniform.pl, 149
randpoetry.pl, 177
ref-lvalue.pl, 505
refs-display.pl, 500
regexp-g-list.pl, 89
regexp-g-scalar.pl, 88
regexp-o.pl, 86
regexp-quantors.pl, 104
rename, 462
reverse-self.pl, 486

self-input.pl, 369
self-output.pl, 368
sema-demo.pl, 824
sema-pseudocode.txt, 823
show-argv.pl, 242
show-env.pl, 243
show-sig.pl, 244
show-status.pl, 241
show-symtab.pl, 250
show-templib.pl, 599
showsize.pl, 448
shuffle-viahash.pl, 211
smtp.pl, 904
sort-ip.pl, 547
soundex.pl, 81
spell-cached.pl, 207
spell-incore.pl, 205
spell-searchdict.pl, 208
spell-tied.pl, 206
ST/Beam/Beam-orig.pm, 587
ST/Beam/Beam.pm, 588
ST/Beam/Changes, 591
ST/Beam/Makefile.PL, 593
ST/Beam/test-orig.pl, 591
ST/Beam/test.pl, 592
ST/WarpEngine/autosplit.ix, 605
ST/WarpEngine/engage.al, 606
ST/WarpEngine/WarpEngine.pm, 602
ST/Xten/Makefile.PL, 766
ST/Xten/test.pl, 777
ST/Xten/Xten.c.tiny, 782
ST/Xten/Xten.pm, 775
ST/Xten/Xten.xs, 767
startup.pl, 1091
statme.pl, 445
storable-many.pl, 942
string2ascii.pl, 79
string2chars.pl, 76
string8bitsort.pl, 123
stringify-destringify.pl, 935
stringpack1.pl, 77
stringparts1.pl, 74
stringparts2.pl, 75

stringparts3.pl, 75
stringparts4.pl, 76
sub.pl, 222
subdirs.pl, 430
sup.pl, 222
symbol.pl, 339
symrefs-example.pl, 555
symrefs-hairy.pl, 558
tcp-client.pl, 884
tcp-mtclient.pl, 886
tcp-selectclient.pl, 887
tcp-server-ioselect.pl, 893
tcp-server-mt-zombies.pl, 889
tcp-server-mt.pl, 891
tcp-server-st.pl, 888
tempfile-io.pl, 469
tempfile-tmpnam.pl, 470
test-hash-object.pl, 688
test-np-object.pl, 686
test-that-bad-class.pl, 683
test-that-kludged-class.pl, 685
test1.c, 748
test2.c, 750
test3.c, 752
test4.c, 754
test5.c, 757
test6.c, 759
test7.c, 760
tie-dbi.synopsis, 1011
tie-refhash.pl, 552
Tie/URL.pm, 711
TimeGreeting.pm, 701
TimeGreeting2.pm, 704
Tk/Tk-example.pl, 48
toh-err.pl, 58
toh-ok.pl, 59
touch.pl, 451
traverse-dir-manual.pl, 432
traverse-dir-module.pl, 435
typglob.pl, 340
udp-client.pl, 876
udp-server.pl, 882
udp-tagclient.pl, 883
uid.pl, 238

umask-demo.pl, 401
undef-false.pl, 248
undef-undef.pl, 249
upcase8bit.pl, 122
usage.pl, 239
use-strict.pl, 52
uuencode.pl, 78
ux-client.pl, 859
ux-dgram-server.pl, 865
ux-server.pl, 861
varbind-array-bound.pl, 707
varbind-scalar-greetings.pl, 700
varbind-scalar-greetings2.pl, 704
wc.lex, 112
webget.pl, 46
wfreq.pl, 195
wfreq2.pl, 196
wfreq3.pl, 197
wipe.pl, 454
wrapmyprog.sh, 371
Programmaufruf, 192
Programmierklischee, 160
Programmname, 238
    verstecken, 240
Prolog, 642
prompter.pl, 503
Property-Lists, Lisp, 180
Protokoll, 30, 903
prototype(), 326
Prototypen, 338
Proxy, 46, 901, 1082, 1086
Prozedur, 292
Prozentzeichen, bei Hashes, 181
Prozeß
    -Eintrag ändern, 240
    -ID, 237
    Erzeugung, 29
    Liste, 240
    Pool, 893
    Tabelle, 812
pRPC, 916
Prüfsumme, 78
ps, 240, 371, 457, 890
psentry.pl, 240

Pseudo-Hashes, Perl 5.005, 521
Pseudoblock, 741
Pseudozufallszahlen, 144
pTk, 641
Puffer, 357
Pufferüberlauf, 227
Pufferung ausschalten, 381
Punkt-zu-Multipunkt, 902
Purity, 940
PUSH(), 706
push(), 173, 174, 228, 299, 312, 313, 338, 339
PUSHMARK, 749
PUSHMARK(SP), 749, 751
PUSHs(), 751
PUTBACK, 752, 756, 789
putenv(), 230
PV, 728
PV, 640
Python, 4, 180, 253, 258, 286, 762, 956

q//, 63
qsort(), 177, 547
Qt, 640
Quantifier, Regexp, 97, 104
Quantum, 810
QUERY_STRING, 1049
quickdata.pl, 38
quickifcmd.pl, 41
quickifelse.pl, 41
quickloops.pl, 42
quickloopsquit.pl, 42
quickoomath.pl, 43
quicksect.pl, 40
quickshortcut.pl, 41
Quicksort-Algorithmus, 547
quicksum.pl, 44
Quicktour, 35
Quota, 630
quota, 372
Quote-Zeichen, 62
quotemeta(), 100, 124, 309
Quoting, 204
    von Schlüsseln, 181
qw(), 161

Race Condition, 481, 800, 821

RADIUS, 632, 648
RADIUS::UserFile, 648
RadiusPerl, 648
rand(), 145, 146, 148, 310, 311
randlib, 149
random-normal.pl, 149
random-rand.pl, 146
random-srand.pl, 147
random-trulyrandom.pl, 148
random-uniform.pl, 149
random_normal(), 149
random_uniform(), 149
random_uniform_integer(), 149
randpoetry.pl, 177
Rapid Prototyping, 4
RCS, 591, 629
Rcs, 629
RDBMS, 947
re, 608, 610
Re:, 44
READ(), 716
read(), 315, 317, 353, 405–408, 414
readdir(), 316, 428, 429, 431, 432
readline, 641
READLINE(), 716
readline(), 316, 373–375, 378, 405, 433, 464, 487, 888, 897
readlink(), 316, 439
readpipe(), 316
Real::Encode, 662
reale UserID, 238
realloc(), 228, 854
Rechengenauigkeit, IEEE-754, 143
Rechtsshift
    arithmetisch, 135
    logisch, 135
Rechtsshiftoperator, 135
RECNO-Bindung, 709
recode, 655
Record-Separator, 209
recv(), 322, 880, 881, 883, 897
redo, 276, 289, 318
Reentranz, 807
ref(), 255, 321, 497, 508, 509, 534, 537, 554, 558, 679, 695, 735, 920
ref-lvalue.pl, 505

reference counter, 717
reference counting, 227, 252, 253
Referenzen, 218, 253, 497, 499
    Anzeige, 500
    Dokumentation, 498
    lokale Variablen, 254
    mit Backslashs, 501
    Typ, 508
Referenzmodell, OSI, 903
Referenzzähler, 253, 497, 499, 507, 508, 557, 717, 730, 732, 734, 736, 737
    SV, 727
refs-display.pl, 500
Regel für Bezeichner, 249
Regel, short cut, 261
Regexp, 82
    Anker, 98, 108
    Atom, 97, 98
    gieriger Quantifier, 98
    Metazeichen, 98
    Quantifier, 97, 104
    runde Klammern, 98, 109
    speicherfreie runde Klammern, 98
regexp-g-list.pl, 89
regexp-g-scalar.pl, 88
regexp-o.pl, 86
regexp-quantors.pl, 104
Registry, 1092
Regressionstests, 34, 591, 779
reguläre Ausdrücke, 82
reguläre Sprachen, 83
Reihenfolge
    ASCII, 129
    der Argumente, 327
    numerisch, 130
    Schlüssel/Wert-Paare, 180
rekursive Funktion, 226
rekursive Subroutine, 225
rekursiver Aufruf, 264
rekursives Traversieren, 432
relationale Datenbank, 945
relationaler Datenbankserver, 947
Religion, 658
remember tables, Maple, 336
Remote Procedure Call, 537, 914

remove(), 452
rename, 462
rename, 462
rename(), 316, 451, 458–460, 462
RenderMan, 657
Rendezvous, 858
Reorganisation, 931
REPEAT ... UNTIL-Schleife, 274
REPLACE, 950
Report, 15
Report-Generator, 419
Reportgenerator, 235
Request for Comments, 867, 875, 903
require, 321
require(), 222, 245, 246, 326, 344, 345, 564, 570, 573–577, 628, 629, 662, 663, 701, 776
reservierte Variablen, 229
Reservierung von Speicher, 62
reset, 318
Resources, 646
retrieve(), 941, 942
retrieve_fd(), 943
return, 302, 319
return(), 743
RETVAL, Res. Var., 771–774, 786, 788
reverse(), 73, 169, 174, 178, 185, 308, 309, 313, 314, 490, 864
reverse-self.pl, 486
REVOKE, 979
rewinddir(), 316, 429, 431
RFC, 867, 875, 903
 -Verfahren, 867
Richtungsdisziplin, 817
Richtungsprotokoll, 817, 860
rindex(), 308
Ringpuffer, 902
RLIKE, 1001
rm, 437, 453, 456
rmdir(), 316, 436, 437
roaming user, 1075
Robot, 1084, 1087
Römische Zahlen, 156
roll forward, 968
ROLLBACK, 955
Rollback, 948, 955, 1020

rollback(), 1004
Roman, 156
root, 31, 781
rot13, 124
Round-Robin-Lesen, 409
Router, 869
RPC, 537, 914
    Aufrufe, 534
    Client, 914
    Funktion, 323
    Server, 914
RPC, 632
RPC::*, 916
RPC::pClient, 916, 920, 924
RPC::pServer, 916, 919–921
RPC::pServer(), 920
rpcgen, 762, 914
RTF::Parser, 644
Rückgabeliste, 296
Rückgabestack, 743
Rückgabewert, 295
runde Klammern, 161, 280
    Regexp, 98, 109
Runden, 138
rvalue, 161, 163, 165

s///, 93, 96, 231, 310
S_IRWXG, 836
S_IRWXO, 836
S_IRWXU, 836
Safe, 282, 609, 618
safeFreeze(), 937
SAMBA, 647
sanity checks, 218
SAP R/3, 955
Satztrenner, 234
satzweises Lesen, 373
save_aptr(), 742
save_ary(), 742
save_hash(), 742
save_hptr(), 742
save_item(), 742
save_list(), 742
save_scalar(), 742
save_svref(), 742
SAVEI32(), 741

Stichwortverzeichnis

SAVEINT(), 741
SAVEIV(), 741
SAVELONG(), 741
SAVEPPTR(), 742
SAVESPTR(), 742
SAVETMPS, 738, 751
sbrk(), 228
sbrk()-Grenze, 228
scalar(), 166, 280, 298, 319
scanf(), 644
Schablone eines Moduls, 585
Schachtelung von Listen, 161
Schedule::At, 630
Scheduler, 819
Schema, Datenbank, 946
Schleife, 42, 258, 271
    Bedingung, 272
    continue, 276
    endlos, 273
    for, 272
    foreach, 271
    frühzeitig verlassen, 275
    frühzeitiger Abbruch, 248
    Initialisierung, 272
    Inkrementausdruck, 272
    Körper, 272
    Labels, 276
    leerer Körper, 273
    Mini, 277
    REPEAT ... UNTIL, 274
    sofortige Wiederholung, 275
    Tags, 276
    tief verschachtelt, 275
    until, 273
    while, 273
Schleifenkörper, 272
Schlürf-Modus, 376, 395
Schlüssel, 181, 945
Schlüssel/Wert-Paar, 180
Schlüsselwort, 347
Schnittstelle, Objekt, 668
Schreiben, 379
Schreibsperre, 802, 809
schwach typisierte Sprache, 219
Schwartzsche Transformation, 532, 545
Schwarzes Brett, 808

Scope, 40, 221, 225, 253, 263, 507
    file, 222
    global, 221
    local, 221
Screen, 640
script, 30
SDBM-Dateien, 194
SDBM_File, 193, 252, 709, 932, 933, 944, 1006
Search::Dict, 208, 608, 613
sed, 9, 13, 14, 83, 461, 462
Seed, 145
seek(), 316, 317, 405, 406, 408, 413, 414, 471–473, 480, 487, 489, 613, 718, 817, 860, 931
seekdir(), 316, 429, 432
Seiteneffekte, 262, 264, 265, 273, 294
Seitengrenze, 857
Selbstgespräche, 813
SELECT, 948
select(), 314–316, 380, 383, 405, 410–412, 416, 490, 592, 613
selectall_arrayref(), 1000
selectall_arrayrow(), 1006
selectcol_arrayref(), 1000
selectrow_array(), 1000
SelectSaver, 608, 612
select_where(), 1011
self, 681
self-input.pl, 369
self-output.pl, 368
SelfLoader, 600, 601, 609, 617
sem*(), 824
sema-demo.pl, 824
sema-pseudocode.txt, 823
semantische Aktionen, 116
Semaphor, 819
Semaphorenvektor, 820, 821, 829
semctl(), 323, 832
semget(), 323
semop(), 323, 821, 829
send(), 322, 879–881, 883, 898
Senden von Mail, 907
sendmail, 367, 657, 904, 906
sequentieller Fluß, 264
sequentieller Zugriff, 354

Sequenz, 40, 258, 264
serialisieren, 803
Server, 872
    single threaded, 861
    stateful, 872
    stateless, 872
    Web, 46
Session-ID, 1057
Set::*, 635
Set::Bag, 635
Set::IntRange, 636
Set::IntSpan, 636
Set::NestedGroups, 636
Set::Object, 636
Set::Scalar, 636
setgrent(), 325
sethostent(), 326
SETI, 873, 1021
setiathome, 874
setnetent(), 326
setpgrp(), 320
setpriority(), 320
setprotoent(), 326
setpwent(), 325
setrlimit(), 384, 630
setservent(), 326
setsockopt(), 323
Setzen von Bits, 134
sfio, 353
SGI, 630
SGML::*, 644
SGML::Grove, 644
SGMLS, 644
sh, xi, 427
SHA, 1057
SHA, 648
Shadow Directory, 642
shallow copy, 553, 943
Shared Memory, 729, 843
She-Bang-Zeile, 26, 35–37
Shell, 64, 425
    Fenster, 30
    Globbing, 64
    Programmierung, 35
Shell, 346, 608, 611
SHIFT(), 706

shift(), 174, 175, 312, 313, 348
shm*(), 843, 847
shmctl(), 323, 843–845
shmget(), 323, 843–845, 847
shmread(), 323, 843–845, 847–849
shmwrite(), 323, 843–849
short cut, 198, 260, 261, 263
    Regel, 261, 262
short read, 406–408
short write, 414
show-argv.pl, 242
show-env.pl, 243
show-sig.pl, 244
show-status.pl, 241
show-symtab.pl, 250
show-templib.pl, 599
showsize.pl, 448
shttpd, 654
shuffle-viahash.pl, 211
Shutdown, 812
shutdown, 812
shutdown(), 323
Sicherheitslücken, 227
Sichtbarkeitsbereich, 40, 221, 225, 253
SIGALRM, 807
SIGCHLD, 891, 921
SIGHUP, 807
SIGINT, 806
SIGKILL, 806, 812
Signalbehandlung, 244
Signale, 244, 805
    ignorieren, 807
Signalhandler, 244, 806
Signalliste, 244
Signatur, 772
    Mail, 907
signed integer, 135
SIGPIPE, 813
SIGTERM, 806
sigtrap, 608, 610
SimTel, 642
sin(), 132, 310
Single-Threaded-Server, 861, 889
Single-Zahlen, IEEE-754, 143
Singleton
    Disziplin, 810

Prozeß, 809
sinh(), 133
sitemapper, 653
Skalarbindung, 700
skalare Datentypen, 219
skalare Variablen, 219
skalarer Kontext, 73, 170, 264, 278
    erzwingen, 280
Skeleton File, 585
Skript, 15
Skript-Welt, 14
sleep(), 320, 418, 479
Slice2D(), 550
Slices, 165, 280, 548
    Array, 510
    Hash, 532
    Notation, 162
    von Hashes, 185
Sliding-Window, 817
Slot, 822
Slots, Hashtabelle, 213
slurp mode, 376
smail, 904
Smarte Callbacks, 332
SMTP, 903
    Standard, 209
smtp.pl, 904
SNMP::*, 632
SOCK_DGRAM, 859
SOCK_STREAM, 859
Socket, 609, 613, 615, 746, 878, 879
socket(), 323
socketpair(), 323
Sockets, 46, 354, 799, 858–860, 862, 883
    Adresse, 860
    aktiv, 885
    API, 875, 878
    nichtblockierend, 888
    passiv, 864, 888, 895
    Rendezvous-, 896
    überwachen, 896
SOCKS, 632
Software-Engineering, 538
Solaris, 32, 372
Solaris, 630
Sonderzeichen, 68

sort, 357
sort(), 168, 174, 177, 178, 188, 190,
    191, 195, 198, 201, 313, 314,
    347, 428, 431, 547, 717
sort-ip.pl, 547
Sort::*, 636
Sortieren, 45, 168
    n-stufig, 263
    von IP-Adressen, 547
sortierte Hashes, 188, 190
Soundex, 81
    Algorithmus, 82
soundex.pl, 81
Sourcecode-Filterung, 371
SP, 644, 749, 751, 752, 755
SP, Res. Var., 789
SPAGAIN, 755
SPAM, 910
    Filterung, 910
sparse matrix, 529
Speicher, 253
    -objekt, 497
    -platz, 218
        benannt, 218
    Freigabe, 62, 228
    Leck, 253, 731, 734, 736, 737, 756
    Reservierung, 62
    Verwaltung, 29, 62, 219, 227
        automatisch, 253
        reference counting, 227
Speicherfreie runde Klammern, 98
spell-cached.pl, 207
spell-incore.pl, 205
spell-searchdict.pl, 208
spell-tied.pl, 206
Sperrdatei, 809
Sperrdisziplin, 479, 809, 852
Sperre, 801
Sperren
    von Dateien, 477
    von DBM-Dateien, 193
Spezialisierung, 669
spezielle Geräte, 354
Spiele-Server, 1019
SPLICE(), 706
splice(), 175, 312, 313, 683

split(), 172, 309, 310, 376, 547, 1066
Spoolverzeichnis, 819
Sprache, 265
 C, 4, 62, 68, 72, 78, 128, 129, 131, 180, 227, 246, 247, 261, 263, 264, 269, 272, 292, 507, 516
 C++, 17, 37, 38, 166, 180, 285, 516, 674, 681, 762
 HTML, 117
 Java, 4, 5, 37, 38, 62, 166, 180, 227, 258, 516, 674, 762
 kontextfrei, 83
 kontextsensitiv, 83
 Lisp, 4, 161, 180, 227, 253, 258, 261, 328, 336, 524, 546
 Maple, 4, 336
 Pascal, 4, 38, 117, 180, 227, 258, 261, 269, 274, 292
 Prolog, 642
 Python, 4, 180, 253, 258, 286, 762, 956
 regulär, 83
 SQL, 117
 Standardpascal, 261
 Tcl, 180, 253, 525, 641, 762
 Turbo Pascal, 261
sprintf(), 77–79, 131, 138, 140, 141, 308–310, 315, 357, 380, 423, 424
Sprite, 640
SQL, 117, 948
SQL-92, 959
SQL::Statement, 644
SQL=Monitor, 1004
sqrt(), 132, 154, 310, 766
srand(), 146–148, 237, 310, 311
ssh, 648
SSLeay, 1025
ST(i), 773
ST(n), 786
ST/Beam/Beam-orig.pm, 587
ST/Beam/Beam.pm, 588
ST/Beam/Changes, 591
ST/Beam/Makefile.PL, 593
ST/Beam/test-orig.pl, 591
ST/Beam/test.pl, 592

ST/WarpEngine/autosplit.ix, 605
ST/WarpEngine/engage.al, 606
ST/WarpEngine/WarpEngine.pm, 602
ST/Xten/Makefile.PL, 766
ST/Xten/test.pl, 777
ST/Xten/Xten.c.tiny, 782
ST/Xten/Xten.pm, 775
ST/Xten/Xten.xs, 767
ST::Beam, 586
ST::Xten, 766
stabile Perl-Version, 22
Stack
 Argumenten-, 740, 749, 751
 Laufzeit-, 508
 Markierungen, 740, 749
 Pointer, 749, 789
 Rückgaben, 743
 von Aufrufen, 264
Stackpointer, 749, 789
Standard Template Library, 180
Standardausgabe, 355
Standardeingabe, 38, 279, 280, 355
Standarditerator, 231
Standardmodul, 564, 582, 607
Standardpascal, 261
startup.pl, 1091
start_form(), 1042
start_html(), 1032
starvation, 801
Stash, 523, 544
stat(), 315, 316, 444, 445, 448–451, 464, 492, 612
statd, 481
stateful Server, 872
stateless Server, 872
Statement-Handle, 993
static-Variablen in C, 222
statisch linkbare Library, 764
statisches Hashing, 213
statisches Linken, 28, 29
Statistics::*, 636
Statistics::ChiSquare, 148, 636
Statistics::Descriptive, 636
Statistics::LTU, 636
Statistics::MaxEntropy, 636
Statistics::OLS, 636

Statistics::ROC, 636
statme.pl, 445
STDERR, 355, 358
STDIN, 355
stdio
    Bibliothek, 235
    Puffer, 357
stdio, 353
STDOUT, 355, 356
Steuerung, I/O, 232
STL, C++, 180
Storable, 537, 554, 555, 636, 658, 849–851, 916, 921, 924, 941–944, 1012, 1014, 1016, 1017, 1066, 1074
storable-many.pl, 942
STORE(), 703, 706, 710, 715, 717, 719, 854
store(), 941
STORESIZE(), 706
store_fd(), 942
Stream, 330
strict, 608, 610
String, 61
    Ausdruckinterpolation, 538
    doppelt gequotet, 63
    einfach gequotet, 62
string2ascii.pl, 79
string2chars.pl, 76
string8bitsort.pl, 123
String::*, 644
String::Approx, 644
String::BitCount, 644
String::CRC, 644
String::CRC32, 644
String::Edit, 644
String::Escape, 644
String::Parity, 644
String::Scanf, 644
String::ShellQuote, 644
Stringifizierung, 756, 850, 916, 935
    von Strukturen, 534, 537
Stringifizierungsoperator, 717
stringify-destringify.pl, 935
Stringkontext, 138, 247, 279
Stringliterale, 62

stringpack1.pl, 77
stringparts1.pl, 74
stringparts2.pl, 75
stringparts3.pl, 75
stringparts4.pl, 76
Stringvergleichsoperatoren, 69
strlen(), 728, 733, 751
strtol(), 137
struct(), 698
structured query language, 948
Strukturen
    anonym, 218
stty, 659
Stubgenerator, 914
Stubs, 5
    RPC, 914
study(), 309
sub, 300, 319
sub.pl, 222
subdirs.pl, 430
Subject:, 907
submit(), 1043
Subroutinen, 292
    Aufruf, 264
    rekursiv, 225
subs, 608, 610
Subskriptoperator, 513
Substitutionsoperator, 96
substr(), 70, 74, 91, 92, 142, 143, 308, 309, 411, 505
Suchen, 82
    und Ersetzen, 82
Suchmaschine, 1020, 1082
Suchpfad, 245, 575
sudo, 901
Summierer, 43
Sun Microsystems, 26
sup.pl, 222
SUPER-Klasse, 695
Super-User, 31
SV, 727
    mortal, 732
    Referenzzähler, 727
sv_2mortal(), 738, 751
sv_bless(), 735
sv_catp*(), 730

sv_mortalcopy(), 738
sv_newmortal(), 738
sv_no, Res. Var., 727
sv_setiv(), 729
sv_setnv(), 729, 787
sv_setpv(), 729
sv_setpvf(), 729
sv_setpvfn(), 729
sv_setpvn(), 729
sv_setref_iv(), 735
sv_setref_nv(), 735
sv_setref_pv(), 735
sv_setsv(), 729
sv_setuv(), 729
sv_undef, Res. Var., 727
sv_yes, Res. Var., 727
SvCUR(), 729
SvCUR_set(), 729
SvEND(), 729
SvGROW(), 729
SvIOK(), 728
SvIV(), 728, 771
SvNOK(), 728
SvNV(), 728, 771, 773, 786
SvOK(), 728
SvPOK(), 728
SvPV(), 728, 729, 756, 771
SvREFCNT(), 737
SvREFCNT_dec(), 737, 738
SvREFCNT_inc(), 737
SvROK(), 735
SvRV(), 735
SvTRUE(), 728
SvTYPE(), 735
Swap-Partition, 812
SWIG, 762, 763
switch, C, 269
swrite(), 423
Sx, 640
Sybase, 955
Symbol, 340, 488, 505, 608, 611
symbol.pl, 339
symbolische Referenz, 555
Symboltabelle, 219, 250, 254, 389, 558, 568, 571
Symlink, 26

Dateisystem, 437
symlink(), 316, 439, 440
Symmetrische Differenz von Mengen, 200
symrefs-example.pl, 555
symrefs-hairy.pl, 558
sync(), 413, 642
Synchronisationsproblem, 799
syntactic sugar, 180
Syntaktischer Block, 40
Syntax-Highlighting, 83
Syntaxblock, 221
Syntaxfehler, 117
Sys::*, 630
Sys::Hostname, 609, 615
Sys::Syslog, 608, 611
syscall(), 326
syslog(3), 611
SyslogScan::*, 661
sysopen(), 316, 360, 397, 398, 402, 404–406, 408, 413, 417, 457, 464, 470, 484, 487, 490, 492, 576, 856
sysread(), 317, 405, 407, 408, 410, 412–414, 417, 418, 450, 464, 473, 490, 493
sysseek(), 317, 405, 408, 414, 453, 471, 473, 808
systell(), 408, 473
System
    Amiga, 3
    AS/400, 3
    BeOS, 3
    Connection Machine, 2
    Cray, 2
    FreeBSD, 26, 229, 238, 244
    GNU/Hurd, 2
    Linux, 26, 764
    Mach, 2
    Macintosh, 3
    Microsoft Windows, 3
    MSDOS, 3, 252
    MVS (OS/390), 3
    NetBSD Multiplattform, 3
    Solaris, 32, 372
    Unix, 2

VMS, 3
system(), 320, 366, 459, 465, 466
Systemcompiler, 26
Systemlibrary, 31
systemnahe Software, 25
Systemsoftware, 25
Systemverwalter, 781
syswrite(), 317, 408, 410, 413, 414,
    417–419, 450, 464, 471, 473,
    490, 493, 808, 819, 856

TA, Mail, 903
tabellarischer Summierer, 43
Tabelle, 945
    Assoziativität, 265
    Präzedenz, 260, 265
TacacsPlus, 648
Taco, 651
Tags, Schleife, 276
tail, 642, 1031
tan(), 133
tanh(), 133
tar, 23, 451, 624, 642, 655, 781
tbl, 652
Tcl, 180, 253, 525, 641, 762
Tcl, 642
tcl/tk, 641
TCP, 871
    Verbindung, 46
tcp-client.pl, 884
tcp-mtclient.pl, 886
tcp-selectclient.pl, 887
tcp-server-ioselect.pl, 893
tcp-server-mt-zombies.pl, 889
tcp-server-mt.pl, 891
tcp-server-st.pl, 888
tctee, 415
tee, 381, 391, 414, 415, 659, 902
tell(), 317, 406, 471–473, 487, 489,
    492, 860
telldir(), 316, 317, 429, 432
telnet, 884, 1054
telnetd, 871
tempfile-io.pl, 469
tempfile-tmpnam.pl, 470
Template-String, 74

temporäre Dateien, 468
Term::*, 640
Term::ANSIColor, 640
Term::Cap, 608, 613
Term::Complete, 608, 613
Term::Gnuplot, 640
Term::Query, 641
Term::ReadKey, 641
Term::ReadLine, 608, 613, 641
Term::ReadLine::Gnu, 641
Term::ReadLine::Perl, 641
Term::Size, 641
Term::Slang, 641
ternärer Operator, 265
Test, 609, 618
test-hash-object.pl, 688
test-np-object.pl, 686
test-that-bad-class.pl, 683
test-that-kludged-class.pl, 685
test1.c, 748
test2.c, 750
test3.c, 752
test4.c, 754
test5.c, 757
test6.c, 759
test7.c, 760
Test::Harness, 609, 618
teste und setze, 800, 821
Testen von Bits, 134
Tests, 31
TeX::*, 644
TeX::DVI, 644
TeX::Hyphen, 645
text/html, 1032
text/plain, 1032
Text::*, 645
Text::Abbrev, 608, 613
Text::Balanced, 645
Text::BasicTemplate, 645
Text::BibTeX, 645
Text::Bind, 645
Text::CSV, 645
Text::EP3, 645
Text::FixedLength, 645
Text::Format, 645
Text::GenderFromName, 645

Text::German, 645
Text::Graphics, 645
Text::LineEditor, 645
Text::Metaphone, 645
Text::MetaText, 645
Text::ParseWords, 103, 608, 613
Text::Soundex, 81, 608, 613, 663
Text::Tabs, 124, 608, 613
Text::Template, 645
Text::Trie, 645
Text::Vpp, 645
Text::Wrap, 608, 613, 645
TFTP, 632
thaw(), 937–939, 943, 1017, 1066
this, 681
Thread, 863
Threading by subject, 44
threshold, freelist, 254
throw, C++, 286
tie(), 192–195, 252, 322, 326, 476, 477, 484, 612, 616, 631, 636–640, 660, 700–702, 705–707, 709, 710, 715–717, 719, 849, 852, 854–856, 925, 933, 943, 944, 1006, 1007, 1009, 1010, 1012, 1015, 1071
TIE*(), 322
tie-dbi.synopsis, 1011
tie-refhash.pl, 552
Tie/URL.pm, 711
Tie::*, 636
Tie::AppendHash, 636
Tie::Array, 609, 616, 706–708
Tie::Cache, 637
Tie::ClockTimer, 636, 705
Tie::CPHash, 636
Tie::DBI, 637, 944, 1007, 1009–1012
Tie::DB_Lock, 637, 934
Tie::Folded, 636
Tie::Handle, 609, 616, 637, 715
Tie::Hash, 609, 616, 709, 715
Tie::IxHash, 191, 192, 637
Tie::LLHash, 637, 935
Tie::RDBM, 1071

Tie::RDBM, 637, 1012, 1013, 1015, 1016, 1019, 1022, 1074, 1075, 1081
Tie::RefHash, 552, 609, 616, 637, 897
Tie::RevRefHash, 637
Tie::Scalar, 609, 616, 704
Tie::StdArray, 616, 708
Tie::STDERR, 637
Tie::StdHash, 609, 616, 707, 709, 715
Tie::StdScalar, 609, 616, 704
Tie::SubstrHash, 609, 616
Tie::TextDir, 637
Tie::TransactHash, 637
Tie::TwoLevelHash, 637
Tie::URL, 718
Tie::Watch, 637, 705
Tie:RDBM, 1075
Tie:StdArray, 609
TIEARRAY(), 706
tied(), 322, 702, 852
tiefe Kopie, 554, 943
TIEHANDLE(), 716
TIEHASH(), 710, 715, 1010
TIESCALAR(), 701, 702, 704
Tilde-Notation, 492
time(), 311, 312, 337, 611, 630, 638
Time-modules*, 638
Time::*, 637
Time::CTime, 638
Time::DaysInMonth, 638
Time::gmtime, 608, 611
Time::HiRes, 87, 337, 638
Time::JulianDay, 638
Time::Local, 608, 611
Time::localtime, 608, 611
Time::ParseDate, 638
Time::Timezone, 638
Time::tm, 608, 611
TimeGreeting, 700, 701
TimeGreeting.pm, 701
TimeGreeting2.pm, 704
Timeout, 46, 1085
Timer, 705
times(), 311, 320
TIMTOWTDI, 685
tin, 658

Tk, 641
Tk, 47, 328, 333, 622, 641, 674
Tk-Toolkit, 47
Tk/Tk-example.pl, 48
Tk::*, 641
tkirc, 913
tmpfs, 812
tmpnam(), 469–471
to nuke a process, 812
To:, 907
Toggeln von Bits, 134
toh-err.pl, 58
toh-ok.pl, 59
Token, 65, 112, 817
Tokenizer, 91, 112
Tool
    wget, 21
top, 655
Top-of-Page-Format, 419
tote Links, 1082
touch, 451, 463
touch.pl, 451
tr///, 93, 231, 310
traceroute, 632
traffic analysis, 901
trailing Newline, 38
Transaktion, 253, 934, 948, 954
    Atomizität, 954
    Dauerhaftigkeit, 954
    Isolation, 954
    Klammer, 955, 1004, 1017
    Konsistenz, 954
Transaktionslog, 948, 955, 968
Transformation, Schwartzsche, 545
transliterate(), 655
Transmission Control Protocol, 871
Transport Agent, 903
Trap, IEEE-754, 144
traverse-dir-manual.pl, 432
traverse-dir-module.pl, 435
Traversierung
    BFS, 541
    Binärer Baum, 539
    DFS, 541
    Graph, 541
    Inorder, 539

    Postorder, 539
    Preorder, 539, 541
    rekursiv, 432
    von Hashes, 186
Tree::*, 638
Tree::DAG_Node, 638
Tree::Fat, 638, 935
Tree::MultiNode, 638, 935
Tree::RedBlack, 638, 935
Tree::Trie, 638, 935
Trefferzähler, 1020
Trenner
    von Ausgabefeldern, 234
    von Ausgabesätzen, 234
    von Eingabesätzen, 234
Trennzeichen, 171
Triggern, 699
    tied-Variablen, 252
    von Aktionen, 230
trigonometrische Funktionen, 133
truly_random_value(), 147
truncate(), 317, 485, 492
try/catch, C++, 285
try/except, python, 286
Tunneln durch Proxy, 901
Turbo Pascal, 261
Typ
    einer Referenz, 497, 508
    einer Variablen, 219
Typeglob, 340, 389, 487, 503
typemap, 762, 763, 771, 772, 786–788, 791
typeof, 509
typglob.pl, 340
Typhoon, 957

UA, Mail, 903
uc(), 81, 88, 309, 347, 485
ucfirst(), 81, 309
UDP, 871, 875
udp-client.pl, 876
udp-server.pl, 882
udp-tagclient.pl, 883
Übergeordneter Konstruktor, 694
Überladen von Funktionen, 346
Überladen von Operatoren, 717

Übersichtliche Darstellung, 128
uid.pl, 238
UltraSPARC, 959
umask, 400, 836
umask(), 315, 317, 397, 400, 401, 818, 836
umask-demo.pl, 401
Umbenennen, Dateien, 458
Umgebungsvariable
    DOCUMENT_ROOT, 1036
    GATEWAY_INTERFACE, 1036
    HTTP_USER_AGENT, 1036
    LANG, 123
    PATH_INFO, 1045
    QUERY_STRING, 1037, 1049
    REMOTE_ADDR, 1037
    REMOTE_PORT, 1038
    REQUEST_METHOD, 1038
Umgebungsvariablen, 243, 804
    CGI-, 1036
Umkehrung von Strings, 73
Umlaute, 80
Umlenkung der Ein- und Ausgabe, 36, 38
Umschaltzeichen, 81
undef, 136, 261
undef(), 172, 183, 184, 214, 247, 248, 319, 376, 477
undef-false.pl, 248
undef-undef.pl, 249
undefinierte Variablen, 218, 247
Underflow, 144
undokumentiertes Feature, 506
Ungarische Notation, 537
Unicode, 62, 95
Unicode::*, 647
Unicode::Map8, 647
Unicode::String, 647
uniforme Verteilung, 149
UNIQUE, 945, 950
UNIVERSAL, 609, 616, 699
Unix
    Dateisystem-Layout, 25
    Guru, 23
    Kernel, 35
    Manual-Seiten, 14

Shell, 64
Unix-Domain-Socket, 858, 964
unless, 268
unlink(), 317, 437, 450, 452, 453, 456, 457, 469–471, 811
UNLOCK TABLES, 960, 1003, 1017
unpack(), 74–77, 79, 142, 144, 156, 172, 178, 313, 314
UNSHIFT(), 706
unshift(), 174, 245, 312, 313, 576
unsigned int, 129, 135
Unterlauf, 144
Unterschied my() und local(), 224
untie(), 192, 322, 326, 477, 484, 637, 702, 716, 717, 934
until-Schleife, 273
upcase8bit.pl, 122
UPDATE, 950, 960
Updatelog, 968
Upload, 626
URI, 654
URL
    http://altavista.digital.com/, 662
    http://archie.emnet.co.uk/, 660
    http://archie.switch.ch/, 660
    http://iblinux.rios.co.jp/, 956
    http://localhost/manual/, 1028
    http://perl.apache.org/dist/, 1025
    http://setiathome.ssl.berkeley.edu/, 874
    http://www.addison-wesley.de/, xii
    http://www.apache.org/dist/, 1025
    http://www.boutell.com/gd/gd.html, 1035
    http://www.cdrom.com/, 22
    http://www.cert.dfn.de/, 19, 227

http://www.cisco.com/, 468, 661
http://www.debian.org/, 22
http://www.dfn.de/, 868
http://www.freebsd.org/, 23
http://www.gnu.org/, 17
http://www.gnupg.de/presse.html, 869
http://www.iinet.net.au/~bofh/, 1105
http://www.ioccc.org/, 10
http://www.irchelp.org/, 631, 913
http://www.jargon.org/, 1104
http://www.maplesoft.com/, 151
http://www.modperl.com/, 1093
http://www.mysql.com/, 960
http://www.netbsd.org/, 3, 23
http://www.oreilly.com/, 22
http://www.perl.com/CPAN, 620
http://www.perl.com/CPAN/, 22, 620
http://www.perl.com/CPAN/SITES, 22
http://www.perl.com/CPAN/doc/FMTEYEWTK/sorting, 546
http://www.perl.com/CPAN/SITES, 619, 1065
http://www.pgpi.org/, 7
http://www.postgresql.org/, 957
http://www.python.org/, 4
http://www.rfc-editor.org/, 875
http://www.ripe.net/, 632
http://www.sleepycat.com/, 476, 933, 934
http://www.tcx.se/, 960, 961, 986
mailto:ftpmail@decwrl.dec.com, 23
news:comp.lang.perl, 545

news:comp.lang.perl.misc, 16, 30
usage(), 238
usage.pl, 239
use, 140
use, 245, 321, 564, 575, 576, 578, 579, 583, 584, 601, 604, 606, 610, 628, 629, 674, 701, 761, 764, 766, 779
use autouse;, 606
use diagnostics;, 51
use English;, 230
use integer;, 134, 135
use lib;, 246, 576
use locale;, 88, 101, 122, 123, 140
use strict 'refs';, 498, 557
use strict;, 51, 52, 218, 498, 557, 610, 1093
use subs;, 346
use vars;, 52, 251
use(), 222, 245, 246, 326, 347, 489, 576
use-strict.pl, 52
User Agent, 903
User Datagram Protocol, 871, 875
User::grent, 609, 615
User::pwent, 609, 615
USES-Beziehung, 671
utf8, 608, 610
utime(), 317, 451
uudecode, 23, 78, 124, 655
uuencode, 77, 78, 124, 655, 753
uuencode.pl, 78
uuencodete Form, 78
UV, 728
ux-client.pl, 859
ux-dgram-server.pl, 865
ux-server.pl, 861

V(), 323, 820, 821, 829, 830
values(), 187, 189–191, 195, 313, 314
VAR-Parameter, 298
varbind-array-bound.pl, 707
varbind-scalar-greetings.pl, 700
varbind-scalar-greetings2.pl, 704
variable Satzlänge, 930

variable Satzstruktur, 354
Variablen, 218
    Arrays, 220
    Bezeichner, 249
    Defaultvariable, 230
    deklarieren, 218
    dynamisch lokal, 223
    global, 221, 225, 263
    Hashes, 220
    I/O-reserviert, 232
    injizieren, 747
    Kurznamen, 230
    Langnamen, 230
    lexikalisch lokal, 221
    lokal, 221
    reserviert, 229
    skalar, 219
    Triggern von Aktionen, 252
    Typ, 219
    Umgebung, 243
    undefiniert, 218, 247
    undefiniert, Defaultwert, 218
Variablenbindung, 192, 230, 252
Variablenzuweisung, 38
vars, 608, 610
VCS::*, 629
VCS::CVS, 629
vec(), 309, 410–412
verbindungsorientiert, 859
Verbraucher, 822
Vereinigung von Mengen, 200
Vererbung, 669, 690
Vererbung von Attributen, 694
Vererbungsbaum, 670
Vererbungsgraph, 670
Vergleichen von Dateien, 465
Vergleichsausdruck, 168
Vergleichsfunktion, 168, 198
Vergleichsoperatoren
    für Strings, 69
    numerisch, 129
Verhungern, 801
Verkehrsanalyse, 901
Verkleinerung von Arrays, 229
Verknüpfungsoperatoren
    Boolesch, 259

verschiebbarer Code, 28
Version, 32
    eines Moduls, 590
VERSION(), 699
verteiltes System, 873
Verteilung
    binomial, 149
    Chi-Square, 149
    normal, 149
    Poisson, 149
    uniform, 149
    Zufallszahlen, 148
vertrauliche Informationen, 1062
verwaiste Chunks, 254
verwandte Prozesse, 804, 813, 817
Verzweigung, 265
vfork(), 29, 31
vi, 83, 641
virtuelle Adressen, 228
virtuelle Datei, 354
virtueller Hauptspeicher, 190, 194
virtueller Rechner, 873
virtueller Speicher, 228
Vivikation, 513
VM-Subsystem, 29, 228, 229, 857
VMS, 630
Void, 743
void-Kontext, 306
Vollqualifizierung mit Packagenamen, 249
Vorberechnung von Werten, 547
Vorzeichenbit, 135
    IEEE-754, 143
VRML, 657
VRML::*, 657
VRML::Browser, 657

wahr, Boolesch, 259
Wais, 930
Wais, 661
wait(), 320, 891, 892
waitpid(), 321, 892
Walnut Creek, 22
wantarray(), 305, 306, 319, 348, 492, 743, 744, 753
Warenkorb, 1044

warn, 319
warn(), 358, 359, 807
warning, 608, 610
Warnungen temporär ausschalten, 242
Warteschlange, 832, 861, 889
Warteschlangendisziplin, 832
Watchdog, 253, 661, 812
Watchdog::HTTP, 661
Watchdog::Mysql, 661
Watchdog::Process, 661
Watchpoint, 637, 705
wc, 112, 116, 379, 414, 492
wc.lex, 112
Web
    Client, 45, 1082
    Server, 46
webchat, 653
webchatpp, 653
Webclient, 1082
WebFS::FileCopy, 653
webget.pl, 46
Webserver
    Apache, 1025
    Toolkit, 1025
Webzähler, 1020
Wert Boolescher Ausdrücke, 259
Wert der letzten Anweisung, 263
wfreq.pl, 195
wfreq2.pl, 196
wfreq3.pl, 197
wget, 21
while-Schleife, 42, 273
who, 365
Widget, 670
Wiederholungsoperator, 72, 75, 77, 162
Window-Manager, 668
wipe.pl, 454
Wortdubletten, 83
Wortfrequenz, 195
Wortgrenze, 102
wrapmyprog.sh, 371
Wrapper, 340, 504, 742, 748, 755, 777
WRITE(), 716
write(), 235, 315, 317, 353, 357, 358,
       364, 380, 381, 405, 412, 414,
       419, 421–424

WWW, 45
www, 1070
WWW::*, 623, 654
WWW::Chat, 653
WWW::Robot, 654
WWW::Search, 654

x, 72, 75, 162
x-Kommando, Perl-Debugger, 536
X-Header, E-Mail, 211
X-Window, 33
X11, 47
X11, ix, 640
X11, 641
X11::Fvwm, 641
X11::Motif, 641
X11::Protocol, 641
X1::Wcl, 641
XBase, 639
xcalc, 779
XML::*, 645
XML::CGI, 645
XML::DOM, 645
XML::Dumper, 645
XML::Edifact, 645
XML::Encoding, 645
XML::Generator, 646
XML::Grove, 646
XML::Parser, 646
XML::QL, 646
XML::Registry, 646
XML::Writer, 646
XML::XQL, 646
xor, 260
XPUSHi(), 751
XPUSHn(), 751
XPUSHp(), 751
XPUSHs(), 751, 753, 755, 774, 789
XS(), 785, 790
XS-Makros, 770
XS-Sprache, 762
XS_VERSION_BOOTCHECK, 791
XSRETURN, 774
XSRETURN(), 789
XSRETURN(n), 787
XSRETURN_EMPTY, 787

XSRETURN_IV(), 787
XSRETURN_NO, 787
XSRETURN_NV(), 787
XSRETURN_PV(), 787
XSRETURN_UNDEF, 787
XSRETURN_YES, 787, 791
XSUB, 761
xsubpp, 594, 762–764, 770–773, 780, 785–787, 789, 790
xterm, 356, 358, 640, 641

y///, 93, 310
Y2K, 311
yacc, 83, 111, 117, 118, 121, 643
yellow pages, 324
YP, 324
yylex(), 112, 117
yyparse(), 117

Zähler von Referenzen, 253
Zahlenliterale, 128
Zahlenvergleichsoperatoren, 69
zcat, 366
Zeichenarray, 62
Zeichenklasse, 95, 99
Zeichenliterale, 68

Zeiger, 497, 499
Zeigerarithmetik, 497
Zeigerketten, 505
Zeilennummer, 234
Zeilenzähler, 234
Zeilenzugriff, DB_File, 473
Zeit, Funktionen, 311
Zeitstempel, Datei, 450
Zero Width Assertions, 101
zirkuläre Referenzen, 254
zirkuläre Strukturen, 554, 940
Zombies, 890
Zufallszahlen, 144
Zugangskontrolle, 948
Zugriffsdisziplin, 801, 808
Zugriffsrechte, 371
Zustand, 1044
Zuweisende Operatoren, 131
Zuweisung von Hashes, 184
Zuweisungsoperator, 38, 262
zyklenfreie Strukturen, 935
zyklische Strukturen, 534, 536

THE SIGN OF EXCELLENCE

Java-Programmierung mit IBM Visual Age

Florian Hawlitzek

In vier Teilen führt Sie dieses Buch kompetent und umfassend in die Software-Entwicklung mit IBM VisualAge for Java ein. Im ersten Teil erhalten Sie einen Überblick über die Konzepte der Programmiersprache Java und die Bestandteile der verschiedenen Versionen von VisualAge for Java. Daran anschließend wird die Entwicklungsumgebung von VisualAge mit ihren Browsern und Werkzeugen vorgestellt und schrittweise die Entwicklung einer einfachen Anwendung demonstriert. Der dritte Teil richtet sich an Java-Neulinge: Er gibt – speziell auf VisualAge zugeschnitten – eine Einführung in die Sprache. Im letzten Abschnitt wird VisualAge for Java für Fortgeschrittene behandelt. Schwerpunkte bilden dabei die grafische Programmierung mit dem Visual Composition Editor und die vielfältigen Enterprise Features.

480 Seiten, 1. Aufl. 1999, 1 CD-ROM
DEM 79,90, ATS 583,00, CHF 73,00
ISBN 3-8273-1526-3

THE SIGN OF EXCELLENCE

Das Assembler-Buch

Grundlagen und
Hochsprachenoptimierung

Trutz Eyke Podschun

Die vierte Auflage des erfolgreichen Assembler-Buches wurde aktualisiert. Sie berücksichtigt die neuen Befehle der Multimedia Extension (MMX) für Intelprozessoren und liefert Hintergrundinformationen zu Windows 9x/NT, die die besonderen Eigenheiten der Programmierung im Protected Mode aufzeigen.
Die beiliegende CD-ROM enthält die Programmlistings, eine vollständige Entwicklungsumgebung für die Assembler TASM und MASM unter DOS, das Buch selbst und weitere für die Programmierung in Assembler wichtige Details in einer für den ebenfalls beiliegenden Acrobat Reader lesbaren Form.
Professionelle Programmierung
1008 S., 1999, geb., 1 CD-ROM
DEM 99,90, ATS 729,00, CHF 88,00
ISBN 3-8273-1513-1

THE SIGN OF EXCELLENCE

Go To C++-Programmierung

André Willms

Themen dieses Go To C++-Buches sind Programmiertechnik und Programmiersprache unter dem Aspekt der objektorientierten Programmierung. Diese Bereiche des Buches werden nicht für sich geschlossen vorgestellt, sondern Hand in Hand weiterentwickelt. Eine umfangreiche Beispielanwendung für das objektorientierte Programmieren wird mit Visual C++ gezeigt. Am Ende beherrschen Sie nicht nur die Programmiersprache C++, sondern Sie besitzen auch das nötige Wissen, um fast jedes Programmierproblem adäquat zu lösen.

768 Seiten, 1. Auflage 1999, 1 CD-ROM
DEM 79,90, ATS 583,00, CHF 73,00
ISBN 3-8273-1495-X

▲ ADDISON-WESLEY

THE SIGN OF EXCELLENCE

Die Java™ 1.2 Fibel

Programmierung von Threads und Applets. Mit Beispielen zu Swing, Java2D, Security, Beans, RMI, IDL, SQL, Servlets, Sockets

Ralf Kühnel

Die 3., aktualisierte und erweiterte Auflage führt in bewährter Form in die Programmiersprache Java auf dem aktuellen Stand des JDK 1.2 ein.

Die neuen Bibliotheken (v.a. zur Entwicklung grafischer Oberflächen, zur Security und zur Verteilung) werden strukturiert beschrieben und anhand von Beispielen anschaulich erläutert. Die CD-ROM enthält die Beispiele des Buches sowie das gesamte Buch im HTML-Format.

448 S., 3., aktual. und erw. Aufl. 1999, geb., 1 CD-ROM
DEM 49,90, ATS 364,00, CHF 45,00
ISBN 3-8273-1410-0

THE SIGN OF EXCELLENCE

Effektiv Tcl/Tk programmieren

Mark Harrison
Michael McLennan

Das Buch ist ideal für Entwickler, die die Grundlagen von Tcl/Tk kennen und sich dazu entschließen, echte Anwendungen zu entwickeln. Es bietet Tips, Ratschläge und beschreibt Designstrategien und Programmiertechniken, mit denen man effektiv und effizient in Tcl/Tk programmieren kann.

Die Autoren erklären leistungsfähige Aspekte von Tcl/Tk, wie den Packer, das Canvas-Widget und die Binding-Tags. Sie entwickeln durch das ganze Buch zahlreiche Anwendungen und eine Bibliothek aus wiederverwendbaren Komponenten.

Die Programme sind unter Tcl/Tk 8.0 und Vorversionen lauffähig.

Reihe „Professionelle Programmierung"

Übersetzung aus dem Amerikanischen

496 S., 1. Auflage 1998, geb.
DEM 89,90, ATS 656,00, CHF 78,00
ISBN 3-8273-1409-7

THE SIGN OF EXCELLENCE

Java Server und Servlets

Portierbare Web-Applikation effizient entwickeln

Peter Roßbach
Hendrik Schreiber

Servlets sind im Gegensatz zu Applets Java-Programme, die auf der Serverseite und nicht auf dem Client laufen. Sie sind die Grundbausteine javabasierter Webanwendungen (v.a. Online-Shops und Informationssystemen). Das Buch erklärt detailliert die Grundlagen der Server- und Servlet-Programmierung in Java. Darauf aufbauend entwickeln die Autoren das Webapp-Framework – ein Fundament zum Bau von webbasierten Java-Applikationsservern. Das Framework enthält ein Server-Toolkit, den servletfähigen Webserver jo!, die Erweiterung des Servlet-API durch Servlet Method Invocation (SMI) sowie eine Komponente zur objektorientierten Abbildung relationaler Datenbanken. Zur dynamischen HTML-Generierung kommen JavaServer-Pages zum Einsatz. Alle Bestandteile des Frameworks werden anhand von Beispielen ausführlich erklärt und besprochen.
Der wertvolle Sourcecode des Buches ist von der Website zum Buch
(http://www.webapp.de) abrufbar.
Professionelle Programmierung
416 S., 1. Auflage 1999, geb.
DEM 79,90, ATS 583,00, CHF 73,00
ISBN 3-8273-1408-9

THE SIGN OF EXCELLENCE

Go To Perl 5

Michael Schilli

Dieses neue Buch des bekannten Perl-Experten Michael Schilli wird auch den anspruchsvollsten Leser überzeugen durch seine Sachkenntnis, Genauigkeit, Darstellungsvermögen und nicht zuletzt durch die cleveren Programmierrezepte. Die ausführliche Einführung in die Sprache und in die objektorientierte Programmierung ebnen dem Ein- und Aufsteiger den Weg in die Perl-Programmierung. Dann geht es an die praktischen Themen, und auch der Fortgeschrittene wird mit Gewinn die Kapitel über graphische Oberflächen mit Tk und die Programmierung im Internet lesen.

**490 S., 1. Auflage 1998, geb., 1 CD-ROM
DEM 69,90, ATS 510,00, CHF 63,00
ISBN 3-8273-1378-3**

ADDISON-WESLEY

THE SIGN OF EXCELLENCE

Visual Basic 6.0 lernen

Anfangen, anwenden, verstehen

Dirk Abels

Nach dem Prinzip „Learning by doing" werden Einsteiger und Umsteiger mit diesem Buch in die Windows-Programmierung mit Visual Basic eingeführt. Dabei wird der Leser nicht nur auf intuitive Weise mit den wichtigsten Funktionen der neuesten Version 6.0 vertraut gemacht, er lernt auch die Grundlagen der strukturierten Programmierung kennen. Zahlreiche Beispiele, eine Vielzahl von Abbildungen sowie eine leicht verständliche Darstellung zeichnen darüber hinaus das Buch aus.
Aus dem Inhalt:
- Systemvoraussetzungen und Installation
- Einführung in die Entwicklungsumgebung
- Grundlegende Programmstrukturen und Übungen
- Aufbau eines VisualBasic-Programms
- Entwicklung einer kompletten Applikation

Das Buch enthält alle Neuerungen der Version 6.0, die für Anfänger relevant sind.
Es wird um ca. 60 Seiten umfangreicher als der Vorgängertitel.

384 S., brosch., Diskette
DEM 49,90, ATS 364,00, CHF 45,00
ISBN 3-8273-1371-6